Bender
Unionsmarke
5. Auflage

Unionsmarke

von

Achim Bender

Rechtsanwalt, VOSSIUS & PARTNER, München
Vorsitzender Richter am Bundespatentgericht (BPatG) i.R.
Mitglied der Beschwerdekammern des EUIPO (vormals HABM) von 1997 bis 2007
Lehrbeauftragter der Heinrich-Heine-Universität Düsseldorf bis 2017

5. Auflage

Carl Heymanns Verlag 2022

Zitiervorschlag: Bender, Unionsmarke, 5. Auflage, Kap. 6 Rdn 29

Bibliografische Information der Deutschen Nationalbibliothek

Die Deutsche Nationalbibliothek verzeichnet diese Publikation in der Deutschen Nationalbibliografie; detaillierte bibliografische Daten sind im Internet über http://dnb.d-nb.de abrufbar.

ISBN 978-3-452-29979-6

www.wolterskluwer.de

© 2022 Wolters Kluwer Deutschland GmbH, Wolters-Kluwer-Straße 1, 50354 Hürth.

Umschlagkonzeption: Martina Busch, Homburg Kirrberg
Satz: Datagroup-Int SRL, Timisoara, Romania
Druck und Weiterverarbeitung: Sowa Sp. z o.o., Piaseczno, Polen

Gedruckt auf säurefreiem, alterungsbeständigem und chlorfreiem Papier.

Vorwort zur 5. Auflage

Die Markenrechtsreform hat mit dem Inkrafttreten der UMV, der DVUM und der UMDV am 1. Oktober 2017 dem Unionsmarkensystem einen gewaltigen Entwicklungsschub verpasst. So sind im Jahr 2021 fast 200.000 neue Unionsmarken angemeldet worden, und am 18. März 2022 ist beim EUIPO die 2,5-millionste Anmeldung eingegangen.

Auf die gewachsenen Anforderungen hat das Amt nicht nur mit zahlreichen Beschlüssen des Exekutivdirektors sowie des Präsidiums der BK des EUIPO reagiert, die zu tiefgreifenden Änderungen in der Verwaltungspraxis geführt haben, sondern es hat auch seine Internet-Präsenz weiter profiliert. So ist das EUIPO nach dem vom World Trademark Review (WTR) veröffentlichten Innovationsranking 2021 das innovativste Amt für geistiges Eigentum der Welt.

Aber auch die europäischen Gerichte in Luxemburg, der EuGH und insb das EuG, tragen mit der imposanten Zahl von jährlich weit über 300 Urteilen und Beschlüssen zum materiellen Recht wie zu Verfahrensfragen zur Umsetzung des Unionsmarkenrechts bei.

Die 5. Auflage trägt sowohl den Veränderungen der Verwaltungspraxis Rechnung als auch der umfangreichen aktuellen Rechtsprechung, die zahlreiche neue Akzente gesetzt haben.

Als Mitglied der Beschwerdekammern (BK) in Alicante war der Autor seit dem Start am Aufbau des europäischen Markensystems beteiligt. Seit dem Anbeginn hat er aktiv dessen Entwicklung mitverfolgt, nunmehr als Rechtsanwalt. Da er sämtliche Entscheidungen aus Luxemburg auswertet, kann er in diesem Praxishandbuch auf die relevanten verfahrens- und materiell-rechtlichen Weichenstellungen verweisen.

Die Gesamtdarstellung gibt angesichts der wachsenden Bedeutung des Markensystems in Europa einen schnellen, klaren und umfassenden Überblick und hebt speziell die erheblichen Abweichungen zum deutschen Verfahrensrecht und die noch immer bestehenden Besonderheiten zum inzwischen harmonisierten deutschen Recht hervor. Sie ist ideal für alle, die sich mit der Unionsmarke als Praktiker befassen, zu Studienzwecken oder zur Spezialisierung einarbeiten wollen.

Für Hinweise und Anregungen zum Buch an »a.bender@vossius.eu« dankt der Autor allen aufmerksamen Lesern.

München und Alicante, im Juli 2022   Achim Bender

Die Online-Version der 5. Auflage wird regelmäßig aktualisiert.

Inhaltsverzeichnis

Inhaltsverzeichnis

Inhaltsverzeichnis

Abkürzungsverzeichnis

aA	anderer Ansicht
aaO	am angegebenen Ort
ABl.	Amtsblatt der Europäischen Gemeinschaften bzw der Europäischen Union
ABl.HABM	Amtsblatt des Harmonisierungsamts für den Binnenmarkt (Marken, Muster und Modelle) bis 3/2016, auf der Internetseite des EUIPO
ABl.EUIPO	Amtsblatt des Amts der Europäischen Union für Geistiges Eigentum ab 4/2016, auf der Internetseite des EUIPO
Abs.	Absatz
Abschn.	Abschnitt
AEUV	Vertrag über die Arbeitsweise der Europäischen Union in der konsolidierten Fassung von 2016 (Lissabonner Vertrag); ABl. C 202/47
aF	alte(r) Fassung
Art.	Artikel
Aufl	Auflage
Austrittsabk	Abkommen über den Austritt des Vereinigten Königreichs Großbritannien und Nordirland aus der Europäischen Union und der Europäischen Atomgemeinschaft vom 24.1.2020, in Kraft seit 1.2.2020; ABl. L 29/7 vom 31.1.2020
Az.	Aktenzeichen
Bd.	Band
BE	Berichterstatter
BGH	Bundesgerichtshof
BK	Beschwerdekammer(n) des Harmonisierungsamts für den Binnenmarkt (Marken, Muster, Modelle) bzw des Amts der Europäischen Union für Geistiges Eigentum
BlPMZ	Blatt für Patent-, Muster- und Zeichenwesen
BPatG	Bundespatentgericht
betr	betreffend(e, en)
bzgl	bezüglich(e, en)
bzw	beziehungsweise
dementspr	dementsprechend
ders	derselbe(n)
dh	das heißt
DL	Dienstleistung(en)
DPMA	Deutsches Patent- und Markenamt (seit 1.11.1998)
DVUM	Delegierte VO (EU) 2018/625 der Kommission vom 5.3.2018 zur Ergänzung der VO (EU) 2017/1001 über die Unionsmarke und zur Aufhebung der Delegierten Verordnung (EU) 2017/1430 (der Kommission vom 18.5.2017 zur Ergänzung der VO (EG) 207/2009 des Rates über die Unionsmarke und zur Aufhebung der VO (EG) 2868/95 der

Kommission und der VO (EG) 216/96 der Kommission); ABl. L 104/1 vom 24.4.2018.

EDB	Enforcement Database des European Trade Mark and Design Network zur Erkennung von gefälschten Waren von Kommission und EUROPOL (www.tmdn.org)
EFTA	Europäische Freihandelsassoziation (Mitgliedstaaten sind: Island, Liechtenstein, Norwegen und die Schweiz)
EG	Europäische Gemeinschaft
EGMR	Europäischer Gerichtshof für Menschenrechte des Europarats
EGV	Vertrag zur Gründung der Europäische Gemeinschaft (alte Version, zuletzt idF des Nizzaer Vertrags)
einschl	einschließlich
entspr	entsprechend
EU	Europäische Union
EuG	Gericht der Europäischen Union (www.curia.europa.eu)
EuGH	Gerichtshof der Europäischen Union (www.curia.europa.eu)
EuGVVO	VO (EG) 1215/2012 des Europäischen Parlaments und des Rates über die gerichtliche Zuständigkeit und die Anerkennung und Vollstreckung gerichtlicher Entscheidungen in Zivil- und Handelssachen vom 12.12.2012; ABl. L 351/1; idF vom 30.9.2016; ABl. L 264/43
EUV	Vertrag über die Europäische Union in der konsolidierten Fassung von 2016 (Lissabonner Vertrag); ABl. C 202/13
evt	eventuell(e, en)
EWG	Europäische Wirtschaftsgemeinschaft
EWR	Europäischer Wirtschaftsraum (Er umfasst neben den Mitgliedstaaten der EU derzeitig: Liechtenstein, Norwegen, Island)
f	folgende(r)
ff	folgende
Fn	Fußnote
FS	Festschrift
GA	Generalanwalt beim EuGH
g.g.A.	Geschützte geografische Angabe nach der VO (EG) 2081/92 des Rates vom 14.7.1992 zum Schutz von geografischen Angaben und Ursprungsbezeichnungen für Agrarerzeugnisse und Lebensmittel; jetzt VO (EU) 1151/2012 des Europäischen Parlaments und des Rates vom 21.11.2012 über Qualitätsregelungen für Agrarerzeugnisse und Lebensmittel; ABl. L 343/1; idF der VO (EU) 2017/625 vom 15.3.2017; L 95/1; idF vom 28.12.2018; ABl. L 322/85 (Diese VO hat die VO (EG) 510/2006 des Rates vom 20.3.2006 zum Schutz von geografischen Angaben und Ursprungsbezeichnungen für Agrarerzeugnisse und Lebensmittel ersetzt, die ihrerseits die VO (EG) 2081/92 des Rates vom 14.7.1992 ersetzt hatte)
ggf	gegebenenfalls

GGM	Gemeinschaftsgeschmacksmuster
GGV	VO (EG) 6/2002 des Rates vom 12.12.2001 über das GGM, idF der VO (EG) 1891/2006 vom 18.12.2006; ABl. L 386/14
GMDV	VO (EG) 2868/95 der Kommission vom 13.12.1995 zur Durchführung der VO (EG) 40/94 des Rates über die Gemeinschaftsmarke idF vom 31.3.2009; vollständig aufgehoben durch die UMV; ABl. L 109/3
GMGebV	VO (EG) 2869/95 der Kommission vom 13.12.1995 über die an das HABM zu entrichtenden Gebühren idF vom 31.3.2009; vollständig aufgehoben durch die UMV; ABl. L 109/3
GMitt	Gemeinsame Mitteilungen des HABM/EUIPO und der nationalen Ämter zur Harmonisierung der gemeinsamen Amtspraxis; s. www.euipo.europa.eu, www.dpma.de und www.tmdn.org (Europeantmdn)
GMV	VO (EG) 40/94 des Rates vom 20.12.1993 über die Gemeinschaftsmarke idF 207/2009 der Neukodifizierung vom 26.2.2009; ABl. L 78/1 (aufgehoben durch die UMV, die an ihre Stelle getreten ist)
GRC	Charta der Grundrechte der Europäischen Union; ABl. C 202/389 vom 7.6.2016
grds	grundsätzlich(e, en)
GRUR	Gewerblicher Rechtsschutz und Urheberrecht (Zeitschrift)
GRUR Int	Gewerblicher Rechtsschutz und Urheberrecht, Internationaler Teil (Zeitschrift)
GRUR-Prax	Gewerblicher Rechtsschutz und Urheberrecht, Praxis im Immaterialgüter- und Wettbewerbsrecht (Zeitschrift)
GRUR-RR	Gewerblicher Rechtsschutz und Urheberrecht, Rechtsprechungs-Report (Zeitschrift)
GSortenschutzV	VO (EG) 2100/94 des Rates vom 27.7.1994 über den gemeinschaftlichen Sortenschutz idF der VO 15/2008 des Rates vom 20.12.2007; ABl. L 8/2
g.t.S	garantiert traditionelle Spezialität
g.U.	geschützte Ursprungsbezeichnung
HABM	Harmonisierungsamt für den Binnenmarkt (Marken, Muster und Modelle) (vom 1.4.1996 bis 23.3.2016, jetzt EUIPO)
HDB	Harmonisierte Datenbank des EUIPO und der nationalen Ämter zu Waren und DL
HdB Markenpraxis	Fezer, Handbuch der Markenpraxis, 2016
HK-MarkenR	Heidelberger Kommentar zum Markenrecht, 2020
IAK	Impact Assessment (Arbeitspapier der Kommission vom 27.3.2013 zur Folgenabschätzung der Reformvorschläge zur MarkenRL und zur GMV (http://ec.europa.eu/internal_market/indprop/tm/index_de.htm)
idF	in der Fassung
idR	in der Regel
insb	insbesondere

IR-Marke	international registrierte Marke (Internationale Registrierung)
iSd	im Sinne des/der
iSv	im Sinne von
iVm	in Verbindung mit
Kap.	Kapitel
Kl.	Klasse(n)
MarkenG	Markengesetz (Gesetz über den Schutz von Marken und sonstigen Kennzeichen) vom 25.11.1994 idF vom 10.8.2021; BGBl. I S. I 3490
MarkenR	Zeitschrift für deutsches, europäisches und internationales Markenrecht
MarkenRL	Richtlinie (EU) 2015/2436 des Europäischen Parlaments und des Rates vom 16.12.2015 zur Angleichung der Rechtsvorschriften der Mitgliedstaaten über die Marken (Neufassung); ABl. L 336/1
MarkenRL aF	Richtlinie 89/104/EWG des Europäischen Parlaments und des Rates vom 21.12.1998 zur Angleichung der Rechtsvorschriften der Mitgliedstaaten über die Marken idF 2008/95/EG der Neukodifizierung vom 22.10.2008; ABl. L 299/25
mE	meines Erachtens
Mio.	Millionen(en)
Mitt	Mitteilungen der Deutschen Patentanwälte
MMA	Madrider Abkommen über die internationale Registrierung von Marken
MSchG	österreichisches Markenschutzgesetz
mwN	mit weiteren Nachweisen
NBE	Nichtbenutzungseinrede
nF	neue(r) Fassung
NK	Nizzaer Klassifikation, internationale Klassifikation von Waren und Dienstleistungen nach dem Nizzaer Klassifikationsabkommen (NKA), die alle fünf Jahre in aktualisierter Ausgabe erscheint und jährlich neu angepasst wird
NKA	Nizzaer Abkommen über die internationale Klassifikation für die Eintragung von Marken
Nr	Nummer(n)
ÖBl	österreichische Blätter für Gewerblichen Rechtsschutz und Urheberrecht
OGH	Oberster Gerichtshof Österreichs
PAVIS PROMA	PAVIS PROMA Markenentscheidungen (BPatG, BGH, EUIPO, EuG und EuGH) im Internet, bearbeitet von Richtern des Bundespatentgerichts mit fortlaufender Aktualisierung (www.pavis-proma.de)

PA-EuGH	Praktische Anweisungen für die Parteien in den Rechtssachen vor dem EuGH vom 10.12.2019; ABl. 2020 L 42 I/1
PDVerfO-EuG	Praktische Durchführungsbestimmungen zur VerfO-EuG in konsolidierter Fassung vom 17.10.2018; ABl. L 294/23 und L 296/40
PMMA	Protokoll zum Madrider Abkommen über die internationale Registrierung von Marken
PräambelRL	Erwägungsgründe der Präambel der aktuellen MarkenRL vom 16.12.2015, ABl. L 336/1
PräambelRL aF	Erwägungsgründe der Präambel der früheren MarkenRL vom 22.8.2008, ABl. L 299/25
PräambelUMV	Erwägungsgründe der Präambel der UMV
PräambelGMV	Erwägungsgründe der Präambel der GMV
PVÜ	Pariser Verbandsübereinkunft zum Schutz des gewerblichen Eigentums
RAL	Deutsches Institut für Gütesicherung und Kennzeichnung e.V.
Rdn	Randnummer(n) innerhalb des Werkes
Rn	Randnummer(n) in Entscheidungen und externen Werken
Rspr	Rechtsprechung
s.	siehe
S.	Satz, Seite
s.a.	siehe auch
Satzung-EuGH	Protokoll (Nr 3) zu EUV und AEUV über die Satzung des Gerichtshofs (EuGH) in der konsolidierten Fassung vom 1.5.2019 aufgrund VO (EU, Euratom) 2019/629 vom 17.4.2019; ABl. L 111/1 vom 25.4.2019
Slg.	Sammlung der Rechtsprechung des EuGH und des EuG (bis 2011, danach nur mehr online über www.curia.europa.eu verfügbar)
sog.	sogenannt(e, er, es)
st.	ständig(e, er)
stRspr	ständige Rechtsprechung
TLT	Markenrechtsvertrag, Genf 1994, in Kraft seit 1.8.1996, BGBl. 2002, II/175, idF von 2006 (Singapur), in Kraft seit 16.3.2009; www.wipo.int/treaties
TRIPS	Übereinkommen über handelsbezogene Aspekte der Rechte des geistigen Eigentums vom 15.4.1994; ABl. L 336/213
ua	unter anderem
UGM	Unionsgewährleistungsmarke
UKM	Unionskollektivmarke
UMDV	Durchführungs-VO (EU) 2018/626 der Kommission vom 5.3.2018 mit Einzelheiten zur Umsetzung von Bestimmungen der VO (EU) 2017/1001 über die Unionsmarke und zur Aufhebung der UMDV (EU) 2017/1431 (der Kommission vom 18.5.2017 mit Einzelheiten zur Umsetzung von

	Bestimmungen der VO [EG] 207/2009 des Rates über die Unionsmarke); ABl. L 104/37 vom 24.4.2018.
UMRL	Prüfungsrichtlinien des EUIPO, die ständig aktualisiert werden, verfügbar in den 23 Amtssprachen der Union auf der Internetseite www.euipo.europa.eu
UMV	VO (EU) 2017/1001 des Europäischen Parlaments und des Rates vom 14.6.2017 über die Unionsmarke; ersetzt die VO (EU) 2015/2424 des Europäischen Parlaments und des Rates vom 16.12.2015 zur Änderung der VO (EG) 207/2009 des Rates über die Gemeinschaftsmarke und der VO (EG) 2868/95 der Kommission zur Durchführung der VO (EG) 40/94 des Rates über die Gemeinschaftsmarke und zur Aufhebung der VO (EG) 2869/95 der Kommission über die an das Harmonisierungsamt für den Binnenmarkt (Marken, Muster und Modelle) zu entrichtenden Gebühren; ABl. L 341/21.
Union	Europäische Union
usw	und so weiter
uU	unter Umständen
VerfO-BK	VO (EG) 216/96 der Kommission vom 5.2.1996 über die Verfahrensordnung vor den BK des HABM idF vom 6.12.2004; vollständig aufgehoben durch die UMV
VerfO-EuG	Verfahrensordnung des Gerichts (EuG) in der konsolidierten Fassung vom 11.7.2018; ABl. L 240/68 vom 25.9.2018
VerfO-EuGH	Verfahrensordnung des Gerichtshofs (EuGH) in der konsolidierten Fassung vom 26.11.2019; ABl. L 316/103 vom 6.12.2019
Verz.	Verzeichnis
VerzWDL	Verzeichnis der Waren und Dienstleistungen
vgl	vergleiche
VO	Verordnung(en)
WerbungRL	Richtlinie 2006/114/EG des Europäischen Parlaments und des Rates vom 12.12.2006 über irreführende und vergleichende Werbung; ABl. L 376/21
WIPO	Weltorganisation für Geistiges Eigentum
WRP	Wettbewerb in Recht und Praxis (Zeitschrift)
WTO	World Trade Organization (Welthandelsorganisation)
zB	zum Beispiel
Ziff	Ziffer

Literaturverzeichnis

Berlit	Markenrecht, 11. Aufl 2019
Bingener	Markenrecht, Ein Leitfaden für die Praxis, 4. Aufl 2022
von Bomhard/von Mühlendahl	Concise European Trade Mark and Design Law, 3. Aufl 2018
Büscher/Kochendörfer	Beck'scher Online Kommentar UMV
Büscher/Dittmer/Schiwy	Gewerblicher Rechtsschutz Urheberrecht Medienrecht, 4. Aufl 2022
Eisenführ/Schennen	Unionsmarkenverordnung, 6. Aufl 2020
Entscheidungen der Beschwerdekammern	Jährliche Übersichten über die Entscheidungspraxis der Beschwerdekammern (www.euipo.europa.eu)
Erdmann/Rojahn/Sosnitza	Handbuch des Fachanwalts, Gewerblicher Rechtsschutz, 3. Aufl 2018
EUIPO	20 Years of the Boards of Appeal at EUIPO, 2017
Fezer	Handbuch der Markenpraxis, 3. Aufl 2016, Bender/von Kapff, Gemeinschaftsmarkenverfahren
Fezer	Markenrecht, 4. Aufl 2009
Götting/Meyer/Vormbrock	Gewerblicher Rechtsschutz und Wettbewerbsrecht, Praxishandbuch, 2. Aufl 2020
Hacker	Markenrecht, 5. Aufl 2020
Hasselblatt	Münchener Anwalts Handbuch Gewerblicher Rechtsschutz, 5. Aufl 2017
Hasselblatt	European Union Trade Mark Regulation, 2. Aufl 2018
Heidelberger-Kommentar	Markenrecht (HK-MarkenR), 4. Aufl 2020
Hildebrandt	Marken und andere Kennzeichen, 5. Aufl 2019
Hildebrandt/Sosnitza	UMV, 2021
Hoffmann/Kleespies	Formular-Kommentar Markenrecht, 2. Aufl 2011
Ingerl/Rohnke	Markengesetz, Kommentar, 3. Aufl 2010
Kur/von Bomhard/Albrecht	Markenrecht, 3. Aufl 2020
Lange	Marken- und Kennzeichenrecht, 2. Aufl 2012
Markenentscheidungen	BPatG, BGH, EUIPO, EuG, EuGH, PAVIS PROMA, fortlaufend aktualisiert (www.pavis-proma.de)
Marx	Deutsches, europäisches und internationales Markenrecht, 2. Aufl 2007
Nordemann	Wettbewerbsrecht Markenrecht, 11. Aufl 2012
Pohlmann	Das Recht der Unionsmarke, 2. Aufl 2018
Richter/Stoppel	Die Ähnlichkeit von Waren und Dienstleistungen, 19. Aufl 2021

Literaturverzeichnis

Schricker/Bastian/Knaak	Gemeinschaftsmarke und Recht der EU-Mitgliedstaaten, GMV, 2006
von Schultz	Markenrecht, Kommentar, 3. Aufl 2012
Sosnitza	Deutsches und europäisches Markenrecht, 2. Aufl 2015
Stöckel	Handbuch Marken- und Designrecht, 3. Aufl 2013
Ströbele/Hacker/Thiering	Markengesetz, Kommentar, 13. Aufl 2021

Einführung

Die Unionsmarke[1] ist auch über 25 Jahre nach ihrer Einführung eine grandiose Erfolgsstory mit jährlich steigenden Anmeldezahlen[2]. Durch den europäischen Gesetzgeber geschaffen, ermöglicht das Amt der Europäischen Union für Geistiges Eigentum (EUIPO) (früher Harmonisierungsamt für den Binnenmarkt (Marken, Muster und Modelle)) in Alicante (Spanien) seit dem 1. April 1996 die Anmeldung von Marken, die auf dem gesamten Gebiet der Union Gültigkeit haben[3]. Deutschland hat noch vor den USA die meisten Marken eingetragen.

Das Unionsmarkensystem existiert neben den weiter bestehenden nationalen Markensystemen der Mitgliedstaaten und der Internationalen Registrierung durch die Weltorganisation für Geistiges Eigentum (WIPO), mit der es durch den Anschluss der Unionsmarke an das Madrider Markensystem ab dem 1. Oktober 2004 verzahnt ist, als eigenes und selbständiges Institut, um es international orientierten Unternehmen zu ermöglichen, mit einer einzigen Anmeldung einen einheitlichen Schutz in allen Mitgliedstaaten zu erlangen[4]. Mit dem Beitritt neuer Staaten zur Europäischen Union wird ihr Schutz automatisch auf die Beitrittsländer ausgedehnt.

Dadurch, dass das EUIPO sich dem elektronischen Datenaustausch geöffnet hat, ist es trotz seiner örtlichen Ferne vom Zentrum Europas heute möglich, unmittelbar

---

1 Dieser Begriff, der mit der ersten umfassenden inhaltlichen Reform von 23. März 2016 eingeführt wurde, wird im Folgenden durchgehend verwendet, auch soweit ergangene Entscheidungen noch die Gemeinschaftsmarke betrafen. Sollten Entscheidungen wegen der Rechtsänderungen nicht mehr oder nur bedingt anwendbar sein, wird in den Fn darauf hingewiesen. Zum Umfang der Reform s. *Bender*, MarkenR 2016, 10; *Marten*, GRUR Int 2016, 116; *Walicka*, GRUR-Prax 2016, 161, 190; *Wirtz*, Mitt 2016, 149.
2 Seit Beginn des Systems am 1.4.1996 bis 31.12.2021 wurden 2.463.770 Anmeldungen eingereicht (im Jahr 2021 allein 197.909, die bislang höchste Zahl). Im Jahr 2021 gingen beim Amt 20.126 Widersprüche ein und 2.100 Nichtigkeitsanträge. China ist der größte Nutzer des Systems vor Deutschland und den USA. Die aktuellsten Daten und Informationen, Entscheidungen, Formblätter, Hinweise, UMRL, ua auch jährliche Überblicke über die Entscheidungen der BK sind der Internetseite des EUIPO zu entnehmen (www.euipo. europa.eu: Über das EUIPO – Das Amt).
3 Zur Praxis des EUIPO s. insb die UMRL auf seiner Internetseite. Diese sind an die neuen Rechtsvorschriften der UMV angepasst und reflektieren die Praxis des Amts. Sie stellen jedoch nur allgemeine Verwaltungsanweisungen dar, so dass das Gesetz immer vorgeht.
4 Siehe insb die jährlichen Berichterstattungen über die Entwicklung des europäischen Markensystems in Rspr und Praxis seit 1999: zB *Bender*, Die Unionsmarke im Höhenflug, MarkenR 2022, 49, 110 und 165; *Bender,* Die Unionsmarke hält stand!, MarkenR 2021, 41, 81 und 121; *Bender*, Freie Bahn der Unionsmarke, MarkenR 2020, 41, 81 und 129; *Bender,* Die Unionsmarke vor der Bewährungsprobe, MarkenR 2019, 41, 89 und 133; *Bender,* Die Unionsmarke in neuem Gewand, MarkenR 2018, 69, 137 und 191; *Bender,* Das europäische Markenrecht in bewegter See, MarkenR 2017, 1, 66 und 98; *Bender,* Auf dem Weg zum neuen Markenrecht in Europa, MarkenR 2016, 65 und 126; *Bender,* Europa gibt den Ton an, MarkenR 2015, 53 und 129.

und ohne Zeitverlust mit ihm zu kommunizieren. Dazu tragen einerseits die stets aktualisierte Internetseite bei, auf der in den fünf Sprachen des Amts (Spanisch, Deutsch, Englisch, Französisch und Italienisch) alle relevanten Informationen (wie zB Online-Datenbanken, konsolidierte Gesetzestexte, Verfahrensvorschriften und Entscheidungen der Amtsinstanzen) verfügbar sind, als auch die Angebote, auf elektronischem Weg mit dem Amt zu kommunizieren. Insbesondere besteht auch eine gebührenfreie Online-Akteneinsicht. Der elektronische Verkehr mit den Nutzern des Systems wird Jahr für Jahr weiter ausgebaut und verbessert bis hin zum Angebot von Videokonferenzen. So konnte das EUIPO zB während der Schließung des Gebäudes in der Coronavirus-Pandemie im Frühjahr 2020 seine Arbeit zu fast 100 % durch seine Beschäftigten im Homeoffice bewältigen.

Mit seinen Datendanken, ua der TMview mit einer Sammlung von über 100 Mio. Marken aus Europa und vielen Staaten der Welt, bietet das EUIPO zentrale kostenlose Informationen für die Öffentlichkeit und erleichtert damit die Arbeit der Nutzer.

Die folgende Einführung soll angesichts der wachsenden Bedeutung einen kurzen Überblick über das europäische Markensystem geben, wobei insb die Abweichungen und Besonderheiten zum deutschen Recht und die Rspr von EuGH und EuG[5] sowie die Neuerungen durch die aktuelle Reform hervorgehoben sind.

Das Buch befindet sich auf dem aktuellen Gesetzesstand, dem ab 1. Dezember 2009 geltenden Vertrag von Lissabon (EUV und AEUV), der seit 23. März 2016 bzw 1. Oktober 2017 in Kraft getretenen Neufassung der die Gemeinschaftsmarkenverordnung (GMV) ersetzenden Unionsmarkenverordnung (UMV)[6] sowie der seit 12. Januar 2016 geltenden Neufassung der Richtlinie zur Angleichung der Rechtsvorschriften der Mitgliedstaaten über die Marken (MarkenRL)[7]. Aufgrund der verän-

---

5 Siehe hierzu auch jeweils die entspr Kapitel in den Jahresberichten über die Tätigkeit des Gerichts und des Gerichtshofs auf dessen Internetseite www.curia.europa.eu.

6 VO (EU) 2017/1001 vom 14.6.2017 über die Unionsmarke, in Kraft seit 1.10.2017; ABl. L 154/1. Dadurch wurden ersetzt die VO (EU) 2015/2424 vom 16.12.2015 zur Änderung der VO (EG) 207/2009 über die Gemeinschaftsmarke und der VO (EG) 2868/95 zur Durchführung der VO (EG) 40/94 über die Gemeinschaftsmarke und zur Aufhebung der VO (EG) 2869/95 über die an das Harmonisierungsamt für den Binnenmarkt (Marken, Muster und Modelle) zu entrichtenden Gebühren, in Kraft seit 23.3.2016; ABl. L 341/21; und die VO (EG) 40/94 vom 20.12.1993 über die Gemeinschaftsmarke idF Nr 207/2009 der Neukodifizierung vom 26.2.2009; ABl. L 78/1, in Kraft seit 13.4.2009. Alle zitierten VO-Texte und BK-Entscheidungen sowie aktuelle Informationen und Daten, Rechtstexte, Mitteilungen des Exekutivdirektors (früher: Präsidenten), Formulare und Hinweise in jeweils gültiger Fassung sind auf der Internetseite des EUIPO auffindbar. Das monatlich erscheinende »Alicante News« gibt einen aktuellen Überblick über das Amtsgeschehen und die neueste Rspr. Deshalb empfiehlt sich immer ein Kontrollblick auf www.euipo.europa.eu.

7 Richtlinie (EU) 2015/2436 vom 16.12.2015 zur Angleichung der Rechtsvorschriften der Mitgliedstaaten über die Marken; ABl. L 336/1, in Kraft seit 12.1.2016. Diese hat die bisherige MarkenRL aF ersetzt: Richtlinie 89/104/EWG vom 21.12.1988 zur Angleichung der Rechtsvorschriften der Mitgliedstaaten über die Marken idF 2008/95/EG der Neuko

derten Kompetenzverteilung unter den europäischen Institutionen nach dem AEUV mussten wegen dessen Art. 290 und 291 wesentliche Teile der Durchführungsverordnung (GMDV), der Verfahrensordnung vor den BK (VerfO-BK) und insb die gesamte Gebührenverordnung (GMGebV) in die UMV aufgenommen werden. Ab 1. Oktober 2017 gelten die Delegierte Verordnung (DVUM)[8] und die Durchführungsverordnung (UMDV)[9], die die bisherigen Verfahrensvorschriften aktualisieren und dem Amt einen größeren Spielraum beim Vollzug ermöglichen[10].

Das EUIPO arbeitet zudem im Rahmen des Programms für Zusammenarbeit und Konvergenz an einer Vereinheitlichung der Praxis von nationalen Ämtern und internationalen Institutionen, darunter auch der WIPO, und an einer Verbesserung der wechselseitigen Informationsstrukturen und Datenbanken.

Alle Veröffentlichungszitate von EuGH-, EuG-, BGH- und BPatG-Entscheidungen finden sich in der PAVIS-PROMA-Datei.

---

difizierung vom 22.10.2008; ABl. L 299/25, in Kraft seit 28.11.2008. S. zu der Reformdiskussion ua Bender, MarkenR 2013, 129 und Fezer, WRP 2013, 1185.

8 Delegierte VO (EU) 2018/625 der Kommission vom 5.3.2018 zur Ergänzung der VO (EU) 2017/1001 über die Unionsmarke und zur Aufhebung der DVUM (EU) 2017/1430; ABl. L 104/1.

9 Durchführungs-VO (EU) 2018/626 der Kommission vom 5.3.2018 mit Einzelheiten zur Umsetzung von Bestimmungen der VO (EU) 2017/1001 über die Unionsmarke und zur Aufhebung der UMDV (EU) 2017/1431; ABl. L 104/37.

10 Hinsichtlich der Rechtslage unter dem alten Recht wird auf die Vorauflagen verwiesen.

A. Überblick über das System der Unionsmarke

I. Die Unionsmarkenverordnung und die Durchführungsakte

Das Markenrecht hat in den letzten Jahrzehnten eine ungemein *dynamische Entwick-* **1** *lung* erlebt. Dies ist nicht allein bedingt durch die Vielzahl neu entwickelter Waren und neu angebotener DL besonders im Bereich der Telekommunikation und der Computertechnologie, sondern auch und insb durch eine rasche Abfolge von *Reformen* des lange Jahrzehnte eher träge vor sich hin dümpelnden Kennzeichenrechts. Hinzu kommt die wachsende *wirtschaftliche Bedeutung* des Markenschutzes in einem zunehmend globalisierten und internationalen Markt[1].

Die in Deutschland im Gefolge des Erstreckungsgesetzes erfolgte Lösung der Marke **2** vom Geschäftsbetrieb sowie die in Umsetzung der europäischen Harmonisierungsrichtlinie (MarkenRL aF) durch das MarkenG erfolgte Öffnung des Registers für neue Markenformen, insb die dreidimensionalen Gestaltungen, die Farben, die Hör-, Bewegungs-, Ausstattungs- oder Positionsmarken, haben die Fantasie der Markenschöpfer und Anmelder sowie ihre ökonomischen Initiativen in nie gekanntem Ausmaß *belebt* und *angeregt*.

Da die Vielzahl von teilweise völlig unterschiedlichen nationalen Markensystemen **3** der einzelnen europäischen Staaten bei zunehmendem Wachstum des Binnenhandels aber auch des internationalen Geschäftsverkehrs zu einem ernsten Hindernis für den freien Waren- und DL-Austauschs geführt hatte, hat der europäische Gesetzgeber durch die Angleichung der Rechtsvorschriften der Mitgliedstaaten mittels beider *MarkenRL* ein Instrument zur *Vollendung und zum reibungslosen Funktionieren des Binnenmarkts* geschaffen, um ein *System des unverfälschten Wettbewerbs* zu errichten[2].

Das Markenrecht ist nämlich nach stRspr des EuGH[3] ein *wesentlicher Bestandteil des* **4** *Wettbewerbssystems in der Union*[4]. In diesem System muss jedes Unternehmen, um

---

1 Siehe hierzu detaillierte Angaben in der IAK, S. 12–14; und die interessanten und wichtigen Studien der ins EUIPO integrierten Beobachtungsstelle zur Bekämpfung der Produktpiraterie: https://euipo.europa.eu/ohimportal/de/web/observatory/ip-studies.
2 PräambelRL 8 und PräambelRL aF 2; EuGH, 22.3.2012, C-190/10 – Rizo's/Rizo (Génesis), Rn 31.
3 EuGH, 14.9.2010, C-48/09 P– Lego-Stein, Rn 38 mwN.
4 EuGH, 16.4.2013, C-274/11 und C-295/11 – Spanien und Italien/Rat, Rn 22. Die Regeln im Bereich des geistigen Eigentums sind zwar für die Aufrechterhaltung eines unverfälschten Wettbewerbs im Binnenmarkt wesentlich, stellen deshalb aber keine »Wettbewerbsregeln« iSv Art. 3 Abs. 1b AEUV dar.

die Kunden durch die Qualität seiner Waren oder DL an sich zu binden, Zeichen als Marken eintragen lassen können, die es dem Verbraucher ermöglichen, diese Waren oder DL ohne Verwechslungsgefahr von denen anderer Herkunft zu unterscheiden. Die MarkenRL sollen zwar nicht zu einer vollständigen Angleichung der Markenrechte der Mitgliedstaaten führen, doch enthalten sie eine umfassende Harmonisierung der *zentralen innerstaatlichen Rechtsvorschriften*, die sich am unmittelbarsten auf das Funktionieren des Binnenmarkts auswirken[5].

5   Als Höhepunkt, wenn auch noch lange nicht als Schlusspunkt dieser Entwicklung gilt die auf der Grundlage der Verträge zur Gründung der Europäischen Gemeinschaften (EGV), jetzt des Vertrags über die Europäische Union (EUV) und des Vertrags über die Arbeitsweise der Europäischen Union (AEUV), erfolgte Schaffung der *Gemeinschaftsmarke* ab 1. April 1996 durch die GMV, die ein vollständig neues gewerbliches Schutzrecht mit einem einheitlichen Schutz für das gesamte Gebiet der Union begründet hat, das in der Europäischen Union als eigenständiges Markensystem neben den nationalen Marken und der Internationalen Registrierung bei der WIPO in Genf und in Koexistenz mit diesen[6] besteht.

6   Ergänzt wurde diese Grundverordnung durch die – jeweils inzwischen aufgehobenen – *Durchführungsverordnung* (GMDV)[7], die Gebührenverordnung (GMGebV)[8] und die *Verfahrensordnung vor den BK* (VerfO-BK)[9]. An deren Stelle sind teilweise die UMV mit Wirkung vom 23.3.2016 (insb hinsichtlich der GMGebV) und mit Wirkung vom 1.10.2017 die *Delegierte Verordnung* (DVUM) und die *Durchführungsverordnung* (UMDV) getreten. Sonstigen Materialien, wie zB den Gemeinsamen Erklärungen von Rat und Kommission zur MarkenRL und zur GMV[10] und den (in regelmäßi-

---

5   PräambelRL 9, 12, 14 und 42 sowie PräambelRL aF 4; EuGH, 22.3.2012, C-190/10 – Rizo's/Rizo (Génesis), Rn 32 mwN. Um den Zugang zum Markenschutz zu verbessern und die Rechtssicherheit und Berechenbarkeit zu erhöhen, soll das Verfahren für die Eintragung von Marken in den Mitgliedstaaten effizient und transparent sein und ähnlichen Regeln wie oben folgen, die für Unionsmarken gelten (PräambelRL 36).

6   PräambelUMV 3, 6 bis 8; EuGH, 22.3.2012, C-190/10 – Rizo's/Rizo (Génesis), Rn 30, 34.

7   VO (EG) 2868/95 vom 13.12.1995 zur Durchführung der GMV idF vom 31.3.2009; ABl. L 303/1, ABl. L 172/4 und ABl. L 109/3, in Kraft seit 1.5.2009.

8   VO (EG) 2869/95 vom 13.12.1995 über die an das HABM zu entrichtenden Gebühren idF vom 31.3.2009; ABl. L 303/33 und ABl. L 109/3, in Kraft seit 1.5.2009 und aufgehoben durch die neue UMV mit Wirkung vom 23.3.2017; Art. 3 ÄnderungsVO, siehe Entsprechungstabelle in Anlage II der UMV. So sind die einzelnen Gebühren (bisher Art. 2, 11 und 12 GMGebV) nunmehr in Anlage I der UMV geregelt, während die übrigen Bestimmungen über Gebühren und Entgelte, ihre Fälligkeit und Zahlung, den maßgeblichen Zahlungstag, unzureichende Zahlungen und die Erstattung geringfügiger Beträge in Art. 178 bis 181 UMV umgesetzt wurden.

9   VO (EG) 216/96 vom 5.2.1996 über die Verfahrensordnung vor den BK des HABM idF vom 6.12.2004; ABl. L 28/11 und ABl. L 360/8.

10 Diese Erklärungen (ABl.HABM 1996, 606, 612) sind für die Auslegung der GMV nicht verbindlich. Ihnen kommt keine rechtliche Bedeutung zu; EuGH, 6.5.2003, C-104/01 – Libertel-Orange, Rn 24, 25.

gem Abstand aktualisierten) Prüfungsrichtlinien des EUIPO (UMRL)[11], die nur die Amtspraxis reflektieren, kommt demgegenüber kein rechtlich verbindlicher Charakter zu, auch wenn sie oft als *ergänzendes Material* zur Auslegung beigezogen werden[12].

Nach fast 20 Jahren ihres Bestehens hat der europäische Gesetzgeber sowohl die   7 GMV als auch die MarkenRL aF einer grds *Revision* unterworfen, so dass ab dem 23.3.2016 die *neue Unionsmarke* die Gemeinschaftsmarke ersetzt hat und die *Neufassung der MarkenRL* zu einer weiteren Harmonisierung der nationalen Markenrechte der Mitgliedstaaten geführt hat.

II. Übergangsregelung

Die neue UMV ist zwar am 23.3.2016 in Kraft getreten, zahlreiche Vorschriften wur-   8 den jedoch erst ab dem 1.10.2017 wirksam. Dies führte dazu, dass in der Zeit vom 23.3.2016 bis 30.9.2017 die GMDV (mit Ausnahme von wenigen aufgehobenen Vorschriften[13]) noch neben der UMV weiter bestand.

Die gültigen *Fassungen von UMV* sowie *DVUM* und *UMDV*[14] sind (samt Entspre-   9 chungstabellen zum alten Recht) auf der Internetseite des EUIPO verfügbar. Bei Unklarheiten geht natürlich vom höheren Gesetzesrang her die Regelung der UMV vor.

Übergangsvorschriften enthält die ÄnderungsVO nicht. Es gilt der Grundsatz, dass die   10 neuen Bestimmungen am Tag ihres Inkrafttretens, also am 23.3.2016 bzw 1.10.2017, *unmittelbar wirksam* werden. Um die Anwendung in der Praxis für die Nutzer überschaubar zu machen, hat das EUIPO ein Papier über seine Praxis veröffentlicht[15].

So werden die *neuen absoluten Zurückweisungsgründe* (Art. 7 Abs. 1e, Abs. 1j und   11 Abs. 1m UMV) nicht auf Anmeldungen angewandt, die vor dem 23.3.2016 erfolgt waren. Für diese gelten die alten, die in der GMV und in anderen VO der Union enthalten waren (zu traditionellen Bezeichnungen von Weinen[16], zu g.t.S.[17] und zu Sortenschutzrechten[18]).

---

11 S. Beschluss Nr EX-22–1 des Exekutivdirektors vom 22.3.2022; ABl.EUIPO 4/2022. S.a. Alicante News 4/2022, S. 17 ff. Die UMRL sind in den fünf Sprachen des EUIPO verfügbar.
12 EuGH, 16.1.2019, C-162/17 P – LUBELSKA/Lubeca, Rn 59 mwN. Die UMRL stellen nach stRspr keine verbindlichen Rechtsakte zur Auslegung von Unionsrechtsvorschriften dar.
13 Art. 2 VO (EU) 2015/2424 vom 16.12.2015 zur Änderung der GMV.
14 Die Neufassungen der DVUM und UMDV vom 5.3.2018 beziehen sich nunmehr exakt auf die konsolidierte Version der UMV.
15 Temporal scope of the application of the new grounds for refusal of EUTMR.
16 Art. 113 Abs. 2 VO (EU) 1308/2013 vom 17.12.2013 über eine gemeinsame Marktorganisation für landwirtschaftliche Erzeugnisse (Weine); ABl. L 347/671; iVm Art. 40. und 41 VO (EG) 607/2009. vom 14.7.2009 hinsichtlich der g.U. und geografischen Angaben, der traditionellen Begriffe sowie der Kennzeichnung und Aufmachung bestimmter Weinbauerzeugnisse; ABl. L 193/60.
17 Art. 24 VO (EU) 1151/12 vom 21.11.2012 über Qualitätsregelungen für Agrarerzeugnisse und Lebensmittel; ABl. L 343/1.
18 VO (EG) 2100/94 vom 27.7.1994 über den gemeinschaftlichen Sortenschutz; ABl. L 227/1.

12 War die Anmeldung, gegen die sich der Widerspruch richtet, vor dem Inkrafttreten der UMV erfolgt, sind für das *Widerspruchsverfahren* noch die Vorschriften der GMV anzuwenden, soweit sie nicht rein verfahrensrechtlicher Art sind[19]. Der *neue Widerspruchsgrund* von Art. 8 Abs. 6 UMV soll nach Ansicht des EUIPO jedoch – unabhängig vom Anmelde- oder Prioritätstag der angegriffenen Anmeldung – auf Widersprüche anwendbar sein, die am 23.3.2016 oder danach eingelegt wurden[20].

13 Bei *Nichtigkeitsverfahren* aus *absoluten Gründen* ist auf die Rechtslage am Anmeldetag der angegriffenen Marke abzustellen[21] und bei solchen aus *relativen Gründen* auf die Rechtslage zum Zeitpunkt der Nichtigkeitsantragsstellung, unabhängig vom Anmelde- oder Prioritätstag der angegriffenen Marke.

14 Schließlich gelten *GMDV* und *VerfO-BK* für *laufende Verfahren* bis zu deren Abschluss jedoch wegen Art. 80 DVUM und Art. 37 UMDV als *Übergangsmaßnahmen* noch weiter. Ansonsten sind *DVUM und UMDV ab dem 1.10.2017* vorbehaltlich bestimmter in Art. 82 DVUM und Art. 39 UMDV im Einzelnen definierter *Ausnahmen* anzuwenden, zB in Bezug auf vor dem 1.10.2017 angemeldete Unionsmarken oder eingereichte Widerspruchsschriften sowie auf Widerspruchsverfahren, deren kontradiktorischer Teil davor begonnen hat, und auf davor eingereichte Beschwerden sowie davor gestellte Nichtigkeits- und Verfallsanträge[22].

15 Im Übrigen gelten nach stRspr *Verfahrensregeln* idR zu dem Zeitpunkt, zu dem sie in Kraft treten, im Gegensatz zu den *materiellen Vorschriften*, die idR so ausgelegt werden, dass sie für vor ihrem Inkrafttreten bestehende Sachverhalte nur insoweit gelten, als sich aus ihren Bestimmungen, ihren Zwecken oder ihrem allgemeinen Konzept eindeutig ergibt, dass ihnen diese Rechtswirkung zuerkannt werden muss. Die UMV ist am 23.3.2016 in Kraft getreten, und es ist aus ihren Bestimmungen, ihren Zwecken oder ihrer allgemeinen Konzeption *nicht* ersichtlich, dass zB Art. 7 GMV in der Fassung der UMV *auf Situationen Anwendung finden sollte, die vor ihrem Inkrafttreten bestanden* haben[23].

16 Wendet die Ausgangsinstanz irrtümlich statt der GMV schon die UMV an (oder umgekehrt), so ist dieser *Fehler* jedenfalls dann *unschädlich*, wenn die für den Fall relevanten Normen inhaltlich nicht voneinander abweichen[24].

---

19 EuG, 30.1.2020, T-598/18 – BROWNIE/BROWNIES, Rn 17, 18.

20 Dies erscheint aber problematisch, weil es gegen das Vertrauensschutzinteresse des Anmelders verstößt, der zum Anmeldezeitpunkt mit einem derart erweiterten Widerspruchsrecht noch nicht zu rechnen brauchte, zumal er ja nicht wusste, wann die Reform in Kraft tritt.

21 EuGH, 14.3.2019, C-21/18 – MANHATTAN (Svenskt Tenn/Textilis), Rn 29–33.

22 EuG, 11.4.2019, T-323/18 – Schmetterling, Rn 15–18.

23 EuG, 24.10.2018, T-447/16 – L-förmige Rille (Pirelli), Rn 18, 20–22 mwN; bestätigt durch EuGH, 3.6.2021, C-818/18 P und C-6/19 P.

24 EuG, 5.10.2020, T-847/19 – PAX/SPAX, Rn 22 mwN.

III. Das EUIPO und seine Informationsangebote

Das *EUIPO* (früher HABM) ist ein *Amt der europäischen Union* und besitzt eigene **17** Rechtspersönlichkeit gemäß Art. 2 und 142 UMV. Es hat die harmonische Entwicklung des Wirtschaftslebens innerhalb der Union und eine beständige und ausgewogene Wirtschaftsausweitung durch die Vollendung und das reibungslose Funktionieren des Binnenmarktes zu fördern (s. Rdn 579 ff). Das EUIPO wird von seinem *Exekutivdirektor* (früher Präsident) rechtlich vertreten und nach Art. 157 UMV geleitet. Dort sind auch seine Aufgaben detailliert festgelegt. Er wird – wie auch eine im Einzelnen festzulegende Zahl von stellvertretenden Exekutivdirektoren (derzeit einer) – nach Art. 157 Abs. 5, 158 UMV vom Rat der Union auf Vorschlag des Verwaltungsrats des EUIPO ernannt. Die Amtszeit beträgt fünf Jahre und kann einmal um höchstens fünf Jahre verlängert werden.

Der *Verwaltungsrat* (Art. 153 ff UMV) und der *Haushaltsausschuss* (Art. 171 ff UMV) **18** setzen sich aus je einem Vertreter der Mitgliedstaaten, zwei Vertretern der Kommission und einem des Europäischen Parlaments zusammen[25].

Der *Verwaltungsrat* verabschiedet das Jahresarbeitsprogramm, den strategischen Mehr- **19** jahresplan, den Jahresbericht sowie den Personalentwicklungsplan des Amtes und berät den Exekutivdirektor, zB vor dem Erlass von UMRL. Er schlägt insb neben dem Exekutivdirektor und seinen Stellvertretern auch den Präsidenten und die Vorsitzenden der BK vor, die vom Rat ernannt werden, und bestimmt die Mitglieder der BK.

Der *Haushaltsausschuss* nimmt den Haushaltsplan des EUIPO an und entlastet nach **20** Prüfung durch den Rechnungshof den Exekutivdirektor.

Für die *Durchführung der Verfahren* im Amt sind nach Art. 159 ff UMV iVm Art. 27 **21** UMDV die Prüfer, die Widerspruchsabteilungen, die Registerabteilung, die Nichtigkeitsabteilungen, eine Stelle oder ein Bediensteter für sonstige allgemeine Zuständigkeit und die BK zuständig. Das EUIPO ist immer wieder Objekt von *Umstrukturierungsmaßnahmen* seitens der Amtsleitung, um den gewandelten und st. gestiegenen Anforderungen zu entsprechen. Das jeweils aktuelle Organigramm lässt sich seiner Internetseite entnehmen[26].

Als amtsinterne, *gerichtsmäßig ausgestaltete Kontrollinstanzen* entscheiden die *BK* auf **22** Beschwerden über Entscheidungen der Ausgangsinstanzen des Amts. Sie definieren letztlich seine maßgebliche Markenpolitik (Art. 165 ff UMV).

Gegen die Entscheidungen der BK kann von dem oder den unterlegenen Beteiligten **23** nach Art. 72 UMV *Klage* zum Gericht der Europäischen Union (EuG) erhoben werden, dessen Urteile wiederum durch *Rechtsmittel* zum Gerichtshof der Europäischen Union (EuGH) anfechtbar sind.

---

25 Während der Geltung der GMV waren nur die Vertreter der Mitgliedstaaten stimmberechtigt.
26 Siehe zB Beschluss Nr ADM-20–31 des Exekutivdirektors vom 10.7.2020.

24   *Informationsquelle* für die Entwicklung der Unionsmarke sowohl in rechtlicher als auch in praktischer Hinsicht ist die *Internetseite* des EUIPO (www.euipo.europa.eu). Dort sind (zumeist) in den fünf Sprachen des Amts (Spanisch, Deutsch, Englisch, Französisch und Italienisch) alle relevanten Daten im jeweils aktuellsten Stand enthalten (Art. 112, 113 UMV[27]). Auf der Internetseite werden aktuelle Informationen präsentiert, insb Änderungen in der Gesetzgebung oder der Praxis des Amts sowie aktuelle Ereignisse und Hinweise auf zukünftige Entwicklungen.

25   Außerdem enthält bereits die Eingangsseite ua einen direkten Zugang zu *Datenbanken* und *Formularen*, zum Nutzerbereich (*User area*) für häufige Nutzer (nach Einloggen), zu Rechtstexten und Rspr, zu Änderungen am Unionsmarkenregister, zu Gebühren und Zahlungsmodalitäten und ua zu Veranstaltungen, wie den Webinars der EUIPO-Akademie, zu Jahresberichten und den im Monatsrhythmus auf der Internetseite elektronisch erscheinenden *Alicante News* mit aktuellen Informationen und Auszügen aus der Rspr von EuGH, EuG und den BK.

26   Das Informationsangebot umfasst einerseits die relevanten *Rechtstexte*, nämlich ua alle VO zur Unionsmarke und die MarkenRL samt Änderungen sowie internationale Verträge, alle Beschlüsse und Mitteilungen des Exekutivdirektors/Präsidenten, die UMRL und die Beschlüsse des Präsidiums der BK.

27   Andererseits ist auf der Internetseite *eSearch Case Law* die *Markenrechtsprechung* enthalten, also die Urteile des EuGH und des EuG zu Unionsmarken[28], die Urteile des EuGH zu einschlägigen Vorabentscheidungsverfahren, weiter alle Entscheidungen der Prüfer des EUIPO zu zurückgewiesenen Marken, alle Entscheidungen der Widerspruchs- und Nichtigkeitsabteilungen sowie der BK in der jeweiligen Verfahrenssprache (letztere auch zusätzlich auf Englisch), sowie auch Entscheidungen der nationalen Unionsmarkengerichte in der jeweiligen Originalsprache.

28   Auf der weiteren Internetseite *Marken* sind nützliche Basisinformationen über Marken und die Unionsmarke enthalten. Das nur noch auf der Internetseite des Amts erscheinende *Blatt für Unionsmarken* enthält Veröffentlichungen von Eintragungen und Einträgen im Register sowie weitere Angaben, die von der UMV vorgeschrieben sind (*eSearch plus*: Tägliche Veröffentlichung)[29]. Auch das *Amtsblatt* (ABl.EUIPO, frü-

---

27 Art. 112, 113, 114 und 115 UMV ersetzen die bisherigen Regeln 87 bis 91 GMDV.

28 Dies ermöglicht die Datenbank *eSearch Case Law.* (eSearch-Rechtsprechung). Leider werden Beschlüsse von EuG und EuGH zumeist verspätet eingestellt. Auch sind nicht mehr alle Urteile und Beschlüsse übersetzt, sondern nur in der Verfahrenssprache und der französischen Arbeitssprache des Gerichts zugänglich. Die deutschen Nutzer können sich jedoch insoweit mit der vollständigen und st. aktualisierten PAVIS-PROMA-Datei (www.pavis-proma.de.) behelfen. Eine weitere kostenlose, derzeit noch im Aufbau befindliche Datenbank, die Gerichtsentscheidungen zu Fragen des geistigen Eigentums aus der ganzen Welt enthält, bietet seit September 2020 die WIPO auf dem Portal WIPO LEX an: https://wipolex.wipo.int/en/main/judgments.

29 Werden Angaben, deren Veröffentlichung die UMV oder die GMDV vorschreiben, im Blatt für Unionsmarken veröffentlicht, so ist gemäß Art. 19 UMDV das auf dem Blatt

her ABl.HABM) wird nur als Online-Ausgabe publiziert[30]. Öffentliche Zustellungen (Art. 59 DVUM) werden ebenfalls im Internet veröffentlicht[31]. Die Eingangsseite des Internetportals des EUIPO enthält schließlich rechts oben (etwas versteckt) neben einer stilisierten Lupe ein *Suchfeld.*

Ein weiteres interessantes Informationsangebot ist das *Netzwerk der Europäischen*   **29** *Union für geistiges Eigentum* (EUIPN), das über die aktuellen Entwicklungen im europäischen Markenrecht bei der EUIPO und den Markenämtern der Mitgliedstaaten berichtet (www.tmdn.org).

---

angegebene Datum der Ausgabe des Blatts als das Datum der Veröffentlichung der Angaben anzusehen. Beinhalten die Eintragungen im Zusammenhang mit der Eintragung einer Marke keine Änderungen im Vergleich zu der Veröffentlichung der Anmeldung, so werden diese Eintragungen wegen Abs. 2 unter Hinweis auf die in der Veröffentlichung der Anmeldung enthaltenen Angaben veröffentlicht. S. Beschluss Nr EX-18–3 des Exekutivdirektors vom 3.9.2018; ABl.EUIPO 11/2018.

30 Auf der Internetseite des Amts unter der Rubrik »Recht«.

31 Beschluss Nr EX-18–4 des Exekutivdirektors vom 3.9.2018; ABl.EUIPO 11/2018.

B. Die Unionsmarke im Rechtssystem

I. Die Unionsmarke als europäisches Recht

Die Unionsmarke stellt gemäß Art. 1 UMV ein *einheitliches europäisches Recht* dar, **30** das in allen – nach der letzten Erweiterung der Europäischen Union durch Kroatien am 1.7.2013 und dem Austritt Großbritanniens am 31.1.2020[32] derzeit 27 – Mitgliedstaaten denselben rechtlichen Schutzumfang genießt wie eine nationale Marke (Art. 19 UMV). Aus dem Grundsatz der *Einheitlichkeit* ergibt sich, dass sie einheitliche Wirkung für die gesamte Union entfaltet. Sie kann daher nur insgesamt eingetragen oder zurückgewiesen werden. Dasselbe gilt für Verfall oder Nichtigkeit, Übertragung, Benutzung und Bekanntheit[33]. Im Unterschied zum deutschen Recht wird eine Unionsmarke wegen Art. 6 UMV nur durch Eintragung erworben.

Der Unionsgesetzgeber hat Mechanismen geschaffen, mit denen der *einheitliche Schutz* **31** *der Unionsmarke* im gesamten Unionsgebiet gewährleistet werden soll, und damit den einheitlichen Charakter der Unionsmarke bestätigt. Hierzu hat er die *Unionsmarkengerichte* vorgesehen, die ua gemäß Art. 123 Abs. 1 UMV, Art. 124 Nr a, c, d UMV und Art. 128 Abs. 1, 2, 6 und 7 UMV dafür zuständig sind, sich auf das gesamte Gebiet der Union erstreckende Verbote zur Fortsetzung von Handlungen auszusprechen, die eine Unionsmarke verletzen oder zu verletzen drohen[34].

Die Benutzung der Unionsmarke kann jedoch *aufgrund älterer nationaler Rechte* für **32** das Gebiet eines Mitgliedstaats oder eines Teils von ihm *untersagt* werden (Art. 137, 138 UMV). Denn die UMV lässt (soweit nichts anderes bestimmt ist) das nach dem Recht der Mitgliedstaaten bestehende Recht unberührt, Ansprüche wegen Verletzung älterer Rechte iSv Art. 8 UMV oder Art. 60 Abs. 2 UMV gegenüber der Benutzung einer jüngeren Unionsmarke geltend zu machen. Ansprüche wegen Verletzung älterer Rechte iSv Art. 8 Abs. 2 und 4 UMV können jedoch nicht mehr geltend gemacht werden, wenn der Inhaber des älteren Rechts nach Art. 61 Abs. 2 UMV nicht mehr die Nichtigerklärung der Unionsmarke verlangen kann.

Die UMV lässt (soweit nichts anderes bestimmt ist) das *Recht unberührt*, aufgrund des **33** Zivil-, Verwaltungs- oder Strafrechts eines Mitgliedstaats oder aufgrund von Bestimmungen des Unionsrechts Klagen oder Verfahren zum Zweck der Untersagung der Benutzung einer Unionsmarke anhängig zu machen, soweit nach dem Recht dieses

---

32 Bis zum Ende des Übergangszeitraums am 31.12.2020 waren jedoch die UMV, die DVUM und die UMDV in vollem Umfang anzuwenden; s. Rdn 36.
33 EuGH, 3.9.2015, C-125/14 – be impulsive/Impulse (Iron & Smith Kft./Unilever NV), Rn 20, 26–34.
34 EuGH, 21.7.2016, C-226/15 P – English pink/PINK LADY, Rn 49.

Mitgliedstaats oder dem Unionsrecht die Benutzung einer nationalen Marke untersagt werden kann (Art. 137 UMV).

34   Der Inhaber eines *älteren Rechts von örtlicher Bedeutung* kann sich wegen Art. 138 UMV der Benutzung der Unionsmarke in dem Gebiet, in dem dieses ältere Recht geschützt ist, widersetzen, sofern dies nach dem Recht des betr Mitgliedstaats zulässig ist. Dies gilt nicht, wenn der Inhaber des älteren Rechts die Benutzung der Unionsmarke in dem Gebiet, in dem dieses ältere Recht geschützt ist, während fünf aufeinander folgender Jahre in Kenntnis dieser Benutzung geduldet hat, es sei denn, dass die Anmeldung der Unionsmarke bösgläubig vorgenommen worden ist. Der Inhaber der Unionsmarke kann sich der Benutzung des älteren Rechts nicht widersetzen, auch wenn dieses ältere Recht gegenüber der Unionsmarke nicht mehr geltend gemacht werden kann.

35   Ab dem Tag des *Beitritts neuer Mitgliedstaaten* wird nach Art. 209 UMV eine vor dem Tag des Beitritts eingetragene oder angemeldete Unionsmarke (ohne gesonderte Antragstellung oder zusätzliche Gebühr) auf das Hoheitsgebiet dieser neuen Mitgliedstaaten erstreckt, damit sie dieselbe Wirkung in der gesamten Union hat[35]. Nach Art. 209 Abs. 5 UMV kann die Benutzung einer Unionsmarke gemäß Art. 137 und Art. 138 untersagt werden, wenn die ältere Marke oder das sonstige ältere Recht in dem neuen Mitgliedstaat vor dem Tag des Beitritts dieses Staats eingetragen, angemeldet oder gutgläubig erworben wurde (oder ein Prioritätsdatum von vor dem Beitrittstag aufweist).

36   Dieses *Benutzungsverbot* stellt eine Ausnahme von dem allgemeinen Prinzip der Einheitlichkeit der Unionsmarke nach Art. 1 UMV dar, die notwendig geworden war, um nicht bestehende ältere nationale Markenrechte beim Beitritt eines neuen Mitgliedstaats zu enteignen.

37   Für den *Austritt eines Mitgliedstaats* sieht die UMV *keine Regelungen* vor. Die Folgen des Ausscheidens von Großbritannien (*BREXIT*) werden aber durch das *Austrittsabk* bestimmt[36]. So waren wegen dessen Art. 126, 127 Abs. 1 und 3 nach dem Austritt am 31.1.2020 *bis zum Ende des Übergangszeitraums am 31.12.2020 die UMV, die DVUM und die UMDV in vollem Umfang anzuwenden*[37]. Während des Übergangszeitraums

---

35 EuG, 22.4.2015, T-337/14 – mobile.de proMotor/mobile, Rn 29–33; bestätigt durch EuGH, 28.2.2018, C-418/16 P.

36 S.a. EUIPO-Internetseite: Recht und Praxis – Brexit, insb Mitteilung der Kommission und des EUIPO vom 18.6.2020; Mitteilung Nr. 2/20 des Exekutivdirektors vom 10.9.2020 samt Q&A-Dokument; www.euipo.europa.eu; und Guidance EU trade mark protection and comparable UK trade marks from 1 January 2021 des britischen Amts; https://www. gov.uk/guidance/eu-trademark-protection-and-comparable-uk-trademarks; s.a. *Bogatz*, GRUR-Prax 2021, 130; Schwienhorst, GRUR-Prax 2021, 72.

37 EuGH, 29.11.2018, C-340/17 P – ALCOLOCK/ALCOLOCK, Rn 115–119. Die bloße Mitteilung eines Mitgliedstaats über seine Absicht, die Union gemäß Art. 50 EUV zu verlassen, hat nicht die Wirkung, die Anwendung des Unionsrechts in diesem Mitgliedstaat auszusetzen, so dass das Unionsrecht in ihm bis zum Zeitpunkt seines tatsächlichen

entfaltete nämlich das für und in Großbritannien geltende Unionsrecht *die gleichen Rechtswirkungen* wie innerhalb der Union und ihrer Mitgliedstaaten und wurde nach denselben Methoden und allgemeinen Grundsätzen auslegt und angewendet, die auch innerhalb der Union gelten. Dabei ist im Klageverfahren vor dem EuG der *Zeitpunkt der angefochtenen Entscheidung* relevant. Da die Klage beim EuG auf die Kontrolle der Rechtmäßigkeit der von der BK erlassenen Entscheidung iSv Art. 72 UMV gerichtet ist, hat das Gericht bei der Beurteilung dieser Rechtmäßigkeit grds auf den Zeitpunkt der angefochtenen Entscheidung abzustellen. Der Streitgegenstand gerät also nicht in Wegfall, wenn im Laufe des Gerichtsverfahrens ein Ereignis eintritt, in dessen Folge eine ältere Marke insb wegen eines etwaigen Austritts des betr Mitgliedstaats aus der Union den Status eines geschützten älteren Rechts verliert[38].

Austritts in vollem Umfang in Kraft bleibt. Auch der zukünftige Austritt von Großbritannien aus der Union konnte nicht berücksichtigt werden, zumal zum Entscheidungszeitpunkt hypothetisch war, dass dieser Austritt den Ausgang eines Nichtigkeitsverfahrens aufgrund einer älteren Marke des Austrittsstaats rückwirkend beeinflussen könnte. S.a. EuG, 23.9.2020, T-421/18 – MUSIKISS/KISS, Rn 36–38. Aus Art. 127 Austrittsabk ergibt sich, dass die UMV weiterhin auf britische Marken Anwendung findet und die älteren, in diesem Staat eingetragenen Marken weiterhin bis zum Ende des Übergangszeitraums den gleichen Schutz genießen wie denjenigen, den sie ohne einen Austritt Großbritanniens aus der Union genossen hätten. Folglich waren die älteren britischen Marken noch zur Stützung des Widerspruchs gegen die Eintragung der Anmeldung geeignet. S.a. EuG, 1.9.2021, T-463/20 – GT RACING/GT, Rn 117–120; Rechtsmittel nicht zugelassen, EuGH, 24.2.2022, C-678/21 P.

38 EuG, 6.10.2021, T-342/20 – Abresham Super Basmati Selaa Grade One World's Best Rice/ BASMATI, Rn 16–23, 27; Rechtsmittel zugelassen durch EuGH, 7.4.2022, C-801/21 P. Problematisch ist jedoch die Ansicht des EuG, wonach nicht geltend gemacht werden könne, dass die BK, an die der Rechtsstreit zurückverwiesen würde, falls das EuG die angefochtene Entscheidung aufheben sollte, gezwungen wäre, die Beschwerde mangels einer durch das Recht eines Mitgliedstaats geschützten älteren Marke zurückzuweisen. Nach Aufhebung ihrer Entscheidung wird die vom Kläger bei der BK eingelegte Beschwerde wieder bei ihr anhängig. Sie habe daher erneut über dieselbe Beschwerde zu entscheiden, und dies anhand der Sachlage, wie sie sich zum Zeitpunkt ihrer Erhebung dargestellt habe, da die Beschwerde in demselben Stadium, in dem sie sich vor der angefochtenen Entscheidung befand, wieder anhängig werde. Dass jedoch das an die BK zurückgewiesene Verfahren wieder in den Urzustand zurückversetzt werden soll, so dass aktueller Sachverhalt, wie das zwischenzeitliche Erlöschen der Widerspruchsmarke (auch bei deren Rücknahme oder Verfall?), nicht mehr berücksichtigt werden dürfte, ist mE unsystematisch und unlogisch. Die BK muss vielmehr ihre neue Entscheidung auf der Grundlage des zu deren Erlass aktuell bestehenden Streitstands treffen, also einen zwischenzeitlich erfolgten Wegfall der Widerspruchsmarke berücksichtigen. Dieses, den Inhaber des älteren Rechts einseitig begünstigende Diktum des EuG ist wohl der Überlegung geschuldet, dass ein Erfolg der Klage des Widersprechenden vor dem EuG letztendlich nutzlos wäre, wenn die BK dann im an sie zurückverwiesenen Verfahren im Nachfolgeentscheidung den Widerspruch wegen zwischenzeitlichen Wegfalls des älteren Rechts doch zurückweisen müsste. Aber das ist doch die logische Konsequenz des BREXITs, den nicht die Europäer, sondern die Briten wollten!

38 Nach dem Ende des Übergangszeitraums ab 1.1.2021 beschränkt sich jedoch der Schutzumfang aller eingetragenen Unionsmarken nur noch auf die verbleibenden Mitgliedstaaten. Danach ist für Widersprüche und relative Nichtigkeitsverfahren aufgrund von nationalen Marken des ausgetretenen Mitgliedstaats die rechtliche Grundlage entfallen[39], und das Recht an der Unionsmarke ist nicht mehr nach Art. 15 Abs. 1 UMV erschöpft, wenn eine durch dieses Recht geschützte Ware in Großbritannien rechtmäßig auf den Markt gebracht worden ist. Jedoch bleiben gemäß Art. 61 Austrittsabk Rechte des geistigen Eigentums, die vor dem Ablauf des Übergangszeitraums nach den Bedingungen des Unionsrechts sowohl in der Union als auch in Großbritannien erschöpft waren, sowohl in der Union als auch in Großbritannien erschöpft.[40]

39 Gemäß Art. 54 Abs. 1a, Art. 55 Austrittsabk werden nach dem Ende des Übergangszeitraums (ab 1.1.2021) *bestehende Unionsmarken, da sie von nun an keine Schutzwirkungen in Großbritannien mehr entfalten,* unter Verwendung der Daten des EUIPO-Registers automatisch, ohne erneute Prüfung und zusätzliche Gebühren, also ohne Antragstellung und ohne ein besonderes Verwaltungsverfahren, *in nationale Marken* des ausscheidenden Mitgliedstaats *umgewandelt,* die die bisherigen, den Unionsmarken

---

39 S. zB BK, 30.6.2021, R 461/19–5 – Pi/Pi supply, Rn 16–26. Der Schlussfolgerung des EuG, 1.12.2021, T-467/20 – ZARA/LE DELIZIE ZARA, Rn 58–63 (Das Rechtsmittel, das sich aber mit dieser Frage nicht befasste, wurde nicht zugelassen, EuGH, 6.5.2022, C-65/22 P), und EuG, 16.3.2022, T-281/21 – APE TEES/Affendarstellung, Rn 28–30, wonach der Umstand, dass die ältere Marke den Status einer in einem Mitgliedstaat eingetragenen Marke zu einem Zeitpunkt nach der Anmeldung der Unionsmarke verlieren könnte, insb infolge eines Austritts des betr Mitgliedstaats aus der Union, für den Ausgang des Widerspruchsverfahrens grds unerheblich sei, da für die Prüfung des Widerspruchs allein der Tag maßgeblich sein soll, an dem die Anmeldung eingereicht wurde (und an dem in den entschiedenen Fällen Großbritannien noch Mitglied der Union war), kann mE nicht gefolgt werden. Soweit sie sich auf EuG, 30.1.2020, T-598/18 – BROWNIE/ BROWNIES, Rn 19, und EuG, 23.9.2020 T-421/18 – MUSIKISS/KISS, Rn 35, 36, berufen, ist die dortige Rspr nicht anwendbar, weil sie noch vor Ende des Übergangszeitraums am 31.12.2020 ergangen ist, als Großbritannien noch am Unionsmarkensystem teilnahm, und sich daher nur auf einen potentiellen Schutzrechtsverlust der Zukunft bezog, der logischerweise zum Entscheidungszeitpunkt nicht berücksichtigt werden durfte. Im obigen Urteil Abresham Super Basmati Selaa Grade One World's Best Rice/BASMATI, hat das EuG vielmehr klargestellt, dass das Gericht bei der Beurteilung der Rechtmäßigkeit einer angefochtenen Entscheidung der BK grds auf den Zeitpunkt von deren Erlass abzustellen hat. Nur wenn zu diesem Zeitpunkt noch ein wirksames älteres Recht bestand, kann inhaltlich über den Widerspruch entschieden werden. Das entspricht auch stRspr und Praxis, wonach keine inhaltliche Entscheidung über den Widerspruch mehr ergehen kann, wenn das ältere Widerspruchsrecht während des Verfahrens vor dem Amt oder der BK wegfällt, sei es durch Erlöschen wegen Verzicht oder fehlender Verlängerung, wegen Nichtigkeitserklärung oder aus sonstigen Gründen wie dem Wirksamwerden des Austritts des betr Mitgliedstaats, in dem es Schutz genießt (s. zB EuG, 13.9.2006, T-191/04 – METRO/METRO, Rn 29 ff).

40 Siehe EUIPO-Internetseite: Recht und Praxis – Brexit, insb Mitteilungen der Kommission vom 25.6.2020 und vom 9.7.2020, G.1.; www.euipo.europa.eu.

zustehenden Rechte behalten (in umgekehrter Anwendung des Senioritätsgrundsatzes)[41]. Inhaber von Unionsmarken sind ab 1.1.2021 drei Jahre lang nicht dazu verpflichtet, über eine Postanschrift in Großbritannien zu verfügen.

Wird in der Union infolge eines am 31.12.2020 noch laufenden Verwaltungs- oder   **40** Gerichtsverfahrens eine Unionsmarke für ungültig erklärt oder widerrufen, so ist das entspr Recht in Großbritannien ebenfalls für ungültig zu erklären oder zu widerrufen. Die Erklärung der Ungültigkeit oder der Widerruf wird in Großbritannien am selben Tag wirksam wie in der Union. Abweichend davon besteht für Großbritannien dann keine Verpflichtung, das entspr Recht in Großbritannien für ungültig zu erklären oder zu widerrufen, wenn die Gründe für die Ungültigkeit oder den Widerruf der Unionsmarke auf Großbritannien nicht zutreffen (Art. 54 Abs. 3 Austrittsabk).

Wegen Art. 54 Abs. 4 Austrittsabk wird ein in Großbritannien gemäß Art. 54 Abs. 1a   **41** Austrittsabk begründetes Markenrecht (ohne erneute Prüfung, aber wohl gebührenpflichtig) erstmals an dem Tag *verlängert*, an dem die nach dem Unionsrecht eingetragene Unionsmarke verlängert wird. Denn Art. 55 Abs. 4 Austrittsabk lässt *Verlängerungsgebühren*, die bei der Verlängerung von Markenrechten fällig werden könnten, sowie die für die betroffenen Inhaber bestehende Möglichkeit unberührt, in Großbritannien nach britischem Recht auf ihre Markenrechte zu *verzichten*.

Für die in Art. 54 Abs. 1a genannten Marken gilt in Großbritannien nach Art. 54   **42** Abs. 5 Austrittsabk, dass erstens der Marke das *Datum der Anmeldung* oder das *Prioritätsdatum* der Unionsmarke und ggf die *Seniorität* einer britischen Anmeldung nach den Art. 39 oder 40 UMV zugutekommt, dass zweitens die Marke nicht mit der Begründung widerrufen werden darf, die *Nutzung* der entspr Unionsmarke habe vor dem Ablauf des Übergangszeitraums in Großbritannien *nicht ernsthaft* begonnen, und dass drittens der Inhaber einer Unionsmarke, die *in der Union Bekanntheit* erworben hat, berechtigt ist, in Bezug auf die entspr Marke aufgrund der bis zum Ablauf des Übergangszeitraums in der Union erworbenen Bekanntheit in Großbritannien Rechte auszuüben, die denen gemäß Art. 9 Abs. 2c UMV und Art. 5 Abs. 3a MarkenRL gleichwertig sind, und dass danach die weitere Bekanntheit dieser Marke auf ihrer Verwendung in Großbritannien gründet. Jedoch gilt *nach dem Ende des Übergangszeitraums* ab 1.1.2021 die Benutzung einer Unionsmarke in Großbritannien (auch für Exportzwecke) nicht mehr als Benutzung in der Union zum Zwecke der Aufrechterhaltung der Rechte aus der Unionsmarke. Auch werden nach dem Ende des Übergangszeitraums ab 1.1.2021 alle bestehenden *Senioritätsansprüche* in Uni-

---

41 Denn keinesfalls darf es zu einem rückwirkenden Schutzrechtsverlust für das Gebiet des ausscheidenden Mitgliedstaats kommen, da dies ein verfassungswidriger enteignender Eingriff wäre; EGMR, 11.1.2007, No. 73049/01 – Anheuser-Busch v. Portugal, Rn 62–78; und EGMR, 16.4.2019 – No. 19965/06 – Özlenen Gazete Vatan. Die hier aufgestellten Grundsätze für die Anmeldung und die eingetragene Marke sind auch für einen ausgetretenen Mitgliedstaat zwingend. So muss insb die rückwirkende Schutzlosstellung einer Marke aufgrund eines neuen Gesetzes durch ein öffentliches Interesse gerechtfertigt sein.

onsmarken, die auf nationalen britischen Markenrechten beruhen, keine Wirkung mehr in der Union haben.

43   Einer Person, die vor dem Ablauf des Übergangszeitraums am 31.12.2020 nach dem Unionsrecht einen *Unionsmarkenantrag* gestellt hat, dem ein Anmeldetag zuerkannt wurde, steht wegen Art. 59 Abs. 1 Austrittsabk für dieselbe Marke in Bezug auf Waren oder DL, die mit denen, auf die sich der in der Union gestellte Antrag bezieht, identisch oder in ihnen enthalten sind, das Recht zu, *binnen neun Monaten ab dem Ende des Übergangszeitraums* (ab 1.1.2021) einen entspr (kostenpflichtigen) Antrag in Großbritannien zu stellen. Ein solcher Antrag gilt als an demselben Anmelde- und Prioritätstag gestellt, an dem der Antrag in der Union gestellt wurde, wobei ihm ggf auch der Zeitrang einer nach Art. 39 oder 40 UMV angemeldeten Marke in Großbritanniens zugutekommt.

44   Wenn eine Person, die im Einklang mit dem Unionsrecht zur *Vertretung* einer natürlichen oder juristischen Person *vor dem EUIPO* befugt ist, eine Partei vor Ende des Übergangszeitraums am 31.12.2020 in einem Verfahren vor diesem vertritt, so darf sie gemäß Art. 97 Austrittsabk diese Partei *weiterhin* in allen Stufen des Verfahrens vor dem Amt *vertreten*[42]. Ansonsten können britische Vertreter wegen Art. 120 UMV ab dem 1.1.2021 vor dem EUIPO nicht mehr auftreten, und alle Personen, die in Großbritannien niedergelassen sind, benötigen dann gemäß Art. 119 Abs. 2 UMV vor dem Amt einen Vertreter aus dem EWR.

45   Im Übrigen gelten in Großbritannien sowie in den Mitgliedstaaten in Fällen, die einen Bezug zu Großbritannien aufweisen, für vor dem Ablauf der Übergangszeit am 31.12.2020 eingeleitete *gerichtliche Verfahren* sowie für damit zusammenhängende Verfahren oder Klagen wegen Art. 67 Abs. 1b Austrittsabk die Zuständigkeitsbestimmungen der UMV weiter. Jedoch kann nach dem Ablauf des Übergangszeitraums am 1.1.2021 ein Anwalt, der berechtigt ist, vor den britischen Gerichten aufzutreten, aber nicht nachgewiesen hat, dass er außerdem berechtigt ist, vor einem Gericht eines Mitgliedstaats oder eines anderen EWR-Vertragsstaats aufzutreten, wegen Art. 91 Abs. 1 und Abs. 2 sowie Art. 95 Abs. 1 Austrittsabk keine Klage mehr gemäß Art. 72 UMV zum EuG erheben, wenn die angefochtene Entscheidung nach dem Ende des Übergangszeitraums erlassen wurde[43].

II. Unionsmarke, nationale Marke, Internationale Registrierung

46   Das *Unionsmarkensystem* ersetzt die nationalen Systeme nicht, sondern tritt *gleichberechtigt* neben sie. Daher kann ein Anmelder sich nicht nur zwischen beiden Systemen entscheiden, sondern seine Marken auch parallel in beiden anmelden, wovon

---

42   S.a. Annex zur Mitteilung Nr 2/20 des Exekutivdirektors vom 10.9.2020 und Beschluss Nr 2020–9 des Präsidiums der BK vom 6.11.2020 betr Vertreter aus dem Vereinigten Königreich vor den BK in laufenden Verfahren; ABl.EUIPO 3/2021.
43   EuG, 7.12.2021, T-422/21 – IQ/EQ.

etwa 30 % der Nutzer Gebrauch machen[44]. Konflikte zwischen den verschiedenen Marken werden nach dem, das Markenrecht beherrschenden Prioritätsprinzip entschieden, wonach das ältere Recht immer Vorrang hat, sei es nun eine nationale oder eine Unionsmarke.

Das *Unionsmarkensystem* ist ein *eigenes europäisches*, von den nationalen Systemen der 47 Mitgliedstaaten unabhängiges *Rechtssystem*.

Einerseits sind Entscheidungen der BK über die Eintragung eines Zeichens als Unions- 48 marke nach der UMV *gebundene Entscheidungen* und *keine Ermessensentscheidungen*. Ihre Rechtmäßigkeit ist daher allein auf der Grundlage der UMV und nicht auf der Grundlage einer vorherigen Entscheidungspraxis des EUIPO zu beurteilen. Zwar ist dieses verpflichtet, seine Befugnisse im Einklang mit den allgemeinen Grundsätzen des Unionsrechts, wie dem *Grundsatz der Gleichbehandlung* und dem *Grundsatz der ordnungsgemäßen Verwaltung*, auszuüben.

So muss das Amt im Rahmen der Prüfung der Anmeldung die zu ähnlichen Anmel- 49 dungen ergangenen Entscheidungen berücksichtigen und besonderes Augenmerk auf die Frage richten, ob im gleichen Sinne zu entscheiden ist oder nicht. Jedoch müssen der Grundsatz der Gleichbehandlung und der Grundsatz der ordnungsgemäßen Verwaltung mit dem *Gebot rechtmäßigen Handelns* in Einklang gebracht werden. Folglich kann sich der Anmelder eines Zeichens als Unionsmarke *nicht auf eine fehlerhafte Rechtsanwendung* zugunsten eines anderen *berufen*, um eine identische Entscheidung zu erlangen[45]. Auch Erklärungen des Vertreters des EUIPO vor EuGH und EuG können die BK nicht binden[46].

Andererseits stellen *in Mitgliedstaaten* bereits *vorliegende Eintragungen* einen Umstand 50 dar, der für die Eintragung einer Unionsmarke lediglich berücksichtigt werden kann, *ohne entscheidend* zu sein. Keine Vorschrift der UMV verpflichtet das EUIPO oder – im Fall einer Klage – das EuG, zu den gleichen Ergebnissen zu gelangen wie die nationalen Ämter oder Gerichte in einem gleichartigen Fall[47].

So darf sich eine BK zB *nicht ohne eigene sorgfältige Überprüfung auf eine nationale Entscheidung stützen*[48]. Auch wenn ein oberstes nationales Gericht entschieden hat, darf dies lediglich als Anhaltspunkt mit Hinweischarakter, jedoch nicht als zwingend angesehen werden[49]. Selbst *rechtskräftige Urteile* von nationalen Unionsmarkengerichten in parallelen Verletzungsverfahren entfalten weder formal Rechtskraftwirkung für

---

44 Siehe hierzu IAK, S. 16, 17.
45 EuGH, 10.3.2011, C-51/10 P – Zahl 1000, Rn 73–79.
46 EuG, 25.3.2009, T-402/07 – ARCOL/CAPOL II, Rn 98–100; bestätigt durch EuGH, 4.3.2010, C-193/09 P, Rn 72.
47 EuGH, 12.1.2006, C-173/04 P – Standbeutel, Rn 48, 49. S.a. EuG, 24.3.2009, T-318/06 – GENERAL OPTICA/Generalóptica, Rn 20–23.
48 EuG, 15.7.2011, T-108/08 – GOOD LIFE/GOOD LIFE, Rn 21–25.
49 EuG, 18.3.2016, T-501/13 – WINNETOU, Rn 35–79. Die BK hatte die in der BGH-Rspr dargelegten Erwägungen hinsichtlich der Eintragungsfähigkeit, der Wahrnehmung des angegriffenen Zeichens und seines beschreibenden Charakters bzgl der betroffenen

das Unionsmarkenverfahren, noch vermögen die Gründe inhaltlich das EUIPO zu binden, da die wechselseitigen Verfahren verschiedene Ansprüche zum Gegenstand haben. Angesichts der Alleinzuständigkeit des EUIPO für die Gewährung oder Ablehnung der Eintragung einer Unionsmarke hat jedes bei ihm geführte Markeneintragungs- oder Widerspruchsverfahren nämlich notwendig einen anderen Gegenstand als jedes Verfahren vor einem nationalen Gericht, selbst einem Unionsmarkengericht[50].

52 In Konsequenz berührt vice versa auch die Zurückweisung der Anmeldung einer Unionsmarke durch europäische Instanzen weder die Gültigkeit noch den Schutz von gleichartigen älteren nationalen Eintragungen. Das *Unionsmarkenrecht tritt nämlich nicht an die Stelle der Markenrechte der Mitgliedstaaten.* Es ist daher nicht nur möglich, dass einer Marke wegen sprachlicher, kultureller, sozialer und wirtschaftlicher Unterschiede in einem Mitgliedstaat die Unterscheidungskraft fehlt, in einem anderen aber nicht, sondern ebenso, dass eine Marke auf der Ebene der Union keine Unterscheidungskraft besitzt, wohl aber in einem Mitgliedstaat[51].

53 Diese Grundsätze gelten auch für die *nationalen Markensysteme.* Hier muss der Gleichbehandlungsgrundsatz ebenfalls mit dem Gebot rechtmäßigen Handelns in Einklang gebracht werden, so dass sich niemand auf eine fehlerhafte Rechtsanwendung zugunsten eines anderen berufen kann, um eine identische Entscheidung zu erlangen[52].

54 *TRIPS* und *PVÜ* sind auf die Unionsmarke *nicht unmittelbar anwendbar.* Der *PVÜ* gehört die Union nicht an[53]. Da aber alle Mitgliedstaaten durch PVÜ und TRIPS gebunden sind, müssen sich die Vorschriften der MarkenRL nach PräambelRL 41 mit denen von PVÜ und TRIPS in vollständiger Übereinstimmung befinden, dürfen die Verpflichtungen der Mitgliedstaaten aus beiden Übereinkommen nicht berühren[54]. Daraus ergibt sich in Konsequenz die Verpflichtung, dass die Auslegung nicht nur

---

Waren und DL übernommen, ohne eine eigenständige Beurteilung im Licht der von den Parteien vorgebrachten Argumente und Beweismittel vorzunehmen.
50 EuG, 25.3.2015, T-378/13 – English pink/PINK LADY, Rn 56–70 mwN; bestätigt durch EuGH, 21.7.2016, C-226/15 P, Rn 51, 52, 61–63 mwN. Im Übrigen ist der jeweilige Gegenstand von Verletzungs-, Nichtigkeitsklagen und Anträgen im Eintragungsverfahren nach der UMV auch bereits in dem Sinne verschieden, dass die Möglichkeit für den Inhaber einer älteren Unionsmarke, eine Verletzungsklage gegen den Inhaber einer jüngeren Unionsmarke zu erheben, weder einen Antrag auf Nichtigerklärung beim EUIPO noch die im Rahmen des Eintragungsverfahrens für die von Unionsmarken verfügbaren Mechanismen der Vorabkontrolle sinnlos werden lassen kann.
51 EuGH, 25.10.2007, C-238/06 P – Develey-Kunststoffflasche, Rn 56–58.
52 EuGH, 12.2.2009, C-39/08 und EuGH, C-43/08, Rn 16–19, im Vorabentscheidungsersuchen des BPatG auf die Frage, ob Art. 3 MarkenRL aF eine Gleichbehandlung von Anmeldern bei der Markeneintragung zur Sicherung der Gleichheit der Wettbewerbschancen erfordert; BPatG, 19.12.2007, 29 W (pat) 13/06 – Schwabenpost II und BPatG, 19.12.2007, 29 W (pat) 128/05 – Volks-Handy, Volks-Camcorder, Volks-Kredit. S.a. BGH, 17.8.2010, I ZB 59/09 – SUPERgirl; EuG, 22.11.2011, T-290/10 – TENNIS WAREHOUSE, Rn 24.
53 EuGH, 25.10.2007, C-238/06 P– Develey-Kunststoffflasche, Rn 40–43.
54 EuGH, 10.7.2014, C-420/13 – Netto Marken-Discount, Rn 37 mwN.

der durch die MarkenRL harmonisierten nationalen Rechte, sondern auch der UMV den Regelungen der PVÜ nicht widersprechen darf[55].

Dem *TRIPS* gehört die Union zwar an[56], doch entfalten auch diese Vorschriften keine **55** unmittelbaren Wirkungen und begründen für den Einzelnen keine Rechte, auf die er sich nach dem Unionsrecht vor den Gerichten unmittelbar berufen könnte[57]. Aber auch hier gilt der Grundsatz, dass eine Auslegung der UMV nicht den Bestimmungen von TRIPS widersprechen darf. Die Rechtsakte der Union müssen nämlich die im TRIPS enthaltenen Normen betr die Verfügbarkeit, den Umfang und die Ausübung der Rechte des geistigen Eigentums beachten[58].

Neben der Option, eine nationale Marke und/oder eine Unionsmarke anzumelden, **56** kann ein Interessent auch von der Möglichkeit Gebrauch machen, über das *Madrider Markenprotokoll* (PMMA)[59], dem die Union beigetreten ist, im Rahmen einer *Internationalen Registrierung* eine Schutzerstreckung auf der Basis einer nationalen Anmeldung oder derjenigen einer Unionsmarke zu beantragen.

Das Unionsmarkensystem und das aufgrund des PMMA bestehende internationale **57** Registrierungssystem *ergänzen sich* damit *sinnvoll*. Um nämlich die Vorteile der Unionsmarke im Rahmen des PMMA und umgekehrt zu nutzen, können die Anmelder und Inhaber von Unionsmarken den internationalen Schutz für ihre Marken durch eine Internationale Registrierung im Rahmen des PMMA beantragen, was auf einem *Online*-Formblatt möglich ist. Ferner können Inhaber einer IR-Marken aufgrund PMMA den Schutz für ihre Marken im Rahmen des Unionsmarkensystems beantragen[60].

---

55 EuGH, 11.11.2020, C-809/18 P – MINERAL MAGIC/MAGIC MINERALS BY JEROME ALEXANDER, Rn 64 mwN.
56 EuG, 14.7.2015, T-55/14 – Lembergerland, Rn 18.
57 EuGH, 25.10.2007, C-238/06 P– Develey-Kunststoffflasche, Rn 38, 39.
58 EuGH, 16.11.2004, C-245/02 – Budweiser, Rn 42 mwN; EuGH, 18.7.2013, C-414/11 – Daiichi Sankyo und Sanofi-Aventis/DEMO Anonymos, Rn 45–61 mwN.
59 Das Protokoll zum Madrider Abkommen über die Internationale Registrierung von Marken (PMMA) ist mit dem 1.10.2004 für die EU wirksam geworden; VO (EG) 1992/2003 vom 27.10.2003 zur Änderung der GMV, um den Beitritt der Europäischen Gemeinschaft zu dem am 27.6.1989 in Madrid angenommenen PMMA wirksam werden zu lassen, und Beschluss des Rates vom 27.10.2003 über die Genehmigung des Beitritts der Europäischen Gemeinschaft zu dem am 27.6.1989 in Madrid angenommenen PMMA; ABl. L 296/1 und 20; VO (EG) 781 und 782/2004 zur Änderung der GMGebV und der GMDV; ABl. L 123/85 und 88; Informationen über das Inkrafttreten; ABl. L 256/23. Deshalb enthält die UMV in Kapitel XIII die »Internationale Registrierung von Marken«.
60 Ab 1.2.2019 ist eine geänderte Fassung des MMA und des PMMA in Kraft getreten; s. WIPO Information Notice 21/2018 vom 7.11.2018. Vom 1.2.2019 ist es möglich, die Teilung einer Internationalen Registrierung mit Benennung der Union zu beantragen. Der Antrag muss dem EUIPO in der Sprache der Internationalen Registrierung auf dem Formular WIPO MM22 übermittelt werden.

58 Die Vorschriften der UMV und alle ihre Durchführungsrechtsakte gelten auch für Anträge auf *Internationale Registrierung* (Art. 182 UMV), soweit in Art. 183 bis 204 UMV iVm Art. 28 bis 36 UMDV und Art. 76 bis 79 DVUM nichts anderes bestimmt ist[61]. Die Gebühren ergeben sich aus Anhang I Nr B zur UMV und der Anordnung des Generaldirektors der WIPO. Inzwischen gehören alle MMA-Mitglieder dem PMMA an[62].

59 Nach Art. 51 und 52 MarkenRL und Art. 152 UMV iVm Art. 20 UMDV steht es den Markenämtern der Mitgliedstaaten frei, miteinander und mit dem EUIPO *effektiv zusammenzuarbeiten*, insb um die Angleichung von Vorgehensweisen und Instrumenten im Zusammenhang mit der Prüfung und Eintragung von Marken zu fördern (PräambelRL 39).

60 Nach Art. 152 Abs. 2 und 4 UMV definiert und koordiniert der Verwaltungsrat des EUIPO (zu seinem Aufgabenbereich: Art. 153 bis 156 UMV) auf Vorschlag von dessen Exekutivdirektor (zu seiner Kompetenz: Art. 157, 158 UMV) *Projekte*, die im Interesse der Union und der Mitgliedstaaten liegen, und fordert die Ämter der Mitgliedstaaten auf, sich an diesen Projekten mit dem Ziel zu beteiligen, dass sie weiterentwickelt werden, funktionsfähig und interoperabel sind sowie st. aktualisiert werden.

61 In der Projektbeschreibung sind die besonderen *Pflichten* und *Aufgaben* jedes teilnehmenden Amtes darzulegen. Die nationalen Markenämter können ihre Mitarbeit an diesen Projekten jedoch wegen Art. 152 Abs. 3 UMV einstellen, einschränken oder vorübergehend aussetzen. Das EUIPO unterstützt diese Projekte auch mit *Finanzhilfen und Sachleistungen* an die nationalen Ämter mit *jährlich maximal 15 % seiner Einnahmen* (Art. 152 Abs. 5 UMV[63]).

---

61 Siehe ua EuG, 13.4.2011, T-202/09 – Winkel (Deichmann) (mit gestrichelten Linien umsäumt), Rn 24; bestätigt durch EuGH, 26.4.2012, C-307/11 P.

62 Siehe http://www.wipo.int/madrid/en/members/.

63 Zur Förderung besser aufeinander abgestimmter Verfahren und der Entwicklung gemeinsamer Instrumente muss ein angemessener Regelungsrahmen für die Zusammenarbeit zwischen dem EUIPO und den nationalen Ämtern der Mitgliedstaaten geschaffen werden, der die zentralen Bereiche der Zusammenarbeit bestimmt und es dem EUIPO ermöglicht, relevante gemeinsame Projekte, die im Interesse der Union und der Mitgliedstaaten liegen, zu koordinieren und diese Projekte bis zu einem bestimmten Höchstbetrag zu finanzieren. Solche Kooperationsmaßnahmen sollen den Unternehmen zugutekommen, die die Markensysteme in Europa benutzen. Durch die Projekte, insb die Datenbanken zu Recherche- und Konsultationszwecken, sollen den Nutzern zusätzliche, inklusive, effiziente und kostenfreie Instrumente an die Hand gegeben werden, die den spezifischen Erfordernissen Rechnung tragen, die sich aus der Einheitlichkeit der Unionsmarke ergeben (PräambelUMV 34).

C. Allgemeine Verfahrensprinzipien

I. Europäisches Recht

Das Verfahren hinsichtlich der Unionsmarke folgt dem *europäischen Recht*, das in vie- **62** len Bereichen von nationalen Rechtsvorschriften *deutlich verschieden* ist. Es lohnt sich daher immer, sich mit europäischen Rechtssätzen, insb UMV, DVUM und UMDV sowie den von EuG und EuGH entwickelten verfahrensrechtlichen Grundprinzipien vertraut zu machen, wenn man mit einer Unionsmarke zu tun hat. Die Berufung auf nationale Rechtsvorschriften oder -grundsätze ist zumeist wenig hilfreich, wenn nicht gar kontraproduktiv.

Für die *Auslegung* von europäischen Rechtstexten gelten keine nationalen Grundsätze. **63** Bedeutung und Tragweite von Begriffen, die das Recht der Union nicht definiert, sind entspr ihrem *Sinn* nach dem gewöhnlichen Sprachgebrauch unter Berücksichtigung der *Sprachfassungen in allen Amtssprachen der Union* und unter Berücksichtigung des Zusammenhangs, in dem sie verwendet werden, und der mit der betr Regelung verfolgten *Ziele* zu bestimmen[64] (s. Rdn. 260 ff).

Außerdem können die *Erwägungsgründe eines Unionsrechtsakts in der Präambel* des- **64** sen Inhalt präzisieren[65]. Gerade die einzelnen Bestimmungen von UMV, DVUM, UMDV und MarkenRL werden vom EuGH zumeist im Lichte der Erwägungsgründe

---

64 EuG, 21.5.2014, T-61/13 – NUEVA, Rn 20–28, 34 mwN.
65 EuGH, 22.9.2011, C-482/09 – Budweiser/Budweiser II, Rn 50, 51 mwN.

der Präambel ausgelegt. *Ausnahmen* von einem allgemeinen Grundsatz oder – spezifischer – von unionsrechtlichen Schutzvorschriften sind eng auszulegen[66].

II. Datenbanken, Formblätter, Schriftsätze und Übersetzungen

65   Die *Datenbanken* des EUIPO auf der Internetseite (www.euipo.europa.eu) ermöglichen einen zentralen Zugriff auf Informationen über Marken, Geschmacksmuster, Neuigkeiten, Veranstaltungen, Recht und Praxis und auf die Suchmodule.

66   So vermitteln *eSearch plus* und das über diese Seite erreichbare *eRegister*[67] Informationen über Marken, Geschmacksmuster, Inhaber, beim Amt registrierte Vertreter und Amtsblätter, *eSearch Case Law* Informationen über Entscheidungen des EUIPO, der BK, des EuG, des EuGH und nationaler Gerichte des geistigen Eigentums, *TMview* Informationen über Marken aller teilnehmender Markenämter auf nationaler, internationaler und EU-Ebene mit einem Bestand von derzeit über 100 Millionen Marken[68]. Die Datenbank *TMclass* bietet eine Hilfe bei der Klassifizierung von Waren und DL an, indem sie einen Vergleich der Klassifikationsdatenbanken der teilnehmenden Ämter ermöglicht und die *Übersetzungen* von Begriffen in derzeit über 35 Sprachen bereit hält, darunter auch in außereuropäische, wie Arabisch, Chinesisch, Hebräisch, Japanisch, Koreanisch, Russisch und Türkisch[69].

---

66 EuGH, 22.12.2008, C-549/07 – Wallentin-Hermann, Rn 17 mwN.

67 Beschluss Nr EX-21–4 des Exekutivdirektors vom 30.3.2021 über das Register für Unionsmarken, das Register für GGM, die Datenbank für Verfahren vor dem Amt und die Rechtsprechungsdatenbank samt Annex I und II; ABl.EUIPO 7/2021.

68 Mit der schrittweisen Einbeziehung neuer Ämter bzw Organisationen ist TMview zu einer Plattform geworden, auf der Daten aus allen Mitgliedstaaten zusätzlich zu den Informationen vom EUIPO, der WIPO und anderen internationalen Partnern bereitgestellt werden. Bereits jetzt ist TMview die größte frei zugängliche Online-Datenbank. So nehmen über 70 Ämter daran teil, darunter das EUIPO und diejenigen der Mitgliedstaaten sowie neben der WIPO, der ARIPO und der OAPI, die jeweils mehrere afrikanische Staaten umfassen, auch die Ämter aus Ägypten, Albanien, Argentinien, Australien, Bosnien-Herzegowina, Brasilien, Brunei, Chile, China, Costa Rica, Georgien, Indien, Island, Israel, Japan, Jordanien, Kanada, Kambodscha, Kolumbien, Korea, Kuba, Laos, Liechtenstein, Malaysia, Marokko, Mexiko, Moldawien, Monaco, Montenegro, Neuseeland, Nordmazedonien, Norwegen, den Philippinen, Russland, der Schweiz, San Marino, Serbien, Thailand, Tunesien, der Türkei, Uruguay und den USA.

69 In TMclass wird angezeigt, bei welchem der teilnehmenden Ämter ein gesuchter Klassifizierungsbegriff in der Datenbank vorkommt. Das VerzWDL kann auf seine Annahme durch die teilnehmenden Ämter geprüft werden. Sollte kein entspr Eintrag gefunden werden, werden ähnliche Begriffe aus den gewählten Kl. angezeigt. Wird ein Begriff aus der Datenbank des EUIPO für die Anmeldung gewählt, so bedeutet das, dass er automatisch vom EUIPO anerkannt wird. Die Anzahl der teilnehmenden Ämter beträgt einschl des EUIPO und derjenigen der Mitgliedstaaten derzeit über 75, darunter neben der WIPO und der ARIPO sowie der OAPI, die jeweils mehrere afrikanische Staaten umfassen, die Ämter aus Ägypten, Albanien, Argentinien, Australien, Bosnien-Herzegowina, Brasilien, Brunei, Chile, China, Costa Rica, der Dominikanischen Republik, Ecuador, El Salvador,

Weiter ermöglicht die *Similarity*-Datei eine Ähnlichkeitsprüfung von Waren und DL   **67**
des EUIPO und der Ämter der Mitgliedstaaten, um festzustellen, ob bestimmte Waren
und DL von den teilnehmenden Ämtern als (und bis zu welchem Grad) ähnlich oder
als unähnlich eingestuft werden[70]. Außerdem können in der Datenbank *Certified
copies* nach Eingabe eines Identifikationscodes beglaubigte Kopien angefordert werden. Diese beiden Dateien können mit dem Anklicken des Symbols *Suche* unterhalb
der anderen Datenbanken auf der EUIPO-Startseite (rechts oben) aufgerufen werden.
Schließlich bietet das Amt noch weitere Informationsportale an[71].

Auf der Internetseite des EUIPO können über den Nutzerbereich (*User Area*) gebüh-   **68**
renfrei *Online-Formulare* für die Anträge gegenüber dem Amt aufgerufen und ausgefüllt
bzw ausgedruckt werden (Art. 65 DVUM). Alle Mitteilungen des ordnungsgemäß
bevollmächtigten Vertreters an das Amt haben dieselbe Wirkung, als wären sie von
der vertretenen Person an das Amt gerichtet (Art. 66 DVUM). Es empfiehlt sich,
die vom EUIPO angebotenen elektronischen Systeme zu verwenden, um Fehler zu
vermeiden, soweit diese nicht sowieso wegen Art. 65 Abs. 3b DVUM *verpflichtend*
sind, wie die Anträge hinsichtlich Anmeldung, Widerspruch, Verfall, Nichtigkeit,
Übertragung, Rechtsübergangseintragung (samt Nachweis gemäß Art. 13 Abs. 3d
UMDV), Lizenz, Verlängerung, Beschwerdeeinlegung, Vertreterbevollmächtigung
und Internationaler Anmeldung. Die Online-Formulare enthalten nämlich auch
umfangreiche Hilfsmodule, die den Nutzer unterstützen und beim Ausfüllen helfen.
Darüber hinaus können die Beteiligten auch Formblätter nach dem TLT oder gemäß
den Empfehlungen der PVÜ-Versammlung benutzen und mit Ausnahme der oben
angegebenen verpflichtenden Formblätter solche desselben Inhalts und Formats wie
die vom Amt herausgegebenen. Die traditionellen *Papierformulare* gibt es *nicht* mehr.

Bei Zweifelsfragen ist immer ein Blick in die *VO* und die regelmäßig aktualisierten   **69**
UMRL (in der Rubrik *Recht* bzw *Praxis*) angeraten. Letztere spiegeln grds die Amts-
spraxis wider.

Georgien, Honduras, Indien, Island, Israel, Japan, Jordanien, Kambodscha, Kanada, Kolumbien, Korea, Kuba, Laos, Malaysia, Marokko, Mexiko, Moldawien, Monaco, Montenegro, Namibia, Neuseeland, Nordmazedonien, Norwegen, Panama, den Philippinen, Peru,
Russland, San Marino, der Schweiz, Serbien, St. Vincent/Grenadinen, Thailand, Trinidad/
Tobago, Tunesien, der Türkei, Uganda, Uruguay und den USA. S.a. das Übersetzungsmo-
dul auf der WIPO-Internetseite: Goods & Services Manager (www.wipo.int/gsmanager/).

70 Allerdings enthält die Datei nur die Amtspraxis, die möglicherweise Urteilen des EuG
widersprechen kann, wenn das EUIPO diesen über den entschiedenen Einzelfall hinaus
nicht folgt und seine Praxis nicht anpasst.

71 So *DESIGNview* und *DESIGNclass* für Informationen zu eingetragenen Geschmacksmustern
von EUIPO und den teilnehmenden nationalen Ämtern bzw zur Suche und Übersetzung
von Produktangaben sowie *GIview* mit Daten zu geografischen Angaben innerhalb und
außerhalb der Union, wie deren Ursprungsland, Art (g.U., g.g.A., geografische Angabe),
Prioritätsdatum, Rechtsstatus, Schutzgrundlage und Schutz durch andere Abkommen,
in Bezug auf Weinerzeugnisse, Spirituosen, aromatisierte Weinerzeugnisse sowie Agrarerzeugnisse und Lebensmittel.

70 Das Internetportal des Nutzerbereichs (*User area*)[72] bietet nach dem – in einem einfachen Anmeldeverfahren nach gesondertem Antrag und Zuteilung eines Passworts durch das EUIPO für jeden Nutzer, auch Privatpersonen, sowie Vertreter möglichen – Login einen direkten elektronischen Zugang zu allen Online-Formularen, verschiedenen Untersystemen und Recherchemodulen, insb zu Unterlagen des EUIPO, hauptsächlich zum Ansehen, Ergänzen oder Ändern persönlicher Daten. In diesem Rahmen wird zB der Empfang, die Ansicht und Speicherung von Dokumenten, die Verfahrensbeteiligten vom Amt zugeschickt wurden, und auch die Erwiderung auf erhaltene Zustellungen ermöglicht (Art. 98 Abs. 3 UMV).

71 Eine *klare und übersichtliche Antrags- oder Schriftsatzführung* (mit durchnummerierten und erläuterten Anlagen gemäß Art. 55 Abs. 2 bis 4 DVUM und den Bestimmungen des EUIPO[73]) ist zwingend geboten. *Anlagen* können auf Datenträgern, wie USB-Speichersticks oder ähnliche Speichereinheiten beigefügt werden (ausgenommen sind jedoch CD-ROMs, DVDs, externe Festplatten, Speicherkarten, optische Disks und Tonbänder jeglicher Art). *Anhänge*, die nicht den technischen Spezifikationen entsprechen[74] oder die angesichts ihrer Unvollständigkeit oder Unlesbarkeit trotz Beanstandung seitens des Amtes nicht erneut eingereicht wurden, gelten *als nicht eingereicht*[75].

72 Bei *nicht elektronischer Übermittlung* ist in Verfahren mit mehreren Beteiligten die entspr *Zahl von Abschriften* beizufügen (Art. 64 Nr 2 DVUM). Beweismittel ohne Kopien will das EUIPO generell zurückweisen und nicht mehr berücksichtigen[76].

73 Es ist immer daran zu denken, dass das *EUIPO eine multinationale Behörde* ist und der entspr Bedienstete, der mit dem Verfahren zu tun hat, uU nicht aus dem deut-

---

72 Beschluss Nr EX-20–9 des Exekutivdirektors vom 3.11.2020 mit Anlage I über die elektronische Kommunikation samt Nutzungsbedingungen für die *User Area*; ABl.EUIPO 3/2021. Verwendet ein Beteiligter das elektronische Verfahren, so hat dieses Vorrang vor einem späteren abweichenden Vorbringen, es sei denn, die elektronische Übermittlung wird am Tag des neuen Vorbringens widerrufen (UMRL, Teil A, Abschn. 1, Kap. 3.1.1).

73 Beschluss Nr EX-20–10 des Exekutivdirektors vom 22.12.2020 in Bezug auf technische Spezifikationen für Anhänge, die auf Datenträgern eingereicht werden; ABl.EUIPO 3/2021. Einen ungeordneten Anhang mit insgesamt mehr als 10.000 Seiten ohne nähere Erläuterung hatte die BK zB als nicht den Erfordernissen der Regel 22 GMDV entspr angesehen; BK, 11.6.2015, R 1840/11–1 – GALILEO, Rn 41–54.

74 Nach Art. 2 des obigen Beschlusses werden auf Datenträgern eingereichte Anhänge in folgenden Formaten angenommen: (a) grafische Wiedergaben und Fotos im JPEG- und JPG-Format; (b) Tondateien im MP3-Format; (c) Videodateien im MP4-Format; (d) 3D-Modelle im STL-, OBJ- oder X3D-Format; (e) andere Anhänge, einschl schriftliche Einreichungen in PDF-, TIFF-Bilder-, JPEG- und JPG-Format. Die maximale Größe jedes einzelnen auf einem Datenträger gespeicherten Anhangs ist auf 20 Megabytes (Größe der unkomprimierten Datei) beschränkt.

75 Art. 3, 4 Beschluss Nr EX-20–10 des Exekutivdirektors vom 22.12.2020 in Bezug auf technische Spezifikationen für Anhänge, die auf Datenträgern eingereicht werden; ABl. EUIPO 3/2021.

76 Siehe Mitteilung Nr 5/07 des Präsidenten vom 12.9.2007, Nr 3 (3); ABl.HABM 11/2007.

schen Rechtskreis stammt sowie Deutsch evt nicht so perfekt versteht, wie man das bei einer nationalen Instanz voraussetzt.

Hinsichtlich des *Umfangs* der erforderlichen *Übersetzungen*, deren Vorlagepflicht **74** sich aus den für die jeweiligen Verfahren geltenden Spezialvorschriften ergibt, ist zu beachten, dass diese *möglichst vollständig* sein sollen. Art. 25 UMDV stellt *sehr strenge Anforderungen* (s. Rdn 316 ff).

Ist die *Übersetzung eines Schriftstücks* einzureichen, so muss darin das Originalschriftstück **75** angegeben[77] und dessen *Aufbau und Inhalt wiedergegeben* werden. Hat ein Beteiligter angegeben, dass nur Teile des Schriftstücks von Belang sind, kann sich die Übersetzung auf diese Teile beschränken. Die Übersetzung muss also dem Original nach Struktur und Inhalt *vollständig entsprechen*. Sie muss in der Form von einem oder mehreren, von dem Originalschriftstück verschiedenen Dokumenten vorgelegt werden und darf nicht aus bloßen Anmerkungen im Original bestehen. Damit soll gewährleistet werden, dass die Übersetzung für die anderen Beteiligten und das EUIPO leicht vom Originalschriftstück zu unterscheiden und hinreichend klar ist, um in Einklang mit dem Grundsatz des kontradiktorischen Verfahrens und der Waffengleichheit die Streitigkeit zwischen den Beteiligten auf einer gesicherten Grundlage austragen zu können[78]. Die Übersetzung, die somit in Form eines *separaten Schriftstücks* einzureichen ist, muss den Inhalt des Originalschriftstücks *originalgetreu wiedergeben*.

Bei *Zweifeln* an der Übereinstimmung der Übersetzung mit dem Original ist das EUIPO **76** befugt, von der betr Partei die Vorlage einer entspr Bescheinigung zu verlangen[79].

So wurde zB ein *Widerspruch zurückgewiesen*, weil vergessen wurde, im Datenauszug **77** der älteren Marke die Waren oder DL[80] oder deren Markenform und Rechtsstatus zu übersetzen[81], bzw ein *Nichtigkeitsantrag*, weil nur das VerzWDL übersetzt worden war[82]. Nur völlig irrelevante Hinweise rein administrativer Art oder Inhalte, die keinerlei Beziehungen zum streitigen Fall aufweisen, brauchen nicht übersetzt zu werden[83].

---

77 Ein ausdrücklicher Hinweis darauf, welches das übersetzte Originalschriftstück ist, ist jedoch nicht erforderlich, wenn das Originalschriftstück und die Übersetzung zusammen vorgelegt werden, insb sich die Übersetzung unmittelbar hinter dem Originalschriftstück befindet; EuG, 5.2.2016, T-135/14 – kicktipp/KICKERS, Rn 72.

78 EuG, 27.6.2012, T-523/10 – my baby/MYBABY, Rn 24, 25. So reichen auf dem Datenbankauszug des nationalen Amts vom Beteiligten angebrachte Übersetzungen nicht aus, Rn 43, 45, 62, 69, 70. S.a. EuG, 30.1.2014, T-495/11 – PARAMETRICA/parameta. Die internationalen INID-Codes brauchen nicht übersetzt zu werden, jedoch die Sachangaben, die sich auf sie beziehen, Rn 37.

79 EuG, 27.6.2012, T-523/10 – my baby/MYBABY, Rn 26.

80 EuG, 27.6.2012, T-523/10 – my baby/MYBABY, Rn 44, 45.

81 EuG, 29.9.2011, T-479/08 – Schuh mit 2 Streifen/Schuh mit 3 Streifen und EuG, 30.1.2014, T-495/11 – PARAMETRICA/parameta, Rn 29–35.

82 EuG, 20.7.2017, T-780/16 – mediaexpert/mediaexpert, Rn 45–53; bestätigt durch EuGH, 13.3.2018, C-560/17 P.

83 BK, 13.1.2010, R 1171/08–4 – MATRIXYL/MATRIX, Rn 23.

78 Im Zweifel sollte also lieber zu viel als zu wenig übersetzt werden. Das EUIPO kann gemäß Art. 26 S. 2 UMDV innerhalb einer von ihm zu setzenden Frist eine *Beglaubigung* darüber verlangen, dass die Übersetzung dem Ausgangstext entspricht, was aber praktisch nie geschieht.

79 Sofern die UMV, DVUM oder UMDV nichts anderes bestimmen, gilt ein Schriftstück, für das eine Übersetzung einzureichen ist, als *nicht beim Amt eingegangen*, wenn die Übersetzung nach Ablauf der Frist für die Einreichung des Originalschriftstücks oder der Übersetzung eingeht, oder wenn die ggf angeforderten Beglaubigungen nicht innerhalb der gesetzten Frist eingereicht werden (Art. 25 Abs. 2 UMDV).

80 Dieser Grundsatz gilt nicht nur für das Schriftstück insgesamt, sondern auch für – versehentlich oder absichtlich – *unübersetzt gebliebene Teile* davon. Auf diese kann sich somit der zur Übersetzung Verpflichtete im Verfahren nicht mehr berufen. So lässt das EUIPO nach Art. 7 Abs. 5 DVUM bei der Substantiierung des Widerspruchs schriftliche Vorlagen oder Unterlagen oder Teile davon unberücksichtigt, die nicht innerhalb der von ihm gesetzten Frist eingereicht oder in die Verfahrenssprache übersetzt wurden.

81 Diese Vorschrift ist *zwingend* und gesteht dem EUIPO *kein Ermessen* zu[84]. Ab dem 1.10.2017 ist im Widerspruchsverfahren jedoch eine *Weiterbehandlung* gemäß Art. 105 UMV möglich. Es wird *zwingend angeraten*, dieses, nunmehr im erweiterten Umfang anwendbare Institut zu nutzen, das schnell und ohne große Formalien zum Erfolg führt (s. Rdn 160 ff), und auf die fast immer erfolglose Wiedereinsetzung in den vorigen Stand zu verzichten.

82 Grds *vertraut das Amt* den eingereichten Übersetzungen. Denn es kann, sofern nicht der Beweis des Gegenteils erbracht wird oder entspr Hinweise bestehen, davon ausgehen, dass eine Übersetzung mit dem jeweiligen Urtext übereinstimmt (Art. 26 S. 1 UMDV).

III. Übermittlungen an das Amt

83 Mitteilungen an das Amt können nach Art. 100 Abs. 1 UMV auf elektronischem Wege erfolgen (derzeit weit über 90 %). Wegen Art. 63 Abs. 1 DVUM werden Unionsmarkenanmeldungen sowie alle anderen in der UMV vorgesehenen Anträge und Mitteilungen dem EUIPO entweder auf *elektronischem Wege* übermittelt, wobei die Angabe des Namens des Absenders als gleichbedeutend mit der Unterschrift gilt, oder mittels Einreichung des unterzeichneten Originalschriftstücks durch die *Post* oder einen *Kurier*, und zwar an die Adresse: EUIPO, Postannahmestelle, Avenida de Europa, 4, E-03008 Alicante, Spanien. Bei *technischen Problemen* der Online-Übermittlung kann unter der Adresse e-businesshelp@euipo.europa.eu eine Auskunft erfragt wer-

---

84 EuG, 5.2.2016, T-135/14 – kicktipp/KICKERS, Rn 80–93; vgl EuGH, 5.3.2009, C-90/08 P – CORPO Livre/LIVRE, Rn 36–40. S.a. BK, 14.10.2009, R 172/08-G – VISTA/ vistar, Rn 49–51.

den oder an Werktagen, an denen das EUIPO geöffnet ist, zwischen 7.30 Uhr und 19.30 Uhr auch unter der Telefonnummer 0034–965 139 400.

Bei der Übermittlung mittels *Post* oder *Kurier* nach Art. 63 Abs. 1b DVUM, die   84 jedoch kaum noch genutzt wird, ist immer sicherzustellen, dass der Zugang vom Beförderungsunternehmen oder Übergeber *dokumentiert* wird, und zwar sowohl nach Ort und Zeit der Übergabe wie nach Umfang und Inhalt der Sendung (zB Widerspruchsschrift von 5 Seiten Schriftsatz und 10 Anlagen mit insg. 25 Seiten), und nach Möglichkeit vom Amt durch einen Eingangsstempel bestätigt wird. Besonders wichtige Dokumente sind dabei immer nach Art und Umfang anzugeben.

Eine *eigenhändige Übergabe* oder *Hinterlegung im Abholfach* eines Empfängers im Amt   85 ist, da in Art. 63 Abs. 1 DVUM *nicht mehr* vorgesehen, also nicht weiter möglich.

Der Tag, an dem das *Amt eine Mitteilung erhält*, gilt wegen Art. 63 Abs. 2 DVUM   86 als *Tag der Anmeldung* oder *Einreichung*.

Ist eine durch elektronische Mittel erhaltene Mitteilung *unvollständig* oder *unleser-*   87 *lich* oder hat das Amt berechtigte Zweifel in Bezug auf die Richtigkeit der Übermittlung, so teilt das Amt dies dem Absender mit und fordert ihn auf, innerhalb einer von ihm festgelegten Frist das Originalschriftstück nochmals zu übermitteln oder es im Original vorzulegen. Wird der Aufforderung fristgerecht nachgekommen, so gilt das Eingangsdatum des nochmals übermittelten Schriftstücks oder des Originals als dasjenige der ursprünglichen Mitteilung. Bezieht sich der Mangel auf die Gewährung eines *Anmeldetags* für eine Unionsmarkenanmeldung, so gelten die Bestimmungen der Art. 31 Abs. 1 UMV und 32 UMV. Wird der Aufforderung nicht fristgemäß nachgekommen, so gilt die Mitteilung als nicht eingegangen (Art. 63 Abs. 3 DVUM).

Anhänge von Mitteilungen können wegen Art. 64 Abs. 1 DVUM gemäß den durch   88 den Exekutivdirektor festgelegten technischen Details auf Datenträgern eingereicht werden[85].

Nach Art. 100 Abs. 1 S. 2 UMV bestimmt der Exekutivdirektor, in welchem Umfang   89 und unter welchen *technischen Bedingungen* Mitteilungen auf elektronischem Wege übermittelt werden können.

Für die *elektronische Kommunikation* werden vom EUIPO nach Art. 1 Abs. 1 Beschluss   90 des Exekutivdirektors über Mitteilungen durch elektronische Mittel[86] *elektronische Kommunikationsmittel* über eine sichere elektronische Kommunikationsplattform,

---

85 Beschluss Nr EX-20–10 des Exekutivdirektors vom 22.12.2020 in Bezug auf technische Spezifikationen für Anhänge, die auf Datenträgern eingereicht werden. Siehe Rdn 67 f. samt Fn; ABl.EUIPO 3/2021.

86 Beschluss Nr EX-20–9 des Exekutivdirektors vom 3.11.2020 mit Anlage I über die elektronische Kommunikation samt Nutzungsbedingungen für die *User Area*; ABl.EUIPO 3/2021. Eine elektronische Markenanmeldung ist auch über das API-Portal möglich: Beschluss Nr EX-22–3 des Exekutivdirektors vom 31.3.2022 betr Mitteilungen durch elektronische Mittel mit API (Application Programming Interface) samt Annex I.

die vom Amt verwaltet wird, über die Nutzer Anmeldungen, Anträge und andere Dokumente einreichen, Zustellungen und Dokumente vom Amt erhalten, auf solche Zustellungen antworten und andere Handlungen durchführen können (*User Area* – Nutzerbereich) akzeptiert. Mit *Wirkung vom 1.3.2021* wurde die *Fax-Verbindung zum Amt eingestellt*, und die Fax-Nummern wurden deaktiviert, da das EUIPO den Nutzern bereits zu 100 % eine elektronische Kommunikation über das Nutzerkonto (*User Area*) zur Verfügung stellt[87]

91   Denn Nutzer können über ein persönliches Konto (*Nutzerkonto*) auf den Nutzerbereich (*User Area*) zugreifen, in dem sie sich auf der Internetseite des Amtes registrieren. Dieser Nutzerbereich bietet die Möglichkeit des elektronischen Empfangs aller Mitteilungen des EUIPO. Entscheidet sich der Nutzer dafür, übermittelt das Amt *alle Mitteilungen über den Nutzerbereich*, sofern dies aus technischen Gründen nicht unmöglich ist. *Nutzer können* über den Nutzerbereich auch Anmeldungen, Anträge, Mitteilungen und andere Dokumente beim Amt einreichen und auf dessen elektronisch übermittelte Mitteilungen *antworten*.

92   Ein elektronisches Dokument gilt *zu dem Zeitpunkt als eingereicht*, an dem eine elektronische Empfangsbestätigung vom System des Amtes ausgestellt wurde[88]. Im Falle einer *Störung bei der elektronischen Übertragung* einer Anmeldung, eines Antrages, einer Mitteilung oder eines anderen Dokuments muss die Übermittlung des Schriftstückes erneut unter Verwendung eines anderen akzeptierten Kommunikationsmittels (Post oder Kurier) oder von zwei Datenwiederherstellungsfunktionen (*Back-up-Lösungen*) erfolgen. Die betr Fristen werden davon nicht berührt[89].

93   Jedoch gelten Einreichungen, die durch eine *Back-up-Lösung* erfolgen, *an dem Tag übermittelt*, an dem die betr Anmeldung, Mitteilung oder das sonstige Dokument in die entspr Plattform hochgeladen wurde.

94   Im Falle von *Eintragungs-* und *Verlängerungsanträgen* kann dieser Tag jedoch nur gesichert werden, wenn der Anmelder innerhalb von drei Arbeitstagen die Markenanmeldung mit demselben Inhalt über das Formular der User Area erneut einreicht bzw der Markeninhaber den Verlängerungsantrag durch eine Back-up-Lösung innerhalb der letzten drei Arbeitstage vor Ablauf der ursprünglichen oder erweiterten gesetzlichen Verlängerungsfrist einreicht. Kommt er diesen Anforderungen nicht nach, gilt die

---

87   Art. 2 Beschluss Nr EX-20–9 des Exekutivdirektors vom 3.11.2020 betr Mitteilungen durch elektronische Mittel; ABl.EUIPO 3/2021. Zur früheren Amtspraxis und Rspr hinsichtlich von Fax-Kommunikationen wird auf Rn 89 bis 94 der Druckausgabe der 4. Auflage Bezug genommen.

88   Jedoch reicht eine Vorabdarstellung/Vorschau der Versandbestätigung nicht aus. Zum wirksamen Versand hätte noch die Schaltfläche »Bestätigen«, die sich unten rechts im Fenster »Antwort auf offizielle Mitteilung« befindet, angeklickt werden müssen. Erst danach erhält der Nutzer eine Empfangsbestätigung vom Amt; EuG, 21.11.2018, T-460/17 – Achteckiger blauer Rahmen, Rn 40–43.

89   Art. 6 Abs. 1 und 2 Beschluss Nr EX-20–9 des Exekutivdirektors vom 3.11.2020 betr Mitteilungen durch elektronische Mittel mit Anlage I; ABl.EUIPO 3/2021.

ursprüngliche Einreichung bzw der durch eine Back-up-Lösung eingereichte Verlängerungsantrag als nicht eingegangen[90].

Bei einer elektronischen Übermittlung in der User-Area ist eine postalische Nachsendung der *Originalschriftsätze* nicht erforderlich, außer das EUIPO fordert diese oder eine Wiederholung der elektronischen Übermittlung wegen *schlechter Qualität* (Unvollständigkeit, Unleserlichkeit oder sonstiger ernster Zweifel) der ersten Übersendung an, wodurch jedoch die Frist der ursprünglichen Mitteilung nicht gewahrt wird, sondern der Tag des Eingangs der nochmaligen Übermittlung als Eingangstag der ursprünglichen Mitteilung gilt. Es werden aber die Vorschriften über den Anmeldetag (Art. 31 Abs. 1 UMV und 32 UMV) angewandt, wenn der Mangel die Zuerkennung eines Anmeldetags betrifft.   95

Unterlässt das Amt im Falle der erkennbaren *Unvollständigkeit oder Unlesbarkeit einer Übermittlung* einen entspr Hinweis, handelt es fehlerhaft und kann sich nicht auf die Mängel in den übermittelten Unterlagen berufen[91].   96

Ein Fall der *Unvollständigkeit* liegt jedoch *nicht* vor, wenn der Absender eine vollständige und lesbare Übermittlung absichtlich nicht vornimmt, sondern die angekündigten Beweisstücke nur in gesonderter Sendung per Post einreicht. Die Unvollständigkeit oder Unlesbarkeit betrifft nämlich die Fälle, in denen ein *objektives Element*, das mit besonderen oder *anormalen technischen Umständen* zusammenhängt, die nicht dem Willen des fraglichen Beteiligten unterliegen, diesen daran hindert, die Unterlagen in zufriedenstellender Weise elektronisch zu übermitteln, nicht dagegen die Fälle, in denen die Unvollständigkeit oder Unleserlichkeit der elektronischen Mitteilung allein auf dem Willen des Absenders beruht, der eine vollständige und lesbare Übermittlung absichtlich nicht vornimmt, obwohl er hierzu technisch in der Lage wäre[92]. Dasselbe gilt, wenn ein Beschwerdeführer innerhalb der Begründungsfrist eine *elektronische Mitteilung* an das Amt schickt, ohne ihr jedoch die Beschwerdebegründung als Anlage beizufügen, was er aus dem *Fehlerbericht* sofort hätte erkennen können[93].   97

Bei Fehlermeldungen ist der elektronische Versandvorgang zu wiederholen bzw eine *Back-up-Lösung* zu wählen (Rdn 88, 89).   98

---

90 Art. 6 Abs. 3 Beschluss Nr EX-20–9 des Exekutivdirektors vom 3.11.2020 betr Mitteilungen durch elektronische Mittel mit Anlage I; ABl.EUIPO 3/2021.
91 EuG, 30.5.2013, T-214/10 – DIVINUS/MOSELLAND Divinum, Rn 76–83. Hinsichtlich beschädigter und unlesbarer CD-ROMs: BK, 26.9.2014, R 492/14–2 – FY RD/FJORD, Rn 20, 21.
92 EuG, 15.3.2011, T-50/09 – Dada & Co. kids/DADA, Rn 43–54.
93 EuG, 6.12.2016, T-703/15 – GO SPORT/GO. Der Beschwerdeführer, der im Deckblatt die Anlagen nicht erwähnt hatte, konnte nicht nachweisen, dass ein technischer Fehler des elektronischen Übermittlungssystems des EUIPO vorlag. Das Amt hatte im Gegenteil belegt, dass sein System zu diesem Zeitpunkt problemlos funktionierte.

99 Bei *Zustellungsproblemen* können die betr Dienststellen des Amts kontaktiert werden. Ihre E-Mail-Adressen und Telefonnummern befinden sich auf der Internetseite »Über das EUIPO – Kontaktieren Sie uns«[94].

100 Das Amt nimmt jedoch – außer in den speziell auf seiner Internetseite vorgesehenen Verfahren elektronischer Anträge über Online – *per E-Mail übermittelte Korrespondenz derzeit regelmäßig nicht zu den Akten*. Daher sind alle Anträge und Schriftsätze, die Verfahrensbestandteil werden sollen, weiterhin per Post, per Kurierdienst oder (nur bei *User area*-Nutzern) per elektronischer Mitteilung einzureichen.

101 Zu *Übermittlungsfehlern* gilt auch im europäischen Recht der allgemeine Grundsatz, dass sie demjenigen zugerechnet werden, in dessen Risikosphäre sie fallen. Zwar darf ein Beteiligter in Verfahren vor dem EUIPO grds die ihm für eine Handlung gesetzte Frist voll ausschöpfen[95], er muss aber dennoch alle *notwendigen Maßnahmen* treffen, um sicherzustellen, dass die Handlung rechtzeitig vorgenommen wird, insb dass ein Schriftsatz oder eine Zahlung entspr der von ihm gewählten Modalität fristgerecht beim Amt eingeht, da *Fristversäumnisse* in aller Regel zum *Rechtsverlust* führen. Lediglich bei im Widerspruchsverfahren versäumten Fristen (mit Ausnahme derjenigen zur Widerspruchseinlegung und Zahlung der Widerspruchsgebühr) ist eine Weiterbehandlung gemäß Art. 105 UMV möglich.

102 Vorsorglich ist daher wegen immer wieder eintretender Unwägbarkeiten ein gewisser *Zeitpuffer* mit einzukalkulieren und der Schriftsatz nicht erst im allerletzten Moment auf den Weg zu bringen. Die Anforderungen im europäischen Rechtssystem sind hier nämlich deutlich strenger als im nationalen.

IV. Entscheidungen und Mitteilungen des Amts sowie ihre Zustellung

103 In allen Entscheidungen, Mitteilungen oder Bescheiden des EUIPO sind gemäß Art. 94 Abs. 2 S. 1 UMV die *zuständige Dienststelle* oder Abteilung des Amtes sowie die *Namen* des oder der zuständigen Bediensteten anzugeben. Sie sind von dem oder den betr Bediensteten zu unterzeichnen oder stattdessen mit einem vorgedruckten oder aufgestempelten Dienstsiegel des Amtes zu versehen.

104 Der Exekutivdirektor kann bestimmen, dass *andere Mittel zur Feststellung der zuständigen Dienststelle* oder Abteilung des EUIPO und des oder der zuständigen Bediensteten oder eine andere Identifizierung als das Siegel verwendet werden dürfen, wenn Entscheidungen, Mitteilungen oder Bescheide des Amtes über technische Kommunikationsmittel übermittelt werden (Art. 94 Abs. 2 S. 2 UMV).

---

94 Das EUIPO-Informationszentrum ist an Werktagen, an denen das Amt geöffnet ist, telefonisch von 8.30 bis 18.30 Uhr zu erreichen (Tel. 0034-965 139 100, E-Mail: information@euipo.europa.eu).

95 EuG, 12.7.2005, T-163/04 – Mike's MEALS ON WHEELS/MIKE'S SANDWICH MARKET, Rn 55.

Entscheidungen des Amtes, die mit der Beschwerde angefochten werden können, sind **105** mit einer *schriftlichen Belehrung* darüber zu versehen, dass jede Beschwerde innerhalb von zwei Monaten nach Zustellung der fraglichen Entscheidung schriftlich beim EUIPO einzulegen ist. Darin sind die Beteiligten auch auf Art. 66 UMV (Beschwerdefähige Entscheidungen), Art. 67 UMV (Beschwerdeberechtigte und Verfahrensbeteiligte) und Art. 68 UMV (Form und Frist) hinzuweisen. Die Beteiligten können aus der Unterlassung der Rechtsmittelbelehrung seitens des Amtes keine Ansprüche herleiten (Art. 94 Abs. 3 S. 2 UMV).

Schriftliche Mitteilungen des EUIPO an die Verfahrensbeteiligten sind *zuzustellen*. *Zustel-* **106** *lung* bedeutet, dass das Schriftstück in die *Sphäre des Empfängers* gelangt ist, unabhängig davon, ob dieser das Schriftstück auch tatsächlich zur Kenntnis genommen hat[96]. Eine wirksame Zustellung setzt nämlich nicht die tatsächliche Kenntnisnahme durch die Person voraus, die nach den internen Vorschriften der Empfangseinheit für das jeweilige Gebiet zuständig ist, da eine Entscheidung ordnungsgemäß zugestellt ist, wenn sie ihrem *Adressaten zugegangen* und dieser *in die Lage versetzt* worden ist, von ihr *Kenntnis zu nehmen*. Somit wird für die Beurteilung der Ordnungsmäßigkeit der Zustellung einzig ihr äußerer Aspekt berücksichtigt, dh die ordnungsgemäße Übermittlung an ihren Empfänger, und nicht ihr interner Aspekt, der das interne Funktionieren der Empfangseinheit betrifft[97].

Hat ein Beteiligter eine *offensichtlich unvollständige Version* der BK-Entscheidung (mit **107** erkennbaren Leerstellen bzw Leerzeilen) übermittelt erhalten, jedoch das EUIPO nicht darüber informiert und ihm keine Gelegenheit gegeben, eine vollständige Fassung der Entscheidung zu übersenden, kann er sich mit seiner Klage vor dem EuG *nicht auf Begründungsmängel* hinsichtlich der fehlenden Textstellen, die in der Originalentscheidung enthalten waren und die erforderliche Begründung enthielten, berufen, da er weder die notwendige Sorgfalt aufgewandt noch den ihm obliegenden Treu und Glauben genügt hat[98].

Das EUIPO stellt *von Amts* wegen alle Entscheidungen und Ladungen sowie alle **108** Bescheide und sonstige Mitteilungen zu, durch die eine Frist in Gang gesetzt wird oder die nach UMV, DVUM oder UMDV zuzustellen sind oder für die der Exekutivdirektor des Amts die Zustellung vorgeschrieben hat (Art. 98 Abs. 1 UMV). Der Exekutivdirektor kann bestimmen, dass auch andere Dokumente als Entscheidungen, durch die eine Beschwerdefrist in Gang gesetzt wird, und Ladungen durch eingeschriebenen Brief mit Rückschein zugestellt werden müssen (Art. 98 Abs. 2 UMV). Die Zustellung kann auf verschiedenen Wegen erfolgen, einschl elektronisch (Art. 98 Abs. 3 S. 1 UMV, Art. 57 DVUM).

---

96 EuG, 22.1.2015, T-488/13 – engineering for a better world, Rn 17–24 mwN.
97 EuG, 4.5.2017, T-97/16 – GEOTEK, Rn 39–41 mwN.
98 EuG, 13.6.2019, T-366/18 – SUIMOX/ZYMOX, Rn 17, 30.

109 Die Einzelheiten der *elektronischen Zustellung* wurden vom Exekutivdirektor fest-gelegt (Art. 98 Abs. 3 S. 2 UMV, Art. 57 DVUM)[99]. Erfolgt die Zustellung durch öffentliche Bekanntmachung, bestimmt der Exekutivdirektor deren Art und legt den Beginn der einmonatigen Frist fest, nach deren Ablauf die Dokumente als zugestellt gelten (Art. 98 Abs. 4 UMV)[100]. Durch die Neuregelung von UMV, DVUM und UMDV werden die Bestimmungen über die *Zustellung* zwar erweitert, damit wird aber lediglich die bisherige Praxis des Amts gesetzlich abgesichert.

110 Die Zustellung durch das EUIPO besteht in der *Übermittlung der zuzustellenden Unterlagen* an die betr Beteiligten, die auch in Form der *Gewährung elektronischen Zugangs* zu diesem Dokument erfolgen kann (Art. 56 Abs. 1 DVUM).

111 Zustellungen erfolgen durch *elektronische Mittel* gemäß Art. 57 DVUM, durch *Post*[101] oder *Kurier* gemäß Art. 58 DVUM oder durch *öffentliche Zustellung* gemäß Art. 59 DVUM. Hat der Empfänger seine Kontaktdaten für elektronische Kommunikati-onsmittel angegeben, kann das Amt zwischen diesen Mitteln und der Post- oder Kurierzustellung wählen (Art. 56 Abs. 2 und 3 DVUM). Das EuG hat anerkannt, dass eine streitige Entscheidung im Allgemeinen *per E-Mail zugestellt* werden kann, sofern nachgewiesen werden kann, dass der Adressat sie tatsächlich erhalten hat und von ihr Kenntnis nehmen konnte, so dass zB die Beschwerdefrist ihm gegenüber erst an dem Tag zu laufen beginnt, an dem er durch die E-Mail in vollem Umfang Kenntnis von der Entscheidung erlangt hat[102].

112 Die Zustellung durch elektronische Mittel umfasst die Übermittlung über Kabel, Funk, optische Mittel oder andere elektromagnetische Mittel, einschl das *Internet*, wobei der Exekutivdirektor Einzelheiten für die zu benutzenden elektronischen Mit-tel, die Art und Weise ihrer Benutzung sowie die Frist für eine Zustellung durch elektronische Mittel festlegt.

---

99 Beschluss Nr EX-20–9 des Exekutivdirektors vom 3.11.2020 mit Anlage I über die elektro-nische Kommunikation samt Nutzungsbedingungen für die *User Area*; ABl.EUIPO 3/2021.

100 Beschluss Nr EX-18–4 des Exekutivdirektors vom 3.9.2018; ABl.EUIPO 11/2018.

101 *Private Kurierdienste* fielen nach der früheren GMDV nicht unter den Begriff *Post*. Dies war keine im Gesetz vorgesehene Versandart, da Regel 61 Abs. 2 GMDV eine abschlie-ßende Aufzählung enthielt. Somit war für die Zustellung von Entscheidungen durch Kurierdienste nach der Bestimmung über Zustellungsmängel in Regel 68 GMDV aus-schließlich der Tag maßgebend, den das EUIPO als Tag des Zugangs nachwies, so dass der betroffene Zustellungsempfänger sich bei der Fristberechnung schlechter stellte, weil ihm die wegen Regel 62 Abs. 3 bzw 5 GMDV pauschal gewährten zehn Tage nach der Aufgabe zur Post fehlten; siehe EuG, 14.12.2006, T-14/06 – Fünf Streifen auf Schuh, Rn 28; bestätigt durch EuGH, 2.10.2008, C-144/07 P, Rn 19–25; EuG, 13.1.2011, T-28/09 – PINE TREE, Rn 26–35.

102 EuG, 8.7.2020, T-305/19 – welmax/valmex, Rn 57, 58. Das Rechtsmittel wurde als unzulässig verworfen; EuGH, 30.10.2020, C-425/20 P.

Für die *elektronische Kommunikation* werden vom EUIPO nach Art. 1 Beschluss des **113** Exekutivdirektors über Mitteilungen durch elektronische Mittel[103] *elektronische Kommunikationsmittel* über eine sichere elektronische Kommunikationsplattform, die vom Amt verwaltet wird, über die Nutzer Anmeldungen, Anträge und andere Dokumente einreichen, Zustellungen und Dokumente vom Amt erhalten, auf solche Zustellungen antworten und andere Handlungen durchführen können (Nutzerbereich), akzeptiert.

Nutzer können auch über ein persönliches Konto (*Nutzerkonto*) auf den Nutzerbereich **114** (*User Area*) zugreifen. Dieses bietet die Möglichkeit des elektronischen Empfangs aller Mitteilungen des EUIPO. Entscheidet sich der Nutzer dafür, übermittelt das Amt *alle Mitteilungen über den Nutzerbereich*, sofern dies aus technischen Gründen nicht unmöglich ist. Die Nutzer können sich *zusätzlich* für eine *elektronische Benachrichtigung* über jede durch den Nutzerbereich versandte Mitteilung entscheiden. Mit dieser Benachrichtigung wird lediglich über den Eingang eines Schriftstücks im elektronischen Postfach informiert. Sie ist keine Zustellung.

Das Datum, an dem das Schriftstück im Posteingang eines Nutzers abgelegt wird, **115** wird vom EUIPO notiert und im Nutzerbereich angegeben. *Die Zustellung gilt wegen Art. 3 Abs. 4 des obigen Beschlusses*[104] *am fünften Kalendertag nach* dem Tag, an dem das Amt das Schriftstück in das *elektronische Posteingangsfach* des Nutzers *abgelegt* hat, als erfolgt[105].

Der Nutzer kann das bevorzugte Kommunikationsmittel mit dem Amt jederzeit **116** ändern. Jede *Änderung* gilt allerdings erst, wenn sie technisch machbar ist. Weitere Einzelheiten sind im obigen Beschluss sowie den beiliegenden Nutzungsbedingungen für den Nutzerbereich geregelt.

Entscheidungen, durch die eine *Beschwerdefrist* in Lauf gesetzt wird, *Ladungen* und **117** andere vom Exekutivdirektor näher bestimmte Schriftstücke werden durch einen *Kurierdienst* oder *per Einschreiben* jeweils mit Empfangsbestätigung zugestellt. Alle anderen Zustellungen erfolgen entweder durch einen Kurierdienst oder per Ein-

---

103 Beschluss Nr EX-20–9 des Exekutivdirektors vom 3.11.2020 betr Mitteilungen durch elektronische Mittel; ABl.EUIPO 3/2021. Eine elektronische Markenanmeldung ist auch über das API-Portal möglich: Beschluss Nr EX-22–3 des Exekutivdirektors vom 31.3.2022 betr Mitteilungen durch elektronische Mittel mit API (Application Programming Interface) samt Annex I.

104 Da dies nach der alten Regelung in Art. 3 Abs. 4 des Beschlusses Nr EX-18–1 des Exekutivdirektors vom 15.5.2018 nur unbeschadet der genauen Feststellung des Zustellungsdatums galt, war dann, wenn sich ein genaues Zustellungsdatum vor dem fünften Kalendertag feststellen ließ, zB wenn der betr Nutzer dieses selbst einführte, allein auf dieses für den Fristbeginn abzustellen und nicht mehr auf den fünften Tag nach Einlegung in das elektronische Fach; EuGH, Urteil vom 10.4.2019, C-282/18 P – Formula E.

105 Art. 4 Abs. 5 Beschluss Nr EX-20–9 des Exekutivdirektors vom 3.11.2020 betr Mitteilungen durch elektronische Mittel; ABl.EUIPO 3/2021. S.a. EuG, 2.7.2015, T-657/13 – ALEX/ALEX, Rn 16–23; bestätigt durch EuGH, 7.4.2016, C-480/15 P; BK, 22.2.2008, R 1622/06–1 – eStant, Rn 18–25; BK, 26.3.2007, R 130/07–2 – THE JOHN RITTER FOUNDATION FOR AORTIC HEALTH, Rn 9–18.

schreiben, mit oder ohne Empfangsbestätigung, oder durch einen gewöhnlichen Brief (Art. 58 Abs. 1 DVUM).

118 Stellt aber das EUIPO eine beschwerdefähige Entscheidung *fehlerhaft* mit gewöhnlichem Brief statt mit Einschreiben zu (Art. 58 Abs. 1 DVUM), gilt sie erst zu dem Zeitpunkt als zugegangen, als sie der Zustellungsempfänger vollständig erhält. Dass ihm vom anderen Verfahrensbeteiligten schon vorher der Entscheidungstenor mit der Aufforderung übermittelt wurde, diesem die auferlegten Kosten zu erstatten, schadet nicht, weil er die Entscheidung nicht vollständig erhalten hat[106].

119 Zustellungen an *Empfänger*, die weder *ihren Wohnsitz noch ihren Hauptgeschäftssitz* oder eine tatsächliche und wirksame Industrie- oder Handelsniederlassung *im EWR* haben und keinen Vertreter nach Art. 119 Abs. 2 UMV bestellt haben, erfolgen durch Versand der zuzustellenden Unterlage in einem gewöhnlichen Brief (Art. 58 Abs. 2 DVUM).

120 Bei der Zustellung eines Schreibens durch einen *Kurierdienst* oder als *Einschreiben* mit oder ohne Empfangsbestätigung gilt dieses *mit dem zehnten Tag nach der Aufgabe als zugestellt*, es sei denn, das zuzustellende Schriftstück ist überhaupt nicht oder aber an einem späteren Tag beim Empfänger eingegangen. Im Zweifel hat das Amt den Zugang des Schreibens und ggf den Tag des Zugangs nachzuweisen (Art. 58 Abs. 3 DVUM). Die Umstände einer Übergabe sind jedoch dann unklar, wenn das EUIPO weder über eine *Empfangsbestätigung* noch über eine Bestätigung der Zustellung des Einschreibens mit der Unterschrift des Adressaten verfügt, da lediglich ein Auszug aus der Internetseite des betr Postbetreibers, der den Weg der Sendung zurückverfolgt, nicht ausreicht[107].

121 Die Zustellung durch einen Kurierdienst oder als Einschreiben gilt auch dann als bewirkt, wenn der Empfänger die *Annahme des Briefes verweigert* (Art. 58 Abs. 4 DVUM).

122 Eine *Mitteilung durch gewöhnlichen Brief* gilt *zehn Tage nach Aufgabe als zugestellt* (Art. 58 Abs. 5 DVUM). Diese Zugangsfiktion kann nicht durch den Nachweis eines späteren Zugangs widerlegt werden, wie dies bei Einschreiben möglich ist. Dabei ist kein hohes Beweismaß zu fordern, sondern es genügt das *Vorliegen von Indizien*, die einen vernünftigen Zweifel am Empfang der Sendung durch den Empfänger aufkommen lassen, zB das ganz offensichtliche Nichteingehen eines Anmelders auf die ihm angeblich zuvor übersandte Widerspruchsbegründung[108].

---

106 BK, 1.6.2011, R 2212/10–1 – ZENSATIONS/ZEN.
107 EuG, 8.7.2020, T-305/19 – welmax/valmex, Rn 46–55. Zudem wäre eine solche Art des Empfangs nicht zuverlässig, da ein derartiges Einschreiben auch an eine dritte, nicht volljährige Person am Wohnsitz des Empfängers zugestellt worden sein könnte. Selbst eine nicht rechtzeitig dem EUIPO mitgeteilte Adressänderung (hier: erst nach 11 Monaten und vor allem nach dem Entscheidungsversand) rechtfertigt keine andere Beurteilung.
108 EuG, 25.10.2012, T-191/11 – Miura/MIURA, Rn 32–35.

Ist die Anschrift des Empfängers nicht feststellbar oder hat sich eine Zustellung 123
gemäß Art. 56 Abs. 2a und 2b nach wenigstens einem Versuch des Amtes als unmöglich erwiesen, so wird die Mitteilung wegen Art. 59 DVUM *öffentlich zugestellt*. Der
Exekutivdirektor bestimmt die Art der öffentlichen Bekanntmachung und legt den
Beginn der einmonatigen Frist fest, nach deren Ablauf die Dokumente als zugestellt
gelten (Art. 98 Abs. 4 UMV). Die öffentliche Bekanntmachung erfolgt auf der Internetseite des Amts[109].

Ist ein *Vertreter* bestellt, so erfolgen Zustellungen an den Vertreter. Eine Zustellung 124
oder sonstige Mitteilung des Amtes an den ordnungsgemäß bevollmächtigten Vertreter
hat dieselbe Wirkung, als wäre sie an die vertretene Person gerichtet (Art. 60 DVUM).

Wenn der Empfänger ein Schriftstück erhalten hat, aber *das Amt nicht nachweisen* 125
kann, dass es ordnungsgemäß zugestellt wurde, oder wenn die Zustellungsvorschriften
nicht befolgt wurden, gilt das Schriftstück als an dem Tag zugestellt, der als Tag der
Zustellung festgelegt wurde (Art. 61 DVUM). Diese Bestimmung zielt jedoch nicht
darauf ab, die *Rechtsstellung der Empfänger* von Dokumenten, die vom EUIPO zugestellt wurden, zu berühren, wenn die *Zustellungsmängel dem Amt* anzulasten sind. Hat
dieses einen Fehler begangen, indem es die Zustellung per Einschreiben ohne Empfangsbestätigung vorgenommen hat, obwohl diese Zustellungsart nicht mit Art. 58
Abs. 1 S. 1 DVUM in Einklang steht, weil mit der übersandten Entscheidung eine
Beschwerdefrist in Lauf gesetzt wurde, ist Art. 61 iVm Art. 58 Abs. 3 DVUM anzuwenden. Das bedeutet, dass das betr Dokument in einem solchen Fall nur dann an
dem als Datum des tatsächlichen Empfangs festgelegten Tag als zugestellt gilt, wenn
es den Adressaten nach dem zehnten Tag nach seiner Aufgabe zur Post erreicht hat[110].

Von den Beteiligten vorgelegte Schriftstücke werden den anderen Beteiligten *von Amts* 126
wegen zugestellt. Von der Zustellung kann *abgesehen* werden, wenn das Schriftstück
kein neues Vorbringen enthält und die Sache entscheidungsreif ist (Art. 62 DVUM).

Bis zum 1.10.2017 sind die Zustellungen des EUIPO überwiegend *durch Telefax* 127
erfolgt[111].

V. Fristen

Die Fristberechnung *beginnt* gemäß Art. 101 Abs. 1 S. 2 UMV iVm Art. 67 Abs. 1 128
DVUM *an dem Tag, der auf den Tag folgt, an dem das relevante Ereignis eingetreten* ist,
aufgrund dessen der Fristbeginn festgestellt wird. Dieses Ereignis kann ein Verfahrensschritt oder der Ablauf einer anderen Frist sein. Besteht der Verfahrensschritt in
einer Zustellung, so ist das Ereignis der Zugang des zugestellten Schriftstücks, sofern
nichts anderes bestimmt ist. Der *Beginn* der vom EUIPO festgesetzten Fristen muss
nämlich möglichst *klar feststellbar* sein.

---

109 Beschluss Nr EX-18–4 des Exekutivdirektors vom 3.9.2018; ABl.EUIPO 11/2018.
110 EuG, 19.1.2022, T-76/21 – POMODORO, Rn 16–31.
111 Zur früheren Amtspraxis und Rspr hinsichtlich von Fax-Kommunikationen wird auf
    Rn 123 samt Fn der Druckausgabe der 4. Auflage Bezug genommen.

129   Dabei spielt es *keine Rolle*, ob es sich bei dem maßgeblichen Tag, an dem das Ereignis
       eingetreten oder die Zustellung erfolgt ist, oder dem nachfolgenden Tag, mit dem
       die Frist beginnt, um einen *Werktag* (einen normalen Wochentag oder Samstag) oder
       um einen *Sonn- oder Feiertag* handelt. Ist also zB dem Beteiligten am Freitag um
       23.45 Uhr eine Entscheidung des Amts zugegangen, so beginnt die Frist am folgen-
       den Tag, den Samstag zu laufen.

130   Es gibt zwei Arten von *Fristen*, nämlich vom Gesetz nach ihrer Dauer ausdrücklich
       bestimmte, sog. *gesetzliche Fristen*, die nicht verlängerbar sind[112], und vom EUIPO
       im Einzelnen festzulegende, sog. *Amtsfristen*[113].

131   Die Fristen werden nach *vollen Jahren, Monaten, Wochen oder Tagen* berechnet (Art. 101
       Abs. 1 S. 1 UMV). Die Dauer der Fristen beträgt *nicht weniger als einen Monat und
       nicht mehr als sechs Monate* (Art. 101 Abs. 1 S. 3 UMV).

132   Ist als Frist ein *Jahr* oder eine Anzahl von Jahren bestimmt, so *endet die Frist* in dem
       maßgeblichen folgenden Jahr in dem Monat und an dem Tag, der durch seine Zahl
       dem Monat oder Tag entspricht, an dem das betr Ereignis eingetreten ist. Hat der
       betr Monat keinen Tag mit der entspr Zahl, so läuft die Frist am letzten Tag dieses
       Monats ab (Art. 67 Abs. 2 DVUM). War das Ereignis zB am 26.6.2014 eingetreten,
       so endete die Fünf-Jahresfrist am 26.6.2019, war es am 29.2.2016 eingetreten, so
       endete die Jahresfrist am 28.2.2017.

133   Ist als Frist ein *Monat* oder eine Anzahl von Monaten bestimmt, so endet die Frist in
       dem maßgeblichen nachfolgenden Monat an dem Tag, der durch seine Zahl dem Tag
       entspricht, an dem das Ereignis eingetreten ist[114]. Hat der betr nachfolgende Monat
       keinen Tag mit der entspr Zahl, so läuft die Frist am letzten Tag dieses Monats ab
       (Art. 67 Abs. 3 DVUM). War das Ereignis zB am 26.6.2019 eingetreten, so endete
       die Zweimonatsfrist am 26.8.2019[115], war es am 31.10.2018 eingetreten, so endete
       die Monatsfrist schon am 30.11.2018, war es am 28.2.2017 eingetreten, so endete
       die Monatsfrist aber erst am 31.3.2017.

134   Ist als Frist eine *Woche* oder eine Anzahl von Wochen bestimmt, so endet die Frist
       in der maßgeblichen Woche an dem Tag, der durch seine Benennung dem Tag ent-
       spricht, an dem das Ereignis eingetreten ist (Art. 67 Abs. 4 DVUM), also zB von
       Mittwoch auf Mittwoch. Jede Frist endet am letzten Tag um 24.00 Uhr, wobei hier-
       für die Zeit am Empfangsort (Mitteleuropäische Zeit) maßgeblich ist. Wird also eine
       elektronische Kommunikation in Lissabon (Westeuropäische Zeitzone) am letzten
       Tag der Frist um 23.30 Uhr abgesandt, so gelangt es nach Mitternacht in Alicante
       an und ist daher verspätet.

---

112 EuG, 16.5.2011, T-145/08 – ATLAS/atlasair, Rn 62, 63; bestätigt durch EuGH, 9.3.2012,
     C-406/11 P; BK, 18.4.2008, R 1341/07-G – KOSMO/COSMONE, Rn 14, jeweils bzgl
     der Beschwerdebegründungsfrist.
113 Die Dauer dieser Fristen ist in UMV, DVUM und UMDV nicht abschließend bestimmt.
114 EuGH, 30.1.2014, C-324/13 P – PATRIZIA ROCHA/ROCHAS, Rn 30, 48, 49.
115 EuG, 17.3.2011, T-455/09 – Q/Q quadrata, Rn 29–31.

In *besonderen Fällen* endet eine Frist aber erst später: Läuft eine Frist an einem Tag 135 ab, an dem das *Amt* zur Entgegennahme von Schriftstücken *nicht geöffnet* ist[116] oder an dem gewöhnliche *Postsendungen* aus anderen Gründen als eine allgemeine Unterbrechung der Postzustellung nach Art. 69 Abs. 2 DVUM (zB örtliche Feiertage in Spanien, an denen das EUIPO aber arbeitet) am Sitz des EUIPO *nicht zugestellt* werden, so erstreckt sich die Frist auf den nächstfolgenden Tag, an dem das Amt zur Entgegennahme von Schriftstücken geöffnet ist und an dem gewöhnliche Postsendungen zugestellt werden (Art. 69 Abs. 1 DVUM). So ist das EUIPO an Samstagen und Sonntagen generell nicht für die Öffentlichkeit geöffnet[117]. Vor Beginn eines jeden Kalenderjahres werden die betr Tage dieses Jahres nach Art. 101 Abs. 2 iVm Art. 157 Abs. 4a und 4o UMV durch den Exekutivdirektor festgelegt[118].

Im Falle einer allgemeinen *Unterbrechung der Postzustellung* in dem Mitgliedstaat, in 136 dem das EUIPO seinen Sitz hat (also in Spanien), oder bei einer Störung der Verbindung des Amtes zu den zulässigen *elektronischen Kommunikationsmitteln* stellt der Exekutivdirektor die Dauer der Unterbrechung fest (Art. 101 Abs. 3 UMV). In diesem Fall erstreckt sich gemäß Art. 69 Abs. 2 DVUM die Frist auf den *ersten Tag* nach der Unterbrechung oder Störung, *an dem das EUIPO wieder Schriftstücke entgegennimmt* und an dem gewöhnliche Postsendungen zugestellt werden oder die Verbindung des Amtes zu diesen elektronischen Kommunikationsmitteln wiederhergestellt ist[119].

---

116 So endet eine Frist, wenn sie an einem Sonntag abläuft, erst am darauf folgenden Montag; EuG, 29.9.2011, T-415/09 – FISHBONE/FISHBONE BEACHWEAR, Rn 29; bestätigt durch EuGH, 18.7.2013, C-621/11 P; wobei diese Frage nicht Verfahrensgegenstand war.

117 Beschluss Nr. ADM-95–23 des Präsidenten vom 22.12.1995; ABl.HABM 1995, 487.

118 Siehe zB für 2022: Beschluss Nr EX-21–7 des Exekutivdirektors vom 18.11.2021; ABl. EUIPO 12/2021; für 2021: Beschluss Nr EX-20–8 vom 17.11.2020; ABl.EUIPO 1/2021; für 2020: Beschluss Nr EX-19–3 vom 21.11.2019; ABl.EUIPO 12/2019; für 2019: Beschluss Nr EX-18–8 des Exekutivdirektors vom 18.12.2018; ABl.EUIPO 2/2019; für 2018: Beschluss Nr EX-17–10 des Exekutivdirektors vom 22.12.2017; ABl.EUIPO 3/2018; für 2017: Beschluss Nr EX-16–8 des Exekutivdirektors vom 23.12.2016; ABl. EUIPO 3/2017; für 2016: Beschlüsse Nr EX-15–8 und EX-16–2 des Präsidenten vom 18.12.2015 und 15.3.2016; ABl.EUIPO 4/2016 und ABl.HABM 3/2016; für 2015: Beschluss Nr EX-14–5 des Präsidenten vom 12.12.2014; ABl.HABM 2/2015; für 2014: Beschluss Nr EX-13–7 des Präsidenten vom 16.12.2013; ABl.HABM 2/2014; und für 2013: Beschluss Nr EX-12–5 des Präsidenten vom 19.12.2012; ABl.HABM 1/2013.

119 Siehe zB Beschlüsse Nr EX-21–6 des Exekutivdirektors vom 2.7.2021 wegen einer technischen Störung im EUIPO; ABl.EUIPO 10/2021; Nr EX-21–3 vom 18.1.2021 wegen des Sturms Filomena in Spanien; ABl.EUIPO 3/2021; Nr EX-19–2 vom 20.6.2019 wegen regionalen Feiertags in Alicante; ABl.EUIPO 8/2019; Nr EX-18–9 vom 4.12.2018 wegen Poststreiks in Spanien; ABl.EUIPO 2/2019; Beschlüsse Nr EX-15–3 bis EX-15–5 des Präsidenten vom 30.6., 10.7. und 17.7.2015 wegen Beschränkungen des Bankzahlungsverkehrs in Griechenland; ABl.HABM 8 und 9/2015; Nr EX-14–2 des Präsidenten vom 6.6.2014 wegen Störung der elektronischen Kommunikationsmittel des HABM; ABl.HABM 7/2014; Nr EX-13–8 vom 19.12.2013 wegen elektronischer Störungen bei Einführung der neuen Internetseite des HABM; ABl.HABM 3/2014; Nr EX-13–1 vom 7.8.2013 wegen einer Unterbrechung der Faxverbindung des HABM; ABl.HABM

137 Wird die Kommunikation zwischen dem Amt und den Verfahrensbeteiligten durch ein *nicht vorhersehbares Ereignis* wie eine Naturkatastrophe oder einen Streik unterbrochen oder gestört, kann der Exekutivdirektor[120] nach Art. 101 Abs. 4 UMV bestimmen, dass für die Verfahrensbeteiligten, die in dem betr Mitgliedstaat ihren Wohnsitz oder Sitz oder einen Vertreter mit Geschäftssitz in diesem Mitgliedstaat bestellt haben, alle Fristen, die normalerweise am oder nach dem Tag des von ihm festgestellten Ereigniseintritts ablaufen, bis zu einem von ihm festzusetzenden Tag verlängert werden. Bei der Festsetzung dieses Tages berücksichtigt er das voraussichtliche Ende des unvorhersehbaren Ereignisses. Ist der Sitz des Amtes von dem Ereignis betroffen, stellt er fest, dass die Fristverlängerung für alle Verfahrensbeteiligten gilt[121]. So wurden zB wegen der *Coronavirus-Pandemie* alle Fristen, unabhängig davon, ob sie vom EUIPO bestimmt wurden oder gesetzlich vorgeschrieben sind, die zwischen dem 9.3.2020 und einschl dem 17.5.2020 abliefen, die alle Parteien in Verfahren vor dem Amt betrafen, bis zum 18.5.2020 verlängert[122].

138 Das EUIPO kann vorbehaltlich zwingender oder maximaler Fristen nach der UMV Amtsfristen auf begründeten Antrag *verlängern*, wenn der betr Antrag vor Ablauf der

---

10/2013; Nr EX-12–6 vom 20.12.2012 wegen einer Stromunterbrechung beim HABM; ABl.HABM 2/2013; und Mitteilungen Nr 7/03 des Präsidenten vom 10.11.2003 über die Unterbrechung der Postzustellung in Großbritannien; ABl.HABM 2004, 92; und Nr 8/02 vom 17.6.2002 über die Unterbrechung der Postzustellung in Spanien; ABl. HABM 2002, 1634.

120 EuG, 6.10.2021, T-635/20 – JUVÉDERM VYBRANCE. Hierfür ist nur dieser und keinesfalls die BK zuständig. Einem Beteiligten bleibt aber die Möglichkeit eines Wiedereinsetzungsantrags.

121 Siehe zB Beschlüsse des Exekutivdirektors/Präsidenten Nr EX-22–2 und EX-22–4 vom 8. und 30.3.2022 wegen des Kriegs in der Ukraine; ABl.EUIPO 4/2022; Nr EX-21–2 vom 8.1.2021 wegen des Erdbebens in Kroatien; ABl.EUIPO 3/2021; Nr EX-20–2 vom 2.3.2020 und Nr EX-20–1 vom 14.2.2020 wegen der Coronavirus-Epidemie in China; ABl.EUIPO 3/2020 und 4/2020; Nr EX-18–6 vom 17.10.2018 wegen Erdbebens und Tsunami in Sulawesi/Indonesien; ABl.EUIPO 2/2019; Nr EX-17–9 vom 10.10.2017 wegen des Hurricans »Irma« bzgl mehrerer amerikanischer Staaten; ABl.EUIPO 12/2017; Nr EX-17–8 vom 7.9.2017 wegen des Hurricans »Harvey« in Teilen der USA; ABl. EUIPO 12/2017; Nr EX-17–2 vom 16.5.2017 wegen eines weltweiten Cyberangriffs mit Erpressungssoftware; ABl.EUIPO 6/2017; Nr EX-16–6 vom 30.8.2016 wegen des Erdbebens in Italien; Nr EX-16–4 vom 19.5.2016 wegen des Erdbebens in Japan; ABl. EUIPO 7/2016; Nr EX-13–6 vom 15.11.2013 wegen des Taifuns »Haiyan«; ABl.HABM 1/2014; Nr EX-12–3 vom 31.10.2012 wegen des Hurrikans »Sandy«; ABl.HABM 12/2012; Nr EX-12–2 vom 29.6.2012 wegen der Erdbeben in Italien; ABl.HABM 8/2012; Nr EX-10–1 vom 23.4.2010 wegen des Vulkanausbruchs in Island; ABl.HABM 5/2010; sowie Nr EX-12–1 und EX-12–4 vom 27.3.2012 bzw 9.11.2012 wegen der Generalstreiks in Spanien am 29.3.2012 bzw 14.11.2012; ABl.HABM 4/2012 und 12/2012.

122 Beschlüsse Nr EX-20–3 und Nr EX-20–4 des Exekutivdirektors vom 16.3.2020 und 29.4.2020; ABl.EUIPO 4/2020 und 6/2020. S. zu weiteren Details die Internetseite »COVID-19 updates« auf www.euipo.europa.eu.

ursprünglichen Frist eingereicht wird und die Verlängerung unter den gegebenen
Umständen angezeigt ist (Art. 68 S. 1 und 2 DVUM).

Der *Antrag* auf Fristverlängerung ist immer unter Angabe der *konkreten Gründe* zu   **139**
stellen, warum der betroffene Beteiligte (nicht lediglich sein Vertreter) zur Fristwahrung nicht imstande ist, um die eine Fristverlängerung rechtfertigenden Umstände
überprüfen zu können[123]. Unbegründete Anträge werden vom Amt ohne weitere
Rückfrage zurückgewiesen[124].

Bei *zwei oder mehreren Verfahrensbeteiligten* kann das EUIPO die Fristverlängerung   **140**
an die Zustimmung der anderen Beteiligten knüpfen, ohne jedoch hierzu verpflichtet zu sein, wobei es die konkreten Umstände des Antrags zu berücksichtigen hat,
insb wenn es die Zustimmung des anderen Beteiligten nicht einholt[125]. In einem
solchen Fall empfiehlt es sich aber immer, ein von den Beteiligten gemeinsam unter-
schriebenes und für den Einzelfall begründetes *Fristverlängerungsgesuch* einzureichen
(Art. 68 S. 3 DVUM).

Nach *derzeitiger Praxis des Amts*[126] werden alle während Prüfungs-, Widerspruchs- oder   **141**
Löschungsverfahren fristgerecht eingereichten *Erstanträge* auf Verlängerung bewilligt,
Folgeanträge auf eine nochmalige Verlängerung jedoch abgelehnt, wenn der Folge-
antragsteller nicht nachweist, dass außergewöhnliche Umstände (Änderungen in der
Handelsstruktur eines betroffenen Unternehmens, zusätzlicher Zeitbedarf für eine
Gutachtenserstellung, zB Meinungsumfrage, höhere Gewalt wie Naturkatastrophen,
Todesfälle) vorliegen.

Bei Ablehnung eines einseitigen Fristverlängerungsantrags durch das EUIPO (zB   **142**
nach einer bereits auf Antrag beider Beteiligter gewährten einmaligen und auch als
letztmalig deklarierten Fristverlängerung), die idR erst gewisse Zeit nach Eingang des
Antrags erfolgt, wird nach derzeitiger Praxis *dem Antragsteller die noch nicht abgelaufene Frist* zwischen dem Tag der Antragstellung und dem Fristende jedoch zur Stellungnahme *nachgelassen*[127].

Maßgebend für die Fristwahrung ist der rechtzeitige *Eingang des relevanten Schrift-*   **143**
stücks beim EUIPO und nicht dessen Absendetag am Ausgangsort[128].

---

123 EuG, 12.12.2007, T-86/05 – CORPO Livre/LIVRE, Rn 21–32; bestätigt durch EuGH,
    Rn 21–25.
124 Siehe *Stürmann*, Verfahren vor dem EUIPO, GRUR-Prax 2016, 120.
125 EuG, 13.2.2015, T-287/13 – HUSKY, Rn 46.
126 Information auf der Internetseite des EUIPO vom 2.8.2010.
127 Dies kann – je nach Bearbeitungsdauer durch das EUIPO – zu einer »realen« Fristver-
    längerung von 1 bis 4 Wochen führen, was die Gegenseite in ihren Rechten beeinträch-
    tigt. Diese Praxis dürfte gegen die Neutralitätspflicht des Amts verstoßen, weil sie einen
    Beteiligten ungebührlich begünstigt.
128 EuGH, 30.1.2014, C-324/13 P – PATRIZIA ROCHA/ROCHAS, Rn 42–53.

144   Stellt das Amt (versehentlich oder auf Aufforderung des Beteiligten) mehrmals zu, ist nur die *erste erfolgreiche Zustellung* für die Fristberechnung relevant[129].

145   Eine nach verstümmelter Zustellung erfolgte erneute Zustellung mit vollständigen Entscheidungsgründen samt Bildern und anderen Rechtsmittelhinweisen eröffnet jedoch eine neue Beschwerdefrist[130].

VI. Wiedereinsetzung in den vorigen Stand

146   Im Falle der Fristversäumung kann der Anmelder, der Inhaber der Unionsmarke oder jeder andere an einem Verfahren vor dem Amt Beteiligte wegen Art. 104 Abs. 1 UMV mit einem schriftlichen Antrag *Wiedereinsetzung* in den vorigen Stand begehren.

147   Der *Zweck* der Wiedereinsetzung besteht darin, es dem Antragsteller, der trotz Beachtung aller nach den gegebenen Umständen gebotenen Sorgfalt eine Frist vor dem EUIPO[131] versäumt hat, zu erlauben, innerhalb von zwei Monaten nach Wegfall des Hindernisses die *Wirkungen der Fristversäumung rückgängig* zu machen, wenn die Verhinderung den Verlust eines Rechts oder Rechtsmittels zur unmittelbaren Folge hat (Art. 104 Abs. 1 und 2 S. 1 UMV). Der Antrag ist jedoch nur innerhalb eines Jahres nach Ablauf der versäumten Frist zulässig (Art. 104 Abs. 2 S. 3 UMV).

148   Zum *Wegfall des Hindernisses* ist auf die Zustellung an den ordnungsgemäß bevollmächtigten Vertreter des Betroffenen abzustellen und nicht darauf, wann den Betroffenen dann persönlich die Nachricht über seinen Vertreter erreicht[132]. Es reicht bereits ein telefonischer Hinweis des Amts auf den Mangel aus, so dass nicht erst auf das spätere Schreiben abgestellt werden kann[133].

149   Die versäumte Handlung ist zwingend innerhalb der *Zweimonatsfrist nachzuholen* (Art. 104 Abs. 2 S. 2 UMV).

150   *Antragsberechtigt* ist nur ein Beteiligter des Ausgangsverfahrens[134].

151   An die Beachtung aller nach den gegebenen Umständen gebotenen Sorgfalt und deren Nachweis werden jedoch regelmäßig *extrem hohe Anforderungen* gestellt, die an die Rspr des EuGH und des EuG zum Vorliegen von *höherer Gewalt* und eines *Zufalls*

---

129   BK, 17.5.2010, R 303/10–2 – FIRST CHOICE, Rn 16, 17. Hier gilt also der Meistbegünstigungsgrundsatz nicht, wonach es zugunsten des Betroffenen immer auf die letzte Zustellung ankommt. Dies ist aber problematisch, weil das Prinzip des fairen Verfahrens verletzt sein könnte.

130   BK, 2.7.2010, R 1065/09–1 – Ableiter-Gesamtgerät, Rn 18–20.

131   Für die Entscheidung über die Wiedereinsetzung gegen die Versäumung der Klagefrist ist ausschließlich das EuG zuständig; EuG, 8.6.2016, T-585/15 – GREEN BEANS II, Rn 31–50.

132   EuG, 23.9.2009, T-20/08 und T-21/08 – DANELECTRO und QWIK TUNE, Rn 19–23; bestätigt durch EuGH, 30.9.2010, C-479/09 P, Rn 36–50.

133   EuG, 17.9.2008, T-218/06 – Neurim/EURIM-PHARM, Rn 70–78.

134   EuG, 12.5.2009, T-410/07 – JURADO, Rn 27.

(unvorhersehbaren Umständen) gemäß Art. 45 Abs. 2 Satzung-EuGH anknüpfen[135], so dass nur in ausgesprochen seltenen Fällen Wiedereinsetzung gewährt wird[136].

Nach stRspr kann von den unionsrechtlichen Vorschriften über die Verfahrensfristen **152** nur unter *ganz außergewöhnlichen Umständen* abgewichen werden, da deren strikte Anwendung dem Erfordernis der *Rechtssicherheit* und der Notwendigkeit entspricht, jede *Diskriminierung oder willkürliche Behandlung* bei der Rechtspflege zu *verhindern*. Unabhängig davon, ob solche Umstände als *Zufall, höhere Gewalt* oder *entschuldbarer Irrtum* anzusehen sind, enthalten sie in jedem Fall ein subjektives Merkmal, das mit der Verpflichtung des gutgläubigen Rechtsbürgers zusammenhängt, die *höchste Wachsamkeit* und *Sorgfalt* walten zu lassen, die von einem Wirtschaftsteilnehmer mit normalem Kenntnisstand verlangt werden kann, um den Ablauf des Verfahrens zu überwachen und die vorgesehenen Fristen zu wahren[137].

Menschliche Fehler bei der (technischen) Verwaltung sind nämlich erfahrungsgemäß **153** nicht als außergewöhnliche oder unvorhersehbare Ereignisse anzusehen. Daher erfordert die Beachtung der gebotenen Sorgfalt die Einrichtung eines *Systems zur internen Kontrolle* und Überwachung der Fristen, das deren unbeabsichtigte Versäumnis generell ausschließt. Allein *außergewöhnliche* und damit *nicht kraft Erfahrung vorhersehbare Umstände* können eine Wiedereinsetzung zur Folge haben. Diese kann jedoch bei einer *Verkettung von unglücklichen Umständen* gewährt werden, wenn zwar zwei *Säulen eines an sich ausreichenden anwaltlichen Sicherungssystems* versagt haben, die dritte Sicherheitssäule aber wegen einer fehlerhaften Zustellung seitens des EUIPO nicht mehr aktiviert werden konnte[138].

Der Markeninhaber kann zB seine Verantwortung nicht auf eine von ihm beauftragte **154** Person abwälzen, zB einen *Markenüberwachungsdienst*. Deren Fehlverhalten ist ihm nämlich unmittelbar wie eigenes zuzurechnen[139].

Fehler bei der Übermittlung von Überweisungsaufträgen an die Bank bzw Fehler der Bank **155** bei deren Ausführung sind *weder selten noch unwahrscheinlich*. Der Kläger hätte sich

---

135 Siehe Rdn 1833 ff.
136 Siehe EuG, 20.6.2001, T-146/00 – DAKOTA; EuG, 31.5.2005, T-373/03 – PARMITA-LIA/PARMITAL, Rn 60; EuG, 28.6.2005, T-158/04 – UUP'S/UP, Rn 7, 21–23; EuG, 17.9.2003, T-71/02 – BECKETT EXPRESSION/Expression; EuG, 19.4.2005, T-380/02 – PAN & CO/PAN SPEZIALITÄTEN, Rn 86; EuG, 21.4.2021, T-382/20 – Tischmesser, Gabeln, Löffel (GGM).
137 EuG, 21.5.2014, T-61/13 – NUEVA, Rn 38 mwN.
138 EuG, 25.4.2012, T-326/11 – BrainLAB.
139 EuG, 19.9.2012, T-267/11 – VR, Rn 23–40; EuG, 28.6.2012, T-314/10 – COOK'S, Rn 21–31; EuG, 20.4.2010, T-187/08 – Hundebild II, Rn 29–35; EuG, 13.5.2009, T-136/08 – AURELIA, Rn 13–28; EuG, 28.4.2008, T-358/07 – Publicare, Rn 6, 11–13; s.a. EuG, 23.2.2016, T-279/15 bis T-282/15 – Luftreifen für Fahrzeugräder(hinsichtlich der Versäumung der Verlängerung eines GGM), Rn 21–31; aA BK, 22.2.2010, R 1026/09–4 – Aromata/Aromax II, wonach ein Wohnsitzwechsel und damit verbundene Zustellprobleme per Telefax bei außergewöhnlichen Umständen eine Wiedereinsetzung rechtfertigen könnten.

daher trotz Nichtvorliegens einer Fehlermeldung bei seiner Bank nach der *Ausführung der Überweisung erkundigen* müssen. Beim verwendeten Online-Banking-System wäre es möglich gewesen, seine Konten aus der Ferne einzusehen und sich über die erfolgreiche Ausführung seiner Überweisung zu vergewissern, zumal er während seines Aufenthalts auf den Philippinen mehrere Überweisungen auf diesem Weg getätigt hat[140].

156   Bei der Einschaltung eines *Computersystems* durch ein Fachunternehmen zur Fristenkontrolle erfordert die nach den gegebenen Umständen gebotene Sorgfalt erstens, dass die allgemeine Konzeption dieses Systems die Einhaltung der Fristen gewährleistet, zweitens, dass dieses System die Möglichkeit bietet, jeden vorhersehbaren Fehler bei der Ausführung der den Beschäftigten des Fachunternehmens obliegenden Aufgaben und bei der Arbeit des Computersystems zu erkennen und zu beheben, und drittens, dass die für die Erfassung der erforderlichen Daten und die Anwendung des genannten Systems verantwortlichen Beschäftigten des Fachunternehmens angemessen ausgebildet sind, ihre Tätigkeiten überprüfen müssen und kontrolliert werden[141].

157   Dasselbe gilt für die fehlerhafte Fristberechnung oder irrtümliche Gebührenbezahlung per (nicht mehr statthaften) Scheck durch einen *Mitarbeiter der Anwaltskanzlei*, wenn diese keine ausreichende Gegenkontrolle eingerichtet hat[142].

158   Zwar dürfen Fristen grds *bis zum letzten Tag ausgeschöpft* werden[143]. Dies erhöht aber andererseits auch den an die Sorgfalt zu setzenden Beurteilungsmaßstab. Insb ist Vorsorge zu treffen, dass der vorgesehene Versandweg noch einen rechtzeitigen Eingang der Sendung oder Zahlung erlaubt. Dabei ist zu berücksichtigen, dass es bei Zustellungen ins Ausland (nach Alicante oder Luxemburg) immer zu Verzögerungen kommen kann. Aus diesem Grunde sollte man es grds nicht auf den letztmöglichen Termin ankommen lassen, sondern einen gewissen Zeitpuffer mit einkalkulieren.

159   So hat zB der EuGH[144] eine *Sorgfaltspflichtverletzung* darin gesehen, dass der Antragsteller seinen Originalschriftsatz nur *sieben Tage vor Fristablauf* nicht direkt dem Postdienst in Spanien, sondern einem privaten spanischen Versanddienst zur Auslieferung nach Luxemburg übergeben hatte, der wiederum zwei Tage benötigte, um den Schriftsatz per eingeschriebenen Brief an die Geschäftsstelle des EuG in Luxemburg zu versenden, wo er dann nach Fristablauf einging. Dasselbe gilt, wenn ein Anwalt das beim EUIPO nicht angekommene Schreiben selbst in den *Briefkasten* geworfen

---

140   EuG, 13.10.2021, T-732/20 – CRYSTAL.
141   EuG, 13.5.2009, T-136/08 – AURELIA, Rn 27; EuG, 28.6.2012, T-314/10 – COOK'S, Rn 29.
142   EuG, 13.9.2011, T-397/10 – A auf Schuh/A, Rn 26, 29; EuG, 15.9.2011, T-271/09 – Romuald Prinz Sobieski zu Schwarzenberg/JAN III SOBIESKI, Rn 53–62.
143   EuG, 12.7.2005, T-163/04 – Mike's MEALS ON WHEELS/MIKE'S SANDWICH MARKET, Rn 55.
144   EuGH, 18.1.2005, C-325/03 P – BLUE/BILBAO BLUE, Rn 21–23, 25–27.

hat und damit über keine Nachweise hinsichtlich des Versands und des Empfangs des Schriftstücks verfügt[145].

Ebenfalls hat das EuG *keinen Fall von außergewöhnlichem Zufall oder höherer Gewalt* 160 angenommen, wenn eine Klageschrift verspätet einging, obwohl sie der Anwalt *15 Tage vor Fristablauf* einem *Kurierdienst* übergeben, aber ihren weiteren Weg nicht verfolgt hatte, obwohl dies möglich gewesen wäre[146]. Selbst auf Angaben im Handbuch der österreichischen *Post*, wonach eine Sendung innerhalb von 5 bis 10 Tagen nach Aufgabe bei ihr in Luxemburg einlangt, kann ein Beteiligter sich nicht verlassen, wenn die Sendung tatsächlich erst am 13. Tag und damit verspätet eingeht[147].

Andererseits hat es das Gericht als *sachgerecht* angesehen, wenn der Antragsteller 161 seinen verspätet eingegangenen Schriftsatz *einen Tag vor Fristablauf* einem privaten Kurierdienst in Spanien übergeben hatte, mit dem er gewöhnlich arbeitete, zu dem er hinreichendes Vertrauen hatte und der ihm eine fristgerechte Übergabe am folgenden Tag beim Amt zugesichert hatte[148].

In *Ausnahmefällen* kann auch eine *plötzliche Erkrankung* ein unvorhersehbares Ereignis 162 darstellen, das die Gewährung einer Wiedereinsetzung in den vorigen Stand rechtfertigt[149].

Angesichts der generellen Zurückhaltung bei der Gewährung von Wiedereinsetzung 163 empfiehlt es sich, bei Vorliegen der Voraussetzungen auf das Rechtsinstitut der *Weiterbehandlung* auszuweichen, zumal dieses nach dem neuen Recht nunmehr hinsichtlich aller im Widerspruchsverfahren versäumter Fristen (mit Ausnahme der Fristen zur Widerspruchseinlegung und Zahlung der Widerspruchsgebühr) anwendbar ist. Dieser Antrag ist auch deshalb einfacher, weil er *keiner Begründung* bedarf (s. Rdn 160 ff.).

Generell *ausgeschlossen* von der Wiedereinsetzung sind nur die Versäumung der Frist 164 des Antrags auf Wiedereinsetzung, der Erhebung des Widerspruchs und des Antrags auf Weiterbehandlung (Art. 104 Abs. 5 UMV)[150].

Der Wiedereinsetzungsantrag ist zu begründen, wobei die zur *Begründung* dienen- 165 den Tatsachen *glaubhaft zu machen* sind (Art. 104 Abs. 3 S. 1 UMV). Es sind die allgemeinen Beweisregeln des Art. 97 UMV entspr anwendbar. Jedoch gelten *strenge Anforderungen*, insb reicht eine eidesstattliche Versicherung des Beteiligten oder sei-

---

145 EuG, 20.1.2021, T-276/20 – Lufterfrischer (GGM). Es ist das charakteristische Merkmal eines per Post verschickten Briefs, dass ihm keine Informationen beigefügt sind, die es ermöglichen, mit Sicherheit festzustellen, ob er gesendet und empfangen wurde. Denn per Post versandte Schreiben können nicht nachverfolgt werden.
146 EuG, 8.5.2012, T-675/11 – MaxCom/MASCOM, Rn 12–16.
147 EuG, 20.2.2013, T-422/12 – THE FUTURE HAS ZERO EMISSIONS, Rn 15–20.
148 EuG, 19.5.2011, T-580/08 – PEPEQUILLO/PEPE, Rn 33–41.
149 EuG, 16.12.2020, T-3/20 – Canoleum/MARMOLEUM, Rn 50. Hier handelte es sich um eine plötzliche schwerwiegende (unfallgleiche) Erkrankung des sachbearbeitenden Anwalts.
150 EuG, 7.5.2009, T-277/06 – OMNICARE/OMNICARE.

nes Vertreters allein nicht aus[151]. Der Antrag gilt erst als gestellt, wenn die Wieder-einsetzungsgebühr von 200 Euro (Anhang I zur UMV Nr A22) entrichtet worden ist (Art. 104 Abs. 3 S. 2 UMV).

166 Über den Antrag entscheidet die *Dienststelle des Amts*, die über die versäumte Handlung zu entscheiden hat (Art. 104 Abs. 4 UMV).

VII. Weiterbehandlung

167 Einem an dem Verfahren vor dem EUIPO Beteiligten, der eine gegenüber dem Amt einzuhaltende Frist versäumt hat, kann auf Antrag *Weiterbehandlung* gewährt werden, wenn mit dem Antrag die versäumte Handlung nachgeholt wird (Art. 105 UMV).

168 Der *Zweck* der Weiterbehandlung besteht darin, es dem Antragsteller, der eine Frist vor dem EUIPO versäumt hat, zu erlauben, gegen Zahlung einer zusätzlichen Gebühr von 400 Euro (Anhang I zur UMV Nr A24) auf Antrag hin ohne weitere Angabe von Gründen innerhalb von zwei Monaten nach Ablauf der versäumten Frist, die exakt einzuhalten ist[152], die *Wirkungen der Fristversäumung rückgängig* zu machen.

169 War der Anwendungsbereich dieser Vorschrift in der GMV noch sehr beschränkt, weil aufgrund Art. 82 Abs. 2 GMV *die meisten typischen Verfahrensfristen*, und zwar neben den gesetzlichen auch vom Amt bestimmte (die auf Antrag verlängerbar sind), von der Weiterbehandlung ausdrücklich *ausgeschlossen* waren[153], so gilt die Weiterbehandlung wegen Art. 105 Abs. 2 UMV nach dem neuen Recht ab 1.10.2017 für *alle Fristen in Widerspruchsverfahren*, mit Ausnahme der in Art. 46 Abs. 1 UMV genannten Frist für die Erhebung eines Widerspruchs und der Frist für die Entrichtung der Widerspruchsgebühr nach Art. 46 Abs. 3 UMV, da der Verweis auf Art. 42 GMV gestrichen wurde. Dies ist besonders wichtig, da für die Wiedereinsetzung in den vorigen Stand gemäß Art. 104 UMV angesichts der oben dargestellten rigiden Rspr von EuGH und EuG kaum ein Anwendungsbereich bleibt.

170 *Ausgeschlossen* ist die Weiterbehandlung aber für die Fristregelung über die Vergabe des Anmeldetags, der (Ausstellungs-)Priorität, für die Frist zur Inanspruchnahme eines Zeitrangs (Senorität) nach Einreichung der Anmeldung, der Mängelbeseitigung bei

---

151 EuG, 16.6.2015, T-585/13 – Gauff JBG Ingenieure/GAUFF. Insoweit gelten keine anderen Grundsätze wie beim Nachweis der Verkehrsdurchsetzung oder der ernsthaften Benutzung (Rdn 810. ff und 1181. ff).

152 EuG, 17.9.2008, T-218/06 – Neurim/EURIM-PHARM, Rn 61–66.

153 Siehe *Bender,* Das neue Rechtsinstitut der Weiterbehandlung im Gemeinschaftsmarkenrecht: ein Danaergeschenk!, Mitt 2006, 63; und *Pfleghar/Schramek,* Das Rechtsinstitut der Weiterbehandlung in Inter-partes-Verfahren vor dem HABM, MarkenR 2007, 288; s.a. BK, 14.10.2009, R 172/08-G – VISTA/vistar, Rn 27.

der Anmeldung, der Verlängerung, der Beschwerde-[154] und Klagefrist, der Wiedereinsetzung und der Umwandlung[155].

Über den Antrag entscheidet die *Dienststelle des EUIPO*, die über die versäumte   171
Handlung zu entscheiden hat (Art. 105 Abs. 3 UMV).

Gibt das Amt dem Antrag statt, so gelten die mit der Fristversäumnis verbundenen   172
Folgen als nicht eingetreten. Ist zwischen dem Ablauf der Frist und dem Antrag auf
Weiterbehandlung eine Entscheidung ergangen, überprüft die Stelle, die über die
versäumte Handlung zu entscheiden hat, die Entscheidung und ändert sie ab, sofern
es nur darum geht, die versäumte Handlung nachzuholen (Art. 105 Abs. 4 S. 1 und
2 UMV).

Kommt das Amt nach der Überprüfung zu dem Schluss, dass die ursprüngliche Ent-   173
scheidung nicht abgeändert werden muss, *bestätigt* sie die *Entscheidung* schriftlich
(Art. 105 Abs. 4 S. 3 UMV).

Weist es den Antrag zurück, so wird die *Gebühr erstattet* (Art. 105 Abs. 5 UMV).   174

VIII. Vertretung vor dem Amt

Die berufsmäßige Vertretung natürlicher oder juristischer Personen vor dem EUIPO   175
kann wegen Art. 120 Abs. 1 UMV nur wahrgenommen werden durch *Rechtsanwälte*,
die in einem der Mitgliedstaaten des *EWR* zugelassen sind und dort die Befugnis
haben, als Vertreter in Markenangelegenheiten tätig zu sein, und die gleichzeitig ihren
Geschäftssitz in der EWR haben, oder durch *zugelassene Vertreter*, die in einer beim
EUIPO geführten Liste eingetragen sind.

In diese *Liste* können natürliche Person eingetragen werden, die die Staatsangehörigkeit   176
eines Mitgliedstaats des EWR besitzen, dort ihren Geschäftssitz oder Arbeitsplatz haben
und befugt sind, natürliche oder juristische Personen auf dem Gebiet des Markenwe-
sens vor den nationalen Ämtern eines Mitgliedstaats des EWR zu vertreten (Art. 120

---

154 Die Beschwerdeerwiderungsfrist ist jedoch der Weiterbehandlung zugänglich; BK,
30.5.2018, R 1935/17–4 – me & lou MUNICH/ME, Rn 12, 13.
155 Da sowohl Art. 25 Abs. 3 GMV (Anmeldung über ein nationales Amt) als auch Art. 62
GMV (Abhilfe in mehrseitigen Verfahren) weggefallen sind, wurden alle Verweise auf
diese Artikel aus der Aufzählung der ausgeschlossenen Fristen entfernt.

Abs. 2 UMV)[156]. Dies betrifft zB in Deutschland Patentanwälte[157]. Die Eintragung erfolgt auf *Antrag*, dem eine Bescheinigung des Markenamts des betr Mitgliedstaats beizufügen ist, aus der sich die Erfüllung der oben genannten Voraussetzungen ergibt (Art. 120 Abs. 3 UMV). Zur Änderung in der Liste s. Art. 75 DVUM.

177   Natürliche oder juristische Personen mit Wohnsitz oder Sitz oder einer tatsächlichen und nicht nur zum Schein bestehenden gewerblichen oder Handelsniederlassung im *EWR* können sich vor dem EUIPO durch einen ihrer *Angestellten* vertreten lassen (Art. 119 Abs. 3 UMV iVm Art. 74 DVUM)[158]. Diese Angestellten können auch andere juristische Personen vertreten, die mit ihrem Arbeitgeber wirtschaftlich verbunden sind, selbst wenn diese anderen juristischen Personen keinen Wohnsitz, Sitz oder eine gewerbliche bzw Handelsniederlassung im EWR haben[159].

178   *Verfahrensbeteiligte*, die weder ihren Wohnsitz oder ihren Sitz noch eine tatsächliche und nicht nur zum Schein bestehende gewerbliche oder Handelsniederlassung im EWR haben, müssen – außer für das Einreichen der Anmeldung selber – durch einen Vertreter handeln (Art. 119 Abs. 2 UMV). Hierfür ist die Eintragung der gewerblichen Niederlassung im Handelsregister im EWR erforderlich, Ladenfotos oder eine Internetseite mit Adressenangabe reichen ebenso wenig aus wie eine Niederlassung, die ein Mitarbeiter führt, der als natürliche Person im Handelsregister im eigenen Namen eingetragen ist[160]. Kommt ein derartiger Beteiligter der Aufforderung des EUIPO, einen Vertreter zu bestellen, nicht nach, darf sein Antrag nicht zurückgewiesen werden, sondern das Verfahren wird ausgesetzt[161].

179   Alle anderen Beteiligten können vor dem Amt, einschl der BK, selbst auftreten, bedürfen also keines Vertreters (Art. 119 Abs. 1 und Abs. 2 UMV). Legt in diesem Falle der Vertreter keine, eine fehlerhafte oder verspätete Vollmacht vor, schadet dies

---

156 Auch schon nach der Rechtslage der GMV durfte einem österreichischen Staatsangehörigen, der zur Vertretung vor dem österreichischen Patentamt befugt ist und ein Patentbüro mit Geschäftssitz in Liechtenstein betreibt, nach Art. 36 EWR-Abkommen (Abkommen über den Europäischen Wirtschaftsraum [EWR], das in Liechtenstein am 1.5.1995 durch den Beschluss des EWR-Rates Nr 1/95 vom 10.3.1995 in Kraft getreten ist; ABl. 1995, L 86/58) die Eintragung in die Liste der beim Amt zugelassenen Vertreter nicht verweigert werden, da das EWR-Abkommen die Organe der Union bindet; EuG, 13.7.2017, T-527/14 – Rosenich, mwN.

157 Zu den in den Mitgliedstaaten der Union und des EWR Berechtigten s. die Liste in der UMRL, Teil A, Abschn. 5, Anhang I.

158 Das bisherige Erfordernis, wonach für jede Anmeldung eine unterzeichnete Einzel- oder allgemeine Vollmacht zu den Akten einzureichen war (Regel 76 Abs. 2 GMDV), wurde aufgehoben.

159 *Stürmann*, Verfahren vor dem HABM, GRUR-Prax 2015, 269.

160 EuG, 22.9.2016, T-512/15 – SUN CALI/CaLi co, Rn 21–39.

161 BK, 22.3.2011, R 1629/10–1 – VINATEX. Der Mangel kann auch erst im Beschwerdeverfahren beseitigt werden mit der Konsequenz, dass das Verfahren fortgesetzt und eine Zurückweisung des Widerspruchs durch die Widerspruchsabteilung wegen fehlender Vertreterbestellung vor ihr aufgehoben wird; BK, 22.3.2016, R 2005/15–1 – lambretta/LAMBRETTA, Rn 18, 19, 22.

nicht, da wegen Art. 74 Abs. 3 DVUM das Verfahren dann mit der vertretenen Person fortgeführt wird[162].

Ist ein *Vertreter* bestellt worden oder gilt der zuerst genannte Anmelder bei einer **180** gemeinsamen Anmeldung als der gemeinsame Vertreter gemäß Art. 73 Abs. 1 DVUM, so erfolgen wegen Art. 60 Abs. 1 DVUM Zustellungen an den bestellten oder an den gemeinsamen Vertreter[163]. Sind mehrere Vertreter für einen Beteiligten bestellt worden, so genügt nach Art. 60 Abs. 2 DVUM die Zustellung an einen von ihnen, sofern eine bestimmte Zustellanschrift gemäß Art. 2 Abs. 1e UMDV angegeben worden ist. Haben mehrere Beteiligte einen gemeinsamen Vertreter bestellt, so genügt die Zustellung nur eines Schriftstücks an den gemeinsamen Vertreter.

Erfolgt eine Zustellung seitens des EUIPO versehentlich nicht an den Vertreter, **181** sondern an den Unternehmensberaters, der den Beteiligten im Anmeldeverfahren vertreten hat, kann dies wegen *Verletzung des rechtlichen Gehörs* zur Aufhebung der angefochtenen Entscheidung führen, wenn der Beteiligte nicht rechtzeitig Kenntnis und Stellung nehmen konnte[164].

Jede Zustellung oder andere Mitteilung an den *ordnungsgemäß bevollmächtigten Ver-* **182** *treter* hat nach Art. 60 Abs. 3 DVUM dieselbe Wirkung, als wäre sie an die vertretene Person gerichtet[165]. Umgekehrt haben alle Mitteilungen des Vertreters an das EUIPO dieselbe Wirkung, als wären sie von der vertretenen Person an das Amt gerichtet.

Ein *Vertreterwechsel* kann dem Amt auf einem Online-Formular mitgeteilt werden. **183**

IX. Zahlungen an das Amt

Alle an das EUIPO *zu zahlenden Gebühren* müssen direkt an das Amt entrichtet **184** werden und dürfen keinesfalls bei oder durch Vermittlung von nationalen Ämtern gezahlt werden. Die Zahlungen müssen in Euro erfolgen (Art. 179 Abs. 1 Unterabs. 1 und 4 UMV), Zahlungen in anderen Währungen sind nicht zulässig. Die laufenden Konten werden in Euro geführt, und alle Kredit- oder Debitkartentransaktionen erfolgen in Euro[166].

Für jede Zahlung ist der *Name* des Einzahlers anzugeben, und es sind nach Art. 179 **185** Abs. 2 UMV die erforderlichen *Angaben* zu machen, die es dem Amt ermöglichen, den Zweck der Zahlung ohne weiteres zu erkennen, insb
(a) bei Zahlung der *Anmeldegebühr* ihr Zweck, also »Anmeldegebühr«; **186**

---

162 EuG, 14.3.2017, T-132/15 – popchrono, Rn 53–58.
163 EuG, 25.4.2012, T-326/11 – BrainLAB, Rn 49.
164 EuG, 12.7.2012, T-279/09 – 100 % Capri/CAPRI.
165 EuG, 9.7.2010, T-510/08 – TOCQUEVILLE 13, Rn 57–64.
166 Art. 2 Beschluss Nr EX-21–5 des Exekutivdirektors vom 21.7.2021 bzgl der Zahlungsarten für Gebühren und Entgelte und zur Bestimmung des geringfügigen Betrags einer Gebühr oder eines Entgelts; ABl.EUIPO 10/2021.

187   (b) bei Zahlung der *Widerspruchsgebühr* das Az. der Anmeldung und der Name des Anmelders der Unionsmarke, gegen deren Eintragung Widerspruch eingelegt wird, und der Zweck der Zahlung, also »Widerspruchsgebühr«;

188   (c) bei Zahlung der Gebühr für die Erklärung des *Verfalls* oder der *Nichtigkeit* die Eintragungsnummer und der Name des Inhabers der Unionsmarke, gegen die sich der Antrag richtet, sowie der Zweck der Zahlung, also »Gebühr für die Erklärung des Verfalls« oder »Gebühr für die Erklärung der Nichtigkeit«.

189   Ist der *Zahlungszweck* aus den bei der Zahlung gemachten Angaben *nicht zu erkennen*, so gewährt das EUIPO wegen Art. 179 Abs. 3 UMV eine Frist, dies nachzuholen. Holt der Einzahler die Angabe nicht innerhalb der gesetzten Frist nach, so gilt die Zahlung als nicht erfolgt und der gezahlte Betrag wird zurückerstattet.

190   Zahlungen an das EUIPO können *bewirkt* werden durch *Überweisung* (Art. 179 Abs. 1 Unterabs. 1 UMV), *Belastung eines laufenden Kontos* beim Amt oder, wenn dies für den konkreten Vorgang zugelassen ist, durch *Kreditkartenzahlung*.

191   Bei der *Überweisung* oder Einzahlung in Euro auf ein Bankkonto des Amts (Art. 179 Abs. 1 Unterabs. 1 UMV)[167] gilt der Tag, an dem der eingezahlte oder überwiesene Betrag *tatsächlich einem Bankkonto* des EUIPO *gutgeschrieben* wird, als der *Stichtag*, zu dem die Zahlung an das Amt als erfolgt anzusehen ist (Art. 180 Abs. 1 UMV). Der Auftraggeber muss auch dafür sorgen, dass etwaige Bankgebühren von ihm getragen werden.

192   Die Zahlung kann auch durch Belastung eines *laufenden Kontos* beim Amt erfolgen (Art. 179 Abs. 1 Unterabs. 1 UMV)[168]. Ein derartiges Konto kann von natürlichen oder juristischen Personen sowie Vertretern oder deren Zusammenschlüssen auf schriftlichen Antrag beim EUIPO unter Verwendung der im Nutzerbereich (*User Area*) auf der Internetseite des Amtes bereitgestellten Formulare und Kommunikationsmittel eingerichtet werden[169]. Mit der Errichtung des laufenden Kontos gilt die *Ermächtigung für die Abbuchung aller dem Amt geschuldeten Gebühren* und Entgelte für die Zahlung durch dessen Inhaber oder durch jede Person, die ordnungsgemäß bestellt und zu dessen Nutzung bevollmächtigt ist, als erteilt. Dem Inhaber des laufenden Kontos obliegt es, alle Vorkehrungen zu treffen, damit das Konto eine ausreichende Deckung aufweist. Die mit der Kontoauffüllung verbundenen Bankgebühren und Spesen gehen zu seinen Lasten.

---

167   Mitteilung Nr 1/18 des Exekutivdirektors vom 16.2.2018. Danach sind dies derzeit die Konten bei der CaixaBank Alicante, Spanien, ISBN ES03 2100 2353 0107 0000 0888, BIC CAIXESBBXXX, und bei der Banco Santander Alicante, Spanien, ISBN ES08 0049 6659 0121 1622 4792, BIC BSCHESMMXXX.

168   Art. 1, Art. 3 bis 13 Beschluss Nr EX-21–5 des Exekutivdirektors vom 21.7.2021; ABl. EUIPO 10/2021.

169   Bei Eröffnung muss das laufende Konto mit mindestens 1.000 Euro gedeckt sein, jedoch existiert keine Verpflichtung, diesen Mindestsaldo zu halten, sobald das Konto in Gebrauch genommen wurde (Art. 4 Abs. 4 des obigen Beschlusses).

Ab dem Tag der Eröffnung des laufenden Kontos *belastet das Amt* im Rahmen der betr **193**
Verfahren *das laufende Konto*, soweit es ausreichend Deckung aufweist, *mit allen fälli-*
gen Gebühren und Entgelten für diese Verfahren – außer der Inhaber hat ausdrücklich
schriftlich widersprochen – und gewährt jeweils ein Datum für die entspr Zahlung.
So gilt die Zahlung der Gebühr als erfolgt, und zwar für die *Anmelde-* und für die
Klassengebühr am Tag des Eingangs der Anmeldung oder für *Verlängerungsgebühren*
(und evt der Zuschlagsgebühr für die verspätete Antragstellung) an dem Tag, an dem
der Verlängerungsantrag eingeht, es sei denn der Markeninhaber beantragt ausdrücklich eine Abbuchung zu einem anderen Zeitpunkt. Für *alle anderen Gebühren und*
Entgelte kommt es auf den Tag des Eingangs des Antrags an, für den die Gebühr oder
das Entgelt geschuldet wird[170].

Ist zu dem Zeitpunkt, an dem das Amt das laufende Konto belastet, der *Kontostand* **194**
nicht ausreichend, um die Zahlung des Gesamtbetrags einer oder mehrerer Gebühren
oder Entgelte abzudecken, so wird dies dem Kontoinhaber mitgeteilt, der innerhalb
eines Monats unter Zahlung eines Verspätungszuschlags das Konto *ohne Fristverlust*
wieder auffüllen kann[171].

Weiter kann die Zahlung mit *Kredit-* oder *Debitkarte* (VISA, MASTERCARD oder **195**
EUROCARD) getätigt werden[172]. Dann erfolgt sie ausschließlich auf elektronischem
Weg und wird nur akzeptiert, wenn sie für den speziellen Vorgang vorgesehen ist,
der über elektronische Systeme abgewickelt und von diesen zugelassen wird. Im
jeweiligen Internetformular (zB beim E-Filing für die elektronische Anmeldung) ist
angegeben, ob eine Gebühr per Kredit- oder Debitkarte entrichtet werden kann. So
dürfen Kredit- oder Debitkarten nicht zur Zahlung von durch den Exekutivdirektor

---

170 Art. 8 des obigen Beschlusses.
171 Wird das laufende Konto innerhalb einer Frist von einem Monat nach Zugang der Mitteilung so wiederaufgefüllt, dass die Zahlung der betr Gebühren und des Verspätungszuschlags (20 % des Betrags der verspätet gezahlten Gebühr, jedoch höchstens 500 Euro
  bzw mindestens 100 Euro) abgedeckt ist, so belastet das Amt automatisch das laufende Konto damit, und die Zahlung gilt als an dem Tag erfolgt, an dem sie ursprünglich
  geschuldet war. Der Verspätungszuschlag wird jedoch nicht fällig, wenn der Kontoinhaber
  nachweist, die Zahlung zur Kontoauffüllung vor dem Zeitpunkt veranlasst zu haben, zu
  dem das EUIPO dessen Belastung vornahm. Wenn das laufende Konto nur so weit auf-
  gefüllt wurde, dass lediglich ein Teil des fälligen Betrags gedeckt werden kann, wird die
  Abbuchung so vorgenommen, dass zuerst der Verspätungszuschlag abgebucht wird und
  sodann bei mehreren Gebühren die Abbuchung in chronologischer Reihenfolge unter
  Berücksichtigung von deren jeweiligen Fälligkeitsdaten erfolgt und nur dann, wenn das
  Konto mit der vollständigen Gebühr belastet werden kann. Ist aber das laufende Konto
  nicht ausreichend gedeckt und können Verspätungszuschlag sowie fällige Gebühren nicht
  rechtzeitig abgebucht werden, gilt die Zahlung dieser Gebühren als nicht erfolgt und
  alle mit einer fristgerechten Zahlung verbundenen Rechte gehen verloren, worüber das
  EUIPO den Kontoinhaber informiert (Art. 9 des obigen Beschlusses).
172 Entspr den Bedingungen und Beschränkungen des Beschlusses Nr EX-21–5 des Exekutivdirektors vom 21.7.2021, hier Art. 1 und Art. 14 bis 17; ABl.EUIPO 10/2021.

gemäß Art. 178 Abs. 1 UMV festgelegten Gebühren und Entgelten und zum Auffüllen eines laufenden Kontos beim Amt verwendet werden.

196 Eine *Zahlung* per Kredit- oder Debitkarte gilt an dem Tag *als erfolgt*, an dem die entspr *elektronische Einreichung* oder der entspr Antrag *erfolgreich über die User Area* (Nutzerbereich) *erfolgte*, und unter der Voraussetzung, dass das Geld als Folge der Transaktion *tatsächlich auf dem Konto des EUIPO eingeht* und nicht zu einem späteren Zeitpunkt widerrufen wird. Wenn diese Bedingungen erfüllt sind, belastet das Amt die Kredit- oder Debitkarte. *Misslingt die Transaktion* aus irgendwelchen Gründen, gilt die *Zahlung als nicht geleistet*. Das Amt übernimmt keine Haftung, selbst dann, wenn der Grund für das Misslingen der Transaktion nicht dem Zahlungsleistenden zuzuschreiben ist.

197 *Scheckzahlungen* sind nicht mehr statthaft[173].

198 Ist die Gebühr *nicht in voller Höhe* gezahlt worden, so wird der gezahlte Betrag nach Ablauf der Zahlungsfrist erstattet. Das Amt kann jedoch, soweit es die laufende Frist noch zulässt, dem Einzahler Gelegenheit geben, den Fehlbetrag nachzuzahlen oder, wenn dies gerechtfertigt erscheint, geringfügige Fehlbeträge ohne Rechtsnachteil für den Einzahler unberücksichtigt lassen (Art. 181 Abs. 2 UMV). Der Exekutivdirektor kann mit Zustimmung des Haushaltsausschusses davon absehen, geschuldete Geldbeträge beizutreiben, wenn der *beizutreibende Betrag unbedeutend* oder der Erfolg der Beitreibung zu ungewiss ist (Art. 181 Abs. 3 UMV). Die Geringfügigkeitsgrenze dürfte hier ebenfalls – obwohl bislang nicht ausdrücklich bestimmt – bei 15 Euro liegen (s. Rdn 192).

199 *Zu viel gezahlte Gebühren oder Entgelte* werden nicht zurückerstattet, wenn der überschüssige Betrag geringfügig ist und der Einzahler die Erstattung nicht ausdrücklich verlangt hat (Art. 181 Abs. 4 UMV). Die Höhe des als geringfügig zu erachtenden Betrags hat der Exekutivdirektor auf 15 Euro festgelegt[174].

200 Generell gilt, dass eine Zahlungsfrist grds nur dann gewahrt ist, wenn der *volle Gebührenbetrag rechtzeitig* gezahlt worden ist (Art. 181 Abs. 1 UMV).

201 Gilt eine Gebührenzahlung *erst nach Ablauf der Frist*, innerhalb deren sie fällig war, als *eingegangen*, so gilt diese Frist als gewahrt, wenn gegenüber dem EUIPO nachgewiesen wird, dass der Einzahler innerhalb der Zahlungsfrist in einem Mitgliedstaat einer Bank einen ordnungsgemäßen Überweisungsauftrag erteilt hat und – innerhalb einer vom Amt festgesetzten Frist – einen Zuschlag von 10 % der entspr Gebühr(en), jedoch nicht mehr als 200 Euro, entrichtet hat[175]. Der Zuschlag entfällt, wenn der

---

173 EuG, 15.9.2011, T-271/09 – Romuald Prinz Sobieski zu Schwarzenberg/JAN III SOBIES-
KI, Rn 23–46.

174 Art. 18 Beschluss Nr EX-21–5 des Exekutivdirektors vom 21.7.2021; ABl.EUIPO 10/2021.

175 Diese beiden Voraussetzungen sind *kumulativ* erforderlich; EuG, 9.10.2019, T-713/18 –
ESIM Chemicals/ESKIM; und EuG, 12.5.2011, T-488/09 – REDTUBE/Redtube,
Rn 32–57 (entgegen dem ursprünglichen Wortlaut der alten deutschen Fassung von
Art. 8 Abs. 3 GMGebV, die Abs. 3a und 3b durch ein »oder« verband). Diese Frage war

entspr Auftrag an die Bank spätestens zehn Tage vor dem Ablauf der Zahlungsfrist erteilt wurde (Art. 180 Abs. 3 UMV).

Kommt der Einzahler der Aufforderung des Amts *nicht vollständig nach*, ist der Zah- **202** lungsnachweis unzureichend oder wird der Zuschlag nicht fristgerecht entrichtet, gilt die Zahlungsfrist als versäumt (Art. 180 Abs. 3 und Abs. 4 UMV), und die einbezahlten Beträge werden zurückerstattet (Art. 181 Abs. 1 S. 2 UMV).

Das EUIPO versendet *keine Rechnungen*[176], der Einzahler kann jedoch im Einzelfall **203** eine solche bei der Hauptabteilung Finanzen anfordern.

Nachdem die *Gebühren* nunmehr in die UMV aufgenommen wurden, sind sie für **204** *längere Zeit stabil*, da Änderungen ein aufwändiges Gesetzgebungsverfahren erfordern.

X. Begründungspflicht für Entscheidungen des Amts

Entscheidungen des EUIPO müssen mit schriftlichen Gründen versehen sein (*Begrün-* **205** *dungspflicht*). Der Begründungsmangel einer BK-Entscheidung ist vom EuG *von Amts wegen* zu prüfen[177].

Die *Begründung* muss die Überlegungen des Urhebers des Rechtsakts so *klar und ein-* **206** *deutig* zum Ausdruck bringen, dass die Betroffenen ihr die Gründe für die erlassene Maßnahme entnehmen können und das zuständige Gericht seine Kontrolle ausüben kann. Es sind keine umfangreichen Ausführungen erforderlich, vielmehr reicht auch eine *knappe Begründung* aus, wenn sie zu allen wesentlichen und entscheidungsrelevanten Argumenten der Beteiligten Stellung nimmt und aus sich heraus schlüssig und verständlich ist, insb keine Widersprüche oder Entstellungen des vorgetragenen Sachverhalts enthält (Art. 94 Abs. 1 S. 1 UMV)[178].

In der Begründung brauchen *nicht alle tatsächlich oder rechtlich einschlägigen Gesichts-* **207** *punkte genannt* zu werden, da die Frage, ob die Begründung einer Entscheidung den Erfordernissen genügt, nicht nur anhand ihres Wortlauts, sondern auch *anhand ihres Kontexts* zu beurteilen ist, zu dem im Beschwerdeverfahren (Art. 32 Nr i DVUM) *auch die angefochtene Entscheidung der Ausgangsinstanz* des Amts gehört, soweit auf

---

nicht Gegenstand des Urteils des EuGH, 18.10.2012, C-402/11 P, mit dem dieses Urteil des EuG aufgehoben wurde.

176 Trifft bei einem Nutzer also unaufgefordert eine Rechnung ein, die einen amtlichen Eindruck hervorruft, darf er diese auf keinen Fall bezahlen, da es um einen betrügerischen Piratenakt handelt. Auf alle Fälle sollte das EUIPO sofort darüber informiert werden, das diese illegalen Machenschaften intensiv bekämpft, auch durch Warnhinweise auf seiner Internetseite.

177 EuG, 2.2.2016, T-169/13 – MOTO B/MOTOBI, Rn 29, 30.

178 Siehe ua EuGH, 6.9.2012, C-96/11 P – Schokoladenmaus, Rn 88, 89; EuG, 15.3.2006, T-129/04 – Develey-Kunststoffflasche, Rn 18; bestätigt durch EuGH, 25.10.2007, C-238/06 P.

sie[179] – evt sogar nur konkludent – Bezug genommen wurde[180]. So kann von den BK nicht verlangt werden, bei ihren Ausführungen alle von den Verfahrensbeteiligten vorgetragenen Argumente nacheinander *erschöpfend* zu behandeln.

208 Die Begründungpflicht des EuG kann grds nicht so weit gehen, dass es die *in einer Rechtssache gewählte Lösung* gegenüber der in einer anderen Sache gewählten rechtfertigt, selbst wenn sie dieselbe Entscheidung betrifft. Dies gilt erst recht, wenn es sich um zwei Entscheidungen handelt, die unterschiedliche Zeichen und DL betreffen[181].

209 Die Begründung kann *auch implizit* erfolgen, sofern sie es den Betroffenen ermöglicht, die Gründe für die Entscheidung zu erfahren, und sie dem zuständigen Gericht ausreichende Angaben an die Hand gibt, damit es seine Kontrolle ausüben kann. Außerdem braucht die BK nicht auf alle Argumente einzugehen, die die Verfahrensbeteiligten geltend gemacht haben. Es genügt, wenn sie die Tatsachen und rechtlichen Erwägungen anführt, denen nach dem Aufbau der Entscheidung *wesentliche Bedeutung* zukommt[182].

210 Die Begründung eines Rechtsakts ist dem Betroffenen jedoch *mit diesem Rechtsakt mitzuteilen*, ehe er ein Rechtsmittel gegen ihn einlegt. Die Nichtbeachtung des Begründungserfordernisses kann nicht dadurch geheilt werden, dass der Betroffene die Gründe für den Rechtsakt während des Verfahrens vor dem Unionsrichter erfährt[183].

211 Hat die BK übersehen, vorgelegte Beweise zu würdigen, diese nur *oberflächlich oder falsch* beurteilt, so stellt dies keinen verfahrensrechtlichen Verstoß gegen Art. 94 Abs. 1 S. 1 UMV dar, sondern einen materiellrechtlichen Irrtum infolge einer unterlassenen oder fehlerhaften Beweiswürdigung[184].

212 Hat die BK zB das ihr übermittelte *rechtskräftige Urteil eines nationalen Unionsmarkengerichts* in einem parallelen Verletzungsverfahren *mit keinem Wort erwähnt*, ohne auch auf die Frage der Verspätung einzugehen, leidet die Entscheidung an einem Begründungsmangel und verstößt gegen die Grundsätze der ordnungsgemäßen Verwaltung, weil ihre Prüfung nicht streng und umfassend war[185].

---

179 EuG, 18.3.2015, T-250/13 – SMART WATER, Rn 21; bestätigt durch EuGH, 17.3.2016, C-252/15 P.
180 EuGH, 21.10.2004, C-447/02 P – Orange, Rn 63–65; EuG, 11.9.2014, T-450/11 – GALILEO/GALILEO, Rn 35; EuG, 30.6.2010, T-351/08 – MATRATZEN CONCORD/ MATRATZEN, Rn 16–18, 25, 26; EuG, 25.3.2009, T-343/07 – ALLSAFE, Rn 32–37.
181 EuGH, 4.9.2014, C-509/13 P – METRO/GRUPOMETROPOLIS, Rn 50–52.
182 EuG, 18.1.2013, T-137/12 – Vibrator, Rn 61, 42.
183 EuG, 11.12.2014, T-235/12 – Flasche mit Grashalm/Flasche mit Grashalm, Rn 72. Wenn ein Organ oder eine Einrichtung der Union die Möglichkeit hätte, sich zur Ergänzung der in der angefochtenen Entscheidung genannten Gründe auf solche zusätzlichen Gründe zu berufen, würde dies die Verteidigungsrechte des Betroffenen und seinen Anspruch auf effektiven gerichtlichen Rechtsschutz sowie den Grundsatz der Gleichheit der Parteien vor dem Unionsrichter beeinträchtigen.
184 EuG, 6.11.2014, T-53/13 – Wellenlinie, Rn 14–26.
185 EuG, 25.3.2015 – T-378/13 – English pink/PINK LADY, Rn 28–49.

Bei der Entscheidung in einem vom EuG oder EuGH aufgehobenen und *zurückver-*   213
wiesenen Verfahren ist die BK weder verpflichtet, die vor den Unionsgerichten vorgetragenen Argumente zu berücksichtigen, noch, darauf eine spezifische Antwort in
ihrer Entscheidung zu geben, da die Argumente vor Gericht nicht an das EUIPO
gerichtet sind[186].

Die Prüfung der Eintragungshindernisse hat sich zum einen auf alle *beanspruchten*   214
Waren oder DL zu erstrecken, und zum anderen muss die ablehnende Entscheidung
grds in Bezug auf jede einzelne von ihnen begründet sein.

Wenn allerdings dasselbe Eintragungshindernis einer Gruppe von Waren oder DL   215
entgegensteht, kann sich die zuständige Behörde auf eine *globale Begründung für alle*
betroffenen Waren oder DL beschränken[187].

Eine solche *globale Begründung* ist jedoch nur statthaft, wenn zwischen den betr Waren   216
oder DL ein hinreichend direkter und konkreter Zusammenhang besteht. Sie müssen
eine derart *homogene Gruppe* bilden, dass die Gesamtheit der globalen tatsächlichen
und rechtlichen Erwägungen sich einerseits auf jede der betr Waren oder DL dieser
Gruppe hinreichend deutlich bezieht und andererseits ohne Unterschied angewandt
werden kann. Es darf also zwischen ihnen keine Heterogenität hinsichtlich ihrer
Natur, Merkmale, Bestimmung und Vertriebsart bestehen.

Dass die betr Waren oder DL *zur selben Kl. gehören, genügt nicht,* da eine Kl. oft eine   217
große Bandbreite von Waren oder DL umfasst, die oft sehr verschieden sind und nicht
zwangsläufig einen hinreichend direkten und konkreten Zusammenhang miteinander
aufweisen. Wenn zB das EuG schon selbst die ein und ders Kl. angehörenden Waren
nach ihren Vertriebsbedingungen unterschieden hat, muss es seine Entscheidung auch
in Bezug auf jede von ihm innerhalb dieser Kl. gebildete Warengruppe begründen[188].

Die Zuordnung der fraglichen Waren und DL zu einer oder zu mehreren Gruppen   218
oder Kategorien hat ua auf der Grundlage der *Eigenschaften* zu erfolgen, die ihnen
gemeinsam sind, und die für die Beurteilung der Frage, ob der Anmeldung für diese
Waren und DL ein bestimmtes absolutes Eintragungshindernis entgegengehalten werden kann, von Bedeutung sind. Eine solche Beurteilung muss konkret für die Prüfung
jeder Anmeldung und ggf für jedes der verschiedenen möglicherweise anwendbaren
absoluten Eintragungshindernisse erfolgen[189].

Jedoch lässt sich nicht von vornherein ausschließen, dass die von einer Anmeldung   219
beanspruchten Waren und DL *sämtlich eine Eigenschaft* aufweisen, die für die Prüfung,
ob ein absolutes Eintragungshindernis vorliegt, relevant ist, und dass sie für Zwecke der
Prüfung der fraglichen Anmeldung in Bezug auf dieses absolute Eintragungshindernis in

---

186 EuG, 25.3.2009 – T-402/07 – ARCOL/CAPOL II, Rn 94–96, bestätigt durch EuGH,
     4.3.2010, C-193/09 P.
187 EuGH, 15.2.2007, C-239/05 – The Kitchen Company, Rn 34, 37.
188 EuGH, 17.10.2013, C-597/12 P – ZEBEXIR/ZEBINIX, Rn 21–30 mwN; EuG, 2.4.2009,
     T-118/06 – ULTIMATE FIGTHING CHAMPIONSHIP, Rn 28.
189 EuGH, 17.5.2017, C-437/15 P – deluxe, Rn 33 mwN.

einer einzigen hinreichend homogenen Kategorie oder Gruppe zusammengefasst werden können. Dass alle Waren oder DL als solche von *gehobener Qualität* beworben werden können, kann dazu führen, dass sie zum Zwecke der Prüfung eines absoluten Eintragungshindernisses sämtlich zu einer einzigen hinreichend homogenen Kategorie und Gruppe gehören. Sollte der Ausdruck *deluxe* eine Bedeutung in Richtung auf »gehobene Qualität« haben, wäre daher nach Erkenntnis des EuGH zu prüfen, ob die beanspruchten Waren und DL im Hinblick auf diese Bedeutung eine homogene Gruppe bilden, was die Vornahme einer pauschalen Begründung rechtfertigt[190]. Dies hat das EuG im Nachfolgeurteil bestätigt und daher die Zurückweisung der Anmeldung aufrecht erhalten[191].

220 Schließlich muss die beschreibende Aussage einer beanstandeten Anmeldung *vom Amt* durch entspr *Nachweise*, wie Auszüge aus der Fachliteratur, Auskünfte aus Lexika oder Abdrucke von Seiten aus dem Internet, belegt werden, sofern sie nicht völlig selbstverständlich und allgemein bekannt ist. Lediglich Verweise auf die Internetadressen reichen nicht aus, da sich der Inhalt von Internetseiten jederzeit ändern kann[192].

221 Auskünfte aus *Wikipedia* und *Wiktionary* hält das EuG nicht für verwertbar, da sie einer Kollektiv-Enzyklopädie im Internet entstammen, deren Inhalt jederzeit und in bestimmten Fällen von jedem Besucher – selbst anonym – geändert werden kann und daher auf nicht gesicherten Informationen beruht[193].

222 Der *Beteiligte* hat dann die Möglichkeit, Gegenargumente und Beweise vorzutragen, ohne dass dies zu einer Umkehr der Beweislast führt[194].

XI. Wahrung des rechtlichen Gehörs

223 Entscheidungen des EUIPO dürfen nur auf Gründe gestützt werden, zu denen die Beteiligten sich vor ihrem Erlass äußern konnten. Hierbei handelt es sich auch im europäischen System um ein verfahrensrechtliches Grundrecht.

224 Der Anspruch auf *rechtliches Gehör* erstreckt sich auf *alle tatsächlichen und rechtlichen Gesichtspunkte*, die die Entscheidungsgrundlage bilden, nicht aber auf den endgültigen Standpunkt, den das Amt einnehmen will[195]. Art. 94 Abs. 1 S. 2 UMV, der einen

---

190 EuGH, 17.5.2017, C-437/15 P – deluxe, Rn 34–43.
191 EuG, 4.7.2018, T-222/14 RENV – deluxe II.
192 Siehe EuG, 14.4.2005, T-260/03 – CELLTECH; bestätigt durch EuGH, 19.4.2007, C-273/05 P, Rn 37–46; EuG, 15.11.2011, T-363/10 – RESTORE, Rn 62–70; bestätigt durch EuGH, 17.1.2013, C-21/12 P.
193 EuG, 16.6.2015, T-229/14 – Yorma Eberl/NORMA, Rn 47; EuG, 16.10.2014, T-444/12 – LINEX/LINES PERLA, Rn 47 mwN; EuG, 9.4.2014, T-501/12 – OCTASA/PENTASA, Rn 48; EuG, 18.6.2013, T-338/12 – K9 PRODUCTS/K9, Rn 32 mwN; EuG, 10.2.2010, T-344/07 – Homezone, Rn 46.
194 EuGH, 11.12.2014, C-253/14 P – BigXtra, Rn 47–50.
195 EuG, 7.6.2005, T-303/03 – Salvita/SOLEVITA, Rn 62; EuG, 20.4.2005, T-273/02 – CALPICO/CALYPSO, Rn 65, 66; EuG, 7.2.2007, T-317/05 – Gitarrenform, Rn 24, 26, 27 mwN.

besonderen Anwendungsfall des in Art. 41 Abs. 2a GRC niedergelegten allgemeinen Grundsatzes darstellt, gewährleistet im Rahmen des Unionsmarkenrechts den *Schutz der Verteidigungsrechte*. Nach diesem allgemeinen Grundsatz des Unionsrechts muss der Adressat einer amtlichen Entscheidung, die seine Interessen spürbar berührt, Gelegenheit erhalten, seinen Standpunkt gebührend darzulegen[196].

Die Verletzung der Verteidigungsrechte führt aber *nur dann zur Nichtigerklärung* des **225** fraglichen Rechtsakts, wenn das Verfahren ohne diese Verletzung zu einem anderen Ergebnis hätte kommen können[197].

Das in der Ausgangsinstanz verletzte rechtliche Gehör kann zudem *in der Beschwerdeins-* **226** *tanz nachgeholt* werden, so dass die BK nicht zwingend aufheben und zurückverweisen muss, sondern aus Gründen der Verfahrensökonomie auch in der Sache durchentscheiden kann[198].

Beruht die Entscheidung einer BK auf von einem Verfahrensbeteiligten dem EUIPO **227** vorgelegten Beweisen, für die nicht nachgewiesen ist, dass sie dem anderen Beteiligten vollständig und ohne Änderungen übermittelt worden sind, verstößt die Entscheidung gegen Art. 94 Abs. 1 S. 2 UMV. Daher müssen *wechselseitige Stellungnahmen* den Verfahrensbeteiligten zur Gegenäußerung innerhalb angemessener Frist zur Verfügung gestellt werden, wie zB Art. 4 DVUM bestimmt. Dabei hat das Amt mit Sicherheit zu gewährleisten, dass den anderen Verfahrensbeteiligten *vollständige und lesbare Kopien* der Eingaben der Gegenseite erreichen.

In *Widerspruchsverfahren* soll das EUIPO gemäß Art. 47 Abs. 1 UMV die Beteiligten **228** so oft wie erforderlich auffordern, innerhalb einer von ihm bestimmten Frist eine Stellungnahme zu seinen Bescheiden oder zu den Schriftsätzen anderer Beteiligter einzureichen. Auch dies dient – neben der Förderung der *Vergleichsbereitschaft* nach Art. 47 Abs. 4 UMV, die allerdings vom Amt nicht forciert wird – der Wahrung des rechtlichen Gehörs, zumal die Verfahren vor dem EUIPO praktisch ausschließlich schriftlich ablaufen[199].

Das Amt darf Entscheidungen nicht auf formale Gründe, zB Unzulässigkeit eines **229** Antrags, oder *neue sachliche Erwägungen* stützen, zB dass die Widerspruchsmarke jünger als die angegriffene Anmeldung ist, ohne zuvor die Beteiligten darüber informiert und zur Stellungnahme eingeladen zu haben.

Das rechtliche Gehör eines Anmelders ist aber *nicht verletzt*, wenn die BK ihrer Ent- **230** scheidung eine andere Widerspruchsmarke zugrunde legt als die Widerspruchsabteilung, ohne ihn vorher nochmals zu einer ausdrücklichen Stellungnahme hierzu

---

196 EuG, 13.4.2011, T-262/09 – FIRST DEFENSE AEROSOL PEPPER PROJECTOR/ FIRST DEFENSE II, Rn 79.
197 EuGH, 6.9.2012, C-96/11 P – Schokoladenmaus, Rn 80.
198 EuG, 6.9.2013, T-599/10 – EUROCOOL/EUROCOOL LOGISTICS, Rn 44–62.
199 EuG, 13.6.2012, T-542/10 – CIRCON/CIRCULON, Rn 70–91.

aufgefordert oder ohne dies in einer Mitteilung an ihn gemäß Art. 28 DVUM ange-kündigt zu haben[200].

231 Ebenfalls ist das rechtliche Gehör *nicht verletzt*, wenn die BK nach Zurückverweisung des Verfahrens durch das EuG entscheidet, ohne den Beteiligten vorher nochmals Gelegenheit zur Stellungnahme gegeben zu haben, da diese bereits im Rahmen des vorher durchgeführten schriftlichen Verfahrens jede Gelegenheit hatten, Stellung zu den rechtlichen und tatsächlichen Gesichtspunkten zu nehmen, wenn die neue Ent-scheidung nur auf diesen Gesichtspunkten beruhte[201].

232 Schließlich kann der Kläger *nicht* im Stadium der *Klage vor dem EuG* eine *Verletzung seines Anspruchs auf rechtliches Gehör durch den Prüfer* geltend machen, auf die er sich vor der BK nicht berufen hatte[202].

233 *Offenkundige Tatsachen*[203], wie insb Erkenntnisse aus allgemein zugänglichen Wörter-büchern und Lexika, brauchen den Beteiligten nicht vorgehalten werden[204].

234 Dagegen sind *Suchergebnisse* aus Spezial- und Fachlexika, Enzyklopädien, Fachlite-ratur oder -zeitschriften sowie aus dem Internet ihnen generell zur Stellungnahme vorzulegen, und zwar nicht nur mit der Zitatstelle oder der Angabe der Internetad-resse, sondern auch unter Beifügung der konkreten, entscheidungsrelevanten Passage.

---

200 EuG, 25.3.2009, T-191/07 – BUDWEISER/BUDWEISER I, Rn 42–49; bestätigt durch EuGH, 29.7.2010, C-214/09 P; EuG, 15.1.2013, T-237/11 – BELLRAM/RAM, Rn 27–34; EuG, 24.11.2015, T-278/10 RENV – WESTERN GOLD/WeserGold, Rn 60–63; EuG, 1.2.2017, T-19/15 – wax by Yuli's/wax, Rn 17–32; EuG, 17.2.2017, T-811/14 – Fair & Lovely/NEW YORK FAIR & LOVELY, Rn 31–43. Vgl auch EuG, 27.6.2013, T-608/11 – Schreibinstrument-Design II, Rn 37, 49–51. Diese eingeschränkte Sichtweise des rechtlichen Gehörs im europäischen Verfahrensrecht ist sehr bedenklich, da damit der BK erlaubt wird, ihre Entscheidung auf ein Widerspruchrecht zu stützen, das vor ihr gar nicht Verfahrensgegenstand war und auf das sie die Beteiligten gar nicht hingewiesen hatte.
201 EuG, 4.5.2017, T-25/16 – GELENKGOLD II/Tigerbild, Rn 54–57; EuG, 3.2.2017, T-509/15 – Premeno/Pramino II, Rn 24–38; EuG, 13.4.2011, T-262/09 – FIRST DEFEN-SE AEROSOL PEPPER PROJECTOR/FIRST DEFENSE II, Rn 83–88.
202 EuG, 18.1.2013, T-137/12 – Vibrator, Rn 61, 62.
203 Für allgemein bekannt hat das EuG zB angesehen, dass Russisch in den baltischen Staaten verstanden wird; EuG, 20.6.2012, T-357/10 – CORONA/KARUNA, Rn 16 mwN. Das Amt darf zB in einem Nichtigkeitsverfahren aus absoluten Gründen nicht nur den Sach-vortrag der Beteiligten, sondern auch allgemein bekannte Tatsachen berücksichtigen, die sich spontan aus geläufigen Lexika ergeben; EuG, 3.5.2018, T-463/17 – RAISE, Rn 21–31.
204 EuG, 8.9.2010, T-64/09 – >packaging, Rn 13–20. Hier hatte das EuG sogar in der Ver-wendung von Belegen aus Fachwörterbüchern ohne Anhörung des Anmelders keinen Verstoß gegen das rechtliche Gehör gesehen, zumal die Definition des Prüfers die von der BK formulierte fachspezifische Definition bereits umfasste.

Während der EuGH im Orange-Urteil[205] zwar eine Verletzung von Art. 94 Abs. 1 S. 2 **235**
GMV konstatierte, diese aber letztlich als für die betroffene Entscheidung nicht kausal
ansah, da es sich (in diesem Einzelfall!) lediglich um eine eher belanglose Abrundung
bestätigenden Charakters von bereits in das Verfahren eingeführten Dokumenten
handelte, stellt das EuG[206] deutlich *strengere Anforderungen* und verlangt, dass alle
entscheidungsrelevanten Nachweise den Beteiligten zur Stellungnahme vorgelegt werden müssen, um das *rechtliche Gehör* zu wahren.

XII. Grundsätze der guten Verwaltung

Einen Bestandteil des Grundsatzes der guten Verwaltung nach Art. 41 Abs. 1 GRC **236**
stellt das Prinzip dar, wonach eine *Entscheidung innerhalb angemessener Frist* zu ergehen hat. Jedoch rechtfertigt ein Verstoß gegen diesen Grundsatz nicht automatisch die
Nichtigerklärung der angefochtenen Entscheidung, weil dies das betr Verfahren zum
Nachteil der Beteiligten nur weiter verzögern würde. Ein evt Schadensersatzanspruch
bedürfte aber zumindest der präzisen Darlegung, dass infolge der unverhältnismäßi-
gen Dauer des Verfahrens irgendein *Schaden* entstanden wäre[207].

Das EUIPO und seine Bediensteten haben ebenfalls gemäß Art. 41 Abs. 1 GRC in allen **237**
Verfahren *absolute Überparteilichkeit* zu wahren. In mehrseitigen Verfahren müssen sie
sich neutral verhalten und dürfen keinen Beteiligten durch über allgemeine Rechts-
und Verfahrenshinweise hinausgehende Beratung für den Einzelfall unterstützen.

Art. 169 Abs. 1 UMV regelt die *Ausschließung* und *Ablehnung* der Prüfer, Mitglieder **238**
der Abteilungen des EUIPO und Mitglieder der BK. Denn diese dürfen nicht an
der Erledigung einer Sache mitwirken, an der sie ein *persönliches Interesse* haben oder
in der sie *vorher als Vertreter eines Beteiligten tätig* gewesen sind. Die Mitglieder der
Nichtigkeitsabteilung dürfen nicht an der Erledigung einer Sache mitwirken, wenn sie
an deren abschließender Entscheidung im Eintragungs- oder Widerspruchsverfahren
mitgewirkt haben, und die Mitglieder der BK dürfen nicht an einem Beschwerdeverfahren mitwirken, wenn sie an der abschließenden Entscheidung in der Vorinstanz
mitgewirkt haben, es sei denn, die Große BK entscheidet (Art. 35 Abs. 4 DVUM; s.
Rdn 1864). Das Verfahren ist in Art. 169 Abs. 2 bis 4 UMV geregelt.

Nach Art. 340 Abs. 2 AEUV iVm Art. 145 Abs. 3 UMV ersetzt das Amt im Bereich **239**
der *außervertraglichen Haftung* den durch seine Dienststellen oder Bediensteten in
Ausübung ihrer Amtstätigkeit verursachten Schaden nach den allgemeinen Rechtsgrundsätzen, die den Rechtsordnungen der Mitgliedstaaten gemeinsam sind. Das EuG
ist für Streitsachen über diesen Schadensersatz gemäß Art. 145 Abs. 4 UMV zuständig.

---

205 EuGH, 21.10.2004, C-447/02 P – Orange, Rn 44–50; EuG, 13.7.2005, T-242/02 –
   TOP, Rn 60–62, 65.
206 EuG, 7.2.2007, T-317/05 – Gitarrenform; EuG, 4.10.2006, T-188/04; EuG, 18.1.2013,
   T-137/12 – Freixenet-Flaschen I; EuG, 18.1.2013, T-137/12 – Vibrator, Rn 56–60.
207 EuG, 13.7.2005, T-242/02 – TOP, Rn 51–55, 115, 116.

240   Die außervertragliche Haftung der Union für ein rechtswidriges Verhalten ihrer Organe
      oder Einrichtungen, wie auch der EUIPO, hängt davon ab, dass mehrere Vorausset-
      zungen erfüllt sind, nämlich die *Rechtswidrigkeit* des vorgeworfenen Verhaltens, das
      tatsächliche Vorliegen eines *Schadens* und das Bestehen eines *Kausalzusammenhangs*
      zwischen diesem Verhalten und dem geltend gemachten Schaden. Liegt eine dieser
      Voraussetzungen nicht vor, ist wegen ihres kumulativen Charakters eine Schadens-
      ersatzklage insgesamt abzuweisen, ohne dass die übrigen Voraussetzungen geprüft zu
      werden brauchen[208].

XIII. Allgemein anerkannte Grundsätze des Verfahrensrechts

241   Soweit UMV, DVUM oder UMDV Vorschriften über das Verfahren nicht enthalten,
      gelten die in den Mitgliedstaaten allgemein anerkannten Grundsätze des Verfahrens-
      rechts (Art. 107 UMV[209]).

242   Hierzu gehören insb der Grundsatz des *Vertrauensschutzes* (principle of protection of
      legitimate expectations), ein Eckpfeiler der ordnungsgemäßen Verwaltung, der dann
      zum Tragen kommt, wenn ein Unionsorgan (unabhängig von der Form) durch *bestimmte
      genaue Zusicherungen*, nämlich präzise, klare, nicht an Bedingungen geknüpfte und
      übereinstimmende Auskünfte von zuständiger und zuverlässiger Seite, *begründete
      Erwartungen geweckt* hat, durch die bei einem gutgläubigen Bürger, der die erforder-
      liche Sorgfalt eines durchschnittlich informierten Wirtschaftsteilnehmers an den Tag
      legt, eine verständliche Verwirrung hervorgerufen werden konnte.

243   Ein Beteiligter kann sich aber *nicht* auf das *Schweigen der Verwaltung* berufen, um
      einen Verstoß gegen den Grundsatz des Vertrauensschutzes einzuwenden[210]. Schließ-
      lich können Zusagen, die den anwendbaren Bestimmungen des Unionsrechts nicht
      entsprechen, beim Betroffenen kein berechtigtes Vertrauen begründen[211].

244   Auch wenn die *UMRL* als solche keinen Vorrang vor UMV, DVUM und UMDV
      haben, kann ein *Verstoß gegen einen allgemeinen Rechtsgrundsatz* wie den *Vertrauens-*

---

208 EuG, 17.2.2017, T-726/14 – FLEXPS/FlexES, Rn 24–34. Ist eine anwaltliche Vertre-
    tung vor dem EUIPO im Beschwerdeverfahren nicht gesetzlich geboten, so fehlt es schon
    an der Kausalität zwischen dem angeblich rechtswidrigen Handeln des Amts und den
    entstandenen Anwaltskosten. Zudem enthält Art. 109 UMV iVm Art. 18 UMDV eine
    abschließende Regelung über die Kostentragungspflicht; Rn 35–37.
209 Mit der UMV erfolgte endlich die Korrektur eines offensichtlichen Formulierungsfeh-
    lers der GMV: Es heißt nun nicht mehr: »die in den Mitgliedstaaten im Allgemeinen
    anerkannten Grundsätze des Verfahrensrechts«.
210 EuG, 9.9.2011, T-36/09 – dm/dm, Rn 108–116. Auch wenn die Widerspruchsabteilung
    ankündigt, dass sie eine wegen Widersprüchlichkeiten und Auslassungen offensichtlich
    fehlerhafte Entscheidung widerrufen will, darf sich ein Beteiligter nicht darauf verlassen,
    sondern muss gegen diese Entscheidung Beschwerde einlegen, will er nicht riskieren, dass
    eine erst gegen die spätere korrigierte Entscheidung (auch wenn sie die Widerspruchsabtei-
    lung für beschwerdefähig bezeichnete) eingelegte Beschwerde als unzulässig angesehen wird.
211 EuG, 27.6.2012, T-523/10 – my baby/MYBABY, Rn 83, 87.

schutz auf sie gestützt werden, sofern insb mit ihnen einem Bürger präzise, nicht an Bedingungen geknüpfte und übereinstimmende Auskünfte erteilt werden und sie mit UMV, DVUM und UMDV in Einklang stehen[212]. Die UMRL stellen nämlich die Kodifizierung einer Vorgehensweise dar, der das EUIPO folgen möchte, so dass sich aus ihnen vorbehaltlich ihrer Vereinbarkeit mit höherrangigem Recht eine Selbstbeschränkung des Amts ergibt, da es sich an diese, sich selbst auferlegten Regeln halten muss[213]. Bei fehlerhaftem Verhalten des EUIPO, das zu einem endgültigen Rechtsverlust führt, bleibt dem Betroffenen nur der Schadensersatzanspruch gemäß Art. 145 Abs. 3 UMV.

Weiter gehören zu den allgemein gültigen Grundsätzen des Verfahrensrechts der 245 Grundsatz der *Rechtssicherheit*, der als Fundamentalprinzip das Registerverfahren beherrscht, das *Diskriminierungsverbot*, mit dem gerade in der Europäischen Union die Gleichbehandlung vergleichbarer Sachverhalte (auch jenseits von Nationalitäts- und Sprachunterschieden) gewährleistet werden soll, der *Meistbegünstigungsgrundsatz*, wonach fehlerhafte Entscheidungen des EUIPO nicht schon wegen falscher Formwahl unangreifbar werden können, sondern der Betroffene zwischen den möglichen Rechtsbehelfen und Rechtsmitteln wählen darf, und der Grundsatz der *Rechtsschutzgarantie* gegen belastende endgültige Akte des Amts, der verhindern soll, dass ein Beteiligter rechtsschutzlos gestellt wird.

So kann ein Anmelder ein Schreiben des EUIPO angreifen, in dem dieses sich wei- 246 gert, die *Rücknahme der Anmeldung zu akzeptieren*, sondern darauf beharrt, dass diese als zurückgewiesen gilt[214].

Außerdem gehört zu den allgemeinen Rechtsgrundsätzen des Unionsrechts das Prinzip 247 der *Gesetzmäßigkeit der Verwaltung*. So darf das Amt zB *nicht rechtsgrundlos Gebühren* erheben[215] und *nicht Eintragungen trotz eines laufenden Beschwerdeverfahrens* und entgegen einem rechtskräftigen Urteil des EuG vornehmen[216].

Wendet es aber *irrtümlich bereits die neue Fassung von UMV* oder GMV an, obwohl 248 für den zu entscheidenden Fall noch die alte gegolten hätte, führt dies nicht zur Aufhebung der Entscheidung, wenn die neue Fassung gegenüber der alten keine inhaltlichen Änderungen aufweist[217].

Anträge von Verfahrensbeteiligten sind immer *in ihrer Gesamtheit* zu sehen und aus- 249 zulegen. Ein fehlerhaftes Ankreuzen eines falschen Kästchens (zB für den Widerspruchsgrund des Art. 8 Abs. 1a UMV anstelle des richtigen von Abs. 1b oder für

---

212 EuG, 27.6.2012, T-523/10 – my baby/MYBABY, Rn 95. Jedenfalls sind die UMRL immer im Lichte von UMV, DVUM und UMDV auszulegen, und es sind auch die Mitteilungen des EUIPO an die Beteiligten zu berücksichtigen, Rn 100–105.
213 EuG, 25.10.2012, T-191/11 – Miura/MIURA, Rn 30, 31.
214 BK, 1.2.2004, R 348/04–2 – BELEBT GEIST UND KÖRPER.
215 BK, 22.7.2005, R 650/05–4 – Umschreibungsgebühr, Rn 25–29.
216 BK, 5.7.2007, R 578/00–1 – HIPOVITON/HIPPOVIT, Rn 51–63.
217 EuG, 23.9.2014, T-341/13 – SO'BiO ētic/SO…?, Rn 17–19 mwN.

den Nichtigkeitsgrund des Art. 59 Abs. 1b UMV – Bösgläubigkeit – anstelle des richtigen von Abs. 1a) schadet dann nicht, wenn in der Antragsbegründung klare und unmissverständliche Ausführungen zum tatsächlich gewünschten Grund (zB Verwechslungsgefahr bzw beschreibende Angabe) gemacht wurden[218].

250 Andererseits kann das Amt eine *Warenobergruppe* des Anmelders. zB »alkoholische Getränke«, *nicht von Amts wegen in Untergruppen aufspalten*, um bestimmte Warengruppen, zB »alkoholische Getränke, ausgenommen Weine« vom Eintragungsverbot auszunehmen. Dies kann aufgrund der alleinigen Dispositionsbefugnis der Beteiligten nämlich nur der Anmelder beantragen. Tut er dies nicht, ist der gesamte Warenoberbegriff zurückzuweisen, da er eben auch die nicht schutzfähige Untergruppe enthält, hier zB »Weine«[219].

251 Weiter gehört zu den Grundprinzipien des europäischen Rechts das *Verbot der rechtsmissbräuchlichen oder betrügerischen Geltendmachung von Ansprüchen* seitens der Beteiligten zur Erlangung von ungerechtfertigten Vorteilen. Der Nachweis eines Missbrauchs setzt zum einen voraus, dass eine Gesamtwürdigung der objektiven Umstände ergibt, dass trotz formaler Einhaltung der unionsrechtlichen Bedingungen das Ziel der Regelung nicht erreicht wurde, und zum anderen als subjektives Element die Absicht, sich einen unionsrechtlich vorgesehenen Vorteil dadurch zu verschaffen, dass die entspr Voraussetzungen willkürlich geschaffen werden[220]. So kann zB der *Vergeltungscharakter* des Verfahrens, die rein *virtuelle Natur des Antragstellers*, eine *übermäßige Zahl von Nichtigkeitsverfahren* vor dem EUIPO und anderen Ämtern sowie die exzessive Anzahl von Markenanmeldungen (2.500), Firmennamenregistrierungen (1.100) und Domain-Namen (5.300) zur Annahme eines Rechtsmissbrauchs führen[221].

252 Jedoch kann ein Anmelder auch ein *schutzfähiges Interesse* daran haben, durch eine höchstgerichtliche Instanz festgestellt zu erhalten, dass eine bestimmte Marke oder Markenart nicht eintragungsfähig ist (sog. *Negativattest*). Das kann der Fall sein, um sich vor multiplen Ansprüchen aus nach seiner Ansicht fehlerhaft eingetragenen (nationalen) Marken zu schützen, wie zB bei Waschmitteltabletten[222]. Jedoch muss

---

218 EuG, 2.2.2012, T-596/10 – EuroBasket/Basket, Rn 17; EuG, 24.3.2011, T-419/09 – AK 47, Rn 15–28.
219 EuG, 28.9.2017, T-206/16 – TRES TOROS 3, Rn 19–23, 64–66.
220 EuG, 5.10.2012, T-204/10 – COLOR FOCUS/FOCUS, Rn 59, 60 mwN.
221 BK, 11.2.2020, R 2445/17-G – Sandra Pabst, Rn 29, 33, 37–92.
222 EuG, 19.9.2001, T-118/00 – Tabs, viereckig, Rn 10, 12, 13. Dem Interesse des Klägers daran, dass die seinem Begehren nicht stattgebende Entscheidung der BK aufgehoben wird, steht nicht seine Auffassung darüber entgegen, ob für die Form, die für die angemeldete dreidimensionale Marke gewählt wurde, ein markenrechtlicher Schutz wünschenswert ist. Sein Rechtsschutzbedürfnis kann aus diesem Grund nicht verneint werden. Hier hatte der Kläger nämlich ausgeführt, mit der Klage solle im Wesentlichen eine Klärung der Rechtslage im Hinblick auf die Möglichkeit einer Eintragung der Anmeldung von Waschmitteltabletten herbeigeführt werden, die den Schutz nicht verdienten. Da jedoch zur Erreichung dieses Schutzes bestimmte auf dem Markt tätige Unternehmen Markenanmeldungen für Formen eingereicht hätten, die die den hier beanspruchten ähnelten, seien

er sich dann im Verfahren so verhalten, als wenn er die begehrte Marke tatsächlich beanspruchen möchte, darf also zB keineswegs beantragen, dass die von ihm angefochtene Entscheidung aufrechterhalten bleiben möge.

Auch das Prinzip der *Waffengleichheit in Inter-partes-Verfahren* vor dem EUIPO gehört 253 zu den allgemeinen Rechtsgrundsätzen des Unionsrechts. Nach stRspr des EuGH gebietet dieser Grundsatz, der eine logische Folge aus dem Begriff des *fairen Verfahrens* ist und der *Wahrung des Gleichgewichts zwischen den Prozessparteien* dient, dass es jeder Partei angemessen ermöglicht wird, ihren Standpunkt sowie ihre Beweise unter Bedingungen vorzutragen, die sie nicht in eine gegenüber ihrem Gegner deutlich nachteilige Position versetzen. Dieser Grundsatz dient der Wahrung des prozeduralen Gleichgewichts zwischen den Parteien eines Verfahrens, indem er ihnen *gleiche Rechte und Pflichten* gewährleistet, insb hinsichtlich der Regeln der Beweisführung und der streitigen Verhandlung sowie der Rechtsbehelfe[223].

Schließlich kommt dem *Grundsatz der Rechtskraft* sowohl in der Unionsrechtsord- 254 nung als auch in den nationalen Rechtsordnungen Bedeutung zu. Die Frage der Rechtskraft gehört zur öffentlichen Ordnung und ist daher vom Unionsrichter *von Amts wegen zu beachten.* Zur Gewährleistung sowohl des Rechtsfriedens und der Beständigkeit rechtlicher Beziehungen als auch einer geordneten Rechtspflege sollen nämlich nach Ausschöpfung des Rechtswegs oder nach Ablauf der entspr Rechtsmittelfristen unanfechtbar gewordene Gerichtsentscheidungen nicht mehr in Frage gestellt werden können.

Die Rechtskraft erstreckt sich lediglich auf diejenigen Tatsachen- und Rechtsfragen, 255 die tatsächlich oder notwendigerweise Gegenstand der betr gerichtlichen Entscheidung waren. Sie umfasst *nicht nur den Tenor* dieser Entscheidung, sondern auch deren *Gründe, die den Tenor tragen* und daher von diesem nicht zu trennen sind[224]. So darf die BK die Gründe, die zur Aufhebung ihrer ersten Entscheidung durch das EuG geführt haben, in der Nachfolgeentscheidung nicht unberücksichtigt lassen[225]. Wird aber eine Entscheidung vom EuG nur deshalb aufgehoben, weil die BK *nicht rechtlich hinreichend nachgewiesen* hatte, dass die Marke für bestimmte Waren beschreibend

---

alle Hersteller gezwungen, den Versuch zu unternehmen, für ihre eigenen Erzeugnisse entspr Schutz zu erwirken.

223 EuGH, 10.5.2012, C-100/11 P – BOTOLIST und BOTOCYL/BOTOX, Rn 102 mwN; EuG, 20.10.2021, T-823/19 – GGM eines spiralförmigen Haargummis, Rn 80–82 mwN.

224 EuG, 8.2.2018, T-879/16 – Vieta II, Rn 30, 31; EuG, 4.5.2017, T-25/16 – GELENK-GOLD II/Tigerbild, Rn 29, 33, 34 mwN. Zur dieser Problematik bei Wiederholungsanmeldungen s.a. Rdn 509., 1250., 1695. und 1782.

225 EuG, 10.9.2019, T-744/18 – Ellipse (unterbrochen)/Ellipse II, Rn 33–45. Hat das EuG das Fehlen eines beschreibenden Charakters festgestellt, darf sich die Große BK in einer Nachfolgeentscheidung nicht unter Berufung auf neue Beweismittel darüber hinwegsetzen, da sie damit gegen die Rechtskraft des Aufhebungsurteils verstoßen hat, EuG, 1.9.2021, T-96/20 – Limbic® Types II, Rn 37–59.

sei und daher keine Unterscheidungskraft habe, ist sie in der Nachfolgeentscheidung nicht gehindert, die erneute Zurückweisung auf neue Gründe zu stützen[226].

256 Wird jedoch die Entscheidung einer BK vom EuG lediglich wegen eines *Verfahrensmangels* (fehlende Begründung) aufgehoben, beschränkt sich die Rechtskraft des EuG-Urteils nur auf diese formale Frage und erfasst nicht die materielle Rechtmäßigkeit der vom EuG als ausreichend begründet angesehenen Elemente der früheren Entscheidung, so dass die BK nicht an materielle Aspekte dieser Entscheidung gebunden ist, sondern eine vollständig neue Prüfung aller für die Anwendung der entspr Norm relevanten Punkte durchzuführen hat[227].

257 Wenngleich die UMV den Begriff *Rechtskraft* nicht ausdrücklich definiert, ergibt sich insb aus ihren Regelungen in Art. 63 Abs. 3 und Art. 128 Abs. 2, dass sie unanfechtbar gewordenen Entscheidungen eines Gerichts eines Mitgliedstaats oder des EUIPO nur Rechts- oder Bestandskraft und damit eine *Bindungswirkung* gegenüber einem solchen Gericht oder dem EUIPO zuerkennt, wenn die vor dem Gericht oder Amt geführten *Parallelverfahren denselben Anspruch zwischen denselben Parteien* betreffen. Angesichts der Alleinzuständigkeit des EUIPO für die Gewährung oder Ablehnung der Eintragung einer Unionsmarke hat jedes bei ihm geführte Markeneintragungs- oder Widerspruchsverfahren notwendig einen anderen Gegenstand als jedes Verfahren vor einem nationalen Gericht, selbst wenn dieses als Unionsmarkengericht tätig wird, so dass schon wegen verschiedener Ansprüche ein Urteil des nationalen Gerichts keine Rechtskraftwirkung entfalten kann[228].

258 Weiter findet der Grundsatz der *Rechtskraft* auf das Verhältnis zwischen einer *Entscheidung einer Widerspruchsabteilung* und einem später in einem anderen Verfahren eingereichten Widerspruch insb deshalb *keine Anwendung*, weil die Verfahren vor dem EUIPO Verwaltungsverfahren und keine gerichtlichen Verfahren sind. Erst recht erwachsen die Gründe einer von einer Widerspruchsabteilung im Rahmen eines anderen Widerspruchsverfahrens erlassenen Entscheidung nicht in Rechtskraft. Sie können auch nicht dazu führen, dass für die betr Parteien berechtigte Erwartungen oder nach dem Grundsatz der Rechtssicherheit erworbene Rechte entstehen[229].

259 Der Grundsatz *ne bis in idem*, dem zufolge die Verhängung einer Sanktion gegen dieselbe Person mehr als einmal wegen desselben rechtswidrigen Verhaltens zum Schutz desselben Rechtsinteresses verboten ist, stellt zwar einen allgemeinen Grundsatz des Unionsrechts dar, dessen Beachtung der Unionsrichter sicherstellt, dieser ist jedoch nur auf Sanktionen anwendbar, *nicht aber bei Entscheidungen des EUIPO* im Rahmen eines Widerspruchsverfahrens[230].

---

226 EuG, 11.6.2020, T-553/19 – PERFECT BAR, Rn 28–37; EuG, 8.6.2017, T-326/16 – Tafel II, Rn 20, 25.
227 EuG, 19.12.2019, T-690/18 – Vita II, Rn 51–59.
228 EuGH, 21.7.2016, C-226/15 P – English pink/PINK LADY, Rn 51, 52, 61, 62.
229 EuG, 7.11.2019, T-380/18 – INTAS/indas, Rn 35, 36.
230 EuG, 7.11.2019, T-380/18 – INTAS/indas, Rn 37.

XIV. Allgemeine Auslegungsgrundsätze

Bei der Auslegung einer Bestimmung des Unionsrechts sind nicht nur deren *Wortlaut*,   **260**
sondern auch der *Zusammenhang*, in den sie sich einfügt, und die *Ziele* zu berücksichtigen, die mit der Regelung, zu der sie gehört, verfolgt werden. Ebenfalls kann ihre
Entstehungsgeschichte relevante Anhaltspunkte für ihre Auslegung liefern[231].

Zwar enthalten die VO und Richtlinien *keine Begründung* durch den Gesetzgeber,   **261**
jedoch ist jeder von ihnen eine *Präambel* vorangestellt, in der der Gesetzgeber *Sinn
und Zweck der Regelung* definiert. Diese Präambel ist nicht lediglich als unverbindliche
Programmankündigung anzusehen, sondern als *vollwertiger Gesetzestext* zu verstehen,
dem sogar *Vorrang* vor den Einzelnormen zukommt, die jeweils im Lichte der Erwägungen der Präambel auszulegen sind[232].

Da es *keine offizielle Sprachfassung* für europäisches Recht gibt, sondern alle Sprach-   **262**
fassungen in den Amtssprachen der Union gleichwertig sind[233], stößt eine rein *wörtliche Interpretation* oft auf das Problem von unterschiedlichen Textfassungen, die
zu verschiedenartigen Ergebnissen verleiten können. Die Auslegungsschwierigkeiten
können keinesfalls formal dadurch gelöst werden, dass man etwa die in einer der
Sprachfassungen, zB der Verfahrenssprache, verwendete Formulierung als alleinige
Grundlage für die Auslegung einer Vorschrift heranzieht[234] oder gar den Fassungen in

---

231 EuGH, 11.11.2020, C-809/18 P – MINERAL MAGIC/MAGIC MINERALS BY
     JEROME ALEXANDER, Rn 55, 58–63, 66–70 mwN. So ist zB hinsichtlich der Entstehungsgeschichte von Art. 8 Abs. 3 GMV zu berücksichtigen, dass der Unionsgesetzgeber zwar ausdrücklich davon abgesehen hat, anzugeben, dass diese Vorschrift im Fall
der Ähnlichkeit zwischen der älteren Marke und der vom Agenten oder Vertreter des
Inhabers der älteren Marke angemeldeten Anwendung findet, jedoch hat er auch die
im Vorentwurf der GMV vorgesehene ausdrückliche Bezugnahme auf die Identität der
älteren und der vom Agenten oder Vertreter ihres Inhabers angemeldeten Marke nicht
beibehalten. Art. 8 Abs. 3 GMV bringt dagegen die Entscheidung des Unionsgesetzgebers
zum Ausdruck, im Wesentlichen Art. 6^septies^ Abs. 1 PVÜ wiederzugeben. Zwar wird in
Art. 6^septies^ PVÜ in der maßgebenden französischen Fassung zur Bezeichnung der älteren
Marke, wenn sie vom Agenten oder Vertreter des Inhabers der älteren Marke auf seinen
eigenen Namen angemeldet wird, der Ausdruck »cette marque« (diese Marke) verwendet, jedoch geht aus den Akten der Konferenz von Lissabon, die vom 6. bis 31.10.1958
zur Revision der PVÜ stattfand und in deren Verlauf Art. 6^septies^ eingeführt wurde, hervor, dass unter diese Bestimmung auch eine vom Agenten oder Vertreter des Inhabers
der älteren Marke angemeldete Marke fallen kann, wenn diese der älteren ähnlich ist.
232 Siehe. zB EuGH, 29.9.1998, C-39/97 – Canon, Rn 15; EuGH, 22.3.2012, C-190/10 –
     Rizo's/Rizo (Génesis), Rn 31–35 mwN.
233 EuG, 21.5.2014, T-61/13 – NUEVA, Rn 20 mwN. Nach stRspr, die auf Art. 314 EG
     und Art. 55 EUV beruht, sind alle Sprachfassungen einer Bestimmung des Unionsrechts gleichermaßen verbindlich, und es ist ihnen grds der gleiche Wert beizumessen,
der nicht je nach der Größe der Bevölkerung der Mitgliedstaaten, die die betr Sprache
gebraucht, schwanken kann.
234 EuG, 21.5.2014, T-61/13 – NUEVA, Rn 26 mwN. Ein solcher Ansatz wäre nämlich mit
     dem Erfordernis einer einheitlichen Anwendung des Unionsrechts unvereinbar.

den verbreitetsten Sprachen[235] oder der mehrheitlich in den 23 Sprachen der Union verwendeten Version folgt.

263   Dies führt dazu, dass im europäischen Recht die *teleologische Auslegungsmethode*, die nach Sinn und Zweck der Norm fragt, Vorrang vor dem rein wörtlichen und grammatikalischen Verständnis hat. Denn nach stRspr müssen die Vorschriften des Unionsrechts im Licht der Fassungen in allen Unionssprachen einheitlich ausgelegt und angewandt werden[236]. Weichen die verschiedenen Sprachfassungen eines Textes des Unionsrechts voneinander ab, muss die fragliche Vorschrift nach der allgemeinen Systematik und dem Zweck der Regelung ausgelegt werden, zu der sie gehört[237].

264   Aus den Erfordernissen sowohl der *einheitlichen Anwendung des Unionsrechts* als auch dem Grundsatz der *Gleichheit* und *Nichtdiskriminierung* folgt, dass die Begriffe einer Vorschrift des Unionsrechts, die für die Ermittlung ihres Sinns und ihrer Bedeutung nicht auf das Recht der Mitgliedstaaten verweist, idR *in der gesamten Union eine autonome und einheitliche Auslegung* erhalten müssen, die unter Berücksichtigung des Kontexts der Vorschrift und des mit der fraglichen Regelung verfolgten Ziels gefunden werden muss. Diese einheitliche Auslegung ist, da sie auf den Fassungen der relevanten Norm in den anderen Amtssprachen der Union sowie seinem Zusammenhang und Zweck beruht, die einzige, die mit dem Grundsatz der *Rechtssicherheit* in Einklang steht[238].

265   Daher sind Sinn und Tragweite von Begriffen, die das Recht der Union nicht definiert, entspr ihrem *Sinn* nach dem gewöhnlichen Sprachgebrauch und unter Berücksichtigung des Zusammenhangs, in dem sie verwendet werden, und der mit der Regelung, zu der sie gehören, verfolgten *Ziele* zu bestimmen[239].

266   Die Auslegung einer Rechtsnorm wird durch die *Unionsgerichte* hinsichtlich ihrer Bedeutung und Tragweite *präzisiert* und erforderlichenfalls *konkretisiert*, wie sie seit ihrem Inkrafttreten verstanden werden muss oder hätte verstanden oder angewandt werden müssen. Daher kann die Auslegung der absoluten Eintragungshindernisse, zB von Art. 7 Abs. 1b und Abs. 1c UMV, durch den EuGH und das EuG auf *Entscheidun-*

---

235   Siehe EuGH, 20.6.2016, C-207/15 P – CVTC, Rn 43–48. Da Französisch sowohl die Arbeitssprache der Kommission wie des Gerichtshofs ist, empfiehlt sich bei Zweifeln immer ein Blick in diese Sprachfassung, ohne dass diese jedoch verbindlich (s. EuGH) wäre. Je nach Sprachkenntnissen lohnt sich auch, die englische, spanische und italienische Version der auszulegenden Norm zu vergleichen.

236   EuGH, 22.3.2012, C-190/10 – Rizo's/Rizo (Génesis), Rn 40–42 mwN. EuG, 21.5.2014, T-61/13 – NUEVA, Rn 27, 28 mwN. Der Text einer Vorschrift darf wegen der Notwendigkeit einer einheitlichen Auslegung des Unionsrechts nicht isoliert betrachtet werden, sondern muss vielmehr im Fall von Zweifeln unter Berücksichtigung ihrer Fassungen in anderen Amtssprachen ausgelegt und angewandt werden.

237   EuGH, 21.7.2016, C-597/14 P – Bugui va/BUGUI, Rn 24 mwN. Diese Auslegungsgrundsätze gelten – ungeachtet der Verfahrenssprache – auch für die Entscheidungen von EuGH und EuG, da die Urversion immer in der französischen Arbeitssprache abgefasst wird.

238   EuG, 21.5.2014, T-61/13 – NUEVA, Rn 34 mwN.

239   EuGH, 22.3.2012, C-190/10 – Rizo's/Rizo (Génesis), Rn 40–42 mwN.

gen gestützt werden, die *nach dem Zeitpunkt der Anmeldung* der streitgegenständlichen Marke ergangen sind, da die Unionsgerichte mit diesen Entscheidungen lediglich die zum Zeitpunkt der Anmeldung geltenden materiellen Vorschriften ausgelegt haben[240].

XV. Amtsermittlungsprinzip und Verhandlungsgrundsatz

Das EUIPO ermittelt im Verfahren vor dem Amt den Sachverhalt *von Amts wegen* **267** (Art. 95 Abs. 1 S. 1 UMV). Dieser Grundsatz beinhaltet eine volle Ermittlungs- und Beweisführungslast für das Amt.

So hat das Amt zB das Vorhandensein von *absoluten Schutzversagungsgründen nach-* **268** *zuweisen,* und es hat nicht der Anmelder zu beweisen, dass seine Marke eintragungsfähig ist. Bei Beanstandungen seitens des EUIPO hat er jedoch zu den Einzelheiten Stellung zu nehmen und – möglichst unterstützt mit Nachweismaterial – die Argumente des Prüfers zu widerlegen.

Lediglich dort, wo es sich um Ausnahmen für gesetzliche Verbote handelt, zB bei **269** der *Verkehrsdurchsetzung* (Art. 7 Abs. 3 UMV), hat der *Anmelder* Argumente und *Nachweismittel* vorzubringen.

Der Amtsermittlungsgrundsatz gilt jedoch *nicht* für Verfahren bzgl *relativer Eintra-* **270** *gungshindernisse.* Insoweit ist das Amt bei der Ermittlung des Sachverhalts *auf das Vorbringen und die Argumente der Beteiligten beschränkt* (Art. 95 Abs. 1 S. 2 UMV). Auch in *Nichtigkeitsverfahren aus absoluten Gründen* nach Art. 59 UMV beschränkt das Amt seine Prüfung auf die von den Beteiligten angeführten Gründe und Argumente (Art. 95 Abs. 1 S. 3 UMV).

Konsequenterweise muss dies – obwohl vom Gesetz nicht ausdrücklich geregelt – **271** in analoger Anwendung auch für Nichtigkeitsverfahren aus *relativen Gründen* nach Art. 60 UMV[241] und *Verfallsverfahren* nach Art. 58 UMV[242] gelten (s. Rdn 1571 ff).

Das *EUIPO* ist daher in diesen Verfahren nicht verpflichtet, von Amts wegen Tatsa- **272** chen zu berücksichtigen, die von den Beteiligten nicht vorgetragen worden sind[243]. Den Umfang des *Streits bestimmen* somit *die Beteiligten,* so dass nicht bestrittene Tatsachen als zugestanden anzusehen sind.

So hat in einem *Widerspruchsverfahren,* in dem der Widerspruch zB auf eine Unions- **273** marke als älteres Recht gestützt ist, der Widersprechende auszuführen, in welchen Sprachräumen der Union aufgrund der dortigen Aussprachegewohnheiten eine klangliche Markenähnlichkeit besteht. Will er sich auf eine durch Benutzung der älteren

---

240 EuG, 1.9.2021, T-834/19 – e*message, Rn 32–34.
241 EuG, 25.5.2005, T 288/03 – TELETECH GLOBAL VENTURES/TELETECH INTERNATIONAL, Rn 64–67; bestätigt durch EuGH, 27.3.2007, C-312/05 P.
242 EuGH, 26.9.2013, C-610/11 P – CENTROTHERM II, Rn 57–65.
243 Siehe ua EuG, 15.2.2005, T-296/02 – LINDENHOF/LINDERHOF TROCKEN, Rn 31; EuG, 1.3.2005, T-169/03 – SISSI ROSSI/MISS ROSSI, Rn 25; bestätigt durch EuGH, 18.7.2006, C-214/05 P, Rn 23.

Marke *gesteigerte Kennzeichnungskraft* berufen, so hat er dies ausdrücklich geltend zu machen, da dies keine Rechtsfrage ist, die die BK notwendig zur Entscheidung des Rechtsstreits prüfen müsste[244].

274 Die *Tatbestandsvoraussetzungen* eines relativen Eintragungshindernisses sind aber naturgemäß Bestandteil der *rechtlichen Gesichtspunkte*, die der Prüfung des EUIPO unterliegen. Daher kann dieses verpflichtet sein, über eine *Rechtsfrage* zu entscheiden, obgleich sie von den Verfahrensbeteiligten nicht aufgeworfen wurde, wenn eine fehlerfreie Anwendung der UMV im Hinblick auf das Vorbringen und die Anträge der Beteiligten dies zur Entscheidungsfindung erfordert[245].

275 Zwar ist gemäß Art. 95 Abs. 1 UMV die Prüfung durch das EUIPO auf das Vorbringen und die Anträge der Beteiligten beschränkt, so dass die BK ihre Entscheidung nur auf relative Eintragungshindernisse, die der betr Beteiligte geltend gemacht hat, sowie auf die von den Beteiligten in diesem Zusammenhang vorgebrachten Tatsachen und Beweise stützen kann. Jedoch ist die BK verpflichtet, auf *alle Fragen* einzugehen, die im Hinblick auf das Vorbringen und die Anträge der Beteiligten erforderlich sind, um eine *fehlerfreie Anwendung der UMV* zu gewährleisten, und bei denen sie über alle entscheidungserheblichen Angaben verfügt, selbst wenn von den Beteiligten vor ihr kein sich auf diese Fragen beziehender rechtlicher Aspekt geltend gemacht wurde.

276 So stellt im Rahmen eines Widerspruchsverfahrens die Beurteilung der *originären Kennzeichnungskraft* einer älteren Marke eine *Rechtsfrage* dar, die erforderlich ist, um eine fehlerfreie Anwendung der UMV zu gewährleisten, so dass das EUIPO verpflichtet ist, diese Frage – ggf *von Amts wegen* – zu prüfen. Da für diese Beurteilung kein tatsächlicher Umstand erforderlich ist, der von den Beteiligten vorzutragen wäre, und von den Beteiligten auch keine Gründe oder Argumente zum Nachweis dieser Kennzeichnungskraft auszuführen sind, ist das Amt in der Lage, deren Vorliegen selbst zu bestimmen und zu beurteilen[246].

277 Stellt sich zB im Laufe des Verfahrens heraus, dass die *ältere Marke*, auf die sich der Widerspruch stützt, *in Wirklichkeit jünger* als die Anmeldung ist, muss das Amt dies berücksichtigen, auch wenn die Beteiligten hierzu nicht argumentiert haben. Natürlich ist ihnen vorher das rechtliche Gehör zu gewähren.

278 Dasselbe gilt, wenn ein *Widerspruchsrecht im Laufe des Verfahrens endet*, sei es durch Zeitablauf oder durch Löschung[247].

---

244 EuG, 17.5.2013, T-502/11 – Zwei ineinander geflochtene Sicheln/Zwei ineinander verflochtene Bänder, Rn 28, 29.
245 EuG, 1.2.2005, T-57/03 – HOOLIGAN/OLLY GAN, Rn 21.
246 EuGH, 18.6.2020, C-708/18 P – PRIMART Marek Lukasiewicz/PRIMA, Rn 41–46.
247 EuG, 13.9.2006, T-191/04 – METRO/METRO, Rn 29 ff; BK, 29.5.2013, R 1480/12-1 – MODULA/MODULLER.

Bei einer *Nachfrage der BK beim Personal* des Amts über einen Verfahrensvorgang in **279** der Ausgangsinstanz handelt es sich um eine einfache interne Überprüfung und nicht um die Ausübung einer Amtsermittlungsbefugnis[248].

So sind weiter die *Existenz und der Umfang der älteren (bekannten) Marken* anhand **280** der hierzu vorgelegten Beweise des Widersprechenden zu prüfen, auch wenn die Beteiligten die entspr Feststellungen der Widerspruchsabteilung vor der BK nicht angezweifelt haben, weil dies keine Umstände sind, die den Beteiligten zur freien Beurteilung überlassen bleiben können[249].

Dasselbe gilt für die Feststellung der *angesprochenen Verkehrskreise*, da dies keine Tat- **281** sache ist, sondern eine Sachverhaltswürdigung. Im Rahmen der Würdigung des von den Beteiligten vorgetragenen Sachverhalts steht es dem EUIPO nämlich frei, den Sachverhalt anders zu würdigen als dies die Beteiligten tun, und zwar unabhängig davon, ob diese in einer Bewertung übereinstimmen[250].

Aber auch die *Warenähnlichkeit* ist vom Amt selbst dann zu prüfen, wenn die Beteilig- **282** ten sich über deren Beurteilung einig sind. Insb hat die BK diese Frage aufzuwerfen, wenn das EUIPO oder einer der Beteiligten diese Prüfung in der Vorinstanz wegen deutlicher Markenunterschiede für nicht erforderlich hielt[251]. Dies muss umgekehrt auch für eine in der Vorinstanz unterbliebene Prüfung der *Zeichenähnlichkeit* gelten, die dort wegen der Annahme einer Unähnlichkeit von Waren und/oder DL unterlassen wurde.

Das Amt hat auch in Verfahren bzgl relativer Eintragungshindernisse alle Umstände **283** des Einzelfalls im Lichte des Rechts zu prüfen, das für die zwischen den Beteiligten bestehenden *Rechts- und Handelsbeziehungen* gilt[252].

Art. 95 UMV *verbietet es nicht*, dass die Verfahrensbeteiligten, das Amt und selbst der **284** Unionsrichter in die Auslegung des Unionsrechts Elemente einbeziehen, die sich aus der *Rspr der Unionsgerichte* oder aus der *nationalen oder internationalen Rspr* ergeben. Diese Rspr wird nicht zum Beweis einer bestrittenen Tatsache angeführt, sondern zwecks Einbeziehung in die Auslegung und Anwendung einer Vorschrift der UMV.

Auch eine *Unionsrichtlinie* kann nicht als Beweismittel angesehen werden, das die **285** Verfahrensbeteiligten der BK rechtzeitig vorlegen müssten. Eine im Amtsblatt der EU veröffentlichte *Richtlinie ist Teil des Unionsrechts* und gehört somit zu den rechtlichen

---

248 EuG, 30.5.2013, T-214/10 – DIVINUS/MOSELLAND Divinum, Rn 62.
249 EuG, 20.3.2013, T-277/12 – Caffé KIMBO/BIMBO, Rn 35; bestätigt durch EuGH, 12.6.2014, C-285/13 P; EuG, 17.6.2008, T-420/03 – BoomerangTV/B BOOMER-ANG, Rn 77 mwN. S.a. EuG, 25.6.2015, T-186/12 – LUCEA LED/LUCEO, Rn 39, 40; Rechtsmittel unzulässig: EuGH, 14.6.2016, C-43/16 P.
250 EuG, 16.9.2013, T-284/12 – PROSEPT/Pursept, Rn 17–19.
251 EuG, 20.3.2013, T-277/12 – Caffé KIMBO/BIMBO, Rn 40; EuG, 10.10.2006, T-172/05 – ARMAFOAM/NOMAFOAM, Rn 42 mwN.
252 EuG, 6.9.2006, T-6/05 – FIRST DEFENSE AEROSOL PEPPER PROJECTOR/FRIST DEFENSE I, Rn 50.

Grundlagen, die die Verfahrensbeteiligten *in jedem Stadium des Verfahrens vor dem Amt geltend machen* können und die dieses nicht nur berücksichtigen kann, sondern ggf von Amts wegen berücksichtigen muss. Auch wenn eine Unionsrichtlinie sich nicht auf das Recht des geistigen Eigentums bezieht, sondern zB auf die Genehmigung von Kraftfahrzeugen, darf das EUIPO, das nach Art. 142 Abs. 1 S. 1 UMV eine Agentur der Union ist, diese nicht außer Acht lassen[253].

286   Das Amt braucht Tatsachen und Beweismittel, die von den Beteiligten *verspätet vorgebracht* wurden, nicht zu berücksichtigen (Art. 95 Abs. 2 UMV).

287   In Verfahren, die nicht relative Eintragungshindernisse betreffen, in denen also das *Amtsermittlungsprinzip* des Art. 95 Abs. 1 S. 1 UMV unbeschränkt gilt, kommt die *Verspätung* kaum zum Tragen, da das EUIPO grds alle Tatsachen und Argumente bis zum Entscheidungserlass berücksichtigen muss.

288   Bei Art. 95 Abs. 2 UMV handelt es sich zwar um eine *Kann- und nicht um eine Muss-Vorschrift*. Nach Art. 27 Abs. 3 DVUM ist in *mehrseitigen Verfahren* die Prüfung der Beschwerde bzw der Anschlussbeschwerde auf die in der Begründung bzw in der Anschlussbeschwerde erhobenen Gründe zu beschränken. *Rechtsgründe*, die nicht von den Beteiligten erhoben wurden, prüft die BK wegen Art. 27 Abs. 2 DVUM lediglich, wenn sie *grundlegende Verfahrenserfordernisse* betreffen oder eine *Klärung nötig* ist, um eine *fehlerfreie Anwendung der UMV* im Hinblick auf von den Beteiligten vorgelegte Tatsachen, Beweismittel und Bemerkungen zu gewährleisten.

289   Die Prüfung der Beschwerde umfasst nach Art. 27 Abs. 3 DVUM auch die folgenden Ansprüche oder Anträge, sofern sie in der *Beschwerdebegründung* bzw der Anschlussbeschwerde *sowie fristgemäß in dem Verfahren vor der Instanz des Amtes*, welche die angefochtene Entscheidung getroffen hat geltend gemacht oder gestellt wurden, und zwar (a) Verkehrsdurchsetzung iSd Art. 7 Abs. 3 und Art. 59 Abs. 2 UMV; (b) durch Benutzung erworbene Bekanntheit der älteren Marke auf dem Markt für die Zwecke des Art. 8 Abs. 1b UMV; (c) Benutzungsnachweis gemäß Art. 47 Abs. 2 und 3 oder Art. 64 Abs. 2 und 3 UMV. Diese Ansprüche oder Anträge werden also nur geprüft, wenn sie *kumulativ* beide Voraussetzungen erfüllen, also fristgerecht im Ausgangsverfahren vor dem EUIPO und in der (Anschluss-)Beschwerdebegründung vor der BK geltend gemacht waren.

290   Gemäß Art. 95 Abs. 2 UMV darf die BK ihr *zum ersten Mal vorgelegte Tatsachen oder Beweismittel* nur dann *berücksichtigen*, wenn diese (a) auf den *ersten Blick für den Ausgang des Verfahrens von Relevanz* erscheinen und (b) sie aus *berechtigten Gründen nicht fristgemäß vorgelegt* wurden, insb wenn sie bereits *fristgemäß vorgelegte einschlägige Tatsachen und Beweismittel lediglich ergänzen*, oder wenn sie der Anfechtung von Feststellungen dienen, die von der ersten Instanz *von Amts wegen* in der angefochtenen Entscheidung ermittelt oder untersucht wurden (Art. 27 Abs. 4 DVUM).

---

253 EuG, 15.1.2013, T-413/11 – EUROPEAN DRIVESHAFT SERVICES, Rn 32, 33 mwN.

Damit folgt die DVUM dem nach langem Dissens zwischen EUIPO und EuG[254] zur **291** Auslegung der Verspätungsregelung ergangene *ARCOL/CAPOL*-Urteil des EuGH[255] und definiert das *weite Ermessen* des Amts, damit dieses unter *entspr Begründung* seiner Entscheidung darüber befinden kann, ob verspätete Tatsachen und Beweismittel zu berücksichtigen sind oder nicht. Jedoch gebieten es der Grundsatz der *ordnungsgemäßen Verwaltung* und das Erfordernis, den *sachgerechten Ablauf* und die *Effizienz des Verfahrens* zu gewährleisten, die praktische Wirksamkeit der Fristen zu wahren, so dass der betroffene Beteiligte *keinen bedingungslosen Anspruch auf Berücksichtigung* verspäteten Vorbringens hat.

In Konsequenz dieses Urteils empfiehlt sich dringend für alle Verfahrensbeteiligten **292** eine *strikte Wahrung der Fristen*, um nachfolgende Schwierigkeiten bei der Rechtfertigung der Verspätung und der Durchsetzung neuen Vorbringens zu vermeiden[256] (s. insb Rdn 1141 ff). Etwas entschärft worden ist diese Problematik zudem durch die UMV infolge der erweiterten Anwendbarkeit der *Weiterbehandlung* in Widerspruchsverfahren (s. Rdn 160 ff).

XVI. Unterbrechung des Verfahrens

Bei Vorliegen bestimmter Voraussetzungen (*Tod* oder *Geschäftsunfähigkeit* des Anmel- **293** ders, Markeninhabers oder seines Vertreters sowie Verhinderung aus rechtlichen Gründen aufgrund eines gegen sein Vermögen gerichteten Verfahrens, zB *Insolvenz*) wird das Verfahren vor dem EUIPO *unterbrochen* (Art. 106 UMV)[257].

---

254 In der Vergangenheit wurde das *Fristenregime* durch das Amt in Verfahren, die *relative Eintragungshindernisse* betrafen, aus Gründen der Verfahrensökonomie und der Gleichbehandlung (Waffengleichheit) der Beteiligten *restriktiv* angewandt, so dass neuer Sachvortrag, der bereits innerhalb gesetzter und abgelaufener Frist hätte vorgetragen werden können (sog. Alttatsachen) ausnahmslos zurückgewiesen wurde. Nach der Rspr der BK diente auch das Beschwerdeverfahren nicht dazu, eine in erster Instanz abgelaufene Frist neu zu eröffnen. Diese *rigide Praxis* hatte das EuG in Frage gestellt und verlangt, dass die BK im Anwendungsbereich von Art. 76 Abs. 1 S. 2 GMV ihre Entscheidung auf das gesamte tatsächliche und rechtliche Vorbringen des Beschwerdeführers sowohl im Verfahren vor der Stelle, die in erster Instanz entschieden hat, als auch (eingeschränkt nur durch Art. 76 Abs. 2 GMV.) im Beschwerdeverfahren zu stützen hat; EuG, 23.9.2003, T-308/01 – KLEENCARE/CARCLIN, Rn 26, 28, 29; EuG, 10.11.2004, T-164/02 – ARCOL/CAPOL I, Rn 25–29; EuG, 9.11.2005, T-275/03 – Hi-FOCuS/FOCUS, Rn 37; EuG, 10.7.2006, T-323/03 – LA BARONNIE/BARONIA; EuG, 11.7.2006, T-252/04 – ASETRA/CAVIAR ASTARA.

255 EuGH, 13.3.2007, C-29/05 P – ARCOL/CAPOL, Rn 43, 44.

256 S. *Bender,* Das weite Ermessen des HABM bei der Behandlung verspäteten Vorbringens, MarkenR 2007, 198.

257 Alle Maßnahmen und Entscheidungen, die das EUIPO in Unkenntnis des Todes eines Beteiligten ihm gegenüber erlässt, sollen aber wirksam bleiben und vom Rechtsnachfolger, soweit sie ihn beschweren, angefochten werden können; EuG, 8.3.2012, T-298/10 – BIODANZA/BIODANZA, Rn 32–42; s.a. Rdn 1668.

294 Wurde ein Verfahren unterbrochen, ist das EUIPO über die *Identität der Person* zu unterrichten, die berechtigt ist, *das Verfahren fortzusetzen* (Art. 72 Abs. 1 DVUM). Wurde das Amt drei Monate nach Beginn der Unterbrechung des Verfahrens noch nicht über die Bestellung eines neuen Vertreters informiert, so teilt es dem Anmelder oder Markeninhaber mit, dass (a) im Fall einer zwingenden Vertretung (Art. 119 Abs. 2 UMV) die Anmeldung als *zurückgenommen* gilt, wenn die Anzeige nicht innerhalb von zwei Monaten nach Zustellung der Mitteilung erfolgt; (b) ansonsten, dass das Verfahren vom Tag der Zustellung dieser Mitteilung an mit dem Anmelder oder Markeninhaber *wiederaufgenommen* wird (Art. 72 Abs. 2 DVUM).

295 Die am Tag der Unterbrechung für den Anmelder oder Markeninhaber laufenden Fristen, mit Ausnahme der Frist für die Entrichtung der Verlängerungsgebühren, beginnen gemäß Art. 72 Abs. 3 DVUM am Tag der Wiederaufnahme des Verfahrens *erneut zu laufen*. Wichtigste *Wirkung* der Unterbrechung des Verfahrens ist, dass mit dem Tag der Unterbrechung der Lauf jeder (auch der gesetzlichen) Frist aufhört.

296 Mit der *Wiederaufnahme*, die erfolgt, sobald die Identität der Person, die zur Fortsetzung des Verfahrens berechtigt ist, festgestellt ist (Art. 106 Abs. 2 UMV), beginnen die Fristen von neuem zu laufen, und zwar in ihrer vollständigen ursprünglichen Länge, nicht lediglich mit der vor der Unterbrechung noch nicht abgelaufenen Restlaufzeit.

XVII. Aussetzung des Verfahrens

297 Das Verfahren kann in jedem Stadium und in jeder Instanz *ausgesetzt* werden. Art. 71 DVUM, der nach seinem Wortlaut nur für *Widerspruchs-, Verfalls-, Nichtigkeits- und Beschwerdeverfahren* gilt, dürfte aus Zweckmäßigkeitsgründen auch auf ähnliche Verfahrenssituationen anwendbar sein, denn die *Aussetzung* gehört zu den in den Mitgliedstaaten allgemein anerkannten Grundsätzen des Verfahrensrechts gemäß Art. 107 UMV.

298 Das Amt oder die BK können die genannten Verfahren von Amts wegen aussetzen, wenn eine Aussetzung unter den *gegebenen Umständen angemessen* ist, oder auf begründeten Antrag eines der Beteiligten in mehrseitigen Verfahren, wenn eine Aussetzung unter den gegebenen Umständen unter Berücksichtigung der *Interessen der Beteiligten* und dem *Verfahrensstadium* angemessen ist (Art. 71 Abs. 1 DVUM).

299 Das EUIPO besitzt für seine Anordnung ein *weites Ermessen* und muss im Rahmen eines *fairen Verfahrens* die unterschiedlichen Interessen der Verfahrensbeteiligten gegeneinander abwägen[258], also nicht nur die Interessen des Beteiligten berücksichtigen,

---

258 EuG, 25.11.2014, T-556/12 – KAISERHOFF/KAISERHOFF, Rn 29–50. So kann ein nach Beginn eines Widerspruchsverfahrens eingeleitetes Löschungsverfahren meistens Veranlassung zur Aussetzung des Widerspruchsverfahrens geben, da das Widerspruchsverfahren gegenstandslos würde, wenn die ältere Marke gelöscht würde. S.a. EuG, 4.5.2022, T-619/21 – TAXMARC/TAXMAN; EuG, 14.2.2019, T-162/18 – ALTUS/ALTOS; EuG, 1.3.2016, T-40/09 – VOGUE CAFÉ/Vogue und VOGUE studio, Rn 61–66; EuG, 25.5.2016, T-753/14 – ocean beach club ibiza/OCEAN THE GROUP mwN.

dessen Unionsmarke angegriffen wird, sondern auch diejenigen der anderen[259]. Keinesfalls darf die BK jedoch, nachdem sie eine Aussetzung des Verfahrens für zweckmäßig erachtet hatte, in der Sache selbst über die Beschwerde entscheiden und das Verfahren an das Amt mit der Empfehlung zurückverweisen, das Verfahren auszusetzen. Denn die Prüfung der Frage der Aussetzung muss vor der Prüfung der Verwechslungsgefahr erfolgen[260].

Wer die Aussetzung beantragt, hat seinen Antrag zu *begründen* und Nachweismittel   **300** beizufügen, zB nicht nur die Löschungsklage gegen die nationale Widerspruchsmarke, sondern auch die Bestätigung von deren Einreichung beim zuständigen Gericht. Da aber nur eine vorläufige Überprüfung der Erfolgsaussichten des Nichtigkeitsantrags durchzuführen ist, kann vom Antragsteller nicht bereits deren zuverlässige Bewertung verlangt werden. Außerdem muss der Aussetzungsgrund *kausal* für eine mögliche zukünftige Entscheidung sein, was nicht der Fall ist, wenn nur eines von mehreren rechtlich gleichwertigen, geltend gemachten Nichtigkeitsrechten in einem nationalen Löschungsverfahren angegriffen ist[261].

Keinesfalls darf jedoch mit der *Ablehnung eines Aussetzungsantrags* in anderen Ver-   **301** fahren zu treffenden Entscheidungen in schwerwiegender Weise, noch dazu sachlich und rechtlich fehlerhaft *vorgegriffen* werden, obwohl diese erst am Anfang stehen[262]. Die BK muss alle vorgetragenen Argumente berücksichtigen und ihre Entscheidung sorgfältig begründen[263]. Unbegründete Anträge werden vom Amt ohne weitere Rückfrage zurückgewiesen[264].

Auf Antrag beider Beteiligten in mehrseitigen Verfahren werden die Verfahren für   **302** einen Zeitraum ausgesetzt, der *sechs Monate* nicht überschreiten darf. Diese Aussetzung kann auf Antrag beider Beteiligten bis zu einer Gesamtdauer von *zwei Jahren verlängert* werden (Art. 71 Abs. 2 DVUM).

Alle Fristen im Zusammenhang mit den betr Verfahren, mit Ausnahme der Frist für   **303** die Zahlung der entspr Gebühr, werden – im Gegensatz zur früheren Rechtslage

---

259 EuG, 21.10.2015, T-664/13 – PETCO/PETCO, Rn 31–33; EuG, 17.2.2017, T-811/14 – Fair & Lovely/NEW YORK FAIR & LOVELY, Rn 54–70. Dabei hat die BK alle vorgelegten Beweismittel zu berücksichtigen, insb Klageschriften und Gerichtsladungen.
260 EuG, 28.5.2020, T-84/18 ua – We IntelliGence the World/Zwei sich überschneidende Kreise, Rn 67–76.
261 EuG, 13.6.2019, T-392/18 – Innocenti/i INNOCENTI, Rn 30–38; EuG, 12.6.2019, T-346/18 – VOGUE/VOGA, Rn 25–32; EuG, 16.5.2011, T-145/08 – ATLAS/atlasair, Rn 61, 66–77; bestätigt durch EuGH, 9.3.2012, C-406/11 P.
262 EuG, 18.9.2012, T-133/08, T-134/08, T-177/08 und T-242/09 – LEMON SYMPHONY, Rn 242, 243. Der EuGH, 21.5.2015, C-546/12 P, befasst sich bei der Zurückweisung des Rechtsmittels mit dieser Rechtsfrage nicht.
263 EuG, 8.9.2017, T-572/15 – GOURMET/ORIGINE GOURMET, Rn 27–43; EuG, 12.11.2015, T-544/14 – ALETE/ALETA, Rn 26–45.
264 S. *Stürmann*, Verfahren vor dem EUIPO, GRUR-Prax 2016, 120.

unter der GMV[265] – ab dem Tag der Aussetzung *unterbrochen*. Dies gilt zB auch für die Beschwerdebegründungsfrist vor der BK, wo es nach der alten Rechtslage lästig war, trotz Aussetzung noch fristgerecht eine Beschwerdebegründung abzuliefern, um nicht die Unzulässigkeit zu riskieren.

304 Unbeschadet der Sonderregelung hinsichtlich der Mediation in Art. 170 Abs. 5 S. 2 UMV[266] werden die *Fristen neu berechnet* und *beginnen am Tag der Wiederaufnahme des Verfahrens erneut zu laufen* (Art. 71 Abs. 3 DVUM).

305 Die Beteiligten können zu *Stellungnahmen* in Bezug auf die Aussetzung oder Wiederaufnahme des Verfahrens gebeten werden, wenn dies unter den gegebenen Umständen angemessen ist (Art. 71 Abs. 4 DVUM).

XVIII. Sprachen vor dem Amt

306 Es ist zu unterscheiden einerseits zwischen den *Amtssprachen des EUIPO*. Das sind die fünf Sprachen: Spanisch, Deutsch, Englisch, Französisch und Italienisch (Art. 146 Abs. 2 UMV). Anderseits sind die *Amtssprachen der Europäischen Union* alle offiziellen Sprachen der Mitgliedstaaten, also derzeit 23, nämlich: Bulgarisch, Tschechisch, Dänisch, Deutsch, Estnisch, Griechisch, Englisch, Spanisch, Französisch, Kroatisch, Italienisch, Litauisch, Lettisch, Ungarisch, Maltesisch, Niederländisch, Polnisch, Portugiesisch, Rumänisch, Slowakisch, Slowenisch, Finnisch und Schwedisch. Irisch wird derzeit vom EUIPO nicht angewandt[267].

307 Anmeldungen von Unionsmarken sind in einer der Amtssprachen der Europäischen Union einzureichen (*erste Sprache*). Der Anmelder hat eine davon verschiedene *zweite Sprache*, die eine Sprache des EUIPO ist, anzugeben, mit deren Benutzung als möglicher Verfahrenssprache er in Widerspruchs-, Verfalls- und Nichtigkeitsverfahren einverstanden ist (Art. 146 Abs. 1 und 3 S. 1 UMV). Ist die Anmeldung in einer Sprache, die nicht eine Sprache des Amtes ist, eingereicht worden, so sorgt das EUIPO dafür, dass die Anmeldung nach den Erfordernissen des Art. 31 Abs. 1 UMV in die vom Anmelder angegebene zweite Sprache *übersetzt* wird (Art. 146 Abs. 3 S. 2 UMV).

308 Ist der *Anmelder* der Unionsmarke in einem Verfahren vor dem EUIPO der einzige Beteiligte, so ist gemäß Art. 146 Abs. 4 UMV Verfahrenssprache die Sprache, in der die Anmeldung der Unionsmarke eingereicht worden ist (*erste Sprache*). Ist die Anmeldung in einer Sprache, die nicht eine Sprache des EUIPO ist, eingereicht worden, so kann das EUIPO für schriftliche Mitteilungen an den Anmelder auch die zweite Sprache wählen, die dieser in der Anmeldung angegeben hat.

---

265 EuG, 16.5.2011, T-145/08 – ATLAS/atlasair, Rn 62, 63; BK, 18.4.2008, R 1341/07-G – KOSMO/COSMONE, Rn 14.

266 Dort laufen die Fristen ab dem Tag weiter, an dem das Verfahren wieder aufgenommen wird.

267 Die Organe der Union sind für einen verlängerbaren Zeitraum (bis derzeit 31.12.2021) von der Verpflichtung entbunden, alle Rechtsakte in irischer Sprache abzufassen; VO (EG) 920/2005. vom 13.6.2005; ABl. L 156/3; idF der VO (EU, Euratom) 2015/2264. vom 3.12.2015; ABl. L 322/1.

Der *Begriff der Mitteilungen* ist nach der Rspr des EuGH[268] *sehr eng auszulegen*. Er **309**
umfasst keine Verfahrenshandlungen, sondern nur die Schreiben, mit denen das
EUIPO Verfahrenshandlungen übermittelt oder den Anmeldern Auskünfte erteilt. Das
Amt benutzt in den Fällen, in denen der Anmelder als erste Sprache eine angegeben
hat, die keine Sprache des EUIPO ist, diese erste Sprache für den gesamten Schriftverkehr, es sei denn der Anmelder äußert im Anmeldeformular in der entspr Rubrik
den ausdrücklichen Wunsch, dass das EUIPO die zweite Sprache verwenden soll.

Widersprüche und Anträge auf Erklärung des *Verfalls* oder der *Nichtigkeit* sind wegen **310**
Art. 146 Abs. 5 UMV in einer der fünf Sprachen des EUIPO einzureichen. Unbeschadet dessen gilt jedoch nach Art. 146 Abs. 6 UMV, dass alle Anträge oder Erklärungen, die sich auf die Anmeldung einer Unionsmarke beziehen, in der Sprache
der Anmeldung der Unionsmarke oder in der vom Anmelder in seiner Anmeldung
angegebenen zweiten Sprache eingereicht werden können und dass alle Anträge oder
Erklärungen, die sich auf eine eingetragene Unionsmarke beziehen, in einer der Sprachen des EUIPO eingereicht werden können.

Wird die Anmeldung jedoch unter Verwendung eines vom Amt bereitgestellten **311**
(*Online-)Formblatts* gemäß Art. 100 Abs. 2 UMV eingereicht, so können diese Formblätter in jeder der Amtssprachen der Union verwendet werden, sofern die Text-
bestandteile des Formblatts in einer der Sprachen des EUIPO ausgefüllt werden
(Art. 146 Abs. 6 S. 2 UMV).

Ist die nach Art. 146 Abs. 5 UMV gewählte Sprache des Widerspruchs oder des Ver- **312**
falls- oder Nichtigkeitsantrags die erste oder die zweite Sprache der angegriffenen
Anmeldung der Unionsmarke, so wird diese Sprache wegen Art. 146 Abs. 7 S. 1
UMV Verfahrenssprache.

Ist die nach Abs. 5 gewählte Sprache des Widerspruchs oder des Verfalls- oder Nich- **313**
tigkeitsantrags weder die erste noch die zweite Sprache der Anmeldung, so hat der
Widersprechende oder der Antragsteller des Verfalls- oder Nichtigkeitsantrags eine
Übersetzung des Widerspruchs oder des Antrags auf eigene Kosten entweder in der
ersten Sprache – sofern sie eine Sprache des EUIPO ist – oder in der zweiten Sprache
vorzulegen. Die Übersetzung ist aus eigenem Antrieb *innerhalb eines Monats* nach
Ablauf der Widerspruchsfrist oder nach der Einreichung des Antrags auf Erklärung
des Verfalls oder der Nichtigkeit vorzulegen. Die Sprache, in der die Übersetzung
vorliegt, wird dann Verfahrenssprache (Art. 146 Abs. 7 S. 2 UMV, Art. 7 Abs. 4 bzw
Art. 16 Abs. 2 DVUM).

Dies dient dazu, in Inter-partes-Verfahren den Grundsatz des kontradiktorischen Ver- **314**
fahrens und die *Waffengleichheit* zwischen den Beteiligten zu wahren. Ausnahmsweise
wird jedoch der andere Verfahrensbeteiligte durch das Fehlen einer Übersetzung in

---

268 EuGH, 9.9.2003, C-361/01 P – Kik, Rn 81–96.

der Ausübung seiner Verteidigungsrechte dann nicht beeinträchtigt, wenn er zugestandenermaßen in der Lage ist, den Inhalt zu verstehen[269].

315 Die an den Widerspruchs-, Verfalls-, Nichtigkeits- oder Beschwerdeverfahren Beteiligten können gemäß Art. 146 Abs. 8 UMV vereinbaren, dass eine *andere Amtssprache der Europäischen Union* als Verfahrenssprache verwendet wird. Der Widersprechende oder der Anmelder können das Amt vor dem Tag, an dem der kontradiktorische Teil des Widerspruchsverfahrens gemäß Art. 6 Abs. 1 DVUM beginnt, darüber unterrichten, dass sich beide Beteiligten auf eine andere Verfahrenssprache geeinigt haben. Wurde die Widerspruchsschrift nicht in dieser Sprache eingereicht, kann der Anmelder verlangen, dass der Widersprechende eine Übersetzung der Widerspruchsschrift in dieser Sprache einreicht. Ein solches Ersuchen muss spätestens an dem Tag beim Amt eingehen, an dem der kontradiktorische Teil des Verfahrens beginnen soll. Das EUIPO legt eine Frist fest, innerhalb der der Widersprechende eine Übersetzung einreichen muss. Wird die Übersetzung nicht oder verspätet eingereicht, bleibt es bei der gemäß Artikel 146 UMV festgelegten Verfahrenssprache (Art. 3 DVUM).

316 Unbeschadet von Art. 146 Abs. 4 und 8 UMV und vorbehaltlich anderslautender Bestimmungen kann jeder Beteiligte im schriftlichen Verfahren vor dem Amt *jede Sprache des EUIPO* benutzen. Ist die von einem Beteiligten gewählte Sprache nicht die Verfahrenssprache, so legt dieser innerhalb eines Monats nach Vorlage des Originalschriftstücks eine Übersetzung in der Verfahrenssprache vor.

317 Ist der Anmelder einer Unionsmarke der einzige Beteiligte an einem Verfahren vor dem Amt und die Sprache, in der die Anmeldung der Unionsmarke eingereicht wurde, nicht eine der Sprachen des EUIPO, so kann die *Übersetzung auch in der zweiten Sprache* vorgelegt werden, die der Anmelder in der Anmeldung angegeben hat (Art. 146 Abs. 9 S. 2 UMV). Die Art der Beglaubigung legt nach Art. 146 Abs. 10 UMV der Exekutivdirektor fest.

318 Sofern in UMV und DVUM nichts anderes bestimmt ist, können in schriftlichen Verfahren vor dem EUIPO zu verwendende Schriftstücke in *jeder Amtssprache der Union* vorgelegt werden. Sind sie nicht in der *Verfahrenssprache* abgefasst, kann das Amt auf eigene Initiative oder auf begründeten Antrag des anderen Beteiligten die Vorlage einer Übersetzung in die Verfahrenssprache innerhalb einer von ihm festgelegten Frist verlangen (Art. 24 UMDV).

319 Die *Sprachenwahl* bei der Anmeldung ist von erheblicher taktischer und verfahrensstrategischer Bedeutung. Widersprüche und Verfalls- oder Nichtigkeitsanträge sind immer in einer der fünf Sprachen des EUIPO einzureichen (Art. 146 Abs. 5 und 7 UMV Art. 146 Abs. 5 und 7 UMV):

---

269 EuGH, 10.5.2012, C-100/11 P – BOTOLIST und BOTOCYL/BOTOX, Rn 102–104 zu Regel 38 Abs. 2 GMDV (jetzt Art. 16 Abs. 2 DVUM.), zumal wenn er die fehlende Übersetzung im Verfahren vor dem Amt nicht beanstandet hat und das Klageverfahren vor dem EuG in der Sprache stattfindet, in der die unübersetzten Beweismittel vorgelegt wurden.

Hat ein Anmelder als *erste Sprache Polnisch* und als *zweite Sprache Deutsch* angegeben, **320** kann er sicher sein, dass Widerspruchs-, Verfalls- oder Nichtigkeitsverfahren gegen ihn nur auf Deutsch stattfinden können, weil Polnisch keine Sprache des EUIPO ist. Andererseits unterzieht sich ein deutscher Anmelder, der Polnisch als erste Sprache wählt, auch im absoluten Verfahren keinen größeren Schwierigkeiten, da er bereits im Anmeldeantrag durch Ankreuzen der entspr Box verlangen kann, dass das EUIPO auch im absoluten Prüfungsverfahren mit ihm in der zweiten Sprache (im gewählten Beispiel also auf Deutsch) kommuniziert. Er muss lediglich die Anmeldung auf Polnisch einreichen, was auch auf einem deutschen Formblatt erfolgen kann. Letztlich ist dann, da Formalien keiner Übersetzung bedürfen, nur die Liste der Waren und DL sowie ggf eine Beschreibung der Zeichenform auf Polnisch anzugeben, wobei der Anmelder sich der TMclass-Datenbank auf der EUIPO-Internetseite bedienen kann.

Hat er dagegen *Deutsch als erste* und *Spanisch als zweite Sprache* benannt, muss er **321** damit rechnen, dass diese Verfahren entweder in Deutsch oder in Spanisch geführt werden können, weil beides Sprachen des EUIPO sind. Das Amt lässt eine spätere, auch einvernehmliche Änderung der Sprachwahl nicht zu[270].

In *Zweifelsfällen* ist wegen Art. 147 Abs. 3 UMV der Wortlaut in der *Sprache des* **322** *EUIPO* maßgebend, in der die Anmeldung der Unionsmarke eingereicht wurde[271]. Wurde die Anmeldung in einer Amtssprache der Union eingereicht, die nicht eine Sprache des EUIPO ist, so ist der Wortlaut in der vom Anmelder angegebenen zweiten Sprache verbindlich.

In Konsequenz dieser Regelung können dann zB weder die Waren und DL, die lediglich **323** durch einen *Übersetzungsfehler* in einer anderen sprachlichen Version des Verz. auftauchen, Gegenstand des Widerspruchsverfahrens sein, noch diejenigen, die zwar korrekt in der Sprache der Anmeldung eingetragen sind, aber im Widerspruch (aufgrund Auslassung in der fehlerhaften Übersetzung) vom Widersprechenden nicht erwähnt wurden[272].

270　Siehe Alicante News 12/2014, S. 7.
271　EuG, 6.4.2017, T-39/16 – NANA FINK/NANA; Rn 42–48. Es muss der Schutzumfang Vorrang haben, wie er durch die Fassung des Wortlauts in der Sprache des EUIPO gewährt wird. Der Markeninhaber darf keinen Nutzen aus einem Verstoß gegen seine Pflicht ziehen, das VerzWDL klar und eindeutig anzugeben. Der betr Wortlaut kann daher nicht zu seinen Gunsten ausgelegt werden.
272　EuG, 21.3.2013, T-353/11 – eventer EVENT MANAGEMENT SYSTEMS/EVENT, Rn 14–18. Mag der 1. Halbsatz noch logisch und konsequent sein, weil sich der Widerspruch nicht gegen eine nicht eingetragene Ware oder DL richten kann, so erscheint der 2. Halbsatz höchst gefährlich, weil dies zum Ergebnis führt, dass eine an sich störende Ware oder DL aufgrund eines (meist tückischen) Übersetzungsfehlers, der nicht in der Verantwortung des Widersprechenden liegt, im Register verbleibt. Um diese Konsequenz zu vermeiden, empfiehlt es sich daher, den Widerspruch immer (durch Ankreuzen des entspr Feldes im Formular) gegen »alle Waren und/oder DL der Anmeldung« zu richten (s. Rdn 1073.).

324 Das EUIPO trägt gemäß Art. 26 UMDV *jeder vom Anmelder vorgelegten Übersetzung* ohne nähere Überprüfung[273] Rechnung, da es, sofern nicht der Beweis des Gegenteils erbracht wird oder Hinweise auf das Gegenteil bestehen, davon ausgeht, dass eine Übersetzung mit dem jeweiligen Urtext übereinstimmt. Bei Zweifeln kann das Amt die Vorlage einer Beglaubigung, der zufolge die Übersetzung dem Ausgangstext entspricht, innerhalb einer bestimmten Frist verlangen.

325 Die Übersetzungsstandards sind sehr streng. Nach Art. 25 UMDV muss in der beim EUIPO einzureichenden Übersetzung eines Schriftstücks das *Originalschriftstück* angegeben und der *Aufbau und der Inhalt des Originalschriftstücks wiedergeben* werden. Die Übersetzung darf also nicht im Fließtext des Schriftsatzes erfolgen, sondern diesem ist ein *gesondertes Blatt* beizufügen, das die Übersetzung nach Struktur und Aufbau des Originals enthält. Wird versehentlich ein Teil *nicht übersetzt*, so kann dieser im Verfahren *nicht berücksichtigt* werden. Hat ein Beteiligter jedoch angegeben, dass nur Teile des Schriftstücks von Belang sind, kann sich die Übersetzung auf diese Teile beschränken.

326 Sofern in UMV, DVUM und UMDV nichts anderes bestimmt ist, gilt ein Schriftstück, für das eine *Übersetzung* einzureichen ist, *nicht* beim Amt *eingegangen* (a) wenn die Übersetzung n*ach Ablauf der Frist* für die Einreichung des Originalschriftstücks oder der Übersetzung beim Amt eingeht; (b) wenn die in Art. 26 UMDV vorgesehene *Beglaubigung* nicht innerhalb der vom Amt festgelegten Frist eingereicht wird.

327 Schließlich erfolgen nach Art. 147 Abs. 1 und 2 UMV alle *Veröffentlichungen*, die in UMV und DVUM vorgeschrieben sind, und sämtliche *Eintragungen* in das Unionsmarkenregister *in allen Amtssprachen der Europäischen Union.*

XIX. Schriftliches Verfahren und mündliche Verhandlung

328 Im Regelfall bearbeitet das EUIPO einschl der BK die Verfahren im *schriftlichen* Verfahren. Bei Unklarheiten oder bei zusätzlichem Informationsbedürfnis hält es schriftlich Nachfrage oder räumt die Möglichkeit zur Stellungnahme ein. Dies geschieht aber nur in sehr seltenen Fällen, da rasche Bearbeitung und Erledigung in Alicante absoluten Vorrang vor der Klärung von Zweifelsfragen haben (Art. 94 Abs. 1 UMV).

329 Nur in extremen Ausnahmen wird eine *mündliche Verhandlung* angeordnet (Art. 96 UMV und 97 UMV). Diese hat bislang nur in sehr wenigen BK-Verfahren stattge-

---

273 Siehe Alicante News 12/2014, S. 5; *Stürmann,* Verfahren vor dem HABM, GRUR-Prax 2015, 270.

funden[274]. Jedoch bieten die BK nunmehr mündliche Verhandlungen per *Videokonferenz* an (Art. 46 Abs. 1g, Art. 49 Abs. 2 S. 3 DVUM)[275].

Das Amt verfügt nämlich über einen *Ermessensspielraum*, ob es eine mündliche Verhandlung wirklich für sachdienlich hält. Diese ist nicht notwendig, wenn das EUIPO bereits nach der Aktenlage über alle Angaben verfügt, deren es als Grundlage für die Entscheidung bedarf, und der Antragsteller nicht darlegt, inwiefern mündliche Ausführungen zusätzlich zu den bereits vorgelegten Schriftsätzen entscheidungsrelevant sein würden[276], insb warum Zeugenanhörungen die Glaubwürdigkeit des Beweises erhöhen oder warum Zeugen ihre Erklärungen nicht in schriftlicher oder anderer Form abgeben könnten[277]. Findet eine mündliche Verhandlung vor dem Amt statt, so kann die Entscheidung mündlich ergehen. Die Entscheidung wird den Beteiligten anschließend in Schriftform zugestellt (Art. 94 Abs. 1 S. 3 und 4 UMV).   **330**

Die Nichtbeachtung der *Mindestladungsfrist von einem Monat* für eine mündliche Verhandlung gemäß Art. 97 Abs. 3 S. 2 UMV stellt einen wesentlichen Verfahrensfehler dar, der geeignet ist, zur Aufhebung der angefochtenen Entscheidungen zu führen, ohne dass darüber hinaus nachzuweisen wäre, dass dem Kläger dadurch ein Schaden entstanden ist.   **331**

Ein solch wesentlicher Verfahrensfehler kommt nämlich der *Verletzung einer wesentlichen Formvorschrift* gleich, deren Nichtbeachtung unabhängig von den konkreten Folgen der Verletzung zur Nichtigkeit der Rechtshandlung führt. Darüber, dass die Betroffenen nach Art. 97 Abs. 3 S. 2 UMV mit einer *kürzeren Frist* einverstanden sind, muss Gewissheit bestehen, da andernfalls die Gefahr einer Beeinträchtigung des Grundsatzes der Rechtssicherheit bestünde. Eine solches Einverständnis kann daher weder einfach unterstellt noch implizit aus dem Zusammentreffen bestimmter unklarer oder mehrdeutiger Umstände abgeleitet werden. Demgegenüber kann die Weigerung eines Beteiligten, zur mündlichen Verhandlung zu erscheinen, nicht als rechtsmissbräuchlich betrachtet werden.   **332**

Die Hauptfunktion des *Protokolls* der mündlichen Verhandlung (und ggf der damit verbundenen Beweisaufnahme) besteht darin, dass es die in Art. 53 DVUM vorgeschriebenen wesentlichen Elemente der mündlichen Verhandlung und der Beweis-   **333**

---

274 Siehe zB BK, 25.4.2001, R 283/99–3 – HOLLYWOOD/HOLLYWOOD; BK, 15.10.2015, R 279/14–1 – Silverado; BK, 15.10.2015, R 280/14–1 – Goldrush; BK, 15.10.2015, R 528/14–1 – Geisha; BK, 15.10.2015, R 691/14–1 – Wasabi; BK, 15.10.2015, R 894/14–1 – Skyfire; BK, 15.10.2015, R 895/14–1 – Ice Tea; BK, 22.7.2019, R 1849/17–2 – MONOPOLY.
275 Beschluss Nr 2020–2 vom 22.4.2020 des Präsidiums der BK über mündliche Verhandlungen vor den BK per Videokonferenz; ABl.EUIPO 6/2020.
276 EuG, 20.2.2013, T-378/11 – MEDINET, Rn 72–75 mwN; bestätigt durch EuGH, 10.4.2014, C-412/13 P; EuG, 16.7.2014, T-66/13 – Echte Kroatzbeere Flasche, Rn 87–91.
277 EuG, 18.1.2018, T-178/17 – HYALSTYLE, Rn 23, 24.

aufnahme enthält. Es handelt sich somit keineswegs um eine Niederschrift oder gar ein erschöpfendes Protokoll der mündlichen Verhandlung[278].

334   Die Einzelheiten der mündlichen Verhandlung sind in Art. 49 bis 54 DVUM geregelt.

335   *Entscheidungen* des EUIPO werden *schriftlich abgefasst und begründet*. Entscheidungen, die mit der Beschwerde angefochten werden können, sind mit einer schriftlichen *Rechtsmittelbelehrung* zu versehen. Aus der Unterlassung der Rechtsmittelbelehrung können aber keine Ansprüche hergeleitet werden (Art. 94 Abs. 1 und 3 UMV).

XX. Kostenentscheidungen

336   Nach Art. 33 DVUM wird die *Beschwerdegebühr* auf Anordnung der BK *erstattet*, (a) wenn der Beschwerde wegen Art. 68 Abs. 1 S. 2 UMV als *nicht eingelegt gilt*, weil die Beschwerdegebühr verspätet gezahlt worden ist; (b) wenn ihr gemäß Art. 69 Abs. 1 UMV von der Ausgangsinstanz *abgeholfen* oder die angefochtene Entscheidung nach Art. 103 UMV *widerrufen* wurde; (c) wenn die *angefochtene Anmeldung* nach Wiedereröffnung des Prüfungsverfahrens iSd Art. 45 Abs. 3 UMV gemäß Art. 30 Abs. 2 DVUM mit bestandskräftiger Prüferentscheidung *abgewiesen* wurde und die Beschwerde dadurch gegenstandslos geworden ist; oder (d) wenn die BK die Erstattung wegen eines *wesentlichen Verfahrensmangels* für gerecht erachtet.

337   In *einseitigen Verfahren* (zB Anmeldeverfahren) werden keine *Kostenentscheidungen* getroffen. In diesen trägt der Antragsteller seine eigenen Kosten und Auslagen sowie die Gebühren des EUIPO selbst.

338   In *zweiseitigen Verfahren* wird in der abschließenden Entscheidung grds eine Kostennentscheidung getroffen.

339   Der *unterliegende Beteiligte* trägt gemäß Art. 109 Abs. 1 UMV die von dem anderen Beteiligten entrichteten Gebühren sowie alle für die Durchführung der Verfahren notwendigen Kosten, die dem anderen Beteiligten entstehen, einschl der Reise- und Aufenthaltskosten und der Kosten des Vertreters iSd Art. 120 Abs. 1 UMV, jedoch im Rahmen der Höchstsätze von Art. 18 UMDV. Die vom Unterliegenden zu tragenden Gebühren beschränken sich auf die von dem anderen Beteiligten entrichteten Gebühren für den Widerspruch, für den Antrag auf Erklärung des Verfalls oder der Nichtigkeit der Unionsmarke und für die Beschwerde. Der Unterliegende trägt aber lediglich die Kosten eines einzigen Widersprechenden und ggf eines einzigen Vertreters[279].

---

278 EuG, 18.09.2012, T-133/08 – LEMON SYMPHONY, Rn 237, 222, 229–233, 238–244, 190 hinsichtlich einer Klage über eine Entscheidung der BK des Gemeinschaftlichen Sortenamtes. Der EuGH, 21.5.2015, C-546/12 P, befasste sich bei der Zurückweisung des Rechtsmittels mit dieser Rechtsfrage nicht.

279 Dies ist eine abschließende Regelung, die nicht unter Bezugnahme auf Art. 145 Abs. 3 UMV (außervertragliche Haftung des EUIPO) umgangen werden kann; EuG, 17.2.2017, T-726/14 – FLEXPS/FlexES, Rn 35–37.

Soweit jedoch die Beteiligten jeweils in einem oder mehreren Punkten unterliegen oder   **340**
soweit es die *Billigkeit* erfordert, wird eine andere Kostenverteilung getroffen (Art. 109
Abs. 3 UMV), wobei nach der Rspr des EuG ein *weiter Ermessensspielraum* besteht[280].

Der Beteiligte, der ein Verfahren dadurch beendet, dass er die Anmeldung der Uni-   **341**
onsmarke, den Widerspruch, den Antrag auf Erklärung des Verfalls oder der Nichtigkeit oder die Beschwerde *zurücknimmt* oder die Eintragung der Unionsmarke nicht
verlängert oder auf diese verzichtet, trägt die Gebühren sowie die Kosten der anderen
Beteiligten (Art. 109 Abs. 4 UMV). Nehmen beide Beteiligte teilweise zurück, so
wird idR eine Kostenaufhebung angeordnet.

Im Falle der *Einstellung* des Verfahrens entscheidet das EUIPO über die Kosten nach   **342**
freiem Ermessen aufgrund von Billigkeitsgründen (Art. 109 Abs. 5 UMV)[281]. Diese
Norm gestattet ihm aber keinesfalls, sich selbst die Kosten der am Verfahren vor der
BK Beteiligten aufzuerlegen[282].

Vereinbaren die Beteiligten eine andere Kostenregelung, so nimmt das EUIPO diese   **343**
zur Kenntnis (Art. 109 Abs. 6 UMV) und trifft keine eigene Kostenentscheidung
mehr. Ein solcher Antrag muss aber einen entspr Nachweis enthalten[283].

Das EUIPO *setzt den Betrag* der zu erstattenden Kosten *in der abschließenden Sachent-*   **344**
scheidung fest, wenn sich diese Kosten auf die an das EUIPO gezahlten Gebühren und
die Vertretungskosten iSd Art. 120 Abs. 1 UMV beschränken (Art. 109 Abs. 7 S. 1
UMV). Dies erfolgt in der Praxis des Amts in allen Verfahren ohne nähere Prüfung.

Dabei können *Vertretungskosten* in Höhe des vorgesehenen Höchstsatzes den anderen   **345**
Beteiligten zugesprochen werden, unabhängig davon ob sie tatsächlich entstanden
sind (Art. 109 Abs. 7 S. 7 UMV)[284].

Ein *Angestellter* eines Beteiligten iSd Art. 119 Abs. 3 UMV kann jedoch keine Ver-   **346**
treterkosten gemäß Art. 18 Abs. 1c UMDV iVm Art. 120 Abs. 1 UMV geltend
machen, selbst wenn er in der Liste der zugelassenen Vertreter nach Art. 120 Abs. 2
bis 5 UMV eingetragen ist[285].

---

280 EuG, 28.4.2004, T-124/02 und T-156/02 – VITATASTE/VITAKRAFT und META-
   BALANCE 44/BALANCE, Rn 54.
281 EuG, 16.11.2006, T-32/04 – Lyco-A/LYCO PROTECT, Rn 17–24. Keinesfalls kann ein
   Beteiligter verlangen, dass der voraussichtliche hypothetische Verfahrensausgang zugrunde
   zu legen ist, wäre die Einstellung nicht erfolgt, oder dass gar das Verfahren nur wegen
   der Kostenfrage fortgesetzt wird. Dem stehen nämlich schon schwerwiegende Gründe
   der Verfahrensökonomie entgegen.
282 EuG, 12.7.2005, T-163/04 – Mike's MEALS ON WHEELS/MIKE'S SANDWICH
   MARKET, Rn 36, 42. Das EUIPO ist nämlich, ohne seine Befugnisse aus Art. 109 UMV
   zu überschreiten, nicht befugt, über die Verteilung der Verfahrenskosten auf einer anderen Grundlage, z B auf zivilrechtlicher Haftung, als auf der UMV zu entscheiden.
283 S. *Stürmann*, Verfahren vor dem EUIPO, GRUR-Prax 2016, 120.
284 EuG, 1.2.2017, T-19/15 – wax by Yuli's/wax, Rn 108–114; EuG, 25.9.2008, T-294/07 –
   GOLF-FASHION MASTERS/The Masters GOLF COMPANY, Rn 32–35.
285 EuG, 17.7.2012, T-240/11 – MyBeauty TV/BEAUTY TV, Rn 13–18.

347   In allen anderen Fällen, also auch in denjenigen, in denen eine Festsetzung in der
      abschließenden Entscheidung vergessen wurde, setzt die *Geschäftsstelle* der BK oder
      ein *Mitarbeiter* der Widerspruchs- oder Nichtigkeitsabteilung auf begründeten Antrag
      innerhalb einer Frist von zwei Monaten, die mit dem Tag beginnt, an dem die Ent-
      scheidung, für die Kostenfestsetzung beantragt wird, unanfechtbar wird, den zu erstat-
      tenden Betrag fest (Art. 109 Abs. 7 S. 2 und 3 UMV).

348   Für Vertretungskosten reicht eine *Versicherung des Vertreters*, dass diese Kosten entstan-
      den sind. Die sonstigen Kosten müssen *nachvollziehbar* dargelegt werden (Art. 109
      Abs. 7 S. 4 und 5 UMV).

349   Gegen diese Kostenfestsetzung ist innerhalb eines Monats ein *Antrag auf Überprüfung*
      durch die Widerspruchs-, die Nichtigkeitsabteilung oder die BK zulässig. Der Antrag
      gilt erst als gestellt, wenn die *Gebühr* nach Anlage I zur UMV Nr A32 in Höhe von
      100 Euro entrichtet worden ist. Die entspr Abteilung des EUIPO bzw die BK ent-
      scheidet ohne mündliche Verhandlung (Art. 109 Abs. 8 UMV).

350   Jede Entscheidung des EUIPO, die *Kosten festsetzt*, ist ein *vollstreckbarer Titel*, des-
      sen Vollstreckung nach den Vorschriften des Zivilprozessrechts des Staates erfolgt, in
      dessen Hoheitsgebiet sie stattfindet (Art. 110 UMV). Die Vollstreckungsklausel wird
      nach einer Prüfung, die sich lediglich auf die Echtheit des Titels erstrecken darf, von
      einer einzigen staatlichen Behörde erteilt, welche die Regierung jedes Mitgliedstaats
      zu diesem Zweck bestimmt und dem EUIPO, dem EuGH und der Kommission
      benennt (für Deutschland: das BPatG)[286].

351   Die *Zwangsvollstreckung* kann nur durch eine *Entscheidung des EuGH ausgesetzt* wer-
      den. Für die Prüfung der Ordnungsmäßigkeit der Vollstreckungsmaßnahmen sind
      jedoch die Rechtsprechungsorgane des betr. Staates zuständig (Art. 110 Abs. 4 UMV).

---

286 Mitteilung Nr 3/05 des Präsidenten vom 26.4.2005; ABl. HABM 2005, 854. Für Spanien s.
     Mitteilung Nr. 3/21 vom 23.8.2021. Die zuständigen Gerichte der anderen Mitgliedstaaten
     sind dem »Archiv für Beschlüsse und Mitteilungen« in der Rubrik »Recht – Mitteilungen
     und Beschlüsse des Exekutivdirektors« auf der Internetseite des EUIPO zu entnehmen.

D. Die Anmeldung der Unionsmarke

I. Verfahrensablauf und formale Voraussetzungen

1. Übermittlung der Anmeldung

352 Die Anmeldung einer Unionsmarke wird *direkt beim EUIPO* eingereicht (Art. 30 Abs. 1 UMV). Dies erfolgt schriftlich durch Einreichung des unterzeichneten Originalschriftstücks zB per Post bzw Kurierdienst oder durch *elektronische Mittel,* wovon inzwischen fast alle Anmelder Gebrauch machen (Art. 100 UMV iVm Art. 63 bis 65 DVUM). Die *technischen Anforderungen* an die Wiedergabe einer elektronischen Unionsmarkenanmeldung sind in Art. 8 Beschluss Nr EX-20–9 des Exekutivdirektors[287]

---

287 Beschluss Nr EX-20–9 des Exekutivdirektors vom 3.11.2020 betr Mitteilungen durch elektronische Mittel; ABl.EUIPO 3/2021. Danach muss die elektronische Datei folgenden Größe haben: maximal pro Anhang 2 MB (20 MB für MP4, OBJ, STL und X3D), maximale Gesamtgröße der Anhänge: 20 MB, Beschränkung der Namenslänge von angehängten Dateien: 25 Zeichen. Folgende Formate sind zugelassen: (a) JPEG, (b) MP3, (c) STL-, OBJ- oder X3D und (d) MP4, wobei die Anforderungen im Einzelnen näher definiert sind.

geregelt[288]. Die Übermittlung per *Telefax* ist *nicht* mehr zulässig[289]. Anmeldungen von Unionsmarken können *nicht* mehr bei den *nationalen Ämtern* eingereicht werden[290].

Im Internet bietet das EUIPO neben der individuellen Anmeldung auch ein beschleu-   353
nigtes Verfahren (*Fast-Track-Version*) an[291]. Wenn der Anmelder jedoch eine komplexere Anmeldung einreichen möchte, kann er über den Nutzerbereich (*User Area*) das erweiterte Formular verwenden[292].

Bei Benutzung des *elektronischen Formulars* erfährt der Anmelder schon bei der Eingabe   354
der einzelnen Waren und DL aufgrund eines einfachen elektronischen Ampelsystems, ob die gewünschten Begriffe in der harmonisierten Datenbank (HDB)[293] gültig sind oder ein Prüfer ihn zur Berichtigung auffordern wird. Ggf werden ähnliche, bereits anerkannte Begriffe und alternative Klassifizierungen vorgeschlagen. Weiter erfährt er auch, wenn eine Bestätigung eines gewünschten Begriffs nicht möglich ist, zB weil er noch unbekannt ist, und ein Prüfer ihn manuell prüfen wird.

Anlagen und Anhänge, zB die *Wiedergabe* der Marke bei Nichtwortmarken, müssen   355
gemäß Art. 64 DVUM entweder auf *Datenträgern*, wie USB-Speichersticks[294], oder *schriftlich* auf einem *gesonderten Einzelblatt* mit der reproduzierten Marke, das alle relevanten Ansichten oder Bilder enthalten muss, und in einem vorgeschriebenen Papierformat eingereicht werden (Art. 3 Abs. 6 bis 8 UMDV). Die Hinterlegung eines Musters oder einer Probe gilt nicht als korrekte Markenwiedergabe (Art. 3 Abs. 9 UMDV).

Wird ein Anhang auf einem *Datenträger* eingereicht, der diesen Anforderungen ent-   356
spricht, aber nicht lesbar ist oder nicht geöffnet werden kann, wird der Absender

---

288 Eine elektronische Markenanmeldung ist auch über das API-Portal möglich: Beschluss Nr EX-22–3 des Exekutivdirektors vom 31.3.2022 betr Mitteilungen durch elektronische Mittel mit API (Application Programming Interface) samt Annex I.
289 Art. 2 Beschluss Nr EX-20–9 des Exekutivdirektors vom 3.11.2020 betr Mitteilungen durch elektronische Mittel; ABl.EUIPO 3/2021; früher Art. 1 Abs. 2 Beschluss Nr EX-19–1 des Exekutivdirektors vom 18.1.2019 mit Anlagen 1 und 2 über die elektronische Kommunikation samt Nutzungsbedingungen für die *User Area*; ABl.EUIPO 3/2019.
290 Diese in Art. 25 Abs. 1b, 2 und 3 GM vorgesehene Möglichkeit ist in der UMV gestrichen worden.
291 Hierfür müssen die beanspruchten Waren und DL aus einer Datenbank mit bereits vom EUIPO akzeptierten Begriffen ausgewählt sein, wobei das Fünf-Schritte-Formular den Anmelder bei der Auswahl unterstützt. Und weiter muss die Zahlung zusammen mit der Einreichung der Anmeldung geleistet werden. In diesem Verfahren kann die Anmeldung in kürzerer Zeit veröffentlicht werden, im Schnitt in vier bis fünf Wochen.
292 Das ist zB dann erforderlich, wenn er sein eigenes VerzWDL verwenden, eine Kollektivmarke anmelden, die Umwandlung einer Internationalen Registrierung beantragen oder mehrsprachige Elemente der Marke in den beiden Sprachen der Anmeldung einreichen will.
293 S. Rdn 383.
294 Art. 1 Beschluss Nr EX-20–10 des Exekutivdirektors vom 22.12.2020 in Bezug auf technische Spezifikationen für Anhänge, die auf Datenträgern eingereicht werden; ABl. EUIPO 3/2021. S. Rdn 67. f samt Fn.

entspr vom Amt informiert und aufgefordert, das Original in einem vom Amt festgelegten Zeitraum erneut einzureichen. Wird der Datenträger in mehreren Kopien
eingereicht und auf einer der eingereichten Kopien ist ein Anhang oder eine Datei
nicht lesbar, muss der Beteiligte sicherstellen, dass so viele Kopien des Anhangs oder
der Datei erneut eingereicht werden wie ursprünglich[295].

357   Bei *Online-Anmeldung* (E-filing) müssen die Anlagen mit dem jeweils im verwendeten Formular vorgeschriebenen Dateityp übermittelt werden[296]. Anhänge, die den
Voraussetzungen nicht entsprechen, gelten bei der elektronischen Anmeldung nicht
als eingereicht[297].

358   Treten bei der *postalischen Übermittlung* der Anmeldung an das EUIPO *Pannen* auf, so
kommt es darauf an, in wessen Gefahrenbereich der Fehler liegt, wobei der Anmelder
die Beweislast für die rechtzeitige und vollständige Übermittlung trägt.

359   Das EUIPO prüft unmittelbar nach Eingang der Anmeldung, ob die Mindestvor-
aussetzungen für die Zuerkennung eines Anmeldetags (mit Ausnahme der Zahlung
der Grundgebühr) erfüllt sind[298]. Ist dies der Fall, so teilt es in der *Empfangsbescheinigung* mit, dass das Datum des Eingangs auch der Anmeldetag (Art. 32 UMV) ist,
vorausgesetzt, dass die Anmeldegebühr innerhalb eines Monats nach Eingang der
Anmeldung entrichtet wird.

360   Das Amt stellt dem Anmelder unverzüglich eine (elektronische) *Empfangsbescheinigung*
aus, die mindestens das Az., eine Wiedergabe, eine Beschreibung oder sonstige Identifizierung der Marke, die Art und Zahl der Unterlagen und den Tag ihres Eingangs
enthält. Dies erfolgt automatisch auf elektronischem Wege (Art. 30 Abs. 2 UMV).

361   Wird die *Anmeldegebühr* rechtzeitig gezahlt, wird dieser »vorläufige« Anmeldetag automatisch zum »endgültigen«, wird sie nicht rechtzeitig gezahlt, versendet das EUIPO
eine Beanstandung mit der Folge, dass die Anmeldung einen späteren oder überhaupt
keinen Anmeldetag erhält.

362   Die *Gebühren* sind immer *unmittelbar an das EUIPO* zu zahlen[299].

---

295 Art. 3 Abs. 2 Beschluss Nr EX-20–10 des Exekutivdirektors vom 22.12.2020 in Bezug
     auf technische Spezifikationen für Anhänge, die auf Datenträgern eingereicht werden;
     ABl.EUIPO 3/2021.
296 Art. 1 und 2 Beschluss Nr EX-20–10 des Exekutivdirektors vom 22.12.2020 in Bezug
     auf technische Spezifikationen für Anhänge, die auf Datenträgern eingereicht werden;
     ABl.EUIPO 3/2021.
297 Art. 4 Beschluss Nr EX-20–10 des Exekutivdirektors vom 22.12.2020 in Bezug auf
     technische Spezifikationen für Anhänge, die auf Datenträgern eingereicht werden; ABl.
     EUIPO 3/2021.
298 Mitteilung Nr 4/98 des Präsidenten vom 4.6.1998; ABl.HABM 1998, 884.
299 Mitteilung Nr 2/97 des Präsidenten vom 3.7.1997.

2. Inhaberschaft

Die Voraussetzungen für die *Inhaberschaft* an einer Unionsmarke sind in Art. 5 UMV 363 geregelt. Danach können *alle natürlichen und juristischen Personen* aus der ganzen Welt, einschl Körperschaften öffentlichen Rechts Inhaber sein.

Dies gilt selbstverständlich für eine im Gebiet eines Drittstaats ansässige Gesellschaft, 364 aber auch für diesen *Staat* selbst, der, auch wenn es sich bei ihm um ein Völkerrechtssubjekt handelt, dennoch gemäß dem Recht der Union eine juristische Person des öffentlichen Rechts ist. Der Anwendungsbereich des Unionsrechts wird in diesem Fall nämlich nicht auf das Hoheitsgebiet des Fremdstaats erstreckt, sondern vielmehr hat sich dieser freiwillig durch die Beantragung einer Unionsmarke diesem Recht unterstellt. Es gibt zudem kein naturgegebenes Recht einer Anstalt oder Einrichtung öffentlichen Rechts oder eines Regierungsorgans darauf, Inhaber einer Marke zu sein[300].

3. Anforderungen der Anmeldung hinsichtlich Anmelder und Markenwiedergabe

Die Anmeldung muss als *Mindesterfordernis* einen *Antrag* auf Eintragung einer Uni- 365 onsmarke, Angaben, die es erlauben, die *Identität des Anmelders* festzustellen, ein *VerzWDL*, für die die Eintragung begehrt wird, und eine *Wiedergabe der Marke* enthalten (Art. 31 Abs. 1 UMV, Art. 2 Abs. 1a bis 1d und Art. 3 UMDV).

Die Anmeldung kann den Anspruch umfassen, dass das Zeichen nach Art. 7 Abs. 3 366 UMV *Verkehrsdurchsetzung* erlangt hat sowie eine Angabe, ob es sich dabei um einen Haupt- oder einen Hilfsanspruch handelt. Dieser Anspruch kann auch innerhalb der Stellungnahmefrist nach Beanstandung der Anmeldung durch den Prüfer gemäß Art. 37 Abs. 3 S. 2 UMV eingereicht werden (Art. 2 Abs. 2 UMDV).

Die Anmeldung einer UKM oder einer UGM kann auch die *Markensatzungen* ent- 367 halten. Sind solche Satzungen nicht in der Anmeldung enthalten, sind sie innerhalb von zwei Monaten nach dem Anmeldetag (Art. 75 Abs. 1 bzw Art. 84 Abs. 1 UMV) vorzulegen (Art. 2 Abs. 3 UMDV).

Gibt es mehr als einen Anmelder, so kann die Anmeldung die Benennung eines der 368 Antragsteller oder Vertreter zum *gemeinsamen Vertreter* umfassen (Art. 2 Abs. 4 UMDV).

Auch die *Wiedergabe einer Marke* hat präzise zu erfolgen. Sie muss in angemessener 369 Form unter Verwendung allgemein zugänglicher Technologie wiedergegeben werden, soweit die Wiedergabe im Register eindeutig, präzise, abgeschlossen, leicht zugänglich, verständlich, dauerhaft und objektiv dargestellt werden kann, damit die zuständigen Behörden und die Öffentlichkeit in die Lage versetzt werden, klar und präzise festzustellen, für welchen Gegenstand dem Inhaber der Marke Schutz gewährt wird (Art. 3 Abs. 1 UMDV). Das EuG[301] hat dem Anmelder lediglich erlaubt, nachträglich

---

300 EuG, 15.1.2015, T-197/13 – MONACO, Rn 29–33.
301 EuG, 15.11.2001, T-128/99 – TELEYE, Rn 47–50.

einen Schreibfehler zu berichtigen, zB um seine Anmeldung *TELEYE* in Einklang mit seinen ebenfalls geltend gemachten Prioritätsansprüchen *TELEEYE* zu bringen, weil der Schreibfehler für das EUIPO nach Ansicht des EuG eindeutig erkennbar gewesen war, die begehrte Änderung in diesem Falle nicht missbräuchlich war und keine wesentliche Änderung der Marke mit sich brachte.

370   Die Wiedergabe der Marke *definiert den Gegenstand der Eintragung*. Wird zusätzlich zur Wiedergabe eine *Beschreibung* vorgelegt, muss diese Beschreibung im Einklang mit der Wiedergabe stehen und darf den Anwendungsbereich nicht vergrößern (Art. 3 Abs. 2 UMDV).

371   Die Anmeldung kann gemäß Art. 3 Abs. 3 UMDV für folgende *Markenformen* erfolgen: Wortmarke, Bildmarke (einschl Wort-/Bildmarke), dreidimensionale Formmarke, Positionsmarke, Wiederholungsmustermarke, Farbmarke, Hörmarke, Bewegungsmarke, Multimediamarke, Hologrammmarke oder sonstige Marke, wobei die letztere – wie auch die vorherigen, selbst wenn dies nicht ausdrücklich erwähnt ist – von einer Beschreibung begleitet werden kann (Art. 3 Abs. 4 UMDV)[302]. Es darf *nur eine Kategorie* gewählt werden. Somit ist weder eine Farb-/Bildmarke zulässig, noch eine Bild-/dreidimensionale Marke. Das EUIPO korrigiert offensichtlich falsche oder widersprüchliche Angaben[303].

372   Eine *Wortmarke* besteht aus einem (möglichst mit Maschine oder Computer) geschriebenen Wort, aus Buchstaben, Ziffern, aus anderen der Standardschrift entnommenen Schriftzeichen oder einer Kombination davon und wird in Standardschrift und normalem Layout ohne grafische Elemente oder Farbe wiedergegeben (Art. 3 Abs. 3a UMDV). Der Gebrauch von Klein- und Großbuchstaben wird entspr bei der Veröffentlichung und Eintragung der Marke übernommen. Dabei können alle in den europäischen Sprachen üblichen und gebräuchlichen Zeichensätze benutzt werden, zB neben den in den skandinavischen oder slawischen Sprachen oder im Spanischen verwandten Sonderzeichen auch griechische (wegen Griechenland und Zypern) oder kyrillische Buchstaben (wegen Bulgarien).

373   Der *Schutz* einer in Standardschrift gehaltenen Wortmarke *umfasst* auch ihre zukünftige Verwendung in *anderen Schreibweisen*, sofern diese nicht so erhebliche Abweichungen zur reinen Wortmarke aufweisen, dass dadurch der kennzeichnungskräftige Charakter der Marke nach Art. 18 Abs. 1 Unterabs. 2a UMV verändert wird. Werden nichteuropäische Zeichensätze verwendet, zB chinesische, indische oder thailändische, dürfte die Marke als Bildmarke zu qualifizieren sein (Art. 3 Abs. 3b UMDV).

374   Eine *Bildmarke* ist eine spezielle grafische Darstellung, die nicht standardisierte Schriftzeichen, Stilisierungen oder besonderes Zeichenlayout aufweist oder grafische Elemente bzw Farben verwendet. Sie besteht entweder ausschließlich aus Bildelementen oder aus einer Kombination von Wort- und Bildelementen mit oder ohne Farbe. Der Begriff

---

302 S. Common Communication (8) on the representation of new types of trade marks, Alicante News 12/2017, S. 1.

303 S. Alicante News 12/2014, S. 5.

der Bildmarke schließt also sog. *Wort-/Bildmarken* mit ein, die aus Wortelementen und bildlichen oder besonderen grafischen Bestandteilen bestehen, zB spezielle Schreibweisen, Anordnungen oder Einfärbungen von Wörtern enthalten. Die Anmeldung wird durch die Wiedergabe des Zeichens mit allen ihren Elementen und ggf Farben dargestellt, was auch für Marken gilt, die ausschließlich aus Bildelementen oder einer Kombination von Wort- und Bildelementen bestehen (Art. 3 Abs. 3b UMDV).

Eine *dreidimensionale Marke (Formmarke)* ist eine solche, die aus einer plastischen **375** Form besteht oder sich darauf erstreckt, einschl Behälter, Verpackungen, die Ware selbst oder deren Gestaltung. Sie wird entweder durch die grafische Darstellung der Form, einschl computergenerierter Bilder, oder eine fotografische Abbildung wiedergegeben. Die grafische oder fotografische Darstellung kann und soll *unterschiedliche Ansichten* enthalten. Erfolgt die Wiedergabe nicht elektronisch, so kann sie bis zu sechs unterschiedliche Perspektiven umfassen, damit die Konturen des Zeichens von allen Seiten erkennbar sind, also oben und unten, rechts und links, sowie vorne und hinten (Art. 3 Abs. 3c UMDV). Wird zB nur eine Abbildung eingereicht, die das beanspruchte Zeichen nicht vollständig erkennen lässt, weil die Ansichten von der Rück- und der unteren Seite fehlen, kann kein Anmeldetag vergeben werden.

Die Anmeldung, die aus der besonderen *Platzierung* oder *Anbringung* der Marke auf **376** dem Produkt besteht (*Positionsmarke*), wird mittels einer Darstellung wiedergegeben, die die Positionierung der Marke und die Größe oder Proportion in Bezug auf die betr Waren angemessen identifiziert. Die Elemente, die nicht Gegenstands der Eintragung sein sollen, sind vorzugsweise durch unterbrochene oder gestrichelte Linien visuell auszuschließen. Die Wiedergabe kann von einer Beschreibung begleitet werden, die Einzelheiten zur Anbringung des Zeichens auf den Waren enthält (Art. 3 Abs. 3d UMDV).

Eine Anmeldung, die ausschließlich aus einer Reihe von Elementen besteht, die **377** regelmäßig wiederholt werden (*Mustermarke*), wird durch eine Darstellung des *Wiederholungsmusters* wiedergegeben, zB *Kennfadenmarken* wie Wendelstreifen auf einem Schlauch. Die Wiedergabe kann von einer Beschreibung begleitet werden, die Einzelheiten zur regelmäßigen Wiederholung der Elemente enthält (Art. 3 Abs. 3e UMDV).

Eine *Farbmarke* ist eine Marke, die unabhängig von jeder spezifischen Form oder **378** Gestalt und ohne räumliche Begrenzung aus einer oder mehreren Farben an sich besteht (Art. 3 Abs. 3f-i UMDV)[304]. Wenn die Marke ausschließlich aus einer einzigen Farbe ohne Umrisse besteht, wird sie durch eine Darstellung der Farbe und einem Hinweis auf diese Farbe unter Bezugnahme auf einen allgemein anerkannten *Farbcode* wiedergegeben. Neben der Vorlage eines Farbmusters und dessen sprachlicher Beschreibung ist daher zusätzlich jewels der Farbcode eines international anerkannten Kennzeichnungssystems anzugeben, wie zB RAL oder PANTONE. Hinsichtlich der Anmeldungen für Farben als solche, die ohne Bezugnahme auf einen Code ange-

---

304 Schwarz, Grau und Weiß werden vom EUIPO als Farben angesehen; *Stürmann,* Verfahren vor dem HABM, GRUR-Prax 2015, 270.

meldet wurden oder bereits eingetragen sind, akzeptiert das EUIPO die klarstellende nachträgliche Hinzufügung eines Farbkennzeichnungscodes[305].

379 Bei *Farbkombinationsmarken*, also Marken, die aus mehr als einer Farbe bestehen, also wenn die Marke ausschließlich aus einer Farbenkombination ohne Umrisse besteht, wird sie durch eine Darstellung, die die *systematische Anordnung* der Farbenkombination in einer einheitlichen und vorgegebenen Weise zeigt, sowie die Angabe der Farben unter Bezugnahme auf einen allgemein anerkannten *Farbcode* wiedergegeben. Eine Beschreibung der systematischen Anordnung der Farben kann ebenfalls vorgelegt werden (Art. 3 Abs. 3f-ii UMDV). Eine konkrete Angabe über die Raumaufteilung ist zwingend, zB »Die Farbe Lichtgrau (RAL 7035) ist über der Farbe Verkehrsrot (RAL 3020), diese wiederum über der Farbe Lichtgrau (RAL 7035) angeordnet; das Verhältnis der Farben beträgt von oben nach unten Lichtgrau: Verkehrsrot: Lichtgrau = 7: 1: 2«[306].

380 Eine *Hörmarke* muss unter Verwendung von Standardmethoden zur grafischen Wiedergabe der Klangfolge, vornehmlich in Form einer Notenschrift, in einer Anlage dargestellt werden (Art. 3 Abs. 3g UMDV)[307]. Sie wird durch eine *Tondatei* (MP3), die den Klang reproduziert, oder durch eine genaue Wiedergabe des Klanges in Notenschrift wiedergegeben[308]. Eine Beschreibung der Töne oder des Geräusches allein reichen genauso wenig aus wie ein Sonagramm oder eine lautmalerische Beschreibung[309]. Das EUIPO besteht auf einer elektronischen Tondatei[310].

381 Eine Anmeldung, die aus einer *Bewegung* oder einer *Positionsänderung* der Elemente der Marke besteht oder sich darauf erstreckt (*Bewegungsmarke*), wird durch eine *Videodatei* oder durch eine Reihe von *aufeinander folgenden Standbildern* (zB Daumenkino) wiedergegeben, die die Bewegung oder die Positionsänderung zeigen (Stummfilm). Werden Standbilder verwendet, so können diese nummeriert sein oder durch eine Beschreibung ergänzt werden, in der die Sequenz erläutert wird (Art. 3 Abs. 3h UMDV).

382 Eine Marke, die aus der *Kombination von Bild und Ton* besteht oder sich darauf erstreckt (*Multimediamarke*), wird durch eine Ton-Bild-Datei, die die Kombination des Bildes und des Tons enthält (Tonfilm oder Tonbild), wiedergegeben (Art. 3 Abs. 3i UMDV).

383 Eine Anmeldung, die aus Elementen mit holografischen Merkmalen besteht (*Hologrammmarke*), wird durch eine *Videodatei* oder eine *grafische oder fotografische Darstellung* mit den Ansichten, die erforderlich sind, um den Hologrammeffekt in vollem Umfang darzustellen, wiedergegeben (Art. 3 Abs. 3j UMDV).

---

305 Dies ist jedoch nicht unproblematisch. Jedenfalls ist bei Abweichungen die eingetragene Farbe maßgebend und nicht der nachgereichte Code.

306 EuG, 12.11.2010, T-404/09 – Farben Grau und Rot in waagerechter Kombination, Rn 3; bestätigt durch EuGH, 7.12.2011, C-45/11 P.

307 EuG, 13.9.2016, T-408/15 – Klingelton, Rn 32–35.

308 Art. 8 Beschluss Nr EX-20–9 des Exekutivdirektors vom 3.11.2020 betr Mitteilungen durch elektronische Mittel.

309 EuGH, 27.11.2003, C-283/01 – Hörmarke. S.a. Hinweis bei der Internet-Anmeldung.

310 S. Alicante News 12/2021, S. 1, und UMRL, Teil B, Abschn. 2, Kap. 9.3.7.

Bei *sonstigen Markenformen*, die unter keine der oben ausdrücklich genannten Kate- **384** gorien fallen, wie zB *Licht- und Tastmarken*[311], muss ihre Wiedergabe den in Art. 3 Abs. 1 UMDV genannten Anforderungen genügen und kann von einer Beschreibung begleitet werden (Art. 3 Abs. 4 UMDV).

Die *Anforderungen an die Präzision* gelten insb für Bildzeichen und neue Markenfor- **385** men, da Änderungen nach Vergabe eines Anmeldetags nicht bzw nur unter sehr stark eingeschränkten Voraussetzungen möglich sind (Art. 49 Abs. 2 UMV).

Es ist immer daran zu denken, dass die *Anmeldung* (auch für die Rechtsverteidigung, **386** zB im Widerspruchs- oder im nationalen Verletzungsverfahren) *reproduzierbar* sein muss, so dass im Zweifelsfall detaillierte Beschreibungen erfolgen sollten. Schreib- fehler in einer Wortmarke sowie falsche oder widersprüchliche Kennzeichnungen sind zu vermeiden. Außerdem kann nach Vergabe des Anmeldetags *nicht* von einer *zu einer anderen Markenform* (zB von der Farb- zur Bildmarke[312] oder von der Bild- zur dreidimensionalen Marke[313]) *übergegangen* werden.

Auch das EUIPO darf *nicht von Amts* wegen eine vom Anmelder angegebene Beschrei- **387** bung *ändern*, selbst wenn diese eindeutig falsch ist oder im Widerspruch zur übermit- telten Abbildung steht, sondern hat die Anmeldung dann vor Vergabe eines Anmel- detags insgesamt nach Art. 31 Abs. 1d UMV zu beanstanden[314].

Zwar kann die BK im Beschwerdeverfahren noch die Markenform überprüfen. Maß- **388** geblich ist aber vorrangig der *Wille des Anmelders*, den er *im Anmeldeformular zum Ausdruck gebracht* hat[315]. Dieser ist im Zweifel auszulegen, so wenn trotz Bezeichnung der Anmeldung als Bildmarke aus ihrer grafischen Darstellung (der Fotografie einer Flasche, die deren dreidimensionale Formen eindeutig zeigt) und aus dem Vorbringen im Verfahren (das sich auf eine Flasche als Form oder Verpackung der Ware bezo- gen hat) hervorgeht, dass der beantragte Schutz in Wirklichkeit nicht für ein zwei- dimensionales Bildzeichen, sondern für die Form der Flasche selbst begehrt wird[316].

---

311 Das sind Marken, bei denen der Schutz der taktilen Wirkung bestimmter Materialien oder Strukturen angestrebt wird, wie zB Angaben in Brailleschrift oder eine bestimmte Oberfläche eines Objektes.
312 EuG, 9.12.2010, T-329/09 – Brauner Farbton, Rn 14, 15; EuG, 28.1.2015, T-655/13 – Grün in fünf Farbtönen, Rn 16, 17; bestätigt durch EuGH, 21.1.2016, C-170/15 P.
313 BK, 27.6.2000, R 452/99–3 – Flasche mit Strohhalm.
314 BK, 17.1.2013, R 1133/12–1 – Dynasol. So kann das EUIPO die vom Anmelder bean- spruchten Farben »orange und blau« nicht in »grau und orange« ändern, auch wenn letzteres eher der übermittelten Abbildung entspricht. S.a. *Stürmann*, Verfahren vor dem HABM, GRUR-Prax 2015, 270.
315 EuG, 12.11.2013, T-245/12 – Verschmelzende Grüntöne I, Rn 20, 34–39. Das Rechts- mittel zum EuGH war offensichtlich unzulässig; EuGH, 12.2.2015, C-35/14 P.
316 EuG, 16.7.2014, T-66/13 – Echte Kroatzbeere Flasche, Rn 21–24.

4. Klassifizierungsgrundsätze

389 Die *Klassifizierung* der von einer Unionsmarkenanmeldung beanspruchten Waren und DL richtet sich nach der NK, derzeit in der seit 1.1.2022 geltenden Version 2022 der 11. Ausgabe[317] (Art. 33 Abs. 1 UMV). Die Klassifizierung nach anderen Vorschriften des Rechts der Europäischen Union oder der Mitgliedstaaten ist für die Zwecke der Eintragung einer Unionsmarke grds nicht maßgeblich[318].

390 Beantragt der Anmelder eine Eintragung für mehr als eine Kl., so fasst er die *Waren und DL gemäß den Kl. der NK* zusammen, wobei er jeder Gruppe die Nummer der Kl., der diese Gruppe von Waren oder DL angehört, in der Reihenfolge dieser Klassifikation voranstellt (Art. 33 Abs. 6 UMV).

391 Das Verz. ist vom Anmelder so zu formulieren, dass sich die *Art der Waren und DL zweifelsfrei erkennen* lässt und es ihre Klassifizierung in nur jeweils einer Kl. gestattet[319]. Die Einordnung in der entspr Kl. ist jeweils nach dem *Sinn und Zweck* der Ware oder DL sowie in Auslegung der Begriffe und Regeln der NK vorzunehmen[320]. Jedoch kann der bloße Umstand, dass eine Ware fälschlicherweise zB in Klasse 10 statt in Klasse 5 der NK eingetragen wurde, nicht zum Verfall der angegriffenen Marke für diese Ware führen, wenn sie für sie tatsächlich benutzt wurde[321].

392 Es empfiehlt sich die Nutzung der vom Amt zur Verfügung gestellten *HDB*, die alle in der Union und den Mitgliedstaaten geprüften und *zulässigen Begriffe* enthält[322]. Wer einen Waren- oder DL-Begriff daraus auswählt, kann sicher sein, dass er bei der Prüfung der Anmeldung akzeptiert wird. Außerdem wurde der Begriff bereits in alle übrigen Unionssprachen (mit Ausnahme von Irisch) übersetzt, so dass die Anmeldung schneller bearbeitet werden kann. Die HDB ist die weltweit größte, in Zusammen-

---

317 Mitteilung Nr 4/21 des Exekutivdirektors vom 12.11.2021. NKA; wipo.int/madrid/en/notices/. Die NK wird jedes Jahr immer zum 1. Januar neu angepasst. Das EUIPO wendet jeweils die neue Version der NK für alle Anmeldungen an, die ab dem Tag ihres Inkrafttretens eingegangen sind. Zu diesem Zeitpunkt bereits anhängige Anmeldungen und eingetragene Marken werden – auch im Falle der Verlängerung – nicht umklassifiziert.

318 EuG, 25.6.2020, T-104/19 – JUVÉDERM, Rn 26–28; Rechtsmittel nicht zugelassen, EuGH, 3.12.2020, C-400/20 P. So kommt es zB bei Arzneimitteln nicht auf die Richtlinie 93/42/EWG vom 14.6.1993 über Medizinprodukte (ABl. L 169/1) an.

319 EuG, 18.11.2020, T-664/19 – JUVEDERM ULTRA, Rn 15; Rechtsmittel nicht zugelassen, EuGH, 29.4.2021, C-41/21 P. Das sah Regel 2 Abs. 2 GMDV noch ausdrücklich vor. Die Klassifizierung und Übersetzung (in derzeit 30 Sprachen, darunter auch Chinesisch, Japanisch, Koreanisch, Marokkanisch, Norwegisch, Russisch und Türkisch) ermöglicht die Suchmaschine TMclass auf der EUIPO-Internetseite.

320 EuG, 23.1.2014, T-221/12 – SUN FRESH/SUNNY FRESH, Rn 30–50. So gehören Nahrungsergänzungsmittel auf der Basis eines Kräuterkonzentrats in Kl. 5 und Kräuter-Getränke, für andere als medizinische Zwecke, in Kl. 32 und sind daher verschieden.

321 EuG, 6.10.2021, T-372/20 – JUVEDERM, Rn 50–62. Denn die Einreihung von Waren und DL in der NK dient ausschließlich Verwaltungszwecken. Zudem war die für die angefochtene Marke verwendete Warenbezeichnung hinreichend klar (s.a. Rdn 1590).

322 Derzeit nutzt bereits mehr als die Hälfte der Anmelder beim EUIPO die HDB.

arbeit mit der WIPO und nationalen Ämtern erstellte *mehrsprachige Datenbank für Waren und DL* und enthält mehr als 70.000 Begriffe in 23 Sprachen, wobei st. neue aus aktuellen Anmeldungen hinzukommen. Sie ist auch *dynamisch*, so dass jederzeit von potentiellen Anmeldern die Aufnahme zusätzlicher Begriffe beantragt werden kann.

Bei der *elektronischen Anmeldung* erfährt der Anmelder nach Eingabe von Waren   **393** und/oder DL durch ein einfaches *Ampelsystem*, ob sein Begriff akzeptiert oder nicht akzeptiert wird, derzeit unbekannt ist (also bearbeitet wird) oder unklar und damit nicht registrabel ist, wobei das System ihm bei Problemen Alternativformulierungen vorschlägt. Zwar ist er an diese Vorschläge nicht gebunden und kann auf dem Begriff seiner Wahl beharren. Hält er sich jedoch an die Vorgaben, beschleunigt dies den Anmeldevorgang ganz erheblich.

Entspricht eine *Angabe im Register*, zB »eine Werbeaussage«, eingetragen für einen   **394** Slogan in Kl. 35, *keiner der Waren und DL der NK*, stellt sie weder eine Ware noch eine DL dar und kann auch nicht als »Werbeleistung« ausgelegt werden, ohne in unzulässiger Weise über den Umfang der eingetragenen DL hinauszugehen. Deshalb darf sie iSv Art. 8 Abs. 1b UMV in einem Widerspruchsverfahren *nicht berücksichtigt werden*[323]. Enthält die Anmeldung unklare und ungenaue Begriffe, eröffnet das EUIPO nochmals das Klassifizierungsverfahren, bei eingetragenen Marken kann die Klarstellung durch einen teilweisen Verzicht seitens der Inhaber erfolgen.

Waren und DL werden *nicht deswegen als ähnlich angesehen*, weil sie in ders Kl. der   **395** NK erscheinen, und sie werden nicht deswegen als verschieden angesehen, weil sie in verschiedenen NK-Kl. erscheinen (Art. 33 Abs. 7 UMV).

Die Waren und DL, für die Markenschutz beantragt wird, sind vom Anmelder so   **396** *klar* und *eindeutig* anzugeben, dass die *zuständigen Behörden* (also das EUIPO, die nationalen Markenämter und Gerichte) und die *Wirtschaftsteilnehmer* (insb potentielle Wettbewerber) allein auf dieser Grundlage den beantragten Schutzumfang bestimmen können (Art. 33 Abs. 2 UMV). Dies entspricht den expliziten Anforderungen des EuGH[324].

---

323 EuG, 20.3.2013, T-571/11 – El Corte Inglés/OHMI – Chez Gerard (CLUB GOUR-MET), Rn 24, 32 ff; bestätigt durch EuGH, 6.2.2014, C-301/13 P.

324 EuGH, 19.6.2012, C-307/10 – IP TRANSLATOR, Rn 49, 56 ff. Soweit der EuGH noch verlangt hatte, dass, um den Erfordernissen der Klarheit und der Eindeutigkeit des Registers zu genügen, der Anmelder, der zur Angabe der beanspruchten Waren oder DL alle Oberbegriffe der Überschrift einer bestimmten Kl. der NK verwendet, klarstellen muss, ob sich seine Anmeldung auf alle oder nur auf einige der in der alphabetischen Liste der betr Kl. aufgeführten Waren oder DL bezieht, und weiter dass, falls sie sich nur auf einige davon beziehen soll, er anzugeben hat, welche Waren oder DL dieser Kl. beansprucht werden, da eine Anmeldung, die nicht erkennen lässt, ob der Anmelder durch die Verwendung der Überschrift einer bestimmten Kl. der NK alle oder nur einen Teil der Waren oder DL dieser Kl. beansprucht, nicht als hinreichend klar und eindeutig angesehen werden kann, dürfte diese Anforderung durch den neuen Art. 33 Abs. 2 bis 4 UMV überholt sein, der generell eine klare und eindeutige Angabe verlangt.

397   *Oberbegriffe* aus den Klassenüberschriften der NK oder andere allgemeine Begriffe können verwandt werden, sofern diese hinreichend *klar* und *eindeutig* sind (Art. 33 Abs. 3 UMV). Der Grundsatz der *Bestimmtheit* und der *Genauigkeit* sowie *Verlässlichkeit des Registers* verlangt nämlich eine exakte Zuordnung, so dass die Reichweite des der Marke gewährten Schutzes sowie die wesentlichen objektiven Merkmale und Eigenschaften der betr Waren und DL sofort und ohne umfangreiche Recherche erkennbar sind.

398   Bei *unklaren oder nicht eindeutigen Begriffen* weist das EUIPO die Anmeldung zurück, sofern der Anmelder nicht innerhalb einer vom Amt zu diesem Zweck gesetzten Frist eine geeignete zweifelsfreie Formulierung vorschlägt (Art. 33 Abs. 4 UMV).

399   Die Verwendung *allgemeiner Begriffe*, einschl der Oberbegriffe der Klassenüberschriften der NK, ist dahin auszulegen, dass diese alle Waren oder DL einschließen, die *eindeutig von der wörtlichen Bedeutung* des Begriffs *erfasst* sind. Die Verwendung derartiger Begriffe ist nicht so auszulegen, dass Waren oder DL beansprucht werden können, die nicht darunter erfasst werden können (Art. 33 Abs. 5 UMV). Damit ist die Rechtslage durch die neue UMV eindeutig klargestellt.

400   *Der früheren Praxis des HABM*, das alle Klassenüberschriften der NK akzeptiert hatte, wobei es bei deren unterstellter theoretischer Vollständigkeit davon ausging, dass bei Verwendung aller Klassenüberschriften alle in die jeweiligen Waren- oder DL-Kl. fallenden Waren und DL, auch wenn sie sich nicht (zwanglos) unter die Oberbegriffe einordnen lassen (ja nicht einmal in der alphabetischen Liste der NK aufgeführt waren), umfasst sein sollten[325], war bereits mit dem IP TRANSLATOR-Urteil

---

325   Um das an einem einfachen Beispiel zu erklären: Hatte ein Anmelder vor dem 22.6.2012 in Alicante die (einzige) Klassenüberschrift von Kl. 15 »Musikinstrumente« beansprucht, besaß er nach Ansicht des Amts Schutz nicht nur für diese, sondern darüber hinaus auch für »Notenständer«, die nicht unter den Wortsinn des Oberbegriffs von Musikinstrumenten fallen, aber nach der alphabetischen Liste der NK in diese Kl. gehören, und konnte dies in Widerspruch- und Nichtigkeitsverfahren vor dem HABM geltend machen (jedoch zB nicht in Verfahren vor dem DPMA oder dem BPatG).

des EuGH endgültig *der Boden entzogen* worden[326], wenn auch EuG[327] und EuGH durch ihre nachfolgende Rspr die Anwendbarkeit dieses Urteils nur auf Anmeldungen beschränkt haben und nicht auf die Bestimmung des Schutzumfangs eingetragener Marken anwenden wollen[328].

---

326 EuGH, 19.6.2012, C-307/10 – IP TRANSLATOR. S. Mitteilungen Nr 9/02 des Präsidenten vom 16.7.2002; ABl.HABM 2002, 1884; und Nr 4/03 vom 16.6.2003; ABl. HABM 2003, 1646. Die letztere, wonach das HABM keine Einwände gegen die Verwendung auch vager oder ungenauer Oberbegriffe und Klassenüberschriften hatte, sowie die Verwendung aller Klassenoberbegriffe als Beanspruchung aller Waren oder DL der betr Kl. verstand, wurde nach dem IP TRANSLATOR-Urteil des EuGH durch Mitteilung Nr 2/12 des Präsidenten vom 20.6.2012 aufgehoben, in der die neue Amtspraxis erläutert wird; ABl.HABM 7/2012. Im Anmeldeformular kann der Anmelder angeben, dass er für alle oder einzelne Waren oder DL der alphabetischen Liste der NK Schutz beantragen möchte. Er muss diese dann aber ausdrücklich und einzeln aufführen, ein genereller Verweis reicht nicht; s. Mitteilung Nr 1/13 des Präsidenten vom 26.11.2013, Teil II; ABl.HABM 1/2014. Zur Praxis von DPMA und WIPO s. Mitteilung der Präsidentin des DPMA Nr 16/2012 vom 28.10.2012, BlPMZ 2012, 369; bzw Information Notice No. 23/2012 vom 23.11.2012. S.a. GMitt des HABM und der nationalen Ämter zur Umsetzung des IP TRANSLATOR-Urteils vom 2.5.2013 und 20.2.2014 sowie – die aktuelle Version – GMitt zur gemeinsamen Praxis bei den in den Klassenüberschriften der NK enthaltenen Oberbegriffen v1.2 vom 28.10.2015. S.a. BPatG, 15.1.2015, 25 W (pat) 76, 11 – Yosaja/YOSOI.

327 So wurde bis zum Inkrafttreten der UMV einem Markeninhaber, der alle Überschriften einer Kl. der NK im Register eingetragen hatte, auch für alle Waren bzw DL der alphabetischen Liste der entspr Kl. Schutz gewährt, wenn die Anmeldung vor Inkrafttreten der Mitteilung Nr 2/12 des Präsidenten vom 20.6.2012 erfolgt war, auch wenn sich diese Waren bzw DL (die sog. Waisenkinder) nicht unter die Überschriften dieser Kl. einordnen ließen; EuG, 31.1.2013, T-66/11 – babilu/BABIDU, Rn 49–51; EuG, 30.9.2014, T-51/12 – LAMBRETTA I, Rn 19–37; bestätigt durch EuGH, 16.2.2017, C-577/14 P; und EuG, 15.7.2015, T-24/13 – CACTUS OF PEACE CACTUS DE LA PAZ/CACTUS, Rn 31–36; bestätigt durch EuGH, 11.10.2017, C-501/15 P. S.a. EuG, 7.12.2018, T-471/17 – EDISON, Rn 29–33; bestätigt durch EuGH, 16.9.2020, C-121/19 P. Zur Kritik an diesen Entscheidungen s. 2. Aufl., Rn 333–336.

328 Die Bestimmtheitsgrundsätze des IP TRANSLATOR-Urteils sind nämlich nur auf die Anmelder einer Marke anzuwenden, nicht auf Inhaber einer schon eingetragenen Marke. Denn der EuGH beschränkt sich im obigen Urteil darauf, klarzustellen, welchen Anforderungen neue Anmelder nationaler Marken unterliegen, die zur Bezeichnung der beanspruchten Waren und DL die Oberbegriffe einer Klassenüberschrift verwenden. Es kann daher nicht angenommen werden, dass der EuGH durch das IP TRANSLATOR-Urteil die in der Mitteilung Nr 4/03 des Präsidenten dargelegte Herangehensweise an vor diesem Urteil eingetragene Marken in Frage stellen wollte. Deshalb konnte das EuG die Überschrift der Kl. 12 der vor dem IP TRANSLATOR-Urteil eingetragenen Marke LAMBRETTA dahin auslegen, dass sie alle Waren umfassen soll, die in der alphabetischen Liste dieser Kl. enthalten sind; EuGH, 16.2.2017, C-577/14 P – LAMBRETTA; zu den Schlussanträgen des GA: GRUR-Prax 2016, 371 LS. Nach dem CACTUS OF PEACE CACTUS DE LA PAZ/CACTUS-Urteil des EuGH darf zudem der Schutzumfang der Eintragung der älteren Marken unter Verwendung der Klassenüberschrift nicht

401 Zur Lösung dieses schwerwiegenden Konfliktes hatte der Gesetzgeber – aus Gründen des Vertrauensschutzes und einer damit (leider nur) einseitig zugunsten des Markeninhabers begründeten Rechtssicherheit – anläßlich der Reform mit *Art. 33 Abs. 8 UMV* eine *Übergangsregelung* eingeführt[329], die es *in der Zeit vom 23.3. bis 24.9.2016* Inhabern von *vor dem 22.6.2012 angemeldeten Unionsmarken* und (wegen Art. 182 und 189 UMV[330]) auch von Internationalen Registrierungen mit Schutzerstreckung auf die Union, die in Bezug *auf die gesamte Überschrift* (also alle Oberbegriffe) einer Kl. der NK[331] *eingetragen* waren[332], erlaubt hatte, schriftlich zu erklären[333], dass es am Anmeldetag ihre Absicht war (was nicht begründet zu werden brauchte), Schutz in Bezug auf Waren oder DL zu beantragen, die *über diejenigen hinausgehen, die von der wörtlichen Bedeutung der Überschrift der betr Kl. erfasst sind,* sofern die so bezeichne-

---

allein auf in der alphabetischen Liste dieser Kl. aufgeführte Waren oder DL beschränkt werden; EuGH, 11.10.2017, C-501/15 P – CACTUS OF PEACE CACTUS DE LA PAZ/CACTUS, Rn 38–43.

329 Zur Amtspraxis s. Mitteilung Nr 1/16 des Präsidenten vom 8.2.2016. Diese enthält neben wichtigen Antworten zu Detailfragen (FAQ) auch eine (nicht vollständige!) Beispielsliste von möglichen Registeränderungen nach der jeweils gültigen Fassung der NK. Die Markeninhaber wurden jedoch nicht einzeln angeschrieben und auf das neue Recht sowie die Antragsfrist hingewiesen, sondern mussten von sich aus tätig werden. Es wurden ca. 25.000 Anträge gestellt, von denen jedoch über die Hälfte vom Amt beanstandet wurden.

330 Auch wenn Art. 189 UMV nicht ausdrücklich auf Art. 33 Abs. 8 UMV verweist. Dies ergibt sich aber schon aus dem Gleichbehandlungsgebot von Internationalen Registrierungen mit der Unionsmarke (s.a. FAQ Nr 1 zur Mitteilung des Präsidenten Nr 1/16 vom 8.2.2016).

331 Anwendbar war Art. 33 Abs. 8 UMV auch, wenn neben allen Oberbegriffen einer Kl. noch zusätzliche Waren oder DL angegeben waren. Dasselbe galt, wenn die Oberbegriffe oder einzelne von ihnen Ergänzungen enthielten (zB mit »insb« und »unter anderem«). Unanwendbar war Art. 33 Abs. 8 UMV jedoch, wenn einer oder mehrere Oberbegriffe einer Kl. fehlten oder eingeschränkt waren (zB mit »nämlich« oder »mit Ausnahme von«). Dabei war irrelevant, worauf dies beruhte, sei es durch eine beschränkte Anmeldung, teilweise Rücknahme oder durch eine partielle Zurückweisung in einem Widerspruchs-, Nichtigkeitsverfahren. Unnötig war es aber, Waren und DL nachzumelden, die schon eindeutig von der wörtlichen Bedeutung des Oberbegriffs erfasst waren.

332 Anmelder von vor dem 22.6.2012 angemeldeten Unionsmarken, deren Marken noch nicht eingetragen waren, durften aus Gleichbehandlungsgrundsätzen aber nicht ausgeschlossen bleiben.

333 Dies geschah zB auf dem vom Amt im Internet zur Verfügung gestellten Formular (s. Online-Formulare – Antrag auf sonstige Eintragung – Art der Maßnahme: Eintragung – UM – Erklärung nach Art. 8 Abs. 8). Dort waren für jede betroffene Marke (in einer separaten Erklärung) jeweils für jede einzelne Kl. die zusätzlich begehrten Waren und DL genau anzugeben (s. FAQ Nr 10 zur Mitteilung des Präsidenten Nr 1/16 vom 8.2.2016).

ten Waren oder DL im *alphabetischen Verz.* für diese Kl.[334] in der zum Zeitpunkt der Anmeldung geltenden Fassung der NK[335] aufgeführt waren[336].

In der *Erklärung,* die beim Amt zwingend *bis zum 24.9.2016*[337] kostenfrei und für **402** jede Marke gesondert in den Sprachen des EUIPO (bzw bei Internationalen Registrierungen mit Schutzerstreckung auf die EU in der Sprache der Internationalen Registrierung) einzureichen war[338], mussten *klar, genau und konkret die Waren und DL* angegeben werden, die nicht eindeutig von der wörtlichen Bedeutung der Begriffe in der Klassenüberschrift, unter die sie nach der ursprünglichen Absicht des Inhabers fielen, erfasst waren[339].

---

334 Es konnten also nur diejenigen Waren und DL beansprucht werden, die ausdrücklich in der zum Zeitpunkt der Anmeldung geltenden Fassung des alphabetischen Verz. der NK aufgeführt sind. Diese wurden vom Amt als hinreichend klar und eindeutig angesehen.

335 Das waren von 1996 bis 2012 immerhin 5 verschiedene Versionen, nämlich die 6. Ausgabe (in Kraft seit Beginn der Gemeinschaftsmarke am 1.4.1996), die 7. Ausgabe (in Kraft seit 1.1.1997), die 8. Ausgabe (in Kraft seit 1.1.2002), die 9. Ausgabe (in Kraft seit 1.1.2007) und die 10. Ausgabe (in Kraft seit 1.1.2012), s.a. Beispielsliste zum Entwurf einer Mitteilung des Exekutivdirektors zu Art. 33 Abs. 8 UMV und WIPO-Internetseite: Previous editions of the Nice Classification http://www.wipo.int/classifications/nice/en/nice_archives.html.

336 Die Erklärung nach Art. 33 Abs. 8 UMV war jedoch zurückzuweisen, wenn die zur Nachtragung beanspruchten Waren oder DL entweder bereits nach ihrer wörtlichen Bedeutung unter die Oberbegriffe der eingetragenen Marke fielen oder nicht in der relevanten Version des alphabetischen Verz. der NK enthalten waren; BK, 4.12.2018, R 676/18–2 – RAPPRESENTAZIONE D'UN FIORE STILIZZATO.

337 Dieses Enddatum war zwingend einzuhalten, auch wenn es auf einen Samstag fiel. Die Vorschrift von Regel 72 GMDV (eine Kommissions-VO) gilt nämlich nur für die vom Amt durch ein Ereignis ins Laufen gesetzten Fristen, aber nicht für die vom Unionsgesetzgeber in Art. 8 Abs. 8 S. 2 UMV (einer vom Europäischen Parlaments und des Rates) explizit und ausdrücklich bestimmte Frist. Das Amt hat kein Ermessen, einseitig eine gesetzlich bestimmte Ausschlussfrist aufgrund der GMDV, die für andere Fristtypen anwendbar ist, zu verlängern. Nach dem 24.9.2016 eingegangene Anträge waren somit zwingend als unzulässig zurückzuweisen. Sollte das Amt sie trotzdem als zulässig angesehen und bearbeitet haben, kann die Eintragung von Dritten im normalen Amtsverfahren als fehlerhaft beanstandet und in Widerspruchs- oder Nichtigkeitsverfahren angegriffen werden; vgl EuG, 16.5.2013, T-104/12 – VORTEX/VORTEX, Rn 30, 36–49; und EuG, 25.6.2015, T-186/12 – LUCEA LED/LUCEO, Rn 39, 40. Zudem war das Amt am 24.9.2016, auch wenn es am Samstag zur Entgegennahme von Schriftstücken nicht geöffnet ist, problemlos per Fax und online erreichbar.

338 Die Erklärung musste wegen Regel 95 Nr b GMDV in einer der Amtssprachen des Amts (Englisch, Französisch, Deutsch, Italienisch oder Spanisch) abgefasst sein. Sie musste vom Inhaber der betr Marke oder seinem Vertreter stammen und zwingend die Nr der Eintragung, den Namen des Inhabers und seine ID-Nr sowie die von ihm zusätzlich begehrten Waren und DL enthalten. Für die Erklärung war keine Gebühr zu entrichten. Auf der Internetseite des EUIPO stand ein Online-Formular zur Verfügung.

339 Zur Rechtslage bis zum 24.9.2016 s. Rn 379–395 der 3. Aufl.

403 Wurde eine nach den oben genannten Voraussetzungen erfolgreiche Erklärung abgegeben, so hatte das Amt wegen Art. 33 Abs. 8 Unterabs. 2 S. 2 und 3 UMV *angemessene Maßnahmen* zu ergreifen, *um das Register entspr zu ändern,* wobei die Abgabe dieser Erklärung die Anwendung des Art. 18 UMV (Benutzung der Marke), des Art. 47 Abs. 2 UMV (NBE), des Art. 58 Abs. 1a UMV (Verfall wegen Nichtbenutzung) und des Art. 64 Abs. 2 UMV (NBE im Nichtigkeits-, Verfallverfahren) unberührt ließ.

404 Die *angemessenen Maßnahmen des EUIPO* zur entspr Änderung des Registers bestanden darin, dass die *nachgemeldeten Waren oder DL* (mit einem entspr Änderungsvermerk) ins Register *nachgetragen* wurden[340]. Nach Art. 49 Abs. 2 S. 2 UMV musste die Anmeldung in der geänderten Fassung (*neu*) *veröffentlicht* werden, da die Änderungen das VerzWDL betrafen, die nach Veröffentlichung der Anmeldung vorgenommen wurden[341].

405 Andererseits hat der Gesetzgeber aber auch ausdrücklich klargestellt, dass Unionsmarken, für die *keine erfolgreiche Erklärung* nach Art. 33 Abs. 8 Unterabs. 1 und 2 UMV zwischen dem 23.3. und dem 24.9.2016 eingereicht worden war, nur für diejenigen Waren und DL gelten, die eindeutig von der *wörtlichen Bedeutung der Begriffe* in der Überschrift der einschlägigen Kl. erfasst sind (Art. 33 Abs. 8 Unterabs. 3 UMV)[342].

406 Damit steht nun ohne jeden Zweifel fest, dass für alle Verfahren ausschließlich die *im VerzWDL im Register enthaltenen Waren und DL* – seien sie unverändert oder gemäß Art. 33 Abs. 8 Unterabs. 1 und 2 UMV nachträglich ergänzt – *maßgeblich* sind. Allgemeine Begriffe und Oberbegriffe der Klassenüberschriften der NK schließen nach Art. 33 Abs. 8 Unterabs. 5 S. 1 UMV nur mehr alle diejenigen Waren oder DL ein, die *eindeutig von ihrer wörtlichen Bedeutung* erfasst sind. Auf im VerzWDL nicht explizit aufgeführte Waren und DL oder solche, die nicht eindeutig unter die angegebenen allgemeinen Begriffe oder Oberbegriffe fallen, kommt es also wegen Art. 33 Abs. 8 Unterabs. 5 S. 2 UMV keinesfalls mehr an.

407 Im Übrigen galt auch noch im *alten Recht* (bis zum 24.9.2016), dass in einem *Widerspruchsverfahren* die Widerspruchsabteilung in ihre Beurteilung *nicht auch Waren und DL* der Anmeldung einbeziehen durfte, die *mit dem Widerspruch gar nicht angegriffen* worden waren. Denn der Widerspruch richtet sich nur gegen die in der Anmeldung aufgeführten Waren und DL und nicht auch gegen solche, die in der alphabetischen

---

340 Die Erklärung wurde nach der Mitteilung des Präsidenten Nr 1/16 vom 8.2.2016 im Blatt für Unionsmarken in Abschn. C-3.2 veröffentlicht, und zwar mit der Nr der Markeneintragung, der Liste der zusätzlichen Waren und DL nach Art. 33 Abs. 8 UMV, dem Tag und der Nr des Eintrags in das Register, dem Tag der Veröffentlichung des Eintrags im Blatt für Unionsmarken und der Angabe »Art 28(8)« bzw »Art 33(8)« unter INID Code 580. Im obigen Beispielsfall (Rdn 391) der in Kl. 15 für »Musikinstrumente« eingetragenen Marke könnte deren Inhaber nunmehr die Nachtragung von »Notenständern« begehren.

341 Natürlich stehen *Nichtigkeits.-* und *Verfallverfahren.* gegen die nachträglich im VerzWDL erweiterte Marke (auch jenseits der Erweiterung) immer zur Verfügung, wenn die für diese Verfahren notwendigen Voraussetzungen gegeben sind.

342 S. zB BK, 23.11.2020, R 634/20–5 – kradle care planning assistant/Gradle, Rn 15–17.

Liste der NK der jeweiligen Kl. enthalten, aber im Register nicht verzeichnet sind[343]. Auch kann ein *Widerspruch* nur *auf die Waren und DL gestützt* werden, auf die sich *der Widersprechende im Widerspruch ausdrücklich* berufen hat[344].

Allerdings bezog sich eine *Nichtigkeitsentscheidung* einer BK, auch wenn sie zeitlich **408** vor einer (noch zulässigen) Erklärung des Markeninhabers nach Art. 33 Abs. 8 UMV erging, *auf alle Waren und DL*, für die die angegriffene Marke eingetragen wurde, einschl derjenigen in dieser Erklärung aufgeführten, die nicht eindeutig von der wörtlichen Bedeutung der Begriffe in den Klassenüberschriften erfasst wurden, aber im alphabetischen Verzeichnis der NK dieser Klassen enthalten waren[345].

Schließlich werden in Art. 33 Abs. 9 UMV die durch Abs. 8 verliehenen neuen Rechte **409** des Markeninhabers aber durch zwei Bestimmungen *einschränkt*:

Wird das *Register geändert*, so hindern zum einen die durch die Unionsmarke gemäß **410** Art. 9 UMV verliehenen *ausschließlichen Rechte* einen Dritten *nicht daran*, eine Marke weiterhin für Waren oder DL zu benutzen, wenn und soweit die Benutzung der Marke für diese (a) vor Änderung des Registers begann und (b) die Rechte des Inhabers auf der Grundlage der wörtlichen Bedeutung der damaligen Eintragung der Waren und DL im Register nicht verletzte.

Ferner gibt die *Änderung der Liste* der in das Register eingetragenen Waren oder DL **411** dem Inhaber der Unionsmarke zum anderen *nicht* das Recht, sich der *Benutzung einer jüngeren Marke zu widersetzen* oder eine Erklärung der *Nichtigkeit* einer solchen Marke zu *beantragen*, wenn und soweit (a) vor Änderung des Registers die jüngere Marke entweder für die Waren oder DL benutzt wurde oder ein Antrag auf Eintragung der Marke für die Waren oder DL eingereicht worden war, und (b) die Benutzung der Marke für diese Waren oder DL die Rechte des Inhabers auf der Grundlage der wört-

---

343 EuG, 18.3.2016, T-785/14 – MOTORTOWN/M MOTOR, Rn 28–34.

344 EuG, 24.5.2016, T-126/15 – Supeco/SUPER COR. Der Widersprechende kann sich nicht auf die Mitteilung Nr 2/12 des Präsidenten vom 20.6.2012, Ziff V, stützen, der zufolge Anmeldungen vor dem 21.6.2012, wenn sie alle Oberbegriffe einer Kl. enthalten, auch die nicht unter die wörtliche Bedeutung eines Oberbegriffs fallenden DL erfassen, soweit diese im alphabetischen Verz. der NK aufgeführt sind. Aus dieser Mitteilung ergibt sich nämlich nicht, dass diese weite Auslegung auch für das Widerspruchsverfahren gilt. Dort müssen im Gegenteil aufgrund Art. 2 Abs. 2g DVUM. und der Rspr alle Waren und DL, auf die sich der Widerspruch stützt, klar und eindeutig benannt werden. AA EuG, 15.6.2017, T-457/15 – climaVera/CLIMAVER DECO, Rn 20–24; jedoch ohne sich mit dem vorausgegangenen Urteil auseinanderzusetzen.

345 EuGH, 15.5.2019, C-653/17 P – Vermögensmanufaktur, Rn 48–51. Denn bei der Eintragung der angegriffenen Marke umfasste der ihr verliehene Schutz bereits die DL, auf die sich die spätere Erklärung gemäß Art. 33 Abs. 8 UMV bezog. So ging es bei dieser Erklärung nämlich nicht darum, dem Schutz der angegriffenen Marke neue DL hinzuzufügen, sondern darum, sicherzustellen, dass die von dieser Erklärung erfassten DL nach Ablauf der Frist des Art. 33 Abs. 8 Unterabs. 3 UMV weiterhin von diesem Schutz profitieren, obwohl sie nicht eindeutig von der wörtlichen Bedeutung der Begriffe in den Klassenüberschriften erfasst wurden.

lichen Bedeutung der damaligen Eintragung der Waren und DL im Register nicht
verletzte oder verletzt hätte.

412   Das EUIPO hat zusammen mit den nationalen Ämtern der Mitgliedstaaten und
der WIPO ein *Taxonomy-System in TMclass* zur Schaffung von *Unterkategorien der
Oberbegriffe* entwickelt, das eine bessere und einheitliche Einordnung der Waren und
DL in die NK ermöglicht und dem Anmelder bei der elektronischen Anmeldung
automatisch angeboten wird. Er erfährt sofort, welche Ware oder DL bereits für eine
bestimmte Kl. der NK akzeptiert worden ist. Dadurch ist er aber nicht gehindert,
neue Waren oder DL anzumelden oder von den Vorschlägen abzuweichen, worauf
eine gesonderte Prüfung erfolgt[346]. Dieses Taxonomie-System dient jedoch nur Verwaltungszwecken und ist *rechtlich nicht bindend*[347].

413   Weiter haben das EUIPO und die nationalen Ämter der Mitgliedstaaten (einschl
Norwegens) in einer gemeinsamen Erklärung[348] eine Liste von *fünf Oberbegriffen der
aktuellen NK* erstellt, die sie ohne weitere Spezifizierung *nicht mehr als hinreichend
klar und eindeutig* ansehen, nämlich in Kl. *7 Maschinen*, in Kl. *37 Reparaturwesen;
Installationsarbeiten*, in Kl. *40 Materialbearbeitung* und in Kl. *45 von Dritten erbrachte
persönliche und soziale DL betr individuelle Bedürfnisse*.

414   Anstelle dieser unbestimmten Begriffe muss die konkrete, der jeweiligen Kl. *zugehö-
rige Ware oder DL* angegeben werden, so zB »Melkmaschinen«, »Brillenreparatur«,
»Installation von Einbruchalarmanlagen«, »Luftreinigung« oder »Adoptionsagentur-
leistungen«. Die Anmelder werden dadurch jedoch nicht daran gehindert, individuelle Oberbegriffe anzumelden, die dem Erfordernis der hinreichenden Klarheit und
Eindeutigkeit Rechnung tragen[349].

---

346 Mitteilung Nr 1/13 des Präsidenten vom 26.11.2013, Teil I.
347 EuG, 10.12.2015, T-690/14 – Vieta, Rn 63–69. So ist zB der Warenoberbegriff »Gerä-
     te zur Wiedergabe von Ton und Bild« nicht ausreichend klar und eng, um nicht noch
     weiter unterteilt werden zu können.
348 GMitt zur gemeinsamen Praxis bei den in den Klassenüberschriften der NK enthaltenen
     Oberbegriffen v1.2 vom 28.10.2015. Diese ersetzt die frühere GMitt zur Anwendung von
     IP TRANSLATOR, zur gemeinsamen Praxis für die Zulässigkeit von Klassifikationsbe-
     griffen und bei den in den Klassenüberschriften der NK enthaltenen Oberbegriffen vom
     20.2.2014 (sog. IP Translator Agreement) Darin war im Hinblick auf die damals gülti-
     ge NK eine Liste von elf Oberbegriffen erstellt worden, die ohne weitere Spezifizierung
     nicht mehr als hinreichend klar und eindeutig ansehen wurden, nämlich – über die oben
     nach wie als unklar angegebenen Oberbegriffe hinaus – in Kl. 6 Waren aus Metall, soweit
     nicht in anderen Kl enthalten, in Kl. 14 Waren aus Edelmetallen oder damit plattiert,
     in Kl. 16 Waren aus Papier und Pappe in Kl. 17 Waren aus Kautschuk, Guttapercha,
     Gummi, Asbest und Glimmer, in Kl. 18 Waren aus Leder und Lederimitationen und
     in Kl. 20 Waren, soweit sie nicht in anderen Kl. enthalten sind, aus Holz, Kork, Rohr,
     Binsen, Weide, Horn, Knochen, Elfenbein, Fischbein, Schildpatt, Bernstein, Perlmutter,
     Meerschaum und deren Ersatzstoffen oder aus Kunststoffen.
349 Mitteilung Nr 1/13 des Präsidenten vom 26.11.2013, Teil II.

Für die Zwecke der Eintragung einer Marke für DL, die im Rahmen des *Einzelhan-* **415**
dels erbracht werden, ist es nach der Rspr des EuGH[350] nicht notwendig, die DL zu
konkretisieren, für die diese Eintragung beantragt worden ist. Dagegen sind *nähere*
Angaben in Bezug auf die *Waren* oder Arten von Waren notwendig, auf die sich die
DL beziehen, zB »Einzelhandels-DL im Bereich von Bekleidung«. Dagegen sind
»Haushalts-, Elektronikwaren« nicht hinreichend bestimmt, so dass darauf gerichtete
Einzelhandels-DL nicht eingetragen werden können[351].

Jedoch betrifft das Praktiker-Urteil des EuGH (wie das IP TRANSLATOR-Urteil[352]) **416**
nur Anmeldungen von Unionsmarken und nicht den *Schutzumfang von Marken*, die
vor Verkündung des Praktiker-Urteils bereits *eingetragen* waren[353]. Zudem lässt sich
aus ihm nicht ableiten, dass, wenn eine *nach dessen Verkündung eingetragene Marke*
für Einzelhandels-DL zur Stützung des Widerspruchs geltend gemacht wird, dieser
Widerspruchsgrund ohne Weiteres lediglich wegen des *Fehlens genauer Angaben zu*
den Waren, auf die sich die Einzelhandels-DL der älteren Marke beziehen können,
zurückgewiesen werden könnte[354].

Nach dem Burlington-Urteil kann ein *Widerspruch* nunmehr also auch *auf eine nicht* **417**
näher nach der vertriebenen Warenart definierte Einzelhandels-DL gestützt werden,
unabhängig davon, ob diese vor oder nach Erlass des Praktiker-Urteils eingetragen
wurde. Damit wird der durch das Praktiker-Urteil geschaffene Zwang zur Klarheit
und Bestimmtheit des Registers wieder verwischt, da der zentrale und konsequente
Anwendungsbereich im Widerspruchsverfahren ausgenommen bleibt. Folglich ist die

---

350 EuGH, 7.7.2005, C-418/02 – Praktiker, Rn 33–35, 39. Mitteilung Nr 3/01 des Präsidenten vom 12.3.2001; ABl.HABM 2001, 1222; und Mitteilung Nr 7/05 vom 31.10.2005;
ABl.HABM 2006, 14 sind durch die neue Mitteilung Nr 1/14 vom 19.9.2014 geändert
worden. Die Materie ist nunmehr in den neuen UMRL, Teil B, Abschn. 3 und Teil C,
Abschn. 2, Kap. 2 geregelt; Mitteilung Nr 1/14 des Präsidenten vom 19.9.2014; ABl.
HABM 11/14.
351 EuG, 1.12.2016, T-775/15 – FERLI.
352 EuGH, 19.6.2012, C-307/10 – IP TRANSLATOR.
353 EuGH, 11.10.2017, C-501/15 P – CACTUS OF PEACE CACTUS DE LA PAZ/CAC-
TUS, Rn 44–48. Dies stellt die konsequente Fortsetzung des nicht überzeugenden LAM-
BRETTA-Urteils des EuGH dar. So auch EuGH, 4.3.2020, C-155/18 P – Burlington/
BURLINGTON ARCADE, Rn 131–133.
354 EuGH, 4.3.2020, C-155/18 P – Burlington/BURLINGTON ARCADE, Rn 134–136.
Ein solches Vorgehen würde nach Ansicht des EuGH bedeuten, dass der älteren Marke
die Fähigkeit abgesprochen wird, im Rahmen eines Widerspruchs geltend gemacht zu
werden, um die Eintragung einer identischen oder ähnlichen Marke für ähnliche Waren
oder DL zu verhindern, und liefe folglich darauf hinaus, ihr jede Unterscheidungskraft
abzusprechen, obwohl diese Marke noch immer eingetragen ist und sie nicht aus einem
der in der UMV vorgesehenen Gründe für nichtig erklärt worden ist. Außerdem ist es
möglich, durch einen Antrag auf Nachweis der ernsthaften Benutzung der älteren Marke
iSv Art. 47 Abs. 2 UMV die genauen Waren zu bestimmen, die von den DL abgedeckt
werden, für die die ältere Marke benutzt wurde, und daher für die Zwecke der Prüfung
des Widerspruchs nur diese zu berücksichtigen.

alte Rspr überholt, wonach »DL des Einzelhandels in Geschäften« in einer Widerspruchsmarke ohne nähere Angabe der betroffenen Waren(-gruppen) viel zu vage und zu unklar seien, um überhaupt mit DL der Anmeldung verglichen werden zu können[355].

418 Auch eine *DL, die in der Zusammenstellung von DL besteht,* damit der Verbraucher diese bequem vergleichen und erwerben kann, und daher unter den Begriff DL des Art. 3 MarkenRL fallen kann, muss so *klar* und *eindeutig* formuliert werden, dass die zuständigen Behörden und die anderen Wirtschaftsteilnehmer erkennen können, welche DL der Anmelder zusammenzustellen beabsichtigt[356].

419 Einzelhandels-DL erfassen auch solche, die von einer *Einkaufspassage* für den Verbraucher erbracht werden, um diesem im Interesse der Firmen, die die betr Passage belegen, Ansicht und Erwerb der dort angebotenen Waren zu erleichtern[357]. Dagegen kann der Handel *ausschließlich mit eigenen Waren nicht* als Einzelhandels-DL iSd Klasse 35 der NK angesehen werden.

420 Der Anmelder hat daher das VerzWDL während des Anmeldeverfahrens von sich aus entspr zu präzisieren bzw nach Art. 49 Abs. 1 UMV iVm Art. 11 DVUM *einzuschränken,* will er nicht die (teilweise) Zurückweisung riskieren. Eingetragene Unionsmarken können gemäß Art. 57 UMV Gegenstand eines teilweisen *Verzichts* sein, der auch anzuraten ist, um sich nicht evt einem Verfallsverfahren gemäß Art. 58 Abs. 1a UMV auszusetzen.

421 Zwar gestatten die genannten Normen nur eine Teileinschränkung bzw einen Teilverzicht, darunter dürfte jedoch auch eine *Präzisierung* des Verz. fallen, um den Anforderungen der Rspr des EuGH angepasst zu werden, soweit diese Präzisierung nicht zu einer Erweiterung des VerzWDL führt.

422 Hat der Anmelder selbst keine Klassifizierung vorgenommen oder eine, die auf Bedenken des Prüfers stößt, so unterbreitet das EUIPO ihm einen *(Änderungs-)Vorschlag.*

423 Es ist besonders zu beachten, dass eine nachträgliche, also nach Vergabe des Anmeldetags erfolgende *Erweiterung des VerzWDL nicht* mehr *statthaft* ist (Art. 32 UMV, 49

---

355 EuG, 11.11.2009, T-162/08 – GREEN by missako/MI SA KO, Rn 31; so auch BK, 4.11.2009, R 1716/08-4 – Di DIAMONDS INTERNATIONAL/DI DIAMONDS INTERNATIONAL; aA noch Mitteilung Nr 7/05 des Präsidenten vom 31.10.2005, Nr 6 und 7; ABl.HABM 2006, 14; die durch die neue Mitteilung Nr 1/14 vom 19.9.2014 geändert wurde. Etwas konfus und wenig überzeugend in diesem Zusammenhang: EuG, 6.10.2011, T-247/10 – deutschemedi.de/medi.eu, Rn 25–31, 35–38, wo das EuG aus den weiteren Waren im Verz. der älteren Marke schließt, dass die geschützten DL im Wesentlichen diese zum Gegenstand haben.

356 EuGH, 10.7.2014, C-420/13 – Netto Marken-Discount, Rn 40, 46, 47, 53. Jedoch wird es nach wie vor sinnvoll sein, die betr DL nicht nur in Kl. 35 anzumelden, sondern auch in den Kl., mit denen sich die DL konkret befassen, zB bei Reisevermittlungen in Kl. 43 und bei Kreditverschaffung in Kl. 36.

357 EuGH, 4.3.2020, C-155/18 P – Burlington/BURLINGTON ARCADE, Rn 123–130.

Abs. 1 UMV), mit Ausnahme der oben geschilderten Zulassung nach Art. 33 Abs. 8 UMV, die jedoch nur innerhalb des Zeitfensters vom 23.3. bis 24.9.2016 statthaft war.

5. Anmelde- und Klassengebühren

Für die Anmeldung der Unionsmarke sind die *Anmeldegebühr* (Grundgebühr) für **424** eine (die erste) Kl. von Waren oder DL und ggf eine oder mehrere *Klassengebühren* für jede weitere Kl. von Waren und DL zu entrichten (Art. 31 Abs. 2 UMV).

Die *Anmeldegebühr* deckt also nur noch eine Kl. ab. Ab der zweiten Kl. ist *für jede* **425** *zusätzlich beanspruchte Waren- oder DL-Kl. eine weitere Klassengebühr* zu zahlen[358].

Die *Anmeldegebühr* beträgt 1.000 Euro, bei elektronischer Anmeldung jedoch nur **426** 850 Euro[359] (bei der UKM oder UGM je 1.800 Euro, bei elektronischer Anmeldung 1.500 Euro) und die *Klassengebühr* sowohl bei der Individualmarke wie bei der UKM oder UGM für die zweite Waren- und DL-Kl. 50 Euro sowie für jede weitere Kl. ab der dritten Kl. 150 Euro (Anlage I zur UMV Nr A1 bis 8).

Die *Zahlung der Klassengebühr* ist *keine Mindestvoraussetzung* für die Vergabe des **427** Anmeldetags, sondern noch innerhalb von zwei Monaten nach Eingang einer Mängelbeseitigungsaufforderung des EUIPO nachholbar (Art. 41 Abs. 1c, Abs. 2 UMV).

6. Mindestanforderungen

Die *Anmeldung* muss folgende *notwendige Daten* enthalten: **428**
(a) einen *Antrag* auf Eintragung einer Unionsmarke (Art. 31 Abs. 1a UMV, Art. 2 **429** Abs. 1a UMDV);
(b) Angaben, die es erlauben, die *Identität des Anmelders* festzustellen, wie den Namen, **430** die Anschrift und den Staat des Wohnsitzes, des Sitzes oder der Niederlassung des Anmelders[360] (Art. 31 Abs. 1b UMV, Art. 2 Abs. 1b UMDV);

---

358 Dies hat deutliche Auswirkungen gezeitigt: Wurden im Jahr 2015 bei 29,3 % der Anmeldungen nur eine Kl. und noch bei 34,3 % eine 3. Kl. angemeldet, waren es 2017 jedoch schon 39 % für nur eine Kl. und nurmehr 18,5 %, die eine dritte Kl. beanspruchten.

359 Die Ermäßigung gilt jedoch nur, wenn die Anmeldung vollständig elektronisch erfolgt. Fügt der Anmelder aber zB ein VerzWDL seiner Online-Anmeldung als Anlage oder in einer gesonderten Datei bei, so führt dies zu einer manuellen Bearbeitung durch das Amt, so dass die vollständige Gebühr für eine Papier-Anmeldung innerhalb der Monatsfrist des Art. 32 UMV zu zahlen ist (Art. 5 Abs. 2 S. 2 Beschluss Nr EX-20–9 des Exekutivdirektors vom 3.11.2020; ABl.EUIPO 3/2021). Zahlt der Anmelder den Unterschied zwischen der vollständigen und der reduzierten Gebühr aber nicht, wird das zusätzliche VerzWDL nicht berücksichtigt, zahlt er verspätet (innerhalb der ihm vom EUIPO mittels eines Aufforderungsschreibens gesetzten Zweimonatsfrist), so verschiebt sich der Anmeldetag auf den Tag des Eingangs der restlichen Zahlung (Alicante News 1/2015, S. 11).

360 Bei natürlichen Personen sind Familienname und Vorname(n) anzugeben, bei Gesellschaften, juristischen Personen und anderen diesen gleichgestellten juristischen Einheiten iSv Art. 3 UMV sind die amtliche Bezeichnung und die Rechtsform anzugeben, wobei

431 (c) ein Verz. der beanspruchten *Waren und DL* gemäß dem Bestimmtheitsgebot des Art. 33 Abs. 2 UMV (Art. 31 Abs. 1c UMV), wobei es ganz oder teilweise aus einer vom Amt zur Verfügung gestellten Datenbank akzeptierbarer Begriffe (HDB) ausgewählt werden kann (Art. 2 Abs. 1c UMDV); und

432 (d) eine *Wiedergabe der Marke* nach den Erfordernissen von Art. 4 Nr b UMV und Art. 3 UMDV (Art. 31 Abs. 1d UMV, Art. 2 Abs. 1d UMDV). Die Anmeldung muss den in der UMV und der UMDV vorgesehenen Formerfordernissen entsprechen (Art. 31 Abs. 3 UMV)[361].

433 Liegen diese Mindestanforderungen vor, wird ein *Anmeldetag* zuerkannt, sofern *binnen eines Monats* nach Einreichung der Anmeldeunterlagen die *Anmeldegebühr entrichtet* wurde[362]. Wird die Anmeldegebühr jedoch nicht innerhalb dieser Frist beim Amt entrichtet, so wird kein vorläufiger Anmeldetag zuerkannt[363].

434 Diese Bestimmung erlaubt jedoch *nicht*, zusätzlich zum Tag auch die *Stunde* und die *Minute* der Einreichung einer Unionsmarkenanmeldung beim EUIPO zu berücksichtigen, um über den zeitlichen Vorrang einer solchen Marke gegenüber einer am selben Tag angemeldeten nationalen Marke zu entscheiden, selbst wenn nach der nationalen Regelung für die nationale Anmeldung die Stunde und die Minute der Einreichung der Anmeldung zu berücksichtigen sind[364].

---

deren gewöhnliche Abkürzung ausreicht. Die nationale Identifikationsnummer des Unternehmens kann (sofern vorhanden) ebenfalls angegeben werden. Das Amt kann von dem Antragsteller verlangen, dass er Telefonnummern oder andere Kontaktangaben für die Kommunikation durch elektronische Mittel nach Vorgaben des Exekutivdirektors zur Verfügung stellt. Für jeden Anmelder soll grds nur eine Anschrift angegeben werden. Werden mehrere angegeben, so wird nur die zuerst genannte berücksichtigt, es sei denn, der Anmelder benennt eine Anschrift als Zustellanschrift. Wurde vom Amt bereits eine Identifikationsnummer erteilt, so reicht es aus, wenn der Antragsteller diese Nummer sowie den Namen des Antragstellers angibt.

361 Für die elektronische Wiedergabe gelten wegen Art. 3 Abs. 5 UMDV die Anfordernisse in Art. 8 Beschluss Nr EX-20–9 des Exekutivdirektors vom 3.11.2020; ABl.EUIPO 3/2021; s. Rdn 343 samt Fn. S.a. GMitt über die Darstellung neuer Markenformen, mit der eine harmonisierte und einheitliche Umsetzung der Begriffsbestimmungen und Darstellungsmittel für die verschiedenen Markenformen und der zulässigen elektronischen Dateiformate für unkonventionelle Marken durch das EUIPO und die nationalen Markenämter der Mitgliedstaaten unterstützt und ermöglicht werden soll. S. weiter GMitt KP11, Neue Markenformen: Prüfung auf formale Anforderungen und Schutzhindernisse, April 2021, Kap. A, Prüfung der formalen Anforderungen.

362 Das EUIPO nimmt jedoch die Prüfung der Anmeldung erst nach Eingang der Anmeldegebühr auf (Alicante News 10/2014, S. 1). Der ursprüngliche Kommissionsvorschlag, wonach die Zahlung am Anmeldetag erfolgen sollte, hat sich bei der Reform der UMV nicht durchgesetzt.

363 Allerdings kann wegen Art. 180 Abs. 3. und 4 UMV der Anmeldetag beibehalten werden, wenn die dort genannten Voraussetzungen vorliegen (s. Rdn 194).

364 EuGH, 22.3.2012, C-190/10 – Rizo's/Rizo (Génesis), Rn 43–53, 63. Demgemäß war der in einigen Sprachfassungen der GMV in Art. 27 verwendete Begriff »Datum der Anmeldung« als Anmeldetag auszulegen, wie er zB im deutschen Text verwandt wurde.

Der Schutz der eingetragenen Marke entsteht zwar nicht schon mit ihrer Anmeldung, **435**
sondern erst mit der Eintragung, ihr für die Rechtswahrung und -verteidigung *maß-*
geblicher Zeitrang richtet sich aber nach dem Anmeldetag.

7. Weitere Daten der Anmeldung

Das EUIPO prüft gemäß Art. 41 Abs. 1 UMV, ob   **436**

(a) die Anmeldung der Unionsmarke den Erfordernissen für die *Zuerkennung eines* **437**
Anmeldetages nach Art. 32 iVm Art. 31 Abs. 1 UMV genügt;

(b) die Anmeldung der Unionsmarke den in Art. 31 Abs. 3 iVm Art. 2 bis 6 UMDV **438**
festgelegten Bedingungen und *Formerfordernissen* genügt;

(c) ggf die *Klassengebühren* innerhalb der vorgeschriebenen Frist entrichtet worden **439**
sind.

Die Anmeldung muss wegen Art. 41 Abs. 1b iVm Art. 31 Abs. 3 UMV folgende **440**
weitere Daten enthalten:

(a) falls der Anmelder einen *Vertreter* bestellt hat, dessen Namen und Geschäftsanschrift **441**
oder Identifikationsnummer, wobei wenn der Vertreter mehrere Geschäftsanschriften hat oder zwei oder mehr Vertreter mit verschiedenen Geschäftsanschriften
bestellt wurden, nur die zuerst genannte Anschrift als Zustellanschrift zu berücksichtigen ist, sofern in dem Antrag nicht angegeben ist, welche Anschrift als
Zustellanschrift gelten soll (Art. 31 Abs. 4 UMV, Art. 2 Abs. 1e UMDV);

(b) falls die *Priorität* einer früheren Anmeldung (Art. 34 UMV) in Anspruch genom- **442**
men wird, eine entspr Erklärung, in der der Tag, die Nr[365] und der Staat der früheren Anmeldung angegeben sind (Art. 31 Abs. 4, Art. 35 Abs. 1 UMV, Art. 2
Abs. 1f UMDV);

(c) falls die *Priorität* der Zurschaustellung auf einer Ausstellung (Art. 38 Abs. 1 S. 2 **443**
UMV) in Anspruch genommen wird, eine entspr Erklärung, in der der Name der
Ausstellung und der Tag der ersten Zurschaustellung der Waren oder DL angege-
ben sind (Art. 31 Abs. 4 UMV, Art. 2 Abs. 1g UMDV);

(d) falls der Zeitrang (*Seniorität*) einer oder mehrerer älterer in einem Mitgliedstaat **444**
eingetragener Marken, einschl einer im Beneluxgebiet oder einer mit Wirkung für
einen Mitgliedstaat international registrierten Marke (Art. 39 Abs. 2 UMV) in
Anspruch genommen wird, eine entspr Erklärung, in der der Mitgliedstaat bzw
die Mitgliedstaaten, in denen oder für die diese Marken eingetragen sind, der Zeitpunkt von deren Schutzbeginn, die Nr und der Anmeldetag der maßgeblichen
Eintragungen sowie die eingetragenen Waren und DL angegeben sind. Dieser
Antrag kann aber auch noch innerhalb von zwei Monaten nach dem Anmeldetag
eingereicht werden (Art. 31 Abs. 4 UMV, Art. 2 Abs. 1h UMDV);

---

365 Diese Anforderung wird in Art. 3 Abs. 1f UMDV nicht wiederholt, sondern Art. 4 Abs. 1
UMDV gestattet ausdrücklich die Nachholung in einer Frist von drei Monaten nach
dem Anmeldetag. Da jedoch die UMV der UMDV ihrem Rechtsrang nach vorgeht, ist
die Angabe des Az. zur Vermeidung formaler Probleme zu empfehlen.

445 (e) ggf eine Erklärung, dass die Eintragung als *UKM* (Art. 74 Abs. 3 iVm Art. 31 UMV) oder als *UGM* (Art. 83 Abs. 3 iVm Art. 31 UMV) beantragt wird, wobei die Anmeldung bereits die Markensatzung enthalten kann (Art. 31 Abs. 4 UMV, Art. 2 Abs. 1i und 3 UMDV);

446 (f) die Angabe der *Sprache*, in der die Anmeldung eingereicht wurde, und einer zweiten Sprache (Art. 31 Abs. 4, Art. 146 Abs. 3 UMV, Art. 2 Abs. 1j UMDV);

447 (g) die *Unterschrift* des Anmelders oder seines Vertreters, wobei bei Anmeldung über elektronische Medien die Namensangabe ausreicht (Art. 31 Abs. 4 UMV, Art. 63 Abs. 1 DVUM, Art. 2 Abs. 1k UMDV);

448 (h) ggf die Anforderung eines *Unionsrecherchenberichts* und evt eines Recherchenberichts (Art. 31 Abs. 4, Art. 43 Abs. 1 und 2 UMV, Art. 2 Abs. 1l UMDV).

449 Die Anmeldung kann auch den Anspruch umfassen, dass das Zeichen *Verkehrsdurchsetzung* iSv Art. 7 Abs. 3 UMV erlangt hat sowie eine Angabe, ob es sich bei diesem Anspruch um einen Haupt- oder einen Hilfsanspruch handelt. Dieser Anspruch kann noch innerhalb der vom EUIPO gesetzten Stellungnahmefrist zu einer Beanstandung nach Art. 42 Abs. 2 S. 2 UMV eingereicht werden (Art. 2 Abs. 2 UMDV).

450 Sind *Markensatzungen* nicht in der Anmeldung von UKM bzw UGM enthalten, sind sie innerhalb von zwei Monaten nach dem Anmeldetag (Art. 75 Abs. 1 bzw Art. 84 Abs. 1 UMV) vorzulegen (Art. 2 Abs. 3 UMDV). Wurde eine Satzung übermittelt, die jedoch nicht die in Art. 75 UMV, Art. 16 UMDV bzw Art. 84 UMV, Art. 17 UMDV vorgeschriebenen Angaben enthält, wird vom Amt eine *Mängelmitteilung* versandt, in der eine Frist von zwei Monaten für die Übermittlung der fehlenden Angaben gesetzt wird. Wird der Mangel nicht fristgerecht behoben, so wird die Anmeldung zurückgewiesen.

451 Gibt es mehr als einen Anmelder, so kann die Anmeldung die Benennung eines der Antragsteller oder Vertreter zum *gemeinsamen Vertreter* umfassen (Art. 2 Abs. 4 UMDV).

452 Im Falle der Inanspruchnahme der *Priorität* (Art. 35 Abs. 1 S. 2 UMV, Art. 4 UMDV) ist innerhalb von drei Monaten nach dem Anmeldetag das Az. der früheren Anmeldung anzugeben und eine Kopie von ihr einreichen, auf der der Tag der früheren Anmeldung enthalten ist.

453 Im Falle der Inanspruchnahme der *Ausstellungspriorität* (Art. 36 Abs. 2 UMV, Art. 5 UMDV) ist innerhalb von drei Monaten nach dem Anmeldetag eine Bescheinigung einreichen, die während der Ausstellung von der für den Schutz des gewerblichen Eigentums auf dieser Ausstellung zuständigen Stelle erteilt worden ist, womit bestätigt wird, dass die Marke für Waren oder DL benutzt wurde, die Gegenstand der Anmeldung sind, und in der außerdem das Eröffnungsdatum der Ausstellung und das Datum der ersten öffentlichen Benutzung (falls dieses nicht mit dem Eröffnungsdatum übereinstimmt) anzugeben sind, wobei eine Darstellung über die tatsächliche Markenbenutzung beizufügen ist.

454 Im Fall der Inanspruchnahme des Zeitrangs (*Seniorität*) ist eine Kopie der entspr Eintragung binnen drei Monaten nach dem Eingang des Antrags beim Amt vorzulegen. Die unterstützenden Unterlagen müssen innerhalb von drei Monaten ab dem

Anmeldetag eingereicht werden. Will der Antragsteller die Seniorität nach der Einreichung der Anmeldung in Anspruch nehmen, so müssen diese Unterlagen dem Amt innerhalb von drei Monaten nach Eingang des Senioritätsantrags vorgelegt werden (Art. 39 UMV, Art. 6 UMDV).

Werden die obigen *Prioritätsansprüche nach dem Zeitpunkt der Anmeldung* (bzw bei **455** der Seniorität zwei Monate später) geltend gemacht, setzt das EUIPO den Anmelder über den Rechtsverlust in Kenntnis und gewährt ihm eine Frist von zwei Monaten, in der er eine formale, anfechtbare Entscheidung über den Rechtsverlust beantragen kann. Sind die *Prioritätsnachweise unzureichend*, wird der Anmelder aufgefordert, innerhalb der vom Amt gesetzten Frist den Mangel zu beheben oder eine Stellungnahme abzugeben. Innerhalb von zwei Monaten kann der der Anmelder eine formale, anfechtbare Entscheidung über den Rechtsverlust beantragen.

Ergibt die Prüfung des EUIPO, dass die *Erfordernisse* des Art. 41 Abs. 1 UMV, also **456** diejenigen für die *Zuerkennung eines Anmeldetags* (Art. 32 UMV), die obigen *Formererfordernisse* (Art. 31 Abs. 3 UMV iVm Art. 2 bis 6 UMDV) nicht erfüllt sind, oder die zu zahlende *Klassengebühr* (Art. 31 Abs. 2 UMV) nicht in voller Höhe beim EUIPO eingegangen ist, so fordert es den Anmelder auf, innerhalb einer nicht verlängerbaren Frist von zwei Monaten die festgestellten *Mängel zu beseitigen* oder die ausstehende Zahlung nachzuholen (Art. 41 Abs. 2 UMV).

Werden innerhalb der Zweimonatsfrist die nach Art. 41 Abs. 1a UMV festgestellten **457** *Mängel für die Zuerkennung eines Anmeldetags* nach Art. 32 UMV *nicht beseitigt* oder wird die noch ausstehende *Zahlung der Anmeldegebühr nicht nachgeholt*, so wird die Anmeldung *nicht als Anmeldung einer Unionsmarke behandelt*. Kommt der Anmelder der Aufforderung des Amtes nach, so erkennt dieses der Anmeldung als *Anmeldetag* den Tag zu, an dem *die festgestellten Mängel beseitigt* werden oder die festgestellte ausstehende Zahlung nachgeholt wird (Art. 41 Abs. 3 UMV).

Werden die *Mängel* nach Art. 41 Abs. 1b UMV hinsichtlich der *formalen Anforde-* **458** *rungen* des Art. 31 Abs. 3 UMV iVm Art. 2 bis 6 UMDV nicht fristgemäß beseitigt, so weist das EUIPO die *Anmeldung zurück*.

Wird die nach Art. 41 Abs. 1c UMV ausstehende Zahlung von *Klassengebühren* nicht **459** innerhalb der Zweimonatsfrist nachgeholt, so gilt die Anmeldung als zurückgenommen, es sei denn, dass eindeutig ist, welche Waren- oder DL-Kl. durch den gezahlten Gebührenbetrag gedeckt werden sollen. Liegen keine anderen Kriterien vor, um die durch den gezahlten Gebührenbetrag gedeckten Kl. zu bestimmen, so trägt das Amt den Kl. in der Reihenfolge der Klassifikation Rechnung (beginnend mit der niedrigsten Kl.). Die Anmeldung gilt für diejenigen Kl. als zurückgenommen, für die die Kl.-Gebühren nicht oder nicht in voller Höhe gezahlt worden sind (Art. 41 Abs. 5 UMV).

Bei Zurückweisung der Anmeldung bleibt dem Anmelder nur die Möglichkeit einer **460** *vollständigen Neuanmeldung* mit einem neuen Anmeldetag.

Wird den Vorschriften über die Inanspruchnahme der *Priorität* nicht entsprochen, **461** so erlischt der Prioritätsanspruch für die Anmeldung. Sind die Voraussetzungen für die Inanspruchnahme des Zeitrangs einer nationalen Marke (*Seniorität*) nicht erfüllt, so kann deren Zeitrang für die Anmeldung nicht mehr beansprucht werden (Art. 41 Abs. 6 und 7 UMV).

462   Betrifft die Nichterfüllung der in Art. 41 Abs. 1b und 1c UMV genannten Erfordernisse hinsichtlich der Zuerkennung des Anmeldetags und der Entrichtung der Kl.-Gebühren *lediglich einige Waren oder DL*, so weist das Amt die Anmeldung nur in Bezug auf diese zurück, oder es erlischt der Anspruch in Bezug auf die Priorität oder den Zeitrang nur in Bezug auf diese (Art. 41 Abs. 8 UMV).

8. Weiteres Verfahren

463   Das EUIPO erstellt bei Einreichung der Anmeldung wegen Art. 43 Abs. 1 UMV auf *Antrag des Anmelders* einen *Unionsrecherchenbericht*, in dem diejenigen ermittelten älteren Unionsmarken oder -anmeldungen aufgeführt werden, die gemäß Art. 8 UMV gegen die Eintragung der angemeldeten Unionsmarke möglicherweise geltend gemacht werden können[366].

464   Dieser wird weiterhin *von Amts wegen* erstellt, was sich aus Art. 43 Abs. 7 UMV ergibt: Bei der Veröffentlichung der Anmeldung einer Unionsmarke unterrichtet das EUIPO nämlich die Inhaber älterer Unionsmarken oder von deren Anmeldungen, die im Unionsrecherchenbericht genannt sind, von der Veröffentlichung der Anmeldung der Unionsmarke. Letzteres gilt unabhängig davon, ob der Anmelder darum ersucht hat, einen Unionsrecherchenbericht zu erhalten, es sei denn, der Inhaber einer älteren Eintragung oder Anmeldung ersucht darum, die Mitteilung nicht zu erhalten. Deshalb sollte ein Anmelder zur Wahrung der Waffengleichheit immer auf einen Unionsrechercheberict bestehen, da er sonst – im Gegensatz zu potentiellen Gegner – nicht weiß, mit wem er in Zukunft konfrontiert werden könnte.

465   Zumindest ist aber die *Veröffentlichung der Markenanmeldung* nicht mehr vom Ablauf der bisherigen Monatsfrist nach Übermittlung der Recherchenberichte abhängig (Art. 43 Abs. 6 und 7 UMV). Eine entspr Regelung enthält Art. 195 UMV bei der Internationalen Registrierung, in der die Union benannt ist. Jedoch erfolgt hier eine Unterrichtung von der in Art. 190 Abs. 1 UMV vorgesehenen Veröffentlichung der Internationalen Registrierung[367].

---

366   Bereits bei der Online-Anmeldung wird der Anmelder jedoch schon auf ältere Marken hingewiesen, mit denen ein Konflikt entstehen könnte.

367   Es empfiehlt sich, den Rahmen für Recherchen in Bezug auf Unionsmarken und nationale Marken zu straffen, indem unnötige Verzögerungen bei der Eintragung einer Unionsmarke vermieden werden, und diesen Rahmen in Bezug auf die Bedürfnisse und Präferenzen der Nutzer flexibler zu gestalten, indem die Recherche in Bezug auf Unionsmarken außerdem freigestellt wird. Die optionalen Recherchen in Bezug auf Unionsmarken und nationale Marken sollen ergänzt werden, indem dem Publikum im Rahmen der Zusammenarbeit zwischen dem EUIPO und den nationalen Ämtern der Mitgliedstaaten umfassende, schnelle und leistungsfähige Rechercheinstrumente kostenfrei zur Verfügung gestellt werden (PräambelUMV 26).

Eine *Recherche nach nationalen Marken* erfolgt jedoch wegen Art. 43 Abs. 2 bis 6 **466** UMV nicht in allen Mitgliedstaaten, sondern nur in denen, die für die Recherchenerstellung optiert haben, also derzeit nur noch in sechs (Dänemark, Litauen, Rumänien, Slowakei, Tschechische Republik und Ungarn), und nur auf gesonderten Antrag sowie nach Entrichtung einer Recherchengebühr von derzeit 72 Euro (Art. 31 Abs. 2 UMV, Anhang I Nr A 9)[368].

Jede *Erweiterung der Europäischen Union* um neue Mitgliedstaaten führt – wie bereits **467** bei derjenigen durch zehn Staaten am 1.5.2004, durch zwei zum 1.1.2007 und durch einen am 1.7.2013 – aufgrund einer jeweils erforderlichen Anpassung von Art. 209 Abs. 1 UMV (mit der Benennung der relevanten Staaten) auch in Zukunft zur automatischen Erstreckung der eingetragenen oder angemeldeten Unionsmarken auf die Beitrittsländer.

Die Eintragung einer am Tag des Beitritts bereits angemeldeten Unionsmarke darf **468** nicht aufgrund der in Art. 7 Abs. 1 UMV aufgeführten *absoluten Eintragungshindernisse* abgelehnt werden, wenn diese Hindernisse lediglich durch den Beitritt eines neuen Mitgliedstaats entstanden sind (Art. 209 Abs. 2 UMV).

Jedoch kann die *Benutzung einer Unionsmarke* untersagt werden (Art. 209 Abs. 5 iVm **469** Art. 137, 138 UMV), wenn die ältere Marke oder das sonstige ältere Recht in dem neuen Mitgliedstaat vor dem Tag des Beitritts dieses Staats eingetragen, angemeldet oder gutgläubig erworben wurde oder ggf ein Prioritätsdatum hat, das vor dem Tag des Beitritts dieses Staates liegt[369].

9. Sprache und Übersetzungen

Der Anmelder muss die *erste Sprache* angeben, die die Sprache des Anmeldeverfahrens **470** bildet. Er hat dabei die freie Wahl zwischen allen Amtssprachen der Europäischen Union (Art. 146 Abs. 1 UMV). Es muss nicht seine eigene Sprache sein, er kann eine beliebige eines Mitgliedstaats wählen (s. Rdn 297).

In dieser *ersten Sprache* ergehen seitens des EUIPO gegenüber dem Anmelder im Anmel **471** deverfahren alle Entscheidungen und Verfahrenshandlungen, also alle Handlungen, die die Unionsvorschriften für die Behandlung der Anmeldung einer Unionsmarke verlangen oder vorsehen, einschl derjenigen, die für diese Behandlung erforderlich sind, wie zB Benachrichtigungen, Berichtigungs- und Auskunftsersuchen, außer der Anmelder hat im Anmeldeformular ausdrücklich angegeben, dass das EUIPO mit ihm in der zweiten Sprache, die eine der fünf des Amts sein muss, korrespondieren soll[370].

---

368 Die nationale Recherche wird derzeit nur noch von ca. 8 % der Anmelder beantragt.
369 Art. 208 Abs. 5 UMV; s. Mitteilungen Nr 4/12 des Präsidenten vom 12.12.2012 (wegen des Beitritts Kroatiens am 1.7.2013); ABl.HABM 2/2013; Nr 2/06 vom 19.6.2006; ABl. HABM 2006, 1044; und Nr 5/03 vom 16.10.2003; ABl.HABM 2004, 68.
370 In diese zweite Sprache kann er jedoch nicht mehr wechseln, wenn das EUIPO bereits einen Beanstandungsbescheid erlassen hat; Alicante News 12/2014, S. 7.

472 Ist die Anmeldung in einer Sprache eingereicht worden, die nicht *eine der fünf Sprachen des EUIPO* (Spanisch, Deutsch, Englisch, Französisch oder Italienisch) ist, so kann es für schriftliche Mitteilungen an den Anmelder auch die zweite Sprache wählen, die dieser in der Anmeldung angegeben hat (Art. 146 Abs. 4 UMV). Der *Begriff der Mitteilungen* ist jedoch *sehr eng auszulegen*, er umfasst keine Verfahrenshandlungen (s. Rdn 300)[371].

473 Der Anmelder muss weiter eine *zweite Sprache* angeben, bei der es sich um eine der fünf Sprachen des EUIPO handeln und die von der ersten Sprache verschieden sein muss (s. Rdn 297 ff).

474 Der Anmelder ist nicht verpflichtet, *Übersetzungen* seiner Anmeldung einzureichen. Wird keine Übersetzung eingereicht, so veranlasst das Amt die Übersetzung (Art. 148 UMV). Zwar ist bei Veröffentlichungen und Eintragungen des EUIPO in Zweifelsfällen der Wortlaut in der Sprache des EUIPO maßgebend, in der die Anmeldung der Unionsmarke eingereicht wurde[372]. Wurde die Anmeldung in einer Amtssprache der Europäischen Union eingereicht, die nicht eine Sprache des EUIPO ist, so ist aber der Wortlaut in der vom Anmelder angegebenen zweiten Sprache verbindlich (Art. 147 Abs. 3 UMV) (s. Rdn 313 ff).

10. Priorität

475 Jedermann, der in einem oder mit Wirkung für einen Vertragsstaat der PVÜ oder des WTO-Übereinkommens eine Marke vorschriftsmäßig angemeldet hat, oder sein Rechtsnachfolger genießt hinsichtlich der Anmeldung ders Marke als Unionsmarke für die Waren oder DL, die mit denen identisch sind, für welche die Marke angemeldet ist, oder die von diesen Waren oder DL umfasst werden, während einer Frist von *sechs Monaten* nach Einreichung der ersten Anmeldung ein *Prioritätsrecht* (Art. 34 Abs. 1 UMV). *Erste Anmeldung* bedeutet, dass für die ältere Anmeldung kein Prioritätsanspruch geltend gemacht wurde und dass sich kein Zeitranganspruch bzgl der Unionsmarkenanmeldung auf eine Marke bezieht, deren Einreichungsdatum vor dem Tag der Anmeldung(en) liegt, für Priorität in Anspruch genommen wird.

476 Diese Frist läuft gemäß Art. 4 C Abs. 2 PVÜ vom *Zeitpunkt der Hinterlegung der ersten Anmeldung* an, wobei der Tag der Hinterlegung nicht in die Frist eingerechnet wird. Ist der letzte Tag der Frist ein Tag, an dem das EUIPO zur Entgegennahme von Anmeldungen nicht geöffnet ist, so erstreckt sich die Frist wegen Art. 4 C Abs. 3 PVÜ auf den nächstfolgenden Werktag.

477 Als *prioritätsbegründend* wird wegen Art. 34 Abs. 2 UMV jede Anmeldung anerkannt, der nach dem innerstaatlichen Recht des Staates, in dem sie eingereicht worden ist, oder nach zwei- oder mehrseitigen Verträgen die Bedeutung einer vorschriftsmäßigen nationalen Anmeldung zukommt, dh die zur Festlegung des Tages ausreicht, an dem

---

371 EuGH, 9.9.2003, C-361/01 P – Kik, Rn 81–96.
372 EuG, 31.1.2013, T-66/11 – babilu/BABIDU, Rn 36.

sie eingereicht worden ist, wobei das spätere Schicksal der Anmeldung ohne Bedeutung ist. Für die Inanspruchnahme der Priorität einer Unionsmarke muss zudem deren Anmeldegebühr entrichtet sein[373].

Eine Inanspruchnahme der Priorität wird *zusammen mit der Anmeldung* einer Unionsmarke beantragt und enthält das Datum, die Nummer und das Land der früheren Anmeldung. Die Unterlagen zur Unterstützung der Inanspruchnahme der Priorität sind innerhalb von drei Monaten nach dem Anmeldetag einzureichen (Art. 35 Abs. 1 UMV).   **478**

Wird in der Anmeldung die Priorität einer oder mehrerer früherer Anmeldungen in Anspruch genommen, so muss der Anmelder gemäß Art. 4 UMDV innerhalb der obigen Frist das Az. der früheren Anmeldung angeben und eine Kopie von ihr einreichen, die den Anmeldetag der früheren Anmeldung enthalten muss[374]. Stehen die benötigten Angaben dem EUIPO auf der *Internetseite einer Zentralbehörde* für den gewerblichen Rechtsschutz zur Verfügung, der PVÜ- oder WTO-Vertragsstaat ist (zB im DPMAregister des Deutschen Patent- und Markenamts), brauchen sie vom Antragsteller selbst nicht eingereicht zu werden. In diesem Fall prüft das EUIPO selbst, ob die relevanten Angaben auf der betr Internetseite stehen. Andernfalls fordert es den Antragsteller auf, die erforderlichen Unterlagen vorzulegen[375]. Etwa 10 % der Anmelder macht von einem nationalen Prioritätsrecht Gebrauch[376].   **479**

Das Prioritätsrecht hat gemäß Art. 36 UMV die *Wirkung*, dass für die Bestimmung des Vorrangs von Rechten der Prioritätstag als Tag der Anmeldung der Unionsmarke gilt. Eine vom EUIPO *fehlerhaft zugestandene Priorität* hat jedoch *keine Wirkung* und   **480**

---

373 S. Mitteilung Nr 10/99 des Präsidenten vom 8.12.1999; ABl.HABM 2000, 476.
374 Nach Art. 3 Beschluss Nr EX-17–3 des Exekutivdirektors vom 18.9.2017 über die formalen Voraussetzungen von Prioritätsansprüchen für Unionsmarken oder Zeitrangansprüchen für Unionsmarken oder Benennungen der Europäischen Union nach dem Madrider Protokoll müssen die Prioritätsunterlagen entweder aus einer Kopie der früheren Anmeldung oder einem Auszug aus dem amtlichen Blatt, in dem die frühere Marke veröffentlicht wurde, oder einem Ausdruck aus einer Datenbank, der Daten der zuständigen Zentralbehörde für den gewerblichen Rechtsschutz enthält, bestehen. Die vorgelegten Unterlagen müssen folgende Angaben enthalten: den Staat, das Az., den Anmeldetag der früheren Anmeldung, den Namen des Anmelders bzw Inhabers der Marke, die Wiedergabe der Marke sowie das VerzWDL. Sofern die Marke in der früheren Anmeldung farbig wiedergegeben ist, müssen die Prioritätsunterlagen auch eine farbige Wiedergabe enthalten. Sofern die frühere Anmeldung lediglich eine Angabe der Farbe(n) oder eine Inanspruchnahme von Farben enthält, müssen die Prioritätsunterlagen die gleiche Angabe oder den gleichen Anspruch enthalten. Sofern die Prioritätsunterlagen oder -angaben nicht in einer der Amtssprachen der Union verfasst sind, hat der Anmelder wegen Art. 4 innerhalb der vom Amt vorgegebenen Frist eine Übersetzung in die erste oder zweite Sprache des Antrags beizubringen.
375 Art. 1 und Art. 2 Beschluss Nr EX-17–3 des Exekutivdirektors vom 18.9.2017.
376 S. IAK, S. 17.

bleibt im Falle des Konflikts mit einer älteren Marke unberücksichtigt[377]. Die eingetragene Priorität kann nämlich im Widerspruchsverfahren vom EUIPO noch *von Amts wegen* überprüft werden[378].

481 Voraussetzung für die Prioritätsgewährung ist die *Identität der wechselseitigen Marken*[379]. So ist zB eine schwarz-weiße Marke, aus der Priorität beansprucht wird, nicht mit demselben Zeichen in Farbe identisch, es sei denn, die Farbunterschiede sind völlig unbedeutend[380]. Und eine Marke in Graustufen, aus der Priorität beansprucht wird, ist nicht mit demselben Zeichen in Farbe oder in Schwarz-Weiß identisch, es sei denn, die Farb- bzw Kontrastunterschiede sind völlig unbedeutend[381].

482 Der Prioritätsanspruch kann vollständig oder teilweise sein. Ein *vollständiger Prioritätsanspruch* liegt in den folgenden zwei Fällen vor:
   – Die VerzWDL der Unionsmarkenanmeldung und der älteren Anmeldung sind identisch (Unionsmarkenanmeldung = ältere Anmeldung).
   – Die VerzWDL der Unionsmarkenanmeldung enthalten weniger Waren und DL als die älteren Anmeldungen, aber nur Waren und DL, die auch in der älteren Anmeldung enthalten waren (die Unionsmarkenanmeldung ist in der älteren Anmeldung enthalten).

483 Ein *teilweiser Prioritätsanspruch* liegt in den folgenden zwei Fällen vor:
   – Das VerzWDL der Unionsmarkenanmeldung enthält alle Waren und DL der älteren Anmeldung und zusätzliche Waren und DL (Unionsmarkenanmeldung = ältere Anmeldung + zusätzliche Waren und DL).
   – Das VerzWDL der Unionsmarkenanmeldung enthält nur einige Waren und DL der älteren Anmeldung und zusätzliche Waren und DL.

484 Der Anmelder kann auch eine *Ausstellungspriorität* beanspruchen, die zusammen mit der Anmeldung der Unionsmarke zu beantragen ist (Art. 38 Abs. 1 UMV). Innerhalb

---

377 BK, 15.3.2010, R 589/09–1 – five four/five four, Rn 17–25; aA OLG Hamburg, 5.1.2009, 5 U 194/07 – Five Four. Erweitert der Markeninhaber nachträglich im Rahmen eines Teilverzichts gemäß Art. 57 Abs. 1. und 2 UMV sein VerzWDL – was zwar nicht statthaft ist, aber fehlerhaft vom EUIPO eingetragen wurde –, können jedenfalls in einem Widerspruchsverfahren nur die ursprünglichen Waren und DL der nationalen Anmeldung, aus der ein Prioritätsrecht geltend gemacht wird, berücksichtigt werden und nicht die durch den »Teilverzicht« fehlerhaft erweiterten der Unionsmarke; EuG, 16.5.2013, T-104/12 – VORTEX/VORTEX, Rn 30, 36–49. Konsequenter wäre aber einem Widersprechenden grds immer zu versagen, sich im Widerspruchsverfahren auf ein nachträglich erweitertes VerzWD zu berufen.
378 EuG, 25.6.2015, T-186/12 – LUCEA LED/LUCEO, Rn 39–58.
379 S. GMitt KP11, Neue Markenformen: Prüfung auf formale Anforderungen und Schutzhindernisse, April 2021, Kap. A 3, Prüfung von Prioritätsansprüchen.
380 EuG, 20.2.2013, T-378/11 – MEDINET, Rn 52, 54; bestätigt durch EuGH, 10.4.2014, C-412/13 P. Diese für die Seniorität aufgestellten Grundsätze gelten natürlich auch für die Priorität.
381 S. GMitt zur Gemeinsamen Praxis zum Schutzbereich von schwarz-weißen Marken vom 15.4.2014, Ziff 2.

von drei Monaten nach dem Anmeldetag hat er Nachweise für die Zurschaustellung der Waren und DL unter der angemeldeten Marke einzureichen (Art. 38 Abs. 2 UMV), also eine während der Ausstellung von der für den Schutz des gewerblichen Eigentums auf dieser Ausstellung zuständigen Stelle erteilte Bescheinigung, die bestätigt, dass die Marke für Waren oder DL benutzt wurde, die Gegenstand der Anmeldung sind, und in der außerdem das Eröffnungsdatum der Ausstellung und das Datum der ersten öffentlichen Benutzung (falls dieses nicht mit dem Eröffnungsdatum übereinstimmt) angegeben sind, wobei eine Darstellung über die tatsächliche Markenbenutzung beizufügen ist (Art. 5 UMDV). Es gibt jedoch nur eine sehr geringe Anzahl von Ausstellungen, insb Weltausstellungen, die unter diese Bestimmung fallen. Das EUIPO wird rechtzeitig im Voraus darüber informieren[382].

11. Seniorität

Der Inhaber einer in einem Mitgliedstaat (einschl Beneluxgebiet) oder einer mit Wirkung für einen Mitgliedstaat international registrierten älteren Marke[383], der eine identische Marke[384] zur Eintragung als Unionsmarke für Waren oder DL anmeldet, die mit denen identisch sind, für welche die ältere Marke eingetragen ist, oder die von diesen Waren oder DL umfasst werden, kann für die Unionsmarke den Zeitrang der älteren Marke (*Seniorität*) in Bezug auf den Mitgliedstaat, in dem oder für den sie eingetragen ist, in Anspruch nehmen. **485**

Anträge auf Inanspruchnahme des Zeitrangs müssen nach Art. 39 Abs. 2 UMV entweder zusammen mit der Anmeldung der Unionsmarke oder innerhalb von zwei Monaten nach dem Anmeldetag eingereicht werden und Angaben enthalten zu dem Mitgliedstaat/den Mitgliedstaaten, in dem/denen oder für den/die die Marke eingetragen ist, zur Nummer und zum Anmeldetag der maßgeblichen Eintragung und zu den Waren und DL, für die die Marke eingetragen ist. **486**

Der Antragsteller hat eine Kopie der entspr Eintragung binnen drei Monaten nach dem Eingang des Antrags auf Inanspruchnahme des Zeitrangs beim Amt vorzulegen. Die in Art. 39 Abs. 2, Art. 40 Abs. 2, Art. 191 Abs. 2, Art. 192 Abs. 3 UMV, Art. 6, Art. 32 Abs. 1f UMDV geforderten *Nachweise* (Angaben über den Tag der Anmeldung, der Eintragung und ggf der Priorität der früheren Marke, die Nr der früheren **487**

---

382 S. Mitteilungen Nr 1/08 des Präsidenten vom 24.1.2008; ABl.HABM 3/2008; Nr 1/05 vom 26.1.2005; ABl.HABM 2005, 948; Nr 1/03 vom 27.1.2003; ABl.HABM 2003, 880; und Nr 3/97 vom 17.12.1997; ABl.HABM 1998, 178. Die Ausstellungen sind auf der Internetseite des Bureau International des Expositions in Paris einzusehen: www.bie-paris.org/site/en.

383 EuG, 6.10.2021, T-32/21 – Muresko, Rn 22–41; Rechtsmittel nicht zugelassen, EuGH, 28.3.2022, C-781/21 P. Die identische ältere nationale Marke, deren Zeitrang zugunsten der Unionsmarke in Anspruch genommen wird, muss nach dem klaren Gesetzeswortlaut zu dem Zeitpunkt eingetragen und in Kraft sein, zu dem die Inanspruchnahme des Zeitrangs beantragt wird.

384 EuG, 19.1.2012, T-103/11 – justing, Rn 17–24.

Eintragung, den Namen des Inhabers der früheren Eintragung, die Wiedergabe der Marke und das VerzWDL, für die die frühere Marke eingetragen ist) braucht er jedoch nicht vorzulegen, sofern sie dem Amt aus anderen Quellen zur Verfügung stehen, wie zB auf der Internetseite einer Zentralbehörde für den gewerblichen Rechtsschutz, der PVÜ- oder WTO-Vertragsstaat ist (zB im DPMAregister des DPMA), oder auf der Internetseite der WIPO. In diesem Fall prüft das EUIPO selbst, ob die relevanten Angaben auf der betr Internetseite stehen. Andernfalls fordert es den Antragsteller auf, die erforderlichen Unterlagen vorzulegen[385].

488 Wird der Zeitrang einer oder mehrerer eingetragener älterer Marken bei der Anmeldung in Anspruch genommen, so müssen die *Unterlagen zur Unterstützung* der beantragten Inanspruchnahme des Zeitrangs innerhalb von drei Monaten ab dem Anmeldetag eingereicht werden. Will der Antragsteller den Zeitrang nach der Einreichung der Anmeldung in Anspruch nehmen, so müssen die Unterlagen zur Unterstützung der beantragten Inanspruchnahme des Zeitrangs dem Amt innerhalb von drei Monaten nach Eingang des Antrags auf Inanspruchnahme des Zeitrangs vorgelegt werden.

489 Der Zeitrang hat die *alleinige Wirkung*, dass dem Inhaber der Unionsmarke, falls er auf die ältere Marke verzichtet oder sie erlöschen lässt, weiter dieselben Rechte zugestanden werden, die er gehabt hätte, wenn die ältere Marke weiterhin eingetragen gewesen wäre (Art. 39 Abs. 3 UMV). So kann zB der Widersprechende, der Widerspruch aus einer nationalen Marke erhoben hat, nach deren Entfallen den Widerspruch aus der beanspruchten Seniorität der Unionsmarke fortsetzen[386].

490 Der Anmelder kann sich aber nicht darauf berufen, dass er mit der Anmeldung die Seniorität einer älteren nationalen Marke in einem Mitgliedstaat beansprucht hat, die

---

385 Art. 5 bis 7 Beschluss Nr EX-17–3 vom 18.9.2017. Die vorzulegenden Senioritätsunterlagen müssen entweder aus einer Kopie der früheren Eintragung oder einem Auszug aus dem amtlichen Blatt, in dem die frühere Marke veröffentlicht wurde, oder aus einem Ausdruck aus einer Datenbank, der Daten der zuständigen Zentralbehörde für den gewerblichen Rechtsschutz enthält, bestehen. Sie müssen die folgenden Angaben enthalten: den Anmeldetag, den Tag der Eintragung und ggf der Priorität der früheren Marke, die Nr der früheren Eintragung, den Namen des Inhabers der früheren Eintragung, die Wiedergabe der Marke und das VerzWDL, für die die frühere Marke eingetragen ist. Sofern die Marke in der früheren Eintragung farbig wiedergegeben ist, müssen die Unterlagen auch eine farbige Wiedergabe enthalten. Sofern die frühere Eintragung lediglich eine Angabe der Farbe(n) oder eine Inanspruchnahme von Farben enthält, müssen die Unterlagen zum Zeitrang die gleiche Angabe oder den gleichen Anspruch enthalten.

386 BPatG, 20.9.2005, 27 W (pat) 106/04 – JUST/just. Die Gegenmeinung (BPatG, 5.3.2013, 27 W [pat] 43/12 – IPSUM/IPSOS), die die Senioritätsgrundsätze mangels gesetzlicher Grundlage nicht anwenden will, übersieht, dass die UMV unmittelbar in jedem Mitgliedstaat der Union geltendes Recht darstellt und deshalb – im Unterschied zur MarkenRL – keiner Umsetzungsvorschriften in das deutsche Recht bedarf. Ansonsten könnte sich jeder Mitgliedstaat der Anwendung der UMV auf seinem Territorium widersetzen, indem er ihr ganz oder teilweise die Umsetzung in das nationale Recht verweigern würde, die aber gerade nicht erforderlich ist. S.a. Fezer/Bender HdB Markenpraxis I 2 Rn 879 und Risthaus, FS Ahrens 2016, 281.

gegenüber der nationalen Widerspruchsmarke aus einem *anderen Mitgliedstaat* einen älteren Zeitrang aufweist. Dies führt nämlich nicht dazu, dass die Unionsmarke selbst nun insgesamt eine ältere Priorität genießt, sondern die ältere Priorität beschränkt sich allein auf den Mitgliedstaat, in dem das ältere Recht bestand[387]. Es kann der Zeitrang einer oder mehrerer eingetragener älterer Marken in Anspruch genommen werden.

Der Begriff der *Zeichenidentität* ist *eng* und *restriktiv* auszulegen und erstreckt sich   **491** keinesfalls auf ähnliche Marken. Die Marken können nämlich nur dann als identisch angesehen werden, wenn die Unterschiede so geringfügig sind, dass sie einem Durchschnittsverbraucher entgehen können. Daran fehlt es schon bei unterschiedlicher Schriftart und verschiedenen Bildelementen[388] sowie dann, wenn die ältere Marke in einer Farbe eingetragen ist, die Unionsmarkenanmeldung dagegen keine spezielle Farbe beansprucht[389].

492

Abb. 1

Eine Inanspruchnahme des Zeitrangs (Seniorität) kann *vollständig* oder *teilweise* erfol-   **493** gen (s. oben zur Priorität, Rdn 473 f).

Der für die Unionsmarke in Anspruch genommene Zeitrang *erlischt*, wenn die ältere   **494** Marke, deren Zeitrang in Anspruch genommen worden ist, für nichtig oder für verfallen erklärt wird. Wird die ältere Marke für verfallen erklärt, erlischt der Zeitrang, sofern der Verfall vor dem Anmeldetag oder dem Prioritätstag der Unionsmarke eintritt (Art. 39 Abs. 4 UMV)[390]. Das EUIPO unterrichtet die nationalen Ämter der

---

387 EuG, 19.6.2014, T-382/12 – Nobel/NOBEL, Rn 22–26.
388 EuG, 19.1.2012, T-103/11 – justing, Rn 17, 19, 21–24. Keinesfalls rechtfertigt ein »grafischer Entwicklungsprozess« den Unterschied zwischen den Marken.
389 EuG, 20.2.2013, T-378/11 – MEDINET, Rn 52, 54; bestätigt durch EuGH, 10.4.2014, C-412/13 P. Dies kann nämlich aus der Sicht eines Verbrauchers nicht als ein zu vernachlässigender Gesichtspunkt angesehen werden.
390 Die Ungültigkeit oder der Verfall der älteren nationalen Marke, deren Zeitrang für eine Unionsmarke im Rahmen der Seniorität in Anspruch genommen wird und die Gegenstand eines Verzichts gewesen oder erloschen ist, kann nachträglich festgestellt werden. Mit der fraglichen Prüfung soll nach Art. 14 MarkenRL aF iVm Art. 34 Abs. 2 GMV (Art. 39 Abs. 3 UMV) rückblickend festgestellt werden, ob die Voraussetzungen der Ungültigkeit oder des Verfalls zum Zeitpunkt des Verzichts auf die ältere nationale Marke oder ihres Erlöschens vorlagen. Diese Voraussetzungen müssen nicht auch noch zu dem Zeitpunkt erfüllt sein, zu dem über den Antrag auf nachträgliche Feststellung der Ungültigkeit oder des Verfalls entschieden wird. Bestätigung findet diese Auslegung in Art. 6 MarkenRL, der als einzige Voraussetzung für eine nachträgliche Feststellung der Nichtigkeit oder des Verfalls der älteren nationalen Marke vorsieht, dass die Nichtigkeit oder der Verfall zum Zeitpunkt des Verzichts auf die Marke oder ihres Erlöschens hätte erklärt werden können; EuGH, 19.4.2018, C-148/17 – PUC (Peek & Cloppenburg), Rn 24–32.

betr Mitgliedstaaten über die wirksame Inanspruchnahme des Zeitrangs (Art. 39 Abs. 5 UMV).

495   Die Seniorität kann wegen Art. 40 UMV auch *nachträglich* in Anspruch genommen werden, was sehr häufig geschieht (s. Rdn 1688 f).

496   Die *große Bedeutung* dieses Instituts zeigt die Tatsache, dass 256.056 Senioritätsanträge seit Beginn des Systems bis Mai 2011 gestellt wurden[391].

12. Rücknahme und Einschränkung der Anmeldung

497   Die Anmeldung kann *jederzeit zurückgenommen* werden (Art. 49 Abs. 1 UMV), auch noch in der Beschwerde- oder Klageinstanz. Die Änderung der Anmeldung muss die in Art. 11 DVUM bestimmten Angaben enthalten. Rücknahme ist selbst nach Erlass einer (auch nur teilweise) ablehnenden Entscheidung des Prüfers oder der BK statthaft, solange sie innerhalb noch offener Beschwerde- bzw Klagefrist erfolgt[392]. Jedoch muss die Rücknahmeerklärung entweder in der Sprache der Anmeldung oder der zweiten Sprache erfolgen[393]. Wegen Art. 24 UMDV kann das Amt auf eigene Initiative oder auf begründeten Antrag des anderen Beteiligten die Vorlage einer Übersetzung in die Verfahrenssprache innerhalb einer von ihm festgelegten Frist verlangen.

498   Ebenfalls kann jederzeit das in der Anmeldung enthaltene VerzWDL *eingeschränkt* werden. Die BK muss darüber entscheiden, wenn das Verfahren vor ihr anhängig ist. Diese Verpflichtung besteht unabhängig davon, ob nach dem Einschränkungsantrag eine Beschwerdebegründung gemäß Art. 22 Abs. 1b DVUM eingereicht wurde[394].

499   Eine Einschränkung besteht in der Streichung einzelner Waren und/oder DL oder in ihrer inhaltlichen, qualitativen Reduzierung, insb der Einschränkung von Oberbegriffen, z B statt »Obst« nur »Äpfel« oder »Obst, ausgenommen Birnen« oder »Obst, nämlich Bananen«. *Nach Feststellung der Klassifizierung* ist eine Einschränkung nicht mehr möglich, wenn sie zu einem Klassenwechsel führen würde, zB statt »Tee« nur »medizinischer Tee«, weil dieser in eine andere Kl. gehört.

500   *Nicht zulässig* ist dagegen, lediglich auf ein bestimmtes *Merkmal* der fraglichen Waren oder DL *zu verzichten*, da dies zu Rechtsunsicherheiten hinsichtlich des Umfangs des Markenschutzes führen würde. Dritte – insb Konkurrenten – wären im Allgemeinen nicht darüber informiert, dass sich bei bestimmten Waren oder DL der durch die Marke verliehene Schutz nicht auf diejenigen Waren oder DL erstreckt, die ein bestimmtes Merkmal aufweisen, und könnten so dazu veranlasst werden, bei der

---

391 S. IAK, S. 17.
392 BK, 27.9.2006, R 331/06-G – Optima.
393 EuG, 26.10.2011, T-426/09 – BAM/BAM, Rn 20–31.
394 EuG, 7.5.2019, T-629/18 – Auto in einer Sprechblase, Rn 27–30. Da der Anmelder vor Ablauf der Frist für die Einreichung einer Beschwerdebegründung gemäß Art. 68 Abs. 1 letzter S. UMV einen Einschränkungsantrag gestellt hatte, war die BK verpflichtet, ihn zu prüfen.

Beschreibung ihrer eigenen Produkte auf die Verwendung der Zeichen oder Angaben zu verzichten, aus denen die Marke besteht und die dieses Merkmal beschreiben[395].

So lässt zB die *Einschränkung von pharmazeutischen Präparaten* durch den Zusatz »die **501** den Wirkstoff Tamsulosin enthalten« nicht die konkret beanspruchten pharmazeutischen Produkte erkennen. Wegen deren besonderen Charakters ist für die Definition einer Untergruppe nämlich das Kriterium des Zwecks oder der Bestimmung maßgebend, der in seiner therapeutischen Indikation zum Ausdruck kommt[396].

Änderungen, die sich lediglich auf *Vermarktungs- oder Benutzungsbedingungen* beziehen, sind idR nicht statthaft, soweit dadurch nicht der Warencharakter einschränkend **502** verändert wird oder sich die Waren an andere Verkehrskreise richten. Dies ist zB der Fall, wenn sich die beanspruchten Waren nach der Einschränkung nur mehr an den Groß- statt insgesamt den Groß- und Einzelhandel richten.

Eine *Einschränkung* nach Erlass der angefochtenen BK-Entscheidung *vor dem EuG* ist **503** jedoch nur dann zulässig, wenn dadurch der vor der BK verhandelte Streitgegenstand im Klageverfahren nicht geändert wird, was Art. 188 VerfO-EuG verbietet. Möglich ist die ersatzlose Streichung einzelner Waren und DL. Dies wird vom Gericht aber als Teilanfechtung bzw Teilklagerücknahme gewertet mit der Konsequenz, dass die Zurückweisung in der Ausgangsentscheidung hinsichtlich der Waren und DL, auf die im Wege der Einschränkung verzichtet wurde, rechtskräftig wird[397].

Nicht statthaft ist jedoch eine *inhaltliche Veränderung* der ursprünglich beanspruchten **504** Waren und DL, ihrer Beschreibung oder die Einschränkung von Oberbegriffen durch den Anmelder, wenn dadurch ein Merkmal, zB die Bestimmung der Waren geändert oder bestimmte unter den Oberbegriff fallende Waren ausgeschlossen werden sollen.

So sind zB die *Einschränkungen von Schokoladewaren* durch den Zusatz »nicht in **505** Form von Mozartkugeln«, von *Käse* auf »Ziegenkäse aus den kanarischen Inseln«, von *Versicherungswesen* durch die Ergänzung »nämlich Werbung für und Informationen über von Dritten angebotene Versicherungen …«, von *Arzneimitteln* durch das Herausnehmen solcher für die Bekämpfung von Würmern und Staubmilben, von *Zeitschriften* durch »Fachzeitschriften auf dem Gebiet des Brauereiwesens«, die Beschränkung von *Zahnbürsten* auf »elektrische« oder die Beschränkung von *Aufbewahrungsbehältern* nicht allein für »Kosmetika« im Allgemeinen, sondern nur für »Lippenpflege« nicht statthaft[398].

---

395 EuGH, 12.2.2004, C-363/99 – Postkantoor, Rn 114, 115.
396 EuG, 14.7.2011, T-222/10 – ZUFAL/ZURCAL, Rn 25–28.
397 EuG, 8.7.2010, T-386/08 – Pferdebild, Rn 12–14; EuG, 9.9.2010, T-505/08 – Hunter, Rn 18; EuG, 17.12.2012, T-522/10 – HELL/Hella, Rn 16–21.
398 EuG, 9.7.2008, T-304/06 – Mozart, Rn 24–30; EuG, 25.1.2018, T-765/16 – EL TOFIO El sabor de CANARIAS, Rn 11–28; EuG, 1.12.2021, T-359/20 – Team Beverage/ TEAM, Rn 22–27 mwN; EuG, 10.9.2008, T-48/06 – astex TECHNOLOGY/ASTEX, Rn 12, 19–21; EuG, 18.10.2016, T-56/15 – BRAUWELT, Rn 11–14, 100–115; EuG, 10.12.2013, T-467/13 – 360° SONIC ENERGY/SONIC POWER, Rn 14, 16–20; s.a. EuG, 12.9.2007, T-358/04 – Mikrofonkorb, Rn 36; EuG, 20.11.2007, T-458/05 –

506 Andererseits hat das EUIPO noch während des Verfahrens vor dem EuG eine Einschränkung des Verz. akzeptiert und die Beanstandung fallengelassen, worauf der Rechtsstreit vom EuG auf übereinstimmenden Antrag *für erledigt erklärt* wurde[399].

507 Während des Widerspruchsverfahren sind die Widerspruchsabteilung und während des Beschwerdeverfahrens die BK für die *Entscheidung* über den Einschränkungsantrag der Anmeldung *zuständig*, also keine andere Abteilung des EUIPO. Wünscht der Anmelder, die angefochtene Anmeldung zurückzunehmen oder zu beschränken, so hat er dies wegen Art. 8 Abs. 8 S. 2 DVUM mittels eines *gesonderten Schriftstückes* zu tun. Sind die Anforderungen des Antrags nicht erfüllt, so muss dem Anmelder der Mangel mitgeteilt und ihm Frist zur Behebung gesetzt werden. Wird der Antrag ohne Anhörung des Anmelders abgelehnt, wird dessen Anspruch auf rechtliches Gehör nach Art. 94 S. 2 UMV verletzt[400].

508 Die Rücknahme- oder Einschränkungsanträge sind aber auf alle Fälle *klar* und *eindeutig, ausdrücklich* und *unbedingt* zu formulieren, dürfen also nicht als bloßes Vergleichsangebot, reiner Diskussionsvorschlag oder als Hilfsantrag verstanden werden[401]. Änderungen und Einschränkungen werden vom EUIPO nur vorgenommen, wenn sie in ihrer Gesamtheit zu 100 % akzeptiert werden können. Das Amt gibt in der Praxis daher Anträgen nicht mehr teilweise statt.

509 Allein aus der Tatsache, dass der Anmelder einer Unionsmarke sich im Rahmen des Widerspruchs- und Beschwerdeverfahrens vor dem EUIPO *nicht eingelassen hat*, darf

---

TEK, Rn 23–27; EuG, 27.2.2008, T-325/04 – WORLDLINK/LINK, Rn 14, 22–31; EuG, 21.1.2009, T-296/07 – PharmaCheck, Rn 8–13; EuG, 15.12.2009, T-412/08 – TRUBION/TriBion Harmonis, Rn 14–19; EuG, 24.3.2010, T-130/09 – eliza/ELISE, Rn 15–21; EuG, 15.6.2010, T-118/08 – TERRAEFFEKT matt & gloss, Rn 12, 13; EuG, 9.9.2010, T-505/08 – Hunter, Rn 19; EuG, 7.7.2011, T-208/10 – TRUEWHITE, Rn 28–30; EuG, 22.5.2012, T-371/09 – RT/RTH, Rn 15–18; EuG, 8.5.2014, T-575/12 – PYROX/PYROT, Rn 18–23; EuG, 25.9.2014, T-171/12 – Spannschloss, Rn 13–25; EuG, 30.4.2015, T-100/14 – TECALAN/TECADUR, Rn 28–34; EuG, 11.3.2016, T-840/14 – Sky BONUS/SKY, Rn 19–26. Stützt sich der Kläger ausschließlich auf das vor dem EuG eingeschränkte VerzWDL und nicht auch alternativ auf das ursprüngliche, ist die Klage unzulässig. S.a. EuG, 8.9.2021, T-489/20 – Kugelförmiger Behälter, Rn 13–20; Rechtsmittel nicht zugelassen, EuGH, 4.2.2022, C-672/20 P. Zur Problematik s. *Bender,* MarkenR 2008, 52.

399 EuG, 25.2.2010, T-316/09 – ANDROID. Dies erscheint zwar dogmatisch sehr problematisch, da damit der BK-Entscheidung ohne ausdrückliche Aufhebung durch das EuG eigenmächtig vom EUIPO ohne jede Rechtsgrundlage die Wirkung entzogen wird, führt aber im Interesse der Beteiligten zu einer pragmatischen Lösung; s. *Bender,* Ein Android vor dem EuG, MarkenR 2010, 193.

400 EuG, 16.3.2017, T-473/15 – APUS/ABUS, Rn 32–40, 54–69.

401 EuGH, 26.4.2007, C-412/05 P – TRAVATAN/TRIVASTAN, Rn 102, 107–110; EuG, 1.2.2006, T-466/04 und T-467/04 – GERONIMO STILTON/stilton, Rn 42–53; EuG, 10.9.2008, T-48/06 – astex TECHNOLOGY/ASTEX, Rn 19–21. Eine hilfsweise Einschränkung des VerzWDL im Wege eines Hilfsantrags ist danach auch vor dem Amt unstatthaft.

auf keinen Fall auf die stillschweigende Zurücknahme seiner Anmeldung geschlossen werden[402].

Nach Art. 6 Abs. 3 S. 1 DVUM hat das EUIPO, wenn der Anmelder das Verz. gemäß   **510**
Art. 49 Abs. 1 UMV einschränkt, den *Widersprechenden hiervon in Kenntnis* zu setzen und ihn aufzufordern, innerhalb einer von ihm gesetzten Frist zu erklären, ob er den Widerspruch aufrechterhält und, bejahendenfalls, auf welche der verbleibenden Waren und DL er sich bezieht. Unterlässt das Amt diese Mitteilung, so stellt dies – jedenfalls wenn der Widersprechende seine Absicht bekundet hatte, den Widerspruch unabhängig von allen Einschränkungen des Anmelders aufrechtzuerhalten – keinen Verstoß gegen Art. 94 S. 2 UMV dar, zumal weitere Einschränkungen auch noch nach Erlass der Entscheidung der Widerspruchsabteilung erklärt werden können[403].

Nimmt der Widersprechende den *Widerspruch* aufgrund der Einschränkung *zurück*,   **511**
wird das Widerspruchsverfahren eingestellt (Art. 6 Abs. 3 S. 2 DVUM).

Der noch in der GMV vorgesehene sog. *Disclaimer*, der mit der Anmeldung oder   **512**
ggf der Eintragung veröffentlicht wurde[404], ist in der UMV *entfallen*, da er praktisch bedeutungslos geblieben war.

II. Prüfungsgrundsätze

1. Prüfungsmaßstab und -umfang

Die *Prüfung der Anmeldung* darf sich nicht auf ein Mindestmaß beschränken, sondern   **513**
muss *streng und umfassend* sein, um eine ungerechtfertigte Eintragung von Marken zu verhindern und aus Gründen der *Rechtssicherheit* und der *ordnungsgemäßen Ver-*

---

402 EuG, 17.3.2009, T-171/06 – TRENTON/LENTON, Rn 44–46.
403 EuG, 12.5.2016, T-750/14 – ELGO/ERGO; bestätigt durch EuGH, 7.6.2017, C-687/16 P.
404 Der Disclaimer hatte die Funktion, deutlich herauszustellen, dass sich das ausschließliche Recht, das dem Markeninhaber verliehen wurde, nicht auf die nicht unterscheidungskräftigen Markenbestandteile erstreckt. Dadurch können etwaige spätere Anmelder erkennen, dass die nicht unterscheidungskräftigen Bestandteile einer eingetragenen Marke, die Gegenstand einer solchen Erklärung waren, weiterhin verfügbar sind. Diese Erklärung konnte aus eigener Initiative des Anmelders oder auf Aufforderung des Amts abgegeben werden, jedoch nicht mehr vor dem EuG; EuG, 15.12.2011, T-377/09 – PASSIONATELY SWISS, Rn 13. Die Anwendung von Art. 37 Abs. 2 GMV setzte aber voraus, dass zumindest ein Bestandteil der Anmeldung unterscheidungskräftig war. Verblieb ihr bei Aufnahme des Disclaimers kein unterscheidungskräftiger Bestandteil mehr (zB nur banale Farben und/oder Grafiken), so konnte dieser nicht akzeptiert werden; EuG, 7.9.2016, T-4/15 – Q10, Rn 17–25. Brachte der Anmelder die vom HABM geforderte Erklärung nicht fristgemäß bei, konnte das Amt die Anmeldung ganz oder teilweise zurückweisen (Regel 11 Abs. 3 GMDV); EuG, 19.11.2009, T-425/07 – Bildmarke 100; bestätigt durch EuGH, 22.6.2011, C-56/10 P. Die Disclaimer sind jedoch ohne jegliche Bedeutung für die Bestimmung der Markenähnlichkeit und der Verwechslungsgefahr; EuGH, 12.6.2019, C-705/17 – ROSLAGSÖL (Hansson)/ROSLAGS PUNSCH, Rn 46–62; BK, 29.3.2012, R 2499/10–1 – ACETAT Silicon 101E/101.

waltung sicherzustellen, dass Marken, deren Benutzung vor Gericht mit Erfolg entgegengetreten werden könnte, nicht eingetragen werden.

514 *Keinesfalls* schützt nämlich Art. 14 Abs. 1b UMV den Wettbewerb bereits so hinreichend, dass eine *großzügige*, den Schutz der Anmeldung im Zweifel zulassende *Eintragungspraxis* gerechtfertigt ist, da Art. 14 UMV nämlich lediglich die Beschränkung der Wirkungen der einmal eingetragenen Marke betrifft, also nicht schon im Eintragungsverfahren anwendbar ist.

515 Ansonsten würde der *zuständigen Behörde* die Aufgabe der Beurteilung der Eintragungshindernisse im Zeitpunkt der Eintragung der Marke genommen und auf die Gerichte übertragen, die die Ausübung der Rechte aus der Marke im Einzelfall zu gewährleisten haben. Dies wäre mit dem *System der MarkenRL* unvereinbar, das auf einer der Eintragung vorausgegangenen und nicht auf einer nachträglichen Kontrolle beruht. Hierfür sprechen schon die Zahl und die ausführliche Beschreibung der Eintragungshindernisse sowie der breite Fächer an Rechtsbehelfen bei Ablehnung der Eintragung[405].

516 Wie sich bereits aus dem Verständnis der vom EuGH gewählten Begriffe und der Urteilsbegründung ergibt, bedeutet dies einerseits, dass der *Prüfungsumfang umfassend* und allgemein, also nicht lediglich oberflächlich oder stichprobenhaft, sein muss, somit alle in Lexika, (Fach-)Wörterbüchern, (Fach-)Publikationen, Datenbanken, insb im Internet[406], oder in anderen Medien auffindbaren Belege sorgfältig erfassen und bewerten muss, und andererseits, dass der *Prüfungsmaßstab streng*, also keinesfalls offen, flexibel oder nachgiebig, sondern strikt und bestimmt sein muss, um sicherzustellen, dass Fehleintragungen, die sich zu einer Behinderung des fairen und unverfälschten Wettbewerbs entwickeln können und dem Allgemeininteresse zuwiderlaufen, vermieden werden.

517 Dies stellt eine klare und eindeutige *Absage an eine großzügige, anmelderfreundliche Prüfungspraxis* dar, wie sie von einigen Mitgliedstaaten vor der Harmonisierung betrieben wurde[407] und teilweise immer noch an- bzw ausklingt[408].

---

405 EuGH, 6.5.2003, C-104/01 – Libertel-Orange, Rn 58, 59; EuGH, 21.10.2004, C-64/02 P – Das Prinzip der Bequemlichkeit, Rn 45; EuGH, 9.9.2010, C-265/09 P – Bildmarke, Rn 45.

406 EuG, 17.4.2013, T-383/10 – CONTINENTAL, Rn 34–38. Da die Verbraucher in der Union auch Zugang zu schweizer Internetseiten haben, insb mit Hilfe von Suchmaschinen, sind deren Inhalte für die Beurteilung des Verkehrsverständnisses über den Bedeutungsgehalt einer angemeldeten Unionsmarke nicht unerheblich.

407 So hatte man im Benelux-Amt früher praktisch auf eine inhaltliche Prüfung verzichtet, so dass dort – immer noch – beschreibende Marken eingetragen sind, was sich in Widerspruchsverfahren fatal auswirken kann (s. EuG, 11.12.2013, T-591/11 – SUPER GLUE/ SUPERGLUE, Rn 36–48; bestätigt durch EuGH, 2.10.2014, C-91/14 P; natürlich im Konflikt um Klebstoffe).

408 S. zB BGH, 9.7.2009, I ZB 88/07 – ROCHER-Kugel, Rn 23.

Wird nach rechtskräftiger Zurückweisung einer Anmeldung vom selben Anmelder **518** eine identische Marke für identische Waren und DL neu angemeldet (*Wiederholungsanmeldung*), so bedarf es keiner erneuten Prüfung, wenn sich der Sachverhalt nicht verändert hat und keine relevanten zusätzlichen Tatsachen zugunsten der Neuanmeldung vorgebracht wurden[409]. Die BK sehen sie nämlich als unzulässig an, da für eine lediglich bestätigende Entscheidung kein Rechtsschutzbedürfnis bestehe. Ansonsten könnten durch identisch wiederholte Anmeldungen immer wieder bereits endgültig entschiedene Rechtsfragen neu eröffnet werden[410].

2. Prüfungsreihenfolge

Alle *Eintragungshindernisse* des Art. 7 Abs. 1 UMV sind *voneinander unabhängig* und **519** müssen *gesondert geprüft* werden[411].

Die verschiedenen Eintragungshindernisse sind nämlich im Licht des *Allgemeininteresses* **520** auszulegen, das jedem von ihnen zugrunde liegt. Das bei der Prüfung jedes dieser Eintragungshindernisse berücksichtigte Allgemeininteresse kann oder muss sogar je nach dem betr Eintragungshindernis *in unterschiedlichen Erwägungen zum Ausdruck* kommen.

Auch ein *Staat* ist denselben Anforderungen des Allgemeininteresses unterworfen wie **521** jeder Wirtschaftsteilnehmer, der eine Unionsmarke anmeldet oder dem eine solche Marke entgegengehalten wird[412].

In Konsequenz hat der EuGH das *EUROHYPO*-Urteil des EuG insoweit aufgeho- **522** ben, als dieses die Unterscheidungskraft der Anmeldung ausschließlich anhand einer Prüfung ihres beschreibenden Charakters bewertet hatte[413].

---

409 EuG, 8.2.2011, T-157/08 – INSULATE FOR LIFE, Rn 39; EuG, 6.10.2015, T- 545/14 – engineering for a better world II, Rn 14–33.

410 BK, 16.11.2015, R 1649/11-G – Zylindrische Flaschenform (Voss of Norway) mwN. Dies erscheint nicht unproblematisch. Jedenfalls darf eine Beschwerde nicht wegen entgegenstehender Rechtskraft (res iudicata) als unzulässig zurückgewiesen werden, da auch eine identische Wiederholungsanmeldung einen anderen Anmeldetag aufweist und damit der Sachverhalt schon insoweit verschieden ist. So aber noch zu Unrecht BK, 30.6.2011, R 272/11-2 – DYNAMIC PRECIOUS METALS FUND.

411 EuGH, 8.4.2003, C-53–55/01 – Gabelstapler/Rado-Uhren/Stabtaschenlampen, Rn 67. In diesem Zusammenhang ist darauf hinzuweisen, dass das – allgemein als verunglückt angesehene – Urteil des EuGH, 20.9.2001, C-383/99 P – Baby-dry; im Lichte der nachfolgenden Rspr und daher rechtlich als nicht mehr relevant anzusehen ist. Dies zeigt sich bereits daraus, dass es vom EuGH nie mehr zitiert wurde, auch wenn er sich davon nicht ausdrücklich distanziert hat. S. Schlussanträge des GA Ruiz-Jarabo Colomer vom 15.10.2009, C-408/08 P – COLOR EDITION, Rn 51–59.

412 EuG, 15.1.2015, T-197/13 – MONACO, Rn 43.

413 EuGH, 8.5.2008, C-304/06 P – EUROHYPO, Rn 54–62, 68, 69. Aufgrund eigener Beurteilung kam der EuGH aber letztlich zur Zurückweisung des Rechtsmittels wegen fehlender Unterscheidungskraft der Anmeldung. Die allgemeinen deutschsprachigen Verbraucherkreise verstehen *EUROHYPO* nämlich dahin, dass es sich in seiner Gesamtheit

523 Damit hatte nämlich das EuG nach Erkenntnis des EuGH insb versäumt, das durch Art. 7 Abs. 1b UMV speziell geschützte öffentliche Interesse zu berücksichtigen, nämlich die Gewährleistung der *Ursprungsidentität* der mit der Marke gekennzeichneten Ware oder DL. Zudem hatte es ein *falsches Kriterium* angewandt, wonach eine aus beschreibenden Bestandteilen zusammengesetzte Marke die Eintragungsvoraussetzungen erfüllen könnte, wenn das Wort in den allgemeinen Sprachgebrauch eingegangen ist und dort eine ihm eigene Bedeutung erlangt hat.

524 Dieses Kriterium ist zwar im Rahmen des Art. 7 Abs. 1c UMV relevant, es ist jedoch nicht einer Auslegung des Art. 7 Abs. 1b UMV zugrunde zu legen. Auch wenn es dieses Kriterium nämlich ermöglicht, die Benutzung einer Marke zur *Beschreibung* einer Ware oder DL auszuschließen, lässt sich anhand dessen nicht feststellen, ob eine Marke dem Verbraucher oder Endabnehmer die *Ursprungsidentität* der mit der Marke gekennzeichneten Ware oder DL garantieren kann.

525 Die unabhängige und gesonderte Prüfung der einzelnen Eintragungshindernisse bedeutet aber nicht, dass im Einzelfall nicht auch *mehrere Schutzversagungsgründe* für eine Anmeldung zutreffen können (Art. 42 Abs. 1 UMV)[414]. Liegt bereits ein Eintragungshindernis vor, bedarf es aus Gründen der Verfahrensökonomie keiner weiteren Prüfung sonstiger Schutzversagungsgründe mehr.

526 Hinsichtlich der *Prüfungsreihenfolge* hat der EuGH klargestellt, dass Art. 7 Abs. 1e UMV ein spezielles und *vorgreifliches Eintragshindernis* darstellt, das vorrangig zu prüfen ist, zumal es nicht durch die Erlangung von Verkehrsdurchsetzung (Art. 7 Abs. 3 UMV) überwunden werden kann[415].

3. Relevante Verkehrskreise

527 Bei der Beurteilung der Eintragungsfähigkeit ist immer auf das Verständnis eines *normal informierten, angemessen aufmerksamen und verständigen Durchschnittsverbrauchers* der angesprochenen Verkehrskreise[416] in der Europäischen Union unter Zugrundelegung

---

in allgemeiner Weise auf dingliche Sicherheiten erfordernde Finanz-DL und insb auf Hypothekendarlehen bezieht, die in der Währung der Europäischen Wirtschafts- und Währungsunion gezahlt werden. Nachdem kein Zusatzelement die Annahme ermöglicht, dass die Kombination aus den gängigen und üblichen Bestandteilen »EURO« und »HYPO« ungewöhnlich wäre oder eine eigene unterscheidungskräftige Bedeutung erlangt hätte, nehmen die maßgeblichen Verkehrskreise die fragliche Marke in dem Sinne wahr, dass sie Informationen über die Art der mit ihr gekennzeichneten DL vermittelt, nicht aber als Hinweis auf deren Herkunft. S.a. EuG, 10.2.2010, T-344/07 – Homezone, Rn 43.

414 EuGH, 12.2.2004, C 363/99 – Postkantoor, Rn 69 mwN. Umgekehrt lässt nämlich die Tatsache, dass eine Marke nicht unter eines der Eintragungshindernisse des Art. 7 Abs. 1 UMV fällt, nicht den Schluss zu, dass sie nicht unter ein anderes fallen kann.

415 EuGH, 18.6.2002, C-299/99 – Rasierscherkopf (Philips/Remington), Rn 74–76.

416 EuGH, 16.7.1998, C-210/96 – 6-Korn-Eier (Gut Springenheide), Rn 31 (dort war der Begriff des Durchschnittsverbrauchers noch etwas unscharf als Doppeldurchschnittler

aller ihrer Amtssprachen abzustellen[417], wobei je nach den beanspruchten Waren und DL zu bestimmen ist, ob diese sich an das breite und allgemeine Publikum richten oder an, auch relativ schmale[418], Spezialverkehrskreise mit besonderen Fachkenntnissen. Danach sind der jeweilige Kenntnisstand und der Aufmerksamkeitsgrad zu bemessen.

Dieser ist dann *nicht überdurchschnittlich*, wenn die Waren oder DL weder teuer noch selten sind, ihr Erwerb und ihre Verwendung keine speziellen Kenntnisse erfordern und sie keine schwerwiegenden Auswirkungen auf die Gesundheit, das Budget oder das Leben des Verbrauchers haben[419]. **528**

Während also *Allgemeingüter des Massenverkehrs*, die für den täglichen Ge- oder Verbrauch gedacht sind, an das breite allgemeine Publikum mit normalem Verständnisvermögen und eher geringerer Aufmerksamkeit[420] adressiert sind, wenden sich *hochpreisige Waren*, wie zB Kraftfahrzeuge, oder langfristige DL, wie zB Lehrgänge, an regelmäßig aufmerksamere Verkehrskreise sowie Spezialwaren, wie zB chemische Präparate oder Spezialdienste, wie Geschäftsführung oder Werbung, an das einschlägige und vorgebildete *Fachpublikum mit hoher Aufmerksamkeit*. **529**

So können *Spezialbegriffe*, die das allgemeine Publikum nicht kennt, für Fachkreise einen beschreibenden Inhalt haben. **530**

Andererseits folgt aus dem gegenüber Durchschnittsverbrauchern naturgemäß *höheren Aufmerksamkeitsgrad* von Fachverkehrskreisen jedoch nicht zwangsläufig, dass eine geringere Unterscheidungskraft des Zeichens ausreicht, wenn die maßgeblichen Verkehrskreise fachlich spezialisiert sind[421]. **531**

übersetzt worden); EuGH, 16.9.2004, C-329/02 P – SAT.2, Rn 24; EuG, 31.5.2006, T-15/05 – Wurstdarm, Rn 26.
417 So kann sich ein Verfahrensbeteiligter zB nicht auf das Verständnis des schweizer Publikums berufen; EuG, 15.12.2011, T-377/09 – PASSIONATELY SWISS, Rn 18, 19.
418 EuG, 17.9.2008, T-226/07 – PRANAHAUS, Rn 29, 31; bestätigt durch EuGH, 9.12.2009, C-494/08 P. Hier war hinsichtlich der beanspruchten Druckereierzeugnisse sowie Einzelhandels-DL im Versandhandel und im stationären Einzelhandel für Waren des täglichen Bedarfs, nämlich Druckereierzeugnisse, Bekleidungsstücke, Kosmetik- und Körperpflegeartikel, Küchen-, Haushalts- und Einrichtungsgegenstände, Sport- und Musikartikel usw auf ein Spezialpublikum mit guten Kenntnissen der Alternativmedizin, der Esoterik, des Hinduismus, der fernöstlichen Kultur und des Yogas abzustellen, da »PRANA« ein Wort aus der Sanskritsprache darstellt, das auf die Begriffe Leben, Lebenskraft oder Lebensenergie verweist und in der hinduistischen Lehre und im Yoga von realer Bedeutung ist sowie als Prana-Heilung eine Behandlungsmethode der Alternativmedizin darstellt. Es ist zwar noch kein gewöhnliches und geläufiges Wort der deutschen Sprache, aber doch ein, für die an diesen Fächern und Lehren Interessierten ohne weiteres bekannter und wesentlicher Begriff.
419 S. zB EuG, 11.7.2013, T-208/12 – Rote Schnürsenkelenden, Rn 42 mwN, bestätigt durch EuGH, 11.9.2014, C-521/13 P.
420 S. zB EuG, 12.2.2014, T-570/11 – La qualité est la meilleure des recettes, Rn 29–31.
421 EuGH, 12.7.2012, C-311/11 P – WIR MACHEN DAS BESONDERE EINFACH, Rn 47, 48.

532 Wenn sich die relevanten Waren und DL an Verkehrskreise mit unterschiedlicher Aufmerksamkeit richten, reicht es nach stRspr aus, das *Publikum mit dem geringsten Aufmerksamkeitsgrad* zu berücksichtigen[422]. Dieser Grundsatz gilt auch für das Widerspruchsverfahren.

533 Auch wenn beim Vertrieb einer von einer Marke geschützten Ware an den Verbraucher oder Endabnehmer Zwischenhändler beteiligt sind, sind im Allgemeinen *die Verbraucher oder Endabnehmer* relevant. Denn der gesamte Vermarktungsprozess bezweckt den Erwerb der Ware innerhalb dieser Kreise, und die Rolle der Zwischenhändler besteht darin, die Nachfrage danach sowohl zu entdecken und vorauszuschätzen als auch sie zu erweitern oder zu lenken. Je nach den Merkmalen des Marktes für die betr Ware sind jedoch auch der Einfluss der *Zwischenhändler* auf die Kaufentscheidungen und damit deren Wahrnehmung am Markt zu berücksichtigen[423].

534 Bei *verschreibungspflichtigen Arzneimitteln* sind neben den Endverbrauchern weiter die medizinischen Fachleute relevant[424].

4. Eintragungshindernis in einem Teil der Union

535 Bei der Prüfung des Verständnisses der angesprochenen Verkehrskreise ist – abweichend vom nationalen Recht – zu berücksichtigen, dass gemäß Art. 7 Abs. 2 UMV bereits ein *nur in einem Teil der Union*, also auch in einem Teil eines Mitgliedstaats, zB *in einem Sprachraum*, wie im *finnischen*[425], *griechischen*[426] oder *bulgarischen*[427], aufgrund der dort gebräuchlichen Amtssprache(-n) bestehendes Eintragungshindernis der Schutzfähigkeit der Marke insgesamt entgegensteht, wobei es auf die wirtschaftliche Bedeutung des Staats nicht ankommt.

536 Auch ein *möglicher Ausschluss der Umwandlung* gemäß Art. 139 Abs. 2b UMV in nationale Marken nach Zurückweisung einer Anmeldung durch das EUIPO wegen

---

422 EuG, 8.7.2020, T-20/19 – mediFLEX easystep/Stepeasy, Rn 42 mwN; EuG, 12.12.2019, T-266/19 – Gabel auf grünem Hintergrund/gastivo, Rn 21 mwN.

423 EuGH, 29.4.2004, C-371/02 – Bostongurka (Björnekulla/Procordia), Rn 23–25.

424 EuGH, 26.4.2007, C-412/05 P – TRAVATAN/TRIVASTAN, Rn 56–60. S.a. Rdn 1393.

425 EuG, 19.11.2008, T-269/06 – RAUTARUUKKI, Rn 33–37, da der Begriff im Finnischen für Eisenarbeiten steht.

426 EuG, 25.11.2020, T-882/19 – ΑΠΛΑ!, Rn 41–58, weil dies auf Griechisch »einfach, leicht« bedeutet; EuG, 21.2.2013, T-427/11 – BIODERMA, Rn 48–53, da der Begriff im Griechischen den natürlichen Ursprung von Waschmitteln, Kosmetika und Gesundheitspflegeprodukten sowie der entspr DL in Bezug auf die Haut beschreibt; EuG, 16.12.2010, T-281/09 – CHROMA, da die Transliteration des griechischen »χρώμα« die Farbigkeit von Keramikwaren beschreibt, Rn 33–41; EuG, 17.5.2011, T-7/10 – υγεία, Rn 26, 28–30, da das Wort »Gesundheit« für ärztliche DL klar beschreibend ist.

427 EuG, 12.4.2018, T-386/17 – Лидер (Marktführer), Rn 31, 32, da der Begriff im Bulgarischen für die beanspruchten Lebensmittel eine anpreisende und beschreibende Werbeaussage darstellt.

ihres nicht schutzfähigen Charakters in einem Teil der Union verpflichtet dieses wegen Art. 94 UMV nicht zu einer Prüfung für alle weiteren Mitgliedstaaten[428].

Daher kann sich die Prüfung der Eintragungshindernisse *auf eine der Sprachen* der Union *beschränken*, insb auf diejenige, aus deren Sprachraum die Begriffe stammen, aus denen sich die Marken zusammensetzen[429].   **537**

Bei einem Wort aus der *deutschen Sprache* kommt es auf das deutschsprachige Gebiet der Union, dh das gesamte Gebiet oder einen Teil des Gebiets in Belgien, Dänemark, Deutschland, Italien, Luxemburg und Österreich an[430].   **538**

Bei *englischen Begriffen* des Grundwortschatzes ist davon auszugehen, dass diese weit über Irland und Malta hinaus in vielen europäischen Staaten verstanden werden, insb in den skandinavischen Ländern, den Niederlanden sowie Deutschland, Österreich und Zypern (s. Rdn 833). Jedoch sind mit Ausnahme bestimmter Begriffe, die zum englischen Grundwortschatz gehören, englische Begriffe in der Europäischen Union nicht allgemein bekannt[431]. Die englische Sprache ist dabei grds als Einheit zu verstehen, so dass zB auch amerikanische Termini dazu gehören[432].   **539**

Das Eintragungsverbot für beschreibende Angaben gilt nicht nur für die Amtssprachen der Union, sondern auch für *Sprachen von Minderheiten* oder *Regionen* in ihr, so für *katalanische* Begriffe, weil diese Sprache in einem Teil von Spanien verstanden wird[433], oder für *russische* Wörter, weil besonders in den baltischen Staaten Estland, Lettland, und Litauen Mio. Bürger mit russischer Muttersprache leben[434].   **540**

---

428 EuG, 3.7.2013, T-236/12 – NEO, Rn 56–58.

429 EuG, 11.2.2020, T-732/18 – charantea/CHARITÉ, Rn 21; und EuG, 10.6.2020, T-707/19 – ONE-OFF, Rn 22.

430 EuG, 24.6.2014, T-273/12 – Ab in den Urlaub, Rn 39–41.

431 EuG, 29.4.2020, T-109/19 – TasteSense/MultiSense, Rn 65.

432 S. ua EuG, 15.12.2010, T-380/09 – GASOLINE/GAS, Rn 39–41.

433 EuG, 13.9.2012, T-72/11 – ESPETEC, da dies im Katalanischen ein längliches Würstchen aus gedörrtem Schweinefleisch beschreibt.

434 EuG, 19.7.2017, T-432/16 – медведь (Bär); bestätigt durch EuGH, 16.1.2018, C-570/17 P. Die Prüfung der maßgeblichen Verkehrskreise darf nicht auf die Amtssprachen der Union beschränkt werden, da ansonsten die Besonderheit von mehrsprachigen Regionen unberücksichtigt bliebe, die einen bedeutenden Teil des Hoheitsgebiets der Mitgliedstaaten ausmachen. Ein erheblicher Teil der Bewohner der baltischen Staaten beherrscht Russisch, und für manche von ihnen ist es sogar die Muttersprache. Das hier angemeldete Wort »Bär« weist zudem die Besonderheit auf, dass es auch Verbrauchern, die Russisch als Fremdsprache gelernt haben, bekannt ist, da es zum russischen Grundwortschatz gehört und in der russischen Kultur, ua in der Folklore, der Kunst und der Literatur, sowie im russischen Sport sehr präsent ist. S.a. EuG, Urteil vom 13.11.2018, T-830/16 – PLOMBIR, Rn 55–61, 72–76. Danach ist weiter zu berücksichtigen, dass von der Bevölkerung Deutschlands etwa 3 Mio. der russischen Sprache mächtig sind. Außerdem wird das der russischen Sprache kundige Publikum der Union eher der Transliteration »PLOMBIR« in lateinische Buchstaben als dem entspr Begriff in kyrillischer Schreibweise eine beschreibende Bedeutung für Sahneeis auf Russisch beimessen, weil dieses das lateinische Alphabet

541   *Nationale Voreintragungen* stellen zwar ein gewisses Indiz für die Schutzfähigkeit dar, insb wenn sie aus dem Sprachraum stammen, in dem das Hindernis besteht, sind aber generell für die Unionsmarke nicht bindend, weil diese auf einem eigenständigen System beruht, das von den nationalen unabhängig ist[435] (s. Rdn 46 f).

542   Für die Schutzversagung können auch nur in einem Teil der Union bestehende *gesetzliche Verbote* oder *sittliche Vorstellungen* maßgebend sein (s. Rdn 920).

5. Relevanter Zeitpunkt

543   *Maßgeblicher Zeitpunkt* für die Prüfung des Vorliegens absoluter Eintragungshindernisse ist der *Anmeldetag*, später eingetretene Hindernisse dürfen nur mehr berücksichtigt werden, wenn sich daraus eindeutige Rückschlüsse ziehen lassen, dass sie bereits zum Anmeldezeitpunkt bestanden, die Anmeldung zB zur Beschreibung geeignet war.

544   Andernfalls könnte die Erlangung einer Unionsmarke durch *Ereignisse beeinträchtigt* werden, die während des Eintragungsverfahrens eingetreten sind, und hinge von dessen Dauer ab. Da nämlich das Recht aus der Unionsmarke Dritten erst vom Zeitpunkt der Veröffentlichung ihrer Eintragung an entgegengehalten werden kann, könnte der Anmelder nicht verhindern, dass die Marke eine gebräuchliche Gattungsbezeichnung wird und damit von der Eintragung ausgeschlossen ist[436].

545   Eine solche Verpflichtung schließt jedoch nicht aus, dass das EUIPO ggf *Beweise späteren Datums* als der Anmeldung berücksichtigen kann, soweit diese Rückschlüsse auf die Situation zu diesem Zeitpunkt zulassen, denn das absolute Eintragungshindernis des Art. 7 Abs. 1c UMV setzt nicht voraus, dass ein Zeichen zum Zeitpunkt der Anmeldung tatsächlich beschreibend verwendet wird, sondern dass es beschreibend verwendet werden kann[437].

546   Auf den Anmeldetag ist auch bei der Geltendmachung der *Verkehrsdurchsetzung* abzustellen[438] (s. Rdn 826).

547   Schließlich darf die Eintragung einer am Tag des *Beitritts eines neuen Mitgliedstaats* bereits angemeldeten Unionsmarke nicht aufgrund der in Art. 7 Abs. 1 UMV aufgeführten absoluten Eintragungshindernisse abgelehnt werden, wenn diese Hindernisse lediglich durch den Beitritt entstanden sind (Art. 209 Abs. 2 UMV).

---

beherrscht, aber nicht notwendigerweise das kyrillische. Dieses Urteil wurde vom EuGH (18.6.2020, C-142/19 P, Rn 38–43) bestätigt, auch wenn er die Frage der Kenntnis der russischen Sprache durch deutsche Verkehrskreise offen gelassen hat.

435   S. EuGH, 19.9.2002, C-104/00 P – Companyline, Rn 39, 40; EuGH, 25.10.2007, C-238/06 P – Develey-Kunststoffflasche, Rn 56–58, 65–73.

436   EuGH, 23.4.2010, C-332/09 P – FLUGBÖRSE, Rn 47–51.

437   EuG, 21.11.2013, T-313/11 – Matrix-Energertics, Rn 47–51 mwN; EuG, 15.11.2012, T-278/09 – GG, Rn 56, 57; EuG, 6.3.2003, T-128/01 – Jeep-Kühlergrill, Rn 41. Dieser Auffassung hat sich auch die deutsche Rspr angeschlossen; BGH, 18.4.2013, I ZB 71/12 – Aus Akten werden Fakten, Rn 15.

438   EuGH, 23.4.2010, C-332/09 P – FLUGBÖRSE, Rn 52.

Im *Missbrauchsfalle* können aber zB kurz vor dem Beitritt angemeldete glatt beschrei-　548
bende Angaben in einer Beitrittssprache wegen Bösgläubigkeit in einem späteren
Nichtigkeitsverfahren gelöscht werden.

III. Markenfähigkeit

1. Allgemeine Grundsätze

Auch für das Unionsmarkensystem gilt das Grunderfordernis, dass ein Zeichen eine　549
abstrakte Unterscheidungseignung aufweisen muss, um als markenfähig angesehen werden zu können.

In diesem Prüfstadium ist die Eignung zur Unterscheidung noch *abstrakt*, dh ohne　550
Bezugnahme auf die angemeldeten Waren und DL zu bestimmen. Unionsmarken
können nämlich *Zeichen aller Art* sein, insb Wörter, einschl Personennamen[439], oder
Abbildungen, Buchstaben[440], Zahlen[441], Farben[442] und Farbkombinationen, die Form
oder Verpackung[443] der Ware, besondere Markenanbringung auf der Ware (Positionsmarken), Wiederholungsmuster (Mustermarken), Klänge[444], Bewegungsmarken, Mul-
timediamarken, Hologramme oder sonstige Zeichen (Art. 3 Abs. 3 und 4 UMDV),
soweit sie geeignet sind, Waren oder DL eines Unternehmens von denjenigen anderer
zu unterscheiden und in dem Register der Unionsmarken *in einer Weise dargestellt* zu
werden, dass die zuständigen Behörden und das Publikum den Gegenstand des dem
Inhaber einer solchen Marke gewährten Schutzes *klar* und *eindeutig* bestimmen können[445] (Art. 4 UMV, Art. 7 Abs. 1a UMV, Art. 3 Abs. 1 UMDV)[446].

Die in der UMV nicht mehr näher definierte *Darstellung* ist ebenso wie die bislang　551
nach der GMV erforderliche *grafische Darstellbarkeit* iSd hinreichenden *Bestimmtheit*
und *Sicherheit des Registers* auszulegen[447]. Denn die Darstellung der Marke muss klar
und genau sein, um den Gegenstand des durch die Eintragung verliehenen Schutzes

---

439　EuGH, 16.9.2004, C-404/02 – Nichols, Rn 22.
440　EuGH, 9.9.2010, C-265/09 P – Bildmarke α, Rn 28; ua EuG, 13.6.2007, T-441/05 –
　　　Bildmarke I, Rn 37, 38, 47; EuG, 9.7.2008, T-302/06 – Buchstabe E (2), Rn 29, 30.
441　S. ua EuG, 19.11.2009, T-298/06 – Zahl 1000, Rn 14, 15; bestätigt durch EuGH,
　　　Rn 29–31.
442　EuGH, 6.5.2003, C-104/01 – Libertel-Orange.
443　Die Beispiele »Farben«, »Verpackung« (anstelle von »Aufmachung«) und »Klänge« wur-
　　　den neu in den Beispielkatalog des Art. 4 UMV aufgenommen, um der dementspr Rspr
　　　des EuGH Rechnung zu tragen.
444　EuGH, 27.11.2003, C-283/01 – Hörmarke; EuG, 13.9.2016, T-408/15 – Klingelton,
　　　Rn 32–35.
445　Die letztere Anforderung ersetzt das bis 30.9.2017 gültige Erfordernis der *grafischen*
　　　Darstellbarkeit in Art. 4 GMV. Angesichts der schon bisherigen weiten Auslegung dieses
　　　Begriffes durch den EuGH stellt der neue Gesetzestext jedoch nur eine Bestätigung der
　　　gegenwärtigen Praxis dar.
446　Eine identische Vorschrift enthält Art. 3 MarkenRL. (s. PräambelRL 13).
447　S. *Bender,* Die grafische Darstellbarkeit von Marken, FS 50 Jahre BPatG 2011, 491.

zu definieren. Eine *Beschreibung*, die die Darstellung ggf begleiten kann, muss mit dieser so, wie sie eingetragen wurde, *übereinstimmen* und kann den derart definierten Geltungsbereich der Marke nicht erweitern[448].

552　Insoweit trägt die Neufassung des Gesetzes mit dieser *flexiblen, sehr offenen* und *weiten Formulierung* sowohl der Rspr wie der technischen Weiterentwicklung der Aufzeichnungsmöglichkeiten in den unterschiedlichsten Speicher- insb den elektronischen und Internetmedien Rechnung, um bewusst neue und auch erst in der Zukunft entstehende Medien unter Verwendung allgemein zugänglicher Technologie in jeder geeigneten Form zu erfassen[449]. Da das Register der Unionsmarken heute schon ausschließlich im Internet geführt wird, ermöglicht dies ua die Aufnahme von (kurzen) *Ton-* und *Filmsequenzen* (zB für Klang-, Bewegungs- oder Lichtmarken), weil diese problemlos dokumentiert und abgehört bzw gesehen werden können, was früher die allein üblichen Markenblätter in gedruckter Form nicht leisten konnten.

553　Wird die Wiedergabe des Zeichens *nicht elektronisch* vorgelegt, so ist die Marke getrennt vom Textblatt der Anmeldung auf einem gesonderten Einzelblatt nach den Anforderungen von Art. 3 Abs. 6 bis 8 UMDV wiederzugeben[450]. (s. Rdn 346).

554　Nur wenn es sich zB um *absolut unbestimmte, unklare* oder *unvollständige Formen* oder ein nicht exakt beschriebenes Geräusch handelt, kann es an dieser Voraussetzung fehlen. So erfüllen weder ein Bildzeichen mit *Platzhalter* für wechselnde Einfügungen (wie Produktname, -abbildung und -beschreibung) noch eine *Vakuumverpackung für einen Bekleidungsartikel in einer Plastikumhüllung* noch ein *Klick-Geräusch* mangels Bestimmtheit die Voraussetzungen der Markenfähigkeit[451]. Dasselbe gilt, wenn die Beschreibung der Anmeldung zu ihrem sicheren Verständnis eines erheblichen intellektuellen Aufwands und enormer Vorstellungskraft bedarf und letztlich ein *mehrdeutiges* und *widersprüchliches Bild* vermittelt[452].

448　EuG, 23.9.2020, T-796/16 – Flasche mit Grashalm/Flasche mit Grashalm II, Rn 105–134; Rechtsmittel nicht zugelassen, EuGH, 23.3.2021, C-639/20 P. Hier konnte die Beschreibung der älteren Marke nicht ihrer Klarstellung oder Verdeutlichung dienen, da sie nicht mit der grafischen Darstellung, die eine Linie und nicht – wie in der Beschreibung – einen Grashalm zeigt, übereinstimmt. Denn nur eine realistischere Darstellung eines Grashalms oder die echte Abbildung eines solchen in eine Flasche gesteckten Halms hätte seine Präsenz in dieser Marke klar und deutlich festlegen können. Somit ist ein Grashalm nicht vom Gegenstand des durch die ältere Marke gewährten Schutzes erfasst.

449　S. PräambelUMV 9.

450　Es ist jedoch zu empfehlen, neben der Nutzung der neuen Medien die Marke (insb Hör- und Bewegungszeichen) auch immer noch zusätzlich mit Worten, Bildern oder Schriftzeichen (Notenschrift) zu beschreiben. Dies kann bei möglicher Beantragung einer Schutzerstreckung über die WIPO auf Staaten, die noch über kein elektronisches Aufzeichnungssystem verfügen, von Bedeutung sein.

451　BK, 29.4.2010, R 437/09–4 – OASE LIVING WATER; BK, 21.1.1998, R 4/97–2 – Vakuumverpackung; BK, 7.10.1998, R 1/98–2 – déclic.

452　EuG, 14.6.2012, T-293/10 – 7 verschiedenfarbige Quadrate, Rn 3, 4, 62–67. Aufgrund der Beschreibung muss man nicht zwingend zu einem Würfel, sondern kann auch zu

Die Voraussetzung der *Bestimmtheit* erfüllt der Gegenstand einer Anmeldung nicht, **555** wenn er sich auf eine *Vielzahl unterschiedlicher Erscheinungsformen* erstrecken soll, also eine bloße Eigenschaft der betr Ware darstellt, wie zB ein *durchsichtiger Auffangbehälter* als äußerer Teil eines Staubsaugers in allen denkbaren Formen. Die Formen, Dimensionen, Aufmachungen oder Gestaltungen des beanspruchten Gegenstands sind nämlich von den vom Anmelder entwickelten Staubsaugermodellen ebenso abhängig wie von den technischen Entwicklungen, die Durchsichtigkeit lässt zudem verschiedene Einfärbungen zu[453].

Weiter steht der Eintragung einer Marke die mangelnde Markenfähigkeit entgegen, **556** wenn in der Anmeldung ein *Widerspruch* besteht, es insb nicht eindeutig und klar ist, ob eine *Bild- oder Farbmarke begehrt* wird. Die Qualifikation des Zeichens als *Farbmarke* oder *Bildmarke* trägt nämlich insofern zur Konkretisierung von Gegenstand und Reichweite des beantragten markenrechtlichen Schutzes bei, als sie es ermöglicht zu bestimmen, ob die Konturen Teil des Gegenstands der Anmeldung sind[454].

Dieses Kriterium der Bestimmtheit spielt insb bei neuen Markenformen eine Rolle. **557** Da es sich bei der Unionsmarke um kein geschlossenes System handelt, ist sie offen für *alle möglichen denkbaren zukünftigen Markenformen*.

Der EuGH hat wiederholt darauf hingewiesen, dass Art. 4 UMV *keine abschließende* **558** *Aufzählung* enthält, so dass keiner Kategorie von Zeichen der Schutz bereits von Haus versagt werden kann, vorausgesetzt, sie sind hinreichend bestimmt darstellbar und können die abstrakte Unterscheidungsfunktion erfüllen. Danach gibt es keine Kategorie von aufgrund ihres Wesens oder ihrer Benutzung unterscheidungskräftigen Marken, die nicht markenfähig wäre. Dass dies speziell auch für »nackte« Warenformen ohne jegliches Beiwerk, wie zB Verzierungen, gilt, hat er ausdrücklich klargestellt[455].

Schließlich verhindert das Unionsrecht im Bereich des geistigen Eigentums keinesfalls ein *Nebeneinander mehrerer Schutzrechte*. So ist nicht schon von Haus aus ausgeschlossen, dass ein Patent oder ein Gebrauchs- bzw ein Geschmacksmuster auch eine Marke sein kann. Es müssen aber jeweils die unterschiedlichen Anforderungen an die Eintragung des betr Schutzrechts erfüllt sein[456]. Jedoch werden ein Patent oder

---

einem Quader gelangen. Selbst bei einer eindeutigen Beschreibung würde die Anmeldung einen inneren Widerspruch im Hinblick auf ihre wirkliche Natur enthalten, da sie keine Farbmarke, wie beansprucht, sondern eine dreidimensionale oder Bildmarke darstellt, was auch ihrem äußeren Eindruck als Würfel aus Quadraten in verschiedenen Farben entspricht.

453 EuGH, 25.1.2007, C-321/03 – Dyson Bin, Rn 10, 19, 20, 28, 32, 35, 37–40.
454 EuGH, 27.3.2019, C-578/17 – Farben Blau und Grau (Oy Hartwall Ab), Rn 35, 40, 43.
455 EuGH, 18.6.2002, C-299/99 – Rasierscherkopf (Philips/Remington), Rn 29–39, 48, 49, 73. S.a. EuGH, 8.4.2003, C-53–55/01 – Gabelstapler/Rado-Uhren/Stabtaschenlampen; EuGH, 29.4.2004, C-456, C-457, C-468–474/01 P – Tabs I, II und III; EuGH, 23.9.2004, C-107/03 P – Seifenstück; EuGH, 7.10.2004, C-136/02 P – Stabtaschenlampen; EuGH, 22.6.2006, C-24/05 P – Hellbrauner Bonbon (Werther's).
456 EuGH, 23.4.2020, C-237/19 – Homogener Körper (Gömböc Kutató), Rn 51–60.

Gebrauchsmuster wegen Art. 7 Abs. 1e-ii UMV im Regelfall nicht die Voraussetzungen für eine Markeneintragung erfüllen (s. Rdn 895, 897).

560 Die Prüfung der *Markenfähigkeit* ist *vorrangig*. Die *Schutzfähigkeit eines Zeichens nach Art. 7 Abs. 1b bis 1m UMV* kann nämlich erst dann beurteilt werden, wenn festgestellt worden ist, dass es *markenfähig* nach Art. 4 UMV ist. Denn eine Marke kann im Falle der Art. 7 Abs. 1b, 1c und 1d UMV wegen Art. 7 Abs. 3 UMV infolge ihrer Benutzung Unterscheidungskraft (Verkehrsdurchsetzung) erlangen, während diese Möglichkeit bei einem Zeichen, das nicht markenfähig iSv Art. 4 und Art. 7 Abs. 1a UMV ist, nicht besteht[457].

2. Einzelne Markenformen

561 Bei *Wortmarken* können alle in den europäischen Sprachen gebräuchlichen Buchstaben, Zeichen und Ziffern verwendet werden. Längere Textpassagen, die sich über mehrere Zeilen oder gar Seiten hinziehen, sind jedoch nicht markenfähig.

562 *Bildmarken*, die aus nicht standardisierten Schriftzeichen, Stilisierungen, einem besonderen Layout, reinen Bild- oder grafischen Elementen, aber auch aus Wort- und Bildkombinationen mit oder ohne Farbe bestehen können, sind markenfähig (Art. 3 Abs. 3b UMDV).

563 Dasselbe gilt nach Art. 3 Abs. 3c UMDV weiter für *dreidimensionale Gestaltungen*, also Zeichen, die aus einer dreidimensionalen Form bestehen oder sich darauf erstrecken, einschl der *Form* der Ware selbst oder deren Gestaltung sowie der *Verpackung einer Ware*, wie zB Behälter. Dieser Zeichenschutz erfasst sogar die *Darstellung der Ausstattung einer Verkaufsstätte* für Waren allein in der Form einer Zeichnung mittels einer Gesamtheit aus Linien, Konturen und Formen ohne Größen- oder Proportionsangaben für DL, die in Leistungen bestehen, welche sich auf diese Waren beziehen, aber keinen integralen Bestandteil des Verkaufs dieser Waren selbst bilden[458].

564 Die Tatsache, dass ein Zeichen auch, aber nicht lediglich als *Verzierung*[459] aufgefasst wird, steht für sich genommen dem Zeichenschutz nicht entgegen. Auch bei einem Muster, das in der Aufbringung sich unbegrenzt wiederholender dünner Striche auf der Oberfläche einer Glasplatte besteht, ist der EuGH konkludent von der Markenfähigkeit dieser *Ausstattung* ausgegangen.

565 *Positionsmarken* sind nämlich *markenfähig* und stehen den Kategorien der Bildmarken und dreidimensionalen Marken nahe, da sie die besondere Platzierung oder Anbrin-

---

457 EuG, 6.10.2021, T-124/20 – Sich wiederholende Kurven II, Rn 41–48.
458 EuGH, 10.7.2014, C-421/13 – Apple Flagship Stores, Rn 17–20, 27. Natürlich ist dann später im Einzelnen für jede beanspruchte DL zu prüfen, ob der Anmeldung nicht die Eintragungshindernisse des Art. 7 UMV entgegenstehen, insb muss die abgebildete Ausstattung erheblich von der Branchennorm oder -üblichkeit abweichen; Rn 20–26.
459 EuGH, 23.10.2003, C-408/01 – Drei Streifen/Adidas; EuGH, 28.6.2004, C-445/02 P – Glass Pattern I (Streifen auf Glasscheibe), mit dem das EuG, 9.10.2002, T-36/01, Rn 19, 20 bestätigt wurde.

gung von Wort-, Bild- oder dreidimensionalen Elementen auf der Produktoberfläche zum Gegenstand haben[460]. Positionsmarken finden nunmehr in der UMDV als spezifische Markenkategorie Erwähnung (Art. 3 Abs. 3d UMDV), so dass ihre Eigenständigkeit gegenüber anderen Markenformen nunmehr außer jeder Diskussion steht[461]. Dies folgt der Konsequenz der bisherigen Rspr des EuGH, zumal Art. 4 UMV keine abschließende Aufzählung der Zeichen enthält, die Unionsmarken sein können[462]. Auch *Tattoos* können Positionsmarken sein[463].

Eine konturlose *Farbe* an sich[464], also eine einzige Farbe ohne Umrisse, kann gemäß Art. 3 Abs. 3f UMDV ein Zeichen sein, da ihre Markenfähigkeit nicht generell ausgeschlossen werden darf. Jedoch reicht zur hinreichend bestimmten Darstellung ein bloßes *Farbmuster* mangels Beständigkeit nicht aus. Eine sprachliche Beschreibung ist zwar möglich, aber nur iVm einem Farbmuster ausreichend. Jedenfalls sollten, um dem Erfordernis der Genauigkeit und Dauerhaftigkeit (Bestimmtheitsgrundsatz!) zu genügen, immer *international anerkannte Farbcodes* (zB PANTONE, RAL) mit angegeben werden.

566

Bei *Farbkombinationen* (ebenfalls ohne Umrisse) handelt es sich um Farbmarken, die aus mehr als einer Farbe bestehen. Bei ihnen ist eine konkrete Angabe über die Raumaufteilung zu machen. Eine hinreichend bestimmte Darstellung von zwei oder mehr abstrakt und konturlos beanspruchten Farben ist nämlich nur dann gewährleis-

567

---

460 EuG, 16.1.2014, T-433/12 – Knopf im Ohr (Steiff), Rn 24–26; EuG, 16.1.2014, T-434/12 – Fähnchen im Knopf im Ohr (Steiff), Rn 24–26; EuG, 14.3.2014, T-131/13 – Stoffblume im Kragenknopfloch, Rn 3, 13, 19.

461 EuGH, 6.6.2019, C-223/18 P – Kreuz auf der Seite von Sportschuhen, Rn 40–49. Da GMV und GMDV keine »Positionsmarken« definierten, sondern dies erst durch Art. 3 UMDV erfolgte, war unter der alten Rechtslage nach – sehr zweifelhafter Ansicht – des EuGH die Einordnung einer Marke als Bild- oder Positionsmarke nicht von Bedeutung, sondern das EuG konnte eine eigenständige Auslegung des Schutzumfangs des als Bildmarke eingetragenen Zeichens vornehmen und den darin dargestellten gestrichelten Schuh nicht als Teil der Marke, sondern nur als Hinweis auf deren übliche Position verstehen, zumal für die Beurteilung der Unterscheidungskraft und der ernsthaften Benutzung angesichts der Ähnlichkeit der Markenformen die Einordnung einer »Positionsmarke« als Bild- oder dreidimensionale Marke irrelevant sei. Leider liefert der EuGH in diesem Urteil keine klare Abgrenzung zwischen der Bild- und der Positionsmarke, die schon nach ihrer Definition deutlich verschieden sind, sondern lässt beide Markenformen in unzulässiger Weise ineinander übergehen, weil es angeblich auf eine nähere Differenzierung nicht ankommen soll. Dies führt zu dem nicht nachvollziehbaren Ergebnis, dass aus einer Bildmarke ein Element (der gestrichelte Sportschuh) herausgelöst wird, weil dieses angeblich nur die Position des Zeichens angeben soll. Dabei ist es für die Unterscheidungskraft und insb für die Markenbenutzung von ganz entscheidender Bedeutung, ob eine Bildmarke nur aus einem Kreuz oder doch aus einem Kreuz in einem gestrichelten Schuh besteht, was der EuGH verkennt.

462 EuG, 26.2.2014, T-331/12 – Gelber Bogen am unteren Anzeigeeinheitsrand, Rn 3, 13, 14, 23.

463 S. Alicante News 12/2021, S. 1, 2.

464 EuGH, 6.5.2003, C-104/01 – Libertel-Orange.

tet, wenn sie systematisch so angeordnet ist, dass die betr Farben *in vorher festgelegter* und *beständiger Weise verbunden* sind.

568 Die *bloße form-* und *konturlose Zusammenstellung* zweier oder mehrerer Farben oder die Nennung zweier oder mehrerer Farben in jeglichen denkbaren Formen weist *nicht* die erforderlichen Merkmale der *Eindeutigkeit und Beständigkeit* auf[465]. So ist eine Anmeldung nicht markenfähig, die sich als eine Kombination zweier Farben darstellt, deren Verhältnis zueinander veränderlich ist, weil ein Farbton maximal zwei Drittel des Schneidteils eines Bohrers, also eine mehr oder weniger große Oberfläche bis zur Obergrenze von zwei Dritteln (zB ein Drittel, ein Viertel oder sogar ein Fünftel) bedecken soll[466]. Dasselbe gilt für Farbkombinationsmarken, die nicht eindeutig und klar oder sogar im *Widerspruch zur grafischen Abbildung* (von zwei ungefähr gleich großen vertikal angeordneten Farbblöcken) beschrieben sind. Eine zusätzliche Beschreibung reicht für die hinreichende Bestimmtheit zudem nicht aus, wenn sie unterschiedliche Kombinationsmöglichkeiten nicht ausschließt. Insb darf in der Beschreibung kein umfassenderer Schutz beansprucht werden als in der grafischen Darstellung[467].

569 Jedoch ist eine *Farbkombinationsmarke hinreichend bestimmt* und damit markenfähig, wenn die beanspruchten Farben *Grau und Orange* nach ihrer Beschreibung auf der Form eines Teils einer Ware, nämlich eines *Kettensägengehäuses*, derart aufgebracht sind, dass der obere Teil dieses Gehäuses orange und der untere Teil grau ist. Dies gilt selbst dann, wenn die Kettensägengehäuse verschiedene Formen aufweisen. Denn bei den Unterschieden zwischen den Gehäusen in ihrem äußeren Erscheinungsbild handelt es sich um solche in der Gestaltung, die es dem Verbraucher nicht verwehren, einen einzigen Gegenstand zu erkennen[468].

570 Nach der Rspr des EuGH[469] zu Art. 4 GMV kann auch ein Zeichen, das als solches nicht visuell wahrnehmbar ist, eine Marke sein, sofern es *insb mit Hilfe von Figuren, Linien oder Schriftzeichen grafisch dargestellt* werden kann und die Darstellung *klar,*

---

465 EuGH, 24.6.2004, C-49/02 – Farbkombination Blau-Gelb/Heidelberger Bauchemie.

466 EuG, 3.2.2011, T-299/09 und T-300/09 – Farben Ginstergelb bzw Ockergelb und Silbergrau, Rn 65.

467 EuG, 30.11.2017, T-101/15 und T-102/15 – Blau und Silber; bestätigt durch EuGH, 29.7.2019, C-124/18 P. Die grafische Darstellung besteht nämlich aus einem bloßen Nebeneinander von zwei Farben ohne Form oder Konturen, die daher mehrere verschiedene Kombinationen zulassen. Dass eine aus einer Farbkombination bestehende Marke eine systematische Anordnung der Farben aufweisen muss, kann nicht dazu führen, diese Markenart als Bildmarke anzusehen, da diese Anforderung nicht bedeutet, dass die Farben durch Konturen definiert werden müssen.

468 EuG, 24.3.2021, T-193/18 – Grau und Orange; EuGH, 26.11.2021, C-327/21 P. Aus der Beschreibung der Marke geht hervor, dass die Farbkombination nicht irgendeine Form eines Kettensägengehäuses annimmt, sondern die Form eines Gehäuses, das sichtbar in zwei Teile, einen oberen und einen unteren, unterteilt ist. Diese Klarstellung setzt den Formen, die das Kettensägengehäuse annehmen kann, eine größere Grenze. Es dürfte sich mE hier aber eher um eine Positions- als eine Farbmarke handeln.

469 EuGH, 12.12.2002, C-273/00 – Riechmarke/Sieckmann; EuGH, Hörmarke.

eindeutig, in sich abgeschlossen, leicht zugänglich, verständlich, dauerhaft und objektiv ist. Dies gilt besonders für allen *neuen, unkonventionellen Markenformen.* Diese Grundsätze gelten natürlich für Art. 4 UMV weiter[470].

Klangzeichen[471], die aus einem Klang oder einer Kombination von Klängen bestehen, **571** sind – wie die neue UMV bestätigt – nicht von Natur aus ungeeignet, Waren oder DL eines Unternehmens von denen eines anderen Unternehmens zu unterscheiden (Art. 3 Abs. 3g UMDV).

Sie sind markenfähig, wenn sie sich klar und eindeutig *darstellen lassen*, also die **572** oben genannten Voraussetzungen (Rdn 559) erfüllen. Während eine Beschreibung in Schriftsprache oder mittels lautmalender Wörter oder eine Notenfolge ohne weitere Erläuterung nicht ausreichen, kann jedoch *ein in Takte gegliedertes Notensystem* mit einem Notenschlüssel (G, F oder C), Noten- und Pausenzeichen, deren Form (für die Noten: Ganze, Halbe, Viertel, Achtel, Sechzehntel usw; für die Pausen: Ganze, Halbe, Viertel, Achtel usw) ihren relativen Wert angibt, und ggf Vorzeichen (Kreuz, b, Auflösungszeichen) – die alle zusammen die Höhe und die Dauer der Töne bestimmen – eine getreue Darstellung der Tonfolge sein, aus der die angemeldete Melodie besteht. Eine solche Darstellung ist zwar nicht unmittelbar, aber doch leicht verständlich. Jedoch sollten auch Instrumentierung und Tempi angegeben werden.

Eine Wiedergabe des Tones auf einem *(digitalen) Datenträger (MP3-Datei)*, die eine **573** exakte und getreue Reproduktion darstellt, ist erforderlich, damit das Zeichen unmittelbar in den auf Internet geführten Registern gehört werden kann. Zwar kann auch die genaue *Wiedergabe des Klangs in Notenschrift* ausreichen, aus Gründen Klarheit und Eindeutigkeit der Markenaufzeichnung im Register sollte jedoch auf eine elektronische Tondatei nicht verzichtet werden, auf die das EUIPO besteht[472].

Als weitere Markenform definiert Art. 3 Abs. 3e UMDV die *Mustermarke*, die aus- **574** schließlich aus einer Reihe von Elementen besteht, die regelmäßig wiederholt werden. Bei ihr handelt es sich also um *Wiederholungsmuster*, wie zB bei Kennfädenmarken oder Wendelstreifen auf einem Schlauch.

Hinzu kommen auch die bereits von der Praxis akzeptierten *Bewegungsmarken*, die **575** aus einer Bewegung oder Positionsänderung der Elemente der Marke bestehen, wie zB kurze Film- oder Videosequenzen (Art. 3 Abs. 3h UMDV). So wurde zB einer *roten Flüssigkeit, die sich in einer Reihe von Destillierkolben bewegt,* Markenfähigkeit zuerkannt[473].

---

470 S.a. GMitt KP11, Neue Markenformen: Prüfung auf formale Anforderungen und Schutzhindernisse, April 2021, Kap. B 2, Die Beurteilung der klaren und eindeutigen Bestimmbarkeit neuer Markenformen.
471 EuGH, 27.11.2003, C-283/01 – Hörmarke; EuG, 13.9.2016, T-408/15 – Klingelton, Rn 32–35; s. *Bender,* Die grafische Darstellbarkeit bei den neuen Markenformen, FS von Mühlendahl 2005, 157.
472 S. Alicante News 12/2021, S. 1, und UMRL, Teil B, Abschn. 2, Kap. 9.3.7.
473 BK, 23.9.2010, R 443/10–2 – Rote Flüssigkeit, die sich in einer Reihe von Destillierkolben bewegt.

576

Abb. 2

577   Nach neuem Recht wurde zB die Bewegung eines *Kochs, der einem Stück Fleisch Salz hinzufügt*, als markenfähig, nicht beschreibend und unterscheidungskräftig ua für die Bereitstellung von Getränken, Reservierung von Unterkünften und Gesellschaftsräumen angesehen[474].

578

Abb. 3

579   Ein Zeichen, das aus der Kombination von Bild und Ton besteht oder sich darauf erstreckt, ist als *Multimediamarke* eintragbar (Art. 3 Abs. 3i UMDV). Dabei kann es sich sowohl um einen kurzen Tonfilm handeln, also eine Bewegungsmarke mit Ton, als auch um ein mit Ton unterlegtes Bild. Der Begriff Multimediamarke ist jedoch weit zu fassen, so dass unter diese Markenform auch mit Ton ausgestattete Farb-, Positions- und dreidimensionale sowie sonstige Zeichen fallen, zB kurze *Memes*, die im Internet kursieren[475]. So wurde vom EUIPO zB ein *pulsierendes Herz* mit rotie-

---

474   BK, 8.6.2018, R 2661/17–5 – Koch, der einem Stück Fleisch Salz hinzufügt. Für die Versorgung mit Lebensmitteln wurde die Zurückweisung mangels Unterscheidungskraft allerdings aufrechterhalten.
475   S. Alicante News 12/2021, S. 2.

rendem Drehorgelgriff und Schlüssel, beweglicher Kameralinse sowie Tönen eines schlagenden Herzens aufgrund einer MP4-Datei als Unionsmarke für juristische DL (Nr. 17279704) eingetragen.

Schließlich erwähnt Art. 3 Abs. 3j UMDV noch ausdrücklich eine Marke, die aus   580
holografischen Merkmalen besteht, also einen Hologrammeffekt bewirkt (*Hologramm-marke*). Es handelt sich um ein mit holografischen Techniken hergestelltes dreidimensionales Bild mit einer körperlichen Präsenz im realen Raum bzw ein Bild, das einen dreidimensionalen Effekt der Beweglichkeit hervorruft.

Daneben muss das Register auch für weitere, *sonstige Markenformen* offenbleiben, wie   581
zB Licht- oder Eventmarken (Art. 3 Abs. 4 UMDV).

Sogar *Tastmarken* können markenfähig sein. Dabei handelt es sich um Zeichen, die   582
durch den Tastsinn wahrgenommen werden, also durch *Tastrezeptoren* in der Haut, wie sie sich in besonderer Konzentration etwa in den Fingerspitzen befinden, durch gezielte Berührung der Oberfläche, wie zB durch Überstreichen, Drücken oder Umfassen. Durch den Tastsinn kann eine klare Vorstellung von bestimmten Eigenschaften eines gefühlten Gegenstands erreicht werden.

Hierzu gehören insb die *Oberflächentextur, die Konturen, die Größe und der Aggregat-*   583
zustand. Ein Muster des beanspruchten Gegenstands kann jedoch nicht eingereicht werden, weil nicht vorgesehen ist, dass eine Marke im Register für Unionsmarken durch einen körperlichen Gegenstand wiedergegeben wird (Art. 3 Abs. 9 UMDV). Dem Erfordernis einer *Darstellung*, die den Schutzgegenstand klar und eindeutig bestimmen lässt, kann aber durch eine wörtliche Beschreibung und eine fotografische Wiedergabe entsprochen werden, wobei alle ertastbaren Details präzis angegeben werden müssen, insb die Größe und die Materialbeschaffenheit, zB hart oder weich.

So sind die *Tasteindrücke völlig unterschiedlich*, wenn es sich um hartes Plastik, kühles 584
Metall, flexibles Gummi oder weiches Leder handelt. Ferner zählt beim haptischen Eindruck der Oberfläche des Zeichens, ob die Erhebungen oder das Teil als Ganzes gedrückt, gedreht oder gebogen werden können[476].

Bei einem *Riechzeichen* wird den Anforderungen an die nach der GMV erforderli-   585
che grafische Darstellbarkeit nach Erkenntnis des EuGH jedoch weder durch eine chemische Formel noch durch eine Beschreibung in Worten, die Hinterlegung einer Probe des Geruchs oder die Kombination dieser Elemente genügt[477].

Dementspr hat das EuG, auch wenn es einräumt, dass das Gedächtnis für Gerüche   586
wahrscheinlich das zuverlässigste ist, über das der Mensch verfügt, und daher ein

---

476 BK, 30.10.2007, R 1174/06–1 – Kraftfahrzeugteil. S.a. BK, 27.5.2015, R 2588/14–2 – Tastmarke; und BK, 18.3.2019, R 925/17–5 – Darstellung von drei Kreisen (Strahlregler). Hier ist die Anmeldung zwar markenfähig, es fehlt aber an der konkreten Unterscheidungskraft, da ihr Tasteindruck nur geringfügig von demjenigen einer herkömmlichen unelastischen Struktur abweicht.
477 EuGH, 12.12.2002, C-273/00 – Riechmarke/Sieckmann.

offensichtliches Interesse der Wirtschaftsteilnehmer an dieser Zeichenform besteht, den *Duft einer reifen Erdbeere* als nicht markenfähig angesehen, da dieser je nach Sorte unterschiedlich und folglich die Beschreibung nicht eindeutig, präzis und objektiv ist[478].

587 Diese Rspr zu Riechzeichen gilt auch für den neuen Art. 4 UMV weiter, jedenfalls so lange als keine für das angesprochene Publikum verständlichen, dauerhaften und hinreichend bestimmten Aufzeichnungsmöglichkeiten für Gerüche zur Verfügung stehen.

588 Dieselben Grundsätze gelten für *Geschmacksmarken*, da es an der Möglichkeit einer *präzisen und objektiven Identifizierung fehlt*. Die Identifizierung des Geschmacks eines Lebensmittels beruht nämlich im Wesentlichen auf Geschmacksempfindungen und -erfahrungen, die *subjektiv* und *veränderlich* sind, da sie ua von Faktoren, die mit der Person verbunden sind, die das betr Erzeugnis kostet, wie zB deren Alter, Ernährungsvorlieben und Konsumgewohnheiten, sowie von der Umwelt oder dem Kontext, in dem dieses Erzeugnis gekostet wird, abhängen. Zudem ist beim gegenwärtigen Stand der Wissenschaft eine genaue und objektive Identifizierung des Geschmacks eines Lebensmittels, die es erlaubt, ihn vom Geschmack anderer gleichartiger Erzeugnisse zu unterscheiden, *mit technischen Mitteln nicht möglich*[479].

589 Die *nicht konventionellen Markenformen* spielen jedoch in der Praxis *keine große Rolle*: So wurden beim EUIPO vom 1.4.1996 bis Ende 2015 nur 9.070 (0,59 %) dreidimensionale Marken, 1.097 (0,07 %) Farbmarken, 259 (0,02 %) Klangmarken, 11 Hologramme, 7 Geruchsmarken und 1.087 (0,07 %) andere Marken angemeldet, im Vergleich zu 58,84 % Wortmarken und 40,41 % Bildmarken.

IV. Beschreibende Angabe

590 Das europäische Markensystem dient nach PräambelUMV 3 der harmonischen Entwicklung des Wirtschaftslebens innerhalb der Union. Es hat eine beständige und ausgewogene Wirtschaftsausweitung durch die Vollendung und das reibungslose Funktionieren des Binnenmarktes zu fördern, der mit einem einzelstaatlichen Markt vergleichbare Bedingungen bietet. Um einen solchen Markt zu verwirklichen und seine Einheit zu stärken, müssen die *Hindernisse* für den freien Waren- und DL-Verkehr beseitigt und muss ein System des *unverfälschten Wettbewerbs* innerhalb des europäischen Marktes errichtet werden.

591 Durch die Unionsmarke sollen *rechtliche Bedingungen* geschaffen werden, die es den Unternehmen ermöglichen, ihre Tätigkeiten in den Bereichen der Herstellung und der Verteilung von Waren und des DL-Verkehrs an die *Dimensionen eines gemein-*

---

478 EuG, 27.10.2005, T-305/04 – Duft einer reifen Erdbeere.
479 EuGH, 13.11.2018, C-310/17 – Geschmack eines Lebensmittels (Levola Hengelo/Smilde Foods), Rn 41–45. Da es an der Möglichkeit einer präzisen und objektiven Identifizierung fehlt, kann der Geschmack eines Lebensmittels nicht als »Werk« iSd Richtlinie 2001/29/ EG vom 22.5.2001 zur Harmonisierung bestimmter Aspekte des Urheberrechts und der verwandten Schutzrechte in der Informationsgesellschaft (ABl. L 167/10) eingestuft werden und ist deshalb auch keinem urheberrechtlichen Schutz zugänglich.

samen Marktes anzupassen. Eine besonders geeignete rechtliche Möglichkeit hierfür ist die *Verwendung von Marken*, mit denen sie ihre Waren oder DL in der gesamten Union ohne Rücksicht auf Grenzen kennzeichnen können.

Das beinhaltet *nicht nur den Abbau administrativer und bürokratischer Hindernisse* **592** in der Union und den einzelnen Mitgliedstaaten, sondern auch die Gewährleistung eines fairen Wettbewerbs aller Marktteilnehmer durch die Verhinderung von Wettbewerbsverzerrungen infolge von *ungerechtfertigten Monopolbildungen*. Denn das EUIPO dient als Amt der Union allen europäischen Bürgern und nicht nur einzelnen Unternehmen oder Interessengruppen.

1. Allgemeininteresse

Das Eintragungsverbot für *beschreibende Marken* gemäß Art. 7 Abs. 1c UMV ver- **593** folgt das im *Allgemeininteresse* liegende Ziel, dass derartige Zeichen oder Angaben von allen frei verwendet werden können und nicht aufgrund ihrer Eintragung nur einem Unternehmen vorbehalten werden dürfen[480].

Es gibt nämlich insb im Hinblick auf die *Notwendigkeit eines unverfälschten Wettbewerbs* **594** Erwägungen des Allgemeininteresses, die es ratsam erscheinen lassen, dass bestimmte Zeichen von allen Wettbewerbern frei verwendet werden können.

Dieses *Freihaltungsbedürfnis* ist die *ratio legis*, die bestimmten in Art. 7 UMV aufge- **595** führten Eintragungshindernissen zugrunde liegt[481].

2. Prüfungsgrundsätze

Art. 7 Abs. 1c UMV setzt nicht voraus, dass das fragliche Zeichen der *üblichen Art* **596** *und Weise* der Bezeichnung entspricht.

Vielmehr sind von der Eintragung diejenigen Marken ausgeschlossen, die ausschließ- **597** lich aus Zeichen oder Angaben bestehen, welche im Verkehr zur Bezeichnung der *Art*, der *Beschaffenheit*, der *Menge*, der *Bestimmung*, des *Wertes*, der *geografischen Herkunft* oder der *Zeit* der Herstellung der beanspruchten Waren oder der Erbringung der DL oder zur Bezeichnung sonstiger Merkmale der beanspruchten Waren oder der Erbringung der DL dienen können.

Durch die Formulierung des Art. 7 Abs. 1c UMV hat der Gesetzgeber zum einen **598** vorgegeben, dass die Art, die Beschaffenheit, die Menge, die Bestimmung, der Wert, die geografische Herkunft oder die Zeit der Herstellung oder der Erbringung allesamt als Merkmale der Waren oder DL anzusehen sind, und zum anderen klargestellt,

---

480 Vgl ua zur identischen Bestimmung des Art. 3 Abs. 1c MarkenRL. aF (= Art. 4 Abs. 1c MarkenRL): EuGH, 4.5.1999, C-108/97 und C-109/97 – Chiemsee, Rn 25, 26. S. weiter EuGH, 23.10.2003, C-191/01 P – DOUBLEMINT, Rn 31.
481 EuGH, 10.4.2008, C-102/07 – ADIDAS II, Rn 22, 23.

dass diese Liste nicht abschließend ist und *jedes andere Merkmal* von Waren oder DL ebenfalls berücksichtigt werden kann[482].

599 Somit werden Zeichen und Angaben, die im Verkehr zur Bezeichnung der Merkmale dieser Waren oder DL dienen können, ihrem Wesen nach als ungeeignet angesehen, die *Herkunftsfunktion* der Marke zu erfüllen[483].

600 Selbst eine Marke, die *ein in eine Ware integriertes Teil* oder ein Merkmal davon beschreibt, kann für diese Ware beschreibend sein, wenn das Merkmal des Teils in der Wahrnehmung der maßgeblichen Verkehrskreise eine *beachtliche Auswirkung* auf ein wesentliches Merkmal der Ware selbst haben kann. So kann die Besonderheit eines *Ausstattungsteils einer Ware*, die eine bedeutende Eigenschaft von ihr darstellt, zu den beschreibenden Merkmalen zählen[484]. Das gilt jedoch nicht, wenn kein dem Wesen innewohnendes Merkmal der beanspruchten Waren, sondern *ein rein zufälliger und beliebiger Aspekt* bezeichnet wird, den unter Umständen nur ein Bruchteil dieser Waren aufweist und der in keinem direkten und unmittelbaren Zusammenhang mit ihrem Wesen steht[485].

601 Es ist *nicht* erforderlich, dass *alle Waren einer beanspruchten Warengruppe* in unmittelbaren Zusammenhang mit der Anmeldung gebracht werden können. Es reicht aus, wenn jeder dieser Oberbegriffe Waren enthält, deren Bestimmung das Zeichen angibt[486].

602 Die Zurückweisung einer Anmeldung setzt nicht voraus, dass die Zeichen und Angaben, aus denen die in Art. 7 Abs. 1c UMV genannte Marke besteht, zum Zeitpunkt der Anmeldung bereits tatsächlich für die beanspruchten Waren oder DL oder für ihre Merkmale im Verkehr beschreibend verwendet werden. Es genügt, wie sich schon aus dem Wortlaut der Bestimmung ergibt, dass die Zeichen oder Angaben zu diesem Zweck *verwendet werden können*[487], dies also vernünftigerweise für die *Zukunft* zu erwarten ist (zukünftiges Freihaltungsbedürfnis).

---

482 EuGH, 10.3.2011, C-51/10 P – Zahl 1000, Rn 40, 49.
483 EuGH, 23.10.2003, C-191/01 P – DOUBLEMINT, Rn 30.
484 EuGH, 10.7.2014, C-126/13 P – ecoDoor, Rn 24–27; s.a. EuG, 22.5.2014, T-95/13 – HIPERDRIVE, Rn 41–43 mwN; bestätigt durch EuGH, 12.2.2015, C-374/14 P.
485 EuG, 7.5.2019, T-423/18 – vita, Rn 34–58. Das gilt für die Farbe »Weiß« (auf Schwedisch) ua bei Küchenmaschinen und Kochgeschirr, da sich der Begriff »weiße Waren« dort ausschließlich auf große Elektrohaushaltsgeräte bezieht.
486 EuG, 26.11.2015, T-50/14 – TURBO DRILL, Rn 31–49 mwN. Ansonsten könnte ein Anmelder, die Ziele und den Gesetzeswortlaut von Art. 7 Abs. 1c UMV umgehen, wenn es zulässig wäre, sich die Benutzung eines Zeichens für umfassende Warengruppen vorzubehalten, die nicht nur Waren einschlössen, mit denen das Zeichen keinen unmittelbaren Zusammenhang aufweist, sondern auch andere, auf deren Art, Beschaffenheit oder Bestimmung das Zeichen hinweist.
487 EuGH, 23.10.2003, C-191/01 P – DOUBLEMINT, Rn 32.

Ein Wortzeichen kann von der Eintragung ausgeschlossen werden, wenn es *zumindest in einer seiner möglichen Bedeutungen* ein Merkmal der in Frage stehenden Waren oder DL bezeichnet[488]. 603

Im Übrigen spielt es bei der Beurteilung, ob eine solche Marke unter das Eintragungshindernis des Art. 7 Abs. 1c UMV fällt, keine Rolle, ob es *Synonyme* gibt, mit denen dieselben Merkmale der im Eintragungsantrag aufgeführten Waren oder DL bezeichnet werden können. 604

Ebenfalls ist ohne Bedeutung, ob andere Zeichen oder Angaben, die *gebräuchlicher* sind als die, aus denen die fragliche Marke besteht, zur Bezeichnung ders Merkmale der beanspruchten Waren oder DL existieren. 605

Weiter ist nicht entscheidend, wie groß die Zahl der *Konkurrenten* ist, die ein Interesse an der Verwendung der Zeichen oder Angaben haben können, aus denen die Marke besteht. 606

Schließlich spielt auch keine Rolle, ob die Merkmale der Waren oder DL, die beschrieben werden können, *wirtschaftlich wesentlich* oder *nebensächlich* sind. Tatsächlich muss jedes Unternehmen ein beliebiges Merkmal seiner eigenen Waren oder DL unabhängig von dessen wirtschaftlicher Bedeutung frei beschreiben können[489]. 607

Die Wahl des Begriffs *Merkmal* in Art. 7 Abs. 1c UMV durch den Gesetzgeber hebt den Umstand hervor, dass die davon erfassten Zeichen nur solche sind, die dazu dienen, eine *leicht* von den beteiligten Verkehrskreisen *zu erkennende Eigenschaft* der beanspruchten Waren oder DL zu bezeichnen. Somit kann die Eintragung eines Zeichens nur dann verweigert werden, wenn *vernünftigerweise* davon auszugehen ist, dass es von den beteiligten Verkehrskreisen tatsächlich als eine Beschreibung eines dieser Merkmale erkannt werden wird[490]. 608

Für die Beurteilung der Schutzfähigkeit einer Marke ist auf ihre *Gesamtwahrnehmung* durch den angesprochenen Durchschnittsverbraucher abzustellen. Um den Gesamteindruck zu erkennen, ist aber zuerst eine Betrachtung der *einzelnen Elemente* vorzunehmen, wobei jeweils auf das Verständnis in dem Sprachraum der Europäischen Union abzustellen ist, dessen Wortschatz die Bestandteile angehören. 609

Der beschreibende Charakter einer aus mehreren Wörtern zusammengesetzten Marke kann teilweise für jeden ihrer Begriffe oder ihrer Bestandteile getrennt geprüft werden, muss aber auf jeden Fall *auch für die Gesamtheit der Bestandteile*, die sie bilden, festgestellt werden[491]. 610

---

488 EuGH, 23.10.2003, C-191/01 P – DOUBLEMINT, Rn 32; EuGH, 12.2.2004, C-363/99 – Postkantoor, Rn 97, zu der identischen Vorschrift in Art. 3 Abs. 1c MarkenRL. aF (= Art. 4 Abs. 1c MarkenRL).
489 EuGH, 12.2.2004, C-363/99 – Postkantoor, Rn 57, 58 und 101, 102.
490 EuGH, 10.3.2011, C-51/10 P – Zahl 1000, Rn 40, 50.
491 EuGH, 16.9.2004, C-329/02 P – SAT.2, Rn 28, 35; EuGH, 6.2.2009, C-17/08 P – manufacturing score card, Rn 38.

611 Denn im Allgemeinen bleibt die *bloße Kombination* von Bestandteilen, von denen jeder Merkmale der beanspruchten Waren oder DL beschreibt, selbst für diese Merkmale beschreibend, auch wenn sie eine sprachliche *Neuschöpfung* darstellt. Die bloße Aneinanderreihung solcher Bestandteile ohne Vornahme einer *ungewöhnlichen Änderung*, insb syntaktischer oder semantischer Art, kann nämlich nur zu einer Marke führen, die ausschließlich aus Zeichen oder Angaben besteht, welche im Verkehr zur Bezeichnung von Merkmalen der genannten Waren oder DL dienen können.

612 Einer solchen *Kombination* kann aber nur dann der beschreibende Charakter fehlen, sofern der von ihr erweckte Eindruck hinreichend weit von dem abweicht, der durch die bloße Zusammenfügung ihrer Bestandteile entsteht. Somit hat eine Marke, die sich aus einem Wort mit mehreren Bestandteilen zusammensetzt, von denen jeder Merkmale der beanspruchten Waren oder DL beschreibt, selbst einen die genannten Merkmale beschreibenden Charakter, es sei denn, dass ein merklicher Unterschied zwischen dem Wort und der bloßen Summe seiner Bestandteile besteht.

613 Dies setzt entweder voraus, dass das Wort aufgrund der *Ungewöhnlichkeit* der Kombination in Bezug auf die beanspruchten Waren oder DL einen Eindruck erweckt, der hinreichend weit von dem abweicht, der bei bloßer Zusammenfügung der seinen Bestandteilen zu entnehmenden Angaben entsteht, und somit über die Summe dieser Bestandteile hinausgeht, oder dass das Wort in den *allgemeinen Sprachgebrauch* eingegangen ist und dort eine ihm eigene Bedeutung erlangt hat, so dass es nunmehr gegenüber seinen Bestandteilen autonom ist, soweit die neue Bedeutung nicht selbst beschreibend ist[492].

3. Buchstaben und Zahlen

614 *Buchstaben* und *Zahlen* oder ihren Kombinationen kann nicht bereits von sich aus allgemein und abstrakt der Schutz abgesprochen werden[493]. Es kommt auch hier darauf an, ob die beanspruchte Marke im Hinblick auf die konkret begehrten Waren und DL und die angesprochenen Verkehrskreise ausschließlich beschreibend ist. Dieser Grundsatz gilt sowohl für *Zweibuchstabenzeichen*[494] wie für *Einzelbuchstaben*.

615 Als *schutzfähig* angesehen wurde deshalb die Marke *HP* für eine ganze Reihe von Waren und DL insb im Bereich von Computern und Telekommunikation, weil ein beschreibender Inhalt dieser Buchstabenkombination nicht nachgewiesen werden konnte[495].

---

492 EuGH, 12.2.2004, C-363/99 – Postkantoor, Rn 98–100.
493 EuGH, 9.9.2010, C-265/09 P – Bildmarke α, Rn 34, 37. Die Schwierigkeiten, die wegen der Natur solcher Marken möglicherweise mit der Bestimmung ihrer Unterscheidungskraft (oder ihrer beschreibenden Aussage) verbunden sind und deren Berücksichtigung zulässig ist, rechtfertigen es nicht, besondere Kriterien aufzustellen, die das Kriterium der Unterscheidungskraft (oder des beschreibenden Charakters) ersetzen oder von ihm abweichen; s.a. EuG, 9.7.2008, T-302/06 – Buchstabe E (2).
494 BK, 11.3.1998, R 4/98–2 – IX.
495 EuG, 24.4.2018, T-208/17 – HP, Rn 28–33, 46–48. Die zwei Buchstaben sind auch hinreichend eigenartig, um die betriebliche Herkunftshinweisfunktion zu erfüllen. Es

Die Eintragungsfähigkeit wurde dagegen zB *verneint* bei der Anmeldung des Buch-   **616**
stabens *E* für Windkraftanlagen und deren Teile, weil »E« als übliche Abkürzung für
Energie nachweisbar war[496], sowie bei *TDI* für Kfz und deren Teile sowie Motoren,
technische Öle und Reparaturwesen wegen der beschreibenden Bedeutung von »turbo
diesel injection« bzw »turbo direct injection«[497], aber auch bei der UKM *GG*, weil
diese eine Abkürzung der Qualitätsangabe »Großes Gewächs« für Weine darstellt[498].
Für nichtig erklärt wurde zudem die Buchstabenkombination *EM* für ua chemische
Konservierungsmittel und Düngemittel, da sie als Abkürzung für »effektive Mikroor-
ganismen« im Deutschen und Englischen steht[499].

Schlichte *Zahlen* können schon als *Mengenangaben* beschreibenden Charakter auf-   **617**
weisen, so zB die Zahl *1000* für Broschüren und Zeitschriften, darunter solche mit
Kreuzwort- und Bilderrätseln[500], da diese die Anzahl der Seiten und Werke, der
Auflagen und Sammlungen von Angaben und Spielen, die Zahl von Rätseln oder
ein Ranking bezeichnen kann. Für nichtig erklärt wurde weiter neben anderen die
Zahl 6000 bzgl druckluftbetriebener Farbspritzpistolen wegen ihres Verständnisses als
psi-Druckwertangabe[501]. Beschreibend sind auch die Zahlen *350, 250, 150, 222, 333*
und *555* für »Zeitschriften, Bücher und Broschüren über Spiele«[502]. Eine Zahl kann
zudem lediglich eine Größenangabe darstellen, wie zB *69* für Präservative[503], oder
bei *360°* als Bezugnahme auf das mathematische Konzept eines 360-Grad-Winkels
gerade die Rundum-Einsetzbarkeit für eine komplette und umfassende Anwendbarkeit von Zahnbürsten bezeichnen[504].

4. Einwortzeichen

Bei *Einwortzeichen*, bei denen es sich um Begriffe aus dem Wortschatz von Binnen-   **618**
sprachen der Union handeln kann, erfolgt eine Schutzversagung, wenn in Bezug auf
die beanspruchten Waren und DL beschreibende Begriffe, insb Beschaffenheits- oder
Bestimmungs- oder sonstige Merkmalsangaben beansprucht werden.

---

    ist nämlich möglich, dass das Zeichen vom Verkehr als Hinweis auf die Nachnamen der
    Firmengründer, verstanden wird.
496 EuG, 21.5.2008, T-329/06 – Buchstabe E (1).
497 EuG, 3.12.2003, T-16/02 – TDI; EuG, 28.1.2009, T-174/07 – TDI II; EuG, 6.7.2011,
    T-318/09 – TDI III.
498 EuG, 15.11.2012, T-278/09 – GG.
499 EuG, 25.9.2018, T-180/17 – EM; bestätigt durch EuGH, 25.9.2019, C-728/18 P.
500 EuG, 19.11.2009, T-298/06 – Zahl 1000; bestätigt durch EuGH, 10.3.2011, C-51/10 P.
501 EuG, 29.5.2018, T-302/17 – Zahl 6000.
502 EuG, 19.11.2009, T-64/07 bis T-66/07 und T-200/07 bis T-202/07 – Zahlen 350, 250,
    150, 222, 333 und 555; bestätigt durch EuGH, 22.6.2011, C-54/10 P und C-55/10 P.
503 EuG, 8.9.2016, T-360/15 – 69.
504 EuG, 7.12.2017, T-332/16 – 360°.

619   Dies gilt zB bei *Caipi* für alkoholische Getränke[505], *CANNABIS* für Bier, Wein und Spirituosen[506], *Mozart* für Konditor- und Schokoladewaren[507], *NOTFALL* für diätetische Lebens- und Nahrungsergänzungsmittel[508], *essence* für Waren aus (Pflanzen-) Extrakten[509], *Hunter* für Tierlederwaren und Sportbekleidung[510], *FLEX* als Abkürzung von »flexibel« für Hörhilfen und Zubehör hierfür[511], *MEMORY* für Brettspiele[512], *RESTORE* für chirurgische Instrumente[513], *PIPELINE* für medizinische Geräte zur Behandlung von Aneurysmen[514], *STREET*[515] und *CROSS* für ua Landfahrzeuge und ihre Teile[516], *Panorama* für Innenaquarien und -terrarien[517] sowie *Atrium* für Baumaterialien und Bodenbeläge, da diese für die Errichtung oder Ausstattung sowohl des zentralen Raums eines Hauses als auch eines Innenhofs Verwendung finden können[518].

620   Auch die Wort- und Bildmarken *WATT* wurden für Dienste eines Energie-, Wasserversorgungsunternehmens, wirtschaftliche und technische Beratung Dritter auf diesem Gebiet, Entwicklung von Energiekonzepten, Energiemanagement gelöscht, da es sich dabei um einen universell verständlichen und international genormten Begriff handelt, der sich nicht ausschließlich auf Elektrizität bezieht, sondern in umfassenderer Weise die Quantifizierung der Leistung eines Energie erzeugenden Systems erlaubt[519].

621   Dies ist weiter anzuwenden bei (abgekürzten) medizinischen Fachbegriffen, zB *Hallux* (anstelle von hallux valgus) für orthopädische Schuhwaren[520], oder selbst bei Rechtschreibfehlern hinsichtlich einer beschreibenden Angabe, wie bei der schlicht

---

505   EuG, 23.10.2007, T-405/04 – Caipi, da dies die Abkürzung für das alkoholische Getränk »Caipirinha« ist.
506   EuG, 19.11.2009, T-234/06 – CANNABIS, da dieser Zusatz (legal) in minimaler Dosierung in Getränken verwandt wird; bestätigt durch EuGH, 16.5.2011, C-5/10 P.
507   EuG, 9.7.2008, T-304/06 – Mozart, da dies eine besondere Pralinenart in Form einer mit Schokolade überzogenen Kugel aus Marzipan und Nugat bezeichnet.
508   EuG, 12.11.2014, T-188/13 – NOTFALL, da dieser Begriff in einem weiteren Sinne jede problematische Situation erfasst, in der etwas oder eine besondere Handlung dringend benötigt wird, zB auch medizinische Notsituationen, in denen diese Waren eingesetzt werden können.
509   EuG, 3.6.2015, T-448/13 – essence.
510   EuG, 9.9.2010, T-505/08 – Hunter.
511   EuG, 7.10.2015, T-187/14 – FLEX.
512   EuG, 19.5.2010, T-108/09 – MEMORY; bestätigt durch EuGH, 14.3.2011, C-369/10 P.
513   EuG, 15.11.2011, T-363/10 – RESTORE.
514   EuG, 11.10.2011, T-87/10 – PIPELINE. Am beschreibenden Charakter für die Blutdurchleitung im Körper ändert nichts, auch wenn schon Fachbegriffe existieren, wie »Katheder« oder »Stent«.
515   EuG, 10.9.2015, T-321/14 – STREET.
516   EuG, 29.1.2020 T-42/19 – CROSS.
517   EuG, 28.10.2009, T-339/07 – Panorama, wegen des für Aquarien bedeutsamen Rundblicks.
518   EuG, 17.1.2012, T-513/10 – Atrium.
519   EuG, 4.12.2014, T-494/13 und T-495/13 – WATT. Dass zB Glühbirnen mit *Watt* gekennzeichnet werden, zeigt, dass der Verkehr diese Bezeichnung mit Energie gleichsetzt.
520   EuG, 16.12.2010, T-286/08 – Hallux; für eine Schiefstellung der Großzehe; bestätigt durch EuGH, 21.3.2012, C-87/11 P.

gestalteten Bildmarke *pantys* (statt panties) für Damenunterwäsche[521]. Auch die Hinzufügung eines grafischen Elements am Ende eines Wortes, unabhängig davon, ob es als Zahl, als Buchstabe des Alphabets oder als lexikalischer Fehler wahrgenommen wird, vermag die Wahrnehmung des Verbrauchers nicht zu beeinträchtigen, so dass er in *Sustainablel* als Variation von »sustainable« nur eine beschreibende Angabe ua für die Beratung im Bereich globaler nachhaltiger Lösungen sehen wird[522].

Ein banaler Begriff, wie *EXACT* für ua Computerartikel, Büromaterial und EDV-Dienste, der eine Eigenschaft einer Ware oder DL bezeichnet, selbst wenn diese für die maßgeblichen Verkehrskreise deren Wesen immanent sein sollte, ist beschreibend, da er die Aufmerksamkeit des Publikums auf das eine oder andere ihrer Merkmale lenkt[523]. Selbstverständlich gilt das auch für die Anmeldung *SCHUTZ* für Koffer, Taschen und Börsen, weil sie den Eindruck vermittelt, dass diese Waren eine Schutzfunktion gegen ua physische Beschädigungen bereitstellen[524], und genauso für die Marke *JUMBO* bei Brühen, Soßen und Würzmitteln, weil damit eine besonders große Packung bezeichnet wird[525]. **622**

Dieselben Grundsätze sind ebenfalls für lediglich *werbende und anpreisende Angaben* anzuwenden. Aber auch hier gibt es kein generelles und pauschales Allgemeininteresse an der Freihaltung für den allgemeinen Sprachgebrauch, sondern die Anmeldung ist jeweils mit konkretem Bezug auf die beanspruchten Waren und DL zu beurteilen. So wurden zB *BASICS* für Wasserfarben und Lacke[526], *REAL* für Lebensmittel[527], *QUICK* ua für Speisen, Fertigmahlzeiten, Kaffee[528], *Vitality* für Milch, Milchprodukte, alkoholfreie Getränke[529], *FRESHHH* für Lebensmittel und Getränke[530] und *GLISTEN* wegen seiner Bedeutung im Englischen von »glitzern, glänzen, funkeln, erstrahlen« für Reinigungsmittel zurückgewiesen[531]. Selbst *FORTIFY* ist für Computersoftware, **623**

---

521 EuG, 13.5.2020, T-532/19 – pantys, Rn 26–31.
522 EuG, 16.10.2018, T-644/17 – Sustainablel, Rn 24–28.
523 EuG, 22.5.2014, T-228/13 – EXACT, Rn 32.
524 EuG, 30.1.2019, T-256/18 – SCHUTZ, Rn 25–29.
525 EuG, 26.6.2018, T-78/17 – JUMBO, Rn 34–39.
526 EuG, 12.9.2007, T-164/06 – BASICS.
527 EuG, 30.11.2017, T-798/16 – REAL. Die Aussage, wonach diese keine künstlichen Zusätze oder Ergänzungen enthalten, also nicht in irgendeiner Weise bearbeitet, sondern authentisch und ursprünglich sind, ist bei Lebensmittel ein ganz wesentlicher, anpreisender und lobender Gesichtspunkt.
528 EuG, 27.11.2003, T-348/02 – QUICK.
529 EuG, 17.4.2008, T-294/06 – Vitality. Diese Urteile, wie auch die folgenden werden hier zitiert, da sie sich mit beschreibenden Angaben befassen, obwohl die Zurückweisung teilweise ausschließlich auf fehlende Unterscheidungskraft gestützt wurde. Nachdem sich die Ausgangsinstanzen nur mit diesem Eintragungshindernis befasst hatten, konnte auch das EuG aus rechtlichen Gründen nicht mehr zum tatsächlich vorrangigen Schutzhindernis zurückkehren.
530 EuG, 28.11.2008, T-147/06 – FRESHHH, da die Wiederholung des »H« das Zeichen nicht eintragungsfähig macht.
531 EuG, 10.2.2015, T-648/13 – GLISTEN.

insb zur Behebung von Schwachstellen, nicht schutzfähig, da es als englisches Wort für »stärken, befestigen, unterstützen« eine Bestimmungsangabe darstellt, nämlich um Computersysteme insb vor Beschädigungen oder Angriffen von Hackern zu schützen[532].

624   Die Marke *REPOWER* ist *nur teilweise beschreibend*, und zwar für ua elektrische Energie, Geräte, Wartungsdienste, Heizungsbau und Energieberatung, aber nicht für ua Schallschutzkanäle, wissenschaftliche Geräte, Computer, Telekommunikationsberatung und Transport[533]. Auch die Anmeldung *Standardkessel* ist ua für Großbehälter, Maschinen, Rohre, Kesselbau, Materialbearbeitung und Ingenieurdienste beschreibend, nicht aber für ua unedle Metalle, Kräne, Müllverbrennung und Recycling[534]. Dasselbe gilt für die Anmeldung *Cachet*, die für medizinische, pharmazeutische Erzeugnisse beschreibend ist, nicht hingegen für Hygienepräparate für medizinische Zwecke, da dieses Wort im Französischen bzw Englischen eine Tablette oder eine Arzneimittelkapsel bezeichnet, die geschluckt wird, und keinesfalls eine Pastille oder eine Desinfektionstablette, die zu Reinigungszwecken in Wasser aufzulösen ist[535].

625   Dagegen hat das EuG aber die Schutzversagung von *SCOPE* für Versicherungs- und Finanzwesen aufgehoben, weil ein Wortzeichen nur dann unter Art. 7 Abs. 1c UMV fällt, wenn es dazu dient, die wesentlichen Merkmale der fraglichen DL konkret und nicht lediglich vage oder abstrakt zu bezeichnen. Ein nur anspielender Charakter reicht nicht[536]. Auch *GEO* weist keinen hinreichend direkten und konkreten Zusammenhang mit DL im Bereich von erneuerbaren Energien, insb Windparks, auf, der es dem betr Publikum ermöglicht, unmittelbar und ohne weitere Überlegungen auf die Einhaltung von geowissenschaftlichen Standards durch diese zu schließen, sondern ist zu vage und indirekt[537]. Dasselbe gilt für *HELL* in Bezug auf Kaffeegetränke, da zwischen diesem Adjektiv in Alleinstellung und leicht gerösteten Kaffeevarianten (»helle Röstung«) nur ein mittelbarer Zusammenhang besteht, der intensive Überlegungen und weiteres Nachdenken erfordert[538].

---

532 EuG, 3.12.2015, T-628/14 – FORTIFY; bestätigt durch EuGH, 26.5.2016, C-77/16 P.
533 EuG, 28.4.2021, T-842/16 und T-872/16 – REPOWER II u. III; Rechtsmittel gegen letzteres nicht zugelassen, EuGH, 8.9.2021, C-417/21 P.
534 EuG, 20.10.2021, T-617/20 – Standardkessel.
535 EuG, 14.7.2021, T-622/20 – Cachet.
536 EuG, 16.3.2016, T-90/15 – SCOPE, Rn 31–35, 46, 47. Der Umstand, dass der Begriff »scope« (»Umfang, Reichweite, Kompetenzbereich, Fassungsvermögen«, auch (»Entfaltungs-)Möglichkeit, Spielraum« oder »Ziel(-setzung)«), wie auch ein beliebiges anderes Substantiv, im Zusammenhang mit finanziellen DL verwendet werden kann, beweist nicht, dass er beschreibend ist. Daher fehlt es der Marke ebenfalls nicht an der Unterscheidungskraft. Dieses Urteil steht aber in einem gewissen Spannungsverhältnis zu der Zurückweisung von *CHOICE.* für Landfahrzeuge, Unterhaltungsgeräte und diesbzgl Einzel- und Großhandel, da dieses Wort auch »Auslese«, »erstklassig, hervorragend, vorzüglich« bedeuten kann; EuG, 22.10.2015, T-431/14 – CHOICE, Rn 24–34.
537 EuG, 14.12.2017, T-280/16 – GEO, Rn 39–51.
538 EuG, 21.4.2021, T-323/20 – HELL, Rn 33–51. Der Begriff »hell« erfordert ein gewisses Maß an Interpretation, so dass die Marke in Bezug auf die Waren als überraschend

Dasselbe gilt für *AROMA* in Bezug auf elektrische Küchengeräte, da diese Marke   **626** bestenfalls andeutend ist. Sie bezeichnet keine Art, Bestimmung oder sonstige Eigenschaft dieser Waren, sondern vermittelt lediglich ein unspezifisches positives Bild. Dass die Geräte zum Kochen oder zur sonstigen Lebensmittelzubereitung bestimmt sind, schafft noch keine ausreichend direkte Beziehung zwischen ihnen und der Bedeutung der Marke, da elektrische Küchengeräte den damit zubereiteten Lebensmitteln kein besonderes Aroma verleihen können[539]. Weil Schönheits- und Körperpflegeprodukte keine Modeartikel sind, fehlt dem Zeichen *VOGUE* nicht die Unterscheidungskraft, da es weder als beschreibende noch anpreisende Angabe noch als Synonym für »fashion« oder »en vogue« gebräuchlich ist[540]. Sogar der Nichtigkeitsantrag gegen die für Geräteetuis, Schmuck, Leder, Textilien, Bekleidung und Einzelhandel damit geschützte Marke *CARACTÈRE* scheiterte, da dieser Begriff für sich allein genommen zwar gebräuchlich ist, aber in Bezug auf die geschützten Waren und DL keine besondere Bedeutung hat[541].

Selbst *DAISY* und *MARGARITAS* sind für ua Süßwaren, Gebäck und Bonbons nicht   **627** beschreibend, weil die Bezeichnung einer bestimmten Blumenart, nämlich »Gänseblümchen« keine ausreichend direkte und konkrete Beziehung zu den beanspruchten Waren aufweist, obwohl diese gelegentlich auf dem Markt auch in Blumenform angeboten werden[542]. Weiter hielt das EuG bei dem lateinischen Begriff *GARUM*, einem sehr wertvollen Fischgewürz der altrömischen Küche, das für Fische und Fischkonserven angemeldet war, die relevanten Verkehrskreise der gastronomischen Spezialisten doch für zu schmal und hob die Zurückweisung auf[543].

Zudem hat das EuG zu Recht den Nichtigkeitsantrag gegen die Wortmarke *COL-*   **628** *LEGE*[544] für Tourismus- und Reise- und Speditionsdienste zurückgewiesen, da für das angesprochene Publikum zwischen der Bedeutung der Marke und den geschützten Waren und DL keine ausreichend direkte und unmittelbare Beziehung besteht. »College« bezeichnet nämlich ua im Englischen und Französischen eine Erziehungseinrichtung ohne jeden Bezug zu touristischen oder Hotel-DL. Ein College-Besucher geht nicht in eine derartige Einrichtung, um dort die Nacht zu verbringen. Und ein Hotel-Interessent wird sich nicht in ein College verirren. Auch wenn einige Universitäten Gästehäuser für Dozenten und/oder Studenten anbieten, so richten sich diese

---

wahrgenommen wird, da die Farbe Schwarz ein wesentliches Merkmal von Zubereitungen auf Kaffeebasis ist. Somit fehlt es auch nicht an Unterscheidungskraft, Rn 60–66.

539 EuG, 12.5.2016, T-749/14 – AROMA; bestätigt durch EuGH, 15.11.2016, C-389/16 P. Das Aroma von Lebensmitteln hängt nämlich im Wesentlichen von ihrer Art und Zubereitung ab, nicht aber von technischen Kochgeräten. Die Marke weist auch eine gewisse Originalität auf, so dass ihr Unterscheidungskraft zukommt.

540 EuG, 15.9.2016, T-453/15 – VOGUE.

541 EuG, 12.12.2018, T-743/17 – CARACTÈRE.

542 EuG, 16.12.2015, T-381/13 und T-382/13 – DAISY und MARGARITAS, Rn 56–72.

543 EuG, 12.3.2008, T-341/06 – GARUM.

544 EuG, 12.6.2012, T-165/11 – COLLEGE.

doch an ein Spezialpublikum, selbst wenn in Einzelfällen zur Lückenfüllung auch außeruniversitäres Publikum dort untergebracht werden kann[545].

629   Auch der Nichtigkeitsantrag gegen die Marke *VOODOO* wurde zurückgewiesen, weil sie für Bekleidung, Schuhwaren, Kopfbedeckungen nicht beschreibend ist. Der Verbraucher wird diesen Begriff als reine Phantasiebezeichnung auffassen und ihn bestenfalls mit okkulten Handlungen und schwarzer Magie assoziieren, bei der sog. Voodoo-Puppen, aber keine bestimmten Bekleidungen verwendet werden[546]. Dasselbe gilt für *SCRUFFS* in Bezug auf Schutzbekleidung, -schuhe, -kopfbedeckung, da dieses Wort umgangssprachlich Kleidungsstücke bezeichnet, die aus Gründen der Bequemlichkeit und nicht des Aussehens getragen werden, die ohne Folgen Verschmutzungen ausgesetzt oder zerstört werden können und die keine objektive Bekleidungskategorie darstellen, so dass diese Marke nicht konkret für ein bestimmtes Merkmal beschreibend ist[547].

630   Der Begriff *CINKCIARZ*, der im Polnischen geheime und *illegale Tätigkeiten* im Bereich des Schwarzhandels bezeichnete und gegenwärtig als *Synonym für einen Betrüger oder Schwindler* verwendet wird, kann im normalen Gebrauch aus der Sicht der maßgeblichen Verkehrskreise nicht zur beschreibenden Bezeichnung von DL des rechtmäßigen Währungsumtauschs verwendet werden und ermöglicht es dem Publikum daher nicht, sofort und ohne weiteres Nachdenken eine Beschreibung von diesen oder eines Unternehmens, das solche DL erbringt, wahrzunehmen. Es ist auch nicht zu erwarten, dass dieser Begriff in den Augen der betr Kreise künftig seine negative Konnotation verliert und sich zu einer Beschreibung der fraglichen DL wandeln könnte[548].

631   Das EUIPO hat einen *unmittelbar beschreibenden Bezug* zu den beanspruchten Waren und DL zu *belegen*. Tut es dies nicht, wird die angefochtene Entscheidung vom EuG aufgehoben, da das Amt vor dem Gericht nicht weitere Gründe nachschieben kann[549].

---

545 Auch wenn in bestimmten Fällen ein Motorlandfahrzeug für seinen Fahrer eine Quelle des Vergnügens sein kann, geht nach Ansicht des EuG (2.12.2008, T-67/07 – FUN) das englische Wort *FUN.* mit seiner Bedeutung von »Vergnügen« oder »Quelle des Vergnügens«, auch wenn es der Ware ein positives Image verleiht, nicht über den Bereich der Suggestion hinaus und bleibt zu vage, unbestimmt und subjektiv, um diesem Wort im Zusammenhang mit Motorlandfahrzeugen sowie deren Teile und Zubehör beschreibenden Charakter verleihen zu können. Diese Beurteilung vermag aber nicht zu überzeugen, da auch anpreisende und positive Vorstellungen vermittelnde Begriffe beschreibend sind und für die allgemeine Verwendung durch Mitbewerber freigehalten werden müssen. Die BK hat die Anmeldung daher zutreffend erneut, diesmal wegen fehlender Unterscheidungskraft zurückgewiesen; BK, 30.7.2009, R 1135/06–1 – FUN.

546 EuG, 18.11.2014, T-50/13 – VOODOO.

547 EuG, 30.3.2022, T-720/20 – SCRUFFS.

548 EuG, 19.12.2019, T-501/18 – CINKCIARZ; Rechtsmittel nicht zugelassen, EuGH, 28.5.2020, C-101/20 P.

549 So wurde die Zurückweisung von *Complete.* für ua Hygienepräparate, Windeln für die Inkontinenzversorgung sowie orthopädische Artikel aufgehoben, da die BK nicht dargetan hatte, inwieweit dieses Wort für jede beanspruchte Ware einen hinreichend unmittelba-

Daher wurde die Nichtigerklärung der Marke *Tafel* für Einsammeln, Abholen, Transportieren und Verteilen von Gütern des täglichen Bedarfs, insb für Bedürftige, und für persönliche und soziale DL, betr individuelle Bedürfnisse, vom EuG aufgehoben. Die BK hatte sich nämlich nur auf die Bedeutung des Zeichens im Deutschen iSv »großen, für eine festliche Mahlzeit gedeckten Tisch« und »Mahlzeit« gestützt. Diese hat das EuG mangels unmittelbaren, direkten und konkreten Bezugs zu den beanspruchten DL aber nicht als beschreibend angesehen. Auf die andere Bedeutung iSv sozialen Projekten, namentlich zur kostenlosen oder preisgünstigen Versorgung von Bedürftigen mit im Handel unverkauften, aber noch gut erhaltenen Lebensmitteln oder mit zubereiteten Speisen, hatte sich die BK nicht gestützt. Daher konnte das EuG diesen Grund nicht erstmals heranziehen[550]. Die BK hat die Marke daraufhin jedoch erneut für nichtig erklärt, diesmal gestützt auf ihre andere Bedeutung, was vom EuG verfahrensrechtlich[551] und inhaltlich bestätigt wurde[552].

5. Mehrwortzeichen

Hinsichtlich von *Mehrwortzeichen* oder Begriffskombinationen – egal ob getrennt   **632** oder zusammengeschrieben – kommt es auf den *Gesamteindruck* an. So ist nicht maßgebend, ob die einzelnen Bestandteile an sich, isoliert gesehen, in Bezug auf die beanspruchten Waren und DL für die jeweils angesprochenen Durchschnittsverbraucher beschreibend sind. Entscheidend ist vielmehr, ob das auch für die angemeldete Kombination als Ganzes gilt.

So kann eine Zusammenschreibung zu einer ungewöhnlichen, aus sich heraus *nicht*   **633** *verständlichen Wortneuschöpfung* leiten, oder eine ungewöhnliche Kombination von einem beschreibenden Gehalt wegführen[553].

---

ren und konkreten Bezug herstellen könnte, der es den angesprochenen Verkehrskreisen erlaubte, ohne weitere Überlegung diese Ware als Bestandteil einer »vollständigen Inkontinenzversorgung« wahrzunehmen; EuG, 30.11.2011, T-123/10 – Complete.

550 EuG, 18.9.2015, T-710/13 – Tafel.
551 EuG, 8.6.2017, T-326/16 – Tafel II, Rn 20. Stellt das EuG entgegen der Entscheidung des EUIPO fest, dass eine Anmeldung nicht unter eines der absoluten Eintragungshindernisse aus Art. 7 Abs. 1 UMV fällt, führt die Aufhebung der die Eintragung dieser Marke zurückweisenden Entscheidung des EUIPO durch das EuG notwendigerweise dazu, dass das EUIPO, das die Konsequenzen aus dem Tenor und den Gründen des Urteils zu ziehen hat, das Prüfungsverfahren wieder eröffnet und, wenn es feststellt, dass das betr Zeichen unter ein anderes absolutes Eintragungshindernis iSd Vorschrift fällt, die Anmeldung zurückweist.
552 EuG, 8.6.2017, T-326/16 – Tafel II, Rn 40. Alle Argumente, mit denen der Kläger in Zweifel zieht, dass die zweite Bedeutung des von der BK zugrunde gelegten deutschen Wortes »Tafel« maßgeblich ist, sind unzulässig, nachdem das EuG im Urteil vom 18.9.2015, T-710/13, festgestellt hat, dass dieses Wort auch auf den Begriff der Tafeln und sozialen Projekte namentlich zur kostenlosen oder preisgünstigen Versorgung von Bedürftigen mit Lebensmitteln oder Speisen verweist. Unter diesen Umständen ist diese Bewertung endgültig und rechtskräftig geworden und kann nicht mehr in Frage gestellt werden.
553 EuGH, 16.9.2004, C-329/02 P – SAT.2, Rn 28, 35.

634   Allerdings kann ein Ausdruck auch dann beschreibend sein, wenn die Sachaussage aus *wissenschaftlicher Sicht unzutreffend* ist, weil das entscheidende Kriterium für die Beurteilung des beschreibenden Charakters die Wahrnehmung durch die maßgeblichen Verkehrskreise und nicht die präzise wissenschaftliche Bewertung ist[554].

635   Aufgrund dieser Grundsätze wurde zB folgenden Anmeldungen als beschreibend der Schutz versagt: *Universaltelefonbuch* und *Universaltelekommunikationsverzeichnis* für ua Magnetaufzeichnungsträger, Druckereierzeugnisse und Redaktions-DL[555], *CYBERCREDIT, CYBERGESTION, CYBERHOME* für Aufzeichnungsgeräte, Datenträger, Immobilien, Finanzwesen, Telekommunikation[556] aber auch *DigiFilm* für ua Speichermedien, Computer(-software)[557], *map&guide* für Computersoftware, Erstellen von Programmen für die EDV[558], *ilink* für Computersoftware[559], Telekommunikation, *SMILECARD* für Computersoftware, Papierwaren und DL eines Fotolabors[560], *WEISSE SEITEN* für ua Papierwaren, Verlags-DL[561], *BETWIN* für DL im Bereich von Wetten und Gewinnspielen[562], *E-Ship* für ua Schiffsmotoren, Beförderung mit Schiffen[563], *suchen.de* für Verkaufsautomaten, Mechaniken für geldbetätigte Automaten, Büroartikel, Geschäftsführung[564], *SOCIAL.COM* für eine Reihe von Waren und DL in Kl. 9, 35, 41, 42 und 45[565], *PURE DIGITAL* für elektronische Geräte und Software, Telekommunikation[566], *PharmaCheck* für elektrische, elektronische Prüfapparate[567] und *PharmaResearch* für elektrische, elektronische Apparate zum Erfassen, Verwalten, Überwachen, Übertragen von Produkt- und Maschinendaten[568].

---

554 EuG, 16.9.2008, T- 48/07 – BioGeneriX, Rn 29.
555 EuG, 14.6.2001, T-357/99, T-357/99 – Universaltelefonbuch/Universaltelekommunikationsverzeichnis; bestätigt durch EuGH, 5.2.2004, C-326/01 P.
556 EuG, 19.5.2009, T-211/06 ua – CYBERCREDIT, CYBERGESTION, CYBERHOME.
557 EuG, 8.9.2005, T-178/03 und T-179/03 – DigiFilm/DigiFilmMaker.
558 EuG, 10.10.2006, T-302/03 – map&guide; bestätigt durch EuGH, 26.10.2007, C-512/06 P.
559 EuG, 16.12.2010, T-161/09 – ilink.
560 EuG, 25.9.2014, T-484/12 – SMILECARD.
561 EuG, 16.3.2006, T-322/03 – WEISSE SEITEN, Rn 88–112. S.a. zum Gattungsbegriff Rdn 807.
562 EuG, 6.7.2011, T-258/09 – BETWIN. Hinsichtlich weiterer DL, wie Werbung, Unternehmensverwaltung, Telekommunikation, Erziehung und Ausbildung, wurde die Entscheidung der BK wegen Begründungsmangels aufgehoben.
563 EuG, 29.4.2009, T-81/08 – E-Ship.
564 EuG, 12.12.2007, T-117/06 – suchen.de.
565 EuG, 28.6.2016, T-134/15 – SOCIAL.COM.
566 EuG, 20.9.2007, T-461/04 – PURE DIGITAL; bestätigt durch EuGH, 11.6.2009, C-542/07 P.
567 EuG, 21.1.2009, T-296/07 – PharmaCheck.
568 EuG, 17.6.2009, T-464/07 – PharmaResearch.

Das galt auch bei *Greenworld* für Brennstoffe sowie Versorgung mit Strom, Heizwärme, **636**
Gas oder Wasser[569], *BIOTON* für Baustoffe[570], *MicroGarden* für Maschinen, Werkzeuge
für die Landwirtschaft sowie Datenträger[571], *HIPERDRIVE* für Einstellvorrichtungen
zur Positionsregelung[572], *ALLSAFE* für Baumaterialien, transportable Bauten aus Metall,
Fahrzeuge, Werbung, Unternehmensverwaltung, Transportwesen[573], *KOMPRESSOR
PLUS* für Elektrostaubsauger[574] (weil diese durch einen einfachen Schalter in ein
Gebläse umgewandelt werden können), *STEAM GLIDE* für Bügeleisen[575] (weil diese
über die zu bügelnde Wäsche gleiten), *WIENER WERKSTÄTTE* als Kunststilangabe
für Gebrauchs-, Dekorationsgegenstände des Alltags und Schmuckwaren[576], *HAIR-
TRANSFER* für Haarentfernungs-, Haarverlängerungsgeräte, künstliches, echtes Haar,
Fortbildungsseminare, Gesundheits- und Schönheitspflege[577], *Daylong* für Kosmetika
und medizinische Geräte[578], *AIRSHOWER* für ua Mischventile, Handbrausen[579] und
BLUE SOFT für Kontaktlinsen[580] und *FoodSafe* für Lacke wegen seiner Bedeutung
von »lebensmittelecht« im Englischen[581].

Selbst die Zeichen *Patentconsult* für Unternehmensberatung, Ausbildung, Rechtsan- **637**
walts-, Patentanwalts-DL[582], *RadioCom* für Werbung, Ausstrahlung von Rundfunk-
programmen[583], *fluege.de* nicht nur für Reisedienste und Transportwesen, sondern
auch für Werbung, Geschäftsführung, Unternehmensverwaltung und Büroarbeiten[584],
NORWEGIAN GETAWAY und *NORWEGIAN BREAKAWAY*[585] für Veranstaltung
von Kreuzfahrten, Reisen und Ausflügen, *THE SPIRIT OF CUBA* für kubanischen
Rum und dessen Vertrieb[586], *THE COFFEE STORE* für Kaffee, Tee, nichtalkoho-

---

569 EuG, 27.2.2015, T-106/14 – Greenworld.
570 EuG, 12.12.2019, T-255/19 – BIOTON.
571 EuG, 23.5.2019, T-364/18 – MicroGarden, da dies als Bezeichnung für den Ort der
     Gartenarbeit oder der intensiven Bewirtschaftung auf engstem Raum, einschl Dächer,
     Balkone und bestimmter Plätze innerhalb eines Hauses, verstanden wird.
572 EuG, 22.5.2014, T-95/13 – HIPERDRIVE.
573 EuG, 25.3.2009, T-343/07 – ALLSAFE.
574 EuG, 16.12.2010, T-497/09 – KOMPRESSOR PLUS; bestätigt durch EuGH, 10.11.2011,
     C-88/11 P.
575 EuG, 16.1.2013, T-544/11 – STEAM GLIDE.
576 EuG, 12.10.2010, T-230/08 und T-231/08 – WIENER WERKSTÄTTE.
577 EuG, 15.2.2007, T-204/04 – HAIRTRANSFER; bestätigt durch EuGH, 13.2.2008,
     C-212/07 P.
578 EuG, 19.4.2016, T-261/15 – Daylong.
579 EuG, 21.1.2009, T-307/07 – AIRSHOWER.
580 EuG, 10.6.2008, T-330/06 – BLUE SOFT.
581 EuG, 23.11.2015, T-766/14 – FoodSafe; bestätigt durch EuGH, 24.5.2016, C-63/16 P.
582 EuG, 16.12.2008, T-335/07 – Patentconsult; bestätigt durch EuGH, 5.2.2010, C-80/09 P.
583 EuG, 22.5.2008, T-254/06 – RadioCom.
584 EuG, 14.5.2013, T-244/12 – fluege.de.
585 EuG, 23.1.2014, T-513/12 – NORWEGIAN GETAWAY; EuG, 23.1.2014, T-514/12 –
     NORWEGIAN BREAKAWAY.
586 EuG, 24.6.2014, T-207/13 – THE SPIRIT OF CUBA.

lische Getränke sowie Gastronomie-DL[587], *EUROPIG* für Fleisch, Geflügel, Wild, Würste[588], *REHABILITATE* für Nahrungsergänzungsmittel, verschiedene Tees und alkoholfreie Getränke[589], *EcoPerfect* und *ecoDoor* für (elektrische) Küchen- und Haushaltsgeräte[590], *Golden Toast* für elektrische Haushaltsgeräte und Backwaren[591] sowie *Vektor-Lycopin*[592], *Nutriskin Protection Complex*[593] und *ViruProtect*[594] für pharmazeutische Erzeugnisse wurden zurückgewiesen.

638   Auch eine Kombination von Wörtern verschiedener europäischer Sprachen, zB der englischen und französischen, wie *EURO AUTOMATIC PAIEMENT*, wird vom angesprochenen Verkehr als beschreibend verstanden[595].

639   Dasselbe gilt im Hinblick auf Software und deren Entwicklung auch für *APlan*[596]. Diesen Begriff wird der Verkehr sofort in »a plan« aufteilen und als Software verstehen, die nach einem genau definierten Plan arbeitet, oder dahin, dass die DL einen Plan aufweisen. Selbst die Kombination *EZMIX*[597] ist für Musikkompositionssoftware, Ton- und Bildverarbeitung beschreibend, weil sie aus der Zusammenschreibung von »MIX« und »EZ« besteht. Letzteres ist im Internet allgegenwärtig und wird häufig im informellen Englisch und im Handel mit der gleichen Bedeutung wie »easy« verwendet. Dasselbe gilt bei Computerwaren und -services für die Kombination der Abkürzungen »insta« (für »instant«) und »site« (für Internetseite) zu der Anmeldung *INSTASITE*, weil der relevante Verkehr die Anmeldung als eine sofort oder schnell hergestellte Internetseite verstehen wird[598]. Auch eine grammatikalisch fehlerhafte Schreibweise macht eine Anmeldung nicht schutzfähig. So bleibt bei der Bildmarke *ZUM wohl* für Lebensmittel und Getränke die positive Beschaffenheitsangabe für den Verkehr leicht erkennbar[599].

---

587 EuG, 9.7.2008, T-323/05 – THE COFFEE STORE.

588 EuG, 14.6.2007, T-207/06 – EUROPIG.

589 EuG, 11.12.2014, T-712/13 – REHABILITATE.

590 EuG, 24.4.2012, T-328/11 – EcoPerfect; EuG, 15.1.2013, T-625/11 – ecoDoor; bestätigt durch EuGH, 10.7.2014, C-126/13 P.

591 EuG, 19.5.2010, T-163/08 – Golden Toast.

592 EuG, 9.7.2010, T-85/08 – Vektor-Lycopin, da es sich für die Medikamente lediglich um Eigenschaftsangaben handelt.

593 EuG, 8.11.2012, T-415/11 – Nutriskin Protection Complex, da die sprachliche Neuschöpfung »nutriskin«, bestehend aus dem englischen Wort »skin« (Haut) und »nutri« als eine Abkürzung des Wortes »nutrition« (Ernährung), als »Hauternährung« verstanden wird.

594 EuG, 11.2.2020, T-487/18 – ViruProtect. Das Rechtsmittel wurde als unzulässig verworfen; EuGH, 3.9.2020, C-174/20 P.

595 EuG, 5.9.2012, T-497/11 – EURO AUTOMATIC PAIEMENT.

596 EuG, 14.12.2016, T-744/15 – APlan.

597 EuG, 22.11.2017, T-771/16 – EZMIX; bestätigt durch EuGH, 13.11.2018, C-48/18 P.

598 EuG, 18.5.2017, T-375/16 – INSTASITE.

599 EuG, 22.6.2017, T-236/16 – ZUM wohl, Rn 43–57. Lebensmittel und Getränke sowie ernährungsbezogene DL sind, da sie Ernährungszwecken dienen, geeignet, dem Körper Gutes zu tun und auch auf eine geistige Pflege zu achten, dh sie tragen zur Gesundheit und somit zum körperlichen, aber auch geistigen Wohlbefinden der Verbraucher bei.

Ein Begriff, wie *Clampflex*, der mit seiner Bedeutung von »flexibler Klemme« die   **640**
Endprodukte, zB Schlauchklemmen, beschreibt, ist auch hinsichtlich der Bestim-
mung der Zwischenprodukte, wie teilweise bearbeitete Kunststoffe, beschreibend[600].
Beschreibend sind weiter sowohl *Cottonfeel* im Hinblick auf Schutzbekleidung für
den Rettungs-, Sanitätsdienst und Katastrophenschutz, da der englische Begriff als
Baumwollgefühl verstanden wird[601], als auch *MÄNNERSPIELPLATZ* für Bekleidung,
Schuhwaren, Kopfbedeckungen, Veranstaltung von Reisen, kulturellen, sportlichen
Veranstaltungen und Unterhaltungsshows, da dieser Begriff einen Platz beschreibt, auf
dem Männer einer bestimmten Freizeitbeschäftigung nachgehen, wie Baggern oder
Panzern, wofür besondere Ausrüstung und Organisation nötig sind[602].

Selbst *Rauschbrille* vermittelt im Hinblick auf Brillen nur die Botschaft, dass diese   **641**
eine Alkoholisierung vermitteln oder vor Alkoholisierung schützen[603]. Und sogar *Vermögensmanufaktur* ist für Werbung, Geschäftsführung; Versicherungs- Finanz- und
Immobilienwesen beschreibend, da sich »Manufaktur« nicht nur auf die Erstellung
von Waren, sondern auch von DL beziehen kann, jeweils von hoher Qualität[604].

Auf eine Wortmarke, die aus der *Zusammenfügung einer beschreibenden Wortkombina-*   **642**
tion und einer – isoliert betrachtet – *nicht beschreibenden Buchstabenfolge* besteht (zB
NAI – Der Natur-Aktien-Index oder *Multi Markets Fund MMF*), ist Art. 4 Abs. 1b
und 1c MarkenRL (Art. 3 Abs. 1b und 1c MarkenRL aF) anwendbar, wenn die
Buchstabenfolge vom Verkehr als Abkürzung der Wortkombination wahrgenommen
wird, weil sie den Anfangsbuchstaben jedes ihrer Worte wiedergibt, und die Marke
in ihrer Gesamtheit betrachtet damit als eine *Kombination beschreibender Angaben
oder Abkürzungen* verstanden werden kann.

Die *Wortkombination* und die *Buchstabenfolge* sind nämlich dazu bestimmt, sich *gegen-*   **643**
seitig zu *erläutern* und die zwischen ihnen bestehende Verbindung zu unterstreichen.
Die Buchstabenfolge soll daher die Wahrnehmung der Wortkombination durch die
Verkehrskreise verstärken, indem die Verwendung der Wortkombination vereinfacht
und die Erinnerung daran erleichtert wird. Die Buchstabenfolge geht selbst dann nicht
über die Summe der Bestandteile der Marke in ihrer Gesamtheit hinaus, wenn sie

---

600 EuG, 29.11.2012, T-171/11 – Clampflex, Rn 48.
601 EuG, 23.10.2015, T-822/14 – Cottonfeel. Schutzbekleidung muss nämlich gerade bei
    Einsätzen über Stunden oder Tagen getragen werden. Der dabei vermittelte Komfort ist
    somit nicht nur eine Frage des persönlichen Wohlbefindens, sondern für die Aufrecht-
    erhaltung der Leistungsfähigkeit des Trägers wichtig. Selbst wenn die Schutzbekleidung
    nicht aus Baumwolle besteht, kann sich der beschreibende Charakter jedenfalls darauf
    beziehen, dass sie aus einem Stoff gefertigt ist, der dieser ähnelt und daher das Gefühl
    von Baumwolle vermittelt.
602 EuG, 11.5.2017, T-372/15 – MÄNNERSPIELPLATZ, Rn 25–30.
603 EuG, 16.4.2015, T-319/14 – Rauschbrille, Rn 21–23. Für die übrigen DL in Kl. 41 und
    44 fehlt es an Unterscheidungskraft, Rn 34, 35.
604 EuG, 7.9.2017, T-374/15 – Vermögensmanufaktur; bestätigt durch EuGH, 15.5.2019,
    C-653/17 P.

selbst – isoliert betrachtet – als unterscheidungskräftig angesehen werden kann. Infolgedessen fehlt einer derartigen Marke zwangsläufig auch die Unterscheidungskraft[605].

644 Selbst die ua für Druckereierzeugnisse, Einzelhandels-DL im Versandhandel und im stationären Einzelhandel für Waren des täglichen Bedarfs, nämlich Druckereierzeugnisse, Bekleidungsstücke, Kosmetik- und Körperpflegeartikel, Küchen-, Haushalts- und Einrichtungsgegenstände, Sport- und Musikartikel beanspruchte Anmeldung *PRANAHAUS* wurde als beschreibend angesehen, da sie zwar einem sehr kleinen aber noch ausreichenden Teil der Bevölkerung als esoterischer Begriff und Terminus der Alternativmedizin bekannt ist[606].

645 Auch die Marke *SCOMBER MIX* für Fischkonserven wurde für nichtig erklärt, weil das Wort »scomber«, das zwar aus dem Lateinischen stammt und Makrele bedeutet, nicht nur in der Wissenschaftssprache, sondern auch in der Werbung auffindbar ist, dem italienischen »sgombro« klanglich ähnelt und für den italienischsprachigen Verkehr beschreibend ist[607].

646 *Dagegen* wurde zwar die Anmeldung *PerfectRoast* für elektrische Haushalts-, Küchenmaschinen, insb Herde, Back-, Brat-, Grill-, Toast-, Mikrowellen- und Frittiergeräte als beschreibend zurückgewiesen, da sie mit ihren beiden Bestandteilen »perfekt, mit allen nötigen Elementen« und »etwas Geröstetes, braten, rösten« auf einen perfekt zubereiteten Braten oder auf die Tätigkeit des perfekten Röstens oder Bratens verweist. Hinsichtlich von »Heißwassergeräten, Tauchsiedern und Eierkochern« war der Zusammenhang für einen beschreibenden Charakter jedoch *nicht hinreichend unmittelbar*. Es reicht nämlich nicht aus, dass zu einem perfekten Braten auch Soßen und Beilagen gehörten, die oft mit kochendem Wasser unter Verwendung unterschiedlicher Kochgeräte hergestellt würden[608].

647 Dasselbe gilt für den nur in der kanarischen Variation der spanischen Sprache existierenden Begriff *TOFIO* (braune Schüssel, um Ziegenmilch einer autochthonen Ziegenart aus den kanarischen Inseln Fuerteventura und Lanzarote zu sammeln), da dieser nur dort bekannt, aber nicht in die spanische Sprache eingegangen ist, so dass der Anmeldung der Bildmarke *EL TOFIO El sabor de CANARIAS* nicht der Schutz versagt werden kann[609]. Auch der für Lebensmittel eingetragenen Marke *ANTICO CASALE* wurde in einem Nichtigkeitsverfahren ihr Schutz bestätigt, weil sie keine konkrete geografische Angabe, sondern nur einen vagen, ganz allgemeinen Hinweis auf ein altes Bauernhaus mit bestenfalls andeutendem Charakter und ohne kon-

---

605 EuGH, 15.3.2012, C-90/11 und C-91/11 – Multi Markets Fund MMF und NAI – Der Natur-Aktien-Index, Rn 32–40.

606 EuG, 17.9.2008, T-226/07 – PRANAHAUS; bestätigt durch EuGH, 9.12.2009, C-494/08 P (s. Rdn 518).

607 EuG, 21.9.2011, T-201/09 – SCOMBER MIX; bestätigt durch EuGH, 10.7.2012, C-582/11 P.

608 EuG, 25.9.2015, T-591/14 – PerfectRoast. Insoweit wurde die Anmeldung auch als unterscheidungskräftig angesehen.

609 EuG, 25.1.2018, T-765/16 – EL TOFIO El sabor de CANARIAS.

krete Beschreibung darstellt[610]. Weiter wurde ein Nichtigkeitsantrag gegen die Marke *NOMAD* zurückgewiesen, weil kein unmittelbarer und konkreter Zusammenhang zwischen diesem Wort und der Herkunft der geschützten Waren, nämlich Koffer und Taschen, für den angesprochenen Verkehr besteht, der gewöhnlich nicht erwartet, dass diese von Nomadenstämmen hergestellt werden. Im Übrigen ist dieser Begriff als solcher jedenfalls zu vage und unbestimmt, um sofort und ohne weiteres Nachdenken als Beschreibung irgendeines spezifischen Warenmerkmals aufgefasst werden zu können[611].

Ebenfalls wurde *mangels hinreichend klaren Aussagegehalts* und wegen ihrer originellen und ungewöhnlichen Kombination sowie des Verstoßes gegen die Sprachregeln der eingetragenen Marke *I.T.@MANPOWER* in einem Nichtigkeitsverfahren der Schutz für ua Computersoftware, Druckereierzeugnisse, Telekommunikation, aber auch für Personal-, Stellenvermittlung bestätigt[612]. Sogar die Bildanmeldung *OFF-WHITE* wurde ua für Brillen, Uhren, Edelsteine und Kissen als eintragungsfähig angesehen. Denn der bloße Umstand, dass die beanspruchten Waren mehr oder weniger gewöhnlich neben anderen Farben auch in Cremefarben erhältlich sind, reicht nicht aus, um anzunehmen, dass diese Farbe allein aus diesem Grund vom Verkehr als Beschreibung eines der Natur dieser Waren innewohnenden Merkmals erkannt wird[613]. **648**

Weiter wurde die Anmeldung *SIENNA SELECTION* nicht als beschreibend angesehen. Selbst wenn bestimmte *Farben* von der Tabakindustrie traditionell verwendet werden sollten, um ua den Geschmack, das Aroma und den Nikotingehalt von Tabakerzeugnissen und deren Ersatzstoffen zu kennzeichnen, zB bei Zigaretten in einer roten Verpackung, um einen hohen Nikotingehalt, ein intensives Aroma anzugeben, oder bei Verpackungen mit weißen oder hellen Farben, um auf einen leichteren Geschmack und einen geringeren Nikotingehalt hinzuweisen, kann das *Bestehen einer solchen Praxis* in Bezug auf jede andere Farbe, zB auf *rötliche oder gelbliche Brauntöne, nicht als eine bekannte Tatsache* angesehen werden. Der maßgebliche Verkehr wird den Grad **649**

---

610 EuG, 27.6.2017, T-327/16 – ANTICO CASALE, Rn 27, 28.
611 EuG, 30.6.2021, T-285/20 – NOMAD.
612 EuG, 24.9.2008, T-248/05 – I.T.@MANPOWER; bestätigt durch EuGH, 24.9.2009, C-520/08 P.
613 EuG, 25.6.2020, T-133/19 – OFF-WHITE, Rn 44–47. Denn die Erwägungen der BK zu ihrem eleganten und diskreten Charakter und zu dem verbesserten optischen Eindruck enthalten, soweit sie sich auf den ästhetischen Wert dieser Farbe beziehen, ein subjektives Element, das je nach den individuellen Vorlieben des einzelnen Verbrauchers sehr unterschiedlich sein kann. Die persönlichen Einschätzungen von Einzelpersonen können jedoch nicht zur Feststellung herangezogen werden, wie ein Zeichen von den Verkehrskreisen insgesamt wahrgenommen werden kann. Diese Farbe wird nur als ein rein zufälliger und beiläufiger Aspekt gesehen, den nur einige dieser Waren haben können und der jedenfalls keinen unmittelbaren und unmittelbaren Zusammenhang mit ihrer Beschaffenheit aufweist. Diese Bewertung erscheint zwar mE als problematisch, das EUIPO will sich aber zukünftig daran orientieren und nur dann die Namen von Farben beanstanden, wenn es sich um ein objektives Merkmal handelt, das mit der Art der Ware zusammenhängt und für diese Ware oder DL untrennbar und dauerhaft ist; Alicante News 2/2021, S. 3.

der *Intensität des Geschmacks oder des Aromas* von Tabakwaren oder ihren Nikotingehalt nicht sofort und ohne weiteres Nachdenken allein deshalb wahrnehmen, weil die Anmeldung den Wortbestandteil »Sienna« enthält[614].

650 Schließlich wurde ein Nichtigkeitsantrag gegen die ua für Musikaufzeichnungen geschützte Marke *PAST PERFECT*[615] zurückgewiesen, da diese neue, ungewöhnliche und fantasievolle, gegen die grammatikalischen Regeln gebildete Wortneuschöpfung keinen konkreten beschreibenden Gehalt vermittelt[616]. Dasselbe galt für die Marke *UNSTOPPABLE*, eingetragen ua für Nahrungsergänzungsmittel, alkoholfreie Getränke, da dieser Begriff die Vorstellung von etwas oder von einer Person vermittelt, das oder die nicht gestoppt werden kann. Er *beschreibt* mithin *nicht direkt und unmittelbar* eine physische oder mentale Stimulation bzw. eine Verbesserung der Leistungen, die der Konsum der streitigen Waren hervorrufen könnte. Die Marke fällt daher in den Bereich der *Evokation* und nicht in den einer Beschreibung nach Art. 7 Abs. 1c UMV[617].

6. Slogans

651 Die Eintragungshindernisse für beschreibende Angaben gelten weiter für Anmeldungen, die aus *Wortverbindungen* oder Sätzen, wie *Slogans*, bestehen. Denn die *bloße Kombination* von Bestandteilen, von denen jeder Merkmale der beanspruchten Waren oder DL beschreibt, bleibt selbst für diese Merkmale beschreibend, auch wenn sie eine lexikalisch oder im Internet nicht auffindbare sprachliche *Neuschöpfung* darstellt[618]. Dies gilt insb, wenn die Satz- oder Spruchform bzw der Slogan grammatikalisch korrekt ist und keine ungewöhnliche oder auffallende Zusammenstellung bietet.

652 Dementspr wurde zB den Sprüchen *VOM URSPRUNG HER VOLLKOMMEN* für ua Biere, Mineralwässer und Fruchtsäfte[619], *BUILT TO RESIST* für Papier- und Lederwaren sowie Bekleidung[620], *revolutionary air pulse technology* für ua Vibratoren, Massagegeräte und den Handel damit[621], *HEAR THE WORLD* für ua Hörgeräte[622],

614 EuG, 9.6.2021, T-130/20 – SIENNA SELECTION. Auch ist die mit »SIENNA« bezeichnete Farbe kein objektives und der Natur von Rauchererzeugnissen innewohnendes und dauerhaftes Merkmal.
615 EuG, 23.10.2008, T-133/06 – PAST PERFECT.
616 Sehr problematisch erscheint dagegen die Akzeptanz der Wortfolge *Deutscher Ring Sachversicherungs-AG* durch das EuG als nicht beschreibend und unterscheidungskräftig, da ihr erster Teil normalerweise nicht als »Vereinigung« oder »Zusammenschluss« zu verstehen sein soll, sondern vage bleibe und eine Fantasiebezeichnung darstelle; EuG, 5.7.2012, T-209/10 – Deutscher Ring Sachversicherungs-AG, Rn 23.
617 EuG, 6.10.2021, T-3/21 – UNSTOPPABLE.
618 EuGH, 12.2.2004, C-363/99 – Postkantoor, Rn 98–100.
619 EuG, 6.11.2007, T-28/06 – VOM URSPRUNG HER VOLLKOMMEN.
620 EuG, 16.9.2009, T-80/07 – BUILT TO RESIST.
621 EuG, 17.9.2019, T-634/18 – revolutionary air pulse technology.
622 EuG, 13.12.2018, T-70/18 – HEAR THE WORLD.

billiger-mietwagen.de ua für Vermietung von Fahrzeugen[623] und *THE LEADERSHIP COMPANY*[624] ua für Personalbeschaffung, Unternehmensführung sowie psychologische Beratung der Schutz versagt. Die meisten Slogans scheitern aber letztlich an der fehlenden Unterscheidungskraft.

7. Eventmarken

Auch sog. *Eventmarken* unterliegen dem Eintragungsverbot, wenn sie ausschließlich **653** beschreibende Angaben enthalten. Das gilt zB für *Telemarkfest* hinsichtlich Unterhaltung und sportlicher Aktivitäten, weil damit ein Fest bzgl einer alpinen Sportart bezeichnet wird, die ihre Existenz einer altertümlichen Ski-Bindungs- und Abfahrtstechnik verdankt[625].

Weiter wurden die für eine Vielzahl von Waren und DL der Kl. 1, 3 bis 12, 14 bis **654** 16, 18, 20, 21, 24 bis 42 eingetragenen Marken *WORLD CUP 2006, GERMANY 2006, WM 2006, WORLD CUP GERMANY, WORLD CUP 2006 GERMANY* als beschreibend für nichtig erklärt, da sie jeweils zur Bezeichnung von deren Merkmalen bzw für Merchandisingwaren dienen können[626].

8. Geografische Herkunftsangaben

Insb *geografische Herkunftsangaben* sind von der Eintragung ausgeschlossen, da sie von **655** den Wettbewerbern zur Kennzeichnung der Herkunft ihrer Waren und DL benötigt werden.

Das betrifft nach dem *Chiemsee*-Urteil des EuGH[627] nicht nur geografische Anga- **656** ben, die von den beteiligten Verkehrskreisen *gegenwärtig* mit der betr Waren- oder DL-Gruppe in Verbindung gebracht werden, weil sie bereits berühmt oder bekannt sind, sondern auch solche, die *zukünftig* von den betroffenen Unternehmen *als Herkunftsangabe verwendet* werden können, bei denen also vernünftigerweise zu erwarten ist, dass damit nach der Verkehrsauffassung die geografische Herkunft dieser Waren oder DL bezeichnet werden kann.

Dabei kommt es insb darauf an, inwieweit den beteiligten Verkehrskreisen die betr **657** geografische Angabe *bekannt* ist und welche Eigenschaften der bezeichnete Ort und die betr Waren- oder DL-Gruppe haben, wobei die Verbindung nicht notwendigerweise auf der Herstellung der Ware oder der Erbringung der DL an diesem Ort beruht, sondern auch darauf, dass die Vorlieben der Verbraucher in anderer Weise

---

623 EuG, 25.1.2018, T-866/16 – billiger-mietwagen.de.
624 EuG, 12.12.2014, T-43/13 – THE LEADERSHIP COMPANY.
625 EuG, 7.6.2019, T-719/18 – Telemarkfest.
626 BK, 30.6.2008, R 1466–1470/05–1 – WORLD CUP 2006, GERMANY 2006, WM 2006, WORLD CUP GERMANY, WORLD CUP 2006 GERMANY. Die dagegen erhobenen Klagen wurden zurückgenommen, EuG, 16.12.2010, T-444/08 bis T-448/08.
627 EuGH, 4.5.1999, C-108/97 und C-109/97 – Chiemsee, Rn 26–37.

beeinflusst werden können, zB durch das *Hervorrufen einer positiv besetzten Vorstellung.* Dabei kann der Name eines Sees auch dessen Ufer oder Umgebung mit einschließen.

658   Die Eintragung einer Marke, wie *adegaborba.pt,* die aus einem Wortzeichen besteht, mit dem *Weinbauerzeugnisse bezeichnet* werden (»adega« als portugiesischer Begriff für Kellerei, Weinkeller) und das eine *geografische Angabe* umfasst (wie »Borba« als Bezug auf diese Region in Portugal), ist zu versagen, wenn dieses Zeichen ua einen Begriff enthält, der zum einen gewöhnlich zur Bezeichnung der Einrichtungen oder Räumlichkeiten verwendet wird, in denen diese Art von Erzeugnissen hergestellt wird, und zum anderen auch einer der Wortbestandteile ist, aus denen sich die *Firma der juristischen Person zusammensetzt,* die diese Marke angemeldet hat[628].

659   In Konsequenz wurden daher zutreffend zurückgewiesen: *Oldenburger*[629] für zahlreiche Lebensmittel wegen der Bekanntheit dieser Region für landwirtschaftliche Produkte sowie die Kombinationen *MunichFinancialServices*[630] als Orts- und Gegenstandsangabe für Finanz-DL, *GOLF USA*[631] für Sportschuhe, Sportartikel, insb Golfausstattung und Einzelhandels-DL für Sportwaren wegen der Kombination von Sportart und geografischer Herkunftsangabe sowie *PASSIONATELY SWISS*[632], also »entschieden, äußerst, sehr schweizerisch«, für Papierwaren und zahlreiche DL, da Waren und DL, die aus der Schweiz stammen, allgemein als solche von hoher Qualität wahrgenommen würden und der Bestandteil »swiss« nicht nur eine Information über die geografische Herkunft vermittle, sondern auch eine Qualitätskriterium biete.

660   Auch *SUEDTIROL*[633] ist für zahlreiche DL der Kl. 35, 39, 42 nicht schutzfähig, da es eine gebräuchliche alternative Schreibweise von »Südtirol« darstellt, eine im Deutschen übliche Bezeichnung dieser aufgrund ihrer Geschichte, ihrer geografischen Lage, ihrer Autonomie, ihrer besonderen Sprachregelung und ihrer wirtschaftlichen Bedeutung bei den italienischen sowie den deutschsprachigen Verkehrskreisen bekannten wohlhabenden Region mit einer dynamischen Wirtschaft.

661   Dasselbe gilt für *MONACO*[634] als weltweit bekannter Name eines Fürstentums für verschiedene Waren und DL, selbst wenn es von der monegassischen Regierung angemeldet wurde, da es *kein Sonderrecht für Staaten* gibt. Auch die gering stilisierte Bild-

---

628   EuGH, 6.12.2018, C-629/17 – adegaborba.pt. Dass ein zur Bezeichnung eines Herstellungsortes einer Ware oder einer Einrichtung, in der diese Ware hergestellt wird, dienender Begriff Teil der verschiedenen Wortbestandteile der Firma einer juristischen Person ist, ist nämlich für die Prüfung des beschreibenden Charakters dieses Begriffs unerheblich, da eine solche Prüfung zum einen in Bezug auf die beanspruchte Ware und zum anderen im Hinblick auf die Anschauung der maßgeblichen Verkehrskreise vorzunehmen ist.
629   EuG, 15.10.2003, T-295/01 – Oldenburger.
630   EuG, 7.6.2005, T-316/03 – MunichFinancialServices.
631   EuG, 6.3.2007, T-230/05 – GOLF USA.
632   EuG, 15.12.2011, T-377/09 – PASSIONATELY SWISS, Rn 36–45.
633   EuG, 20.7.2016, T-11/15 – SUEDTIROL, Rn 36–47.
634   EuG, 15.1.2015, T-197/13 – MONACO, Rn 43, 52, 55, 58.

marke *Andorra*[635] ist nicht schutzfähig, da sie jeweils für Fotografien, Tabak, Finanzwesen, Ausbildung, Online-Veröffentlichungen und Schönheitspflege als konkreter Hinweis auf eine geografische Region beschreibend ist.

Gelöscht wurde *CASTEL*[636] für alkoholische Getränke, da der angesprochene Durchschnittsverbraucher aufgrund der deutlichen Nähe zwischen der beschreibenden geografischen Angabe »Castell« für einen Weinbauort in Franken denken könnte, dass die unter dieser Marke angebotenen Weine von dort stammten, zumal dieser noch dazu durch bilaterale Abkommen mit einigen Nachbarstaaten als geografische Herkunftsangabe geschützt ist.   **662**

Schließlich scheiterte die Anmeldung von *NIAGARA* für Trinkwasser, weil der angesprochene Verkehr das Zeichen dahin verstehen wird, dass das Wasser aus dem geografischen Gebiet des bekannten Niagara-Wasserfalls stammt, denn auch Flusswasser kann nach entspr Behandlung in ein genießbares Trinkwasser verwandelt werden[637]. Auch die Bildmarke *MEISSEN KERAMIK* enthält nur eine direkte und logische, beschreibende Aussage in Bezug auf ua Sanitäranlagen und Baumaterialien[638]. Schließlich ist *KARELIA*, die englische Bezeichnung der ostfinnischen Region Karelien, für technische Öle, Fette und Kraftstoffe beschreibend, weil sie sich auf eine für die Produktion von Biomasse und biologischem Öl in Finnland bekannte Region bezieht[639].   **663**

Hinsichtlich von *PORT CHARLOTTE* hat jedoch der Nichtigkeitsantragsteller nicht dargetan, dass dieser Ausdruck einen bei den beteiligten Verkehrskreisen für Whisky bereits berühmten oder bekannten geografischen Ort bezeichnet und dass ein Bedürfnis besteht, diesen Ausdruck für andere Hersteller von Whisky desselben Ursprungs als Angabe der geografischen Herkunft freizuhalten. Ebenso wenig hat er nachgewiesen, dass diese Marke als Bezeichnung eines geografischen Ortes für andere Whiskys verwendet werden oder dass der Verkehr ggf zukünftig eine Verbindung mit diesen Waren herstellen könne[640].   **664**

Soweit dagegen aber *Cloppenburg*[641] für DL des Einzelhandels und *PORT LOUIS*[642] ua für Bekleidung und Textilien vom EuG Schutz gewährt wurde, lag das an der zu   **665**

---

635 EuG, 23.2.2022, T-806/19 – Andorra.

636 EuG, 13.9.2013, T-320/10 – CASTEL, Rn 51–79; bestätigt durch EuGH, 30.4.2015, C-622/13 P.

637 EuG, 27.4.2016, T-89/15 – NIAGARA, Rn 23–38.

638 EuG, 18.10.2016, T-776/15 – MEISSEN KERAMIK.

639 EuG, 6.10.2017, T-878/16 – KARELIA.

640 EuG, 18.11.2015, T-659/14 – PORT CHARLOTTE, Rn 106, 107; bestätigt durch EuGH, 14.9.2017, C-56/16 P (Insoweit jedoch nicht Gegenstand des Verfahrens).

641 EuG, 25.10.2005, T-379/03 – Cloppenburg. Insb war hier bereits die begehrte DL nach dem PRAKTIKER-Urteil des EuGH (7.7.2005, C-418/02) mangels Konkretisierung so pauschal nicht mehr zulässig.

642 EuG, 15.10.2008, T-230/06 – PORT LOUIS. Angesichts der großen touristischen Bedeutung von Mauritius wurden die noch relevanten Verkehrskreise mit näherer Ortskenntnis nicht angemessen berücksichtigt.

pauschalen und damit unvollständigen Beurteilung der relevanten Verkehrskreise sowie der fehlenden Berücksichtigung des zukünftigen Freihaltungsbedürfnisses im Hinblick auf die beanspruchten Waren und DL seitens des Gerichts. Diese Urteile sind daher nicht maßgeblich, weil sie den *Vorgaben des EuGH* im Chiemsee-Urteil[643] *widersprechen*, wonach an dem als Marke beanspruchten Ort nicht zwingend die begehrten Waren oder DL hergestellt oder erbracht werden müssen, sondern eben gerade auch geografischen Angaben der Schutz fehlt, die die Vorlieben der Verbraucher in anderer Weise, wie zB durch das Hervorrufen einer positiv besetzten Vorstellung beeinflussen können.

666 Entspr. *vorsichtig zu beurteilen* ist auch das EuGH-Urteil, mit dem die Zurückweisung des Nichtigkeitsantrags gegen die für zahlreiche Waren und DL geschützte Marke *NEUSCHWANSTEIN* bestätigt wurde[644]. Hier hatte sich der EuGH einerseits an die unzureichenden Tatsachenfeststellungen des EuG gebunden gefühlt, wonach Neuschwanstein ein erfundener und origineller Name sei und das gleichnamige bayerische Schloss in der Gemeinde Schwangau nicht als geografischer Ort angesehen werden könne, sondern vor allem ein musealer Ort sei, obwohl schon sehr zweifelhaft ist, ob diese Einordnung nicht doch eine von ihm überprüfbare Rechtsfrage ist. Zum anderen weisen nach seiner Ansicht die angegriffenen, für den täglichen Gebrauch bestimmten Waren und DL keine besonderen Merkmale oder speziellen Eigenschaften auf, für die das Schloss Neuschwanstein traditionell bekannt ist und bei denen es wahrscheinlich ist, dass die maßgeblichen Verkehrskreise annehmen könnten, dass sie von diesem Ort stammen oder dort hergestellt oder erbracht werden. Dass einer Ware die Funktion als *Souvenir* zugedacht wird, ist seiner Auffassung nach *kein objektives, ihrem Wesen innewohnendes Merkmal*, da diese Funktion vom freien Willen des Käufers abhängt und allein an seinen Intentionen ausgerichtet ist. Dies gibt zu Zweifeln Anlass, werden doch bestimmte Artikel, wie zB Messer, Schmuck, Schirme, Taschen, Tassen, Schals oder T-Shirts, regelmäßig mit Aufprägungen entspr Ortsbezeichnungen als Souvenirs vermarket. Souvenirs generell ein objektives, ihrem Wesen innewohnendes Merkmal, zu verweigern, erscheint kühn. Und schließlich hat der EuGH die Aussage des *Chiemsee*-Urteils nicht hinreichend berücksichtigt, wonach eben gerade auch geografischen Angaben der Schutz fehlt, die die Vorlieben der Verbraucher durch das Hervorrufen einer positiv besetzten Vorstellung beeinflussen können, was bei dem Namen eines weltberühmten touristischen Zentrums als Erinnerungsort sicher der Fall ist. Angesichts dessen handelt es sich bei diesem EuGH-Urteil wegen der von ihm nicht überprüften unzureichenden Ausgangsfeststellungen um eine Ein-

---

643 EuGH, 4.5.1999, C-108/97 und C-109/97 – Chiemsee, Rn 26–37.
644 EuGH, 6.9.2018, C-488/16 P – NEUSCHWANSTEIN, Rn 29, 30, 42–46, 50, mit dem der EuG, 5.7.2016, T-167/15 – NEUSCHWANSTEIN, Rn 26–31; (s. 3. Aufl. Rn 629) bestätigt wurde. Zu folgen ist jedoch der Erkenntnis des EuGH, wonach der bloße Umstand, dass die betr Waren und DL an einem bestimmten Ort angeboten werden, keine für ihre geografische Herkunft beschreibende Angabe darstellen kann, da der Ort ihres Verkaufs als solcher nicht geeignet ist, eigene Merkmale, Beschaffenheiten oder Besonderheiten zu bezeichnen, die – wie ein Handwerk, eine Tradition oder ein Klima, die einen bestimmten Ort kennzeichnen – mit ihrer geografischen Herkunft verbunden sind.

zelfall- und keine Grundsatzentscheidung, die die von ihm ausdrücklich bestätigten Chiemsee-Kriterien in Frage zu stellen vermöchte.

Mit der Zurückweisung von *ST ANDREWS*[645] für ua Organisation von Veranstaltun- **667** gen und Veröffentlichung von Büchern hat jedoch das *EuG seine stRspr fortgeführt*, wonach Anmeldungen, die vom angesprochenen Publikum als klare und eindeutige Angabe der geografischen Herkunft der beanspruchten Waren und DL wahrgenommen werden, beschreibend und nicht schutzfähig sind. Die Stadt St. Andrews in Schottland ist nämlich für den Golfsport berühmt und bei Golfprofis und -enthusiasten sehr bekannt. Auch die ua für Pharmazeutika, Salze und Küchengeräte beanspruchte Bildmarke *Bad Reichenhaller Alpensaline* wurde ebenso wie das Bildzeichen *UNITED STATES SEAFOODS* für Fisch und Fischfilets vom EuG als beschreibend angesehen, woran selbst die grafischen Elemente nicht änderten, die diesen Charakter vielmehr durch eine blau-weiße Raute und die Darstellung eines Salzkristalls bzw eines Designs der US-Flagge in den Konturen von Alaska noch verstärkten[646].

Letztlich hatte auch der EuGH noch die Zurückweisung der ua für Bezug, Transport, **668** Verteilung von Energie beanspruchten Anmeldungen *berlinGas* und *berlinWärme* als in der Werbesprache übliche Zusammenfassung von Orts- und Warenangabe bestätigt[647].

Aufgehoben hat das EuG jedoch in Konsequenz des *NEUSCHWANSTEIN*-Urteils **669** des EuGH die Zurückweisung der Anmeldung *WINDSOR-CASTLE* für ua Kaffee, Tee und Backwaren wegen fehlender Unterscheidungskraft. Zwar weist die Bezeichnung auf das berühmte Schloss der britischen Monarchen hin, der Vertriebsort der Waren ist aber kein relevantes Kriterium, da er als solcher nicht geeignet ist, deren Merkmale, Beschaffenheiten oder Besonderheiten zu bezeichnen. Unerheblich ist auch der Umstand, dass diese Waren bei einer Besichtigung des Schlosses als Souvenir verkauft werden können. Zudem ist nicht ersichtlich, dass die Anmeldung eine Werbebotschaft oder Reklame für sie enthält[648].

---

645 EuG, 20.11.2018, T-790/17 – ST ANDREWS, Rn 29, 30, 34–41.
646 EuG, 19.12.2019, T-69/19 – Bad Reichenhaller Alpensaline; und EuG, 17.10.2019, T-10/19 – UNITED STATES SEAFOODS.
647 EuG, 20.9.2017, T-402/16 – berlinGas; und T-719/16 – berlinWärme; bestätigt durch EuGH, 31.5.2018, C-656/17 P und C-655/17 P.
648 EuG, 24.3.2021, T-93/20 – WINDSOR-CASTLE. Soweit das EUIPO erstmals vor dem EuG anführt, die von der Anmeldung vermittelte positive Botschaft hänge mit einem gewissen Lebensgefühl zusammen, das insb mit der ursprünglich vom britischen Königshaus stammenden Tradition des Nachmittagstees in Verbindung gebracht werde, kann aber dieser neue, in der angefochtenen Entscheidung nicht enthaltene Gesichtspunkt deren Begründung nicht ergänzen und die Beurteilung ihrer Gültigkeit nicht beeinflussen. Dies zeigt bereits, dass die Prüfung der BK unvollständig war, zumal sie auch den beschreibenden Charakter nicht beurteilt hatte, was ggf noch nachzuholen ist, worauf das EuG ausdrücklich hingewiesen hat.

9. Bild-, dreidimensionale und andere Marken

670   Das Eintragungshindernis der beschreibenden Angabe ist nicht nur auf Wortzeichen, sondern *auf alle Markenformen anzuwenden*, zumal diese Vorschrift hinreichend offen ist, um eine Vielzahl unterschiedlicher Markenformen zu erfassen, einschl *dreidimensionaler*[649].

671   Dies gilt zB auch für Kollektiv-, Kombinations- oder Bildmarken[650]. Beschreibend sind somit Bildmarken, die überwiegend aus einem Wortelement und nur untergeordnet aus einem einfachen, wenig auffälligen grafischen Zusatz ohne fantasievolle Gestaltung oder Kombination bestehen, insb einer nicht unüblichen Schreibweise, Typografie oder der Standardversion von Textverarbeitungsprogrammen.

672   So wurden zB die *Bildmarken Yogurt-Gums* für Süß- und Zuckerwaren, mit Ausnahme von Kaugummi[651], *Choice chocolate & ice cream* für Süßwaren und Schokolade[652], *100 % Pfalz* für Obst und Gemüse sowie Handel damit[653], *PERLE‹* für Weine[654] und *STONE* in einer üblichen Schriftform, deren Farbe und Struktur eine Granitoberfläche (Felswand) imitieren, was unterstreicht, dass die Anmeldung sich auf Stein bezieht, also bzgl Messer, Besteck, Töpfe, Pfannen, Bräter und Glasdeckel hierfür auf aus Stein bestehende, damit beschichtete oder dekorierte Waren[655] zurückgewiesen.

673   Das galt auch bei *natural beauty* für Kosmetika[656], *EFEKT PERLENIA* (polnisch für perlender Effekt) ua für chemische Produkte, Farben und Baustoffe[657], *SAFELOAD* für Führungsschienen, Spannverschlüsse, Landfahrzeuge und deren Anhänger[658], *›packaging* für Papierwaren, Verpackungsmaterial[659], *BIG PAD* für integrierte, interaktive Whiteboards, Flüssigkristallbildschirme[660], *TRIPLE BONUS* ua für Computer(-programme), Spiele und Vergnügungsparks[661], *WORLD OF BINGO* sowohl als Wort- wie auch als Bildmarke für Computer, Hard- und Software, insb für Bingohallen,

---

649 S.a. GMitt KP11, Neue Markenformen: Prüfung auf formale Anforderungen und Schutzhindernisse, April 2021, Kap. B 4, Neue Markenformen, die zur Beschreibung der Waren bzw DL oder ihrer Merkmale dienen können.
650 EuGH, 8.4.2003, C-53–55/01 – Gabelstapler/Rado-Uhren/Stabtaschenlampen, Rn 66, 69, 70, 73–75.
651 EuG, 15.5.2014, T-366/12 – Yogurt-Gums.
652 EuG, 12.4.2016, T-361/15 – Choice chocolate & ice cream.
653 EuG, 26.4.2018, T-220/17 – 100 % Pfalz.
654 EuG, 1.2.2013, T-104/11 – PERLE‹.
655 EuG, 31.5.2016, T-454/14 – STONE.
656 EuG, 11.7.2012, T-559/10 – natural beauty, Rn 25–27.
657 EuG, 12.5.2016, T-298/15 – EFEKT PERLENIA.
658 EuG, 9.6.2010, T-315/09 – SAFELOAD, Rn 26, da schwarz-weiß schraffierten Buchstaben und eine Schreibweise in Großbuchstaben und Schrägschrift banale grafische Stilmittel sind, die nicht von der beschreibenden Botschaft der Wortfolge ablenken können.
659 EuG, 8.9.2010, T-64/09 – ›packaging, Rn 41, 42.
660 EuG, 7.5.2014, T-567/13 – BIG PAD.
661 EuG, 14.1.2016, T-318/15 – TRIPLE BONUS.

Spielautomaten[662], *ReValue* für Werbung, Unternehmensverwaltung, Finanz-, Immobilienwesen sowie wissenschaftliche und technologische DL[663], *3D* für endoskopische
Videosysteme mit 3D-Prozessoren[664] und *TurboPerformance* für ua Software, Wartung
von Fahrzeugen, technologische Dienste, da der beschreibende Charakter noch ver-
stärkt wird durch den Bildbestandteil, nämlich eine schematische Darstellung eines
Drehzahlmessers mit der Zeigerposition im äußersten rechten und dunklen Bereich,
um anzugeben, dass die Höchstwerte fast erreicht sind[665].

Ebenso wenig schutzfähig waren die Bild-/Wortkombination *MELT WATER Original*   **674**
für Bier und Mineralwässer mit ihrer Bedeutung von »Originalschmelzwasser«, vor
allem vom Gletscher[666], sowie zahlreiche *Rundsiegel* mit beschreibenden Inhaltsan-
gaben, wie zB *BIO organic, BIO PROTEINREICHER PFLANZENKOMPLEX AUS
EIGENER HERSTELLUNG* und *BIO MIT PFLANZENFLUID AUS EIGENER HER-
STELLUNG* für ua Kosmetika und pharmazeutische Erzeugnisse[667].

Zurückgewiesen hat das EuG zudem die Bildanmeldung *ring* ua für Türklingeln,   **675**
Bewegungsmelder und Überwachungsgeräte, da dieses Wort im Englischen darüber
informiert, dass diese Waren ein System enthalten, um einen deutlichen resonanten
oder vibrierenden *Klang zu erzeugen*. Dies stellt eine Bestimmungsangabe dar, weil
der Zweck der fraglichen Waren darin besteht, ua die Überwachung des Innen- und
Außenbereichs von Wohnungen, Einzelhandelsgeschäften oder Büros zu ermöglichen[668].

Jedoch selbst ausschließlichen Bildmarken, nämlich den mittels einer Silhouette sti-   **676**
lisierten bildlichen Darstellungen eines *Hundes* und eines *Pferdes* ua für Lederwaren
und Futtermittel, eines *Pferdekopfes* für Bekleidung und Lederwaren, insb zur Verwendung beim Reiten oder im Zusammenhang mit Pferden, sowie eines *Bodybuilders*
für Nahrungsergänzungsmittel, Bekleidung und Online-Einzelhandel damit wurde
als beschreibenden Bestimmungsangaben der Schutz versagt[669].

---

662 EuG, 20.11.2015, T-203/15 und T-202/15 – WORLD OF BINGO.
663 EuG, 28.6.2011, T-487/09 – ReValue, Rn 36–40.
664 EuG, 17.12.2015, T-79/15 – 3D.
665 EuG, 11.7.2019, T-349/18 – TurboPerformance; Rechtsmittel nicht zugelassen, EuGH,
    19.12.2019, C-696/19 P.
666 EuG, 14.1.2015, T-69/14 – MELT WATER Original.
667 EuG, 10.9.2015, T-610/14, T-571/14 und T-570/14 – BIO organic ua, Rn 17–24.
    Dasselbe galt für diese Angaben in anderen Sprachen; T-30/14, T-568/14, T-569/14,
    T-572/14, T-608/14 und T-609/14.
668 EuG, 19.12.2019, T-270/19 – ring.
669 EuG, 8.7.2010, T-385/08 und T-386/08 – Hundebild, Pferdebild; EuG, 26.9.2017,
    T-717/16 – Pferdekopfsilhouette; EuG, 29.9.2016, T-335/15 – Bodybuilder.

677

Abb. 4

678 *Dagegen* war die schlichte Bildanmeldung von *fluo.* für Mobiltelefone, digitale Tabletts und Fernseher *erfolgreich*, da der Verkehr keine hinreichend direkte und spezifische Beziehung zwischen der Abkürzung von fluoreszierend und den fraglichen Waren herstellen wird[670]. Ebenso scheiterte der Nichtigkeitsantrag gegen die für wasserdichte Uhren geschützte einfach gestaltete Bildmarke *AMPHIBIAN*, weil dieser Begriff mit Amphibienfahrzeugen in Verbindung gebracht wird, aber nicht mit Uhren, für die »waterproof« (wasserdicht) gebräuchlich ist[671]. Selbst die Bildmarke *MONTANA* ist damit für Möbel, Einzelhandel, Reparatur und Architektur als beschreibende Angabe zu unkonkret und wird nicht mit dem US-Bundestaat Montana und seine Wälder in Verbindung gebracht[672]. Weiter war der Nichtigkeitsantrag gegen die Bildmarke *BODYSECRETS* erfolglos, weil diese Wörter in ihrer üblichen Bedeutung nicht lobend sind und sich nicht auf eine höhere Qualität beziehen, so dass dieser Ausdruck von den maßgeblichen Verkehrskreisen nicht als Werbeformel für Kosmetika, Desinfektionsmittel, Bekleidung aufgefasst wird[673].

679 Dasselbe galt für die Bildmarke *AIRSCREEN*, da nichts darauf hindeutet, dass diese – jedenfalls zum Anmeldezeitpunkt im Jahr 2003 – als Bezeichnung für eine »aufblasbare Kinoleinwand« verstanden wurde[674]. Ebenfalls scheiterte ein Nichtigkeitsantrag gegen die ua für zahlreiche elektronische, elektrische Geräte sowie Telekommunikations-, Satelliten- und Unterhaltungs-DL eingetragene Bildmarke *Wi-Fi Powered by The Cloud*, da der Nichtigkeitsantragsteller keine Nachweise erbracht hatte, dass diese in ihrer Gesamtheit vom maßgeblichen Verkehr zum Zeitpunkt der Anmeldung im Jahr 2010 als beschreibend für die Merkmale der angegriffenen Waren und DL aufgefasst worden wäre oder inwieweit der Verkehr alle ihre Elemente unmittelbar und ohne weiteres Nachdenken mit Cloud Computing in Verbindung bringen würde[675].

680 Schließlich wurde die Anmeldung der *dreidimensionalen Form* einer *Blume* für Seifen, Toilettenartikel und Kerzen zurückgewiesen. Zwar gibt die Anmeldung nicht die Art der dargestellten Blume an, jedoch ist eine Blume auch durch ihren *Duft* gekennzeichnet. Der maßgebliche Verkehr wird daher die beanspruchten Waren mit einem

---

670 EuG, 11.10.2018, T-120/17 – fluo.

671 EuG, 4.4.2017, T-215/16 – AMPHIBIAN.

672 EuG, 2.6.2021, T-854/19 bis T-856/19 – MONTANA; Rechtsmittel nicht zugelassen, EuGH, 8.12.2021, C-473/21 P bis C-475 P.

673 EuG, 14.7.2021, T-810/19 – BODYSECRETS.

674 EuG, 22.9.2021, T-250/20 – AIRSCREEN.

675 EuG, 23.9.2020, T-738/19 – Wi-Fi Powered by The Cloud.

blumigen Duft in Verbindung bringen, zumal Waren wie Kerzen und Seifen im Allgemeinen dadurch charakterisiert werden können, was eine *Wareneigenschaft* darstellt. Selbst ein möglicher dekorativer Charakter der Marke hindert sie nicht daran, auch ein anderes Merkmal der betr Waren zu bezeichnen, nämlich ihren Duft[676].

V. Fehlende Unterscheidungskraft

Die Unterscheidungskraft einer Marke ist zum einen im Hinblick auf die *Waren* **681** *oder DL*, für die sie angemeldet worden ist, und zum anderen im Hinblick auf die Anschauung der *maßgeblichen Verkehrskreise* zu beurteilen[677].

Die Marke muss einen *betrieblichen Herkunftshinweis* darstellen, also die Garantie **682** einer bestimmten *Ursprungsidentität* bieten, um gemäß Art. 7 Abs. 1b UMV eintragungsfähig zu sein. Der Verbraucher kann erwarten, dass die Herstellung der mit der Marke gekennzeichneten Ware unter Kontrolle eines einzigen Unternehmens erfolgt ist.

Bei der Beurteilung ist jeweils das beanspruchte Zeichen in seiner *Gesamtheit* unter **683** Berücksichtigung der Auffassung der beteiligten Verkehrskreise zu betrachten. Rein beschreibende Angaben bedürfen eines ganz besonders fantasievollen, zB grafischen Zusatzes, um als unterscheidungskräftig angesehen werden zu können.

Für die Eintragungsfähigkeit ist jedoch lediglich ein *Minimum* an Unterscheidungs- **684** kraft erforderlich[678].

1. Allgemeininteresse

In Anbetracht des Umfangs des einer Marke durch die UMV verliehenen Schut- **685** zes gehen das *Allgemeininteresse*, das Art. 7 Abs. 1b UMV zugrunde liegt, und die wesentliche Funktion der Marke, die darin besteht, dem Verbraucher oder Endabnehmer die *Ursprungsidentität* der durch die Marke gekennzeichneten Ware oder DL zu garantieren, um diese ohne Verwechslungsgefahr von denjenigen anderer Herkunft zu unterscheiden, offensichtlich ineinander über. Somit geht das Allgemeininteresse bei der Beurteilung der Unterscheidungskraft restlos in der Ursprungsgarantiefunktion der Marke auf und unter[679].

---

676 EuG, 12.12.2019, T-747/18 – Blume, Rn 66–74; Rechtsmittel nicht zugelassen, EuGH, 4.6.2020, C-72/20 P.
677 EuGH, 22.6.2006, C-25/05 P – Goldfarbene Bonbonverpackung (Werther's Wicklerform), Rn 25; EuGH, 29.4.2004, C-456, 457, 468–474/01 P – Tabs I, II und III, Rn 35; EuGH, 8.5.2008, C-304/06 P – EUROHYPO, Rn 67; EuGH, 9.9.2010, C-265/09 P – Bildmarke α, Rn 32.
678 EuGH, 21.1.2010, C-398/08 P – Vorsprung durch Technik, Rn 39.
679 EuGH, 16.9.2004, C-329/02 P – SAT.2, Rn 25, 27.

2. Prüfungsgrundsätze

686   Zwar entbehrt eine Marke in Bezug auf bestimmte Waren oder DL allein deshalb nicht der Unterscheidungskraft, weil sie diese *nicht beschreibt* oder weil sie die Merkmale *anderer* Waren oder DL *beschreibt*. Jedoch *fehlt* einer Marke, die Merkmale von Waren oder DL *beschreibt, zwangsläufig* insoweit die *Unterscheidungskraft*.

687   Einer Marke kann jedoch die Unterscheidungskraft in Bezug auf Waren oder DL auch aus *anderen Gründen* als ihrem etwaigen beschreibenden Charakter fehlen[680].

688   Der Unterschied zwischen den *Anwendungsvoraussetzungen* von Art. 7 Abs. 1b und Art. 7 Abs. 1c UMV liegt nicht darin, dass Letzterer im Gegensatz zu Ersterem ein potenzielles Element aufwiese (nämlich die Geeignetheit zur Beschreibung), sondern im Umfang ihres Anwendungsbereichs.

689   Daher genügt bereits die *bloße Möglichkeit oder Wahrscheinlichkeit einer nicht unterscheidungskräftigen Verwendung* der fraglichen Marke, um ihre Unterscheidungskraft abzulehnen. Art. 7 Abs. 1b UMV kann nämlich nicht dahin ausgelegt werden, dass er das EUIPO verpflichtet, die ihm obliegende konkrete Prüfung der Unterscheidungskraft auf andere Verwendungen der Anmeldung zu erstrecken als diejenige, die es mit Hilfe seiner Sachkunde auf diesem Gebiet als die wahrscheinlichste erkennt[681]. So kann das EuG zu Recht das Kriterium der möglichen – und nicht wenig wahrscheinlichen – Verwendung eines Zeichens als Oberflächenmuster heranziehen, um die Rspr des EuGH zu dreidimensionalen Marken, die mit dem Erscheinungsbild der Waren verschmelzen, anzuwenden[682].

690   Die Unterscheidungskraft ist also unter Berücksichtigung aller relevanten Tatsachen und Umstände, einschl sämtlicher *wahrscheinlicher Verwendungsarten* der Anmeldung, zu prüfen, also solcher, die *im Rahmen der Branchenüblichkeit praktisch bedeutsam* sein können. Dabei sind Verwendungsarten, die in der betr Branche zwar denkbar, aber praktisch nicht bedeutsam sind und somit wenig wahrscheinlich erscheinen, als irrelevant einzustufen, es sei denn, dass im Einzelfall konkrete Anhaltspunkte eine in dieser Branche *unübliche Verwendungsart wahrscheinlich* machen[683].

---

680   EuGH, 12.2.2004, C-363/99 – Postkantoor, Rn 70, 74, 86.

681   EuGH, 26.4.2012, C-307/11 P – Winkel (Deichmann), Rn 33, 48, 55, 57.

682   EuGH, 13.9.2018, C-26/17 P – Sich kreuzende Wellenlinien (Birkenstock), Rn 40–43. Aus dem Wesen eines Zeichens, das aus einer sich wiederholenden Sequenz von Bestandteilen zusammengesetzt ist, folgt eine Wahrscheinlichkeit, als Oberflächenmuster verwendet zu werden und damit mit dem Erscheinungsbild der betr Waren zu verschmelzen.

683   EuGH, 12.9.2019, C-541/18 – #darferdas, Rn 40–43. Mit diesem auf Vorlage des BGH (21.6.2018, I ZB 61/17.) ergangenen Urteil dürfte die Diskrepanz zwischen der Rspr des EuGH und der bisherigen Spruchpraxis des BGH aufgelöst sein, der für die Unterscheidungskraft bereits ausreichen lassen wollte, dass es nicht theoretisch denkbare, sondern praktisch bedeutsame und nahe liegende Einsatzmöglichkeiten des Zeichens gebe, die vom Verkehr ohne weiteres als markenmäßig verstanden würden; BGH, 13.9.2018, I ZB 25/17 – »Pippi Langstrumpf«-Marke II, Rn 22 mwN. Andererseits dürfte es nach diesem

Bei der Beurteilung der Unterscheidungskraft einer *zusammengesetzten Marke*, die aus **691**
der Kombination verschiedener Elemente besteht, ist auf die *Gesamtwahrnehmung*
durch den Durchschnittsverbraucher abzustellen und nicht auf die Vermutung, dass
Bestandteile, die isoliert betrachtet nicht unterscheidungskräftig sind, auch im Falle
ihrer Kombination nicht unterscheidungskräftig werden können[684].

3. Wortmarken, Buchstaben und Zahlen

Die Beurteilung von Unterscheidungskraft macht bei *Wortmarken* regelmäßig keine **692**
großen Probleme, da es immer auf den *Gesamteindruck* ankommt. Eine Wortmarke
kann in allen üblichen Schreibweisen wiedergegeben werden. Durch die Verwendung einer verbreiteten Schrifttype, zB HELVETICA, wird kein Bild- oder sonstiges
Element geschaffen, aufgrund dessen sich ein Zeichen insb im Hinblick auf seinen
Verwendungszweck von einer bloßen Wortmarke abheben könnte, auch wenn es als
»sonstige Marke« mit dem Zusatz »Schriftzug« angemeldet wurde[685].

So kann *Buchstaben* und *Zahlen* oder ihren Kombinationen nicht bereits von sich aus **693**
die Unterscheidungskraft abgesprochen werden. Das gilt selbst für Einzelbuchstaben,
die ebenfalls konkret in Bezug auf jede beanspruchte Ware und DL zu prüfen sind.
Keinesfalls darf das EUIPO sich ohne schlüssige Begründung auf Annahmen, Mut-
maßungen oder bloße Zweifel berufen. Das Erfordernis der konkreten Prüfung der
absoluten Eintragungshindernisse von Amts wegen kann nämlich weder zum Nachteil
des Anmelders relativiert noch umgekehrt werden[686].

Selbst häufig gebrauchte *Personennamen* sind unterscheidungskräftig, da für diese keine **694**
strengeren allgemeinen Beurteilungskriterien angewandt werden zB durch Beschränkung auf eine im Voraus festgesetzte Zahl von Personen mit demselben Namen, bei
deren Überschreitung der Name als keine Unterscheidungskraft besitzend angesehen
werden könnte, oder durch Beschränkung auf eine bestimmte Zahl von Unternehmen, die Waren oder DL der gleichen Art, wie die in der Anmeldung beanspruchten,
vertreiben oder durch den Ausschluss von in einem Gewerbebereich häufig verwendeten Nachnamen[687].

Da neben dem *bildlichen* auch auf den *klanglichen Eindruck* abzustellen ist, konnte **695**
ANEW ALTERNATIVE hinsichtlich von Kosmetikartikeln keine Unterscheidungskraft zuerkannt werden, weil die Zusammenschreibung von »anew« normalerweise

---

EuGH-Urteil nicht mehr darauf ankommen, dass nur eine rein theoretische Möglichkeit
der nicht unterscheidungskräftigen Verwendung besteht.

684 EuGH, 30.6.2005, C-286/04 P – Mexikanische Corona-Bierflasche, Rn 26; EuG,
15.3.2006, T-129/04 – Develey-Kunststoffflasche; bestätigt durch EuGH, 25.10.2007,
C-238/06.

685 EuG, 5.12.2000, T-32/00 – electronica, Rn 30–325.

686 EuGH, 9.9.2010, C-265/09 P – Bildmarke α, Rn 45–47; EuG, 13.6.2007, T-441/05 –
Bildmarke I (von der BK jedoch am 28.5.2008 erneut mangels Unterscheidungskraft
rechtskräftig zurückgewiesen, R 559/04–1).

687 EuGH, 16.9.2004, C-404/02 – Nichols, Rn 23–31.

akustisch nicht hörbar ist[688]. Dementspr musste auch *BigXtra* der Schutz für eine Anzahl von Waren und DL versagt werden, da es in der englischen Sprache üblich ist, »extra« durch die Kurzform »Xtra«, das ebenso ausgesprochen wird, abzukürzen und das große Binnen-X den Effekt einer Aneinanderreihung ohne Zwischenräume vollständig neutralisiert[689].

696   Dasselbe gilt selbst bei Spezialverkehrskreisen der klinischen Forschung auch für die falsche Schreibweise eines rein anpreisenden und werbenden Begriffs, wie *RELY-ABLE* (reliable als zuverlässig, sicher, erprobt)[690]. *Pianissimo* wird in Bezug auf ua Motoren, Pumpen, Wasch- und Reinigungsmaschinen nur dahingehend verstanden, dass diese Geräte sehr leise oder geräuschlos funktionieren[691]. Und *Premiere* wird vom französischsprachigen Verkehr ausschließlich als Hinweis auf die erstklassige Qualität oder Premium-Eigenschaft der zahlreichen beanspruchten Waren und DL aufgefasst[692].

697   Wegen ihres rein anpreisenden und lobenden Charakters gilt dasselbe weiter zB bei *ULTRARANGE* für Bekleidung[693], bei *FREE* für Waren und DL zu Schlankheitskuren, Lebensmitteln und Getränken[694], bei *fit + fun* für veterinärmedizinische Nahrungsergänzungsmittel[695] und bei *ROMANTIK* für Reiseveranstaltungen[696].

698   Unterscheidungskraft fehlt auch *Begriffen* und *Abkürzungen*, die – ohne beschreibend zu sein – lediglich über die Natur oder die Bestimmung der beanspruchten Waren und DL informieren, so zB bei *medi* über den Bezug zu medizinischen oder Heilzwecken[697].

699   Ebenso wenig konnte die Aufforderung *SUBSCRIBE* für Computersoftware, Bücher und Computerdienste geschützt werden, da diese alle im Wege eines Abonnements erworben werden können[698].

700   Dasselbe gilt auch für Begriffe der *Umgangssprache* oder aus dem Netzjargon, wie zB *XOXO*, das bei einem jugendlichen Publikum für Umarmungen und Küsse steht, in Bezug auf Schönheitspflegemittel, Schmuckwaren und Bekleidung, die typischer-

---

688 EuG, 26.11.2008, T-184/07 – ANEW ALTERNATIVE, Rn 24–26.
689 EuG, 21.3.2014, T-81/13 – BigXtra, Rn 27–41; bestätigt durch EuGH EuGH, 11.12.2014, C-253/14 P.
690 EuG, 30.4.2013, T-640/11 – RELY-ABLE, Rn 20–24.
691 EuG, 21.1.2015, T-11/14 – Pianissimo.
692 EuG, 19.6.2019, T-479/18 – Premiere, Rn 32–35.
693 EuG, 15.10.2019, T-434/18 – ULTRARANGE.
694 EuG, 12.7.2019, T-113/18 und T-114/18 – FREE.
695 EuG, 13.12.2018, T-94/18 – fit + fun.
696 EuG, 25.4.2018, T-213/17 – ROMANTIK; bestätigt durch EuGH, 3.10.2018, C-411/18 P.
697 EuG, 12.7.2012, T-470/09 – medi, Rn 25, 36; bestätigt durch EuGH, 16.10.2013, C-410/12 P. Die Anmeldung steht als Abkürzung für »medicine« und bildet den Stamm oder den wesentlichen Bestandteil einer Vielzahl von Wörtern, die mit dem medizinischen Bereich verbunden sind. Sie wird also von den maßgeblichen englischsprachigen Verkehrskreisen in der Bedeutung »Medizin« oder als Hinweis oder Bezugnahme auf den medizinischen Bereich verstanden.
698 EuG, 15.7.2014, T-404/13 – SUBSCRIBE.

weise bei vielen Gelegenheiten als Geschenk angeboten werden, so dass die Anmeldung nur als eine Werbebotschaft wahrgenommen wird, die Gefühle von Liebe und Zuneigung vermittelt[699].

Dagegen konnte *MobiPACS* für ua Computersoftware und deren Installation die Unterscheidungskraft nicht abgesprochen werden, weil selbst wenn »mobi« als Kurzform von »mobile« verstanden wird, diese Marke nicht als anpreisender und positiver Werbeslogan angesehen werden kann, da die Abkürzung »pacs«, die auf ein System zur Archivierung und Verwaltung von Bildern in hoher Auflösung (»picture archiving system«) verweist, die die beanspruchten Waren und DL nicht unmittelbar beschreibt[700]. Weiter scheiterte ein Nichtigkeitsantrag gegen die für Aquarienleuchten eingetragene Marke *Wave*, da diesem Begriff an sich die Unterscheidungskraft nicht fehlt, nachdem er mehrere Gedankenschritte erfordert, um einen Zusammenhang zu den Ausdrücken »Welleneffekte« und »Wellenlänge« herzustellen[701].   **701**

4. Slogans und Qualitätshinweise

Die *Kriterien für die Beurteilung* der Unterscheidungskraft sind zwar für alle Markenkategorien *dieselben*. So können zB an Slogans keine strengeren Maßstäbe angelegt werden als an sonstige Arten von Zeichen. Für das Erfordernis der Unterscheidungskraft kann zB nicht verlangt werden, dass die Anmeldung fantasievoll sei oder ein begriffliches Spannungsfeld aufweise, das einen Überraschungs- und damit Merkeffekt zur Folge habe[702].   **702**

Im Zusammenhang mit der Anwendung dieser Beurteilungskriterien kann sich aber zeigen, dass *nicht jede Markenkategorie* von den maßgeblichen Verkehrskreisen *notwendig in gleicher Weise wahrgenommen* wird, und dass es daher schwieriger sein kann, die Unterscheidungskraft der Marken bestimmter Kategorien nachzuweisen. Die Schwierigkeiten, die wegen der Natur solcher Marken möglicherweise mit der Bestimmung ihrer Unterscheidungskraft verbunden sind und deren Berücksichtigung zulässig ist, rechtfertigen es nicht, besondere Kriterien aufzustellen, die das Kriterium der Unterscheidungskraft ersetzen oder von ihm abweichen.   **703**

Auch wenn bestimmten Zeichenkategorien schwieriger von vornherein Unterscheidungskraft zuerkannt werden kann, so befreit dies die Markenämter nicht von einer *konkreten Prüfung*[703].   **704**

Zwar ist die Eintragung einer Marke, die aus Zeichen oder Angaben besteht, die sonst als *Werbeslogans*, *Qualitätshinweise* oder *Aufforderungen zum Kauf* der beanspruchten   **705**

---

699 EuG, 13.5.2020, T-503/19 – XOXO, Rn 44–53.
700 EuG, 5.6.2019, T-272/18 – MobiPACS.
701 EuG, 23.9.2020, T-869/19 – Wave.
702 Auf der Internetseite des EUIPO ist in der Rubik *BK* ein Bericht über die Rspr der BK und von EuGH und EuG zur Unterscheidungskraft von Slogans veröffentlicht.
703 EuGH, 9.9.2010, C-265/09 P – Bildmarke α, Rn 34, 37.

Waren oder DL verwendet werden, nicht schon wegen einer solchen Verwendung ausgeschlossen.

706 Jedoch darf die Funktion als Marke, dh die Herkunftsfunktion, gegenüber der Werbefunktion nicht offensichtlich von untergeordneter Bedeutung sein. Denn in einem solchen Fall werden die Durchschnittsverbraucher aus derartigen Slogans gewöhnlich nicht auf die Herkunft der Waren schließen[704].

707 Zur Aberkennung der Unterscheidungskraft reicht es allein nicht aus, dass eine Marke von den angesprochenen Verkehrskreisen als *Werbeslogan* wahrgenommen wird und dass andere Unternehmen sie sich im Hinblick auf ihren *lobenden Charakter* zu eigen machen könnten. Der *anpreisende Sinn* einer Wortmarke schließt es nicht aus, dass sie geeignet ist, eine Herkunftsfunktion zu erfüllen. Eine solche Marke kann nämlich vom Verkehr gleichzeitig (oder sogar in erster Linie) als *Werbeslogan und* dennoch als *betrieblicher Herkunftshinweis* wahrgenommen werden[705].

708 Es ist zwar keine notwendige Voraussetzung für die Unterscheidungskraft eines Werbeslogans, dass dieser *mehrere Bedeutungen* haben, ein *Wortspiel* darstellen oder als *fantasievoll, überraschend* und *unerwartet* und damit *merkfähig* aufgefasst werden könnte, diese Merkmale sind aber gleichwohl *geeignet, ihm Unterscheidungskraft zu verleihen.*

709 Soweit Slogans *nicht beschreibend* iSv Art. 7 Abs. 1c UMV sind, können sie eine, und sei es auch einfache *Sachaussage* enthalten und dennoch geeignet sein, den Verbraucher auf die betriebliche Herkunft der fraglichen Waren oder DL hinzuweisen, insb wenn sie nicht nur in einer gewöhnlichen Werbemitteilung bestehen, sondern eine *gewisse Originalität* oder *Prägnanz* aufweisen, ein *Mindestmaß an Interpretationsaufwand* erfordern oder bei den angesprochenen Verkehrskreisen einen *Denkprozess* auslösen[706].

---

704 EuGH, 21.10.2004, C-64/02 P – Das Prinzip der Bequemlichkeit, Rn 31, 32, 34–36, 41. Das HABM hatte versehentlich vor dem EuGH nicht – wie die BK – auf den klar ersichtlichen beschreibenden Charakter dieses Zeichens ua für Polstermöbel abgestellt, sondern nur auf dessen fehlende Unterscheidungskraft.

705 EuGH, 21.1.2010, C-398/08 P – Vorsprung durch Technik, Rn 35–39, 44, 45; mit dem das Urteil des EuG, 9.7.2008, T-70/06 und die zugrunde liegende BK-Entscheidung aufgehoben wurden.

706 EuGH, 21.1.2010, C-398/08 P – Vorsprung durch Technik, Rn 47, 57–59. Selbst wenn dieser Slogan eine *Sachaussage.* enthalten sollte, dass die Herstellung und Lieferung besserer Waren und DL durch technische Überlegenheit erreicht wird, könnte ihm dies nicht die Unterscheidungskraft von Haus aus nehmen. Eine solche Aussage, so einfach sie auch wäre, wäre nämlich nicht so gewöhnlich, dass unmittelbar und ohne weitere Prüfung ihre Eignung als betrieblicher Herkunftshinweis ausgeschlossen werden könnte. Zudem geht diese Aussage nicht offenkundig aus dem Slogan hervor. Die Wortfolge lässt zunächst nur einen ursächlichen Zusammenhang erkennen und verlangt vom Publikum einen gewissen Interpretationsaufwand. Zudem weist der Slogan eine gewisse Originalität und Prägnanz auf, die ihn leicht merkfähig machen. Schließlich ist bei einem *berühmten Slogan.* (wie hier), der seit vielen Jahren vom Anmelder verwendet wird, nicht auszuschließen, dass der Umstand, dass die angesprochenen Verkehrskreise daran gewöhnt sind, ihn mit den von diesem Unternehmen hergestellten Autos zu verbinden, es diesem

Wird ein Zeichen, wie die Bildmarke *BEST BUY*, vom Verbraucher aber *ausschließlich*   710
als Hinweis auf das günstige Verhältnis zwischen Qualität und Preis aufgefasst und darin
keinen Hinweis auf die betriebliche Herkunft der fraglichen Waren und DL gesehen,
fehlt ihm die Unterscheidungskraft, ohne dass dem EuG der Vorwurf gemacht werden
kann, hierbei ein zu strenges Kriterium angewendet zu haben[707].

711

Abb. 5

Auch die mit dem Slogan *WIR MACHEN DAS BESONDERE EINFACH* bei zahl-   712
reichen Computerwaren konfrontierten spezialisierten Fachkreise werden nicht dazu
veranlasst, in dieser Marke über die Werbeaussage hinaus, der zufolge die fraglichen
Waren die Ausführung einer komplizierten Aufgabe einfach machen, einen Hinweis
auf eine besondere betriebliche Herkunft wahrzunehmen[708].

Selbst *executive edition* vermittelt im Handel und im Werbesektor insb für Haushalts-   713
geräte klar und eindeutig eine anpreisende Aussage oder Werbebotschaft, die dem
englischsprachigen Durchschnittsverbraucher signalisiert, dass er sich einer besonderen
Warenart mit bestimmten Qualitätsmerkmalen, einer exklusiven Produktlinie oder
Luxuswaren für anspruchsvollere und gut situierte Verbraucher, gegenüber sieht, die
sich von der Standard-, Normal- oder Basisware unterscheidet. Da der Verbraucher
diese Bedeutung ohne Interpretationsaufwand erkennt, hat die Marke keinen vagen,
unkonkreten, diffusen Begriffsgehalt und weist keinen für das Minimum der Unterscheidungskraft erforderlichen Grad an Originalität oder Prägnanz auf[709].

Nicht unterscheidungskräftig sind somit pure und ausschließliche *Werbeslogans* ohne   714
jedes, ein Unternehmen individualisierendes Moment, wie ua einen Namensbestandteil, oder ohne Originalität oder Prägnanz oder einen sonst merkfähigen Inhalt.
Daher wurden zB zurückgewiesen die Anmeldungen von *MEHR FÜR IHR GELD*

Publikum auch erleichtert, die betriebliche Herkunft zu erkennen. Das letztere Argument ist jedoch systemwidrig, weil es hier um die originäre Unterscheidungskraft geht
und nicht die Verkehrsdurchsetzung.

707 EuGH, 13.1.2011, C-92/10 P, Rn 51–53 – BEST BUY.
708 EuGH, 12.7.2012, C-311/11 P – WIR MACHEN DAS BESONDERE EINFACH,
     Rn 34, 35, 47, 48.
709 EuG, 21.1.2011, T-310/08 – executive edition, Rn 30, 34.

für ua Waschmittel, Kosmetika, Fleisch, Kaffee[710], *2good* für Süßwaren[711], *PASSION FOR BETTER FOOD* für Pharmazeutika, Lebensmittel und Getränke[712], *Qualität hat Zukunft* für technische Geräte, Papierwaren und Materialbearbeitung[713], *Inspired by efficiency* für technische Waren und Dienste[714], *INNOVATION FOR THE REAL WORLD* für Kfz-Produkte[715], *SAFETY 1ST* für Fahrräder, Fahrzeugsitze, Möbel, Badewannen, Spiel- und Übungsgeräte (jeweils für Kinder)[716], *LIVE RICHLY* sowie *SO WHAT DO I DO WITH MY MONEY* und *INVESTING FOR A NEW WORLD* für verschiedene Finanz- und Investment-DL[717], *Leistung aus Leidenschaft* für ua Werbung, Finanz-, Immobilienwesen, Telekommunikation[718], *BETTER HOMES AND GARDENS* für Finanz- und Immobilien-DL[719] und *SMARTER SCHEDULING* für Business-Management-Systeme[720].

715 Das gilt weiter bei *Ab in den Urlaub* für ua Transportwesen, Veranstaltung von Reisen[721], *DREAM IT, DO IT!* für soziale DL[722], *keep it easy* für Transportgeräte, Druckereierzeugnisse, Gepäck und Behälter[723], *CARE TO CARE* für medizinische Dienste für Pflegepersonal von Alzheimer-Patienten[724], *THINKING AHEAD* für sportliche und kulturelle Aktivitäten, Erziehung, Ausbildung, Unterhaltung[725], *Substance for Success* für ua chemische Erzeugnisse sowie technische DL[726], *Delivering the essentials of life*[727] und *Pioneering for You*[728] für eine ganze Serie von Waren und DL.

---

710 EuG, 30.6.2004, T-281/02 – MEHR FÜR IHR GELD. S.a. EuG, 6.12.2013, T-428/12 – VALORES DE FUTURO, Rn 53–55; im Hinblick ua auf Unterhaltung und kulturelle Aktivitäten.
711 EuG, 25.9.2015, T-366/14 – 2good; bestätigt durch EuGH, 11.5.2016, C-636/15 P.
712 EuG, 23.9.2011, T-251/08 – PASSION FOR BETTER FOOD.
713 EuG, 11.12.2012, T-22/12 – Qualität hat Zukunft.
714 EuG, 6.6.2013, T-126/12 – Inspired by efficiency.
715 EuG, 6.6.2013, T-515/11 – INNOVATION FOR THE REAL WORLD; bestätigt durch EuGH, 12.6.2014, C-448/13 P.
716 EuG, 24.1.2008, T-88/06 – SAFETY 1ST; bestätigt durch EuGH, 30.1.2009, C-131/08 P.
717 EuG, Urteile vom 15.9.2005, T-320/03 – LIVE RICHLY; EuG, 29.1.2015, T-609/13 – SO WHAT DO I DO WITH MY MONEY; EuG, 29.1.2015, T-609/13 – T-59/14 – INVESTING FOR A NEW WORLD.
718 EuG, 25.3.2014, T-539/11 – Leistung aus Leidenschaft.
719 EuG, 7.9.2011, T-524/09 – BETTER HOMES AND GARDENS.
720 EuG, 5.2.2015, T-499/13 – SMARTER SCHEDULING.
721 EuG, 24.6.2014, T-273/12 – Ab in den Urlaub.
722 EuG, 2.7.2008, T-186/07 – DREAM IT, DO IT!.
723 EuG, 20.7.2016, T-308/15 – keep it easy.
724 EuG, 23.1.2013, T-600/11 – CARE TO CARE. Der Ausdruck werde als Referenz an den Wechsel von einer Art der Pflege zu einer anderen (von der häuslichen zur stationären) wahrgenommen ist daher banal.
725 EuG, 17.11.2009, T-473/08 – THINKING AHEAD.
726 EuG, 9.7.2008, T-58/07 – Substance for Success.
727 EuG, 12.3.2008, T-128/07 – Delivering the essentials of life.
728 EuG, 12.12.2014, T-601/13 – Pioneering for You.

Den strengen Anforderungen an die Unterscheidungskraft wird selbst *CLIMA COM-*   **716**
FORT in Bezug auf Wärmedämmplatten und Isoliermaterial nicht gerecht, weil die
Verbraucher darin eine lobende Aussage in Richtung auf ein behagliches, angenehmes Raumklima und erhöhten Wohnkomfort sehen[729]. Schließlich ist auch *Wash*
& Coffee für ua Betrieb eines Waschsalons und Bewirtung von Gästen nicht unterscheidungskräftig, da dieser Slogan die Aussage vermittelt, dass beide DL zusammen
angeboten werden[730].

Dasselbe gilt auch für Werbeslogans, die beim Publikum lediglich das Positive von   **717**
Erlebnissen herausstellt, indem sie zB dem Verbraucher bestätigen, dass sich sein Sein
und seine Lebensqualität auf seinen Erlebnissen aufbauen. Die Wortfolge *Du bist, was*
du erlebst. transportiert eine anpreisende Botschaft, die den Verbraucher zum Konsum auffordert, um seine Selbstverwirklichung zu steigern. Der Konsum der beanspruchten Waren und DL soll sein Wohlbefinden und seine Lebensfreude erhöhen[731].

Die Unterscheidungskraft aberkannt wurde zudem banalen Sprüchen wie *Alles wird*   **718**
gut und *we're on it* jeweils für eine ganze Reihe von Waren und DL[732], *LIKE IT* für
ua Kosmetika, Taschen, Textilien Bekleidung[733], *SPÜRBAR ANDERS.* für ua Druckereierzeugnisse, Bekleidung, Ausbildung[734], *See More. Reach More. Treat More.* für
Medizinprodukte[735], *Weniger Migräne. Mehr vom Leben.* für Druckwerke und Infor-
mationsbereitstellung in Bezug auf Migränebehandlung[736] und *Foto Paradies* für ua
fotografische, optische, Unterrichtsapparate und technologische Dienste[737].

Regelmäßig fehlt schließlich die Unterscheidungskraft *rein werbenden Anpreisungen*   **719**
und *Alleinstellungsbehauptungen*, wie zB *EXTRA* für Fahrzeuge und deren Teile, diesbe-
zgl Groß- und Einzelhandels-DL sowie Spielgeräte[738], *ULTIMATE* für Fahrzeuge und
deren Teile, Modellautos, Reparatur sowie Wartung[739], *COMPETITION* für motori-
sierte Landfahrzeuge sowie deren Teile, Einzel- und Großhandel damit und Modellautos[740], *TOP* für Nahrungsmittel[741], *Genius* sowie *Favorit* für verschiedene Waren
und DL[742], *EQUIPMENT* für Seifen, Kosmetika, Brillen, Fernsehgeräte, Schmuck-,

---

729 EuG, 16.10.2012, T-371/11 – CLIMA COMFORT.
730 EuG, 14.7.2014, T-5/12 – Wash & Coffee.
731 EuG, 31.5.2016, T-301/15 – Du bist, was du erlebst.
732 EuG, 7.12.2017, T-622/16 – Alles wird gut; und EuG, 13.5.2020, T-156/19 – we're on it.
733 EuG, 14.3.2017, T-21/16 – LIKE IT.
734 EuG, 4.10.2017, T-126/16 – SPÜRBAR ANDERS.
735 EuG, 3.4.2019, T-555/18 – See More. Reach More. Treat More.
736 EuG, 8.7.2020, T-697/19 – Weniger Migräne. Mehr vom Leben.
737 EuG, 28.2.2018, T-843/17 – Foto Paradies.
738 EuG, 28.4.2015, T-216/14 – EXTRA.
739 EuG, 30.9.2015, T-385/14 – ULTIMATE.
740 EuG, 17.9.2015, T-550/14 – COMPETITION.
741 EuG, 13.7.2005, T-242/02 – TOP.
742 EuG, 22.3.2017, T-424/16 – Genius; EuG, 8.7.2020, T-729/19 – Favorit.

Lederwaren, Bekleidung und Werbung[743], *OPTIMUM* für biologisches Genmaterial[744], *UNIQUE* für Telefonapparate, Handys und Telefonkommunikations-DL[745], *BE HAPPY* für zahlreiche Waren[746], *bestpartner* für Versicherungs-, Finanzwesen sowie Internet-DL[747] und *REVOLUTION* für Finanzberatung, da damit lediglich für neue Angebote mit grds, radikalen Änderungen zum bisher Üblichen geworben wird, der Anleger daher von dieser total neuen Methode profitieren soll[748].

720   Bei einigen von diesen Zurückweisungen dürfte jedoch *auch ein beschreibender Inhalt* anzunehmen sein, der vom EuG nicht geprüft werden konnte, da er nicht Verfahrensgegenstand war.

721   *Dagegen* scheiterte ein Nichtigkeitsantrag gegen die ua für Reinigungsmittel, Reinigungsmaschinen und deren Wartung eingetragene Marke *WET DUST CAN'T FLY*, weil diese Waren und DL nicht dazu dienen, Staub zu befeuchten, sondern um Teppiche, Bodenbeläge, Polstermöbel und Fenster von Schmutz zu reinigen. Außerdem ist diese Kombination sprachlich ungenau, da Staub kein Staub mehr ist, wenn er nass ist[749]. Ebenso konnte sich im Nichtigkeitsverfahren die für Bekleidung, Schuhwaren und Kopfbedeckungen eingetragene Marke *LOVE TO LOUNGE* behaupten, da dieser Begriff mit der Bedeutung von ganzheitlicher Freude am Faulenzen im Hinblick auf die geschützten Waren vage, unklar und höchstenfalls andeutend ist[750]. Schließlich erkannte das EuG dem Spruch *IT'S LIKE MILK BUT MADE FOR HUMANS* Unterscheidungskraft zu, weil die Verbraucher wegen der koordinierenden (wohl eher einschränkenden) Verbindung »but« in der Zeichenmitte einen Gegensatz zwischen dem ersten und dem zweiten Teil wahrnehmen werden und die Anmeldung somit eine Botschaft vermittelt, die geeignet ist, in den Köpfen des von Milchersatzprodukten angesprochenen Publikums einen Erkenntnisprozess auszulösen, der sie einprägsam macht[751].

---

743   EuG, 16.5.2013, T-356/11 – EQUIPMENT. Es wird nämlich als Referenz auf ein Ensemble von Elementen, eine Ausrüstung verstanden.

744   EuG, 20.1.2009, T-424/07 – OPTIMUM.

745   EuG, 23.9.2009, T-396/07 – UNIQUE.

746   EuG, 30.4.2015, T-707/13 und T-709/13 – BE HAPPY; bestätigt durch EuGH, 25.2.2016, C-346/15 P.

747   EuG, 8.7.2004, T-270/02 – bestpartner.

748   EuG, 2.6.2016, T-654/14 – REVOLUTION.

749   EuG, 22.1.2015, T-133/13 – WET DUST CAN'T FLY. Dies erscheint aber im Hinblick zB auf Dampfstaubsauger nicht überzeugend. Die BK hat zB auch den Slogan *SEE THE UNSEEN.* für zahlreiche Waren und DL der Kl. 9 und 35 als unterscheidungskräftig angesehen; BK, 20.10.2015, R 1073/15–2.

750   EuG, 15.9.2017, T-305/16 – LOVE TO LOUNGE.

751   EuG, 20.1.2021, T-253/20 – IT'S LIKE MILK BUT MADE FOR HUMANS. Folglich vermittelt die Anmeldung nicht nur die Vorstellung, dass die fraglichen Lebensmittel der Milch ähneln und für den menschlichen Verzehr bestimmt sind, sondern auch diejenige, dass sie eben gerade nicht aus Milch selbst bestehen. Damit stellt die Marke die allgemein anerkannte Vorstellung in Frage, dass Milch ein wichtiger Bestandteil der menschlichen Ernährung ist. Die Auffassung des EuG erscheint sehr kreativ. Es bleiben

5. Wortkombinationen

Bei *Wortkombinationsmarken* müssen ein etwaiger beschreibender Charakter und feh- **722** lende Unterscheidungskraft nicht nur gesondert für jedes Wort, sondern auch für das durch die Wörter gebildete Ganze festgestellt werden.

Jede *klar erkennbare Abweichung oder Abwandlung* von der im üblichen Sprachgebrauch **723** der betroffenen Verbraucherkreise für die Bezeichnung der Ware oder der DL oder ihrer wesentlichen Merkmale verwendeten Ausdrucksweise ist geeignet, einer Wortverbindung die erforderliche Schutzfähigkeit zu verleihen, soweit sie nicht lediglich als Hör- oder Schreibfehler erscheint.

Handelt es sich also um eine *Wortneuschöpfung*, eine der Struktur nach *ungewöhnliche* **724** *Kombination*, also das Ergebnis einer lexikalischen Erfindung, die keinen bekannten Ausdruck zur Bezeichnung der Waren oder DL bzw von ihren wesentlichen Elementen enthält, so kann die so gebildeten Marke nicht von der Eintragung ausgeschlossen werden[752]. Vorstellbar wäre zB die Akzeptanz von grammatikalisch völlig missgestalteten Begriffen als Marke, wie zB »Brusthuhn« anstelle der geläufigen »Hühnerbrust«.

Jedoch erschien die Aufforderung *TAME IT* für Mittel zur Körper- und Schön- **725** heitspflege sowie Haarwässer als rein verkaufsfördernde Information, um die Haare geschmeidig zu machen, und daher nicht unterscheidungskräftig[753]. Dasselbe galt als lobende Größenangabe für *Premium XL* und *Premium L* für elektrische Apparate und Solaranlagen[754]. Auch *diegesellschafter.de* wird für Werbung, Geschäftsführung, Ausbildung und Veranstaltungen nur als Internetportal und nicht als Angabe der betrieblichen Herkunft verstanden[755]. Selbst *PHOTOS.COM* fehlt die Unterscheidungskraft für Computersoftware, Zeitschriften und elektronische Publikationen, da die Anmeldung in ihrer Gesamtheit nicht fantasievoll ist, sondern nur eine schlichte Internetadresse ohne jeden Zusatz enthält[756].

Zurückgewiesen wurde weiter *2good* für Süß- und Schokoladenwaren, da die Ziff »2« **726** in Kombination mit dem Wort »good« vom englischsprachigen Publikum als »too« mit der Bedeutung von »außerordentlich gut« verstanden wird, so dass das Zeichen nur einen üblichen anpreisenden Werbeslogan enthält[757]. Den strengen Anforderungen an die Unterscheidungskraft von Wortzusammenstellungen wurde sogar die grammatikalisch unkorrekte Kombination *MIGHTY BRIGHT* in Bezug auf tragbare

---

mE doch erhebliche Zweifel, ob die Aussage »Es ist wie Milch, aber für Menschen«, also nicht für Tiere, nicht schlicht eine einfache beschreibende Angabe von Milchersatz für den menschlichen Konsum ist.

752 EuGH, 12.2.2004, C-363/99 – Postkantoor, Rn 54 ff, 67 ff, 86, 98 ff; 12.2.2004, C-265/00 – BIOMILD; EuGH, 23.10.2003, C-191/01 P – DOUBLEMINT, Rn 30–32.
753 EuG, 15.9.2009, T-471/07 – TAME IT, Rn 25, 26.
754 EuG, 17.1.2013, T-582/11. und T-583/11 – Premium XL und Premium L.
755 EuG, 7.10.2010, T-47/09 – diegesellschafter.de, Rn 30–50.
756 EuG, 21.11.2012, T-338/11 – PHOTOS.COM.
757 EuG, 25.9.2015, T-366/14 – 2good.

einschaltbare Lese- und Glühlampen nicht gerecht, da sie sofort als »mächtig hell« verstanden wird[758].

727   Dasselbe gilt für *HOUSE OF CARS* für ua Reparatur, Wartung von Maschinen und Kraftfahrzeugen, da damit ein Haus, ein Gebäude, ein Geschäft von oder für Fahrzeuge bezeichnet wird[759]. Auch *Serviceplan* fehlt die Unterscheidungskraft ua für Werbung, Marketing, Geschäftsführung, Designerdienstleistungen, weil dies als Dienstleistungsplan verstanden wird, der ein breit gefächertes Angebot verschiedener Einzelleistungen enthält, die möglicherweise nach Umfang oder Zeit gestaffelt werden können[760].

728   Weiter wurde *IDIRECT24* für Computersoftware, Finanz-, Immobilienwesen und Telekommunikation zurückgewiesen, da sie als Kombination von »I«, »DIRECT« und »24« mit dem Bezug auf Internet als direkte Anwendbarkeit ohne Unterbrechung und den Einsatz rund um die Uhr verstanden wird[761]. Dasselbe galt hinsichtlich von Computersystemen auch für *Netguru*, da sich das Zeichen auf einen Experten in den elektronischen Medien, dem Internet bezieht[762].

729   Dagegen erschien *HOT SOX* als nicht beschreibend und *unterscheidungskräftig* für Strumpfwaren. *SOX* entspricht schon nicht exakt dem englischen Wort »socks« (Socken) und der Begriff »hot« (heiß) hat mehrere Bedeutungen, ua sehr warm, aber auch populär, modisch oder stark nachgefragt und lustvoll, erotisch. Jedoch kann »heiße Socken« nicht als Bezeichnung von warmen oder wärmenden Strumpfwaren verwendet werden, und zum Anmeldezeitpunkt im Jahr 2008 war kein Verständnis in Richtung auf modisch angefragte Socken feststellbar. Es ist auch höchst unwahrscheinlich, dass das Publikum die Marke als erotische oder sexy Socken verstehen wird[763].

730   Ebenso wenig mangelt die Unterscheidungskraft der Anmeldung *real nature* für ua Werbung, Marketing und betriebswirtschaftliche, organisatorische Beratung, da es insoweit an einem hinreichend direkten und konkreten Zusammenhang zwischen diesen DL und einer besonderen Natürlichkeit fehlt[764]. Dasselbe gilt für *CoolTUBE* in Bezug ua auf Schutzvorrichtungen für Stromleitungen, Isolierhüllen zur elektrischen Abschirmung von Kabeln, da es als ambivalente Botschaft, ja sogar als überraschendes und unerwartetes Wortspiel wahrgenommen wird und somit leicht einprägsam ist. Denn die Marke kann den Verkehr an zwei Bedeutungen denken lassen, die sich deutlich voneinander unterscheiden, nämlich an ein Rohr, das kühlt oder kühl bleibt, oder als Hinweis auf ein lässiges oder angenehmes Rohr[765].

---

758   EuG, 8.9.2015, T-714/13 – MIGHTY BRIGHT.
759   EuG, 17.4.2018, T-364/17 – HOUSE OF CARS.
760   EuG, 25.6.2020, T-379/19 – Serviceplan.
761   EuG, 3.9.2015, T-225/14 – IDIRECT24.
762   EuG, 17.1.2017, T-54/16 – NETGURU.
763   EuG, 26.2.2016, T-543/14 – HOT SOX.
764   EuG, 20.9.2019, T-458/18 – real nature, Rn 30–34, 48–54. Für Nahrungsergänzungsmittel, Spielzeug für Haustiere und Handel damit wurde die Anmeldung allerdings als beschreibend zurückgewiesen; Rn 21–29.
765   EuG, 16.6.2021, T-481/20 – CoolTUBE.

6. Bildmarken

Eine *Bildmarke* ist eine spezielle grafische Darstellung oder eine Kombination von **731**
Wort- und Bildelementen mit oder ohne Farbe. Dieser Begriff schließt also sog. Wort-/
Bildmarken mit ein. Soweit die Begriffsbildung des Wortelements nur andeutend,
aber nicht eindeutig beschreibend ist, kann ihr der Schutz nicht verweigert werden[766].

Jedoch sind Zeichen, die im Wesentlichen einen beschreibenden Begriff enthalten **732**
und nur geringfügige oder gewöhnliche grafische Elemente aufweisen, wie häufig verwendete typografische Merkmale, zB eine geläufige (handschriftliche) Schriftart und
Buchstaben von unterschiedlicher Strichstärke bzw Größe, eine Fett- oder Kursiv-
schrift, Satzzeichen oder andere üblicherweise im geschäftlichen Verkehr verwendeten
Symbole, wie das *-Symbol[767], oder Rahmen, Bänder[768], Etiketten[769] oder Stempel,
insb wenn letztere als Rahmen oder Umrandung verwendet werden, nicht unterscheidungskräftig.

Dasselbe gilt bei senkrechter, auf dem Kopf stehend oder in einer oder mehreren Zei- **733**
len erfolgter Anordnung von Wortelementen. Auch das bloße *Hinzufügen von Farben*
zu einem beschreibenden bzw nicht unterscheidungskräftigen Wortelement, sei es zu
den Buchstaben selbst oder als Hintergrund, reicht nicht aus, um einer Marke Unterscheidungskraft zu verleihen, es sei denn, die Farbanordnung ist sehr ungewöhnlich
und für den maßgeblichen Verbraucher einprägsam. Wenn nämlich die grafischen
Elemente die Aufmerksamkeit des Verbrauchers von der beschreibenden Bedeutung
des Wortelements abzulenken vermögen oder in der Lage sind, einen bleibenden Eindruck der Marke zu hinterlassen, ist die Anmeldung eintragungsfähig[770].

Bildmarken ohne beschreibende Elemente verfügen *idR* über die *erforderliche Unter-* **734**
scheidungskraft, wobei an den Grad einer fantasievollen, auffälligen und merkfähigen
Gestaltung nur geringe Ansprüche zu stellen sind. Insb *komplexere Gestaltungen* sind
unterscheidungskräftig, zB die Grafik des *Jeep-Kühlergrills*[771], die wegen ihrer Ungewöhnlichkeit, Unüblichkeit, ja ihrer aus früheren Zeiten stammenden Gestaltung
zur Erkennung eines Modells, einer Modellpalette und damit verschiedener Fahr-
zeugmarken dienen kann. Dasselbe gilt für die Abbildungen von *halbmondförmigen*
Kurven[772] hinsichtlich von Pharmazeutika. Diese werden nämlich weder als Pillen-
form verstanden, noch stellen sie eine geometrische Form dar. Mit ihrer Anlehnung

---

766 EuG, 16.9.2009, T-180/07 – MADRIDEXPORTA.
767 EuGH, 15.9.2005, C-37/03 P – BioID, Rn 68–75.
768 EuG, 19.11.2009, T-425/07 und T-426/07 – Bildmarken 100 und 300; bestätigt durch
     EuGH, 22.6.2011, C-56/10 P.
769 EuG, 3.7.2003, T-122/01 – BEST BUY für ua Reparatur- und Wartungs-DL. S.a. EuG,
     15.12.2009, T-476/08 – BEST BUY II, für eine Vielzahl unterschiedlichster Waren und
     DL; bestätigt durch EuGH, 13.1.2011, C-92/10 P.
770 S. hierzu GMitt zur Gemeinsamen Praxis zur Unterscheidungskraft – Wort-/Bildmarken mit
     beschreibenden/nicht unterscheidungskräftigen Wörtern vom 2.10.2015 (mit Beispielen).
771 EuG, 6.3.2003, T-128/01 – Jeep-Kühlergrill, Rn 41, 42, 46.
772 EuG, 15.12.2016, T-678/15 und T-679/15 – Grauer und Grüner Halbmond.

an den Buchstaben »C« und einen Halbmond, mit den unterschiedlichen Farbtönen, dem Spiel von Licht und Schatten sowie der verschieden dicken und leicht gedrehten Kurvenlinie verfügen sie über eine gewisse Eigentümlichkeit.

735

Abb. 6

736   Weiter wird der Durchschnittsverbraucher auch keinen unmittelbaren Zusammenhang zwischen der Darstellung eines roten *Hummers* und den Merkmalen von Süßwaren, Schokoladen und Kaffee herstellen, so dass die in einem Nichtigkeitsverfahren angefochtene Marke als Hinweis auf deren betriebliche Herkunft dienen kann[773]. Von der BK wurde das Foto des *Gesichts einer Frau* als unterscheidungskräftig angesehen, da es die einzigartige Darstellung dieser Person einschl. ihrer spezifischen äußeren Merkmale mit ihren Gesichtszügen enthält und daher die Identifizierung einer individuellen Person ermöglicht[774].

737   Im Allgemeinen ist eine Marke jedenfalls dann eintragungsfähig, wenn ein Bildelement, das selbst unterscheidungskräftig ist, einem beschreibenden oder nicht unterscheidungskräftigen Wortelement hinzugefügt ist, sofern das Bildelement aufgrund seiner Größe und Position klar im Zeichen erkennbar, insb dominierend bleibt[775].

738   Ein Bildelement ist jedoch als nicht unterscheidungskräftig anzusehen, wenn es sich um eine *naturgetreue Abbildung* der Waren und DL handelt oder um eine symbolische oder *stilisierte Darstellung*, die nicht wesentlich von deren gebräuchlicher Wiedergabe abweicht oder wenn es eine direkte Verbindung zu den *charakteristischen Merkmalen* der Waren und DL aufweist. Das gilt auch für Bildelemente, die gewöhnlich im geschäftlichen Verkehr im Zusammenhang mit den angemeldeten Waren und/oder DL verwendet werden oder *verkehrsüblich* sind[776].

739   Das *erforderliche Mindestmaß an Unterscheidungskraft* fehlt Bildmarken, wenn sie eine *äußerst einfache,* gewöhnliche und *banale Form* aufweisen, die nicht erheblich von der Norm oder den üblicherweise in der jeweiligen Branche verwendeten Formen abweicht, oder ausschließlich *dekorative Funktion* haben[777], wie zB die *Silhouette eines*

---

773   EuG, 6.10.2021, T-254/20 – Hummer.
774   BK, 16.11.2017, R 2063/16–4 – Foto des Gesichts einer Frau.
775   S. hierzu GMitt zur Gemeinsamen Praxis zur Unterscheidungskraft – Wort-/Bildmarken mit beschreibenden/nicht unterscheidungskräftigen Wörtern vom 2.10.2015.
776   S. hierzu GMitt zur Gemeinsamen Praxis zur Unterscheidungskraft – Wort-/Bildmarken mit beschreibenden/nicht unterscheidungskräftigen Wörtern vom 2.10.2015.
777   EuGH, 26.4.2012, C-307/11 P – Winkel (Deichmann), Rn 50–53.

Wappens ohne jeden Inhalt für ua Papierwaren und Bekleidung (s. Rdn 724)[778] oder *zwei sich gegenüberliegende Bögen* für eine ganze Reihe von Waren und DL[779] und *zwei gespiegelte schräge rote Linien* für technische Waren und DL (s. Rdn 725)[780].

740

Abb. 7

741

Abb. 8

Nicht unterscheidungskräftig sind weiter ein *rot-weiß kariertes Muster*[781] für Milch und   742
Milcherzeugnisse, ein *Smiley-Halbmund*[782] für ua Edelmetalle, Taschen und Bekleidung.

Dies gilt ebenso für Zeichen, die nur als *Verzierung* wahrgenommen werden, wie ein   743
mit gestrichelten Linien umsäumter *Winkel*[783] für (orthopädische) Schuhwaren, *fünf parallele Steifen auf der Seite eines Schuhs*[784] (s. Rdn 728) oder eine schlichte *Wellenlinie*[785] für Bekleidung, Schuhwaren und Kopfbedeckungen.

744

Abb. 9

778 EuG, 10.12.2015, T-615/14 – Silhouette eines Wappens, Rn 33–41.
779 EuG, 4.4.2019, T-804/17 – Zwei sich gegenüberliegende Bögen; Rechtsmittel nicht zugelassen, EuGH, 1.10.2019, C-460/19 P.
780 EuG, 28.3.2019, T-829/17 – Zwei gespiegelte schräge rote Linien.
781 EuG, 3.12.2015, T-327/14 – Rot-weiß kariertes Muster.
782 EuG, 29.9.2009, T-139/08 – Smiley-Halbmund.
783 EuG, 13.4.2011, T-202/09 – Winkel (Deichmann).
784 EuG, 13.6.2014, T-85/13 – Fünf parallele Streifen auf Schuh I. Auch als Positionsmarke hat eine derartige Anmeldung keine Chance; EuG, 4.12.2015, T-3/15 – Fünf parallele Streifen auf Schuh II.
785 EuG, 6.11.2014, T-53/13 – Wellenlinie.

745   Auch *sich kreuzende Wellenlinien*[786] sind ua für ärztliche Instrumente, Lederwaren und Bekleidung nicht eintragungsfähig. In Anbetracht der Merkmale, die dem Zeichen innewohnen, das sich aus einer Serie von sich regelmäßig wiederholenden Bestandteilen zusammensetzt, und der Art der beanspruchten Waren ist es nämlich grds dafür prädestiniert, auf deren Oberfläche angebracht zu werden. Aus seinem Wesen folgt daher eine *Wahrscheinlichkeit,* als *Oberflächenmuster verwendet* zu werden und damit mit dem Erscheinungsbild der betr Waren zu verschmelzen.

746

Abb. 10

747   Unterscheidungskraft fehlt ebenfalls, wenn die Zeichen lediglich ein *simples Ausrufezeichen*[787] für Schmuck und Bekleidung beinhalten, das als bloße Anpreisung oder als Blickfang wahrgenommen wird, oder nur *geometrische Grundfiguren,* wie Punkte, Linien, Liniensegmente, Kreise, ein *Dreieck*[788], *Rechteck*[789] darstellen, auch wenn letz-

---

786 EuG, 9.11.2016, T-579/14 – Sich kreuzende Wellenlinien; bestätigt durch EuGH, 13.9.2018, C-26/17 P, Rn 40, 41.
787 EuG, 30.9.2009, T-75/08 –! (Ausrufezeichen) und T-191/08 –! (Ausrufezeichen in einem Rechteck).
788 EuG, 5.4.2006, T-388/04 – Horizontale Linie, die in einem Dreieck endet (für Bekleidung); EuG, 28.6.2017, T-470/16 – Dreieck; selbst wenn das Zeichen als eine aus zwei Dreiecken bestehende Figur angesehen werden kann (für verschiedene Waren); bestätigt durch EuGH, 30.11.2017, C-520/17 P.
789 EuG, 13.7.2011, T-499/09 – Rechteck in Purpur (auf einer Seite nach außen gewölbt) (für Waren und DL der Kl. 1 bis 45).

teres mit drei Farbstreifen gefüllt ist[790] oder einen weißen Kreis mit Öffnung nach unten enthält[791].

748

Abb. 11

Das gilt weiter für ein im unteren Bereich leicht J-förmig geschwungenes *Parallelo-* 749 *gramm*[792], ein *konvexes grünes Quadrat*[793], ein *Fünfeck*[794], einen *achteckigen grünen Rahmen*[795], Trapeze, Ellipsen, für die Ikone einer *Glocke* bei wissenschaftlichen Geräten und Computern, weil ein Klingel- oder Glockenton die besondere Aufmerksamkeit für eine Nachricht, eine Warnung hervorrufen oder einen Anti-Diebstahlsalarm auslösen kann[796], oder für schlichte *Piktogramme*, nämlich eine *Hand, eine Karte haltend*[797], als Gebrauchshinweis zur Vornahme von Transaktionen an Bankautomaten.

750

Abb. 12

---

790 EuG, 20.7.2017, T-612/15 – Drei vertikale Streifen; bestätigt durch EuGH, 7.9.2018, C-547/17 P; EuG, 9.9.2020, T-81/20 – Rechteck mit drei farbigen Segmenten; Rechtsmittel nicht zugelassen, EuGH, 11.2.2021, C-600/20 P.

791 EuG, 3.12.2015, T-695/14 – Schwarzes Rechteck mit weißem Kreis (für ua Waschmittel, Kosmetika, alkoholische und alkoholfreie Getränke).

792 EuG, 13.4.2011, T-159/10 – Parallelogramm (für Waren und DL der Kl. 9 bis 45).

793 EuG, 9.12.2010, T-282/09 – Quadrat, konvex und grün (für Parfümeriewaren, Taschen, Restaurant- und Hoteldienste).

794 EuG, 12.9.2007, T-304/05 – Pentagon (für Wein), Rn 22–35.

795 EuG, 25.9.2015, T-209/14 – Achteckiger grüner Rahmen (in Form eines Qualitätssiegels) (für Werbung), Rn 53–60; bestätigt durch EuGH, 7.4.2016, C-635/15 P. S.a. EuG, 21.11.2018, T-460/17 – Achteckiger blauer Rahmen.

796 EuG, 7.11.2019, T-240/19 – Glocke.

797 EuG, 2.7.2009, T-414/07 – Hand, eine Karte haltend, Rn 37–40.

751 Die grafische Stilisierung eines *Herzens* wiederum wird nur als Hinweis auf die beanspruchten medizinischen Dienstleistungen im Bereich von kardiovaskulären Erkrankungen wahrgenommen[798]. Auch eine *schwarze Schleife* ist für DL mit Bezug zum Thema Sterben nicht unterscheidungskräftig, da eine schwarze Schleife allgemein als Ausdruck der Trauer und der Solidarität mit Personen verstanden wird, die einen Angehörigen oder sonstigen Nahestehenden verloren haben[799].

752

Abb. 13

753 Bildmarken, die in der *naturgetreuen Wiedergabe der Ware oder von Warenteilen* selbst bestehen, kann zwar grds die Unterscheidungskraft nicht abgesprochen werden, ihre Wahrnehmung durch die angesprochenen Verkehrskreise wird aber nicht notwendig die gleiche sein wie bei einer Marke, die nicht die Ware naturgetreu wiedergibt. Bildmarken also, die lediglich die *Abbildung des Erscheinungsbilds* der beanspruchten, nicht erheblich von der Norm oder der Branchenüblichkeit im jeweiligen Sektor abweichenden Waren oder deren Verpackung darstellen, sind nicht schutzfähig[800].

754 Daher sind zB nicht unterscheidungskräftig: eine *schwarze Linie mit Steinen* bzw eine *weiße Linie vor schwarzem Hintergrund*[801] in Bezug auf Halbleiter für Solarzellen, die lediglich als schematische Darstellung einer Reihe von Sonnenkollektoren verstanden werden, *weiße Punkte* vor grauem, blauem, gelbem und elfenbeinfarbigem Grund[802] für zahlreiche Waren und DL, verschiedenfarbige *Karomuster*[803] für Leder-, Textilwaren, Bekleidung und Koffer, farbige *Schachbrettmuster*[804] für Lederwaren, *Gesäßtaschen*[805] für Bekleidung, Schuhwaren und Kopfbedeckungen, eine *Handtaschenform* für Handtaschen[806], *Löwenköpfe in einer Panzerkette* für Knöpfe und Edelmetalle[807],

798 EuG, 14.2.2019, T-123/18 – Herz.
799 EuG, 9.9.2015, T-530/14 – Schwarze Schleife.
800 EuGH, 22.6.2006, C-25/05 P – Goldfarbene Bonbonverpackung (Werther's Wicklerform), Rn 30–33.
801 EuG, 24.11.2016, T-614/15 – Schwarze Linie mit Steinen, und T-578/15 – Weiße Linie mit Steinen vor schwarzem Hintergrund.
802 EuG, 10.9.2015, T-77/14, T-94/14, T-143/14 und T-144/14 – Weiße Punkte.
803 EuG, 19.9.2012, T-326/10 ua – Karomuster. S.a. EuG, 3.12.2019, T-658/18 – Karomuster (graublau, weiß); Rechtsmittel nicht zugelassen, EuGH, 28.5.2020, C-74/20 P.
804 EuG, 21.4.2015, T-359/12 und T-360/12 – Schachbrettmuster in Braun/Beige und in Grau.
805 EuG, 28.4.2009, T-282/07 und T-283/07 – Gesäßtasche links und rechts.
806 EuG, 21.10.2008, T-73/06 – Sac (Handtasche).
807 EuG, 5.2.2020, T-331/19 und T-332/19 – Löwenkopf in einer Panzerkette.

dreilagige Tablettenformen[808] für Wasch- und Geschirrspülmittelmittel, eine handelsübliche, normale und traditionelle *goldfarbene Bonbonverpackung* in *Wicklerform* für Bonbons[809], eine *blau-weiße quaderförmige Verpackung* für Süßwaren[810].

755

Abb. 14

Das gilt auch für eine viereckige, grüne Flasche mit dem Schriftzug *OLIVE LINE* **756** für Olivenöl[811], die Abbildungen typischer Blätter und Farben eines spanischen *Kartenspiels* für Spielkarten[812] oder die schwarz-weiße Wiedergabe von *Spielbrettern für Gesellschaftsspiele* für ua Computer, Spiele, Unterhaltung[813], *geometrische Felder auf einem Uhrenziffernblatt*[814] für Uhren, *Grüne Facetten eines Gehäuses* für Heizungspumpen[815], oder einen *Gitarrenkopf in Silber, Grau und Braun* für Musikinstrumente[816].

Auch die Abbildung eines *Menstruationstampons* mit Pfeilen seiner Wirkweise lässt **757** nicht auf die betriebliche Herkunft der Waren schließen, da sich der Gesamteindruck des Zeichens auf die Kombination seiner funktionellen Elemente beschränkt. Die Besonderheit, dass mehrere Aspekte der Ware dargestellt werden, hat kein hinreichendes Gewicht, da sie es den maßgeblichen Verkehrskreisen nicht ermöglichen wird, die Anmeldewaren unmittelbar und mit Gewissheit von denen anderer betrieblicher Herkunft zu unterscheiden[817].

---

808 EuG, 17.1.2006, T-398/04 – TABS, Rn 29–39; bestätigt durch EuGH, 4.10.2007, C-144/06 P.
809 EuG, 10.11.2004, T-402/02 – Goldfarbene Bonbonverpackung (Werther's Wicklerform); bestätigt durch EuGH, 22.6.2006, C-25/05 P – Goldfarbene Bonbonverpackung.
810 EuG, 10.5.2016, T-806/14 – Blau-weiße quaderförmige Verpackung; bestätigt durch EuGH, 4.5.2017, C-417/16 P.
811 EuG, 11.4.2014, T-209/13 – OLIVE LINE.
812 EuG, 11.5.2005, T-160/02. bis T-162/02 – Kartenspiel, Rn 42–56; bestätigt durch EuGH, 4.10.2007, C-311/05 P.
813 EuG, 3.3.2015, T-492/13 und T-493/15 – Spielbretter von Gesellschaftsspielen. Im entschiedenen Fall handelte es sich um das »Mensch ärgere Dich nicht«-Spiel. Der Umstand, dass ein Teil des Verkehrs dieses Spiel wiedererkennen kann, belegt nicht die Unterscheidungskraft oder Verkehrsdurchsetzung der Anmeldung als Marke, sondern lediglich die Bekanntheit dieses Spiels (Rn 39, 60.).
814 EuG, 14.9.2009, T-152/07 – Uhrenziffernblatt.
815 EuG, 9.12.2010, T-254/09 – Grüne Facetten eines Gehäuses.
816 EuG, 8.9.2010, T-458/08 – Gitarrenkopf; bestätigt durch EuGH, 13.9.2011, C-546/10 P.
817 EuG, 12.9.2013, T-492/11 – Menstruationstampon, Rn 21–28.

758   Hingegen fehlt einem *Schließmechanismus* die Unterscheidungskraft nur für optische Geräte, Brillen, Schmuckbehälter, Koffer und Taschen, nicht aber für Uhren, Juwelier-, Lederwaren und Schirme[818].

7. Dreidimensionale Marken

759   Eine *dreidimensionale Marke* ist eine solche, die aus einer plastischen Form (einschl Behältern, Verpackung und der Ware selbst) besteht. Die (konkrete) Unterscheidungskraft einer Marke bestimmt sich im Hinblick auf die beanspruchten Waren und DL und auf die Anschauungen der beteiligten Verkehrskreise.

760   Dabei weichen die Kriterien für die Beurteilung der Unterscheidungskraft dreidimensionaler Marken, die aus der Form der Waren bestehen, nicht von denjenigen für andere Markenformen ab, so dass insoweit *keine strengeren Kriterien* angelegt werden müssen. Jedoch wird es in der Praxis schwieriger sein, die Unterscheidungskraft einer aus der Warenform bestehenden Marke nachzuweisen als die einer Wort- oder Bildmarke. Dies schließt jedoch nicht aus, dass dreidimensionale Warenformen infolge Verkehrsdurchsetzung Schutzfähigkeit erlangen können[819].

761   Je mehr sich die angemeldete Form derjenigen annähert, in der die beanspruchte Ware *am wahrscheinlichsten in Erscheinung tritt*, umso eher ist zu erwarten, dass dieser Form die Unterscheidungskraft fehlt. Denn nur eine Marke, die *erheblich von der Norm oder der Branchenüblichkeit abweicht* und deshalb ihre wesentliche herkunftshinweisende Funktion erfüllt, es dem Durchschnittsverbraucher der betr Waren also auch *ohne Prüfung, ohne analysierende und vergleichende Betrachtungsweise* sowie *ohne besondere Aufmerksamkeit* ermöglicht, die beanspruchten Waren von denen anderer Herkunft zu unterscheiden, besitzt auch Unterscheidungskraft.

762   Wenn eine dreidimensionale Marke in der Form der angemeldeten Ware besteht, reicht demnach der bloße Umstand, dass diese Form eine »*Variante*« der üblichen Formen dieser Warengattung ist, nicht aus, um zu belegen, dass es ihr nicht an Unterscheidungskraft fehlt[820].

763   Diese Grundsätze gelten allgemein und *nicht nur für Massenprodukte*. Wenn der Verbraucher uU daran gewöhnt ist, dass die Formen bestimmter Elemente des Gesamtprodukts als Hinweis auf dessen Herkunft dienen, so nur deshalb, weil das Erscheinungsbild einer ausreichenden Zahl dieser Waren oder ihrer Elemente erheblich von

---

818   EuG, 14.12.2011, T-237/10 – Schließmechanismus; bestätigt durch EuGH, 15.5.2014, C-97/12 P.

819   EuGH, 18.6.2002, C-299/99 – Rasierscherkopf (Philips-Remington), Rn 48–50; EuGH, 8.4.2003, C-53–55/01 – Gabelstapler/Rado-Uhren/Stabtaschenlampen, Rn 42, 46, 48.

820   EuGH, 12.2.2004, C-218/01 – Henkelflasche, Rn 49; EuGH, 29.4.2004, C-456/01 P – TABS I, Rn 39; EuGH, 7.10.2004, C-136/02 P – Stabtaschenlampen, Rn 31, 32.

der Branchennorm oder -üblichkeit abweicht[821]. Zudem gelten diese Grundsätze auch für ein *spezialisiertes Publikum*[822].

Nicht schutzfähig sind zB *Wurstkringel* für Wurstwaren[823] oder eine geläufige *hellbraune Bonbonform* für Zuckerwaren[824]. **764**

765

Abb. 15

Dasselbe gilt für eine *ovale Form* mit einer sich über die gewölbte Oberfläche erstreckenden Vertiefung für Süßwaren und Verpackung[825], *Goldbarren-* bzw *Zigarrenformen,* einen *Schokoriegel,* einen *Riegel mit vier Kreisen*[826], eine Tafel von *Schokoladenstücken* in pralinenähnlicher Form und eine *Schokoladenmausform* für Schokoladenwaren[827] sowie für eine *Muschelform* für Hefekuchen[828]. **766**

767

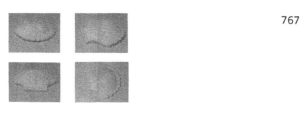

Abb. 16

Selbst Käse in Würfeln, Kugeln, als Laib, in Scheiben, Stangen, Strängen, in verdrehten, geflochtenen Strängen sind auf dem Lebensmittelmarkt derart üblich, dass **768**

---

821 EuGH, 13.9.2011, C-546/10 P – Gitarrenkopf, Rn 55, 56.
822 EuG, 25.9.2014, T-171/12 – Spannschloss, Rn 42, 44.
823 EuG, 5.5.2009, T-449/07 – Form einer Anordnung von miteinander verbundenen Würsten.
824 EuGH, 22.6.2006, C-24/05 P – Hellbrauner Bonbon (Werther's).
825 EuG, 12.12.2013, T-156/12 – Ovale Form (Sweet Tec).
826 EuG, 1.6.2016, T-240/15 – Riegel mit vier Kreisen (Bimbo).
827 EuG, 30.4.2003, T-110/02 und T-324/01 – Goldbarrenform/Zigarrenform; EuG, 8.7.2009, T-28/08 – Schokoriegel Bounty; EuG, 11.12.2014, T-440/13 – Schokoladenstücke (Millano); EuG, 17.12.2010, T-13/09 – Schokoladenmaus; bestätigt durch EuGH, 6.9.2012, C-96/11 P.
828 EuG, 10.3.2009, T-8/08 – Muschelform.

verschiedene Gestaltungen von *geflochtenem Käse* keine betrieblichen Herkunftshinweise vermitteln können[829].

769

Abb. 17

770 Weiter fehlt die Unterscheidungskraft üblichen Gestaltungen von *Waschmitteltabletten* oder *Seifen*[830] sowie einem *Wischtuch* für Handtücher[831], einem *Stehkragen* für Schnittmuster, Bekleidung, abnehmbare Kragen und Puppenkleider[832], einer *Stiefelform* für Schuhe und Schuhsohlen[833], einer *Schuhsohle* für Schuhe und ihre Bestandteile[834], einem *Schuhschnürsenkel* für Schuhverschlüsse[835], einer *Zahnbürste* für Zahnbürsten[836], einem *Handgriff mit Borsten* für Bürsten, Interdentalbürsten[837] und einer *Pinzette mit Lochmuster*[838] für Pinzetten.

829 EuG, 26.3.2020, T-570/19 bis T-572/19 – Geflochtener Käse.
830 EuGH, 29.4.2004, C-456, 457, 468–474/01 P – Tabs I, II und III; EuGH, 23.9.2004, C-107/03 P – Seifenstück; EuG, 23.5.2007, T-241/05. ua – Tabs mit Blütenmuster.
831 EuG, 17.1.2007, T-283/04 – Wischtuch.
832 EuG, 23.3.2022, T-252/21 – Stehkragen.
833 EuG, 19.1.2022, T-483/20 – Stiefelform, Rn 94–101.
834 EuG, 29.3.2019, T-611/17 – Schuhsohle, Rn 117–124; Rechtsmittel nicht zugelassen, EuGH, 30.9.2019, C-461/19 P.
835 EuG, 5.2.2020, T-573/18 – Schuhschnürsenkel.
836 EuG, 14.6.2016, T-385/15 – Zahnbürste.
837 EuG, 30.6.2021, T-624/19 – Handgriff mit Borsten.
838 EuG, 11.6.2009, T-78/08 – Pinzette.

Abb. 18

Ebenso wenig unterscheidungskräftig sind eine *Stabtaschenlampe*[839] für Taschenlampen, **772**
ein *Stabfeuerzeug* für Raucherwaren[840], eine *Uhr mit gezahntem Rand* für Schmuckwaren und Uhren[841], eine *Spielschachtel mit Holzblöcken* für Spiele[842], ein *Triggerball*
(Ball mit einer Kantenvielzahl) für medizinische Geräte[843], eine *Autoform* für Landfahrzeuge und Spielzeug[844], ein *Wasserhahn* für Getränkeherstellungsmaschinen und
deren Wartung[845] sowie eine *Gitarrenform (Flying-V)* für Musikinstrumente[846].

773

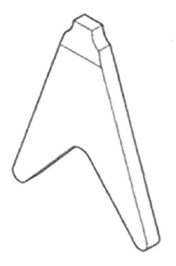

Abb. 19

---

839 EuGH, 7.10.2004, C-136/02 P – Stabtaschenlampen.
840 EuG, 15.12.2005, T-262/04 – BIC-Stabfeuerzeug.
841 EuG, 6.7.2011, T-235/10 – Uhr mit gezahntem Rand; bestätigt durch EuGH, 14.5.2012,
      C-453/11 P.
842 EuG, 16.3.2016, T-363/15 – Spielschachtel mit Holzblöcken.
843 EuG, 17.5.2018, T-760/16 – Triggerball.
844 EuG, 25.11.2015, T-629/14 – Autoform (Jaguar Land Rover). Für Fahrzeuge zur Beför-
      derung in der Luft oder auf dem Wasser wurde der Form aber Unterscheidungskraft
      zuerkannt.
845 EuG, 19.6.2019, T-213/18 – Wasserhahn.
846 EuG, 28.6.2019, T-340/18 – Gitarrenform (Flying-V).

774 Dasselbe gilt für zwei *Taschenformen* für (Hand-)Taschen[847], einen *Mikrofonkorb* für Mikrofone[848], einen handbedienten *Fliesenschneider*[849] für eben diese Ware, ein *facettiertes Elektromotorengehäuse* für Heizungspumpen[850], ein *Spannschloss* für Betonverschalungen[851], einen *Farbfilter* für Farbfilter[852], einen *Griff* für handbetätigte Geräte[853], ein *Weißbierglas* für Glaswaren[854], eine durchsichtige doppelwandige *Tasse* mit Henkel, deren »schwebende« Innenwand herzförmig ist, für Glaswaren und alkoholfreie Getränke[855], die *Gondelverkleidung* eines Windenergiekonverters eben dafür[856] und ein *Sonnenschutzdach* eben dafür[857]. Ebenfalls nicht zur Eintragung gelangen kann ein *Smiley mit herzförmigen Augen* für Getreidepräparate, Brot, Back- und Konditorwaren[858].

775

Abb. 20

776 An der Schutzunfähigkeit ändert auch nichts, wenn die dreidimensionale Form eines branchenüblichen *Vibrators* das für diese Waren beschreibende Wort *fun* und das nicht deutlich lesbare *factory* enthält[859].

777 Dagegen sind zahlreiche *Gesichtsformen* mit *Hörnern*, *Hut* oder als *Stern* zwar ua für Gelees, Backwaren und Speiseeis nicht schutzfähig, aber für konserviertes, getrocknetes und gekochtes Obst und Gemüse sowie für Milchprodukte unterscheidungskräftig, da letztere Waren nicht in den beanspruchten Formen angeboten werden[860].

---

847 EuG, 22.3.2013, T-409/10 – Sac á main, und 22.3.2013, T-410/10 – Sac (Cabat-Tasche).
848 EuG, 12.9.2007, T-358/04 – Mikrofonkorb.
849 EuG, 29.1.2013, T-25/11 – Fliesenschneider.
850 EuG, 9.12.2010, T-253/09 – Facettiertes Gehäuse.
851 EuG, 25.9.2014, T-171/12 – Spannschloss.
852 EuG, 10.9.2008, T-201/06 – Paint filter.
853 EuG, 16.9.2009, T-391/07 – Griff.
854 EuG, 26.10.2017, T-857/16 – Weißbierglas (Großes Glas).
855 EuG, 17.11.2021, T-658/20 – Tassenform II.
856 EuG, 15.11.2007, T-71/06 – Gondelverkleidung, Rn 36; bestätigt durch EuGH, 9.12.2008, C-20/08 P.
857 EuG, 17.12.2008, T-351/07 – Copertura ombreggiante.
858 EuG, 7.10.2015, T-656/13 – Smiley mit herzförmigen Augen.
859 EuG, 18.1.2013, T-137/12 – Vibrator, Rn 28–38. S.a. zur Praxis der europäischen Ämter die GMitt EUIPN CP9: Unterscheidungskraft dreidimensionaler Marken (Formmarken), die Wort- und/oder Bildbestandteile enthalten und deren Form allein nicht unterscheidungskräftig ist, April 2020; www.dpma.de.
860 EuG, 7.10.2015, T-242/14 bis T-244/14 – Gesichtsformen mit Hörnern, Hut oder als Stern.

Wegen erheblicher Abweichung von der Branchenüblichkeit hielt das EuG einen   **778**
Lautsprecher in Zeichenstiftform für unterscheidungskräftig[861]. In einem späteren
Urteil hat es jedoch das Eintragungshindernis der wertbedingten Form gemäß Art. 7
Abs. 1e-iii UMV bejaht[862].

Diese Grundsätze für die Warenformmarke gelten auch für die *Form einer Verpackung,*   **779**
jedenfalls in Bezug auf Waren, die keine ihnen innewohnende Form besitzen und
deren Vermarktung eine Verpackung verlangt, bei denen die gewählte Verpackung
dem Produkt seine Form verleiht, zB bei Waren, die in körniger, puderförmiger oder
flüssiger Konsistenz hergestellt werden und bereits ihrer Art nach keine Form haben[863].

780

Abb. 21

Da im modernen Wirtschaftsverkehr *die meisten Güter verpackt auf den Markt* kom-   **781**
men, dürften diese Grundsätze jedenfalls für alle Waren gelten, die überwiegend oder
üblicherweise den Kunden in einer Verpackung präsentiert werden. Den Verpackungen
sind dabei auch deren übliche schmückende *Verzierungen* zuzurechnen.

Daher fehlt die Unterscheidungskraft zB allerlei Verpackungsformen von Schokola-   **782**
denwaren, nämlich *Hasenformen in goldener Verpackung mit oder ohne rotem Band*[864],
einer *golden verpackten Rentierform*[865] oder der schlichten *goldenen Glöckchenform mit
rotem Band* als typischer Verzierung einer Verpackung[866], aber auch einer *Käseschach-
tel*[867], *zwei verpackten Kelchgläsern* für Lebensmittel[868], einem *Wurstdarm*[869], einem

---

861 EuG, 10.10.2007, T-460/05 – Lautsprecher (Bang & Olufsen). Hier fehlte es allerdings
     an den erforderlichen Recherchen der Vorinstanzen über Lautsprecherformen, so dass
     diese Entscheidung nur beschränkte Aussagekraft besitzt.
862 EuG, 6.10.2011, T-508/08 – Lautsprecher II (Bang & Olufsen).
863 EuGH, 12.1.2006, C 173/04 P – Standbeutel; EuGH, 12.2.2004, C-218/01 – Hen-
     kelflasche.
864 EuG, 17.12.2010, T-336/08 – Schokoladenhase mit rotem Band; bestätigt durch EuGH,
     24.5.2012, C-98/11 P; EuG, 17.12.2010, T-395/08 – Hasenform aus Schokolade.
865 EuG, 17.12.2010, T-337/08 – Rentierform aus Schokolade mit rotem Band.
866 EuG, 17.12.2010, T-346/08 – Glockchenform mit rotem Band.
867 EuG, 23.11.2004, T-360/03 – Käseschachte.
868 EuG, 25.9.2014, T-474/12 – Zwei verpackte Kelchgläse; bestätigt durch EuGH, 2.9.2015,
     C-531/14 P.
869 EuG, 31.5.2006, T-15/05 – Wurstdarm.

Parfümzerstäuberstift[870], einem *zylindrischen, weiß-roten Gefäß* für Körper- und Schönheitspflegemittel, Pharmazeutika und Behältnisse[871], einem *kugelförmigen Behälter* für Lippenbalsam[872], einer *goldenen Schale mit Welle* für Butter[873] und einer *Zigarettenschachtel* mit abgerundeten seitlichen Kanten[874], die jeweils für die darin verpackten Waren bzw die Verpackung an sich beansprucht wurden.

783   Insb *Getränkeverpackungen* und *-flaschen*, die nicht erheblich von der auf dem Markt üblichen Form abweichen, weisen nach der Rspr des EuGH keine Unterscheidungskraft auf.

784   Auf dem europäischen Markt allgemein für flüssige Lebensmittel verwendete Verpackungsarten, wie zB *Standbeutel*, ermöglichen es dem Durchschnittsverbraucher von Fruchtgetränken und Fruchtsäften nicht, diese Waren ohne Durchführung einer Analyse oder eines Vergleichs und ohne besondere Aufmerksamkeit von denen anderer Unternehmen zu unterscheiden. Sie stellen lediglich die *arttypische Form, Grundform* und das *arttypische Erscheinungsbild* von Standbeuteln dar, was sich anhand der auf dem europäischen Markt für die Vermarktung von flüssigen Lebensmitteln verwendeten Standbeutel bestimmen ließ[875].

785   Dasselbe gilt für die mexikanische *Corona-Bierflasche* mit einer Limette im Hals, die nach ihrem durch Form und Farbgebung hervorgerufenen Gesamteindruck der Unterscheidungskraft entbehrt. Denn der Durchschnittsverbraucher nimmt eine Marke normalerweise als Ganzes wahr und achtet nicht auf die verschiedenen Einzelheiten, so dass zur Beurteilung der Unterscheidungskraft auf den von ihr hervorgerufenen Gesamteindruck abzustellen ist, was jedoch nicht bedeutet, dass nicht zunächst die einzelnen Gestaltungselemente der Marke nacheinander geprüft werden können[876].

786   Auch die *Develey-Kunststoffflasche* wurde als nicht schutzfähig angesehen. Da für die Beurteilung der Unterscheidungskraft der Gesamteindruck zu berücksichtigen ist, folgt aus der Feststellung, dass sich die Marke durch eines ihrer Merkmale (seitliche Griffmulden) von der üblichen Form abhebt, nicht automatisch deren Bejahung. Selbst dann, wenn dieses *Merkmal als ungewöhnlich* angesehen werden könnte, wäre es *allein nicht ausreichend*, um den Gesamteindruck so stark zu beeinflussen, dass die Marke damit erheblich von der Norm oder der Branchenüblichkeit abweiche[877].

---

870   EuG, 5.5.2009, T-104/08 – Zerstäuberform.
871   EuG, 16.6.2015, T-654/23 – Zylindrisches, weiß-rotes Gefäß.
872   EuG, 8.9.2021, T-489/20 – Kugelförmiger Behälter; Rechtsmittel nicht zugelassen, EuGH, 4.2.2022, C-672/20 P.
873   EuG, 2.4.2020, T-546/19 – Goldene Schale mit Welle.
874   EuG, 12.9.2007, T-140/06.– Zigarettenschachtel; bestätigt durch EuGH, 27.6.2008, C-497/07 P.
875   EuGH, 12.1.2006, C 173/04 P – Standbeutel, Rn 30–34, 36, 37.
876   EuGH, 30.6.2005, C-286/04 P – Mexikanische Corona-Bierflasche, Rn 24–32.
877   EuGH, 25.10.2007, C-238/06 P – Develey-Kunststoffflasche, Rn 83–90.

787

Abb. 22

Das EuG hat weiter den Schutz versagt einer für Bier beanspruchten *bernsteinfarbenen* **788** *Bierflasche* und der *Adelholzener Flasche* für Mineralwasser, jeweils *mit eingeprägtem Relief*, da sie der gebräuchlichen Form entsprechen und die Reliefs, sei es nun ein Inca-Stein oder ein Gebirgszug, vom Verkehr nur als Verzierung verstanden werden[878].

789

Abb. 23

Dasselbe gilt für die *Almdudler Limonadenflasche* und *zylindrische Flaschenformen* **790** sowie eine *Konturflasche ohne Riffelung*, letztere für Flaschen und Getränke[879]. Selbst die Anbringung einer auf ihren Inhalt (Brombeerlikör) hinweisenden Angabe wie *Echte Kroatzbeere* macht eine relativ banale Flaschenform nicht in ihrer Gesamtheit unterscheidungskräftig[880]. Schließlich weicht auch die modernisierte Form der *Bocks-beutelflasche* nicht von der branchenüblichen Gestaltung für Flaschen und Getränke-verpackungen ab[881]. Ebenso wenig vermögen weder ein *Geflecht* auf einer Rumflasche dieser Form Unterscheidungskraft zu vermitteln noch ein *V-förmiges*, teilweise wie eine Serviette abstehendes *Etikett* einer geläufigen Bierflasche[882].

---

878 EuG, 12.7.2012, T-323/11 – Bierflasche; EuG, 10.4.2013, T-347/10 – Adelholzener Flasche.
879 EuG, 30.11.2005, T-12/04 – Almdudler Limonadenflasche; EuG, 28.5.2013, T-178/11 – Zylindrische Flaschenform (Voss of Norway); bestätigt durch EuGH, 7.5.2015, C-445/13 P; EuG, 14.1.2015, T-70/14 – Zylindrische Flaschenform mit sechseckiger Spitze; EuG, 24.2.2016, T-411/14 – Konturflasche ohne Riffelung (Coca-Cola).
880 EuG, 16.7.2014, T-66/13 – Echte Kroatzbeere Flasche.
881 EuG, 24.9.2019, T-68/18 – Bocksbeutelflasche.
882 EuG, 13.5.2020, T-172/19 – Geflecht auf einer Flasche; und EuG, 25.11.2020, T-862/19 – Dunkle Flasche mit V-förmigen Etikett.

791   Dagegen können eine reflektierende bonbonrosa Farbe und der Großbuchstabe »B« einer Flaschenform Unterscheidungskraft für alkoholische Getränke verleihen[883]. Weiter haben EuG und EuGH einem *Gefäß mit Wulst* für Lebensmittel und Getränke Unterscheidungskraft zugesprochen, da die Elemente des Zeichens in ihrer Gesamtheit eine auffällige Form bilden, die sich insgesamt den maßgeblichen Verkehrskreisen leicht einprägt. Die Verbraucher sind nämlich nicht an Behältnisse gewöhnt, die in der Mitte eine markant gekrümmte Form aufweisen. Zudem kann der *ästhetische Aspekt* einer Marke in Form der Warenverpackung neben anderen Gesichtspunkten berücksichtigt werden, um eine erhebliche Abweichung gegenüber der Norm und der Branchenüblichkeit zu ermitteln, sofern er so verstanden wird, dass er auf die objektive und ungewöhnliche visuelle Wirkung verweist, die durch die spezifische Gestaltung der Marke entsteht[884].

Abb. 24

792   Dasselbe gilt für die Form eines länglichen, kegelförmigen, zylindrischen *Lippenstifts* gerade für diese Ware wegen der ungewöhnlichen, überraschenden, leicht einprägsamen, an einen Bootsrumpf oder Babytragekorb erinnernden Gestaltung, die erheblich von der Norm und Branchenüblichkeit abweicht[885].

---

883   EuG, 8.5.2019, T-325/18 – Rosa Flasche (B), Rn 25–38. Dasselbe gilt für eine goldene Form; EuG, 8.5.2019, T-324/18 – Goldene Flasche (B).

884   EuG, 3.10.2018, T-313/17 – Gefäß mit Wulst (Amphore), Rn 34; bestätigt durch EuGH, 12.12.2019, C-783/18 P, Rn 29–32. Die Kombination der Elemente der Anmeldung ist besonders und kann nicht als völlig alltäglich angesehen werden. Das Behältnis hat einen mit einem Glasdeckel verschließbaren Ausguss und einen auffällig ausgeprägten Wulst. Zudem verjüngt sich der untere Teil deutlich im Vergleich zum darüber liegenden und läuft spitz zu.

885   EuG, 14.7.2021, T-488/20 – Lippenstift (länglich, kegelförmig, zylindrisch). Die Norm und die Branchenüblichkeit können nicht allein auf die statistisch am häufigsten vorkommenden Formen reduziert werden, sondern umfassen alle, denen der Verbraucher gewöhnlich auf dem Markt begegnet. Es lässt sich aber nicht ausschließen, dass der ästhetische

Abb. 25

Soweit das EuG in älteren Entscheidungen jedoch noch die *Perrier-Vittel-Mineralwas-*   793
serflasche und die weiße durchsichtige *Henkel-Waschmittelflasche* für unterscheidungskräftig angesehen hatte[886], vermögen diese Urteile nicht zu überzeugen und dürften
aufgrund der neueren Rspr auch als überholt anzusehen sein.

8. Farben

Auch *Farben* an sich sind *idR nicht* als *unterscheidungskräftig* anzusehen, da sie gewöhn-   794
lich eine bloße Eigenschaft von Gegenständen sind. Selbst im Handelsverkehr werden
Farben und Farbzusammenstellungen im Allgemeinen wegen ihrer Anziehungskraft
oder schmückenden Wirkung verwendet, ohne irgendeine Bedeutung zu vermitteln[887].

Eine *form- und konturlose Farbe als solche* kann zwar bestimmte gedankliche Verbin-   795
dungen vermitteln und Gefühle hervorrufen, sie wird aber kaum geeignet sein, eindeutige Informationen zu übermitteln. Dies umso weniger, als sie in der Werbung und
bei der Vermarktung von Waren und DL wegen ihrer Anziehungskraft gewöhnlich
in großem Umfang ohne eindeutigen Inhalt verwendet wird. Zwar sind viele Farben
mit Hilfe technischer Mittel differenzierbar, der Durchschnittsverbraucher kann aber
nur eine *geringere Anzahl tatsächlich unterscheiden*. Zudem ist er auf das unvollkommene Bild in seinem Gedächtnis angewiesen, da sich ihm selten die Gelegenheit
zum unmittelbaren Vergleich von Waren mit unterschiedlichen Farbtönen bietet[888].

Die Wahrnehmung einer *Farbmarke* ist nicht notwendig die gleiche wie die einer Wort-   796
oder Bildmarke. Die Verbraucher sind es nämlich nicht gewöhnt, aus der Farbe von

---

Aspekt einer Marke in Form der Verpackung einer Ware – hier ihres Behältnisses – neben
anderen Gesichtspunkten berücksichtigt werden kann, um einen Unterschied gegenüber
der Norm und der Branchenüblichkeit zu ermitteln, sofern dieser ästhetische Aspekt so
verstanden wird, dass er auf die objektive und ungewöhnliche visuelle Wirkung verweist,
die durch die spezifische Gestaltung der Marke entsteht; Rn 43, 44, 48.

886 EuG, 3.12.2003, T-305/02 – Perrier-Vittel-Mineralwasserflasche; EuG, 24.11.2004,
     T-393/02 – Weiße durchsichtige Henkel-Waschmittelflasche (Kopfflasche).
887 EuGH, 6.5.2003, C-104/01 – Libertel-Orange, Rn 40, 45, 47, 65.
888 EuGH, 6.5.2003, C-104/01 – Libertel-Orange, Rn 40, 45, 47.

Waren oder ihrer Verpackung ohne grafische oder Wortelemente auf die Herkunft der Waren zu schließen, da eine *Farbe* als solche nach den derzeitigen Gepflogenheiten des Handels grds *nicht als Mittel der Identifizierung* verwendet wird. Eine form- und konturlose Farbe als solche ist daher nur bei Vorliegen außergewöhnlicher Umstände als Marke vorstellbar[889].

797   Dabei ist aber immer auf die *Umstände des Einzelfalles* abzustellen, also auf die konkret beanspruchten Waren und DL und die angesprochenen Verkehrskreise. Der Beurteilung der Unterscheidungskraft einer Farbmarke für DL sind keine anderen Kriterien zugrunde zu legen als im Fall von Farbmarken für Waren[890].

798   Angesichts der geringen Zahl der tatsächlich verfügbaren Farben ist insb das *Allgemeininteresse* (an der Freihaltung) zu berücksichtigen. Die Verfügbarkeit der Farben für andere Wirtschaftsteilnehmer darf nicht ungerechtfertigt beschränkt werden. Die geringe Zahl der verfügbaren Farben hat nämlich zur Folge, dass mit wenigen Eintragungen als Marken für bestimmte Waren oder DL der ganze Bestand an verfügbaren Farben erschöpft werden könnte. Ein derart weites Monopol wäre mit dem System eines unverfälschten Wettbewerbs unvereinbar, insb weil es einem einzelnen Wirtschaftsteilnehmer einen unzulässigen Wettbewerbsvorteil verschaffen könnte. Es wäre auch für die wirtschaftliche Entwicklung und die unternehmerische Initiative nicht förderlich, wenn bereits etablierte Wirtschaftsteilnehmer alle tatsächlich verfügbaren Farben zum Nachteil neuer Wirtschaftsteilnehmer für sich eintragen lassen könnten[891].

799   Diese Schutzfähigkeitsvoraussetzungen sind bereits *bei der Anmeldung streng und vollständig zu prüfen*, um eine ungerechtfertigte Eintragung von Marken zu vermeiden. Eine *Verkehrsdurchsetzung* ist jedoch bei Nachweis ausreichender Bekanntheit in den relevanten Teilen des Verkehrs möglich[892].

800   In der Konsequenz wurden weder der *Farbton Orange* für Aufbereitungsanlagen für Saatgut, land-, garten-, und forstwirtschaftliche Erzeugnisse sowie für Gelenkarmroboter zum Handhaben, Bearbeiten und Schweißen noch ein *brauner Farbton* für Kosmetik, Taschen, Hotel-, Restaurant-DL noch die *Farbe Lila* für Medikamente und Inhalatoren zur Behandlung von Lungenerkrankungen als unterscheidungskräftig angesehen[893]. Dagegen wies eine BK einen Nichtigkeitsantrag gegen die für Zitzen-

---

889   EuGH, 6.5.2003, C-104/01 – Libertel-Orange, Rn 65, 66.

890   EuG, 12.11.2010, T-404/09 und T-405/09 – Farben Grau und Rot in waagerechter bzw senkrechter Kombination, Rn 22, 23; ersteres bestätigt durch EuGH, 7.12.2011, C-45/11 P, Rn 39–43.

891   EuGH, 6.5.2003, C-104/01 – Libertel-Orange, Rn 52, 54, 55, 58, 59.

892   EuGH, 6.5.2003, C-104/01 – Libertel-Orange, Rn 59, 67.

893   EuG, 9.10.2002, T-173/00 – Orange; insoweit bestätigt durch EuGH, 21.10.2004, C-447/02 P; EuG, 13.9.2010, T-97/08 – Farbton Orange; EuG, 9.12.2010, T-329/09 – Brauner Farbton; EuG, 9.9.2020, T-187/19 – Farbe Lila, wobei zudem die beanspruchte Verkehrsdurchsetzung an unzureichenden Umfragewerten scheiterte, insb da diese nur zehn Mitgliedstaaten erfassten.

gummis für Melkanlagen registrierte Farbe *Gelb* angesichts der hohen Spezialisierung der Ware und des Publikums zurück[894].

9. Farbkombinationen

Diese Grundsätze gelten auch für *Farbkombinationsmarken*, die den Anforderungen **801** hinreichender Bestimmtheit entsprechen (Rdn 557 f). Hinsichtlich der Berücksichtigung der Notwendigkeit, die Verfügbarkeit der Farben für die konkurrierenden Wirtschaftsteilnehmer nicht ungerechtfertigt zu beschränken, ist nämlich nicht zwischen Marken zu unterscheiden, die aus einer einzigen Farbe, und solchen, die aus Farbzusammenstellungen bestehen[895].

Angesichts der strengen Anforderungen an die Eintragbarkeit wurden zwei Kombinati- **802** onen von *Grau und Rot*[896] mangels wahrnehmbarer Abweichung von den üblicherweise für Eisenbahntransport-DL verwendeten Farben und wegen ihres rein funktionalen oder dekorativen Verständnisses sowie der Kombination von *24 gleich großen Kästchen unterschiedlicher Farben*[897] für ua Computer, Papier und technologische Dienste mangels Merkfähigkeit und Erinnerbarkeit jeweils die Unterscheidungskraft versagt.

Ebenso erschienen die Kombinationen der Farben *Ginstergelb* bzw *Ockergelb und* **803** *Silbergrau* als nicht unterscheidungskräftig, da Bohrwerkzeuge für gewöhnlich gefärbt werden, um auf ihren Verwendungszweck oder ihre besonderen Eigenschaften und die Materialien, für die sie eingesetzt werden können, hinzuweisen[898]. Dasselbe galt für die Farbkombination *Gelb und Grau* bei sanitären Installationen, Röhren, Schläuchen sowie Einzel-, Großhandel damit, weil diese Farben in der Werbung für die beanspruchten Waren und DL auch in ihrer Verbindung keineswegs außergewöhnlich sind und ihre Kombination lediglich an ein dekoratives Element der Ware, der Verpackung oder des Werbematerials denken läßt[899].

Auch die ua für Windenergieanlagen angemeldete Farb(kombinations)marke *Grün in* **804** *fünf Farbtönen*, die unmittelbar horizontal aneinandergrenzen, ist nicht unterscheidungskräftig, da sie als dekoratives Element wahrgenommen wird, das eine ausschließlich ästhetische Aufgabe erfüllt, nämlich diejenige, Windenergieanlagen in die Natur zu integrieren, oder bestenfalls als Hinweis auf die Umweltfreundlichkeit dient[900].

---

894 BK, 11.2.2010, R 371/09–2 – Farbe Gelb.
895 EuG, 12.11.2010, T-404/09 und T-405/09 – Farben Grau und Rot, Rn 25.
896 EuG, 12.11.2010, T-404/09 und T-405/09 – Farben Grau und Rot.
897 EuG, 12.11.2008, T-400/07 – Farbkästchen.
898 EuG, 3.2.2011, T-299/09 und T-300/09 – Farben Ginstergelb bzw Ockergelb und Silbergrau, Rn 66–74.
899 EuG, 27.9.2018, T-595/17 – Gelb und Grau.
900 EuG, 28.1.2015, T-655/13 – Grün in fünf Farbtönen. Dasselbe gilt auch für fünf verschmelzende Grüntöne; EuG, 3.5.2017, T-36/16 – Verschmelzende Grüntöne II; bestätigt durch EuGH, 25.10.2018, C-433/17 P.

805 Der Antrag auf Nichtigerklärung der Farbkombinationsmarke *Grün und Gelb*, beschrieben als »Der Aufbau bzw Fahrzeugkörper ist grün, die Räder sind gelb.«, für ua landwirtschaftliche Arbeitsmaschinen (Traktoren) wurde *dagegen* zurückgewiesen, da ausreichender Nachweis der *Verkehrsdurchsetzung* in den 15, zur Zeit der Anmeldung relevanten Mitgliedstaaten erbracht worden war[901].

10. Positionsmarken

806 Für Ausstattungs- oder *Positionsmarken*, die aus der Anbringung oder Anordnung eines Zeichens auf einer Ware oder einem Warenteil an meist gleichbleibender Stelle in etwa gleicher Form und Größe bestehen, gilt ebenfalls die Rspr des EuGH zu dreidimensionalen Marken, welche aus dem Erscheinungsbild der Ware selbst oder ihrer Verpackung bestehen, zB wenn die Anmeldung aus dem besonderen Aussehen der Oberfläche der Ware besteht. Denn auch dann besteht die Marke nicht aus einem Zeichen, das *vom Erscheinungsbild der* mit ihr gekennzeichneten Ware unabhängig ist, sondern mit ihr verschmilzt und sich nicht von ihr trennen lässt, also grds nicht als Mittel zur Identifizierung der betrieblichen Herkunft verwendet werden kann[902].

807 Zwar wurde die grds Schutzfähigkeit dieser Markenform vom EuG[903] hinsichtlich einer *beschichteten Glasplatte* bestätigt, jedoch ihr die *konkrete Unterscheidungskraft abgesprochen*, da ihre Wahrnehmung durch den Verkehr von derjenigen der üblichen Wort- oder Bildmarken verschieden ist. Das Muster, das in der Aufbringung sich unbegrenzt wiederholender dünner Striche auf der Oberfläche einer Glasplatte besteht, fällt mit dem äußeren Erscheinungsbild der Ware selbst zusammen. Es wird deshalb vor allem als technisches Mittel wahrgenommen, das die Undurchsichtigkeit des Glases garantiert, also als funktionales Element der Ware. Seine Eigenschaften wirken eher so, dass sie einer ästhetischen oder dekorativen Ausarbeitung zuzuschreiben sind, als dass sie auf die betriebliche Herkunft der Waren hinweisen sollten. Zudem ist es aufgrund seiner globalen Komplexität nicht leicht und unmittelbar als unterscheidungskräftiges Zeichen merkfähig, nachdem sein Eindruck nicht beständig ist, sondern je nach Blickwinkel, Lichtintensität oder Beschaffenheit des Glases variieren kann.

808 Auch die Aufmachung eines *Spannfutterteils mit drei Rillen*[904] wurde vom EuG als bloß gewöhnliche Variante dieser Warenform für nicht unterscheidungskräftig angesehen, da der Anmelder keinen Nachweis erbringen konnte, dass die angesprochenen Verkehrskreise die Rillenmotive mit einem Herkunftshinweis verbinden. Dasselbe gilt für *vier ausgefüllte Löcher in einem Lochbild* für Strahlregler, da dieses Zeichen nicht

---

901 EuG, 28.10.2009, T-137/08 – Farbkombinationsmarke Grün-Gelb (John Deere).

902 EuGH, 20.10.2011, C-344/10 P und C-345/10 P – Mattierte weiße und mattschwarze Flaschen (Freixenet), Rn 48. Das EUIPO behandelt sie als Bildmarken, was aber nicht korrekt ist; Alicante News 12/2014, S. 7.

903 EuG, 9.10.2002, T-36/01 – Glass Pattern I, Rn 19, 20; bestätigt durch EuGH, 28.6.2004, C-445/02 P.

904 EuG, 21.4.2010, T-7/09 – Spannfutterteil mit 3 Rillen.

erheblich von der Norm oder Branchenüblichkeit abweicht, sondern allenfalls als rein dekoratives oder funktionelles Element verstanden wird[905].

Selbst für ein Fachpublikum mit durchschnittlicher bis erhöhter Aufmerksamkeit verfügt die Positionsmarke eines *gelben Bogens am unteren Rand einer Anzeigeeinheit*[906] auf technischen Spezialgeräten nicht über das notwendige Minimum an Unterscheidungskraft, da ästhetische Gestaltungselemente wie dekorative farbliche Nuancen auch auf elektronischen Anzeigeeinheiten nicht ungewöhnlich sind.   **809**

Dasselbe gilt für eine, unter einem Schuh angeordnete *Sprungfederform* für Turn- und Sportartikel, die aus einer Summe von vielen Elementen besteht, die lediglich eine technische, funktionale oder dekorative Rolle erfüllen. Zusätzliche Wort- und Buchstabenelemente bringen nichts, wenn sie extrem klein und rein oberflächlicher Natur sind, so dass sie praktisch nicht erkannt werden können[907]. Ebenso wenig eintragungsfähig sind sich *kreuzende Wellenlinien auf einer Schuhsohle (Birkenstock)*, da es sich um einfache Muster handelt, die sich nicht hinreichend von den durch andere Unternehmen in der Schuhbranche üblicherweise benutzten Gestaltungen einer Sohle unterscheiden, da Muster jedweder Art auf Schuhsohlen angebracht werden können[908].   **810**

Weiter konnte das EuG auch der *orangen Einfärbung des Zehenbereichs einer Socke*[909] keine Unterscheidungskraft abgewinnen, da diese Positionsmarke von der Norm oder Branchenüblichkeit nicht erheblich abweicht und von den maßgeblichen Verkehrskreisen als dekoratives Element aufgefasst wird. Auch in diesem Fall sind die Prüfungskriterien für dreidimensionale Warenformmarken anzuwenden, da die Anmeldung sich nicht von der Form eines Teils der beanspruchten Strumpfwaren trennen lässt, nämlich des Zehenbereichs, sondern mit dem Erscheinungsbild des Produkts selbst verschmilzt.   **811**

Als einfache, übliche Muster mit ausschließlicher Zierfunktion ohne einzigartigen, originellen oder unüblichen Charakter, der geeignet wäre, ins Auge zu stechen oder sonst in Erinnerung zu bleiben, wurden schließlich weiter verworfen *zwei gekreuzte Stichnähte auf einer Tasche*[910], *zwei parallele Streifen auf langen Hemdsärmeln* und   **812**

---

905 EuG, 14.11.2019, T-669/18 – Vier ausgefüllte Löcher in einem Lochbild; Rechtsmittel nicht zugelassen, EuGH, 23.4.2020, C-14/20 P.

906 EuG, 26.2.2014, T-331/12 – Gelber Bogen am unteren Rand einer Anzeigeeinheit.

907 EuG, 26.11.2015, T-390/14 – KJ Kangoo Jumps XR (Sprungfederform).

908 EuG, 2.6.2021, T-365/20 – Kreuzende Wellenlinien auf Schuhsohle (Birkenstock); Rechtsmittel nicht zugelassen, EuGH, 22.11.2021, C-498/21 P.

909 EuG, 15.6.2010, T-547/08 – Orange Einfärbung des Zehenbereichs einer Socke; bestätigt durch EuGH, 16.5.2011, C-429/10 P. Dies überzeugt, wenn man sich vorstellt, dass aufgrund der Art der Anmeldung nicht ausgeschlossen ist, dass auch weitere Teile der Socke mit Farbe versehen sein können, so dass dann die Einfärbung des Zehenbereichs nicht mehr auffällt.

910 EuG, 28.9.2010, T-388/09 – Nähte auf einer Tasche.

zwei parallele schräge Streifen auf Hosenbeinen[911] sowie *rote Schnürsenkelenden*[912] für Schuhwaren, insb Schnürsenkel, aber auch *zwei gebogene Streifen auf der Reifenseitenwand*[913] für Reifen und Felgen.

813

Abb. 26

814   Weiter fehlt einer *Stoffblume im Kragenknopfloch*[914] von Jacken und Mänteln die Unterscheidungskraft, weil dort üblicherweise Broschen, Medaillen, Abzeichen sowie Ansteckblumen angebracht werden, ebenso *vier grünen Quadraten auf der Waagenunterseite*[915] für Waagen, da diese als Waagenfüße nicht hinreichend charakteristisch oder einprägsam sind.

815   Dasselbe gilt auch für einen *Knopf im Ohr* bzw ein *Fähnchen mit Knopf im Ohr* (*Steiff*) für (Plüsch-)Stofftierfiguren, da die feste Verbindung eines Metallknopfs (und eines Fähnchens) mit dem Ohr eines Stofftiers per se dazu führt, dass die Anmeldung mit dem Erscheinungsbild der gekennzeichneten Waren verschmilzt. Zudem handelt es sich bei Knöpfen und Fähnchen um übliche Gestaltungselemente, da Knöpfe oft als Augen oder auf der Kleidung von Stofftieren angebracht werden bzw Fähnchen mit Verbraucherinformationen (Reinigungshinweisen, Herstellernamen, Diebstahlsicherung) an den gekennzeichneten Waren befestigt sein können[916].

816

Abb. 27

911 EuG, 15.12.2015, T-63/15 und T-64/15 – Zwei parallele Streifen auf langen Hemdsärmeln und zwei parallele schräge Streifen auf Hosenbeinen.
912 EuG, 11.7.2013, T-208/12 – Rote Schnürsenkelenden, Rn 30–52 (s. Rdn 796.).
913 EuG, 4.7.2017, T-81/16 – Zwei gebogene Streifen auf Reifenseitenwand.
914 EuG, 14.3.2014, T-131/13 – Stoffblume im Kragenknopfloch.
915 EuG, 13.9.2018, T-184/17 – Vier grüne Quadrate auf der Waagenunterseite.
916 EuG, 16.1.2014, T-433/12 – Knopf im Ohr (Steiff), Rn 25, 27–34, und 16.1.2014, T-434/12 – Fähnchen im Knopf im Ohr (Steiff), Rn 25–42.

Schließlich fehlt einer dreidimensionalen Positionsmarke, die aus einem *Flaschenver-* 817
schluss[917] (Verschlussstopfen oder -kappe) mit zylindrischer Außenkontur, einem Ring
und einer Kordel besteht, die Unterscheidungskraft. Der Ring des Flaschenverschlus-
ses, der um den Flaschenhals gelegt wird, passt sich zwangsläufig der Flaschenform
an, so dass er mit ihr gleichzusetzen ist. Damit verschmilzt die Anmeldung mit dem
Erscheinungsbild der beanspruchten Spirituosen und Liköre.

818

Abb. 28

Die Feststellung jedoch, dass, da keine Flasche ohne Etikett oder entspr Kennzeichnung 819
verkauft werde, nur ein solches Wortelement die Herkunft des Flascheninhalts kennzeichnen könne, so dass die *Farbe und die Mattierung des Flaschenglases für Schaum-*
wein im Hinblick auf die maßgeblichen Verkehrskreise nicht als Marke funktionieren
könnten, wenn sie nicht in Verbindung mit einem *Wortelement* verwendet würden,
ist *kein geeignetes Beurteilungskriterium.* Ansonsten würden Marken systematisch von
der Eintragung ausgeschlossen sein, die aus dem Erscheinungsbild der Aufmachung
der Ware selbst bestehen und keine Aufschrift oder kein Wortelement aufweisen[918].

Bei der Beurteilung der Unterscheidungskraft eines *für eine DL* (hier: Beförderungs-DL) 820
angemeldeten Zeichens, das aus farbigen Motiven zusammengesetzt ist und das ausschließlich und systematisch auf bestimmte Weise auf einen großen Teil der für die
Erbringung dieser DL verwendeten Gegenstände (hier: Beförderungsmittel) aufgebracht werden soll, ist nach Art. 4 Abs. 1b MarkenRL die *Wahrnehmung der maß-*
geblichen Verkehrskreise vom Aufbringen dieses Zeichens auf diesen Gegenständen zu

---

917 EuG, 16.1.2019, T-489/17 – Flaschenverschluss. Die Flasche ist beliebig und nicht Teil
der Marke.
918 EuGH, 20.10.2011, C-344/10 P und C-345/10 P – Mattierte weiße und mattschwarze
Flaschen (Freixenet), Rn 50, 51. Dadurch wurde der Feststellung des EuG, 27.4.2010,
T-109/08 und T-110/08 – Freixenet-Flaschen II, dass der Durchschnittsverbraucher
sich immer am Etikett orientiere, zumal keine Handelspraxis dahingehend bestehe, dass
Schaumweinflaschen ohne darauf angebrachte Herstellerangaben oder Marken auf dem
Markt angeboten würden, die Relevanz als Prüfungskriterium abgesprochen.

berücksichtigen. Ob das Zeichen erheblich von der Norm oder der Branchenüblichkeit abweicht, muss in diesem Fall nicht geprüft werden[919].

11. Klangmarken

821 Die Kriterien für die Beurteilung der Unterscheidungskraft von Hörmarken sind keine anderen als die für die übrigen Markenkategorien. Ein Hörzeichen muss über *eine gewisse Resonanz* verfügen, anhand deren der angesprochene Verbraucher es erkennen und als Marke auffassen kann und nicht bloß als funktionalen Bestandteil oder als Indikator ohne wesenseigene Merkmale.

822 Die *Klänge beim Öffnen einer Dose* werden bei Milchprodukten, Kaffee, Tee, alkoholischen und nichtalkoholischen Getränken als ein *rein technisches und funktionelles Element* angesehen, da das Öffnen einer Dose oder Flasche einer spezifischen technischen Lösung im Rahmen des Umgangs mit Getränken zum Zwecke ihres Verzehrs inhärent ist, unabhängig davon, ob diese Kohlensäure enthalten oder nicht. Zum anderen wird der Klang des Prickelns von Perlen vom Verkehr unmittelbar als Hinweis auf Getränke wahrgenommen.

823 Die zwei Merkmale eines Hörzeichens, das an den Klang erinnert, der beim Öffnen einer Getränkedose entsteht, gefolgt von etwa einer Sekunde ohne Geräusch und einem

---

919 EuGH, 8.10.2020, C-456/19 – Farbliche Fahrzeuggestaltung (AB Östgötatrafiken), Rn 34–44, das noch zu Art. 3 Abs. 1b MarkenRL aF ergangen ist. Das Beurteilungskriterium einer erheblichen Abweichung von der Norm oder der Branchenüblichkeit ist auf diejenigen Fälle anzuwenden, in denen das Zeichen im Erscheinungsbild der beanspruchten Ware selbst besteht, da der Durchschnittsverbraucher aus der Form der Waren oder ihrer Verpackung, wenn grafische oder Wortelemente fehlen, gewöhnlich nicht auf die Herkunft dieser Waren schließt. Dieses Kriterium findet auch Anwendung, wenn das Zeichen in der Darstellung der Ausstattung der räumlichen Umgebung besteht, in der die beanspruchten DL erbracht werden. Eine solche Fallgestaltung liegt aber nicht vor, wenn die beanspruchten Zeichen aus grafischen Elementen bestehen, die auf den Gegenständen aufgebracht werden sollen, die zur Erbringung der mit der Anmeldung beanspruchten DL verwendet werden. Zwar sind diese zur Erbringung der hier relevanten DL verwendeten Gegenstände, dh die Beförderungsmittel, in den Anmeldungen mit gestrichelten Linien wiedergegeben, um sowohl die Stellen anzugeben, an denen die Anmeldungen aufgebracht werden sollen, als auch die Umrisslinien derselben darzustellen. Doch können die Anmeldungen weder mit der Form oder der Verpackung dieser Gegenstände verwechselt werden, noch soll durch sie die räumliche Umgebung, in der die beanspruchten DL erbracht werden, dargestellt werden. Die Zeichen bestehen nämlich aus systematisch zusammengefügten und räumlich abgegrenzten Farbkompositionen und betreffen also ganz bestimmte grafische Elemente, die nicht durch die bloße Wiedergabe ihrer Umrisslinien eine Ware oder eine der Erbringung von DL dienende Umgebung darstellen sollen. Falls diese Farbkombinationen keine inhärente Unterscheidungskraft für die beanspruchten DL aufweisen sollten, wird dadurch nicht ausgeschlossen, dass sie eine solche infolge ihrer Benutzung (Verkehrsdurchsetzung) erwerben können. Auch im Rahmen dieser Beurteilung ist nicht zu prüfen, ob die Anmeldungen erheblich von der Norm oder der Branchenüblichkeit abweichen.

Prickeln von etwa neun Sekunden, reichen im Verhältnis zu den klassischen Klängen, die Getränke beim Öffnen erzeugen, nicht aus, um die mangelnde Unterscheidungskraft zu überwinden, da sie *nur als eine Variante* der Geräusche wahrgenommen werden, die bei Getränken beim Öffnen ihrer Behältnisse üblicherweise entstehen[920].

Während der Verkehr daran gewöhnt ist, Wort- und Bildmarken zu erkennen, gilt   824
dies nicht im gleichen Maß für *Hörmarken*, auch wenn Klingeltöne oder Melodien auf bestimmten Geschäftsfeldern, wie bei der Kommunikation oder Unterhaltung über Fernsehen, Rundfunk und Telefonie, und bei Internetmedien, Computersoftware oder generell auf dem Mediensektor im Allgemeinen, zur klanglichen Herstelleridentifikation gebräuchlich sind. Jedoch bedarf es zur Schutzfähigkeit einer gewissen Eigentümlichkeit[921].

Ein banales Geräusch, wie ein außerordentlich einfacher Telefon-*Klingelton*, der aus   825
der Wiederholung von zwei identischen Noten besteht, besitzt keine Unterscheidungskraft. Er ist nicht ungewöhnlich, sondern eintönig sowie ohne besondere Nuancen und erinnert an ein Standardklingeln, über das alle elektronischen Geräte verfügen, die Uhren oder Telefone enthalten[922]. Dasselbe gilt zB für eine Anmeldung, die aus einer kurzen, dissonanten *elektronischen Tonfolge* von knapp über vier Sekunden Dauer besteht, da sie keine Fanfare darstellt und keine Melodie, keine erkennbare Struktur und keine einprägsame Harmonie enthält,[923] oder für eine *Sequenz elektronisch erzeugter (synthetischer) Klänge* von zwei bis drei Sekunden Dauer, die schlicht zu kurz und ohne klare Struktur ist, um merkfähig und unterscheidungskräftig zu sein[924]. Dagegen kommt einem Jingle mit einer etwas komplexeren Tonfolge, nämlich einem *Rhythmus von vier Tönen*, der ins Ohr gehen dürfte, Unterscheidungskraft zu[925].

12. Mustermarken

Für *Mustermarken*, die ausschließlich aus einer Reihe sich regelmäßig wiederholender   826
Elemente bestehen (*Wiederholungsmuster*), gilt ebenfalls die Rspr zu dreidimensionalen Marken, die aus dem Erscheinungsbild der Ware selbst bestehen, die nur dann *schutzfähig* sind, wenn sie *erheblich von der Norm oder Branchenüblichkeit abweichen.*

---

920 EuG, 7.7.2021, T-668/19 – Klänge beim Öffnen einer Dose. Die Rspr zu dreidimensionalen Marken kann grds nicht auf eine Hörmarke angewandt werden, da diese weder die Form der beanspruchten Waren noch die ihrer Verpackung wiedergibt.
921 S.a. GMitt KP11, Neue Markenformen: Prüfung auf formale Anforderungen und Schutzhindernisse, April 2021, Kap. B 3, Erforderliches Maß an Unterscheidungskraft neuer Markenformen.
922 EuG, 13.9.2016, T-408/15 – Klingelton, Rn 49–69.
923 BK, 12.12.2017, R 2059/16–4 – Klang von elektronischer Sequenz. Ihre Darstellung durch zwei Bilder der elektronischen Frequenz erfüllten jedoch die formalen Voraussetzungen von Regel 3 Abs. 6 GMDV.
924 BK, 21.5.2020, R 2721/19–4 – Klang.
925 BK, 23.7.2020, R 2821/19–1 – Klang von Bass, Rn 18–24.

827 Daher sind *Dreizacksterne auf schwarzem Hintergrund* mangels Unterscheidungskraft nicht schutzfähig, da sich der Verbraucher in Bezug auf die im entschiedenen Fall beanspruchte breite Warenpalette auf dem Markt mit einer *Vielzahl an Mustern oder Kombinationen geometrischer Grundformen* bzw einfachen geometrischen Formen konfrontiert sieht, etwa verschiedene Gestaltungen von Linien, Kreisen, Rechtecken, Fünfecken oder Sternen. Aufgrund der *Einfachheit der angemeldeten Gestaltung*, der regelmäßigen Wiederholung einer geometrischen Figur wie einem dreizackigen Stern in zwei unterschiedlichen Größen und in weißer Farbe auf schwarzem Hintergrund, wird der maßgebliche Verkehr in dieser Form keine Kennzeichnung der Waren und DL eines bestimmten Herstellers, sondern vielmehr den Ausdruck der Vielfalt auf dem betr Markt sehen und sie als rein dekoratives bzw ästhetisches Element wahrnehmen[926].

828

Abb. 29

829 Auch ein *Ornamentales Muster* wird es dem von Keramik-, Porzellanfliesen und Baumaterialien angesprochenen Verkehr in Anbetracht der Komplexität des beanspruchten Zeichens und des diffusen Charakters seiner Linien nicht ermöglichen, sich die spezifischen Einzelheiten zu merken, das Motiv zu erkennen oder es zu definieren. Die Anmeldung wird daher als rein dekorativ wahrgenommen und enthält keine Botschaft, die geeignet ist, dem Verbraucher zu helfen, sie sich leicht einzuprägen.

830 Art. 3 Abs. 3e UMDV bestimmt nur, wie eine Mustermarke darzustellen ist und enthält *keine Definition*, die sich auf die Beurteilung ihrer *Unterscheidungskraft* auswirken könnte[927].

13. Sonstige Marken

831 Unterscheidungskräftig können weiter *Bewegungsmarken*[928] bzw *Multmediamarken* sein, wie auch *Hologramme* oder *Lichtmarken*, ebenso *Wiederholungsmuster*, soweit

---

926 EuG, 30.3.2022, T-277/21 bis T-280/21 – Dreizacksterne auf schwarzem Hintergrund I–IV, Rn 17–22, 33–35.
927 EuG, 12.1.2022, T-259/21 – Ornamentales Muster.
928 BK, 23.9.2010, R 443/10–2 – Rote Flüssigkeit, die sich in einer Reihe von Destillierkolben bewegt, mwN.

sie die Ursprungsidentitätsfunktion erfüllen[929]. Grds ist nämlich keine Markenform bereits von sich aus als nicht unterscheidungskräftig anzusehen (Art. 3 Abs. 3 und 4 UMDV). Ist eine *fließende Bewegung* jedoch lediglich banal und nicht merkfähig, fehlt ihr jegliche Unterscheidungskraft[930].

VI. Im Verkehr oder im allgemeinen Sprachgebrauch übliche Bezeichnungen

Wegen Art. 7 Abs. 1d UMV ist die Eintragung derjenigen Marken zurückzuweisen, die ausschließlich aus Zeichen oder Angaben zur Bezeichnung der beanspruchten Ware oder DL bestehen, die im *allgemeinen Sprachgebrauch* oder in den *redlichen und st. Verkehrsgepflogenheiten* üblich geworden sind (*Gattungsbegriffe*). Dabei ist es ohne Bedeutung, ob die betr Zeichen oder Angaben die Eigenschaften oder Merkmale dieser Waren oder DL beschreiben[931].   **832**

Die maßgeblichen Verkehrskreise für die Beurteilung der Frage, ob eine Marke im geschäftlichen Verkehr zur gebräuchlichen Bezeichnung der betr Ware geworden ist, sind, wenn beim Vertrieb einer von einer Marke geschützten Ware oder DL an den Verbraucher oder Endabnehmer Zwischenhändler beteiligt sind, im Allgemeinen *die Verbraucher oder Endabnehmer*[932]. Zwar ist bei dieser Beurteilung nicht nur auf deren Wahrnehmung abzustellen, sondern nach Maßgabe der Merkmale des betr Markts auch auf die Wahrnehmung der *Gewerbetreibenden* wie der Verkäufer. Jedoch spielt im Allgemeinen die Wahrnehmung der Verbraucher oder Endabnehmer eine entscheidende Rolle[933].   **833**

Das EuG hat die Abkürzung *BSS*[934] als Gattungsbegriff für pharmazeutische Augenheilmittel und somit als üblich iSd Art. 7 Abs. 1d UMV bewertet, da dieses Kürzel für »Balanced Salt Solution« bzw »Buffered Saline Solution« verwendet wird. Dasselbe gilt für *WEISSE SEITEN* hinsichtlich von Magnetaufzeichnungsträgern, bespielten Speichermedien für DV-Anlagen und -Geräte, insb Bänder, Platten, CD-ROMs, für Druckereierzeugnisse, Branchenverzeichnisse und Nachschlagwerke, da dieser Ausdruck für die angesprochenen Durchschnittsverbraucher als gängige Gattungsbezeichnung für Verzeichnisse der Telefonanschlüsse von Privatpersonen auch in elektronischer Form, im Internet oder auf CD-ROM üblich geworden ist[935].   **834**

---

929 S.a. GMitt KP11, Neue Markenformen: Prüfung auf formale Anforderungen und Schutzhindernisse, April 2021, Kap. B 3, Erforderliches Maß an Unterscheidungskraft neuer Markenformen.

930 BK, 28.4.2020, R 1636/19–2 – Bewegung eines fließenden kreisförmigen blauen Rings.

931 EuGH, 4.10.2001, C-517/99 – BRAVO.

932 EuGH, 29.4.2004, C-371/02 – Bostongurka (Björnekulla/Procordia), Rn 23–25.

933 EuGH, 6.3.2014, C-409/12 – KORNSPITZ (Backaldrin/Pfahnl Backmittel), Rn 28, 29.

934 EuG, 5.3.2003, T-237/01 – BSS; bestätigt durch EuGH, 5.10.2004, C-192/03 P.

935 EuG, 16.3.2006, T-322/03 – WEISSE SEITEN, Rn 49–76. S.a. zur beschreibenden Angabe Rdn 623.

835   Das Zeichen *5 HTP*[936] stellt (mit oder ohne Bindestrich) die offizielle Abkürzung für den Stoff 5-Hydroxytryptophan dar, also eine chemische Formel, und ist für die maßgeblichen Verkehrskreise von pharmazeutische Erzeugnissen, nämlich das medizinische Fachpublikum und die Patienten als Endverbraucher mit einschlägigen Kenntnissen, da sie sich vor dem Kauf dieser Erzeugnisse die erforderlichen Informationen beschaffen, zur Bezeichnung der diesen Stoff enthaltenden Produkte üblich geworden.

836   *Original Eau de Cologne* wird nach Erkenntnis des EuG als Gattungsbegriff aufgefasst, da die Anmeldung als Bezeichnung einer Parfümart, nämlich von Kölnisch Wasser, verstanden wird, bei dem es sich um das Original und nicht um eine Kopie oder Nachahmung handelt. Jedenfalls führt der Bestandteil »Original« zu keiner Relokalisierung, so dass er der beanspruchten UKM keinen geografischen Bezug verleihen kann[937].

837   Selbst wenn die Marke *K-9* als Bezeichnung von Hunden, die von der Armee und der Polizei verwendet werden, oder von Tätigkeiten, die mit deren Ausbildung zusammenhängen, gebräuchlich ist, stellt diese Bedeutung jedoch keine hinreichend unmittelbare und konkrete Verbindung dar, die es den maßgeblichen Verkehrskreisen ermöglicht, sie in den redlichen und ständigen Verkehrsgepflogenheiten als Gattungsbegriff und übliche Bezeichnung für ua Lederwaren, Tierdress, Halsbänder, Bekleidung oder Sportartikel wahrzunehmen[938].

VII. Verkehrsdurchsetzung

838   Mit der Geltendmachung der *Verkehrsdurchsetzung* (infolge Benutzung erlangte Unterscheidungskraft) nach Art. 7 Abs. 3 UMV kann der Anmelder die wegen Abs. 1b, 1c und 1d bestehenden Eintragungshindernisse (und nur diese) überwinden. Voraussetzung ist allerdings, dass die Marke für diejenigen konkreten Waren oder DL, für die die Eintragung beantragt wird, bei den angesprochenen Verkehrskreisen Verkehrsdurchsetzung erlangt hat.

839   Der Anmelder kann die Verkehrsdurchsetzung als *Haupt-* oder *Hilfsantrag* geltend machen. Wird sie im Hauptantrag beansprucht, entscheidet das Amt gleichzeitig sowohl über die Eintragungshindernisse nach Art. 7 Abs. 1b, 1c oder 1d UMV, da nur bei deren Vorliegen die Frage der Verkehrsdurchsetzung relevant wird, als auch ggf über Art. 7 Abs. 3 UMV. Wird sie nur im Wege eines Hilfsantrags begehrt, entscheidet das Amt zuerst über den Hauptantrag und weist uU die Anmeldung aufgrund von Eintragungshindernissen nach Art. 7 Abs. 1b, 1c oder 1d UMV zurück. Erst nach Rechtskraft dieser Entscheidung widmet es sich dem Art. 7 Abs. 3 UMV[939]. Dabei

---

936   EuG, 9.3.2011, T-190/09 – 5 HTP; bestätigt durch EuGH, 1.12.2011, C-222/11 P.
937   EuG, 25.11.2014, T-556/13 – Original Eau de Cologne, Rn 20–31; bestätigt durch EuGH, 3.12.2015, C-29/15 P.
938   EuG, 17.3.2021, T-878/19 – K-9.
939   S. hierzu Alicante News 7/2018, S. 2 f.

ist es nicht an die in der ersten Entscheidung erfolgte unvollständige Definition des maßgeblichen Verkehrs gebunden, sondern kann weitere Kreise mit einbeziehen[940].

Wegen Art. 27 Abs. 3a DVUM kann die *Verkehrsdurchsetzung vor der BK nicht erst-* 840 *mals geltend* gemacht werden, wenn sie nicht bereits fristgemäß in der Vorinstanz vor dem EUIPO und in der Beschwerdebegründung bzw Anschlussbeschwerde ausgeführt worden war.

1. Prüfungsgrundsätze

Aufgrund der im Chiemsee-Urteil des EuGH[941] entwickelten Kriterien ist jedoch ein 841 *strenger Maßstab* anzulegen, nachdem es sich um eine *Ausnahmeregelung* handelt, mit der gesetzliche Eintragungsverbote überwunden werden können.

Bei der Feststellung, ob eine Marke infolge ihrer Benutzung Unterscheidungskraft 842 erlangt hat, sind *sämtliche Gesichtspunkte des Einzelfalles umfassend* zu prüfen, die sich auf eine *Benutzung der Marke als Marke* beziehen müssen, dh eine Benutzung, die der Identifizierung der Ware oder DL durch die beteiligten Verkehrskreise als von einem bestimmten Unternehmen stammend dient[942].

Eine Verkehrsdurchsetzung kann insb nach einem *normalen Prozess der Gewöhnung* 843 des beteiligten Verkehrs eintreten. Für ihre Beurteilung sind *alle Umstände* zu berücksichtigen, unter denen die maßgeblichen Verkehrskreise mit der Marke konfrontiert werden. Sie werden mit ihr nicht nur im *Zeitpunkt ihrer Kaufentscheidung* konfrontiert, sondern auch vorher, etwa in der *Werbung*, und zu dem Zeitpunkt, zu dem sie die Ware *verbrauchen*. Dabei bringt der Durchschnittsverbraucher zu dem Zeitpunkt, zu dem er seine Wahl zwischen den verschiedenen Waren der fraglichen Art vorbereitet und trifft, den höchsten Aufmerksamkeitsgrad auf, so dass die Frage, ob er im *Zeitpunkt des Kaufes* mit der Marke konfrontiert wird oder nicht, für die Feststellung ihrer Verkehrsdurchsetzung besondere Bedeutung besitzt[943].

Im Rahmen dieser Prüfung können insb der *Marktanteil* der betr Marke, die *Intensität*, 844 *geografische Verbreitung* und *Dauer* ihrer Benutzung, der *Werbeaufwand* des Unternehmens für die Marke, der *Anteil der beteiligten Verkehrskreise*, der die Ware oder DL aufgrund der Marke als von einem bestimmten Unternehmen stammend erkennt,

---

940 EuG, 9.3.2022, T-204/21 – RUGGED, Rn 37–50. Da die BK in der ersten Entscheidung nicht aufgefordert war, Art. 7 Abs. 3 UMV zu prüfen, sondern nur Art. 7 Abs. 1b und Abs. 1c, war sie nicht verpflichtet, das gesamte relevante Gebiet zu ermitteln. Selbst wenn die in der ersten Entscheidung vorgenommene Beurteilung für die BK in der zweiten bindend wäre, kann dies nicht für eine unvollständige Beurteilung gelten. Der Umstand, dass die erste Entscheidung rechtskräftig geworden ist, ist in diesem Zusammenhang unerheblich.

941 EuGH, 4.5.1999, C-108/97 und C-109/97 – Chiemsee, Rn 31, 45.

942 EuGH, 18.6.2002, C-299/99 – Rasierscherkopf (Philips/Remington), Rn 64; EuGH, 7.7.2005, C-353/03 – HAVE A BREAK (Nestlé/Mars), Rn 26, 29.

943 EuGH, 22.6.2006, C-24/05 P – Hellbrauner Bonbon (Werther's), Rn 70–72.

sowie *Erklärungen von Industrie- und Handelskammern* oder anderen Berufsverbänden berücksichtigt werden[944].

845 Die Voraussetzungen der Verkehrsdurchsetzung sind erfüllt, wenn ein *erheblicher Teil der beteiligten Verkehrskreise* die gekennzeichnete Ware oder DL aufgrund der Marke als von einem bestimmten Unternehmen stammend erkennt[945]. Als beteiligt sind dabei alle von den relevanten Waren und DL angesprochenen Verkehrskreise anzusehen. So reicht die Bekanntheit lediglich beim Fachpublikum nicht aus, wenn auch die allgemeinen Verbraucher angesprochen sind[946].

846 Diese Einschätzung hat der EuGH nochmals bestätigt, und zwar in Bezug auf eine *schlichte Produktform*, nämlich den *Scherkopf eines Elektrorasierers*. War ein Marktteilnehmer einziger Lieferant bestimmter Waren auf dem Markt, so kann die ausgedehnte Benutzung eines Zeichens, das aus dieser Form der Waren besteht, ausreichen, um dem Zeichen Verkehrsdurchsetzung zu verleihen, wenn infolge der Benutzung ein wesentlicher Teil der betroffenen Verkehrskreise die Form mit diesem Marktteilnehmer und mit keinem anderen Unternehmen in Verbindung bringt oder annimmt, dass Waren mit dieser Form von diesem Marktteilnehmer stammen[947].

847 Zwar wird vom EuGH nicht ausdrücklich gefordert, dass es sich um die Mehrheit der angesprochenen potentiellen Konsumenten handeln muss oder dass eine *bestimmte Prozentzahl* überschritten sein muss. Dies bedeutet aber nicht, dass die Berufung auf Zahlenwerte grds ausgeschlossen ist. So werden zwar im Regelfall erst Bekanntheitsgrade, die über 50 % bei den relevanten Verkehrskreisen liegen, für eine Verkehrsdurchsetzung in Betracht kommen[948]. Es kommt jedoch immer auf die Umstände des Einzelfalls an, so dass auch bei einer konturlosen Grundfarbe für häufige DL *nicht stets* 70 % verlangt werden kann[949].

848 Zu der Frage, ob eine Marke Verkehrsdurchsetzung infolge ihrer Benutzung als *Teil* oder in *Verbindung mit einer anderen Marke* erlangen kann, hat der EuGH[950] entschieden, dass es zwar immer auf die *markenmäßige Benutzung im Verkehr* ankommt. Dies verlangt aber nicht notwendigerweise, dass die beanspruchte Marke eigenstän-

944 EuGH, 4.5.1999, C-108/97 und C-109/97 – Chiemsee, Rn 51; EuGH, 7.7.2005, C-353/03 – HAVE A BREAK (Nestlé/Mars), Rn 31.
945 EuGH, 4.5.1999, C-108/97 und C-109/97 – Chiemsee, Rn 52; EuGH, 7.7.2005, C-353/03 – HAVE A BREAK (Nestlé/Mars), Rn 61.
946 EuG, 11.2.2010, T-289/08 – Deutsche BKK, Rn 38, 82; EuG, 12.9.2007, T-141/06 – Glass Pattern II, Rn 21–26, 44; bestätigt durch EuGH, 17.10.2008, C-513/07 P, Rn 29–32, 38–40.
947 EuGH, 18.6.2002, C-299/99 – Rasierscherkopf (Philips/Remington), Rn 65.
948 EuG, 11.2.2010, T-289/08 – Deutsche BKK, Rn 93, 94.
949 EuGH, 19.6.2014, C-217/13 und C-218/13 – Sparkassen-Rot, Rn 43, 44, 48, 49 mwN. Diese für die nationalen harmonisierten Markenrechte gemäß Art. 3 Abs. 1. und 3 MarkenRL. aF (= Art. 4 Abs. 1, 4. und 5 MarkenRL.) aufgestellten Grundsätze gelten natürlich auch für die Unionsmarke.
950 EuGH, 7.7.2005, C-353/03 – HAVE A BREAK (Nestlé/Mars), Rn 26, 27, 30.

dig benutzt worden ist. Ein Erwerb von Verkehrsdurchsetzung kann sich nämlich im Einzelfall aufgrund der im Chiemsee-Urteil zitierten Nachweismittel sowohl aus der *Benutzung eines Teils einer eingetragenen Marke* als deren Bestandteil als auch aus der *Benutzung einer anderen Marke* in Verbindung mit einer eingetragenen ergeben.

Um die Eintragung einer Marke zu erreichen, die, sei es als Teil einer anderen einge- **849** tragenen Marke oder in Verbindung mit dieser, infolge ihrer Benutzung Unterscheidungskraft iSv Art. 4 Abs. 4 MarkenRL (Art. 3 Abs. 3 MarkenRL aF) erworben hat, muss der Anmelder nachweisen, dass die beteiligten Verkehrskreise allein die mit dieser Marke – und nicht die mit anderen etwa vorhandenen Marken – gekennzeichnete Ware oder DL als von einem bestimmten Unternehmen stammend wahrnehmen[951].

Somit muss die beanspruchte Marke, deren Verkehrsdurchsetzung geltend gemacht **850** wird, gar *nicht explizit benutzt* worden sein. Es reicht aus, wenn ein hinreichender Teil des Verkehrs sie aufgrund ihrer Eigenart auch ohne die markante Namensaufprägung oder -verpackung der benutzten Form wiedererkennt.

Will ein Anmelder (auch nur hilfsweise) *Verkehrsdurchsetzung* geltend machen, also **851** eine durch Benutzung erlangte Unterscheidungskraft gemäß Art. 7 Abs. 3 UMV, so muss er sich ausdrücklich darauf berufen und einen entspr *Antrag stellen*, da das EUIPO dies nicht von Amts wegen zu berücksichtigen hat[952] und idR auch keine Nachfragen veranlasst.

Die Verkehrsdurchsetzung stellt nämlich im Rahmen eines Anmeldeverfahrens eine **852** *Ausnahme* von den Eintragungshindernissen des Art. 7 Abs. 1b, 1c oder 1d UMV dar, so dass es demjenigen, der sich auf sie berufen will, obliegt, den ihre Anwendung rechtfertigenden Nachweis zu führen[953].

Die hierfür erforderliche besondere Begründung hat er spätestens innerhalb der mit **853** der Beanstandung vom Prüfer gesetzten Frist zu liefern. Jedoch kann er wegen des *Amtsermittlungsprinzips* auch später, zB in der Beschwerdeinstanz, Sachvortrag nachholen, keinesfalls aber vor Gericht.

2. Maßgeblicher Zeitpunkt

Der *maßgebliche Zeitpunkt* für die infolge ihrer Benutzung erlangte Unterscheidungs- **854** kraft gemäß Art. 7 Abs. 3 UMV ist der *Anmeldetag*. Eine Marke muss vor dem Tag der Anmeldung Verkehrsdurchsetzung erlangt haben, eine danach evt erworbene ist nicht mehr zu berücksichtigen[954].

---

951 EuGH, 16.9.2015, C-215/14 – Vierfach gerippter Schokoladenwaffelriegel Kit Kat (Nestlé/ Cadbury), Rn 67, zu den gleichlautenden Bestimmungen von Art. 3 Abs. 1e MarkenRL. aF (= Art. 4 Abs. 1e MarkenRL).
952 EuG, 12.12.2002, T-247/01 – ECOPY, Rn 47; EuG, 11.2.2010, T-289/08 – Deutsche BKK, Rn 25, 26.
953 EuGH, 19.6.2014, C-217/13 und C-218/13 – Sparkassen-Rot, Rn 69.
954 EuGH, 11.6.2009, C-542/07 P – PURE DIGITAL, Rn 42–57; EuGH, 23.4.2010, C-332/09 P – FLUGBÖRSE, Rn 52.

855 In einem derartigen Fall bleibt dem Anmelder nur die Möglichkeit der *Neuanmeldung* der Marke zu dem Zeitpunkt, an dem er die Verkehrsdurchsetzung erreicht hat, da es das Institut der Zeitrangverschiebung (wie im deutschen Recht nach § 37 Abs. 2 MarkenG) in der UMV nicht gibt. Auch auf einen lediglich historischen Zeitpunkt (zB im Jahr 1950)[955] kann sich ein Anmelder oder ein Markeninhaber im Nichtigkeitsverfahren natürlich nicht berufen.

3. Maßgebliches Gebiet

856 Das *maßgebliche Gebiet*, in dem die Anmeldung infolge ihrer Benutzung Unterscheidungskraft erlangt haben muss, kann dagegen variieren. Die Verkehrsdurchsetzung muss nämlich auf allen Märkten, in denen das Eintragungshindernis vorliegt, erreicht werden, insb müssen Hindernisse, die in einem bestimmten Sprachraum bestehen, dort überwunden werden. In diesem Falle kann ein Anmelder sich nicht darauf berufen, dass er die Verkehrsdurchsetzung in einem wesentlichen Teil der Union erreicht hat.

857 Aus der *Einheitlichkeit der Unionsmarke* für die ganze Union folgt, dass ihre durch Benutzung erlangte Unterscheidungskraft überall dort bestehen muss, wo die Eintragungshindernisse nach Art. 7 Abs. 1b, 1c und 1d UMV vorliegen[956].

858 Folglich muss bei einer Marke, die aus einem oder mehreren Wörtern einer Amtssprache eines Mitgliedstaats (oder des Beneluxgebiets) besteht, wenn das Eintragungshindernis nur in einem Sprachgebiet des Mitgliedstaats (oder im Fall des Beneluxgebiets in einem von dessen Sprachgebieten) vorliegt, festgestellt werden, dass die Marke infolge Benutzung Unterscheidungskraft in diesem *gesamten relevanten Sprachgebiet* erworben hat. In dem so definierten Sprachgebiet (des Mitgliedstaats oder des Beneluxgebiets) ist zu prüfen, ob die beteiligten Verkehrskreise oder zumindest ein erheblicher Teil dieser Kreise die fragliche Ware oder DL aufgrund der Marke als von einem bestimmten Unternehmen stammend erkennen[957].

859 Handelt es sich also zB um einen nur in der *finnischen* Sprache beschreibenden Begriff, müsste nachgewiesen sein, dass gerade auf dem finnischen Markt Verkehrsdurchsetzung besteht[958]. Handelt es sich um ein Wort der *griechischen* Sprache, ist auf Griechenland und Zypern abzustellen[959]. Hat ein im Italienischen beschreibender Begriff in diesem Mitgliedstaat Verkehrsdurchsetzung erreicht, kann er als Marke eingetragen bleiben, da *Italienisch* nicht zu den Fremdsprachen gehört, mit denen der relevante Verkehr in Europa sehr vertraut ist[960].

---

955 EuGH, 24.9.2009, C-78/09 P – BATEAUX MOUCHES, Rn 15–19.
956 EuG, 30.3.2000, T-91/99 – OPTIONS.
957 EuGH, 7.9.2006, C-108/05 – EUROPOLIS, Rn 21–23, 27, 28.
958 EuG, 19.11.2008, T-269/06 – RAUTARUUKKI, Rn 50, 51; BK, 21.11.2001, R 532/01-3 – Condomi.
959 EuG, 17.5.2011, T-7/10 – υγεία, Rn 46–54, 68–78.
960 EuG, 20.11.2012, T-589/11 – Pagine Gialle, Rn 24–43; mit der Bedeutung von Gelbe Seiten für Druckereierzeugnisse und Werbung. Die BK konnte sich zu Recht auf eine Umfrage zur Sprachkenntnis in der EU (Eurobarometer) stützen.

Bei einem Wort aus der *deutschen Sprache* kommt es auf das deutschsprachige Gebiet   860
der Union, dh das gesamte Gebiet oder einen Teil des Gebiets in Belgien, Dänemark,
Deutschland, Italien, Luxemburg und Österreich an. Somit reichen Benutzungshand-
lungen allein in Deutschland nicht aus[961].

Wird dagegen ein *englischer Begriff* beansprucht, der zum allgemeinen Grundwort-   861
schatz gehört, ist angesichts der weiten Verbreitung der englischen Sprache auf dem
europäischen Markt nicht allein die Situation in Irland und Malta maßgebend, wo
Englisch Amtssprache ist, sondern es sind je nach der Art der beanspruchten Waren
und DL und der danach maßgeblichen Verkehrskreise weitere Märkte mit einzubeziehen, in denen der englische Begriff verstanden wird. Das Vorhandensein von
Grundkenntnissen des Englischen in einem Teil der allgemeinen Bevölkerung muss
nach Erkenntnis des EuG jedenfalls in den skandinavischen Ländern, den Niederlanden und Zypern als allgemein bekannte Tatsache angesehen werden[962] (s. Rdn 530).
Auch in die deutsche Sprache sind zahlreiche gängige Wörter des Englischen auf wis-
senschaftlichem, technischem und technologischem Gebiet sowie aus der englischen
Wirtschafts-, Geschäfts- und Werbesprache eingegangen[963].

Haben die von der Anmeldung beanspruchten Wörter ihre *Wurzeln im Lateinischen*   862
und existieren sie in identischer oder sehr ähnlicher Form in fast allen Mitgliedstaaten
(mit Ausnahme von Bulgarien und Griechenland), besteht das Eintragungshindernis auch dort. Daran vermag nichts zu ändern, dass sie teilweise anders kombiniert
werden (Adjektiv vor bzw nach dem Substantiv), weil dies die Verständlichkeit des
Zeicheninhalts nicht zu behindern vermag. Auch gewisse bildliche Unterschiede in
der Schreibweise und klangliche bei der Betonung ändern nichts am gemeinsamen
lateinischen Ursprung und der Verständlichkeit des Zeicheninhalts in der Union
(außer in Bulgarien und Griechenland)[964].

4. Nichtwortmarken

Bei *Buchstaben und Zahlen samt deren Kombinationen*[965] und bei *Nichtwortmarken*,   863
bei denen das Eintragungshindernis im Bereich der gesamten Europäischen Union
besteht (zB bei *Abbildungen, dreidimensionalen Formen der Ware, Verpackungen* oder
Farbmarken), muss dementspr die durch Benutzung erlangte Unterscheidungskraft
aufgrund Umsatzzahlen, Werbeaufwand und eine 50 % übersteigende Bekanntheit bei

---

961 EuG, 24.6.2014, T-273/12 – Ab in den Urlaub, Rn 39–41, 45. Eine evt Verkehrsdurch-
     setzung in der Schweiz ist irrelevant, da diese nicht Mitglied der Union ist.
962 EuG, 26.11.2008, T-435/07 – NEW LOOK, Rn 21–23; EuG, 9.12.2010, T-307/09 –
     NATURALLY ACTIVE, Rn 24–28, 48–55; EuG, 6.2.2013, T-412/11 – TRANSCEN-
     DENTAL MEDITATION, Rn 58–63.
963 EuG, 15.10.2008, T-405/05 – MANPOWER, Rn 75–80; bestätigt durch EuGH,
     2.12.2009, C-553/08 P, Rn 40–44.
964 EuG, 6.2.2013, T-412/11 – TRANSCENDENTAL MEDITATION, Rn 64–68.
965 EuG, 6.7.2011, T-318/09 – TDI III, Rn 46, 47, 61, 66–73.

den angesprochenen Kundenkreisen in allen relevanten Wirtschaftsräumen der Union mit den ihr zum Anmeldezeitpunkt angehörenden Mitgliedstaaten nachgewiesen sein.

864   Aus der *Einheitlichkeit der Unionsmarke* gemäß Art. 1 Abs. 2 UMV folgt, dass ein Zeichen in der gesamten Union originäre oder durch Benutzung erlangte Unterscheidungskraft haben muss, um zur Eintragung zugelassen zu werden. Eine Marke, die keine originäre Unterscheidungskraft in allen Mitgliedstaaten hat, kann nach Art. 7 Abs. 3 UMV nur eingetragen werden, wenn nachgewiesen wird, dass sie durch Benutzung *im gesamten Hoheitsgebiet der Union* Unterscheidungskraft erlangt hat. Art. 7 Abs. 3 UMV ist nämlich im Licht der Anforderungen von Abs. 2 zu verstehen, wonach eine Marke von der Eintragung auszuschließen ist, wenn sie in einem Teil der Union keine Unterscheidungskraft besitzt, wobei dieser Teil ggf aus einem einzigen Mitgliedstaat bestehen kann[966].

865   Es wäre nämlich *paradox* zu akzeptieren, dass in einem Mitgliedstaat eine nationale Markenanmeldung nach harmonisiertem nationalen Recht mangels Unterscheidungskraft zurückgewiesen werden müsste, ders Mitgliedstaat aber dieselbe Marke als Unionsmarke respektieren müsste, weil sie in einem anderen Mitgliedstaat Verkehrsdurchsetzung erworben hätte[967].

866   Aus der Formulierung des EuGH im Schokoladenhasen-Urteil[968], dass es zu weit ginge, zu verlangen, der Nachweis eines infolge Benutzung erfolgten Erwerbs der Unterscheidungskraft müsse für jeden Mitgliedstaat einzeln erbracht werden, folgt aber nicht, dass, wenn eine Marke keine originäre Unterscheidungskraft in der gesamten Union hat, für die Eintragung als Unionsmarke gemäß Art. 7 Abs. 3 UMV der Nachweis ausreicht, dass sie infolge ihrer Benutzung in einem bedeutenden Teil der

---

966   EuGH, 25.7.2018, C-84/17 P, C-85/17 P und C-95/17 P – Schokoladentafel, vierfach gerippt (Kit Kat), Rn 66–68, 76; S.a. bereits insb EuG, 29.4.2004, T-399/02 – Mexikanische Corona-Bierflasche, Rn 47; bestätigt durch EuGH, 30.6.2005, C-286/04 P; EuG, 12.9.2007, T-141/06 – Glass Pattern II, Rn 34–44; bestätigt durch EuGH, 17.10.2008, C-513/07 P, der sich allerdings mit dieser Problematik nicht befasst; EuG, 15.11.2007, T-71/06 – Gondelverkleidung, Rn 44–46; bestätigt durch EuGH, 9.12.2008, C-20/08 P; EuG, 8.7.2009, T-28/08 – Schokoriegel Bounty, Rn 46–48, 55, 61, 64, 65; EuG, 14.9.2009, T-152/07 – Uhrenzifferblatt, Rn 133, 136, 141; EuG, 21.4.2010, T-7/09 – Spannfutterteil mit 3 Rillen, Rn 26, 47; EuG, 29.9.2010, T-378/07 – Farben Rot, Schwarz und Grau auf Traktor, Rn 45–50; EuG, 17.12.2010, T-336/08 – Schokoladenhase mit rotem Band, Rn 67–70; bestätigt durch EuGH, 24.5.2012, C-98/11 P; EuG, 17.12.2010, T-395/08 – Hasenform aus Schokolade, Rn 54–57; EuG, 29.1.2013, T-25/11 – Fliesenschneider, Rn 59, 68–91; EuG, 24.2.2016, T-411/14 – Konturflasche ohne Riffelung (Coca-Cola), Rn 68, 77–81.

967   EuG, 14.12.2011, T-237/10 – Schließmechanismus, Rn 100.

968   EuGH, 24.5.2012, C-98/11 P – Schokoladenhase mit rotem Band, Rn 61–63 (in anderen Sprachfassungen: »serait excessif«, »would be unreasonable«, »resultaría excesivo«). In entschiedenen Fall hatte der Anmelder jedoch keinen quantitativ hinreichenden Nachweis erbracht, dass die Anmeldung im gesamten Unionsgebiet Unterscheidungskraft infolge Benutzung erlangt hätte.

Union Unterscheidungskraft erlangt hat, obwohl dieser Nachweis nicht für jeden Mitgliedstaat erbracht wurde[969].

Eine *Verkehrsdurchsetzung nur in einigen*, wenn auch *wirtschaftlich bedeutenden Märk-* **867** *ten reicht* daher *keinesfalls aus*. Bei Marken, die keine Wortmarken sind, ist nämlich zu vermuten, dass die Beurteilung ihrer Unterscheidungskraft in der gesamten Union gleich ausfällt, es sei denn, es lägen konkrete gegenteilige Anhaltspunkte vor[970].

Auch wenn *Verkehrsdurchsetzung* in zehn von 15 relevanten Mitgliedstaaten erwiesen **868** war, die etwa *90 % der damaligen Unionsbevölkerung* ausmachten, wobei zusammen mit anderen Nachweisen, wie Marktanteil und Umsatzhöhe, auch Bekanntheitsgrade von teilweise unter 50 % genügten, reicht dies für den Nachweis der Bekanntheit in den übrigen fünf Staaten und damit für die gesamte Union *nicht aus*[971].

Die vorgebrachten *Beweismittel* müssen den Nachweis ermöglichen, dass die *Unter-* **869** *scheidungskraft in allen Mitgliedstaaten* der Union erlangt wurde. Da keine Bestimmung der UMV vorschreibt, dass die Verkehrsdurchsetzung mit unterschiedlichen Beweisen für jeden einzelnen Mitgliedstaat nachgewiesen werden muss, können Beweismittel für die infolge von Benutzung erlangte Unterscheidungskraft für mehrere Mitgliedstaaten Aussagekraft haben. So können die Wirtschaftsbeteiligten im Hinblick auf bestimmte Waren oder DL mehrere Mitgliedstaaten im gleichen Vertriebsnetz zusammengefasst und diese besonders aus der Sicht ihrer Marketingstrategien behandelt haben, als ob sie einen einzigen und einheitlichen nationalen Markt darstellen würden, so dass die Beweise für die Zeichenbenutzung auf einem solchen grenzüberschreitenden Markt für alle betr Mitgliedstaaten aussagekräftig sein können. Dies gilt auch dann, wenn aufgrund der geografischen, kulturellen oder sprachlichen Nähe zweier Mitgliedstaaten

---

969 EuGH, 25.7.2018, C-84/17 P, C-85/17 P und C-95/17 P – Schokoladentafel, vierfach gerippt (Kit Kat), Rn 77, 78. Diese Auffassung hatte davor auch das EuG vertreten: so EuG, 21.4.2015, T-395/12 und T-360/12 – Schachbrettmuster in Braun/Beige und in Grau, Rn 84–93; und EuG, 15.12.2016, T-112/13 – Schokoladentafel, vierfach gerippt (Kit Kat) (s. 3. Aufl, Rn 790); bestätigt dann durch obiges EuGH-Urteil, Rn 87–89.

970 EuG, 29.4.2004, T-399/02 – Mexikanische Corona-Bierflasche, Rn 47; bestätigt durch EuGH, 30.6.2005, C-286/04 P; EuG, 12.9.2007, T-141/06 – Glass Pattern II, Rn 34–44; bestätigt durch EuGH, 17.10.2008, C-513/07 P, der sich allerdings mit dieser Problematik nicht befasst; EuG, 15.11.2007, T-71/06 – Gondelverkleidung, Rn 44–46; bestätigt durch EuGH, 9.12.2008, C-20/08 P; EuG, 8.7.2009, T-28/08 – Schokoriegel Bounty, Rn 46–48, 55, 61, 64, 65; EuG, 14.9.2009, T-152/07 – Uhrenzifferblatt, Rn 133, 136, 141; EuG, 21.4.2010, T-7/09 – Spannfutterteil mit 3 Rillen, Rn 26, 47; EuG, 29.9.2010, T-378/07 – Farben Rot, Schwarz und Grau auf Traktor, Rn 45–50; EuG, 17.12.2010, T-336/08 – Schokoladenhase mit rotem Band, Rn 67–70; bestätigt durch EuGH, 24.5.2012, C-98/10 P; EuG, 17.12.2010, T-395/08 – Hasenform aus Schokolade, Rn 54–57; EuG, 29.1.2013, T-25/11 – Fliesenschneider, Rn 59, 68–91; EuG, 24.2.2016, T-411/14 – Konturflasche ohne Riffelung (Coca-Cola), Rn 79–81.

971 EuG, 15.12.2016, T-112/13 – Schokoladentafel, vierfach gerippt (Kit Kat), Rn 139, 142, 143, 173–178; bestätigt durch EuGH, 25.7.2018, C-84/17 P, C-85/17 P und C-95/17 P.

die maßgeblichen Verkehrskreise des einen Mitgliedstaats über ausreichende Kenntnisse der Waren oder DL verfügen, die es auf dem nationalen Markt des anderen gibt[972].

870   Weiter wird keineswegs verlangt, für jeden Mitgliedstaat die gleiche *Art von Beweisen* vorzulegen. So können speziell bei höherpreisigen Spezialwaren, wie landwirtschaftlichen Maschinen, neben Verkehrsbefragungen auch (auf Anforderung des Beweispflichtigen erstellte) Auskünfte von Herstellern und Händlern, Berufs- und Bauernverbänden sowie Angaben über Umsatz, Absatzmengen, Marktanteil, Werbeaufwendungen und die über einen erheblichen Zeitraum konstante Präsenz auf dem Markt eingereicht werden, wobei angesichts der hohen Preiskategorie keine großen Marktanteile erzielt zu werden brauchen[973].

5. Maßgebliche benutzte Marke sowie Waren und DL

871   Bei der *beanspruchten Marke* muss es sich um diejenige handeln, die auch *benutzt* worden ist. So ist die Benutzung in einer *abgewandelten Form*, zB als Bildzeichen mit zusätzlichen Elementen oder als Wortzeichen mit weiteren kennzeichnenden Bestandteilen, wie einem Namen, einem zusätzlichen Wort oder als dreidimensionale Marke mit einem Firmenlogo oder Namensetikett[974], grds nicht geeignet, als Nachweis für die Verkehrsdurchsetzung einer andersartigen Anmeldung zu dienen, wenn dadurch ihr kennzeichnender Charakter verändert oder beeinträchtigt wird. Art. 18 Abs. 1 Unterabs. 2a UMV ist entspr anzuwenden. Zwar bezieht sich eine Verkehrsdurchsetzung auch auf Markenformen, die sich von der beanspruchten nur durch *geringfügige Abweichungen* unterscheiden und daher als *weitgehend gleichwertig* mit dieser angesehen werden können. Jedoch können bei sehr einfachen Bildzeichen, wie *drei parallelen Streifen*, bereits geringfügige Variationen in Länge und Breite oder eine Umkehrung der Farbgebung wesentliche Veränderungen darstellen, so dass die

---

972   EuGH, 25.7.2018, C-84/17 P, C-85/17 P und C-95/17 P – Schokoladentafel, vierfach gerippt (Kit Kat), Rn 80–83, 87. Diese Würdigung unterliegt der Kontrolle des EuG, das bei einer Klage gegen eine BK-Entscheidung allein zuständig ist, diese Tatsachen festzustellen und somit zu würdigen. Die Tatsachenwürdigung stellt hingegen, vorbehaltlich dessen, dass das EuG den ihm unterbreiteten Sachvortrag entstellt, keine Rechtsfrage dar, die als solche der Kontrolle des EuGH im Rechtsmittelverfahren unterläge. Davon bleibt unberührt, dass EUIPO bzw EuG, wenn sie nach der Würdigung der ihnen unterbreiteten Beweismittel feststellen, dass bestimmte ausreichen, um nachzuweisen, dass ein Zeichen infolge seiner Benutzung in dem Teil des Unionsgebiets Unterscheidungskraft erlangt hat, in dem es über keine originäre Unterscheidungskraft verfügte, und somit ausreichen, seine Eintragung als Unionsmarke zu rechtfertigen, diese Feststellung in ihren jeweiligen Entscheidungen klar zum Ausdruck bringen müssen; Rn 85, 86.

973   EuG, 28.10.2009, T-137/08 – Farbkombinationsmarke Grün-Gelb (John Deere), Rn 36–61.

974   EuG, 29.4.2004, T-399/02 – Mexikanische Corona-Bierflasche, Rn 50 f; bestätigt durch EuGH. Im Bericht über die Verkäufe und Ausfuhren stimmen die abgebildeten Flaschen nicht mit den angemeldeten überein, da sie alle mit einem Etikett versehen sind, auf dem Wortbestandteile wie »corona«, »corona extra«, »coronita« oder auch »estrella« stehen. S.a. EuG, 23.9.2015, T-633/13 – INFOSECURITY, Rn 81–90.

abgewandelte Form nicht mehr als weitgehend gleichwertig mit der beanspruchten Marke angesehen werden kann[975].

Dasselbe gilt für die *beanspruchten Waren und DL*[976]. Ist der Nachweis nur hinsichtlich **872** einzelner, im Verz. aufgeführter erbracht, kann eine Schutzgewährung nur insoweit erfolgen. Fallen die Produkte, für die die Marke durchgesetzt ist, zB unter einen sie umfassenden *Warenoberbegriff*, kann der Anmelder eine Eintragung seiner Marke nur erreichen, indem er den Oberbegriff entspr einschränkt, da eine Beschränkung seitens des EUIPO nicht erfolgen kann.

Keinen Schutz kann er jedoch beanspruchen, wenn er die *Marke für andere Waren* **873** *und DL benutzt* als diejenigen, für die er sie eingetragen erhalten möchte. Ebenso wenig genügt es, wenn eine Marke für *andere Waren* als die beanspruchten *bekannt* ist, zB für Bekleidung, während Verkehrsdurchsetzung für Kosmetika begehrt wird, die zudem mit ersteren nicht einmal ähnlich oder komplementär sind[977].

Ebenso wenig reicht es aus, wenn die Anmeldung *nur als Firmenname* benutzt wurde **874** oder zB für Messen bekannt ist[978].

Wird die Individualmarke *Crédit Mutuel* nicht von ihrem Inhaber benutzt, der keine **875** Gegenseitigkeitsbank ist und daher selbst keine Bankgeschäfte betreibt, sondern von mehreren Unternehmen der Crédit Mutuel-Gruppe, und übt der Markeninhaber keine Kontrolle über deren Waren und DL aus, so stellt sie für das Publikum lediglich ein *Zeichen der Zugehörigkeit zu dieser Gruppe* dar und wird daher nicht als betrieblicher Herkunftshinweis verstanden[979].

6. Relevante Kriterien für den Nachweis

Bei der Beurteilung der durch Benutzung erlangten Unterscheidungskraft sind insb **876** folgende *Kriterien* zu berücksichtigen:

Der *Marktanteil* der Anmeldung in dem einschlägigen Marktsegment, insb eine **877** Marktübersicht, liefert wesentliche Erkenntnisse, in der möglichst der Marktanteil des Anmelders im Vergleich zu den (führenden) Mitbewerbern enthalten ist, und zwar nicht nur in absoluten Zahlen, sondern auch in Prozentsätzen. Jedoch muss die nachgewiesene Marktposition einen hervorgehobenen Stellenwert einnehmen[980].

---

975 EuG, 19.6.2019, T-307/17 – Drei parallele Streifen, Rn 52–78. Im entschiedenen Fall konnte die Umkehrung der Farbgebung, auch wenn ein scharfer Kontrast zwischen den drei Streifen und dem Hintergrund erhalten blieb, nicht als geringfügige Abweichung angesehen werden.
976 EuGH, 18.6.2002, C-299/99 – Rasierscherkopf (Philips/Remington), Rn 59.
977 EuG, 23.2.2016, T-761/14 – MANGO, Rn 26, 31.
978 EuG, 23.9.2015, T-633/13 – INFOSECURITY, Rn 93–96, 114.
979 EuG, 24.9.2019, T-13/18 – Crédit Mutuel, Rn 134–169; Rechtsmittel nicht zugelassen, EuGH, 13.2.2020, C-867/19 P.
980 EuG, 11.2.2010, T-289/08 – Deutsche BKK, Rn 62–95. Das Argument, jeder Versicherte kenne zwangsläufig eine Vielzahl von Versicherungsunternehmen, weshalb den

878   Der *Bekanntheitsgrad* der Marke bei den beteiligten Verkehrskreisen, der auch im Unionsmarkensystem durch *Verbraucherbefragungen* festgestellt werden kann, wobei nach den jeweiligen Umständen des Einzelfalls der Prozentsatz der Verbraucher zu bestimmen ist, der als hinreichend bedeutsam erscheint. Eine Verbraucherbefragung stellt ein wesentliches Beweismittel dar[981]. Jedoch muss sich die Befragung auf die relevante Marke konzentrieren[982] und eine beanspruchte dreidimensionale farbige Form darf nicht von Wort- und Bildmarken begleitet werden[983].

879   Die Umstände für den Erwerb von Verkehrsdurchsetzung können jedoch (auch bei konturlosen Farbmarken) *nicht nur anhand* von generellen und abstrakten Angaben, wie zB bestimmten *Prozentsätzen*, festgestellt werden, da das Ergebnis von Meinungsforschungen *nicht den allein maßgebenden Gesichtspunkt* darstellen darf, der den Schluss zulässt, dass eine infolge Benutzung erworbene Unterscheidungskraft vorliegt[984].

880   Die *Intensität der Benutzung* ist durch geeignete Statistiken zu erläutern, also die konkreten Umsätze bezogen auf konkrete Zeiträume und auf die jeweiligen örtlichen (nationalen) Märkte.

881   Die *geografische Verbreitung* der mit der Marke gekennzeichneten Waren oder DL auf dem europäischen Markt ist durch auf die einzelnen (relevanten) Mitgliedstaaten bezogene Umsatztabellen darzustellen. Pauschale Angaben für den europäischen Markt insgesamt oder für einen mehrere größere Länder umfassenden übergeordneten Bereich langen nicht.

882   Zur *Dauer der Benutzung* der Marke sind nähere Ausführungen zu machen. So ist insb darzulegen, wann die Benutzung aufgenommen wurde und wie lange sie auf den verschiedenen Märkten in den Mitgliedstaaten andauert.

---

maßgeblichen Verkehrskreisen die größten Versicherer bekannt seien, stellt nur eine allgemeine unbelegte Behauptung dar. Zudem nimmt der Anmelder nur die 15. Stelle unter den gesetzlichen Krankenversicherungen ein – noch nicht einmal unter Einbeziehung des privaten Versicherungssektors – und seine Werbemaßnahmen beschränken sich im Wesentlichen auf Eigenwerbung, da sich die Internetseiten und Zeitschriften schwerpunktmäßig an Mitglieder richten.

981   Vgl EuG, 26.9.2014, T-490/12 – GRAZIA/GRAZIA, Rn 56–58; zur Verlässlichkeit von Meinungsforschungsgutachten; bestätigt durch EuGH, 17.9.2015, C-548/14 P.

982   EuG, 10.11.2004, T-402/02 – Goldfarbene Bonbonverpackung (Werther's Wicklerform), Rn 82 ff; bestätigt durch EuGH, 22.6.2006, C-25/05 P – Goldfarbene Bonbonverpackung. Die Umfrageergebnisse zur Verkehrsdurchsetzung sagen nichts über eine Unterscheidungskraft der goldenen Wicklerverpackung aus, sondern beziehen sich ausdrücklich auf eine Kenntnis der Bezeichnung »Werther's Original«.

983   EuG, 10.11.2004, T-396/02 – Hellbrauner Bonbon (Werther's), Rn 62 ff; bestätigt durch EuGH, 22.6.2006, C-24/05 P – Hellbrauner Bonbon (Werther's).

984   EuGH, 19.6.2014, C-217/13 und C-218/13 – Sparkassen-Rot, Rn 43, 44, 48 mwN. Diese für die nationalen harmonisierten Markenrechte gemäß Art. 3 Abs. 1. und 3 MarkenRL. aF (= Art. 4 Abs. 1, 4. und 5 MarkenRL) aufgestellten Grundsätze gelten natürlich auch für die Unionsmarke.

Der *Werbeaufwand* des Unternehmens für die Marke ist bezogen auf die einzelnen   883
Mitgliedstaaten darzustellen. Dies sollte sowohl durch die Anzahl und den Umfang
der einzelnen Werbemaßnahmen in dem jeweils benutzten Medium sowie die dafür
verwandten finanziellen Mittel erläutert werden. Bei Katalogen sind zB Angaben zur
Auflage und zu den Verteilungsgebieten und -zeiten zu machen[985]. Dabei empfiehlt
es sich, Daten für einen größeren Zeitraum vorzulegen. Sinnvoll wäre es auch, den
eigenen Werbeaufwand mit denjenigen von Mitbewerbern in Vergleich zu setzen.

Schließlich sind Ausführungen zu dem *Teil der beteiligten Verkehrskreise* zu machen, der   884
die betr Ware oder DL aufgrund der Marke als von einem bestimmten Unternehmen
stammend erkennt. Dabei ist zu differenzieren zwischen Waren und DL, die sich an
ein allgemeines Publikum richten und solche, die an spezielle Verkehrskreise adressiert
sind, die möglicherweise über größere Kenntnisse des relevanten Markts verfügen.

7. Beweismittel

Zu beachten ist insb, dass für Nachweise im Verfahren vor dem EUIPO – im Gegen-   885
satz zum deutschen Recht – Unterlagen zur Glaubhaftmachung nicht ausreichen,
sondern *Beweismittel* gemäß Art. 97 Abs. 1 UMV erforderlich sind[986]. Dies rechtfertigt die strengere Handhabung durch das EUIPO und die generell geltende Praxis,
auf die Vorlage mehrerer Beweismittel Wert zu legen.

Es sind deshalb *mehrere Nachweise* vorzulegen, da oft erst die Zusammenschau eine   886
gesicherte Bewertung erlaubt. Wichtig ist auch der Grundsatz, dass objektive Beweismittel, also insb Erklärungen oder Unterlagen, die von Dritten, speziell von neutralen
Personen oder übergeordneten Dachverbänden stammen, im Regelfall einen höheren
Beweiswert haben als Erklärungen des Beteiligten oder seiner Angestellten.

Insb *folgende Beweismittel* sind vor dem EUIPO zulässig (Art. 97 Abs. 1 UMV): die   887
Vernehmung der Beteiligten, die *Einholung von Auskünften*, insb von Ämtern oder
Behörden, die *Vorlegung von Urkunden*, also schriftliche Dokumente, die den Aus-
steller erkennen lassen (zB Rechnungen, Prospekte, Beschreibungen der Waren und
DL, Gebrauchsanweisungen) und *Beweisstücken* (zB Abbildungen von Warenmustern,
Verpackungen, Fotografien, Presseartikel, Zeitungsanzeigen oder die Wiedergaben
sonstiger Werbemaßnahmen), insb *objektive Stellungnahmen* (Erklärungen von Indus-
trie- und Handelskammern oder von anderen übergeordneten Berufsverbänden), die
Vernehmung von Zeugen, eine *Begutachtung* durch *Sachverständige* (zB Verbraucherbefragungen oder Sprachgutachten zur Bedeutung von Wörtern in einem historischen
Zeitpunkt[987]), *schriftliche Erklärungen*, die unter Eid oder an Eides statt abgegeben

---

985 EuG, 13.7.2005, T-242/02 – TOP, Rn 102–106.
986 Bei einer Nachfrage der BK beim Personal des EUIPO über einen Verfahrensvorgang in
     der Ausgangsinstanz handelt es sich um eine einfache interne Überprüfung, nicht aber
     um eine förmliche Beweisaufnahme; EuG, 30.5.2013, T-214/10 – DIVINUS/MOSEL-
     LAND Divinum, Rn 62.
987 BK, 21.9.2011, R 1105/10–5 – FLUGBÖRSE II, Rn 22, 38.

werden oder nach den Rechtsvorschriften des Staates, in dem sie abgegeben werden, eine ähnliche Wirkung haben[988].

888 Zwar können die Beteiligten gemäß Art. 97 Abs. 1a und Abs. 1d UMV und Art. 51 DVUM in Verfahren vor dem EUIPO *Vernehmungen* beantragen oder vorschlagen, um rechtserhebliche Tatsachen zu beweisen, jedoch verpflichten diese Vorschriften das EUIPO nicht dazu, auf einen von einem Beteiligten bei ihm gestellten Antrag eine solche Maßnahme zu ergreifen. Es verfügt bei der Entscheidung, ob es im Rahmen eines bei ihm anhängigen Verfahrens *Beteiligte oder Zeugen vernehmen* soll, über ein weites Ermessen. Die Anordnung einer solchen Beweisaufnahme bildet lediglich eine Befugnis des EUIPO, von der es nur Gebrauch macht, wenn es sie für gerechtfertigt hält, und nicht automatisch auf einen entspr Antrag eines Beteiligten hin. Der Umstand, dass die BK hinsichtlich der Anordnung der fraglichen Beweisaufnahme über ein weites Ermessen verfügt, entzieht ihre Beurteilung jedoch nicht der Kontrolle durch den Unionsrichter. Er beschränkt diese Kontrolle allerdings in materieller Hinsicht auf die Prüfung, ob kein offensichtlicher Beurteilungsfehler und kein Ermessensmissbrauch vorliegen[989].

889 Die *eidesstattliche Versicherung* ist ein sehr häufiges Beweismittel, das dazu dient, vorgelegte Daten über Umsätze oder Werbeaufwendungen zu erläutern oder zu bestätigen (Art. 97 Abs. 1f UMV). Sie ist zwar statthaft, vermag aber allein meist nicht zu überzeugen, insb wenn die Erklärung von einem Beteiligten oder einem seiner Angestellten abgegeben wird. Das EuG misst ihm dann idR nur wenig Beweiswert zu[990]. Zur sehr zurückhaltenden Bewertung dieses Beweismittels wird auf die diesbzgl Rspr des EuG zum Nachweis der ernsthaften Benutzung Bezug genommen, die entspr auch hier anzuwenden ist (s. Rdn 1277 ff). Um den im Vergleich zum nationalen deutschen System (wo zumeist die Glaubhaftmachung ausreicht) strengeren Anforderungen zu genügen, ist daher dringend zu empfehlen, *diesem Beweismittel immer weitere beizufügen*[991].

890 Die zum Nachweis der Verkehrsdurchsetzung vorzulegenden Beweismittel dürfen sich nicht allein auf die Modalitäten und die Intensität der Benutzung beziehen, sondern müssen vor allem *die Wahrnehmung des Zeichens durch die maßgeblichen Verkehrskreise*

---

988 EuG, 12.5.2016, T-322/14 und T-325/14 – mobile.de/mobile, Rn 48–50 (zur Prüfungspflicht der BK); bestätigt durch EuGH, 28.2.2018, C-418/16 P – mobile.de/mobile.
989 EuG, 4.5.2017, T-97/16 – GEOTEK, Rn 56–58 mwN. Im entschiedenen Fall hat die BK den Vernehmungsanträgen rechtsfehlerfrei nicht stattgegeben, da sie sich auf nicht entscheidungsrelevante Tatsachen bezogen, Rn 62–66.
990 EuG, 6.11.2014, T-53/13 – Wellenlinie, Rn 102–108.
991 EuG, 16.12.2020, T-3/20 – Canoleum/MARMOLEUM, Rn 53–63. Jedoch stellt eine schriftliche eidesstattliche Versicherung eines Rechtsanwalts als solche einen tragfähigen Beweis für die in ihr enthaltenen Angaben dar, wenn sie eindeutig, widerspruchsfrei und schlüssig ist und wenn es keine Tatsache gibt, die ihre Echtheit in Frage zu stellen vermag. Denn ein Angehöriger eines Rechtsberufs hat seine Tätigkeit unter Einhaltung der Standesregeln und der Gebote der Moral auszuüben, was es ihm ua untersagt, Behörden und insb Gerichte vorsätzlich in die Irre zu führen.

betreffen, die dieses Zeichen aufgrund seiner Benutzung als einen Hinweis auf die betriebliche Herkunft wahrnehmen müssen. Die Beweismittel zu den Modalitäten und der Intensität der Benutzung sind nämlich als solche nicht für den Nachweis geeignet, dass das von den betr Waren und DL angesprochene Publikum das Zeichen als Hinweis auf die betriebliche Herkunft auffasst[992].

8. Häufige Fehler

(a) Die *benutzte Form* der Marke weicht von der angemeldeten in einer Weise ab, 891 die den kennzeichnenden Charakter verändert. Auch hier – wie hinsichtlich der folgenden Punkte – wird auf die Rspr des EuG zur ernsthaften Benutzung hingewiesen (s. Rdn 1204 ff).

(b) Es werden keine näheren Ausführungen zu den *konkreten Waren oder DL* gemacht, 892 für die die Marke benutzt wird. Oberbegriffe, wie »Elektroartikel« reichen nicht aus, vielmehr sind spezifische Waren, wie »Spülmaschine« anzugeben. Auch die Bekanntheit der Marke lediglich für eine Firma oder ein Unternehmen reicht nicht aus, die Verkehrsdurchsetzung ist für konkrete Waren zu belegen.

(c) Es werden nur Daten über die Bekanntheit des Zeichens bei Insidern oder in 893 speziellen *Fachverkehrskreisen* vorgelegt, obwohl sich die beanspruchten Waren und DL an das breite allgemeine Publikum richten.

(d) Es werden Nachweismittel vorgelegt, die sich nicht auf den *Zeitraum* der Anmel- 894 dung oder unmittelbar davor beziehen, sondern auf die Zeit danach.

(e) Es werden nur Daten für *einzelne Mitgliedstaaten* vorgelegt, und es wird vorgetra- 895 gen, dass daraus die Verkehrsdurchsetzung auch in den anderen interpoliert werden könne. Es genügt nicht, eine Pauschalzahl für die gesamte Union anzugeben, ohne die horizontale Präsenz in den verschiedenen europäischen Ländern zu belegen.

(f) Der schlichte Verweis auf die *Existenz* in den nationalen Märkten oder eine *Inter-* 896 *netseite* und pauschale Zahlen über deren Besucher reichen keinesfalls aus. Das kann aber bei praktisch nur im Internet angebotenen DL anders sein, wenn sie eine erhebliche Verbreitung der Marke zeigen und zu außerordentlich hohen Umsätzen führen[993].

(g) *Undatierte und ungeordnete Unterlagen* können nicht berücksichtigt werden[994]. 897 Ihre Quellen werden nicht angegeben, so zB wann und wo eine Werbeanzeige mit welcher Verbreitung geschaltet wurde. Auf Verpackungen, Prospekten, Anzeigen oder

---

992 EuG, 11.2.2010, T-289/08 – Deutsche BKK, Rn 62.
993 EuG, 14.12.2017, T-304/16 – BET 365. Dabei kann sogar die Benutzung der Marke als Firmenname und als Internetadresse mit berücksichtigt werden.
994 EuG, 16.12.2020, T-535/19 – JCE HOTTINGUER/HOTTINGER, Rn 46 mwN; Rechtsmittel nicht zugelassen, EuGH, 2.6.2021, C-109/21 P. Undatierte Dokumente können aber in bestimmten Fällen zum Nachweis der Benutzung einer Marke herangezogen werden, soweit sie dazu dienen, Tatsachen zu bestätigen, die sich aus anderen Beweismitteln ergeben, denn die Tatsache, dass ein Dokument undatiert ist, beeinträch-

Beschreibungen ist Zeit und Ort der Verwendung nicht feststellbar, in anliegenden Erklärungen fehlt auch jegliche nähere Erläuterung dazu.

898   (h) *Eidesstattliche Versicherungen* sind *unvollständig, unklar, unpräzise* oder *widersprüchlich.* So fehlen entweder Daten über das Territorium, die Zeit oder den Umfang der Benutzung oder Angaben darüber, welche (von uU mehreren) Marke(n) benutzt wird/werden und in welcher Art und Form dies geschieht, oder für welche konkreten Waren und DL. Oder es fehlt ein ausdrücklicher Bezug auf die anderen vorgelegten Benutzungsnachweise, wie Rechnungen, Umsatzzahlen oder Verpackungen, deren Richtigkeit eigentlich bestätigt werden sollte. Wichtig ist auch, dass der Erklärer seine Stellung in oder zu dem relevanten Unternehmen erläutert und angibt, weshalb und auf welcher Grundlage er über die getätigten Informationen verfügt.

VIII. Eintragungsverbot für art-, technisch oder wertbedingte Formen

899   Gemäß Art. 7 Abs. 1e UMV sind Zeichen von der Eintragung ausgeschlossen, die *ausschließlich* bestehen

900   (i)   aus der *Form oder einem anderen charakteristischen Merkmal*, die bzw das durch die *Art der Ware* selbst bedingt ist;

901   (ii)   aus der *Form oder einem anderen charakteristischen Merkmal* der Ware, die bzw das zur Erreichung einer *technischen Wirkung* erforderlich ist;

902   (iii) aus der *Form oder einem anderen charakteristischen Merkmal* der Ware, die oder das der Ware einen *wesentlichen Wert* verleiht.

903   Mit der neuen UMV reicht für die Schutzversagung bereits aus, wenn die Anmeldung nicht nur aus der Form, sondern auch aus einem *anderen charakteristischen Merkmal* der Ware besteht, das art-, technisch oder wertbedingt ist[995].

904   Dieses neu in die UMV eingefügte *andere charakteristische Merkmal* kann zB die besondere designerische Gestaltung der Oberflächenstruktur einer Ware sein, zB künstlerisch geschliffenes Glas bei Flaschen, aber auch ein für ein bestimmtes Fahrzeug typisches Motorengeräusch, bei Sportwagen bzw Motorrädern, oder ein hoher Frequenzton zur Insektenabwehr, weiter eine für die Ware typische Farbe, wie der orange Farbton bei Warnwesten, das Rot von Feuerlöschgeräten oder der Braunton für Schokoladen. Umfang und Bedeutung dieses neuen erweiterten Eintragungshindernisses werden von Praxis und Rspr zu entwickeln sein.

905   Die Vorschrift des Art. 7 Abs. 1e-ii UMV erfasst nicht nur dreidimensionale Zeichen, sondern alle, die aus der Form der Ware bestehen, also *auch zweidimensionale Abbil-*

---

      tigt seinen Beweiswert nicht, insb wenn seine Herkunft, sein wahrscheinliches Datum und sein Inhalt mit ausreichender Sicherheit bestimmt werden können.

995   Art. 4 Abs. 1e MarkenRL. enthält eine identische Vorschrift für die nationalen Markenrechte.

dungen von dreidimensionalen Formen[996] oder Zeichen, die aus Klang, Bewegung und einer Kombination von Bild und Klang bestehen[997].

Art. 7 Abs. 1e UMV stellt[998] ein *spezielles* und *vorgreifliches Eintragshindernis* dar, zumal es wegen Art. 7 Abs. 3 UMV nicht durch Erlangung von Verkehrsdurchsetzung überwunden werden kann, was eine besonders *strenge Anwendung* rechtfertigt[999].   **906**

Die *Ratio* dieser Norm und das durch sie zum Tragen kommende *Allgemeininteresse*   **907** bestehen darin zu verhindern, dass der Schutz des Markenrechts seinem Inhaber ein Monopol für artspezifische, technische bzw ästhetische Lösungen oder Gebrauchseigenschaften einer Ware einräumt, die der Benutzer auch bei den Waren der Mitbewerber suchen kann. Hinzu kommt, dass das *Vorhandensein anderer, alternativer Formen*, mit denen sich die gleiche artspezifische, technische bzw ästhetische Wirkung erzielen lässt, das *Eintragungshindernis* des Art. 7 Abs. 1e UMV *nicht ausräumen* kann.

Diese Vorschrift soll also *verhindern*, dass der durch das Markenrecht gewährte *Schutz*   **908** *über den Zeichenschutz hinausgeht* und zu einem Hindernis für Mitbewerber wird, Waren mit diesen artspezifischen, technischen bzw ästhetischen Lösungen oder Gebrauchseigenschaften im Wettbewerb mit dem Markeninhaber frei anzubieten.

Andernfalls würde der markenrechtliche Schutz nämlich *in Wirklichkeit die artspezi-*   **909** *fische, technische bzw ästhetische Lösung selbst umfassen*, und zwar mit der Konsequenz, dass Mitbewerber – über die Schutzrechte für technische oder ästhetische Lösungen hinaus, wie zB Patente oder Geschmacksmuster, die grds zeitlich limitiert sind – ohne jede zeitliche Begrenzung daran gehindert würden, eine Ware mit solchen Funktionen anzubieten oder wenigstens die technische oder ästhetische Lösung frei zu wählen.

Hinzu kommt, dass die Eintragung einer ausschließlich funktionellen Warenform   **910** als Marke es deren Inhaber nach Art. 9 Abs. 1 UMV ermöglichen könnte, anderen Unternehmen die Verwendung nicht nur der gleichen Form, sondern auch *ähnlicher Formen* zu verbieten[1000].

---

996 EuGH, 6.3.2014, C-337/12 P bis C-340/12 P – Oberfläche mit schwarzen Punkten, Rn 51, 55.

997 S.a. GMitt KP11, Neue Markenformen: Prüfung auf formale Anforderungen und Schutzhindernisse, April 2021, Kap. B 5, Zeichen, die ausschließlich aus Klang, Bewegung und einer Kombination von Bild und Klang bestehen, die durch die Art der Ware selbst bedingt sind, die zur Erreichung einer technischen Wirkung erforderlich sind oder der Ware einen wesentlichen Wert verleihen.

998 EuGH, 8.4.2003, C-53–55/01 – Gabelstapler/Rado-Uhren/Stabtaschenlampen, Rn 43, 44 und 64, 65 sowie 72.

999 EuGH, 20.9.2007, C-371/06 – BENETTON, Rn 27, 28; EuGH, 14.9.2010, C-48/09 P – Lego-Stein, Rn 47.

1000 EuGH, 18.6.2002, C-299/99 – Rasierscherkopf (Philips/Remington), Rn 78–83; EuGH, 14.9.2010, C-48/09 P – Lego-Stein, Rn 43–46, 56, 57.

911 Die Eintragungshindernisse in Art. 7 Abs. 1e-i und Abs. 1e-iii UMV sind *nicht zusammen anwendbar*. Aus dem Wortlaut von Art. 7 Abs. 1e UMV geht klar hervor, dass die in dieser Bestimmung vorgesehenen drei Eintragungshindernisse *eigenständig* sind.

912 Ihre aufeinander folgende Nennung und die Verwendung des Begriffs *ausschließlich* bedeuten, dass jedes Eintragungshindernis unabhängig vom anderen anzuwenden ist. Somit kann, wenn auch nur eines der in Art. 7 Abs. 1e UMV genannten Kriterien erfüllt ist, ein Zeichen, das ausschließlich aus der Form der Ware oder aus der grafischen Darstellung dieser Form besteht, nicht als Marke eingetragen werden[1001].

913 Art. 7 Abs. 1e UMV steht der Eintragung eines aus der Form der Ware bestehenden Zeichens als Marke somit entgegen, wenn diese Form drei wesentliche Merkmale aufweist, von denen eines durch die Art der Ware selbst bedingt ist und die beiden anderen zur Erreichung einer technischen Wirkung erforderlich sind. Dabei muss jedoch zumindest *eines der* in dieser Bestimmung genannten *Eintragungshindernisse* auf die fragliche Form *voll anwendbar* sein[1002].

914

Abb. 30

1. Artbedingte Form

915 Art. 7 Abs. 1e-i UMV ist auf ein Zeichen anwendbar, das ausschließlich aus der *Form einer Ware oder einem anderen charakteristischen Merkmal* besteht, die bzw das *eine oder mehrere wesentliche Gebrauchseigenschaften* aufweist, die der oder den *gattungstypischen Funktion(en) dieser Ware innewohnen*, nach denen der Verbraucher möglicherweise auch bei den Waren der Mitbewerber sucht[1003].

916 Dieses Eintragungshindernis verfolgt das gleiche *Ziel*, wie diejenigen von Abs. 1e-ii und Abs. 1e-iii UMV. Zur korrekten Anwendung von Art. 7 Abs. 1e-i UMV sind die wesentlichen Eigenschaften des betr Zeichens, nämlich seine *wichtigsten Merkmale*, im Einzelfall dadurch ordnungsgemäß zu ermitteln, dass der von dem Zeichen

---

1001 EuGH, 18.9.2014, C-205/13 – Tripp-Trapp-Kinderstuhl (Hauck/Stokke), Rn 39, 43; zu den gleichlautenden Bestimmungen von Art. 3 Abs. 1e MarkenRL. aF.

1002 EuGH, 16.9.2015, C-215/14 – Vierfach gerippter Schokoladenwaffelriegel Kit Kat (Nestlé/Cadbury), Rn 51.

1003 EuGH, 18.9.2014, C-205/13 – Tripp-Trapp-Kinderstuhl (Hauck/Stokke), Rn 27.

hervorgerufene *Gesamteindruck* zugrunde gelegt *oder* die *Bestandteile* des Zeichens nacheinander einzeln geprüft werden.

Dieses Eintragungshindernis kann zwar keine Anwendung finden, wenn sich die 917 Markenanmeldung auf eine Warenform bezieht, für die ein weiteres Element, wie ein *dekoratives* oder *fantasievolles*, das der gattungstypischen Funktion dieser Ware nicht innewohnt, von Bedeutung oder wesentlich ist. Jedoch führt der Begriff »Form, die durch die Art der Ware selbst bedingt ist« dazu, dass Formen, deren wesentliche Eigenschaften der oder den gattungstypischen Funktion(en) dieser Ware innewohnen, grds ebenfalls von der Eintragung ausgeschlossen werden müssen.

Würden solche *Eigenschaften einem Wirtschaftsteilnehmer vorbehalten*, würde es näm- 918 lich den Konkurrenzunternehmen erschwert, ihren Waren eine Form zu geben, die für diese Waren gebrauchstauglich wäre. Das Eintragungshindernis beschränkt sich daher nicht nur auf Zeichen, die ausschließlich aus für die Funktion der betr Ware unentbehrlichen Formen bestehen, also sog. *natürliche* Waren, für die es keinen Ersatz gibt, oder sog. *reglementierte* Waren, deren Form durch Normen vorgeschrieben ist, wodurch dem betroffenen Hersteller kein Freiraum für einen wesentlichen persönlichen Beitrag gelassen würde[1004].

2. Technisch bedingte Form

Art. 7 Abs. 1e-ii UMV steht der Eintragung jeder Form entgegen, die in ihren *wesent-* 919 *lichen Merkmalen ausschließlich aus der Form oder einem anderen charakteristischen Merkmal der Ware* besteht, die bzw das für das Erreichen der fraglichen *technischen Wirkung erforderlich*, also technisch kausal und hinreichend ist.

Diese Bestimmung erfasst die *Funktionsweise der Ware* und ist nicht auf ihre Herstel- 920 lungsweise anwendbar[1005].

Um zu klären, ob ein Zeichen ausschließlich aus der Form der Ware besteht, die 921 zur Erreichung einer technischen Wirkung erforderlich ist, ist nicht lediglich dessen *grafische Darstellung* heranzuziehen, vielmehr können *andere Informationen*, wie die Wahrnehmung der maßgeblichen *Verkehrskreise*, genutzt werden, um die wesentlichen Merkmale des betr Zeichens zu ermitteln. Dagegen können Informationen, die sich nicht aus der grafischen Darstellung des Zeichens ergeben, zwar berücksichtigt werden, um zu bestimmen, ob diese Merkmale einer technischen Funktion der betr Ware entsprechen. Diese müssen jedoch aus *objektiven und verlässlichen Quellen* stammen, wie insb aus etwaigen Warenbeschreibungen anlässlich der Markenanmeldung oder aus Daten zu Rechten des geistigen Eigentums, die zuvor in Verbindung mit der Ware verliehen wurden, aus Untersuchungen und Gutachten über die Warenfunktionen oder aus einschlägigen Unterlagen wie wissenschaftlichen Veröffentlichungen, Katalogen und Internetseiten, die deren technische Funktionen beschreiben. Sie dürfen dage-

---

1004 EuGH, 18.9.2014, C-205/13 – Tripp-Trapp-Kinderstuhl (Hauck/Stokke), Rn 20–26.
1005 EuGH, 16.9.2015, C-215/14 – Vierfach gerippter Schokoladenwaffelriegel Kit Kat (Nestlé/Cadbury), Rn 57.

gen *nicht die Wahrnehmung des maßgeblichen Verkehrs* einschließen, die zwangsläufig subjektive Elemente umfasst und daher potenziell Unsicherheitsfaktoren enthält, da die Verkehrskreise nicht zwangsläufig über die erforderliche Erfahrung verfügen, die es ihnen ermöglicht, genau zu bestimmen, welche technischen Funktionen die relevante Ware aufweist und inwiefern die Form der Ware, aus der das Zeichen besteht, zur beabsichtigten technischen Wirkung beiträgt[1006].

922 Die Voraussetzung *ausschließlich* in Art. 7 Abs. 1e-ii UMV ist dann erfüllt, wenn alle wesentlichen Merkmale der Form der technischen Funktion entsprechen, während dagegen das Vorhandensein nicht wesentlicher Merkmale ohne technische Funktion, also von einem oder mehreren *geringfügigen willkürlichen (dekorativen, nichtfunktionalen) Elementen* in einem dreidimensionalen Zeichen, bei dem alle wesentlichen Merkmale durch die technische Lösung bestimmt werden, unerheblich ist. Da das Eintragungshindernis aber nur anwendbar ist, wenn *alle wesentlichen Merkmale des Zeichens funktionell* sind, gewährleistet es, dass die Markeneintragung eines Zeichens dann nicht abgelehnt werden kann, wenn in der Form der betr Ware ein *wichtiges nichtfunktionales*, wie ein *dekoratives oder fantasievolles Element*, verkörpert wird, das für diese Form von Bedeutung ist[1007].

923 Die *wesentlichen Merkmale* beziehen sich auf die *wichtigsten* Merkmale des Zeichens. Ihre Ermittlung ist im Wege einer Einzelfallbeurteilung entweder unmittelbar aufgrund des von dem Zeichen hervorgerufenen Gesamteindrucks oder aufgrund einer Einzelprüfung seiner Bestandteile vorzunehmen, und zwar insb unter Berücksichtigung des Schwierigkeitsgrads, anhand einer bloßen visuellen Prüfung oder aber auf der Grundlage einer eingehenden Untersuchung, in deren Rahmen ua Meinungsumfragen und Gutachten oder Angaben zu *Rechten des geistigen Eigentums*, die im Zusammenhang mit der betr Ware früher verliehen wurden, berücksichtigt werden können. Das Vorliegen eines *Patents* oder eines *Gebrauchsmusters* stellt einen nahezu *unabweisbaren Beweis* dafür dar, dass die darin beschriebenen oder beanspruchten Merkmale funktioneller Art sind[1008].

924 Die vermutete Wahrnehmung des Zeichens durch den *Durchschnittsverbraucher* ist dagegen *kein entscheidender Faktor* bei der Anwendung des Eintragungshindernisses des Art. 7 Abs. 1e-ii UMV, sondern kann allenfalls ein nützliches Beurteilungskriterium bei der Ermittlung der wesentlichen Merkmale des Zeichens bilden[1009].

925 Dementspr wurde zB die Eintragung des *roten Lego-Steins* für Bauspielzeug als technisch bedingte Form gelöscht. Das EUIPO hatte diese unter Berücksichtigung frü-

---

1006 EuGH, 23.4.2020, C-237/19 – Homogener Körper (Gömböc Kutató), Rn 34–37. Bei einem Gömböc handelt es sich um einen dreidimensionalen Körper mit nur einer stabilen und nur einer labilen Gleichgewichtslage (mono-monostatisch), der immer wieder in seine stabile Gleichgewichtslage zurückkehrt.
1007 EuGH, 14.9.2010, C-48/09 P – Lego-Stein, Rn 50–52.
1008 EuGH, 14.9.2010, C-48/09 P – Lego-Stein, Rn 71; EuG, 27.6.2017, T-580/15 – Feuerzeug CLIPPER, Rn 49–53; EuG, 28.6.2016, T-656/14 – Schalungsschloss, Rn 23.
1009 EuGH, 14.9.2010, C-48/09 P – Lego-Stein, Rn 76.

herer Patente beurteilt, die dessen funktionellen Elemente beschrieben, und war zu dem Ergebnis gelangt, dass mit Ausnahme der Farbe alle Bestandteile der Form des Lego-Steins funktionell sind[1010].

926

Abb. 31

Dasselbe galt für eine delfinähnliche Form eines *Messergriffs* für Messer(-griffe)[1011], ein   **927** *Stabfeuerzeug*[1012], ein *Schalungsschloss* für Schalungstafeln[1013], einen *Sockel für Globus oder Lampe* für Lampensockel oder Globen[1014] und eine motorbetriebene *Seilwinde* für Motorseilwinden[1015]. Aber auch ein *transdermales Pflaster* wurde als Bildmarke für pharmazeutische Präparate zur Demenzbehandlung zurückgewiesen, da die Form ausschließlich dazu dient, die angestrebte technische Wirkung zu erzielen, nämlich die Verabreichung des Arzneimittels durch ein Pflaster, das die darin enthaltenen Medikamente durch die Haut leitet[1016]. Selbst eine Bildmarke, die aus einem *quadratischen schwarzen Hintergrund mit sieben konzentrischen blauen Kreisen* besteht, stellt lediglich ein Gummimodul aus abnehmbaren konzentrischen Dichtungsschichten für Kabel- und Rohrdurchführungsdichtungen und damit eine technische Lösung dar[1017]. Nicht schutzfähig sind weiter zwei Bildzeichen von *Oberflächen mit schwarzen Punkten*[1018] für Messerschmiedewaren, da diese die übliche Trapezform von Messergriffen mit Noppen als Antirutscheffekt darstellen, was sich aus den europäischen und amerikanischen Patenten des Markeninhabers als wesentliches technisches Element ergibt.

1010 EuG, 12.11.2008, T-270/06 – Lego-Stein, Rn 70; bestätigt durch EuGH.
1011 EuG, 19.9.2012, T-164/11 – Messergriff.
1012 EuG, 27.6.2017, T-580/15 – Feuerzeug CLIPPER, wobei das kaum lesbare Wort CLIP-
       PER vollständig zurücktritt, Rn 34–45.
1013 EuG, 28.6.2016, T-656/14.– Schalungsschloss.
1014 EuG, 26.3.2020, T-752/18 – Sockel für Globus oder Lampe.
1015 EuG, 5.4.2017, T-621/15 – Motorbetriebene Seilwinde.
1016 EuG, 31.1.2018, T-44/15 – Transdermales Pflaster.
1017 EuG, 24.9.2019, T-261/18 – Quadratischer schwarzer Hintergrund mit sieben konzen-
       trischen blauen Kreisen; Rechtsmittel nicht zugelassen, EuGH, 12.3.2020, C-893/19 P.
1018 EuG, 21.5.2015, T-331/10 RENV und T-416/10 RENV – Oberfläche mit schwarzen
       Punkten II, Rn 48–66; bestätigt durch EuGH, 11.5.2017, C-421/15 P.

928

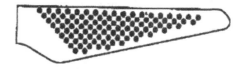

Abb. 32

929   Von der Eintragung ausgeschlossen ist weiter ein *Springschuh,* auch wenn dieser die optisch aufgrund ihrer geringen Größe und unauffälligen Positionierung kaum erkennbaren und daher vernachlässigbaren Wort- und Bildelemente *Aerower Jumper1 M* enthält, da dies nichts daran ändert, dass die Form der Marke der wichtigste Teil des durch das Zeichen hervorgerufenen Gesamteindrucks bleibt, deren wesentlichen Elemente aber für die Erzielung eines technischen Ergebnisses erforderlich sind[1019].

930   Auch einem *Würfel mit Gitterstruktur* fehlt für dreidimensionale Puzzles die Schutzfähigkeit. Um die Funktionalität eines lediglich aus der Form der konkreten Ware bestehenden Zeichens iSv Art. 7 Abs. 1e-ii UMV zu prüfen, müssen nämlich die wesentlichen Merkmale dieser Form im Hinblick auf die technische Funktion der betr tatsächlichen Ware beurteilt werden. Da der streitbefangene Würfel aus der konkreten Warenform und nicht aus einer abstrakten Form besteht, ist die technische Funktion der betr Ware, dh eines dreidimensionalen Puzzles, zu bestimmen und diese bei der Beurteilung der Funktionalität der wesentlichen Merkmale dieses Zeichens zu berücksichtigen. Bei der Prüfung von Warenformmarken ist daher zwar von der grafisch dargestellten Form auszugehen, es sind jedoch im Rahmen einer *vertieften Prüfung* die zusätzlichen *mit der Funktion der konkreten Waren zusammenhängenden Elemente* zu *berücksichtigen,* also auch diejenigen, die ein objektiver Betrachter auf der Grundlage der grafischen Darstellungen nicht genau erfassen kann, wie zB die Drehbarkeit von Einzelteilen eines dreidimensionalen Puzzles der Art »Rubik's Cube«[1020].

1019 EuG, 30.3.2022, T-264/21 – Springschuh Aerower Jumper1 M.
1020 EuGH, 10.11.2016, C-30/15 P – Würfel mit Gitterstruktur (Rubik's Cube), Rn 33–53. Damit wurde das Urteil EuG, 25.11.2014, T-450/09 aufgehoben, das die Marke als schutzfähig angesehen hatte, da sie keine technische Funktion erfülle, nachdem sich ihre Drehbarkeit nicht aus der beanspruchten Form ergebe, sondern aus einem unsichtbaren Mechanismus im Inneren, der bei der Prüfung nicht in Betracht gezogen werden dürfe. Bereits in seinen Schlussanträgen vom 25.5.2016 hatte der GA die wesentlichen Merkmale des Zeichens – Würfelform und Gitterstruktur, die vertikale und horizontale Säulen gleichmäßig angeordneter Elemente in bewegliche Teile des Puzzles unterteilt – zur Erfüllung der einer bestimmten Ware innewohnenden technischen Funktion für unerlässlich gehalten. Die Marke stelle eine Denksportaufgabe dar (Zauberwürfel), bei der vertikal und horizontal angeordnete Ebenen durch Drehbewegungen um eine Achse bewegt würden; Rn 99, 106–109. Mit Urteil EuG, 24.10.2019, T-601/17, wurde schließlich die Schutzunfähigkeit bestätigt; Rechtsmittel nicht zugelassen, EuGH, 23.4.2020, C-936/19 P.

931

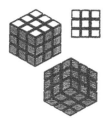

Abb. 33

Zwar kann das Amt alle Informationen berücksichtigen, die es ermöglichen, die ver- 932
schiedenen Arten von Elementen, aus denen ein Zeichen bestehen kann, oder dessen Bestandteile zu beurteilen, um festzustellen, was die fragliche Form tatsächlich
darstellt. Dies gestattet es ihm jedoch *nicht*, zur Bestimmung der durch eine Marke
dargestellten Form *Gestaltungselemente zu ergänzen*, die nicht deren Teil, sondern
äußerlich und fremd sind. Das EUIPO darf das Zeichen nicht so definieren, dass
es Merkmale enthält, die es nicht besitzt und nicht abdeckt. Daher ist die BK nicht
berechtigt, über das beanspruchte Zeichen hinauszugehen, um zB eine individuelle
L-förmige Rille als »Darstellung einer Reifenlauffläche« einzuordnen. Damit weicht sie
nämlich von der durch die Bildmarke dargestellten Form ab und modifiziert sie[1021].

933

Abb. 34

1021 EuG, 24.10.2018, T-447/16 – L-förmige Rille (Pirelli), Rn 48–76; bestätigt durch
EuGH, 3.6.2021, C-818/18 P und C-6/19 P.

934 Weiter wurden zwei *Spielzeugfiguren*, die als wesentliche Eigenschaft über ein menschliches Aussehen verfügen, was aber ebenso wenig wie einige technische Details zu keiner ausschließlich technischen Funktion führte, als schutzfähig erkannt[1022].

935

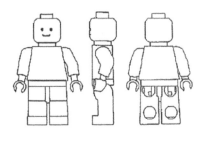

Abb. 35

936 Die genannten *Beurteilungsgrundsätze* gelten nicht nur hinsichtlich der nackten, technisch bedingten Warenform, sondern auch hinsichtlich ihrer ausschließlichen *grafischen Darstellung*[1023].

3. Wertbedingte Form

937 Das Eintragungshindernis des Art. 7 Abs. 1e-iii UMV ist auf ein Zeichen anwendbar, das ausschließlich aus der *Form oder einem anderen charakteristischen Merkmal einer Ware* mit einer oder mehreren *Eigenschaften* besteht, die ihr in unterschiedlicher Weise jeweils einen *wesentlichen Wert* verleihen können[1024]. Die Annahme, dass die Form der Ware einen wesentlichen Wert verleiht, schließt nämlich nicht aus, dass weitere Eigenschaften der Ware ihr ebenfalls einen bedeutenden Wert verleihen können.

1022 EuG, 16.6.2015, T-395/14 und T-396/14 – Spielzeugfigur; bestätigt durch EuGH, 14.4.2016, C-451/15 P und C-452/15 P. Dieses Ergebnis erscheint jedoch wegen der offensichtlichen Modularfunktion der Zeichen (durch Verbindungsnoppen und Griffmulden) zweifelhaft.

1023 EuG, 21.5.2015, T-331/10 RENV und T-416/10 RENV – Oberfläche mit schwarzen Punkten II, Rn 48–66; bestätigt durch EuGH, 11.5.2017, C-421/15 P. S. jedoch EuGH, 14.3.2019, C-21/18 – MANHATTAN (Svenskt Tenn/Textilis), Rn 34–46, zur wertbedingten Form aus zweidimensionalen dekorativen Motiven, angebracht auf Waren, deren Form sich von diesen dekorativen Motiven unterscheidet. Auf diese ist Art. 7 Abs. 1e-iii UMV nicht anwendbar; Rn 859a.

1024 EuGH, 18.9.2014, C-205/13 – Tripp-Trapp-Kinderstuhl (Hauck/Stokke), Rn 36.

Das *Ziel*, zu verhindern, dass das ausschließliche und auf Dauer angelegte Recht, das **938**
eine Marke verleiht, dazu dienen kann, andere Rechte, für die der Unionsgesetzgeber
eine begrenzte Schutzdauer vorsehen wollte, zu verewigen, verlangt daher, dass Art. 7
Abs. 1e-iii UMV nicht automatisch ausgeschlossen ist, wenn die betr Ware neben
ihrer ästhetischen Funktion auch andere wesentliche Funktionen erfüllt.

Der Begriff *Form, die der Ware einen wesentlichen Wert verleiht,* kann nämlich nicht **939**
nur auf die Form von Waren, die einen *rein künstlerischen oder dekorativen Wert* haben,
beschränkt sein, denn anderenfalls bestünde die Gefahr, dass Waren nicht erfasst würden, die außer einem *bedeutenden ästhetischen Element auch wesentliche funktionelle
Eigenschaften* haben. Im letzteren Fall würde das Recht, das die Marke ihrem Inhaber verleiht, ein Monopol auf die wesentlichen Eigenschaften der Waren gewähren,
wodurch dieses Eintragungshindernis seinen Zweck nicht mehr voll erfüllen könnte[1025].

Bei der Feststellung dieses Eintragungshindernisses stellt die Wahrnehmung der Form **940**
der Ware durch die *angesprochenen Verkehrskreise* nur eines der Beurteilungskriterien
dar. Sie kann allenfalls ein nützliches Beurteilungskriterium bei der Ermittlung der
wesentlichen Merkmale des Zeichens bilden.

In dieser Hinsicht können *andere Beurteilungskriterien* berücksichtigt werden, wie **941**
die Art der relevanten Warenkategorie, der künstlerische Wert der fraglichen Form,
ihre Andersartigkeit im Vergleich zu anderen auf dem jeweiligen Markt allgemein
genutzten Formen, ein bedeutender Preisunterschied gegenüber ähnlichen Produkten
oder die Ausarbeitung einer Vermarktungsstrategie, die hauptsächlich die ästhetischen
Eigenschaften der jeweiligen Ware herausstreicht[1026].

Die Wahrnehmung oder die *Kenntnis der maßgeblichen Verkehrskreise* hinsichtlich **942**
der Ware, die durch ein Zeichen grafisch dargestellt wird, das ausschließlich aus der
Form dieser Ware besteht, kann berücksichtigt werden, um ein *wesentliches Merkmal*
dieser Form zu ermitteln. Das Eintragungshindernis des Art. 7 Abs. 1a-iii UMV ist
anwendbar, wenn aus *objektiven und verlässlichen Gesichtspunkten* hervorgeht, dass
die Entscheidung der Verbraucher, die betr Ware zu kaufen, in sehr großem Maß
durch dieses Merkmal bestimmt wird. Zwar ist die vermutete Wahrnehmung des
relevanten Zeichens durch den Durchschnittsverbraucher für sich genommen kein
entscheidender Faktor, kann aber ein *nützliches Beurteilungskriterium* bei der Ermittlung der wesentlichen Merkmale des Zeichens bilden. Folglich kann angesichts der
Wahrnehmung des Zeichens durch den Verkehr und dessen Kenntnis die Form, aus
der das Zeichen ausschließlich besteht (zB das haptische Symbol für eine mathematische Entdeckung, nämlich die stetige Rückkehr des beanspruchten dreidimensionalen Körpers in seine Gleichgewichtslage) ein wesentliches Merkmal darstellen, das
der Ware einen wesentlichen Wert verleiht. Dass ein derartiges Merkmal als solches
nicht die *ästhetischen Vorzüge* der Form betrifft, schließt die Anwendung von Art. 7
Abs. 1e-iii UMV nicht aus. Denn der Begriff »Form, die der Ware einen wesentlichen

---

1025 EuGH, 18.9.2014, C-205/13 – Tripp-Trapp-Kinderstuhl (Hauck/Stokke), Rn 30–32.
1026 EuGH, 18.9.2014, C-205/13 – Tripp-Trapp-Kinderstuhl (Hauck/Stokke), Rn 33–36.

Wert verleiht« ist nicht auf die Form von Waren beschränkt, die einen rein künstlerischen oder dekorativen Wert haben. Dies kann vielmehr anhand anderer relevanter Gesichtspunkte geprüft werden, zu denen ua ihre *Eigentümlichkeit* im Vergleich zu anderen auf dem betr Markt allgemein genutzten Formen gehört[1027].

943   Das Eintragungshindernis der wertbedingten Form ist *nicht systematisch* (ausschließlich immer) auf ein Zeichen anzuwenden, das ausschließlich aus der Form der Ware besteht, wenn das Zeichen *musterrechtlich* geschützt ist oder wenn es ausschließlich aus der Form eines *dekorativen Gegenstands* besteht. Denn der Schutz des Erscheinungsbilds einer Ware als (Geschmacks-)Muster schließt es nicht aus, dass ein in der Form dieser Ware bestehendes Zeichen markenrechtlich geschützt wird, sofern die Voraussetzungen für dessen Eintragung als Marke erfüllt sind. Zudem kann Art. 7 Abs. 1e-iii UMV, indem er auf die »Form, die der Ware einen wesentlichen Wert verleiht« abstellt, insb auf ein Zeichen Anwendung finden, das ausschließlich aus der Form einer Ware mit *künstlerischem oder dekorativem Wert* besteht. Dieser Umstand impliziert jedoch noch nicht, dass die Anmeldung von Zeichen, die aus der Form einer Ware bestehen, als Marke automatisch auf der Grundlage dieses Eintragungshindernisses zurückzuweisen ist. Damit dieses Eintragungshindernis anwendbar ist, muss nämlich aus *objektiven und verlässlichen Gesichtspunkten* hervorgehen, dass die Entscheidung der Verbraucher zugunsten der betr Ware in sehr großem Maß durch ein oder mehrere Merkmale dieser Form bestimmt ist. Insoweit ist es keineswegs ausgeschlossen, dass der wesentliche Wert derartiger Gegenstände aus *anderen Gesichtspunkten als der Form* hervorgehen kann, insb aus der Geschichte ihrer Gestaltung, der Art ihrer Herstellung – industriell oder kunstgewerblich –, der möglicherweise seltenen oder wertvollen Stoffe, die sie enthalten, oder auch der Identität ihres Entwerfers[1028].

944   Als ein Zeichen, das ausschließlich aus einer wertbedingten Form besteht, hat das EuG den *Bang-Olufsen-Lautsprecher* von der Eintragung ausgeschlossen, wobei es die vom EuGH für die technisch bedingte Form entwickelten Grundsätze entspr angewandt hat. Das besondere Design, das die Anziehungskraft der betr Ware und damit ihren Wert erhöht und das auch ein wichtiges Element der Markenpolitik des Anmelders ist, stellt nämlich ein für die Wahl des Verbrauchers sehr wichtiges Kriterium dar[1029].

945

Abb. 36

1027 EuGH, 23.4.2020, C-237/19 – Homogener Körper (Gömböc Kutató), Rn 40–47.
1028 EuGH, 23.4.2020, C-237/19 – Homogener Körper (Gömböc Kutató), Rn 50–62.
1029 EuG, 6.10.2011, T-508/08 – Lautsprecher II (Bang & Olufsen), Rn 61–77.

Die genannten *Beurteilungsgrundsätze* gelten jedoch *weder* für eine *Farbe* als solche   **946**
ohne räumliche Begrenzung, selbst wenn diese an einer spezifischen Stelle der betr
Ware aufgebracht wird[1030], *noch* für ein Zeichen aus *zweidimensionalen dekorativen
Motiven* mit Wortelementen, das an Waren wie Stoffen oder Papier angebracht ist,
da es nicht mit der Form des Produkts verschmilzt, wenn es auf Waren angebracht
wird, deren Form sich von diesen dekorativen Motiven unterscheidet. Beide bestehen
nämlich nicht ausschließlich aus der Form iSv Art. 7 Abs. 1e-iii UMV[1031].

947

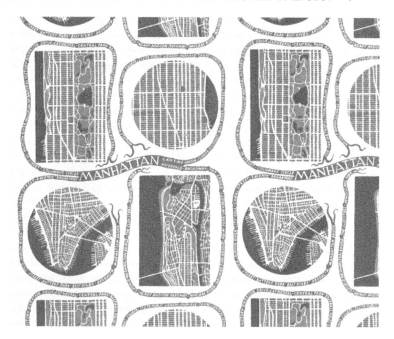

Abb. 37

1030 EuGH, 12.6.2018, C-163/16 – Stöckelschuhe mit roter Sohle, Rn 20–27.
1031 EuGH, 14.3.2019, C-21/18 – MANHATTAN (Svenskt Tenn/Textilis), Rn 34–46. Leider hat sich der EuGH nicht mit seinem Urteil, 11.5.2017, C-421/15 – Oberfläche mit
schwarzen Punkten II, auseinandergesetzt, mit dem er das angefochtene Urteil des EuG,
21.5.2015, T-331/10 RENV, Rn 48–66, bestätigt hatte, wonach das Eintragungshindernis der technisch bedingten Form des Art. 7 Abs. 1e-ii GMV auch für Bildmarken
gilt. Insoweit klaffen jetzt hinsichtlich der Anwendbarkeit von Art. 7 Abs. 1e-ii und
Art. 7 Abs. 1e-iii GMV/UMV auf Bildzeichen gewisse Gegensätze.

IX. Verstoß gegen die öffentliche Ordnung oder die guten Sitten

948 Nach Art. 7 Abs. 1f UMV sind vom Schutz ausgeschlossen Marken, die gegen die öffentliche Ordnung oder gegen die guten Sitten verstoßen[1032].

949 Bei der *Auslegung* der Begriffe *öffentliche Ordnung* und *gute Sitten* sind nicht nur die allen Mitgliedstaaten gemeinsamen Umstände, sondern auch die besonderen Gesichtspunkte zu berücksichtigen, die jeweils den einzelnen Mitgliedstaaten eigen sind, da eine Marke wegen Art. 7 Abs. 2 UMV bereits dann von der Eintragung auszuschließen ist, wenn das Eintragungshindernis *nur in einem Teil der Union*, ggf nur in einem einzigen Mitgliedstaat besteht[1033]. Dabei stellt nicht jeder *Verstoß gegen ein Gesetz* notwendigerweise einen Verstoß gegen die öffentliche Ordnung dar. Es muss nämlich hinzukommen, dass dieser Verstoß ein Interesse berührt, das die betr Mitgliedstaaten nach ihrem eigenen *Wertesystem als grundlegend* ansehen[1034].

950 Zudem ist die Wahrnehmung des Zeichens durch die *breite Öffentlichkeit* abzustellen, also nicht nur auf die durch die beanspruchten Waren und DL angesprochenen Verkehrskreise, sondern auch auf diejenigen, die dem Zeichen im Alltag zufällig begegnen. Dabei darf weder auf die Wahrnehmung des Teils des Verkehrs abgestellt werden, der leicht Anstoß nimmt, noch auf die Wahrnehmung desjenigen, der unempfindlich ist, sondern es müssen die Kriterien einer *vernünftigen Person mit durchschnittlicher Empfindlichkeits- und Toleranzschwelle* zugrunde gelegt werden.

951 Bei der Prüfung dieses Eintragungshindernisses ist auf die *Marke selbst* abzustellen, dh auf das Zeichen *iVm den beanspruchten Waren oder DL*[1035].

952 Der gesetzlich nicht definierte Begriff *gute Sitten* bezieht sich in seiner gewöhnlichen Bedeutung auf die *grundlegenden moralischen Werte und Normen*, an denen eine bestimmte Gesellschaft im jeweiligen Zeitpunkt festhält. Diese Werte und Normen, die sich im Laufe der Zeit entwickeln und von Ort zu Ort unterschiedlich sein können, müssen anhand des *gesellschaftlichen Konsenses* bestimmt werden, der innerhalb dieser Gesellschaft zum *Zeitpunkt der Beurteilung* vorherrscht. Dazu gehören auch den Konsens kennzeichnende *kulturelle, religiöse oder philosophische Unterschiede*, um objektiv beurteilen zu können, was diese Gesellschaft zu diesem Zeitpunkt für *moralisch hinnehmbar* hält. Dabei sind alle Aspekte des Einzelfalls zu prüfen, um zu bestimmen, wie die maßgeblichen Verkehrskreise ein solches Zeichen im Falle seiner Verwendung als Marke für die beanspruchten Waren und DL auffassen werden, wobei zur Schutzversagung *nicht ausreicht*, wenn es als *geschmacklos* angesehen wird[1036].

1032 Auf der Internetseite des EUIPO ist in der Rubik *BK* ein Bericht über die Rspr der BK und von EuGH und EuG zu Marken, die gegen die öffentliche Ordnung oder die guten Sitten verstoßen, veröffentlicht.

1033 EuG, 20.9.2011, T-232/10 – Sowjetisches Staatswappen, Rn 27–42.

1034 EuG, 12.5.2021, T-178/20 – BavariaWeed, Rn 21, 41.

1035 EuG, 5.10.2011, T-526/09 – PAKI, Rn 12, 18, 19; EuG, 14.11.2013, T-52/13 – FICKEN, Rn 18–20.

1036 EuGH, 27.2.2020, C-240/18 P – Fack Ju Göhte, Rn 40, 41.

Zur Feststellung der Sittenwidrigkeit muss die Wahrnehmung einer *vernünftigen Person* **953** *mit durchschnittlicher Empfindlichkeits- und Toleranzschwelle* zugrunde gelegt werden, wobei der Kontext, in dem die Marke voraussichtlich wahrgenommen werden wird, sowie ggf die für diesen Teil der Union maßgeblichen besonderen Umstände zu berücksichtigen sind. Hierfür sind Aspekte wie *Gesetzestexte* und *Verwaltungspraktiken*, die *öffentliche Meinung* und ggf die Art und Weise, in der die maßgeblichen Verkehrskreise bisher *auf dieses oder vergleichbare Zeichen reagiert* haben, sowie jedes andere Element maßgeblich, anhand dessen die Wahrnehmung durch diese Verkehrskreise beurteilt werden kann. Die Prüfung darf sich dabei nicht auf eine abstrakte Beurteilung der Anmeldung oder gar nur einzelner Bestandteile derselben beschränken, sondern es muss nachgewiesen werden, dass ihre Benutzung *im konkreten und gegenwärtigen sozialen Kontext* vom maßgeblichen Verkehr tatsächlich als Verstoß gegen die grundlegenden moralischen Werte und Normen der Gesellschaft wahrgenommen würde, insb wenn der Anmelder Aspekte vorgetragen hat, die geeignet sind, Zweifel an der Tatsache aufkommen zu lassen, dass diese Marke von diesem Publikum als sittenwidrig empfunden werde[1037].

Ein Wort braucht nicht *diskriminierend, beleidigend* oder *herabsetzend* zu sein, damit **954** ein Teil der maßgeblichen Verkehrskreise Anstoß daran nimmt. So kann auch ein Wort, das sich in einer derben Ausdrucksweise eindeutig *auf die Sexualität bezieht und als vulgär* eingestuft wird, von Verbrauchern als *anstößig, obszön und abstoßend* und somit als gegen die guten Sitten verstoßend wahrgenommen werden[1038].

Unter das Eintragungsverbot des Art. 7 Abs. 1f UMV fallen insb Namen von *aktiven* **955** *Verbrecher-* oder *Terrororganisationen* oder *menschenverachtende, rassistische, zutiefst beleidigende* und *herabwürdigende* oder *sexistische Begriffe* und *Symbole* und solche von *nazistischen, faschistischen, kommunistischen* oder *sonstigen despotischen Unrechtsregimen.*

So wurde die Anmeldung *PAKI* für Kisten und Transportwesen zurückgewiesen, weil **956** dieses Wort in Großbritannien eine zutiefst beleidigende und herabwürdigende rassistische Bezeichnung für aus dem indischen Subkontinent stammende Bewohner Großbritanniens ist. Diese negative Bewertung hat sich auch nicht dadurch gewandelt, dass in jüngerer Zeit eine gewisse Banalisierung stattgefunden hat, der zufolge jederzeit vulgäre oder beleidigende Wörter gegenüber jedermann Verwendung finden, was unter bestimmten Umständen deren Eintragung ermöglicht. Die Bekämpfung jeder Form von Diskriminierung ist nämlich ein grundlegender Wert der Europäischen Union[1039].

Für das durchschnittliche spanische Publikum bezeichnet *hijoputa* (Hurensohn) eine **957** »schlechte, üble Person« und stellt eine schwer beleidigende und moralisch verwerfliche Beschimpfung dar, so dass die Anmeldung *¡QUE BUENU YE! HIJOPUTA* für Schnäpse, Spirituosen und ihre Vermarktung gegen die öffentliche Ordnung und

---

1037 EuGH, 27.2.2020, C-240/18 P – Fack Ju Göhte, Rn 42, 43.
1038 EuG, 14.11.2013, T-52/13 – FICKEN, Rn 16.
1039 EuG, 5.10.2011, T-526/09 – PAKI, Rn 16, 23–30, 34.

gegen die guten Sitten verstößt[1040]. Es reicht nicht aus, dass sie von einem Teil des Publikums als (vulgärer) Scherz empfunden wird, denn der zur Banalisierung beleidigender Begriffe neigende und unsensible Verkehrskreis stellt gegenüber dem normalen Durchschnittsverbraucher eine deutliche Minderheit dar. Auch wenn 200.000 Flaschen mit dieser Bezeichnung ohne Beanstandung verkauft worden seien sollten, ändert dies nichts.

958 Selbst das Wort *Curve*, das im Rumänischen »Hure, Prostituierte« bedeutet, ist für hochspezielle medizinische Technik und DL zurückgewiesen worden, weil nicht auszuschließen ist, dass es nicht nur Fachleuten begegnet, die darin den englischen Begriff für Kurve sehen werden, sondern auch Reinigungskräften, Wartungstechnikern und Patienten, die bei Untersuchung oder Behandlung mit den beanspruchten Apparaten nicht notwendigerweise immer bewusstlos sind[1041].

959 Auch wenn in der deutschen Sprache das Wort *FICKEN* nie als Beleidigung oder Schimpfwort gebraucht wird und es keinen kränkenden Inhalt hat, genügt der vulgäre und derbe Charakter dieses auf die Sexualität bezogenen Worts als ordinäre Ausdrucksweise für »koitieren« oder »mit jemandem Geschlechtsverkehr haben« für den Schluss, dass es unanständig und obszön ist und Anstoß erregen kann[1042]. Dasselbe gilt für die ua aus der Wortkombination *FICKEN LIQUORS* bestehende Bildmarke, bei der das Element »ficken« aufgrund seiner Größe und Positionierung der prägende Bestandteil ist. Das Hinzufügen von weiteren Elementen, die das Verständnis des dominierenden Wortelements nicht ändern, ist nämlich im Rahmen der Anwendung von Art. 7 Abs. 1f UMV unbeachtlich[1043].

960 Zudem wurde dem im Englischen eindeutig negativen sexuellen Terminus *SCREW YOU* kein Schutz für Waren des allgemeinen Konsums gewährt, die keine Sexartikel darstellen, da die Wortbildung als mildere Form von »fuck you« öffentliche Moralvorstellungen verletzt[1044]. Weiter wies eine BK die Anmeldung von *fucking freezing*[1045] für Waren der Kl. 18 und 25 wegen ihres vulgären sexuellen Gehalts zurück, da es nicht Aufgabe des Markenrechts sei, die Transformation von schlicht beleidigenden Wörtern zu zukünftigen normalen Begriffen der Allgemeinsprache zu fördern.

1040 EuG, 9.3.2012, T-417/10 – ¡QUE BUENU YE!HIJOPUTA.
1041 EuG, 26.9.2014, T-266/13 – Curve.
1042 EuG, 14.11.2013, T-52/13 – FICKEN, Rn 14, 23, 32. In Bezug auf alkoholische Getränke werde durch den bewusst hergestellten Zusammenhang zwischen Alkohol und Geschlechtsverkehr der Eindruck erweckt, das Getränk sei einer sexuellen Beziehung förderlich, was eine gerade für Jugendliche, aber auch allgemein gefährliche Assoziation sei. Hinsichtlich von Bekleidung und alkoholfreien Getränken handele es sich um Waren des täglichen Bedarfs, die in Geschäften und Auslagen für jedermann sichtbar seien, so dass Personen jeden Alters, die dieses Wort als anstößig empfinden, diese Waren und die darauf abgebildete Marke wahrnehmen könnten.
1043 EuG, 14.11.2013, T-54/13 – FICKEN LIQUORS, Rn 15, 16.
1044 BK, 6.7.2006, R 495/05-G – SCREW YOU.
1045 BK, 1.9.2011, R 168/2011–1 – fucking freezing.

Dagegen kann die Anmeldung *Fack Ju Göhte* angesichts des großen Erfolgs der unter   **961** diesem Titel vermarkteten Filmkomödien, die für Jugendliche freigegeben waren, beim Publikum nicht zu einem Meinungsstreit geführt haben, Fördermittel verschiedener Organisationen erhielten und sogar vom Goethe-Institut zu Unterrichtszwecken verwendet wurden, *nicht als sittenwidrig* angesehen werden, da dies als Hintergrundinformation ungeachtet der Gleichsetzung des ersten Teils der Anmeldung mit dem englischen Ausdruck »fuck you« einen Hinweis darauf darstellt, dass die deutschsprachige breite Öffentlichkeit sie nicht als Verstoß gegen die grundlegenden moralischen Werte und Normen der Gesellschaft wahrnimmt. Zudem ist auch bei der Markenprüfung das Grundrecht der freien Meinungsäußerung zu berücksichtigen[1046]. Ebenfalls sah eine BK keinen Zurückweisungsgrund bei der Bildmarke *fucking hell*[1047], da diese Wortkombination keine semantische Aussage enthalte, die auf eine bestimmte Person oder Gruppe von Personen bezogen werden könnte. Sie fordere auch nicht zu einer bestimmten Handlung auf und könne noch nicht einmal so verstanden werden, dass der Leser zur Hölle fahren möge.

Gelöscht wurde aber die ua für Schuhwaren, Bekleidung, Unternehmensberatung   **962** und Gästeverpflegung eingetragene Unionsbildmarke *La Mafia SE SIENTA A LA MESA*, weil ihr dominierendes Wortelement *La Mafia* weltweit als Hinweis auf eine kriminelle Organisation mit Ursprung in Italien, aber auch Tätigkeiten in anderen Staaten, insb der Union, verstanden wird, die auf Einschüchterung, körperliche Gewalt und Mord zurückgreift, um ua illegalen Drogenhandel, illegalen Waffenhandel, Geldwäsche und Korruption zu betreiben. In ihrer Gesamtheit verweist diese Marke auf eine kriminelle Organisation, gibt ein positives Abbild von ihr und verharmlost dadurch ihre schwerwiegenden Verstöße gegen die Grundwerte der Union. Sie ist folglich geeignet, nicht nur bei ihren Opfern und deren Familien, sondern bei jeder Person im Unionsgebiet, die mit dieser Marke konfrontiert wird und über eine durchschnittliche Empfindlichkeits- und Toleranzschwelle verfügt, Anstoß zu erregen oder diese zu beleidigen[1048].

Auch die Anmeldung der Bildmarke *CANNABIS STORE AMSTERDAM* für Back-   **963** waren, nichtalkoholische Getränke, Bier und Lebensmittel-DL verstößt gegen die öffentliche Ordnung, da sie sich auf einen *Suchtstoff* bezieht. Dies ergibt sich aus der Kombination von *CANNABIS*, der stilisierten Darstellungen von Cannabisblättern,

---

1046 EuGH, 27.2.2020, C-240 P – Fack Ju Göhte, Rn 45–56, 67–69. Im Übrigen ist die Wahrnehmung von »fuck you« durch das deutschsprachige Publikum nicht zwangsläufig dieselbe wie die eines englischsprachigen, weil in der Muttersprache die Empfindlichkeit wesentlich stärker als in einer Fremdsprache sein kann. Zudem ist stets der Schutz der freien Meinungsäußerung, der in Art. 11 GRC verankert ist, zu berücksichtigen, was im Übrigen durch Präambel UMV 21 gestützt wird, die ausdrücklich das Erfordernis betont, die UMV so anzuwenden, dass den Grundrechten und Grundfreiheiten, insb dem Recht auf freie Meinungsäußerung, in vollem Umfang Rechnung getragen wird. Damit wurde EuG, 24.1.2017, T-69/17 aufgehoben.
1047 BK, 21.1.2010, R 385/08–4 – fucking hell.
1048 EuG, 15.3.2018, T-1/17 – La Mafia SE SIENTA A LA MESA.

des medialen Symbols für Marihuana, mit den Wörtern *AMSTERDAM* und *STORE*, da diese Stadt viele Verkaufsstellen für aus Cannabis gewonnene Betäubungsmittel aufweist. Dieser Suchtstoff ist in der Mehrzahl der Mitgliedstaaten verboten, was mit einem Ziel der öffentlichen Gesundheit im Einklang steht, -seine schädlichen Auswirkungen zu bekämpfen[1049]. Dasselbe gilt für die Bildmarke *BavariaWeed*, da sich »weed« umgangssprachlich auf die in vielen Mitgliedstaaten verbotene Droge Marihuana bezieht und der Kampf gegen deren Verbreitung von besonderer Bedeutung ist. Die Anmeldung lässt zusammen mit der grafischen Darstellung eines Cannabisblatts an den Freizeitkonsum dieser Substanz denken, so dass der bloße Umstand, dass die beanspruchten DL legal sind, für sich genommen nicht geeignet ist, ihre Wahrnehmung durch den maßgeblichen Verkehr zu ändern[1050].

964   Schließlich wurde dem *Staatswappen der ehemaligen Sowjetunion* als Symbol des Despotismus für eine Reihe von Waren und DL der Schutz versagt, weil das Verbot seiner Benutzung im ungarischen Strafgesetzbuch dazu führt, dass dieses Zeichen von einem wesentlichen Teil der Verkehrskreise in Ungarn als Verstoß gegen die öffentliche Ordnung oder gegen die guten Sitten aufgefasst wird[1051].

965   Jedoch kann der Begriff *öffentliche Ordnung* nicht so verstanden werden, dass er sich auf *Merkmale der Anmeldung* selbst, wie die Klarheit und Eindeutigkeit der für die Bezeichnung der von der betr Eintragung erfassten *Waren oder DL verwendeten Begriffe*, bezieht, unabhängig von den Merkmalen des Zeichens, dessen Eintragung als Marke begehrt wird[1052].

966   Dass der Markeninhaber aufgrund nationaler Rechtsvorschriften, wonach ausschließlich die von den zuständigen Behörden zugelassenen Unternehmen DL in Verbindung mit Wetten anbieten dürfen, in Deutschland nicht befugt ist, diese DL anzubieten und zu bewerben, dass er also keine Zulassung zum Anbieten von Wett-DL in Deutschland besitzt, bedeutet nicht, dass die betroffene Unionsmarke iSv Art. 7 Abs. 1f UMV gegen die öffentliche Ordnung oder gegen die guten Sitten verstößt. Denn bei der Prüfung eines Verstoßes gegen die öffentliche Ordnung oder die guten Sitten ist *auf die Marke selbst abzustellen*, dh auf das Zeichen iVm den hierfür geschützten Waren und DL[1053].

967   Die Anmeldung von *künstlerischen Werken*, für die der Urheberrechtschutz bereits abgelaufen ist, oder deren zweidimensionalen Abbildungen verstößt nicht schon an sich gegen die öffentliche Ordnung oder die allgemein anerkannten guten Sitten. Die Verweigerung der Eintragung hängt vielmehr von den Umständen des Einzelfalls ab, so von der Wahrnehmung des Zeichens durch die breite öffentlichkeit der betr Staaten, wobei die Gefahr einer widerrechtlichen Aneignung oder einer Schändung des

---

1049 EuG, 12.12.2019, T-683/18 – CANNABIS STORE AMSTERDAM.
1050 EuG, 12.5.2021, T-178/20 – BavariaWeed.
1051 EuG, 20.9.2011, T-232/10 – Sowjetisches Staatswappen, Rn 49–65; s.a. BK, 23.4.2021, R 459/20–5 – BOY LONDON, da das Zeichen als Bildelement den Parteiadler der NSDAP enthält.
1052 EuGH, 29.1.2020, C-371/18 – Skykick/Sky, Rn 65–67.
1053 EuG, 13.9.2005, T-140/02 – INTERTOPS, Rn 25–27.

Werks zu berücksichtigen ist, insb wenn die Marke für Waren und DL beansprucht wird, die dem Ansehen des Künstlers oder der durch das Werk vermittelten künstlerischen Botschaft widersprechen. Daher ist die Anmeldung zurückzuweisen, wenn sie ausschließlich aus einem Werk besteht, das zum öffentlichen Gemeingut (*public domain*) gehört und deren Eintragung eine tatsächliche und hinreichend ernsthafte Bedrohung der Grundwerte der Allgemeinheit bewirken würde[1054].

Zwar ist nicht ausgeschlossen, dass die *Monopolisierung des Namens eines spirituellen Lehrers zu kommerziellen Zwecken* anstößig erscheinen und die öffentliche Ordnung iSd Art. 7 Abs. 1f UMV beeinträchtigen kann. Jedoch war im vom EuG entschiedenen Fall[1055] die Anzahl von Personen, die die »Osho«-Zentren in Deutschland regelmäßig besuchten oder sich zur Osho-Bewegung bekannten, zum relevanten Zeitpunkt im Jahr 1999 relativ begrenzt. Diese Bewegung (auch iVm den Namen Rajneesh oder Baghwan) hatte in den 1990er Jahren ungefähr 40.000 Anhänger, und die Zeitschrift »OSHO Times«, in der die meiste Werbung und die meisten Anzeigen für Osho-Meditations-Kurse und -Sitzungen zu finden sind, hatte in Deutschland zu diesem Zeitpunkt nur eine auf 6.000 Exemplare begrenzte Auflage. Im Licht dieser Zahlen kann nicht davon ausgegangen werden, dass *Osho* als spiritueller Lehrer zum Zeitpunkt der Markenanmeldung auch nur in Deutschland einem *nicht unerheblichen Teil des maßgeblichen Verkehrs*, darunter auch die breite Öffentlichkeit mit durchschnittlicher Empfindlichkeitsschwelle, ausreichend bekannt war, um die Eintragung dieses Zeichens 1999 als Verstoß gegen die öffentliche Ordnung wahrzunehmen. | **968**

Zweifelhaft ist, ob die Anmeldung von *Namen lebender, insb bekannter Personen* ohne deren Einwilligung schon bei der absoluten Prüfung als sittenwidrig beurteilt werden kann. Dies dürfte wohl nur in Ausnahmefällen bei völlig unangemessenen, also den Namensträger eindeutig diskriminierenden oder beleidigenden Waren und DL anzunehmen sein. Ansonsten bleibt dem Namensinhaber nur die Möglichkeit, aufgrund seines Namensrechts gegen den Anmelder oder Markeninhaber vor den nationalen Zivilgerichten vorzugehen und ihn dort zur Einwilligung in die Anmeldungsrücknahme bzw den Markenverzicht zu zwingen. | **969**

X. Täuschende Angaben

Weiter sind gemäß Art. 7 Abs. 1g UMV Marken von der Eintragung ausgeschlossen, die geeignet sind, das Publikum zB über die Art, die Beschaffenheit oder die geografische Herkunft der Ware oder DL zu *täuschen*. Sobald das Vorliegen einer *tatsächlichen Täuschung* oder einer *hinreichend schwerwiegenden Gefahr* einer Täuschung des Verbrauchers nachgewiesen ist, wird es unerheblich, dass die Anmeldung auch *als nicht irreführend wahrgenommen* werden könnte. Denn selbst die Möglichkeit, dass | **970**

1054 EFTA-Gerichtshof, 7.4.2017, E-5/16 – Vigeland, Rn 89–102; GRUR Int 2017, 762.
1055 EuG, 11.10.2017, T-670/15 – OSHO, Rn 89, 90, 107–112.

die Marke in nicht täuschender Weise benutzt werden kann, kann einen Verstoß gegen Art. 7 Abs. 1g UMV nicht ausschließen[1056].

971 *Täuschung* wurde vom EuG *angenommen* bei dem ua für Fleischwaren angemeldeten russischen Wort *Bär* in kyrillischen Buchstaben, weil eine Einschränkung des VerzWDL durch den Zusatz »ausgenommen Bärenfleisch« nichts daran ändert, dass die maßgeblichen Verkehrskreise zu Recht erwarten würden, die beanspruchten Waren bestünden aus Bärenfleisch oder imitierten dessen Geschmack, so dass das Zeichen geeignet ist, sie über die Eigenschaft der betr Waren zu täuschen, wenn diese kein Bärenfleisch enthalten oder dessen Geschmack nicht imitieren[1057]. Auch die Anmeldung von *CAFFÈ NERO* ist für ua Tee, Kakao täuschend, weil der Verkehr annehmen könnte, dass diese Kaffee wären oder ihn enthielten[1058]. Das gilt ebenso für die Anmeldung *Klosterstoff* hinsichtlich alkoholfreier Getränke, da die Verbraucher aufgrund des Begriffs »Stoff« denken würden, dass diese Alkohol enthielten. Dem steht nicht entgegen, dass die Zusammensetzung dieser Getränke auf den Waren angegeben ist[1059]. Da schließlich die Marke *BIO-INSECT Shocker* auf den streitigen Biozidprodukten den Eindruck entstehen lässt, dass diese natürlich, nicht gesundheitsschädlich oder umweltfreundlich seien, ist sie dazu geeignet, den Verbraucher irrezuführen und zu täuschen[1060].

972 Täuschung wurde von den BK *bejaht* zB bei *TITAN*[1061] für Brat- und Kochgeschirr, weil dem Verbraucher vorgegaukelt wird, dass es aus diesem teuren Werkstoff hergestellt sei, bei *BEST MEDICAL*[1062] für nichtorthopädische Schuhwaren, weil der Kunde Schuhe medizinischer Natur erwartet, und bei *INTERNATIONAL STAR REGISTRY*[1063] für Waren und DL mit Bezug auf ein astronomisches Register.

1056 EuG, 27.10.2016, T-37/16 – CAFFÈ NERO, Rn 53; EuG, 13.5.2020, T-86/19 – BIO-INSECT Shocker, Rn 84, 85.
1057 EuG, 19.7.2017, T-432/16 – медведь (Bär), Rn 50–55.
1058 EuG, 27.10.2016, T-37/16 – CAFFÈ NERO, Rn 50–55.
1059 EuG, 26.10.2017, T-844/16 – Klosterstoff, Rn 43–46. Für Bier, Brauereiprodukte und alkoholische Getränke wurde die Anmeldung als beschreibend angesehen, Rn 21–28.
1060 EuG, 13.5.2020, T-86/19 – BIO-INSECT Shocker, Rn 75–88. Dies ergibt sich aus Art. 3 Abs. 1a, Art. 69 Abs. 2, Art. 72 Abs. 3 VO (EU) 528/2012 vom 22.5.2012 über die Bereitstellung auf dem Markt und die Verwendung von Biozidprodukten; ABl. L 167/1; sowie aus Art. 2c, Art. 23 Abs. 1 VO (EG) 834/2007 vom 28.6.2007 über die ökologische/biologische Produktion und die Kennzeichnung von ökologischen/biologischen Erzeugnissen; ABl. L 189/1. Der Ausdruck »Biozidprodukt« bezeichnet nämlich jeglichen Stoff oder jegliches Gemisch in der Form, in der er/es zum Verwender gelangt, und der/das aus einem oder mehreren Wirkstoffen besteht, diese enthält oder erzeugt, der/das dazu bestimmt ist, auf andere Art als durch bloße physikalische oder mechanische Einwirkung Schadorganismen zu zerstören, abzuschrecken oder unschädlich zu machen, ihre Wirkung zu verhindern oder sie in anderer Weise zu bekämpfen.
1061 BK, 13.9.2000, R 422/99–1 – TITAN, Rn 18, 19.
1062 BK, 4.11.2010, R 778/10–1 – BEST MEDICAL, Rn 12, 13.
1063 BK, 4.4.2001, R 468/99–1 – INTERNATIONAL STAR REGISTRY. Der Anmelder führt eine private, öffentlich nicht anerkannte Liste, in der er bestimmten Sternen am

Nach der Rspr des EuGH[1064] darf die Eintragung einer Marke, die aus dem Namen   **973**
des *Designers* und *ersten Herstellers, ELISABETH EMANUEL,* der mit dieser Marke
versehenen Waren (Hochzeitsbekleidung) besteht, nicht schon aufgrund dieser Besonderheit mit der Begründung abgelehnt werden, dass sie das Publikum täusche. Dies
gilt insb dann, wenn der mit der zuvor in anderer grafischer Form eingetragenen
Marke verbundene *Goodwill* zusammen mit dem Geschäftsbetrieb der Herstellung
der Waren, auf die sich die Marke bezieht, *übertragen* worden ist.

So darf eine Marke, die aus dem *Vornamen und Namen des Designers* und ersten Her-   **974**
stellers der mit ihr versehenen Waren besteht, nicht schon aufgrund dieser Besonderheit mit der Begründung für verfallen erklärt werden, dass sie das Publikum irreführe,
wenn ihr Inhaber im Rahmen einer Übertragung von Rechten diese Designer-Marke
sowie den gesamten schöpferischen Besitzstand des Geschäftsbetriebs der entspr Warenherstellung rechtmäßig erworben hat. Die Benutzung von Marken, die aus einem
Personennamen bestehen, ist eine in allen Branchen *verbreitete Praxis* und die betr
Verkehrskreise sind sich durchaus darüber im Klaren, dass sich nicht hinter jeder aus
einem Personennamen gebildeten Marke zwangsläufig ein Designer gleichen Namens
verbirgt[1065].

Auch die Verwendung der Farben *Blau, Weiß und Rot* in einem verschlungenen kreis-   **975**
runden Zeichen und eines Wortelements mit dem Bestandteil »*französisch*« führt nach
der Rspr des EuG *nicht zu einer Täuschung* des Verkehrs dahin, dass dieser annehmen
könnte, die offerierten Skikurse würden von staatlichen Institutionen angeboten[1066].

Dasselbe gilt für die für Whisky eingetragene Marke *PORT CHARLOTTE,* da die   **976**
maßgeblichen Verkehrskreise unabhängig von ihrer Herkunft und ihren sprachlichen
Fähigkeiten den bloßen Begriff »Port« nicht auf die Ursprungsbezeichnung »Porto«
oder »Port« oder einen damit bezeichneten portugiesischen Likörwein beziehen können. Eine Täuschung ist umso weniger möglich, als der Verbraucher leicht erkennt,

---

Firmament gegen Bezahlung bestimmte Namen von Kunden zuschreibt. Die Zurückweisung erfolgte, weil der Begriff »Register« besonders im Zusammenhang mit »International« beim angesprochenen ganz allgemeinen Durchschnittspublikum die Vorstellung
hervorzurufen geeignet ist, dass die Registrierung einen gewissen »offiziellen« Status hat,
also von Staaten oder überstaatlichen Organisationen »anerkannt« wird, was aber nicht
der Fall ist. Die BK schloss dies nicht nur aus der Wortbedeutung der Anmeldung,
sondern auch daraus, dass kaum anzunehmen ist, dass 68.782 europäische Erwerber
lediglich für eine private Listung bezahlen wollten, die nur vom Anmelder anerkannt
wird, der zudem in seiner Werbung bemüht war, durch die Art der Präsentation einen
offiziösen Status vorzuspiegeln.

1064 EuGH, 30.3.2006, C-259/04 – ELISABETH EMANUEL zu Art. 3 Abs. 1g und Art. 12
     Abs. 2b MarkenRL. aF.
1065 S.a. EuG, 14.5.2009, T-165/06 – ELIO FIORUCCI, Rn 30, 31, 34; bestätigt durch
     EuGH, 5.7.2011, C-263/09 P.
1066 EuG, 5.5.2011, T-41/10 – esf école du ski francais, Rn 46–64.

dass ein Whisky Eigenschaften aufweist, die sich von denen von Port-Weinen unterscheiden[1067].

977   Schließlich scheiterte ein Nichtigkeitsverfahren gegen die ua für Reinigungsmittel, Kosmetika, Haushaltsgeräte, land-, garten-, und forstwirtschaftliche Erzeugnisse eingetragene Marke *Khadi*, weil nicht nachgewiesen wurde, dass die rund 1,63 Millionen indischstämmigen Einwohner in Großbritannien mit diesem Begriff und seiner Bedeutung (jedes Gewebe, das in Indien auf Handwebstühlen aus Baumwolle, Seide oder Wollgarn hergestellt wird) vertraut sind. Dass dieser Terminus in Indien rechtlich geregelt und überwacht wird, belegt nicht, dass dies für die Beurteilung seines Bekanntheitsgrades bei der maßgeblichen Öffentlichkeit in der Union relevant ist[1068].

XI. Hoheitszeichen und Abzeichen von besonderem öffentlichen Interesse

978   Gemäß Art. 7 Abs. 1h UMV können Marken nicht eingetragen werden, die der *Genehmigung der zuständigen Stellen* gemäß Art. 6ter PVÜ entbehren. Art. 6ter Abs. 1a und 1b PVÜ verbietet, wie schon aus seinem Wortlaut hervorgeht, die Eintragung eines staatlichen Hoheitszeichens oder des Kennzeichens einer internationalen zwischenstaatlichen Organisation *nicht nur als Marke*, sondern *auch als Markenbestandteil*[1069].

979   Die wesentlichen *Funktionen eines staatlichen Hoheitszeichens* sind ua die der Identifizierung mit einem Staat und der Darstellung seiner Souveränität und Einheit. Gemäß Art. 6ter Abs. 3a PVÜ übermitteln die Staaten das Verz. der zu schützenden Hoheitszeichen an das Internationale Büro der WIPO, wobei eine solche Notifikation für Staatsflaggen nicht erforderlich ist. Hoheitszeichen genießen zeitlich unbegrenzt allgemeinen Schutz, unabhängig davon, wie sie benutzt werden sollen[1070].

980   Art. 6ter Abs. 1a PVÜ soll die Eintragung und die Benutzung von Marken verhindern, die mit *staatlichen Hoheitszeichen* (ua Wappen, Flaggen, amtliche Prüf-, Gewährszeichen und -stempel) identisch sind oder bestimmte *Ähnlichkeiten* mit ihnen aufweisen, da dies das Recht des Staates verletzen würde, die Verwendung der Symbole seiner Hoheitsgewalt zu kontrollieren, und außerdem den Verkehr über den Ursprung der mit solchen Marken gekennzeichneten Waren irreführen könnte. Dieser Schutz bezieht sich nicht auf das Bild als solches, sondern auf seinen heraldischen Ausdruck.

981   Die *Hoheitszeichen des Staates* sind nicht nur gegen die Eintragung und die Benutzung von Marken geschützt, die mit ihnen identisch sind oder sie enthalten, sondern auch dagegen, dass eine *Nachahmung dieser Kennzeichen im heraldischen Sinne* in eine Marke aufgenommen wird, dh eine Nachahmung, bei der die heraldische Konnotation vorliegt, die das Hoheitszeichen von anderen Zeichen unterscheidet. Der den Hoheitszeichen gewährte Schutz reicht daher in dieser Hinsicht sehr weit.

1067 EuG, 18.11.2015, T-659/14 – PORT CHARLOTTE, Rn 85–87; bestätigt durch EuGH, 14.9.2017, C-56/16 P (Insoweit jedoch nicht Gegenstand des Verfahrens).
1068 EuG, 29.11.2018, T-681/17 – Khadi.
1069 EuG, 15.1.2013, T-413/11 – EUROPEAN DRIVESHAFT SERVICES, Rn 36.
1070 EuGH, 16.7.2009, C-202/08 P und C-208/08 P – Ahornblatt RW, Rn 40, 43.

Um zu ermitteln, ob die Marke eine Nachahmung im heraldischen Sinn enthält, ist   982
die *heraldische Beschreibung* des fraglichen Hoheitszeichens zu berücksichtigen, wobei
aber nicht jeder von einem Fachmann der Heraldik festgestellte Unterschied zwischen
der Marke und dem Hoheitszeichen notwendigerweise vom *Durchschnittsverbraucher*
wahrgenommen wird, der in der Marke trotz Unterschieden auf der Ebene bestimmter heraldischer Details eine Nachahmung des Hoheitszeichens sehen kann. Da die
heraldische Beschreibung des Hoheitszeichens gewöhnlich nur bestimmte beschreibende Elemente enthält, ohne notwendigerweise auf die Details der künstlerischen
Interpretation einzugehen, sind mehrere künstlerische Interpretationen ein und desselben Hoheitszeichens anhand der gleichen heraldischen Beschreibung möglich.

Auch eine Marke, die ein staatliches *Hoheitszeichen nicht exakt wiedergibt*, kann also   983
unter Art. 6ter Abs. 1 PVÜ fallen, wenn sie vom betr Publikum als Nachahmung
eines solchen Zeichens aufgefasst wird. Daher ist eine heraldische Nachahmung nicht
bereits dadurch ausgeschlossen, dass die Marke *auch ein Wortelement* enthält oder das
Emblem in bestimmter Weise *stilisiert* bzw nur ein Teil von ihm verwendet wird[1071].

Nach Art. 6ter Abs. 1b PVÜ gilt das Eintragungsverbot auch für Wappen, Flaggen   984
und andere Kennzeichen, Siegel oder Bezeichnungen von *internationalen zwischenstaatlichen Organisationen*, denen ein oder mehrere Verbandsländer angehören, wie
zB dem Europarat oder der Europäischen Union.

Dieses Verbot ist jedoch wegen Art. 6ter Abs. 1c S. 2 PVÜ *nicht anzuwenden*, falls   985
die Benutzung oder Eintragung nicht geeignet ist, beim Publikum den *Eindruck einer
Verbindung* zwischen der betr Organisation und den Wappen, Flaggen, Kennzeichen,
Siegeln oder Bezeichnungen hervorzurufen, oder falls die Benutzung oder Eintra-
gung offenbar nicht geeignet ist, das Publikum über das Bestehen einer dementspr
Verbindung *irrezuführen*.

Anders als bei der Anwendung von Art. 6ter Abs. 1a PVÜ, der auch für den Fall gilt,   986
dass ein Hoheitszeichen oder dessen Nachahmung im heraldischen Sinn als bloßer
Bestandteil eines komplexen Zeichens verwendet wird, verlangt Art. 6ter Abs. 1c PVÜ
eine *Gesamtschau* des Zeichens, da dessen übrige Bestandteile in ihrer Gesamtbetrach-
tung dazu führen können, dass es nicht geeignet ist, beim Publikum den Eindruck
einer Verbindung zwischen seinem Inhaber oder Benutzer und der Organisation hervorzurufen, die das Kennzeichen, das Teil dieses Zeichens ist, verwendet, oder das
Publikum insoweit irrezuführen.

Die Gefahr nach Art. 6ter Abs. 1c S. 2 PVÜ betrifft – im Unterschied zur Verwechs-   987
lungsgefahr nach Art. 8 Abs. 1b UMV – nur das *Vorliegen einer Verbindung* zwischen
den Waren oder DL der Marke und der Organisation, deren Kennzeichen oder dessen
Nachahmung im heraldischen Sinn in dieser Marke enthalten ist. Sie schließt die Gefahr
ein, dass das Publikum glauben könnte, die Waren oder DL der Marke stammten
von der genannten Organisation, ohne sich jedoch auf diesen Fall zu beschränken.

1071 EuGH, 16.7.2009, C-202/08 P und C-208/08 P – Ahornblatt RW, Rn 47–52; s.a.
   EuG, 15.1.2013, T-413/11 – EUROPEAN DRIVESHAFT SERVICES, Rn 36–38.

988 Es ist nämlich durchaus möglich, dass das Publikum, ohne hinsichtlich der Herkunft der Waren der Marke irregeführt zu werden, aufgrund dessen, dass diese das Kennzeichen einer internationalen zwischenstaatlichen Organisation enthält, annehmen könnte, dass die Waren oder DL *mit einer Genehmigung oder Garantie dieser Organisation* ausgestattet sind oder *in anderer Weise mit ihr in Verbindung* stehen. Eine solche Gefahr reicht aus, um die Eintragung der Marke auszuschließen[1072].

989 Diesen Grundsätzen entspr hat das EuG wegen Art. 7 Abs. 1h UMV die Zurückweisung der Anmeldung der Bildmarke *ECA*[1073] bestätigt, weil diese sehr stark dem von europäischen Institutionen verwandten Sternenkranz ähnelte, so dass die angesprochenen Verkehrskreise zu der unzutreffenden Auffassung gelangen könnten, die begehrten Waren und DL, ua Hardware, Software, Organisation von Veranstaltungen und Kolloquien, stammten von einer offiziellen europäischen Einrichtung.

990 Aufrechterhalten wurde auch die Nichtigerklärung der Bildmarke *EUROPEAN DRIVESHAFT SERVICES*[1074] für Fahrzeuggelenkwellen, da sie sowohl nach der Farbe als auch der Anordnung des Sternenkranzes eine Nachahmung der Europaflagge darstellte und zwischen den geschützten Waren und dem Tätigkeitsbereich der Union ein Zusammenhang besteht. Der allgemeine Verbraucher werde in der Marke nur den Hinweis auf einen wie auch immer gearteten »Service« sehen und davon ausgehen, dass es sich um eine offizielle europäische Institution handele, die in dem fraglichen Bereich Qualitätsprüfungen durchführe, Zulassungsbescheinigungen ausstelle oder Garantieleistungen erbringe.

991 Dasselbe gilt für die Bildmarke *European Network Rapid Manufacturing*[1075], deren Gesamtbeurteilung ergibt, dass nicht ausgeschlossen werden kann, dass das angesprochene Publikum, das nicht mit pedantischer Sorgfalt jedes Detail der Marke prüft, glaubt, die von dieser Marke bezeichneten Metall- und Kunststoffwaren für Maschinen sowie technologischen DL seien mit einer Genehmigung oder Garantie der Union ausgestattet oder stünden in anderer Weise mit dieser in Verbindung, so dass die Marke beim Publikum den Eindruck einer Verbindung zwischen dem Markeninhaber und der Union hervorruft.

992 Dass dagegen der Buchstabe Q im Bildzeichen *IQNet* aus Sternen ohne zusätzliche weitere (Farb-)Elemente gebildet ist, reicht für die Nachahmung des europäischen Symbols iSd Art. 7 Abs. 1h UMV noch nicht aus, so dass der Nichtigkeitsantrag zurückgewiesen wurde[1076].

1072 EuG, 15.1.2013, T-413/11 – EUROPEAN DRIVESHAFT SERVICES, Rn 59–62.
1073 EuG, 21.4.2004, T-127/02 – ECA, Rn 39–41.
1074 EuG, 15.1.2013, T-413/11 – EUROPEAN DRIVESHAFT SERVICES, Rn 42–44, 56–58, 63–68.
1075 EuG, 13.3.2014, T-430/12 – European Network Rapid Manufacturing, Rn 47, 60.
1076 BK, 16.12.2009, R 178/08–4 – IQNet.

Im Urteil zu einer Nachahmung des *Ahornblatt-Emblems* Kanadas[1077] hat der EuGH **993** diesen Schutzversagungsgrund des Art. 7 Abs. 1h UMV sowohl auf Waren als auch auf DL für anwendbar erklärt, da die einschlägigen Bestimmungen des Unionsrechts keine grds Unterscheidung zwischen Waren- und DL-Marken treffen, so dass die UMV insgesamt unterschiedslos für beide gilt. Zudem reicht der *Hoheitszeichen* gegenüber Nachahmungen im heraldischen Sinne gewährte Schutz sehr weit, verbietet also die Eintragung und Benutzung eines staatlichen Hoheitszeichens nicht nur als Marke, sondern auch als Markenbestandteil.

Dabei spielt auch keine Rolle, ob sich das Wappen eines Staats historisch aus dem **994** Familienwappen des Anmelders, zB des Hauses *Hannover*, entwickelt hat. Denn ein Zeichen kann auch dann als eine Nachahmung eines staatlichen Hoheitszeichens im heraldischen Sinne angesehen werden, wenn sich das Zeichen und das Hoheitszeichen parallel entwickelt haben oder sich das Hoheitszeichen von dem Zeichen herleitet[1078].

Dagegen führte die Verwendung der Farben *Blau, Weiß und Rot* und des Bestandteils **995** *französisch* im Wortelement nicht zur Annahme einer Abbildung oder Nachahmung der *französischen Fahne im heraldischen Sinn*, da die Marke nicht rechteckig oder quadratisch war und die Farben nicht mit einer Abfolge von drei vertikalen Streifen auf einer horizontalen Ebene, sondern in kreisrunder Form mit Farbstreifen in unterschiedlicher Anordnung, Größe und Form konfiguriert waren[1079].

Weiter können nach Art. 7 Abs. 1i UMV *sonstige Marken*, die (nicht unter Art. 6ter **996** PVÜ fallende) *Abzeichen, Embleme und Wappen* von besonderem *öffentlichem Interesse* enthalten, nicht eingetragen werden, soweit die zuständigen Stellen ihrer Eintragung nicht zugestimmt haben. Für den Nachweis, dass ein öffentliches Interesse an einem Schutz der Abzeichen, Embleme und Wappen besteht, genügt, dass sie mit einer der Tätigkeiten der internationalen Organisation, auf die sie verweisen, in Verbindung stehen[1080].

Diese Vorschrift verbietet nicht nur deren identische Wiedergabe, sondern auch ihre **997** *Nachahmung*, zB als Markenbestandteil. Sie soll nämlich einen möglichst umfassenden Schutz sicherstellen, der jedoch nicht größer sein kann als derjenige des Art. 7 Abs. 1h UMV, so dass Art. 7 Abs. 1i UMV nur dann zur Anwendung gelangt, wenn die ein solches Emblem enthaltende Marke in entspr Anwendung von Art. 6ter Abs. 1c PVÜ als Ganzes geeignet ist, das Publikum hinsichtlich des Vorliegens einer Verbindung zwischen ihrem Inhaber oder Benutzer einerseits und der internationalen zwischen-

---

1077 EuGH, 16.7.2009, C-202/08 P und C-208/08 P – Ahornblatt RW, Rn 75–80; mit dem das Urteil des EuG, 28.2.2008, T-215/06 aufgehoben wurde, das bzgl von DL zum gegenteiligen Ergebnis gekommen war.
1078 EuG, 25.5.2011, T-397/09 – Wappen (Ernst August Prinz von Hannover), Rn 21, 24, 25, 30.
1079 EuG, 5.5.2011, T-41/10 – esf école du ski francais, Rn 18–41.
1080 EuG, 1.12.2021, T-700/20 – Steirisches Kürbiskernöl g. g. A GESCHÜTZTE GEO-GRAFISCHE ANGABE, Rn 27 mwN.

staatlichen Organisation andererseits, auf die das Emblem verweist, *irrezuführen*[1081], insb den Verbraucher hinsichtlich der *Herkunft* der von ihr bezeichneten Waren und DL *täuschen* oder ihn glauben lassen könnte, dass diese mit einer *Genehmigung* oder *Garantie* der Stelle ausgestattet sind, auf die das Emblem verweist, oder in anderer Weise mit ihr *in Verbindung* stehen[1082].

998 Art. 7 Abs. 1i UMV schützt andere Embleme, als diejenigen von Staaten oder von internationalen zwischenstaatlichen Organisationen, die ordnungsgemäß den Vertragsstaaten der PVÜ mitgeteilt wurden, vorausgesetzt, diese sind von besonderem öffentlichem Interesse. Angesichts dieser weiten Formulierung schützt diese Vorschrift somit Embleme, die, auch wenn sie die Tätigkeiten einer internationalen zwischenstaatlichen Organisation nicht in ihrer Gesamtheit bezeichnen, gleichwohl eine *besondere Verbindung zu einer dieser Tätigkeiten* aufweisen, also lediglich an einen ihrer Tätigkeitsbereiche denken lassen.

999 Dabei muss das öffentliche Interesse des Art. 7 Abs. 1i UMV wegen Art. 7 Abs. 2 UMV *nicht zwingend im gesamten Unionsgebiet* vorliegen, es genügt ein Teilgebiet davon, so dass ua alle Embleme geschützt sind, die sich auf die Tätigkeiten der Union beziehen, auch wenn diese nur bestimmte Mitgliedstaaten betrifft, wie zB das *Euro-Symbol €*[1083]. Dieses ist als Emblem, das mit einem Tätigkeitsbereich der Union in Zusammenhang steht, auch nicht deshalb vom Anwendungsbereich des Art. 7 Abs. 1i UMV ausgenommen, weil es ein *Währungssymbol*, ein Geldzeichen darstellt[1084].

1000 Aus der Anwendung von Art. 7 Abs. 1i UMV folgt schließlich die Pflicht zu einer *Gesamtbeurteilung der Marke*, da ihre anderen Bestandteile uU dazu führen können, dass diese insgesamt nicht geeignet ist, beim Publikum den Eindruck einer Verbindung zwischen ihrem Inhaber oder Benutzer auf der einen und der Stelle, die das Emblem, das Teil dieser Marke ist, verwendet, auf der anderen Seite hervorzurufen, und auch nicht in der Lage ist, das Publikum insoweit irrezuführen. Jedoch war die Marke *MEMBER OF €e euro experts* für zahlreiche Waren und DL zu löschen, die auch mit der Europäischen Union in Verbindung gebracht werden könnten, da selbst ihre weiteren Bestandteile nicht geeignet waren, den Eindruck, den die Nachahmung des Euro-Symbols beim Publikum erweckt, wieder zu beseitigen[1085].

1081 EuG, 1.12.2021, T-700/20 – Steirisches Kürbiskernöl g. g. A GESCHÜTZTE GEO-GRAFISCHE ANGABE, Rn 22–28 mwN.

1082 EuG, 10.7.2013, T-3/12 – MEMBER OF €e euro experts, Rn 33, 35, 36, 39, 40, 62–65, 71–74, 76–78.

1083 EuG, 10.7.2013, T-3/12 – MEMBER OF €e euro experts, Rn 44–47, 86–90, 96–99.

1084 EuG, 10.7.2013, T-3/12 – MEMBER OF €e euro experts, Rn 53–56.

1085 EuG, 10.7.2013, T-3/12 – MEMBER OF €e euro experts, Rn 107–113; EuG, 1.12.2021, T-700/20 – Steirisches Kürbiskernöl g. g. A GESCHÜTZTE GEOGRAFISCHE ANGA-BE, Rn 39–42. S.a. BK, 6.3.2013, R 1296/11–4 – EUROPEAN DIAMONDS.

Abb. 38

Weiter fallen unter den Schutzbereich dieser Vorschrift auch *Symbole von besonderem* **1002** *Interesse* für einzelne Mitgliedstaaten oder solche, die von Übereinkommen geschützt sind, denen nicht alle Mitgliedstaaten angehören, wie zB die vom Nairobi-Abkommen geschützten *olympischen Symbole*.

XII. Ursprungs-, sonstige Bezeichnungen und geografische Angaben

Wegen Art. 7 Abs. 1j UMV können Marken nicht eingetragen werden, die nach Maß- **1003** gabe von *Unionsvorschriften*, von *nationalem Recht* oder von *internationalen Übereinkünften*, denen die Union oder der betr Mitgliedstaat angehört, und die *Ursprungsbezeichnungen* und *geografische Angaben* schützen, von der Eintragung ausgeschlossen sind. Weiter ist der Schutz nach Art. 7 Abs. 1k UMV Marken zu versagen, die nach Maßgabe von *Unionsvorschriften* oder von *internationalen Übereinkünften*, denen die Union angehört, und die dem Schutz von *traditionellen Bezeichnungen für Weine* dienen, von der Eintragung ausgeschlossen sind[1086].

Unter das Eintragungsverbot fallen gemäß Art. 7 Abs. 1l UMV schließlich Marken, **1004** die nach Maßgabe von *Unionsvorschriften* oder von einschlägigen *internationalen Übereinkünften*, denen die Union angehört, und die dem Schutz von *g.t.S.* dienen, von der Eintragung ausgeschlossen sind. Es kommt letztlich darauf an, welche Begriffe durch Unionsvorschriften oder internationale Übereinkünfte geschützt sind.

1086 Diese Vorschriften haben Art. 7 Abs. 1k GMV ersetzt, wonach Marken von der Eintragung ausgeschlossen waren, die eine *eingetragene Ursprungsbezeichnung oder geografische Angabe*. enthalten oder aus einer solchen bestehen, sowie Art. 7 Abs. 1j GMV wonach weiter Marken von der Eintragung ausgeschlossen waren, die eine geografische Angabe enthalten oder aus ihr bestehen, durch die *Weine gekennzeichnet*. werden, oder Marken, die eine geografische Angabe enthalten oder aus ihr bestehen, durch die *Spirituosen gekennzeichnet*. werden, in Bezug auf Weine oder Spirituosen, die diesen Ursprung nicht haben. S. hierzu die europäische Datenbank *eAmbrosia*, die Informationen über alle in der Union registrierten und geschützten geografischen Angaben (g.U., g.g.A. und g.t.S.) für landwirtschaftliche Lebensmittel, Wein, Spirituosen und aromatisierte Weinerzeugnisse bietet. Sie enthält den Status (beantragt, veröffentlicht oder eingetragen), die Produktspezifikation und einen direkten Link zur Rechtsgrundlage, wenn sie offiziell geschützt sind (https://ec.europa.eu/info/food-farming-fisheries/food-safety-and-quality/certification/quality-labels/geographical-indications-register/#).

1005 Eine *internationale Übereinkunft,* der die Union angehört, ist die *Genfer Akte des Lissabonner Abkommens* über Ursprungsbezeichnungen und geografische Angaben[1087].

1006 Da die GMV bislang nicht denselben Umfang an Schutz für Ursprungsbezeichnungen und geografische Angaben wie andere Instrumente des Unionsrechts bot, mussten nach PräambelRL 15 die absoluten Eintragungshindernisse in Bezug auf Ursprungsbezeichnungen und geografische Angaben *klarer gefasst* werden, um ihre vollständige Kohärenz mit den einschlägigen Unionsvorschriften und dem nationalen Recht für den Schutz derartiger Rechtstitel zum Schutz des geistigen Eigentums zu gewährleisten. Zur Wahrung der Kohärenz mit anderen Unionsvorschriften wurde der Umfang dieser absoluten Eintragungshindernisse ausgeweitet, um auch die geschützten traditionellen Bezeichnungen für Weine und g.t.S. einzuschließen. Die Begriffe der geografischen Angaben und der *g.t.S.* sind so weit gefasst, dass sie in Zukunft auch *nicht landwirtschaftliche Erzeugnisse* mit einschließen können.

1007 Diese Vorschriften enthalten – wie das alte Recht – eine *Rechtsgrundverweisung,* wobei aber jeweils dort, wo keine eindeutige Regelung des Verhältnisses zu Marken getroffen worden ist, durch Auslegung ermittelt werden muss, ob diese ebenfalls ein Eintragungsverbot für Marken umfassen[1088]. Die bisher zum alten Recht ergangene Rspr gilt weiter für die UMV.

1008 So ist die Anmeldung *TEMPOS VEGA SICILIA* nicht schutzfähig. Sie besteht ua aus dem Begriff »SICILIA«, der eine geografische Herkunftsangabe für Weine darstellt, die nach der VO (EU) 1308/2013 seit 19.9.1999 für Weine aus der italienischen Insel Sizilien in Europa geschützt ist (eAmbrosia PDO-IT-A0801). Marken, die eine falsche geografische Angabe für Weine und Spirituosen enthalten oder aus ihr bestehen, können nämlich zurückgewiesen oder für ungültig erklärt werden, unabhängig davon, ob eine Irreführung des Publikums möglich ist[1089].

1087 Beschluss (EU) 2019/1754 des Rates vom 7.10.2019 über den Beitritt der Europäischen Union zur Genfer Akte; ABl. L 271/12; und VO (EU) 2019/1753 vom 23.10.2019 über die Maßnahmen der Union nach ihrem Beitritt zur Genfer Akte; ABl. L 271/1.

1088 S. zB Art. 13, 14. und 24 Abs. 1 VO (EU) 1151/2012 vom 21.11.2012 über Qualitätsregelungen für Agrarerzeugnisse und Lebensmittel; ABl. L 343/1; Art. 102 Abs. 1 VO (EU) 1308/2013. vom 17.12.2013 über eine gemeinsame Marktorganisation für landwirtschaftliche Erzeugnisse (Weine); ABl. L 347/671; Art. 19 Abs. 1 VO (EU) 251/2014 vom 26.2.2014 über die Begriffsbestimmung, Beschreibung, Aufmachung und Etikettierung von aromatisierten Weinerzeugnissen sowie den Schutz geografischer Angaben für aromatisierte Weinerzeugnisse; ABl. L 84/14; Art. 41 Abs. 1 VO (EG) 607/2009 vom 14.7.2009 hinsichtlich der g.U. und geografischen Angaben, der traditionellen Begriffe sowie der Kennzeichnung und Aufmachung bestimmter Weinbauerzeugnisse; ABl. L 193/60; Art. 16. und Art. 23 VO (EG) 110/2008 vom 15.1.2008 zum Schutz geografischer Angaben für Spirituosen; ABl. L 39/16. S.a. *Figge/Techert,* MarkenR 2016, 184.

1089 EuG, 9.2.2017, T-696/15 – TEMPOS VEGA SICILIA, Rn 20–23; zu Art. 7 Abs. 1j GMV. Dieses Eintragungshindernis findet Anwendung, ohne dass die Frage zu berücksichtigen wäre, ob durch die Anmeldung eine Irreführung des Publikums möglich

Da es auch Sache der Mitgliedstaaten ist, in ihren jeweiligen Hoheitsgebieten die   1009
zu schützenden Ursprungsbezeichnungen und geografischen Angaben zu bestimmen[1090], reicht zur Schutzversagung von *CUVÉE PALOMAR*[1091] aus, dass das durch
die kontrollierte Ursprungsbezeichnung »Valencia« geschützte Anbaugebiet auch die
ausdrücklich aufgeführte Gemeinde »el Palomar« als geografische Angabe für einen
Qualitätswein b. A. umfasst, während der von der Anmeldung beanspruchte Wein
nicht diesen Ursprung hat, selbst wenn er aus einem Gut gleichen Namens stammt.
Die fehlende Bekanntheit von »el Palomar«, die Mehrdeutigkeit des Begriffs, der auf
Spanisch »Taubenschlag« bedeutet, oder eine mangelnde Irreführung des Publikums
können dieses Schutzhindernis nicht überwinden.

Dasselbe gilt für *TRES TOROS 3* für alkoholische Getränke, weil dieses Zeichen an   1010
einer wichtigen Position den Begriff »Toro« enthält, der eine für Weine aus den spanischen Provinzen Zamora und Valladolid g.g.A. enthält. Dass »toro« im Spanischen
zugleich »Stier« bedeutet und an eine Corrida denken lässt, macht die Anmeldung
nicht schutzfähig[1092].

Der Schutz von geografischen Angaben für Weine kann weiter auf *bilaterale Abkommen*   1011
zwischen der Union und Drittstaaten über den Handel mit Wein zurückgehen, wie
zB das Abkommen mit der Republik Südafrika, dem zufolge *Lemberg*, da es dort im
Verz. der geografischen Angaben für Weine mit Ursprung in Südafrika aufgeführt ist,
eine im Hoheitsgebiet der Union dementspr g.g.A. darstellt, auch wenn es nur einen
Ort, ein Weingut bezeichnet. Somit kann *Lembergerland* nicht eingetragen werden,
nachdem es eine g.g.A. enthält, die innerhalb des Zeichens eindeutig erkennbar ist[1093].

Dagegen sind die bildlichen, klanglichen und begrifflichen Unterschiede zwischen der   1012
angegriffenen Marke *CAVE DE TAIN* und der seit 1983 in Spanien für Schaumwein
geschützten g.U. *CAVA* zu groß, um – ungeachtet ähnlicher Waren – gedanklich eine
Beziehung im Sinne einer Anspielung herzustellen[1094].

Wegen Art. 23 Abs. 1 SpirituosenVO[1095] ist die Eintragung einer Marke, die eine   1013
g.g.A. enthält und nicht unter die in Art. 23 Abs. 2 vorgesehene zeitliche Ausnahme
fällt, abzulehnen oder zu löschen, wenn die Verwendung dieser Marke zu einem der
in Art. 16 genannten Tatbestände führt. Die Eintragung einer Marke, die eine geo-

---

ist oder nicht oder ob für das Publikum durch sie im Hinblick auf die Herkunft des
Erzeugnisses eine Verwechslungsgefahr besteht.

1090 Im Gegensatz zu Ursprungsbezeichnungen und geografische Angaben finden jedoch
nationale Rechtsvorschriften bei traditionellen Bezeichnungen für Weine und g.t.S.
keine Berücksichtigung.

1091 EuG, 11.5.2010, T-237/08 – CUVÉE PALOMAR, Rn 73–84; zu Art. 7 Abs. 1j GMV.

1092 EuG, 28.9.2017, T-206/16 – TRES TOROS 3; zu Art. 7 Abs. 1j GMV.

1093 EuG, 14.7.2015, T-55/14 – Lembergerland; zu Art. 7 Abs. 1j GMV.

1094 EuG, 12.7.2018, T-774/16 – CAVE DE TAIN, zu Art. 7 Abs. 1j GMV und Art. 102
Abs. 1 und Art. 103 Abs. 2b VO Nr 1308/2013.

1095 VO (EG) 110/2008 vom 15.1.2008 zum Schutz geografischer Angaben für Spirituosen;
ABl. L 39/16, und Berichtigung ABl. L 228/47.

grafische Angabe oder aber diese Angabe als Gattungsbezeichnung in einer Übersetzung enthält, für *Spirituosen,* die den für diese Angabe geltenden Spezifikationen nicht entsprechen, fällt unter die in Art. 16a und b SpirituosenVO genannten Tatbestände, ungeachtet der möglichen Anwendbarkeit anderer in Art. 16 aufgestellter Regeln[1096].

1014 Da die Marke *GRANA BIRAGHI* für Käse eine zu große Nähe zu der durch Art. 14 VO (EG) 2081/92[1097] *g.U. grana padano* isv Art. 13 Abs. 1 (»indirekte kommerzielle Verwendung, widerrechtliche Anspielung«) aufweist, der Begriff *grana* seinerseits keine Gattungsbezeichnung darstellt, war die Marke für nichtig zu erklären[1098].

1015 Dasselbe gilt hinsichtlich der Marke *TOSCORO* für Speiseöle, insb Olivenöl und -creme, weil diese eine *Anspielung* an die *g.U. toscana* für Olivenöl darstellt. Eine Anspielung isv Art. 13 Abs. 1b VO (EG) 2081/92 auf eine g.U. erfasst eine Fallgestaltung, in der zur Bezeichnung eines Erzeugnisses verwendete Ausdruck einen Teil einer geschützten Bezeichnung in der Weise einschließt, dass der Verbraucher durch den Namen des Erzeugnisses veranlasst wird, *gedanklich einen Bezug* zu der Ware herzustellen, die die Bezeichnung trägt. Eine Anspielung auf eine g.U. kann auch dann vorliegen, wenn keinerlei Gefahr der Verwechslung zwischen den betroffenen Erzeugnissen besteht[1099]. Diese beiden Urteile des EuG zeigen, dass die europäische Rspr den Schutzumfang von g.U. sehr weit definiert. Dementspr wurde von einer BK die Anmeldung der Bildmarke *AZIENDA OLEARIA DEL CHIANTI* für Speiseöle zurückgewiesen, da sie mit *Chianti* das Hauptelement der für Olivenöl in Europa g.g.A. *Chianti Classico* enthält[1100].

1096 EuGH, 14.7.2011, C-4/10. und C-27/10 – COGNAC.
1097 VO (EG) 2081/92 vom 14.7.1992; ABl. L 208/1; jetzt VO (EU) 1151/2012 vom 21.11.2012 über Qualitätsregelungen für Agrarerzeugnisse und Lebensmittel; ABl. L 343/1. Diese VO hat die VO (EG) 510/2006 vom 20.3.2006 zum Schutz von geografischen Angaben und Ursprungsbezeichnungen für Agrarerzeugnisse und Lebensmittel; ABl. L 93/12; ersetzt, die ihrerseits die VO (EG) 2081/92 vom 14.7.1992 ersetzt hatte. Art. 14 ist für das Prüfungsverfahren bzgl absoluter Eintragungshindernisse anwendbar, während Art. 13 direkt Widerspruchs- und Nichtigkeitsverfahren betrifft; EuG, 18.9.2015, T-359/14 – COLOMBIANA COFFEE HOUSE, Rn 47.
1098 EuG, 12.9.2007, T-291/03 – GRANA BIRAGHI; Slg. 2007, II-3081. Auf diesen Sachverhalt traf speziell das 2004 eingefügte Eintragungshindernis des Art. 8 Abs. 1k GMV zu, das Marken erfasste, die eine gemäß VO (EG) 510/2006 (jetzt VO [EU] 1151/2012 vom 21.11.2012; ABl. L 343/1; über Qualitätsregelungen für Agrarerzeugnisse und Lebensmittel) eingetragene Ursprungsbezeichnung oder geografische Angabe enthielten oder aus einer solchen bestanden und auf die einer der in Art. 13 dieser VO aufgeführten Tatbestände zutraf und die die gleiche Art von Erzeugnis betrafen, wenn der Antrag auf Markeneintragung nach dem Zeitpunkt der Einreichung des Antrags auf Eintragung der Ursprungsbezeichnung oder geografische Angabe bei der Kommission eingereicht war.
1099 EuG, 2.2.2017, T-510/15 – TOSCORO mwN.
1100 BK, 16.1.2012, R 1474/11–2 – AZIENDA OLEARIA DEL CHIANTI.

Bezieht sich aber eine Marke, wie *La Milla de Oro*, die verschiedene geografische Orte **1016** bezeichnen kann[1101], auch auf ein Merkmal einer Ware oder DL, das darin besteht, dass diese von hohem Wert und in hoher Qualität, an ein und demselben Ort in großer Zahl vorgefunden werden kann, kann dies *keine geografische Herkunftsangabe* darstellen, da dieses Zeichen mit einem Namen, der einen geografischen Ort bezeichnet, verknüpft werden muss, damit der geografische Raum bestimmt werden kann, mit dem eine hohe Konzentration einer hochwertigen und hochqualitativen Ware oder DL in Verbindung gebracht wird[1102].

Weiter ist eine Verwendung der Ursprungsbezeichnung *Porto* oder *Port* iSv Art. 118m **1017** Abs. 2a-ii VO (EG) 1234/2007[1103] durch die angegriffene Marke *PORT CHAR-LOTTE* zu verneinen. Die Einbeziehung einer g.U. in eine Marke ist nicht geeignet, das Ansehen dieser Ursprungsbezeichnung auszunutzen, wenn sie die maßgeblichen Verkehrskreise nicht dazu verleitet, zwischen der Marke oder den Waren, für die sie eingetragen ist, und der Ursprungsbezeichnung oder dem Weinerzeugnis, für das sie geschützt ist, eine Verbindung herzustellen. Ein portugiesisch sprechender oder verstehender Durchschnittsverbraucher wird, auch wenn der Begriff »Port« Bestandteil der angegriffenen Marke ist, *beim Anblick eines Whiskys der Marke PORT CHAR-LOTTE diese nicht mit einem Portwein in Verbindung bringen*, der die Ursprungsbezeichnung *Port* trägt[1104].

Jedoch erfassen Art. 118m Abs. 2a-ii VO (EG) 1234/2007 und Art. 103 Abs. 2a-ii **1018** VO (EU) 1308/2013 auch den Fall, in dem eine g.U. wie *Champagne als Teil der Bezeichnung verwendet* wird, unter der ein Lebensmittel wie *Champagner Sorbet* verkauft wird, das nicht der Produktspezifikation der g.U. entspricht, aber eine dieser Produktspezifikation entspr Zutat enthält. Die Verwendung einer g.U. als Teil der

---

1101 Im Weinbausektor bestehen die Zeichen *la Milla de Oro de la Ribera del Duero.* und *la Milla de Oro de la Rioja.* (jeweils Spanien) nebeneinander. Im Luxussektor bezeichnet dieses Zeichen, wenn es mit der Stadt Madrid in Verbindung gebracht wird, ein Stadtviertel, in dem es zahlreiche Luxusgeschäfte, namhafte Juweliere sowie Kunstgalerien gibt. *La Milla de Oro de Marbella.* (Spanien) steht für ein Stadtviertel, in dem sich Luxusimmobilien und exklusive Restaurants befinden, die reiche und berühmte Kunden anziehen.

1102 EuGH, 6.7.2017, C-139/16 – La Milla de Oro (Moreno Marin/Abadía Retuerta), Rn 17–21.

1103 VO (EG) 1234/2007 vom 22.10.2007 über eine gemeinsame Organisation der Agrarmärkte und mit Sondervorschriften für bestimmte landwirtschaftliche Erzeugnisse (VO über die einheitliche GMO); ABl. 2007, L 299/1; in der durch die VO (EG) 491/2009. vom 25.5.2009; ABl. 2009, L 154/1; geänderten Fassung. Diese VO wurde aufgehoben durch VO (EU) 1308/2013 vom 17.12.2013 über eine gemeinsame Marktorganisation für landwirtschaftliche Erzeugnisse; ABl. L 347/671.

1104 EuGH, 14.9.2017, C-56/16 P – PORT CHARLOTTE, Rn 112–125. Diese Beurteilung wird durch die nicht vernachlässigbaren Unterschiede bestätigt, die zwischen den Eigenschaften eines Portweins und eines Whiskys, insb im Hinblick auf Zutaten, Alkoholgehalt und Geschmack bestehen, die dem Durchschnittsverbraucher wohlbekannt sind. S. aber EuG, 6.10.2021, T-417/20 – PORTWO GIN/Porto (Rdn 1519.1).

Bezeichnung, unter der ein Lebensmittel verkauft wird, das nicht der Produktspezifikation der g.U. entspricht, aber eine dieser Produktspezifikation entspr Zutat enthält, stellt eine *Ausnutzung des Ansehens* einer g.U. dar, wenn das Lebensmittel nicht als wesentliche Eigenschaft einen Geschmack aufweist, der hauptsächlich durch das Vorhandensein dieser Zutat in seiner Zusammensetzung hervorgerufen wird. Wegen Art. 118m Abs. 2b VO (EG) 1234/2007 und Art. 103 Abs. 2b VO (EU) 1308/2013 stellt die Verwendung einer g.U. als Teil der Bezeichnung, unter der ein Lebensmittel wie *Champagner Sorbet* verkauft wird, das nicht der Produktspezifikation der g.U. entspricht, aber eine dieser Produktspezifikation entspr Zutat enthält, *keine widerrechtliche Aneignung, Nachahmung oder Anspielung* dar. Schließlich sind Art. 118m Abs. 2c VO (EG) 1234/2007 und Art. 103 Abs. 2c VO (EU) 1308/2013 sowohl auf *falsche oder irreführende Angaben anwendbar*, die geeignet sind, einen falschen Eindruck hinsichtlich des Ursprungs des betr Erzeugnisses zu erwecken, als auch auf falsche oder irreführende Angaben, die sich auf die Natur oder die wesentlichen Eigenschaften des Erzeugnisses beziehen[1105].

1019   Neu formuliert wurde in Art. 7 Abs. 1m UMV das Eintragungsverbot für Marken, die aus einer im Einklang mit den *Unionsvorschriften*[1106] oder *nationalem Recht*[1107] oder *internationalen Übereinkünften*[1108], denen die Union oder der betr Mitgliedstaat angehört, zu Sortenschutzrechten eingetragenen *früheren Sortenbezeichnung* bestehen oder diese in ihren wesentlichen Elementen wiedergeben und die sich auf Pflanzensorten ders Art oder eng verwandter Arten beziehen[1109]. Damit wird das im *Allgemeininteresse* liegende Ziel verfolgt, dass eine Sortenbezeichnung von allen frei verwendet werden kann. Ob diese in einer zusammengesetzten Marke ein *wesentliches Element* darstellt, also eine Schlüsselposition einnimmt, so dass deren wesentliche Herkunftsfunktion auf dieser Sortenbezeichnung und nicht auf den anderen Elementen beruht, ist anhand von Kriterien wie namentlich der Unterscheidungskraft der anderen Elemente, der mit der Marke in ihrer Gesamtheit vermittelten Botschaft, der visuellen Dominanz der verschiedenen Elemente aufgrund ihrer Größe und ihrer Position oder auf deren Zahl zu bestimmen[1110].

1020   So kann es sich bei der *Sortenbezeichnung* dann nicht um ein wesentliches Element der Anmeldung handeln, wenn sich die wesentliche Herkunftsfunktion dieser Marke auf ihre anderen Elemente stützt, so dass diese Sortenbezeichnung sich in einem in ihr ausschließlich zu Informationszwecken enthaltenen rein generischen Hinweis erschöpft. In der zusammengesetzten Wortmarke *Kordesʿ Rose Monique* ist nämlich

---

1105 EuGH, 20.12.2017, C-393/16 – Champagner Sorbet/champagne (Aldi Süd/Comité Int. du Vin de Champagne), Rn 36, 53, 58, 64.

1106 GSortenschutzV.

1107 S. zB in Deutschland das SortSchG.

1108 S. Internationales Übereinkommen zum Schutz von Pflanzenzüchtungen (UPOV) vom 2.12.1961 idF vom 23.10.1978, dem die Union am 29.7.2005 beigetreten ist; www.upov.int/upovlex/de/upov_convention.html.

1109 S. *von Kapff*, Vesuvius und FEZ 007, FS Fezer 2016, 749.

1110 EuG, 18.6.2019, T-569/18 – Kordesʿ Rose Monique, Rn 25–32.

der *Unternehmensname* »Kordes« das einzige *unterscheidungskräftige und dominierende Element*, so dass die in der Marke enthaltene Sortenbezeichnung »Monique« nicht als wesentliches Element angesehen werden kann[1111].

XIII. Unionskollektivmarken

Eine *UKM* ist eine Unionsmarke, die bei der Anmeldung als solche bezeichnet wird **1021** und dazu dienen kann, Waren und DL der *Mitglieder des Verbands*, der Markeninhaber ist, von denen anderer Unternehmen zu unterscheiden (Art. 74 UMV, Art. 2 Abs. 1i, Abs. 3 UMDV).

Verbände von Herstellern, Erzeugern, DL-Erbringern oder Händlern, die nach dem für **1022** sie maßgebenden Recht die Fähigkeit haben, im eigenen Namen Träger von Rechten und Pflichten jeder Art zu sein, Verträge zu schließen oder andere Rechtshandlungen vorzunehmen und vor Gericht zu stehen, sowie *juristische Personen* des öffentlichen Rechts[1112] können UKM anmelden.

Abweichend von Art. 7 Abs. 1c UMV können UKM aus Zeichen oder Angaben **1023** bestehen, die im Verkehr zur *Bezeichnung der geografischen Herkunft* der Waren oder DL dienen können. Das ist ihr Hauptanwendungsbereich, auch wenn es nicht der ausschließliche Zweck von UKM ist.

Art. 74 Abs. 2 UMV, der eine Ausnahme von diesem Eintragungshindernis vorsieht, **1024** ist *nicht* dahin *weit auszulegen*, dass von ihm Zeichen erfasst werden, die nur im Grunde eine geografische Angabe darstellen[1113].

So können ergänzende traditionelle Begriffe, wie *TXAKOLI*, die bestimmte charakteristische Merkmale des Weins, des Erzeugungsorts oder seiner Geschichte, aber nicht **1025** seine geografische Herkunft bezeichnen, nicht geschützt werden[1114]. Auch *Original Eau de Cologne* wird als *Gattungsbegriff* zur Beschreibung einer Parfümart aufgefasst und enthält *keine geografische Herkunftsangabe*[1115].

Kollektivmarken verfügen – sofern keine besonderen Umstände vorliegen – von Haus **1026** aus über *keine höhere Kennzeichnungskraft als Individualmarken*[1116]. Obwohl Kollektivmarken trotz eines beschreibenden Charakters, der sich auf eine geografische Herkunft bezieht, eingetragen werden können, müssen sie von Natur aus unterscheidungskräftig sein. Jedoch kann die Eintragung als Kollektivmarke *nicht* per se die Vermutung begründen, dass diese Marke *eine durchschnittliche Unterscheidungskraft* aufweist. Es

---

1111 EuG, 18.6.2019, T-569/18 – Kordes‹ Rose Monique, Rn 33–36.
1112 So zB auch ein deutsches Bundesland, BK vom 8.9.2021, R 777/21–4 – Schleswig-Holstein Der echte Norden.
1113 So ist eine Gewährleistungsmarke, die als Qualitäts- oder Garantieangabe dienen soll, keine Unterkategorie der Kollektivmarke; BK, 12.12.2014, R 1360/14–5 – DOWNMARK.
1114 EuG, 17.5.2011, T-341/09 – TXAKOLI, Rn 28, 33, 35.
1115 EuG, 25.11.2014, T-556/13 – Original Eau de Cologne, Rn 20–31; bestätigt durch EuGH, 3.12.2015, C-29/15 P.
1116 EuG, 5.12.2012, T-143/11 – F.F.R./CHIANTI CLASSICO, Rn 60, 61.

ist vielmehr Aufgabe des Inhabers einer solchen Marke nachzuweisen, welchen Grad an Unterscheidungskraft sie hat[1117].

1027 Die *wesentliche Funktion* einer UKM besteht, auch wenn sie eine geografische Herkunftsangabe enthält, darin, die Waren oder DL der Mitglieder des Verbands, der Markeninhaber ist, von denen anderer Unternehmen zu unterscheiden, und nicht darin, diese Waren anhand ihrer geografischen Herkunft zu unterscheiden. Zwar kann eine Marke andere Funktionen als den Herkunftshinweis erfüllen, die ebenfalls des Schutzes vor Beeinträchtigungen durch Dritte würdig sind, wie die Gewährleistung der Qualität der mit ihr gekennzeichneten Ware oder DL oder die Kommunikations-, Investitions- oder Werbefunktionen, jedoch besteht ihre *Hauptfunktion* weiterhin in ihrer *herkunftshinweisenden Funktion*. Eine andere Ansicht würde diese Hauptfunktion verkennen[1118].

1028 Im Unterschied zu einer Individualmarke hat eine UKM aber *nicht* die Funktion, dem Verbraucher die *Ursprungsidentität* der eingetragenen Waren oder DL anzuzeigen. Art. 74 UMV verlangt keineswegs, dass die Hersteller, Erzeuger, DL-Unternehmer oder Händler, die sich einem Verband anschließen, der Inhaber einer UKM ist, zu ein und derselben Gruppe von Gesellschaften gehören, die Waren oder DL unter einheitlicher Kontrolle herstellt oder erbringt. Die UMV hindert die Mitglieder eines solchen Verbands nicht daran, *Wettbewerber zu sein*, von denen jeder einzelne zum einen die UKM, die auf seine Mitgliedschaft in diesem Verband hinweist, und zum anderen eine Individualmarke benutzt, die auf die Ursprungsidentität seiner Waren und DL hinweist[1119].

1029 Der Anmelder einer Kollektivmarke muss innerhalb von zwei Monaten nach dem Anmeldetag (Art. 75 Abs. 1 UMV) die nach Art. 75 Abs. 2 UMV erforderliche *Verbandssatzung* vorlegen, in der der Name des Anmelders, der Zweck des Verbands, die zu seiner Vertretung befugten Organe, die Voraussetzungen für die Mitgliedschaft im Verband, die Wiedergabe der UKM, die zu ihrer Benutzung befugten Personen (nach abstrakten Kriterien, um häufige Satzungsänderungen zu vermeiden), ggf die

---

1117 EuG, 25.9.2018, T-328/17 – BBQLOUMI/HALLOUMI I, Rn 39–43, 50–53; insoweit bestätigt durch EuGH, 5.3.2020, C-766/18 P, Rn 72–78. Wenn sich alle vorgelegten Benutzungsnachweise auf den Begriff »halloumi« als Bezeichnung einer bestimmten, nach traditioneller Art hergestellten Käsesorte beziehen, aber nicht auf ein Unternehmen, das die betr Ware über einen speziellen Verband von Herstellern oder Händlern vermarktet hat, sind diese für den Nachweis der originären Unterscheidungskraft der älteren Kollektivmarke nicht relevant. Sie können höchstens die Verwendung dieses Begriffs als Gattungsbezeichnung für einen in Zypern hergestellten Käse begründen, beziehen sich auf den Verkauf und Konsum von Halloumi-Käse, ohne jedoch einen Zusammenhang zwischen diesen Beweisen und der Kollektivmarke *HALLOUMI.* herzustellen.

1118 EuGH, 20.9.2017, C-673/15 P ua – Darjeeling/DARJEELING, Rn 50–60. Nach Auffassung des EuG im angefochtenen Urteil EuG, 2.10.215, T-624/13 ua, Rn 39–49, ist deshalb der Vergleich der Waren und DL in einem Widerspruchsverfahren bei ihnen in ders Weise durchzuführen.

1119 EuGH, 12.12.2019, C-143/19 P – Kreis mit zwei Pfeilen (Der Grüne Punkt), Rn 53, 54.

Bedingungen für die Benutzung der UKM, einschl effektiver und verhältnismäßiger Sanktionen, die von ihr beanspruchten Waren und DL und ggf die Möglichkeit, Mitglied des Verbands zu werden, anzugeben sind (Art. 2 Abs. 3, Art. 16 UMDV)[1120].

Die *Satzung* einer Kollektivmarke muss es jeder Person, deren Waren oder DL aus **1030** dem betr geografischen Gebiet stammen, gestatten, *Mitglied des Verbandes zu werden*, der Inhaber der Marke ist. Das EUIPO bietet auf seiner Internetseite eine detaillierte *Vorlage* nebst Erläuterungen für die Erstellung von Satzungen an.[1121]

Der Inhaber der UKM hat dem Amt jede *Änderung der Markensatzung* zu unterbrei- **1031** ten. Auf die Änderung wird im Register nicht hingewiesen, wenn die geänderte Markensatzung den Vorschriften des Art. 75 UMV nicht entspricht oder einen Grund für eine Zurückweisung nach Art. 76 UMV bildet. Schriftliche Bemerkungen gemäß Art. 77 UMV können auch in Bezug auf geänderte Satzungen eingereicht werden. Zum Zwecke der Anwendung der UMV wird die Satzungsänderung erst ab dem Zeitpunkt wirksam, zu dem der Hinweis auf die Änderung ins Register eingetragen worden ist (Art. 79 UMV).

Wegen Art. 41 und 42 UMV müssen die UKM, wie andere Marken auch, den *allge-* **1032** *meinen Anmeldeerfordernissen* genügen, und ihrer Eintragung darf *kein absolutes Eintragungshindernis* nach Art. 7 UMV im Wege stehen (mit Ausnahme einer geografischen Angabe, s. Rn 925). Darüber hinaus wird die Anmeldung für eine UKM wegen Art. 76 Abs. 1 UMV zurückgewiesen, wenn den Vorschriften der Art. 74 UMV oder Art. 75 UMV nicht Genüge getan ist oder die Satzung gegen die *öffentliche Ordnung* oder die *guten Sitten* verstößt.

Nach Art. 76 Abs. 2 UMV wird die Anmeldung einer UKM außerdem zurückge- **1033** wiesen, wenn die Gefahr besteht, dass das Publikum über den Charakter oder die Bedeutung der Marke *irregeführt* wird, insb wenn diese Marke den Eindruck erwecken kann, als wäre sie etwas anderes als eine Kollektivmarke, zB eine UGM, eine Individualmarke oder eine geschützte geografische Herkunftsangabe. Die Anmeldung wird jedoch gemäß Art. 76 Abs. 3 UMV nicht zurückgewiesen, wenn der Anmelder aufgrund einer Änderung der Markensatzung die Erfordernisse der Abs. 1 und 2 erfüllt.

Bemerkungen Dritter können auch auf spezifische, nur die UKM betr Gründe gestützt **1034** werden (Art. 77 UMV).

Bei einem Widerspruch aus einer UKM ist unter der *Verwechslungsgefahr* iSv Art. 8 **1035** Abs. 1b UMV die Gefahr zu verstehen, dass die Verkehrskreise glauben könnten, die von der älteren Marke und die von der Anmeldung erfassten Waren oder DL stammten alle *von Mitgliedern des Verbands*, der Inhaber der älteren Marke ist, oder ggf von wirtschaftlich mit diesen Mitgliedern oder diesem Verband verbundenen Unterneh-

---

1120 Zu den formalen Anforderungen wird auf die UMRL, Teil B, Abschn. 2, Kap. 8.2 verwiesen.
1121 Damit hat das Amt auf die häufigen Fehler reagiert: EUIPO-Startseite, Marken, Grundlegendes zu Marken Gewährleistungs- und Kollektivmarken; (https://euipo.europa.eu/ ohimportal/de/certification-and-collective-marks.).

men. Auch wenn daher im Fall eines Widerspruchs eines Kollektivmarkeninhabers die Hauptfunktion dieser Markenart berücksichtigt werden muss, um zu erfassen, was unter Verwechslungsgefahr zu verstehen ist, ist die Rspr zu Art. 8 Abs. 1b UMV, anhand welcher Kriterien konkret zu beurteilen ist, ob eine solche Gefahr besteht, gleichwohl auf Rechtssachen übertragbar, die eine ältere Kollektivmarke betreffen[1122].

1036 Wegen Art. 78 UMV genügt die *Benutzung der UKM* durch eine hierzu befugte Person.

1037 Außer aus den in Art. 58 UMV genannten *Verfallsgründen* wird die UKM nach Art. 81 UMV auf Antrag beim Amt oder auf Widerklage im Verletzungsverfahren für verfallen erklärt, wenn (a) ihr Inhaber keine angemessenen Maßnahmen ergreift, um eine Benutzung der Marke zu verhindern, die nicht im Einklang stünde mit den satzungsgemäßen Benutzungsbedingungen, auf deren Änderung ggf im Register hingewiesen worden ist; (b) die Art der Benutzung der Marke durch ihren Inhaber bewirkt hat, dass die Gefahr besteht, dass das Publikum iSv Art. 76 Abs. 2 UMV über den Charakter oder die Bedeutung der Marke irregeführt wird; (c) entgegen den Vorschriften von Art. 79 Abs. 2 UMV im Register auf eine Änderung der Satzung hingewiesen worden ist, es sei denn, dass der Markeninhaber aufgrund einer erneuten Satzungsänderung den Erfordernissen des Art. 79 Abs. 2 UMV genügt.

1038 Außer aus den in Art. 59 und 60 UMV genannten *Nichtigkeitsgründen* wird die UKM auf Antrag beim Amt oder auf Widerklage im Verletzungsverfahren für nichtig erklärt, wenn sie entgegen Art. 76 UMV eingetragen worden ist, es sei denn, dass der Markeninhaber aufgrund einer Satzungsänderung den Erfordernissen dieser Vorschriften genügt (Art. 82 UMV).

1039 Schließlich gelten wegen Art. 80 UMV die Vorschriften von Art. 25 Abs. 3 und 4 UMV über die Rechte der *Lizenznehmer* für jede zur Benutzung einer UKM befugte Person. Der Inhaber der UKM kann im Namen der zur Benutzung der Marke befugten Personen im Rahmen einer *Verletzungsklage* Ersatz des Schadens verlangen, der diesen Personen aus der unberechtigten Benutzung der Marke entstanden ist.

1040 Bestimmungen über UKM können *nicht entspr auf Unionsindividualmarken* angewandt werden. Der Anwendungsbereich der die UKM betr Art. 74 bis 82 UMV ist nach dem Wortlaut von Art. 74 Abs. 1 UMV ausdrücklich auf Marken beschränkt, die bei der Anmeldung als solche bezeichnet werden[1123].

1041 Die *UKM* haben *keine große Bedeutung*: So wurden beim EUIPO nur wenige derartige Marken (0,06 %) angemeldet.

1122 EuGH, 5.3.2020, C-766/18 P – BBQLOUMI/HALLOUMI I, Rn 64–66.
1123 EuGH, 8.6.2017, C-689/13 – Baumwollblüte (W. F. Gözze Frottierweberei/VBB), Rn 59–61.

XIV. Unionsgewährleistungsmarken

Die Art. 83 bis Art. 93 UMV haben als neues Rechtsinstitut die *UGM* eingeführt, um dem derzeitigen Ungleichgewicht zwischen den nationalen Systemen, die diese bereits kennen, und dem Unionsmarkensystem abzuhelfen[1124]. **1042**

Dabei handelt es sich nach Art. 83 Abs. 1 UMV um eine Unionsmarke, die bei der Anmeldung als solche bezeichnet wird und geeignet ist, Waren oder DL, für die der Inhaber der Marke das *Material*, die *Art und Weise der Herstellung der Waren* oder der *Erbringung der DL*, die *Qualität, Genauigkeit* oder *andere Eigenschaften* – mit Ausnahme der geografischen Herkunft – gewährleistet, von solchen zu unterscheiden, für die keine derartige Gewährleistung besteht (Art. 2 Abs. 1i UMDV). **1043**

Bei dieser neuen Markenform steht also nicht die Ursprungsidentitätsfunktion, sondern die *Garantie- und Gewährleistungsfunktion im Vordergrund*. Der große Vorteil bei ihrer Verwendung liegt darin, dass man sie als eingetragene UGM herausstellen kann, die dem Verbraucher eine *besondere Garantiefunktion* vermittelt, was bei anderen Marken nicht zwingend, sondern abhängig von der unternehmerischen Marketingstrategie ist, die der Inhaber zum Vorteil, aber auch zum Nachteil der Marke immer wieder ändern kann. Im Widerspruchsverfahren kommt es bei der UGM daher nicht auf ihre betriebskennzeichnende Herkunftsfunktion an, da der Markeninhaber sie ja wegen Art. 83 Abs. 2 UMV gar nicht selbst benutzen darf, sondern auf die durch sie vermittelte Gewährleistungsfunktion der Nutzungsberechtigten (Art. 87 UMV). **1044**

Anmelden können wegen Art. 83 Abs. 2 UMV *natürliche* oder *juristische Personen*, einschl Einrichtungen, Behörden und juristische Personen des öffentlichen Rechts, die *keine Tätigkeit* ausüben, die die *Lieferung von Waren* oder *DL*, für die eine Gewährleistung besteht, umfasst[1125]. Durch dieses *Wettbewerbsverbot* soll eine *Neutralitätspflicht* gewahrt werden, so dass sich das Verbot auch auf wirtschaftlich mit dem Anmelder verbundenen Unternehmen bezieht, zB auf das Verhältnis zwischen Dachgesellschaft und Filialunternehmen. Auf UGM finden nach Art. 83 Abs. 3 UMV die allgemeinen markenrechtlichen Vorschriften Anwendung[1126]. **1045**

Nach Art. 84 UMV, Art. 2 Abs. 3, Art. 17 UMDV muss eine *Markensatzung* vorgelegt werden, in der der Anmelder, eine Erklärung, wonach die Anmeldervoraussetzungen **1046**

1124 Bis 31.12.2018 wurden 159 UGM angemeldet, 14 eingetragen. Sehr viele Anmeldungen mussten jedoch wegen formaler Mängel vom EUIPO beanstandet werden. S.a. *Fezer,* Rechtsnatur und Rechtssystematik der unionsrechtlichen Konzeption einer Gewährleistungsmarke, GRUR 2017, 1188; *Dröge,* Die Gewährleistungsmarke und ihre Praxisrelevanz, GRUR 2017, 1198; *Holland-Letz,* Die Anmeldung von UGM in der Praxis, MarkenR 2018, 368; *Günzel,* Die Einführung der Gewährleistungsmarke – Steine statt Brot?, MarkenR 2018, 523.

1125 BK, 11.3.2020, R 1364/19–2 – Ism ATEX INERIS EX Installation Service Maintenance, Rn 40, 41; und BK, 7.9.2020, R 1504/20–5 – FLORVERDE SUSTAINABLE FLOWERS, Rn 18–24.

1126 Zu den formalen Anforderungen wird auf die UMRL, Teil B, Abschn. 2, Kap. 8.3 verwiesen.

von Art. 83 Abs. 2 UMV erfüllt sind, eine Wiedergabe der UGM, die beanspruchten Waren und DL, klar und detailliert (zB mit Verweis auf technische Standards), die durch sie – nach objektiven Kriterien definierten – zu gewährleistenden Merkmale[1127], die Bedingungen für ihre Benutzung, einschl effektiver und verhältnismäßiger Sanktionen, die zur Benutzung der UGM befugten Personen (wobei sich eine abstrakte Definition empfiehlt und keine namentliche Aufzählung, um ständige Satzungsänderungen zu vermeiden) und die Art und Weise, wie – insb nach welchen Methoden und in welcher zeitlichen Abfolge – die betr, entspr qualifizierte Stelle diese Eigenschaften zu prüfen und die Benutzung der UGM zu überwachen hat (in regelmäßigem Zeitabstand anhand objektiver Kriterien zB durch unabhängige Testinstitute anhand von Stichproben), angeben muss. Das EUIPO bietet auf seiner Internetseite eine detaillierte *Vorlage* nebst Erläuterungen für die Erstellung von Satzungen an.[1128]

1047 Ob ein *Anspruch eines Dritten* darauf besteht, in den zur Benutzung berechtigten Personenkreis aufgenommen zu werden, wenn er die Voraussetzungen erfüllt, ist zweifelhaft, da es gesetzlich – im Unterschied zur UKM – nicht ausdrücklich vorgeschrieben ist. Dies könnte sich aber uU – gerade bei monopolartigen Verbänden – aus den Grundsätzen des fairen Wettbewerbs und dem Diskriminierungsverbot ergeben.

1048 Der Inhaber einer UGM hat dem Amt jede *Änderung der Markensatzung* zu unterbreiten (Art. 88 Abs. 1 UMV). Auf Änderungen wird im Register nicht hingewiesen, wenn die geänderte Markensatzung den Vorschriften des Art. 84 UMV nicht entspricht oder einen Grund für eine Zurückweisung nach Art. 85 bildet (Art. 88 Abs. 2 UMV). Schriftliche Bemerkungen gemäß Art. 86 UMV können auch in Bezug auf geänderte Markensatzungen eingereicht werden (Art. 88 Abs. 3 UMV). Zum Zwecke der UMV wird die Satzungsänderung erst ab dem Zeitpunkt wirksam, zu dem der Hinweis auf die Änderung ins Register eingetragen ist (Art. 88 Abs. 4 UMV).

1049 Wegen Art. 41 und 42 UMV müssen die UGM, wie andere Marken auch, den *allgemeinen Anmeldererfordernissen* genügen, und ihrer Eintragung darf *kein absolutes Eintragungshindernis* nach Art. 7 UMV im Wege stehen[1129]. *Zusätzliche Zurückweisungsgründe* liegen wegen Art. 85 Abs. 1 UMV vor, wenn den Vorschriften der Art. 83 und 84 UMV nicht Genüge getan ist, also die gesetzlichen Anforderungen an

---

1127 Jedoch reicht es für die Garantie einer objektiven Qualität der zu gewährleistenden DL nicht aus, dass der Anmelder bescheinigt, dass diese von Personen erbracht werden, die von ihm selbst geschult und zertifiziert sind; BK, 11.3.2020, R 1364/19–2 – Ism ATEX INERIS EX Installation Service Maintenance, Rn 38, 39.

1128 Damit hat das Amt auf die häufigen Fehler reagiert: EUIPO-Startseite, Marken, Grundlegendes zu Marken Gewährleistungs- und Kollektivmarken; (https://euipo.europa.eu/ohimportal/de/certification-and-collective-marks.).

1129 EuG, 13.7.2018, T-825/16 – Pallas Halloumi/HALLOUMI, Rn 44–48; EuG, 25.9.2018, T-384/17 – BBQLOUMI/HALLOUMI II, Rn 42–50. Über die dagegen erhobenen Rechtsmittel hat der EuGH nicht mehr entschieden, da die nationale Widerspruchsmarke zwischenzeitlich vom nationalen Gericht rechtskräftig für nichtig erklärt worden war; EuGH, 30.4.2020, C-608/18 P und C-767/18 P. S.a. BK, 27.10.2021, R 1410/19–5 – MANUKA HONEY.

eine UGM nicht erfüllt sind oder der Anmelder eine gewerbliche Tätigkeit ausübt, die die Lieferung von Waren und DL umfasst, für die eine Gewährleistung besteht, oder die Satzung nicht fristgemäß bzw nicht mit dem erforderlichen Inhalt vorgelegt wird. Weiter ist die UGM zurückzuweisen, wenn die Satzung gegen die öffentliche Ordnung oder die guten Sitten verstößt, zB wenn sie den Kreis der zur Benutzung berechtigten Personen willkürlich beschränkt, um ein Handelsmonopol zu schaffen.

Außerdem wird die Anmeldung der UGM zurückgewiesen, wenn die *Gefahr* besteht, **1050** dass das *Publikum über den Charakter oder die Bedeutung der Marke irregeführt* wird, insb wenn diese den Eindruck erwecken kann, als wäre sie etwas anderes als eine Gewährleistungsmarke, zB eine UKM oder ein öffentliches Gütesiegel (Art. 85 Abs. 2 UMV).

Diese Zurückweisung unterbleibt jedoch nach Art. 85 Abs. 3 UMV, wenn der Anmelder **1051** aufgrund einer Änderung der Markensatzung die Erfordernisse der Abs. 1 und 2 erfüllt.

In Art. 86 UMV werden die *Bemerkungen Dritter* für die UGM geregelt. Diese können **1052** auch auf die spezifischen Gründe gestützt sein, auf deren Grundlage die Anmeldung einer UGM gemäß Art. 85 UMV zurückgewiesen werden sollte.

Beim *Widerspruch* aufgrund einer Gewährleistungsmarke ist die *Verwechslungsgefahr* **1053** in Analogie zu den Vorschriften über Kollektivmarken als die Gefahr zu verstehen, dass das Publikum glauben könnte, dass die Waren oder DL der älteren Marke und diejenigen der Anmeldung alle von Personen stammen, die vom Inhaber dieser älteren Marke zu deren Benutzung ermächtigt worden sind, oder ggf von Unternehmen, die mit diesen Personen oder diesem Inhaber wirtschaftlich verbunden sind. Auch wenn die *Hauptfunktion der Gewährleistungsmarke* zu berücksichtigen ist, um den Begriff der Verwechslungsgefahr zu verstehen, ist die Rspr zu Art. 8 Abs. 1b UMV, die die Kriterien festlegt, anhand derer das Bestehen einer solchen Gefahr in der Praxis zu beurteilen ist, auf alle Verfahren anwendbar, die eine ältere Gewährleistungsmarke betreffen[1130].

Gemäß Art. 87 UMV genügt die *Benutzung* einer UGM durch eine nach der Satzung **1054** hierzu befugte Person für die Markenbenutzung.

Abweichend von Art. 20 Abs. 1 UMV kann wegen Art. 89 UMV eine UGM nur auf **1055** eine Person *übertragen* werden, die die Erfordernisse des Art. 83 Abs. 2 UMV erfüllt.

Nur der Inhaber einer UGM oder eine speziell von ihm hierzu ermächtigte Person **1056** kann eine *Verletzungsklage* erheben. Der Inhaber einer UGM kann im Namen der zur Benutzung der Marke befugten Personen Ersatz des Schadens verlangen, der diesen Personen aus der unberechtigten Benutzung der Marke entstanden ist (Art. 90 UMV).

Außer aus den in Art. 58 UMV genannten *Verfallsgründen* wird die UGM wegen **1057** Art. 91 UMV auf Antrag beim Amt oder auf Widerklage im Verletzungsverfahren für verfallen erklärt, wenn (a) der Inhaber die Erfordernisse des Art. 83 Abs. 2 UMV nicht

---

1130 EuG, 8.12.2021, T-593/19 – GRILLOUMI BURGER/ΧΑΛΛΟΥΜΙ HALLOUMI, Rn 29–31 mwN.

mehr erfüllt (also keine gewerbliche Tätigkeit ausübt, die die Lieferung von Waren und DL umfasst, für die eine Gewährleistung besteht); (b) der Inhaber – entweder schon von Anfang an oder später durch mangelhafte Kontrolle – keine angemessenen Maßnahmen ergreift, um eine Benutzung der UGM zu verhindern, die nicht im Einklang mit den Benutzungsbedingungen in der Satzung steht, auf deren Änderung ggf im Register hingewiesen worden ist; (c) die Art der Benutzung der UGM durch ihren Inhaber bewirkt hat, dass die Gefahr besteht, das Publikum könne iSv Art. 85 Abs. 2 UMV über den Charakter oder die Bedeutung der Marke irregeführt werden; (d) entgegen Art. 88 Abs. 2 UMV im Register auf eine Änderung der Satzung der UGM hingewiesen worden war, es sei denn, der Markeninhaber genügt aufgrund einer erneuten Satzungsänderung den Erfordernissen. Mit der Drohung eines Verlusts der UGM soll der Markeninhaber dazu veranlasst werden, sich um die Einhaltung der gewährleisteten Standards zu kümmern und evt notwendige Sanktionen zu erlassen.

1058   Über die in Art. 59 und 60 UMV genannten *Nichtigkeitsgründe* hinaus wird eine UGM auf Antrag beim Amt oder auf Widerklage im Verletzungsverfahren für nichtig erklärt, wenn sie entgegen den Vorschriften des Art. 85 UMV eingetragen worden ist, es sei denn, dass der Inhaber der UGM aufgrund einer Satzungsänderung den Erfordernissen dieses Art. genügt (Art. 92 UMV).

1059   Unbeschadet von Art. 139 Abs. 2 UMV findet keine *Umwandlung* einer Anmeldung oder einer eingetragenen UGM statt, wenn die Eintragung von Garantie- oder Gewährleistungsmarken gemäß Art. 28 MarkenRL in den nationalen Rechtsvorschriften des betr Mitgliedstaats nicht vorgesehen ist (Art. 93 UMV).

1060   Auf die Einhaltung der formalen Voraussetzungen ist streng zu achten. Dementspr hat das EUIPO zahlreiche Anmeldungen wegen *Verfahrensmängeln* beanstandet.

1061   Ob die UGM ihre *Funktion* erfüllt, der Markeninhaber seinen Kontroll- und Überwachungspflichten nachkommt, prüft das EUIPO nicht von Amts wegen, sondern nur aufgrund eines Nichtigkeitsantrags eines Dritten (Popularklage). Da es also *keine öffentliche Kontrolle* gibt, wird die UGM ihre Garantiefunktion dem Publikum gegenüber nur dann angemessen erfüllen können, wenn sich die beteiligten Kreise an die Spielregeln handeln und insb die Kontrolle durch die Wettbewerber und die Kunden funktioniert.

1062   Da hier aber ebenfalls die *allgemeinen Eintragungshindernisse gelten* (Art. 41 und 42 Abs. 1 UMV), sind zB rein beschreibende und nicht unterscheidungskräftige Zeichen wegen Art. 83 Abs. 3 UMV und 85 Abs. 1 UMV auch als UGM nicht schutzfähig.

XV. Veröffentlichung der Anmeldung

1063   Ist die Anmeldung nach Art. 7 UMV für alle oder einen Teil der beanspruchten Waren oder DL von der *Eintragung ausgeschlossen*, so wird sie für diese *zurückgewiesen* (Art. 42 Abs. 1 UMV). Dem Anmelder ist aber zuvor Gelegenheit zu geben, die Anmeldung zurückzunehmen, zu ändern oder eine Stellungnahme einzureichen. Hierzu teilt das Amt dem Anmelder mit, welche Hindernisse der Eintragung entgegenstehen, und setzt ihm eine Frist für die Zurücknahme oder Änderung der Anmeldung oder zur Einreichung einer Stellungnahme. Beseitigt der Anmelder die der Eintragung entgegenstehenden Hindernisse nicht, so weist das EUIPO die Eintragung ganz oder teilweise zurück (Art. 42 Abs. 2 UMV).

Sind die Erfordernisse für die Anmeldung der Unionsmarke erfüllt, so erfolgt die **1064** *Veröffentlichung* der Anmeldung (Art. 44 Abs. 1 S. 1 UMV). Die Veröffentlichung im Blatt für Unionsmarken des EUIPO (im Internet) enthält die in Art. 7 UMDV vorgeschriebenen Daten (Art. 147 Abs. 1 UMV, Art. 19 UMDV). In den Fällen, in denen die *Anmeldung* und die Übersetzung des VerzWDL sowie anderer Texte nicht in einer der Sprachen des EUIPO eingereicht wurden, sorgt das Amt dafür, dass sie in die vom Anmelder angegebene zweite Sprache übersetzt wird (Art. 146 Abs. 3 S. 2 UMV). Es schlägt ihm eine Übersetzung vor und räumt ihm eine Frist von einem Monat zur Beantwortung ein (s. Rdn 465).

Aus Art. 44 Abs. 2 UMV und noch klarer aus Art. 44 Abs. 3 UMV ergibt sich, dass **1065** eine Anmeldung auch noch *nach ihrer Veröffentlichung* aus absoluten Schutzversagungsgründen gemäß Art. 42 UMV *zurückgewiesen* werden kann (sog. *Nachbeanstandung*)[1131]. So bestimmt Art. 44 Abs. 3 S. 1 UMV ausdrücklich, dass dann, wenn die Veröffentlichung der Anmeldung einen dem EUIPO zuzuschreibenden Fehler enthält, das Amt von sich aus oder auf Antrag des Anmelders den Fehler berichtigt und diese Berichtigung veröffentlicht. Denn die Mitteilung des Prüfers, dass die Anmeldung veröffentlicht wird, oder auch ihre tatsächliche Veröffentlichung im Register entfalten keinerlei Garantiewirkung im Hinblick auf eine zukünftige Eintragung.

Gegen die Eintragung der Marke kann gemäß Art. 46 Abs. 1 UMV ebenfalls *Wider-* **1066** *spruch* erhoben werden, falls die geänderte Anmeldung wegen Art. 49 Abs. 2 S. 2 UMV veröffentlicht worden ist, was nach Art. 44 Abs. 4 UMV auch dann Anwendung findet, wenn die Berichtigung das VerzWDL oder die Wiedergabe der Marke betrifft.

XVI. Die Anmeldung als Eigentum

Die Anmeldung fällt unter den Schutz der *Eigentumsgarantie*, auch wenn sie noch **1067** keine endgültige Rechtsposition verschafft, sondern unter dem Vorbehalt der Eintragung steht, also jederzeit bei Nichtvorliegen der gesetzlichen Voraussetzungen wieder erlöschen (zurückgewiesen bzw widerrufen werden) kann. Dennoch kann an eine Anmeldung schon ein Bündel von Rechten und Interessen anknüpfen, sie kann Gegenstand von verschiedenen Rechtsgeschäften wie Verkauf und Lizenzen sein und besitzt einen erheblichen finanziellen Wert oder kann diesen besitzen[1132].

1131 EuG, 18.3.2016, T-33/15 – BIMBO, Rn 21–29; bestätigt durch EuGH, 13.10.2016, C-285/16 P; EuG, 14.6.2012, T-293/10 – 7 verschiedenfarbige Quadrate, Rn 33–39.
1132 EGMR, 11.01.2007, No. 73049/01 – Anheuser-Busch v. Portugal, Rn 62–78.

XVII. Bemerkungen Dritter

1068 Natürliche oder juristische Personen sowie die Verbände der Hersteller, Erzeuger, DL-Unternehmer, Händler und Verbraucher können gemäß Art. 45 Abs. 1 Unterabs. 1 UMV beim EUIPO *schriftliche Bemerkungen* einreichen, in denen sie erläutern, aus welchen der in den Art. 5 UMV (Inhaberschaft) und Art. 7 UMV (absolute Eintragungshindernisse) aufgeführten Gründen die Marke nicht von Amts wegen eingetragen werden sollte, bei UKM nach Art. 77 UMV auch aus den Gründen des Art. 76 UMV und bei UGM wegen Art. 86 UMV auch aus den Gründen des Art. 85 UMV.

1069 Qualifizierte Bemerkungen Dritter sind besonders dann *von Bedeutung*, wenn sie dem EUIPO spezielle Informationen zu bestimmten Fachgebieten übermitteln, hinsichtlich derer das Amt selbst nicht über die entspr Fachkunde verfügt.

1070 Die Bemerkungen Dritter sind gemäß Art. 45 Abs. 2 UMV *vor Ablauf der Widerspruchsfrist* oder, wenn ein Widerspruch gegen eine Marke eingereicht wurde, *vor der abschließenden Entscheidung über den Widerspruch* einzureichen. Das EUIPO nimmt nur Bemerkungen an, die in einer der Sprachen des Amtes oder in der Sprache des Eintragungsverfahrens, wenn diese nicht Sprache des EUIPO ist, eingereicht werden. Die Bemerkungen werden dem Anmelder mitgeteilt, der dazu Stellung nehmen kann (Art. 45 Abs. 4 UMV).

1071 Das Amt prüft sodann die Bemerkungen Dritter. Hält es sie für überzeugend, nimmt es das *Prüfungsverfahren wieder auf.* Vermag der Anmelder die Gründe der Beanstandung nicht zu widerlegen, wird die Anmeldung zurückgewiesen. Die Einreichung der Bemerkungen berührt aber wegen Art. 45 Abs. 3 UMV in keiner Weise das Recht des EUIPO, erforderlichenfalls die absoluten Eintragungshindernisse von Amts wegen jederzeit vor der Eintragung erneut zu prüfen[1133].

1072 Die *Dritten* sind *an dem Verfahren* vor dem EUIPO *nicht beteiligt*, können also weder Beschwerde erheben, noch Klage einreichen (Art. 45 Abs. 1 Unterabs. 2 UMV)[1134]. Sie werden auch über den weiteren Verfahrensfortgang nicht informiert.

1073 Pro Jahr gehen zwischen 200 und 300 Bemerkungen Dritter beim Amt ein, also 0,18 % in Bezug auf die eingereichten Anmeldungen. Davon führen pro Jahr 22 bis 39 % zu einer *Wiedereröffnung der Prüfung.* Die meisten Bemerkungen Dritter bezogen sich neben der Rüge beschreibender Angaben und fehlender Unterscheidungskraft auf angebliche täuschende Anmeldungen (Art. 7 Abs. 1g UMV)[1135].

1133 So auch bereits unter der alten GMV: EuG, 21.11.2013, T-313/11 – Matrix-Energetics, Rn 24–30 mwN.

1134 Mitteilung Nr 2/09 des Präsidenten vom 9.11.2009, ABl.HABM 12/2009; EuG, 9.4.2003, T-224/01 – NU-TRIDE/TUFFTRIDE, Rn 72 ff.

1135 Nähere Details: Alicante News 6/2021, S. 6 f. Art. 40 MarkenRL. räumt nunmehr den Mitgliedstaaten die Möglichkeit ein, auch in den nationalen Markenrechten die Bemerkungen Dritter einzuführen.

E. Das Widerspruchsverfahren

I. Verfahrensablauf

Innerhalb einer Frist von *drei Monaten nach Veröffentlichung der Anmeldung* einer Unionsmarke kann gegen ihre Eintragung *schriftlich* und unter (sehr kurzer[1136]) Angabe der *Widerspruchsgründe nach* Art. 8 UMV Widerspruch erhoben werden (Art. 46 Abs. 1 und 3 UMV), was per Brief und insb *online* über die Internetseite des EUIPO möglich ist.

1074

1136 EuG, 24.10.2019, T-58/18 – Xocolat/LUXOCOLAT, Rn 19–21; EuG, 16.1.2007, T-53/05 – Calvo/CALAVO, Rn 49–51.

1075 Bei der *Frist für die Erhebung eines Widerspruchs bei Internationalen Registrierungen,* in denen die Union benannt ist, beträgt nach Art. 196 Abs. 2 UMV der Zeitraum zwischen dem Datum der Veröffentlichung gemäß Art. 190 Abs. 1 UMV und dem Beginn der Frist (von drei Monaten) zur Erhebung des Widerspruchs *einen Monat.* Das führt zu einer erheblichen Beschleunigung der Verfahren[1137].

1076 *Innerhalb der Widerspruchsfrist* kann der Widerspruch noch modifiziert und durch weitere Widerspruchsgründe und/oder weitere älteren Rechte ergänzt werden.

1077 Er gilt aber erst als erhoben, wenn die *Widerspruchsgebühr* entrichtet worden ist, die zwingend innerhalb der Widerspruchsfrist zu zahlen ist (Art. 46 Abs. 3 S. 2 UMV)[1138]. Diese Gebühr beträgt 320 Euro (Anhang I zur UMV Nr A10).

1078 Die *Widerspruchsberechtigung* ergibt sich aus Art. 46 Abs. 1 UMV, Art. 2 Abs. 1 DVUM. Wegen Art. 20 Abs. 12 UMV können zB *Rechtsnachfolger*, die noch nicht als Inhaber eingetragen worden sind, aber auf die die ältere Marke übertragen worden ist, Widerspruch erheben, sofern ihr Antrag auf Eintragung eines Rechtsübergangs beim EUIPO eingegangen ist, selbst dann, wenn sie irrtümlich ursprünglich einen Namensänderungsantrag gestellt haben, aber nach Aufforderung durch das Amt noch innerhalb der von diesem gesetzten Frist einen Antrag auf Eintragung des Rechtsübergangs nachreichen[1139].

1079 So kann in den Fällen des Art. 8 Abs. 1 UMV und Art. 8 Abs. 5 UMV von den Inhabern der in Art. 8 Abs. 2 UMV genannten älteren Marken sowie von Lizenzinhabern, die von den Markeninhabern hierzu ausdrücklich ermächtigt worden sind, Widerspruch eingelegt werden[1140].

1080 In den Fällen des Art. 8 Abs. 3 UMV kann von den Inhabern der dort genannten Marken Widerspruch erhoben werden, in den Fällen des Art. 8 Abs. 4 UMV von den Inhabern der dort genannten älteren Marken oder Kennzeichenrechte sowie von den Personen, die nach dem anzuwendenden nationalen Recht berechtigt sind, diese Rechte geltend zu machen, und in den Fällen des Art. 8 Abs. 6 UMV von den Personen, die gemäß den Unionsvorschriften oder dem nationalen Recht zur Ausübung der dort genannten Rechte berechtigt sind.

1081 Nach Art. 2 Abs. 2a bis 2c und 2i DVUM *muss die Widerspruchsschrift* als *absolute Zulässigkeitsvoraussetzungen* Folgendes enthalten:

1082 (a) das *Az.* der angegriffenen Anmeldung samt *Namen des Anmelders;*

1083 (b) eine eindeutige *Angabe des älteren Rechts,* auf die der Widerspruch gestützt wird, und zwar folgendermaßen:

1137 In Art. 152 Abs. 2 GMV betrug er noch sechs Monate.
1138 EuG, 12.5.2011, T-488/09 – REDTUBE/Redtube, Rn 32–57. Diese Frage war nicht Gegenstand des EuGH-Urteils vom 18.10.2012, C-402/11 P, mit dem dieses Urteil des EuG aufgehoben wurde.
1139 EuG, 17.1.2017, T-255/15 – medialbo/MediaLB, Rn 18–42; bestätigt durch EuGH, 25.7.2018, C-139/17 P.
1140 EuG, 7.11.2014, T-506/13 – URB/URB, Rn 17–23.

(aa) wird der Widerspruch auf eine *ältere Marke* iSd Art. 8 Abs. 2a oder 2b UMV 1084
gestützt, das Az. der Anmeldung oder die Eintragungsnr der älteren Marke,
eine Angabe, ob diese ältere Marke eingetragen oder angemeldet ist, sowie
eine Angabe der Mitgliedstaaten, ggf einschl der Benelux-Staaten, in denen
oder für die die ältere Marke geschützt ist, oder ggf die Angabe, dass es sich
um eine Unionsmarke handelt;

(bb) wird der Widerspruch auf eine *notorisch bekannte Marke* iSd Art. 8 Abs. 2c 1085
UMV gestützt, so ist anzugeben, in welchen Mitgliedstaaten die ältere Marke
notorisch bekannt ist, und zusätzlich ist die Wiedergabe der Marke erforderlich;

(cc) wird der Widerspruch auf die fehlende Zustimmung des Inhabers nach Art. 8 1086
Abs. 3 UMV (*Agentenmarke*) gestützt, sind die Angabe des Gebiets, in dem
die ältere Marke geschützt ist, die Wiedergabe der Marke und ggf die Angabe,
ob die ältere Marke eine Anmeldung oder eine Eintragung ist, sowie in letz-
terem Fall die Anmelde- oder Eintragungsnr;

(dd) wird der Widerspruch auf eine ältere Marke oder ein *sonstiges Kennzeichen* 1087
iSd Art. 8 Abs. 4 UMV gestützt, so ist anzugeben, um welche Art von Recht
es sich handelt; ferner ist eine Wiedergabe der älteren Marke oder des älteren
Kennzeichens erforderlich sowie die Angabe, ob diese ältere Marke oder das
Kennzeichen in der gesamten Union oder in einzelnen Mitgliedstaaten besteht
und ggf in welchen Mitgliedstaaten;

(ee) wird der Widerspruch auf eine *ältere Ursprungsbezeichnung* oder geografische 1088
Angabe iSd Art. 8 Abs. 6 UMV gestützt, so ist anzugeben, um welche Art
von Bezeichnung oder Angabe es sich handelt; ferner ist eine Wiedergabe der
älteren Ursprungsbezeichnung oder geografischen Angabe erforderlich sowie
die Angabe, ob diese in der gesamten Union oder in einzelnen Mitgliedstaaten besteht und ggf in welchen Mitgliedstaaten;

(c) die *Gründe*, auf die sich der Widerspruch stützt, mittels einer Erklärung, dass die 1089
Erfordernisse nach Art. 8 Abs. 1, 3, 4, 5 oder 6 UMV bzgl aller vom Widersprechenden geltend gemachten älteren Rechte erfüllt sind;

(d) die Angabe der *Waren* oder *DL*, gegen die sich der Widerspruch richtet, wobei in 1090
deren Ermangelung davon ausgegangen wird, dass sich der Widerspruch gegen alle
Waren oder DL der beanstandeten Unionsmarkenanmeldung richtet.

Beruht der Widerspruch auf *mehr als einer älteren Marke* oder mehr als einem älteren 1091
Recht, gilt Art. 2 Abs. 2 DVUM für alle diese Marken, Kennzeichen, Ursprungsbezeichnungen oder geografischen Angaben (Art. 2 Abs. 3 DVUM). Denn der Widerspruch
kann auf mehrere ältere Rechte gestützt werden, soweit der Widersprechende deren
Inhaber ist. Auch kann der Widerspruch von mehreren Personen erhoben werden,
wenn sie gemeinsam Inhaber des älteren Rechts sind. Das Widerspruchrecht kann
in diesem Fall aber auch ein einzelner Inhaber allein ausüben.

Die Widerspruchsschrift kann zudem eine *Darlegung der Gründe* mit den Tatsachen 1092
und Argumenten, auf die sich der Widerspruch stützt, sowie die entspr Beweismittel
enthalten (Art. 2 Abs. 4 DVUM).

1093   Diese *absoluten Zulässigkeitsvoraussetzungen* müssen innerhalb der *Dreimonatsfrist* des Art. 46 Abs. 1 UMV, Art. 5 Abs. 2 DVUM erfüllt sein.

1094   Liegen *Mängel* bei den *relativen Zulässigkeitsvoraussetzungen* gemäß Art. 2 Abs. 2d bis 2h DVUM vor, nämlich

1095   (a) im Fall einer älteren Unionsmarkenanmeldung oder Eintragung betr den *Anmeldetag* und, soweit bekannt, den Eintragungstag und den Prioritätstag der älteren Marke;

1096   (b) im Fall älterer Rechte iSd Art. 8 Abs. 6 UMV betr das *Datum der Anmeldung* der Eintragung, oder, sofern dieses nicht bekannt ist, den Tag des Inkrafttretens der Gewährung des Schutzes;

1097   (c) im Fall einer älteren Unionsmarkenanmeldung oder Eintragung betr eine *Wiedergabe der älteren Marke*, so wie sie eingetragen oder angemeldet wurde, wobei die Wiedergabe, wenn die ältere Marke farbig ist, farbig sein muss;

1098   (d) betr die Angabe der *Waren und DL* der älteren Rechte, auf die sich die einzelnen Widerspruchsgründe stützen[1141];

1099   (e) in Bezug auf den *Widersprechenden*:

1100   (aa) betr Angaben zu dessen *Identität* gemäß Art. 2 Abs. 1b UMDV;

1101   (bb) hat der Widersprechende einen *Vertreter* bestellt oder muss er gemäß Art. 119 Abs. 2 UMV vertreten werden, gemäß Art. 2 Abs. 1e UMDV betr den Namen und die Geschäftsanschrift des Vertreters;

1102   (cc) wird der Widerspruch von einem *Lizenznehmer* oder von einer Person eingelegt, die nach den einschlägigen Unionsbestimmungen oder nationalen Bestimmungen zur Ausübung eines älteren Rechts befugt ist, betr eine diesbzgl Erklärung mit Angaben zur Bevollmächtigung oder Befugnis zur Einlegung des Widerspruchs[1142];

1103   so benachrichtigt das EUIPO gemäß Art. 5 Abs. 5 DVUM den Widersprechenden und fordert ihn auf, die *festgestellten Mängel* binnen zwei Monaten *zu beheben*. Werden die Mängel nicht fristgerecht behoben, so weist das Amt den Widerspruch als unzulässig zurück[1143].

1141   EuG, 24.5.2016, T-126/15 – Supeco/SUPER COR. So konnte sich der Widersprechende weder auf die Mitteilung Nr 2/12 des Präsidenten vom 20.6.2012 stützen, da die dort geregelte weite Auslegung des VerzWDL für Markenanmeldungen vor dem 22.6.2012 gerade nicht für das Widerspruchsverfahren gilt, noch auf eine falsche französische Sprachfassung von Regel 15 Abs. 2f GMDV. Das EuG (15.1.2013, T-237/11 – BELL-RAM/RAM, Rn 46–55) will aber nach Ablauf der dreimonatigen Widerspruchsfrist noch eine Erweiterung (»Vervollständigung«) des Widerspruchs auf weitere Waren des Widersprechenden zulassen, wenn er anfangs eine unvollständige Urkunde eingereicht, diese aber später durch eine vollständige ersetzt hat.

1142   EuG, 30.6.2021, T-15/20 – SKYLINERS/SKY, Rn 45–50. Das bloße Bestehen einer ausschließlichen Lizenz für eine Marke kann nämlich nicht so ausgelegt werden, dass sie den Lizenznehmer berechtigt, allein auf dieser Grundlage und ohne ausdrückliche Ermächtigung hierzu einen Widerspruch einzulegen.

1143   EuG, 20.7.2017, T-780/16 – mediaexpert/mediaexpert, Rn 26–33; bestätigt durch EuGH, 13.3.2018, C-560/17 P. *Stürmann*, Verfahren vor dem HABM, GRUR-Prax 2016, 30.

Der Umfang des Widerspruchs bestimmt sich aus dem Inhalt der Widerspruchsschrift **1104**
in ihrer Gesamtheit, so dass ein offensichtlich fehlerhaftes Ankreuzen einer Box im
Formular nicht schadet, wenn sich aus einem Begleitschreiben der tatsächliche Umfang
eindeutig feststellen lässt[1144].

Wegen Art. 147 Abs. 3 UMV kann man sich jedoch grds *nicht auf die im Register* **1105**
wiedergegebene Übersetzung des VerzWDL verlassen, sondern muss diese immer mit
der Originalsprache der Anmeldung oder deren zweiter Sprache (falls die Anmeldung
nicht in einer der fünf Sprachen des EUIPO eingereicht worden war) abgleichen,
will man das Risiko vermeiden, dass sich der Widerspruch wegen einer fehlerhaften Übersetzung nicht gegen alle störenden Waren und DL richtet[1145] (s. Rdn 314).

1. Prüfungsgrundsätze

Auf Art. 9 UMV kann sich ein Widersprechender *nicht* stützen, weil dieser den **1106**
Umfang des Rechts aus der Unionsmarke und damit die Folgen ihrer Eintragung
regelt, nicht aber ihre Voraussetzungen.

Auch die *absoluten Eintragungshindernisse* des Art. 7 UMV sind *nicht* im Rahmen **1107**
eines Widerspruchsverfahrens zu *prüfen*[1146]. Ist der Anmelder der Auffassung, dass die
Widerspruchsmarke wegen absoluter Schutzversagungsgründe nicht hätte eingetragen
werden dürfen, bleibt es ihm vorbehalten, vor der zuständigen nationalen Instanz bzw
dem EUIPO ein *Nichtigkeitsverfahren* einzuleiten. Bis zum Abschluss eines solchen
kann dann das Widerspruchs- bzw Beschwerdeverfahren gemäß Art. 71 Abs. 1 DVUM
ausgesetzt werden[1147]. Nach Art. 45 Abs. 3 UMV kann jedoch das EUIPO von Amts
wegen die Prüfung jederzeit vor der Eintragung wieder aufnehmen. Im Beschwerdeverfahren kann der Widersprechende auch anregen, dass die BK nach Art. 30 Abs. 2
und 3 DVUM das Verfahren mit einer begründeten Zwischenentscheidung aussetzt
und die angefochtene Anmeldung mit der Empfehlung zur Wiedereröffnung der
Prüfung dem zuständigen Prüfer gemäß Art. 45 UMV zuweist. Er hat aber dem Amt
oder der BK gegenüber keinen dahingehenden Anspruch (s.a. Rdn 1727 f).

Werden *Bemerkungen Dritter* gemäß Art. 45 Abs. 1 UMV zur Unionsmarkenanmel- **1108**
dung eingereicht, kann das EUIPO ebenfalls das Widerspruchsverfahren aussetzen

---

1144 EuG, 3.4.2014, T-356/12 – SÔ:UNIC/SO...?, Rn 43–49; bestätigt durch EuGH,
 15.10.2015, C-270/14 P. So führte das irrtümliche Ankreuzen der Box »EM« bei einem
 auf ältere nationale, nicht eingetragene Marken gestützten Widerspruch nach Art. 8
 Abs. 4 UMV nicht zur Unzulässigkeit, wenn sich aus einem Begleitschreiben ergab, dass
 der Widersprechende sich nur auf Rechte in Irland und Großbritannien berufen wollte.
1145 EuG, 21.3.2013, T-353/11 – eventer EVENT MANAGEMENT SYSTEMS/EVENT,
 Rn 14–18. Aus Vorsichtsgründen empfiehlt sich daher, den Widerspruch immer (durch
 Ankreuzen des entspr Feldes im Formular) gegen »alle Waren und/oder DL der Anmeldung« (evt nur bestimmter Kl.) zu richten.
1146 EuG, 9.9.2011, T-274/09 – IC4/ICE, Rn 40.
1147 EuG, 30.6.2004, T-186/02 – DIESELIT/DIESEL, Rn 71.

und das Prüfungsverfahren wiedereröffnen, um zu klären, ob die geltend gemachten absoluten Eintragungshindernisse tatsächlich vorliegen[1148].

1109 Widerspruch kann gemäß Art. 2 Abs. 3 DVUM in einem einzigen Antrag und einem einheitlichen Verfahren *aufgrund einer oder mehrerer älterer Marken* iSv Art. 8 Abs. 2 UMV (ältere Marken) und/oder eines oder mehrerer sonstiger älterer Rechte iSv Art. 8 Abs. 4 UMV (ältere Rechte) und/oder (in entspr Anwendung) aufgrund einer oder mehrerer Ursprungsbezeichnungen oder geografischen Angaben iSv Art. 8 Abs. 6 UMV erhoben werden, sofern alle älteren Rechte oder Marken demselben Inhaber oder denselben Inhabern bzw Berechtigten gehören.

1110 Dagegen ist *für jede Unionsmarkenanmeldung*, die mit einem Widerspruch angegriffen werden soll, *ein gesonderter Antrag* zu stellen und jeweils eine Widerspruchsgebühr zu zahlen.

1111 Das *Widerspruchsrecht* muss auch noch zum Zeitpunkt der Entscheidung *wirksam* sein, so dass evt Verlängerungen vom Widersprechenden zu belegen sind. Dies ist immer vom EUIPO zu prüfen und im Zweifel hat es den aktuellen Rechtsstand nachzufragen[1149].

2. Verfahren

1112 Das Widerspruchsverfahren läuft in *zwei gesonderten Phasen* ab, nämlich einerseits hinsichtlich der *Zulässigkeit* des Widerspruchs im Rahmen einer Amtsprüfung in einem Ex-Parte-Verfahren, an dem sich der Anmelder, der gemäß Art. 4 DVUM unmittelbar über den Widerspruch informiert wird, auch ohne besondere Aufforderung seitens des EUIPO beteiligen kann (Art. 5 DVUM).

1113 Die Phase der *Prüfung der Zulässigkeit* kann zum Erlass einer Entscheidung führen, die das Verfahren abschließt (nämlich zur Feststellung, dass der Widerspruch als nicht eingereicht gilt oder dass er unzulässig ist) und als solche gemäß Art. 66 Abs. 1 UMV mit der Beschwerde angefochten werden kann[1150].

1114 Das Folgende sind *Unzulässigkeitsgründe*:

1115 1. Wird die *Widerspruchsgebühr* nicht innerhalb der Widerspruchsfrist nach Art. 46 Abs. 1 UMV entrichtet, so gilt der Widerspruch als nicht erhoben. Wird sie nach Ablauf der Widerspruchsfrist einbezahlt, wird sie dem Widersprechenden erstattet (Art. 5 Abs. 1 DVUM).

1116 2. Wird die *Widerspruchsschrift* nach Ablauf der Widerspruchsfrist eingereicht, so weist das Amt den Widerspruch als unzulässig zurück (Art. 5 Abs. 2 DVUM).

1117 3. Wird die Widerspruchsschrift in einer *Sprache* eingereicht, bei der es sich um keine der Sprachen des EUIPO nach Art. 146 Abs. 5 UMV handelt oder entspricht sie nicht den Bestimmungen von Art. 2 Abs. 2a, 2b oder 2c DVUM, und wurden

---

1148 EuG, 22.6.2010, T-255/08 – JOSE PADILLA/JOSE PADILLA, Rn 28, 35, 36.
1149 EuG, 13.9.2006, T-191/04 – METRO/METRO, Rn 29 ff.
1150 EuGH, 18.10.2012, C-402/11 P – REDTUBE/Redtube, Rn 48.

diese Mängel nicht vor Ablauf der Widerspruchsfrist behoben, so weist das Amt den Widerspruch als unzulässig zurück (Art. 5 Abs. 3 DVUM).

4. Legt der Widersprechende die nach Art. 146 Abs. 7 UMV erforderliche Übersetzung nicht vor, wird der Widerspruch als unzulässig zurückgewiesen. Ist die Übersetzung unvollständig, bleibt der nicht übersetzte Teil der Widerspruchsschrift bei der Zulässigkeitsprüfung unberücksichtigt (Art. 5 Abs. 4 DVUM). **1118**

Erfüllt die Widerspruchsschrift die Bestimmungen des Art. 2 Abs. 2d bis 2h DVUM nicht, so benachrichtigt das Amt den Widersprechenden und fordert ihn auf, die festgestellten Mängel binnen zwei Monaten zu beheben. Werden die Mängel nicht fristgerecht behoben, so weist es den Widerspruch als unzulässig zurück (Art. 5 Abs. 5 DVUM). **1119**

Das Amt unterrichtet den Anmelder über jegliche Feststellung gemäß Art. 5 Abs. 1 DVUM, dass die Widerspruchsschrift als nicht eingereicht gilt, und über jegliche Entscheidung der Zurückweisung des Widerspruchs aus den Unzulässigkeitsgründen nach Art. 5 Abs. 2, 3, 4 oder 5 DVUM. Wird ein Widerspruch vor der Zustellung gemäß Art. 6 Abs. 1 DVUM in allen Teilen als unzulässig gemäß Art. 5 Abs. 2, 3, 4 oder 5 DVUM zurückgewiesen, wird keine Kostenentscheidung getroffen (Art. 5 Abs. 6 DVUM). **1120**

Andererseits stellt das *Verfahren über die Begründetheit* ein echtes zweiseitiges Verfahren dar, das sich wegen Art. 95 Abs. 1 S. 2 UMV an *zivilprozessualen Grundsätzen* orientiert (Art. 6 bis 8 DVUM). Wegen Art. 6 DVUM beginnt das Widerspruchsverfahren selbst, dh die *Inter-partes*-Phase, nur dann, wenn das EUIPO geprüft hat, dass der Widerspruch zulässig ist und keiner der in Art. 5 DVUM genannten Gründe seiner Zulässigkeit entgegensteht[1151]. **1121**

Dem streitigen Verfahren über die Begründetheit des Widerspruchs ist eine »Abkühlphase« (*Cooling-off-Periode*) vorgeschaltet. Diese soll es den Beteiligten ermöglichen, auf dem Verhandlungsweg zu einer gütlichen Einigung zu gelangen. Dieses Institut spielt eine große Rolle, und tatsächlich werden derzeit fast 70 % der Widerspruchsverfahren ohne streitige Entscheidung des EUIPO erledigt. **1122**

Verwirft das EUIPO den Widerspruch nicht als unzulässig, so teilt es den Beteiligten gemäß Art. 6 Abs. 1 DVUM mit, dass der *kontradiktorische Teil* des Widerspruchsverfahrens *zwei Monate nach der Zustellung dieser Mitteilung* beginnt. Diese Frist kann auf insgesamt *24 Monate verlängert* werden, wenn beide Beteiligte dies vor Ablauf der Zweimonatsfrist beantragen[1152]. Bei dieser Mitteilung handelt es sich um keine bloße verfahrensleitende Maßnahme, sondern um eine *nicht abschließende Entscheidung* gemäß Art. 66 Abs. 2 UMV, die, wenn sie offensichtlich mit einem dem EUIPO anzulastenden Fehler behaftet ist, wegen Art. 103 UMV auf Antrag oder von Amts **1123**

1151 EuGH, 18.10.2012, C-402/11 P – REDTUBE/Redtube, Rn 49–51.
1152 Bislang war eine Verlängerung auf höchstens *drei Jahre.* möglich, was angesichts der neuen Rechtslage nicht mehr statthaft sein dürfte; S. Alicante News 12/2014, S. 6.

wegen binnen eines Jahres[1153] ab dem Entscheidungserlass nach Anhörung der Verfahrensbeteiligten sowie etwaiger, im Register eingetragener Inhaber von Rechten an der betr Unionsmarke widerrufen werden kann. Ansonsten kann sie mit der Beschwerde nur zusammen mit der Endentscheidung angefochten werden, sofern in der nicht abschließenden Entscheidung nicht die gesonderte Beschwerde zugelassen wurde[1154].

1124   Jeder Beteiligte kann die verlängerte Cooling-off-Frist mittels eines einfachen Schreibens an das Amt *beenden*, ohne dass es darauf ankommt, ob der andere Beteiligte damit einverstanden ist.

1125   Wird die Anmeldung innerhalb der Cooling-off-Frist zurückgenommen oder auf die Waren und DL beschränkt, gegen die sich der Widerspruch nicht richtet, oder wird dem EUIPO mitgeteilt, dass sich die Beteiligten gütlich geeinigt haben, oder wird die Anmeldung in einem Parallelverfahren zurückgewiesen, dann wird das *Widerspruchsverfahren eingestellt* (Art. 6 Abs. 2 DVUM).

1126   Wenn der Anmelder die Anmeldung innerhalb der Cooling-off-Frist einschränkt, indem er auf die Beanspruchung bestimmter, durch Widerspruch angefochtener Waren und DL verzichtet, so fordert das EUIPO den Widersprechenden auf, innerhalb einer von ihm festgelegten Frist zu erklären, ob er den Widerspruch aufrechterhält bzw gegen welche der verbleibenden Waren und DL er ihn weiter richtet. Nimmt der Widersprechende den Widerspruch aufgrund der Einschränkung zurück, wird das Widerspruchsverfahren eingestellt (Art. 6 Abs. 3 DVUM).

1127   Wird das Widerspruchsverfahren gemäß Art. 6 Abs. 2 oder 3 DVUM vor Ablauf der Cooling-off-Frist eingestellt, wird *keine Kostenentscheidung* getroffen mit der Konsequenz, dass jeder Beteiligte seine eigenen Kosten trägt (Art. 6 Abs. 4 DVUM). Wird das Widerspruchsverfahren vor Ablauf der Cooling-off-Frist wegen der Zurücknahme oder Einschränkung der Anmeldung oder Zurücknahme des Widerspruchs wegen Art. 6 Abs. 2 oder 3 DVUM eingestellt, wird die *Widerspruchsgebühr erstattet* (Art. 6 Abs. 5 DVUM). Ansonsten gilt nämlich der Grundsatz des Art. 109 Abs. 4 UMV, dass derjenige Beteiligte, der ein Verfahren durch Rücknahme beendet, die Gebühren und die Kosten des anderen Beteiligten zu tragen hat.

1128   Kommt es zu keiner gütlichen Einigung innerhalb der evt auch verlängerten Cooling-off-Periode, so beginnt das *streitige Widerspruchsverfahren*. Das EUIPO gibt dem Widersprechenden dann Gelegenheit, die Tatsachen, Beweismittel und Bemerkungen zur Stützung seines Widerspruchs vorzubringen oder Tatsachen, Beweismittel und Bemerkungen zu ergänzen, die bereits anlässlich der Widerspruchserhebung vorgelegt wurden (Art. 46 Abs. 4 UMV, Art. 7 Abs. 1 DVUM). Zu diesem Zweck setzt es eine Frist von mindestens zwei Monaten ab dem Tag der Eröffnung des kontradiktorischen Teils des Widerspruchsverfahrens gemäß Art. 6 Abs. 1 DVUM (s. Rdn 1091). Legt der Widersprechende keine (weiteren) Tatsachen, Beweismittel und Bemerkungen

---

1153 Der alte Art. 80 Abs. 1 GMV beschränkte die Anwendbarkeit noch auf *Verfahrens*fehler,
      und in Abs. 2 war eine Sechsmonatsfrist vorgesehen.
1154 EuGH, 18.10.2012, C-402/11 P – REDTUBE/Redtube, Rn 52–69.

zur Stützung seines Widerspruchs vor, wozu er nicht verpflichtet ist, sondern was in seinem Ermessen steht, so entscheidet das EUIPO in einer umfassenden Prüfung nach der Stellungnahme des Anmelders über die Begründetheit des Widerspruchs[1155].

Innerhalb der obigen Frist muss der Widersprechende wegen Art. 7 Abs. 2 DVUM außerdem Beweise für die Existenz, die Gültigkeit und den Schutzumfang seiner älteren Marke oder seines älteren Rechts einreichen und den Nachweis erbringen, dass er zur Einlegung des Widerspruchs befugt ist. **1129**

3. Beweismittel

Der Widersprechende muss insb *folgende Beweismittel* innerhalb der Frist vorlegen (Art. 7 Abs. 2 DVUM): **1130**

(a) Beruht der Widerspruch auf einer *älteren Marke* gemäß Art. 8 Abs. 2a und 2b UMV, die keine Unionsmarke ist, so ist ihre Anmeldung oder Eintragung wie folgt zu belegen: **1131**

    (i) wenn die Marke noch nicht eingetragen ist, durch eine Abschrift der Anmeldebescheinigung oder eines gleichwertigen Schriftstücks der Stelle, bei der die Anmeldung eingereicht wurde, oder **1132**

    (ii) wenn die Marke eingetragen ist, durch eine Abschrift der betr Eintragungsurkunde[1156] und ggf der jüngsten Verlängerungsurkunde, aus der hervorgeht, dass die Schutzdauer der Marke über die in Art. 7 Abs. 1 DVUM genannte Frist und ihre etwaige Verlängerung hinausgeht, oder durch gleichwertige Schriftstücke der Stelle, die die Markeneintragung vorgenommen hat. Die Vorlage einer Verlängerungsurkunde reicht jedoch auch ohne Eintragungsurkunde zum Nachweis der Existenz, der Gültigkeit und des Schutzumfangs der älteren Marke aus, wenn sie alle zu diesem Zweck erforderlichen Informationen enthält[1157]. **1133**

(b) Beruht der Widerspruch auf einer *notorisch bekannten Marke* iSd Art. 8 Abs. 2c UMV, so ist der Nachweis zu erbringen, dass diese Marke in dem betr Gebiet für die gemäß Art. 2 Abs. 2g DVUM angegebenen Waren oder DL notorisch bekannt ist. **1134**

(c) Wird der Widerspruch auf die fehlende Zustimmung des Inhabers nach Art. 8 Abs. 3 UMV (*Agentenmarke*) gestützt, so sind die Inhaberschaft des Beteiligten bzgl der älteren Marke und seine Beziehung zu dem Agenten oder Vertreter nachzuweisen. **1135**

1155 EuG, 24.10.2019, T-58/18 – Xocolat/LUXOCOLAT, Rn 19–21.

1156 Dann genügt die Vorlage einer Anmeldebescheinigung nicht mehr; EuG, 5.2.2016, T-135/14 – kicktipp/KICKERS, Rn 75.

1157 EuG, 5.2.2016, T-135/14 – kicktipp/KICKERS, Rn 56–65, 74, 75. Wenn die Verlängerung rechtzeitig beantragt wurde, die zuständige Stelle über diesen Antrag aber noch nicht entschieden hat, reicht die Vorlage eines Belegs für den Antrag aus, wenn er von der zuständigen Stelle stammt und alle erforderlichen Informationen hinsichtlich der Eintragung der Marke enthält. Dieser Beleg für die Stellung eines Verlängerungsantrags reicht jedoch nicht mehr aus, wenn die Verlängerung vorgenommen wurde.

1136 (d) Wird der Widerspruch auf ein *älteres Recht* iSd Art. 8 Abs. 4 UMV gestützt, so sind dessen Benutzung im Handelsverkehr von mehr als lediglich örtlicher Bedeutung sowie sein Erwerb, Fortbestand und Schutzumfang nachzuweisen. Wird das ältere Recht nach dem Recht eines Mitgliedstaats geltend gemacht, ist auch eine eindeutige Angabe der Inhalte des zugrunde liegenden nationalen Rechts durch Beifügung von Veröffentlichungen der relevanten Bestimmungen oder Rspr erforderlich.

1137 (e) Wird der Widerspruch auf eine *ältere Ursprungsbezeichnung* oder geografische Angabe iSd Art. 8 Abs. 6 UMV gestützt, ist deren Erwerb, Fortbestand und Schutzumfang nachzuweisen. Wenn die ältere Ursprungsbezeichnung oder geografische Angabe nach dem Recht eines Mitgliedstaats geltend gemacht wird, ist auch eine eindeutige Angabe der Inhalte des zugrunde liegenden nationalen Rechts durch Beifügung von Veröffentlichungen der relevanten Bestimmungen oder Rspr erforderlich.

1138 (f) Wird der Widerspruch auf eine Marke gestützt, die eine iSd Art. 8 Abs. 5 UMV *bekannte Marke* ist, ist dies für die Union oder den betr Mitgliedstaat für die gemäß Art. 2 Abs. 2g DVUM angegebenen Waren oder DL zusätzlich zu dem in Abs. 2a aufgeführten Nachweis zu belegen. Ferner sind Beweismittel und Tatsachen dazu vorzutragen, dass die Benutzung der Anmeldung die Unterscheidungskraft oder die Wertschätzung der älteren Marke ohne rechtfertigenden Grund in unlauterer Weise ausnutzen oder beeinträchtigen würde.

1139 Sind die *Nachweise* für die Anmeldung oder Eintragung der älteren Rechte gemäß Art. 7 Abs. 2a oder ggf Abs. 2d oder 2e DVUM oder die Nachweise bzgl der Inhalte des einschlägigen nationalen Rechts *im Internet* in einer vom Amt anerkannten Quelle verfügbar, kann der Widersprechende gemäß Art. 7 Abs. 3 DVUM diese Nachweise in Form eines Verweises auf diese Quelle vorlegen.

1140 Alle in Art. 7 Abs. 2a, 2d oder 2e DVUM erwähnten Anmelde-, Eintragungs- und Verlängerungsbescheinigungen oder gleichwertigen Unterlagen sowie alle Bestimmungen des anwendbaren nationalen Rechts für den Erwerb von Rechten und deren Schutzumfang, auf die in Art. 7 Abs. 2d und 2e DVUM Bezug genommen wird, einschl der in Abs. 3 genannten im Internet verfügbaren Nachweise, sind gemäß Art. 7 Abs. 4 DVUM in der *Verfahrenssprache* vorzulegen oder es ist eine *Übersetzung* in dieser Sprache nach den Anforderungen des Art. 25 Abs. 1 UMDV beizufügen. Der Widersprechende hat die Übersetzung von sich aus innerhalb der Frist für die Vorlage der Originalunterlagen einzureichen. Für alle weiteren vom Widersprechenden zur Substantiierung des Widerspruchs vorgelegten Beweismittel gilt Art. 24 UMDV. Nach Ablauf der betr Frist eingereichte Übersetzungen bleiben unberücksichtigt.

1141 Das EUIPO lässt wegen Art. 7 Abs. 5 DVUM schriftliche Vorlagen oder Teile davon *unberücksichtigt*, die nicht *innerhalb* der nach Art. 7 Abs. 1 DVUM von ihm *gesetzten Frist* eingereicht oder nicht in die Verfahrenssprache übersetzt wurden.

1142 Der Widersprechende oder der Anmelder können gemäß Art. 3 DVUM das Amt vor dem Tag, an dem der kontradiktorische Teil des Widerspruchsverfahrens gemäß Art. 6 Abs. 1 DVUM beginnt, darüber unterrichten, dass sich beide Beteiligten gemäß

Art. 146 Abs. 8 UMV auf eine *andere Verfahrenssprache* geeinigt haben. Wurde die Widerspruchsschrift nicht in dieser Sprache eingereicht, kann der Anmelder verlangen, dass der Widersprechende ihre Übersetzung in dieser Sprache einreicht. Ein solches Ersuchen muss spätestens an dem Tag beim Amt eingehen, an dem der kontradiktorische Teil des Verfahrens beginnen soll. Dieses legt eine Frist fest, innerhalb der der Widersprechende eine Übersetzung einreichen muss. Wird die Übersetzung nicht oder verspätet eingereicht, bleibt es bei der gemäß Art. 146 UMV festgelegten Verfahrenssprache.

4. Weiteres Verfahren

Widersprüche gelten jedenfalls dann als *zulässig*, wenn zumindest eines der älteren Rechte alle absoluten und relativen Zulässigkeitsvoraussetzungen erfüllt[1158]. Dies hat der Widersprechende sicherzustellen. Er sollte aber vorsichtshalber alle geltend gemachten älteren Rechte belegen, da er letztlich nicht wissen kann, welches davon die Widerspruchsabteilung und evt auch die BK als Entscheidungsgrundlage nehmen wird. Hat er jedoch vor Ablauf der vom Amt gesetzten Frist von mindestens zwei Monaten nach Art. 7 Abs. 1 DVUM keine Beweismittel vorgelegt oder sind die vorgelegten offensichtlich unerheblich oder unzureichend, um die Substantiierungserfordernisse für wenigstens eines der älteren Rechte gemäß Art. 7 Abs. 2 DVUM (Existenz, Gültigkeit, Schutzumfang, Widerspruchsbefugnis) zu erfüllen, wird der Widerspruch als *unbegründet* zurückgewiesen (Art. 8 Abs. 1 DVUM)[1159]. **1143**

Wird der Widerspruch nicht gemäß Art. 8 Abs. 1 DVUM zurückgewiesen, so übermittelt das EUIPO die Unterlagen des Widersprechenden an den *Anmelder* und fordert ihn auf, innerhalb einer von ihm gesetzten Frist dazu Stellung zu nehmen (Art. 8 Abs. 2 DVUM)[1160]. Gibt der Anmelder keine *Stellungnahme* ab, so entscheidet das Amt anhand der vorliegenden Beweismittel über den Widerspruch (Art. 8 Abs. 3 DVUM). **1144**

Eine Stellungnahme des Anmelders dagegen wird dem Widersprechenden übermittelt, der nötigenfalls – dh in der Praxis regelmäßig – vom EUIPO aufgefordert wird, sich innerhalb einer vom Amt gesetzten Frist von mindestens zwei Monaten dazu zu *äußern* (Art. 8 Abs. 4 DVUM). **1145**

Legt der Widersprechende nach Ablauf der vom EUIPO gesetzten Frist von mindestens zwei Monaten nach Art. 7 Abs. 1 DVUM Tatsachen oder Beweismittel vor, die wichtige fristgerecht eingereichte *Tatsachen oder Beweismittel ergänzen* und sich auf dieselben Substantiierungsanforderungen des Art. 7 Abs. 2 DVUM (Existenz, Gül- **1146**

1158 Mitteilung Nr 5/07 des Präsidenten vom 12.9.2007 Nr 2; ABl.HABM 11/2007.
1159 EuG, 20.7.2017, T-780/16 – mediaexpert/mediaexpert, Rn 26–44; bestätigt durch EuGH, 13.3.2018, C-560/17 P. Vor der Zurückweisung ist das Amt nicht verpflichtet, auf Begründetheitsmängel hinzuweisen und eine Frist zur Mängelbehebung zu setzen.
1160 Verlängerungsunterlagen über die Widerspruchsmarke muss das EUIPO dem Anmelder zur Stellungnahme übermitteln. Ansonsten ist dessen rechtliches Gehör nicht gewahrt, was zur Aufhebung der angefochtenen Entscheidung führen kann; EuG, 5.5.2015, T-715/13 – Castello/Castelló, Rn 66–92.

tigkeit, Schutzumfang, Widerspruchsbefugnis) beziehen, nutzt das Amt sein *Ermessen* nach Art. 95 Abs. 2 UMV für seine Entscheidung darüber, ob es diese ergänzenden Tatsachen oder Beweismittel *berücksichtigt*. Zu diesem Zweck trägt das EUIPO vor allem dem Verfahrensstadium Rechnung und berücksichtigt, ob die Tatsachen oder Beweismittel auf den *ersten Blick für den Ausgang des Falls bedeutend* erscheinen und ob sie aus *berechtigten Gründen nicht fristgemäß* vorgelegt wurden (Art. 8 Abs. 5 DVUM; s. Rdn 1141 ff).

1147 Das Amt fordert den Anmelder zu weiteren diesbzgl *Stellungnahmen* auf, wenn es dies unter den gegebenen Umständen für angemessen erachtet (Art. 8 Abs. 6 DVUM).

1148 Je nach Sachlage kann das EUIPO die Beteiligten auffordern, ihre Stellungnahmen *auf bestimmte Fragen zu beschränken*. In diesem Fall erhalten sie Gelegenheit, die sonstigen Fragen zu einem späteren Verfahrenszeitpunkt zu erörtern. Das Amt ist *nicht verpflichtet*, einen Beteiligten auf die Möglichkeit der Einreichung bestimmter wichtiger, noch nicht vorgelegter Tatsachen oder Beweismittel *hinzuweisen* bzw darauf aufmerksam zu machen, welche Tatsachen oder Beweismittel vorgebracht werden sollten oder nicht vorgebracht wurden (Art. 8 Abs. 9 DVUM)[1161]. Dies verbietet zudem seine Neutralitätspflicht in Inter-partes-Verfahren.

1149 Zwar sieht Art. 47 Abs. 1 UMV vor, dass das EUIPO bei der Prüfung des Widerspruchs die Beteiligten *so oft wie erforderlich auffordert*, innerhalb einer von ihm zu bestimmenden Frist eine Stellungnahme zu seinen Bescheiden oder zu den Schriftsätzen anderer Beteiligter einzureichen. Dies geschieht aber *idR nur einmal*, so dass bereits innerhalb der ersten Äußerungsfrist alle erforderlichen Tatsachen und Beweismittel sowie Argumente vorzubringen sind, um nicht zu riskieren, dass sie bei Einreichung im nachfolgenden Verfahren als verspätet ausgeschlossen werden[1162]. Sollte die Widerspruchsabteilung nicht ausdrücklich zur Stellungnahme innerhalb einer festgesetzten Frist auffordern, hält aber einer der Verfahrensbeteiligten eine Beantwortung für geboten, so sollte er unter Hinweis auf evt neuen Sachvortrag der Gegenseite entweder unverzüglich eine Stellungnahme abgeben oder unter Angabe von Gründen um eine Frist hierzu nachsuchen.

1150 Die Widerspruchsabteilung kann das Verfahren auch nach dessen Schließung *wiedereröffnen* und einem Beteiligten eine neue Frist zu Stellungnahmen oder zur Übermittlung von Nachweisen setzen, die dann auch berücksichtigt werden müssen[1163].

1151 Über diese einzelnen Verfahrensstufen werden die Beteiligten in einem speziellen *Formblatt* des EUIPO bei *Beginn des Verfahrens über die Begründetheit* des Widerspruchs detailliert und mit genauen Fristangaben informiert. Darauf darf sich aber ein Verfahrensbeteiligter nicht verlassen, zumal auch *eine pauschale Aufforderung ausreicht*, um das rechtliche Gehör zu wahren. Eine Nachforderung von fehlenden Dokumenten

---

1161 EuG, 21.6.2017, T-235/16 – GPTech/GP JOULE, Rn 30.
1162 Jedoch kann im Verspätungsfall die *Weiterbehandlung*. des Art. 105 UMV beantragt werden.
1163 EuG, 16.6.2010, T-487/08 – KREMEZIN/KRENOSIN, Rn 32–42.

oder Übersetzungen seitens der Widerspruchsabteilung erfolgt nicht, weil dies gegen die *strikte Neutralitätspflicht* des EUIPO in Inter-partes-Verfahren verstoßen würde.

Das Amt kann die Beteiligten ersuchen, *sich zu einigen,* wenn es dies als sachdienlich **1152** erachtet (Art. 47 Abs. 4 UMV). Da hiervon kaum Gebrauch gemacht wird, sollte ein Beteiligter sich entweder unmittelbar mit der Gegenseite in Verbindung setzen, falls er dies nicht sowieso schon vor Einleitung des Verfahrens getan hat, oder im Verfahren konkrete Anregungen zu einem Vergleich unterbreiten, insb wenn diese auf eine Einschränkung des VerzWDL eines der konkurrierenden Rechte oder auf sonstige (zB räumliche, zeitliche oder inhaltliche) Abgrenzungsvereinbarungen abzielen. Um die gütliche Einigung zu fördern, bieten die BK nunmehr auch *Schiedsgutachtenverfahren* an (s. Rdn 1763).

Wurden *mehrere Widersprüche* gegen dieselbe Anmeldung einer Unionsmarke einge- **1153** reicht, kann das Amt sie in einem Verfahren prüfen. Es kann sie später wieder trennen. Ergibt die vorläufige Prüfung eines oder mehrerer Widersprüche, dass eine Anmeldung für einige oder alle beanspruchten Waren oder DL nicht eingetragen werden kann, kann das Amt die übrigen Widerspruchsverfahren *aussetzen.* Es unterrichtet die davon betroffenen Widersprechenden über jede sie betr Entscheidung, die im Zusammenhang mit den fortgeführten Verfahren ergeht (Art. 9 Abs. 1 und 2 DVUM).

Sobald die *Zurückweisung* einer Anmeldung *rechtskräftig* geworden ist, gelten die Wider- **1154** sprüche, deren Verfahren ausgesetzt wurden, als *erledigt* und die Widersprechenden werden hiervon in Kenntnis gesetzt. Eine derartige Erledigung gilt als *Einstellung des Verfahrens* iSd Art. 109 Abs. 5 UMV. Das Amt erstattet jedem Widersprechenden, dessen Widerspruch auf diese Weise als erledigt gilt, 50 % der entrichteten Widerspruchsgebühr, sofern die Verfahren bzgl dieses Widerspruchs vor Beginn des kontradiktorischen Teils der Verfahren ausgesetzt wurden (Art. 9 Abs. 3 und 4 DVUM).

Wird von den Beteiligten eines Widerspruchsverfahrens eine *Aussetzung* gemäß Art. 71 **1155** DVUM mit fristunterbrechender Wirkung beantragt (zB zu Vergleichsverhandlungen), bewilligt das EUIPO diese für maximal sechs Monate. Bei Folgeanträgen wird der gleiche Zeitraum gewährt, jedoch nur bis zu einer Gesamtdauer von zwei Jahren. Die Aussetzung kann ein Beteiligter jederzeit beenden.

Wurde der Widerspruch nicht gemäß Art. 8 Abs. 1 DVUM zurückgewiesen und rei- **1156** chen die vom Widersprechenden vorgelegten Beweismittel für seine *Substantiierung* nach Art. 7 DVUM für wenigstens eines der älteren Rechte nicht aus, wird er als *unbegründet zurückgewiesen* (Art. 8 Abs. 7 DVUM).

Die Regelungen des Art. 6 Abs. 2 und 3 DVUM hinsichtlich *Rücknahme und Ein-* **1157** *schränkung der Anmeldung* gelten entspr ab Eröffnung des kontradiktorischen Teils des Widerspruchsverfahrens. Wünscht der Anmelder die angefochtene Anmeldung zurückzunehmen oder zu beschränken, so hat er dies mittels eines *gesonderten Schriftstückes,* also auf einem vom übrigen Text separaten Blatt mit neuem Briefkopf und Unterschrift, zu tun (Art. 8 Abs. 8 DVUM).

1158   Der Widerspruch kann *jederzeit zurückgenommen* werden, auch in der Beschwerde-
        oder Klageinstanz[1164]. Die Rücknahme ist noch statthaft nach Erlass einer (auch nur
        teilweise) ablehnenden Entscheidung der Widerspruchsabteilung oder der BK, solange
        sie innerhalb noch offener Beschwerde- bzw Klagefrist erfolgt[1165].

1159   Die Widerspruchsabteilung entscheidet auch über die *Kosten* (Art. 109 UMV), wozu
        diejenigen der Beteiligten und die Gebühren gehören (s. Rdn 329 ff).

5. Häufige Fehler des Widersprechenden

1160   Die den Beteiligten vom EUIPO übersandten Informationen, Hinweise und Merk-
        blätter sind strikt zu beachten!

1161   (a) Zum *Nachweis der älteren Rechte* sind vorzulegen: Anmeldebescheinigungen, Ein-
        tragungsurkunden oder gleichwertige amtliche Dokumente, also solche, die von
        der Stelle stammen, bei der die Anmeldung eingereicht wurde bzw die die Marke-
        neintragung vorgenommen hat, zB *TMview*[1166] für Unionsmarken, andere darin
        enthaltene nationale Marken (-anmeldungen) und IR-Marken[1167], *Madrid Monitor*
        (früher: *ROMARIN*) von der WIPO für IR-Marken[1168], *DPMAregister* des deut-

---

1164 EuG, 3.7.2003, T-10/01 – SEDONIUM/PREDONIUM, Rn 15–17.
1165 BK, 20.10.2006, R 961/06–1 – SILKA/sikla. Eine Rücknahme vor dem EuG führt
      aber nicht automatisch zur Beendung des Verfahrens, sondern dieses ist für erledigt
      zu erklären (s. Rdn 1815); EuG, 1.3.2016, T-40/09 – VOGUE CAFÉ/Vogue und
      VOGUE studio, Rn 17–32.
1166 EuG, 6.12.2018, T-848/16 – V/V, Rn 60, 67. Die Datenbank TMview ist ein vom
      EUIPO verwaltetes IT-Instrument, zu dem andere Markenämter, darunter die WIPO,
      Beiträge leisten. Ein Auszug aus TMview entspricht dem Stand des Registers der zustän-
      digen Stelle zum Zeitpunkt der Konsultation dieser Datenbank durch den Benutzer. Für
      den Betrieb von TMview sorgen nämlich die beteiligten Markenämter wie die WIPO,
      die die Informationen täglich aktualisieren, so dass sie ihren Markenregistern genau
      entsprechen. Dieses Urteil nimmt bereits die Regelung des neuen Rechts in Art. 7 Abs. 3
      DVUM vorweg, wonach der Widersprechende, wenn die Nachweise für die Anmel-
      dung oder Eintragung der älteren Rechte gemäß Art. 2 Abs. 2a oder ggf Abs. 2d oder
      Abs. 2e DVUM online in einer vom Amt anerkannten Quelle, wie TMview, verfügbar
      sind, diese in Form eines Verweises auf diese Quelle vorlegen kann.
1167 EuG, 6.12.2018, T-848/16 – V/V, Rn 55–73. Im Gegensatz zu einer CTM-Online-Aus-
      kunft des HABM stellt ein Auszug aus der TMview-Datenbank des EUIPO in Bezug
      auf Internationale Registrierungen mit Benennung der Union ein einer Abschrift der
      von der WIPO ausgestellten Eintragungsurkunde gleichwertiges Schriftstück iSv Regel
      19 Abs. 2a-ii GMDV dar, vorausgesetzt, der vom Widersprechenden vorgelegte Auszug
      enthält alle sachdienlichen Informationen. Falls das in dem Auszug aus TMview enthal-
      tene VerzWDL nicht in der Sprache des Widerspruchsverfahrens verfügbar ist, muss der
      Widersprechende gemäß Regel 19 Abs. 3 GMDV (jetzt: Art. 7 Abs. 4 DVUM.) dieses
      zusammen mit dessen Übersetzung in die Verfahrenssprache vorlegen.
1168 Bei der Erstreckung einer IR-Marke auf die Union wird neben *Madrid Monitor*- (frü-
      her *ROMARIN*) auch der TMview-Auszug, keinesfalls jedoch der CTM-Ausdruck des
      HABM anerkannt; EuG, 26.11.2014, T-240/13 – Alifoods/ALDI, Rn 26–32. Nach

schen Amts oder *SITADEX* vom spanischen Amt (Art. 7 Abs. 2a und Abs. 3 DVUM). Die *Kopie der Urkunde* muss dem *Original – ohne jegliche Änderung – vollständig entsprechen*, also bei farbigen Marken eine farbige Wiedergabe einschließen[1169]. Enthalten diese Datenauszüge nicht alle erforderlichen Angaben, fehlt zB die Abbildung der Marke oder das VerzWDL (wie manchmal bei *SITADEX*), muss dies durch entspr andere, aus offiziellen Quellen stammende Dokumente ergänzt werden. *Nicht* mehr berücksichtigt werden *private Datenbankauskünfte*, wie zB *DEMAS, MARQUESA, COMPUSERVE, THOMSON, OLIVIA, PATLINK oder COMPUMARK*, da deren Standard europaweit starken Schwankungen unterworfen ist.

(b) Die vorzulegenden Dokumente müssen *vollständig* sein. Es kommt immer wieder vor, dass zB die Vorlage des Deckblatts mit der Angabe des eintragenden Amts oder die farbige Wiedergabe der älteren Rechte vergessen wird, oder dass bei Registerauskünften die Quellenangabe oder das Veröffentlichungsdatum nicht mitgeteilt werden. Auch auf die Vollständigkeit elektronischer Datenbankauskünfte darf man nicht blind vertrauen. So sind alle Dokumente vor der Vorlage auf ihre Vollständigkeit zu überprüfen, ob nicht zB die Angabe des Markeninhabers oder die Wiedergabe der Marke fehlt. Auf dem Dokument verwandte Codes sollten vorsorglich durch Beifügung eines Schlüssels erläutert sein. **1162**

(c) Bei *Übersetzungen*[1170] gilt der Grundsatz: Je vollständiger desto besser. Im Zweifel ist es besser, lieber zu viel als zu wenig zu übersetzen. Das gilt für alle für das Verfahren relevanten Dokumente, einschl von Verlängerungsurkunden. Die Übersetzung muss auf das ebenfalls einzureichende Originalschriftstück Bezug nehmen, dessen Inhalt und Struktur wiedergeben und auf einem gesonderten Blatt vorgelegt werden (Art. 7 Abs. 4 DVUM, Art. 25 Abs. 1 UMDV). Auch der Name der Ausstellungsbehörde oder die Schlüssel der relevanten Codes sind zu übertragen. Das **1163**

Art. 190 UMV erstreckt sich die Veröffentlichung einer IR, in der die Union benannt ist, nämlich nur auf bestimmte Angaben wie die Wiedergabe der Marke und die Nummern der Waren- oder DL-Kl., für die ein Schutz in Anspruch genommen wird, nicht aber das VerzWDL. Dieses Verz. wird vom EUIPO zudem nicht übersetzt und ist somit nur in den drei Sprachen verfügbar, in denen die WIPO die IR veröffentlicht hat. Nach EuG, 6.12.2018, T-638/16 – Linien auf einem Schuh/Zwei Balken an der Seite eines Schuhs, Rn 114–127, kann sich ein Widersprechender nicht einmal auf den Vertrauensgrundsatz berufen, obwohl das EUIPO in seinen Prüfungsrichtlinien es als gängige Praxis bezeichnet hatte, Auszüge aus der CTM-Online-Datenbank als Nachweis für IR-Marken mit Benennung der Union zu akzeptieren, weil dieser Hinweis klar gegen das Gesetz verstieß.

1169 EuG, 25.10.2018, T-359/17 – ALDI/ALDO, Rn 37–58; bestätigt durch EuGH, 4.6.2019, C-822/18 P. Dies ergibt sich aus einer teleologischen Auslegung der zwingenden Vorschrift von Regel 19 Abs. 2a-ii GMDV, nunmehr Art. 7 Abs. 2a-ii DVUM. So reicht eine Schwarz-Weiß-Kopie auch dann nicht aus, wenn in der Widerspruchsschrift eine farbige Wiedergabe vorgelegt wurde, weil diese nur für die Zulässigkeitsprüfung des Widerspruchs relevant war, nicht aber für die Feststellung von dessen Begründetheit.

1170 Zur Sprache des Widerspruchsverfahrens und zur Übersetzungspflicht s. Rdn 297 ff und 461 f.

nicht fristgerecht übersetzte Schriftstück oder dessen nicht übersetzter Teil gilt als nicht beim EUIPO eingegangen, so dass uU der Widerspruch allein aus diesem Grund als unzulässig verworfen werden kann (Art. 25 Abs. 2 UMDV). Sonstige Schriftsätze und Dokumente oder Teile davon, für die nicht die Vorschriften des Art. 7 Abs. 4 DVUM gelten, können in jeder Amtssprache der Union vorgelegt werden. Sind derartige Schriftstücke nicht in der Verfahrenssprache gemäß Art. 146 UMV abgefasst, kann das EUIPO auf eigene Initiative oder auf begründeten Antrag der anderen Partei die Vorlage einer Übersetzung in die Verfahrenssprache innerhalb einer von ihm festgelegten Frist verlangen (Art. 24 UMDV).

1164 (d) Bei *Verlängerungen* der Schutzdauer der Widerspruchsmarken obliegt es dem Widersprechenden, von sich aus die relevanten amtlichen Bestätigungen vorzulegen, da das EUIPO ihn hierzu nicht auffordert. Dies gilt insb, wenn die Verlängerung erst während des Widerspruchsverfahrens beantragt wird oder erfolgt. Zwingend ist jedenfalls die Vorlage, wenn die Schutzdauer des älteren Rechts zum Zeitpunkt des Fristablaufs für die Substantiierung des Widerspruchs durch die Vorlage von Tatsachen, Beweismitteln und Bemerkungen abläuft (Art. 7 Abs. 2a Nr ii DVUM). Sie hat also innerhalb der vom EUIPO gesetzten Frist von mindestens zwei Monaten ab dem Tag der Eröffnung des kontradiktorischen Teils des Widerspruchsverfahrens nach Art. 6 Abs. 1 DVUM (Art. 7 Abs. 1 DVUM) zu erfolgen. Dies ist insb deshalb besonders zu beachten, da sich bei einer verlängerten Cooling-off-Periode das Verfahren über mehrere Jahre hinziehen kann. Aber auch in späteren Stadien des Verfahrens sind Verlängerungsbestätigungen umgehend nachzureichen, um entspr Nachfragen des EUIPO zuvorzukommen.

1165 (e) Bei *Rechtsübergängen* ist immer zum Nachweis der Widerspruchsbefugnis (Art. 7 Abs. 2 DVUM) eine lückenlose Kette der Rechtsübergänge von der ursprünglichen Anmeldung bis zur Geltendmachung des Widerspruchs zu belegen. Hat lediglich ein Namenswechsel stattgefunden, ist dies besonders auszuführen und durch Urkunden oder Registereintragungen nachzuweisen.

1166 Jedoch kann im *Verspätungsfall* die *Weiterbehandlung* des Art. 105 UMV beantragt werden. Nach der Neuregelung der UMV können – im Gegensatz zum alten Recht – *alle Fristen in Widerspruchsverfahren weiterlaufen*, mit Ausnahme der in Art. 46 Abs. 1 UMV genannten Frist für die Erhebung eines Widerspruchs und der Frist für die Entrichtung der Widerspruchsgebühr nach Art. 46 Abs. 3 S. 2 UMV.

II. Wichtige Verfahrensprinzipien

1167 Das Widerspruchsverfahren vor dem EUIPO folgt – im Unterschied zum deutschen – *nicht* dem *Amtsermittlungsprinzip*. Da es sich um Verfahren bzgl relativer Eintragungshindernisse handelt, ist das EUIPO gemäß Art. 95 Abs. 1 S. 2 UMV bei der Sachverhaltsermittlung auf das Vorbringen und die Anträge der Beteiligten beschränkt. Es ist als *kontradiktorisches* Verfahren ausgebildet, das sich an den Anträgen und dem Vorbringen der Beteiligten orientiert. Das EUIPO ist somit nicht verpflichtet, von

Amts wegen Tatsachen zu berücksichtigen, die von den Beteiligten nicht vorgetragen wurden[1171].

Die Widerspruchsabteilung darf daher in ihre Beurteilung *nicht auch Waren und DL* **1168**
der Anmeldung einbeziehen, die mit dem Widerspruch gar nicht angegriffen worden sind. Denn der Widerspruch richtet sich nur gegen die in der Anmeldung aufgeführten Waren und DL und nicht auch gegen solche, die in der alphabetischen Liste der NK der jeweiligen Kl. enthalten, aber im Register nicht verzeichnet sind[1172]. Beim *Zeichenvergleich* hat das Amt jedoch alle möglicherweise bestehenden Ähnlichkeiten oder Unterschiede zu ermitteln, auch wenn die Verfahrensbeteiligten diese in ihren Schriftsätzen nicht angesprochen haben sollten[1173] (s. Rdn 266 f).

1. Offenkundige Tatsachen

Das EUIPO kann *offenkundige Tatsachen* berücksichtigen, also solche, die jeder kennen **1169**
kann oder allgemein zugänglichen Quellen entnommen werden können[1174]. Dazu gehören zB Auskünfte aus Internetwörterbüchern, zB dem Duden-Onlinewörterbuch[1175].

Die einer *Internetrecherche*, ua einem medizinischen Onlinewörterbuch, seitens der **1170**
BK entnommenen Beschreibungen von pharmazeutischen Erzeugnissen und ihren therapeutischen Indikationen sind jedoch so technisch, dass sie keine offenkundigen Tatsachen mehr darstellen[1176].

2. Sachvortrag der Beteiligten

Die Beteiligten haben daher *allen relevanten Sachverhalt frühestmöglich vorzutragen*. **1171**
So hat der Widersprechende die Widerspruchsgründe, auf die er sich beruft, zB die Ähnlichkeit der Marken in einem bestimmten Sprachraum der Union, die Ähnlichkeit von Waren und DL auf einem Spezialmarkt oder bei Fachleuten als angesprochenen Verkehrskreisen darzulegen.

Dies ist nämlich oft ohne *Detailinformationen*, über die das EUIPO nicht verfügt, **1172**
schwierig zu beurteilen. Die Beteiligten haben auch *entspr Nachweise* vorzulegen. Andererseits hat der Anmelder klarzustellen, welchen Sachvortrag des Widersprechenden er bestreitet, sowie Gegenargumente und Nachweismittel vorzubringen. Es

---

1171 EuG, 13.7.2004, T-113/03 – GAS STATION/BLUE JEANS GAS, Rn 13–15.
1172 EuG, 18.3.2016, T-785/14 – MOTORTOWN/M MOTOR, Rn 28–34.
1173 EuG, 3.6.2015, T-273/14 – LITHOFIX/LITHOFIN, Rn 39–41; EuG, 13.6.2012, T-542/10 – CIRCON/CIRCULON, Rn 39.
1174 EuG, 22.6.2004, T-185/02 – PICARO/PICASSO, Rn 28–30; bestätigt durch EuGH, 12.1.2006, C-361/04 P.
1175 EuG, 23.11.2015, T-766/14 – FoodSafe, Rn 29–37; bestätigt durch EuGH, 24.5.2016, C-63/16 P.
1176 EuG, 9.2.2011, T-222/09 – ALPHAREN/ALPHA D3, Rn 29–37.

reicht nicht aus, wenn er allgemein geltend macht, dass die vom Widersprechenden vorgelegten Beweise nicht ausreichten[1177].

3. Verspätung

1173 Zudem braucht das EUIPO *Tatsachen* und *Beweismittel,* die von den Beteiligten *verspätet* vorgebracht werden, *nicht zu berücksichtigen* (Art. 95 Abs. 2 UMV)[1178]. Zu Tatsachen und Beweismitteln gehört auch die Angabe der nationalen Rechtsgrundlage[1179] (s. auch Rdn 277 ff).

1174 Das Amt verfügt über ein *weites,* allerdings im Einzelfall *zu begründendes Ermessen* bei seiner insoweit zu treffenden Entscheidung. Eine Berücksichtigung verspäteten Vorbringens kann im Rahmen eines Widerspruchsverfahrens insb dann gerechtfertigt sein, wenn nach Auffassung des EUIPO zum einen die verspätet vorgebrachten Gesichtspunkte *auf den ersten Blick von wirklicher Relevanz* für das Ergebnis des Widerspruchs sein können und zum anderen das betr *Verfahrensstadium* und die *Begleitumstände* einer solchen Berücksichtigung nicht entgegenstehen.

1175 Diese Voraussetzungen müssen *kumulativ* vorliegen, so dass bereits das Fehlen eines einzigen dieser Kriterien ausreicht, um die verspätet vorgelegten Beweismittel nicht berücksichtigen zu müssen[1180].

1176 Nach der Rspr des EuGH[1181] schließt zwar keine grds Erwägung im Zusammenhang mit dem Wesen des vor der BK durchgeführten Verfahrens oder im Hinblick auf die Zuständigkeit dieser Instanz aus, dass die BK für ihre Entscheidung über die bei

---

1177 EuG, 8.7.2004, T-203/02 – VITAFRUIT/VITAFRUT, Rn 26; bestätigt durch EuGH, 11.5.2006, C-416/04 P.

1178 Argumente, die lediglich eine gesetzliche Tatbestandsvoraussetzung präzisieren (zB »Erosion der Wertschätzung der älteren Marke« bei einem Widerspruch aus Art. 8 Abs. 5 UMV.), stellen keine »neuen Tatsachen dar«; EuG, 17.3.2010, T-63/07 – tosca de FEDEOLIVA/TOSCA.

1179 EuG, 29.6.2016, T-567/14 – GROUP Company TOURISM & TRAVEL/GROUP Company TOURISM & TRAVEL, Rn 49–61; bestätigt durch EuGH, 19.4.2018, C-478/16 P.

1180 EuGH, 3.10.2013, C-120/11 P, C-121/11 P und C-122/11 P – PROTI SNACK/PRO-TIPLUS ua, Rn 44 bzw 45. In Regel 19 Abs. 2a-ii GMDV ist genau und abschließend aufgezählt, welche Nachweise über die Existenz, die Gültigkeit und den Schutzumfang von älteren nationalen Marken ein Widersprechender zu erbringen hat, was ihm schon vor der Erhebung seines Widerspruchs bekannt gewesen sein musste. Daher muss die BK ihr Ermessen restriktiv ausüben und kann die verspätete Vorlage solcher Nachweise nur dann zulassen, wenn die Umstände, die sie begleiten, die Verspätung rechtfertigen können. Nicht gerechtfertigt ist die Verspätung, wenn der Widersprechende zB seit dem 15.1.2007 über den Nachweis der Verlängerung der Widerspruchsmarken verfügt hat und keinen Grund dargelegt hat, warum er dieses Dokument bis Oktober 2007 zurückgehalten hat (C-121/12 P und C-122/12 P, Rn 40–42).

1181 EuGH, 13.3.2007, C-29/05 P – ARCOL/CAPOL, Rn 43–69; s.a. Rdn 282.

ihr anhängige Beschwerde *Tatsachen oder Beweismittel berücksichtigt, die erstmals im Beschwerdestadium* vorgebracht worden sind.

Die Regelung über Frist und Form der Beschwerde in Art. 68 Abs. 1 UMV kann aber *nicht* dahin ausgelegt werden, dass er dem Beschwerdeführer *eine neue Frist* für das Vorbringen von Tatsachen und Beweismitteln zur Stützung seines Widerspruchs eröffnet. Denn ein Beteiligter besitzt keinen bedingungslosen Anspruch auf die Berücksichtigung verspätet vorgebrachter Tatsachen und Beweismittel durch die BK, die vielmehr insoweit über ein Ermessen verfügt.

Eine dem EUIPO auferlegte Verpflichtung, Tatsachen und Beweismittel, die die Beteiligten an einem Widerspruchsverfahren außerhalb der hierfür nach den Vorschriften der UMV vorgesehenen Fristen vorbringen, unter allen Umständen zu berücksichtigen, liefe nämlich darauf hinaus, diesen Bestimmungen jede praktische Wirksamkeit zu nehmen. Diese Auslegung ist geeignet, die *praktische Wirksamkeit der Fristen zu wahren*, und erlaubt es zugleich, verschiedene Gebote miteinander in Einklang zu bringen.

Zum einen nämlich entspricht es dem *Grundsatz der ordnungsgemäßen Verwaltung* und dem Erfordernis, den sachgerechten Ablauf und die Effizienz der Verfahren (*Verfahrensökonomie*) zu gewährleisten, dass die Beteiligten dazu veranlasst werden, die ihnen vom EUIPO für die Verfahrensdurchführung gesetzten Fristen einzuhalten. Dass das EUIPO ggf entscheiden kann, die von den Beteiligten außerhalb der festgelegten Fristen vorgebrachten Tatsachen und Beweismittel nicht zu berücksichtigen, erscheint bereits für sich genommen geeignet, den Beteiligten eine solche Veranlassung zu geben.

Zum anderen kann diese Auslegung, da sie der zur Entscheidung über die Streitigkeit berufenen Stelle gleichwohl die Möglichkeit belässt, von den Beteiligten verspätet vorgebrachte Tatsachen und Beweismittel zu berücksichtigen, zumindest im Fall eines Widerspruchsverfahrens dazu beitragen, die Eintragung von Marken zu verhindern, deren Benutzung anschließend mittels eines Verfahrens der Nichtigerklärung oder anlässlich eines Verletzungsverfahrens mit Erfolg entgegengetreten werden könnte. Hierfür sprechen Gründe der *Rechtssicherheit* und der *ordnungsgemäßen Verwaltung*.

Nach st. Praxis des EUIPO und st. Rspr der BK werden daher weiterhin *verspätet* vor der Widerspruchsabteilung oder gar erstmals im Beschwerdeverfahren *vorgetragene Tatsachen* oder vorgelegte Beweismittel grds *nicht mehr berücksichtigt* (Art. 95 Abs. 2 UMV), es sei denn, es handelt sich um *neue Materialien*, die vorher nicht bekannt oder zugänglich waren, oder lediglich um *Ergänzungen, Bekräftigungen oder Untermauerungen* rechtzeitig erfolgten Vortrags oder eingereichter Unterlagen, wobei aber *kein sachlicher Zusammenhang* zwischen den zusätzlichen und den älteren Beweismitteln erforderlich ist, sondern lediglich, dass es sich bei den Beweismitteln, die nach Ablauf der von der Widerspruchsabteilung gesetzten Frist vorgelegt werden, nicht um die ersten und einzigen Nachweise handelt, sondern vielmehr um ergänzende oder zusätzliche, die zu den fristgerecht vorgelegten relevanten Beweismitteln hinzu-

1177

1178

1179

1180

1181

kommen[1182]. Jedoch muss zB der Widersprechende *ernsthafte Versuche* unternommen haben, fristgerecht durch Vorlage zahlreicher Materialien Beweis (zB für die Bekanntheit der älteren Marke) anzutreten[1183].

1182 So dürfen *verspätet* per Post nachgereichte (farbige) Originaldokumente *nicht zurückgewiesen* werden, wenn diese innerhalb der Frist elektronisch in Kopie eingegangen oder in einem Anhangsverz. angekündigt waren[1184]. Ebenfalls darf nach Fristablauf die Verlängerungsbestätigung einer Widerspruchsmarke vorgelegt werden, deren Verlängerung erst im Laufe des Verfahrens erforderlich wurde, wenn bei Einleitung des Widerspruchsverfahrens fristgerecht die entspr Eintragungsurkunde eingereicht worden war[1185]. Dasselbe gilt für Abbildungen der älteren Marken, die den offiziellen Datenbankauszügen nicht (automatisch) beigefügt gewesen waren, jedenfalls wenn die Farbangaben im Datenbankauszug vorhanden und die Abbildungen fristgerecht in Schwarz-Weiß in den Schriftsätzen der Beteiligten enthalten waren[1186]. Dies gilt auch für zusätzliche Abbildungen der benutzten Form bei einer dreidimensionalen Marke, wenn die fristgerecht vorgelegten Bilder als unzureichend beanstandet

---

1182 S. zB EuG, 19.1.2022, T-76/21 – POMODORO, Rn 35–48. Die BK konnte die ihr vom Markeninhaber erstmals vorgelegten umfangreichen Beweise für die Benutzung der streitigen Marke berücksichtigen, da sie von derselben Art sind wie die bereits vor der Nichtigkeitsabteilung geltend gemachten und sie folglich ergänzen. EuG, 11.12.2014, T-235/12 – Flasche mit Grashalm/Flasche mit Grashalm, Rn 89, 90, 92, 93. Eine Erklärung des Beteiligten, inwiefern die erstmals bei der BK eingereichten Beweismittel die fristgerecht vorgelegten ergänzen, oder warum diese nicht fristgerecht eingereicht wurden, ist nicht erforderlich.

1183 EuG, 22.1.2015, T-393/12 – KENZO/KENZO, Rn 30–36. Auch Nachweise für eine ernsthafte Benutzung können als Beweise für die Bekanntheit einer Marke gewertet werden. Dass die verspäteten Beweise nicht neu waren und deshalb bereits innerhalb der Frist hätten eingereicht werden können, ist irrelevant. Nach EuG, 22.1.2015, T-322/13 – KENZO/KENZO, Rn 18, soll es ausreichen, selbst wenn der Widersprechende keine Nachweise vorgelegt hatte, dass er das EUIPO mit entspr Beweismitteln in früheren Verfahren zwischen den Parteien versorgt und mehrmals innerhalb der Frist auf die dort vorgelegten Unterlagen Bezug genommen hatte.

1184 EuG, 15.5.2007, T-239/05 – Elektrowerkzeuge, Rn 64–67. So auch BK, 14.6.2010, R 996/09–2 – PROFLEX/PROFEX, Rn 25–28; BK, 15.3.2010, R 55/09–2 – BRAVIA/ BRAVIA, Rn 40–46. Das gilt aber nicht, wenn der Markeninhaber innerhalb der vom Amt gesetzten Frist lediglich per zweiseitigem Fax eine Liste der angeforderten Benutzungsnachweise eingereicht und angekündigt hat, dass die aufgeführten Beweismittel per Post folgen, die dann auch tatsächlich (19 Benutzungsnachweise mit einem Volumen von 211 Seiten) nach Fristablauf beim EUIPO eingetroffen sind; EuG, 4.5.2018, T-34/17 – SKYLEADER.

1185 BK, 28.2.2011, R 275/10–2 – Pom‹ Alliance/ALLIANCE, Rn 26.

1186 EuG, 24.10.2014, T-543/12 – Bugui va/BUGUI, Rn 17–52; bestätigt durch EuGH (Die BK hatte das fragliche Beweismittel zurückgewiesen, ohne zu prüfen, ob es als »ergänzend« anzusehen ist, was einen Rechtsfehler darstellt); BK, 1.3.2011, R 1042/10–2 – VECCHIA FATTORIA VF/LA VIEJA FABRICA, Rn 26–30.

worden waren[1187], oder für ergänzende Rechnungen mit größerem Umsatzvolumen, wenn die rechtzeitig vorgelegten, strukturell gleichartigen von der Ausgangsinstanz als unzureichend befunden worden waren[1188]. Wenn es für die ernsthafte Benutzung in einem Nichtigkeitsverfahren aus relativen Gründen auf zwei relevante Zeiträume ankommt, können schließlich verspätet vorgelegte Nachweise für einen dieser Zeiträume zusätzlich zu den ersten, fristgerecht vorgelegten, die sich auf den anderen Zeitraum beziehen, als ergänzend berücksichtigt werden[1189].

Die grds Nichtberücksichtigung verspäteten Vortrags bestätigen auch Art. 8 Abs. 5, **1183** Art. 10 Abs. 7 und Art. 27 Abs. 4 DVUM[1190]. Nach der letzteren Vorschrift *beschränkt* die BK die *Prüfung* der Beschwerde dann, wenn sich diese gegen die Entscheidung der Widerspruchsabteilung richtet, *auf Sachverhalte und Beweismittel, die innerhalb der von der Widerspruchsabteilung* nach Maßgabe der UMV und der DVUM *festgesetzten Fristen vorgelegt* werden. Gemäß Art. 95 Abs. 2 UMV darf die BK Tatsachen oder Beweismittel, die ihr zum ersten Mal vorgelegt werden, nur dann berücksichtigen, wenn diese (a) auf den *ersten Blick für den Ausgang des Verfahrens von Relevanz* erscheinen und (b) aus *berechtigten Gründen nicht fristgemäß vorgelegt* wurden, insb wenn sie bereits fristgemäß vorgelegte einschlägige Tatsachen und Beweismittel *lediglich ergänzen*, oder wenn sie der Anfechtung von Feststellungen dienen, die von der ersten Instanz von Amts wegen in der angefochtenen Entscheidung ermittelt oder untersucht wurden. So kann es zB eine *lange Aussetzung* des Verfahrens (fast 3 Jahre) rechtfertigen, dass die Verlängerungsurkunde der älteren Marke, deren Fehlen das EUIPO im Ausgangsverfahren von Amts wegen beanstandet hatte, erst verspätet vor der BK vorgelegt wurde[1191].

Die Ermessensausübung ist jedoch von der BK für jeden Einzelfall *detailliert* und **1184** nicht lediglich ganz allgemein und kategorisch *zu begründen*, wobei die verspätet vorgelegten Unterlagen auf ihre Relevanz für den Verfahrensausgang zu prüfen und die Begleitumstände sowie das konkrete Verfahrensstadium zu beurteilen sind. So kann zu den zu berücksichtigenden relevanten Umständen zB gehören, dass die Nichtig-

---

1187 EuG, 11.12.2014, T-235/12 – Flasche mit Grashalm/Flasche mit Grashalm, Rn 50–100.
1188 EuG, 4.6.2015, T-254/13 – STAYER/STAYER, Rn 34–44. Dabei soll es unerheblich sein, ob die verspätet eingereichten Rechnungen auch fristgerecht hätten vorgelegt werden können. S.a. EuG, 12.5.2016, T-322/14 und T-325/14 – mobile.de/mobile, Rn 23–45; bestätigt durch EuGH, 28.2.2018, C-418/16 P.
1189 EuG, 20.3.2019, T-138/17 – PRIMED/PRIM S.A., Rn 56; Rechtsmittel nicht zugelassen, EuGH, 16.9.2019, C-421/19 P.
1190 EuG, 21.11.2013, T-524/12 – RECARO, Rn 61–66; bestätigt durch EuGH, 14.1.2015, C-57/14 P. Diese Regel gilt jedoch nur für das Widerspruchsverfahren, nicht für das Verfalls- und Nichtigkeitsverfahren, jedenfalls aus absoluten Gründen. Das EuG sah in diesem Urteil jedoch Regel 50 GMDV durch die Ermächtigungsnorm des Art. 76 Abs. 2 GMV weitgehend eingeengt.
1191 EuG, 27.10.2021, T-356/20 – Racing Syndicate/SYNDICATE, Rn 2730. Die Verlängerungsurkunde ist der BK vorgelegt worden, um die von der Nichtigkeitsabteilung von Amts wegen getroffene Feststellung zu widerlegen, dass der Nachweis für das Bestehen der älteren Marke zum maßgeblichen Zeitpunkt gefehlt habe.

keitsabteilung die Verfallsentscheidung erlassen hat, nachdem innerhalb der von ihr gesetzten Frist tatsächliche Erstbeweise für die Markenbenutzung vorgelegt und zudem Bedenken des Markeninhabers wegen der Vertraulichkeit geäußert und zusätzliche Beweise angeboten worden waren[1192].

1185   Dieser Grundsatz gilt wegen Art. 27 Abs. 4 DVUM iVm Art. 95 Abs. 2 UMV zB für *verspätetes Vorbringen* von Tatsachen, Beweismitteln und Bemerkungen zur Stützung des Widerspruchs einschl fehlender entspr Übersetzung in die Verfahrenssprache sowie für Nachweise über die Existenz, die Gültigkeit oder den Schutzumfang des älteren Rechts. Dem steht Art. 8 Abs. 1 DVUM nicht entgegen[1193].

1186   In den Nachfolgeurteilen[1194] zur EuGH-Rspr fordert das EuG eine *inhaltliche Ermessensentscheidung* der BK für den spezifischen Einzelfall, wobei insb die *Relevanz des verspäteten Vorbringens* und das *Verfahrensstadium* zu prüfen sind, speziell ob ein zwingender zeitlicher Grund die BK an der Berücksichtigung gehindert hat.

1187   So ist zB *verspätetes Vorbringen zurückzuweisen*, wenn es *vollständig neu* ist[1195] oder dem Betreffenden von Anfang des Verfahrens an bekannt war, er es also rechtzeitig hätte einreichen können und wenn es Anlass für weitere Fragen oder Klarstellungen gibt, es also an der Relevanz fehlt[1196].

1188   Zu berücksichtigen sind aber zB nach korrektem Ermessensgebrauch Unterlagen, deren *elektronische Übermittlung* am letzten Tag der Frist begonnen hat, auch insoweit, als die letzten Dokumente erst nach Mitternacht, also nach Fristablauf und damit verspätet eingegangen sind[1197].

1189   Die Ermessensausübung ist dabei fallbezogen *detailliert zu begründen*. Die Erwägungen, dass es dem *Grundsatz der Waffengleichheit* zuwiderliefe, der Partei, die die zur Vorlage von Beweismitteln gesetzte Frist verstreichen habe lassen, eine neue Frist zu gewähren, weil die andere Partei gerügt habe, dass eben diese Beweismittel nicht vorgelegt worden seien, reichen nach Ansicht des EuG allein nicht aus. Sie ermöglichten

---

1192 EuGH, 26.9.2013, C-610/11 P – CENTROTHERM II, Rn 107–117.

1193 EuGH, 3.10.2013, C-120/11 P, C-121/11 P und C-122/11 P – PROTI SNACK/ PROTIPLUS ua, Rn 26–33. Ursprünglich hatte das EuG angenommen, dass Regel 20 Abs. 1 GMDV der Berücksichtigung entgegenstand; EuG, 16.12.2011, T-62/09, T-109/09 und T-152/09 – PROTI SNACK/PROTIPLUS ua, Rn 27–41 bzw 28–42.

1194 EuG, 11.7.2007, T-192/04 – LURA FLEX/FLEX, Rn 61–71; EuG, 4.10.2007, T-481/04 – VOGUE/VOGUE Portugal, Rn 20–22; EuG, 6.11.2007, T-407/05 – REVIAN's/Evian, Rn 60–66.

1195 EuG, 9.2.2022, T-520/19 – HEITEC, Rn 37–83; EuG, 5.7.2015, T-24/13 – CACTUS OF PEACE CACTUS DE LA PAZ/CACTUS, Rn 82–86; EuG, 21.6.2017, T-235/16 – GPTech/GP JOULE, Rn 39–57.

1196 EuG, 9.4.2014, T-249/13 – DORATO/Flaschenhalsetikett, Rn 30–34; EuG, 23.10.2013, T-417/13 – AQUA FLOW/VAQUA FLOW, Rn 34–38.

1197 EuG, 25.3.2009, T-191/07 – BUDWEISER/BUDWEISER I, Rn 81–90. Dieser für den Faxversand aufgestellte Grundsatz bleibt auch bei Verzögerungen der elektronischen Kommunikation von Bedeutung.

es ihm nämlich weder zu kontrollieren, ob die BK in das fragliche Dokument tatsächlich Einsicht genommen hat, um festzustellen, ob ihm auf den ersten Blick wirkliche Relevanz für das Widerspruchsverfahren zukommen kann, noch zu überprüfen, ob die Umstände des vorliegenden Falles und das Stadium, in dem diese verspätete Vorlage erfolgt ist, der Berücksichtigung des Dokuments entgegenstehen[1198].

Zwar muss das EUIPO *nicht automatisch die Bekanntheit* der älteren Marke allein   **1190** *auf der Grundlage von Feststellungen anerkennen, die im Rahmen eines anderen Verfahrens* durch die BK *getroffen wurden.* Es obliegt nämlich der Partei, die sich darauf beruft, in jedem Verfahren nachzuweisen, dass die Marke Bekanntheit erlangt hat. Diesen Beweis kann sie auch bei derselben Marke *nicht einfach durch Hinweis auf die im Rahmen eines anderen Verfahrens erfolgte Anerkennung* der Bekanntheit erbringen. War aber der Inhalt der nur elf Monate früher erlassenen Entscheidung zur großen Bekanntheit der BK zur Kenntnis gebracht worden, so hätte diese als offensichtliches Indiz für den Ausgang des Verfahrens eindeutig relevant sein können, so dass die BK sie im Einklang mit ihrer Pflicht zu ordnungsgemäßer Verwaltung hätte zulassen müssen, und sei es auch nur, um sie dann zurückzuweisen[1199].

Andererseits hat nach Erkenntnis des EuG die BK *verspätetes Vorbringen* zurecht in   **1191** korrekter Ausübung ihres weiten Ermessens mit der Begründung *als unzulässig* zurückgewiesen, dass es der Entscheidungspraxis der BK entspreche, verspätet eingereichte Beweise nicht zu berücksichtigen, zumal dann, wenn dem Widersprechenden vor der Widerspruchsabteilung *innerhalb verlängerter Frist ausreichend Möglichkeit zur Vorlage* gegeben worden war und er auch nicht geltend gemacht hatte, er könne die fraglichen Unterlagen dort nicht einreichen[1200]. Übt also die BK ihr weites Ermessen aus und begründet sie ihre Entscheidung ordnungsgemäß, kann das vom EuG nicht beanstandet werden[1201].

Dort schließlich, wo die VO dem EUIPO schon gar *kein Ermessen* einräumen, führt   **1192** die Fristversäumung zwingend zur Zurückweisung des verspäteten Vorbringens, zB

1198 Diese Urteile des EuG dürfen jedoch nicht dahin missverstanden werden, nur irrelevantes Vorbringen auszuschließen, da dies ja letztlich auch bei Berücksichtigung nichts am Ergebnis ändern würde. Ansonsten würde das Ermessen der BK schließlich wieder gegen Null reduziert, was nicht iSd EuGH-Urteils sein kann.

1199 EuG, 1.2.2018, T-105/16 – Superior Quality Cigarettes FILTER CIGARETTESRaquel/ Marlboro, Rn 50–77. Dies ist aber letztlich ein Zirkelschluss, der zum Leerlaufen der Verspätungsregelung führt. Beschränkt man ihre Anwendung nur auf eindeutig nicht relevante neue Tatsachen, dann muss vorher gerade die inhaltliche Prüfung erfolgen, die Art. 95 Abs. 2 UMV ersparen will. Und nicht relevante neue Tatsachen könnten die angefochtene Entscheidung schließlich auch in der Substanz nicht in Frage stellen.

1200 EuG, 17.6.2008, T-420/03 – BoomerangTV/B BOOMERANG, Rn 40–49; 16.11.2011, T-500/10 – doorsa FABRICA DE PUERTAS AUTOMÁTICAS/DORMA, Rn 20–28.

1201 EuG, 27.4.2010, T-392/06 – unibanco/UniFLEXIO, Rn 33–37; bestätigt durch EuGH, 19.5.2011, C-308/10 P. Hier waren zudem verspäteten Dokumente ohne zusätzliche Nachweise mehr als 8 Monate nach Fristablauf ohne jede Rechtfertigung der Versäumnis eingegangen.

wegen Art. 46 Abs. 2 und 3 UMV iVm Art. 10 Abs. 2 S. 2 DVUM zur Zurückweisung des Widerspruchs bei nicht fristgerechter Vorlage von Benutzungsnachweisen
für die ältere Marke[1202]. Das EUIPO muss daher, wenn innerhalb der von ihm festgesetzten Frist keinerlei Nachweis der Benutzung der betroffenen Marke vorgelegt
wird, den Widerspruch von Amts wegen zurückweisen[1203].

1193   Art. 10 Abs. 2 S. 2 DVUM steht aber nicht der Berücksichtigung *zusätzlicher Beweismittel* im Hinblick auf *neu zutage getretene Gesichtspunkte*[1204] oder der Vorlage *ergänzender* zu bereits fristgerecht vorgelegten, aber bislang unzureichenden Beweismitteln
entgegen, die also bloß den Inhalt der ursprünglichen Beweise verstärken oder ver-
deutlichen sollen, und zwar auch dann nicht, wenn diese Beweise erst nach Ablauf der
gesetzten Frist vorgelegt werden, soweit die Durchbrechung des Fristenregimes nicht
durch bewusste Verzögerungstaktiken oder durch offensichtlich erkennbare Fahrlässig-
keit missbraucht wird[1205]. Wenn also Beweismittel innerhalb der vom Amt gesetzten
Frist vorgelegt worden sind, ist die Vorlage ergänzender Nachweise weiterhin möglich.
Dieser Grundsatz gilt nicht nur für den Nachweis der Benutzung, sondern auch für
den Nachweis über die Existenz, die Gültigkeit und den Schutzumfang der Marke[1206].

1194   Diese Ausnahmeregelung kommt natürlich *nicht* für verspätet erstmalig und einzig
eingereichte Nachweismittel zur Anwendung, wenn also innerhalb der vom Amt
festgesetzten Frist *keinerlei Nachweis* vorgelegt worden war[1207].

1195   Um Probleme oder Risiken auf rein formaler Ebene zu vermeiden, ist jedenfalls die
strikte Fristeinhaltung dringend zu empfehlen. Notfalls können vom EUIPO gesetzte
Fristen gemäß Art. 68 DVUM auf innerhalb noch laufender Frist gestellten und für
den Einzelfall begründeten Antrag hin verlängert werden. Bei zwei oder mehreren

---

1202 EuG, 12.12.2007, T-86/05 – CORPO Livre/LIVRE, Rn 48–50; bestätigt durch EuGH,
      5.3.2009, C-90/08 P, Rn 36–40; EuG, 15.3.2011, T-50/09 – Dada & Co. kids/DADA,
      Rn 63–80. Es kommt auf den Zeitpunkt des Eingangs der Beweismittel beim EUIPO
      an, nicht auf denjenigen der Absendung. Noch im EuG, 22.9.2011, T-250/09 – Man-
      giami/MANGINI, Rn 22, 24–31, hatte das EuG daran jedoch gewisse Zweifel gehegt.
1203 EuGH, 21.7.2016, C-597/14 P – Bugui va/BUGUI, Rn 26 mwN.
1204 EuG, 8.7.2004, T-334/01 – HIPOVITON/HIPPOVIT, Rn 56, 57.
1205 EuGH, 18.7.2013, C-621/11 P – FISHBONE/FISHBONE BEACHWEAR, Rn 24–36;
      von Kapff, GRUR-Prax 2013, 371; EuG, 18.11.2015, T-361/13 – VIGOR/VIGAR,
      Rn 47–61; EuG, 15.7.2015, T-215/13 – λ (Lambda), Rn 62–71; EuG, 28.3.2012,
      T-214/08 – OUTBURST/OUTBURST, Rn 51–56; EuG, 16.11.2011, T-308/06 –
      BUFFALO MILKE/BÚFALO, Rn 22–42.
1206 EuGH, 21.7.2016, C-597/14 P – Bugui va/BUGUI, Rn 26, 27.
1207 EuGH, 18.7.2013, C-621/11 P – FISHBONE/FISHBONE BEACHWEAR, Rn 28, 30;
      EuGH, 21.7.2016, C-597/14 P – Bugui va/BUGUI, Rn 26. Siehe zB EuG, 12.10.2017,
      T-316/16 – SDC-554S/SDC-554S, Rn 43–73. Hat der Widersprechende dem Amt
      innerhalb der Frist keine Einzelheiten zum gemäß Art. 8 Abs. 4 UMV anzuwendenden
      nationalen Recht, übermittelt, wozu er wegen Art. 7 Abs. 2d DVUM. verpflichtet ist,
      so stellt dies keine rein ergänzende Information dar, die noch im Beschwerdeverfahren
      berücksichtigt werden könnte.

Beteiligten kann das Amt die Fristverlängerung wegen Art. 68 S. 3 DVUM von der Zustimmung der anderen Beteiligten abhängig machen.

Sehr erfreulich ist für die Nutzer jedoch die *Erweiterung* des Anwendungsbereichs **1196** der *Weiterbehandlung* in Art. 105 UMV. Da der Verweis auf Art. 47 UMV im neuen Recht gestrichen wurde, können *alle Fristen in Widerspruchsverfahren weiterlaufen*, mit Ausnahme natürlich der in Art. 46 Abs. 1 UMV genannten Frist für die Erhebung eines Widerspruchs und der Frist für die Entrichtung der Widerspruchsgebühr nach Art. 46 Abs. 3 UMV. Damit kann auf spätestens zwei Monate nach Ablauf der Frist gestellten Weiterbehandlungsantrag und erfolgter Gebührenzahlung (400 Euro; Anlage I zur UMV Nr A24) ohne zusätzliche Begründung die Fristversäumung ungeschehen gemacht werden, wenn mit dem Antrag die versäumte Handlung nachgeholt wird (Rdn 160 ff).

Jedoch ist gemäß Art. 46 Abs. 1 UMV die nicht verlängerbare *Dreimonatsfrist für die* **1197** *Widerspruchserhebung* und *Zahlung der Widerspruchsgebühr* penibel zu beachten, da gegen deren Versäumung weder Weiterbehandlung noch Wiedereinsetzung in den vorigen Stand möglich sind (Art. 104 Abs. 5, Art. 105 Abs. 2 UMV).

4. Sonstige Grundsätze

Nach Art. 46 Abs. 3 S. 1 UMV besteht ein *Begründungszwang* bereits innerhalb der **1198** Frist der Widerspruchseinlegung. Eine nachträgliche Begründung vermag ihr vorheriges (vollständiges) Fehlen nicht zu heilen. Allerdings sind die Anforderungen an die Begründung anlässlich der Widerspruchserhebung nicht allzu hoch.

Wesentlich ist jedoch, dass die *Widerspruchsgründe* (»Vorliegen einer Verwechslungs- **1199** gefahr«, »Agentenmarke« usw) unter Berücksichtigung aller Umstände erkennbar sind[1208]. Dabei umfasst der Widerspruchsgrund des Art. 8 Abs. 1b UMV (*Verwechslungsgefahr*) auch denjenigen des Abs. 1a (*Doppelidentität*), weil diese beiden Widerspruchsgründe sich teilweise überschneiden und nicht im Ausschließlichkeitsverhältnis zueinander stehen[1209].

Entfällt eine Unionsmarke(nanmeldung) als Widerspruchsrecht, weil sie in einem ander- **1200** weitigen Verfahren zurückgewiesen, zurückgenommen oder gelöscht worden ist, so kann der Widersprechende seinen Widerspruch an deren Stelle jedoch im laufenden Verfahren auf die infolge der *Umwandlung* der Unionsmarke(nanmeldung) erlangten nationalen Marken(-anmeldungen) stützen[1210]. Dies gilt entspr auch bei der Umwandlung einer *IR-Marke* in nationale Marken[1211]. Auch beim Wegfall der älteren nati-

---

1208 EuG, 16.1.2007, T-53/05 – Calvo/CALAVO, Rn 49–51.
1209 EuG, 16.12.2009, T-483/08 – GIORDANO/GIORDANO, Rn 39–44.
1210 BK, 15.7.2008, R 1313/06-G – cardiva/CARDIMA, Rn 34–46; *Stürmann,* Verfahren vor dem HABM, GRUR-Prax 2016, 31.
1211 BK, 22.7.2010, R 1205/09–1 – myphotobook/MYPHOTOBOOK, Rn 27, 28.

onalen Marke kann der Widersprechende den Widerspruch aus der beanspruchten *Seniorität* der Unionsmarke fortsetzen[1212].

1201 *Gültigkeit* und *Wirksamkeit* von Widerspruchsmarken können nicht im Rahmen des Widerspruchsverfahrens in Frage gestellt werden, da für die Eintragung der älteren Marken immer eine Vermutung der Rechtmäßigkeit spricht[1213] Dies kann nur in einem gesonderten Verfahren erfolgen, zB im Nichtigkeits- oder Verfallsverfahren bei einer eingetragenen älteren Marke oder aufgrund Nachbeanstandung bzw Widerspruchs bei einer älteren Anmeldung vor den entspr Instanzen, entweder dem EUIPO bei einer Unionsmarke oder vor den jeweils zuständigen nationalen Instanzen bei nationalen Marken. Gültige nationale Widerspruchsmarken dürfen nicht vom EUIPO, sondern nur in einem in dem betr Mitgliedstaat eingeleiteten Löschungs- oder Nichtigkeitsverfahren überprüft werden[1214]. Läuft ein solches Verfahren, ist eine *Aussetzung* des Widerspruchsverfahrens angezeigt (Art. 71 Abs. 1 DVUM; s. Rdn 288 ff).

1202 Der Widersprechende kann sich auch nicht darauf berufen, dass das EUIPO *irrtümlich* den Rechtsnachfolger des Anmelders *im Register eingetragen* hätte. Denn dieser Registerakt ist nicht Gegenstand des Widerspruchsverfahrens und kann deshalb – auch nicht mittelbar über den Umweg der Überprüfung der Beteiligtenstellung am Verfahren – kontrolliert werden[1215].

1203 Die *älteren Rechte* sind daher zu respektieren und *dürfen nicht negiert werden*, solange sie nicht rechtskräftig für unwirksam erklärt wurden. So darf die BK weder die von den zuständigen nationalen Gerichten vorgenommene Beurteilung der Gültigkeit der geltend gemachten älteren Rechte durch ihre eigene ersetzen, noch darf sie Auswirkungen eines zukünftigen Urteils einer obersten nationalen Gerichtsinstanz, also die Erfolgsaussichten eines dort eingelegten Rechtsmittels, selbst beurteilen[1216].

1204 Jedoch ist der *Schutzumfang* der älteren Rechte, der von hochgradiger bis zu minimaler Kennzeichnungskraft *variieren* kann, nach den Umständen des Einzelfalles zu bemessen.

1212 BPatG, 20.9.2005, 27 W (pat) 106/04 – JUST/just; aA BPatG, 5.3.2013, 27 W (pat) 43/12 – IPSUM/IPSOS; Siehe Rdn 480.

1213 EuGH, 28.6.2012, C-306/11 P – Linea Natura/natura selection, Rn 70. S.a zB EuG, 28.4.2016, T-777/14 – Neofon/FON, Rn 57–66.

1214 EuGH, 24.5.2012, C-196/11 P – F1-LIVE/F1, Rn 40–47.

1215 EuG, 8.3.2012, T-298/10 – BIODANZA/BIODANZA, Rn 43–47. Dies erscheint jedoch problematisch, da anderweit eine Überprüfung einer fehlerhaften Eintragung durch Dritte nicht möglich ist. Eher dürften hier die vom EuG für die Kontrolle der Priorität aufgestellten Grundsätze anwendbar sein; vgl EuG, 16.5.2013, T-104/12 – VORTEX/VORTEX, Rn 30, 36–49; EuG, 25.6.2015, T-186/12 – LUCEA LED/LUCEO, Rn 39, 40.

1216 EuGH, 29.3.2011, C-96/09 P – BUD/Bud, Rn 95–97, 190–206.

5. Koexistenz

Allein die Inhaberschaft älterer (identischer) Marken als der Widerspruchsmarke   **1205** seitens des Anmelders und ihre *Koexistenz* im Register oder im nationalen Markt des Mitgliedstaats, aus dessen Recht Widerspruch erhoben wurde, führen nicht schon zur Unwirksamkeit des Widerspruchs. Dieser wird vielmehr erst dann unstatthaft, wenn das Widerspruchsrecht aufgrund Löschung oder Nichtigkeit beseitigt ist.

Eine tatsächlich bestehende und nachgewiesene, insb *friedliche Koexistenz* eines älte-   **1206** ren Rechts des Anmelders mit der Widerspruchsmarke auf einem nationalen Markt darf jedoch nicht völlig ignoriert werden, sondern kann uU Auswirkungen auf ein Widerspruchs- oder Nichtigkeitsverfahren aus relativen Gründen haben, wenn es für die Beurteilung der Verwechslungsgefahr gerade auf diesen spezifischen Markt ankommt und die Koexistenz auf der Abwesenheit von Verwechslungsgefahr besteht. So kann die Kennzeichnungskraft des Widerspruchrechts durch die Benutzung älterer identischer oder sehr ähnlicher Marken für identische oder sehr ähnliche Waren und DL auf demselben Markt *geschwächt* und damit der Schutzumfang der Widerspruchsmarke eingeschränkt sein[1217].

Jedoch kann daraus, dass in einem *Teil der Union* eine Unionsmarke und eine nati-   **1207** onale Marke friedlich nebeneinander existieren, nicht die Schlussfolgerung gezogen werden, dass *in einem anderen Teil* der Union, in dem die Unionsmarke und das als nationale Marke eingetragene Zeichen nicht friedlich nebeneinander existieren, zwischen der Unionsmarke und diesem Zeichen keine Verwechslungsgefahr besteht. Auch kann aus der Tatsache, dass in einem Teil der Union eine bekannte Unionsmarke und ein Zeichen friedlich nebeneinander existieren, nicht die Schlussfolgerung gezogen werden, dass in einem anderen Teil, in dem es diese friedliche Koexistenz nicht gibt, ein *rechtfertigender Grund* für die Benutzung dieses Zeichens besteht[1218].

Der Anmelder hat jedoch die tatsächliche *Benutzung identischer älterer Zeichen auf*   **1208** *dem relevanten Markt* und die *dadurch bedingte tatsächliche Abwesenheit jeglicher Verwechslungsgefahr beim fraglichen Publikum zu beweisen.* Daran scheitert der Koexistenzeinwand in der Praxis regelmäßig[1219].

1217 EuGH, 3.9.2009, C-498/07 P – La Española/Carbonell ACEITE DE OLIVA, Rn 80–84; EuG, 25.5.2005, T 288/03 – TELETECH GLOBAL VENTURES/TELETECH INTER-NATIONAL, Rn 29–45; bestätigt durch EuGH, 27.3.2007, C-312/05 P; EuG, 11.5.2005, T-31/03 – GRUPO SADA/Sadia, Rn 84–89; EuG, 21.4.2005, T-269/02 – RUFFLES/ RIFFELS, Rn 22–32; EuG, 1.3.2005, T-185/03 – ENZO FUSCO/ANTONIO FUSCO, Rn 61–64; EuG, 30.6.2004, T-186/02 – DIESELIT/DIESEL, Rn 71; EuG, 9.4.2003, T-224/01 – NU-TRIDE/TUFFTRIDE, Rn 72–75.

1218 EuGH, 20.7.2017, C-93/16 – KERRYGOLD/KERRYMAID (Ornua/Tindale & Stanton), Rn 38, 60.

1219 EuG, 23.10.2015, T-96/14 – VIMEO/meo, Rn 52–59; EuG, 30.6.2015, T-489/13 – VIÑA ALBERDI/VILLA ALBERTI, Rn 84–90; EuG, 2.10.2013, T-285/12 – BOOMERANG/BoomerangTV, Rn 53–59; bestätigt durch EuGH, 19.6.2014, C-670/13 P; EuG, 10.4.2013, T-505/10 – ASTALOY/HASTELLOY, Rn 48–70; EuGH, 7.2.2013,

1209   So ist es nicht möglich, aus der bloßen Tatsache, dass die beiden konkurrierenden Marken *kontinuierlich über einen langen Zeitraum* hinweg ohne Anfechtung auf dem portugiesischen Markt koexistierten, den Schluss zu ziehen, dass diese Koexistenz auf der Abwesenheit einer Verwechslungsgefahr seitens der maßgeblichen Verkehrskreise beruhte. Denn selbst eine lange unbestrittene Nutzungsdauer liefert keinen Beweis dafür, dass die Verkehrskreise jede dieser Marken vor dem Zeitpunkt der Einreichung der Anmeldung der angefochtenen Marke wiedererkannt haben[1220].

6. Sinn des Widerspruchsverfahrens

1210   Ausschließlicher *Sinn des Widerspruchsverfahrens* ist es, die Eintragung von Unionsmarkenanmeldungen zu verhindern, gegen die relative Schutzversagungsgründe bestehen.

1211   Reicht bereits ein älteres (nationales) Recht aus, die Anmeldung zurückzuweisen, bedarf es der *Prüfung weiterer Eintragungshindernisse nicht mehr.* Eine deshalb erhobene Klage ist mangels Rechtsbeschwer unzulässig. Aufgabe des Widerspruchsverfahrens ist es nicht, mögliche Umwandlungen gemäß Art. 139 UMV in nationale Marken zu verhindern. Hierfür fehlt schon jede rechtliche Grundlage, da für diese Entscheidungen die entspr nationalen Ämter zuständig sind. Außerdem verstieße es gegen das Prinzip der *Verfahrensökonomie*, würde das EUIPO verpflichtet sein, mehrere Zurückweisungsgründe festzustellen, obwohl bereits einer ausreicht[1221].

1212   Auch für das *Widerspruchsverfahren* gilt der *Grundsatz des Vorrangs* vor den zivilgerichtlichen Verletzungsverfahren. So kann der Widersprechende nicht auf diese gemäß Art. 9 Abs. 2c UMV verwiesen werden, weil es gerade Zweck von Art. 8 UMV ist, die Eintragung von Marken zu verhindern, denen vor Gericht erfolgreich entgegengetreten werden kann[1222].

III. Nichtbenutzungseinrede

1213   Auf Verlangen des Anmelders hat der Inhaber einer älteren Unionsmarke oder einer älteren nationalen Marke iSd Art. 8 Abs. 2a UMV, der Widerspruch erhoben hat, gemäß Art. 47 Abs. 2 und 3 UMV den Nachweis zu erbringen, dass er *innerhalb der letzten fünf Jahre vor dem Anmeldetag oder dem Prioritätstag*[1223] der Anmeldung

---

T-50/12 – METRO KIDS COMPANY/METRO, Rn 51–53; EuGH, 18.5.2011, T-376/09 – POLO SANTA MARIA/Polospielersilhouette, Rn 57, 58.

1220   EuG, 12.7.2019, T-276/17 – Tropical/TROPICAL II, Rn 79–85.

1221   EuG, 11.5.2006, T-194/05 – TELETECH INTERNATIONAL/TELETECH, Rn 21–37; so auch EuGH, 3.9.2009, C-498/07 P – La Española/Carbonell ACEITE DE OLIVA, Rn 42–44.

1222   EuG, 11.12.2014, T-480/12 – Master/Coca-Cola, Rn 91.

1223   Der *Schonfristablauf* und das *Fristende der Fünf-Jahres-Frist für den Benutzungszeitraum.* wurden in der UMV *vorverlegt.* Es kommt also nicht mehr auf den Tag *der Veröffentlichung.* an, wie noch in der GMV. Damit wird der Tatsache Rechnung getragen, dass infolge der Beschleunigung der Datenverarbeitung Markenanmeldungen meist geraume Zeit vor

der Unionsmarke die ältere Unionsmarke in der Union bzw die ältere nationale oder IR-Marke[1224] in dem Mitgliedstaat, in dem die ältere Marke geschützt ist, für die Waren oder DL, für die sie eingetragen ist und auf die er sich zur Begründung seines Widerspruchs beruft, *ernsthaft benutzt* hat, oder dass *berechtigte Gründe für die Nichtbenutzung* vorliegen, sofern zu diesem Zeitpunkt die ältere Unionsmarke *seit mindestens fünf Jahren* eingetragen ist[1225].

Kann er diesen *Nachweis nicht erbringen*, so wird der *Widerspruch zurückgewiesen.* Denn der Schutz der Unionsmarke sowie jeder eingetragenen älteren Marke, die ihr entgegensteht, ist nur insoweit berechtigt, als diese Marken *tatsächlich benutzt* werden (PräambelUMV 24). **1214**

Eine *unbenutzte Unionsmarke* könnte das Spektrum der Zeichen, die andere Marktteilnehmer als Marken eintragen lassen können, beschränken und den Mitbewerbern die Möglichkeit zur Verwendung dieser oder einer ähnlichen Marke nehmen, wenn sie auf dem Unionsmarkt Waren oder DL anbieten, die mit den durch die fragliche Marke geschützten identisch oder ihnen ähnlich sind. Folglich könnte die Nichtbenutzung einer Unionsmarke auch den freien Warenverkehr und den freien DL-Verkehr beschränken[1226]. **1215**

1. Prüfungsgrundsätze

Die ältere Marke muss für die *geschützten Waren und DL* benutzt werden, die Benutzung lediglich für ähnliche reicht schon nach dem Gesetzeswortlaut nicht aus. So **1216**

---

dem Tag ihrer offiziellen Veröffentlichung im amtlichen Register publiziert werden und daher für Recherchezwecke auffindbar sind. So werden zB Markenanmeldungen beim EUIPO bereits kurz nach der Anmeldung in der Markendatenbank *TMview.* veröffentlicht. Daher könnte ein potentieller Widersprechender bei gehöriger Aufmerksamkeit schon (uU lange Zeit) vor dem Tag der Veröffentlichung der Anmeldung erfahren, was auf ihn zukommt, und sich schon (lange) vor der Widerspruchserhebung darauf einstellen, zB durch die Benutzungsaufnahme einer bisher nicht benutzten älteren Marke, deren Benutzungsschonfrist abgelaufen ist. Eine *fehlerhafte Fristberechnung.* kann *rasch zu Rechtsverlusten.* führen. Jedenfalls gilt die neue Fristberechnung für alle NBE, die am und nach dem 23.3.2016, dem Zeitpunkt des Inkrafttretens der UMV, erhoben werden. Für das nationale Recht sieht Art. 44 Abs. 1 MarkenRL. eine entspr Regelung vor. Der Veröffentlichungstag (und nicht der Tag des Beginns des Widerspruchsverfahrens) war im alten Recht wegen Art. 42 Abs. 2. und Art. 156 Abs. 1 GMV auch für eine Internationale Registrierung relevant, in der die Union benannt war; EuG, 25.4.2018, T-312/16 – CHATKA/CHATKA, Rn 30–39.

1224 EuGH, 12.12.2013, C-445/12 P – BASKAYA/Passaia, Rn 37–42.

1225 EuG, 21.12.2021, T-870/19 – CLEOPATRA QUEEN/CLEOPATRA MELFINCO, Rn 21–25. Der Anmelder kann sich in einem Widerspruchsverfahren wegen der Spezialregel des Art. 47 Abs. 2 und 3 UMV nicht auf Art. 18 Abs. 1 bzw Art. 64 Abs. 2 UMV berufen.

1226 S.a. EuGH, 19.12.2012, C-149/11 – OMEL/ONEL (Leno Merken/Hagelkruis Beheer), Rn 32.

stellt zB die Benutzung der älteren Marke für Konditorwaren (hier: weiches Gebäck in Form von Kugeln, mit Zuckerguss oder Schokolade überzogen) keine ernsthafte Benutzung für die eingetragenen Back- und Teigwaren dar, da die wechselseitigen Warenkategorien verschieden sind[1227]. Auch wird die ernsthafte Benutzung einer Marke für *Kaffeegetränke* durch die Benutzung für *Energydrinks* nicht erbracht. Denn Kaffeegetränke und Energydrinks sind *unterschiedlicher Natur* und erfüllen *nicht dieselbe Hauptfunktion*. Erstere zeichnen sich nämlich durch das Vorhandensein von Kaffee aus, während letztere eine Reihe von Zutaten wie L-Carnitin oder Taurin enthalten und kombinieren und Kaffee oder Kaffeearoma nur eine untergeordnete Rolle zukommt[1228]. Auch stellt die Benutzung für Einzelhandel mit *Kosmetika* und *Arzneimitteln* keine Benutzung für Einzelhandel mit *Chemikalien* und *Haushaltswaren* dar[1229].

1217 Ist sie nur für einen *Teil der Waren oder DL*, für die sie eingetragen ist, benutzt worden, so gilt sie zum Zwecke der Prüfung des Widerspruchs nur für diese als eingetragen (Art. 47 Abs. 2 S. 3 UMV).

1218 Eine Marke, die für eine Gruppe von Waren und für deren Einzelteile eingetragen ist, ist für alle zu dieser Gruppe gehörenden Waren und für deren Einzelteile *ernsthaft benutzt*, auch wenn sie nur für bestimmte Waren – wie hochpreisige Luxussportwagen – oder nur für die *Einzelteile* oder das *Zubehör* einiger davon benutzt wurde, es sei denn, aus relevanten Tatsachen und Beweisen ergibt sich, dass der angesprochene Verbraucher in ihnen eine selbständige Untergruppe der eingetragenen Waren sieht[1230].

1219 Ein Verbraucher, der eine Ware oder DL erwerben möchte, die zu einer besonders *genau definierten Gruppe* gehört, innerhalb derer es aber nicht möglich ist, eindeutige Unterteilungen vorzunehmen, wird alle zu dieser Gruppe gehörenden Waren oder DL mit der älteren Marke in Verbindung bringen. Unter diesen Umständen genügt es, vom Inhaber der älteren Marke zu verlangen, den Nachweis der ernsthaften Benutzung für einen Teil der Waren oder DL zu erbringen, die in diese homogene Gruppe

---

1227 EuG, 1.9.2021, T-697/20 – DONAS DULCESOL/DONAS, Rn 32.

1228 EuG, 10.11.2021, T-758/20 – MONSTER, Rn 34–72. Nach dem in den Allgemeinen Anmerkungen zur NK dargelegten Grundsatz erfolgt die Einstufung von Fertigwaren grds nach ihrer Funktion oder Bestimmung.

1229 EuG, 3.2.2022, T-140/21 – apo-discounter.de, Rn 32–58. Weiter ist der Einzelhandel mit Apothekenprodukten und Gesundheitswaren durch den Vertrieb von Kosmetika nicht nachgewiesen.

1230 EuGH, 22.10.2020, C-720/18 und C-721/18 – testarossa (Ferrari), das noch zu Art. 12 Abs. 1 und Art. 13 MarkenRL aF (Art. 19, Art. 7 und Art. 21 MarkenRL) ergangen ist, Rn 43–53. Dass die benutzten Waren zu einem besonders hohen Preis verkauft werden und infolgedessen zu einem speziellen Markt gehören können, reicht nicht aus, um in ihnen eine selbständige Untergruppe der eingetragenen Waren zu sehen. Sportwagen können nämlich – wie jedes andere Fahrzeug – auch zum Straßentransport von Personen und ihrer persönlichen Gegenstände verwendet werden. Daraus, dass die ältere Marke für Ersatz- und Zubehörteile von hochpreisigen Luxussportwagen benutzt wurde, lässt sich auch nicht der Schluss ziehen, dass sie nur für einen Teil der geschützten Waren benutzt wurde.

fallen. In Bezug auf Waren oder DL, die in einer *weiten Gruppe* zusammengefasst sind, die in mehrere selbständige Untergruppen unterteilt werden kann, ist dagegen vom Inhaber der älteren Marke zu verlangen, dass er den Nachweis der ernsthaften Benutzung für jede dieser selbständigen Untergruppen erbringt[1231].

Der *Zweck* und die *Bestimmung* der fraglichen Waren oder DL stellt ein wesentliches Kriterium für die Definition einer *selbständigen Untergruppe* dar. Wenn die betr Waren zB häufig mehrere Zwecke und Bestimmungen haben, kann die Existenz einer eigenständigen Warenuntergruppe aber nicht in der Weise bestimmt werden, dass jeder dieser Zwecke isoliert berücksichtigt wird. Eine solche Herangehensweise würde es nämlich nicht ermöglichen, in *kohärenter Weise* selbständige Untergruppen zu bestimmen. Dass sich die fraglichen Waren an *verschiedene Verkehrskreise* richten und in *unterschiedlichen Geschäften* verkauft werden, ist als Kriterium für die Definition einer selbständigen Warenuntergruppe nicht relevant[1232]. **1220**

Fallen unter einen (weiten) Oberbegriff verschiedene selbständige *kohärente Untergruppen*, kommt es nur auf diejenige Untergruppe an, für die die eingetragene Marke tatsächlich benutzt wurde[1233]. Für die *Abgrenzung* kommt es aus der Sicht des angesprochenen Verkehrs darauf an, ob die Untergruppen nach der allein maßgeblichen Bestimmung der Waren und DL kohärente, eigenständige Unterkategorien bilden, die unabhängig voneinander betrachtet werden können, weil sie grundsätzliche Unterschiede aufweisen oder miteinander nicht austauschbar sind[1234]. Im Verz. dürfen aber über die benutzte konkrete Ware oder DL auch solche belassen werden, die zwar mit den benutzten nicht völlig identisch sind, sich nach Auffassung der relevanten Verkehrskreise aber von diesen nicht wesentlich unterscheiden und zu ein und ders **1221**

1231 EuGH, 16.8.2020, C-714/18 P – tigha/TAIGA, Rn 39, 42, 43. Die Größe der Waren- oder DL-Gruppen, für die die ältere Marke eingetragen worden ist, stellt einen entscheidenden Faktor für das Gleichgewicht zwischen der Aufrechterhaltung und dem Schutz der Ausschließlichkeitsrechte, die dem Inhaber der älteren Marke verliehen worden sind, auf der einen Seite und der Beschränkung dieser Rechte auf der anderen Seite dar, um zu verhindern, dass einer teilweise genutzten Marke nur deshalb ein erweiterter Schutz zuteil wird, weil sie für eine weite Waren- oder DL-Palette eingetragen wurde.

1232 EuGH, 16.8.2020, C-714/18 P – tigha/TAIGA, Rn 44, 51–53. Das EuG hat daher zu Recht nicht jede der Verwendungen der konkurrierenden Waren (Bekleidung bzw Schutzkleidung), nämlich den Körper zu bedecken, zu verbergen, zu kleiden oder gegen die Elemente zu schützen, isoliert berücksichtigt, da diese verschiedenen Verwendungen sich beim Inverkehrbringen dieser Waren vereinen.

1233 EuG, 17.10.2006, T-483/04 – GALZIN/CALSYN, Rn 25–30. So stellen die benutzten »pharmazeutischen Präparate auf Kalziumbasis« eine Untergruppe der eingetragenen »pharmazeutischen und medizinischen Präparate« dar.

1234 EuG, 7.3.2018, T-230/17 – RSTUDIO/ER/STUDIO, Rn 25, 26. So fallen »Datenmodellierungssoftware und -programme« sowie »Software zur Modellierung von Entitätsbeziehungen für SQL-Datenbanken« unter den breiteren Oberbegriff von »Datenbanksoftware und -programme«.

Untergruppe, dh zum gleichen Bereich gehören, jede Unterteilung somit willkürlich wäre[1235].

1222   So wird zB mit der Vermarktung von handgefertigten Pralinen der *Oberbegriff Schokoladewaren* benutzt[1236] und mit dem Verkauf von Soave- und Chianti-Weinen der Oberbegriff *Weine aus Italien*[1237].

1223   Dagegen ist *Bettwäsche* eine kohärente und homogene *Unterkategorie*, so dass nur diese Warengruppe benutzt ist und nicht die gesamte Obergruppe *Textilwaren*[1238]. Auch *Rennwagen* bilden eine zusammenhängende Unterkategorie und fallen nicht unter die Obergruppe von *Kraftfahrzeugen*[1239].

1224   Bei *Arzneimitteln* werden die Untergruppen nicht nach Darreichungsform, -ort und -art, nach Inhaltsstoffen oder der Erforderlichkeit einer ärztlichen Verschreibung, sondern nach der *therapeutischen Indikation* definiert, in der deren Zweck und Bestimmung zum Ausdruck kommt. Eine Beschränkung auf eine bestimmte Darreichungsform, zB »Tabletten«, würde zu einer ungebührlichen Einschränkung der unternehmerischen Freiheit des Markeninhabers führen und sein legitimes Interesse an einer künftigen Ausweitung der Warenpalette auf andere Darreichungsformen verletzen. Die Verschreibungspflicht ist kein geeignetes Kriterium für die Bildung einer Untergruppe von pharmazeutischen Erzeugnissen, zumal sie mangels einer Harmonisierung auf europäischer Ebene von jeweiligen nationalen Rechtsvorschriften abhängig wäre, die jederzeit vom nationalen Gesetzgeber geändert werden könnten[1240].

1235   EuG, 22.5.2012, T-570/10 – Wolfskopf/WOLF Jardin ua, Rn 21, 22. So dürfen Gartengeräte nicht dahingehend unterschieden werden, ob sie von professionellen oder Gelegenheitsgärtnern benutzt werden können. Dieser Gesichtspunkt wurde im Aufhebungs-Urteil des EuGH, 14.11.2013, C-383/12 P, nicht beanstandet.

1236   EuGH, 17.7.2014, C-141/13 P– Walzer Traum/Walzertraum, Rn 42–44.

1237   EuG, 30.6.2015, T-489/13 – VIÑA ALBERDI/VILLA ALBERTI, Rn 30–39. Weine unterschiedlicher Herkunft bilden keine Unterkategorie des Oberbegriffs von Weinen.

1238   EuG, 5.10.2017, T-336/16 – VERSACE 19.69 ABBIGLIAMENTO SPORTIVO/ VERSACE, Rn 50–54.

1239   EuG, 23.9.2020, T-677/19 – SYRENA, Rn 126–120; Rechtsmittel nicht zugelassen, EuGH, 28.1.2021, C-626/20 P. Rennwagen sind nämlich nicht dazu bestimmt, auf öffentlichen Straßen gefahren zu werden, und eine solche Benutzung ist sogar wegen fehlender Typgenehmigung verboten.

1240   EuG, 8.11.2013, T-536/10 – Premeno/Pramino; bestätigt durch EuGH, 11.12.2014, C-31/14 P; »Arzneimittel zur hormonalen Schwangerschaftsverhütung« stellen eine Untergruppe von »Arzneimitteln« dar. Ebenfalls statthaft ist die Einschränkung von »Vaginalzäpfchen« auf solche »gegen Scheidentrockenheit und vaginale Infekte«; EuG, 16.5.2013, T-353/12 – ALARIS, Rn 23; Waren, die zwar komplementär sind, aber deren Verwendungszweck verschieden ist, dürfen nicht in dieselbe Unterkategorie eingeordnet werden; EuG, 13.2.2007, T-256/04 – RESPICUR/RESPICORT, Rn 24–36; »Atemwegstherapeutika« ist die richtige Untergruppe von »pharmazeutischen Erzeugnissen«, wenn diese eingetragene Ware nur für »rezeptpflichtige Corticoide enthaltende Dosieraerosole« benutzt wurde; EuG, 16.6.2010, T-487/08 – KREMEZIN/KRENOSIN, Rn 56–61; »Pharmazeutische Erzeugnisse für die Herzbehandlung« ist die korrek-

Ist dagegen eine Marke für Waren oder DL eingetragen worden, die so *genau definiert* **1225** worden sind, dass es nicht möglich ist, innerhalb der betr Gruppe eindeutige Unterteilungen vorzunehmen, deckt der Nachweis der ernsthaften Benutzung der Marke für diese Waren oder DL für die Zwecke des Widerspruchsverfahrens zwangsläufig diese ganze Gruppe ab[1241].

Bei *Datenbanken* ist für die Bildung von kohärenten Untergruppen deren konkre- **1226** ter *Inhalt*, also ihr Zweck und ihre Bestimmung für spezifische Branchen erheblich. Dieser ist nämlich für die Bestimmung der relevanten Waren und DL entscheidend und für die Entscheidung der Verbraucher ausschlaggebend[1242].

Als *ernsthafte Benutzung* einer älteren Marke (Art. 18 Abs. 1 Unterabs. 1 UMV, **1227** Art. 47 Abs. 2 UMV, Art. 58 Abs. 1a UMV), die der Widersprechende aus einer mehr als fünf Jahre älteren Marke auf Einrede des Anmelders nachweisen muss, ist *eine tatsächliche Benutzung* zu verstehen, die der Hauptfunktion der Marke entspricht, dem Verbraucher oder Endabnehmer die Ursprungsidentität einer Ware oder DL zu garantieren[1243], und die nicht lediglich symbolisch allein zum Zweck der Wahrung der durch die Marke verliehenen Rechte erfolgt (*Scheinbenutzung*)[1244].

Eine ernsthafte Benutzung der Marke setzt voraus, dass diese auf dem *einschlägigen* **1228** *Markt* benutzt wird und nicht nur innerhalb des betr Unternehmens. Ihr Zweck muss sein, für die mit ihr versehenen Waren oder DL einen *Absatzmarkt zu erschließen oder zu sichern*, entweder durch deren real erfolgenden Vertrieb oder durch die Vorbereitung eines unmittelbar bevorstehenden Vertriebs[1245], die jedoch zur Gewinnung von Kunden insb im Rahmen von *Werbekampagnen* hinreichend konkret sein muss[1246]. Es

---

te Untergruppe von »pharmazeutischen Erzeugnissen« und keinesfalls »sterile Lösung von Adenosin für den Einsatz in der Behandlung eines bestimmten Herzleiden für die intravenöse Verabreichung in Krankenhäusern«.

1241 EuG, 14.7.2005, T-126/03 – ALADIN/ALADDIN, Rn 45–51. »Poliermittel für Metalle« stellt eine besonders genau begrenzte Untergruppe von Poliermitteln dar.

1242 EuG, 7.2.2019, T-789/17 – TecDocPower/TECDOC, Rn 43–48. Der Zweck der von den älteren Marken erfassten Waren und DL war hier die Lokalisierung von Informationen über Automobilteile mit Hilfe eines elektronischen Mittels. Verbraucher außerhalb der Automobilbranche (hier: Kraftwerksbetreiber) benötigen weder eine Datenbank für Automobilteile noch die Software oder die akzessorischen DL, die zu der Datenbank gehören.

1243 Dies regelte noch PräambelGMV 10.

1244 Auch wenn Art. 18 Abs. 1a UMV nur auf Unionsmarken Bezug nimmt, so ist er wegen Art. 47 Abs. 2. und 3 UMV entspr auf nationale Marken anzuwenden; EuG, 7.9.2016, T-204/14 – VICTOR/victoria, Rn 22.

1245 EuGH, 27.1.2004, C-259/02 – La Mer, Rn 19, 21; EuGH, 11.3.2003, C-40/01 – Minimax/Ansul/Ajax, Rn 35–42; siehe *Bender*, MarkenR 2003, 253, 257, 2004, 216, 218; *ders*, Die ernsthafte Benutzung der Marke in der europäischen Rspr, FS 50 Jahre VPP 2005, 412.

1246 EuG, 7.7.2016, T-431/15 – FRUIT II, Rn 52. Jedoch reicht der Hinweis auf *aussichtsreiche Gespräche*. mit potenziellen Kunden nicht, da dies lediglich eine Mutmaßung darstellt; EuG, 13.6.2012, T-312/11 – CERATIX/CERATOFIX, Rn 46–48.

muss deshalb nicht unbedingt ein Verkauf von Waren stattgefunden haben, es reicht vielmehr der Nachweis der *tatsächlichen geschäftlichen Nutzung* der Marke und die *ernsthaften Bemühungen um den Erwerb eines Marktanteils*[1247].

1229   Dagegen zielen die genannten Vorschriften weder auf eine Bewertung des kommerziellen Erfolgs noch auf eine Überprüfung der Geschäftsstrategie eines Unternehmens oder darauf ab, den Markenschutz nur umfangreichen *geschäftlichen Verwertungen* von Marken vorzubehalten[1248].

1230   Eine rein *betriebs-* oder *konzerninterne*[1249] (auch in einem Franchisingverbund[1250]) oder *gelegentliche* Nutzung[1251], die Vorbereitung einer Lizenzvereinbarung[1252] oder lediglich die *Präsentation auf Messen* reichen jedenfalls nicht aus[1253].

1231   Ebenfalls genügt lediglich die Benutzung des *Firmennamens* nicht für die Benutzung einer (DL-)Marke, wenn die Nutzung eines Firmennamens sich auf die Identifizierung einer Gesellschaft beschränkt[1254]. Jedoch kann die Benutzung des Firmen- oder Handelsnamens oder eines Geschäftsnamens als *ernsthafte Benutzung* einer Marke angesehen werden, wenn das Zeichen auf den vertriebenen Waren angebracht ist oder, selbst wenn es nicht angebracht ist, wenn das Zeichen so benutzt wird, dass eine Verbindung zwischen dem Zeichen, aus dem der Firmenname besteht, und den vertriebenen Waren oder den erbrachten DL hergestellt wird, zB wenn Abbildungen von Ladenbezeichnungen in Verkaufsstellen oder die Benutzung der Marke in

---

1247 EuG, 23.9.2020, T-677/19 – SYRENA, Rn 62–78; Rechtsmittel nicht zugelassen, EuGH, 28.1.2021, C-626/20 P. Der Markeninhaber hat einen Prototyp seines Rennwagens vorgestellt, worüber in zahlreichen Presseartikeln berichtet wurde. Die Markteinführung wurde ua durch eine Broschüre mit Bildern und Informationen sowie durch Korrespondenz im Hinblick auf den beabsichtigten Kauf dieses Modells belegt. Es wurden mehrere Bestellungen aufgegeben, und Werbemaßnahmen durch verschiedene polnische und internationale Presseartikel belegt.

1248 EuG, 13.1.2011, T-28/09 – PINE TREE, Rn 81 mwN.

1249 EuG, 4.7.2014, T-345/13 – CPI COPISA INDUSTRIAL/Cpi construcción promociones e instalaciones, s.a., Rn 29–36. Die Vorlage von Rechnungen der Lieferanten und Salden der Kreditinstitute reicht für den Nachweis der Benutzung einer DL-Marke nach außen nicht, wenn die sonstigen Belege nur ein konzerninternes Tätigwerden zeigen.

1250 EuG, 9.9.2015, T-584/14 – ZARA, Rn 34–36; bestätigt durch EuGH, 26.10.2016, C-515/15 P. So stellen Transporte des Franchisegebers, die sich nur an die eigenen Franchisenehmer richten, keine nach außen gerichtete Benutzung der Marke für Transport-DL dar, zumal wenn diese DL nicht isoliert in Rechnung gestellt werden, sondern in dem Warenpreis aufgehen.

1251 EuG, 21.6.2012, T-514/10 – FRUIT I, Rn 47–58.

1252 EuG, 14.3.2017, T-132/15 – popchrono, Rn 82–96.

1253 EuG, 8.6.2017, T-294/16 – GOLD MOUNT, Rn 27–31.

1254 EuG, 26.9.2012, T-301/09 – CITIGATE/citi, Rn 126 mwN; EuG, 14.7.2016, T-345/15 – KRISTAL/MODAS CRISTAL, Rn 38, 39. Denn der Zweck eines Firmennamens an sich ist nicht, Waren oder DL zu unterscheiden, sondern die Identifizierung des Unternehmens zu ermöglichen.

Online-Shops als Beweis verwendet werden, um Verkäufe der Waren unter der Marke zu identifizieren[1255].

Die durch den Inhaber oder mit seiner Zustimmung erfolgende Anbringung einer **1232** *Unionsindividualmarke* auf Waren als *Gütezeichen* ist *keine markenmäßige Benutzung* im Sinne einer »ernsthafte Benutzung«. Jedoch stellt die Anbringung der Marke eine solche ernsthafte Benutzung dar, wenn sie den Verbrauchern auch und zugleich garantiert, dass diese Waren aus einem einzigen Unternehmen stammen, unter dessen Kontrolle sie hergestellt werden und das für ihre Qualität verantwortlich gemacht werden kann. Wird nämlich eine Individualmarke in einer Weise benutzt, die zwar die Zusammensetzung oder die Qualität der Waren oder DL gewährleistet, den Verbrauchern aber nicht garantiert, dass diese aus einem einzigen Unternehmen stammen, unter dessen Kontrolle sie hergestellt oder erbracht werden und das infolgedessen für ihre Qualität verantwortlich gemacht werden kann, handelt es sich nicht um eine der Funktion als Herkunftshinweis entspr Benutzung. Folglich liegt keine Benutzung entspr der Hauptfunktion der Individualmarke vor, wenn ihre Anbringung auf den Waren nur die Funktion eines Gütezeichens für diese Waren hat und nicht die Funktion, überdies zu garantieren, dass die Waren aus einem einzigen Unternehmen stammen[1256].

Wird eine Individualmarke nicht von ihrem Inhaber benutzt, sondern von mehreren **1233** Unternehmen einer Gruppe, und übt der Markeninhaber keine Kontrolle über deren Waren und DL aus, so stellt sie für das Publikum lediglich ein *Zeichen der Zugehörigkeit zu dieser Gruppe* dar und wird daher nicht als betrieblicher Herkunftshinweis verstanden[1257].

Überprüft ein *Nutzerverein*, mit dem der Markeninhaber einen *Gestattungsvertrag* **1234** geschlossen hat und der seinen Mitgliedern mittels eines Kontrollvertrags erlaubt, eine *Individualmarke* zu verwenden, lediglich die Art und Weise der Warenherstellung, ist er aber nicht selbst an deren Herstellung beteiligt und nicht für sie verantwortlich, ist die für die Benutzung einer Individualmarke erforderliche *Herkunftsfunktion* ebenfalls *nicht erfüllt*, da die Verantwortung für die Qualität der Waren bei den verschiedenen Herstellern bleibt, die kein einziges Unternehmen bilden. Der Nutzerverein bezweckt nämlich nur die Wahrung der Interessen seiner Mitglieder in Zusammenhang mit der Umsetzung des Herkunftsschutzes zB für *Steirisches Kürbiskernöl* und unterstützt sie bei dessen Vermarktung. Eine Individualmarke wird dann nicht entspr ihrer Hauptfunktion benutzt, wenn sie zwar die geografische Herkunft der Waren verschiedener Hersteller gewährleistet, den Verbrauchern aber nicht anzeigt, dass diese unter der

---

1255 EuG, 8.7.2020, T-686/19 – GNC LIVE WELL, Rn 75, 76 mwN.
1256 EuGH, 8.6.2017, C-689/13 – Baumwollblüte (W. F. Gözze Frottierweberei/VBB), Rn 45, 46, 51, 57. Nach Art. 52 Abs. 1a. und Art. 7 Abs. 1g UMV kann eine Individualmarke nicht auf der Grundlage einer gemeinsamen Anwendung dieser Bestimmungen mit der Begründung für nichtig erklärt werden, dass der Markeninhaber die Richtigkeit der mit der Marke im Verkehr verbundenen Qualitätserwartungen nicht durch regelmäßige Qualitätskontrollen bei seinen Lizenznehmern gewährleistet.
1257 EuG, 24.9.2019, T-13/18 – Crédit Mutuel, Rn 134–169; Rechtsmittel nicht zugelassen, EuGH, 13.2.2020, C-867/19 P.

Kontrolle eines einzigen Unternehmens hergestellt werden, das für ihre Qualität verantwortlich gemacht werden kann[1258].

1235 Die Verwendung des *Symbols* ® genügt nicht als Nachweis der Benutzung als Unionsmarke. Es besteht keine gefestigte Praxis, wonach dieses Symbol einer beschreibenden Angabe automatisch Unterscheidungskraft verleihen würde[1259].

•1236 Eine nach außen gerichtete Benutzung muss sich nicht ausschließlich an den Endverbraucher richten. Beim relevanten Verkehr kann es sich auch um *Fachleute, Industriekunden* und andere *gewerbliche Nutzer* handeln, zB wenn ein Markeninhaber als Vermittler von Verkäufen der mit der Marke versehenen Waren zwischen von ihm unabhängigen Hersteller- und Verkaufsunternehmen tätig wird und auf Fachmessen auftritt[1260] oder wenn sich die geschäftliche Tätigkeit nur an den Fachverkehr, insb die *Wiederverkäufer* richtet[1261].

1237 Als Benutzung gilt zudem das Anbringen der Unionsmarke auf ausschließlich zum *Export* bestimmten Waren und deren Verpackung in der Union (Art. 18 Abs. 1 Unterabs. 2b UMV)[1262], was auch entspr für die Benutzung nationaler oder internationaler Marken anzuwenden ist[1263].

1238 Weiter gestattet es Art. 18 Abs. 1 Unterabs. 2a UMV, eine eingetragene Marke[1264] als benutzt anzusehen, wenn sie in einer Form benutzt wurde, die von der eingetragenen *nur in Bestandteilen abweicht, ohne* dass dadurch *deren Kennzeichnungskraft beeinflusst* wird, unabhängig davon, ob die Marke in der benutzten Form auch auf den Namen des Inhabers eingetragen ist[1265].

1258 EuGH, 17.10.2019, C-514/18 P – Steirisches Kürbiskernöl, Rn 39–43; damit wurde bestätigt EuG, 7.6.2018, T-17/17, Rn 50–53.

1259 EuG, 14.2.2017, T-15/16 – Cystus, Rn 44; bestätigt durch EuGH, 31.1.2019, C-194/17 P.

1260 EuG, 21.11.2013, T-524/12 – RECARO, Rn 25–27.

1261 EuG, 7.7.2016, T-431/15 – FRUIT II, Rn 49–51.

1262 EuG, 19.4.2013, T-454/11 – Al bustan/ALBUSTAN, bzgl Export von Griechenland in den arabischen und afrikanischen Raum sowie den Mittleren Osten.

1263 EuG, 4.6.2015, T-254/13 – STAYER/STAYER, Rn 53, 57, 58.

1264 Diese Vorschrift gilt wegen Art. 53 Abs. 3 und 2, Art. 8 Abs. 2a UMV, Art. 10 Abs. 1 MarkenRL. entspr auch für nationale Marken; EuG, 5.12.2013, T-4/12 – Maestro de Oliva/MAESTRO, Rn 22. S.a. EuG, 4.6.2015, T-254/13 – STAYER/STAYER, Rn 53.

1265 S.a. GMitt über die Benutzung einer Marke in einer Form, die von der Eintragung abweicht, (Oktober 2020) mit Beispielsfällen, um gemeinsame Kriterien und Grundsätze für die Praxis des EUIPO und der nationalen Markenämter der Mitgliedstaaten festzulegen.

Das ist zB der Fall bei Hinzufügung von *banalen Bildelementen*[1266], *Buchstabenkür-* **1239**
zeln[1267] oder *rein beschreibenden Begriffen*[1268], der *Darreichungsform* der Ware[1269] oder
bei der *Veränderung schlichter grafischer Elemente*, wenn das unveränderte Wortelement
aufgrund seiner Kennzeichnungskraft überwiegt[1270]. Der Markeninhaber soll im Rahmen seines Geschäftsbetriebs Veränderungen an der Marke vornehmen können, um
sie den Anforderungen der Vermarktung und der Förderung des Absatzes der betr
Waren oder DL besser anzupassen[1271]. Dass ein Zeichen auch der *Firmenname* des
Markeninhabers ist, schließt seine markenmäßige Benutzung nicht aus[1272].

Die verwendete Form darf von der eingetragenen jedoch *nur in geringfügigen Bestand-* **1240**
teilen abweichen, so dass beide Zeichen als insgesamt gleichwertig betrachtet werden
können. Das ist der Fall, wenn die der eingetragenen Marke hinzugefügten Elemente
nicht als ein untrennbar mit ihr verbundenes Ganzes (und damit als neues Zeichen)
angesehen werden, sondern eine untergeordnete Stellung in ihrem Gesamteindruck
einnehmen und schwache Kennzeichnungskraft aufweisen, wie geografische oder
sonstige rein beschreibende Angaben, und wenn das eingetragene Wortelement in

---

1266 EuG 8.12.2015, T-583/14 – FLAMINAIRE/FLAMINAIRE, Rn 30, 37.
1267 EuG, 12.5.2016, T-322/14 und T-325/14 – mobile.de/mobile, Rn 51–61; bestätigt
      durch EuGH, 28.2.2018, C-418/16 P; bei Benutzung der älteren Marke als »mobile.bg«
      bzw »mobilen.bg«, zumal »bg« nur einen sehr geläufigen kurzen geografischen Hinweis
      darstellt. S.a. EuG, 12.7.2019, T-412/18 – mobile.ro/mobile, Rn 32–37.
1268 EuG, 30.11.2009, T-353/07 – COLORIS/COLORIS, Rn 28–36; bei Benutzung der
      älteren Marke mit den zusätzlichen Wortbestandteilen »global coloring concept« und
      »gcc« zusammen mit einem Globus-Bild sowie manchmal mit den Worten »colorants &
      technologies«; EuG, 16.4.2015, T-258/13 – ARKTIS, Rn 26, 27; bestätigt durch EuGH,
      22.6.2016, C-295/15 P; bei Hinzufügung des Begriffs »line«, der in Werbung und Han-
      del gewöhnlich iVm einer Produktlinie verwendet wird; EuG, 23.9.2015, T-426/13 –
      AINHOA, Rn 26–32; bestätigt durch EuGH, 16.6.2016, C-611/15 P. Die Benutzung
      der eingetragenen Wortmarke mit dem nebensächlichen Bildbestandteil »Himmel mit
      Wolken« und mit deutlich warenbeschreibenden Wortzusätzen »bio«, »luxe«, »mineral
      passion«, »spa world chocolate«, hat deren kennzeichnenden Charakter nicht verändert.
1269 EuG, 15.11.2018, T-831/17 – Flexagil, Rn 34–38. Der Verbraucher wird durch den
      Zusatz »krem« lediglich darüber informiert, dass es sich weder um ein Gel noch ein Öl
      oder einen Spray handelt.
1270 EuG, 10.12.2015, T-690/14 – Vieta, Rn 37–55; 27.2.2014, T-225/12 – LIDL express/
      LÍDL MUSIC, Rn 46–53; bestätigt durch EuGH, 6.9.2016, C-224/14 P und C-237/14 P;
      EuG, 18.11.2015, T-361/13 – VIGOR/VIGAR, Rn 70–76; EuG, 13.6.2019, T-398/18 –
      DERMÆPIL sugar epil system/dermépil Perron Rigot, Rn 40–44; EuG, 3.10.2019,
      T-666/18 – ad pepper, Rn 35–50; EuG, 15.10.2019, T-582/18 – XBOXER BARCE-
      LONA/X, Rn 41–50; EuG, 21.11.2019, T-527/18 – tec.nicum/TECNIUM, Rn 27–39;
      Rechtsmittel nicht zugelassen, EuGH, 28.5.2020, C-52/20 P.
1271 EuGH, 25.10.2012, C-553/11 – Protiflit/PROTI, Rn 21.
1272 EuG, 18.7.2017, T-110/16 – SAVANT, Rn 25–37. Selbst die Anwesenheit von Sub-
      brands, wie »Pulse«, »Hematos« und »Mataco« neben der Marke schließt deren ernst-
      hafte Benutzung nicht aus.

der benutzen Wort-/Bildmarke dominierend bleibt, zB weil die grafischen Momente rein dekorativ oder schlicht etikettenhaft sind[1273].

1241 Eine *markante Bildmarke* kann daher auch anstelle eines Buchstabens in eine Wortmarke integriert werden, ohne ihren kennzeichnenden Charakter zu verlieren[1274].

1242 Weiter soll nach der Amtspraxis eine *reine Farbänderung* die Unterscheidungskraft der Marke nicht beeinflussen, solange (a) die Wort-/Bildbestandteile übereinstimmen und die unterscheidungskräftigen Elemente bilden, (b) der Farbkontrast erhalten bleibt, (c) die Farbe oder die Farbkombination selbst keine Unterscheidungskraft aufweist und (d) die Farbe nicht maßgeblich zur allgemeinen Unterscheidungskraft der Marke beiträgt[1275].

1243 Selbst die Hinzufügung eines unterscheidungskräftigen Wortelements vermag am kennzeichnenden Charakter einer ungewöhnlichen *dreidimensionalen Form* nichts zu ändern. Je schwächer aber die Unterscheidungskraft der eingetragenen Marke ist, desto leichter wird sie durch den Zusatz eines kennzeichnungskräftigen Elements beeinflusst und desto mehr verliert die eingetragene Marke ihre Eignung, als Herkunftshinweis wahrgenommen zu werden. Dies gilt auch vice versa. Im Fall der Benutzung einer

---

1273 EuG, 10.6.2010, T-482/08 – ATLAS TRANSPORT, Rn 30–42; EuG, 17.2.2011, T-324/09 – Friboi/FRIBO, Rn 35, 36; EuG, 16.1.2013, T-528/11 – FOREVER/4 EVER, Rn 35; EuG, 23.1.2013, T-551/12 – Rebella/SEMBELLA, Rn 43; EuG, 5.12.2013, T-4/12 – Maestro de Oliva/MAESTRO, Rn 29–39; EuG, 12.3.2014, T-381/12 – PALMA MULATA, Rn 31–40; EuG, 12.12.2014, T-105/13 – TrinkFix/Drinkfit, Rn 43–52; EuG, 14.12.2016, T-397/15 – PAL, Rn 26–43; EuG, 24.10.2014, T-543/12 – Bugui va/BUGUI, Rn 6, 60–66, 81–88; EuG, 15.7.2015, T-24/13 – CACTUS OF PEACE CACTUS DE LA PAZ/CACTUS, Rn 61; wo allein die Benutzung eines stilisierten Kaktus für diejenige einer kombinierten Wort- und Bildmarke ausreichen soll; EuG, 7.9.2016, T-204/14 – VICTOR/victoria, Rn 27–48; EuG, 13.9.2016, T-146/15 – Vieleck, Rn 36–60; bestätigt durch EuGH, 28.2.2017, C-587/16 P; wo die Hinzufügung eines Kreises zu einem Wortelement den kennzeichnenden Charakter eines einfachen Bildsymbols nicht verändert; EuG, 23.10.2017, T-404/16 und T-418/16 – Keksverpackung, Rn 29–35; wo die farbliche Veränderung der Verpackung nicht schadet; EuG, 28.4.2021, T-31/20 – The King of SOHO/SOHO, Rn 40–47; EuG, 13.10.2021, T-12/20 – Frutaria, Rn 61–69; EuG, 10.11.2021, T-353/20 – ACM 1899 AC MILAN/ Milan, Rn 5267; EuG, 6.4.2022, T-219/21 – TRAMOSA/TRAMO,SA TRANSPORTE MAQUINARIA Y OBRAS,S.A., Rn 43–46; EuG, 23.3.2022, T-146/21 – DELTATIC/DELTA, Rn 52–73, wobei auch die Hinzufügung der beschreibenden Zusätze »calcium«, »glycol«, »tonic« und »control« nicht schadet; EuG, 2.3.2022, T-615/20 – MOOD MEDIA, Rn 43–62, wo aber das Weglassen des Begriffs MEDIA bei einigen Verwendungsbeispielen die Unterscheidungskraft verändert.

1274 EuG, 15.7.2015, T-215/13 – λ (Lambda), Rn 55–61. So die Benutzung unter den Wortmarken »EUROFLOOR, EUROTHANE, EUROWALL, POWERDECK, POWERLINE, POWERROOF«, bei denen der erste Buchstabe »O« durch die eingetragene Bildmarke ersetzt war.

1275 Siehe GMitt zur Gemeinsamen Praxis zum Schutzbereich von schwarz-weißen Marken vom 15.4.2014, Ziff 2.

dreidimensionalen Marke iVm einer anderen könnte die Unterscheidungskraft dieser dreidimensionalen Marke leichter beeinflusst werden als bei einer Wort- oder Bildmarke[1276]. Erscheint das Vorhandensein einer Wortmarke als *eigenständiges Element* und nicht als Einheit mit einer bekannten, in der Werbung besonders herausgestellten und sehr speziellen Form der eingetragenen dreidimensionalen Marke, ändert dies deren kennzeichnenden Charakter nicht[1277].

Dabei steht der Anwendung des Art. 18 Abs. 1 Unterabs. 2a UMV – wie durch die Neufassung klargestellt worden ist – nicht entgegen, wenn die *benutzte Form*, die von der eingetragenen ohne Veränderung von deren kennzeichnenden Charakter abweicht, *ihrerseits als Marke eingetragen ist*[1278].   **1244**

Die Voraussetzung einer ernsthaften Benutzung einer Marke iSv Art. 18 Abs. 1 UMV kann auch dann erfüllt sein, wenn eine eingetragene Marke, die ihre Unterscheidungs-   **1245**

1276 EuG, 24.9.2015, T-211/14. und T-317/14 – Ofenform (Bullerjan) und Herdform, Rn 29–37. Die Annahme, dass die Anbringung von fantasievollen Namen, wie »Bullerjan« und »Voxka«, auf reinen Warenformmarken deren Kennzeichnungskraft nicht verändert, erscheint jedoch sehr grenzwertig, da sich der Verkehr auch bei dreidimensionalen Marken idR eher am Wort- als am Formelement orientieren wird. Das erstere EuG-Urteil wurde vom EuGH mangels klarer und verständlicher Begründung aufgehoben; EuGH, 1.12.2016, C-642/15 P – Ofenform (Bullerjan); jedoch im Nachfolgeurteil des EuG, 10.10.2017, T-211/14 RENV inhaltlich erneut wiederholt; bestätigt durch EuGH, 23.1.2019, C-698/17 P – Ofenform II (Bullerjan).

1277 EuG, 28.2.2019, T-459/18 – PEPERO original/Keks, stabförmig (MIKADO), Rn 89–103. Die Hinzufügung der Wortmarke »MIKADO« hindert den Verbraucher nicht daran, Form und Farben der dreidimensionalen Marke wahrzunehmen, deren beiden Enden sichtbar bleiben und deren Zusammenhang zwischen der gelben und der braunen Farbe deutlich erkennbar ist, zumal die Werbekampagnen überwiegend die dreidimensionale Form der Marke herausgestellt haben, der – ohne sie zu überlagern – in wesentlich kleinerer Größe das Wortelement »MIKADO« beigefügt ist.

1278 EuGH, 25.10.2012, C-553/11 – Protifit/PROTI, Rn 20–30. Die im Urteil vom 13.9.2007, C-234/06 P – BAINBRIDGE/Bridge, Rn 86; (in einem obiter dictum) geäußerte Auffassung des EuGH, wonach Art. 15 Abs. 1 Unterabs. 2a GMV es nicht erlaubt, den einer eingetragenen Marke zukommenden Schutz mittels des Nachweises ihrer Benutzung auf eine andere eingetragene Marke, deren Benutzung nicht nachgewiesen ist, mit der Begründung auszuweiten, dass die letztgenannte Marke nur eine leichte Abwandlung der erstgenannten darstelle, ist nur im speziellen Kontext bei Geltendmachung einer »Familie« oder »Serie« von Marken zu verstehen. Die Berufung auf die Benutzung einer Marke als Beleg für die Benutzung einer anderen ist nämlich nicht möglich, wenn der Nachweis für die Benutzung einer hinreichenden Zahl von Marken ders »Familie« erbracht werden soll, denn dafür ist erforderlich, dass die anderen dieser »Familie« oder »Serie« angehörenden Marken auf dem Markt präsent sind. Insoweit hat das Vorabentscheidungsersuchen des BGH, 17.8.2011, I ZR 84/09; zur Klarstellung geführt. S.a. EuG, 30.11.2009, T-353/07 – COLORIS/COLORIS, Rn 37. So kann zB ein Anmelder die Benutzung einer Widerspruchsmarke nicht negieren, wenn das von ihr geringfügig abweichende andere Zeichen des Widersprechenden als Marke erst nach dem Ablauf der relevanten Benutzungsperiode eingetragen wurde.

kraft infolge der Benutzung einer anderen, *zusammengesetzten Marke* erlangt hat, deren Bestandteil sie ist, nur vermittels dieser anderen zusammengesetzten benutzt wird oder wenn sie nur iVm einer anderen Marke benutzt wird und beide Marken zusammen zusätzlich als Marke eingetragen sind.

1246   Sie muss aber weiterhin als *Hinweis auf die Herkunft* der betr Ware wahrgenommen werden, um den Anforderungen der *ernsthaften Benutzung* zu genügen[1279]. So kann eine ernsthafte Benutzung auch dann gegeben sein, wenn eine *Bildmarke nur iVm einer sie überlagernden Wortmarke benutzt* wird, selbst wenn beide Marken zusammen zusätzlich als Marke eingetragen sind.

1247   Dies gilt selbst dann, wenn die *Überlagerung einer Bildmarke mit wortlosem Logo* durch ein Wortzeichen die eingetragene Markenform verändert, da es sich nicht um ein schlichtes Nebeneinanderstellen handelt, werden doch bestimmte Teile der Bildmarke durch das Wortzeichen verdeckt. Jedoch dürfen die Unterschiede zwischen der benutzten und der eingetragenen Form nicht die Unterscheidungskraft der eingetragenen Marke verändern[1280].

1248   Die benutzten Formen dürfen sich nämlich von der eingetragenen nicht durch *erhebliche Abweichungen* in Art, Länge und Position unterscheiden, so dass sie nicht mehr als wesentlich oder weitgehend *gleichwertig* angesehen werden können. Wird zB die schwache originäre Kennzeichnungskraft einer älteren Marke, der Form einer *Flasche mit einem diagonalen Strich*, in den Benutzungsnachweisen durch andere Marken (wie die Wortmarke »ÓUBRÓWKA BISON VODKA«) oder Elemente auf dem Etikett (wie einem Bison) wesentlich verändert, so sind die Voraussetzungen für eine gemeinsame Benutzung mit diesen Marken oder Etiketten nicht erfüllt, zumal die nicht transparenten Etiketten die Sichtbarkeit und die Wahrnehmung des charakteristischen Teils der eingetragenen Marke beeinträchtigen[1281].

1249   Da die mit der Anmeldung einer Marke verbundene *subjektive Absicht völlig unerheblich* ist, gilt Art. 18 Abs. 1 Unterabs. 2a UMV daher auch für eine *Defensivmarke*, deren Eintragung nur dazu dient, den Schutzbereich einer anderen, in der benutzten Form eingetragenen Marke abzusichern oder auszuweiten[1282].

1250   Handelt es sich dagegen bei der *benutzten Form* um ein *eigenständiges Zeichen*, das der Verkehr wegen der Abweichungen in dominierenden Elementen nicht mehr mit der eingetragenen Marke in Verbindung bringt, wird der kennzeichnende Charakter dergestalt verändert, dass ihre Benutzung nicht mehr nach Art. 18 Abs. 1 Unterabs. 2a UMV anerkannt werden kann, zB bei der Benutzung von *FRUIT* für die eingetragene

---

1279   EuGH, 18.4.2013, C-12/12 – Stofffähnchen (Colloseum/Levi Strauss), Rn 36, 35. Diese Entscheidung erging auf ein Vorlageverfahren des BGH; 24.11.2011, I ZR 206/10 – Stofffähnchen II.

1280   EuGH, 18.7.2013, C-252/12 – Specsavers/Asda, Rn 19–31.

1281   EuG, 23.9.2020, T-796/16 – Flasche mit Grashalm/Flasche mit Grashalm II, Rn 154–180; Rechtsmittel nicht zugelassen, EuGH, 23.3.2021, C-639/20 P.

1282   EuGH, 25.10.2012, C-553/11 – Protifit/PROTI, Rn 30–32.

Marke *FRUIT OF THE LOOM* für Bekleidung und Lederwaren[1283] oder bei der Benutzung der Bildmarken *TACKceys* für Klebstoffe und Verpackungen für die eingetragene Wortmarke *TACK*[1284]. Dasselbe gilt, wenn die geschützte Abkürzung *NN* durch voll ausgeschriebene Namen überlagert wird[1285], wenn markante Bildbestandteile durch völlig andere ersetzt werden[1286] oder als reiner Dekor in den Hintergrund treten[1287].

Weiter wird der kennzeichnende Charakter verändert, wenn gerade das kennzeichnungskräftige Element eines mehrteiligen Zeichens *La Sabiduría del Sabor* (Die Weisheit des Geschmacks) in der für zubereitete Lebensmittel benutzen Markenform fehlt, weil nur noch die nebensächliche Grafik und der die geografische Herkunft beschreibende Bestandteil *Sabores de Navarra*, der an Gefühle und Eindrücke aus der nördlichen Region Spaniens denken lässt, übrig geblieben sind[1288]. Wird die Wortmarke *AIR* nur als Bildmarke mit den zusätzlichen Wortelementen »BLUE« und »MEMPHIS« benutzt, wobei letzteres größenmäßig im Vordergrund steht, stellt dies auf keinen Fall eine lediglich unwesentliche Abweichung von der eingetragenen Form dar[1289]. Auch wesentliche grafische Veränderungen, die bei einer fantasievollen Bildmarke mit zu berücksichtigen sind, können zu einer Veränderung des kennzeichnenden Charakters führen[1290]. Schließlich stellt die Anbringung der einzelnen Bestandteile »RICH« und »RICHMOND« der Bildmarke *RICH JOHN RICHMOND* deutlich voneinander getrennt auf verschiedenen Teilen der betr Waren und auch nicht vollständig (ohne »JOHN«) keine Benutzung der Marke in der Form dar, in der sie eingetragen wurde[1291].

1251

1283 EuG, 21.6.2012, T-514/10 – FRUIT I, Rn 28–40.

1284 EuG, 10.10.2018, T-24/17 – D-TACK/TACK, Rn 54–63. So auch EuG, 14.2.2017, T-15/16 – Cystus, Rn 47; bestätigt durch EuGH, 31.1.2019, C-194/17; wo angesichts der schwachen Unterscheidungskraft des einen Wirkstoff beschreibenden Begriffs »Cystus« die Hinzufügung der Angaben »52« oder »052« geeignet ist, dessen Kennzeichnungskraft deutlich zu verstärken und damit zu verändern, so dass die Benutzungsbeispiele »Cystus 52« oder »Cystus 052« nicht maßgeblich sind.

1285 EuG, 28.6.2017, T-333/15 – NN/NN, Rn 36–47; so wenn die ältere Wortmarke *NN*. nur in Form von Bildmarken mit ua den Zusätzen von »Núñez i Navarro« verwendet wird; bestätigt durch EuGH, 17.1.2018, C-536/17 P.

1286 EuG, 20.7.2017, T-309/16 – Art's Cafè; bestätigt durch EuGH, 11.1.2018, C-559/17 P und EuG, 14.7.2014, T-204/12 – VIAVITA/VILA VITA.

1287 EuG, 28.2.2017, T-766/15 und T-767/15 – Goldfarbene Fische auf blauem Grund und Helle Fische auf dunklem Hintergrund; wo der zusätzliche Name »LABEYRIE« und die Fischabbildung der verwendeten Form in den Vordergrund treten, was den kennzeichnenden Charakter des eingetragenen Bildmusters verändert.

1288 EuG, 21.1.2015, T-46/13 – KIT, EL SABOR DE NAVARRA/Sabores de Navarra La Sabiduría del Sabor.

1289 EuG, 8.7.2020, T-800/19 – AIR, Rn 31–38. Selbst wenn nachgewiesen würde, dass der Bestandteil »MEMPHIS« eine Hausmarke ist, stellt dies nicht in Frage, dass dieses Wort die Unterscheidungskraft der angegriffenen Marke verändert.

1290 EuG, 15.12.2015, T-83/14 – ARTHUR & ASTON/Arthur, Rn 19–24; bestätigt durch EuGH, 15.6.2016, C-94/16 P.

1291 EuG, 14.7.2021, T-297/20 – RICH JOHN RICHMOND. Das Rechtsmittel wurde nicht zugelassen, EuGH, 17.1.2022, C-599/21 P.

1252 Bei der Prüfung sind *alle Umstände des Einzelfalls* zu berücksichtigen, insb die Art der Waren oder DL, die Merkmale des jeweiligen Markts sowie der Umfang und die Häufigkeit der Markenbenutzung. Die Nachweise sind in ihrer Gesamtschau zu bewerten[1292]. Auch der Vertrieb von *Einzelteilen* oder von *Zubehör* oder *Kundendienst, Wartungs-* oder *Reparaturleistungen* können als ernsthafte Benutzung genügen. Die Markenbenutzung muss sich auf Waren und DL beziehen, die *bereits vertrieben* werden oder deren Vertrieb von dem Unternehmen zur Gewinnung von Kunden insb im Rahmen von Werbekampagnen vorbereitet wird und *unmittelbar bevorsteht*[1293]. Denn eine Marke wird von ihrem Inhaber auch ernsthaft benutzt, wenn er *gebrauchte*, unter dieser Marke in den Verkehr gebrachte *Waren* vertreibt oder *für die* zuvor unter dieser Marke *vertriebenen Waren bestimmte DL* unter der betr Marke *anbietet*, die in unmittelbarem Zusammenhang mit den bereits vertriebenen Waren stehen und die Bedürfnisse von deren Abnehmer befriedigen sollen[1294].

1253 Im Einzelfall kann auch dann eine ernsthafte Benutzung vorliegen, wenn sie mengenmäßig nicht bedeutend ist. Selbst eine *minimale Benutzung* kann ausreichen, wenn sie im konkreten Wirtschaftsbereich zur Schaffung oder Erhaltung eines Marktanteils für die geschützten Waren oder DL gerechtfertigt erscheint. Auch *nachträgliches Verhalten* des Markeninhabers darf mitberücksichtigt werden. Es kann geeignet sein, die in der relevanten Zeit erfolgte Benutzung, ihren Umfang oder die wahren Absichten des Inhabers zu bestätigen oder besser zu bewerten[1295].

1254 So kann die Tatsache, dass die Benutzung der älteren Marke nur hinsichtlich des Verkaufs von Waren *an einen einzigen Kunden* nachgewiesen ist, nicht von vornherein ihre Ernsthaftigkeit ausschließen, auch wenn sie zeigt, dass diese Marke nicht auf einem wesentlichen Teil des Hoheitsgebiets, in dem sie geschützt ist, vertreten war. Die *Größe des Gebietes* in dem die Marke benutzt wird, ist nämlich nur einer der Faktoren, der neben anderen bei der Entscheidung, ob die Benutzung ernsthaft ist, zu berücksichtigen ist. Sie ist kein von der ernsthaften Benutzung getrenntes Kriterium, sondern ein Aspekt, der in die Gesamtanalyse einzubeziehen und neben anderen zu prüfen ist[1296].

1255 Auch dass zB der *Wert* der unter der älteren Marke vermarkteten Waren (konzentrierte Säfte verschiedener Früchte), die innerhalb eines Jahres an einen einzigen Kunden geliefert worden sind, *höchstens 4.800 Euro* (Verkauf von 293 Kisten zu je 12 Stück) betragen hat, kann die Ernsthaftigkeit der Benutzung der älteren nationalen Marke nicht in Zweifel ziehen[1297]. So stellt weiter zB der *kontinuierliche Absatz* von über

---

1292 EuG, 21.11.2013, T-524/12 – RECARO, Rn 33–38, 48, 49, 71.
1293 EuGH, 11.3.2003, C-40/01 – Minimax/Ansul/Ajax, Rn 40–42.
1294 EuGH, 22.10.2020, C-720/18 und C-721/18 – testarossa (Ferrari), Rn 55–59, 62–64.
1295 EuGH, 27.1.2004, C-259/02 – La Mer, Rn 19, 21, 31; EuGH, 11.3.2003, C-40/01 – Minimax/Ansul/Ajax, Rn 35–39.
1296 EuGH, 19.12.2012, C-149/11 – OMEL/ONEL (Leno Merken/Hagelkruis Beheer), Rn 36.
1297 EuG, 8.7.2004, T-203/02 – VITAFRUIT/VITAFRUT, Rn 46–54; bestätigt durch EuGH, 11.5.2006, C-416/04 P – VITAFRUIT/VITAFRUT, Rn 75–77. S.a. EuG, 16.9.2013,

3.490 Bettdecken in einem Zeitraum von mindestens vier Jahren eine ernsthafte Benutzung dar[1298]. Auch der Verkauf von etwa *2.700 Zeitschaltuhren*, davon 970 für eine Gesamtsumme von etwa 28.000 Euro, über den gesamten Fünfjahreszeitraum in 23 Mitgliedstaaten reicht aus[1299].

Selbst sehr *schmale*, durch Rechnungen belegte *Umsätze* von etwas mehr als 600 Euro reichen für eine ernsthafte Benutzung aus, wenn der *Wareneinzelpreis sehr gering* ist (T-Shirts für 0,82 Euro) und die Verkäufe während der gesamten Fünfjahresperiode über mehrere Filialen an verschiedene außenstehende Personen erfolgten[1300].   **1256**

Auch die Tatsache, dass Herstellung und Verkauf von *hochklassigen Sportwagen* während des Benutzungszeitraums zurückgegangen sind und die Herstellung *wegen Zahlungsunfähigkeit eingestellt* wurde, reicht angesichts der Versuche des Markeninhabers, die Produktion wiederaufzunehmen, und seiner nachfolgenden geschäftlichen Tätigkeit nicht aus, die ernsthafte Benutzung in Frage zu stellen[1301].   **1257**

Dasselbe gilt für eine *spätere Entscheidung* des Markeninhabers, die *Einführung der Waren mit der betr Marke zu stoppen*. Wenn Vermarktungsaktivitäten in der Zeit, in der sie vom Markeninhaber unternommen wurden, zur ernsthaften Markenbenutzung ausreichen, dürfen nachfolgende Umstände grds nicht mehr berücksichtigt werden. Aus ihnen kann nämlich nicht geschlossen werden, dass – insb kosten- und personalintensive – Vorbereitungsmaßnahmen zur Einführung der Markenwaren auf den Markt nur Scheinbenutzungshandlung gewesen wären[1302].   **1258**

Jedoch kann *nicht jede nachgewiesene geschäftliche Verwertung* einer Marke automatisch als deren ernsthafte Benutzung eingestuft werden. So *reicht* es *nicht aus*, wenn unter der älteren Marke zB handgefertigte Schokolade mit *minimalem Umsatz* (3,6 kg pro *Monat) nur an einem einzigen Ort in Deutschland* (im Innenraum des Café Reber in Bad Reichenhall, einer Stadt mit etwa 18.000 Einwohnern) verkauft wird, die zu einem unverpackten, nicht mit der Marke versehenen, ausschließlich *in der Theke* angebotenen Schokoladensortiment gehört, bei dem jeder Artikel einen anderen, auf einem Schild der Auslage erscheinenden Namen hat. Ein *Internetauftritt* der mit der   **1259**

T-200/10 – AVERY DENNISON/DENNISON, Rn 48–51; bei etwa 66.600 Papierartikeln im Wert von 4.783 Euro über 25 Monate in der Zusammenschau mit anderen Benutzungsnachweisen; EuG, 16.1.2013, T-528/11 – FOREVER/4 EVER, Rn 32–44; bei einem Nettoumsatz von 2.604 Euro für 4.968 Fruchtsaftflaschen an sieben Kunden in Portugal während 26 Monaten.

1298 EuG, 16.4.2015, T-258/13 – ARKTIS.
1299 EuG, 19.1.2022, T-76/21 – POMODORO, Rn 64–93.
1300 EuG, 27.2.2015, T-41/12 – L'Wren Scott/LOREN SCOTT, Rn 29–47.
1301 EuG, 15.7.2015, T-398/13 – TVR ITALIA/TVR, Rn 58; Rechtsmittel unzulässig; EuGH, 14.1.2016, C-500/15 P.
1302 EuG, 7.7.2016, T-431/15 – FRUIT II, Rn 57–63.

Marke gekennzeichneten Ware nützt dann nichts, wenn diese nicht über Internet, sondern nur vor Ort vertrieben wird[1303].

1260 Auch der Verkauf von *2.592 Wodkaflaschen in Rumänien* innerhalb von drei Monaten an einen einzigen Kunden reicht angesichts des dort üblichen Durchschnittsverbrauchs nicht aus, zumal er zeitlich überwiegend zwischen der Anmeldung und der Veröffentlichung der Unionsmarke erfolgt ist und *nicht* nachgewiesen wurde, dass es sich bei den Geschäften *um öffentliche und nach außen gerichtete Vorgänge* handelte[1304].

1261 Dasselbe gilt bei einem Gesamtverkauf von *15.552 Flaschen Wasser für 800 Euro*, der noch dazu zwei Jahre vor dem Schonfristablauf endete[1305]. Weiter langt angesichts relativ hochpreisiger Baustoffe ein *Umsatzvolumen von 6.500 Euro* über vier Jahre nicht[1306]. Auch Verkaufszahlen von *Wurstwaren* und *Fleisch* in einem einzigen Jahr in Höhe von *39.615,65 Euro* bzgl verschiedener Geschäfte mit einem deutschen Supermarkt reichen für eine ernsthafte Benutzung der Marke nicht aus[1307].

1262 Für die ernsthafte Benutzung einer Unionsmarke reicht ihre reale Benutzung *in einem einzigen Mitgliedstaat* aus. Es können keine höheren Anforderungen gestellt werden wie an die Benutzung einer nationalen Marke. Die faktisch auf das Hoheitsgebiet eines einzigen Mitgliedstaats begrenzte Benutzung kann daher gleichzeitig die Voraussetzung der ernsthaften Benutzung einer Unionsmarke und die einer nationalen Marke dieses Mitgliedstaats erfüllen.

1263 Bei der Beurteilung des in Art. 18 Abs. 1 UMV vorgesehenen Erfordernisses, dass eine Marke *in der Union ernsthaft benutzt wird*, sind nämlich die Grenzen des Hoheitsgebiets der Mitgliedstaaten außer Betracht zu lassen[1308]. So hat das EuG eine ziemlich bedeutende Benutzung für Computer- und Internet-DL *in London und im Themse-Tal in Großbritannien* in einem Verfallsverfahren für die ernsthafte Markenbenutzung ausreichen lassen[1309].

1264 Eine *Benutzung in Drittstaaten* reicht für die Union nicht aus. Daher war zB der Verkauf der fraglichen Waren an das US-Verteidigungsministerium und das US-Außenministerium für *Militärstützpunkte in Belgien und Deutschland* nicht geeignet, die Absicht des Markeninhabers nachzuweisen, für diese einen Absatzmarkt in der Union

---

1303 EuG, 17.1.2013, T-355/09 – Walzer Traum/Walzertraum; bestätigt durch EuGH, 17.7.2014, C-141/13 P, Rn 33, 34.

1304 EuG, 5.6.2014, T-495/12 ua – Dracula Bite/Dracula, Rn 32–46.

1305 EuG, 18.3.2015, T-250/13 – SMART WATER, Rn 30–60.

1306 EuG, 23.10.2015, T-137/14 – Kreis mit Halbkreis, Rn 49–54.

1307 EuG, 10.11.2021, T-500/20 – HALLOWIENER, Rn 31–48. Diese Auffassung erscheint m.E. zu streng, da die Umsatzzahlen doch deutlich gegen eine bloße Scheinbenutzung sprechen.

1308 EuGH, 19.12.2012, C-149/11 – OMEL/ONEL (Leno Merken/Hagelkruis Beheer), Rn 39–58. S.a. BPatG, 14.4.2011, 30 W (pat) 1/10 – TOLTEC/TOMTEC.

1309 EuG, 30.1.2015, T-278/13 – now, Rn 52, 53; EuG, 15.7.2015, T-398/13 – TVR ITALIA/TVR, Rn 57.

zu schaffen[1310]. Auch reicht es für eine ernsthafte Benutzung in der Union *keineswegs* aus, dass ein *Importeur* mit der Marke gekennzeichnete Waren in Europa nur einführt, um sie dann *auf den afrikanischen Markt zu exportieren*[1311].

Eine Marke wird auch dann *ernsthaft benutzt*, wenn ein *ideeller Verein* sie *in der Öffent-* **1265** *lichkeit* (und nicht lediglich in rein privaten Veranstaltungen) auf *Ankündigungen* von Veranstaltungen, auf *Geschäftspapieren* und auf *Werbematerial* verwendet und seine Mitglieder beim Sammeln und Verteilen von Spenden entspr *Ansteckzeichen* tragen. Dass ein karitativer Verein *keine Gewinnerzielungsabsicht* verfolgt, schließt nämlich nicht aus, dass er bestrebt sein kann, für seine Waren oder DL einen Absatzmarkt zu erschließen und anschließend zu sichern[1312].

Eine ernsthafte Benutzung ist auch für *kostenlos* erbrachte betriebswirtschaftliche und **1266** *medizinische Beratungs-DL*, für die Literaturverteilung an Ärzte zu Werbezwecken sowie für die Organisation von Vorträgen usw anzunehmen, da diese DL letztlich der *Förderung des Vertriebs* der vom selben Unternehmen hergestellten Medizinprodukte dienen[1313].

Dagegen liegt eine ernsthafte Benutzung jedoch *nicht* vor, wenn *Werbegegenstände* (zB **1267** alkoholfreie Getränke in Flaschen) *als Belohnung für den Kauf anderer Waren* (Textilien) und zur Förderung von deren Absatz verteilt werden. In einem solchen Fall werden diese Gegenstände nämlich nicht mit dem Ziel vertrieben, auf den Markt der Waren vorzudringen, die zu ders Kl. gehören wie sie. Die Anbringung der Marke auf kostenlos mitgegebenen Werbegegenständen trägt weder dazu bei, einen Absatzmarkt für diese zu schaffen, noch dazu, diese Gegenstände im Interesse des Verbrauchers von Waren anderer Unternehmen zu unterscheiden. Somit benutzt der Inhaber einer Marke, wenn er diese auf Werbegegenständen anbringt, die er den Käufern seiner Waren *kostenlos* mitgibt, diese Marke für die Kl., zu der die betr Gegenstände gehören, nicht ernsthaft[1314]. Dasselbe gilt für die kostenlose Verteilung von CDs, DVDs und Software, wenn diese *nicht eigenständig und losgelöst vom Kauf von Fotoprodukten* angeboten werden, ihre Abgabe vielmehr ausschließlich im Rahmen von deren Vermarktung erfolgt, um deren Absatz zu fördern[1315].

1310 EuG, 28.10.2020, T-583/19 – FRIGIDAIRE, Rn 33–38. Hier (a) wurden die streitigen Waren von US-Regierungsstellen bestellt, (b) ist der Händler, bei dem diese bestellt wurden, in den USA ansässig und (c) wurden diese Waren aus Mexiko, den USA oder der Türkei versandt.

1311 EuG, 9.12.2015, T-354/14 – ZUMEX/JUMEX, Rn 60–66; bestätigt durch EuGH, 4.5.2017, C-71/16 P.

1312 EuGH, 9.12.2008, C-442/07 – Radetzky, Rn 16, 17, 24.

1313 EuG, 9.9.2011, T-289/09 – OMNICARE CLINICAL RESEARCH/OMNICARE, Rn 69–72.

1314 EuGH, 15.1.2009, C-495/07 – WELLNESS (Silberquelle/Maselli-Strickmode), Rn 20–22. S.a. EuG, 7.6.2018, T-882/16 – DOLFINA, Rn 53.

1315 EuG, 11.4.2019, T-323/18 – Schmetterling, Rn 34–65.

1268 Eine ernsthafte Benutzung liegt aber dann vor, wenn die *Widerspruchsmarke zusammen mit anderen*, auch Bildmarken benutzt wird. Es gibt nämlich keine unionsmarkenrechtliche Bestimmung, wonach der Widersprechende nachzuweisen hat, dass er die ältere Marke isoliert und unabhängig von jeder anderen Marke benutzt hat[1316].

1269 Eine ernsthafte Benutzung ist auch dann gegeben, wenn nicht die Widerspruchsmarke selbst, sondern ein anderes, mit ihr *identisches Zeichen des Widersprechenden*, das für identische Waren eingetragen ist, *benutzt* wurde, da dies nicht zu einem unterschiedlichen Verständnis bei den angesprochenen Verkehrskreisen führt[1317].

1270 Die *Übertragung einer Marke* kann nicht dazu führen, dass ihrem *neuen Inhaber* die Möglichkeit genommen wird, den Nachweis der ernsthaften Benutzung der Marke während des ersten Teils des maßgeblichen Zeitraums zu erbringen, in dem er nicht Markeninhaber war. Die *Benutzung der Marke durch ihren früheren Inhaber* während dieses ersten Zeitraums ist daher ungeachtet des späteren Wechsels des Markeninhabers zu *berücksichtigen*, zumal es sich nicht um eine Drittbenutzung iSv Art. 18 Abs. 2 UMV handelt[1318].

1271 Es reicht auch die Benutzung durch einen *Dritten* mit *Zustimmung des Markeninhabers* aus (Art. 18 Abs. 2 UMV), zB bei Tätigwerden eines *Lizenznehmers*[1319] oder bei Verkauf der Produkte des Herstellungsbetriebs durch eine *Vertriebsgesellschaft* der Firmenfamilie[1320] oder bei Benutzung einer Marke durch ein Unternehmen, das *wirtschaftlich* mit dem Markeninhaber *verbunden* ist[1321]. Beruft sich der Widersprechende auf diese Benutzung durch einen Dritten, ist *implizit* davon auszugehen, dass sie mit seiner Zustimmung erfolgt ist[1322]. Wird dies aber von der Gegenseite bestritten, muss er den *Nachweis* erbringen, dass er der Benutzung dieser Marke durch einen Dritten zugestimmt hat, zB durch Vorlage eines (notariellen) Vertrags[1323], durch eidesstattliche

---

1316 EuG, 14.12.2011, T-504/09 – VÖLKL/VÖLKL, Rn 100.
1317 EuGH, 29.11.2018, C-340/17 P – ALCOLOCK/ALCOLOCK, Rn 58, 59; mit dem EuG, 29.3.2017, T-638/15, Rn 17–32, bestätigt wurde. Insoweit durfte der Markeninhaber sich zu Recht auf einen Lizenzvertrag berufen, der nicht die Widerspruchsmarke, sondern eine mit dieser identischen Marke betraf.
1318 EuG, 13.10.2021, T-12/20 – Frutaria, Rn 25–37.
1319 EuG, 4.6.2015, T-254/13 – STAYER/STAYER, Rn 56; EuG, 29.3.2017, T-638/15 – ALCOLOCK/ALCOLOCK, Rn 43–46.
1320 EuG, 17.2.2011, T-324/09 – Friboi/FRIBO, Rn 32.
1321 EuG, 25.6.2020, T-104/19 – JUVÉDERM, Rn 47–53; Rechtsmittel nicht zugelassen, EuGH, 3.12.2020, C-400/20 P. Wäre nämlich die Markenbenutzung ohne Zustimmung des Markeninhabers und unter Verletzung seines Markenrechts erfolgt, wäre es im Interesse der Rechtssubjekte, die die Marke benutzen, gewesen, diesem Inhaber keine Beweise für eine solche Benutzung zu übermitteln. Es ist auch unwahrscheinlich, dass der Markeninhaber über diese Unterlagen hätte verfügen und sie als Beweis für die Markenbenutzung vorlegen können, wenn diese Benutzung gegen seinen Willen erfolgt wäre.
1322 EuG, 8.7.2004, T-203/02 – VITAFRUIT/VITAFRUT, Rn 24–26; bestätigt durch EuGH, 11.5.2006, C-416/04 P; EuG, 7.10.2015, T-186/14 – NOxtreme/X-TREME, Rn 28.
1323 EuG, 27.2.2014, T-37/12 – TEEN VOGUE/VOGUE, Rn 35. Dies gilt insb, wenn der Vertrag bereits vor der Anmeldung der angegriffenen Marke geschlossen worden war.

Versicherungen[1324] oder durch Schreiben eines Wirtschaftsprüfers, in denen die dem Markeninhaber von den Markennutzern gezahlten Lizenzgebühren einzeln aufgeführt waren, samt detaillierter Aufstellungen[1325].

Die *Zustimmung zur Benutzung* durch den Dritten muss angesichts der Bedeutung **1272** der Wirkung, die sie nach sich zieht – Erlöschen des ausschließlichen Rechts des Markeninhabers zu deren Benutzung – auf eine Weise geäußert werden, die einen Willen zum Verzicht auf dieses Recht *mit Bestimmtheit erkennen* lässt. Ein solcher Wille ergibt sich idR aus einer *ausdrücklichen Erteilung* der Zustimmung. Es kann jedoch nicht ausgeschlossen werden, dass er sich in bestimmten Fällen *konkludent* aus Umständen und Anhaltspunkten vor, bei oder nach der Benutzung der fraglichen Marke durch einen Dritten ergeben kann, die ebenfalls mit Bestimmtheit einen Verzicht des Inhabers auf sein Benutzungsrecht erkennen lassen[1326].

Die ernsthafte Benutzung von *Kollektivmarken* muss im Hinblick auf ihre wesent- **1273** liche Funktion beurteilt werden, die nicht darin besteht, die betriebliche Herkunft zu identifizieren, sondern vielmehr erkennen zu lassen, dass die Waren oder DL von den *Mitgliedern eines Verbands* stammen[1327]. Wie Individualmarken muss eine Kollektivmarke jedoch von den Mitgliedern benutzt werden, um einen Absatzmarkt für die eingetragenen Waren oder DL zu erschließen. Dieselbe Kollektivmarke kann aber auch von Wettbewerbern zusammen mit einer Individualmarke benutzt werden, um einerseits ihre Zugehörigkeit zum Verband anzuzeigen und andererseits die betriebliche Herkunft der Waren oder DL von einem individuellen Mitglied des Verbands.

2. Berechtigte Gründe für die Nichtbenutzung

Berechtigte Gründe für die Nichtbenutzung einer Marke sind Hindernisse, die einen **1274** unmittelbaren Zusammenhang mit der Marke aufweisen, ihre Benutzung unmöglich oder unzumutbar machen und vom Willen des Markeninhabers unabhängig sind[1328].

In Art. 19 Abs. 1 TRIPS (*Erfordernis der Benutzung*) geht es ua um die Gründe für **1275** die Rechtfertigung der Nichtbenutzung einer Marke. Insoweit werden als *triftige Gründe* Umstände angesehen, die *unabhängig vom Willen des Markeninhabers* eintreten und die ein Hindernis für deren Benutzung bilden. Im TRIPS werden als Beispiele Einfuhrbeschränkungen oder sonstige staatliche Auflagen für die mit einer Marke bezeichneten Waren oder DL angeführt[1329].

1324 EuG, 13.1.2011, T-28/09 – PINE TREE, Rn 60–74.
1325 EuG, 22.3.2017, T-336/15 – The Specials, Rn 54–58; bestätigt durch EuGH, 26.6.2018, C-325/17 P.
1326 EuG, 22.3.2017, T-336/15 – The Specials, Rn 52; bestätigt durch EuGH, 26.6.2018, C-325/17 P.
1327 EuGH, 5.3.2020, C-766/18 P – BBQLOUMI/HALLOUMI I, Rn 72, 73.
1328 EuGH, 14.6.2007, C-246/05 – Le Chef DE CUISINE (Armin Häupl/Lidl Stiftung), Rn 55.
1329 EuGH, 3.7.2019, C-668/17 P – Boswelan, Rn 67.

1276 Wird zB ein Markeninhaber in *betrügerischer, irreführender und einschüchternder Weise* von einem Konkurrenten durch falsche Erklärungen gegenüber Behörden und den Missbrauch von Gerichtsverfahren daran *gehindert, seine Marke zu benutzen*, so stellt dies einen berechtigten Grund für die Nichtbenutzung dar. Dabei genügt es, dass berechtigte Gründe für die Nichtbenutzung einer Marke während eines *Teils des maßgeblichen Zeitraums* vorliegen. Selbst eine ernsthafte Benutzung für einige Waren und DL der Marke schließt das Vorhandensein berechtigter Gründe für die Nichtbenutzung derselben Marke in Bezug auf andere nicht aus[1330]. Dagegen reicht die bloße Tatsache, dass ein *Verletzungsprozess*, noch dazu gegen die nationale Marke anhängig ist, als berechtigter Grund für die Nichtbenutzung *nicht* aus. Denn der Markeninhaber ist verpflichtet, die *Wahrscheinlichkeit*, dass seinen Ansprüchen in einem Gerichtsverfahren stattgegeben wird, *ordnungsgemäß zu beurteilen* und aus dieser Beurteilung die angemessenen Schlussfolgerungen zu ziehen, ob er seine Marke weiter benutzen sollte oder nicht[1331].

1277 Berechtigte Gründe für die Nichtbenutzung können ua auch vorliegen, wenn ein zur Vermarktung erforderliches *Genehmigungsverfahren* (zB bei Arzneimitteln) noch andauert oder der Markeninhaber aufgrund *vertraglicher Vereinbarung* den Kunden gegenüber verpflichtet ist, die Marke nicht auf der Ware anzubringen, zB bei Einbauteilen in komplexen Maschinen wie Automobilen.

1278 Die Beauftragung einer *klinischen Studie zur Zulassung von Arzneimitteln* stellt jedoch dann *keinen berechtigten Grund* für die Nichtbenutzung einer angegriffenen Marke dar, wenn der Markeninhaber den entspr Antrag erst über drei Jahre nach der Markeneintragung gestellt hat. Auch wenn die Durchführung einer solchen Studie tatsächlich ein Nichtbenutzungsgrund sein kann, lagen die vom Markeninhaber angeführten Handlungen und Ereignisse, nämlich ua eine sehr frühzeitige Markenanmeldung und mangelnde Investitionen für die schnelle Durchführung der Studie, in seinem Einfluss- und Verantwortungsbereich, so dass sie nicht von seinem Willen unabhängige Hindernisse betrafen[1332].

1330 EuG, 13.12.2018, T-672/16 – C=commodore, Rn 34, 41, 50–68.

1331 EuG, 30.6.2021, T-362/20 – REACCIONA, Rn 56–76.

1332 EuG, 16.9.2017, T-276/16 – Boswelan, Rn 55–62; bestätigt durch EuGH, 3.7.2019, C-668/17 P, Rn 68–73. Die klinische Studie stellt eine Vorstufe zur Stellung eines Zulassungsantrags nach nationalen Regelungen dar, so dass es sich um eine völlig ergebnisoffene Etappe auf dem Weg zum Vertrieb eines Arzneimittels handelt. Anhaltspunkte zur Bestimmung eines genauen Zeitpunkts für den Studienabschluss gibt es nicht. Der Markeninhaber hat sich entschieden, sehr früh eine Marke zu schützen, obgleich eine beträchtliche Unsicherheit sowohl über den Zeitpunkt als auch über die Möglichkeit eines Vertriebs des mit ihr bezeichneten Arzneimittels bestand. Da aber die Dauer einer klinischen Studie weitgehend von den eingesetzten finanziellen Mitteln abhängt, weisen die insb die mit der Rekrutierung von Freiwilligen verbundenen Schwierigkeiten im Studienverlauf auf eine angesichts der Branchenbesonderheiten unzureichende Investition hin.

Weiter reicht die Tatsache, dass ein deutsches *Laboratorium Tests* an den verfahrensge- **1279**
genständlichen Zigaretten in Deutschland ausführte, um die Übereinstimmung mit
europäischen Normen festzustellen, *nicht* zur Annahme aus, dass die nicht erfolgte
Vermarktung unabhängig vom Willen des Markeninhabers wäre. Diese Tests dauer-
ten – im Gegensatz zu Arzneimitteltests, die sich über Jahre hinziehen können – nur
wenige Tage[1333].

Schließlich reicht das Erfordernis der *Einhaltung von Rechtsvorschriften* für den Ver- **1280**
trieb der Waren der angegriffenen Marke *nicht* aus, um deren *Nichtbenutzung zu
rechtfertigen*, da deren Einhaltung im Einfluss- und Verantwortungsbereich des Markeninhabers liegt und kein von seinem Willen unabhängiges Hindernis darstellt[1334].

Liegt das Hindernis jedoch in seiner *eigenen Sphäre* und im *eigenen Verantwortungsbe-* **1281**
reich, wie bei Unterbrechung der Warenproduktion nach Feststellung derer *negativer
gesundheitlicher Auswirkungen* oder wegen der Konfrontation mit einem Verfallsverfahren, sind die Gründe *nicht berechtigt*[1335]. Dasselbe gilt bei Schwierigkeiten, ein
neues gesundheitlich unschädliches Parfüm zu entwerfen, um den regulatorischen
Anforderungen zu genügen, sowie wegen dessen *Umgestaltung*, um den veränderten
Marktgegebenheiten zu entsprechen[1336]. Selbst ernste *Erkrankung*[1337] oder *wirtschaftliche Schwierigkeiten* (und zB dadurch bedingter Insolvenz) stellen keine berechtigten
Gründe für die Nichtbenutzung dar[1338].

3. Erhebung der Einrede

Die *NBE* ist *ausdrücklich* vom Anmelder und bezogen auf das jeweilige ältere Recht **1282**
zu erheben, hinsichtlich dessen sie geltend gemacht wird. Die Benutzungslage von
älteren Marken wird nämlich *nur auf Antrag*, nicht von Amts wegen durch das EUIPO
geprüft. Die NBE ist nur zulässig, wenn sie *bedingungslos* in einem *gesonderten Schriftstück*, also auf einem separaten Blatt mit Briefkopf und Unterschrift, innerhalb der vom

---

1333 EuG, 8.6.2017, T-294/16 – GOLD MOUNT, Rn 41–48. Es lag also ausschließlich am
mangelnden Willen des Markeninhabers, die Marke in Europa auf den Markt zu bringen.
1334 EuG, 12.1.2022, T-160/21 – APIRETAL, Rn 32–36. Zudem hatte der Markeninhaber keine Schritte unternommen, um die vom Verfallsantrag erfassten Waren unter der
streitigen Marke zu vermarkten. Außerdem hat er nicht nachgewiesen, dass der Benutzung der angegriffenen Marke für die vom Verfallsantrag erfassten Waren in anderen
Mitgliedstaaten der Union als Spanien ein Hindernis entgegenstand.
1335 EuG, 18.3.2015, T-250/13 – SMART WATER, Rn 62–75.
1336 EuG, 29.6.2017, T-427/16 – AN IDEAL WIFE, Rn 44, 45; bestätigt durch EuGH,
22.2.2018, C-529/17 P.
1337 BK, 18.10.2012, R 533/12–2 – fvp franca v.paoloni MILANO ITALY, Rn 20–26.
1338 BK, 14.5.2008, R 855/07–4 – PAN AM, Rn 27, hat dies offengelassen; aA unter Ver-
kennung des deutschen Rechts: BK, 11.12.2007, R 77/06–1 – MISS INTERCONT-
INENTAL, Rn 50, 51.

Amt gemäß Art. 8 Abs. 2 DVUM gesetzten *Frist zur Stellungnahme auf den Widerspruch* vor der Widerspruchsabteilung eingereicht wird (Art. 10 Abs. 1 DVUM)[1339].

1283   Somit genügen lediglich *pauschale Einwendungen* hinsichtlich der Stichhaltigkeit der vom Widersprechenden spontan (zum Nachweis der Bekanntheit seiner Marke) vorgelegten Benutzungsunterlagen nicht, wenn damit nicht ausdrücklich die ernsthafte Benutzung in Zweifel gezogen werden soll[1340].

1284   Die Benutzung ist jedoch vom Widersprechenden nur dann nachzuweisen, wenn der Anmelder diesen Nachweis *innerhalb der* vom EUIPO gesetzten *Frist* verlangt. Eine *später erhobene* NBE ist *unstatthaft*[1341].

1285   Die NBE kann vom Anmelder auch wieder *zurückgenommen* oder die Benutzung für bestimmte Waren und DL anerkannt werden. Eine derartige Erklärung kann aber nicht mehr widerrufen werden und ist für das Folgeverfahren *bindend*[1342]. Die Anerkennung der Nachweise der ernsthaften Benutzung muss aber *klar und unmissverständlich* erklärt werden, die bloße Tatsache, dass die Beweismittel des Widersprechenden vom Anmelder nicht in Frage gestellt wurden, entbindet das EUIPO nämlich nicht von der Pflicht, die Frage der ernsthaften Benutzung zu prüfen und die Beweiskraft der Beweismittel zu analysieren[1343].

1286   *Nicht statthaft* ist die NBE, wenn sich die ältere Marke noch in der *Benutzungsschonfrist* befindet, dh sofern die ältere Marke am Anmelde- oder Prioritätstag der Anmeldung der Unionsmarke noch nicht mindestens fünf Jahren eingetragen ist.

1287   Die Berechnung ist letztlich einfach, da die *Benutzungsschonfrist* – im Gegensatz zum alten deutschen Recht[1344] – *starr* ist. Insoweit kann der Anmelder auch kei-

---

1339 Es reicht daher nach der neuen Rechtslage nicht mehr aus, wenn der Anmelder gegenüber den, dem Widerspruch beigelegten Benutzungsnachweisen einwendet, dass sie nicht ausreichten, um ein ernsthafte Benutzung zu belegen; EuG, 12.6.2009, T-450/07 – Pickwick COLOUR GROUP/PicK OuiC, Rn 17–33.

1340 EuG, 16.9.2009, T-305/07 und T-306/07 – OFFSHORE LEGENDS/OFFSHORE 1, Rn 32–45.

1341 EuGH, 8.3.2012, C-81/11 P – RESVEROL/LESTEROL, Rn 34. S.a. EuG, 1.12.2021, T-359/20 – Team Beverage/TEAM, Rn 38–46 mwN; EuG, 3.12.2015, T-105/14 – iDrive/IDRIVE, Rn 19–26; EuG, 11.1.2013, T-568/11 – inderdit de me gronder IDMG/DMG, Rn 14–20; EuG, 11.5.2011, T-74/10 – FLACO/FLACO, Rn 18–26; EuG, 8.9.2010, T-152/08 – SCORPIONEXO/ESCORPION, Rn 15–22; EuG, 18.10.2007, T-425/03 – AMS Advanced Medical Services/AMS, Rn 103–112; EuG, 16.3.2005, T-112/03 – FLEXI AIR/FLEX, Rn 22–37.

1342 EuGH, 26.4.2007, C-412/05 P – TRAVATAN/TRIVASTAN, Rn 42–45.

1343 EuG, 28.11.2013, T-34/12 – HERBA SHINE/Herbacin, Rn 25–29.

1344 Aufgrund des *zwingenden Charakters.* der Regelung über die Benutzungsschonfrist in Art. 44 Abs. 1 MarkenRL. ist die sog. *wandernde Benutzungsfrist.* nach § 43 Abs. 1 S. 2 MarkenG als *nicht mehr richtlinienkonform.* bei der Umsetzung der MarkenRL in Deutschland aufgegeben worden, so dass dieser Sonderweg, der sich nach allgemeiner Ansicht nicht bewährt hat, beendet ist; s. ua *Ströbele* in *Ströbele/Hacker*, MarkenG, § 43 Rn 15 f; HK-MarkenR/*Kramer/Reinisch* § 43 Rn 2, 51; *Götting/Meyer/Vormbrock/*

nen Rechtsmissbrauch einwenden, wenn er meint, dass die Widerspruchsmarke nicht mehr benutzt wird. Im Rahmen eines Widerspruchsverfahrens ist es nicht Sache der Widerspruchsabteilung oder ggf der BK, die etwaige Missbräuchlichkeit der Eintragung der Widerspruchsmarke oder das Interesse zu prüfen, das deren Inhaber hat[1345].

Gegenüber einer Widerspruchsmarke, die sich noch in der Benutzungsschonfrist **1288** befindet, kann sich der Anmelder bei der Geltendmachung seiner Einrede *nicht darauf berufen*, dass es sich lediglich um eine *Wiederholungsanmeldung* einer identischen älteren Marke desselben Inhabers handelt, die dieser nur getätigt habe, um den Benutzungszwang zu umgehen[1346].

Bei älteren Rechten mit einem *nachgeschalteten Widerspruchsverfahren*, wie zB in **1289** Deutschland, kommt es für den Fristbeginn bei *Widerspruchseinlegung* aus einer älteren deutschen Marke wegen § 26 Abs. 5 MarkenG nicht auf den Zeitpunkt von deren Eintragung, sondern von deren abschließender Bestandskraft an, also auf den Tag, an dem *die das Widerspruchsverfahren beendende Entscheidung Rechtskraft* erlangt hat oder der Widerspruch zurückgenommen wurde[1347].

Der Umstand, dass das nationale Widerspruchsverfahren *nur bestimmte von der älteren* **1290** *Marke erfasste Waren oder DL* betrifft, beeinflusst nicht die Ermittlung des Zeitpunkts, mit dem der Fünfjahreszeitraum zu laufen beginnt, der in jedem Fall der Tag ist, an dem die gegen die ältere Marke eingeleiteten Widerspruchsverfahren abgeschlossen wurden, da die in Deutschland eingetragene ältere Marke mit den von ihr erfassten Waren und DL ein einheitliches Konzept bildet[1348].

Wurde *kein Widerspruch eingelegt*, ist für deutsche Marken nicht mehr der Tag der **1291** Eintragung maßgebend, sondern die fünf Jahre sind wegen der aufgrund Art. 16 Abs. 2 MarkenRL erforderlich gewordenen Neufassung des § 43 Abs. 1 MarkenG von dem Tag an zu rechnen, ab dem *kein Widerspruch mehr gegen die Marke möglich ist*, also drei Monate nach Eintragung.

Nielsen, Gewerblicher Rechtsschutz und Wettbewerbsrecht, § 21 Rn 35 f; *Kliems,* MarkenR 2001, 185.

1345 EuG, 16.5.2012, T-580/10 – Kindertraum/Kinder, Rn 18–22; bestätigt durch EuGH, 30.5.2013, C-357/12 P, Rn 30–33, 40–43, 46. Für eine am damaligen deutschen Rechtssystem orientierte teleologische Auslegung in Richtung auf eine »wandernde« Benutzungsfrist war angesichts der klaren gesetzlichen Regelung kein Raum. Es kann nämlich jederzeit, auch während des Widerspruchsverfahrens, ein Antrag auf Verfallserklärung wegen Nichtbenutzung der Widerspruchsmarke gestellt werden.

1346 EuG, 19.10.2017, T-736/16 – skylite/SKY, Rn 20–41; Eine evt Bösgläubigkeit kann nur in einem Nichtigkeits-, jedoch nicht im Widerspruchsverfahren geltend gemacht werden; s. Rdn 1630.1.

1347 Zur Berechnung der Nachfrist für die Nichtbenutzung bei nationalen Marken s. UMRL, Teil C, Abschn. 1 Kap. 5.1.2.3 und Tabelle in Anhang nach Kap. 7.

1348 EuG, 14.4.2011, T-466/08 – ACNO FOCUS/FOCUS, Rn 30–38; bestätigt durch EuGH, 29.3.2012, C-334/11 P.

1292 Wann eine *IR-Marke Wirkung in einem Mitgliedstaat* entfaltet, ergibt sich mangels Regelung in UMV oder MMA sowie mangels Harmonisierung durch die MarkenRL aus dem jeweils einschlägigen nationalen Verfahrensrecht. Somit ist zB das deutsche Recht für die Feststellung einer Schutzwirkung in diesem Land maßgebend (ua §§ 112, 117 und 115 Abs. 2 MarkenG)[1349].

1293 Bei Marken, die Gegenstand einer Internationalen Registrierung mit Benennung der Europäischen Union sind, beginnt die *Benutzungsschonfrist* wegen Art. 203 UMV mit dem Datum der Veröffentlichung in der WIPO Gazette of International Marks (INID 450) gemäß Art. 190 Abs. 2 UMV[1350].

1294 Gegenüber der NBE kann sich der Widersprechende nicht auf *Bösgläubigkeit des Anmelders* berufen. Hierfür fehlt es schon an jeder rechtlichen Grundlage. Ansonsten würde das Widerspruchsverfahren unnötig verkompliziert und Probleme in dieses eingeführt werden, die Gegenstand anderer, dafür geeigneterer Verfahren sind[1351].

1295 Hat der Widersprechende aufgrund eines vom Anmelder erhobenen, gemäß Art. 47 Abs. 2 und 3 UMV statthaften NBE den Nachweis der Benutzung zu erbringen, so fordert das EUIPO ihn mit einem *Standardschreiben* zur Vorlage des erforderlichen *Nachweises* innerhalb einer vom ihm festgesetzten *Frist* (regelmäßig zwei Monate) auf (Art. 10 Abs. 2 DVUM). Bringt der Widersprechende vor Ablauf der Frist kein Beweismittel oder keine Gründe für die Nichtbenutzung vor oder sind die vorgebrachten Beweismittel oder Gründe offensichtlich unzureichend oder unerheblich, so weist das Amt den Widerspruch zurück, insoweit er auf diese ältere Marke gestützt ist[1352].

1296 Legt der Widersprechende *verspätet*, also nach Ablauf der vom EUIPO gesetzten Frist Angaben oder Beweismittel vor, die wichtige fristgerecht vorgelegte Angaben oder Beweismittel *ergänzen* und sich auf die Anforderung nach Art. 10 Abs. 3 DVUM (Feststellung von Ort, Zeit, Umfang und Art der Benutzung der Widerspruchsmarke für die geschützten Waren oder DL, auf die der Widerspruch gestützt wird) beziehen, nutzt das Amt sein *Ermessen* nach Art. 95 Abs. 2 UMV, ob es diese ergänzenden Angaben oder Beweismittel *berücksichtigt*. Zu diesem Zweck trägt es vor allem dem Verfahrensstadium Rechnung und berücksichtigt, ob die Angaben oder Beweismittel auf den *ersten Blick für den Ausgang des Verfahrens von Relevanz* erscheinen und ob sie aus *berechtigten Gründen nicht fristgemäß vorgelegt* wurden (Art. 10 Abs. 5 DVUM; Rn 1070 ff)[1353].

1349 EuG, 26.11.2008, T-100/06 – ATOZ/ARTOZ, Rn 29–49; bestätigt durch EuGH, 16.9.2010, C-559/08 P.

1350 BPatG, 2.8.2012, 30 W (pat) 41/11 – Trigon/TRIGION.

1351 EuG, 8.3.2012, T-298/10 – BIODANZA/BIODANZA, Rn 84–87.

1352 EuG, 12.12.2007, T-86/05 – CORPO Livre/LIVRE, Rn 48–50; bestätigt durch EuGH, 5.3.2009, C-90/08 P, Rn 36–40; EuG, 15.3.2011, T-50/09 – Dada & Co. kids/DADA, Rn 63–80.

1353 Jedoch kann im Verspätungsfall die *Weiterbehandlung*. des Art. 105 UMV beantragt werden (Rdn 160. ff).

Die BK darf auch selbst (erstmals) über die NBE entscheiden, obwohl sie von der   1297
Widerspruchsabteilung nicht geprüft worden war, da die *Prüfung der ernsthaften
Benutzung derjenigen der Verwechslungsgefahr vorausgeht*[1354].

4. Beweisführung

Der Widersprechende trägt die *volle Beweislast* für die ernsthafte Benutzung bzw das   1298
Vorliegen berechtigter Gründe für die Nichtbenutzung, andernfalls wird sein Widerspruch zurückgewiesen (Art. 95 Abs. 1 S. 2 UMV). Die ernsthafte Benutzung einer
Marke lässt sich nämlich *nicht* mit *Wahrscheinlichkeitsannahmen, Vermutungen* oder
Unterstellungen nachweisen, sondern sie muss auf konkreten und objektiven Umständen beruhen, die eine tatsächliche und ausreichende Benutzung der Marke auf dem
betr Markt belegen[1355].

Dies verpflichtet auch die BK zu einer *vollständigen Überprüfung* der vorgelegten   1299
Nachweismittel, sie darf sich weder auf pauschale Aussagen noch auf eine lediglich
kursorische Durchsicht noch auf Stichproben beschränken, insb wenn die gewürdig-
ten Beweismittel allein nicht aussagekräftig sind[1356].

Die *Angaben und Beweismittel* zum Nachweis der Benutzung dienen der Feststellung   1300
von *Ort, Zeit, Umfang und Art der Benutzung* der Widerspruchsmarke für die eingetragenen Waren und DL, auf die der Widerspruch gestützt wird (Art. 10 Abs. 3
DVUM). Sie müssen verständlich, eindeutig und widerspruchsfrei sein.

Es sind *klare* und *zweifelsfreie Angaben* über den *Ort der Benutzung* der Widerspruchs-   1301
marke (zB bei einer *Unionsmarke* in den einzelnen Mitgliedstaaten) zu tätigen. Wird
Widerspruch aus einer *nationalen Marke* erhoben, muss die ältere Marke in dem
Gebiet, in dem sie Schutz genießt, benutzt worden sein. Keinesfalls reicht die Benutzung in einem anderen Gebiet aus.

Zeitgleich mit dem Antrag auf Benutzungsnachweis kann auch eine Stellungnahme   1302
hinsichtlich der *Begründung des Widerspruchs* eingereicht werden. Diese kann auch
zusammen mit den Erwiderungen auf den Benutzungsnachweis eingereicht werden
(Art. 10 Abs. 5 DVUM).

So gilt zB eine deutsche Marke in einem Widerspruchsverfahren gegen eine Uni-   1303
onsmarke als nicht benutzt, wenn sie nur in der *Schweiz* benutzt wurde, weil Art. 5
Abs. 1 des deutsch-schweizerischen Übereinkommens[1357] im Unionsrecht nicht gilt.

1354 EuG, 23.9.2014, T-341/13 – SO'BiO ētic/SO…?, Rn 33–37 mwN.
1355 EuG, 7.6.2005, T-303/03 – Salvita/SOLEVITA, Rn 38, 76, 77; EuG, 18.1.2011,
     T-382/08 – VOGUE/VOGUE PORTUGAL II, Rn 38–40; EuG, 6.10.2004, T-356/02 –
     VITAKRAFT/Krafft, Rn 33; bestätigt durch EuGH, 1.12.2005, C-512/04 P.
1356 EuG, 14.12.2011, T-504/09 – VÖLKL/VÖLKL, Rn 111–113.
1357 Übereinkommen vom 13.4.1892 zwischen dem Deutschen Reich und der Schweiz
     betr den gegenseitigen Patent-, Muster- und Markenschutz; BlPMZ 1895, 70 idF BlP-
     MZ 1903, 132 und BlPMZ 1955, 292; gekündigt von der BRD mit Wirkung zum
     31.5.2022; BlPMZ 2022, 134.

Denn Art. 16 Abs. 1 MarkenRL[1358] sieht vor, dass eine Marke, deren Inhaber diese nach Ablauf einer bestimmten Frist nicht ernsthaft *in dem Mitgliedstaat* benutzt, den in der MarkenRL vorgesehenen Sanktionen unterliegt, zu denen ua die Nichtigkeit gehört. Der Begriff der Benutzung der Unionsmarke im Gebiet der Union wird nämlich allein durch das Unionsrecht erschöpfend geregelt[1359]. In deutschen Verfahren war das Übereinkommen zwar noch vorübergehend anwendbar[1360], jedoch ist es mit Wirkung zum 31.5.2022 von der BRD gekündigt worden.

1304   Bei Widersprüchen aus mehreren älteren nationalen europäischen Marken oder aus einer Unionsmarke reicht idR bereits die *Benutzung in einem, auch kleineren Mitgliedstaat* aus, da keine umfangreiche Benutzung erforderlich ist. Jedoch muss die Benutzung unter Berücksichtigung der besonderen Merkmale des betr Marktes *mengenmäßig hinreichend* sein, um auf diesem Markt Anteile für die von der Unionsmarke erfassten Waren und DL zu behalten oder hinzuzugewinnen[1361].

1305   Da nach Art. 18 Abs. 1 Unterabs. 2b UMV das Anbringen der Unionsmarke auf Waren oder deren Aufmachung in der Union ausschließlich für den *Export* ebenfalls als ernsthafte Benutzung gilt, dürfen *an Kunden außerhalb der Union ausgestellte Rechnungen* nicht von Haus aus unberücksichtigt bleiben, da die darin genannten Waren aus der Union in Drittländer ausgeführt worden sein können[1362]. Art. 18 UMV gilt entspr auch für nationale oder IR-Marken[1363].

1358   Soweit Art. 10 Abs. 1 MarkenRL. aF noch von dem *betr.* Mitgliedstaat sprach, stellt die kürzere Fassung in der Neuregelung aber keine inhaltliche Änderung dar.

1359   EuG, 12.7.2012, T-170/11 – BASKAYA/Passaia; bestätigt durch EuGH, 12.12.2013, C-445/12 P, Rn 51–53.

1360   EuGH, 22.10.2020, C-720/18 und C-721/18 – testarossa (Ferrari), Rn 68–72. Art. 351 Abs. 1 AEUV gestattet es einem Gericht eines Mitgliedstaats, ein vor dem 1.1.1958 oder, im Fall von Staaten, die der Union beigetreten sind, vor ihrem Beitritt geschlossenes Übereinkommen zwischen einem Mitgliedstaat der Union und einem Drittstaat wie das deutsch-schweizerische Übereinkommen – das vorsieht, dass die Verwendung einer in diesem Mitgliedstaat eingetragenen Marke im Hoheitsgebiet des Drittstaats berücksichtigt werden muss, um zu klären, ob die Marke iSv Art. 12 Abs. 1 MarkenRL aF ernsthaft benutzt worden ist – anzuwenden, bis eines der in Art. 351 Abs. 2 AEUV genannten Mittel es erlaubt, etwaige Unvereinbarkeiten zwischen AEUV und dem Übereinkommen zu beheben. Das vorlegende Gericht hat zu prüfen, ob eine etwaige Unvereinbarkeit dadurch vermieden werden kann, dass das Übereinkommen im Rahmen des Möglichen unter Beachtung des Völkerrechts in einer mit dem Unionsrecht im Einklang stehenden Weise ausgelegt wird. Sollte dies nicht möglich sein, wäre die BRD verpflichtet, die erforderlichen Maßnahmen zu treffen, um die Unvereinbarkeit des Übereinkommens mit dem Unionsrecht zu beheben, ggf durch dessen Kündigung. Bis die Unvereinbarkeit behoben ist, kann das Übereinkommen jedoch nach Art. 351 Abs. 1 AEUV weiter angewandt werden.

1361   EuGH, 19.12.2012, C-149/11 – OMEL/ONEL (Leno Merken/Hagelkruis Beheer), Rn 36, 39–58.

1362   EuG, 28.11.2013, T-34/12 – HERBA SHINE/Herbacin, Rn 43–49. s.a. EuG, 4.6.2015, T-254/13 – STAYER/STAYER, Rn 57, 58.

1363   EuG, 4.6.2015, T-254/13 – STAYER/STAYER, Rn 53.

Wesentlich sind ebenfalls die Angaben über die *Zeit der Benutzung*. Die angegebene **1306** Zeit muss in den *relevanten Fünf-Jahres-Zeitraum* fallen, der vom Anmelde- oder Prioritätstag der Unionsmarkenanmeldung zurück in die Vergangenheit läuft. Werden Angaben für einzelne Jahre gemacht, so ist darauf zu achten, dass sie auch vollständig in die relevante Periode fallen. Gegen diesen Grundsatz wird in der Praxis sehr häufig verstoßen.

Weiter sind Angaben über den *Umfang der Benutzung* zu tätigen. Dazu dienen am besten **1307** *Umsatz- und Verkaufszahlen* für einzelne Zeiträume im Hinblick auf die relevanten Waren und DL. Letztlich kommt es auf die konkreten Umstände des einschlägigen Markts und der betr Waren und DL an. So kann sicherlich eine sogar *geringe Menge bei hochpreisigen* Luxusgütern oder technisch hoch entwickelten Spezialprodukten ausreichen, während für *Massengüter* des täglichen Ge- und Verbrauchs wesentlich *höhere Verkaufszahlen* zu fordern sind.

Jedoch reicht zB die *Anzahl von Patienten*, die mit einer Behandlungsmethode in **1308** Berührung kommen, ohne nähere Angaben über Verkaufspreis, Vertriebsart, Marktanteil, Verkaufs- und Werbeumsätze, Verkaufsstellen und die Existenz von Kunden in Bezug auf den Markenartikel nicht aus[1364]. Auch die *Erreichbarkeit eines Fernsehkanals* über Satellit genügt ohne weitere Angaben über Umsätze und Anzahl von Zuschauern oder Abonnenten nicht[1365].

Wichtig sind auch Angaben über die *Art der Benutzung*, nämlich ob die Marke direkt **1309** auf der *Ware angebracht* ist oder nur auf der *Verpackung* bzw der anliegenden *Beschreibung*. Jedoch kann auch *ohne Anbringung* eine Benutzung vorliegen, wenn der Markeninhaber das Zeichen in einer Weise benutzt, dass eine *Verbindung* zwischen dem Zeichen und den von ihm vertriebenen Waren oder erbrachten DL hergestellt wird, zB bei Anbringung des Zeichens auf *Rechnungen*, in *Artikeln* und in der *Werbung*[1366]. Denn weder aus der anwendbaren Regelung noch der Rspr kann abgeleitet werden, dass nur eine Benutzung berücksichtigt werden kann, die mit der physischen Anbringung der Marke auf den fraglichen Waren oder auf deren Verpackung einhergeht[1367]. Bei *DL* ist erforderlich zu zeigen, wie die Marke für ihre Vermarktung benutzt wird, zB auf *Firmenschreiben, Rechnungen* und *Werbebroschüren*.

Für die ernsthafte Benutzung der *auf der Verpackung aufgebrachten UKM*, nämlich **1310** eines *Kreises mit zwei Pfeilen (Der Grüne Punkt)*, für die verpackten Waren ist nach ihrer Art, der Merkmale des Marktes sowie des Umfangs und der Häufigkeit der Markenbenutzung zu prüfen, ob der Hinweis an den Verbraucher beim Verkauf der Waren auf die Bereitstellung eines ortsnahen Systems zur ökologischen Entsorgung von Verpackungsabfällen in den betr Wirtschaftszweigen oder in einigen von ihnen gerechtfertigt erscheint, um entspr der Hauptfunktion der Marke Marktanteile auch

---

1364 EuG, 25.10.2013, T-416/11 – CARDIOMANAGER/CardioMessenger, Rn 38–41.
1365 EuG, 12.3.2014, T-348/12 – SPORT TV INTERNACIONAL/SPORTV, Rn 35–40.
1366 EuGH, 11.9.2007, C-17/06 – Céline, Rn 23; EuG, 6.3.2014, T-71/13 – ANNAPURNA, Rn 44, 60 mwN.
1367 EuG, 12.12.2014, T-105/13 – TrinkFix/Drinkfit, Rn 28, 29, 32, 38.

für die verpackten Waren selbst zu behalten oder zu gewinnen, da sich dieser Hinweis auf die Kaufentscheidungen der Verbraucher auswirken kann. Dies kann nicht – wie vom EuG angenommen – durch die Behauptung in Frage gestellt werden, dass die maßgeblichen Verkehrskreise sehr wohl in der Lage seien, zwischen einer Marke, die auf die betriebliche Herkunft des Produkts hinweise, und einer Marke zu unterscheiden, die die Verwertung der Verpackungsabfälle des Produkts selbst anzeige[1368].

1311 Alle Angaben über Ort, Zeit, Umfang und Art der Benutzung der Widerspruchsmarke müssen sich auf die *geschützten Waren und DL* beziehen. So erlaubt zB der Nachweis der Benutzung der älteren Marke, die auf *Endprodukten Dritter angebracht* ist, um anzuzeigen, dass sie Komponenten des Widersprechenden enthalten (*Co-Branding*), nach Ansicht des EuG *nicht* die Schlussfolgerung, dass diese Marke auch für die eingetragenen Endprodukte des Widersprechenden benutzt wurde[1369].

1312 Die in Art. 10 Abs. 3 DVUM genannten *Beweismittel* für die Benutzung sind gemäß Art. 55 Abs. 2, Art. 63 und Art. 64 DVUM einzureichen und beschränken sich grds auf die Vorlage von *Urkunden* und Beweisstücken, wie *Verpackungen, Etiketten, Preislisten, Katalogen, Rechnungen, Fotografien, Zeitungsanzeigen*, und auf die *schriftlichen Erklärungen* nach Art. 97 Abs. 1f UMV, wie eidesstattliche Versicherungen (Art. 10 Abs. 4 DVUM). Die vorgelegten Beweise müssen nicht von einem *Notar* als echt beurkundet worden seien, weil dies gesetzlich nicht vorgeschrieben ist[1370].

1313 Da das EUIPO jedes erhaltene Dokument einscannt und elektronisch weiterleitet, sollten *keine Gegenstände*, wie Warenproben oder -muster, Behälter, Verpackungen usw eingereicht werden, sondern an deren Stelle Ausdrucke von (evt farbigen) Fotografien der entspr Beweismittel. Dennoch vorgelegte Warenproben sind aber statthafte Beweismittel.

1314 Art. 97 Abs. 1 UMV und Art. 10 Abs. 4 DVUM enthalten nur *Beispiellisten* von Beweismitteln, ihre *Aufzählung ist nicht abschließend*, so dass auch andere Nachweise zulässig sind, wie zB schriftliche Bestätigungen von Drittunternehmen[1371]. Ebenfalls müssen selbst auf *USB-Sticks* eingereichte Beweise berücksichtigt werden, und zwar nicht nur Audio- oder Videomaterial, das anders nicht dokumentiert werden

1368 EuGH, 12.12.2019, C-143/19 P – Kreis mit zwei Pfeilen (Der Grüne Punkt), Rn 59–79. Damit wurden der EuG, 12.12.2018, T-253/17, Rn 67–91 und die zugrundeliegende BK-Entscheidung aufgehoben. Die Kundenkreise, die ein Produkt, zB einen Käse, allein wegen einer umweltfreundlichen Entsorgung der Verpackung auswählen, dürften mE aber eher marginal sein.
1369 EuG, 16.6.2015, T-660/11 – POLYTETRAFLON/TEFLON, Rn 67–91. Dabei verkennt das EuG, dass es für den Konsumenten durchaus von zentraler, vielleicht sogar übergeordneter Bedeutung sein kann, aus welchen Materialien (hier: Antihaftbeschichtungen) die begehrte Ware zusammengesetzt ist. Werden ihm zB preislich günstigere Pfannen mit Teflon-Beschichtung angeboten, so ist es durchaus denkbar, dass er sich ausschließlich an der Begleitmarke orientiert und die Hauptmarke vernachlässigt.
1370 EuG, 20.6.2017, T-541/15 – NSU/NSU, Rn 30, 31.
1371 EuG, 16.9.2013, T-200/10 – AVERY DENNISON/DENNISON, Rn 63–68 mwN.

kann, wie Streaming Media, Radio- oder Fernsehsendungen, sondern auch gescannte Schriftstücke[1372]. Es sind aber immer zusätzlich zwei identische Kopien einzureichen.

Bedeutsam sind *schriftliche Erklärungen*, die *unter Eid* oder *an Eides statt* abgegeben werden oder nach den Rechtsvorschriften des Staates, in dem sie abgegeben werden, eine ähnliche Wirkung haben. Diese sind besonders wichtig, um den vorgetragenen Sachverhalt und die vorgelegten Urkunden, Materialien und Gegenstände unter Beweis zu stellen. Die schriftliche Erklärung sollte *alle erforderlichen Angaben enthalten*, also insb die Daten über Ort, Zeit, Umfang und Art der Benutzung der Widerspruchs- marke, und zwar bezogen auf diejenigen konkreten Waren und DL, für die sie ein- getragen wurde und auf denen der Widerspruch beruht. 1315

Die vorgelegten Beweismittel sind in ihrer Gesamtschau zu würdigen[1373]. 1316

Jedoch verlangt das EUIPO generell für den Nachweis ernsthafter Benutzung mehrere *verschiedenartige Beweismittel*. So reicht nach stRspr des EuG eine *eidesstattliche Ver- sicherung*[1374] allein, auch wenn sie ein zentrales Nachweismittel darstellt, (im Unter- schied zum deutschen Verfahren, wo auch nur eine Glaubhaftmachung erforderlich ist) idR nicht aus[1375], zumal sie überwiegend von einer Person stammt, die in enger wirtschaftlicher oder arbeitsrechtlicher Beziehung zum Widersprechenden steht[1376]. 1317

Dagegen sind *externe Rechtsanwälte* aufgrund ihrer Stellung unabhängig und gegenüber ihrer Partei als Dritte anzusehen[1377]. Berücksichtigt werden kann weiter die Erklärung des *Managers einer Zweigniederlassung* des Widersprechenden, die rechtlich eine dritte 1318

1372 EuG, 18.11.2015, T-361/13 – VIGOR/VIGAR, Rn 19–40.
1373 S. zB EuG, 29.9.2011, T-415/09 – FISHBONE/FISHBONE BEACHWEAR, Rn 55–79; 16.11.2011, T-308/06 – BUFFALO MILKE/BÚFALO, Rn 54–76.
1374 EuG, 6.11.2014, T-463/12 – MB/MB&P, Rn 58; bestätigt durch EuGH, 26.10.2015, C-17/15 P. Dass die Wahrheitswidrigkeit einer vor europäischen Institutionen abgege- benen eidesstattlichen Erklärung nach deutschem Recht nicht zur Strafbarkeit oder zu vergleichbaren Sanktionen führen würde, beeinträchtigt ihre Funktion als Beweismittel iSv Art. 97 Abs. 1f UMV nicht und ist daher unerheblich.
1375 Siehe zB EuG, 17.9.2019, T-633/18 – TON JONES/Jones, Rn 77–82; EuG, 21.9.2017, T-609/15 – BASIC/basic, Rn 63, 64; EuG, 12.7.2011, T-374/08 – TOP CRAFT/ Krafft, Rn 32–37.
1376 Siehe zB EuG, 16.7.2014, T-196/13 – la nana/NANA, Rn 28–38; EuG, 16.5.2013, T-530/10 – Wolfgang Amadeus Mozart PREMIUM/W. Amadeus Mozart, Rn 34–40; bestätigt durch EuGH, 20.5.2014, C-414/13 P, Rn 51–53; zu einer vom Geschäftsführer des Markeninhabers abgegebenen unklaren und ungenauen Erklärung; EuG, 12.7.2011, T-374/08 – TOP CRAFT/Krafft, Rn 32–37, zu mit Firmenstempel versehenen eidlichen Erklärungen des Finanzvorstands; EuG, 13.1.2011, T-28/09 – PINE TREE, Rn 68, zu einer von dem beteiligten Markeninhaber abgegebenen Erklärung; EuG, 14.9.2011, T-279/10 – MEN'Z/WENZ, Rn 26–30; zu einer Erklärung des Rechtsabteilungsleiters bei einem nicht eingetragenen Kennzeichen; EuG, 19.9.2019, T-378/18 – CRUZADE/ SANTA CRUZ, Rn 24–32; Rechtsmittel nicht zugelassen, EuGH, 6.2.2020, C-858/19 P; zu Erklärungen von Vertriebspartnern.
1377 EuG, 23.5.2019, T-3/18 – ANN TAYLOR, Rn 91–96.

Person unabhängig vom Widersprechenden darstellt, auch wenn beide durch einen Markenlizenzvertrag verbunden sind, oder die Erklärung des *einzigen Importeurs* und Weiterverkäufers[1378].

1319 Neben der eidesstattlichen Versicherung sind vielmehr *weitere Beweismittel,* wie Verpackungen oder Etiketten, Prospekte, Kataloge und Anzeigen vorzulegen, die die Verwendung der Marke zeigen, und ausgewählte, die Art der jeweiligen Waren, die verschiedenen Zeiten und Orte der Verwendung abdeckende *Umsatzzahlen* und *Rechnungen* einzureichen[1379], die nicht nur rudimentär sein dürfen, sondern einen möglichst repräsentativen Querschnitt bieten sollten[1380], sowie, falls verfügbar, evt auch *Marktübersichten*[1381] oder die Erklärung eines *externen Wirtschaftsprüfers* über die Höhe des Umsatzes[1382].

1320 *Rechnungen* an einen einzigen Kunden können zwar als Beweismittel ausreichen, sie müssen aber lesbar und vollständig übersetzt sein sowie sich auf die relevanten Waren beziehen und bei Alltagswaren nicht nur marginale Umsätze belegen[1383]. Es reicht aber aus, wenn der Inhaber der älteren Marke nicht Rechnungen an Kunden von ihm, sondern solche *von Warenherstellern an ihn selbst* vorlegt[1384].

1321 Es ist jedoch immer zu prüfen, ob die *weiteren Beweise* neben der schriftlichen Erklärung die in ihr *enthaltenen Informationen stützten.* Die Prüfung ist nicht darauf zu beschränken, ob diese Beweise für sich genommen und ohne die schriftliche Erklärung den Umfang der Benutzung der älteren Marke belegen, ansonsten würde der schriftlichen Erklärung nämlich jeder Beweiswert abgesprochen[1385].

1322 Auch die schriftliche *Erklärung eines Kunden* des Widersprechenden ist an sich hinreichend, da sie von einem Dritten stammt. Sie muss sich jedoch, da sie nur bestimmte Einkäufe eines einzelnen Kunden betrifft, nicht auf nur geringfügige Umsätze beziehen[1386]. Unter besonderen Umständen, zB beim ausschließlichen Warenvertrieb über

---

1378 S. zB EuG, 25.11.2014, T-374/12 – KASTEEL/CASTEL BEER, Rn 61; EuG, 15.2.2017, T-30/16 – Natural Instinct Dog and Cat food as nature intended/INSTINCT, Rn 38–48.

1379 Siehe zB EuG, 13.6.2012, T-312/11 – CERATIX/CERATOFIX, Rn 38–44. So müssen die Rechnungen die Waren bezeichnen bzw die Artikelnummern über eine Referenzliste überprüfbar sein. Die Verpackungen müssen nicht nur die Marke zeigen, sondern auch die sie enthaltenden Waren angeben.

1380 Siehe zB EuG, 22.1.2015, T-172/13 – AFRICAN SIMBA/Simba, Rn 32–40. So reicht auch eine beispielhafte Zusammenstellung von Rechnungen aus, selbst wenn sie nur einen Bruchteil der in der eidesstattlichen Versicherung genannten Umsätze belegen. Neben dem Gesamtumsatz und dem Einzelumsatz ausgewählter Artikel ist auch eine erhebliche Gewinnspanne von Bedeutung.

1381 EuG, 7.6.2005, T-303/03 – Salvita/SOLEVITA, Rn 37–45; EuG, 6.10.2004, T-356/02 – VITAKRAFT/Krafft, Rn 34.

1382 EuG, 15.7.2015, T-215/13 – λ (Lambda), Rn 36, 48–54.

1383 EuG, 8.10.2014, T-300/12 – FAIRGLOBE/GLOBO, Rn 35–73.

1384 EuG, 15.10.2015, T-642/13 – cushe/SHE, Rn 33–35.

1385 EuG, 9.12.2014, T-278/12 – PROFLEX/PROFEX, Rn 63–66.

1386 EuG, 28.3.2012, T-214/08 – OUTBURST/OUTBURST, Rn 38.

eigene Filialen, reichen selbst *eidesstattliche Versicherungen* in Kombination mit Prospekten allein aus[1387].

Bei *Werbeanzeigen* ist das Erscheinungsdatum anzugeben sowie Auflagenhöhe und **1323** Verbreitungsgebiet, soweit es sich nicht um eine allgemein in Europa bekannte Publikation handelt[1388]. *Artikel der Zeitschrift »test«* der Stiftung Warentest geben zB Aufschluss über den Umfang der Benutzung der älteren Marke für die getesteten Waren. Ihnen lässt sich daher entnehmen, dass die in ihnen behandelten Waren bereits auf dem Markt sind[1389].

Im Einzelfall hat das EuG auch lediglich die Vorlage von *Katalogen* mit Abbildungen **1324** der Markenprodukte, ihrer Preise und Vertriebswege bzw bei DL die Anbringung der Marke in gegen Geld zu beziehenden *Publikationen* (Illustrierten, Zeitschriften, Zeitungen, Periodika, Katalogen) mit detaillierten Informationen über die Häufigkeit, die Art und den Inhalt zB der Konferenzen und Ausbildungsveranstaltungen des Widersprechenden genügen lassen[1390].

Werden auch fremde oder markenlose Waren vertrieben, reicht aber die Anbringung **1325** der Marke lediglich als *Teil der Preisangabe* nicht aus. Auch die bloße Vorlage von *Etiketten* genügt nicht, wenn nicht belegt wird, dass die entspr Waren damit versehen wurden[1391].

Bei *DL* kann es zusätzlich erforderlich sein, ausgefüllte Anmeldeformulare sowie **1326** *interne Dokumentationen* und/oder *Fotografien* in Bezug auf die DL vorzulegen sowie Auszüge aus den *Geschäftskonten* oder *Steuererklärungen*, die den mit den geschützten DL getätigten Umsatz belegen[1392].

Die Vorlage von *Urkunden* (schriftliche Dokumente, die den Aussteller erkennen lassen, **1327** zB unterschriebene Rechnungen oder Quittungen) und *Beweisstücken* (zB Fotografien von Warenmustern, Verpackungen, Etiketten, Preislisten, Kataloge, Rechnungen, Fotografien, Zeitungsanzeigen oder die Wiedergaben sonstiger Werbemaßnahmen)

1387 EuG, 16.12.2008, T-86/07 – DEITECH/DEI-tex, Rn 49–66.
1388 EuG, 8.3.2012, T-298/10 – BIODANZA/BIODANZA, Rn 68–70; EuG, 28.3.2012, T-214/08 – OUTBURST/OUTBURST, Rn 32–39.
1389 EuG, 9.12.2014, T-278/12 – PROFLEX/PROFEX, Rn 67–76. Der Verbreitung der Zeitschrift »test« kommt in Anbetracht ihres Charakters und ihrer Funktion keine maßgebliche Bedeutung zu. Deren Artikel liefern unabhängig vom Umfang ihrer Verbreitung bereits dadurch, dass sie sich auf unter der älteren Marke vertriebene Waren beziehen, Informationen über den Umfang ihrer Benutzung für diese Waren, womit ihnen ein Beweiswert zukommt.
1390 EuG, 8.7.2010, T-30/09 – peerstorm/PETER STORM, Rn 42, 43; EuG, 5.10.2010, T-92/09 – STRATEGI/Stratégies, Rn 32, 36, 43.
1391 EuG, 13.5.2009, T-183/08 – jello SCHUHPARK/Schuhpark, Rn 21–40.
1392 EuG, 8.3.2012, T-298/10 – BIODANZA/BIODANZA, Rn 71–82.

ist das zentralste und wichtigste Beweismittel vor dem EUIPO. Am besten ist ein *Querschnitt* dieser verschiedenen Belege[1393].

1328   Bei der *Beurteilung des Beweiswerts* von Dokumenten sind die Wahrscheinlichkeit und der Wahrheitsgehalt der darin enthaltenen Information zu prüfen. Insb ist zu berücksichtigen, von wem das Dokument stammt, unter welchen Umständen es erstellt worden ist, an wen es gerichtet ist und ob es seinem Inhalt nach *vernünftig und glaubwürdig* wirkt[1394].

1329   Das EUIPO hat ein *Muster eines Standardschreibens* für die Verwendung in Widerspruchsverfahren entwickelt, das Vorschläge hinsichtlich des Inhalts (Art von Nachweisen) und Formats sowie einen Anhang mit Anweisungen dazu enthält, wie die Nachweise im Hinblick auf die Seitennummerierung und die Beschreibung ihres Zwecks strukturiert werden sollten. Insb legt das EUIPO Wert darauf, dass eine Höchstgrenze von 110 Seiten im Schriftverkehr eingehalten wird. Eine Nichtbefolgung der Anweisungen kann dazu führen, dass Nachweise nicht berücksichtigt werden[1395].

1330   Werden die vom Widersprechenden eingereichten Beweismittel nicht in der *Sprache des Widerspruchsverfahrens* vorgelegt, so kann das EUIPO gemäß Art. 24 DVUM den Widersprechenden auffordern, innerhalb einer vom Amt gesetzten Frist eine *Übersetzung der Beweismittel in der Verfahrenssprache* vorzulegen (Art. 10 Abs. 6 DVUM). Dazu ist es aber nicht verpflichtet, insb wenn der andere Beteiligte dies nicht verlangt[1396]. Auch kann sich ein Anmelder nicht auf die fehlende Übersetzung von Beweismitteln berufen, wenn diese hinreichend verständlich sind. Der Widersprechende ist nämlich zur Vorlage einer Übersetzung dann nicht verpflichtet, wenn alle Dokumente von einer Person mit Kenntnissen in der Verfahrenssprache sicher verstanden werden können und er diese in seinem Schriftsatz hinreichend klar beschrieben hat, zumal wenn sich die relevanten technischen Begriffe in der benutzen und der Verfahrenssprache sehr nahe kommen[1397].

5. Häufige Fehler

1331   (a) Die *benutzte Form* der Marke weicht von der geschützten und eingetragenen Form der Widerspruchsmarke in einer Weise ab, die deren kennzeichnenden Charakter verändert. Dann ist das vorgelegte Material unbrauchbar.

1332   (b) Es werden keine näheren Ausführungen zu den konkret *benutzten Waren oder DL* gemacht. Oberbegriffe, wie »Elektroartikel« reichen nicht aus, vielmehr sind spezifische Waren, wie »Kühlschränke« anzugeben.

1393 EuG, 13.2.2015, T-287/13 – HUSKY, Rn 66–69 mwN. So kann uU ein Bündel von Beweismitteln die nachzuweisenden Tatsachen belegen, obwohl jedes einzelne dieser Beweismittel für sich genommen nicht geeignet wäre.
1394 EuG, 13.1.2011, T-28/09 – PINE TREE, Rn 64.
1395 Information auf der Internetseite vom 2.8.2010. Eine Nichtberücksichtigung ist mE aber sehr problematisch.
1396 EuG, 13.2.2015, T-287/13 – HUSKY, Rn 56, 57.
1397 EuG, 24.1.2017, T-258/08 – Diacor/Diacol PORTUGAL, Rn 20–28.

(c) Es werden Nachweismittel vorgelegt, die sich nicht auf den relevanten *Fünf-Jah-* **1333**
res-*Zeitraum* beziehen, sondern auf Zeiten davor oder danach. Sie sind daher schon
aus diesem Grund zurückzuweisen, außer sie lassen gesicherte Rückschlüsse auf
den relevanten (nicht lange entfernten) Zeitraum zu. Dasselbe gilt für undatierte
Dokumente.

(d) Der schlichte Verweis auf die *Existenz* der Widerspruchsmarke auf nationalen Märk- **1334**
ten oder die Bezugnahme auf eine *Internetseite* reichen nicht aus, da sich daraus
gerade keine Angaben über Ort, Zeit, Umfang und Art der Benutzung der Widerspruchsmarke für die Waren und DL, für die sie eingetragen wurde und auf denen
der Widerspruch beruht, entnehmen lassen.

(e) Die vorgelegten *Nachweismittel* sind *unstrukturiert* und *unaufgearbeitet:* Es sollte **1335**
eine nummerierte Liste aller Beweismittel vorgelegt werden, wobei jeder Beweis
mit fortlaufender Nummer entspr der Liste zu versehen ist. Jedes Nachweismittel
muss beschrieben und sein Zweck eindeutig dargelegt werden. Die Seiten der
Anhänge sind durchzunummerieren (s.a. Art. 55, 64 DVUM und zB bzgl. Benutzungsnachweisen Art. 10 und 19 DVUM).

(f) Die Beweismittel sind nach ihrer Substanz *ungenügend*: *Rechnungen* enthalten den **1336**
Markennamen der verkauften Waren nicht oder beziehen sich auf nicht belegte
Artikelnummern, die eingereichten *Fotos* lassen den Aufdruck der Marke auf den
Waren nicht zweifelsfrei erkennen, auf den *Werbeanzeigen* fehlen Erscheinungsda-
tum, Auflagenhöhe und Verbreitungsgebiet. Es sollten nicht nur verschlossene
Verpackungen abgelichtet werden, sondern auch geöffnete, die einen Blick auf die
darin enthaltenen Waren ermöglichen.

IV. Relative Eintragungshindernisse

1. Voraussetzung: ältere Widerspruchsrechte

Die *Widerspruchsgründe* ergeben sich aus Art. 8 UMV.   **1337**

Allen ist gemeinsam, dass nur der *Inhaber eines älteren Rechts* Widerspruch erheben **1338**
kann[1398]. Hat zB die Widerspruchsmarke denselben oder einen jüngeren *Anmeldetag* als
die angegriffene Anmeldung, ist sie nicht *älter* und der Widerspruch bereits aus diesem
Grund zurückzuweisen. Dies ist durch das EUIPO von Amts wegen zu überprüfen,

---

[1398] EuG, 6.4.2022, T-118/21 – HALIX RECORDS/HALIX RECORDS, Rn 40–53. Der
Kläger hatte nicht nachgewiesen, dass er Inhaber der älteren nationalen Marken war,
so dass der auf diese Marken gestützte Widerspruch unbegründet war. Zum Zeitpunkt
der Widerspruchseinlegung war der Widersprechende nicht Inhaber der Widerspruchsmarken. Außerdem hat er innerhalb der ihm von der Widerspruchsabteilung gemäß
Art. 7 Abs. 1 und Abs. 2 DVUM gesetzten Frist keine Unterlagen vorgelegt, die belegt
hätten, dass er Inhaber der älteren nationalen Marken war. Im Übrigen besitzt eine juristische Person eine eigene Rechtspersönlichkeit, die sich von der ihres Geschäftsführers
unterscheidet, so dass sie in ihrem Namen nicht die Inhaberschaft an Marken geltend
machen kann, deren Inhaber der Geschäftsführer ist, um selbst Widerspruch einzulegen.

zB bei einem geltend gemachten Prioritätsanspruch[1399]. In einem Verfahren, in dem eine Unionsmarke beteiligt ist, sei es als Anmeldung oder als Widerspruchsrecht, darf die *Stunde und Minute* von deren Einreichung *nicht berücksichtigt* werden, selbst wenn dies nach nationalem Recht für nationale Marken noch vorgesehen ist oder war[1400].

1339   Wird eine Unionsmarke während der sechs Monate vor dem Tag des *Beitritts eines neuen Mitgliedstaats* angemeldet, so kann gemäß Art. 46 UMV Widerspruch erhoben werden, wenn eine ältere Marke oder ein sonstiges älteres Recht iSv Art. 8 UMV in einem neuen Mitgliedstaat vor dem Beitritt erworben wurde, sofern der Erwerb gutgläubig war und das Anmeldedatum oder ggf das Prioritätsdatum oder das Datum der Erlangung der älteren Marke bzw des sonstigen älteren Rechts im neuen Mitgliedstaat vor dem Anmeldedatum oder ggf vor dem Prioritätsdatum der angemeldeten Unionsmarke liegt (Art. 209 Abs. 3 UMV)[1401].

2. Doppelte Identität

1340   Der Widerspruch kann auf die *(doppelte) Identität* von *Marke* und *Waren* und/oder *DL* gestützt werden. Auf Widerspruch des Inhabers einer älteren Marke ist die Anmeldung von der Eintragung ausgeschlossen, wenn sie mit der älteren Marke identisch ist und die Waren oder DL, für die die Marke angemeldet worden ist, mit den Waren oder DL identisch sind, für die die ältere Marke Schutz genießt (Art. 8 Abs. 1a UMV, Art. 46 Abs. 1a UMV).

1341   Insoweit gewährt das ältere Recht einen *absoluten Schutz*[1402], um dem Inhaber der älteren Marke den Schutz seiner spezifischen Interessen als deren Inhaber zu ermöglichen, dh um sicherzustellen, dass die Marke ihre Funktionen erfüllen kann. Die Ausübung des ausschließlichen Rechts aus der Marke muss jedoch auf Fälle beschränkt bleiben, in denen die Benutzung des Zeichens durch einen Dritten die Funktionen der Marke und insb ihre Hauptfunktion, dh die Gewährleistung der Herkunft der Ware oder DL gegenüber den Verbrauchern, beeinträchtigt oder beeinträchtigen kann[1403].

1342   Der *Identitätsbegriff* ist *restriktiv* dahin auszulegen, dass ein *Zeichen* mit der Marke dann identisch ist, wenn es ohne Änderung oder Hinzufügung alle Elemente wiedergibt, die die Marke bilden, oder wenn es als Ganzes betrachtet Unterschiede gegenüber der Marke aufweist, die so geringfügig sind, dass sie einem Durchschnittsverbraucher

---

1399 EuG, 25.6.2013, T-186/12 – LUCEA LED/LUCEO, Rn 39–58 mwN. Die Frage, ob das EUIPO einen Prioritätsanspruch zu Recht eingetragen hat, kann im Widerspruchsverfahren überprüft werden, weil dem Anmelder sonst keine andere rechtliche Möglichkeit zur Verfügung stünde, gegen eine fehlerhafte Bewilligung einer Priorität für eine angeblich ältere Marke vorzugehen.

1400 EuGH, 22.3.2012, C-190/10 – Rizo's/Rizo (Génesis), Rn 54, 57, 59, 62, 63. Art. 38 Abs. 1 MarkenRL. spricht nur mehr vom *Anmeldetag,* so dass nationale Ämter, die noch die Uhrzeit registrieren, ihre Praxis mit der Umsetzung der MarkenRL ändern müssen.

1401 EuG, 21.3.2012, T-63/09 – SWIFT GTi/GTI, Rn 18.

1402 S.a. Präambel UMV 11.

1403 EuGH, 22.9.2011, C-323/09 – INTERFLORA, Rn 37 mwN.

entgehen können. Bereits die Definition des Identitätsbegriffs impliziert nämlich, dass zwei verglichene Elemente *in jeder Hinsicht übereinstimmen*. Daran fehlt es zB schon bei unterschiedlicher Schriftart und verschiedenen Bildelementen oder wenn die eine Marke in Farbe eingetragen ist, die andere aber nicht[1404].

Der *absolute Schutz*, der einem Markeninhaber bei Identität gewährt wird, darf *nicht* **1343** *über die vorgesehenen Fälle hinaus ausgedehnt werden*. Andererseits ist aber auf die Sichtweise eines Durchschnittsverbrauchers abzustellen, der sich zumeist auf das unvollkommene Bild verlassen muss, das er von einem Zeichen im Gedächtnis behalten hat, so dass ihm unbedeutende Unterschiede entgehen können[1405]. So ist zB eine ältere schwarz-weiße Marke nicht mit ders Marke in Farbe identisch, es sei denn, die Farbunterschiede sind völlig unbedeutend und praktisch nicht wahrnehmbar. Dasselbe gilt für eine ältere Marke in Graustufen im Verhältnis zu ders Marke in Farbe oder in Schwarz-Weiß[1406].

Warenidentität besteht auch dann, wenn die Waren der älteren Marke diejenigen der **1344** Anmeldung mit einschließen[1407].

3. Verwechslungsgefahr

Der Widerspruch kann auf *Verwechslungsgefahr* beruhen (Art. 8 Abs. 1b und Abs. 2, **1345** Art. 46 Abs. 1a UMV). Auf Widerspruch des Inhabers einer älteren Marke, also einer solchen, die über einen früheren Anmeldetag bzw eine frühere Priorität als den Tag der Anmeldung der beanspruchten Unionsmarke verfügt, ist die Neuanmeldung ausgeschlossen, wenn wegen ihrer Identität oder Ähnlichkeit mit der älteren Marke und der Identität oder Ähnlichkeit der durch die beiden Marken erfassten Waren oder DL für das Publikum die Gefahr von Verwechslungen in dem Gebiet besteht, in dem die ältere Marke Schutz genießt.

Die Verwechslungsgefahr schließt auch die Gefahr mit ein, dass die Marken *gedank-* **1346** *lich in Verbindung gebracht* werden können.

a) Grundsätze

Die *Hauptfunktion der Marke* besteht darin, dem Verbraucher oder Endabnehmer die **1347** *Ursprungsidentität* der gekennzeichneten Ware oder DL zu garantieren, indem sie ihm

---

1404 EuG, 19.1.2012, T-103/11 – justing, Rn 17, 19, 21–24; EuG, 20.2.2013, T-378/11 – MEDINET, Rn 52, 54; bestätigt durch EuGH, 10.4.2014, C-412/13 P. Diese in einem Urteil zur Seniorität entwickelten Grundsätze gelten auch hier.
1405 EuGH, 20.3.2003, C-291/00 – Arthur/ARTHUR ET FÉLICIE, Rn 50–54.
1406 Siehe GMitt zur Gemeinsamen Praxis zum Schutzbereich von schwarz-weißen Marken vom 15.4.2014, Ziff 2. Diese sind jedoch mit Vorsicht anzuwenden.
1407 EuG, 23.10.2002, T-104/01 – Fifties/miss fifties, Rn 32, 33; EuG, 24.11.2005, T-346/04 – Arthur/ARTHUR ET FÉLICIE, Rn 34; EuG, 13.12.2016, T-58/16 – APAX/APAX, Rn 31–33; EuG, 11.5.2011, T-74/10 – FLACO/FLACO, Rn 39; EuG, 21.5.2021, T-158/20 – Breeze/Breeze, Rn 24–33.

ermöglicht, diese ohne Verwechslungsgefahr von Waren oder DL anderer Herkunft zu unterscheiden. Damit die Marke ihre Aufgabe als wesentlicher Bestandteil des Systems eines *unverfälschten Wettbewerbs*, das der Vertrag der europäischen Union errichten will, erfüllen kann, muss sie die Gewähr bieten, dass alle Waren oder DL, die mit ihr versehen sind, unter der Kontrolle eines einzigen Unternehmens hergestellt oder erbracht worden sind, das für ihre Qualität verantwortlich gemacht werden kann.

1348   Daher liegt eine Verwechslungsgefahr dann vor, wenn der angesprochene Verkehr glauben könnte, dass die betr Waren oder DL aus *demselben Unternehmen* oder ggf aus wirtschaftlich miteinander verbundenen Unternehmen stammen. Sie kann auch dann bestehen, wenn für das Publikum die betr Waren oder DL an *unterschiedlichen Orten hergestellt* oder *erbracht* werden[1408].

1349   Zu den Funktionen einer Marke gehört nicht nur die Hauptfunktion, die Ursprungsidentitätsgarantie, sondern dazu gehören auch ihre anderen Funktionen wie ua die Gewährleistung der *Qualität* dieser Ware oder DL oder die *Kommunikations-, Investitions-* oder *Werbefunktionen*[1409]. Diese zusätzlichen Funktionen werden insb bei den neuen UGM von besonderer Bedeutung sein. Zur Verwechslungsgefahr bei Kollektiv- bzw Gewährleistungsmarken s. Rdn 1004.1 bzw 1021.1.

1350   Die Verwechslungsgefahr schließt auch die Gefahr mit ein, dass die Marken *gedanklich in Verbindung* gebracht werden können (*assoziative Verwechslungsgefahr*). Der Begriff der gedanklichen Verbindung stellt dabei keine Alternative zum Begriff der Verwechslungsgefahr dar, sondern soll dessen Umfang genauer bestimmen. Bereits nach dem Wortlaut von Art. 8 Abs. 1b UMV ist diese Bestimmung nicht anzuwenden, wenn für das Publikum keine Verwechslungsgefahr besteht. Die *rein assoziative gedankliche Verbindung*, die der Verkehr über die Übereinstimmung des Sinngehalts zweier Marken zwischen diesen herstellen könnte, begründet *für sich genommen keine Gefahr von Verwechslungen*, die die Gefahr einschließt, dass die jüngere Marke mit der älteren gedanklich in Verbindung gebracht wird[1410].

1351   Die *assoziative Verwechslungsgefahr* liegt dann vor, wenn die Anmeldung sich zwar klar vom älteren Recht absetzt (also als anderes Zeichen erkannt wird), aber dennoch die Gefahr besteht, dass sie dessen Inhaber zugeordnet wird, zB weil sie irrtümlich in eine auf dem Markt vorhandene *Zeichenserie* eingereiht wird oder wegen der spezifischen Marktgegebenheiten, ua in der Mode, als Unterkennzeichnung (*Subbrand-*) aufgefasst wird, die eine besondere Produktlinie darstellen oder ein spezielles Publikum ansprechen soll.

1352   Im Fall einer *Markenfamilie* oder von *Serienmarken* ergibt sich die Verwechslungsgefahr nämlich daraus, dass der Verbraucher sich hinsichtlich der Herkunft oder des Ursprungs der von der Anmeldung erfassten Waren oder DL irren kann und zu Unrecht annimmt, dass die Anmeldung zu einer bestimmten Familie oder Serie von

---

1408 PräambelUMV 11 und EuGH, 29.9.1998, C-39/97 – Canon, Rn 28–30.
1409 EuGH, 18.6.2009, C-487/07 – L'Oréal, Rn 58.
1410 EuGH, 11.11.1997, C-251/95 – Sabèl/Springende Raubkatze, Rn 18, 26.

Marken gehört. Dazu ist erforderlich, dass die Anmeldung nicht nur den zur Serie gehörenden Marken ähnlich ist, sondern auch *Merkmale* aufweisen muss, die geeignet sind, sie mit dieser in Verbindung zu bringen. Dies kann zB dann nicht der Fall sein, wenn ein den älteren Serienmarken gemeinsamer Bestandteil in der Anmeldung an einer anderen Stelle als an derjenigen, an der er sich gewöhnlich bei den zu der Serie gehörenden Marken befindet, oder mit einem anderen semantischen Inhalt bzw in anderer Schreibweise verwendet wird[1411].

Für das Bestehen einer derartigen Gefahr ist weiter erforderlich, dass eine *hinreichende Anzahl* von dieser Familie oder Serie angehörenden älteren Marken auf dem *Markt präsent* sind und *benutzt* werden[1412]. Ihr ausschließliches Vorhandensein im Register reicht nicht[1413]. Es muss zudem nachgewiesen werden, dass die maßgeblichen Verkehrskreise diese Marken als Teil einer Familie wahrnehmen, deren Inhaber der Widersprechende wäre[1414]. Auf eine assoziative Verwechslungsgefahr aufgrund einer Markenfamilie oder Markenserie kann er sich jedoch dann nicht berufen, wenn das den älteren Marken gemeinsame Stammelement weitgehend *beschreibend und/oder anpreisend* ist. Ansonsten könnten nämlich letztlich beschreibende Begriffe markenrechtlich monopolisiert werden[1415]. **1353**

Das Vorliegen einer Markenfamilie oder von Serienmarken ist jedoch ein Gesichtspunkt, der *erst bei der Beurteilung der Verwechslungsgefahr zu berücksichtigen* ist. Für die Beurteilung der Ähnlichkeit zwischen der älteren Marke und der angegriffenen Marke ist er nach Erkenntnis des EuGH nicht maßgeblich, so dass er bei unähnlichen Zeichen nicht zur Anwendung kommt[1416]. Unähnlich dürften aber Zeichen nicht sein, die jedenfalls in dem Bestandteil übereinstimmen, der beim älteren Recht den Stamm einer Familie oder Serie bildet. **1354**

Das Vorliegen einer Verwechslungsgefahr hängt von einer *Vielzahl von Umständen* ab, insb dem *Bekanntheitsgrad* der älteren Marke im Markt, der *gedanklichen Verbindung*, die das benutzte oder eingetragene Zeichen zum jüngeren hervorrufen kann, sowie dem *Grad der Ähnlichkeit* zwischen der *Marke* und dem jüngeren *Zeichen* und zwischen den damit gekennzeichneten *Waren oder DL*. **1355**

1411 EuGH, 13.9.2007, C-234/06 P – BAINBRIDGE/Bridge, Rn 63, 64; EuG, 18.12.2008, T-287/06 – Torre Albéníz/TORRES, Rn 78; EuG, 3.4.2014, T-356/12 – SÔ:UNIC/ SO…?, Rn 24–29; bestätigt durch EuGH, 15.10.2015, C-270/14 P.

1412 EuG, 10.10.2019, T-428/18 – mc dreams hotels Träumen zum kleinen Preis!/McDO-NALD'S, Rn 68–75.

1413 EuGH, 25.10.2012, C-553/11 – Protifit/PROTI, Rn 27–29.

1414 EuG, 27.6.2017, T-13/15 – PostModern/POST, Rn 72–74; EuG, 13.5.2015, T-102/14 – TPG POST/POST, Rn 71, 72.

1415 EuG, 8.7.2015, T-436/12 – Rock & Rock/MASTERROCK, FIXROCK, FLEXIROCK, COVERROCK, CEILROCK, Rn 80–89 mwN. Das betraf hier das übereinstimmende Element »ROCK«.

1416 EuGH, 24.3.2011, C-552/09 P – TiMi KINDERJOGHURT/KINDER, Rn 97–100.

1356   Das Vorliegen einer Verwechslungsgefahr ist unter Berücksichtigung *aller Umstände des Einzelfalls umfassend* zu beurteilen[1417]. Diese umfassende Beurteilung impliziert eine *Wechselbeziehung* zwischen den in Betracht kommenden Faktoren, insb der Ähnlichkeit der Marken und der Ähnlichkeit der von ihnen erfassten Waren oder DL. So kann ein geringer Grad der Ähnlichkeit der erfassten Waren oder DL durch einen höheren Grad der Ähnlichkeit der Marken ausgeglichen werden und umgekehrt[1418].

b) Kennzeichnungskraft

1357   Da die Verwechslungsgefahr umso größer ist, je höher sich die *Kennzeichnungskraft der älteren Marke* darstellt, genießen Marken, die – von Haus aus oder wegen ihrer Bekanntheit auf dem Markt – eine hohe Kennzeichnungskraft besitzen, einen umfassenderen Schutz als Marken, deren Kennzeichnungskraft geringer ist. Daraus folgt, dass zB die Eintragung einer Marke trotz eines eher geringen Grades der Ähnlichkeit zwischen den damit gekennzeichneten Waren oder DL ausgeschlossen sein kann, wenn die Ähnlichkeit zwischen den Marken groß und die Kennzeichnungskraft der älteren Marke, insb ihr Bekanntheitsgrad, hoch ist[1419].

1358   Die *Bekanntheit der jüngeren Marke* darf jedoch *nicht berücksichtigt* werden[1420].

1359   Dabei muss sich die (erhöhte) Kennzeichnungskraft eines Zeichens *auf die konkret dafür geschützten Waren und DL beziehen*[1421]. Die allgemeine Berühmtheit eines Namens (zB des Malers Picasso) und/oder die Bekanntheit für andere Waren oder DL reichen nicht aus[1422]. Selbst die Bekanntheit lediglich für eine Unterkategorie der geschützten Waren und DL genügt nicht[1423].

1417 PräambelUMV 11 und EuGH, 11.11.1997, C-251/95 – Sabèl/Springende Raubkatze, Rn 22.

1418 EuGH, 29.9.1998, C-39/97 – Canon, Rn 17; EuGH, 28.1.1999, C-342/97 – Lloyd Schuhfabrik, Rn 19.

1419 EuGH, 11.11.1997, C-251/95 – Sabèl/Springende Raubkatze, Rn 24; EuGH, 29.9.1998, C-39/97 – Canon, Rn 18, 19; EuGH, 28.1.1999, C-342/97 – Lloyd Schuhfabrik, Rn 20, 21.

1420 EuGH, 3.9.2009, C-498/07 P – La Española/Carbonell ACEITE DE OLIVA, Rn 84 S. 2; EuG, 28.6.2012, T-133/09 – B. Antonio Basile 1952/BASILE, Rn 18, 67; bestätigt durch EuGH, 6.6.2013, C-381/12 P; EuG, 27.9.2012, T-373/09 – Emidio Tucci/ Emilio Pucci, Rn 47.

1421 EuG, 14.7.2016, T-567/15 – Schwarzes Quadrat mit vier weißen Linien/Drei senkrechte Klauen, Rn 41, 42, 46; bestätigt durch EuGH, 16.2.2017, C-502/16 P. So reicht zB eine Bekanntheit für Energiedrinks nicht aus, um einer älteren Marke auch für Bekleidung und Kopfbedeckung, auf der die Marke nur zu Werbezwecken für die Getränke angebracht wurde, erhöhte Kennzeichnungskraft zu vermitteln.

1422 EuGH, 11.11.1997, C-251/95 – Sabèl/Springende Raubkatze, Rn 24; EuGH, 12.1.2006, C-361/04 P – PICARO/PICASSO, Rn 31, 32.

1423 EuGH, 11.6.2020, C-155/19 P – CCB/CB, Rn 67–78. Die Bedeutung und die Bekanntheit einer älteren Marke im System der Bankkartentransaktionen erklärt in keiner Weise,

Andererseits weisen Marken, die im Wesentlichen aus beschreibenden Elementen **1360** bestehen, nur geringe Kennzeichnungskraft auf[1424]. Dasselbe gilt, wenn das ältere Recht nur einen Gattungsbegriff enthält[1425].

Schwache Kennzeichnungskraft schließt aber nicht schon automatisch eine Verwechs- **1361** lungsgefahr bzgl nicht identischer Waren und DL aus, sondern auch in einem derartigen Fall sind alle Faktoren der Verwechslungsgefahr zu prüfen[1426]. Keinesfalls darf die Gültigkeit einer älteren Marke implizit dadurch in Frage gestellt werden, dass sie im Widerspruchsverfahren als beschreibend, nicht unterscheidungskräftig oder als Gattungsbegriff angesehen wird. Sie ist grds als Ganzes zu prüfen, wobei alle Bestandteile, insb die mit der jüngeren übereinstimmenden, zu berücksichtigen sind, um den relevanten Kennzeichnungsgrad zu ermitteln. Allerdings muss der *älteren Marke immer ein gewisser Grad an Unterscheidungskraft* zuerkannt werden[1427]. Keinesfalls darf nämlich nach Erkenntnis des EuGH der Faktor der Ähnlichkeit der Marken zugunsten des Faktors, der auf der Kennzeichnungskraft der älteren Marke beruht, neutralisiert werden[1428].

So ist zB trotz *Kennzeichnungsschwäche* des Wortelements *Seven* in mehreren älteren **1362** Bildmarken bei identischen Waren auf dem Schmuck- und Lederwarenmarkt eine Verwechslungsgefahr mit der angemeldeten Wortmarke *SEVEN FOR ALL MANKIND* angenommen worden[1429]. Selbst zwischen der für Kommunikationswaren und -DL geschützten älteren britischen Marke *FON* und der für Telekommunikationsgeräte und -DL angemeldeten Unionsmarke *Neofon* besteht Verwechslungsgefahr, obwohl das Wort »fon« von der breiten Öffentlichkeit als Kurzform für »telephone« verstanden wird[1430]. Sogar der älteren, für Computer und Telekommunikationsgeräte geschützten Wortmarke *IPAD* hat das EuG einen gewissen Grad von Kennzeichnungskraft

---

warum diese allgemein eine erhöhte Unterscheidungskraft im Bereich des Finanzwesens, der Geldgeschäfte und der Bankgeschäfte haben sollte.
1424 EuG, 23.9.2009, T-391/06 – S-HE/SHE, Rn 57, 58.
1425 EuG, 13.7.2012, T-391/06 – »la Caixa«/CAIXA, Rn 32–37. Denn CAIXA ist im Portugiesischen für Kasse (Sparkasse, Kreditkasse) geläufig.
1426 EuG, 7.7.2010, T-557/08 – M PAY/MPAY24, Rn 40–46.
1427 EuGH, 24.5.2012, C-196/11 P – F1-LIVE/F1, Rn 40–47; und in Konsequenz Urteil des EuG vom 11.12.2014, T-10/09 – RENV. Dieser Grundsatz gilt nicht nur für ältere nationale oder internationale Marken, die aus Gründen der Koexistenz von nationalen Markensystemen mit dem Unionsmarkensystem zu respektieren sind, sondern konsequenterweise auch für ältere Unionsmarken. S.a. GMitt zur Gemeinsamen Praxis zu relativen Eintragungshindernissen – Verwechslungsgefahr (Auswirkungen nicht kennzeichnungskräftiger/schwacher Bestandteile) vom 2.10.2014, Ziff 2. Ziele 1 und 2.
1428 EuGH, 8.11.2016, C-43/15 P – compressor technology/KOMPRESSOR, Rn 64, 65. Eine Monopolisierung von beschreibenden Angaben soll nicht mit Art. 8 Abs. 1b UMV, sondern mit deren Art. 7 Abs. 1b und 1c sowie Art. 51 und mit Art. 4 Abs. 1b. und 1c MarkenRL. verhindert werden.
1429 EuGH, 21.2.2013, C-655/11 P – SEVEN FOR ALL MANKIND/SEVEN.
1430 EuG, 28.4.2016, T-777/14 – Neofon/FON, Rn 34–66.

zuerkannt, selbst wenn diese geschwächt sein sollte, so dass die Anmeldung *MI PAD* scheiterte[1431].

1363   Dasselbe galt im Bereich von Bekleidung und dem Einzelhandel damit beim Konflikt zwischen den Bildmarken *SHOWROOM* und *SHOWROOM86*, da dieses Wort, das sich aus den beiden Elementen »SHOW« und »ROOM« zusammensetzt, zwar nur geringe Kennzeichnungskraft hat, aber nicht unberücksichtigt bleiben kann[1432]. Ja sogar die ältere, praktisch beschreibende BENELUX-Wortmarke *SUPERGLUE* konnte sich gegen eine fantasievoll gestaltete Bildanmeldung, die unter anderen Wortelementen *SUPER GLUE* aufwies, durchsetzen[1433].

1364

Abb. 39

1365   Auch wenn in Teilen des deutschsprachigen Raums der Union, insb in Österreich und Süddeutschland, *Spezi* eine *Gattungsbezeichnung* für ein colahaltiges Mischgetränk darstellt, kann nicht davon ausgegangen werden, dass die *Verbraucher* im übrigen Unionsgebiet, insb die *nicht deutschsprachigen*, diesen als Marke eingetragenen Begriff ebenfalls als für Getränke beschreibend auffassen würden, so dass er für eine Verwechslungsgefahr mit der Anmeldung *SPEZOOMIX* hinreichende *Kennzeichnungskraft* besitzt[1434]. Selbst, dass der Verkehr eine Marke als eine *Verzierung* auffasst, kann nicht zu einer Beschränkung ihres Schutzes gegenüber einer ähnlichen Zeichenbildung führen[1435].

1366   Demgegenüber hat zB der Bestandteil *POST*, auch wenn er nicht zu vernachlässigen ist, nur *geringe Kennzeichnungskraft*, da er als Hinweis auf Waren und DL im Umfeld von Versandsystemen, Telekommunikation und Unternehmensverwaltung verstanden wird[1436]. Dasselbe gilt für das Symbol des *Posthorns*[1437]. Weiter hat ein in den

---

1431 EuG, 5.12.2017, T-893/16 – MI PAD/IPAD, Rn 61–69.
1432 EuG, 19.9.2019, T-679/18 – SHOWROOM/SHOWROOM86, Rn 46–55.
1433 EuG, 11.12.2013, T-591/11 – SUPER GLUE/SUPERGLUE, Rn 36–48; bestätigt durch EuGH, 2.10.2014, C-91/14 P; im Konflikt um Klebstoffe.
1434 EuG, 1.3.2016, T-557/14 – SPEZOOMIX/Spezi, Rn 62–64.
1435 EuG, 21.5.2015, T-145/14 – Zwei parallele Streifen auf einem Schuh/Drei parallele Streifen auf Schuhen, Rn 28; bestätigt durch EuGH, 17.2.2016, C-396/15 P.
1436 EuG, 27.6.2017, T-13/15 – PostModern/POST, Rn 66–71; und EuG, 13.5.2015, T-102/14 – TPG POST/POST, Rn 42–70. Deshalb wurde eine Verwechslungsgefahr verneint. S.a. EuG, 20.2.2018, T-118/16 – BEPOST/POST und ePOST; EuG, 26.6.2018, T-537/15 – InPost/INFOPOST und POST.
1437 EuG, 11.11.2020, T-25/20 – Posthorn/Posthorn auf gelbem Grund; Rechtsmittel nicht zugelassen, EuGH, 5.5.2021, C-5/21 P. Wegen seines historischen Zusammenhangs

konkurrierenden Zeichen identisch enthaltenes Element *TURBO* angesichts seines beschreibenden Anklangs so wenig Kennzeichnungskraft, dass es selbst bei identischen Waren keine Verwechslungsgefahr verursacht[1438]. Dasselbe gilt bei der Konkurrenz der Anmeldung *VDL E-POWER* mit der älteren britischen Bildmarke *e-POWER*, weil das Wortelement »e-power« vom Verkehr unmittelbar mit der Bedeutung von elektrischer Energie verstanden wird und daher in Bezug auf die streitgegenständlichen technischen Waren allenfalls geringe Kennzeichnungskraft aufweist[1439]. Schließlich besitzt die Marke *VERONESE* von Haus aus nur geringe Kennzeichnungskraft, da sie mit der italienischen Stadt Verona in Verbindung gebracht werden kann und für die mögliche geografische Herkunft der Waren beschreibend ist[1440]. In dieselbe Richtung geht auch die Große BK[1441].

Haben die konkurrierenden Zeichen einen gemeinsamen *Bestandteil mit geringer oder* **1367** *ohne Kennzeichnungskraft*, so wird sich nach der Amtspraxis die Beurteilung der Verwechslungsgefahr auf den Einfluss der nicht übereinstimmenden Bestandteile auf den Gesamteindruck der Zeichen konzentrieren, wobei deren Ähnlichkeiten bzw Unterschiede und ihre Kennzeichnungskraft zu berücksichtigen sind. Eine Übereinstimmung nur in nicht kennzeichnungskräftigen Bestandteilen führt idR nicht zur Verwechslungsgefahr und diejenige in einem Bestandteil mit geringer Kennzeichnungskraft idR nicht für sich allein. Eine Verwechslungsgefahr kann jedoch bestehen, wenn die übrigen Bestandteile eine geringere (oder gleich geringe) Kennzeichnungskraft haben oder optisch wenig herausgehoben sind und der Gesamteindruck der Zeichen (sehr) ähnlich oder identisch ist. Enthalten die Zeichen auch andere ähnliche Bild- und/oder Wortbestandteile, besteht Verwechslungsgefahr, wenn ihr Gesamteindruck sehr ähnlich oder identisch ist[1442].

---

mit der Zustellung von Postsendungen wird das stilisierte Posthorn seit langer Zeit von mehreren Postbetreibern in der gesamten Union verwendet.

1438 EuG, 22.2.2018, T-210/17 – TRIPLE TURBO/ZITRO TURBO 2. Dasselbe gilt für den in beiden Zeichen enthaltenen, für Käse beschreibenden Begriff *HALLOUMI;* EuG, 13.7.2018, T-825/16 – Pallas Halloumi/HALLOUMI, Rn 38–43. Über das dagegen erhobene Rechtsmittel hat der EuGH nicht mehr entschieden, da die nationale Widerspruchsmarke zwischenzeitlich vom nationalen Gericht rechtskräftig für nichtig erklärt worden war; EuGH, 30.4.2020, C-608/18 P.

1439 EuG, 10.11.2021, T-755/20 – VDL E-POWER/e-POWER, Rn 42–54.

1440 EuG, 23.9.2020, T-608/19 – VERONESE/VERONESE. Deshalb besteht trotz übereinstimmender Wortelemente bei gering ähnlichen Waren (dekorativen oder verzierenden Figuren gegenüber ua Lampenschirmen, Rahmen, Spiegel, Steingut, Flaschen und Vasen) keine Verwechslungsgefahr.

1441 BK, 18.9.2013, R 1462/12-G – ULTIMATE GREENS/ULTIMATE NUTRATION, Rn 21–62; wo die Große BK zu der Erkenntnis kam, dass der Begriff *ULTIMATE NUTRITION,* der Widerspruchsmarke beschreibend ist und ihm daher die Unterscheidungskraft für die geschützten Nahrungsergänzungsmittel fehlt.

1442 Siehe GMitt zur Gemeinsamen Praxis zu relativen Eintragungshindernissen – Verwechslungsgefahr (Auswirkungen nicht kennzeichnungskräftiger/schwacher Bestandteile) vom 2.10.2014, Ziff 2. Ziele 3 und 4.

1368 Bei der Beurteilung der Kennzeichnungskraft sind sowohl die *Eigenschaften* zu berücksichtigen, die die Marke *von Haus aus* besitzt, einschl des Umstands, ob sie beschreibende Elemente in Bezug auf die für sie geschützten Waren oder DL aufweist, als auch diejenigen, die ihr *kraft Verkehrsgeltung* zukommen, so der von der Marke gehaltene Marktanteil, die Intensität, die geografische Verbreitung und die Dauer der Benutzung dieser Marke, der Werbeaufwand des Unternehmens für die Marke, der Teil der beteiligten Verkehrskreise, der die Waren oder DL aufgrund der Marke als von einem bestimmten Unternehmen stammend erkennt, sowie die Erklärungen von Industrie- und Handelskammern oder von anderen Berufsverbänden[1443].

1369 Jedoch kann *nicht* allgemein, zB durch *Rückgriff auf bestimmte Prozentsätze* in Bezug auf den Bekanntheitsgrad der Marke bei den beteiligten Verkehrskreisen, angegeben werden, wann eine Marke eine hohe Kennzeichnungskraft besitzt[1444]. Ist eine durch Verkehrsgeltung gesteigerte Kennzeichnungskraft festgestellt, kann diese nicht durch den Einwand einer von Haus aus geringen Unterscheidungskraft in Frage gestellt werden[1445].

1370 Im Rahmen eines Widerspruchsverfahrens stellt die *Beurteilung der originären Kennzeichnungskraft* einer älteren Marke eine Rechtsfrage dar, die erforderlich ist, um eine fehlerfreie Anwendung der UMV zu gewährleisten, so dass die Instanzen des EUIPO verpflichtet sind, diese Frage – ggf von Amts wegen – zu prüfen (s. Rdn 266 f)[1446].

1371 Während also die originäre Kennzeichnungskraft einer älteren Marke vom EUIPO von Amts wegen zu überprüfen ist, müssen die Beteiligten *zur Bekanntheit der Marke Tatsachen* vortragen und evt *Beweismittel* beibringen[1447].

1372 Eine repräsentative *Meinungsumfrage* kann ein taugliches Mittel zum Nachweis hoher Kennzeichnungskraft aufgrund großer Verkehrsbekanntheit sein[1448]. Der Beweiswert einer Meinungsforschungsstudie kann geschwächt sein, wenn die Befragten ihre Antworten nicht spontan geben, weil die verwendeten Fragebogen ihnen das fragliche Zeichen und die Waren vorgeben. Dasselbe gilt, wenn sich die Umfrage nicht auf die verfahrensgegenständliche Marke, sondern nur auf einen Bestandteil von ihr bezieht[1449] oder wenn die gestellten Fragen zu ungewöhnlichen Spekulationen führen[1450].

1443 ZB EuG, 8.5.2014, T-38/13 – PEDRO/Pedro del Hierro, Rn 79–87 mwN.

1444 EuGH, 28.1.1999, C-342/97 – Lloyd Schuhfabrik, Rn 23, 24; EuGH, 11.11.1997, C-251/95 – Sabèl/Springende Raubkatze, Rn 24.

1445 EuGH, 17.7.2008, C-488/06 P – Tannenbaum Aire Limpio/Tannenbaum, Rn 65–67; EuGH, 17.2.2016, C-396/15 P – Zwei parallele Streifen auf einem Schuh/Drei parallele Streifen auf Schuhen, Rn 75 f.

1446 EuGH, 18.6.2020, C-702/18 P – PRIMART Marek Lukasiewicz/PRIMA, Rn 43.

1447 EuG, 1.2.2005, T-57/03 – HOOLIGAN/OLLY GAN, Rn 30–33.

1448 EuG, 21.4.2005, T-164/03 – monBeBé/bebe, Rn 75–83.

1449 EuG, 12.7.2006, T-277/04 – VITACOẠT/VITAKRAFT, Rn 38 ff; s.a. EuG, 13.3.2013, T-553/10 – FARMASUL/MANASUL, Rn 70, 71.

1450 EuG, 2.3.2022, T-125/21 – EUROBIC/BANCO BiG, Rn 39–45.

Die relevanten Tatsachen und Beweismittel müssen sich auf den *Anmeldetag* der ange- **1373** griffenen Unionsmarkenanmeldung oder die Zeit unmittelbar davor beziehen und konkrete Angaben zum Umsatz und Umfang der Werbemaßnahmen enthalten[1451]. Jedoch können auch noch spätere Daten berücksichtigt werden, wenn sich daraus Rückschlüsse auf die Situation zum Anmeldezeitpunkt ziehen lassen[1452]. Die bloße Vorlage von *Preislisten* ohne Angabe und Nachweis ihrer Verbreitung beim Publikum oder des Umfangs ihrer möglichen Verbreitung genügt nicht. Informationen aus dem *Internet* zeigen nur Werbeanstrengungen, aber nicht die tatsächliche Bekanntheit beim Publikum[1453].

Eine erhöhte Kennzeichnungskraft einer Widerspruchsmarke kann sich auch aus **1374** ihrer *Benutzung als Teil* einer anderen eingetragenen älteren Marke ergeben, wenn die Widerspruchsmarke als Teil dieser älteren Marke angesehen werden kann[1454].

c) Zeichenähnlichkeit

Bei der Beurteilung der Zeichenähnlichkeit ist grds zu beachten, dass die *absoluten* **1375** *Eintragungshindernisse* nach Art. 7 Abs. 1b und 1c UMV und die *relativen* nach Art. 8 Abs. 1b UMV *unterschiedliche Zwecke* verfolgen und dem *Schutz unterschiedlicher Interessen* dienen sollen. Die Wahrnehmung, die die maßgeblichen Verkehrskreise von einem Zeichen haben, kann zwar nicht von dem betr Eintragungshindernis abhängen, gleichwohl *variiert* aber *der Blickwinkel,* unter dem diese Wahrnehmung betrachtet wird, je nachdem, ob der beschreibende Charakter eines Zeichens oder das Bestehen einer Verwechslungsgefahr zu beurteilen ist. Die Aufmerksamkeit im Rahmen der Beurteilung des *beschreibenden Charakters* eines Zeichens richtet sich auf die *mentalen Abläufe,* die dazu führen können, dass Beziehungen zwischen dem Zeichen oder seinen verschiedenen Bestandteilen und den betr Waren und/oder DL hergestellt werden, während sich die Prüfung im Rahmen der Beurteilung der *Verwechslungsgefahr* auf den *Prozess* bezieht, durch den *das Zeichen im Gedächtnis behalten, wiedererkannt und in Erinnerung gerufen* wird, sowie auf die Mechanismen einer gedanklichen Verbindung[1455].

Bei der umfassenden Beurteilung der Verwechslungsgefahr hinsichtlich der *Ähnlichkeit* **1376** der betr *Marken* im Bild, im Klang oder in der Bedeutung ist auf den *Gesamteindruck*

1451 EuG, 18.9.2014, T-90/13 – V (mit Polospielerbild)/Polospieler, Rn 41, 42; EuG, 13.12.2004, T-8/03 – Emilio Pucci/Emidio Tucci, Rn 71–73; bestätigt durch EuGH, 28.9.2006, C-104/05 P; s.a. EuG, 16.6.2015, T-229/14 – Yorma Eberl/YORMA, Rn 45; bestätigt durch EuGH, 8.2.2012, C-191/11 P.

1452 EuG, 8.5.2014, T-38/13 – PEDRO/Pedro del Hierro, Rn 81–84 mwN; EuG, 18.11.2014, T-510/12 – EuroSky/SKY, Rn 66–68.

1453 EuG, 16.6.2015, T-229/14 – Yorma Eberl/YORMA, Rn 49; bestätigt durch EuGH, 8.2.2012, C-191/11 P.

1454 EuGH, 17.7.2008, C-488/06 P – Tannenbaum Aire Limpio/Tannenbaum, Rn 49–52.

1455 EuGH, 22.10.2015, C-20/14 – BGW Bundesverband der deutschen Gesundheitswirtschaft/BGW, Rn 23, 27, 28.

abzustellen, den die Marken hervorrufen[1456]. Es sind insb die *kennzeichnungskräftigen* und *dominierenden*, also prägenden Elemente zu berücksichtigen. Der normal informierte und angemessen aufmerksame und verständige Durchschnittsverbraucher nimmt nämlich ein Zeichen idR als Ganzes wahr, wie es ihm bei der konkreten Verwendung entgegentritt, ohne es einer analysierenden Betrachtungsweise zu unterziehen, und achtet nicht auf die verschiedenen Einzelheiten[1457]. Ein *Meinungsforschungsgutachten* ist daher zur Beurteilung der Verwechslungsgefahr ungeeignet, wenn den Befragten beide Zeichen direkt nebeneinander zum Vergleich gegenübergestellt werden, da der relevante Verkehr sich normalerweise auf seine unvollkommene Erinnerung an die ältere Marke stützen muss[1458].

1377   Dies schließt aber nicht aus, dass uU *ein oder mehrere Bestandteile* einer zusammengesetzten Marke für den durch die Marke im Gedächtnis der angesprochenen Verkehrskreise hervorgerufenen Gesamteindruck *prägend* sein können[1459].

1378   Jenseits des

1379   (1) *Normalfalls,* dass der Durchschnittsverbraucher eine *Marke als Ganzes* wahrnimmt, und

1380   (2) ungeachtet dessen, dass der Gesamteindruck von einem oder mehreren *Bestandteilen* einer komplexen Marke *dominiert* werden kann, ist jedoch keineswegs ausgeschlossen, dass

1381   (3) *im Einzelfall* eine ältere Marke, die von einem Dritten in einem zusammengesetzten Zeichen benutzt wird (zB *LIFE*), das die Unternehmensbezeichnung dieses Dritten (zB *THOMSON*) enthält, eine *selbständig kennzeichnende Stellung* in dem zusammengesetzten Zeichen (zB *THOMSON LIFE*) behält, ohne aber darin den dominierenden Bestandteil zu bilden. Die Verwechslungsgefahr kann also nicht von der Voraussetzung abhängig gemacht werden, dass der von dem zusammengesetzten Zeichen hervorgerufene *Gesamteindruck* von dem Teil des Zeichens, das die ältere Marke bildet, dominiert wird[1460].

1382   Es ist in *jedem Einzelfall* insb mittels einer Analyse der Zeichenbestandteile und deren jeweiligen Gewichts in der Wahrnehmung der angesprochenen Verkehrskreise der von dem Zeichen hervorgerufene *Gesamteindruck, der dem Verbraucher im Gedächtnis bleibt,* zu bestimmen, und anschließend ist im Licht dieses Gesamteindrucks und sämtli-

---

1456 EuGH, 19.3.2015, C-182/14 P – MAGNEXT/MAGNET 4, Rn 36–42, 56–59. Das EuG hatte einen Rechtsfehler begangen, weil es die konkurrierenden Marken nicht jeweils als Ganzes miteinander verglichen hat. Es hatte die Ziff »4« in der älteren Marke nicht berücksichtigt.

1457 EuGH, 11.11.1997, C-251/95 – Sabèl/Springende Raubkatze, Rn 23. Die ursprünglich fehlerhafte Übersetzung, wonach es nicht insb auf die »unterscheidungskräftigen«, sondern auf die »sie unterscheidenden ... Elemente« ankommen sollte, ist seit dem Urteil des EuGH, 12.1.2006, C-361/04 P – PICARO/PICASSO, Rn 19; stillschweigend korrigiert worden.

1458 EuG, 24.10.2017, T-202/16 – coffee in/coffee in, Rn 144, 145.

1459 EuGH, 28.4.2004, C-3/03 P – MATRATZEN markt CONCORD/Matratzen, Rn 32.

1460 EuGH, 6.10.2005, C-120/04 – THOMSON LIFE/LIFE, Rn 30, 32.

cher maßgeblicher Umstände des Einzelfalls die Verwechslungsgefahr zu beurteilen. Bei den vom Normalfall (1) verschiedenen Einzelfällen (2 und 3) der *THOMSON LIFE/LIFE* -Rspr handelt es sich jedoch nach Erkenntnis des EuGH um *keine* von der allgemeinen Regel abweichenden *Ausnahmefälle*, die gebührend gerechtfertigt werden müssten[1461].

Nur wenn alle anderen Markenbestandteile zu *vernachlässigen* sind, zB lediglich eine   **1383** nebensächliche, untergeordnete bzw Zubehör-Stellung haben, kann es für die Beurteilung der Ähnlichkeit allein auf den dominierenden Bestandteil ankommen. Es *genügt* nämlich *für die Zeichenähnlichkeit*, dass der den Zeichen *gemeinsame Bestandteil nicht zu vernachlässigen* ist[1462].

1461 EuGH, 8.5.2014, C-591/12 P – BIMBO DOUGHNUTS/DOGHNUTS, Rn 33–36. Soweit der Rechtsmittelführer geltend macht, das EuG habe die Regel nicht beachtet, wonach bei einem zusammengesetzten Zeichen die Feststellung der selbständig kennzeichnenden Stellung eines Bestandteils eine Ausnahme von der allgemeinen Regel, wonach der Verbraucher eine Marke regelmäßig als ein Ganzes wahrnehme, darstelle und als solche gebührend gerechtfertigt werden müsse, weist der EuGH darauf hin, dass die Prüfung, ob eine selbständig kennzeichnende Stellung eines der Bestandteile eines zusammengesetzten Zeichens vorliegt, der Bestimmung derjenigen Bestandteile dient, die von den angesprochenen Verkehrskreisen wahrgenommen werden. Zum einen erfolgt die Bestimmung der Bestandteile eines zusammengesetzten Zeichens, die zu dem von diesem Zeichen im Gedächtnis der angesprochenen Verkehrskreise hervorgerufenen Gesamteindruck beitragen, vor der umfassenden Beurteilung der Verwechslungsgefahr der konkurrierenden Zeichen. Eine solche Beurteilung muss sich auf den von den konkurrierenden Marken hervorgerufenen Gesamteindruck stützen, da der Durchschnittsverbraucher eine Marke regelmäßig als Ganzes wahrnimmt und nicht auf die verschiedenen Einzelheiten achtet. Daher ist nicht anzunehmen, dass es sich um eine Ausnahme von dieser allgemeinen Regel handelt, die gebührend gerechtfertigt werden müsste. Zum anderen ist die Einzelbeurteilung jedes Zeichens nach stRspr des EuGH nach Maßgabe der besonderen Umstände des konkreten Falles vorzunehmen, und es gelten für sie daher keine allgemeinen Vermutungen. Insb aus THOMSON LIFE/ LIFE geht hervor, dass der EuGH keine Ausnahme von den für die Beurteilung der Verwechslungsgefahr geltenden Grundsätzen aufgestellt hat. Dagegen hatte der EuGH im Urteil vom 30.1.2014, C-422/12 P – CLORALEX/CLOROX, Rn 44, in Bezug auf THOMSON LIFE/LIFE noch von einer Rspr zu *Ausnahmefällen.* gesprochen, aus der nicht hergeleitet werden kann, dass es für die Beurteilung der Verwechslungsgefahr nur auf den kennzeichnungskräftigen Bestandteil einer aus einem beschreibenden und einem kennzeichnungskräftigen Bestandteil zusammengesetzten Marke ankommt.

1462 EuGH, 2.9.2010, C-254/09 P – CK CREACIONES KENNYA/CK Calvin Klein, Rn 56, 57. Soweit in der deutschen Fassung des Urteils von »akzessorischer Bedeutung« der Buchstabenfolge CK (als Abkürzung von CREACIONES KENNYA) die Rede ist, dürfte das nicht die vollständige bzw ausschließliche Übersetzung von »position accessoire« (französisch), »ancillary position« (englisch) bzw »posición accesoria« (spanisch) sein. S.a. EuGH, 3.9.2009, C-498/07 P – La Española/Carbonell ACEITE DE OLIVA, Rn 62, 70. In diese Richtung (Zeichenähnlichkeit) auch EuG, 8.2.2011, T-194/09 – LÍNEAS AÉREAS DEL MEDITERRÁNEO LAM/LAN; bestätigt durch EuGH, 11.5.2012, C-198/11 P. Diese Rspr vermag jedoch nicht zu überzeugen, da

1384 Ein nach einer nationalen Regelung oder der GMV eingetragener *Disclaimer* kann nicht bewirken, einen von ihm erfassten *Bestandteil einer zusammengesetzten Marke* von der Gesamtprüfung der für die Verwechslungsgefahr relevanten Faktoren auszuschließen oder diesem Bestandteil von vornherein und dauerhaft eine begrenzte Bedeutung beizumessen[1463].

1385 Dem Durchschnittsverbraucher bietet sich nur selten die Möglichkeit, verschiedene Marken unmittelbar miteinander zu vergleichen, sondern er muss sich auf das *unvollkommene Bild* verlassen, das er von ihnen *im Gedächtnis* behalten hat. Außerdem kann seine Aufmerksamkeit je nach Art der betr Waren oder DL sowie nach den speziellen Umständen der Begegnung mit ihnen unterschiedlich hoch sein[1464].

1386 Die Ähnlichkeit der einander gegenüberstehenden Marken ist aus der Sicht des *Durchschnittsverbrauchers* zu beurteilen, indem auf die *originären Merkmale der Marken* und nicht auf Umstände abgestellt wird, die das Verhalten des Anmelders einer Unionsmarke betreffen. Daher ist das *angeblich missbräuchliche Verhalten eines Markenanmelders nicht zu berücksichtigen.* Denn ein solches Verhalten ist zwar ein besonders relevanter Faktor im Rahmen eines Nichtigkeitsverfahrens nach Art. 59 Abs. 1b UMV (Bösgläubigkeit), es ist dagegen kein in einem Widerspruchsverfahren nach Art. 8 UMV zu berücksichtigender Umstand[1465].

1387 Um zu beurteilen, wie weit die Ähnlichkeit zwischen den betr Marken reicht, sind der Grad ihrer *Ähnlichkeit im Bild, im Klang und in der Bedeutung* zu bestimmen sowie ggf unter Berücksichtigung der Art der betr Waren oder DL und der Bedingungen, unter denen sie vertrieben werden, zu bewerten, welche Bedeutung diesen einzelnen Elementen beizumessen ist[1466].

1388 Für die Feststellung der Verwechslungsgefahr ist dabei nicht erforderlich, dass eine Ähnlichkeit unter allen drei Gesichtspunkten bestehen muss. Es ist vielmehr *ausreichend*, wenn bereits eine *Ähnlichkeit auf Grund einer dieser Beurteilungskriterien* vorliegt, also entweder in klanglicher Hinsicht oder nach dem bildlichen Eindruck oder infolge

---

sie im Extremfall dazu führen kann, dass der Widerspruch aus einer hoch berühmten Marke trotz Waren-/DL-Identität schon wegen fehlender Zeichenähnlichkeit scheitert; *Bender,* MarkenR 2011, 89 f.

1463 EuGH, 12.6.2019, C-705/17 – ROSLAGSÖL (Hansson)/ROSLAGS PUNSCH, Rn 37–62. Diese Auslegung von Art. 4 Abs. 1b MarkenRL. aF soll sicherstellen, dass der Schutz einer eingetragenen nationalen Marke gegen Verwechslungsgefahr in allen Mitgliedstaaten nach denselben Kriterien und somit einheitlich gewährleistet wird, insb da zahlreiche Mitgliedstaaten nicht die Möglichkeit vorsehen, Zeichen mit solchen Disclaimern als Marken einzutragen, und die Voraussetzungen der Eintragung der Disclaimer sowie deren Auswirkungen im Recht der Mitgliedstaaten unterschiedlich sein können.

1464 EuGH, 28.1.1999, C-342/97 – Lloyd Schuhfabrik, Rn 26.

1465 EuGH, 2.9.2010, C-254/09 P – CK CREACIONES KENNYA/CK Calvin Klein, Rn 46, 47.

1466 EuGH, 28.1.1999, C-342/97 – Lloyd Schuhfabrik, Rn 27.

des Sinnzusammenhangs, und diese Ähnlichkeit auf Grund der konkreten Umstände des einschlägigen Marktes zu einer relevanten Verwechslungsgefahr führen kann[1467].

Die UMV verweist nicht auf die Verwendung irgendeiner *Sprache* oder eines bestimm- **1389** ten *Alphabets*, die bei der Beurteilung einer möglichen Verwechslungsgefahr für das Publikum zu berücksichtigen oder nicht zu berücksichtigen wären. So sind zB beim Vergleich von Zeichen, die beide ein *arabisches Wort* enthalten, das in lateinischer und arabischer Schrift dominierend ist, wobei diese Wörter einander in bildlicher Hinsicht ähnlich sind, ihre Bedeutung und Aussprache zu berücksichtigen, wenn die maßgeblichen Verkehrskreise Grundkenntnisse des geschriebenen Arabisch besitzen[1468]. Jedoch kann – ohne konkreten Nachweis zu führen – das *Verstehen einer Fremdsprache in der Union im Allgemeinen nicht vermutet* werden[1469].

Für die Abwägung der Bedeutung der einzelnen Faktoren beim Zeichenvergleich ist **1390** im Hinblick auf die jeweils streitgegenständlichen Waren und DL zu prüfen, ob diese allein oder überwiegend *auf Sicht gekauft* bzw angefordert bzw überprüft werden[1470] oder dem Kunden hauptsächlich *klanglich begegnen*, zB aufgrund von Radiowerbung oder mündlicher Empfehlung. Werden etwa Waren nur auf mündliche Bestellung gekauft, so kommt dem klanglichen Aspekt des Zeichens notwendig größere Bedeutung beim relevanten Publikum zu als dem bildlichen[1471]. Dagegen ist der Grad der phonetischen Ähnlichkeit von geringerer Bedeutung, wenn es sich um Waren handelt, die auf eine Weise vermarktet werden, dass die maßgebenden Verkehrskreise beim Erwerb die Marke gewöhnlich optisch wahrnehmen[1472].

1467 EuGH, 11.11.1997, C-251/95 – Sabèl/Springende Raubkatze, Rn 23; EuGH 28.1.1999, C-342/97 – Lloyd Schuhfabrik, Rn 24.

1468 EuGH, 25.6.2015, C-147/14 – EL BAINA/EL BENNA (Loutfi/Meatproducts), Rn 20–26.

1469 EuG, 26.5.2016, T-254/15 – Casale Fresco/FREZCO, Rn 28 mwN. Selbst wenn Spanisch, Italienisch und Portugiesisch Welthandelssprachen wären, was der Kläger durch keinerlei Nachweis belegt, bringt er keinen Beweis bei, dass der – insb deutsche, tschechische, bulgarische, dänische, niederländische, slowakische, finnische oder schwedische – Durchschnittsverbraucher den spanischen, italienischen und portugiesischen Begriff »fresco« mit der Bedeutung »frisch, kühl« verstehe.

1470 EuGH, 14.11.2013, C-524/12 P – f@ir Credit/FERCREDIT, Rn 60–62 mwN: Im Gegensatz zu Bekleidungswaren hat die klangliche Ähnlichkeit bei Finanz-DL nicht nur begrenzte Bedeutung, da diese bedeutende finanzielle Folgen für den Verbraucher haben können und nicht frei am Markt erhältlich sind. S. ua EuG, 5.12.2013, T-394/10 – SOLVO/VOLVO II, Rn 30, 33–38 mwN; zB bei hochspeziellem Computerprogramm.

1471 Siehe ua EuG, 12.1.2006, T-147/03 – QUANTUM/Quantième, Rn 105; bestätigt durch EuGH, 15.7.2007, C-171/06 P.

1472 Im Bekleidungssektor überwiegt angesichts der Art und Weise der Vermarktung der bildliche Aspekt, da die Kaufentscheidung normalerweise das Ergebnis einer Inaugenscheinnahme der Ware ist, wobei die Marke als Ganzes wahrgenommen wird, ohne wie eine Abkürzung oder eine Buchstabenfolge buchstabiert zu werden; EuG, 3.6.2015, T-604/13 – 101/501, Rn 38. Siehe ua EuG, 14.10.2003, T-292/01 – BASS/PASH.

1391 Der *Bedeutungsgehalt* ist zwar vorrangig nach dem bildlichen Eindruck zu ermitteln, er kann jedoch auch bei lediglich klanglicher Übereinstimmung vorliegen[1473]. Im Rahmen der begrifflichen Ähnlichkeit ist auf die Sicht des Verbrauchers *in einem Gebiet der Union* abzustellen, in dem die beiden konkurrierenden Zeichen eine Bedeutung haben[1474].

1392 Da im Gegensatz zum deutschen Markensystem grds nicht davon ausgegangen werden kann, dass das EUIPO die *jeweiligen Umstände der Vermarktung* in den betr nationalen Märkten kennt, ist angesichts von Art. 95 Abs. 1 S. 2 UMV sehr wichtig, dass die Beteiligten *konkrete Ausführungen* dazu *machen*, ob und wie sich die Waren und DL (klanglich und/oder bildlich) begegnen, zB dass Bier in Deutschland nicht nur auf Sicht gekauft oder (aus der Flasche oder einem mit Brauereisignet versehenen Glas bzw Krug) getrunken wird, sondern in brauereifreien Gaststätten mündlich in lärmintensiver Umgebung bestellt und in neutralen Gefäßen serviert wird[1475].

1393 So lässt sich zB nicht ausschließen, dass *allein eine klangliche Ähnlichkeit* der Marken eine Verwechslungsgefahr begründen kann[1476]. Jedoch ist die Würdigung einer etwaigen klanglichen Ähnlichkeit nur einer der relevanten Umstände im Rahmen der *umfassenden Beurteilung* hinsichtlich der Ähnlichkeit der Zeichen in Bedeutung, Bild und Klang. Folglich muss nicht notwendig immer dann Verwechslungsgefahr vorliegen, wenn nur eine klangliche Ähnlichkeit der konkurrierenden Marken besteht.

1394 Die umfassende Beurteilung impliziert, dass die *begrifflichen Unterschiede* zwischen zwei Zeichen die zwischen ihnen *bestehenden optischen und klanglichen Ähnlichkeiten neutralisieren* können, wenn zumindest eines der Zeichen eine *eindeutige und bestimmte Bedeutung* hat, so dass die maßgeblichen Verkehrskreise sie ohne weiteres erfassen können. Das gilt jedenfalls bei besonders ausgeprägten und offenkundigen Bedeutungsunterschieden (zB angesichts der *Berühmtheit* eines Zeichenworts wie *PICASSO*) und bei einem besonders *erhöhten Aufmerksamkeitsgrad* der maßgeblichen Verkehrskreise zB angesichts spezieller Fachkenntnisse, des technischen Charakters bzw des hohen Wert- oder Preisniveaus der relevanten Waren (zB Kraftfahrzeuge) oder DL[1477]. In der Konsequenz neigt das EuG zu einer *(Über-)Betonung der begrifflichen*

1473 Siehe ua EuG, 23.9.2011, T-501/08 – see more/CMORE, Rn 48.

1474 EuG, 13.6.2012, T-534/10 – HELLIM/HALLOUMI, Rn 38–42; bestätigt durch EuGH, 21.3.2013, C-393/12 P. Auch wenn Türkisch nicht zu den Amtssprachen der Union zählt, ist es gleichwohl eine der Amtssprachen der Republik Zypern, so dass es von einem Teil der zyprischen Bevölkerung verstanden und gesprochen wird. Daher ist beim Zeichenvergleich auch der türkische Bedeutungsgehalt zu berücksichtigen.

1475 Siehe ua EuG, 19.10.2006, T-350/04 – BUD/Bit, Rn 111, 112.

1476 EuGH, 28.1.1999, C-342/97 – Lloyd Schuhfabrik, Rn 28. So hat zB das EuG, 6.10.2017, T-184/16 – SKY ENERGY/NRJ, Rn 55–57, zwar eine klangliche Ähnlichkeit wegen der sehr ähnlichen Aussprache im Französischen gesehen, die Verwechslungsgefahr aber insgesamt verneint.

1477 EuGH, 23.3.2006, C-206/04 P – ZIRH/SIR, Rn 21, 22, 35; EuGH, 12.1.2006, C-361/04 P – PICARO/PICASSO, Rn 20, 39, 40. S. ua EuG, 26.4.2018, T-554/14 – MESSI/MASSI; bestätigt durch EuGH, 17.9.2020, C-449/18 P und C-478/18 P: Kei-

Unterschiede auch bei deutlicher klanglicher Annäherung, was bis zur Markenunähnlichkeit führen kann[1478] oder zur gänzlichen Neutralisierung von bildlichen und klanglichen Ähnlichkeiten[1479].

Eine *reine Begriffsidentität* von aus *unterschiedlichen Sprachen* stammenden Wörtern   **1395** oder Begriffskombinationen reicht aber, selbst wenn das Publikum über entspr Sprachkenntnisse verfügt, eine gewisser Grad von Verwandtschaft zwischen den betr Sprachen besteht und der in den Zeichen verwendete Wortlaut sich nahe kommt, allein zur Annahme der *Verwechslungsgefahr nicht* aus, da der angesprochene Verbraucher Marken normalerweise nicht übersetzt. Dies gilt insb, wenn das angesprochene Publikum mit Markenartikeln vertraut ist und überwiegend und ohne langes Nachdenken auf Sicht kauft[1480].

Dagegen hat das EuG[1481] zB wegen *hoher begrifflicher Ähnlichkeit*, ja fast Identität,   **1396** im Hinblick darauf, dass »aqua« und »WATER« für den Durchschnittsverbraucher erkennbar gemeinsam »Wasser« bedeuten, Verwechslungsgefahr angenommen.

Demgegenüber kann der Anmelder nicht einwenden, dass die ältere Marke wegen   **1397** evt *Freihaltebedürfnisses* nicht hätte registriert werden dürfen. Der Umstand, dass bei den Wettbewerbern ein *Bedürfnis nach freier Verfügbarkeit* des Zeichens besteht, kann *nicht* zu den für die Beurteilung einer Verwechslungsgefahr *relevanten Umständen* gehören, sondern ist lediglich von Bedeutung bei der Prüfung der absoluten Eintragungshindernisse[1482].

Dabei ist die *Autonomie der nationalen Markenämter* zu achten. Der *Grundsatz des*   **1398** *freien Warenverkehrs* verbietet es nämlich weder einem Mitgliedstaat, ein Zeichen als nationale Marke einzutragen, das in der Sprache eines anderen Mitgliedstaats für

---

ne Verwechslungsgefahr wegen deutlicher konzeptioneller Unterschiede aufgrund des berühmten Fußballers Lionel Messi trotz bildlicher und klanglicher Ähnlichkeit und teilweiser Warenidentität. Ebenfalls hält das EuG, 16.6.2021, T-368/20 – MILEY CYRUS/ CYRUS, diese Zeichen aufgrund des großen Bedeutungsunterschieds für unähnlich, da die berühmte Sängerin und Schauspielerin unter diesem Vornamen und Nachnamen zusammen und nicht unter ihrem Vornamen oder Nachnamen getrennt bekannt ist.

1478 Siehe ua EuG, 23.1.2008, T-106/06 – BAU HOW/BAUHAUS, Rn 48. Die Zeichen wiesen hier grafische Elemente durch die besondere Gestaltung der Buchstaben auf.

1479 S. ua EuG, 23.2.2022, T-198/21 – CODE-X/Cody's, Rn 46, 47, 54, 67–72.

1480 EuG, 16.12.2015, T-128/15 – RED RIDING HOOD/Rotkäppchen, Rn 28–40; EuG, 15.10.2014, T-515/12 – The English Cut/El Corte Inglés, Rn 26–32; bestätigt durch EuGH, 10.12.2015, C-603/14 P (jedoch aufgehoben hinsichtlich des Widerspruchs aus Art. 8 Abs. 5 UMV.); EuG, 16.9.2013, T-437/11 – GOLDEN BALLS/BALLON D'OR, Rn 41–51; insoweit nicht Gegenstand von EuGH, 20.11.2014, C-581/13 P und C-582/13 P; EuG, 9.3.2005, T-33/03 – HAI/SHARK, Rn 63–64.

1481 EuG, 28.11.2013, T-410/12 – vitaminaqua/VITAMINWATER, Rn 56–60, 69, 80, 81.

1482 EuGH, 10.4.2008, C-102/07 – ADIDAS II, Rn 30. Jedoch ist die Bedeutung einer konzeptionellen Identität dann gering, wenn die konkurrierenden »e«-Zeichen jeweils mit ihrem Bezug auf Energie einen beschreibenden Charakter zu den betr Waren und DL haben; EuG, 14.3.2017, T-276/15 – e/e II, Rn 27–33.

die betr Waren oder DL beschreibend ist, noch untersagt er es dem Inhaber einer solchen Marke, bei Bestehen einer Verwechslungsgefahr zwischen dieser nationalen Marke und der angemeldeten Unionsmarke Widerspruch gegen die Eintragung der Unionsmarke zu erheben. Denn es ist möglich, dass eine Marke wegen sprachlicher, kultureller, sozialer und wirtschaftlicher Unterschiede zwischen den Mitgliedstaaten *in einem Mitgliedstaat ohne Unterscheidungskraft* ist oder die betr Waren oder DL beschreibt, *in einem anderen* aber *nicht*.

1399 So steht Art. 4 Abs. 1b *und* c MarkenRL der Eintragung eines Wortes als nationale Marke in einem Mitgliedstaat nicht entgegen, das der Sprache eines anderen Mitgliedstaats, in der es keine Unterscheidungskraft hat oder die beanspruchten Waren oder DL beschreibt, entlehnt ist, es sei denn, dass die beteiligten Verkehrskreise in dem Mitgliedstaat, in dem die Eintragung beantragt wird, imstande sind, die Bedeutung dieses Wortes zu erkennen[1483]. Die Widerspruchsmarke ist somit als *wirksames Recht* anzusehen, solange sie nicht (zB in einem Nichtigkeitsverfahren) gelöscht worden ist.

1400 Bei der Beurteilung der *Markenähnlichkeit* gibt es einige allgemein zu beachtende Grundsätze. So treten regelmäßig *Zeichenanfänge* in der Aufmerksamkeit der Verbraucher eher in den Vordergrund als die nachfolgenden Bestandteile[1484]. Sie werden zuerst gesehen, ausgesprochen und bleiben leichter in der Erinnerung, es sei denn die folgenden Passagen oder Endungen erregen wegen spezieller Merkmale besondere Aufmerksamkeit[1485].

1401 Stehen sich grafisch verschieden ausgestaltete *Einzelbuchstaben* gegenüber, sind sie als klanglich und begrifflich identisch anzusehen[1486]. Selbst bei *Abkürzungen* ohne Bedeutungsgehalt kann eine Umstellung von Buchstaben eine Zeichenähnlichkeit nicht ausschließen[1487], außer bei deutlichen Unterschieden wegen umgekehrter Reihenfolge[1488]. Auch *schlichte Buchstabenkombinationen* verdienen gegenüber Abwandlungen weiten Schutz, da bei kurzen oder relativ kurzen Marken geringe Unterschiede zwischen ihnen grds nicht ausreichen, um ihre Ähnlichkeit auszuschließen[1489].

1483 EuGH, 28.4.2004, C-3/03 P – MATRATZEN markt CONCORD/Matratzen, Rn 42; EuGH, 9.3.2006, C-421/04 – MATRATZEN markt CONCORD/Matratzen, Rn 32.

1484 EuGH, 22.1.2010, C-23/09 P – Ecoblue/BLUE, Rn 43.

1485 EuGH, 28.6.2012, C-599/11 P – TOFUKING/Curry King, Rn 31. Siehe ua EuG, 16.5.2007, T-158/05 – ALLTREK/TREK, Rn 70; EuG, 17.3.2004, T-183/02 und T-184/02 – MUNDICOR/MUNDICOLOR, Rn 81; EuG, 16.3.2005, T-112/03 – FLEXI AIR/FLEX, Rn 64, 65; anders zB EuG, 6.7.2004, T-117/02 – CHUFAFIT/ CHUFI, Rn 48.

1486 EuG, 10.5.2011, T-187/10 – G/G, Rn 60, 61; bestätigt durch EuGH, 22.3.2012, C-354/11 P.

1487 EuG, 12.3.2014, T-592/10 – BTS/TBS, Rn 37–60.

1488 EuG, 4.5.2018, T-241/16 – EW/WE, Rn 25–45: deutliche Zeichenunterschiede.

1489 EuG, 6.11.2014, T-463/12 – MB/MB&P, Rn 84–142; EuG, 19.9.2013, T-338/09 – MBP/ip_law@mbp.

Bei einander gegenüberstehenden Namen kommt es immer auf die Beurteilung der **1402** Umstände des Einzelfalls an[1490]. Bei der Kombination von *Vor- und Nachnamen* dominiert das weniger gängige oder ungewöhnlichere Element gegenüber dem häufigeren und verbreiteten[1491], wobei auch die Bekanntheit des Namensträgers zu berücksichtigen ist. In einer zusammengesetzten Marke besitzt ein Nachname nicht in jedem Fall eine selbständig kennzeichnende Stellung nur deshalb, weil er als solcher wahrgenommen wird[1492].

Übliche Namenspräfixe wie »Mc« reichen für die Annahme einer Markenähnlichkeit **1403** allein noch nicht aus[1493]. An einer Namensähnlichkeit ändert nichts, dass die Anmeldung von einem Teil des Publikums im Zusammenhang mit den beanspruchten

---

1490 EuGH, 24.6.2010, C-51/09 P – Barbara Becker/BECKER, Rn 36–38; mit dem das Urteil EuG 2.12.2008, T-212/07, Rn 35, 37 aufgehoben wurde. S.a. EuGH, 16.5.2013, C-379/12 P – H.EICH/H SILVIAN HEACH, Rn 43–47.

1491 EuG, 16.6.2015, T-229/14 – Yorma Eberl/NORMA, Rn 33; Eberl ist auch in Deutschland kein verbreiteter Nachname, also beim Zeichenvergleich mit zu berücksichtigen, was zu (sehr) geringer Ähnlichkeit führt.

1492 Siehe zB EuG 27.6.2019, T-268/18 – Luciano Sandrone/DON LUCIANO, Rn 65–75: keine Verwechslungsgefahr wegen des kennzeichnungskräftigen Nachnamens Sandrone; EuG, 8.5.2019, T-358/18 – JAUME CODORNÍU/JAUME SERRA, Rn 43–55, 59–62: keine Verwechslungsgefahr, da die katalanischen Nachnamen unterscheidungskräftiger sind als der übereinstimmende, gebräuchliche katalanische Vorname; EuG, 3.6.2015, T-559/13 – GIOVANNI GALLI/GIOVANNI, Rn 34–58: keine Zeichenähnlichkeit, auch wenn außeritalienische Verkehrskreise nicht wissen, welcher Name häufiger und welcher seltener ist; EuG, 27.9.2012, T-39/10 – PUCCI/Emidio Tucci, Rn 95: keine Zeichenähnlichkeit; EuG, 27.9.2012, T-373/09 – Emidio Tucci/Emilio Pucci, Rn 44, 50: hochgradige Ähnlichkeit; EuG, 27.9.2012, T-535/08 – Emidio Tucci/TUZZI, Rn 38–46, 51, 52: große Unterschiede, da Emidio außerhalb Italiens ungewöhnlich ist; EuG, 28.6.2012, T-133/09 – B. Antonio Basile 1952/BASILE, Rn 47–49: Nachname Basile ist kennzeichnungskräftiger in Italien; EuG, 5.10.2011, T-421/10 – ROSALIA DE CASTRO/ROSALIA, Rn 37–44, 51: Verwechslungsgefahr wegen der Übereinstimmung im Vornamen, der in Spanien nicht gewöhnlich ist; bestätigt durch EuGH, 3.10.2012, C-649/11 P; EuG, 14.4.2011, T-433/09 – Tila March/CARMEN MARCH dominierend March, da seltener Nachname in Spanien; EuG, 23.2.2010, T-11/09 – James Jones/JACK & JONES, Rn 34: dominierend Jones; EuG, 16.12.2008, T-259/06 – MANSO DE VELASCO/VELASCO, Rn 34: dominierend VELASCO; EuG, 13.7.2005, T-40/03 – Julián Murúa Entrena/MURÚA, Rn 63–65: dominierend Murúa; EuG, 1.3.2005, T-185/03 – ENZO FUSCO/ANTONIO FUSCO, Rn 41–55: dominierend FUSCO; EuG, 12.7.2006, T-97/05 – MARCOROSSI/MISS ROSSI und MARCOROSSI/SERGIO ROSSI, Rn 46, 51; EuG, 1.3.2005, T-169/03 – SISSI ROSSI/MISS ROSSI, Rn 74: jeweils nicht dominierend ROSSI.

1493 EuG, 18.5.2011, T-502/07 – McKENZIE/McKINLEY, Rn 35, 36, 40, 41, da »Mc« mit der Bedeutung »Sohn von« vielen schottischen und irischen Familiennamen keltischer Wurzel vorangestellt ist. Etwas anderes gilt aber, wenn »Mc« nicht mit einem Namen, sondern zB mit Waren oder ihren Zielgruppen kombiniert ist; EuG, 5.7.2012, T-466/09 – Mc. Baby/Mc Kids. always quality.

Waren nicht als Name verstanden wird, wenn sie von einem *Großteil des Verkehrs* als Phantasiebegriff und daher möglicherweise als Familienname wahrgenommen wird[1494].

1404   Auf dem *Modesektor* sind *Untermarken* für verschiedene Produktserien weit verbreitet, zB die jugendliche, die weibliche, die männliche Linie, was oft zu einer assoziativen Verwechslungsgefahr mit der *Hausmarke* führt[1495]. Wird ein Name mit einem anderen Bestandteil kombiniert, kann dies zu ausreichenden Zeichenunterschieden führen, auch wenn es sich nur um einen geografischen Ort handelt[1496]. Das gilt aber nicht, wenn dem Namen nur eine übliche Etablissementsbezeichnung beigefügt ist[1497].

1405   Bei *Kombinationsmarken* ist regelmäßig das nicht beschreibende Element dominierend[1498]. Das Publikum wird einen *beschreibenden* Bestandteil einer *zusammengesetzten Marke* im Allgemeinen nicht als für den Gesamteindruck kennzeichnungskräftiges und dominierendes Merkmal ansehen[1499]. So kann bei einer Kombination einer beschreibenden Angabe mit einem Einzelbuchstaben auch Letzterer allein das Zeichen prägen[1500].

1406   Andererseits gibt es keine Regel, wonach der Wortbestandteil einer Marke als kennzeichnungskräftig und eigentümlich anzusehen wäre, sobald ihm ein besonderer Sinngehalt fehlt[1501]. Jedoch kann grds selbst ein Bestandteil, der nur eine *schwache Kenn-*

1494   EuG, 20.2.2013, T-224/11, T-225/11 und T-631/11 – BERG/Christian Berg, Rn 46–57; da »BERG« von den nicht deutsch-, niederländisch- oder schwedischsprachigen Verkehrskreisen nicht als Bezugnahme auf die Berge verstanden wird, auch wenn es im Zusammenhang mit Bergsportartikeln verwendet wird.

1495   Siehe EuG, 8.3.2005, T-32/03 – JELLO SCHUHPARK/Schuhpark, Rn 38–47, 51: dominierend SCHUHPARK. S.a. EuG, 13.5.2009, T-183/08 – jello SCHUHPARK/ Schuhpark, in dem die ernsthafte Benutzung der älteren Marke nicht nachgewiesen worden war. Andererseits führt die Voranstellung eines kennzeichnungskräftigen Familiennamens zur Zeichenunähnlichkeit, EuG, 17.2.2011, T-385/09 – ANN TAYLOR LOFT/LOFT, Rn 45–47.

1496   EuG, 10.12.2008, T-228/06 – GIORGIO BEVERLY HILLS/GIORGIO.

1497   So bei alkoholischen Getränken: EuG, 16.9.2009, T-458/07 – DOMINIO DE LA VEGA/ PALACIO DE LA VEGA, Rn 41–43; bestätigt durch EuGH, 16.9.2010, C-459/09 P; EuG, 16.12.2008, T-259/06 – MANSO DE VELASCO/VELASCO, Rn 42–53, da »manso« im Spanischen ein ländliches Weingut bezeichnet.

1498   Siehe EuG, 20.10.2011, T-189/09 – p/p POLYPIPE, Rn 52–62, dominierend der Bildbestandteil »p« vor dem für Rohre beschreibenden Wortelement; EuG, 27.11.2007, T-434/05 – ACTIVY Media Gateway/GATEWAY, Rn 42–49; bestätigt durch EuGH, 11.12.2008, C-57/08 P, Rn 45–50: dominierend ACTIVY; EuG, 11.5.2005, T-31/03 – GRUPO SADA/Sadia, Rn 51–65: dominierend SADA und EuG, 15.2.2005, T-169/02 – NEGRA MODELO/Modelo dominierend MODELO für Bier.

1499   Siehe ua EuG, 16.5.2007, T-491/04 – FOCUS/MICRO FOCUS, Rn 49; bestätigt durch EuGH, 11.4.2008, C-344/07 P; EuG, 3.7.2003, T-129/01 – BUDMEN/BUD, Rn 53; EuG, 6.10.2004, T-117/03 bis T-119/03 und T-171/03 – NLSPORT, NLJEANS, NLACTIVE und NLCollection, Rn 34.

1500   EuG, 17.10.2012, T-485/10 – MISS B/miss H., in Bezug auf Schmuck und Bekleidung.

1501   EuGH, 17.7.2008, C-488/06 P – Tannenbaum Aire Limpio/Tannenbaum, Rn 84.

zeichnungskraft besitzt, *den Gesamteindruck* einer zusammengesetzten Marke *prägen* oder innerhalb dieser Marke eine *selbständig kennzeichnende Stellung* einnehmen, da er sich insb durch seine Position im Zeichen oder durch seine Größe der Wahrnehmung des Verbrauchers aufdrängen und in sein Gedächtnis einprägen kann[1502].

So kann Verwechslungsgefahr bestehen zwischen einer älteren Marke, die aus einer unterscheidungskräftigen, diese durchschnittlich kennzeichnungskräftige Marke prägenden *Buchstabenfolge* besteht (*BGW*), und einer jüngeren Marke, in die diese Buchstabenfolge unter *Hinzufügung einer beschreibenden Wortkombination* übernommen ist (*BGW Bundesverband der deutschen Gesundheitswirtschaft*), die sich aus Wörtern zusammensetzt, deren Anfangsbuchstaben den Buchstaben der genannten Buchstabenfolge entsprechen, so dass diese von den Verkehrskreisen als Akronym dieser Wortkombination wahrgenommen wird. Denn der bloße Umstand, dass die jüngere Marke aus einem Zeichen, das eine, das einzige Wortelement der älteren Marke darstellende, Buchstabenfolge wiedergibt, und einer Wortkombination besteht, deren Anfangsbuchstaben dieser Buchstabenfolge entsprechen, kann für sich allein die Gefahr einer Verwechslung mit dieser älteren Marke nicht ausschließen[1503]. 1407

Die Ähnlichkeit von konkurrierenden Zeichen kann nicht anhand der *Bekanntheit der älteren Marke* beurteilt werden, da selbst die Annahme, dass diese aufgrund ihrer Bekanntheit eine erhöhte Unterscheidungskraft besitzt, nicht die Feststellung erlaubt, ob und ggf zu welchem Grad diese Marke der Anmeldung bildlich, klanglich und begrifflich ähnlich ist. Auch aus der *Bekanntheit* und *erhöhten Unterscheidungskraft* einer stark stilisierten älteren Bildmarke kann nicht abgeleitet werden, dass diese in der Wahrnehmung des maßgeblichen Verkehrs als der Wortbestandteil (hier: *CB*) wahrgenommen würde, dieser daher dominierend sei und er seinerseits die Beurteilung der Zeichenähnlichkeit dominieren müsse[1504]. 1408

1502 EuGH, 22.10.2015, C-20/14 – BGW Bundesverband der deutschen Gesundheitswirtschaft/BGW, Rn 40. S.a. EuG, 13.6.2006, T-153/03 – Schwarz-weiße Kuhhaut/inex HALFVOLLE MELK, Rn 32.
1503 EuGH, 22.10.2015, C-20/14 – BGW Bundesverband der deutschen Gesundheitswirtschaft/BGW, Rn 42, 44.
1504 EuGH, 11.6.2020, C-155/19 P – CCB/CB, Rn 58–64. Dadurch, dass sie hiervon ausgegangen waren, hatten das EuG und die BK einen Rechtsfehler begangen. Damit dürfte auch das Urteil des EuG, 23.10.2013, T-155/12 – Klassiklotterie/NKL-Klassiklotterie, Rn 33, 34, nicht mehr relevant sein, demzufolge der Umstand, dass ein Bestandteil einer zusammengesetzten Marke für sich allein eine bekannte Marke darstellt, bei der Bewertung des Gewichts der verschiedenen Komponenten im Verhältnis zueinander durchaus dazu führen könnte, dass ihm innerhalb der zusammengesetzten Marke ein größeres Gewicht zukäme, obwohl dies allein nicht ohne weiteres bedeute, dass der Vergleich der konkurrierenden Marken sich darauf beschränken könne, nur den bekannten Bestandteil zu berücksichtigen.

1409 *Grafische* oder *Bildelemente* treten im Regelfall hinter Wortbestandteilen zurück, wenn sie nur geringen Fantasiegehalt, Aussage- und Erinnerungswert aufweisen[1505]. Jedoch können Wortelemente nicht systematisch als vorherrschend angesehen werden[1506], besonders wenn sie kennzeichnungsschwach sind, wie zB Einzelbuchstaben[1507]. Dies gilt insb dann, wenn grafische oder Bildelemente gegenüber den sonstigen Zeichenbestandteilen aufgrund ihrer räumlichen Größe, Eigenart oder Gestaltung und der besonderen Vermarktungsbedingungen, zB der optischen Präsentation gängiger Konsumartikel in großflächigen Einzelhandelsgeschäften, für die angesprochene allgemeine Kundschaft in den Vordergrund rücken und damit den kennzeichnungskräftigen und dominierenden Part im Gesamtzeichen übernehmen[1508]. Auch bei deutlich verschiedenen Wortelementen kann angesichts eines sich ähnelnden Bildmotivs bildliche und konzeptionelle Ähnlichkeit bestehen[1509].

1410 Die Verkehrskreise werden *reine Bildzeichen* oder *Positionsmarken*, wenn diese eine Form aufweisen, die sie leicht wiedererkennen und mit einem genauen und konkreten Wort verbinden können, mit diesem Wort beschreiben[1510], ansonsten kann nur ein bildlicher und evt ein konzeptioneller Vergleich stattfinden, wobei einfache und grundlegende geometrische Formen und Figuren, zu denen außer den Grundformen wie Dreiecken oder Kreisen auch Gebilde wie Ellipsen oder Sicheln gehören, nicht die Aufmerksamkeit des Verbrauchers auf sich ziehen[1511]. Bei der Beurteilung der Identi-

---

1505 EuG, 22.2.2006, T-74/04 – QUICKY/QUICKIES; aufgehoben durch EuGH, 20.9.2007, C-193/06 P, wegen Vernachlässigung des Bildelements und damit fehlender Gesamtwürdigung; MarkenR 2008, 387. So kommt zB Weinetiketten mit typischen Abbildungen von Weingütern wenig Kennzeichnungskraft zu; EuG, 15.11.2011, T-276/10 – COTO DE GOMARIZ/COTO DE IMAZ, Rn 33 mwN.

1506 EuGH, 17.7.2008, C-488/06 P – Tannenbaum Aire Limpio/Tannenbaum, Rn 55, 84.

1507 EuG, 22.9.2011, T-174/10 – A mit 2 Hörnern/A; bestätigt durch EuGH, 10.10.2012, C-611/11 P. Dagegen können geringe grafische Variationen, wie zB eine Schiefstellung, nicht zur Unterscheidbarkeit ansonsten identischer Einbuchstabenzeichen führen; EuG, 11.7.2014, T-425/12 – e/e, Rn 35–41.

1508 Siehe EuG, 30.11.2015, T-718/14 – W E (Wetterfahne)/WE, Rn 41–62; EuG, 11.12.2014, T-480/12 – Master/Coca-Cola, Rn 69; EuG, 13.9.2011, T-522/08 – AGATHA RUIZ DE LA PRADA/Blumenbild; EuG, 21.2.2006, T-214/04 – ROYAL COUNTY OF BERKSHIRE POLO CLUB/Polospieler; EuG, 24.11.2005, T-3/04 – KINNJI/KINNIE; EuG, 12.9.2007, T-363/04 – La Española/Carbonell ACEITE DE OLIVA; bestätigt durch EuGH, 3.9.2009, C-498/07 P, Rn 65–79.

1509 EuG, 12.11.2015, T-449/13 – WISENT/ŻUBRÓWKA, Rn 75–135.

1510 EuG, 7.5.2015, T-599/13 – GELENKGOLD/Tigerbild, Rn 53–65. Dagegen wird das Publikum sich bei einer Bildmarke, die auch ein Wortelement aufweist, auf diese grds unter Verwendung des Wortbestandteils beziehen.

1511 Siehe EuG, 15.3.2012, T-379/08 – Wellenlinie, schwarz/Wellenlinie, weiß auf schwarzem Grund; EuG, 21.5.2015, T-145/14 – Zwei parallele Streifen auf einem Schuh/Drei parallele Streifen auf Schuhen, Bekleidung; bestätigt durch EuGH, 17.2.2016, C-396/15 P; EuG, 10.9.2019, T-744/18 – Ellipse (unterbrochen)/Ellipse II; wo jeweils Zeichenähnlichkeit bejaht wurde; EuG, 17.5.2013, T-502/11 – Zwei ineinander geflochtene Sicheln/Zwei ineinander verflochtene Bänder, Rn 57, 58; EuG, 25.11.2015, T-320/14 –

tät oder Ähnlichkeit reiner Bildzeichen sind sie in der *Form* zu vergleichen, in der sie *geschützt* sind, dh so, wie sie eingetragen wurden oder in der Anmeldung erscheinen, ungeachtet einer möglichen Drehung bei ihrer Benutzung auf dem Markt[1512]. Nähern sich *Bildmotive*, zB Hinweise auf Wiederverwertungsmöglichkeiten oder mythische Tiergestalten, sehr stark an, führt dies zur Ähnlichkeit[1513], nicht jedoch bei *allgemein gehaltenen Symbolen*, wie zB menschlichen Figuren[1514].

Dieselben Grundsätze gelten für die Konkurrenz von *dreidimensionalen Zeichen*, wobei **1411** neben der speziellen fantasievollen Formgebung insb auch die zusätzlichen Elemente, wie Wort- und Bildbestandteile sowie Etiketten und Farben zu berücksichtigen sind[1515].

Bei *komplexen Zeichen* kommt es aber immer auf die (insb bildliche) *Gesamtbeurtei-* **1412** *lung* an, da die Marken jeweils als Ganzes zu vergleichen sind. Denn bei der Prüfung der Verwechslungsgefahr bedeutet die Beurteilung der Ähnlichkeit zweier Marken *nicht*, dass *nur ein Bestandteil einer komplexen Marke* zu berücksichtigen und mit einer anderen zu vergleichen wäre. Auch wenn ein (Bild-)Element nicht dominant ist, darf es nicht vollständig unberücksichtigt bleiben[1516]. Bei der Konkurrenz von reinen *Bild- oder dreidimensionalen Zeichen* ohne Wortelemente ist ein klanglicher Vergleich nicht möglich, so dass auf den bildlichen Eindruck abzustellen ist und auf den begrifflichen nur dann, wenn die Zeichen einen Bedeutungsgehalt aufweisen[1517].

Zwei vertikale Wellenlinien/Eine vertikale Wellenlinie; EuG, 16.10.2018, T-581/17 – Vier gekreuzte gerade Linien/Vier gekreuzte gebogene Linien; wo Zeichenähnlichkeit jeweils verneint wurde.

1512 EuG, 21.4.2021, T-44/20 – Kreis mit zwei ineinander verschlungenen gekrümmten Linien/Zwei unterbrochene horizontal verflochtene Kreise, Rn 25, 26 mwN: Bildliche Unähnlichkeit. Denn die tatsächliche oder potenzielle Benutzung der eingetragenen Marken in einer anderen Form ist für den Zeichenvergleich unerheblich.

1513 EuG, 11.4.2019, T-477/18 – Flasche mit Pfeil/Dose und Flasche mit Pfeil; EuG, 15.3.2018, T-151/17 – Geflügelter Stier/Greif.

1514 EuG, 14.11.2019, T-149/19 – Menschliche Figuren: Bildliche Unähnlichkeit.

1515 EuG, 9.12.2020, T-620/19 – JC JEAN CALL Champagne ROSÉ/Flaschenformen. Das EuG hat wegen der insgesamt ähnlichen runden Formen, der gemeinsamen schwarzen bzw opaken, glänzenden Folien und der teilweise ähnlichen Farben trotz unterschiedlicher Wort-, Buchstabenelemente und Verzierungen bildliche Ähnlichkeit angenommen, was jedoch angesichts der sehr schlichten Champagnerflaschenformen und ihrer wenig fantasievollen Ausstattung mE sehr problematisch erscheint. Dagegen reichen bei üblichen Getränkeflaschenformen die deutlichen Unterschiede der Wortelemente zur Vermeidung einer Verwechslungsgefahr aus; EuG, 12.5.2021, T-637/19 – AQUA CAR-PATICA/VODAVODA; Rechtsmittel nicht zugelassen, EuGH, 11.11.2021, C-425/21 P.

1516 Die Urteile des EuG, 15.6.2005, T-7/04 – Limoncello/LIMONCHELO I und 22.2.2006, T-74/04 – QUICKY/QUICKIES wurden jedoch jeweils durch Urteile des EuGH, 12.6.2007, C-334/05 P bzw EuGH, 20.9.2007, C-193/06 P, Rn 44–46, mangels Vergleichs der Marken nach ihrem Gesamteindruck aufgehoben. Mit neuem Urteil vom 12.11.2008, T-210/05 – Limoncello/LIMONCHELO II hat das EuG die Verwechslungsgefahr bejaht.

1517 EuG, 7.2.2012, T-424/10 – Elefanten in einem Rechteck/Elefant, Rn 45, 46; EuG, 25.3.2010, T-5/08 bis T-7/08 – Golden Eagle/Kaffeebecher, Rn 50, 58, 67, 73; EuG,

1413   Ergibt eine Prüfung die vollständige *Unähnlichkeit der Marken*, bedarf es keiner weiteren Untersuchung zur Waren- und DL-Lage, der Kennzeichnungskraft des älteren
Rechts und zur Verwechslungsgefahr mehr, weil es bereits an einer der *kumulativ
erforderlichen Voraussetzungen* fehlt[1518].

1414   So wurde zB die *Zeichenähnlichkeit verneint* zwischen der Bildmarke *HUBERT* und
der Wortmarke *SAINT HUBERT 41*, zwischen der Bildmarke *BAINBRIDGE* und
zahlreichen älteren Bildmarken mit dem Element *Bridge* sowie zwischen der Bildmarke
TiMi KINDERJOGHURT und der älteren Marke *KINDER*[1519].

1415

Abb. 40

1416   Ebenso besteht keine Zeichenähnlichkeit zwischen dem Bildzeichen *Alifoods* und der
älteren Wortmarke *ALDI*[1520], zwischen den Wortmarken *CAMEA* und *BALEA*[1521]
sowie *PRANAYUR* und *AYUR*[1522], zwischen den Bildmarken *BAU HOW* und *BAU-
HAUS*[1523], zwischen den Wortmarken *WESTERN GOLD* und *WeserGold*[1524], zwischen
der Farbmarke *Rot auf der Schuhsohle* und der mit roter und blauer Farbe gestalteten
Bildmarke *my SHOES*[1525] sowie zwischen zwei Abbildungen von *Vögeln*[1526].

1417   Sind jedoch die einander gegenüberstehende Zeichen *nicht offensichtlich unähnlich*,
sondern weisen sie ebenso Ähnlichkeiten wie Unterschiede auf, so darf die jeweilige
Bedeutung dieser ähnlichen und unterschiedlichen Elemente nicht isoliert bewertet

---

4.3.2010, T-24/08 – Flaschenformen, jeweils mit wendelförmigem Hals, Rn 23.
1518   EuGH, 23.1.2014, C-558/12 P – WESTERN GOLD/Wesergold, Rn 42–45. Die durch
Benutzung erhöhte Kennzeichnungskraft einer Marke ist somit ein Gesichtspunkt, der
(nur) bei der Prüfung der Frage zu berücksichtigen ist, ob die Ähnlichkeit zwischen
den Zeichen oder zwischen den Waren und DL ausreicht, um eine Verwechslungsgefahr
hervorzurufen; s.a EuGH, 12.10.2004, C-106/03 P – HUBERT/SAINT HUBERT 41,
Rn 51, 54; und EuGH, 13.9.2007, C-234/06 P – BAINBRIDGE/Bridge, Rn 36, 37,
49–51. In diesen Verfahren war jeweils vom EuG rechtsfehlerfrei (und als Tatsachen-
feststellung vom EuGH nicht überprüfbar) Markenunähnlichkeit angenommen worden.
1519   EuG, 14.10.2009, T-140/08 – TiMi KINDERJOGHURT/KINDER; bestätigt durch
EuGH, 24.3.2011, C-552/09 P.
1520   EuG, 26.11.2014, T-240/13 – Alifoods/ALDI.
1521   EuG, 14.1.2015, T-195/13 – CAMEA/BALEA.
1522   EuG, 4.3.2015, T-543/13 – PRANAYUR/AYUR.
1523   EuG, 23.1.2008, T-106/06 – BAU HOW/BAUHAUS.
1524   EuG, 24.11.2015, T-278/10 RENV – WESTERN GOLD/WeserGold.
1525   EuG, 16.7.2015, T-631/14 – Rot-Ton auf Schuhsohle/my SHOES.
1526   EuG, 21.4.2010, T-361/08 – Thai Silk/Vogelbild.

werden, sondern ist im Rahmen einer *umfassenden Beurteilung der Verwechslungsgefahr* unter Berücksichtigung aller maßgeblichen Umstände zu würdigen[1527].

Für den Vergleich *neuer Markenformen* sind allgemeine Grundsätze entwickelt wor- **1418** den[1528].

d) Ähnlichkeit der Waren und DL

Bei Bejahung der Zeichenähnlichkeit ist zur Feststellung der Verwechslungsgefahr **1419** weiterhin erforderlich, dass eine *Ähnlichkeit zwischen den wechselseitigen Waren oder DL* besteht. Bei der Beurteilung dieser Ähnlichkeit sind *alle erheblichen Faktoren* zu berücksichtigen, die das Verhältnis zwischen Waren oder DL kennzeichnen, insb deren *Art, Verwendungszweck* und *Nutzung* sowie ihre *Eigenart* als miteinander *konkurrierende* oder einander *ergänzende* Waren oder DL[1529].

Die *Kennzeichnungskraft* der prioritätsälteren Marke, insb ihre *Bekanntheit*, ist bei der **1420** Beurteilung zu berücksichtigen, ob die Ähnlichkeit zwischen den durch die beiden Marken erfassten Waren oder DL ausreicht, um eine Verwechslungsgefahr herbeizuführen. Eine Verwechslungsgefahr besteht, wenn das Publikum sich *in Bezug auf die Herkunft* der betr Waren oder DL *täuschen* kann[1530]. Dabei reicht es bereits aus, wenn die mit der Anmeldung beanspruchten Waren oder DL mit einer einzigen der geschützten Waren oder DL des älteren Rechts ähnlich sind[1531].

Da die *Klassifikation* der Waren und DL der NK ausschließlich Verwaltungszwecken **1421** dient, dürfen sie nach Art. 33 Abs. 7 UMV nicht deswegen als ähnlich angesehen werden, weil sie in ders Kl. der NK erscheinen, und dürfen nicht deswegen als verschieden angesehen werden, weil sie in unterschiedlichen genannt werden. Demnach kann sich ein Anmelder nicht darauf berufen, dass die konkurrierenden Waren nicht identisch seien, nur weil sie innerhalb einer Kl. unter verschiedene Seriennummern fielen[1532].

Das VerzWDL ist so *kohärent* wie möglich *auszulegen*, nicht nur im Hinblick auf **1422** seine wörtliche Bedeutung und seine grammatikalische Struktur, sondern auch, um ein absurdes Ergebnis zu vermeiden, im Zusammenhang mit seinem Kontext und

---

1527 EuG, 23.11.2005, T-396/04 – NICKY/noky, Rn 39; bestätigt durch EuGH, 13.7.2006, C-92/06 P. So sind die nur leicht grafisch stilisierten Zeichen *NICKY* und *noky* nicht unähnlich.
1528 S.a. GMitt KP11, Neue Markenformen: Prüfung auf formale Anforderungen und Schutzhindernisse, April 2021, Kap. C, Prüfung auf relative Eintragungshindernisse und Nichtigkeitsgründe: Gemeinsame Grundsätze.
1529 EuGH, 29.9.1998, C-39/97 – Canon, Rn 23.
1530 EuGH, 29.9.1998, C-39/97 – Canon, Rn 24, 26, 29, 30.
1531 Dies hatte das EuG zB im Urteil vom 6.9.2013, T-599/10 – EUROCOOL/EURO-COOL LOGISTICS, Rn 141, 144, 145 übersehen, als es den Widerspruch teilweise hinsichtlich einer DL der Anmeldung zurückgewiesen hat, obwohl insoweit mit einer DL der älteren Marke Ähnlichkeit bestand (Rn 82.), wenn auch nicht mit einer anderen (Rn 90.–96.), worauf es dann aber gar nicht mehr ankommt.
1532 EuG, 25.10.2012, T-552/10 – VITAL&FIT/VITALFIT, Rn 39.

der tatsächlichen Absicht des Markeninhabers in Bezug auf seinen Umfang. Wenn es zwei mögliche wörtliche Auslegungen einer Warenangabe gibt, aber eine von ihnen zu einem absurden Ergebnis in Bezug auf den Schutzumfang der Marke führen würde, ist die *sinnvollste und berechenbarste Auslegung* des Warenbegriffs zu wählen[1533].

1423 Jedenfalls kann ein Widerspruch nicht von vornherein allein unter Berufung auf das *Fehlen einer genauen Angabe* der von der älteren Marke erfassten Waren oder DL zurückgewiesen werden. Selbst wenn deren Eintragung (zB für *Computersoftware* und *mobile Anwendungen*) gegen das *Klarheits- und Bestimmtheitserfordernis* verstößt, kann dies einen Vergleich ihrer Waren oder DL mit denjenigen der Anmeldung nicht verhindern[1534]. Sind die Waren oder DL jedoch vollständig *unklar*, so können sie nicht miteinander verglichen werden. So ist ein *Werbespruch* keine DL nach der NK und kann auch nicht als Werbe-DL ausgelegt werden[1535]. Einen auf *Waren und DL der Kl. 1–45* gestützten Widerspruch will das EuG dagegen zulassen[1536].

1424 Auch hier gilt, dass bei vollständiger Waren- oder DL-Unähnlichkeit eine Prüfung der Markenähnlichkeit nicht mehr erforderlich ist[1537].

1425 Relevant sind jeweils die *im Register beanspruchten bzw eingetragenen Waren und DL* und nicht die möglicherweise davon abweichenden tatsächlich vermarkteten, da sich der Schutz ausschließlich auf den Registerstand bezieht und sich Vermarktungsbedingungen jederzeit verändern können. Dass Waren oder DL besonders teuer oder für ganz spezielle Einsätze bestimmt sind, spielt dann keine Rolle, wenn sich dies nicht zwingend aus dem beanspruchten oder eingetragenen Warenspektrum ergibt, da sich unternehmerische Strategien immer wieder ändern können[1538].

1426 So kann sich ein Beteiligter zB nicht darauf berufen, dass seine Waren *für eine jüngere Altersgruppe bestimmt* sind, weil es nicht auf seine derzeitigen Kunden, sondern auf das *Verz.* ankommt und zB Bekleidung sich an ein Publikum jeden Alters richtet. Zudem kann er seine Vermarktungsstrategie immer ändern. Auch darauf, dass seine

---

1533 EuG, 17.10.2019, T-279/18 – AXICORP ALLIANCE/ALLIANCE, Rn 50–52, 62.

1534 EuG, 24.2.2021, T-56/20 – VROOM/POP & VROOM, Rn 28–31. EuG, 27.2.2014, T-229/12 – VOGUE/VOGUE, Rn 33–38; GRUR-Prax 2014, 477 LS; wonach der Begriff *Zubehör für Regen- und Sonnenschirme* nicht so hinreichend klar ist, um mit anderen Waren verglichen werden zu können, dürfte somit nicht mehr anwendbar sein.

1535 EuG, 20.3.2013, T-571/11 – CLUB GOURMET/CLUB DEL GOURMET, EN....El Corte Inglés, Rn 24, 32f, 42f, 48, 51, 54 f.

1536 EuG, 3.10.2017, T-453/16 – 520Barcode Hellas/520, Rn 74–99. Dies erscheint aber nicht nachvollziehbar, da auch die weiteren Angaben in der Widerspruchsschrift unpräzis sind. Dass das EUIPO diese Angaben für zulässig angesehen hatte, ist kein Argument, das rechtlich bindend wäre.

1537 EuGH, 7.5.2009, C 398/07 P – WATERFORD STELLENBOSCH/WATERFORD, Rn 34.

1538 ZB EuG, 24.1.2013, T-189/11 – DISCO DESIGNER/DISCO, Rn 26–37 mwN.

Waren sich in einem mittleren bis oberen Preissegment bewegen, kann er sich nicht stützen, da Preise zur jederzeit variablen Marketingstrategie gehören[1539].

Gegenstand des Vergleichs sind immer nur die *beanspruchten bzw eingetragenen Waren* **1427** *und DL*, keineswegs Unterkategorien von ihnen, solange keine wirksame Beschränkung vorgenommen wurde. Ein entspr Hilfsantrag ist unzulässig[1540].

Im *Widerspruchsverfahren* dürfen in die Beurteilung *nicht auch Waren und DL* der **1428** Anmeldung einbezogen werden, die *mit dem Widerspruch gar nicht angegriffen* wurden. Denn der Widerspruch richtet sich nur gegen die in der Anmeldung aufgeführten Waren und DL und nicht auch gegen solche, die in der alphabetischen Liste der NK der jeweiligen Kl. enthalten, aber im Register nicht verzeichnet sind[1541]. Auch kann ein *Widerspruch* nur *auf die Waren und DL gestützt* werden, auf die sich *der Widersprechende im Widerspruch ausdrücklich* berufen hat[1542].

Eine Verwechslungsgefahr ist dann anzunehmen, wenn das Publikum glauben könnte, **1429** dass die betr Waren oder DL aus *demselben Unternehmen* oder ggf aus wirtschaftlich miteinander verbundenen Unternehmen stammen. Das kann insb dann der Fall sein, wenn sie aus der Sicht des angesprochenen Verkehrs aus *denselben Herstellungsstätten* kommen, *denselben Vertriebskanälen* und *Präsentationswegen* folgen und insb denselben oder *ähnlichen Verwendungszwecken* dienen sowie sich letztlich an *dasselbe Publikum* richten können. Eine *Verwechslungsgefahr* kann aber auch dann bestehen, wenn für das Publikum die betr *Waren oder DL* an *unterschiedlichen Orten hergestellt oder erbracht* werden.

Der Vergleich der konkurrierenden Waren und DL hat *unabhängig von der Markenidentität bzw -ähnlichkeit* und dem Grad der Kennzeichnungskraft der älteren Marke **1430** zu erfolgen[1543].

Dabei ist auf den *normal informierten und angemessen aufmerksamen und verständi-* **1431** *gen Durchschnittsverbraucher* des für die wechselseitigen Waren und DL relevanten

---

1539 Siehe ua EuG, 10.11.2011, T-22/10 – Buchstabe e auf einer Hosentasche/Buchstabe e, Rn 35–40.

1540 EuG, 23.11.2011, T-483/10 – PUKKA/pukas, Rn 56–61.

1541 EuG, 18.3.2016, T-785/14 – MOTORTOWN/M MOTOR, Rn 28–34.

1542 EuG, 24.5.2016, T-126/15 – Supeco/SUPER COR. Der Widersprechende kann sich nicht auf die Mitteilung Nr 2/12 des Präsidenten vom 20.6.2012, Ziff V, stützen, der zufolge Anmeldungen vor dem 21.6.2012, wenn sie alle Oberbegriffe einer Kl. enthalten, auch die nicht unter die wörtliche Bedeutung eines Oberbegriffs fallenden DL erfassen, soweit diese im alphabetischen Verz. der NK aufgeführt sind. Aus dieser Mitteilung ergibt sich nämlich nicht, dass diese weite Auslegung auch für das Widerspruchsverfahren gilt. Dort müssen im Gegenteil aufgrund Regel 15 Abs. 2f GMDV und der Rspr alle Waren und DL, auf die der Widerspruch stützt, klar und eindeutig benannt werden. AA EuG, 15.6.2017, T-457/15 – climaVera/CLIMAVER DECO, Rn 20–24; jedoch ohne sich mit dem vorausgegangenen Urteil auseinanderzusetzen.

1543 EuGH, 29.9.1998, C-39/97 – Canon, Rn 29, 30; EuGH, 18.12.2008, C-16/06 P – MOBILIX/OBELIX, Rn 67.

Markts abzustellen[1544], bei älteren Unionsmarken also auf den gesamten Markt der *Union*, bei älteren nationalen Marken jeweils auf das Gebiet der *Mitgliedstaaten*, für die sie geschützt sind.

1432   Aus dem einheitlichen Charakter der Unionsmarke gemäß Art. 1 Abs. 2 UMV ergibt sich, dass ein Widerspruch aus einer älteren Unionsmarke auch auf die Verwechslungsgefahr gestützt werden kann, die sich *nur* aus dem Verständnis der Verbraucher *in einem Teil der Union* ergibt. Es ist also nicht erforderlich, dass die Verwechslungsgefahr der Anmeldung mit einer älteren Unionsmarke in allen Mitgliedstaaten und in allen Sprachgebieten der Union bestehen muss[1545]. Dementspr reicht es auch bei Widersprüchen aus mehreren nationalen Marken aus, wenn die Verwechslungsgefahr in einem Mitgliedstaat besteht. Ohne Bedeutung sind jedoch lediglich marginale sprachliche Minderheiten in einem Land, wenn diese zB nur etwa 1 % der Bewohner eines Mitgliedstaats ausmachen[1546].

1433   Bei *verschreibungspflichtigen Arzneimitteln* sind dem maßgebenden Publikum die betroffenen medizinischen Fachleute zuzurechnen, da die Herkunftsfunktion der Marke auch für zwischengeschaltete Personen, die an der Vermarktung eines Produkts beteiligt sind, von Bedeutung ist, indem sie dazu beiträgt, ihr Marktverhalten zu bestimmen. Der Umstand, dass diese medizinischen Fachleute die Wahl des Endverbrauchers beeinflussen und sogar bestimmen können, ist als solcher nicht geeignet, jede Verwechslungsgefahr beim *Endverbraucher* auszuschließen. Daher ist die von den *medizinischen Fachleuten* wahrgenommene Rolle, deren vorheriges Tätigwerden für den Verkauf der Produkte an die Endverbraucher erforderlich ist, partiell gegen die *erhöhte Aufmerksamkeit* abzuwägen, die die Endverbraucher bei der Verschreibung der Arzneimittel aufbringen werden, sowie gegen die ihnen zu Gebote stehenden Möglichkeiten, die Fachleute zur Berücksichtigung ihrer Wahrnehmung der fraglichen Marken und insb ihrer Kundenwünsche und -präferenzen zu veranlassen. Da Medikamente über Apotheken an die Endverbraucher abgegeben werden, besteht eine Verwechslungsgefahr für diese, selbst wenn die Auswahl durch zwischengeschaltete Personen beeinflusst oder bestimmt wird, da die *Endverbraucher mit den Arzneimitteln konfrontiert* werden, wenn auch möglicherweise mit jedem einzelnen Produkt bei Käufen zu unterschiedlichen Zeitpunkten. Mit dem gesamten Vermarktungsprozess von Pharmazeutika wird nämlich ihr Erwerb durch die Endverbraucher bezweckt[1547].

1434   Bei Arzneimitteln zur Behandlung *schwerer Krankheiten* werden die Patienten, die regelmäßig unter Aufsicht von Fachpersonal stehen, einen *erhöhten Aufmerksamkeits-*

1544 Siehe ua EuGH, 16.7.1998, C-210/96 – 6-Korn-Eier/Gut Springenheide, Rn 31.

1545 EuGH, 18.9.2008, C-514/06 P – ARMAFOAM/NOMAFOAM, Rn 56–58; EuGH, 16.9.2010, C-459/09 P – DOMINIO DE LA VEGA/PALACIO DE LA VEGA, Rn 30–32.

1546 EuG, 16.5.2012, T-580/10 – Kindertraum/Kinder, Rn 49. So ist nach Ansicht des EuG ohne Bedeutung, dass Deutsch in der italienischen Provinz Bozen ebenfalls Amtssprache ist, da die Gesamtzahl der Bewohner dieser Provinz nur etwa 1 % aller Bewohner Italiens ausmacht und zudem etwa 30 % davon nicht deutschsprachig sind.

1547 EuGH, 26.4.2007, C-412/05 P – TRAVATAN/TRIVASTAN, Rn 56–60.

grad walten lassen[1548]. Bei der Beurteilung der Warenähnlichkeit kommt der *therapeutischen Indikation* eines Arzneimittels entscheidende Bedeutung zu[1549].

Warenähnlichkeit wurde zB angenommen zwischen einerseits *Bekleidung*, Schuhwaren, Kopfbedeckung sowie *Leder* und Lederwaren andererseits[1550]. **1435**

Dagegen sind sowohl *Parfümerie-* als auch *Juwelierwaren* und Uhren zu *Lederwaren,* *Bekleidung,* Schuhwaren und Sonnenbrillen *unähnlich.* Zwar kann insb in den Bereichen von Mode, Schmuck und Schönheitspflegeprodukten über ein *funktionales Ergänzungsverhältnis* hinaus in der Wahrnehmung des relevanten Publikums ein *ästhetisches Ergänzungsverhältnis* zwischen Waren auftreten, die nach Art, Verwendungszweck und Nutzung verschieden sind. Für das Entstehen eines Ähnlichkeitsgrads muss ein solch ästhetisches Ergänzungsverhältnis aber ein *echtes* in dem Sinne darstellen, dass die eine Ware für die Verwendung der anderen *unentbehrlich* oder *wichtig* ist und es die Verbraucher als *üblich* und *normal* empfinden, die fraglichen Produkte zusammen zu benutzen, und die Vermarktung dieser Waren unter ders Marke als gängig ansehen. Dass das Publikum evt daran gewöhnt sei, dass Modeartikel infolge der *Lizenzierungspraxis* unter Schmuck- oder Parfümmarken vertrieben würden, genügt zum Ausgleich der fehlenden Warenähnlichkeit nicht[1551]. **1436**

Weiterhin wurden als *unähnlich* angesehen *Rohmaterialien* mit *Fertigprodukten*[1552], *alkoholische Getränke* mit *Mineralwässern*[1553], *Weine* mit *nichtalkoholischen Geträn-* **1437**

1548 EuG, 23.9.2009, T-493/07, T-26/08, T-27/08 – FAMOXIN/LANOXIN; bestätigt durch EuGH, 9.7.2010, C-461/09 P.
1549 EuGH, 11.12.2014, C-31/14 P – Premeno/Pramino, Rn 39 und EuG, 15.12.2010, T-331/09 – TOLPOSAN/TONOPAN, Rn 36, 37.
1550 EuG, 11.7.2007, T-443/05 – PiraÑAM/PIRANHA, Rn 42–51.
1551 EuG, 11.7.2007, T-150/04 – TOSCA BLUE/TOSCA, Rn 31–40; EuG, 30.4.2014, T-170/12 – BEYOND VINTAGE/BEYOND RETRO, Rn 38–44 mwN; zu Bekleidung, Schuhwaren, Kopfbedeckung versus Schmuck, Uhren; EuG, 12.2.2015, T-505/12 – B/ Geflügelte Sanduhr, Rn 49–80 mwN; zu ua Schuhwaren versus Sonnenbrillen; EuG, 9.7.2015, T-98/13 und T-99/13 – Camomilla/CAMOMILLA mwN; zu Bekleidung versus ua Kosmetika, Brillen, Schmuck, Decken, Spielwaren, Sportausrüstung; EuG, 27.6.2019, T-385/18 – CRONE/CRANE mwN; zu Schmuck, Uhren, Lederwaren versus Bekleidung, Schuhwaren, Kopfbedeckung.
1552 EuG, 9.4.2014, T-288/12 – ZYTeL/ZYTEL, Rn 43 mwN.
1553 EuG, 22.9.2021, T-195/20 – chic ÁGUA ALCALINA 9,5 PH/CHIC BARCELONA, Rn 39–76 mwN.

ken[1554], mit Rum[1555] und mit Glas-, Töpferei- und Porzellanwaren[1556] sowie Biere und alkoholfreie Getränke mit Tequila(likör)[1557], *Biere* mit *Kaffee, Tee, Kakao, Keksen* sowie Fertiggerichten[1558] und *Süßigkeiten* mit *Milchkaffee*[1559]. An einer Ähnlichkeit fehlt es zudem zwischen einerseits optischen *Vergrößerungsgeräten, Klebstoffen* für Papier, *Textilwaren* und andererseits *Kosmetika, Lederwaren, Bekleidung*, Werbung und Einzelhandel mit Möbeln[1560] und zwischen *Textilwaren* und *Bekleidung*[1561].

1438   *Zwiespältig* ist jedoch die Haltung des EuG zum Verhältnis zwischen *Kosmetika* und *Arzneimitteln*. Kam es in einem Fall zu dem Ergebnis, dass zwischen einerseits *Arzneimitteln, diätetischen Lebensmittelzusätzen*, Nahrungsergänzungsmitteln und andererseits *Kosmetika, Seifen, Hygiene-, Schönheitspflege* und kosmetischer Behandlung geringe Ähnlichkeit besteht[1562], so hat es in einem anderen Unähnlichkeit zwischen einerseits *Parfümeriewaren, Schönheits-, Körperpflege- und Reinigungsmittel, Einzelhandel damit* sowie andererseits *pharmazeutischen, veterinärmedizinischen Erzeugnissen, Mitteln zur Vertilgung von Ungeziefer, Fungiziden, Herbiziden* angenommen[1563].

1554 EuG, 18.6.2008, T-175/06 – MEZZOPANE/MEZZOMIX bzw MEZZO, Rn 71–90; EuG, 15.9.2021, T-673/20 – Cíclic/CYCLIC, Rn 34–36; jedoch geringe Ähnlichkeit zwischen Wein und Bier; aA EuG, 5.10.2011, T-421/10 – ROSALIA DE CASTRO/ ROSALIA, Rn 31, 32 (Rechtsmittel vor dem EuGH offensichtlich unzulässig bzw unbegründet); wo geringe Ähnlichkeit zwischen Mineralwässern/Bieren und Alkoholika/Weinen angenommen wurde; EuG, 15.2.2005, T-296/02 – LINDENHOF/LINDERHOF TROCKEN, Rn 39–59; ebenfalls geringe Ähnlichkeit zwischen Mineralwasser und Sekt; s.a. EuG, 11.9.2014, T-536/12 – aroa/Aro, Rn 23: Ähnlichkeit von Alkoholika mit Bier.

1555 EuG, 29.4.2009, T-430/07 – MONTEBELLO RHUM AGRICOLE/MONTEBELLO, Rn 29–37; aA BK, 18.7.2013, R 233/12-G – PAPAGAYO ORGANIC/PAPAGAYO schwache Ähnlichkeit.

1556 EuG, 12.6.2007, T-105/05 – WATERFORD STELLENBOSCH/WATERFORD; bestätigt durch EuGH, 7.5.2009, C 398/07 P.

1557 EuG, 3.10.2012, T-584/10 – TEQUILA MATADOR HECHO EN MEXICO/ MATADOR.

1558 EuG, 12.12.2019, T-648/18 – Crystal/CRISTAL.

1559 EuG, 28.10.2015, T-736/14 – MoMo Monsters/MONSTER, Rn 23–31.

1560 EuG, 9.9.2020, T-50/19 – Dayaday/DAYADAY, Rn 80–143.

1561 EuG, 15.10.2020, T-788/19 – Sakkattack/ATTACK, Rn 47–51.

1562 EuG, 30.6.2021, T-501/20 – PANTA RHEI/PANTA RHEI, Rn 33–53. Denn bei der Beurteilung der Ähnlichkeit von Kosmetika und Arzneimitteln sind deren Verwendungszweck und ihre Vertriebswege zu berücksichtigen. So können Arzneimittel sowohl medizinische als auch kosmetische Eigenschaften haben. Dies erscheint mE plausibel, zumal Kosmetika auch in Apotheken vertrieben werden.

1563 EuG, 15.9.2021, T-331/20 – Le-Vel/LEVEL, Rn 24–58. Denn die wechselseitigen Waren haben eine andere Bestimmung. Auch die Vertriebswege sind verschieden, da die einen in Apotheken verkauft werden und die anderen in Drogerien oder Supermärkten. Außerdem stammen sie nicht von denselben Herstellern. Schließlich konkurrieren sie nicht miteinander und ergänzen sich auch nicht.

Waren jedoch, die *miteinander konkurrieren*, insb sich *wechselseitig ersetzen*, zB Butter **1439** und Margarine[1564], sind dagegen regelmäßig als *ähnlich* anzusehen. Per definitionem können aber Waren und DL, die für *verschiedene Verkehrskreise* bestimmt sind, nicht komplementär sein. Sie können nicht als untereinander austauschbar oder als miteinander konkurrierend angesehen werden[1565].

Weiter besteht durchaus auch *Ähnlichkeit zwischen* einerseits *Waren* und andererseits *DL*, insb wenn sie deren Vermarktung betreffen[1566], so zB wegen der *Begegnung in denselben Vertriebsstätten* und des engen ergänzenden Zusammenhangs zwischen *Bekleidung* und *Groß- und Einzelhandel* damit[1567], zwischen Bettwaren, Matratzen und Einzelhandel damit[1568] oder zwischen Schmuck und Uhren sowie Einzelhandel damit[1569]. Die Eigenart von Waren und DL als einander ergänzend im Rahmen der Verwechslungsgefahr wird nicht danach beurteilt, ob es eine Beziehung zwischen diesen Waren und DL im Hinblick auf ihre jeweilige Art oder Nutzung oder ihre Vertriebswege gibt, sondern danach, ob ein *enger Zusammenhang* zwischen ihnen besteht, dh ob die eine Ware oder DL für die Verwendung der anderen *unerlässlich oder wichtig* ist, so dass die Verkehrskreise denken könnten, die Verantwortung für die Herstellung dieser Waren oder die Erbringung dieser DL liege bei demselben Unternehmen[1570].

Ähnlichkeit zwischen *Lebensmittel* und dem *Einzelhandel* damit wurde bejaht, da **1441** diese Waren für die Erbringung der Einzelhandels-DL unerlässlich oder zumindest wichtig sind, zumal diese DL gerade beim Warenverkauf erbracht werden, so dass die Verbraucher denken könnten, die Verantwortung für die Herstellung dieser Waren oder die Erbringung dieser DL liege bei demselben Unternehmen[1571]. Auch die *Verpflegung von Gästen* ist mit *Lebensmitteln* und *Getränken* komplementär, weil diese Waren im Rahmen der in Restaurants angebotenen DL verwendet und auch teilweise

---

1564 EuG, 8.12.2021, T-593/19 – GRILLOUMI BURGER/ΧΑΛΛΟΥΜΙ HALLOUMI, Rn 45–52, auch zur Ähnlichkeit bzw Unähnlichkeit anderer Lebensmittel.

1565 EuG, 11.11.2020, T-820/19 – Lottoland/LOTTO, Rn 61, 68–70. So richten sich die DL von Glücksspielen an die breite Öffentlichkeit, während sich diejenigen im Bereich der Wissenschaft und Technik und der damit verbundenen Forschung und Entwicklung an ein Fachpublikum wenden.

1566 EuG, 13.11.2014, T-549/10 – natur/natura, Rn 33; für Tischdecken und den gewerblichen Einzelhandel damit.

1567 EuG, 24.9.2008, T-116/06 – O STORE/THE O STORE, Rn 45–62. S.a. EuG, 5.7.2012, T-466/09 – Mc. Baby/Mc Kids. always quality, Rn 24; EuG, 16.10.2013, T-282/12 – fRee YOUR STILe/FREE STYLE, Rn 37, 38, das auch Versand- und elektronischen Handel mit einbezieht.

1568 EuG, 19.11.2015, T-526/14 – Matratzen Concord/MATRATZEN, Rn 29–35.

1569 EuG, 15.7.2015, T-352/14 – HAPPY TIME/HAPPY HOUR, Rn 27–32.

1570 EuG, 14.5.2013, T-249/11 – Huhn/Huhn, Rn 36; bestätigt durch EuGH, 8.5.2014, C-411/13 P, Rn 54.

1571 EuG, 15.2.2011, T-213/09 – YORMA'S/NORMA, Rn 34–46; bestätigt durch EuGH, 8.2.2012, C-191/11 P; s.a. EuG, 14.9.2011, T-485/07 – O-live I/Olive line, Rn 73–76.

zum Verkauf angeboten werden, zB Konditoreiprodukte oder Käse[1572]. Dasselbe gilt weiter hinsichtlich von *Süßwaren* und diesbzgl *Franchisediensten*[1573]. Ebenfalls wurde jeweils aufgrund ihres wechselseitigen Ergänzungscharakters zwischen *Arzneimitteln* und deren Herstellung und Vertrieb[1574], zwischen *Gästeverpflegung mit Getränken* bzw *Organisation kultureller Veranstaltungen* und Bier[1575] oder sogar zwischen Wein und dem Groß- und Einzelhandel mit Essig[1576] Ähnlichkeit angenommen.

1442 Zwischen *Parfümeriewaren* und den darauf bezogenen DL besteht ebenfalls Ähnlichkeit, da sie denselben Vertriebskanälen folgen und komplementär sind. Es ist nämlich bekannt, dass einige Hersteller von Parfümwaren diese in Geschäften oder auf Internetseiten unter ders Marke vertreiben[1577]. Weiter gibt es Ähnlichkeit zwischen Einzelhandels-DL und Beratung im Zusammenhang mit dem Verkauf von *Kosmetika, Bekleidung, Spielen* sowie den entspr Waren[1578], aber auch zwischen einerseits *Spa, Wellness und Gesundheits-DL* und andererseits Seifen, Parfümeriewaren und Kosmetika[1579]. Groß- und Einzelhandels-DL für Produkte zur *Gesundheitspflege* können aufgrund der sehr allgemeinen Formulierung alle *Waren des Gesundheitsbereichs* umfassen, wie zB Nahrungsergänzungsmittel und pharmazeutische Präparate, da die einen wie die anderen den Medizinbereich betreffen und zu dem Zweck verwendet werden, die Gesundheit zu pflegen und zu verbessern, so dass zwischen ihnen ein Ergänzungsverhältnis besteht[1580]. Selbst *Vertriebs- und Einzelhandels-DL* wurden als ähnlich befunden, wenn die betroffenen Waren (Lebensmittel) identisch oder sehr ähnlich sind[1581].

1443 Diese *Ähnlichkeit* besteht aber *nicht* bei Computerhardware und -software oder bei pharmazeutischen Erzeugnissen oder bei Kosmetika im Verhältnis zu (deren) *Transport,*

1572 EuG, 4.6.2015, T-562/14 – YOO/YO, Rn 25–28; EuG, 1.3.2018, T-438/16 – CIPRIANI/HOTEL CIPRIANI, Rn 50, 52; EuG, 21.4.2021, T-555/19 – GRILLOUMI/HALLOUMI, Rn 45, 50.
1573 EuG, 29.10.2015, T-256/14 – CREMERIA TOSCANA/La Cremeria, Rn 25, 26.
1574 EuG, 2.6.2010, T-35/09 – PROCAPS/PROCAPTAN, Rn 35–48.
1575 EuG, 4.11.2008, T-161/07 – COYOTE UGLY/COYOTE UGLY, Rn 31–37; EuG, 6.7.2012, T-60/10 – ROYAL SHAKESPEARE/RSC-ROYAL SHAKESPEARE COMPANY, Rn 59; aufgrund ihres wechselseitigen Ergänzungscharakters.
1576 EuG, 9.6.2010, T-138/09 – RIOJAVINA/RIOJA, Rn 40–44; bestätigt durch EuGH, 24.3.2011, C-388/10 P; aA noch Mitteilung Nr 7/05 des Präsidenten vom 31.10.2005, Nr 6; ABl.HABM 2006, 14; die durch die neue Mitteilung Nr 1/14 vom 19.9.2014 geändert wurde.
1577 EuG, 9.7.2015, T-89/11 – NANU/NAMMU, Rn 40–49; bestätigt durch EuGH, 14.4.2016, C-479/15 P.
1578 EuG, 24.6.2014, T-330/12 – THE HUT/LA HUTTE, Rn 25–28. S.a. EuG, 5.3.2014, T-416/12 – ZENSATIONS/ZEN, Rn 45–47.
1579 EuG, 26.2.2015, T-388/13 – SAMSARA/SAMSARA, Rn 22–33. Dasselbe gilt zwischen einerseits Waschmitteln und andererseits darauf bezogenen Einzelhandels-DL; EuG, 3.9.2015, T-254/14 – NEW MAX/MAX, Rn 31–33.
1580 EuG, 24.1.2019, T-800/17 – FIGHT LIFE/FIGHT FOR LIFE.
1581 EuG, 26.6.2014, T-372/11 – basic/BASIC, Rn 39–57; bestätigt durch EuGH, 16.7.2015, C-400/14 P.

Verteilung, Verpackung und Lagerung, da letztlich alle Waren transportiert, verpackt und gelagert werden können und Art und Bestimmung sowie insb die angesprochenen Verkehrskreise verschieden sind[1582].

Ebenso sind ua *Beleuchtungs-, Heizungs-, Koch-, Trocken- und Lüftungsgeräte* unähnlich **1444** zu darauf bezogenen *Forschungs- und Entwicklungs-DL,* da die Unternehmen, die die DL beziehen können, die Hersteller und nicht die Adressaten der Waren sind, die sich an die breite Öffentlichkeit richten[1583].

Auch zwischen *Tee* und *Unternehmensberatung, Werbung, Ausstellungen* und *Telekom-* **1445** *munikation* besteht keine Ähnlichkeit. Dass sie jeweils aus demselben geografischen Gebiet stammen können, reicht hierfür keinesfalls aus[1584]. Dasselbe gilt für *Werbung für Hotels, Restaurants, Hotelmanagement* in Kl. 35 und *Verpflegung und Beherbergung von Gästen* in Kl. 43[1585].

DL-Unähnlichkeit hat das EuG angenommen zwischen *Finanz-* und *Immobilien-* **1446** *wesen.* Denn selbst wenn man unterstelle, dass Finanz-DL für die Verwendung der Immobilien-DL unerlässlich oder wichtig seien, seien sie dies doch nicht in solchem Maß, dass die Verbraucher die Verantwortung für beide DL demselben Unternehmen zuschreiben würden[1586].

1582 EuG, 7.2.2006, T-202/03 – COMP USA/COMP USA, Rn 40–51; bestätigt durch EuGH, 9.3.2007, C-196/06 P. Sowie EuG, 22.6.2011, T-76/09 – FARMA MUNDI FARMACEUTICOS MUNDI/mundipharma, Rn 26, 29–33; EuG, 23.9.2015, T-400/13 – AINHOA/NOA, Rn 26–29. Jedoch hat das EuG zwischen Geflügel, lebenden Tieren einerseits und Export, Import sowie Transport, Lagerung und Vertrieb von Hühnern andererseits eine Ähnlichkeit gesehen: EuG, Huhn/Huhn; bestätigt durch EuGH, 8.5.2014, C-411/13 P. Dies erscheint aber sehr zweifelhaft, weil letztlich alle Waren transportiert werden können, so dass in der Konsequenz Ähnlichkeit zu allen Warenkl. bestünde. Problematisch erscheint mE auch die Ansicht der BK, dass zwischen diätetischen Erzeugnissen und dem Vertrieb von Naturarzneimitteln aufgrund Komplementarität eine Ähnlichkeit besteht, BK, 30.6.2021, R 54/21–5 – NECTAR-VITAE/VITAE, Rn 17–44.
1583 EuG, 24.9.2015, T-195/14 – PRIMA KLIMA/PRIMAGAZ, Rn 27–37.
1584 EuG, 2.10.2015, T-624/13 – Darjeeling/DARJEELING, Rn 50–54; bestätigt durch EuGH, 20.9.2017, C-673/15 P ua.
1585 EuG, 2.6.2016, T-510/14 und T-536/14 – PARK REGIS/ST. REGIS, Rn 53–65.
1586 EuG, 11.7.2013, T-197/12 – METRO/GRUPOMETROPOLIS, Rn 42–50; bestätigt durch EuGH. Diese Entscheidung zeigt eine erschreckende Unkenntnis des Finanz- und Immobilienwesens in Europa, zumindest in den wirtschaftlich bedeutenden Mitgliedstaaten, wie zB Deutschland, wo bereits seit langer Zeit im Rahmen des Allfinanz-Konzepts eine enge Verzahnung beider Bereiche besteht, die in der nationalen Rspr zu einer hochgradigen Ähnlichkeit bis hin zur Identität führt. Auch EuG, 25.11.2014, T-303/06 RENV und T-337/06 RENV – UNIWEB/UNIFONDS, Rn 110–119, vermag nicht zu überzeugen, selbst wenn es eine gewisse Tendenz der Banken anerkennt, ihre Tätigkeit in Richtung auf den Immobilienbereich auszuweiten, dies jedoch nur als Ausnahme in finanziellen Krisensituationen ansieht; s. Richter/Stoppel, Die Ähnlichkeit von Waren und DL. So auch EuG, 10.6.2015, T-514/13 – AGRI.CAPITAL/AgriCapital,

1447 Das EUIPO stellt mit *Similarity* eine *Online-Datenbank* für den *Vergleich* von Waren und/oder DL zur Verfügung, die den Prüfern zu mehr Konsistenz und Effizienz bei ihrer Entscheidungsfindung verhelfen soll, für sie auch verbindlich ist und der Öffentlichkeit über das Internet zur Verfügung steht. Diese Datenbank spiegelt aber nur die Amtspraxis des EUIPO wider. Davon abweichende Auffassungen, auch von EuG und EuGH, werden, soweit ihnen das Amt in der Praxis nicht folgt, dort nicht referiert. Aufgrund dieser *Unvollständigkeit* ist ihre Verwendung nicht unproblematisch[1587].

e) Verwechslungsgefahr

1448 Schließlich ist auf der Grundlage der Abwägung aller jeweiligen *konkreten Umstände* des Einzelfalls im Rahmen der *umfassenden Beurteilung der Verwechslungsgefahr* zu entscheiden, ob die maßgeblichen Verkehrskreise die konkurrierenden Zeichen sehr wahrscheinlich miteinander in Verbindung bringen werden und annehmen könnten, die mit dem Anmeldezeichen versehenen Waren bzw DL stammten von dem Unternehmen, das Inhaber der älteren Marke ist, oder von einem mit diesem wirtschaftlich verbundenen Unternehmen.

1449 Jedoch kann der Umstand, dass der Verbraucher glauben könnte, es bestehe zwischen den Beteiligten eine *tatsächliche wirtschaftliche Verbindung*, dergestalt, dass die fraglichen Waren und DL von wirtschaftlich miteinander verbundenen Unternehmen stammten, zB wenn der Inhaber der angegriffenen Marke die vom Inhaber des älteren Zeichens vertriebenen Waren herstellt, nicht zu einem Irrtum hinsichtlich ihrer Herkunft führen. Es kann nämlich ausreichen, dass es innerhalb einer Gruppe von Wirtschaftsteilnehmern eine einzige Kontrollinstanz für die von einem von ihnen hergestellten und von einem anderen vertriebenen Waren gibt, um jede Verwechslungsgefahr hinsichtlich der betrieblichen Herkunft dieser Waren auszuschließen[1588].

1450 Bei der Beurteilung der Verwechslungsgefahr sind insb die *Kennzeichnungskraft* der älteren Marke, der *Grad der Ähnlichkeit* zwischen den konkurrierenden *Zeichen* und zwischen den damit gekennzeichneten *Waren oder DL* sowie die *Wechselbeziehung*

Rn 38–44, 54–67; bestätigt durch EuGH, 3.3.2016, C-440/15 P; EuG, 17.9.2015, T-323/14 – Bankia/BANKY.

1587 Die deutschen Nutzer werden deshalb weiter *Richter/Stoppel*, Die Ähnlichkeit von Waren und DL, als Kontrollinstrument beiziehen.

1588 EuGH, 23.4.2020, C-736/18 P – GUGLER/Gugler France, Rn 29–38. Der Begriff der wirtschaftlichen Verbindung bezieht sich auf ein materielles und nicht auf ein formales Kriterium, das keineswegs auf Situationen beschränkt ist, in denen die fraglichen Waren von einem Lizenznehmer, einer Muttergesellschaft, einer Tochtergesellschaft desselben Konzerns oder einem Alleinvertriebshändler in den Verkehr gebracht wurden und das insb auch dann erfüllt ist, wenn im Anschluss an die Teilung nationaler Parallelmarken, die sich aus einer territorial begrenzten Übertragung ergibt, die Inhaber dieser Marken ihre Handelspolitik koordinieren oder eine Vereinbarung treffen, um eine gemeinsame Kontrolle über deren Benutzung auszuüben, so dass es ihnen möglich ist, direkt oder indirekt die Waren, auf denen diese Marken angebracht sind, zu bestimmen und deren Qualität zu kontrollieren.

zwischen den in Betracht kommenden Faktoren, insb der Markenähnlichkeit und der Ähnlichkeit der wechselseitigen Waren oder DL zu berücksichtigen, wobei ein geringer Grad der Waren- bzw DL-Ähnlichkeit durch einen höheren Grad der Markenähnlichkeit ausgeglichen werden kann und umgekehrt[1589]. Selbst bei schwacher Kennzeichnungskraft einer älteren Marke ist diese Wechselbeziehung zwingend zu berücksichtigen[1590].

Die *Vermarktungsbedingungen der Waren* stellen einen relevanten Faktor bei der Anwendung von Art. 8 Abs. 1b UMV dar, ihre Berücksichtigung hat aber bei der umfassenden *Beurteilung der Verwechslungsgefahr* und nicht bei der Beurteilung der Zeichenähnlichkeit zu erfolgen[1591].   **1451**

Eine *schwache Kennzeichnungskraft des älteren Rechts* führt dagegen nicht automatisch zur Verneinung der Verwechslungsgefahr, weil sie nur einen der zu berücksichtigenden Faktoren darstellt. Ansonsten würde eine schwache Kennzeichnungskraft nur im Fall der vollständigen Reproduktion der älteren Marke durch die Anmeldung unabhängig vom Grad der Zeichenähnlichkeit zur Verwechslungsgefahr führen[1592]. Daher räumen EuGH und EuG oft auch äußerst schwachen, fast beschreibenden Zeichen einen Schutzumfang ein, der ihnen tatsächlich aber kaum zusteht[1593]. Auf den durch Art. 16 GRC gewährten Schutz der Freiheit, eine Wirtschafts- oder Geschäftstätigkeit auszuüben, der Vertragsfreiheit und des freien Wettbewerbs kann sich ein Anmelder demgegenüber nicht berufen, weil dieser wegen Art. 17 GRC nicht schrankenlos gilt, zumal wenn der Widersprechende über ein unangefochtenes älteres Recht des geistigen Eigentums verfügt[1594].   **1452**

Bei der *umfassenden Beurteilung der Verwechslungsgefahr* ist auf einen *normal informierten und angemessen aufmerksamen und verständigen Durchschnittsverbraucher* der   **1453**

1589 EuGH, 11.11.1997, C-251/95 – Sabèl/Springende Raubkatze, Rn 22; EuGH, 28.1.1999, C-342/97 – Lloyd Schuhfabrik, Rn 19; EuGH, 29.9.1998, C-39/97 – Canon, Rn 17; EuGH; 17.4.2008, C-108/07 P – FERRO/FERRERO, Rn 44, 45.

1590 EuGH, 5.3.2020, C-766/18 P – BBQLOUMI/HALLOUMI I, Rn 84–89.

1591 EuGH, 4.3.2020, C-328/18 P – BLACK LABEL BY EQUIVALENZA/LABELL, Rn 67–73. Ansonsten könnte der Zeichenvergleich zu dem absurden Ergebnis führen, dass dieselben Zeichen je nachdem, um welche der von ihnen erfassten Waren und DL es sich handelt und unter welchen Bedingungen Letztere vermarktet werden, als ähnlich oder als unterschiedlich eingestuft werden könnten.

1592 EuGH, 15.7.2007, C-171/06 P – QUANTUM/Quantieme, Rn 41; EuGH, 29.11.2012, C-42/12 P – ALPINE PRO SPORTSWEAR & EQUIPMENT/alpine, Rn 61–63 mwN; s.a. EuG, 13.12.2007, T-134/06 – PAGESJAUNES.COM/LES PAGES JAUNES, Rn 70, 71; EuG, 10.11.2011, T-313/10 – AYUURI NATURAL/AYUR, Rn 604; bestätigt durch EuGH, 30.5.2013, C-14/12 P, Rn 37–44 mwN.

1593 ZB EuG, 11.12.2013, T-591/11 – SUPER GLUE/SUPERGLUE bei identischen Klebstoffen; bestätigt durch EuGH, 2.10.2014, C-91/14 P; EuGH, 2.10.2014, T-91/14 – SERVICEPOINT/ServicePoint, Rn 55; bei identischen und hochgradig ähnlichen Waren und DL; EuG, 19.9.2012, T-220/11 – f@ir Credit/FERCREDIT, Rn 45–47; bei identischen Finanz-DL; bestätigt durch EuGH, 14.11.2013, C-524/12 P.

1594 EuG, 21.1.2015, T-587/13 – cat & clean/CLEAN CAT, Rn 53–58.

Art der konkurrierenden Waren und/oder DL abzustellen, wobei seine *Aufmerksamkeit* je nach deren Art *unterschiedlich hoch* sein kann[1595]. Die Definition der von den konkurrierenden Marken betroffenen Verkehrskreise ist von *entscheidender Bedeutung* für die Beurteilung der Verwechslungsgefahr, die nämlich auf der Wahrnehmung der wechselseitigen Zeichen, Waren und DL durch den maßgeblichen Verkehr beruhen muss. Im Regelfall, insb bei Alltagswaren, die sich an ein breites Publikum richten, ist von einem *durchschnittlichen Aufmerksamkeitsgrad* auszugehen, bei speziellen Waren und DL, die sich an den Fachverkehr oder besonders aufmerksame Kreise richten, ist jedoch eine *erhöhte Aufmerksamkeit* anzunehmen[1596].

1454 Dies gilt insb bei besonders *teuren* Waren, DL mit längeren Verpflichtungen, *technischen Spezialprodukten* oder -diensten, die sich an den Fachverkehr, die weiterverarbeitende Industrie oder besonders vorgebildete und einschlägig interessierte Allgemeinverbraucher wenden. Diese werden der Frage mehr Beachtung beimessen, um welchen Hersteller oder Anbieter es sich im Fall der zu erwerbenden Waren oder DL genau handelt[1597]. Richten sich die relevanten Waren und/oder DL sowohl an Fachleute als auch an Durchschnittsverbraucher, ist für die Beurteilung der Verwechslungsgefahr auf die *Verkehrskreise mit der geringsten Aufmerksamkeit* abzustellen[1598].

1455 Die für die Beurteilung der Verwechslungsgefahr maßgeblichen Verkehrskreise setzen sich aus den *Nutzern* zusammen, die sowohl die von der älteren Marke als auch die von der Anmeldung erfassten Waren oder DL nutzen können. Demgemäß werden, wenn die Waren oder DL einer der beiden Marken von der weiter gefassten Beschreibung der anderen umfasst sind, die maßgeblichen Verkehrskreise grds *nach Maßgabe des spezielleren Wortlauts* bestimmt.

1456 So ist bei der Beurteilung der Verwechslungsgefahr auf die Wahrnehmung der fraglichen Zeichen, Waren und DL durch das begrenzte und *spezialisierte Publikum* abzustellen, an das sich die Spezialwaren und -DL der einen Marke richten. Das *allgemeine Publikum*, das von den durch diese Marke umfassten Spezialwaren und -DL nicht

---

1595 Siehe ua EuGH, 16.9.2004, C-329/02 P – SAT.2, Rn 24 mwN.

1596 EuG, 16.6.2021, T-420/20 – GT8/GT, Rn 33–43 mwN. Hat sich die BK bewusst dafür entschieden, die maßgeblichen Verkehrskreise nicht zu definieren, hat sie damit einen Rechtsfehler begangen.

1597 EuG, 21.11.2013, T-443/1 – ancotel./ACOTEL II, Rn 54. Das EuG minimiert diese Unterschiede jedoch zu Unrecht wieder, wenn es weiter ausführt, dies bedeute hingegen nicht, dass Fachverkehrskreise die Marke, mit der sie konfrontiert würden, bis ins letzte Detail untersuchten oder minutiös mit einer anderen verglichen. Denn selbst für ein Publikum, das einen hohen Aufmerksamkeitsgrad an den Tag lege, treffe es zu, dass sich dem Durchschnittsverbraucher nur selten die Möglichkeit biete, verschiedene Marken unmittelbar miteinander zu vergleichen, sondern dass er sich auf das unvollkommene Bild verlassen müsse, das er von ihnen im Gedächtnis behalten habe.

1598 EuG, 20.5.2014, T-247/12 – ARIS/ARISA ASSURANCES, Rn 29 mwN; bestätigt durch EuGH, 12.2.2015, C-370/14 P; EuG, 8.7.2020, T-20/19 – mediFLEX easystep/ Stepeasy, Rn 42 mwN; EuG, 12.12.2019, T-266/19 – Gabel auf grünem Hintergrund/ gastivo, Rn 21 mwN.

betroffen ist, wird dagegen dieser Marke nie begegnen, so dass für diese Verkehrskreise jede Verwechslungsgefahr von vornherein ausgeschlossen ist[1599]. Auch dass Marken Bestandteile von außereuropäischen Sprachen enthalten, zB von afrikanischen, kann bei allgemeinen Oberbegriffen von Waren und DL nicht zu einer dementspr Beschränkung der Verkehrskreise führen[1600].

Der für die Beurteilung der Verwechslungsgefahr *relevante Zeitpunkt* ist derjenige, der   **1457**
dem Kauf oder Erwerb unmittelbar vorausgeht, also derjenige, zu dem der Kunde seine Wahl zwischen den verschiedenen Waren und DL der fraglichen Art vorbereitet und trifft. Eine Verwechslung bei anderen Gelegenheiten, insb nach dem Kauf (sog. Post-Sale-Confusion) ist markenrechtlich nicht relevant, da entscheidend der Zeitpunkt ist, *in dem die Wahl zwischen den Produkten und den Marken getroffen wird.* Dem steht nicht entgegen, dass das maßgebliche Publikum solche Waren und DL und ihre Marken auch in Situationen wahrnehmen kann, die mit einem Kauf nichts zu tun haben, und bei solchen Gelegenheiten möglicherweise nur einen geringeren Grad an Aufmerksamkeit aufbringt. Es kann nämlich insoweit dann nicht auf den geringsten Aufmerksamkeitsgrad abgestellt werden, den das Publikum bei der Konfrontation mit einer Ware und DL oder einer Marke an den Tag legt[1601].

4. Notorisch bekannte Marke

Als *notorisch bekannte Marke* iSd Art. 8 Abs. 2c UMV iVm Art. 6bis PVÜ, der eben-   **1458**
falls Schutz nach Art. 8 Abs. 1 UMV zukommt, ist eine solche zu verstehen, die eine *deutlich gesteigerte Verkehrsgeltung in allen angesprochenen Verkehrskreisen* aufweist. Dabei ist jeder Umstand zu berücksichtigen, aus dem sich die notorische Bekanntheit der Marke ableiten lässt, darunter der Grad der Bekanntheit oder Anerkanntheit der Marke in den maßgeblichen Verkehrskreisen, die Dauer, das Ausmaß und der geografische Umfang sowohl der Markenbenutzung als auch der Förderung der Marke einschl der Werbung für die mit ihr gekennzeichneten Waren oder DL und deren Präsentation auf Messen und Ausstellungen, die Dauer und der geografische Geltungsbereich aller Eintragungen oder Anmeldungen der Marke, soweit sich darin ihre Benutzung oder Anerkanntheit widerspiegeln, die erfolgreiche Geltendmachung der Rechte an der Marke, insb das Ausmaß, in dem die zuständigen Behörden die Marke als notorisch bekannt anerkannt haben, und der Wert, der mit der Marke verbunden ist[1602].

1599 EuG, 24.5.2011, T-408/09 – ancotel./ACOTEL, Rn 38, 39, 44, 45; EuG, 30.4.2015, T-100/14 – TECALAN/TECADUR, Rn 22 mwN.

1600 EuG, 18.11.2013, T-377/10 – Jambo Afrika/JUMBO, Rn 30–33 mwN.

1601 EuGH, 12.1.2006, C-361/04 P – PICARO/PICASSO, Rn 40–43; EuGH, 26.4.2007, C-412/05 P – TRAVATAN/TRIVASTAN, Rn 56–61; EuGH, 30.6.2010, C-448/09 P – Centrixx/sensixx, Rn 86.

1602 EuG, 17.6.2008, T-420/03 – BoomerangTV/B BOOMERANG, Rn 80.

1459   Diese Bekanntheit muss *vor der Anmeldung der jüngeren Marke* vorliegen[1603] und – im Falle eines Nichtigkeitsverfahrens – zum Zeitpunkt des Antrags auf Nichtigerklärung[1604]. Sie kann insb durch Verbraucherbefragungen und Meinungsforschungsgutachten nachgewiesen werden[1605].

1460   Der aufgrund von Art. 8 Abs. 2c UMV Widersprechende braucht *nicht* nachzuweisen, dass er der *Alleininhaber* der älteren nicht eingetragenen notorisch bekannten Widerspruchsmarke ist, sondern nur, dass er *hinreichende Rechte* an ihr erworben hat, um als Inhaber dieser Marke angesehen zu werden[1606].

1461   Die allgemeine Bekanntheit sollte jedenfalls deutlich über 50 % liegen, wohl nicht unter 60 %[1607]. Die ältere Marke muss jedoch *im gesamten Hoheitsgebiet* des Eintragungsmitgliedstaats *oder in einem wesentlichen Teil* dieses Staates notorisch bekannt sein. Eine Bekanntheit, die lediglich auf eine Stadt und deren Umland beschränkt ist, die zusammen keinen wesentlichen Teil des Mitgliedstaats darstellen, reicht nicht aus[1608].

1462   So vermochte zB der Inhaber von zwei in Bulgarien notorisch bekannten, nicht eingetragenen Bildmarken aufgrund *außerordentlich hoher Umsatzzahlen* und *aufwändiger Werbemaßnahmen*, die praktisch die Hälfte der Bevölkerung des Landes erreichten, den erforderlichen Nachweis zu führen, zumal eine *Marktstudie* bestätigte, dass 40,5 % einer Stichprobe von 1.000 Personen in der bulgarischen Bevölkerung die älteren Marken kannten[1609]. Dagegen scheiterte der Widerspruch aus der Bildmarke *QUILAPAYÚN* gegen eine identische Anmeldung, weil der Widersprechende nicht rechtlich hinreichend nachgewiesen hat, dass die ältere Marke im Gebiet der Union zum Anmeldezeitpunkt iSv Art. 8 Abs. 2c UMV iVm Art. 6bis PVÜ für die chilenische Musikgruppe notorisch bekannt war[1610].

1463   Dass es sich bei einem älteren Recht um einen *Filmtitel* und den Namen einer dessen Hauptfiguren handelt, stellt kein Hindernis für die Benutzung als Marke zur

---

1603 EuG, 2.2.2016, T-169/13 – MOTO B/MOTOBI, Rn 62, 67, 80, 81.
1604 EuG, 10.6.2020, T-717/18 – PHILIBON/PHILICON, Rn 32. Die vom Nichtigkeitsantragsteller vorgelegten Beweise können daher nicht allein mit der Begründung zurückgewiesen werden, dass sie nach dem Anmeldetag liegen, soweit sie geeignet sein könnten, die Aufrechterhaltung der Bekanntheit der älteren Marken bis zum Tag des Nichtigkeitsantrags nachzuweisen.
1605 EuG, 2.2.2016, T-169/13 – MOTO B/MOTOBI, Rn 76.
1606 EuG, 11.12.2017, T-249/15 – QUILAPAYÚN, Rn 46–50.
1607 Insoweit wird auf die »Gemeinsame Empfehlung betr die Bestimmungen über den Schutz notorisch bekannter Marken« der WIPO vom 29.9.1999 hingewiesen.
1608 EuGH, 22.11.2007, C-328/06 – FINQUES TARRAGONA, Rn 18, 20.
1609 EuG, 10.6.2020, T-717/18 – PHILIBON/PHILICON, Rn 38–60, 68–95. So wurden zB pro Jahr an Gemüseaufstrichen zwischen 700.000 und 1,1 Mio. Stück, an Tomatenpüree zwischen 300.000 und 470.000 Stück und an Saft zwischen 1,6 und 2,7 Mio. Stück verkauft. Neben Fernsehspots erschienen Werbebroschüren in einer Auflage von 1,3 Mio. Exemplaren mit 3,7 Mio. wöchentlichen Lesern bei einer Gesamtbevölkerung zwischen 7,2 und 7,5 Mio. Einwohnern in Bulgarien.
1610 EuG, 14.7.2021, T-197/20 – QUILAPAYÚN/QUILAPAYÚN.

Kennzeichnung der betrieblichen Herkunft der Filme dar. Das Widerspruchszeichen muss aber *die betriebliche Herkunft der Filme angeben,* nicht lediglich *deren künstlerischen Ursprung,* denn die *Unterscheidung zwischen Titel und Marke* ist nicht wirklichkeitsfremd und künstlich. So kann ein und dasselbe Zeichen als schöpferisches Werk durch das Urheberrecht und als Angabe über die betriebliche Herkunft durch das Markenrecht geschützt sein. Selbst wenn der Titel eines Films nach einigen nationalen Rechten als vom Film selbst unabhängige künstlerische Schöpfung geschützt sein kann, genießt er deshalb nicht ohne Weiteres den Schutz, der den Angaben der betrieblichen Herkunft zuerkannt wird, da dieser Schutz nur denjenigen Zeichen zugutekommt, die die typischen Markenfunktionen entwickeln[1611].

Auch bei Angaben über den Erfolg der vom Namensinhaber komponierten *Musik*   **1464** sowie über dessen allgemeine Bekanntheit und Wertschätzung als *Komponist* handelt es sich nur um Hinweise auf den *künstlerischen Charakter* des musikalischen Werks des Komponisten und nicht um Hinweise auf die betriebliche Herkunft der Waren und DL, die unter diesem Namen angeboten werden, wie zB Filme, DVDs oder Fernsehprogramme[1612].

5. Bekannte Marke

Einen *besonderen Schutz* genießen *bekannte Marken.* Denn der Schutz bekannter   **1465** Marken ist *umfassender* als derjenige von einfachen Marken[1613].

Auf Widerspruch des Inhabers einer eingetragenen[1614] älteren Marke iSd Art. 8 Abs. 2   **1466** UMV ist die angemeldete Unionsmarke nach Art. 8 Abs. 5 UMV iVm Art. 46 Abs. 1a UMV dann von der Eintragung ausgeschlossen, wenn sie mit der älteren Marke identisch oder dieser ähnlich ist, *ungeachtet dessen, ob die Waren oder DL,* für die sie eingetragen werden soll, mit denen identisch oder denen *ähnlich oder nicht ähnlich sind,* für die eine ältere Marke eingetragen ist, wenn es sich im Falle einer älteren Unionsmarke um eine in der Union *bekannte* Marke und im Falle einer älteren nationalen Marke um eine in dem betr Mitgliedstaat bekannte Marke handelt und die Benutzung der angemeldeten Marke die *Unterscheidungskraft* oder die *Wertschätzung der älteren ohne rechtfertigenden Grund in unlauterer Weise ausnutzen oder beeinträchtigen* würde.

Eine Marke kann auch Bekanntheit besitzen, wenn sie *zusammen mit anderen benutzt*   **1467** wird. So kann eine dreidimensionale Marke (*stabförmiger Schokoladenkeks*) durch ihre Benutzung eigenständige Bekanntheit erlangen, selbst wenn sie immer in Verbindung mit einer Wortmarke (*MIKADO*) verwendet wird, und zwar auch dann, wenn die

---

1611 EuG, 30.6.2009, T-435/05 – Dr. No/Dr. No, Rn 24–31.
1612 EuG, 22.6.2010, T-255/08 – JOSE PADILLA/JOSE PADILLA, Rn 51–57.
1613 EuGH, 6.2.2014, C-65/12 – The Bulldog/Red Bull Krating-Daeng (de Vries/Leidseplein), Rn 41.
1614 EuG, 22.6.2010, T-255/08 – JOSE PADILLA/JOSE PADILLA, Rn 47, 48. Dies ergab sich bei der noch etwas unpräzisen Fassung des alten Art. 8 Abs. 5 GMV nach Erkenntnis des EuG bereits aus dem Wortlaut »für die die ältere Marke eingetragen ist«.

Marke aus der Form der Ware besteht, sofern das angesprochene (hier: französische) Publikum die betr Waren als von demselben Unternehmen stammend wahrnimmt[1615].

1468 Bekannt muss die ältere Marke für die von ihr *geschützten* und im Widerspruch geltend gemachten *Waren* sein. Eine Bekanntheit für andere Waren reicht nicht aus[1616].

1469 Der *erweiterte Schutz* kommt einer *bekannten Marke* dann zu, wenn sie einem *bedeutenden, wesentlichen Teil des Publikums* bekannt ist, das von den durch die Marke erfassten Waren oder DL betroffen ist, also je nach der vermarkteten Ware oder DL der *breiten Öffentlichkeit* oder einem *speziellen beruflichen Fachkreis*. Bei einer Marke, die der Allgemeinheit bekannt ist, ist aber grds davon auszugehen, dass sie auch Fachleuten geläufig ist[1617]. Das Erfordernis der Bekanntheit bei einem *Testsiegel verlangt nicht*, dass dem Publikum der Umstand bekannt sein muss, dass dieses *als Marke eingetragen* wurde. Es reicht aus, dass ein bedeutender Teil des maßgeblichen Verkehrs dieses Zeichen kennt[1618]. Die von der Rspr aufgestellten Kriterien betr die ernsthafte Benutzung der Unionsmarke sind natürlich als solche für den Nachweis des Vorliegens einer *Bekanntheit* nicht maßgebend[1619].

1470 In *territorialer Hinsicht* genügt die Bekanntheit *in einem wesentlichen Teil des betr Gebiets*. Es ist also nicht notwendig, dass sie sich auf das gesamte Gebiet erstreckt, in dem die bekannte Marke Schutz genießt[1620]. So reicht bei einer Benelux-Marke die Bekanntheit in einem der Benelux-Staaten aus[1621]. Weiter können die territorialen Voraussetzungen erfüllt sein, wenn eine Unionsmarke zB in Österreich sehr bekannt ist[1622].

1615 EuG, 28.2.2019, T-459/18 – PEPERO original/Keks, stabförmig (MIKADO), Rn 128–138. Hier haben Meinungsumfragen ergeben, dass, wenn der Keks, dessen Form die dreidimensionale Marke darstellt, den Befragten vorgelegt wurde, ein erheblicher Prozentsatz von ihnen spontan und unmittelbar ihn mit der Marke »MIKADO« verbunden hat. Außerdem war in Werbespots seine besondere Form hervorgehoben worden. Zudem hatte die dreidimensionale Marke durch ihre ständige Benutzung seit 1983 einen sehr hohen Bekanntheitsgrad erlangt, ohne in dem betr Marktsegment einen Nachahmer zu finden.

1616 EuG, 14.7.2016, T-567/15 – Schwarzes Quadrat mit vier weißen Linien/Drei senkrechte Klauen, Rn 59–61; bestätigt durch EuGH, 16.2.2017, C-502/16 P. Da es am Nachweis für die Bekanntheit der älteren Marke für die hier relevanten Bekleidungswaren fehlt und die Bekanntheit für andere Waren irrelevant ist, scheitert der Widerspruch aus Art. 8 Abs. 5 UMV.

1617 EuGH, 10.5.2012, C-100/11 P – BOTOLIST und BOTOCYL/BOTOX, Rn 66.

1618 EuGH, 11.4.2019, C-690/17 – ÖKO-TEST-Siegel, Rn 49.

1619 EuGH, 3.9.2015, C-125/14 – be impulsive/Impulse (Iron & Smith Kft./Unilever NV), Rn 16, 21–25. Dieser zur Bekanntheit iSd Art. 4 Abs. 3 MarkenR aF, der Art. 9 Abs. 2c UMV entspricht, ausgesprochene Grundsatz gilt auch für die UMV.

1620 EuGH, 14.9.1999, C-375/97 – Chevy, Rn 24, 28, 31.

1621 EuG, 16.3.2016, T-201/14 – SPA WISDOM/SPA, Rn 15, 16, 21.

1622 EuGH, 6.10.2009, C-301/07 – Pago/Lattella, Rn 29, 30, zur Bekanntheit iSd Art. 9 Abs. 1c GMV.

Sofern die *Bekanntheit* einer älteren *Unionsmarke in einem wesentlichen Teil des Unionsgebiets* erwiesen ist, das ggf mit dem Gebiet *eines einzigen Mitgliedstaats* zusammenfallen kann, der nicht notwendigerweise der sein muss, in dem eine Anmeldung der jüngeren nationalen Marke erfolgt ist, ist diese *Unionsmarke in der Union bekannt*[1623]. **1471**

Bei der Prüfung dieser Voraussetzung sind alle *relevanten Umstände* des Falles zu berücksichtigen, also insb der von der älteren Marke gehaltene *Marktanteil*, die *Intensität*, die *geografische Verbreitung* und die *Dauer* ihrer *Benutzung* sowie der *Umfang der Investitionen*, die das Unternehmen zu ihrer Förderung getätigt hat, insb der *Werbeaufwand* für diese Marke, ohne dass zu verlangen ist, dass die Marke einem bestimmten Prozentsatz des in dieser Weise definierten Publikums bekannt ist[1624]. Neben Angaben über die Verbreitung und Werbemaßnahmen sowie die Präsenz in der Öffentlichkeit, zB auf Ausstellungen und in den Medien, kann auch eine *Verbraucherbefragung* die Bekanntheit beim Publikum erweisen[1625]. Die BK muss den *Grad der Bekanntheit* feststellen. Tut sie dies nicht, so ist dies eine Verletzung von Art. 8 Abs. 5 UMV, so dass die angefochtene Entscheidung aufgehoben werden muss[1626]. **1472**

Die BK muss ausdrücklich und detailliert geltend gemachte *Entscheidungen des EuG, des Amts und nationaler Instanzen berücksichtigen*, die zur Bekanntheit von älteren Marken ergangen sind, soweit es sich um identische Marken und Waren handelt, und kann sich nicht darauf berufen, dass nicht auch die diesen Entscheidungen zugrundeliegenden Beweisstücke vorgelegt worden seien. Falls sie eine davon abweichende Position vertreten will, muss sie diese ausdrücklich begründen. Selbst wenn der BK die zitierten Entscheidungen nicht ausgereicht hätten, hätte sie die in ihnen erwähnten Beweismittel von dem Beteiligten anfordern müssen[1627]. **1473**

1623 EuGH, 3.9.2015, C-125/14 – be impulsive/Impulse (Iron & Smith Kft./Unilever NV), Rn 20, 26–34. Selbst wenn die ältere Unionsmarke einem erheblichen Teil der maßgeblichen Verkehrskreise des Mitgliedstaats, in dem die Anmeldung der jüngeren nationalen Marke erfolgt ist, unbekannt ist, ist nach Ansicht des EuGH nicht ausgeschlossen, dass ein wirtschaftlich nicht unerheblicher Teil dieser Verkehrskreise diese Marke kennt und sie mit der jüngeren nationalen Marke *gedanklich verbindet.* Diese Fiktion, wonach sich die Bekanntheit einer Unionsmarke in einem wesentlichen Gebiet der Union auf die gesamte Union, also auch auf Gebiete, wo sie unbekannt ist, erstrecken soll, erscheint mE jedoch zu impulsiv, räumt sie einer Unionsmarke doch dort weitergehende Rechte ein, als sie eine identische nationale Marke hätte. Insoweit hat der EuGH den Zwiespalt zwischen dem einheitlichen Charakter einer Unionsmarke in der gesamten Union zum Nachteil der realen Verkehrsauffassung im betr Mitgliedstaat gelöst, was letztlich zu einer Vergewaltigung der betroffenen Verbraucher führt.
1624 EuG, 17.6.2008, T-420/03 – BoomerangTV/B BOOMERANG, Rn 107 mwN.
1625 EuG, 26.9.2014, T-490/12 – GRAZIA/GRAZIA, Rn 47–64.
1626 EuG, 4.10.2017, T-411/15 – GAPPOL/GAP, Rn 196–206.
1627 EuGH, 28.6.2018, C-564/16 P – Springende Raubkatze/Springende Raubkatze, Rn 58–100; mit dem das EuG, 9.9.2016, T-159/15, Rn 30–43; bestätigt wurde.

1474   Für bekannte Marken iSv Art. 8 Abs. 5 UMV ist ein *geringerer Bekanntheitsgrad* nachzuweisen als für notorisch bekannte Marken iSv Art. 6bis PVÜ[1628].

1475   Die relevanten Tatsachen und Beweismittel müssen sich auf den *Anmeldetag* der angegriffenen Unionsmarkenanmeldung oder die Zeit unmittelbar davor beziehen[1629].

1476   Der umfassendere Schutz für bekannte Marken gilt aufgrund der ausdrücklichen gesetzlichen Regelung in der UMV nicht nur bei unähnlichen Waren oder DL, sondern *auch für* den Fall, dass sich *ähnliche oder identische Waren und DL* gegenüberstehen[1630].

1477   Der durch Art. 8 Abs. 5 UMV gewährte Schutz setzt nicht voraus, dass zwischen der bekannten Marke und dem jüngeren Zeichen ein *Ähnlichkeitsgrad* besteht, der so hoch ist, dass für die beteiligten Verkehrskreise eine Verwechslungsgefahr besteht. Es genügt vielmehr, dass sie diese beiden Zeichen *gedanklich miteinander verknüpfen*, ohne sie jedoch zu verwechseln[1631]. So können die in Art. 8 Abs. 5 UMV genannten Beeinträchtigungen die Folge eines im Vergleich zu Art. 8 Abs. 1b UMV *geringeren Grades der Ähnlichkeit* zwischen der älteren und der jüngeren Marke sein, soweit dieser ausreicht, damit die beteiligten Verkehrskreise einen Zusammenhang zwischen diesen Marken sehen[1632].

1478   Bei der Beurteilung einer *gedanklichen Verknüpfung* kann es notwendig sein, das Ausmaß der *Bekanntheit der älteren Marke* zu berücksichtigen, um zu ermitteln, ob sich diese über die von dieser Marke angesprochenen Verkehrskreise hinaus erstreckt. Denn es ist möglich, dass die von den Waren oder DL der jüngeren Marke angesprochenen Verkehrskreise einen Zusammenhang zwischen den konkurrierenden Marken herstellen, obwohl sie ein ganz anderes Publikum sind als die von den Waren oder DL der

---

1628 EuG, 17.6.2008, T-420/03 – BoomerangTV/B BOOMERANG, Rn 110.

1629 EuG, 18.9.2014, T-90/13 – V (mit Polospielerbild)/Polospieler, Rn 42, 54.

1630 EuGH, 9.1.2003, C-292/00 – Durfee/Davidoff, Rn 25 f; EuGH, 23.10.2003, C-408/01 – Drei Streifen/Adidas, Rn 19, 27. Art. 8 Abs. 5 UMV, der das noch nicht vorsah, konnte nämlich keine Auslegung erhalten, die zur Folge hätte, dass bekannte Marken im Fall der Benutzung eines Zeichens für identische oder ähnliche Waren oder DL in geringerem Maße geschützt wären als im Fall der Benutzung des Zeichens für nichtähnliche Waren oder DL.

1631 EuGH, 10.12.2015, C-603/14 P – The English Cut/El Corte Inglés, Rn 40–47; s.a. EuG, 25.5.2005, T-67/04 – SPA-FINDERS/SPA, Rn 43–52; EuGH, 27.11.2008, C-252/07 – INTEL, Rn 30–32 zu Art. 4 Abs. 4a. und Art. 5 Abs. 2 MarkenRL.

1632 EuG, 11.12.2014, T-480/12 – Master/Coca-Cola, Rn 45–65, wonach bereits eine gemeinsame ungewöhnliche ältere Schriftart mit eleganten Schnörkeln und Verzierungen (Spenserian-Schriftzug, die bis 1925 offizielle Schulschreibschrift in den USA) zu einer geringen Ähnlichkeit ansonsten vollständig verschiedener Zeichen führen kann. Jedoch unterscheidet sich die Abbildung einer leicht verpixelten Birne bereits so deutlich von derjenigen eines angebissenen Apfels mit Blatt, dass keine Zeichenähnlichkeit angenommen werden kann; EuG, 31.1.2019, T-215/17 – PEAR/Apfelbild; bestätigt durch EuGH 1.10.2019, C-295/19 P.

älteren Marke angesprochenen Verkehrskreise[1633]. Die Bekanntheit und die *Unterscheidungskraft der älteren Marke* sind maßgebliche Faktoren für die Beurteilung (nicht der Ähnlichkeit der einander gegenüberstehenden Marken, sondern) des Vorliegens einer gedanklichen Verknüpfung dieser Marken durch die beteiligten Verkehrskreise[1634].

Die *Gefahr einer gedanklichen Verknüpfung* ist dementspr von der *Verwechslungsgefahr* **1479**
nach Art. 8 Abs. 1b UMV *zu unterscheiden*, die als die Gefahr definiert wird, dass der Verkehr glauben könnte, dass die mit der Anmeldung und die mit der älteren Marke bezeichneten Waren oder DL aus demselben Unternehmen oder ggf aus wirtschaftlich miteinander verbundenen Unternehmen stammen. Dagegen sehen die beteiligten Verkehrskreise in den Fällen des Art. 8 Abs. 5 UMV einen Zusammenhang, dh sie stellen eine *gedankliche Verknüpfung* zwischen den miteinander konkurrierenden Marken her, *ohne* sie jedoch *zu verwechseln*[1635].

Das *Freihaltungsbedürfnis* hat weder mit der Beurteilung des Grades der *Ähnlichkeit* **1480**
zwischen der bekannten Marke und dem von dem Dritten benutzten Zeichen noch mit der *gedanklichen Verknüpfung* etwas zu tun, die die beteiligten Verkehrskreise zwischen dem Zeichen und der Marke herstellen könnten. Es kann somit *kein relevanter Gesichtspunkt* für die Prüfung sein, ob die Benutzung des Zeichens die Unterscheidungskraft oder die Wertschätzung der Marke in unlauterer Weise ausnutzt oder beeinträchtigt[1636].

Die Hauptaufgabe einer Marke liegt zwar in einer *Herkunftsfunktion*, gleichwohl fungiert sie auch als *Träger anderer Mitteilungen*, insb über die speziellen Eigenschaften **1481**
oder Merkmale der mit ihr gekennzeichneten Waren oder DL oder der mit ihr vermittelten Bilder und Empfindungen wie etwa Luxus, Lebensstil, Exklusivität, Abenteuer oder Jugendlichkeit. Unter diesem Aspekt hat die Marke einen ihr eigenen, *autonomen*

1633 Insofern ist es mE problematisch, schon aufgrund unterschiedlicher Art von Waren und DL, ihrer verschiedenen Vertriebskanäle, ihrer fehlenden Austauschbarkeit, ihrem differierenden Zweck und der fehlenden Zugehörigkeit zu benachbarten Marktsegmenten sowie die verschiedenen angesprochenen Verkehrskreise, anzunehmen, dass selbst der Verkehr, dem beide Zeichen begegnen, keine Verbindung zwischen ihnen herstellen wird; EuG, 19.5.2015, T-71/14 – SWATCHBALL/SWATCH, Rn 26–36.

1634 EuGH, 24.3.2011, C-552/09 P – TiMi KINDERJOGHURT/KINDER, Rn 53, 57, 58; EuGH, 20.11.2014, C-581/14 P – GOLDEN BALLS/BALLON D'OR, Rn 72–78; aA EuG, 27.9.2011, T-207/09 – NC NICKOL/NIKE, Rn 31–33, wonach das Konzept der Zeichenähnlichkeit im Falle des Art. 8 Abs. 1b UMV dasselbe ist wie im Falle von Art. 8 Abs. 5 UMV.

1635 EuGH, 27.11.2008, C-252/07 – INTEL, Rn 30, 58. So werden zB alkoholische und alkoholfreie Getränke vom Publikum häufig gemischt und in Restaurants, Bars und Nachtclubs zusammen verkauft, so dass eine Nähe zwischen ihnen besteht, die zu derselben breiten Kategorie von Getränken gehören, auch wenn sie im Sinne einer Verwechslungsgefahr sind; EuG, Urteil vom 28.4.2021, T-509/19 – FLÜGEL/... VERLEIHT FLÜGEL II, Rn 105–127; Rechtsmittel nicht zugelassen, EuGH, 13.12.2021, C-387/21 P. S.a. EuG, 30.3.2022, T-445/21 – COPALLI/COMPAL, Rn 45–50.

1636 EuGH, 10.4.2008, C-102/07 – ADIDAS II, Rn 43.

wirtschaftlichen Wert, der von dem der für sie eingetragenen Waren oder DL zu unterscheiden ist. Solche Botschaften, die insb durch eine bekannte Marke vermittelt oder mit ihr verbunden werden, verleihen ihr einen erheblichen und *schutzwürdigen Wert*, zumal die Bekanntheit einer Marke in den meisten Fällen das Ergebnis beträchtlicher Anstrengungen und Investitionen ihres Inhabers ist[1637]. Zudem ist zu berücksichtigen, dass eine Marke neben der Herkunftsfunktion auch andere Funktionen, wie ua die *Kommunikations-, Investitions- oder Werbefunktion* erfüllen kann[1638].

1482   Bei der Prüfung der Voraussetzungen von Art. 8 Abs. 5 UMV sind *drei Arten von Gefahren* zu unterscheiden:

1483   Die nicht gerechtfertigte Benutzung der Anmeldung würde *erstens* die Unterscheidungskraft der älteren Marke (Fall 1) oder *zweitens* deren Wertschätzung beeinträchtigen (Fall 2) oder sie würde *drittens* die Unterscheidungskraft oder die Wertschätzung der älteren Marke in unlauterer Weise ausnutzen (Fall 3). Es reicht dabei aus, dass nur eine dieser Gefahrenarten besteht[1639].

1484   Zu einer *Beeinträchtigung der Unterscheidungskraft* der älteren Marke durch die nicht gerechtfertigte Benutzung der Anmeldung (Fall 1) kann es kommen, wenn die ältere Marke nicht mehr geeignet ist, eine unmittelbare gedankliche Verbindung mit den Waren und/oder DL hervorzurufen, für die sie eingetragen ist und verwendet wird. Die Gefahr liegt somit in der *Verwässerung* oder *allmählichen Schwächung* der älteren Marke durch die Auflösung ihrer Identität und ihrer Bekanntheit[1640]. Allerdings ist die Verwässerungsgefahr grds weniger ausgeprägt, wenn die ältere Marke aus einem Begriff besteht, der aufgrund einer ihm eigenen Bedeutung unabhängig von der daraus gebildeten älteren Marke weit verbreitet ist und häufig gebraucht wird. Die Benutzung der jüngeren Marke kann die Unterscheidungskraft der bekannten älteren selbst dann beeinträchtigen, wenn die ältere Marke *nicht einmalig* ist. Bereits eine *erste Benutzung* der jüngeren Marke kann für eine derartige Beeinträchtigung genügen.

1485   Der *Nachweis*, dass die Benutzung der jüngeren Marke die Unterscheidungskraft der älteren Marke beeinträchtigt oder beeinträchtigen würde, setzt voraus, dass dargetan wird, dass sich das *wirtschaftliche Verhalten des Durchschnittsverbrauchers* der Waren oder DL der älteren Marke infolge der Benutzung der jüngeren Marke geändert hat

---

1637 EuG, 22.3.2007, T-215/03 – VIPS/VIPS, Rn 35–42. Im entschiedenen Fall wurden die Voraussetzungen von Art. 8 Abs. 5 UMV in Bezug auf die für Erstellen von Computerprogrammen für Hotels, Restaurants beanspruchte Anmeldung verneint, da der relevante Verkehr das für Schnellgastronomie geschützte ältere Recht eher mit anderen Eigenschaften assoziiert, etwa Schnelligkeit, Verfügbarkeit, Jugendlichkeit als mit einem Bild von Ansehen oder höherer Qualität.

1638 EuGH, 18.6.2009, C-487/07 – L'Oréal, Rn 65, 80; siehe *Hacker*, MarkenR 2009, 333.

1639 EuGH, 27.11.2008, C-252/07 – INTEL, Rn 27 f.

1640 So auch EuGH, 27.11.2008, C-252/07 – INTEL, Rn 29; EuGH, 18.6.2009, C-487/07 – L'Oréal, Rn 39.

oder dass die ernsthafte Gefahr einer künftigen Verhaltensänderung besteht[1641]. Dies stellt eine *objektive Voraussetzung* dar, die nicht nur aus subjektiven Gesichtspunkten wie allein der Wahrnehmung der Verbraucher abgeleitet werden kann. Der bloße Umstand, dass die Verbraucher ein neues Zeichen feststellen, das einem älteren Zeichen ähnlich ist, reicht allein nicht aus, um das Vorliegen einer (auch nur) drohenden Beeinträchtigung der Unterscheidungskraft der älteren Marke iSv Art. 8 Abs. 5 UMV darzutun, soweit diese Ähnlichkeit keine Verwechslung hervorruft. Für den Nachweis sind nämlich *erhöhte Beweisanforderungen* zu stellen[1642].

Eine *Beeinträchtigung der Wertschätzung* der älteren Marke durch die nicht gerechtfer-   **1486** tigte Benutzung der Anmeldung (Fall 2), auch als *Verunglimpfung* oder *Herabsetzung* bezeichnet, ist dann zu bejahen, wenn die mit der Anmeldung beanspruchten Waren oder DL auf die Öffentlichkeit in einer solchen Weise wirken können, dass die *Anziehungskraft* der älteren Marke *geschmälert* wird. Die Gefahr einer solchen Beeinträchtigung kann insb dann bestehen, wenn die entspr Waren oder DL Merkmale oder Eigenschaften aufweisen, die sich *negativ auf das Bild einer bekannten älteren Marke* auswirken können, weil sie mit der Anmeldung identisch oder ihr ähnlich ist[1643]. Infolge der unterschiedlichen Art von zB Tabak und Bekleidung und ihrer fehlenden Nähe zueinander werden aber die maßgeblichen Verkehrskreise keine gedankliche Verknüpfung zwischen diesen Waren herstellen[1644].

Unter den Begriff der *unlauteren Ausnutzung* der Unterscheidungskraft oder der Wert-   **1487** schätzung der älteren Marke durch die nicht gerechtfertigte Benutzung der Anmeldung (Fall 3), auch als *parasitäres Verhalten* und *Trittbrettfahren* bezeichnet, sind schließlich alle Fälle zu fassen, in denen eine berühmte Marke eindeutig parasitär ausgebeutet oder versucht wird, *Vorteil aus ihrem guten Ruf* zu ziehen, also die Gefahr besteht, dass das Bild der bekannten Marke oder die durch sie vermittelten Merkmale auf die mit der Anmeldung gekennzeichneten Waren übertragen werden, so dass deren Vermarktung durch diese gedankliche Verbindung mit der bekannten älteren Marke erleichtert wird. Das Vorliegen einer unlauteren Ausnutzung der Unterscheidungskraft oder der Wertschätzung der Marke setzt weder das Bestehen einer Verwechslungsgefahr noch die Gefahr einer Beeinträchtigung dieser Unterscheidungskraft oder Wertschätzung oder allgemein des Inhabers der Marke voraus.

1641 EuGH, 27.11.2008, C-252/07 – INTEL, Rn 81; EuG, 22.3.2007, T-215/03 – VIPS/ VIPS, Rn 37 f.

1642 EuGH, 14.11.2013, C-383/12 P – Wolfskopf/WOLF Jardin ua, Rn 37, 40.

1643 EuGH, 18.6.2009, C-487/07 – L'Oréal, Rn 40; EuG, 22.3.2007, T-215/03 – VIPS/ VIPS, Rn 39.

1644 EuG, 18.11.2015, T-606/13 – Mustang/MUSTANG, Rn 54–64. Auch wenn wissenschaftlich nachgewiesen ist, dass Tabak gesundheitsschädlich ist, und allgemein bekannt ist, dass Tabak in Deutschland heute gedanklich mit etwas für die Gesundheit Schlechtem in Verbindung gebracht wird, bedeutet das nicht automatisch, dass sich die Wertschätzung von Waren der Bekleidungsbranche, die gedanklich mit einer Zigarettenmarke in Verbindung gebracht wird, verringert.

1488   Der Vorteil, der sich aus der Verwendung eines, einer bekannten Marke ähnlichen Zeichens durch einen Dritten ergibt, ist eine unlautere Ausnutzung der Unterscheidungskraft oder der Wertschätzung der Marke durch den Dritten, wenn dieser durch die Verwendung versucht, sich in den Bereich der *Sogwirkung* dieser Marke zu begeben, um von ihrer Anziehungskraft, ihrem Ruf und ihrem Ansehen zu profitieren und um ohne finanzielle Gegenleistung und ohne dafür eigene Anstrengungen machen zu müssen, die wirtschaftlichen Anstrengungen des Markeninhabers zur Schaffung und Aufrechterhaltung des Images dieser Marke auszunutzen[1645].

1489   Die Gefahr einer unlauteren Ausnutzung der Unterscheidungskraft oder der Wertschätzung der älteren Marke durch die nicht gerechtfertigte Benutzung der Anmeldung besteht dann, wenn der Verbraucher, ohne notwendigerweise die betriebliche Herkunft der fraglichen Ware oder DL zu verwechseln, *durch die Anmeldung als solche angezogen* wird und die damit gekennzeichnete Ware oder DL kauft, weil sie mit diesem Zeichen versehen ist, das mit einer bekannten älteren Marke identisch oder ihr ähnlich ist.

1490   Das Vorliegen einer Benutzung der jüngeren Marke, die die Unterscheidungskraft oder die Wertschätzung der älteren Marke in unlauterer Weise ausnutzt oder beeinträchtigt oder ausnutzen oder beeinträchtigen würde, ist unter Berücksichtigung *aller relevanten Umstände* des Einzelfalls umfassend zu beurteilen. Die Tatsache, dass die ältere Marke für verschiedene bestimmte Arten von Waren oder DL sehr bekannt ist, diese Waren oder DL den Waren oder DL, für die die jüngere Marke eingetragen ist, unähnlich oder in hohem Maße unähnlich sind, die ältere Marke in Bezug auf Waren oder DL gleich welcher Art einmalig ist und die jüngere Marke dem Durchschnittsverbraucher die ältere bekannte Marke in Erinnerung ruft, genügt nicht, um nachzuweisen, dass die Benutzung der jüngeren Marke die Unterscheidungskraft oder die Wertschätzung der älteren Marke in unlauterer Weise ausnutzt oder beeinträchtigt oder ausnutzen oder beeinträchtigen würde[1646].

1491   Auch das *Bestehen einer Verknüpfung* zwischen der bekannten älteren und der jüngeren Marke ist unter Berücksichtigung aller relevanten Umstände des Einzelfalls umfassend zu beurteilen. Die Tatsache, dass die jüngere Marke dem Durchschnittsverbraucher die bekannte ältere in Erinnerung ruft, ist gleichbedeutend mit dem Bestehen einer Verknüpfung zwischen den einander gegenüberstehenden Marken. Die Tatsache, dass die ältere Marke für verschiedene bestimmte Arten von Waren oder DL sehr bekannt ist, diese Waren oder DL denjenigen, für die die jüngere Marke eingetragen ist, unähnlich oder in hohem Maße unähnlich sind und die ältere Marke in Bezug auf Waren oder DL gleich welcher Art einmalig ist, impliziert jedoch nicht zwangsläufig das Bestehen einer Verknüpfung zwischen den einander gegenüberstehenden Marken[1647].

1645   EuGH, 18.6.2009, C-487/07 – L'Oréal, Rn 41, 50; EuG, 22.3.2007, T-215/03 – VIPS/ VIPS, Rn 40.

1646   EuGH, 27.11.2008, C-252/07 – INTEL, Rn 79, 80.

1647   EuGH, 24.3.2011, C-552/09 P – TiMi KINDERJOGHURT/KINDER, Rn 54, 56; EuGH, 27.11.2008, C-252/07 – INTEL, Rn 62–64.

Die *Verkehrskreise*, auf die abzustellen ist, sind je nach der vom Inhaber der älteren   **1492**
Marke geltend gemachten Gefahrenart unterschiedlich. Das Vorliegen von Beeinträchtigungen der Unterscheidungskraft oder der Wertschätzung der älteren Marke (Fälle
1 und 2) ist im Hinblick auf den Durchschnittsverbraucher der Waren oder DL zu
beurteilen, für die diese ältere Marke eingetragen ist. Eine unlautere Ausnutzung der
Unterscheidungskraft oder der Wertschätzung der älteren Marke (Fall 3) ist angesichts
des Umstands, dass hier das Verbotene im vom Inhaber der jüngeren Marke aus der
älteren Marke gezogenen Vorteil liegt, im Hinblick auf den Durchschnittsverbraucher der Waren und DL zu beurteilen, für die die jüngere Marke eingetragen ist[1648].

Der Inhaber der älteren Marke muss den *Nachweis* der Ausnutzung bzw Beeinträch-   **1493**
tigung der Wertschätzung bzw Unterscheidungskraft erbringen. Dabei muss er zwar
nicht das Vorliegen einer tatsächlichen und gegenwärtigen Gefährdung seiner Marke
nachweisen, aber das Vorliegen von Gesichtspunkten dartun, aus denen dem *ersten
Anschein* nach auf die *nicht nur hypothetische ernsthafte Gefahr* einer künftigen unlauteren Ausnutzung oder Beeinträchtigung geschlossen werden kann[1649]. Eine solche
Schlussfolgerung kann insb auf der Grundlage logischer Ableitungen erreicht werden,
die auf einer *Wahrscheinlichkeitsprognose* beruhen und für die die Gepflogenheiten
der einschlägigen Branche sowie alle anderen Umstände des betr Falles berücksichtigt werden[1650].

Ist dem Inhaber der älteren Marke der Beweis einer der drei obigen Gefahren   **1494**
(Rdn 1441–1452) gelungen, obliegt es dem Inhaber der jüngeren Marke nachzuweisen, dass er für die Benutzung dieser Marke einen *rechtfertigenden Grund* hat[1651].

Dieser Begriff kann nicht nur *objektiv zwingende Gründe* umfassen, sondern sich auch   **1495**
auf die *subjektiven Interessen eines Dritten* beziehen, der ein mit der bekannten Marke
identisches oder ihr ähnliches Zeichen benutzt. Deshalb zielt der Begriff des rechtfertigenden Grundes nicht darauf, einen Konflikt zwischen einer bekannten Marke
und einem ähnlichen Zeichen, das vor Anmeldung dieser Marke benutzt wurde, zu
lösen oder die dem Inhaber der Marke zuerkannten Rechte zu beschränken, sondern
darauf, ein *Gleichgewicht* zwischen beiden Interessen zu finden, indem in dem besonderen gesetzlichen Kontext und unter Berücksichtigung des weitreichenden Schutzes
der bekannten Marke den Interessen des dieses Zeichen benutzenden Dritten Rechnung getragen wird. Dass sich ein Dritter auf einen rechtfertigenden Grund für die
Benutzung eines einer bekannten Marke ähnlichen Zeichens beruft, kann damit nicht
dazu führen, dass ihm die mit einer eingetragenen Marke verbundenen Rechte zuer-

---

1648 EuGH, 27.11.2008, C-252/07 – INTEL, Rn 33–36.
1649 EuGH, 27.11.2008, C-252/07 – INTEL, Rn 37, 38.
1650 EuGH, 10.5.2012, C-100/11 P – BOTOLIST und BOTOCYL/BOTOX, Rn 95.
1651 EuGH, 27.11.2008, C-252/07 – INTEL, Rn 39; EuG, 6.7.2012, T-60/10 – ROYAL
     SHAKESPEARE/RSC-ROYAL SHAKESPEARE COMPANY, Rn 67–69.

kannt werden, aber zwingt den Inhaber der bekannten Marke dazu, die *Benutzung des ähnlichen Zeichens zu dulden*[1652].

1496   Der Inhaber einer bekannten Marke wegen kann sich daher wegen eines *rechtfertigenden Grundes* gezwungen sehen, zu dulden, dass ein Dritter ein dieser Marke ähnliches Zeichen für eine Ware oder DL benutzt, die mit derjenigen identisch ist, für die die ältere Marke eingetragen ist, wenn feststeht, dass dieses Zeichen vor Anmeldung der Marke benutzt wurde und dass seine Benutzung für die identische Ware oder DL in gutem Glauben erfolgt. Um zu beurteilen, ob eine der Anmeldung einer bekannten Marke vorausgehende Benutzung eines dieser Marke ähnlichen Zeichens durch einen Dritten als ein *rechtfertigender Grund* angesehen werden kann, der es rechtfertigen kann, dass dieser Dritte die Wertschätzung der genannten Marke ausnutzt, sind insb folgende *Gesichtspunkte* zu berücksichtigen:

1497   (1) die Verkehrsdurchsetzung und der Ruf des Zeichens bei den betroffenen Verkehrskreisen,

1498   (2) welche Absicht der Benutzer dieses Zeichens verfolgt, insb – für die Einstufung der Benutzung des der bekannten Marke ähnlichen Zeichens als gutgläubig – der Grad der Nähe zwischen den Waren und DL, für die das Zeichen ursprünglich benutzt wurde, und der Ware oder DL, für die die bekannte Marke eingetragen ist, sowie die zeitliche Abfolge, in der das Zeichen erstmals für eine Ware benutzt wurde, die mit der von der Marke erfassten Ware identisch ist, und die Marke Bekanntheit erworben hat, und

1499   (3) die wirtschaftliche und handelsmäßige Erheblichkeit der Benutzung des der Marke ähnlichen Zeichens für die fragliche Ware. Denn je größer der Ruf ist, den ein vor Anmeldung einer bekannten Marke benutztes Zeichen für ein bestimmtes Spektrum von Waren und DL erworben hat, umso angebrachter ist seine Benutzung für den Vertrieb einer Ware oder DL, die mit der von der älteren Marke erfassten identisch ist, und dies umso mehr, je näher diese Ware oder DL ihrer Art nach dem Spektrum von Waren und DL steht, für die das Zeichen vorher benutzt wurde[1653].

1500   Ein *rechtfertigender Grund* kann zB vorliegen, wenn der relevante Verkehr in Italien an die Existenz zweier verschiedener Marken mit identischem Namensbestandteil gewöhnt ist, die auf eine *Vereinbarung* von zwei Brüdern zurückgeht, die von ihrem Vater geschaffene Marke in verschiedenen Bereichen und in unterschiedlicher Gestaltung *gemeinsam zu nutzen*[1654]. Dagegen rechtfertigt der Umstand, dass eine bekannte

---

1652 EuGH, 6.2.2014, C-65/12 – The Bulldog/Red Bull Krating-Daeng (de Vries/Leidseplein), Rn 45, 46, 48, 60.

1653 EuGH, 6.2.2014, C-65/12 – The Bulldog/Red Bull Krating-Daeng (de Vries/Leidseplein), Rn 54–60. Wenn ein Zeichen vor Anmeldung einer bekannten Marke für DL und Waren benutzt wurde, die mit der Ware, für die diese Marke eingetragen ist, in Verbindung gebracht werden können, kann nämlich die Benutzung dieses Zeichens für die letztgenannte Ware als eine natürliche Erweiterung des DL- und Warenspektrums erscheinen, für das das Zeichen bei den betroffen Verkehrskreisen bereits einen bestimmten Ruf genießt.

1654 EuG, 7.7.2010, T-124/09 – CARLO RONCATO/RONCATO, Rn 49–52.

Marke und ein älteres Zeichen des Anmelders in einem Teil der Union *friedlich neben-einander* bestehen, nicht die Schlussfolgerung, dass es einen berechtigten Grund für die Benutzung dieses Zeichens in einem anderen Teil der Union gibt, in dem keine solche friedliche Koexistenz besteht[1655].

Unter Zugrundelegung der oben genannten Kriterien für die Anwendung von Art. 8 Abs. 5 UMV würde nach der Rspr durch die Benutzung der Wortmarke *TDK* für Bekleidung die Kennzeichnungskraft und die Wertschätzung der älteren ähnlichen, für Geräte zur Aufzeichnung, Übertragung und Wiedergabe von Ton und Bild geschützten und bekannten Bild- und Wortmarken *TDK*[1656] in unlauterer Weise ausgenutzt, genauso wie durch das ua für Sportartikel und -bekleidung angemeldete Bildzeichen *nasdaq* die Bekanntheit der älteren Unionsmarke *NASDAQ*[1657] für Informations-DL für Börsenkursnotierungen, ebenso wie durch die für Zollabfertigung angemeldete Bildmarke *CITI* die Wertschätzung der älteren, bekannten und ähnlichen Unionswortmarke *CITIBANK*[1658] für Finanz- und Immobilienwesen. **1501**

Selbst durch die Benutzung von *MINERAL SPA* und *SPALINE* für Kosmetika würde die Wertschätzung der bekannten ähnlichen Benelux-Marke *SPA* für Mineralwässer[1659] beeinträchtigt werden, genauso durch die Benutzung von *BOTOLIST* oder *BOTOCYL* für Kosmetika die Unterscheidungskraft oder Wertschätzung der älteren bekannten Marke *BOTOX*[1660] für ein pharmazeutisches Faltenbehandlungsmittel sowie durch die Benutzung von *VIAGUARA* für alkoholfreie und alkoholische Getränke die ältere, für medizinische Potenzmittel berühmte Marke *VIAGRA*[1661]. **1502**

Weiter würden durch die Eintragung von *KENZO* oder *KENZO ESTATE* für Wein, alkoholische Getränke, hochpreisige Lebensmittel (wie Olivenöl und Weinessig) sowie damit zusammenhängende Informations-, Veröffentlichungs- und Bereitstellungs-DL wegen Trittbrettfahrens die Wertschätzung der insb für außerordentlich exklusive Lederwaren und Bekleidung bekannten Marke *KENZO* ohne rechtfertigenden Grund in unlauterer Weise ausgenutzt, ebenso durch den Schutz von *BEATLE* für Rollstühle die Wertschätzung der für Ton-, Videoaufnahmen und Filme sehr bekannten, ja **1503**

1655 EuG, 13.5.2020, T-288/19 – IPANEMA/Ipanema, Rn 72–75. Nationale Marken und Unionsmarken gewähren nämlich verschiedene Schutzrechte, die unterschiedlichen Regeln unterliegen und deren Eintragung unabhängigen Prüfungsverfahren folgen.
1656 EuG, 6.2.2007, T-477/04 – TDK/TDK, Rn 53, 56–67; bestätigt durch EuGH, 12.12.2008, C-197/07 P.
1657 EuG, 10.5.2007, T-47/06 – nasdaq/NASDAQ, Rn 47–51, 60–64; bestätigt durch EuGH, 12.3.2009, C-320/07 P.
1658 EuG, 16.4.2008, T-181/05 – CITI/CITIBANK.
1659 EuG, 19.6.2008, T-93/06 – MINERAL SPA/SPA, Rn 40–45; EuG, 25.3.2009, T-21/07 – SPALINE/SPA, Rn 37–40; s.a. EuG, 27.10.2016, T-625/15 – SPA VILLAGE/SPA; EuG, 25.3.2009, T-109/07 – SPA THERAPY/SPA.
1660 EuG, 16.12.2010, T-345/08 und T-357/08 – BOTOLIST und BOTOCYL/BOTOX; bestätigt durch EuGH, 10.5.2012, C-100/11 P.
1661 EuG, 25.1.2012, T-332/10 – VIAGUARA/VIAGRA. S.a. EuG, 3.5.2018, T-662/16 – Styriagra/VIAGRA.

berühmten älteren *BEATLES* -Marken[1662]. Zudem wurden zwischen der für Lederwaren und Bekleidung eingetragenen jüngeren Marke *TASER* und der gleichnamigen älteren, für nicht tödliche elektronische Waffen in der Union sehr bekannten Marke die Voraussetzungen des Art. 8 Abs. 5 UMV bejaht[1663].

1504 Auch durch die Registrierung von *Carrera* für mobile Navigationsgeräte, Geräte zur Aufzeichnung, Übertragung, Wiedergabe von Ton, Bild, DV-Geräte usw würde eine Gefahr des Imagetransfers zum Nachteil der einem bedeutenden Teil des Publikums für Kraftfahrzeuge bekannten älteren Marken *CARRERA* entstehen[1664]. Dasselbe gilt hinsichtlich der Anmeldung von *BeyBeni* für elektrische Geräte in Konkurrenz zu der älteren, in Spanien für Sonnenbrillen hochberühmten Marke *Ray Ban*, noch dazu bei ähnlicher grafischer Gestaltung[1665], sowie für die Anmeldung von *IPANEMA* für (Sonnen-) Brillen gegenüber der älteren, in Spanien für Sandalen bekannten Marke *Ipanema*[1666].

1505 Zudem kann die für Schnellimbissrestaurants bekannte Marke *McDONALD'S* – auch aufgrund einer Familie von in Deutschland und in Großbritannien benutzten »Mc«-Zeichen – die Nichtigkeit der jüngeren Marke *MACCOFFEE* für Lebensmittel bewirken, da die Gefahr besteht, dass diese durch *Trittbrettfahren* die Unterscheidungskraft und Wertschätzung der älteren Marke ausnutzt. Es besteht nämlich aufgrund der Nähe der Eingangselemente »MAC« und »Mc« bereits eine für Art. 8 Abs. 5 UMV ausreichende, wenn auch geringe Zeichenähnlichkeit, und die jüngere Marke weist mit dem Element »MAC« Eigenschaften auf, die sie mit der älteren in Verbindung bringen kann[1667]. Weiter steht die in Belgien für Lagerbier sehr bekannte Marke *PRIMUS* der

---

1662 EuG, 22.1.2015, T-393/12 und T-322/13 – KENZO/KENZO, Rn 41–61 bzw 39–48; EuG, 2.12.2015, T-414/12, T-522/13 und T-528/13 – KENZO ESTATE/KENZO, Rn 50–59 bzw Rn 33–39; letzteres bestätigt durch EuGH, 21.7.2016, C-87/16 P; EuG, 29.3.2012, T-369/10 – BEATLE/BEATLES; bestätigt durch EuGH, 14.5.2013, C-294/12 P; s.a. EuG, 6.7.2012, T-60/10 – ROYAL SHAKESPEARE/RSC-ROYAL SHAKESPEARE COMPANY.

1663 EuG, 28.5.2020, T-342/19 – TASER/TASER, Rn 46–49. Obwohl die konkurrierenden Waren nicht ähnlich sind, besteht zwischen ihnen eine gewisse Nähe, da einige der jüngeren Marke auch von den Fachkreisen der älteren verwendet werden könnten. Zudem ist die Bekanntheit der älteren Marke so groß, dass sie in Bezug auf die von ihr geschützten Waren über den maßgeblichen Verkehr hinausgeht. Dasselbe gilt selbst hinsichtlich von Handwerkzeug und Besteck der jüngeren Marke; EuG, 28.5.2020, T-341/19 – TASER/TASER, Rn. 47–67.

1664 EuG, 27.11.2014, T-173/11 – Carrera/CARRERA, Rn 68–73; bestätigt durch EuGH, 21.1.2016, C-50/15 P.

1665 EuG, 8.5.2018, T-721/16 – BeyBeni/Ray Ban.

1666 EuG, 13.5.2020, T-288/19 – IPANEMA/Ipanema; Rn 57–62. Dagegen unterscheiden sich Schutzbrillen als persönliche Sicherheitsausrüstungen für die Arbeitswelt hinsichtlich ihres Zwecks und ihrer Vertriebskanäle so deutlich von Sandalen, dass der Verkehr keine Beziehung zwischen den konkurrierenden Warengruppen herstellen wird; Rn 63–65.

1667 EuG, 5.7.2016, T-518/13 – MACCOFFEE/McDONALD'S. So hat der Inhaber der älteren Marke in der relevanten Zeit Marken mit dem Präfix »Mc« in Kombination mit einem anderen Wort für entspr Waren und DL auf Werbematerialien benutzt, nämlich

Anmeldung von *PRIMUS* für Spiel- und Vergnügungsautomaten entgegen, zumal eine gewisse Komplementarität zwischen den Waren besteht.[1668]

Eine gemeinsame ungewöhnliche, veraltete Schriftart mit eleganten Schnörkeln und Verzierungen (zB der für die älteren *Coca-Cola* -Bildmarken verwendete Spenserian-Schriftzug, die bis 1925 offizielle Schulschreibschrift der USA) kann durch Verwendung gemeinsamer Elemente, wie einen Schweif unter den wechselseitigen Anfangsbuchstaben, zu der für Art. 8 Abs. 5 UMV nur erforderlichen geringen Ähnlichkeit ansonsten vollständig abweichender Zeichen führen, was ein Trittbrettfahren des Anmelders des Bildzeichens *Master* belegen kann[1669]. Die Benutzung einer Marke außerhalb der Union (zB in Syrien und im Mittleren Osten) kann mit berücksichtigt werden, um festzustellen, ob sie die Unterscheidungskraft oder die Wertschätzung von bekannten älteren Marken in unlauterer Weise ausnutzen oder beeinträchtigen würde. Denn die *Verwendung dieser Marke irgendwo auf der Welt* kann ein Indiz dafür darstellen, wie sie in der Union möglicherweise verwandt werden könnte[1670]. **1506**

Auch ein älteres Recht, das hohe Bekanntheit in Deutschland für die Entwicklung von Normen, Standards und Regeln der Technik als DL für Wirtschaft, Staat und Gesellschaft genießt, wie zB *DIN*, kann unähnliche technische Waren einer jüngeren Anmeldung verhindern[1671]. Dasselbe gilt gegenüber der Anmeldung von *ADLON* für **1507**

»McMUFFIN, McRib, Mcflurry, Chicken McNuggets, McChicken, EGG McMUFFIN« in Deutschland und »Mcflurry, Chicken McNuggets, McChicken, EGG McMUFFIN« in Großbritannien. Dieses Urteil des EuG erscheint jedoch nicht unproblematisch, weil es dem häufig verbreiteten generischen Namenszusatz »Mc«, der im Gälischen für »Sohn von« steht, bereits als solchen einen viel zu hohen Schutzbereich einräumt. Zudem waren die im Verfahren vorgelegten Nachweise für Benutzung und Bekanntheit der zur Markenfamilie gehörenden »Mc«-Marken eher rudimentär.

1668 EuG, 9.9.2020, T-669/19 – PRIMUS/PRIMUS, zumal die benutzen Bildmarken, bei denen jeweils das Wort »PRIMUS« im Zentrum steht, den kennzeichnenden Charakter der eingetragenen älteren Wortmarken nicht verändert haben.

1669 EuG, 11.12.2014, T-480/12 – Master/Coca-Cola. Soweit das EuG jedoch Material über die aktuelle Benutzung der angegriffenen Marke im Widerspruchsverfahren mit berücksichtigt, ist dies eindeutig systemwidrig, da es hier – im Unterschied zum Verletzungsverfahren – nur auf die Anmeldung und nicht deren Benutzung ankommt.

1670 EuG, 7.12.2017, T-61/16, Master/Coca-Cola II; Rn 80–108. Es ist daher nach Ansicht des EuG vorhersehbar, wie die Anmelder die Marke nach ihrer Eintragung in der Union benutzen wird, zumal er – trotz Vorhalte des Widersprechenden – keine Angaben über eine anderweitige, von der bisherigen abweichende Benutzung in Europa gemacht hat. Daher besteht die Gefahr eines Trittbrettfahrens, wenn man die jetzige Art und Weise der Benutzung berücksichtigt. Denn diese weist – auch wenn sie von der angemeldeten Form abweicht – eine deutliche bildliche Ähnlichkeit zu den älteren Marken auf. Diese Ansicht ist mE sehr kühn, verlässt das EuG nämlich eindeutig den markenrechtlichen (rein registerrechtlichen) Bereich und wagt sich in das Lauterkeitsrecht hinein, also in den Bereich der möglichen Verletzung durch eine von der Eintragung deutlich abgewandelte Form.

1671 EuG, 10.2.2015, T-85/14 – DINKOOL/DIN, Rn 65–75. Der Verkehr könnte nämlich glauben, dass die Anmeldewaren in Übereinstimmung mit DIN-Normen hergestellt

Sanitär- und Badanlagen aufgrund der älteren, in Deutschland für DL der Hotellerie und Restauration hoch bekannten Marke *ADLON*.[1672]

1508   Schließlich scheiterte die für Sicherheitsschuhe begehrte Anmeldung der Positionsmarke von *zwei parallelen Streifen auf einem Schuh* an der seit 1949 vertriebenen älteren Bildmarke *Drei parallele Streifen auf Schuhen*, die eine große Bekanntheit auf dem Sportschuhmarkt besitzt, was auch ihren Schutzumfang erhöht, weil die Gefahr einer unlauteren Ausnutzung der älteren Marke im Wege eines Trittbrettfahrens besteht[1673]. Selbst die in Spanien für Konditorwaren außerordentliche Wertschätzung genießende ältere Unionsbildmarke *OREO* kann die Bildanmeldung von *gullón TWINS COOKIE SANDWICH* für Kekse verhindern, weil in beiden Zeichen das sehr ähnliche Bildelement eines Kekses im Zentrum steht, so dass die Gefahr einer unlauteren Ausnutzung des außerordentlichen Renommees der älteren Marke existiert, zumal sich die Waren in denselben Verkaufsstätten begegnen[1674].

1509   *Dagegen* wurde die Anwendung von Art. 8 Abs. 5 UMV vom EuG schon mangels ausreichender Markenähnlichkeit sowohl zwischen der Anmeldung des Bildzeichens *CAMELO* für Röstkaffee und den älteren bekannten spanischen *CAMEL*-Marken[1675] für Zigaretten als auch zwischen der Bildanmeldung *B* und der älteren Marke einer *geflügelten Sanduhr* verneint, da diese mit wenigen Ausnahmen nur zusammen mit dem Wort »longines« benutzt wurde[1676].

1510   Weiter spricht der große Abstand von DL, die für *verschiedene Verkehrskreise* bestimmt und daher nicht komplementär sind, wie einerseits Glücksspiele und andererseits DL im Bereich von Wissenschaft und Technik sowie Forschung und Entwicklung, schon gegen das Bestehen einer gedanklichen Verknüpfung zwischen der jüngeren Marke *Lottoland* und den älteren bekannten polnischen Marken *LOTTO*, so dass eine der Voraussetzungen für die Anwendung von Art. 8 Abs. 5 UMV, nämlich das Bestehen einer Verbindung zwischen den streitigen Zeichen, nicht erfüllt ist[1677]. Dasselbe galt im Konflikt zwischen der Anmeldung *PUMA-System* und den für Bekleidung und Schuhwaren hochberühmten älteren Bildmarken *PUMA* angesichts der ange-

---

worden sind, so dass die Anmeldung in unlauterer Weise den guten Ruf des älteren Zeichens im geschäftlichen Verkehr in Deutschland ausnutzen würde. Problematisch ist mE allerdings, wenn das EuG diese Feststellung zu einem Kennzeichenrecht nach Art. 8 Abs. 4 UMV und nicht zur eingetragenen Marke trifft.

1672 EuG, 9.9.2020, T-144/19 – ADLON/ADLON, zumal zwischen den konkurrierenden Waren und DL eine Verknüpfung in Form eines Ergänzungsverhältnisses besteht.
1673 EuG, 1.3.2018, T-629/16 – Zwei parallele Streifen auf einem Schuh/Drei parallele Streifen auf Schuhen II.
1674 EuG, 28.5.2020, T-677/18 – gullón TWINS COOKIE SANDWICH/OREO.
1675 EuG, 30.1.2008, T-128/06 – CAMELO/CAMEL; bestätigt durch EuGH, 30.4.2009, C-136/08 P.
1676 EuG, 12.2.2015, T-505/12 – B/Geflügelte Sanduhr, Rn 101–128.
1677 EuG, 11.11.2020, T-820/19 – Lottoland/LOTTO, Rn 61, 68–70. So richten sich die einen DL an die breite Öffentlichkeit, während sich die anderen an ein Fachpublikum wenden.

meldeten sehr spezialisierten technischen Waren und DL, die sich an Fachleute der Industrie richten[1678]. Schließlich werden die maßgeblichen Verkehrskreise wegen der deutlichen *Verschiedenartigkeit* von Beleuchtung, Fahrzeugscheinwerfern einerseits und Versicherungsdiensten andererseits *keine Verbindung* zwischen den Marken *VertiLight* und *VERTI* herstellen[1679]

6. Markenanmeldungen ungetreuer Vertreter

Auf Widerspruch des Markeninhabers ist von der Eintragung auch eine Marke ausgeschlossen, die der Agent oder *Vertreter* des Markeninhabers ohne dessen Zustimmung auf seinen eigenen Namen anmeldet, es sei denn, dass der Agent oder Vertreter seine Handlungsweise rechtfertigt (Art. 8 Abs. 3 UMV, Art. 46 Abs. 1b UMV). Das EUIPO hat dabei *alle Umstände des Einzelfalls* im Lichte des Rechts zu prüfen, das für die zwischen den Beteiligten bestehenden Rechts- und Handelsbeziehungen gilt[1680]. **1511**

Ein Widerspruch auf dieser Grundlage hat nach Auffassung des EuG nur dann Erfolg, wenn erstens der *Widersprechende Inhaber der älteren Marke* ist, zweitens der Anmelder der Marke Agent oder *Vertreter des Markeninhabers* ist oder war, drittens der Agent oder *Vertreter* des Markeninhabers diese *ohne* dessen *Zustimmung auf seinen eigenen Namen angemeldet* hat, *ohne* dass die Handlungsweise des Agenten oder Vertreters *gerechtfertigt* wäre, und viertens die Anmeldung *hauptsächlich identische oder ähnliche Zeichen und Waren* betrifft. Diese Voraussetzungen sollen kumulativ sein[1681]. **1512**

Die *ältere Marke* und die *vom ungetreuen Agenten oder Vertreter angemeldete müssen nicht identisch,* sondern *können auch nur ähnlich* sein, was sich aus der Entstehungsgeschichte von GMV und Art. 6^{septies} PVÜ ergibt. Dasselbe gilt für die *Waren und DL,* die ebenfalls nur ähnlich zu sein brauchen. Die Union ist nämlich verpflichtet, Art. 8 Abs. 3 UMV im Licht des Wortlauts und des Zwecks der PVÜ auszulegen. Der Zweck von Art. 8 Abs. 3 UMV besteht darin, den *Missbrauch der älteren Marke durch den Agenten oder Vertreter ihres Inhabers zu verhindern,* da diese die Kenntnisse **1513**

1678 EuG, 10.3.2021, T-71/20 – PUMA-System/PUMA, Rn 49–96. Dagegen war der Widerspruch hinsichtlich ua Computer-Hardware, Computer, DV-Geräten erfolgreich, da diese es ermöglichen, während des Sporttrainings Musik oder Unterhaltungsprogramme zu hören, damit die Sportergebnisse zu optimieren und die Ausübung einer Sportart angenehmer zu gestalten, und daher wegen ihrer starken Komplementarität und großen Nähe eng mit Sportschuhen und -bekleidung verbunden sind.

1679 EuG, 28.4.2021, T-644/19 – VertiLight/VERTI, Rn 38–41, 94–102. Da der notwendige Zusammenhang fehlt, ist die Benutzung der jüngeren Marke nicht geeignet, die Unterscheidungskraft oder die Wertschätzung der älteren in unlauterer Weise auszunutzen oder zu beeinträchtigen.

1680 S. EuG, 6.9.2006, T-6/05 – FIRST DEFENSE AEROSOL PEPPER PROJECTOR/FRIST DEFENSE I, Rn 50; EuG, 9.7.2014, T-184/12 – HEATSTRIP/HEATSTRIP, Rn 20–32; wo die BK australisches Common Law aufgrund von Informationen aus dem World Trademark Yearbook 2006 zugrunde gelegt hat.

1681 EuG, 13.4.2011, T-262/09 – FIRST DEFENSE AEROSOL PEPPER PROJECTOR/FIRST DEFENSE II, Rn 61.

und die Erfahrung, die sie während der Geschäftsbeziehung zwischen dem Markeninhaber und ihnen erworben haben, ausnutzen und dadurch *ungerechtfertigt Vorteile*
aus den von ihm erbrachten Anstrengungen und Investitionen ziehen könnten. Es
kann nicht davon ausgegangen werden, dass ein solcher Missbrauch nur dann eintreten kann, wenn die ältere Marke und die vom Agenten oder Vertreter ihres Inhabers angemeldete Marke identisch sind, nicht aber dann, wenn sie ähnlich sind[1682].

1514   Die in Art. 8 Abs. 3 UMV verwendeten *Begriffe Agent* und *Vertreter* sind *weit auszulegen*, um alle Arten vertraglicher Gestaltungen zu erfassen, bei der die eine Seite
die Interessen der anderen Seite wahrnimmt, unabhängig von der Qualifizierung des
Vertragsverhältnisses zwischen dem Inhaber oder dem Auftraggeber auf der einen
und dem Markenanmelder auf der anderen Seite. Es ist ausreichend, wenn zwischen
den Parteien eine Vereinbarung über eine geschäftliche Zusammenarbeit besteht, die
ein *Treuhandverhältnis* beinhaltet und dem Anmelder entweder ausdrücklich oder
implizit eine allgemeine Treuepflicht zur Wahrnehmung der Interessen des Markeninhabers auferlegt[1683].

1515   Dabei reicht eine *stillschweigende Vereinbarung* über eine geschäftliche Zusammenarbeit, so dass das Nichtvorhandensein eines von den Beteiligten unterzeichneten
förmlichen Vertriebs- oder Agenturvertrags das Bestehen eines bindenden Vertragsverhältnisses nicht ausschließt, wenn dieses aufgrund der Geschäftskorrespondenz
zwischen den Beteiligten nachgewiesen werden kann[1684]. Eine Vereinbarung über

---

1682 EuG, 15.10.2018, T-7/17 – MINERAL MAGIC/MAGIC MINERALS BY JEROME
     ALEXANDER, Rn 24–37. Ob die Auslegung eine Zeichenidentität erfordert, erscheint
     mE jedoch sehr fraglich. EuGH, 11.11.2020, C-809/18 P – MINERAL MAGIC/MAGIC
     MINERALS BY JEROME ALEXANDER, Rn 55–76, 99. Zwar wird in Art. 6^septies
     PVÜ in der maßgebenden französischen Fassung zur Bezeichnung der älteren Marke,
     wenn sie vom Agenten oder Vertreter des Inhabers der älteren Marke auf seinen eige-
     nen Namen angemeldet wird, der Ausdruck »cette marque« (diese Marke) verwendet,
     jedoch geht aus den Akten der Konferenz von Lissabon, die vom 6. bis 31.10.1958 zur
     Revision der PVÜ stattfand und in deren Verlauf Art. 6^septies eingeführt wurde, hervor,
     dass unter diese Bestimmung auch eine vom Agenten oder Vertreter des Inhabers der
     älteren Marke angemeldete Marke fallen kann, wenn diese der älteren ähnlich ist. Des-
     halb hat der EuGH das Urteil des EuG vom 15.10.2018, T-7/17, aufgehoben, das zu
     einem entgegengesetzten Ergebnis gekommen war.
1683 EuGH, 11.11.2020, C-809/18 P – MINERAL MAGIC/MAGIC MINERALS BY
     JEROME ALEXANDER, Rn 84, 85. Im entschiedenen Fall bestanden zwischen dem
     Inhaber der angegriffenen Marke und dem Inhaber der älteren eine Vertriebsvereinba-
     rung, eine Wettbewerbsverbotsklausel und Bestimmungen über die Rechte des geistigen
     Eigentums des Inhabers der älteren Marke an den betr Waren, so dass der Inhaber der
     angegriffenen Marke als Agent des Inhabers der älteren Marke anzusehen war; Rn 86–88.
1684 EuG, 9.7.2014, T-184/12 – HEATSTRIP/HEATSTRIP, Rn 58, 59–67. Der Haupt-
     gegenstand der Geschäftskorrespondenz war nicht der Kauf und Verkauf von Waren,
     sondern die Schaffung der Grundlage für einen umfassenden Vertrieb der Produkte
     durch den Anmelder – durch Herstellung von Werbematerial und Ausstellung auf einer
     Messe – und die dem Anmelder vom Widersprechenden hierzu geleistete »Hilfe«. Ohne

eine geschäftliche Zusammenarbeit mit einer Treuepflicht kann nämlich selbst dann vorliegen, wenn *kein Auftragsverhältnis* oder *keine Ausschließlichkeitsklausel* besteht. Auch dass der Anmelder nicht in die Vertriebsstruktur des Widersprechenden eingebunden war, *keinem Wettbewerbsverbot* unterlag und die Kosten des Verkaufs und der Bewerbung der Produkte zu tragen hatte, ändert nichts daran[1685].

Die Vereinbarung zwischen den Parteien muss bei Anmeldung der Marke nicht mehr in Kraft sein, sofern zu diesem Zeitpunkt ein *nachwirkendes Treueverhältnis* besteht, so dass der Markeninhaber selbst nach Ablauf des Vertragsverhältnisses, aus dem sich ein Treueverhältnis ergab, geschützt bleibt. Dem Widersprechenden obliegt die *Beweislast* für das Bestehen eines Vertretungsverhältnisses[1686].   **1516**

Diese Bestimmung soll den *Missbrauch einer Marke* durch den Agenten/Vertreter des Markeninhabers *verhindern*, da dieser die Kenntnisse und die Erfahrung, die er während der ihn mit dem Markeninhaber verbindenden Handelsbeziehung erworben hat, ausnutzen und damit ungerechtfertigt Vorteile aus den vom Markeninhaber selbst evt erbrachten Anstrengungen und Investitionen ziehen könnte[1687].   **1517**

Die mögliche *Zustimmung zur Anmeldung* der Marke auf den Namen des Vertreters oder Agenten muss *eindeutig, präzise und unbedingt* sein. Jedenfalls stellt eine bloße Einwilligung des Markeninhabers in die Benutzung seines Zeichens noch keinesfalls eine Zustimmung zur Eintragung dieses Zeichens auf den Namen des Nutzungsberechtigten dar[1688].   **1518**

Handelt der Anmelder aber *völlig unabhängig*, ohne jede Beziehung zum Markeninhaber, so ist er nicht als Agent anzusehen. Somit ist ein bloßer *Abnehmer oder Kunde des Inhabers kein Agent* oder Vertreter, da diese Personen keine besondere Treueverpflichtung ihm gegenüber haben[1689].   **1519**

Ist eine Unionsmarke für den Agenten oder Vertreter des Markeninhabers ohne dessen Zustimmung eingetragen worden, so ist der Markeninhaber gemäß Art. 21 Abs. 1 UMV berechtigt, die *Übertragung* der Eintragung der Unionsmarke *zu seinen Gunsten zu verlangen*, es sei denn, dass der Agent oder Vertreter seine Handlungsweise rechtfertigt. Dies kann er wegen Art. 21 Abs. 2a UMV beim EUIPO nach Art. 60 Abs. 1b UMV anstelle eines Antrags auf Erklärung der Nichtigkeit beantragen oder gemäß Art. 21 Abs. 2b UMV bei einem Unionsmarkengericht nach Art. 123 UMV anstelle einer Widerklage auf Erklärung der Nichtigkeit auf der Grundlage von Art. 128 Abs. 1   **1520**

---

   enge Zusammenarbeit mit dem Widersprechenden hätte der Anmelder nicht die Basis für einen erfolgreichen Produktvertrieb schaffen können.

1685 EuG, 9.7.2014, T-184/12 – HEATSTRIP/HEATSTRIP, Rn 69, 70.

1686 EuG, 13.4.2011, T-262/09 – FIRST DEFENSE AEROSOL PEPPER PROJECTOR/ FIRST DEFENSE II, Rn 64–67.

1687 EuG, 14.2.2019, T-796/17 – MOULDPRO/MOULDPRO, Rn 24.

1688 EuG, 29.11.2012, T-537/10 und T-538/10 – FAGUMIT/FAGUMIT, Rn 22, 23–28.

1689 EuG, 13.4.2011, T-262/09 – FIRST DEFENSE AEROSOL PEPPER PROJECTOR/ FIRST DEFENSE II, Rn 64. EuG, 14.2.2019, T-796/17 – MOULDPRO/MOULD-PRO, Rn 23.

UMV. Er steht sich also von der Priorität her wesentlich besser, als wenn er – auf Art. 8 Abs. 3 UMV gestützt – nur die Löschung der auf den Agenten eingetragenen Marke erreichen würde, um danach selbst eine Neuanmeldung zu tätigen. Auch eine Person, die durch die Eintragung einer unter Beeinträchtigung ihrer Rechte oder unter Verletzung einer gesetzlichen oder vertraglichen Pflicht angemeldeten Unionsmarke geschädigt wurde, kann nach nationalem (hier: spanischem) Recht die Übertragung der Inhaberschaft dieser Marke verlangen[1690].

7. Nicht eingetragene Marken und sonstige Kennzeichenrechte

1521   Auf Widerspruch des *Inhabers* einer *nicht eingetragenen Marke* oder eines sonstigen im *geschäftlichen Verkehr benutzten Kennzeichenrechts von mehr als lediglich örtlicher Bedeutung* ist die Anmeldung von der Eintragung ausgeschlossen, wenn und soweit nach dem für den Schutz des Kennzeichens *maßgeblichen Recht* der *Union* oder des *Mitgliedstaats* Rechte an diesem Kennzeichen vor dem Tag der Anmeldung der Unionsmarke, ggf vor dem Tag der für die Anmeldung der Unionsmarke in Anspruch genommenen Priorität, erworben worden sind, und dieses Kennzeichen seinem Inhaber das *Recht verleiht*, die Benutzung einer jüngeren Marke zu untersagen (Art. 8 Abs. 4 UMV, Art. 46 Abs. 1c UMV)[1691].

1522   Diese vier Voraussetzungen beschränken die Zahl der sonstigen Zeichen, die geltend gemacht werden können, um die Eintragung einer Unionsmarke für das gesamte Unionsgebiet gemäß Art. 1 Abs. 2 UMV zu verhindern. Da sie *kumulativ* gelten, reicht es für die Zurückweisung eines Widerspruchs aus, dass eine einzige Voraussetzung nicht erfüllt ist[1692]. Jedoch muss das Amt die *Art des Widerspruchszeichens genau bestimmen*. Irrt es sich, macht dies seine Entscheidung fehlerhaft[1693].

1523   Das nicht eingetragene Zeichen muss so *benutzt* werden, dass es vom Verkehr als *Hinweis auf die betriebliche Herkunft* der geltend gemachten Waren verstanden wird. So wird das Publikum zB das nicht eingetragene Zeichen *geographic* nicht als eigenständiges Zeichen in dem benutzten zusammengesetzten Bildzeichen »NAPAPIJRI geographic« ansehen, da es dort eine deutlich untergeordnete Stellung einnimmt, während das Element »NAPAPIJRI« optisch dominiert[1694].

1524   Widerspruch kann von den *Inhabern* dieser älteren Marken oder Kennzeichenrechte sowie von den Personen erhoben werden, die nach dem anzuwendenden nationalen Recht berechtigt sind, diese Rechte geltend zu machen.

1690 EuGH, 23.11.2017, C-381/16 – SHOWER Green/SHOWER Green, Rn 33–38.

1691 Dieses Widerspruchsrecht spielt keine große Rolle. Lediglich 0,9 % der vor dem EUIPO erhobenen Widersprüche werden ausschließlich darauf gestützt.

1692 EuG, 7.5.2013, T-579/10 – makro/macros consult GmbH, Rn 54 mwN.

1693 EuG, 3.10.2017, T-453/16 – 520Barcode Hellas/520, Rn 32–73. Dies gilt zB, wenn das Widerspruchrecht fälschlicherweise nicht als »sonstiges Zeichen«, wie in der Widerspruchsschrift benannt, sondern als »nicht eingetragene Marke«, »Strichcode« oder »Ziff« angesehen wurde.

1694 EuG, 10.11.2021, T-517/20 – NATIONAL GEOGRAPHIC/geographic, Rn 25–38.

Es sind sowohl die *nationalen Rechtsvorschriften*, die wegen der in Art. 8 Abs. 4 UMV **1525** enthaltenen Verweisung anwendbar sind, als auch die in dem betr Mitgliedstaat ergangenen *gerichtlichen Entscheidungen* sowie die juristische Literatur zu berücksichtigen. Auf dieser Grundlage muss der Inhaber des älteren Rechts dartun, dass das fragliche Kennzeichenrecht in den Anwendungsbereich des geltend gemachten Rechts des Mitgliedstaats fällt und dass es die Untersagung der Benutzung einer jüngeren Marke erlaubt[1695]. Hierzu sind wegen Art. 7 Abs. 2d DVUM *konkrete Ausführungen* zu den einzelnen nationalen Gesetzen und den Rechten, die sie gewähren, nötig, eine rein abstrakte Bezugnahme auf eine Tabelle von Rechtsvorschriften reicht nicht aus[1696]. Der Widersprechende muss aber nicht nachweisen, dass dieses Recht ausgeübt worden ist, dass er also tatsächlich ein Verbot einer solchen Benutzung erwirken konnte[1697].

Dass ein Widersprechender formell nur einen *Besitzstand an der Kundschaft* hat, in die **1526** eingegriffen wird, bedeutet nicht, dass er an dem geltend gemachten Zeichen keine Rechte erworben hätte, die es ihm ermöglichen, ggf die Benutzung einer jüngeren Marke zu unterbinden.

Aus der nationalen Rspr kann sich sogar ergeben, dass ein Zeichen für Waren oder **1527** DL ein *Ansehen auf dem Markt* besitzen kann, obgleich es *ursprünglich beschreibend*, ohne Unterscheidungskraft oder ein Gattungsbegriff war und obgleich es von mehreren Wirtschaftsteilnehmern im Rahmen ihrer Geschäftstätigkeit benutzt wird[1698].

Das *EUIPO* hat die *Befugnis* und die *Verpflichtung*, auf jegliche von ihm als angemessen **1528** erachtete Art und Weise den Inhalt, die Tatbestandsvoraussetzungen und die Tragweite der vom Widersprechenden geltend gemachten Rechtsvorschriften zu prüfen[1699].

1695 EuG, 28.10.2015, T-96/13 – Маска/Маска (Maske), Rn 29 mwN. Die Prüfung, inwieweit die in einem Mitgliedstaat geschützte nicht eingetragene ältere Marke ihrem Inhaber das Recht verleiht, die Benutzung einer jüngeren Marke zu untersagen, hat anhand des nationalen Recht des Mitgliedstaats, in dem das geltend gemachte Zeichen benutzt wurde, zB also im deutschen Recht einschl der nationalen Rspr und Literatur, festgelegten Kriterien zu erfolgen und nicht anhand der Rspr von EuGH und EuG zur Anwendung der UMV.

1696 EuG, 29.6.2016, T-727/14 und T-728/14 – animal/ANIMAL; bestätigt durch EuGH, 31.1.2017, C-485/16 P; EuG, 28.4.2021, T-284/20 – HB Harley Benton/HB, Rn 137–145; EuG, 6.4.2022, T-118/21 – HALIX RECORDS/HALIX RECORDS, Rn 57–68.

1697 EuGH, 10.7.2014, C-325/13 P und C-326/13 P – Peek & Cloppenburg/Peek & Cloppenburg, Rn 46–48; EuG, 7.5.2013, T-579/10 – makro/macros consult GmbH, Rn 56 mwN; EuG, 28.10.2015, T-96/13 – Маска/Маска (Maske), Rn 29–39.

1698 EuG, 11.6.2009, T-114/07 – LAST MINUTE TOUR/LASTMINUTE.COM, Rn 47, 49–53; EuG, 9.12.2010, T-303/08 – Golden Elephant Brand/GOLDEN ELEPHANT II, Rn 91–93; bestätigt durch EuGH, 29.11.2011, C-76/11 P; EuG, 18.1.2012, T-304/09 – BASmALI/BASMATI, Rn 26, 28; EuG, 30.9.2015, T-136/14 – BASmALI/BASMATI II, Rn 27–31. In den entschiedenen Fällen war die Rechtsgrundlage die britische Trade Marks Act 1994, Section 5 (4).

1699 EuG, 28.10.2015, T-96/13 – Маска/Маска (Maske), Rn 32; EuG, 29.6.2016, T-567/14 – GROUP Company TOURISM & TRAVEL/GROUP Company TOURISM & TRAVEL, Rn 69–83; bestätigt durch EuGH, 19.4.2018, C-478/16 P.

1529 Als nicht eingetragene Marke kommt für den deutschen Rechtskreis zB die *Benutzungsmarke* (§ 4 Nr 2, § 14 MarkenG) in Betracht, die ein Recht auf Untersagung des Gebrauchs der Marke mit jüngerem Zeitrang gewährt (§ 12 MarkenG)[1700]. Einer reinen *Warenverpackung* von *Aspirin*-Tabletten hat das EuG jedoch dieses Untersagungsrecht verweigert, da nicht nachgewiesen war, dass nach deutschem Recht die bloße Benutzung von Verpackungen im geschäftlichen Verkehr deren Anerkennung »als Marke« iSv § 4 Nr 2 MarkenG entspricht[1701].

1530 Als *sonstige Kennzeichenrechte* benennt § 5 MarkenG für Deutschland Unternehmenskennzeichen, Geschäftsabzeichen und Werktitel.

1531 *Unternehmenskennzeichen* sind Zeichen, die im geschäftlichen Verkehr als Name, als Firma oder als besondere Bezeichnung eines Geschäftsbetriebs oder eines Unternehmens benutzt werden, was durch einen Handelsregisterauszug belegt werden kann[1702]. Die Verbraucher sind nämlich regelmäßig nicht in der Lage, eine Marke und ein *Firmenkennzeichen* schon aufgrund ihres unterschiedlichen Charakters zu unterscheiden. Letzteres wird nämlich nicht nur zur Kennzeichnung der Firma, sondern auch zu der von ihr hergestellten Waren verwandt[1703].

1532 *Hohe Bekanntheit* genießt in Deutschland zB das Kennzeichenrecht *DIN* für die Entwicklung von Normen, Standards und Regeln der Technik als DL für Wirtschaft, Staat und Gesellschaft[1704].

1533 Jedoch reichen weder die *Eintragung einer Firma im Handelsregister* noch ein Antrag auf Anmeldung einer Marke beim DPMA noch ein isolierter Schriftwechsel mit diesem für das Erfordernis einer Benutzung im geschäftlichen Verkehr nach § 5 MarkenG aus[1705].

1700 EuG, 28.10.2015, T-96/13 – Маска/Маска (Maske), Rn 25–28.
1701 EuG, 24.10.2018, T-261/17 – SALOSPIR/Aspirin, Rn 116–131. Außerdem war nach Ansicht des EuG weder nachgewiesen, dass das deutsche Recht dahin auszulegen ist, dass die nicht als Marke eingetragene Verpackung einer Ware dennoch den Schutz einer Marke erhalten kann, wenn die maßgeblichen Verkehrskreise bestimmte Elemente, aus denen die Verpackung besteht, als »Marke« erkennen können, noch war nachgewiesen, dass das deutsche Recht es dem Widersprechenden erlaubt, die Anerkennung der Warenverpackung als »Marke« auf der Grundlage der Wiedererkennung bestimmter Bestandteile davon – wie insb der neutralisierten Warenverpackung – zu belegen, die jedoch nie im geschäftlichen Verkehr als solche verwendet wurden.
1702 EuG, 18.4.2013, T-506/11 und T-507/11 – Peek & Cloppenburg/Peek & Cloppenburg, Rn 29, 31, 38; wegen Störung der Gleichgewichtslage zwischen beiden Zeichen auf dem deutschen Markt, was gegen die guten Sitten verstößt; bestätigt durch EuGH, 10.7.2014, C-325/13 P. und C-326/13 P. S.a. EuG, 14.9.2011, T-279/10 – MEN'Z/ WENZ, Rn 19, 26, 27.
1703 EuG, 24.1.2013, T-474/09 – JACKSON SHOES/JACSON OF SCANDINAVIA AB, Rn 22–25; bestätigt durch EuGH, 12.12.2013, C-159/13 P.
1704 EuG, 10.2.2015, T-85/14 – DINKOOL/DIN, Rn 65–75.
1705 EuG, 7.5.2013, T-579/10 – makro/macros consult GmbH, Rn 81–86.

Geschäftsabzeichen und sonstige zur Unterscheidung des Geschäftsbetriebs von ande-   1534
ren Geschäftsbetrieben bestimmte Zeichen sind solche, die innerhalb der beteiligten
Verkehrskreise als Kennzeichen des Geschäftsbetriebs gelten. Die reine Benutzung als
Produktname reicht aber zum Nachweis der Benutzung einer Geschäftsbezeichnung
oder eines Internetnamens *nicht* aus[1706].

Wegen § 15 Abs. 2 MarkenG muss zudem eine Verwechslungsgefahr zwischen der   1535
älteren geschäftlichen Bezeichnung und der Anmeldung bestehen[1707].

Werktitel sind die Namen oder besonderen Bezeichnungen von Druckschriften, Film-   1536
werken, Tonwerken, Bühnenwerken oder sonstigen vergleichbaren Werken. Ein *Filmtitel*
muss jedoch als betriebliche Herkunftsangabe, also markenmäßig und nicht lediglich
als künstlerische Ursprungsangabe, als schöpferisches Werk zur Unterscheidung des
Films von anderen einer Serie benutzt worden sein.

Aus Art. 8 Abs. 4 UMV iVm Art. 60 Abs. 2 UMV ergibt sich zudem, dass der *urhe-*   1537
berrechtliche Schutz nicht im Rahmen eines Widerspruchsverfahrens, sondern ausschließlich im Rahmen eines Verfahrens auf Nichtigerklärung der fraglichen Unionsmarke geltend gemacht werden kann. Zwar können die *Titel künstlerischer Werke als*
sonstige Kennzeichenrechte iSv Art. 8 Abs. 4 UMV angesehen werden, jedoch ist auch
hier die Bedingung der Benutzung im geschäftlichen Verkehr eine konstitutive Voraussetzung, und sie besteht unabhängig von den Voraussetzungen, die das nationale
Recht für den Erwerb des ausschließlichen Rechts aufstellt. Im Sonderfall der *Werktitel*
setzt die Benutzung voraus, dass das fragliche Werk auf dem betr Markt in den Ländern in den Verkehr gebracht worden ist, wie zB in Deutschland und Schweden, in
denen Filmtitel nicht urheberrechtlich, aber als sonstige Zeichen geschützt werden[1708].

Das *Urheberrecht* stellt dagegen *kein im geschäftlichen Verkehr benutztes Kennzeichenrecht*   1538
dar, was sich aus der Systematik des Art. 60 UMV ergibt. Während dessen Abs. 1c
vorsieht, dass eine Unionsmarke für nichtig erklärt wird, wenn ein in Art. 8 Abs. 4
UMV genanntes älteres Kennzeichenrecht besteht und die Voraussetzungen dieses
Absatzes erfüllt sind, bestimmt Art. 60 Abs. 2c UMV nämlich, dass eine Unionsmarke
ebenfalls für nichtig erklärt wird, wenn ihre Benutzung aufgrund eines *sonstigen* älteren Rechts, insb eines *Urheberrechts*, untersagt werden kann[1709].

Bei der nicht eingetragenen Marke bzw dem sonstigen Kennzeichenrecht sind Art   1539
und Umfang ihrer *Benutzung im geschäftlichen Verkehr* ausführlich darzustellen, wobei
deren Voraussetzungen nicht dieselben sind, wie diejenigen für die ernsthafte Benutzung einer Marke nach Art. 47 Abs. 2 und 3 UMV.

Die Benutzung im geschäftlichen Verkehr bezieht sich auf eine im Zusammenhang   1540
mit einer auf einen *wirtschaftlichen Vorteil gerichteten kommerziellen Tätigkeit* und
nicht lediglich auf eine im privaten Bereich oder firmenintern erfolgte Benutzung des

---

1706 EuG, 19.11.2014, T-344/13 – FUNNY BANDS/FUNNY BANDS, Rn 32–34.
1707 EuG, 16.6.2015, T-229/14 – Yorma Eberl/NORMA, Rn 58–67.
1708 EuG, 30.6.2009, T-435/05 – Dr. No/Dr. No, Rn 40–45.
1709 EuG, 22.6.2010, T-255/08 – JOSE PADILLA/JOSE PADILLA, Rn 65.

älteren Rechts[1710]. Das Zeichen muss gemäß seiner *Hauptfunktion benutzt* werden, die darin besteht, dem Verbraucher die Herkunft der Waren und ihre spezifischen Eigenschaften zu garantieren. Es muss als unterscheidendes Element idS benutzt werden, dass es dazu dienen muss, eine von seinem Inhaber ausgeübte wirtschaftliche Tätigkeit zu identifizieren.

1541 Dabei können selbst *kostenlose Lieferungen* berücksichtigt werden, da diese im Zusammenhang mit einer auf einen wirtschaftlichen Vorteil gerichteten kommerziellen Tätigkeit erfolgt sein können, nämlich zur Eroberung neuer Absatzmärkte. Die Tatsache, dass das benutzte Kennzeichenrecht mit einer Marke identisch ist, bedeutet nicht, dass es nicht im geschäftlichen Verkehr benutzt wird[1711].

1542 Die Voraussetzung der *Benutzung im geschäftlichen Verkehr* und der *überörtlichen Bedeutung* des Zeichens ist anhand der *einheitlichen Maßstäbe des Unionsrechts* und nicht anhand nationaler Vorschriften, wie zB des deutschen Rechts (insb § 12 MarkenG), auszulegen[1712].

1543 Die Benutzung muss in *hinreichend bedeutsamer Weise im geschäftlichen Verkehr* erfolgen, das Zeichen muss also auf dem relevanten Markt *tatsächlich und wirklich präsent* sein. Jedoch bedeutet die Tatsache, dass ein Zeichen seinem Inhaber kein ausschließliches Recht für das gesamte nationale Hoheitsgebiet verleiht, als solche nicht, dass es sich um ein Zeichen von lediglich örtlicher Bedeutung iSv Art. 8 Abs. 4 UMV handelt[1713].

1544 Die *überörtliche Bedeutung* ist nach der *geografischen* und *wirtschaftlichen* Wirkung des Kennzeichenrechts, also nach *Dauer* und *Intensität der Benutzung*, nach dem Kreis der *Adressaten* (Verbraucher, Wettbewerber oder Lieferanten) oder der *Verbreitung* (über Werbung und Internet) zu beurteilen, wobei die Bedeutung in einem *geringen Teil des relevanten Gebiets nicht ausreicht*, wie zB lediglich in einer Stadt (wenn auch mit 120.000 Einwohnern) oder in einer Provinz ohne jegliche Außenwirkung, dh ohne Bekanntheit oder Werbung außerhalb[1714].

1710 EuG, 27.9.2011, T-403/10 – BRIGHTON/BRIGHTON, Rn 26–41; bestätigt durch EuGH, 27.9.2012, C-624/11 P.

1711 EuGH, 29.3.2011, C-96/09 P – BUD/Bud, Rn 142–152. Dass an die Benutzung nicht eingetragener Rechte eigenständige Anforderungen zu stellen sind, ist aber nicht dahin zu verstehen, dass geringere ausreichen, als für eingetragene Marken im Falle des Benutzungsnachweises. Ansonsten würden die Rechte aus eingetragenen Marken ohne rechtfertigenden Grund schlechter gestellt als diejenigen aus nicht eingetragenen, was in der Konsequenz jedes Registersystem grds in Frage stellen würde.

1712 EuGH, 10.7.2014, C-325/13 P und C-326/13 P – Peek & Cloppenburg/Peek & Cloppenburg, Rn 51–55; EuG, 7.5.2013, T-579/10 – makro/macros consult GmbH, Rn 55 mwN; EuG, 9.4.2014, T-144/12 – COMSA/Comsa, S.A., Rn 24 mwN.

1713 EuGH, 10.7.2014, C-325/13 P und C-326/13 P – Peek & Cloppenburg/Peek & Cloppenburg, Rn 50.

1714 S. zB EuG, 6.4.2022, T-208/21 – DORIT/DORIT Fleischereimaschinen GmbH, Rn 29–77. Die eidesstattlichen Versicherungen, die die Umsätze des Klägers enthalten und die von einem Angestellten stammen, der zwischenzeitlich Geschäftsführer des Klägers geworden ist, haben angesichts dessen mangelnder Neutralität nur geringen Beweiswert.

Die Tatsache, dass ein Zeichen seinem Inhaber ein *ausschließliches Recht für das gesamte* **1545** *nationale Hoheitsgebiet* verleiht, reicht als solche für den Nachweis seiner überörtlichen Bedeutung nicht aus[1715].

Ein älteres Recht, das nicht *hinreichend ausgeprägt*, dh im geschäftlichen Verkehr **1546** wichtig und bedeutungsvoll ist, also tatsächlich in bedeutsamer Weise und nicht nur sporadisch im geschäftlichen Verkehr benutzt wurde, kann nämlich der Eintragung einer neuen Unionsmarke nicht entgegenstehen. Denn die Möglichkeit eines Widerspruchs soll auf Zeichen beschränkt sein, die *auf ihrem relevanten Markt tatsächlich und wirklich präsent* sind.

Somit reicht die *Benutzung* des Zeichens *in einem anderen Gebiet* als dem, in dem es **1547** geschützt ist, bei völlig fehlender Benutzung im Schutzgebiet *nicht* aus[1716].

Eine mehr als lediglich örtliche Bedeutung lässt sich durch ein *Netz von Filialen*, die im **1548** gesamten relevanten Gebiet wirtschaftlich tätig sind, aber auch zB durch *Rechnungen*, die außerhalb der Region erstellt worden sind, in der der Inhaber des Kennzeichenrechts seinen Sitz hat, durch *Presseberichte*, die den Grad der Bekanntheit des Zeichens beim Publikum zeigen, oder durch Hinweise in *Reiseführern* auf die Niederlassungen belegen, sowie durch *Telefonbucheinträge* (Gelbe Seiten), *Werbemaßnahmen* oder *Briefe*, die sich auf verschiedene Regionen des relevanten Territoriums beziehen[1717].

Aus Art. 8 Abs. 4 Nr a UMV ergibt sich ausdrücklich, dass das Widerspruchszei- **1549** chen bereits *vor der Anmeldung der Unionsmarke* im geschäftlichen Verkehr *benutzt* worden sein muss. Es genügt keinesfalls, dass dies erst vor deren Veröffentlichung geschieht. Im Hinblick insb auf den langen Zeitraum, der zwischen der Anmeldung der Marke und deren Veröffentlichung vergehen kann, gewährleistet dies besser, dass es sich bei der geltend gemachten Benutzung des fraglichen Zeichens um eine tatsächliche handelt und nicht um eine Umgehungsstrategie, mit der ausschließlich der Zweck verfolgt wird, die Eintragung einer neuen Marke zu verhindern. Außerdem wird eine nur oder zum großen Teil in dem Zeitraum zwischen der Anmeldung und deren Veröffentlichung erfolgte Benutzung des fraglichen Zeichens im Allgemeinen nicht ausreichen[1718].

Das Widerspruchszeichen muss aber auch noch *zu der Zeit, in der der Widerspruch* **1550** *eingelegt* wird, *existieren*. Art. 7 Abs. 2d DVUM sieht ausdrücklich vor, dass im Falle eines Widerspruchs aus Art. 8 Abs. 4 UMV der Widersprechende ua den *Nachweis des Fortbestands des älteren Rechts* erbringen muss. Daher muss das ältere Zeichen noch zum Zeitpunkt der Einreichung des Widerspruchs überörtlich im geschäftli-

---

1715 EuG, 24.3.2009, T-318/06 – GENERAL OPTICA/Generalóptica, Rn 39–42.
1716 EuGH, 29.3.2011, C-96/09 P – BUD/Bud, Rn 156–163; EuG, 14.9.2011, T-279/10 – MEN'Z/WENZ, Rn 20–25.
1717 EuG, 24.3.2009, T-318/06 – GENERAL OPTICA/Generalóptica, Rn 43–45.
1718 EuGH, 29.3.2011, C-96/09 P – BUD/Bud, Rn 164–168; EuG, 7.5.2013, T-579/10 – makro/macros consult GmbH, Rn 70, 71.

chen Verkehr benutzt werden, da ja gerade diese spezielle Benutzung die Grundlage für das aus diesem Zeichen geltend gemachte Recht darstellt[1719].

1551 In Verfahren bzgl relativer Eintragungshindernisse ist es Sache des Beteiligten, der der Eintragung einer Unionsmarke unter Berufung auf eine ältere nationale Marke widerspricht, deren *Existenz* und ggf ihren *Schutzumfang nachzuweisen*[1720].

1552 Allerdings muss sich das *EUIPO von Amts wegen* mit den ihm hierzu zweckdienlich erscheinenden Mitteln über das nationale Recht des betr Mitgliedstaats informieren und muss neben den von den Verfahrensbeteiligten vorgetragenen Tatsachen auch offenkundige berücksichtigen, also solche, die jeder kennen kann oder die allgemein zugänglichen Quellen entnommen werden können, wie Rspr und Literatur. Das EUIPO kann dabei die Beteiligten auffordern, ihm Auskünfte zu bestimmten Fragen des nationalen Rechts zu erteilen[1721].

1553 Die *Feststellung und die Auslegung der Vorschriften des nationalen Rechts* gehören nämlich für die Einrichtungen der Union, soweit sie für ihre Tätigkeit unerlässlich sind, wie diejenigen des Unionsrechts *zur Rechtsanwendung* und *nicht* lediglich zur Feststellung des *Sachverhalts*. Somit muss sich das EUIPO, wenn es veranlasst sein kann, insb das nationale Recht des Mitgliedstaats zu berücksichtigen, in dem ein älteres Recht geschützt ist, *von Amts wegen* mit den ihm hierzu zweckdienlich erscheinenden Mitteln über das nationale Recht des betr Mitgliedstaats informieren, soweit entspr Kenntnisse für die Beurteilung der Tatbestandsvoraussetzungen des fraglichen Widerspruchsgrundes und vor allem für die Würdigung der vorgetragenen Tatsachen oder der Beweiskraft der vorgelegten Unterlagen erforderlich sind.

1554 Die Tragweite einer Entscheidung über die Zurückweisung einer Anmeldung setzt nämlich zwangsläufig voraus, dass die entscheidende Stelle nicht auf die Rolle beschränkt ist, das nationale Recht, wie es vom Widersprechenden dargestellt wird, lediglich zu bestätigen. Daher darf auch dem EuG nicht wegen einer etwaigen Lückenhaftigkeit der zum Beweis des anwendbaren nationalen Rechts vorgelegten Dokumente die reale Möglichkeit genommen werden, eine *effektive Kontrolle* durchzuführen. Folglich muss es über die vorgelegten Dokumente hinaus den Inhalt, die Tatbestandsvoraussetzungen und die Tragweite der vom Widersprechenden geltend gemachten Rechtsvorschriften

1719 EuG, 23.10.2011, T-581/11 – Baby Bambolina/Bambolina, Rn 26, 27; EuG, 26.6.2014, T-372/11 – BASIC/basic, Rn 48, 60–65; bestätigt durch EuGH, 16.7.2015, C-400/14 P; EuG 1.9.2021, T-566/20 – PALLADIUM HOTEL GARDEN BEACH/GRAND HOTEL PALLADIUM, Rn 27; Rechtsmittel nicht zugelassen, EuGH, 22.2.2022, C-674/21 P.

1720 EuG, 24.3.2009, T-318/06 – GENERAL OPTICA/Generalóptica, Rn 52; EuG, 7.5.2013, T-579/10 – makro/macros consult GmbH, Rn 57–60.

1721 EuG, 20.4.2005, T-318/03 – ATOMIC BLITZ/ATOMIC, Rn 35, 36; EuG, 28.10.2015, T-96/13 – Маска/Маска (Maske), Rn 29–39 mwN.

prüfen dürfen. Das EuG hat dementspr die Befugnis, die Beurteilung der BK einer *vollen Rechtmäßigkeitsprüfung* zu unterziehen[1722].

Erfolgreich war der Widerspruch aus dem älteren *spanischen Handelsnamen Olive Line* **1555** gegen die Bildanmeldung *O-live.* Nach Art. 7 Abs. 1b des spanischen Markengesetzes ist die Eintragung eines mit einem älteren Handelsnamen identischen oder ihm ähnlichen Zeichens untersagt, wenn die Tätigkeiten, auf die sich der Handelsname bezieht, mit den Waren oder DL der Anmeldung identisch oder ihnen ähnlich sind, so dass Verwechslungsgefahr (die die Gefahr des gedanklichen Inverbindungbringens mit einschließt) besteht[1723]. Auch der Name *GRAND HOTEL PALLADIUM*, eines intensiv beworbenen *Hotels* auf Ibiza, kann ein sonstiges im geschäftlichen Verkehr benutztes Kennzeichenrecht von mehr als lediglich örtlicher Bedeutung in *Spanien* darstellen, das nach Art. 9 Abs. 1d, Art. 52 Abs. 1 und Art. 87 Abs. 3 Spanisches Markengesetz zur Nichtigerklärung der verwechslungsfähig ähnlichen Marke *PAL-LADIUM PALACE IBIZA RESORT & SPA* führt[1724].

Weiter war der auf die nicht eingetragene, im geschäftlichen Verkehr von mehr als **1556** lediglich örtlicher Bedeutung für Alkoholika benutzte *tschechische* Marke *VODKA 42* gegen die Anmeldung *42 BELOW* gestützte Widerspruch erfolgreich, weil es bei der Beurteilung des Nachweises der Benutzung der älteren Marke auf den Tag der Anmeldung der jüngeren Marke ankommt und nicht erst auf den (späteren) Tag der Entscheidung der Widerspruchsabteilung[1725].

1722 Insoweit dürfen nach dem EuGH, 27.3.2014, C-530/12 P – Hand/Hand (mano portafortuna), Rn 34–46; nunmehr für das Widerspruchsverfahren keine anderen Grundsätze als für das Nichtigkeitsverfahren nach Art. 59 Abs. 2 UMV gelten, für das der EuGH diese Rspr entwickelt hat; aA noch EuG, 20.3.2013, T-571/11 – CLUB GOURMET/ CLUB DEL GOURMET, EN....El Corte Inglés, Rn 35, 38, 41 mwN; und EuG, 7.5.2013, T-579/10 – makro/macros consult GmbH, Rn 61–65. Nach diesen Urteilen, die Art. 72 Abs. 2 UMV noch auf die Verletzung des Unionsrechts beschränken wollten, sollte das EUIPO nur dann verpflichtet sein, sich von Amts wegen über das nationale Recht zu informieren, wenn es bereits über Angaben darüber verfügt, sei es in Form eines Vorbringens zu dessen Inhalt oder in Form von Unterlagen, die in die Erörterung eingebracht worden sind und deren Beweiskraft geltend gemacht wurde. Das EuG nahm nämlich noch an, dass es sich bei der Frage, ob ein nationales Recht besteht, um eine Tatsachenfrage handeln soll, für die die Partei, die sich darauf beruft, sowohl die Existenz der Rechtsvorschrift als auch ihre Tragweite zu beweisen haben sollte. S.a. Rdn 1908.
1723 EuG, 14.9.2011, T-485/07 – O-live I/Olive line, Rn 56, 57. Angesichts der großen Ähnlichkeit zwischen der spanischen Norm und Art. 8 Abs. 1 UMV ist Art. 7 des spanischen Markengesetzes im Licht der Unionsrspr auszulegen.
1724 EuG, 30.11.2016, T-217/15 – PALLADIUM PALACE IBIZA RESORT & SPA/GRAND HOTEL PALLADIUM; bestätigt durch EuGH, 19.4.2018, C-75/17 P. Maßgebend waren insb zwei für das einschlägige Verfahren zeitlich und örtlich relevante spanische Gerichtsurteile.
1725 EuG, 24.10.2018, T-435/12 – 42 BELOW/VODKA 42.

1557 *Erfolgreich* war schließlich in der Vergangenheit, als Großbritannien noch Mitglied der Union war, der Nichtigkeitsantrag aus Art. 60 Abs. 1c iVm Art. 8 Abs. 4 UMV gegen das jüngere Bildzeichen *Golden Elephant Brand* aus der älteren, nicht eingetragenen britischen Bildmarke *GOLDEN ELEPHANT*, jeweils für Reis, da der Inhaber des älteren Rechts die für den *Kennzeichenschutz in Großbritannien* erforderlichen drei Voraussetzungen nachweisen konnte, nämlich (1) den am Tag der Anmeldung der Unionsmarke erworbenen *Goodwill*, an den keine allzu hohen Anforderungen zu stellen sind, so dass auch geringfügige Umsätze genügen[1726] (2) die *irreführende Präsentationsweise*, ob also auf der Grundlage von Wahrscheinlichkeitserwägungen anzunehmen ist, dass eine wesentliche Anzahl von Kunden des Inhabers der älteren Marke sich irrtümlich, in der Annahme, dass es sich um dessen Ware handele, zum Kauf der Ware des Unionsmarkenanmelders entschließen wird, wofür die Warenidentität und die hohe Zeichenähnlichkeit spricht[1727], und (3) den an dem Goodwill verursachten *Schaden*, wobei bereits die Gefahr von Absatzverlusten ausreicht[1728]. Auch *öffentliche Rechtsträger* konnten im Rahmen des Passing-off Rechte geltend machen und für ihre Aktivitäten Goodwill erwerben, selbst dann, wenn sie sich diese Aktivitäten mit anderen Beteiligten teilten[1729]. Die Passing-off-Grundsätze sind in Zukunft nur mehr für ältere Rechte aus *Irland* von Bedeutung, da die dortige gesetzliche Regelung mit der britischen identisch ist[1730].

1726 EuG, 4.10.2018, T-344/16 – DEEP PURPLE/DEEP PURPLE, Rn 38, 39. Die britischen Gerichte sind grds nicht geneigt anzunehmen, dass ein Unternehmen Kunden haben kann, aber keinen Goodwill besitzt. Ernsthafte Geschäftsaktivitäten, die zur Gewinnung von Reputation und Kunden führen, reichen idR aus, um Goodwill zu erwerben.

1727 EuG, 4.10.2018, T-328/16 – DEEP PURPLE/DEEP PURPLE, Rn 30–32. Hier erfassten die Waren der Anmeldung (ua Computerhardware und -software) ein von einer Rockband zu weit entferntes Betätigungsfeld, so dass keine Wahrscheinlichkeit der Gefahr einer Fehlinterpretation beim Publikum entstehen kann.

1728 EuG, 9.12.2010, T-303/08 – Golden Elephant Brand/GOLDEN ELEPHANT II, Rn 96–148. Im entschiedenen Fall war es der britische Trade Marks Act 1994, Section 5 (4). Nach der britischen Rspr (Rn 132) ist bzgl des irreführenden Charakters der Präsentationsweise der Waren und DL nicht auf den Durchschnittsverbraucher, sondern auf die Kunden des Inhabers der älteren, nicht eingetragenen Marke abzustellen. So auch schon EuG, 11.6.2009, T-114/07 – LAST MINUTE TOUR/LASTMINUTE. COM, Rn 60–65. S.a. EuG, 6.10.2021, T-342/20 – Abresham Super Basmati Selaa Grade One World's Best Rice/BASMATI, Rn 52–72; EuG, 16.12.2020, T-535/19 – JCE HOTTINGUER/HOTTINGER, Rn 53–144; Rechtsmittel nicht zugelassen, EuGH, 2.6.2021, C-109/21 P; EuG, 18.7.2017, T-45/16 – BYRON/BYRON; EuG, 15.5.2017, T-223/15 – MORTON'S/MORTON'S; bestätigt durch EuGH, 13.12.2017, C-468/17 P; EuG, 18.11.2015, T-508/13 – HALAL MALAYSIA/HALAL MALAYSIA; EuG, 26.2.2015, T-257/11 – COLOURBLIND/COLOURBLIND, wo es aber am Nachweis der Benutzung des älteren Zeichens fehlte.

1729 EuG, 18.11.2015, T-508/13 – HALAL MALAYSIA/HALAL MALAYSIA, Rn 38 mwN.

1730 BK, 11.1.2021, R 473/15 – BABY-DRY/BABYDRY, Rn 22–24. In Irland ist der Trade Marks Act 1996, section 10 (4) anzuwenden.

Nur *teilweise erfolgreich* war hingegen ein Nichtigkeitsantrag aus einer *französischen* **1558** *Firmenbezeichnung*, da diese nach dem maßgeblichen nationalen Recht und der Rspr lediglich Schutz im Hinblick auf diejenigen Aktivitäten gewährt, die die Firma tatsächlich zum Zeitpunkt der Anmeldung der jüngeren Marke entfaltet hat und nicht auch in Bezug auf diejenigen, die in ihren Satzungen aufgeführt sind[1731].

Erfolglos waren jedoch zB die Widersprüche gemäß Art. 8 Abs. 4 UMV gegen meh- **1559** rere ua für Druckerzeugnisse, Haushaltsgeräte, Bekleidungsstücke, Backwaren, Obst, Gemüse, wissenschaftliche Geräte, Edelmetalle, Telekommunikation getätigte Anmeldungen von Bildmarken mit den Wortbestandteilen *BUD* und *Budweiser* aufgrund einer Serie von für Bier eingetragenen und für Frankreich g.U., nämlich ua *BUD, BUDEJOVICKY BUDVAR*[1732], da die wechselseitigen *Waren und DL für unähnlich* befunden wurden und weder ein besonderer Ruf der Ursprungsbezeichnungen in Frankreich nachgewiesen worden war, der nach dem anwendbaren französischem Recht auch Schutz gegenüber unähnlichen Waren gewähren würde, noch dass ihre Benutzung für unähnliche Erzeugnisse diesen Ruf, sein Bestehen einmal unterstellt, missbrauchen oder schwächen würde.

Ebenfalls scheiterten Widersprüche aus den geografischen Ursprungsbezeichnungen **1560** *Bud* gegen mehrere Anmeldungen von Wort- und Bildmarken *BUD*, da die älteren Rechte die Voraussetzungen für die Benutzung eines Kennzeichenrechts von *mehr als lediglich örtlicher Bedeutung* im geschäftlichen Verkehr nicht erfüllten. So reichten weder zwei oder drei Lieferungen von insgesamt 87 Liter Bier zwischen Dezember 1997 und März 2000 in drei französische Städte aus, noch Verkäufe von durchschnittlich 12,82 (oder sogar 24,81) Hektoliter pro Jahr in acht österreichischen Städten (darunter Wien), berücksichtigt man den durchschnittlichen jährlichen Bierkonsum in Österreich mit über 9 Mio. Hektolitern[1733].

8. Ursprungsbezeichnungen oder geografische Angaben

Ein weiteres *relatives Eintragungshindernis* (und auch einen weiteren *Nichtigkeitsgrund*) **1561** hat die UMV in Art. 8 Abs. 6 UMV, Art. 60 Abs. 1d UMV statuiert.

Danach ist auf Widerspruch einer Person, die gemäß dem einschlägigen Recht zur **1562** Ausübung der aus einer *Ursprungsbezeichnung* oder *geografischen Angabe* entstehenden Rechte berechtigt ist, die angemeldete Marke von der Eintragung ausgeschlossen, wenn und soweit nach den *Unionsvorschriften* oder dem *nationalen Recht* zum Schutz der Ursprungsbezeichnung oder der geografischen Angaben (i) ein *Antrag auf*

1731 EuG, 21.10.2014, T-453/11 – LAGUIOLE/Forge de Laguiole, Rn 43–51; bestätigt durch EuGH, 5.4.2017, C-598/14 P, Rn 61–63.
1732 EuG, 12.6.2007, T-53/04 ua – BUD/BUD. Diese zu Art. 8 Abs. 4 GMV getroffene Entscheidungen wird in Zukunft unter Art. 8 Abs. 4a UMV zu beurteilen sein.
1733 EuG, 22.1.2013, T-225/06 RENV ua – BUD II/Bud, Rn 56, 59–63. Auch diese zu Art. 8 Abs. 4 GMV getroffene Entscheidungen wird in Zukunft unter Art. 8 Abs. 4a UMV zu beurteilen sein, so dass es auf eine Benutzung von mehr als lediglich örtlicher Bedeutung im Geschäftsverkehr nicht mehr ankommt.

Eintragung einer Ursprungsbezeichnung oder geografischen Angabe im Einklang mit den Unionsvorschriften oder mit dem nationalen Recht bereits vor der Antrag auf Eintragung der Unionsmarke oder der für die Anmeldung in Anspruch genommenen Priorität vorbehaltlich der späteren Eintragung *gestellt* worden war; und (ii) diese Ursprungsbezeichnung oder geografische Angabe das *Recht* verleiht, die *Benutzung einer jüngeren Marke zu untersagen.*

1563 So ist bei Weinerzeugnissen auf die g.U. und die gemäß der VO (EU) 1308/2013[1734] eingetragenen g.g.A. abzustellen. Der *Umfang* des durch Art. 103 Abs. 2a dieser VO gewährten *Schutzes* ist *besonders weit* gefasst, da diese Bestimmungen auf jede unmittelbare oder mittelbare geschäftliche Verwendung einer g.U. oder einer g.g.A. abzielen und sie gegen eine solche Verwendung schützen, und zwar sowohl in Bezug auf *vergleichbare Erzeugnisse*, die den Produktspezifikationen des geschützten Namens nicht entsprechen, als auch in Bezug auf *nicht vergleichbare Erzeugnisse*, soweit diese Verwendung das Ansehen dieser g.U. oder g.g.A. ausnutzt. Der Begriff »benutzen« in Art. 103 Abs. 2a dieser VO ist dahin auszulegen, dass das angefochtene Zeichen die geografische Angabe selbst in der Form benutzt, in der sie eingetragen worden war, oder zumindest in einer Form, die in bildlicher und/oder klanglicher Hinsicht so *eng* mit ihr *verbunden* ist, dass das angefochtene Zeichen nicht eindeutig von ihr getrennt werden kann. So nutzt der Anmelder der Unionsmarke *PORTWO GIN* für Spirituosen, der in dieser Marke die g.U. »Porto« verwendet, die im Verkehr für Wein außergewöhnliche Wertschätzung und Anerkennung genießt, diese in unzulässiger Weise iSv Art. 103 Abs. 2a-ii VO (EU) 1308/2013 aus, da er die g.U. als kennzeichnungskräftigsten und dominierenden Bestandteil seiner Marke verwendet[1735].

1564 Weiter können ua nach der *Genfer Akte des Lissabonner Abkommens*[1736] geschützte Ursprungsbezeichnungen und geografische Angaben mit Ursprung in Nicht-EU-Ländern in Widersprüchen gemäß Art. 8 Abs. 6 UMV geltend gemacht werden, sofern ihnen Schutz in der Union gewährt wurde.

1565 Damit wurde *kein neuer Widerspruchsgrund* eingeführt, sondern es werden nur einige Fallgestaltungen des bisherigen Art. 8 Abs. 4 GMV in einer Spezialnorm zusammengeführt. Jedoch *entfällt* mit der Neuregelung die bisher erforderliche *Verpflichtung für* den Widersprechenden, *eine Benutzung* von mehr als örtlicher Bedeutung nachzuweisen. Zweck ist auch, mögliche Fehler frühzeitig zu korrigieren, die dem

---

1734 VO (EU) 1308/2013 vom 17.12.2013 über eine gemeinsame Marktorganisation für landwirtschaftliche Erzeugnisse (Weine); ABl. L 347/671.

1735 EuG, 6.10.2021, T-417/20 – PORTWO GIN/Porto. S. aber EuGH, 14.9.2017, C-56/16 P – PORT CHARLOTTE, Rn 112–125 (Rdn 987). S.a. BK, 6.4.2021, R 885/20–1 ua – Es Valentía/VALENCIA DENOMINACIÓN DE ORIGEN ua. S. weiter zB BK, 16.7.2021, R 879/20–5 – Padrón AUTÉNTICO/Pemento de Herbón, Rn 38–74, da die g.g.A. Herbón für den spanischen Verkehr eine bekannte Unterkategorie der Padrón-Paprikasorte ist.

1736 Beschluss (EU) 2019/1754 des Rates vom 7.10.2019 über den Beitritt der Europäischen Union zur Genfer Akte; ABl. L 271/12; und VO (EU) 2019/1753 vom 23.10.2019 über die Maßnahmen der Union nach ihrem Beitritt zur Genfer Akte; ABl. L 271/1.

EUIPO bei der absoluten Prüfung unterlaufen sind, ohne dass es eines späteren, erst nach der Eintragung statthaften Nichtigkeitsverfahrens bedarf (PräambelUMV 11). Ursprungsbezeichnung und geografischen Angaben sind nämlich bereits seit der Antragstellung gegenüber jüngeren Markenanmeldungen geschützt, vorausgesetzt, sie werden später eingetragen.

Mit der Neueinführung von Art. 8 Abs. 6 UMV müssen daher Widersprüche, die sich   **1566** auf Ursprungsbezeichnungen oder geografischen Angaben berufen, *nur mehr auf das neue Rechtsinstitut* und nicht mehr auf Art. 8 Abs. 4 UMV gestützt werden[1737]. Die Rechtsänderung hat jedoch keinen Einfluss auf bereits vor dem 23.3.2016 eingelegte Widersprüche. Der *neue Widerspruchsgrund* von Art. 8 Abs. 6 UMV ist – unabhängig vom Anmelde- oder Prioritätstag der angegriffenen Anmeldung – jedoch auf Widersprüche anwendbar, die am 23.3.2016 oder danach eingelegt wurden[1738].

Die noch unter dem alten Recht zu Art. 8 Abs. 4 GMV zu sonstigen Kennzeichenrech-   **1567** ten getroffenen Entscheidungen werden daher in Zukunft im Lichte des Art. 8 Abs. 6 UMV zu betrachten sein, nämlich soweit sie zB die aufgrund zweiseitiger Abkommen oder durch das Lissabonner Abkommen[1739] *g.U.*[1740], ebenso wie in Europa *g.g.A.*[1741] nach Art. 13 VO (EU) 1151/2012[1742] betrafen. Der Schutz für Ursprungsbezeichnungen und g.g.A. gemäß VO (EG) 1234/2007 kann *nicht durch einen zusätzlichen Schutz nach einschlägigem nationalen Recht ergänzt* werden, wenn diese »ältere Rechte« iSv Art. 60 Abs. 1c iVm Art. 8 Abs. 4 und Art. 60 Abs. 2d UMV darstellen[1743].

1737   Das EUIPO wird jedoch eine evt falsche Normangabe entspr auslegen; UMRL, Teil C Abschn. 4 Punkt 5.1.

1738   Siehe Arbeitspapier des EUIPO: Temporal scope of the application of the new grounds for refusal of EUTMR. Das ist nicht unproblematisch, weil dadurch berechtigte Erwartungen der Anmelder negativ betroffen sein können.

1739   Lissabonner Abkommen über den Schutz der Ursprungsbezeichnungen und ihre internationale Registrierung vom 31.10.1958, revidiert in Stockholm am 14.7.1967 mit den Änderungen vom 28.9.1979; GRUR 1959, 135.

1740   EuG, 16.12.2008, T-225/06 ua – BUD/Bud, Rn 87–99; insoweit bestätigt durch EuGH, 29.3.2011, C-96/09 P, Rn 91–93.

1741   EuG, 18.9.2015, T-359/14 – COLOMBIANA COFFEE HOUSE, Rn 35–39, 47.

1742   VO (EU) 1151/2012 vom 21.11.2012 über Qualitätsregelungen für Agrarerzeugnisse und Lebensmittel; ABl. L 343/1.

1743   EuGH, 14.9.2017, C-56/16 P – PORT CHARLOTTE, Rn 75–107. Das EuG war zu Unrecht davon ausgegangen, dass der Schutz von Ursprungsbezeichnungen und g.g.A. nach der VO (EG) 1234/2007 nicht als abschließend in dem Sinne zu verstehen ist, dass er »außerhalb seines eigenen Anwendungsbereichs« nicht durch eine andere Schutzregelung ergänzt werden könnte. Im vorliegenden Fall betrifft der Rechtsstreit ein gegen den Inhaber der Marke *PORT CHARLOTTE.* eingeleitetes Nichtigkeitsverfahren, in dem geltend gemacht wird, die Marke verletze den der Ursprungsbezeichnung *Porto.* oder *Port.* im portugiesischen Recht gewährten Schutz. Diese Ursprungsbezeichnung fällt jedoch eindeutig in den Anwendungsbereich der VO (EG) 1234/2007, da es sich um eine g.g.A. für eine Weinart handelt, die nach dieser VO registriert und geschützt ist. Diese VO steht zwar dem Schutz einer einfachen geografischen Herkunftsangabe, also einer Bezeichnung, bei der kein unmittelbarer Zusammenhang zwischen einer

1568 Unter dem neuen Recht werden in Zukunft die oben in (Rdn 1516 f unter Art. 8 Abs. 4 UMV besprochenen Fälle *BUD/BUD*[1744] und *BUD II/Bud*[1745] zu betrachten sein, wobei es nunmehr auf die Voraussetzungen für eine Benutzung von mehr als lediglich örtlicher Bedeutung im Geschäftsverkehr nicht mehr ankommt.

---

bestimmten Qualität, dem Ansehen oder einer anderen Eigenschaft des Erzeugnisses und seines spezifischen geografischen Ursprungs besteht und die daher nicht in den Anwendungsbereich dieser VO fällt, nach nationalem Recht nicht entgegen. Dies gilt jedoch nicht, wenn sich der Rechtsstreit (wie hier) auf eine Ursprungsbezeichnung für einen Wein bezieht, die in den Anwendungsbereich dieser VO fällt.

1744 EuG, 12.6.2007, T-53/04 ua – BUD/BUD.
1745 EuG, 22.1.2013, T-225/06 RENV ua – BUD II/Bud, Rn 56, 59–63.

F. Eintragung, Amtslöschung, Benutzung und Verlängerung der Marke

I. Eintragung

Entspricht die Anmeldung den Vorschriften der UMV und wurde innerhalb der Frist **1569** gemäß Art. 46 Abs. 1 UMV kein Widerspruch erhoben oder wurde ein Widerspruch rechtskräftig zurückgewiesen, so wird die Marke gemäß Art. 51 UMV als Unionsmarke mit den in Art. 111 Abs. 2 bis 4 UMV genannten *Angaben*[1746] in das gemäß Abs. 1 und 5 *elektronisch geführte Register für Unionsmarken* (eRegister) eingetragen und die Eintragung wird im Blatt für Unionsmarken in Online-Version[1747] *veröffentlicht* (Art. 9 und 19 UMDV). Der Markeninhaber erhält über jede Änderung im Register eine Mitteilung (Art. 111 Abs. 6 UMV).

Die *Eintragungsurkunden* werden nur mehr in elektronischer Version erstellt, nicht **1570** mehr auf Papier. Die Zustellung erfolgt durch Mitteilung eines Internetlinks. Beglaubigte Abschriften können ebenfalls elektronisch erzeugt werden[1748].

Die Unionsmarke darf weder während der Dauer der Eintragung noch bei ihrer **1571** Verlängerung im Register geändert werden (*Änderungssperre*). Das betrifft sowohl die Marke selbst, als auch die Waren und DL und alle sonstigen Eintragungen, mit Ausnahme der Änderung von Namen und Anschrift des Inhabers in der Marke selbst (Art. 54 Abs. 1 und 2 UMV, Art. 10 UMDV). Letzterer Antrag kann auf einem Online-Formular gestellt werden.

Dem Inhaber bleibt bei anderen Änderungswünschen lediglich die Möglichkeit, auf **1572** die Unionsmarke für alle oder für einen Teil der eingetragenen Waren und DL zu *verzichten* (Art. 57 UMV; s. Rdn 1559 ff).

1746 Beschluss Nr EX-21–4 des Exekutivdirektors vom 30.3.2021 über das Register für Unionsmarken, das Register für GGM, die Datenbank für Verfahren vor dem Amt und die Rechtsprechungsdatenbank samt Annex I und II; ABl.EUIPO 7/2021.
1747 Siehe eSearch plus: Tägliche Veröffentlichung.
1748 Siehe eSearch plus: *Certified copies.*

II. Löschung von Eintragungen, Widerruf von Entscheidungen, Berichtigungen

1. Berichtigung von Fehlern und offensichtlichen Versehen

1573 Das EUIPO berichtigt gemäß Art. 102 Abs. 1 und 3 UMV *sprachliche Fehler* oder *Transkriptionsfehler* und *offensichtliche Versehen* in seinen Entscheidungen oder ihm zuzuschreibende technische Fehler bei der Eintragung einer Marke oder der Veröffentlichung der Eintragung von Amts wegen oder auf Antrag eines Beteiligten.

1574 Das *Berichtigungsverfahren* beinhaltet *nicht die Aufhebung* der zu berichtigenden Entscheidung, sondern führt lediglich dazu, dass die darin enthaltenen *Fehler* durch eine Berichtigungsentscheidung *korrigiert* werden. Somit beschränken sich die Berichtigungen auf *offensichtliche Formfehler*, die nur die Form der getroffenen Entscheidung, nicht aber ihren Umfang und ihren Inhalt betreffen. Dies gilt für Fehler, die so offenkundig sind, dass kein anderer Wortlaut als der berichtigte beabsichtigt sein kann, sowie für Fehler, die es nicht rechtfertigen, die von ihnen beeinträchtigte Entscheidung für unwirksam zu erklären oder zu widerrufen und die Parteien anzuhören. Daher kann ein in einer Entscheidung festgestellter Fehler gemäß Art. 102 UMV berichtigt werden, wenn er ein inkongruentes Element in einer ansonsten kohärenten und unzweideutigen Entscheidung darstellt, dh wenn klar ist, dass der Fehler das Ergebnis eines Versehens oder einer Flüchtigkeit ist, der offenkundig berichtigt werden muss, weil kein anderer Wortlaut als der, der sich aus der Berichtigung ergibt, in Betracht gezogen werden könnte[1749].

1575 Berichtigungen von Fehlern bei der Eintragung einer Marke und bei der Veröffentlichung der Eintragung werden vom Amt *veröffentlicht*.

2. Löschung oder Widerruf bei offensichtlichen Fehlern

1576 Nimmt das EUIPO eine Eintragung ins Register vor oder trifft es eine Entscheidung, so *löscht* es nach Art. 103 Abs. 1 S. 1 UMV diese *Eintragung* oder *widerruft* diese *Entscheidung*, wenn die Eintragung oder die Entscheidung *offensichtlich* mit einem dem EUIPO anzulastenden *Fehler* behaftet ist[1750]. So sind zB Rechtsübertragungen

---

1749 EuG, 28.5.2020, T-724/18. und T-184/19 – AUREA BIOLABS/AUREA, Rn 28, 29, 33 mwN. Art. 102 UMV verlangt nicht, dass die Parteien des Verfahrens vor der Berichtigung angehört werden, anders als Art. 103 UMV, wonach die Parteien vor dem Erlass einer Widerrufsentscheidung angehört werden müssen. Im Hinblick auf diese besonderen Bestimmungen der UMV, in denen die Situationen festgelegt sind, in denen die Parteien angehört werden müssen, ist Art. 94 Abs. 1 S. 2 UMV, der im Unionsmarkenrecht den allgemeinen Grundsatz des Schutzes der Verteidigungsrechte festlegt, nicht anwendbar. Dies gilt umso mehr, als die rechtmäßig vorgenommene Berichtigung den Inhalt der angefochtenen Entscheidung nicht geändert hat und daher eine vorherige Anhörung der Partei nicht rechtfertigt.

1750 ZB EuG, 27.8.2015, T-523/14 – SQUEEZE LIFE/ZUMIT SQUEEZE LIFE. Das Verfahren wurde vor dem EuG für erledigt erklärt, nachdem die BK eine Korrektu-

einer Marke auf neue Inhaber zu löschen, nachdem diese erfolgten, obwohl bereits vorher dem EUIPO ein Insolvenzurteil mitgeteilt, aber fehlerhafter Weise nicht eingetragen worden war[1751]. Die Anwendung der neuen Vorschrift ist ausdrücklich *nicht mehr auf Verfahrensfehler* beschränkt[1752]. Somit ist die in der bisherigen Praxis und Rspr vorgenommene Abgrenzung ab 1.10.2017 nicht mehr von Bedeutung[1753]. Das Verfahren ist in Art. 70 DVUM geregelt.

Das *Widerrufsverfahren* führt zur *Aufhebung der fehlerhaften Entscheidung* und beinhaltet eine *Rückkehr zu dem Verfahrensstadium*, in dem sich der Fall vor dem Entscheidungserlass befand, ohne dass eine Korrektur des in der Widerrufsentscheidung selbst festgestellten Fehlers erfolgt. Daher ist der Erlass einer *Widerrufsentscheidung* durch Fehler gerechtfertigt, die es nicht erlauben, den verfügenden Teil der streitigen Entscheidung ohne eine neue Prüfung aufrechtzuerhalten, die später von dem Gremium, das diese Entscheidung getroffen hat, durchgeführt wird. Dies gilt zB für Fehler, die sich auf die Kostenfestsetzung auswirken, sowie für Fehler im Zusammenhang mit dem Anspruch auf rechtliches Gehör oder solche, die die Begründungspflicht betreffen[1754]. **1577**

Gibt es nur einen einzigen Verfahrensbeteiligten und berührt die Eintragung oder der Vorgang dessen Rechte, so werden die Löschung bzw der Widerruf auch dann **1578**

---

rentscheidung dahin erlassen hat, dass die nach Anmeldungsrücknahme ursprünglich vollständig erklärte Wirkungslosigkeit der Widerspruchsentscheidung nur insoweit gilt, als sie angefochten worden war. Weiter hat zB die BK am 3.2.2009, R-1471/07–1 – OFTAL CUSI/Ophtal, ihre Entscheidung vom 17.7.2008 widerrufen, da ein in sich widersprüchlicher, unfertiger Entwurf zugestellt worden war. Das Verfahren vor dem EuG (T-462/08) wurde daraufhin auf Antrag des Klägers in der Hauptsache für erledigt erklärt.

1751 EuG, 22.9.2021, T-169/20 – MARINA YACHTING; Rechtsmittel nicht zugelassen, EuGH, 31.3.2022, C-743/21 P.

1752 EuG, 28.5.2020, T-724/18 und T-184/19 – AUREA BIOLABS/AUREA, Rn 22–25.

1753 Ein nach dem alten Recht erforderlicher *Verfahrens*fehler war nämlich ein solcher, der prozessuale Auswirkungen hatte. Dagegen konnte die Überprüfung einer Sachfrage oder sogar eine Änderung der Entscheidung nicht auf der Grundlage von Art. 80 Abs. 1 GMV erfolgen. So stellte zB der Irrtum der BK, die einen Benutzungsnachweis nicht für erforderlich hielt, keinen Verfahrensfehler dar, da er keine prozessualen, sondern materielle Folgen zeitigte; EuG, 9.9.2011, T-597/10 – BIESUL/MANASUL; EuG, 9.9.2011, T-598/10 – LINEASUL/MANASUL, Rn 9, 10. Die fehlerhafte Widerrufsentscheidung der BK entfaltet jedoch, wenn sie rechtskräftig geworden ist, rechtliche Wirkungen und kann nicht als nichtig und unwirksam angesehen werden, da dies aus Rechtssicherheitsgründen nur bei außerordentlich schwerwiegenden Mängeln angenommen werden kann, Rn 11, 12. Auch Widersprüche in der Begründung oder deren Unvollständigkeit stellten keine Verfahrensfehler dar; EuG, 9.9.2011, T-36/09 – dm/dm, Rn 78; und EuG, 22.11.2011, T-275/10 – MPAY24, Rn 24. Einen offensichtlichen Verfahrensfehler hatte die BK ebenfalls nicht gesehen, wenn eine korrekte Entscheidung versehentlich dem Verfahrensbeteiligten selbst und nicht seinem Vertreter zugestellt worden war; BK, 23.11.2010, R 1736/08–1 – PREKUNIL/PROKINYL L.P., Rn 21. S. zum alten Recht: 3. Aufl, Rn 1439.

1754 EuG, 28.5.2020, T-724/18 und T-184/19 – AUREA BIOLABS/AUREA, Rn 28, 30 mwN.

angeordnet, wenn der Fehler für den Beteiligten nicht offenkundig war (Art. 103 Abs. 1 S. 2 UMV).

1579   Ein Widerruf kann sich auch auf einen abgrenzbaren *Teil einer Entscheidung* beschränken, zB diejenige über die Kosten. Der nicht widerrufene Teil der Entscheidung wird in diesem Fall jedoch rechtskräftig, wenn er nicht innerhalb der Beschwerdefrist angegriffen worden ist. Keinesfalls kann mit einer Beschwerde gegen die (spätere) Widerrufsentscheidung auch der nicht widerrufene Teil der Ausgangsentscheidung angefochten werden, wenn die Beschwerdefrist gegen diese Ausgangsentscheidung bereits abgelaufen ist[1755].

1580   Die Löschung oder der Widerruf werden *von Amts wegen* oder *auf Antrag* eines der Verfahrensbeteiligten von derjenigen Stelle angeordnet, die die Eintragung vorgenommen oder die Entscheidung erlassen hat. Der Antrag kann auf einem Online-Formular gestellt werden. Die Löschung oder der Widerruf werden wegen Art. 103 Abs. 2 S. 2 UMV binnen eines Jahres (früher in der GMV: sechs Monaten) ab dem Datum der Eintragung in das Register oder dem Erlass der Entscheidung nach Anhörung der Verfahrensbeteiligten sowie der möglichen Inhaber der Rechte an der betr. im Register eingetragenen Unionsmarke angeordnet. Der Kläger kann nämlich nicht begehren, dass das Verfahren bis zu einer neuen inhaltlichen Entscheidung der BK ausgesetzt bleibt, weil er gegen diese – sollte sie wieder zu seinen Ungunsten ausfallen – erneut Klage erheben kann[1756].

1581   Art. 103 UMV gilt wegen Abs. 4 unbeschadet des Rechts der Beteiligten, *Beschwerde* einzulegen oder *Klage* zum EuG zu erheben, wobei in Beschwerden in einseitigen Verfahren auch im Stadium der Abhilfe eine Korrekturmöglichkeit des EUIPO besteht (Art. 66 und 69 UMV), sowie unbeschadet der Möglichkeit, sprachliche Fehler, Schreibfehler und offensichtliche Versehen gemäß Art. 102 UMV[1757], zu *berichtigen*. Wurde gegen eine mit einem Fehler behaftete Entscheidung des Amtes Beschwerde eingelegt, wird das Beschwerdeverfahren gegenstandslos, wenn das EUIPO seine Entscheidung gemäß Art. 103 Abs. 1 UMV widerruft. In diesem Fall wird die Beschwerdegebühr dem Beschwerdeführer erstattet (Art. 103 Abs. 4 S. 2 und 3 UMV). Auch das Klageverfahren vor dem EuG wird nach Art. 130 VerfO-EuG auf Antrag einer Partei nach Anhörung der anderen Beteiligten für erledigt erklärt, wenn die angefochtene Entscheidung der BK wegen Art. 103 UMV widerrufen wurde. Die Verfahrenskosten des Klägers und seine eigenen hat dann nach Art. 137 VerfO-EuG das EUIPO zu tragen[1758].

1755 EuG, 1.7.2009, T-419/07 – OKATECH, Rn 37–40. Das Rechtsmittel beschränkt
     sich jedoch auf die Frage des Vorliegens eines offensichtlichen Verfahrensfehlers und
     kann keinesfalls dazu führen, dass nochmals eine darüber hinausgehende vollinhaltli-
     che Sachprüfung stattfindet.
1756 EuG, 22.1.2018, T-157/17 – ILLUMINA/ILLINA.
1757 Bisher galten Regeln 27 und 53 GMDV.
1758 So zB EuG, 10.7.2017, T-43/17 – NO LIMITS; EuG, 14.6.2017, T-657/16 – Ameise.

Die Einleitung der Anhörung der Verfahrensbeteiligten in Anwendung von Art. 103 Abs. 2 UMV hat *keinesfalls die Aussetzung der Beschwerdefrist* nach Art. 68 UMV zur Folge. Auch kann die Anfechtung einer im Rahmen des Widerrufsverfahrens, das ein gegenüber dem Beschwerdeverfahren eigenständiges Verfahren ist, ergangenen Entscheidung nicht als (konkludente) Beschwerde gegen die Ausgangsentscheidung angesehen werden. Denn die Einlegung einer Beschwerde unterliegt strengen verfahrensrechtlichen Anforderungen, insb der Einhaltung der Frist und Zahlung der Gebühr, die zwingend und unabdingbar sind[1759]. Nach Erhebung der Beschwerde soll die Ausgangsinstanz jedoch – außer im Abhilfeverfahren – zu einer Korrektur nicht mehr berechtigt sein[1760]. **1582**

3. Auslegung

Angesichts der Bedeutung des *verbindlichen Charakters* des verfügenden Teils einer von einer zuständigen Stelle erlassenen endgültigen Entscheidung (des Tenors) und zur Wahrung des Grundsatzes der Rechtssicherheit sind Art. 102 und 103 UMV, die nur unter außergewöhnlichen Umständen eine nachträgliche Korrektur dieser Entscheidung durch Berichtigung oder Widerruf ermöglichen, als *Ausnahmevorschriften* grds eng auszulegen und daher auf offensichtliche Fehler beschränkt[1761]. **1583**

4. Offensichtlich rechtsunwirksame Akte

Aus Gründen der Rechtssicherheit und wegen der Schwere der rechtlichen Folgen erlaubt die Rspr zusätzlich in ganz *außergewöhnlichen Fällen* – auch von Amts wegen – eine Aufhebung eines Rechtsakts, der *offensichtlich* mit einem *derart schweren Fehler* behaftet ist, dass er von der Rechtsordnung der Union *nicht geduldet* werden kann. Dann hat er keine Rechtswirkung entfaltet und ist als rechtlich inexistent zu betrachten. Diese Ausnahme soll das Gleichgewicht zwischen zwei grundlegenden, manchmal einander widerstreitenden Erfordernissen wahren, denen eine Rechtsordnung genügen muss, nämlich der Stabilität der Rechtsbeziehungen und der Wahrung der Rechtmäßigkeit. So kann eine nach Regel 53 GMDV und Art. 80 GMV erfolgte Berichtigung von Fehlern, die *inhaltliche Gründe nachzuschieben* versucht, nicht durch diese Ausnahmeregel gerechtfertigt werden[1762]. Jedoch erlaubt das EuG den Widerruf einer Entscheidung gemäß Art. 107 UMV nach dem *allgemeinen Rechtsgrundsatz*, wonach die rückwirkende Rücknahme eines rechtswidrigen Verwaltungsakts, der subjektive Rechte verliehen hat, zulässig ist, sofern das den Verwaltungsakt erlassende Organ die Voraussetzungen berücksichtigt, dass eine angemessene Frist einzuhalten **1584**

1759 EuG, 9.9.2011, T-36/09 – dm/dm, Rn 99–106.
1760 BK, 28.4.2009, R 323/08-G – BEHAVIOURAL INDEXING, Rn 22–31. Das EuG wies mit 12.4.2011, T-310/09 und T-383/09, die Klage zurück, ohne sich zu dieser Verfahrensfrage zu äußern.
1761 EuG, 28.5.2020, T-724/18 und T-184/19 – AUREA BIOLABS/AUREA, Rn 26 mwN.
1762 EuG, 22.11.2011, T-275/10 – MPAY24, Rn 26–31.

und das berechtigte Vertrauen des Adressaten des Rechtsakts in dessen Rechtmäßigkeit zu beachten ist[1763].

1585   Ob bereits der *Kompetenzmangel* der Widerspruchsabteilung für den Erlass einer geänderten Entscheidung eine Unregelmäßigkeit darstellt, die die wesentlichen Voraussetzungen des betr Rechtsakts derart in Frage stellt, dass seine Inexistenz festzustellen ist[1764], erscheint mE jedoch sehr zweifelhaft.

5. Rechtsverlust

1586   Stellt das EUIPO fest, dass ein *Rechtsverlust aus der UMV* oder aus den gemäß ihr erlassenen Rechtsakten eingetreten ist, ohne dass eine Entscheidung ergangen ist, so teilt es dies wegen Art. 99 UMV der betroffenen Person nach dem Verfahren des Art. 98 UMV mit. Diese kann dann innerhalb von zwei Monaten nach Zustellung der Mitteilung eine Entscheidung in der Sache beantragen, wenn sie der Ansicht ist, dass die Feststellung des Amtes unrichtig ist. Das EUIPO erlässt eine solche Entscheidung nur dann, wenn es die Auffassung der beantragenden Person nicht teilt. Anderenfalls ändert es seine Feststellung und unterrichtet diese.

III. Benutzung der Marke im geschäftlichen Verkehr

1587   Eine Marke wird dann im geschäftlichen Verkehr benutzt, wenn die Benutzung im Zusammenhang mit einer auf einen *wirtschaftlichen Vorteil gerichteten gewerblichen Tätigkeit* erfolgt. Die Benutzung erfolgt insb durch die Anbringung des Zeichens auf der Ware, aber auch durch die Herstellung einer sonstigen Verbindung zu den vertriebenen Waren oder erbrachten DL.

1588   Das offizielle *Euro-Symbol* (€) ist kein Zeichen, das auf Waren oder DL angebracht wird, um sie von anderen zu unterscheiden und dem Publikum so zu ermöglichen, ihren Ursprung zu ermitteln. Es soll vielmehr eine Währungseinheit bezeichnen und wird üblicherweise einer Zahlenangabe voran- oder nachgestellt. Auch die Veranlassung Dritter zur Benutzung des Symbols und Werbemaßnahmen anlässlich seiner Vorstellung (Verteilung von Schals und Hüten mit diesem Symbol) dienen nicht der Vermarktung von Waren oder DL, sondern seiner Verbreitung als Mittel zur Bezeichnung der gemeinsamen europäischen Währung[1765].

1589   Beim *Galileo*-Projekt der EU-Kommission ist das Kriterium der Benutzung des Zeichens durch einen Dritten im geschäftlichen Verkehr nicht erfüllt, da die Kommission

---

1763 EuG, 21.2.2018, T-727/16 – REPOWER, Rn 60–92 mwN. Zur Anwendbarkeit von Art. 107 UMV hat sich der EuGH in seinem Rechtsmittelurteil nicht geäußert, da er – entgegen der Ansicht des EuG – bereits Art. 80 Abs. 1 GMV als lex specialis für einschlägig gehalten hat, nachdem eine fehlende oder unzureichende Begründung – als Teil der in Titel IX (Verfahrensvorschriften) enthaltenen Verfahrensregeln – einen Verfahrensfehler darstellt; EuGH, 31.10.2019, C-281/18 P, Rn 27–40.
1764 So aber das EuG, 9.9.2011, T-36/09 – dm/dm, Rn 83–92.
1765 EuG, 10.4.2003, T-195/00 – EURO-Symbol, Rn 93–98.

das Wort *Galileo* bisher nur allgemein als Bezeichnung für ihr Projekt eines Satelliten-navigationssystems verwendet, aber keine konkrete Verbindung zwischen bestimmten Waren oder DL, die aus der Forschungs-, Entwicklungs- und Errichtungsphase des Projekts stammen, hergestellt hat, also keine wirtschaftliche Tätigkeit ausübt, nämlich weder Waren noch DL auf einem Markt anbietet[1766].

IV. Verlängerung

Die Dauer der Eintragung der Unionsmarke beträgt *zehn Jahre*, gerechnet vom Tag der Anmeldung an (Art. 52 UMV). Die Eintragung kann *beliebig oft* um jeweils zehn Jahre auf schriftlichen Antrag des Inhabers oder einer hierzu ausdrücklich ermächtigten Person verlängert werden, sofern die Gebühren entrichtet worden sind (Art. 53 Abs. 1 UMV[1767]). **1590**

Auch ein *Lizenznehmer* an einer Unionsmarke ist nur bei ausdrücklicher Ermächtigung durch den Inhaber zur Stellung eines Verlängerungsantrags berechtigt und wird erst dadurch Beteiligter am Verlängerungsverfahren[1768]. Um Schwierigkeiten bei der Stellung zukünftiger Verlängerungsanträge zu vermeiden, empfiehlt es sich daher, eine derartige ausdrückliche Ermächtigung des Lizenznehmers bereits in den Lizenzvertrag aufzunehmen. **1591**

Die *Grundgebühr für die Verlängerung* einer Unionsmarke beträgt für eine Kl. 1.000 Euro (bei der elektronischen Verlängerung jedoch nur 850 Euro), für die Verlängerung einer UKM oder UGM 1.800 Euro (bei der elektronischen Verlängerung jedoch nur 1.500 Euro). Die Gebühr für die Verlängerung der zweiten Kl. ist jeweils 50 Euro und für jede weitere ab der dritten Kl. jeweils 150 Euro (Art. 53 Abs. 3 UMV iVm Anlage I Nr A11–18)[1769]. **1592**

Werden diese Gebühren mittels einer in Art. 179 Abs. 1 UMV genannten *Zahlungsart* rechtzeitig entrichtet, so gilt dies bereits als Verlängerungsantrag (Art. 53 Abs. 4 S. 2 UMV), sofern alle erforderlichen Angaben zur Feststellung des Zwecks der Zahlung **1593**

1766 EuG, 10.5.2006, T-279/03 – Galileo, Rn 113–117; bestätigt durch EuGH, 20.3.2007, C-325/06 P.

1767 Art. 53 UMV ersetzt die bisherigen Regeln 29 und 30 GMDV.

1768 EuG, 12.5.2009, T-410/07 – JURADO, Rn 16, 18, 24. Der Markeninhaber kann dies auch dadurch nicht umgehen, dass er den Lizenznehmer erst nach Ablauf der Frist zur Verlängerung zu deren Beantragung bevollmächtigt. Letzterer kann nämlich weder als Beteiligter des Verlängerungsverfahrens nach Art. 53 Abs. 1 UMV noch als an einem Verfahren vor dem EUIPO Beteiligter iSv Art. 104 Abs. 1 UMV in einem Wiedereinsetzungsverfahren angesehen werden; EuG, 23.9.2020, T-557/19 – 7Seven.

1769 Diese neuen Gebühren gelten für alle Marken, die am 23.3.2016 oder später ablaufen. Durch die UMV ist die Verlängerung deutlich billiger geworden, zumal sie von Seiten des Amts nur einen geringen Verwaltungsaufwand erfordert. Die neue Gebührenstaffel begünstigt auch die Markeninhaber, die nicht mehr alle (drei) Kl. verlängern, sondern weniger. Mitteilung Nr 2/16 des Präsidenten vom 20.1.2016; ABl.HABM 2/2016.

vorhanden sind[1770]. Beim laufenden Konto reicht das Ersuchen um Abbuchung der Verlängerungsgebühr aus[1771].

1594   Das Amt *unterrichtet* den Inhaber der Unionsmarke und die im Register eingetragenen Inhaber von Rechten an der Unionsmarke, einschl von Lizenzen, mindestens sechs Monate vor dem Ablauf der Eintragung (Art. 53 Abs. 2 UMV). Das *EUIPO haftet nicht* für unterbliebene Unterrichtungen. Unterbleibt also versehentlich die Unterrichtung, so beeinträchtigt dies nicht den Ablauf der Eintragung.

1595   Der Antrag auf Verlängerung ist innerhalb *von sechs Monaten vor Ablauf der Eintragung* (und nicht mehr wie früher in der GMV: innerhalb eines Zeitraums von sechs Monaten vor Ablauf des letzten Tages des Monats, in dem die Schutzdauer endet) einzureichen (Art. 53 Abs. 3 UMV), was auf einem Online-Formular erfolgen kann. Innerhalb dieses Zeitraums sind auch die Gebühren zu entrichten.

1596   Der Antrag und die Gebühren können noch innerhalb einer *Nachfrist von sechs Monaten nach Ablauf der Eintragung* (und nicht mehr wie früher in der GMV: innerhalb eines Zeitraums von sechs Monaten nach Ablauf des letzten Tages des Monats, in dem die Schutzdauer endet) gestellt bzw gezahlt werden, sofern innerhalb dieser Nachfrist eine Zuschlagsgebühr für die verspätete Zahlung der Verlängerungsgebühr oder die verspätete Einreichung des Verlängerungsantrags entrichtet wird, die 25 % der nachzuzahlenden Verlängerungsgebühr entspricht, jedoch höchstens 1.500 Euro (Anlage I zur UMV Nr A19)[1772].

1597   Die *Ergänzung* eines fristgerecht gestellten Verlängerungsantrags in der Nachfrist des Art. 53 Abs. 3 S. 3 UMV in Richtung auf weitere, ursprünglich nicht verlängerte Waren und DL ist zulässig[1773].

1770   Jedoch ist in diesem Fall die vollständige Gebühr zu bezahlen (1000 Euro) und nicht die reduzierte der elektronischen Verlängerung (850 Euro), da diese nur für die elektronische Antragstellung gilt.

1771   Mitteilung Nr 8/05 des Präsidenten vom 21.12.2005; ABl.HABM 2006, 196. Bei Online-Verlängerungen ist eine Gebührenzahlung seit Juli 2009 mit Kreditkarten möglich (s. www.euipo.europa.eu.).

1772   Das EUIPO wandt die neue Regelung nicht auf Marken an, bei denen die Sechsmonatsfrist vor dem 23.3.2016 bereits begonnen hatte, auch wenn ihr Schutz nach diesem Zeitpunkt endet; Mitteilung Nr 2/2016 des Präsidenten des Amts vom 20.1.2016, Nr 3. Ob das auch für die Nachfrist gilt, ist fraglich (da Nr 3 nur anwendbar für »grundlegende Verlängerungsfristen« bzw »basic renewal periods«). Insgesamt ist diese Mitteilung aber problematisch, so dass jedenfalls bei der Nachfrist aus Gründen der Vorsicht dazu geraten wird, innerhalb der (neuen) verkürzten Frist den Verlängerungsantrag zu stellen und zu bezahlen! Eine möglicherweise fehlerhafte Eintragung des EUIPO könnte nämlich von Dritten im normalen Amtsverfahren als fehlerhaft beanstandet und in Widerspruchs- oder Nichtigkeitsverfahren angegriffen werden; vgl EuG, 16.5.2013, T-104/12 – VORTEX/VORTEX, Rn 30, 36–49; EuG, 25.6.2015, T-186/12 – LUCEA LED/LUCEO, Rn 39, 40.

1773   EuGH, 20.6.2016, C-207/15 P – CVTC. Entgegen der Ansicht von EuG, 4.3.2015, T-572/12; (zur Kritik s. *Bender*, MarkenR 2016, 149 f.) und BK ergibt sich nämlich

Der Antrag auf Verlängerung muss die in Art. 53 Abs. 4 UMV vorgeschriebenen **1598** *Angaben* enthalten. Wird der Antrag auf Verlängerung zwar innerhalb der in Art. 53 Abs. 3 UMV vorgesehenen Fristen gestellt, sind aber die anderen in Art. 53 UMV genannten Erfordernisse für eine Verlängerung nicht erfüllt, so teilt das EUIPO dem Antragsteller die festgestellten Mängel mit (Art. 53 Abs. 7 UMV).

Wird ein *Verlängerungsantrag nicht oder erst nach Ablauf der Frist* gestellt oder werden **1599** die Gebühren nicht oder erst nach Ablauf dieser Frist entrichtet oder werden die in Abs. 7 genannten Mängel nicht fristgemäß beseitigt, so stellt das EUIPO fest, dass die Eintragung abgelaufen ist, und teilt dies dem Inhaber der Unionsmarke entspr mit. Ist diese Feststellung rechtskräftig geworden, so löscht das Amt die Marke im Register. Die Löschung wird am Tag nach Ablauf der Eintragung wirksam. Wenn die Verlängerungsgebühren entrichtet wurden, die Eintragung aber nicht verlängert wird, werden diese Gebühren erstattet (Art. 47 Abs. 8 UMV).

Für *zwei und mehr Marken* kann ein einziger Antrag auf Verlängerung gestellt wer- **1600** den, sofern für jede Marke die erforderlichen Gebühren entrichtet werden und es sich bei dem Markeninhaber bzw dem Vertreter um dieselbe Person handelt (Art. 53 Abs. 9 UMV).

Beziehen sich der Antrag auf Verlängerung oder die Entrichtung der *Gebühren nur* **1601** *auf einen Teil der Waren oder DL*, für die die Unionsmarke eingetragen ist, so wird die Eintragung nur für diese Waren oder DL verlängert. Reichen die entrichteten Gebühren nicht für alle Kl. von Waren und DL aus, für die die Verlängerung bean- tragt wird, so wird die Eintragung verlängert, wenn eindeutig ist, auf welche Kl. sich die Gebühren beziehen. Liegen keine anderen Kriterien vor, so trägt das Amt den Kl. in der Reihenfolge der Klassifikation Rechnung (Art. 53 Abs. 5 UMV).

Die Verlängerung wird am Tag nach dem Ablauf der Eintragung *wirksam*. Sie wird **1602** eingetragen (Art. 53 Abs. 6 UMV).

Während von den Ersteintragungen des Jahres 1996 noch 72 % der Marken verlän- **1603** gert wurden, ist die Quote in den nachfolgenden Jahren langsam bis auf gegenwärtig etwa 50 % gesunken.

---

unter Berücksichtigung der verschiedenen Sprachfassungen aus Art. 47 Abs. 3 GMV (jetzt: Art. 53 Abs. 3 UMV.) kein Verbot, innerhalb der dort genannten Fristen zeitlich gestaffelte und auf verschiedene Waren- oder DL-Kl. bezogene Anträge auf Verlänge- rung einer Unionsmarke einzureichen.

G. Der Verzicht, die Verwirkung, das Verfalls- und Nichtigkeitsverfahren

I. Verzicht

Auf die Unionsmarke kann jederzeit ganz oder teilweise *verzichtet* werden (Art. 57 **1604** Abs. 1 UMV). Die Verzichtserklärung muss die in Art. 15 UMDV bestimmten Angaben enthalten. Bei einer Einschränkung des VerzWDL gilt dasselbe Grundprinzip wie bei der Einschränkung der Anmeldung gem. Art. 49 UMV (Rdn 488 ff), dass es keinesfalls erweitert werden darf[1774]. Der Verzicht ist vom Markeninhaber dem EUIPO *schriftlich* zu erklären, er ist *unwiderruflich*[1775] und wird *erst wirksam, wenn er eingetragen* ist (ex nunc) (Art. 57 Abs. 2 S. 1 und 2 UMV). Der Antrag kann auf einem Online-Formular gestellt werden.

Die Gültigkeit des Verzichts auf eine Unionsmarke, der gegenüber dem Amt nach **1605** der Einreichung eines Antrags auf Erklärung des Verfalls dieser Marke iSv Art. 63 Abs. 1 UMV erklärt wird, setzt die abschließende Zurückweisung des Antrags auf Verfallserklärung oder dessen Rücknahme voraus (Art. 57 Abs. 2 S. 3 UMV)[1776].

Ist im Register eine Person als Inhaber eines Rechts im Zusammenhang mit der Uni- **1606** onsmarke eingetragen, so wird der Verzicht nur mit Zustimmung dieser Person eingetragen. Ist eine *Lizenz* im Register eingetragen, so wird der Verzicht erst eingetragen, wenn der Inhaber der Unionsmarke glaubhaft macht, dass er den Lizenznehmer von seiner Verzichtsabsicht unterrichtet hat. Die Eintragung des Verzichts wird nach Ablauf einer Frist von drei Monaten ab dem Zeitpunkt vorgenommen, zu dem der Inhaber dem EUIPO glaubhaft gemacht hat, dass er den Lizenznehmer von seiner

---

1774 EuG, 16.5.2013, T-104/12 – VORTEX/VORTEX, Rn 30, 32, 34, 39, 47.
1775 BK, 12.1.2012, R 1087/11–1 – JIMI HENDRIX, Rn 11–23.
1776 Wird der (auch teilweise) Verzicht während eines laufenden Verfalls- oder Nichtigkeits-verfahrens erklärt, das Gegenstand der Verzichtserklärung ist, so setzt das EUIPO die Eintragung der Verzichtserklärung aus; Zur Amtspraxis s. *Stürmann*, Verfahren vor dem EUIPO, GRUR-Prax 2016, 118.

Verzichtsabsicht unterrichtet hat, oder vor Ablauf dieser Frist, sobald er die Zustimmung des Lizenznehmers nachweist (Art. 57 Abs. 3 UMV). Sind die Voraussetzungen für den Verzicht nicht erfüllt, so teilt das EUIPO dem Erklärenden die Mängel mit. Werden die Mängel nicht innerhalb einer vom Amt festzusetzenden Frist beseitigt, so lehnt es die Eintragung des Verzichts in das Register ab (Art. 57 Abs. 4 UMV)[1777].

II. Verwirkung durch Duldung

1607   Ein Rechtsverlust kann wegen Art. 61 UMV auch aufgrund *Verwirkung* durch *Duldung* eintreten.

1608   Hat der *Inhaber einer Unionsmarke* die Benutzung einer jüngeren Unionsmarke[1778] in der Union während eines Zeitraums von fünf aufeinander folgenden Jahren in Kenntnis dieser Benutzung geduldet, so kann er für die Waren oder DL, für die die jüngere Marke benutzt worden ist, aufgrund dieser älteren Marke nicht die Nichtigerklärung dieser jüngeren Marke verlangen, es sei denn, dass die Anmeldung der jüngeren Unionsmarke bösgläubig vorgenommen worden ist (Art. 61 Abs. 1 UMV).

1609   Hat der Inhaber einer in Art. 8 Abs. 2 UMV genannten *älteren nationalen Marke* oder eines in Art. 8 Abs. 4 UMV genannten *sonstigen älteren Kennzeichenrechts* die Benutzung einer jüngeren Unionsmarke in dem Mitgliedstaat, in dem diese ältere Marke oder dieses sonstige ältere Kennzeichenrecht geschützt ist, während eines Zeitraums von fünf aufeinander folgenden Jahren in Kenntnis dieser Benutzung geduldet, so kann er für die Waren oder DL, für die die jüngere Unionsmarke benutzt worden ist, aufgrund dieser älteren Marke oder dieses sonstigen älteren Kennzeichenrechts nicht die Nichtigerklärung der Unionsmarke verlangen, es sei denn, dass die Anmeldung der jüngeren Unionsmarke bösgläubig vorgenommen worden ist (Art. 61 Abs. 2 UMV). In diesem Fall ist die Eintragung der älteren Marke im betr Mitgliedstaat keine notwendige Voraussetzung für das Ingangsetzen der obigen Frist für die Verwirkung durch Duldung, da wegen der Bezugnahme auf Art. 8 Abs. 2 und Abs. 4 UMV diese Vorschrift auch auf Inhaber von Anmeldungen, notorisch bekannten Marken und sonstigen Kennzeichenrechten (einschl nicht eingetragener Marken) anzuwenden ist[1779].

1777 Bislang galt Regel 36 Abs. 2 und 3 GMDV.

1778 EuGH, 22.9.2011, C-482/09 – Budweiser/Budweiser II, Rn 54. Für die jüngere Unionsmarke ist danach konsequenterweise als notwendige Voraussetzung auf die Benutzung ab der Eintragung abzustellen. Die Frist für die Verwirkung durch Duldung kann also nicht ab dem Zeitpunkt der bloßen Benutzung der jüngeren Marke nach der Anmeldung zu laufen beginnen. S.a. EuG, 28.6.2012, T-133/09 – B. Antonio Basile 1952/ BASILE, Rn 32–34.

1779 EuGH, 22.9.2011, C-482/09 – Budweiser/Budweiser II, Rn 60–62. Diese notwendigen Voraussetzungen dürften hier entspr anwendbar sein, auch wenn die jeweiligen Normen (Art. 9 Abs. 1 MarkenRL. aF und Art. 61 Abs. 1. und 2 UMV.) aufgrund des unterschiedlichen Anwendungsbereichs geringe Abweichungen enthalten; s. kritisch *Hacker,* WRP 2012, 266, 268.

Daraus folgt, dass *vier Voraussetzungen* erfüllt sein müssen, bevor die Verjährungsfrist 1610
wegen Duldung zu laufen beginnt, wenn eine jüngere Marke benutzt wird, die mit
der älteren identisch oder verwechselbar ähnlich ist. Erstens muss die *jüngere Marke
eingetragen* sein. Zweitens muss die *Anmeldung* zu ihrer Eintragung von ihrem Inhaber *in gutem Glauben* vorgenommen worden sein. Drittens muss die *jüngere Marke*
in dem *Gebiet benutzt* werden, *in dem die ältere Marke geschützt* ist. Viertens muss der
Inhaber der älteren Marke Kenntnis von der Benutzung dieser Marke nach ihrer Eintragung haben. Darüber hinaus ist es Sache des *Inhabers der angefochtenen Marke*, das
Vorliegen der fraglichen *Voraussetzungen nachzuweisen* und insb mit entspr Beweisen
den Zeitpunkt zu belegen, zu dem der Inhaber der älteren Marke tatsächlich Kenntnis von der Benutzung der angefochtenen Marke erlangt hat[1780].

Die Duldung ist ein *Begriff des Unionsrechts*. Der Duldende verhält sich passiv, indem 1611
er darauf verzichtet, ihm zur Verfügung stehende Maßnahmen zur Beendigung eines
Zustands zu ergreifen, von dem er *Kenntnis hat* und der nicht zwangsläufig erwünscht
ist. Der Duldende bleibt also gegenüber einem Zustand untätig, dem er sich *widersetzen
könnte*. Es kann jedoch nicht davon ausgegangen werden, dass der Inhaber einer älteren
Marke eine lang dauernde und gefestigte redliche Benutzung einer mit seiner Marke
identischen Marke durch einen Dritten geduldet hat, wenn er von dieser Benutzung
seit langem Kenntnis hatte, aber keine Möglichkeit hatte, sich ihr zu widersetzen[1781].

Der *Zweck* von Art. 61 Abs. 1 und 2 UMV besteht darin, die Inhaber älterer Marken, 1612
die die Benutzung einer jüngeren Unionsmarke während eines zusammenhängenden
Zeitraums von fünf Jahren in Kenntnis dieser Benutzung geduldet haben, mit dem
Verlust der Nichtigkeits- und der Widerspruchsmöglichkeit gegen diese Marke zu
strafen. Die Regelung bezweckt also einen *Ausgleich* zwischen dem *Interesse des Markeninhabers* am Erhalt der wesentlichen Funktion seiner Marke und dem *Interesse der
anderen Wirtschaftsteilnehmer* an der freien Verfügbarkeit von Zeichen, die ihre Waren
und DL bezeichnen können.

Dies setzt voraus, dass der *Inhaber der älteren Marke*, um sich diese wesentliche Funk- 1613
tion zu erhalten, *in der Lage ist*, der Benutzung der mit seiner Marke identischen oder
ihr ähnlichen jüngeren Marke *zu widersprechen*. Erst ab dem Zeitpunkt, in dem der
Inhaber der älteren Marke von der Benutzung der jüngeren Unionsmarke weiß, hat
er nämlich die Möglichkeit, dies nicht zu dulden und folglich Widerspruch einzulegen oder deren Nichtigerklärung zu beantragen, so dass erst dann die Frist für den
Eintritt der Verwirkung durch Duldung zu laufen beginnt.

Nach teleologischer Auslegung ist für die Berechnung der *Verwirkungsfrist* der *Zeit- 1614
punkt*, zu dem *Kenntnis von der Benutzung der jüngeren Marke* erlangt wird, *maßgeblich*, wobei der *Inhaber der jüngeren Marke den Beweis* dafür zu *erbringen* hat, dass der
Inhaber der älteren Marke von der Benutzung der jüngeren Marke *tatsächlich Kenntnis*

1780 EuG, 27.1.2021, T-382/19 – skylife/SKY, Rn 49 mwN; Rechtsmittel nicht zugelassen,
EuGH, 29.6.2021, C-185/21 P.
1781 EuGH, 22.9.2011, C-482/09 – Budweiser/Budweiser II, Rn 35, 37, 44, 45, 50.

hatte, ohne die er nicht in der Lage wäre, deren Benutzung zu widersprechen. Eine nur potenzielle Kenntnis oder Vermutung auf Seiten des Inhabers der älteren Marke hinsichtlich der Benutzung der jüngeren reicht dagegen nicht aus[1782].

1614.1   Die *Duldung* und dementspr die *Verwirkungsfrist* isd Art. 61 UMV wird aber nur durch die für die *Herbeiführung einer rechtsverbindlichen Lösung notwendigen Schritte beendet*, also die Einlegung eines *behördlichen oder gerichtlichen Rechtsbehelfs*, nicht schon durch eine Handlung, wie zB eine *Abmahnung*, mit der sich der Inhaber einer älteren Marke oder eines sonstigen älteren Rechts der Benutzung einer jüngeren Marke widersetzt. Dasselbe gilt, wenn das *verfahrenseinleitende Schriftstück bei Gericht* zwar vor Ablauf der Verwirkungsfrist eingereicht wurde, aber aufgrund mangelnder Sorgfalt des Rechtsbehelfsführers nicht die Anforderungen des nationalen Rechts erfüllte, die für die Zwecke der Zustellung gelten, und die Mängel aus Gründen, die diesem zuzurechnen sind, erst nach Ablauf der Verwirkungsfrist behoben wurden. In einem solchen Fall ist der Inhaber des älteren Rechts auch daran gehindert, *Neben- oder Folgeansprüche* wie solche auf Schadensersatz, auf Auskunft oder auf Vernichtung von Waren zu erheben[1783].

1615   Weiter kann der Inhaber einer älteren Marke die Ungültigerklärung einer identischen jüngeren Marke, die identische Waren kennzeichnet, zB nicht erwirken, wenn diese beiden gemeinsam und gleichzeitig eingetragenen Marken *über eine lange Zeit* hinweg (fast 30 Jahre) *in redlicher Weise und von Anfang an gutgläubig gleichzeitig benutzt* worden sind, wenn diese Benutzung die Hauptfunktion der Marke, dh die Gewährleistung der Herkunft der Waren gegenüber den Verbrauchern, nicht beeinträchtigt oder beeinträchtigen kann, weil der angesprochene *Verkehr* den *Unterschied der Waren* nach Geschmack, Aufmachung und Preis deutlich *wahrnimmt* und sie aufgrund der Koexistenz als *von verschiedenen Unternehmen hergestellt* erkennt[1784].

1616   Im Gegenzug kann aber auch der *Inhaber der jüngeren Unionsmarke* sich der Benutzung des älteren Rechts nicht widersetzen, obwohl dieses Recht gegenüber der jüngeren Unionsmarke nicht mehr geltend gemacht werden kann (Art. 61 Abs. 3 UMV).

1782   Insoweit ist die entspr Regelung der Verwirkung durch Duldung heranzuziehen, die in Art. 9 Abs. 1 MarkenRL. aF enthalten ist. Bzgl dieser Regelung heißt es in PräambelRL aF 11 bzw 12, dass der Einwand der Verwirkung nur anwendbar ist, wenn der Inhaber der älteren Marke deren Benutzung während einer längeren Zeit wissentlich »geduldet« (»knowingly tolerated« in der englischen oder »sciemment toléré« in der französischen Sprachfassung) hat, dh »bewusst« oder »in Kenntnis der Tatsachen«. Dies gilt entspr für Art. 61 UMV, dessen Wortlaut dem von Art. 9 Abs. 1 MarkenRL. aF entspricht. EuG, 20.4.2016, T-77/15 – SkyTec/SKY, Rn 31–34 mwN; und EuG, 4.10.2018, T-150/17 – FLÜGEL/... VERLEIHT FLÜGEL, Rn 31–51.

1783   EuGH, 19.5.2022, C-466/20 – heitech/HEITEC, Rn 54–57, 68, 71–73. Das Urteil ist zu Art. 9 Abs. 1 Abs. 2 MarkenRL aF, Art. 54 Abs. 1 Abs. 2, Art. 111 Abs. 2 GMV und § 21 Abs. 1 Abs. 2 MarkenG ergangen.

1784   EuGH, 22.9.2011, C-482/09 – Budweiser/Budweiser II, Rn 75–84.

III. Verfahrensablauf des Verfalls- und Nichtigkeitsverfahrens

1. Nichtigkeitsverfahren aus absoluten Gründen und Verfallsverfahren

Das *Nichtigkeitsverfahren* aus *absoluten Nichtigkeitsgründen* gemäß Art. 59 UMV folgt 1617 vor dem EUIPO *nicht* dem *Amtsermittlungsprinzip* des Art. 95 Abs. 1 S. 1 UMV, das nur für das Eintragungsverfahren gilt. Das Amt beschränkt vielmehr seine Prüfung auf die von den Beteiligten angeführten Gründe und Argumente (Art. 95 Abs. 1 S. 3 UMV)[1785], wobei aber auch allgemein bekannte Tatsachen zu berücksichtigen sind[1786]. Die *Verspätungsgrundsätze* des Art. 95 Abs. 2 UMV (s. Rdn 1141 ff) gelten daher auch in Verfahren bzgl absoluter Nichtigkeitsgründe, so dass die BK verspäteten Sachvortrag, der erstmals ihr vorgelegt worden war, nicht zwingend berücksichtigen muss, sondern eine Prüfung vorzunehmen und eine begründete Ermessensentscheidung zu treffen hat[1787].

Das Nichtigkeitsverfahren wird auf Antrag eines Antragstellers in Gang gesetzt, der 1618 *alle relevanten Tatsachen und Gründe vorzutragen* hat, die die angegriffene Marke infrage stellen, worauf sich das *Verfahren dann beschränkt*. Einer eingetragenen Marke kommt nämlich wegen Art. 59 und 62 UMV die Vermutung der Rechtsgültigkeit zugute, nachdem sie bereits im Anmeldeverfahren eine Prüfung auf absolute Eintragungshindernisse erfolgreich durchlaufen hat[1788]. Es dürfen jedoch offenkundige, vom EUIPO im Rahmen des Nichtigkeitsverfahrens ermittelte Tatsachen mit berücksichtigt werden[1789].

Dieser Grundsatz des kontradiktorischen Verfahrens gilt ebenso für das *Verfallsver-* 1619 *fahren* nach Art. 58 UMV. So obliegt der *Nachweis einer ernsthaften Benutzung* der Marke deren Inhaber und ist nicht von Amts wegen vom EUIPO zu führen. Das

---

1785 EuG, 15.9.2021, T-274/20 – Orange (Veuve Cliquot), Rn 30–52. Die Frage nach der Art der angefochtenen Marke (Bild- oder Farbmarke) darf die BK nicht von sich aus prüfen, wenn sie von den Parteien nicht aufgeworfen worden war, noch dazu, ohne vorher rechtliches Gehör zu gewähren.

1786 EuG, 10.6.2020, T-105/19 – Schachbrettmuster, Rn 24–39 mwN. So stellt die Tatsache, dass die streitige Marke ein gängiges und alltägliches Grundmuster ist, das bei Ledertaschen und -koffern nicht wesentlich von der Norm oder den Gepflogenheiten der betr Branche abweicht, eine bekannte Tatsache dar.

1787 EuGH, 24.1.2018, C-634/16 P – FITNESS, Rn 31–58. So sind zwar Beweismittel zulässig, wenn es sich entweder um zusätzliche zu den im Verfahren vor der Nichtigkeitsabteilung vorgelegten handelt oder um solche, die einen neuen Gesichtspunkt betreffen, der im Laufe des Verfahrens vor dem Amt nicht vorgebracht werden konnte. Jedoch hat die Partei, die diese Beweise vorlegt, zu begründen, warum sie in diesem Verfahrensstadium vorgelegt wurden, und nachzuweisen, dass die Vorlage während des Verfahrens vor der Nichtigkeitsabteilung unmöglich war. Insoweit Korrektur zu EuG, 28.9.2016, T-476/15 – FITNESS, Rn 50–66. S.a. EuG, 10.10.2019, T-536/18 – FITNESS II, Rn 39, 44, 47, 48; Rechtsmittel nicht zugelassen, EuGH, 18.3.2020, C-908/19 P.

1788 S.a. bereits zu Art. 76 Abs. 1 GMV: EuG, 13.9.2013, T-320/10 – CASTEL, Rn 26–29; bestätigt durch EuGH, 30.4.2015, C-622/13 P.

1789 EuG, 25.11.2015, T-223/14 – VENT ROLL, Rn 58–61.

ergibt sich aus dem, den Art. 47 Abs. 2 UMV und 64 Abs. 2 UMV inzidenter zu entnehmenden Grundsatz, was auch die Vernunft und ein elementares Erfordernis der Verfahrenseffizienz gebieten. Denn der Markeninhaber ist am besten und in bestimmten Fällen sogar als Einziger in der Lage, den Nachweis konkreter Handlungen für die ernsthafte Markenbenutzung zu erbringen oder berechtigte Gründe für ihre Nichtbenutzung darzulegen[1790]. Art. 10 DVUM für den Benutzungsnachweis ist hier entspr anzuwenden[1791].

1620   Diese Erwägungen gelten auch für den Beweis der ernsthaften Benutzung einer in einem *Mitgliedstaat eingetragenen Marke*[1792]. Daher steht *Art. 19 MarkenRL* einer *Verfahrensregel eines Mitgliedstaats entgegen*, die in einem Verfahren über den Verfallsantrag einer Marke wegen Nichtbenutzung die *klagende Partei* verpflichtet, eine *Recherche am Markt über die mögliche Benutzung* dieser Marke durch ihren Inhaber *vorzunehmen* und hierzu, soweit möglich, zur Stützung ihrer Klage substantiiert vorzutragen[1793].

1621   Der Umstand, dass in einem Verfallsverfahren der Nachweis einer ernsthaften Benutzung der Marke grds deren Inhaber obliegt, bedeutet nicht, dass in einer Situation, in der das EuG auf der Grundlage von *allgemein bekannten Tatsachen* festgestellt hat, dass die Marke von den branchenüblichen Formen erheblich abweiche, es dem Markeninhaber obliegt, weitere Nachweise dafür zu erbringen, dass die Form dieser Marke nicht branchenüblich ist. Hier obliegt es dem Verfallsantragsteller, ggf die Branchenüblichkeit der Form dieser Marke nachzuweisen[1794].

1622   Die Zulässigkeit derartiger Anträge ist aufgrund der klaren gesetzlichen Bestimmung *nicht* vom Nachweis eines *Rechtsschutzbedürfnisses* oder eines tatsächlichen oder auch nur potentiellen wirtschaftlichen Interesses und der Eigenschaft als Unionsangehöriger abhängig (Art. 63 Abs. 1a UMV)[1795]. Daher spielen die Beweggründe oder das frühere Verhalten des Antragstellers keine Rolle. So stellt dessen Absicht, das angegriffene Zeichen später auf seinen Waren anzubringen, keinesfalls einen Rechtsmissbrauch dar. Denn die Frage des Rechtsmissbrauchs ist im Rahmen eines Nichtigkeitsverfahrens aus absoluten Gründen nach Art. 63 Abs. 1a UMV unbeachtlich. Zudem ist die Löschung einer beschreibenden oder nicht unterscheidungskräftigen Marke nicht

---

1790 EuGH, 26.9.2013, C-610/11 P – CENTROTHERM II, Rn 57–65.

1791 EuG, 13.2.2015, T-287/13 – HUSKY, Rn 54–56.

1792 EuGH, 22.10.2020, C-720/18 und C-721/18 – testarossa (Ferrari), Rn 75–82. Ansonsten könnte sich nämlich für die Markeninhaber ein je nach dem betroffenen nationalen Recht unterschiedlicher Schutz ergeben, so dass das Ziel von PräambelRL 10, dass die Marken im Recht aller Mitgliedstaaten einen einheitlichen Schutz genießen, nicht erreicht würde.

1793 EuGH, 10.3.2022, C-183/21 – MAXUS (Maxxus/Globus), Rn 32–46. Denn die Frage der Beweislast für die ernsthafte Benutzung im Rahmen eines die Markenlöschung wegen Nichtbenutzung betr Verfahrens stellt keine in die Zuständigkeit der Mitgliedstaaten fallende Verfahrensbestimmung dar.

1794 EuGH, 23.1.2019, C-698/17 P – Ofenform II (Bullerjan), Rn 57–59.

1795 EuGH, 25.2.2010, C-408/08 P – COLOR EDITION, Rn 36–43; EuG, 3.12.2009, T-223/08 und T-245/08 – Bahman und TIR 20 FILTER CIGARETTES, Rn 17–27.

Folge einer wettbewerbsrechtlich unlauteren Handlung, da die Eintragung einer solchen Marke wegen des Vorliegens absoluter Eintragungshindernisse hätte abgelehnt werden müssen, sondern vielmehr eine durch Art. 64 Abs. 5 und 6 UMV vorgegebene Rechtsfolge[1796]. Deshalb kann sich der angegriffene Markeninhaber auch nicht auf eine mit dem Antragsteller geschlossene *Nichtangriffsabrede* berufen[1797].

Ein Verfalls- oder Nichtigkeitsverfahren aus absoluten Gründen gegen eine Widerspruchsmarke kann durchgeführt werden, obwohl vorher aufgrund der von dem Verfalls- oder Nichtigkeitsantrag betroffenen Marke ein *Widerspruch* erhoben wurde und dieser weiterhin anhängig ist. In diesem Fall dürfte eher die *Aussetzung* des Widerspruchsverfahrens veranlasst sein[1798]. **1623**

2. Nichtigkeitsverfahren aus relativen Gründen

Soweit das *Nichtigkeitsverfahren relative Nichtigkeitsgründe* gemäß Art. 60 UMV betrifft, bedarf es jedoch eines *Rechtsschutzbedürfnisses*. Die Antragsberechtigung ergibt sich aus Art. 63 Abs. 1b und 1c UMV[1799]. Hier gilt entspr – auch wenn er im Gesetzestext zu erwähnen vergessen wurde – der Grundsatz des Art. 95 Abs. 1 S. 2 UMV, dass das EUIPO bei der Sachverhaltsermittlung bzgl relativer Eintragungshindernisse auf das Vorbringen und die Anträge der Beteiligten beschränkt ist, sog. *kontradiktorisches Verfahren*[1800]. **1624**

Auch wenn sich das EUIPO in einem Nichtigkeitsverfahren vergewissern muss, dass das ältere Recht, auf das der Löschungsantrag gestützt ist, tatsächlich besteht, sieht doch keine Bestimmung der UMV vor, dass es inzidenter Nichtigkeits- oder Verfallgründe prüft, die die *Ungültigkeit des älteren Rechts* bewirken könnten. Die UMV verleiht nämlich dem EUIPO als Unionsbehörde keine Befugnis zur Löschung (oder **1625**

1796 EuGH, 19.6.2014, C-450/13 P – ultrafilter international, Rn 39–46, 63–69. Auch der Umstand, dass der Geschäftsführer des Nichtigkeitsantragstellers zu dem Zeitpunkt, zu dem die Anmeldung eingereicht wurde, der Geschäftsführer des Markeninhabers war, berührt in keiner Weise sein Recht auf Antragstellung. Überdies hat er die Eintragung der angegriffenen Marke nicht für sich selbst beantragt, sondern im Namen des Markeninhabers, bei dem es sich um eine juristische Person handelt, die von der natürlichen Person des Geschäftsführers zu unterscheiden ist, der deshalb nie Inhaber der angegriffenen Marke war, so dass der Einwand des venire contra factum proprium fehl geht.

1797 EuG, 16.11.2017, T-419/16 – CARRERA, Rn 30–39; bestätigt durch EuGH, 14.6.2018, C-35/18 P; zumal auch ein nationales Gericht nicht anordnen kann, dass ein beim EUIPO gestellter Antrag auf Verfallserklärung einer Unionsmarke zurückgenommen wird.

1798 EuG, 10.12.2009, T-27/09 – Stella, Rn 24–39.

1799 EuG, 7.11.2014, T-506/13 – URB/URB, Rn 17–23.

1800 EuG, 25.5.2005, T 288/03 – TELETECH GLOBAL VENTURES/TELETECH INTERNATIONAL, Rn 64–67; bestätigt durch EuGH, 27.3.2007, C-312/05 P; EuG, 29.6.2016, T-727/14 und T-728/14 – animal/ANIMAL, Rn 43, 46. Dies gilt natürlich weiter, obwohl der Gesetzgeber bei der Reform offensichtlich übersehen hat, diese Lücke zu schließen.

zur, auf eine Löschung hinauslaufenden, praktischen Missachtung) von nationalen Marken oder sonstigen nationalen Rechten, wie Firmennamen[1801].

3. Allgemeine Vorschriften

1626 Die Verfalls- und (insb die absoluten) Nichtigkeitsgründe können *von jeder Person unabhängig von ihrem privatrechtlichen oder öffentlich-rechtlichen Status* geltend gemacht werden, weshalb auch Art. 63 Abs. 1a UMV am Ende nur fordert, dass die fragliche Person »prozessfähig ist«. Das Fehlen einer ausdrücklichen Erwähnung der Körperschaften des öffentlichen Rechts kann nicht dahin ausgelegt werden, dass diese damit aus dem Geltungsbereich dieser Bestimmung ausgeschlossen werden sollen[1802].

1627 Der Antrag ist wegen Art. 63 Abs. 2 S. 1 UMV *schriftlich* mit den in Art. 12 DVUM geforderten Angaben einzureichen und zu begründen, was auf einem Online-Formular erfolgen kann, wobei zur Feststellung der Gründe der gesamte Antrag zugrunde zu legen ist, insb auch seine Begründung[1803]. Im Beschwerde- und Klageverfahren kann der Antrag nicht mehr auf einen neuen Nichtigkeits- oder Verfallsgrund gestützt werden[1804].

1628 Die Zulässigkeitsanforderungen ergeben sich aus Art. 15 DVUM. Wegen Art. 63 Abs. 3 UMV ist der Antrag *unzulässig*, wenn entweder das Amt oder das Unionsmarkengericht gemäß Art. 123 UMV über einen Antrag wegen desselben Anspruchs zwischen denselben Parteien *in der Hauptsache* bereits rechtskräftig entschieden hat[1805]. Ein neuer Antrag ist daher nicht unzulässig, wenn der ursprüngliche Nichtigkeits-

---

1801 EuG, 25.5.2005, T 288/03 – TELETECH GLOBAL VENTURES/TELETECH INTERNATIONAL, Rn 29–43; EuG, 7.2.2019, T-287/17 – SWEMAC/SWEMAC Medical Appliances AB, Rn 50–66. Dies gilt, soweit das relevante nationale Recht das ältere Zeichen – und bei einem Nichtigkeitsantrag aus Art. 60 Abs. 1c UMV iVm Art. 8 Abs. 4 UMV auch den älteren Firmennamen – vor identischen oder ähnlichen Zeichen schützt, die für ähnliche oder identische Waren oder DL verwendet werden, wenn Verwechslungsgefahr besteht.

1802 EuG, 20.7.2016, T-11/15 – SUEDTIROL, Rn 19, 20.

1803 EuG, 9.12.2020, T-30/20 – Promed, Rn 27–29 mwN. Daher ist es unschädlich, dass der Nichtigkeitsantragsteller im einleitenden Antragsformular nur zwei angegriffene Klassen aufgeführt hat, weil er in die Begründung auch ausdrücklich eine weitere Klasse in den Nichtigkeitsantrag miteinbezogen hat.

1804 EuG, 13.2.2015, T-287/13 – HUSKY, Rn 58; und 13.1.2011, T-28/09 – PINE TREE, Rn 43–48. So kann ein Antragsteller, der seinen Verfallsantrag auf Art. 58 Abs. 1a UMV gestützt hat, nicht im Beschwerdeverfahren zusätzlich Art. 58 Abs. 1b UMV geltend machen oder einen absoluten Nichtigkeitsgrund erheben, zB den Einwand der Bösgläubigkeit bei der Markenanmeldung nach Art. 59 Abs. 1b UMV.

1805 EuG, 3.5.2018, T-2/17 – MASSI/MASI, Rn 22–28. Der Begriff »dieselben Parteien« ist eng auszulegen.

antrag für unzulässig erklärt oder zurückgenommen wurde, bevor die Entscheidung über diesen Antrag endgültig geworden ist[1806].

Der Antrag gilt erst als gestellt, wenn die Gebühr entrichtet ist (Art. 63 Abs. 2 S. 2 UMV). Die *Gebühr* für den Antrag auf Erklärung des Verfalls oder der Nichtigkeit beträgt jeweils 630 Euro (Anlage I zur UMV Nr A20). **1629**

Das Verfahren folgt den Bestimmungen in Art. 64 UMV und Art. 12 bis 20 DVUM. Die Vorschriften des Art. 16 Abs. 1b DVUM sind jedoch nur für bei der Nichtigkeitsabteilung gestellte Anträge und nicht für bei der BK eingereichte Beschwerden anwendbar[1807]. **1630**

Bei der Prüfung des Verfalls- oder Nichtigkeitsantrags fordert das Amt die Beteiligten so oft wie erforderlich auf, innerhalb einer von ihm zu bestimmenden Frist eine *Stellungnahme* zu seinen Bescheiden oder zu den Schriftsätzen der anderen Beteiligten *einzureichen* (Art. 64 Abs. 1 UMV). Es kann die Beteiligten auch ersuchen, sich zu einigen, wenn es dies als sachdienlich erachtet (Art. 64 Abs. 4 UMV). Beides geschieht in der Praxis jedoch nur äußerst selten. **1631**

Der als *Inhaber einer älteren Marke* beteiligte Nichtigkeitsantragsteller hat deren *Existenz* und ggf ihren *Schutzumfang* nachzuweisen sowie den *Benutzungsnachweis* zu führen, wenn der Inhaber der angegriffenen Unionsmarke innerhalb der ihm von der Nichtigkeitsabteilung zur Stellungnahme auf den Nichtigkeitsantrag gesetzten Frist die NBE bedingungslos in einem gesonderten Schriftsatz, also auf einem separaten Blatt, erhebt. Eine spätere oder nicht formgerechte Erhebung der NBE führt zu deren Unzulässigkeit (Art. 64 Abs. 2 und 3 UMV iVm Art. 19 Abs. 2 DVUM)[1808]. **1632**

Auf diese NBE hat der Inhaber der älteren Marke, auf die der Nichtigkeitsantrag gestützt ist, den Nachweis zu erbringen, dass er *innerhalb der letzten fünf Jahre vor Stellung des Nichtigkeitsantrags* die ältere Unionsmarke in der Union bzw die ältere nationale Marke im betr Mitgliedstaat für die Waren oder DL, für die sie eingetragen ist und auf die der Inhaber der älteren Marke sich zur Begründung seines Antrags beruft, *ernsthaft benutzt* hat oder dass *berechtigte Gründe für die Nichtbenutzung* vorliegen, sofern zu diesem Zeitpunkt die ältere Marke seit mindestens fünf Jahren eingetragen ist. War die ältere Marke am Anmeldetag oder am Prioritätstag der Anmeldung der Unionsmarke bereits mindestens fünf Jahre eingetragen, so hat der Inhaber der älteren Marke zusätzlich den *Nachweis zu erbringen*, dass die ältere Marke in dem *Fünf-Jah-* **1633**

1806 EuG, 15.9.2021, T-207/20 – PALLADIUM HOTELS & RESORTS, Rn 40–49. Die BK hatte einen Rechtsfehler begangen, als sie annahm, dass Art. 60 Abs. 4 UMV sowohl dann anwendbar sei, wenn ein anderes älteres Recht, als auch dann, wenn dasselbe ältere Recht zur Stützung eines neuen Antrags auf Nichtigerklärung geltend gemacht werde.

1807 EuG, 12.2.2021, T-19/20 – I love, Rn 101–105; Rechtsmittel nicht zugelassen, EuGH, 1.9.2021, C-236/21 P. Zudem bestimmt Art. 82 Abs. 2g DVUM insb, dass die Vorschriften der Art. 16 nur für Verfahren gelten, deren kontradiktorischer Teil – wie hier – vor dem 1.10.2017 begonnen hat.

1808 EuG, 12.5.2010, T-148/08 – Schreibinstrument-Design I, Rn 67–70; und EuG, 23.2.2022, T-185/21 – Хозяйка/хозяюшка, Rn 18–21.

res-Zeitraum vor dem Anmelde- bzw Prioritätstag der angefochtenen Marke benutzt worden war[1809]. Kann er diesen Nachweis nicht erbringen, so wird der Nichtigkeitsantrag zurückgewiesen. Der Nachweis ist also ggf *für beide Zeiträume* zu erbringen, da bereits sein Fehlen für einen davon zum Scheitern des Nichtigkeitsantrags führt[1810] (s. zu ergänzendem Vortrag Rdn 1150). Ist die ältere Marke nur für einen Teil der eingetragenen Waren oder DL benutzt worden, so gilt sie zum Zwecke der Prüfung des Nichtigkeitsantrags nur für diesen Teil als eingetragen.

1634   Das EUIPO hat zu prüfen, ob die Voraussetzungen für das Vorliegen eines geltend gemachten *Nichtigkeitsgrundes* erfüllt sind. Es muss die angeführten Tatsachen und die Beweiskraft der von den Beteiligten vorgelegten Beweise würdigen. Dabei hat es insb das nationale Recht des Mitgliedstaats zu berücksichtigen, in dem die ältere Marke geschützt ist, und sich von Amts wegen mit den ihm hierzu zweckdienlich erscheinenden Mitteln über das anzuwendende nationale Recht des betr Mitgliedstaats zu informieren. Hierbei sind offenkundige Tatsachen zu berücksichtigen, dh solche, die jeder kennen kann oder die allgemein zugänglichen Quellen entnommen werden können[1811].

1635   Die angegriffene Marke kann für *alle* oder *einen Teil* der eingetragenen Waren oder DL für verfallen oder nichtig erklärt werden. Ist der Antrag *unbegründet*, wird er zurückgewiesen (Art. 64 Abs. 5 UMV). Einträge im Register erfolgen erst, wenn die Entscheidung des EUIPO unanfechtbar geworden ist (Art. 64 Abs. 6 UMV)[1812].

1636   Die *Rücknahme* des Antrags auf Erklärung des Verfalls oder des Nichtigkeitsantrags ist jederzeit möglich, auch noch im Beschwerde- oder Klageverfahren[1813].

IV. Verfallsgründe

1637   Die Unionsmarke wird auf *Antrag* beim EUIPO oder auf *Widerklage* im Verletzungsverfahren vor den Unionsmarkengerichten der Mitgliedstaaten aus den fünf folgenden, abschließend aufgezählten *Gründen* für verfallen erklärt (Art. 58 UMV):

1809   Mit diesem zweiten Benutzungsnachweis wird verhindert, dass lange Zeit nicht benutzte ältere Marken, aus denen deswegen kein Widerspruch eingelegt werden konnte, später wieder mobilisiert werden, um gegen jüngere Unionsmarken ins Feld geführt werden zu können.

1810   EuG, 6.6.2019, T-220/18 – Battistino/BATTISTA, Rn 34.

1811   EuG, 9.12.2010, T-303/08 – Golden Elephant Brand/GOLDEN ELEPHANT II, Rn 65–67.

1812   EuGH, 12.5.2010, C-5/10 P-R – CANNABIS, Rn 23.

1813   Vgl EuG, 18.11.2003, T-383/02 – CELEBREX/CEREBRESP, Rn 14–16.

(a) So, wenn die Marke innerhalb eines ununterbrochenen Zeitraums von fünf Jahren   **1638**
in der Union[1814] für die Waren oder DL, für die sie eingetragen ist[1815], *nicht ernsthaft*
benutzt worden ist und *keine berechtigten Gründe für die Nichtbenutzung* vorliegen.
Der Verfallsantrag kann sich nur gegen einen Teil der eingetragenen Waren und DL
richten. Auch kann der Antragsteller den Umfang des zu erbringenden Benutzungsnachweises beschränken, indem er die Benutzung für bestimmte Waren und DL
einräumt[1816]. Hinsichtlich des Zeitraums ist dabei auf die fünf Jahre vor Stellung
des Nichtigkeitsantrags abzustellen[1817]. Nach Art. 58 Abs. 1a UMV können berechtigte Gründe dem Verfall einer Unionsmarke wegen Nichtbenutzung entgegenstehen. Beim Verfall einer Marke wegen fehlender ernsthafter Benutzung können nur
Umstände berücksichtigt werden, die sich *vor Einreichung des Verfallsantrags* ergeben
haben, unbeschadet der Möglichkeit, später eingetretene heranzuziehen, wenn sie
es ermöglichen können, den Umfang der Markenbenutzung und die tatsächlichen
Absichten ihres Inhabers während des maßgeblichen Zeitraums zu bestätigen oder
besser zu beurteilen[1818].

Der Verfall der Rechte des Inhabers kann jedoch *nicht* geltend gemacht werden, wenn   **1639**
nach Ende des Fünfjahreszeitraums der Nichtbenutzung und vor Antragstellung oder
vor Erhebung der Widerklage die Benutzung der Marke *ernsthaft begonnen* oder *wieder*
aufgenommen worden ist. Wird die Benutzung aber innerhalb eines nicht vor Ablauf
des ununterbrochenen Zeitraums von fünf Jahren der Nichtbenutzung beginnenden
Zeitraums von drei Monaten vor Antragstellung oder vor Erhebung der Widerklage
begonnen oder wieder aufgenommen, so bleibt sie unberücksichtigt, sofern die Vor-
bereitungen für die erstmalige oder die erneute Benutzung erst stattgefunden haben,
nachdem der *Inhaber Kenntnis* davon erhalten hat, dass der Antrag gestellt oder die
Widerklage erhoben werden könnte[1819].

Das Amt setzt dem Inhaber der Unionsmarke eine Frist, innerhalb der er den *Nachweis*   **1640**
der ernsthaften Benutzung dieser Marke oder berechtigter Gründe für ihre Nichtbenutzung zu erbringen hat. Bringt er vor Ablauf der Frist keinen solchen Nachweis
oder keine Gründe für die Nichtbenutzung vor oder sind die vorgelegten Beweismit-

---

1814 EuG, 9.3.2022, T-766/20 – STONES, Rn 21–32. War Großbritannien während des
  gesamten relevanten Benutzungszeitraums Mitglied der Union, hat die nachgewiesene
  Benutzung der streitigen Marke durch den Markeninhaber in diesem Zeitraum in der
  Union stattgefunden.
1815 EuG, 6.10.2021, T-372/20 – JUVEDERM, Rn 50–62. Der bloße Umstand, dass eine
  Ware fälschlicherweise zB in Klasse 10 statt in Klasse 5 der NK eingetragen wurde,
  kann nicht zum Verfall der angegriffenen Marke für diese Ware führen, wenn sie für
  sie tatsächlich benutzt wurde und die verwendete Warenbezeichnung hinreichend klar
  ist (s. Rdn 382).
1816 EuG, 9.12.2014, T-307/13 – ORIBAY ORIginal Buttons for Automotive Yndustry,
  Rn 26–35. Dies kann zB dadurch geschehen, dass er die eingetragenen Waren und DL
  »mit Ausnahme von…« angreift.
1817 EuG, 24.5.2012, T-152/11 – MAD, Rn 26.
1818 EuG, 8.11.2018, T-718/16 – SPINNING, Rn 18.
1819 Siehe EuGH, 27.1.2004, C-259/02 – La Mer, Rn 29–31.

tel oder Gründe offensichtlich unzureichend oder unerheblich, verfällt die Unions-marke[1820]. Art. 10 Abs. 3, 4, 6 und 7 DVUM hinsichtlich der erforderlichen Angaben und Beweismittel, des Übersetzungserfordernisses und der möglichen Akzeptanz von ergänzendem Vorbringen gilt entsprechend (Art. 19 Abs. 1 DVUM)[1821].

1641 Für die evt Berücksichtigung *verspätet vorgelegter Beweise* gelten die Grundregeln von Art. 95 Abs. 2 UMV und Art. 10 Abs. 7 DVUM, die durch Art. 19 Abs. 1 DVUM nicht ausgeschlossen werden[1822]. Legt also der angegriffene Markeninhaber nach Fristablauf Angaben oder Beweismittel vor, die wichtige Angaben oder Beweismittel ergänzen, die bereits fristgerecht vorgelegt worden waren und sich auf Feststellung von Ort, Zeit, Umfang und Art der Benutzung der angegriffenen Marke für die eingetragenen Waren oder DL, gegen die sich der Verfallsantrag richtet, beziehen, nutzt das Amt sein Ermessen nach Art. 95 Abs. 2 UMV für seine Entscheidung darüber, ob es diese ergänzenden Angaben oder Beweismittel annimmt. Dabei trägt es vor allem dem Verfahrensstadium Rechnung und berücksichtigt, ob die Angaben oder Beweismittel auf den ersten Blick für den Ausgang des Falls von Relevanz erscheinen und ob sie aus berechtigten Gründen nicht fristgemäß vorgelegt wurden.

1642 Nachdem die Frist des Art. 64 Abs. 1 UMV in Art. 105 Abs. 2 UMV (auch in der alten Fassung) nicht erwähnt ist, ist sie von der Weiterbehandlung nicht ausgeschlossen.

1643 (b) Für verfallen erklärt wird eine Marke zudem, wenn sie infolge des *Verhaltens* oder der *Untätigkeit* ihres Inhabers im geschäftlichen Verkehr *aus der Sicht allein der Endverbraucher* zur gebräuchlichen Bezeichnung einer Ware oder DL, für die sie eingetragen ist, geworden ist[1823]. Dies gilt insb, wenn der Inhaber seine Marke nicht

---

1820 EuG, 28.5.2020, T-564/19 – LIBERTADOR, Rn 39–42. Aus dem Wortlaut von Art. 19 Abs. 1 DVUM. ergibt sich klar, dass die vom EUIPO gemäß dieser Bestimmung gesetzte Frist strikt ist, was bedeutet, dass verspätet vorgelegte Beweise nicht berücksichtigt werden können, jedenfalls wenn innerhalb der von der Nichtigkeitsabteilung gesetzten Frist keinerlei Beweis vorgebracht worden war (s. Rdn 1593.).

1821 ZB für die erfolgreiche Nachweisführung: EuG, 24.5.2012, T-152/11 – MAD.

1822 EuGH, 26.9.2013, C-610/11 P – CENTROTHERM II, Rn 86–90. Das EuG hatte in dem aufgehobenen Urteil vom 15.9.2011, T-434/09 noch das Gegenteil angenommen.

1823 EuGH, 6.3.2014, C-409/12 – KORNSPITZ (Backaldrin/Pfahnl Backmittel), Rn 28–30. Zwar ist bei der Prüfung, ob eine Marke im geschäftlichen Verkehr zur gebräuchlichen Bezeichnung einer eingetragenen Ware oder DL geworden ist, nicht nur auf die Wahrnehmung der Verbraucher oder Endabnehmer abzustellen, sondern nach Maßgabe der Merkmale des betr Markts auch auf diejenige der Gewerbetreibenden wie der Verkäufer. Jedoch spielt im Allgemeinen die Wahrnehmung der Verbraucher oder Endabnehmer eine entscheidende Rolle. Der Umstand, dass sich die Verkäufer der Existenz der Marke und der Herkunft, auf die diese hinweist, bewusst sind, vermag für sich allein einen solchen Verfall nicht auszuschließen. Zu den Endabnehmern können nach dem EuG, 8.11.2018, T-718/16 – SPINNING, Rn 59–64, aber auch gewerbliche Kunden gehören, wenn sie eine zentrale Rolle auf dem entspr Markt spielen. Nach dem EuG, 18.5.2018, T-419/17 – VSL#3, Rn 28–40, umfassen die maßgeblichen Verkehrskreise bei frei verkäuflichen Medikamenten sowohl Endverbraucher als auch Apotheker und Ärzte, nicht jedoch die wissenschaftliche Fachwelt.

ausreichend verteidigt hat oder passiv geblieben ist, so dass sie zu einer *Gattungsbezeichnung* geworden ist. So kann eine *Untätigkeit* darin bestehen, dass es der Markeninhaber unterlässt, rechtzeitig auf sein ausschließliches Recht gemäß Art. 10 MarkenRL (Art. 5 MarkenRL aF) zurückzugreifen, um bei der zuständigen Stelle zu beantragen, betroffenen Dritten die Benutzung eines Zeichens zu verbieten, für das eine Gefahr von Verwechslungen mit der Marke besteht. Die Untätigkeit umfasst jedoch weiter alle Unterlassungen, mit denen der Markeninhaber keine genügende Wachsamkeit im Hinblick auf die Bewahrung der Unterscheidungskraft seiner Marke an den Tag legt[1824]. Der Markeninhaber kann sich in einem Verfallsverfahren *nicht auf Gründe* berufen, die *nach Stellung des Verfallsantrag* eingetreten sind, um zu belegen, dass die Verfallsgründe nicht weiter bestehen, ein generisches Zeichen sich in den Augen des Verkehrs wieder zu einer Marke zurückverwandelt hat[1825].

(c) Weiter wird eine Marke für verfallen erklärt, wenn sie infolge ihrer Benutzung **1644** durch den Inhaber oder mit seiner Zustimmung für die eingetragenen Waren oder DL geeignet ist, das Publikum insb über die Art, die Beschaffenheit oder die geografische Herkunft dieser Waren oder DL *irrezuführen*[1826]. Es kommt auf die objektive Geeignetheit zur Irreführung an und nicht auf evt subjektive Absichten. Damit soll insb der Fall erfasst werden, in dem eine Anmeldung vom EUIPO nicht als täuschend gemäß Art. 7 Abs. 1g UMV erkannt und abgelehnt, sondern im Gegenteil registriert worden war, da ihre zukünftige Verwendung zu dieser Zeit noch nicht absehbar war, aber die aktuelle Benutzung der Marke nun konkret zeigt, dass sie auf dem entspr Markt für die tatsächlich vertriebene Ware oder offerierte DL zur Irreführung geeignet ist.

(d) Die *UKM* wird für verfallen erklärt (Art. 81 UMV), wenn (aa) ihr Inhaber keine **1645** angemessenen Maßnahmen ergreift, um eine Benutzung der Marke zu verhindern, die nicht im Einklang mit den Benutzungsbedingungen steht, wie sie in der Satzung vorgesehen sind, auf deren Änderung ggf im Register hingewiesen worden ist; (bb) die Art der Benutzung der Marke durch ihren Inhaber bewirkt hat, dass die Gefahr besteht, dass das Publikum irregeführt wird (Art. 76 Abs. 2 UMV); oder (cc) entgegen den Vorschriften von Art. 79 Abs. 2 UMV im Register auf eine Änderung der

---

1824 Siehe EuG, 5.3.2003, T-237/01 – BSS; bestätigt durch EuGH, 5.10.2004, C-192/03 P; EuGH, 6.3.2014, C-409/12 – KORNSPITZ (Backaldrin/Pfahnl Backmittel), Rn 33–36. Daher kann zB in einer Situation, in der die Verkäufer der Ware (Kornspitz-Brötchen), die aus dem vom Markeninhaber gelieferten Rohstoff (Kornspitz-Backmischung) hergestellt worden ist, im Allgemeinen ihre Kunden nicht darauf hinweisen, dass das zur Bezeichnung dieser Ware verwendete Zeichen als Marke (für Backmischung) eingetragen ist, und sie dadurch zum Wandel der Marke zu einer gebräuchlichen Bezeichnung beitragen, die Passivität des Markeninhabers, der keine Initiative ergreift, die die Verkäufer dazu bewegen könnte, die Marke mehr zu benutzen, als Untätigkeit angesehen werden.
1825 EuG, 8.11.2018, T-718/16 – SPINNING, Rn 18, 19.
1826 EuG, 18.5.2018, T-419/17 – VSL#3, Rn 53–55. Art. 58 Abs. 1c UMV kommt nur dann zur Anwendung, wenn die Marke nach ihrer Eintragung irreführend benutzt wird, was vom Verfallsantragsteller nachzuweisen ist.

Satzung hingewiesen worden ist, es sei denn, dass der Markeninhaber aufgrund einer erneuten Satzungsänderung diesen Erfordernissen genügt.

1646 (e) Die *UGM* wird schließlich für verfallen erklärt (Art. 91 UMV), wenn (aa) ihr Inhaber die Erfordernisse der Inhaberschaft des Art. 83 Abs. 2 UMV nicht mehr erfüllt, (bb) er keine angemessenen Maßnahmen ergreift, um eine Benutzung der Marke zu verhindern, die nicht im Einklang mit den Benutzungsbedingungen steht, wie sie in der Satzung vorgesehen sind, auf deren Änderung ggf im Register hingewiesen worden ist; (cc) die Art der Benutzung der Marke durch ihren Inhaber bewirkt hat, dass die Gefahr besteht, dass das Publikum irregeführt wird (Art. 85 Abs. 2 UMV); oder (dd) entgegen Art. 88 Abs. 2 UMV wegen Gesetzeswidrigkeit im Register auf eine Änderung der Satzung hingewiesen worden ist, es sei denn, dass der Markeninhaber aufgrund einer erneuten Satzungsänderung diesen Erfordernissen genügt.

1647 Wird der Verfall der Unionsmarke angeordnet, gelten ihre in der UMV vorgesehenen *Wirkungen* in dem Umfang, in dem die Marke für verfallen erklärt wird, als von dem Zeitpunkt der Antragstellung oder der Erhebung der Widerklage (*ex nunc*) an nicht eingetreten[1827]. In der Entscheidung kann auf Antrag eines Beteiligten, der ein gerechtfertigtes rechtliches Interesse geltend machen muss, ein *früherer Zeitpunkt*, zu dem einer der Verfallsgründe eingetreten ist, festgesetzt werden (Art. 62 Abs. 1 UMV), jedoch nicht früher als nach dem Ablauf der fünfjährigen Nichtbenutzungsschonfrist der für verfallen erklärten Marke[1828].

1648 Bestand aber in einem Widerspruchsverfahren die Widerspruchsmarke zum Zeitpunkt der BK-Entscheidung noch, so kann ihre mit späterer Wirkung erfolgte *Verfallserklärung in einem Klageverfahren* vor dem EuG *nicht berücksichtigt* werden[1829], jedenfalls solange der Verfall noch nicht rechtskräftig ist und der Antrag auf Sachentscheidung aufrechterhalten bleibt. Dagegen kann jedoch auf Antrag des Anmelders oder des EUIPO vom Gericht nach rechtskräftigem Verfall oder nach rechtskräftiger Löschung der Widerspruchsmarke die Erledigung der Hauptsache festgestellt werden, zumal bei der Nichtigerklärung die Löschung wegen Art. 62 Abs. 2 UMV *ex tunc* gilt, so dass es

---

1827 Die Mitgliedstaaten (hier: Frankreich) konnten nach Art. 5 Abs. 1b, Art. 10 Abs. 1 Unterabs. 1. und Art. 12 Abs. 1 Unterabs. 1 MarkenRL. aF iVm ihrem sechsten Erwägungsgrund zulassen, dass der Inhaber einer Marke, die bei Ablauf der Frist von fünf Jahren ab ihrer Eintragung für verfallen erklärt worden ist, da er sie in dem betr Mitgliedstaat für die eingetragenen Waren oder DL nicht ernsthaft benutzt hat, das Recht behält, Ersatz des Schadens zu verlangen, der entstanden ist, weil ein Dritter vor Wirksamwerden des Verfalls ein ähnliches Zeichen für identische oder mit seiner Marke verwechselbar ähnliche Waren oder DL benutzt hat; EuGH, 26.3.2020, C-622/18 – St-Germain (Cooper International Spirits)/SAINT GERMAIN (AR).

1828 BK, 5.10.2011, R 81/09–2 – RBS, Rn 20–27. Dabei braucht nach Ansicht der BK der Antragsteller weder einen konkreten Zeitpunkt zu benennen, noch seinen Antrag zu begründen oder ein konkretes Interesse vorzutragen.

1829 EuG, 4.11.2008, T-161/07 – COYOTE UGLY/COYOTE UGLY, Rn 47–50.

von Anfang an keine wirksame Widerspruchsmarke im Widerspruchsverfahren gegeben hat[1830]. Dies gilt uU auch bei nur teilweiser Löschung der Widerspruchsmarke[1831].

Eine *Nichtigkeitsentscheidung* einer BK, auch wenn sie zeitlich vor einer (noch zulässigen) Erklärung des Markeninhabers nach Art. 33 Abs. 8 UMV erging, bezog sich *auf alle Waren und DL*, für die die angegriffene Marke eingetragen wurde, einschl derjenigen in dieser Erklärung aufgeführten, die nicht eindeutig von der wörtlichen Bedeutung der Begriffe in den Klassenüberschriften erfasst wurden, aber im alphabetischen Verzeichnis der NK dieser Klassen enthalten waren[1832]. 1649

V. Nichtigkeitsgründe

Die Unionsmarke wird auf *Antrag* beim EUIPO oder auf *Widerklage* im Verletzungsverfahren vor den Unionsmarkengerichten der Mitgliedstaaten aus folgenden, abschließend aufgezählten[1833] *Gründen* für nichtig erklärt (Art. 59 Abs. 1 UMV, 60 Abs. 1 UMV, 82 UMV): 1650

1. Absolute Nichtigkeitsgründe

Absolute Nichtigkeitsgründe liegen vor, 1651

(a) wenn die Unionsmarke entgegen den absoluten Eintragungshindernissen des Art. 7 UMV eingetragen worden ist. 1652

Die *Nichtigkeitsgründe* des Art. 59 Abs. 1a UMV müssen *am Tag der Anmeldung* der Unionsmarke vorgelegen haben[1834]. Dies ist der für die Nichtigkeitsprüfung relevante Zeitpunkt, keinesfalls der spätere der Eintragung, da dieser von einem zufälligen Umstand abhinge, nämlich der Dauer des Verfahrens, zumal der Verlust der Eintragungsfähigkeit einer Marke umso wahrscheinlicher wird, je länger das Eintragungsverfahren dauert[1835]. Dies schließt aber nicht aus, dass auch *Material aus der* 1653

1830 EuG, 26.11.2012, T-548/11 – real, – QUALITY/REAL, Rn 22–29 mwN; EuG, 12.4.2013, T-474/11 – Igama/GAMMA, Rn 1–3.

1831 EuG, 23.2.2021, T-587/19 – Marién/MARIN, Rn 34–44. Haben weder die Widerspruchsabteilung noch die BK die Waren berücksichtigt, für die die ältere Marke noch eingetragen ist, hat deren teilweise Nichtigkeit zur Folge, dass die BK das Beschwerdeverfahren fortsetzen und entweder die Beschwerde unmittelbar prüfen oder die Prüfung der Frage, ob eine Verwechslungsgefahr zwischen der Anmeldung und der älteren Marke besteht, an die Widerspruchsabteilung zurückverweisen muss.

1832 EuGH, 15.5.2019, C-653/17 P – Vermögensmanufaktur, Rn 48–51 (s. Rdn 399.).

1833 EuGH, 29.1.2020, C-371/18 – Skykick/Sky, Rn 58, 59.

1834 EuGH, 24.9.2009, C-78/09 P – BATEAUX MOUCHES, Rn 18, 19. Auf einen lediglich historischen Zeitpunkt (zB im Jahr 1950) kann sich ein Markeninhaber im Nichtigkeitsverfahren nicht berufen.

1835 EuGH, 5.10.2004, C-192/03 P – BSS, Rn 39–41; EuG, 3.6.2009, T-189/07 – FLUG-BÖRSE; bestätigt durch EuGH, 23.4.2010, C-332/09 P, Rn 41–57.

Zeit danach Rückschlüsse auf die Situation zum Anmeldezeitpunkt ermöglicht und daher berücksichtigt werden kann[1836].

1654   Eine Marke kann wegen Art. 59 Abs. 2 UMV aber nicht für nichtig erklärt werden, wenn sie nach der Eintragung[1837] durch Benutzung im Verkehr Unterscheidungskraft, also *Verkehrsdurchsetzung*, für die eingetragenen Waren oder DL erlangt hat, wobei diese Vorschrift, da sie eine Ausnahme normiert, restriktiv auszulegen ist[1838]. Hierfür ist der *Markeninhaber beweispflichtig.* Auch wenn die Marke ursprünglich bei ihrer Anmeldung nur wegen Verkehrsdurchsetzung eingetragen worden war, trifft bei Zweifeln hierüber im Nichtigkeitsverfahren den Markeninhaber die Nachweispflicht, dass die Marke vor der Anmeldung infolge ihrer Benutzung Unterscheidungskraft erlangt hatte[1839].

1655   Die *UKM* wird – außer in den in Art. 59 UMV und Art. 60 UMV genannten Gründen – für nichtig erklärt, wenn sie entgegen den Vorschriften des Art. 76 UMV eingetragen worden ist, es sei denn, dass der Markeninhaber aufgrund einer Satzungsänderung dessen Erfordernissen genügt (Art. 82 UMV).

1656   Schließlich wird die *UGM* – außer aus den in Art. 58 UMV genannten Gründen – auf Antrag beim Amt oder auf Widerklage im Verletzungsverfahren für verfallen erklärt, wenn eine der folgenden Voraussetzungen erfüllt ist: (a) der Inhaber erfüllt die Erfordernisse der Inhaberschaft des Art. 83 Abs. 2 UMV nicht mehr, (b) der Inhaber ergreift keine angemessenen Maßnahmen, um eine Benutzung der Marke zu verhindern, die nicht im Einklang steht mit den Benutzungsbedingungen der Satzung, auf deren Änderung ggf im Register hingewiesen worden ist, (c) die Art der Markenbenutzung durch ihren Inhaber hat bewirkt, dass die Gefahr besteht, dass das Publikum iSv Art. 85 Abs. 2 UMV irregeführt wird, oder (d) es ist entgegen Art. 88 Abs. 2 UMV im Register gesetzeswidrig auf eine Änderung der Satzung hingewiesen worden, es sei denn, dass der Markeninhaber aufgrund einer erneuten Satzungsänderung den Erfordernissen des genannten Artikels genügt.

1836   EuGH, 6.3.2014, C-337/12 P bis C-340/12 P – Oberfläche mit schwarzen Punkten, Rn 59–61 mwN. Die vorausgegangenen Urteile des EuG, 8.5.2012, T-331/10 und T-416/10; die die Berücksichtigung der Benutzung nach der Anmeldung generell ausschließen wollten, wurden dementspr aufgehoben.

1837   Dabei ist im Falle einer Erweiterung der Union für die nachträglich erlangte Verkehrsdurchsetzung auf alle dann relevanten Mitgliedstaaten einschl der Neumitglieder abzustellen; EuG, 14.12.2011, T-237/10 – Schließmechanismus, Rn 90.

1838   EuG, 15.10.2008, T-405/05 – MANPOWER, Rn 126, 127; bestätigt durch EuGH, 2.12.2009, C-553/08 P, Rn 89, 93.

1839   EuGH, 19.6.2014, C-217/13 und C-218/13 – Sparkassen-Rot, Rn 68–73. Diese für die nationalen harmonisierten Markenrechte gemäß Art. 3 Abs. 1. und 5 MarkenRL. aF aufgestellten Grundsätze gelten auch für die Unionsmarke. AA BGH, der die Bedeutung dieser Entscheidung für die Feststellungslast bei der Verkehrsdurchsetzung nach deutschem Markenrecht trotzdem für offen hält; BGH, 18.9.2014, I ZR 228/12 – Gelbe Wörterbücher, Rn 19.

Es kommt immer auf den Inhalt des *Antrags in seiner Gesamtheit* an, so dass ein **1657** fehlerhaftes Ankreuzen eines falschen Kästchens (zB für Art. 59 Abs. 1b – Bösgläubigkeit – anstelle von Abs. 1a) dann nicht schadet, wenn in der Antragsbegründung Ausführungen zum tatsächlich gewünschten Grund (beschreibende Angabe) gemacht wurden[1840].

(b) Weiter wird die Unionsmarke nach Art. 59 Abs. 1b UMV für nichtig erklärt, wenn **1658** der Anmelder *bei der Einreichung der Anmeldung* der Marke *bösgläubig* war, was nach der Rspr des EuGH[1841] umfassend unter Berücksichtigung aller erheblichen Faktoren, die am Anmeldetag vorlagen, zu beurteilen ist. Der EuGH sieht in der *Bösgläubigkeit* einen selbständigen Begriff des Unionsrechts, der in der Union auch für die nationalen Rechtssysteme *einheitlich auszulegen* ist[1842].

Die erheblichen Faktoren sind insb (1.) die Tatsache, dass der Anmelder weiß oder **1659** *wissen* muss, dass ein Dritter in mindestens einem Mitgliedstaat ein gleiches oder ähnliches Zeichen[1843] für eine gleiche oder mit der Anmeldung verwechselbar ähnliche Ware oder DL (s. aber Rdn 1622) verwendet, wobei sich eine derartige Vermutung bei einer Verwendung des älteren Zeichens über längere Zeit im einschlägigen Wirtschaftssektor ergeben kann. Bösgläubigkeit kann selbst dann vorliegen, wenn der Anmelder eine im *Ausland* registrierte und dort bekannte Marke anmeldet, sei es auch für unähnliche, aber zu einem benachbarten Marktsegment gehörende Waren[1844].

1840 EuG, 24.3.2011, T-419/09 – AK 47, Rn 15–28.
1841 EuGH, 11.6.2009, C-529/07 – GOLDHASE Lindt, Rn 35, 37.
1842 EuGH, 27.6.2013, C-320/12 – Plastikflaschenform (Malaysia Dairy Industries), Rn 23–29. So ermächtigt Art. 4 Abs. 4g MarkenRL aF die Mitgliedstaaten nicht, eine besondere Schutzregelung für ausländische Marken einzuführen, die sich von der durch diese Bestimmung aufgestellten unterscheidet und darauf beruht, dass der Markenanmelder eine ausländische Marke kannte oder hätte kennen müssen, Rn 41–43.
1843 EuGH, 11.6.2009, C-529/07 – GOLDHASE Lindt, Rn 39, 40.
1844 Die Anmeldung von Unionsmarken, die mit im Anmeldezeitpunkt in den USA benutzten und bekannten Marken (fast) identisch sind, für ein benachbartes Marktsegment von Luxuswaren (Uhren bzw Bekleidung) ist für die Bösgläubigkeit des Inhabers der angegriffenen Marke relevant, insb wenn dieser nach gescheiterten Lizenzverhandlungen durch Werbung auf der Facebook-Seite des Nichtigkeitsantragstellers und infolge der Behauptung eines angeblichen Lizenzverhältnisses den Eindruck einer Verbindung zu den älteren Marken hervorruft; EuG, 23.5.2019, T-3/18 – ANN TAYLOR. Weiter ist die (fast) identische Übernahme von im Anmeldezeitpunkt in Chile benutzten und bekannten, außerordentlich fantasievoll gestalteten Marken für identische DL ein wesentlicher Faktor für die Bösgläubigkeit des Inhabers der angegriffenen Marke, insb wenn dieser den Eindruck einer Verbindung zu den älteren Marken durch angebliche Beteiligung an einem internationalen Franchisesystem erweckt; EuG, 28.1.2016, T-335/14 – DoggiS/DoggiS. Anders noch EuG, 1.2.2012, T-291/09 – Pollo Tropical CHICKEN ON THE GRILL, Rn 61, 89. Das gegen dieses Urteil gerichtete Rechtsmittel scheiterte als offensichtlich unzulässig (EuGH, 28.2.2013, C-171/12 P). Das EuG wollte dort in der vollständigen Identität der angegriffenen Unionsmarke mit einem aufwändig gestalteten älteren Bildzeichen des Nichtigkeitsantragstellers für sich allein genommen noch keinen Nachweis für die Bösgläubigkeit des Markeninhabers sehen,

1660 Als *qualifizierte Kenntnis* ist dabei diejenige anzusehen, die von Personen erworben wurde, die zB nicht nur familiäre Beziehungen zum Inhaber des älteren Zeichens besitzen, sondern auch in erheblichem Umfang finanziell an dessen Gesellschaftskapital beteiligt waren oder in ihm durch die Mitwirkung in seinen Leitungsorganen tätig wurden, insb in hochrangigen Positionen, die sie in die Lage versetzten, die Entscheidungen des Inhabers des älteren Zeichens beeinflussen zu können[1845]. Jedoch genügt der Umstand, dass der Anmelder weiß oder wissen muss, dass ein Dritter eine Marke im Ausland, die mit der Anmeldemarke verwechselt werden kann, zum Zeitpunkt der Einreichung seiner Anmeldung benutzt, allein noch nicht für die Bejahung der Bösgläubigkeit.

1661 Es ist nämlich auch (2.) die *Absicht* des Anmelders zum Zeitpunkt seiner Anmeldung zu berücksichtigen, die ein *subjektives Tatbestandsmerkmal* ist, das *anhand der objektiven Fallumstände* bestimmt werden muss[1846]. So sind insb seine Absichten zu prüfen, wie sie sich aus seinen konkreten Handlungen, seiner Rolle und Position, seiner Kenntnis von der Benutzung des älteren Zeichens, vertraglichen, vorvertraglichen oder nachvertraglichen Beziehungen mit dem Inhaber des älteren Zeichens, dem Bestehen gegenseitiger Pflichten und Verpflichtungen einschl *Loyalitäts- und Redlichkeitspflichten* aufgrund von Organstellungen oder Leitungsfunktionen, die im Unternehmen des Inhabers des älteren Zeichens ausgeübt wurden oder noch ausgeübt werden, und – allgemeiner ausgedrückt – aus allen objektiven Situationen ableiten lassen, die durch einen *Interessenkonflikt* gekennzeichnet sind und in denen der Markenanmelder tätig geworden ist[1847]. Denn die gegenwärtigen und früheren wirtschaftlichen und persönlichen Beziehungen zwischen den Beteiligten können eine maßgebliche Rolle spielen[1848].

1662 So ist ein Markeninhaber bei Anmeldung der Marke bösgläubig, wenn er sie entgegen den Grundsätzen der *Loyalität und Redlichkeit* angemeldet hatte, zu deren Einhaltung er aufgrund seiner wirtschaftlichen Beziehungen und Verflechtungen mit dem Nichtigkeitsantragsteller verpflichtet war, der einen Familiennamen gerade nicht als Marke schützen wollte, um seinen unbehinderten Gebrauch allen Unternehmen einer weit verzweigten Familie zu ermöglichen[1849]. Bösgläubig handelt weiter, wer eine Marke im

---

da der Markeninhaber eine ältere amerikanische Marke oder deren Benutzung nicht kennen müsse, was jedoch angesichts des zunehmenden internationalen Austausches der Märkte, insb durch das Internet, mE sehr bedenklich erscheint.

1845 EuG, 11.7.2013, T-321/10 – GRUPPO SALINI, Rn 25.

1846 EuGH, 11.6.2009, C-529/07 – GOLDHASE Lindt, Rn 41–45; EuGH, 27.6.2013, C-320/12 – Plastikflaschenform (Malaysia Dairy Industries), Rn 33–37.

1847 EuG, 11.7.2013, T-321/10 – GRUPPO SALINI, Rn 28.

1848 ZB EuG, 21.3.2012, T-227/09 – FS, Rn 42–44, 46–49; bestätigt durch EuGH, 7.2.2013, C-266/12 P.

1849 EuG, 11.7.2013, T-321/10 – GRUPPO SALINI. Dagegen sollen allein die Tatsachen, dass zwischen den Beteiligten vor der Eintragung der angegriffenen Marke *Kontakte*. bestanden und der Markeninhaber dem Inhaber des älteren Rechts einen *Kompensationsvorschlag*. (in Höhe von 5 Mio. USD) für die Übertragung der Unionsmarke

eigenen Namen eintragen lässt, um sich der Zahlungsverpflichtung aus der vertraglich vereinbarten Nutzung einer älteren ähnlichen Marke des Nichtigkeitsantragstellers zu entziehen[1850]. Bösgläubig handelt der Anmelder auch dann, wenn er die von einem Dritten in den USA und Kanada benutzte Marke, hinsichtlich der ein vertraglich vereinbartes Vertriebsrecht für einige europäische Staaten besitzt, weisungswidrig nicht für den Dritten, sondern für sich selbst anmeldet[1851].

Aufgrund des Ablaufs der Ereignisse in Bezug auf die vorausgegangenen *intensiven*   1663
geschäftlichen Verhandlungen zwischen den Beteiligten, wobei dem Markeninhaber für die beabsichtigte Nutzung des sehr ähnlichen, nicht eingetragenen Zeichens des Nichtigkeitsantragstellers in der Union, insb in Deutschland, auch dessen *vertrauliche interne Daten* zur Verfügung gestellt wurden, und der unmittelbar nach deren Abbruch (ein Monat später) erfolgten Anmeldung der sehr ähnlichen angegriffenen Marke für identische DL durch den Markeninhaber ist bereits wegen dieser objektiven Umstände dessen Bösgläubigkeit belegt[1852]. Schließlich handelt ein Markeninhaber bösgläubig, wenn er eine Unionsmarke auf den eigenen Namen anmeldet, obwohl er zusammen mit den Nichtigkeitsantragstellern an *zahlreichen Firmen beteiligt* war, die die identische (sehr ähnliche) ältere nationale Marke über Jahre hinweg benutzt haben[1853].

Zudem ist (3.) die *Absicht* des Anmelders zu berücksichtigen, diesen Dritten an der   1664
weiteren Verwendung eines solchen Zeichens *zu hindern*, wenn also die Anmeldung *ohne Benutzungsabsicht*[1854] allein deshalb erfolgte, um den Marktzutritt eines Dritten zu verhindern, wobei in dem Fall, dass die Anmeldung in der Gesamtform und -aufmachung einer Ware besteht, sich die Bösgläubigkeit leichter bejahen lässt, wenn die Wahlfreiheit der Mitbewerber insoweit aufgrund technischer oder kommerzieller Erwägungen so beschränkt ist, dass der Markeninhaber seine Mitbewerber nicht nur

---

gemacht hat, nach – mE höchst zweifelhafter – Auffassung des EuG noch keine Bösgläubigkeit belegen; EuG, 1.2.2012, T-291/09 – Pollo Tropical CHICKEN ON THE GRILL, Rn 85–88.

1850 EuG, 5.10.2016, T-456/15 – T.G.R. ENERGY DRINK; bestätigt durch EuGH, 11.5.2017, C-639/17 P. Dass der Markeninhaber hier die Getränke in Verbindung mit dem Image des Nichtigkeitsantragstellers vermarkten wollte, stellt einen relevanten Faktor für die Bösgläubigkeit dar.

1851 EuG, 16.5.2017, T-107/16 – AIR HOLE FACE MASKS YOU IDIOT.

1852 EuG, 31.5.2018, T-340/16 – Outsource 2 India; bestätigt durch EuGH, 13.11.2019, C-528/18 P.

1853 EuG, 12.7.2019, T-772/17 – Café del Mar; Rechtsmittel nicht zugelassen, EuGH, 12.12.2019, C-713/19 P.

1854 EuGH, 11.6.2009, C-529/07 – GOLDHASE Lindt, Rn 41–50. So reicht zB nach Ansicht des EuG die Unterzeichnung eines Lizenzvertrages, auch wenn dieser nicht zur Durchführung gelangte, für eine geschäftliche Nutzungsabsicht aus. Zudem muss der Nichtigkeitsantragsteller beweisen, dass der Markeninhaber bei Anmeldung keine Nutzungsabsicht hatte und seine Marke nicht benutzte bzw keine Schritte in diese Richtung unternommen hat; EuG, 1.2.2012, T-291/09 – Pollo Tropical CHICKEN ON THE GRILL, Rn 66, 67, 79.

daran hindern kann, ein gleiches oder ähnliches Zeichen zu verwenden, sondern auch daran, vergleichbare Waren zu vermarkten.

1665   Dass ein Dritter *seit langem* ein Zeichen für eine gleiche oder verwechselbar ähnliche Ware verwendet und dass dieses *in einem gewissen Grad rechtlichen Schutz* genießt, ist dabei ein erheblicher Beurteilungsfaktor. In einem solchen Fall könnte nämlich der Anmelder in den Genuss der von der Unionsmarke verliehenen Rechte gelangen, nur um gegenüber einem Mitbewerber, der ein Zeichen verwendet, das bereits aus eigener Kraft einen gewissen Grad rechtlichen Schutzes erlangt hat, unlauteren Wettbewerb zu betreiben.

1666   Gleichwohl lässt sich nicht ausschließen, dass sogar unter derartigen Umständen und insb dann, wenn mehrere Hersteller auf dem Markt gleiche oder ähnliche Zeichen für gleiche oder verwechselbar ähnliche Waren verwenden, der Anmelder mit der Eintragung dieses Zeichens ein berechtigtes Ziel verfolgt. Dies kann insb dann der Fall sein, wenn der Anmelder zum Anmeldezeitpunkt weiß, dass ein Dritter, der erst seit kurzer Zeit auf dem Markt tätig ist, versucht, Nutzen aus dem genannten Zeichen zu ziehen, indem er dessen *Aufmachung kopiert,* was den Anmelder dazu veranlasst, das Zeichen eintragen zu lassen, um die Verwendung dieser Aufmachung zu verhindern.

1667   Jedoch stellt die Anmeldung einer Marke ohne die Absicht, sie für die eingetragenen Waren und DL zu benutzen, insb dann bösgläubiges Handeln dar, wenn der Anmelder der betr Marke die Absicht hatte, entweder in einer den *redlichen Handelsbräuchen widersprechenden Weise Drittinteressen zu schaden* oder sich auch ohne Bezug zu einem konkreten Dritten ein *ausschließliches Recht* zu anderen als zu den zur Funktion einer Marke gehörenden Zwecken *zu verschaffen*[1855].

1668   Und schließlich kommt es (4.) auf den Grad des rechtlichen Schutzes, also die *Bekanntheit* des Zeichens des Dritten und der Anmeldung zum Zeitpunkt der Anmeldung als Unionsmarke an. Ein solcher Bekanntheitsgrad kann nämlich gerade das Interesse des Anmelders rechtfertigen, einen weiter reichenden rechtlichen Schutz seines Zeichens sicherzustellen[1856]. Die Bekanntheit seines älteren Rechts hat der Nichtigkeitsantragsteller nachzuweisen[1857].

1669   Im Rahmen der umfassenden Beurteilung nach Art. 59 Abs. 1b UMV können aber auch (5.) die *Herkunft des angefochtenen Zeichens* und *seine frühere geschäftliche Verwendung als Marke* seit seiner Schaffung, ua durch Konkurrenzunternehmen, sowie *die unternehmerische Logik,* in die sich die Anmeldung dieses Zeichens als Unionsmarke

---

1855 EuGH, 29.1.2020, C-371/18 – Skykick/Sky, Rn 77–81. Eine solche Bösgläubigkeit kann nur festgestellt werden, wenn es schlüssige und übereinstimmende objektive Indizien hierfür gibt, aber nicht schon deswegen, weil der Anmelder bei der Anmeldung keinen Geschäftsbereich hatte, der den von der Anmeldung erfassten Waren und DL entsprach.
1856 EuGH, 11.6.2009, C-529/07 – GOLDHASE Lindt, Rn 51, 52; EuG, 14.2.2012, T-33/11 – BIGAB, Rn 30, 31.
1857 EuG, 1.2.2012, T-291/09 – Pollo Tropical CHICKEN ON THE GRILL, Rn 70–78, 80.

einfügte, berücksichtigt werden[1858]. Lag der Anmeldung der angefochtenen Marke keine kommerzielle Logik zugrunde und bestand die einzige Tätigkeit des Markeninhabers im Zusammenhang mit ihr darin, andere zu behindern, verfolgte er damit unlautere Zwecke und war bösgläubig[1859].

Da die *absoluten Nichtigkeitsgründe* von den *relativen völlig verschieden* sind, besteht **1670** jedoch *keinerlei Erfordernis*, dass der *Nichtigkeitsantragsteller*, der seinen Antrag auf Bösgläubigkeit stützt, *Inhaber einer älteren Marke für identische oder ähnliche Waren* oder DL sein muss. Je nach den Gegebenheiten des Falles können nämlich auch *andere tatsächliche Umstände* relevante und schlüssige Hinweise auf den bösen Glauben darstellen, wie die der Anmeldung der angegriffenen Marke zugrunde liegende geschäftliche Logik oder die Chronologie der Ereignisse, die zur Anmeldung geführt haben[1860]. So kann bereits die Absicht, ein ausschließliches Recht zu anderen Zwecken als denen, die zu den Funktionen einer Marke gehören, insb der wesentlichen herkunftshinweisenden Funktion, zu erlangen, ohne auch nur einen bestimmten Dritten anzusprechen, für die Feststellung der Bösgläubigkeit des Anmelders ausreichen[1861]. Rührt die Bösgläubigkeit des Markeninhabers aus seiner Absicht her, die Interessen eines bestimmten Dritten in einer Weise zu schädigen, die nicht den anständigen Gepflogenheiten entspricht, können auch Waren und DL für nichtig erklärt werden, die *nicht mit dem Bereich* zusammenhängen, in dem der Nichtigkeitsantragsteller seine *Bekanntheit* erworben hatte[1862].

Typische Fälle von Bösgläubigkeit sind Verfahrensabläufe, in denen der Markeninhaber **1671** früher für den Nichtigkeitsantragsteller in Vertrauensposition und/oder auf vertraglicher Grundlage tätig war und nach seinem Ausscheiden die bisher für diesen benutzte Marke auf seinen eigenen Namen angemeldet hat, um sie nunmehr exklusiv für sich unter Ausschluss des ursprünglich Berechtigten zu nutzen[1863].

1858 EuG, 14.2.2012, T-33/11 – BIGAB, Rn 21.
1859 EuG, 29.9.2021, T-592/20 – AGATE, Rn 67–74.
1860 EuGH, 12.9.2019, C-104/18 P – STYLO & KOTON, Rn 53–56. So hätte das EuG berücksichtigen müssen, dass der Markeninhaber die Eintragung des angegriffenen Zeichens mit dem stilisierten Wort »KOTON« als Unionsmarke zum relevanten Anmeldezeitpunkt auch für Waren und DL beantragt hatte, die denjenigen entsprachen, für die der Nichtigkeitsantragsteller Marken mit diesem stilisierten Wort eingetragen hatte, auch wenn die Anmeldung insoweit nicht zum Erfolg geführt hat; Rn 60, 61.
1861 EuG, 28.10.2020, T-273/19 – TARGET VENTURES, Rn 27–29. Die BK hat dadurch einen Rechtsfehler begangen, dass sie angenommen hat, dass der fehlende Nachweis der tatsächlichen oder vermuteten Kenntnis der Vorbenutzung des fraglichen Zeichens ausreiche, um den Nichtigkeitsantrag zurückzuweisen. Indem sie gefordert hat, dass Bösgläubigkeit ein Verhalten umfasst, das von den anerkannten Grundsätzen ethischen Verhaltens oder redlicher Handels- und Geschäftspraktiken abweicht und eine unlautere Absicht oder ein anderes unredliches Motiv voraussetzt, hat sie den Begriff der Bösgläubigkeit zu restriktiv ausgelegt.
1862 EuG, 28.4.2021, T-311/20 – Choumicha Saveurs, Rn 51–55 mwN.
1863 EuG, 17.3.2021, T-853/19 – Earnest Sewn.

1672 Bösgläubig ist weiter die Anmeldung des Namens eines zu diesem Zeitpunkt bereits in Europa *bekannten, aufstrebenden Fußballspielers* aus Brasilien (*NEYMAR*) durch einen mit der Fußballwelt vertrauten Dritten, um von dessen Anziehungskraft und zukünftigen Transfer nach Europa zu profitieren[1864].

1673 Sogar eine gegenwärtig *nicht benutzte Marke*, wie zB *SIMCA* für Kraftfahrzeuge, kann eine gewisse *Restbekanntheit* bewahrt haben, die uU in Zukunft zu einer Wiederbelebung durch den alten Inhaber führen kann, so dass ein Markenanmelder bösgläubig handelt, dem es in Wirklichkeit darauf ankommt, die Wertschätzung der eingetragenen Marke des Nichtigkeitsantragstellers parasitär auszubeuten und daraus Vorteile zu ziehen[1865].

1674 Zwar reicht das *Fehlen einer Benutzungsabsicht* generell noch nicht zur Annahme von Bösgläubigkeit aus, jedoch kann die Anmeldung einer Marke (hier: *&R&E&I&F&E&N&*) ohne Benutzungsabsicht, sondern zu dem alleinigen Zweck, anschließend auf ihrer Grundlage unter Ausnutzung der Regelung über den Wegfall von Sonderzeichen (&) einen deutschen Gattungsbegriff (Reifen) als Namen der Domäne oberster Stufe ».eu« in der ersten Phase der gestaffelten Registrierung eintragen zu lassen (nämlich: www.reifen.eu), uU ein Verhalten als bösgläubig iSv Art. 21 Abs. 1b.eu-DomainV[1866] kennzeichnen, wie auch weiter die *konkrete Gestaltung* der beanspruchten Marke, der *Wiederholungscharakter* der Vorgehensweise (bei 33 Marken nach gleichem Muster) und die *Geschehensabfolge* (kurz vor Beginn der ersten Phase der gestaffelten Registrierung)[1867].

1675 *Reiht* ein Markeninhaber *nationale Anmeldungen aneinander* (2.392 deutsche und ca. 750 österreichische, wobei höchstens eine zur Eintragung gelangte), die alle sechs Monate abwechselnd in Deutschland und in Österreich unmittelbar vor Ablauf der sechsmonatigen Frist des Art. 34 Abs. 1 UMV *für die Beanspruchung der Priorität einer Unionsmarke* eingereicht wurden, wobei diese Anmeldungen sukzessive wegen *Nichtentrichtung der Anmeldegebühren* verfielen, so handelt es sich hierbei um kein legitimes Geschäftsgebaren, sondern um *bösgläubiges*, im Widerspruch zu den Zielen der UMV stehendes Verhalten. Der Markeninhaber will sich nämlich lediglich eine *Sperrposition* verschaffen, um bei Anmeldung einer identischen oder ähnlichen Unionsmarke durch einen Dritten ebenfalls eine Unionsmarke anzumelden, für diese, gestützt auf das letzte Glied in der Kette der nationalen Anmeldungen, die Priorität zu beanspruchen und darauf gestützt Widerspruch gegen die Anmeldung des Dritten zu erheben. Seine Anmeldung dient also lediglich dazu, die Eintragung der jün-

---

1864 EuG, 14.5.2019, T-795/17 – NEYMAR.
1865 EuG, 8.5.2014, T-327/12 – SIMCA, Rn 39–56. Berühmte Marken sind also unsterblich. Selbst wenn sie nicht mehr benutzt werden, kann sie der alte Inhaber wieder reaktivieren, ohne befürchten zu müssen, dass ein Dritter sie für sich eintragen lässt, um von ihrem Ruf zu partizipieren. Diese Entscheidung erscheint aber mE grenzwertig.
1866 VO (EG) 874/2004 vom 28.4.2004 zur Festlegung von allgemeinen Regeln für die Durchführung und die Funktionen der Domäne oberster Stufe ».eu« und der allgemeinen Grundregeln für die Registrierung; ABl. L 162/40.
1867 EuGH, 3.6.2010, C-569/08 – www.reifen.eu. (Internetportal/Schlicht), Rn 46–53.

geren Anmeldung zu verhindern und *wirtschaftliche Vorteile aus* ihrer *Sperrposition* zu ziehen[1868].

Bösgläubigkeit nimmt das EUIPO bei *unlauteren Absichten* an, die mit einem redli- **1676**
chen Geschäftsgebaren nicht vereinbar sind, zB wenn vor dem 1.5.2004 eine Unionsmarkenanmeldung für einen Begriff eingereicht wurde, der in Bezug auf die Sprache
eines der an diesem Tag der Europäischen Union neu beigetretenen Mitgliedstaats
beschreibend oder aus anderem Grunde nicht eintragbar ist, und wenn die Anmeldung nur geschah, um ausschließliche Rechte an einem nicht eintragbaren Begriff zu
erlangen, oder aus sonstigen verwerflichen Motiven. Weiter kann es ein Hinweis auf
Bösgläubigkeit sein, wenn eine Marke, die bereits in einem Mitgliedstaat aus Gründen
der Bösgläubigkeit gelöscht worden ist, danach als Unionsmarke eingetragen wurde,
oder wenn eine Filmfigur als Marke angemeldet wurde, an der ein Dritter ein Copy-
right außerhalb der Union hatte[1869].

Dagegen reicht die Tatsache, dass der Anmelder weiß oder hätte wissen müssen, dass **1677**
ein Dritter eine lange Zeit vorher zumindest in einem Mitgliedstaat ein *ähnliches oder
identisches Zeichen für ähnliche oder identische Produkte benutzt* hat, *nicht* aus, um seine
Bösgläubigkeit zu begründen. Der Markeninhaber hat vielmehr ein berechtigtes eigenes
Interesse, eine von ihm bereits genutzte Marke oder eine solche, deren Nutzung er
beabsichtigt, registrieren zu lassen[1870]. Weder der Umstand, dass der Nichtigkeitsantragsteller kein Interesse daran gezeigt hatte, seine ältere außereuropäische Marke in

---

1868 EuG, 7.7.2016, T-82/14 – LUCEO Rn 44–162; bestätigt durch EuGH, 14.12.2017,
 C-101/17 P. Bei der Prüfung der Bösgläubigkeit des Markeninhabers ist nicht nur dessen
 eigenes Verhalten, sondern auch das seines *Vertreters.* und der mit diesem verbundenen
 Gesellschaften zu berücksichtigen. Zwar kann ein Unternehmen als Markenagentur tätig
 werden und in diesem Rahmen Marken anmelden und fortentwickeln, die es nicht selbst
 nutzen, sondern an Dritte verkaufen will. Dies rechtfertigt aber keine *missbräuchliche
 Anmeldestrategie*, die darauf abzielt, *Anmeldungen Dritter durch Widersprüche abzufangen*.
 Dass der Markeninhaber die *Zahlung von 75.000 Euro.* vom Nichtigkeitsantragsteller
 gefordert hat, zeigt, dass dies die einzige Möglichkeit gewesen sei, die streitige Marke zu
 verwerten. Die aufeinander folgenden Übertragungen von Marken und Markenanmeldungen stellt einen Faktor dar, der die *Transparenz des Vorgehens.* des Markeninhabers
 und der mit ihm verbundenen Gesellschaften beeinträchtigte. Denn dadurch wurde
 weniger offensichtlich, dass eine einzige Person eine Vielzahl von Markenanmeldungen mit Hilfe verschiedener Gesellschaften organisierte und die aufgetretene Situation
 kein Zufallsergebnis war. Schließlich liegt diesem Nichtigkeitsgrund ein öffentliches
 Interesse zugrunde, so dass er nicht von der *angeblichen Bösgläubigkeit des Nichtigkeitsantragstellers.* abhängt.
1869 BK, 31.10.2012, R 1163/11–1 – TONY MONTANA.
1870 EuG, 7.6.2011, T-507/08 – 16PF, Rn 88–93; EuG, 29.6.2017, T-343/14 – CIPRIANI.
 Umso mehr scheitert die Bösgläubigkeit schon dann, wenn dem Inhaber der angefochtenen Marke eine Kenntnis der Benutzung der Marke des Nichtigkeitsantragstellers
 nicht nachgewiesen werden kann, da eine Bösgläubigkeit nicht allein aufgrund seiner
 Geschäftsbeziehung zu einem Vermittler vermutet werden kann; EuG, 16.12.2020,
 T-438/18 – BIKOR EGYPTIAN EARTH, Rn 34–38.

der Union zu schützen, noch die Tatsache, dass der Markeninhaber rechtlich nicht verpflichtet war, den Nichtigkeitsantragsteller vorab über seine Unionsmarkenanmeldung zu informieren, erlauben es, die Absicht des Markeninhabers bei der Markenanmeldung festzustellen[1871].

1678   An der *Bösgläubigkeit fehlt* es insb, wenn das ältere Zeichen zum Anmeldezeitpunkt der angegriffenen Marke noch gar nicht öffentlich benutzt war, sondern sich die Tätigkeiten des Nichtigkeitsantragstellers nur auf *vorbereitende Akte* beschränkten, da eine bloße zukünftige Benutzungsabsicht nicht ausreicht[1872].

1679   Auch die *Wiederholungsanmeldung* einer mit einer eigenen Voreintragung sehr ähnlichen Marke während der für diese noch laufenden Nichtbenutzungsschonfrist, selbst mit dem Effekt, sich in zukünftigen Widerspruchsverfahren den Benutzungsnachweis zu ersparen, kann *nicht per se als rechtsmissbräuchlich* angesehen werden, was zu einer Nichtigerklärung wegen Bösgläubigkeit führen könnte. Sie kann vielmehr durch unternehmensstrategische Interessen gerechtfertigt sein, zB wegen einer Modernisierung des Markenauftritts, also insb mit einem neuen Erscheinungsbild (s. Rdn 1630), oder wegen der gestiegenen Anforderungen an eine klare und eindeutige Bestimmung der beanspruchten Waren, wenn also anstelle der Warengattungen der früheren Marke nunmehr sehr spezifische Waren treten[1873].

1680

Abb. 41

1681   *Bösgläubig* handelt jedoch ein Markeninhaber, der mit der wiederholten Anmeldung eines *identischen Zeichens* für *identische Waren und DL* ua das Ziel verfolgt, die *Benutzung seiner Marke* in von ihm eingeleiteten Widerspruchsverfahren gegen andere Anmeldungen *nicht nachweisen* zu müssen, wodurch sich die fünfjährige Benutzungsschonfrist in Bezug auf seine anderen älteren Marken verlängert, wobei es nicht auf die Dauer der Verlängerung ankommt. Diese Anmeldestrategie, mit der die Vorschrift über den Benutzungsnachweis umgangen werden soll, ist nicht nur *mit den Zielen der UMV unvereinbar*, sondern stellt auch an einen Fall von *Rechtsmissbrauch* dar, der dadurch gekennzeichnet ist, dass zum einen trotz formaler Einhaltung der von der Unionsregelung aufgestellten Voraussetzungen der Zweck dieser Regelung nicht erreicht wird und dass zum anderen die Absicht besteht, einen Vorteil aus dieser

---

1871 EuG, 21.3.2012, T-227/09 – FS, Rn 51.
1872 EuG, 9.6.2021, T-396/20 – RIVIERA AIRPORTS.
1873 EuG, 13.12.2012, T-136/11 – Pelikan, Rn 23–49 mwN; EuG, 18.11.2014, T-50/13 – VOODOO, Rn 60. Ob auch berechtigte Interessen an einer Geheimhaltung von betriebsinternen Daten über Kunden und Umsatz eine sehr ähnliche Neuanmeldung rechtfertigen können, ist fraglich. Zur Sicherheit ist daher empfohlen, immer gewisse leichte Änderungen/Modernisierungen bei der Marke und der Definition der Waren und DL vorzunehmen.

Regelung zu erlangen, indem die Voraussetzungen für die Erlangung dieses Vorteils künstlich geschaffen werden[1874].

Andererseits kann selbst die Anmeldung von *Defensivmarken*, deren Eintragung nur dazu dient, den Schutzbereich einer anderen eingetragenen Marke abzusichern oder auszuweiten, allein noch nicht als bösgläubig angesehen werden, denn die mit der Anmeldung einer Marke verbundene subjektive Absicht ist völlig unerheblich[1875]. Zudem kann sie sich im Laufe der Zeit auch jederzeit ändern. Jedoch kann es nach Ansicht des EuG[1876] einen *Grund für Bösgläubigkeit* darstellen, wenn der Markeninhaber zum Zeitpunkt der Anmeldung nicht die Absicht hatte, die Marke einer Benutzung zuzuführen, sondern um eine Verwechslungsgefahr mit einer anderen Marke, deren Inhaber er bereits war, zu verhindern und/oder um in diesem Zusammenhang ein diesen Marken gemeinsames Element zu schützen, weil dies außerhalb der Funktionen einer Marke, insb der wesentlichen Herkunftsfunktion liegt.   **1682**

Eine Unionsmarke kann *nicht* deshalb ganz oder teilweise für nichtig erklärt werden, weil die für die *Bezeichnung der Waren und DL*, für die sie eingetragen ist, verwendeten Begriffe *nicht klar und eindeutig* sind. Denn in Art. 7 und 59 UMV, in denen die absoluten Nichtigkeitsgründe ausdrücklich genannt und erschöpfend aufgelistet sind, findet sich ein dementspr Nichtigkeitsgrund nicht[1877].   **1683**

Schließlich kann eine Unionsmarke wegen Art. 59 UMV nicht für nichtig erklärt werden, wenn die Nichtigkeitsgründe lediglich durch den *Beitritt eines neuen Mitgliedstaats* entstanden sind (Art. 209 Abs. 4a UMV)[1878].   **1684**

1874 EuG, 21.4.2021, T-663/19 – MONOPOLY, Rn 57–114; Rechtsmittel nicht zugelassen, EuGH, 1.12.2021, C-373/21 P. Hier hatte der Markeninhaber nach eigenem Eingeständnis dieses Ziel verfolgt und auch in zwei Widerspruchsverfahren daraus einen Vorteil gezogen.

1875 EuGH, 25.10.2012, C-553/11 – Protifit/PROTI, Rn 31–33.

1876 EuG, 28.10.2020, T-273/19 – TARGET VENTURES, Rn 36–44. Im entschiedenen Fall konnte nämlich nicht ausgeschlossen werden, dass der Markeninhaber seine Kunden vor einer möglichen Verwechslung der Zeichen »TARGET PARTNERS« und »TARGET VENTURES« schützen wollte und dass die der Anmeldung von »TARGET VENTURES« zugrunde liegende Geschäftslogik sein berechtigter Wunsch war, neben seiner anderen Marke »TARGET PARTNERS« auch ihren unterscheidungskräftigen Namen (TARGET) zusammen mit der Beschreibung ihrer Risikokapital-DL (VENTURES) zu schützen und so jede Verwechslung bei seinen Kunden zu verhindern.

1877 EuGH, 19.1.2020, C-371/18 – Skykick/Sky, Rn 58–71. Dasselbe gilt wegen Art. 3 MarkenRL aF (Art. 4 MarkenRL) auch für eine nationale Marke.

1878 EuG, 22.4.2015, T-337/14 – mobile.de proMotor/mobile, Rn 29–33; bestätigt durch EuGH, 28.2.2018, C-418/16 P. Dieses zu Art. 209 Abs. 4b UMV ergangene Urteil ist analog auch für Abs. 4a anwendbar, s. nachfolgend unter c).

2. Relative Nichtigkeitsgründe

1685   *Relative Nichtigkeitsgründe* liegen nach Art. 60 Abs. 1 UMV vor,

1686   (a) wenn eine in *Art. 8 Abs. 2 UMV* genannte ältere Marke besteht und die Voraussetzungen des *Art. 8 Abs. 1 UMV* oder *Abs. 5 UMV* erfüllt sind (Identität, Verwechslungsgefahr, bekannte Marke);

1687   (b) wenn eine in *Art. 8 Abs. 3 UMV* genannte Marke besteht und die Voraussetzungen dieses Abs. erfüllt sind (ungetreuer Vertreter);

1688   (c) wenn ein in *Art. 8 Abs. 4 UMV* genanntes älteres Kennzeichenrecht besteht und die Voraussetzungen dieses Abs. erfüllt sind;

1689   (d) wenn eine in *Art. 8 Abs. 6 UMV* genannte ältere Ursprungsbezeichnung oder geografische Angabe besteht und die Voraussetzungen dieses Abs. erfüllt sind[1879];

wobei alle genannten Voraussetzungen nicht nur am *Anmelde- oder Prioritätstag* der Unionsmarke sondern auch zum *Zeitpunkt der Entscheidung* des Amts bzw der BK über den Nichtigkeitsantrag erfüllt sein müssen[1880].

1690   *Relative Nichtigkeitsgründe* liegen weiter nach Art. 60 Abs. 2 UMV vor, wenn die Benutzung der Unionsmarke aufgrund eines *sonstigen älteren Rechts*, und zwar insb eines *Namensrechts*, Rechts an der eigenen *Abbildung*, *Urheberrechts*, *gewerblichen Schutzrechts*[1881], gemäß dem für dessen Schutz maßgebenden Unionsrecht oder nationalen Recht untersagt werden kann. Diese Aufzählung ist nicht abschließend. Der Inhaber eines *älteren gewerblichen Schutzrechts* muss jedoch nachweisen, dass er die Benutzung der angegriffenen Unionsmarke nicht nur an deren *Anmelde- oder Prioritätstag* untersagen kann, sondern auch zum *Zeitpunkt der Entscheidung* über den Nichtigkeitsantrag. So kann die Benutzung der angegriffenen Marke zum Zeitpunkt

---

1879   Dieser Nichtigkeitsgrund kann aber nur gegenüber den ab 23.3.2016 angemeldeten Unionsmarken geltend gemacht werden. Hinsichtlich der früher angemeldeten Marken ist noch auf den Art. 8 Abs. 4 UMV zurückzugreifen.

1880   EuG, 2.6.2021, T-169/19 – Polospieler/Polospieler, Rn 22–33. Die Verwendung des Präsens in Art. 60 UMV deutet darauf hin, dass das EUIPO zu prüfen hat, dass die Voraussetzungen für die Nichtigerklärung einer Unionsmarke zum Zeitpunkt seiner Entscheidung über den Nichtigkeitsantrag erfüllt sind. So kann eine Unionsmarke gemäß Art. 60 Abs. 1 UMV für nichtig erklärt werden, wenn das in dieser Bestimmung genannte ältere Recht »besteht« und die Voraussetzungen »erfüllt sind«. Darüber hinaus kann eine solche Marke nach Art. 60 Abs. 2 UMV für nichtig erklärt werden, wenn ihre Benutzung »untersagt werden kann«. Zum anderen ergibt sich aus der Systematik der übrigen Bestimmungen der UMV über die relativen Nichtigkeitsgründe, dass ein Nichtigkeitsantrag zurückzuweisen ist, wenn mit Sicherheit feststeht, dass die Kollision mit der älteren Unionsmarke am Ende des Nichtigkeitsverfahrens beendet ist.

1881   S. zB EuG, 24.4.2018, T-183/17 – Mann in historischer Tracht/Design einer Dekoration. Die auf mehrere spanische Industriedesigns gestützte Nichtigkeitsentscheidung der Nichtigkeitsabteilung hatte hier jedoch als Rechtsgrundlage die falsche spanische Norm zugrunde gelegt.

der BK-Entscheidung nicht mehr aufgrund eines älteren nationalen Geschmacksmusters untersagt werden, wenn dieses bereits davor abgelaufen war[1882].

Das *Namensrecht* darf nicht restriktiv ausgelegt werden, dem zufolge es nur das Attribut der Persönlichkeit betrifft. Es erfasst vielmehr auch die wirtschaftliche Nutzung des Namens[1883].   **1691**

Ob ein älteres nationales *Urheberrecht* vorliegt, hat das EUIPO unter Berücksichtigung der nationalen Gesetze und Verfahrensvorschriften sowie der Rspr aufgrund der vorgelegten Beweise[1884] vollständig zu prüfen, so auch den Beweiswert von vorgelegten Urkunden, zB im Hinblick auf die Gültigkeit von Unterschriften und amtlichen Bestätigungsstempeln[1885].   **1692**

Das EUIPO muss sich, wenn der Antrag auf Nichtigerklärung auf das nationale Recht eines Mitgliedstaats gestützt ist, *von Amts wegen* über dessen nationales Recht informieren und ist dabei nicht auf den Vortrag der Beteiligten beschränkt. Das EuG wiederum hat im Klageverfahren eine volle rechtliche Überprüfung dieser Bewertung des nationalen Rechts durch das EUIPO vorzunehmen[1886].   **1693**

Unter *besonderen Voraussetzungen* kann die Unionsmarke jedoch nicht für nichtig erklärt werden, nämlich im Falle einer *Verwirkung durch Duldung.* Hat der Inhaber einer Unionsmarke die Benutzung einer jüngeren Unionsmarke in der Union während eines Zeitraums von fünf aufeinander folgenden Jahren in Kenntnis dieser Benutzung geduldet, so kann er für die Waren oder DL, für die die jüngere Marke benutzt worden ist, aufgrund dieser älteren Marke nicht die Nichtigerklärung dieser jüngeren Marke verlangen, es sei denn, dass die Anmeldung der jüngeren Unionsmarke bösgläubig vorgenommen worden ist (Art. 61 Abs. 1 UMV). Dasselbe gilt entspr, wenn der Inhaber einer in Art. 8 Abs. 2 UMV genannten älteren nationalen Marke   **1694**

1882 EuG, 2.6.2021, T-169/19 – Polospieler/Polospieler, Rn 22–33.
1883 EuGH, 5.7.2011, C-263/09 P – ELIO FIORUCCI, Rn 33–36.
1884 EuG, 5.10.2020, T-264/19 – viscover, Rn 91–106. Hier hatte der Nichtigkeitsantragsteller als beweispflichtige Partei keinen Nachweis für einen etwaigen Schutz der Bezeichnung »viscover« nach deutschem Urheberrecht als Sprachwerk erbracht. Im Übrigen reichten die vorgelegten Unterlagen und die E-Mails nicht aus, um die eidesstattlichen Versicherungen der Mitarbeiter des Nichtigkeitsantragstellers zu bestätigen.
1885 EuG, 13.9.2012, T-404/10 – Hand/Hand (mano portafortuna); insoweit bestätigt durch EuGH 27.3.2014, C-530/12 P, Rn 34–46, und das Nachfolgeurteil des EuG, 30.6.2015, T-404/10 RENV.
1886 EuG, 13.9.2012, T-404/10 – Hand/Hand (mano portafortuna), wo der Poststempel auf einen Tag datiert war, an dem in Italien die Postämter geschlossen waren und der Vertrag sich auf einen Rechtszustand bezog, der erst Jahre nach seinem angeblichen Abschluss in Kraft trat; insoweit bestätigt durch EuGH 27.3.2014, C-530/12 P, Rn 34–46, und das Nachfolgeurteil des EuG, 30.6.2015, T-404/10 RENV. Zwar ist der Antragsteller gemäß Regel 53 b-iii GMDV verpflichtet, den Inhalt der Rechtsvorschriften, auf die er sich beruft, darzustellen. Das beschränkt das EUIPO aber nicht darin, über die vorgelegten Dokumente hinaus den Inhalt, die Tatbestandsvoraussetzungen und die Tragweite der vom Antragsteller geltend gemachten Rechtsvorschriften prüfen zu müssen.

oder eines in Art. 8 Abs. 4 UMV genannten sonstigen älteren Kennzeichenrechts die Benutzung einer jüngeren Unionsmarke in dem Mitgliedstaat, in dem diese ältere Marke oder dieses sonstige ältere Kennzeichenrecht geschützt ist, während eines Zeitraums von fünf aufeinander folgenden Jahren in Kenntnis dieser Benutzung geduldet hat (Art. 61 Abs. 2 UMV).

1695   Ebenfalls nicht für nichtig erklärt werden kann eine Unionsmarke, wenn der Inhaber des älteren Rechts der Eintragung der Unionsmarke vor Stellung des Nichtigkeitsantrags (oder der Widerklageerhebung) *ausdrücklich* zugestimmt hat (Art. 60 Abs. 3 UMV). Eine *friedliche Koexistenz* stellt jedoch *keine* ausdrückliche Zustimmung dar, zumal wenn sie nicht das relevante Gebiet oder die konkret konkurrierenden Marken betrifft. Dasselbe gilt für eine, nur für einen Mitgliedstaat und nicht die gesamte Union vor einem nationalen Gericht abgeschlossene Koexistenzvereinbarung. Auch eine *Widerspruchsrücknahme* kann nicht dahingehend ausgelegt werden, zumal wenn der Widersprechende explizit einen Nichtigkeitsantrag angekündigt hatte[1887].

3. Allgemeine Vorschriften

1696   Hat der Inhaber eines der in Art. 60 Abs. 1 oder 2 UMV genannten Rechte bereits einen Antrag auf *Nichtigerklärung* der Unionsmarke gestellt oder im Verletzungsverfahren *Widerklage* erhoben, so darf er nicht aufgrund *eines anderen dieser Rechte*, das er zur Unterstützung seines ersten Begehrens hätte geltend machen können, einen neuen Antrag auf Nichtigerklärung stellen oder Widerklage erheben (Art. 60 Abs. 4 UMV). Diese Regelung gilt jedoch ausdrücklich nicht, wenn der neue Antrag auf dasselbe Recht gestützt wird (Art. 63 Abs. 4 UMV)[1888].

1697   Eine Unionsmarke kann wegen Art. 60 Abs. 1 und 2 UMV nicht für nichtig erklärt werden, wenn das ältere innerstaatliche Recht in einem *neuen Mitgliedstaat* vor dem Tag des *Beitritts* eingetragen, angemeldet oder erworben wurde (Art. 209 Abs. 4b UMV)[1889]. Dies soll die Möglichkeit ausschließen, dass eine vor dem Beitritt eingetragene oder angemeldete Unionsmarke durch den bloßen Umstand des Beitritts

---

1887 EuG, 13.7.2017, T-389/16 – MONTORSI F. & F./Casa Montorsi, Rn 36–53 und EuG, 3.6.2015, T-544/12 und T-546/12 – PENSA PHARMA/PENTASA, Rn 39–55; bestätigt durch EuGH, 22.9.2016, C-442/15 P.

1888 EuG, 15.9.2021, T-207/20 – PALLADIUM HOTELS & RESORTS, Rn 40–49. Die BK hatte einen Rechtsfehler begangen, als sie annahm, dass Art. 60 Abs. 4 UMV sowohl dann anwendbar sei, wenn ein anderes älteres Recht, als auch dann, wenn dasselbe ältere Recht zur Stützung eines neuen Antrags auf Nichtigerklärung geltend gemacht werde.

1889 EuG, 22.4.2015, T-337/14 – mobile.de proMotor/mobile, Rn 29–33; bestätigt durch EuGH, 28.2.2018, C-418/16 P. Aufgrund der klaren gesetzlichen Bestimmung kann eine Unionsmarke nicht für nichtig erklärt werden, wenn sie vor dem Zeitpunkt des Beitritts eines neuen Mitgliedstaates angemeldet und wenn die zur Stützung des Nichtigkeitsantrags angeführte nationale Marke in diesem Mitgliedstaat vor dem Beitrittszeitpunkt eingetragen worden war. Art. 209 Abs. 4 UMV steht unter keinem Vorbehalt, und der Schutz, den er Unionsmarken gewährt, setzt keineswegs voraus, dass deren Inhaber keine Kenntnis vom Bestehen einer Marke haben, die vor dem Zeitpunkt des Beitritts

neuer Staaten zur Union in Frage gestellt werden könnte, obwohl diese Möglichkeit vor dem Beitritt nicht bestanden hatte. Jedoch wird dadurch der Inhaber einer Marke nicht daran gehindert, nach dem Beitritt einen Antrag auf Nichtigerklärung zu stellen, den er schon vor diesem Zeitpunkt hätte einreichen können. So kann der in Art. 60 Abs. 1b UMV genannte *Nichtigkeitsgrund des ungetreuen Agenten* geltend gemacht werden, auch wenn die Marke nur in einem Staat eingetragen wurde, der kein Mitglied der Union war[1890].

Da die Erklärung der Nichtigkeit einer Unionsmarke unabhängig davon, auf welche Gründe sie gestützt ist, ob auf absolute oder relative, dieselbe Wirkung entfaltet, reicht es aus, die Prüfung aus Gründen der *Verfahrensökonomie auf einen Nichtigkeitsgrund zu beschränken*, wenn dieser bereits zur Nichtigerklärung der Marke führt. Begehrt der Kläger und Nichtigkeitsantragsteller die Nichtigerklärung aus weiteren Gründen, ist er durch die Entscheidung der BK, die sich nur auf einen Grund gestützt hatte, nicht gemäß Art. 70 Abs. 4 UMV beschwert, so dass die insoweit erhobene Klage vor dem EuG unzulässig ist[1891]. **1698**

Einem Nichtigkeitsverfahren steht nicht entgegen, dass eine BK in einer früheren Entscheidung die verfahrensgegenständliche Marke für eintragungsfähig befunden[1892] oder dass zwischen den betr Beteiligten bereits ein *erfolgloses Widerspruchsverfahren* mit gleichem Gegenstand und mit gleicher Begründung stattgefunden hatte, da der Ausschluss eines Nichtigkeitsverfahrens für diesen Fall von der UMV nicht ausdrücklich vorgesehen ist. Jedoch dürfen die in der Endentscheidung über einen Widerspruch getroffenen Feststellungen bei der Entscheidung im Nichtigkeitsverfahren nicht völlig unbeachtet bleiben, sofern diese nicht durch neue Tatsachen, Beweismittel oder Gründe berührt werden[1893]. Dies gilt natürlich auch im umgekehrten Fall, wenn zB ein Widerspruchsverfahren einem wegen nachgewiesener Benutzung erfolglosen Verfallsverfahren gegen die ältere Marke nachfolgt[1894]. **1699**

In einem Nichtigkeitsverfahren kann sich der Markeninhaber nicht darauf berufen, dass er ein *älteres Recht* als der Nichtigkeitsantragsteller besitzt, zumal er aus diesem keinen Löschungsanspruch vor den zuständigen nationalen Instanzen geltend gemacht hatte[1895]. **1700**

---

eines neuen Mitgliedstaats eingetragen wurde und nach dessen Recht geschützt ist, es sei denn die Ausnahmen von Abs. 3 oder Abs. 5 lägen vor.

1890 EuG, 29.11.2012, T-537/10 und T-538/10 – FAGUMIT/FAGUMIT, Rn 16–19.

1891 EuG, 14.7.2009, T-300/08 – Golden Elephant Brand/GOLDEN ELEPHANT I.

1892 EuG, 22.11.2011, T-275/10 – MPAY24, Rn 15–18, 54, 57–59. Jedoch muss die BK eine auf die betr Waren und DL bezogene spezielle inhaltliche Begründung für ihre neue Entscheidung geben, wenn sie die Eintragung für nichtig erklären will.

1893 EuG, 14.10.2009, T-140/08 – TiMi KINDERJOGHURT/KINDER, Rn 35, 36; bestätigt durch EuGH, 24.3.2011, C-552/09 P; EuG, 23.9.2014, T-11/13 – MEGO/TEGO, Rn 7, 12, 13.

1894 EuG, 15.7.2015, T-398/13 – TVR ITALIA/TVR, Rn 36–41.

1895 EuG, 7.2.2019, T-287/17 – SWEMAC/SWEMAC Medical Appliances AB, Rn 50–66.

1701 Wird die Unionsmarke für nichtig erklärt, gelten ihre in der UMV vorgesehenen *Wirkungen* in dem Umfang, in dem die Marke für nichtig erklärt worden ist, als von Anfang an (*ex tunc*) nicht eingetreten (Art. 62 Abs. 2 UMV). *Verzichtet* zB der Markeninhaber im Laufe des Nichtigkeitsverfahrens auf seine Marke, ist damit das Verfahren noch nicht beendet, da der Verzicht erst ex nunc wirkt (Art. 57 Abs. 2 S. 2 UMV)[1896]. In diesem Fall empfiehlt sich, dass der Markeninhaber gleichzeitig auch auf alle Rechte aus seiner Marke für Gegenwart und Vergangenheit gegenüber dem Nichtigkeitsantragsteller verzichtet, was diesem ermöglicht, seinen Nichtigkeitsantrag ohne Risiko zurückzunehmen, um das Verfahren insgesamt gütlich zu beenden. Das Verfahren wird jedoch vom EUIPO gemäß Art. 17 Abs. 5 DVUM eingestellt, wenn der Nichtigkeitsantragsteller kein berechtigtes Interesse an einer Sachentscheidung zeigt, woran nach der weiter geltenden Rspr des EuGH aber nur sehr geringe Anforderungen zu stellen sein dürften.

1896 EuGH, 24.3.2011, C-552/09 P – TiMi KINDERJOGHURT/KINDER, Rn 34–44. Denn ein Rechtsschutzinteresse des Antragstellers bleibt bestehen, sofern durch die Fortsetzung des Verfahrens (beim Verfall) noch ein Teil der Wirkungen oder (bei Nichtigkeit) alle Wirkungen der angegriffenen Marke beseitigt werden können; EuG, 4.2.2022, T-67/21 – ultrafilter international II, Rn 39–46.

H. Sonstige Verfahren

I. Teilung

Der Zweck der *Teilung der Anmeldung* besteht zB darin, bei teilweiser Beanstandung **1702** des VerzWDL durch den Prüfer oder bei Widerspruch gegen einen Teil der Waren und DL durch Abtrennung des nicht beanstandeten bzw nicht angegriffenen Teils diesen abgetrennten Teil einer raschen Veröffentlichung bzw Eintragung zuführen zu können. Der Zweck der *Teilung der Eintragung* besteht damit in der besseren wirtschaftlichen Verwertbarkeit der Marke für die abgetrennten Waren und DL durch Verkauf, Abtretung oder Lizenzvergabe.

Der Anmelder kann die *Anmeldung teilen*, indem er *erklärt*, dass ein Teil der in der **1703** ursprünglichen Anmeldung enthaltenen Waren oder DL Gegenstand einer oder mehrerer Teilanmeldungen sein soll (Art. 50 Abs. 1 UMV). Die Waren oder DL der Teilanmeldung dürfen sich *nicht* mit den Waren oder DL der ursprünglichen Anmeldung oder anderen Teilanmeldungen *überschneiden*. Der Begriff »Teilanmeldung« bezeichnet also den von der Anmeldung abgetrennten Teil, während der Terminus »ursprüngliche Anmeldung« den nach der oder den Abtrennungen verbleibenden Rest beschreibt. Die Teilanmeldung genießt den *Anmeldetag* sowie ggf den Prioritätstag und den Zeitrang der ursprünglichen Anmeldung (Art. 50 Abs. 7 UMV).

Die Teilung darf sich also *ausschließlich auf die Waren und DL* beziehen. Eine Teilung **1704** der Marke selbst und ihres zeitlichen oder örtlichen Geltungsbereichs ist ausgeschlossen. Die Teilung darf nicht zu Erweiterungen oder Überschneidungen der VerzWDL führen. Vielmehr muss durch eine Teilungserklärung eine Anmeldung in voneinander verschiedene Teile zerfallen. Die Teilung darf nicht dazu führen, eine Anmeldung einfach zu vervielfältigen. Sie muss das ursprüngliche VerzWDL erschöpfen, so dass keine unverteilten Reste übrig bleiben. Bei Oberbegriffen ist eine sorgfältige Abgrenzung vorzunehmen. So kann zB der Oberbegriff »frisches Obst« aufgeteilt werden in »frisches Obst, nämlich Birnen« und »frisches Obst mit Ausnahme von Birnen«.

Eine Teilungserklärung einer Anmeldung muss gemäß Art. 8 UMDV *folgende Angaben* **1705** enthalten: (a) das Az. der Anmeldung; (b) den Namen und die Anschrift des Anmelders gemäß Art. 2 Abs. 1b UMDV; (c) das VerzWDL, die Gegenstand der Teilanmeldung sind, oder, falls die Teilung in mehr als eine Teilanmeldung angestrebt wird, das VerzWDL für jede Teilanmeldung; (d) das VerzWDL, die Gegenstand der ursprünglichen Anmeldung bleiben. Das Amt legt für jede Teilanmeldung eine getrennte Akte an, die eine vollständige Kopie der Akte der ursprünglichen Anmeldung sowie die Teilungserklärung und den diesbzgl Schriftwechsel beinhaltet. Es erteilt außerdem ein neues Az. für jede Teilanmeldung. Die Veröffentlichung jeder Teilanmeldung enthält die in Art. 7 UMDV festgelegten Angaben und Elemente.

1706 Während gewisser Verfahrensabläufe vor dem EUIPO ist die Teilungserklärung *unzulässig*, nämlich (a) wenn gegen die ursprüngliche Anmeldung Widerspruch eingelegt wurde und die Teilungserklärung eine Teilung der Waren oder DL, gegen die sich der Widerspruch richtet, bewirkt, bis die Entscheidung der Widerspruchsabteilung unanfechtbar geworden ist oder das Widerspruchsverfahren eingestellt wird; (b) vor der Festlegung des Anmeldetags iSd Art. 32 UMV durch das Amt und während der in Art. 46 Abs. 1 UMV vorgesehenen Widerspruchsfrist (Art. 50 Abs. 2 UMV).

1707 Parallele Vorschriften gelten für die *Teilung der Eintragung* (Art. 56 Abs. 1 UMV), die jederzeit beantragt werden kann. Für die *Antragstellung* gelten entspr Anforderungen wie bei der Teilung der Eintragung (Art. 11 UMDV).

1708 Die Teilungserklärung einer Eintragung ist nach Art. 56 Abs. 2 UMV *nicht zulässig*, (a) wenn beim Amt ein Antrag auf Erklärung des Verfalls oder der Nichtigkeit gegen die ursprüngliche Eintragung eingereicht wurde und die Teilungserklärung eine Teilung der Waren oder DL, gegen die sich der Antrag auf Erklärung des Verfalls oder der Nichtigkeit richtet, bewirkt, bis die Entscheidung der Nichtigkeitsabteilung unanfechtbar geworden oder das Verfahren anderweitig erledigt ist; (b) wenn vor einem Unionsmarkengericht eine Widerklage auf Erklärung des Verfalls oder der Nichtigkeit anhängig ist und die Teilungserklärung eine Teilung der Waren oder DL, gegen die sich die Widerklage richtet, bewirkt, bis der Hinweis auf die Entscheidung des Unionsmarkengerichts gemäß Art. 128 Abs. 6 UMV im Register eingetragen ist.

1709 Die Teilungserklärung ist gebührenpflichtig (Art. 50 Abs. 4 bzw Art. 56 Abs. 4 UMV). Sie gilt als nicht abgegeben, solange die *Gebühr* von 250 Euro (Anlage I zur UMV Nr A25) nicht entrichtet ist. Sie wird an dem Tag *wirksam*, an dem sie in der vom Amt geführten Akte der ursprünglichen Anmeldung vermerkt bzw im Register eingetragen wird (Art. 50 Abs. 5 UMV bzw Art. 56 Abs. 5 UMV).

1710 Das *Teilungsverfahren* ist in Art. 50 UMV bzw in Art. 56 UMV geregelt. Für den Antrag gibt es ein Online-Formular.

II. Änderung des Namens oder der Anschrift

1711 Eine Änderung des *Namens* oder der *Adresse* des Inhabers einer Unionsmarke, die keine Änderung der Unionsmarke gemäß Art. 54 Abs. 2 UMV darstellt und bei der es sich nicht um die Folge einer vollständigen oder teilweisen Übertragung der Unionsmarke handelt, wird auf Antrag des Inhabers in das Register eingetragen, wobei für die Änderung des Namens oder der Adresse in Bezug auf zwei oder mehr Eintragungen desselben Inhabers ein einziger Antrag gestellt werden kann (Art. 55 Abs. 1 und 2 UMV). Art. 12 UMDV bestimmt die erforderlichen Angaben.

Sind die Erfordernisse für die Eintragung einer Änderung nicht erfüllt, so teilt das   **1712**
EUIPO dem Inhaber der Unionsmarke den *Mangel* mit. Wird dieser nicht inner-
halb einer vom Amt festzusetzenden Frist beseitigt, so weist es den Antrag zurück
(Art. 55 Abs. 3 UMV).

Dieselbe gilt auch für eine Änderung des Namens oder der Adresse des eingetrage-   **1713**
nen *Vertreters* und für *Unionsmarkenanmeldungen.* Die Änderung wird in der vom
EUIPO geführten Akte über die Anmeldung der Unionsmarke vermerkt (Art. 55
Abs. 4 und 5 UMV).

III. Rechtsübergang

Die *Unionsmarke* und die *Unionsmarkenanmeldung* können, unabhängig von der   **1714**
Übertragung des Unternehmens, für alle oder einen Teil der Waren oder DL, für die
sie eingetragen oder angemeldet sind, Gegenstand eines *Rechtsübergangs* sein (Art. 20,
28 UMV)[1897].

Ein *Antrag* auf Eintragung eines Rechtsübergangs enthält gemäß Art. 20 Abs. 4 und 5   **1715**
UMV iVm Art. 13 UMDV (a) die Nr der Eintragung der Unionsmarke; (b) Angaben
zum neuen Inhaber gemäß Art. 2 Abs. 1b UMDV; (c) die Angabe der eingetragenen
Waren oder DL, auf die sich der Rechtsübergang bezieht, falls nicht alle Gegenstand
des Rechtsübergangs sind; (d) Nachweise, aus denen sich der Rechtsübergang gemäß
Art. 17 Abs. 2 und 3 UMV ergibt[1898]; (e) sofern der neue Inhaber einen Vertreter
bestellt hat, den Namen und die Geschäftsanschrift des Vertreters des neuen Inhabers
nach Maßgabe von Art. 2 Abs. 1e UMDV. Art. 13 Abs. 1b bis 1e UMDV gelten sinn-
gemäß für einen Antrag auf Eintragung des Rechtsübergangs einer Unionsmarkenanmeldung, wobei in diesem Fall das Az. der Anmeldung anzugeben ist. Den *teilweisen*
Rechtsübergang regelt Art. 14 UMDV. Für den Antrag gibt es Online-Formulare.

Die *Übertragung des Unternehmens in seiner Gesamtheit* erfasst die Unionsmarke(-nan-   **1716**
meldung), es sei denn, dass in Übereinstimmung mit dem auf die Übertragung anwendbaren Recht etwas anderes vereinbart ist oder eindeutig aus den Umständen hervorgeht. Dies gilt entspr für die rechtsgeschäftliche Verpflichtung zur Übertragung des
Unternehmens (Art. 20 Abs. 2 UMV).

1897 S. zB EuG, 26.10.2017, T-330/16 – #hello digitalmente diferentes/HELLO!, Rn 14–19.
1898 Hierfür genügt nach Art. 13 Abs. 3 UMDV (a) die Unterzeichnung des Antrags auf
      Eintragung des Rechtsübergangs durch den eingetragenen Markeninhaber oder seinen
      Vertreter, sowie durch den Rechtsnachfolger oder seinen Vertreter; (b) falls der Antrag
      vom eingetragenen Markeninhaber oder seinen Vertreter gestellt wird, eine vom Rechts-
      nachfolger oder seinen Vertreter unterzeichnete Erklärung, die besagt, dass dieser der
      Eintragung des Rechtsübergangs zustimmt, (c) falls der Antrag auf Eintragung vom
      Rechtsnachfolger gestellt wird, eine vom eingetragenen Markeninhaber oder seinem
      Vertreter unterzeichnete Erklärung, die besagt, dass der eingetragene Markeninhaber der
      Eintragung des Rechtsnachfolgers zustimmt, (d) ein durch den eingetragenen Markenin-
      haber oder seinen Vertreter und durch den Rechtsnachfolger oder seinen Vertreter unter-
      zeichnetes ausgefülltes Formblatt oder eines Dokuments gemäß Art. 65 Abs. 1e DVUM.

1717 Sind die in Art. 20 Abs. 1, 2 und 3 UMV oder Art. 13 UMDV festgelegten Bedingungen für die Eintragung eines Rechtsübergangs nicht erfüllt, so teilt das Amt dem Antragsteller die *Mängel* mit. Werden die Mängel nicht innerhalb einer von ihm festgelegten Frist beseitigt, so weist es den Antrag auf Eintragung des Rechtsübergangs zurück (Art. 20 Abs. 7 UMV).

1718 Der Rechtsübergang kann nur *für das gesamte Gebiet der Union* erfolgen, nicht lediglich für einen Teil davon.

1719 Mit dem *Tod* eines Anmelders im laufenden Verfahren tritt nach den anwendbaren nationalen Vorschriften des betr Mitgliedstaats automatisch – auch noch vor Eintragung im Register – ein Rechtsübergang auf die Erben ein[1899].

1720 Das EUIPO hat *keine Kompetenz, Gültigkeit* und *Rechtswirkungen* einer Übertragung der Unionsmarke nach nationalem Recht (aufgrund von Gesetz oder Vertrag) *zu überprüfen*. Erfüllt der Antrag auf Rechtsübergang alle erforderlichen Voraussetzungen, enthält er insb die erforderlichen Nachweise, ist der Rechtsübergang im Register einzutragen[1900].

1721 Der Rechtsübergang wird nach Art. 20 Abs. 4 UMV auf Antrag eines Beteiligten in das Register eingetragen und veröffentlicht. Solange er *nicht in das Register eingetragen* ist, kann der Rechtsnachfolger seine Rechte aus der Eintragung der Unionsmarke nicht geltend machen (Art. 20 Abs. 11 UMV). Jedoch kann eine Rechtshandlung, die noch nicht eingetragen ist, Dritten entgegengehalten werden, die Rechte an der Marke nach dem Zeitpunkt der Rechtshandlung erworben haben, aber zum Zeitpunkt des Erwerbs dieser Rechte von der Rechtshandlung wussten (Art. 27 Abs. 1 UMV). Diese beiden Konsequenzen gelten jedoch nicht in Bezug auf Personen, die die Unionsmarke oder ein Recht daran im Wege des Rechtsübergangs des Unternehmens in seiner Gesamtheit oder einer anderen Gesamtrechtsnachfolge erwerben (Art. 27 Abs. 2 UMV).

1722 Sind gegenüber dem Amt Fristen zu wahren, so können, sobald der Antrag auf Eintragung des Rechtsübergangs beim EUIPO eingegangen ist, die entspr Erklärungen gegenüber dem Amt vom Rechtsnachfolger abgegeben werden (Art. 20 Abs. 12 UMV). Daher können gemäß Art. 46 UMV iVm Art. 20 Abs. 12 UMV Rechtsnachfolger, die noch nicht als Inhaber eingetragen worden sind, aber auf die die ältere Marke übertragen worden ist, Widerspruch erheben, sofern ihr Antrag auf Eintragung eines Rechtsübergangs beim EUIPO eingegangen ist, selbst dann, wenn sie irrtümlich

---

1899 EuG, 8.3.2012, T-298/10 – BIODANZA/BIODANZA, Rn 35–42. Alle Maßnahmen und Entscheidungen, die das EUIPO in Unkenntnis des Todes eines Beteiligten ihm gegenüber erlässt, bleiben wirksam und können vom Rechtsnachfolger, soweit sie ihn beschweren, angefochten werden, erforderlichenfalls auch im Wege der Inanspruchnahme einer Wiedereinsetzung gemäß Art. 104 UMV. Ansonsten kann das Verfahren nach Art. 106 UMV unterbrochen werden; s.a. Rdn 284 ff.
1900 EuG, 9.9.2011, T-83/09 – CRAIC, Rn 25–37; EuG, 8.3.2012, T-298/10 – BIODANZA/BIODANZA, Rn 45.

ursprünglich einen Namensänderungsantrag gestellt haben, aber nach Aufforderung durch das Amt noch innerhalb der von diesem gesetzten Frist einen Antrag auf Rechtsübergangseintragung nachreichen[1901].

Weitere *Verfahrensregeln* enthalten Art. 20 Abs. 8 bis 10 und 13 UMV sowie Art. 13 **1723** und 14 UMDV.

IV. Umwandlung

Im Falle des Scheiterns einer Unionsmarkenanmeldung oder einer Unionsmarke nach **1724** Art. 139 Abs. 1 UMV, also wenn die Anmeldung zurückgewiesen, zurückgenommen wurde oder als zurückgenommen gilt oder soweit die Unionsmarke ihre Wirkung verliert, besteht unter bestimmten Umständen (wenn sie nämlich nicht für verfallen erklärt bzw nicht gerade wegen eines Eintragungshindernisses in dem betr Mitgliedstaat zurückgewiesen worden war, Art. 139 Abs. 2 UMV) die Möglichkeit, eine angemeldete oder auch eine eingetragene Marke in nationale Markenanmeldungen bzw Marken für einen oder mehrere Mitgliedstaaten (einschl einer Benelux-Marke für Belgien, die Niederlande und Luxemburg) *umzuwandeln*, und zwar unter Wahrung des in der Union erworbenen Anmelde- oder Prioritätsdatums sowie des wirksam in Anspruch genommenen Zeitrangs (Seniorität) einer älteren mit Wirkung für diesen Mitgliedstaat eingetragenen Marke gemäß Art. 39 UMV oder Art. 40 UMV. Nach Art. 125d MarkenG wird eine Unionsmarkenanmeldung dann als Anmeldung einer deutschen Marke behandelt, und eine eingetragene Unionsmarke wird ohne weitere Prüfung und ohne die Möglichkeit, dagegen Widerspruch einzulegen, als deutsche Marke eingetragen.

Der Anmelder vermeidet also zu Beginn des Anmeldeverfahrens eine kosten- und **1725** zeitaufwändige Doppelanmeldung auf Unions- und auf nationaler Ebene, weil er beim Scheitern der Unionsmarke wegen national beschränkter Hindernisse diese immer noch in nationale Marken für diejenigen Mitgliedstaaten umwandeln kann, in denen diese Hindernisse nicht bestehen[1902]. Und dem Markeninhaber verbleibt nach der Nichtigerklärung der Unionsmarke die Option, diese – jeweils nach dem anwendbaren nationalen Recht – in eine voll gültige nationale Marke umzuwandeln[1903].

1901 EuG, 17.1.2017, T-255/15 – medialbo/MediaLB, Rn 18–42; bestätigt durch EuGH, 25.7.2018, C-139/17 P.

1902 Seit Beginn des Systems bis Ende 2010 sind 3.171 Umwandlungsanträge beim EUIPO gestellt worden; IAK, S. 17.

1903 AA BGH, 23.9.2015, I ZR 15/14 – ampliteq/AMPLIDECT, Rn 27. Der BGH eröffnet wegen eines Missverständnisses von Art. 139 Abs. 1b. und Abs. 3 UMV eine Schutzlücke bis zur Eintragung der deutschen Marke, wenn die Unionsmarke ex tunc für nichtig erklärt worden ist, bleibt aber eine Begründung für seine dem Gesetzzweck der Umwandlungsregelung widersprechende Schlussfolgerung schuldig. S.a. die zutreffende Kritik von *Hofmann*, Schadensersatz- und Unterlassungsansprüche im Falle der Umwandlung einer Gemeinschaftsmarke in eine nationale Marke, MarkenR 2016, 23.

1726   Ein auf eine Unionsmarkenanmeldung gestützter und gegen eine nationale Marke gerichteter *Widerspruch bleibt zulässig*, wenn die Unionsmarkenanmeldung rechtskräftig zurückgewiesen und anschließend wirksam in eine nationale Markenanmeldung umgewandelt wird[1904]. Dies gilt auch bei der Umwandlung einer *IR-Marke* in nationale Marken[1905].

1727   Der Umwandlungsantrag muss innerhalb der in Art. 112 Abs. 4, 5 oder 6 UMV bestimmten *Dreimonatsfrist* eingereicht werden und die Anforderungen des Art. 22 UMDV enthalten[1906]. Dies kann auf einem Online-Formular erfolgen. Wird die *Umwandlungsgebühr* in Höhe von 200 Euro (Anlage I zur UMV Nr A23) nicht innerhalb einer Frist von drei Monaten gezahlt, so teilt das EUIPO dem Antragsteller mit, dass der Umwandlungsantrag als nicht gestellt gilt. *Verfahrensbeteiligter* im Umwandlungsverfahren ist ausschließlich der Anmelder oder Inhaber der Unionsmarke und keinesfalls eine in einem anderen Verfahren (zB Widerspruchs- oder Nichtigkeitsverfahren) beteiligte Partei[1907].

1728   Der Inhaber einer *IR-Marke,* in der die Union benannt ist, kann die Umwandlung der Benennung der Union in nationale Markenanmeldungen für einen oder mehrere Mitgliedstaaten in eine Benennung eines oder mehrerer Mitgliedstaaten gemäß PMMA oder in nationale Markenanmeldungen für einige Mitgliedstaaten und nachträgliche Benennungen für andere beantragen, wobei ders Mitgliedstaat nur einmal benannt werden darf (Art. 202 UMV). Weiter ermöglicht Art. 204 UMV iVm Art. 9[quinquies] PMMA die Umwandlung (*Transformation*) einer IR-Marke, in der die Union benannt ist, in eine Unionsmarkenanmeldung, wenn der Wegfall der Basismarke im Ursprungsland der IR-Marke insgesamt (und nicht nur für die Union) den Boden entzogen hat.

1729   Das *weitere Verfahren* richtet sich nach Art. 140 UMV und Art. 22, 23 UMDV. Hat das EUIPO oder ein Unionsmarkengericht wegen absoluter Eintragungshindernisse bzgl der Sprache eines Mitgliedstaats die Unionsmarkenanmeldung zurückgewiesen oder die Unionsmarke für nichtig erklärt, so ist die Umwandlung nach Art. 139 Abs. 2 UMV für alle Mitgliedstaaten unzulässig, in denen die betr Sprache Amtssprache ist. Hat das Amt oder ein Unionsmarkengericht wegen absoluter, überall in der Union geltender Eintragungshindernisse oder aufgrund einer älteren Unionsmarke oder eines sonstigen gewerblichen Schutzrechts der Union die Unionsmarkenanmeldung zurückgewiesen oder die Unionsmarke für nichtig erklärt, so ist die Umwandlung für alle Mitgliedstaaten unzulässig (Art. 140 Abs. 4 UMV). Die *Ver-*

1904   BK, 15.7.2008, R 1313/06-G – cardiva/CARDIMA, Rn 34–46. Siehe BPatG, 8.8.2007, 32 W (pat) 272/03 – WEB VIP/VIP; BPatG, 11.10.2007, 26 W (pat) 78/04 – THE CANNABIS CLUB SUD/CANNABIS; aA noch BPatG, 9.11.2004, 27 W (pat) 172/02 – TAXI MOTO/MOTO. S.a. *Stürmann/Humphreys,* Umwandlung von Marken im Gemeinschaftsmarkenrecht, GRUR Int 2007, 112.

1905   BK, 22.7.2010, R 1205/09-1 – myphotobook/MYPHOTOBOOK, Rn 27, 28.

1906   Im Falle des Art. 139 Abs. 6 UMV errechnet sich die Dreimonatsfrist vom Tag der Rechtskräftigkeit der Zurückweisungs- oder Nichtigkeitsentscheidung an; s.a. BK, 31.3.2015, R 1726/14-2 – GIGI.

1907   EuG, 24.10.2013, T-457/12 – STROMBERG/STORMBERG II, Rn 36–42.

öffentlichung eines Umwandlungsantrags im Register enthält die in Art. 23 UMDV vorgeschriebenen Angaben.

V. Lizenzen und andere Rechte

Die Unionsmarke (und entspr auch die Anmeldung) kann für alle oder einen Teil der Waren oder DL, für die sie eingetragen ist, und für das gesamte Gebiet oder einen Teil der Union Gegenstand von *Lizenzen* sein (Art. 25 bis 29 UMV). Eine Lizenz kann ausschließlich oder nicht ausschließlich sein. **1730**

Gegen einen Lizenznehmer, der hinsichtlich der Dauer der Lizenz, der von der Eintragung erfassten Form, in der die Marke verwendet werden darf, der Art der Waren oder DL, für die die Lizenz erteilt wurde, des Gebiets, in dem die Marke angebracht werden darf, oder der Qualität der vom Lizenznehmer hergestellten Waren oder erbrachten DL gegen eine *Bestimmung des Lizenzvertrags* verstößt, kann der Inhaber einer Unionsmarke die Rechte aus dieser geltend machen. So kann der Markeninhaber die Rechte aus der Marke gegen einen Lizenznehmer geltend machen, der gegen eine Bestimmung des Lizenzvertrags verstößt, nach der aus Gründen des Ansehens der Marke der Verkauf von Waren, wie zB Prestigemieder, an Discounter untersagt ist (*selektives Vertriebssystem*), sofern nachgewiesen ist, dass dieser Verstoß aufgrund der besonderen Umstände des Falles den Prestigecharakter schädigt, der diesen Waren eine luxuriöse Ausstrahlung verleiht. Dies würde auch einen *berechtigten Grund* nach Art. 15 Abs. 2 MarkenRL darstellen, der es rechtfertigt, dass der Inhaber sich entgegen der in Abs. 1 festgeschriebenen Erschöpfung des Rechts aus der Marke dem weiteren Vertrieb der Waren widersetzt[1908]. **1731**

Unbeschadet der Bestimmungen des Lizenzvertrags kann der Lizenznehmer ein *Verfahren* wegen Verletzung einer Unionsmarke nur mit *Zustimmung ihres Inhabers* anhängig machen. Jedoch kann der Inhaber einer ausschließlichen Lizenz ein solches Verfahren anhängig machen, wenn der Inhaber der Unionsmarke nach Aufforderung nicht selber innerhalb einer angemessenen Frist die Verletzungsklage erhoben hat (Art. 25 Abs. 3 UMV). Der *Lizenznehmer* kann im Rahmen eines von ihm anhängig gemachten Verfahrens wegen Verletzung einer Unionsmarke den *Ersatz seines eigenen Schadens* geltend machen[1909]. Jeder Lizenznehmer kann einer vom Inhaber der Unionsmarke erhobenen Verletzungsklage *beitreten*, um den Ersatz seines eigenen Schadens geltend **1732**

1908 EuGH, 23.4.2009, C-59/08 – Christian Dior (Copard), Rn 37, 51, 58, 59.
1909 EuGH, 22.6.2016, C-419/15 – Waschball (Thomas Philipps/Grüne Welle), Rn 28, 32. Wenn der Lizenznehmer den Ersatz seines eigenen Schadens geltend machen kann, indem er einer vom Rechtsinhaber des GGM erhobenen Verletzungsklage beitritt, kann er den Ersatz dieses Schadens jedenfalls auch dann begehren, wenn er die Verletzungsklage selbst erhebt – entweder mit Zustimmung des Rechtsinhabers des GGM oder ohne dessen Zustimmung, wenn er ausschließlicher Lizenznehmer ist und der Rechtsinhaber nach entspr Aufforderung nicht gehandelt hat. Diese für ein GGM aufgestellten Grundsätze gelten wegen der übereinstimmenden Rechtsgrundlage auch hier, da Art. 32 Abs. 3 GGV dem Art. 25 Abs. 3 UMV entspricht.

zu machen. Die Erteilung oder der Übergang einer Lizenz an einer Unionsmarke wird auf Antrag eines Beteiligten in das Register eingetragen und veröffentlicht (Art. 25 Abs. 4 UMV).

1733   Nach Art. 27 Abs. 1 S. 1 UMV kann der Lizenznehmer Ansprüche wegen Verletzung der Unionsmarke, die Gegenstand der Lizenz ist, auch geltend machen, obwohl die *Lizenz nicht in das Register eingetragen* worden ist[1910].

1734   Das *Verfahren* zur Eintragung von Lizenzen ist in Art. 26 UMV geregelt.

1735   Die Unionsmarke (und entspr auch die Anmeldung) kann unabhängig vom Unternehmen *verpfändet* werden oder Gegenstand eines *sonstigen dinglichen Rechts* sein (Art. 22 UMV, Art. 27 Abs. 1 und 2 UMV, Art. 28 UMV). Diese Rechte werden auf Antrag eines Beteiligten in das Register eingetragen und veröffentlicht. Diese Rechtshandlungen hinsichtlich einer Unionsmarke haben gegenüber Dritten in allen Mitgliedstaaten erst Wirkung, wenn sie eingetragen worden sind. Jedoch kann eine Rechtshandlung, die noch nicht eingetragen ist, Dritten entgegengehalten werden, die Rechte an der Marke nach dem Zeitpunkt der Rechtshandlung erworben haben, aber zum Zeitpunkt des Erwerbs dieser Rechte von der Rechtshandlung wussten.

1736   Die Unionsmarke (und entspr auch die Anmeldung) kann Gegenstand von Maßnahmen der *Zwangsvollstreckung* sein (Art. 23 UMV, Art. 27 Abs. 3 und Abs. 4 UMV, Art. 19 UMV, Art. 28 UMV). Für die Zwangsvollstreckungsmaßnahmen sind die Gerichte und Behörden des maßgebenden Mitgliedstaats ausschließlich zuständig. Die Zwangsvollstreckungsmaßnahmen werden auf Antrag eines Beteiligten in das Register eingetragen und veröffentlicht. Für den Antrag gibt es ein Online-Formular.

1737   Eine Unionsmarke kann nur dann von einem *Insolvenzverfahren* erfasst werden, wenn dieses in dem Mitgliedstaat eröffnet wird, in dessen Hoheitsgebiet der Schuldner den Mittelpunkt seiner Interessen hat (Art. 24 UMV). Wird die Unionsmarke von einem Insolvenzverfahren erfasst, so wird dies auf Antrag der zuständigen nationalen Stelle in das Register eingetragen und im Blatt für Unionsmarken (im Internet) veröffentlicht. Der Antrag kann auf einem Online-Formular gestellt werden.

1738   Das Verfahren zur Eintragung, Löschung oder Änderung von Lizenzen und anderen Rechten ist in Art. 26 und 29 UMV geregelt. Für die Anträge gibt es Online-Formulare.

VI. Nachträgliche Inanspruchnahme der Seniorität

1739   Der Inhaber einer Unionsmarke, der Inhaber einer in einem Mitgliedstaat, einschl des Beneluxgebiets, oder einer mit Wirkung für einen Mitgliedstaat international registrierten identischen älteren Marke für Waren oder DL ist, die mit denen identisch sind, für welche die ältere Marke eingetragen ist, oder die von diesen Waren oder DL umfasst werden, kann den Zeitrang der älteren Marke (*Seniorität*) in Bezug auf den

---

1910 EuGH, 4.2.2016, C-163/15 – ARKTIS 90/ARKTIS (Hassan/Breiding), Rn 26. Dasselbe gilt auch bei einem GGM; EuGH, 22.6.2016, C-419/15 – Waschball (Thomas Philipps/Grüne Welle), Rn 25.

Mitgliedstaat, in dem oder für den sie eingetragen ist, in Anspruch nehmen (Art. 40 Abs. 1 UMV, Art. 39 Abs. 3 bis 7 UMV iVm Art. 6 UMDV).

Anträge auf nachträgliche Inanspruchnahme der Seniorität müssen die Nr der Eintra-   **1740** gung der Unionsmarke, den Namen und die Anschrift ihres Inhabers, Angaben zu dem Mitgliedstaat oder den Mitgliedstaaten, in dem/denen oder für den/die die ältere Marke eingetragen ist, zur Nr und zum Anmeldetag der maßgeblichen Eintragung, zu den Waren und DL, für die die Marke eingetragen ist, und zu jenen, für die der Zeitrang in Anspruch genommen wird, sowie die unterstützenden Unterlagen enthalten (Art. 40 Abs. 2 UMV). Sind die Erfordernisse für die Inanspruchnahme des Zeitrangs nicht erfüllt, so teilt das EUIPO dem Inhaber der Unionsmarke den Mangel mit. Wird der Mangel nicht innerhalb einer vom Amt festgesetzten Frist beseitigt, so weist es den Antrag zurück (Art. 40 Abs. 3 UMV) (s. Rdn 479 ff). Für die Anträge gibt es Online-Formulare.

VII. Akteneinsicht

Vor der Veröffentlichung der Anmeldung der Unionsmarke gilt: Einsicht in die Akten   **1741** von Anmeldungen für Unionsmarken, die noch nicht veröffentlicht worden sind, wird nur mit Zustimmung des Anmelders gewährt. Wer nachweist, dass der Anmelder behauptet hat, dass die Unionsmarke nach ihrer Eintragung gegen ihn geltend gemacht werden würde, kann vor der Veröffentlichung dieser Anmeldung und ohne Zustimmung des Anmelders Akteneinsicht verlangen. *Nach der Veröffentlichung* wird auf Antrag Einsicht in die Akten der Anmeldung und der darauf eingetragenen Marke gewährt (Art. 114 Abs. 1 bis 3 UMV). Für den Antrag gibt es ein Online-Formular.

Die Einsicht in die Akten angemeldeter und eingetragener Unionsmarken wird in die   **1742** Originalschriftstücke oder in Abschriften davon oder in die elektronischen Datenträger gewährt, wenn die Akten in dieser Weise gespeichert sind (Art. 114 Abs. 5 UMV). Grds führt das EUIPO nämlich seine Akten gemäß Art. 115 UMV elektronisch[1911]. Die *Online-Einsichtnahme* über den Nutzerbereich (User Area) in elektronische Datenträger, die einen Zugang zu allen Akten der Unionsmarken und den dort enthaltenen Unterlagen umfasst, ist gebührenfrei (Art. 114 Abs. 6 S. 2 UMV)[1912]. Grds sollten also erst einmal im Internet (*eSearch plus*) die dort vorhandenen Daten erhoben und nur, wenn diese nicht ausreichen, förmliche Akteneinsichtsverfahren durchgeführt werden. Ansonsten findet die Akteneinsicht im Amtsgebäude in Alicante statt (Art. 114 Abs. 7 UMV). Die Akteneinsichtsgebühr beträgt hierfür 30 Euro (Anlage I zur UMV Nr A30). Das Verfahren regelt Art. 21 UMDV.

Die Akteneinsicht kann aber wegen Art. 114 Abs. 4 UMV für jene Aktenteile versagt   **1743** werden, an deren *Geheimhaltung* der betr Beteiligte ein besonderes Interesse dargelegt hat (zB bei internen Betriebs- oder Kundendaten), bevor der Antrag auf Akteneinsicht

---

1911 Beschluss Nr EX-20–5 des Exekutivdirektors vom 15.6.2020; ABl.EUIPO 9/2020.
1912 Art. 5 Abs. 3 Beschluss Nr EX-20–9 des Exekutivdirektors vom 3.11.2020; ABl.EUIPO 3/2021.

gestellt wurde. *Generell* von der Akteneinsicht *ausgeschlossen* sind die Nachweise der Berechtigung eines zugelassenen Vertreters, vor dem Amt aufzutreten, oder vertrauliche Dokumente, wie Pässe oder andere Ausweise, Auszüge aus Bankkonten und Gesundheitsdaten, die zB zur Unterstützung eines Antrags auf Wiedereinsetzung in den vorigen Stand vorgelegt werden können.

I. Das Beschwerdeverfahren

I. Verfahrensablauf

Die Entscheidungen der Prüfer, der Widerspruchsabteilungen, der Registerabteilung, **1744** der Nichtigkeitsabteilungen sowie sonstiger vom Exekutivdirektor bestimmter Stellen oder Personen, die ein Verfahren gegenüber einem Beteiligten abschließen (Art. 159 Nr a bis d und f UMV), sind mit der *Beschwerde* anfechtbar[1913]. Diese Entscheidungen werden erst ab dem Zeitpunkt des Ablaufs der Beschwerdefrist gemäß Art. 68 UMV wirksam (Art. 66 Abs. 1 S. 2 UMV). Die Beschwerdeeinlegung hat somit *aufschiebende Wirkung* (Art. 66 Abs. 1 S. 3 UMV).

Die Beschwerde kann auf *elektronischem Weg* auf einem Online-Formular des EUIPO **1745** eingelegt werden (Online Appeal). Die Beschwerdegründe können hierbei bereits beigefügt werden.

Eine *Entscheidung, die ein Verfahren nicht abschließt*, ist nur zusammen mit der Endent- **1746** scheidung anfechtbar, sofern nicht in der Entscheidung gesondert die Beschwerde zugelassen ist (Art. 66 Abs. 2 UMV). Bei der Mitteilung des EUIPO, in der ein Widerspruch für zulässig befunden wird, handelt es sich zwar keinesfalls um eine lediglich verfahrensleitende Maßnahme, sondern um eine nicht abschließende Entscheidung iSd Art. 66 Abs. 2 UMV, die aber ohne ausdrückliche Beschwerdezulassung nur zusammen mit der Endentscheidung angefochten werden kann[1914]. Für *unzulässig* hält die BK eine Beschwerde gegen eine Entscheidung des EUIPO, die angesichts identischen Sachverhalts lediglich eine vorausgegangene bestätigen soll[1915].

1913 Jährlich gehen im Schnitt 2.500 bis 3.000 Beschwerden ein. Etwa 10 % der Entscheidungen der Ausgangsinstanz werden angefochten. Mit ca. 67 % ist Englisch die häufigste Verfahrenssprache vor Deutsch mit ca. 17 %. Auf der Internetseite des EUIPO sind in der Rubik *BK* neben zahlreichen interessanten Studien ua aktuelle Überblicke über die Rspr der BK seit 2018, so auch für das Jahr 2021, und zwei Berichte über die Rspr der BK und von EuGH und EuG zu Marken, die gegen die öffentliche Ordnung oder die guten Sitten verstoßen, und zur Unterscheidungskraft von Slogans veröffentlicht.

1914 EuGH, 18.10.2012, C-402/11 P – REDTUBE/Redtube, Rn 48–69.

1915 BK, 16.11.2015, R 1649/11-G – Zylindrische Flaschenform (Voss of Norway) mwN; BK, 28.2.2011, R 1568/10-2 – LATINA, Rn 16, 28 und BK, 30.6.2011, R 272/11-2 – DYNAMIC PRECIOUS METALS FUND, Rn 15–17, 20–24. Diese Vorgehensweise dürfte aber bei Berufung auf EuG, 8.2.2011, T-157/08 – INSULATE FOR LIFE, Rn 28–41, mE sehr zweifelhaft sein. Auf entgegenstehende Rechtskraft können sich die BK nämlich nicht stützen, da der Verfahrensgegenstand selbst bei identischer Wiederholungsanmeldung wegen unterschiedlicher Anmeldetage regelmäßig nicht ders ist.

1747 Die Beschwerde steht denjenigen zu, die an einem *Verfahren beteiligt* waren, das zu einer Entscheidung geführt hat, soweit sie durch die Entscheidung – auch nur teilweise – *beschwert* sind. Diese Anforderungen sind kumulativ erforderlich[1916]. Die übrigen an diesem Verfahren Beteiligten (zB der auch nur teilweise erfolgreiche Anmelder bzw Widersprechende) sind von Rechts wegen am Beschwerdeverfahren beteiligt (Art. 67 UMV)[1917].

1748 Die Beschwerde ist innerhalb von *zwei Monaten* nach Zustellung der Entscheidung schriftlich beim EUIPO einzulegen und gilt erst als eingelegt, wenn die *Beschwerdegebühr* von 720 Euro (Anlage I zur UMV Nr A21) entrichtet worden ist (Art. 68 Abs. 1 S. 1 und 2 UMV)[1918]. Der rechtzeitige Eingang der Beschwerdegebühr vermag aber nicht einen fehlenden oder verspäteten Eingang der Beschwerdeschrift zu ersetzen[1919]. Widerruft später das Amt einen Teil der Entscheidung (zB über die Kosten) nach Art. 103 UMV, bleibt hinsichtlich des nicht widerrufenen Teils (der Hauptsachentscheidung) der Zustellungstermin der ersten Entscheidung für die Fristberechnung maßgebend[1920].

1749 Die Beschwerde muss die in Art. 21 DVUM vorgeschriebenen *Angaben* enthalten, nämlich (a) den Namen und die Anschrift des Beschwerdeführers (Art. 2 Abs. 1b UMDV)[1921]; (b) im Falle einer Vertreterbestellung dessen Namen und Geschäftsanschrift (Art. 2 Abs. 1e UMDV); (c) falls der Beschwerdeführer gemäß Art. 119 Abs. 2 UMV vertreten werden muss, den Namen und die Geschäftsanschrift des Vertreters nach Art. 2 Abs. 1e UMDV; (d) eine klare und eindeutige Angabe der angefochtenen Entscheidung, unter Angabe ihres Datums sowie ihres Az.; (e) wird die angegriffene Entscheidung nur in Teilen angefochten, eine klare und eindeutige Angabe der angefochtenen Waren oder DL[1922].

1916 EuG, 24.10.2013, T-457/12 – STROMBERG/STORMBERG II, Rn 36–42. Art. 67 UMV ist ausreichend klar und präzise. Er kann nicht dahin ausgelegt werden, dass er auch Beteiligte an anderen Verfahren erfasst, die irgendwie mit dem streitgegenständlichen in Verbindung stehen.
1917 S.a. Beschluss Nr 2020–1 vom 27.2.2020 idF Nr 2021–10 vom 6.7.2021 (konsolidiert am 15.2.2022) des Präsidiums der BK über die Verfahrensordnung vor den BK; ABl.EUIPO 6/2020.
1918 EuG, 15.4.2011, T-95/11 – VITACHRON MALE/VITATHION, bestätigt durch EuGH, 21.9.2011, C-378/11 P.
1919 EuG, 9.9.2010, T-70/08 – ETRAX/ETRA I+D, Rn 23 und EuG, 31.5.2005, T-373/03, PARMITALIA/PARMITAL, Rn 58.
1920 EuG, 1.7.2009, T-419/07 – OKATECH, Rn 29–35.
1921 Darauf ist besonders zu achten, wenn der Name nicht demjenigen der Ausgangsinstanz entspricht, was auch für den Vertreter gilt; s. *Stürmann,* Verfahren vor dem EUIPO, GRUR-Prax 2016, 119.
1922 EuG, 13.10.2021, T-712/20 – Pfeil mit Flügel (Skoda)/Pfeil mit Flügel. Denn die BK darf im Rahmen einer Beschwerde, die sich auf ein relatives Eintragungshindernis bezieht und gegen eine Entscheidung der Widerspruchsabteilung gerichtet ist, mit ihrer Entscheidung nicht über den Gegenstand der bei ihr erhobenen Beschwerde hinausgehen. Sie kann nämlich – in Entsprechung zu den Befugnissen der Unionsgerichte im Sys-

Eine dem EUIPO durch *elektronische Mittel* übermittelte Beschwerde gilt wegen **1750**
Art. 63 Abs. 1a DVUM als ordnungsgemäß unterzeichnet, wenn sie die Angabe des
Namens des Absenders enthält, was als gleichwertig mit der Unterschrift gilt, und
sei es auch nur auf der ersten Seite der Beschwerdebegründung (sog. *Oberschrift*).
Jedoch reicht die Angabe des Kanzleinamens ohne Individualisierung eines konkre-
ten Anwalts nicht aus[1923].

Die Beschwerdeschrift muss wegen Art. 68 Abs. 1 S. 3 UMV in der *Verfahrensspra-* **1751**
che eingereicht werden, in der die angefochtene Entscheidung ergangen ist. Dies gilt
auch bei Verwendung der vom EUIPO zur Verfügung gestellten Formulare für die
Sprachversion des benutzten Formulars[1924].

Wird die Beschwerdeschrift in einer *anderen Amtssprache der Union* eingereicht als **1752**
der Verfahrenssprache, muss der Beschwerdeführer innerhalb von vier Monaten nach
Zustellung der angefochtenen Entscheidung eine *Übersetzung* vorlegen (Art. 21 Abs. 2
DVUM)[1925]. Wurde die angefochtene Entscheidung in einem einseitigen Verfahren in
einer anderen Amtssprache als der Verfahrenssprache getroffen, kann der Beschwerdeführer die Beschwerdeschrift entweder in der Verfahrenssprache oder in der Sprache der
Entscheidung vorlegen. In beiden Fällen wird die Sprache, in der die Beschwerdeschrift
verfasst ist, Verfahrenssprache des Beschwerdeverfahrens (Art. 21 Abs. 3 DVUM).

Sobald die Beschwerdeschrift in einem mehrseitigen Verfahren eingereicht wurde, **1753**
wird sie dem Beschwerdegegner *zugestellt* (Art. 21 Abs. 4 DVUM).

Innerhalb von vier Monaten nach Zustellung der Entscheidung ist die Beschwerde **1754**
schriftlich zu begründen (Art. 68 Abs. 1 S. 4 UMV). Dies stellt eine wesentliche
Voraussetzung für die Ausübung der Kontrolle der angefochtenen Entscheidung
durch die BK dar, so dass *hohe Anforderungen* zu stellen sind. Nach Art. 22 DVUM
muss nämlich Beschwerdebegründung *klare und eindeutige Angaben* zu (a) dem betr

---

tem der Rechtmäßigkeitskontrolle – die Entscheidung der Widerspruchsabteilung nur
in den Grenzen der Anträge aufheben, die ein Beschwerdeführer in seiner Beschwerde
gestellt hat. Sie ist nicht befugt, die Anträge, die ein Beschwerdeführer in einer bei ihr
erhobenen Beschwerde gestellt hat, von Amts wegen zu ändern.

1923 Nach altem Recht war die Unterschrift für die Identifizierung des Verfassers des Schriftstücks ausreichend, ohne dass sie notwendigerweise eine handschriftliche Transkription
seines Nachnamens enthalten musste; EuG, 18.6.2009, T-418/07 – LiBRO/LIBERO,
Rn 27–30.
1924 EuG, 9.4.2014, T-386/12 – elite BY MONDARIZ/elite, Rn 27–32; EuG, 24.11.2014,
T-616/14 – AVE, Rn 27–35; dabei spielt es keine Rolle, ob ihn die BK noch innerhalb
der Frist auf den Verfahrensfehler hingewiesen hat, was allgemeine Praxis ist, oder nicht.
1925 Mit der ausdrücklichen gesetzlichen Neuregelung ist die bisherige großzügige Praxis von
EuGH und EuG bestätigt worden, wonach eine Übersetzung der Beschwerdeschrift in
die Verfahrenssprache noch innerhalb der Viermonatsfrist der Beschwerdebegründung
nachgereicht werden durfte und eine in der Verfahrenssprache vorgelegte Begründung
zugleich als Übersetzung der Beschwerdeschrift anzusehen war; EuGH, 19.1.2012,
C-53/11 P – R10/R10, Rn 46–49; EuG, 9.4.2014, T-386/12 – elite BY MONDARIZ/
elite, Rn 33, 35, 37–47.

Beschwerdeverfahren entweder durch Angabe der betr Beschwerden oder der angefochtenen Entscheidung nach den Erfordernissen des Art. 21 Abs. 1d DVUM; (b)
den Beschwerdegründen, mit denen die Aufhebung der angefochtenen Entscheidung
innerhalb des gemäß Art. 21 Abs. 1e DVUM definierten Umfangs verlangt wird; und
(c) Tatsachen, Beweismittel und Bemerkungen zur Stützung der geltend gemachten
Beschwerdegründe nach den Formvorschriften des Art. 55 Abs. 2 DVUM enthalten[1926].

1755   Der Beschwerdeführer hat daher hinreichend klar, genau, verständlich und eindeutig die *tatsächlichen und/oder rechtlichen Umstände* darzulegen, die seinen Antrag auf
Aufhebung und/oder Änderung der angefochtenen Entscheidung rechtfertigen und
die es insb einem möglichen anderen Beteiligten ohne anwaltlichen Beistand ermöglichen müssen, zu beurteilen, ob er auf das Beschwerdevorbringen antworten sollte.

1756   Die Begründungspflicht ist *nicht erfüllt*, wenn der Beschwerdeführer nur auf seinen
Vortrag vor dem Amt verweist[1927], lediglich eine Beschränkung des VerzWDL einreicht
(ohne nähere Erklärung, wie sich dies auf das Verfahren auswirkt)[1928], nur irgendetwas
zur Rechtssache schreibt und sich allein auf die Antragstellung beschränkt[1929] oder
wenn er sich zu nicht verfahrensgegenständlichen Rechtsfragen äußert und sich seine
Gründe nicht auf das Streit- sondern auf Parallelverfahren beziehen[1930].

1757   Die Beschwerdebegründung ist ebenfalls in der *Verfahrenssprache* des Beschwerdeverfahrens einzureichen. Wird sie in einer anderen Amtssprache der Union eingereicht,
muss der Beschwerdeführer innerhalb eines Monats nach dem Tag der Einreichung
des Originaldokuments eine Übersetzung vorlegen (Art. 22 Abs. 2 DVUM).

1758   Die BK weist eine Beschwerde in folgenden Fällen gemäß Art. 23 DVUM als *unzulässig* zurück: (a) wenn die Beschwerdeschrift nicht innerhalb zweier Monate nach
dem Tag der Zustellung der angefochtenen Entscheidung eingereicht wurde; (b) wenn
die Beschwerde nicht im Einklang mit Art. 66 und 67 UMV oder Art. 21 Abs. 1d
und Abs. 2 und 3 DVUM steht, es sei denn, diese Mängel werden innerhalb von vier
Monaten nach dem Tag der Zustellung der angefochtenen Entscheidung behoben;
(c) wenn die Beschwerdeschrift die Anforderungen von Art. 21 Abs. 1a, 1b, 1c und
1e DVUM nicht erfüllt und der Beschwerdeführer diese Mängel nach Hinweis der
BK nicht innerhalb der von ihr hierfür festgesetzten Frist behoben hat; (d) wenn die
Begründung nicht innerhalb von vier Monaten nach dem Tag der Zustellung der

---

1926 S.a. GMitt über Beweismittel in Markenbeschwerdeverfahren: Allgemeine Empfehlungen
        zur Einreichung, Strukturierung und Aufmachung von Beweismitteln und Behandlung
        vertraulicher Beweismittel (März 2021), um allgemeine Grundsätze für die Praxis der
        BK des EUIPO und der nationalen Instanzen der Mitgliedstaaten aufzustellen.
1927 BK, 29.5.2015, R 3158/14–2 – VIDA/VIDA.
1928 BK, 9.10.2015, R 938/15–4 – IOPSYS/OPSIS.
1929 EuG, 17.9.2003, T-71/02 – BECKETT EXPRESSION/Expression, Rn 53; EuG,
        6.9.2006, T-366/04 – HENSOTHERM/HENSOTH, Rn 33–46; EuG, 16.5.2011,
        T-145/08 – ATLAS/atlasair, Rn 42–46, 55; bestätigt durch EuGH, 9.3.2012, C-406/11
        P, Rn 46–51. S. zB BK, 17.9.2012, R 993/12–2 – ICE WATCH/ICE STAR, Rn 21, 22.
1930 EuG, 24.10.2014, T-398/14 – Spielzeugfigur IV, Rn 8, 13.

angefochtenen Entscheidung eingereicht wurde; (e) wenn die Begründung die Erfordernisse des Art. 22 Abs. 1a und 1b DVUM nicht erfüllt und der Beschwerdeführer diese Mängel nach Hinweis der BK nicht innerhalb der von ihr hierfür festgesetzten Frist behoben hat bzw die Übersetzung der Begründung nach Art. 22 Abs. 2 DVUM nicht innerhalb eines Monats nach der Einreichung des Originals vorgelegt hat[1931].

Eine Beschwerde ist jedoch nur zulässig, wenn derjenige, der sie einlegt, seine *Beschwerdeberechtigung* gemäß Art. 67 UMV innerhalb der in Art. 68 Abs. 1 UMV für die Begründung vorgesehenen Frist von vier Monaten nachweist. Hat also zB eine Übertragung des Widerspruchszeichens stattgefunden, ohne dass dies im Widerspruchsverfahren berücksichtigt werden konnte, ist die Beschwerde des Erwerbers nur zulässig, wenn er zum Nachweis seiner Berechtigung fristgerecht belegt, dass er infolge der Übertragung Inhaber dieses Zeichens geworden ist[1932].   **1759**

Wurde die *Beschwerdegebühr* nicht oder verspätet entrichtet, gilt die Beschwerde als *nicht eingelegt* und wird ggf die Gebühr zurückerstattet (Art. 23 Abs. 3 DVUM).   **1760**

Die Fristen des Art. 68 Abs. 1 UMV sind als *gesetzliche Fristen absolut bindend*, sie können weder verlängert noch durch Verfahrensaussetzung ausgedehnt werden, noch stehen sie zur Disposition der Beteiligten oder des EUIPO bzw der BK[1933]. Jedoch kann die BK das Verfahren nach Art. 71 DVUM mit Fristen unterbrechender Wirkung aussetzen (Art. 71 Abs. 3 DVUM). Ein Beschwerdeverfahren kann auch wegen Art. 170 Abs. 4 und 5 UMV nach Beschwerdeeinlegung und Zahlung der Beschwerdegebühr auf gemeinsamen Antrag der Beteiligten auf *Mediation* ausgesetzt werden, so dass der Fristlauf (zB zur Einreichung der Beschwerdebegründung) unterbrochen wird. Schließlich kann auch eine Unterbrechung des Verfahrens nach Art. 106 UMV den Fristenlauf stoppen.   **1761**

Wird die Beschwerde in einseitigen Verfahren nicht gemäß Art. 23 Abs. 1 DVUM als unzulässig verworfen, legt die BK zum Zwecke der möglichen *Abhilfe* gemäß Art. 69 UMV Beschwerdeschrift und -begründung derjenigen Instanz des Amtes vor, welche die angefochtene Entscheidung getroffen hat. Erachtet die Instanz, deren Entscheidung angefochten wird, die Beschwerde als zulässig und begründet, so hat sie ihr *abzuhelfen*. Wird der Beschwerde nicht binnen eines Monats nach Eingang der Beschwerdebegründung abgeholfen, so ist sie unverzüglich ohne sachliche Stellungnahme der BK vorzulegen (Art. 69 UMV)[1934].   **1762**

1931 Erscheint die Beschwerde unzulässig, kann der Vorsitzende der zuständigen BK diese ersuchen, unverzüglich über die Zulässigkeit zu entscheiden, bevor die Beschwerdeschrift bzw die Begründung dem Beschwerdegegner zugestellt wird (Art. 23 Abs. 2 DVUM).

1932 EuGH, 19.1.2012, C-53/11 P – R10/R10, Rn 45–55; EuG, 12.6.2014, T-137/09 RENV – R10/R10 II, Rn 26–41.

1933 EuG, 16.5.2011, T-145/08 – ATLAS/atlasair, Rn 62, 63; BK, 18.4.2008, R 1341/07-G – KOSMO/COSMONE, Rn 14.

1934 Die früher von der GMV eingeräumte, von den Beteiligten aber nie genutzte Möglichkeit, auch bei mehrseitigen Verfahren eine Abhilfe mit Zustimmung des anderen Verfahrensbeteiligten zuzulassen (Art. 62 GMV), wurde in der UMV gestrichen.

1763 Hat die Instanz des Amtes, welche die Entscheidung getroffen hat, gegen die sich die Beschwerde richtet, ein Verfahren zum *Widerruf* dieser Entscheidung gemäß Art. 103 Abs. 2 UMV eingeleitet, unterrichtet sie die BK für die Zwecke der möglichen Verfahrensaussetzung nach Art. 71 DVUM unverzüglich darüber, ebenso wie über den endgültigen Verfahrensausgang (Art. 34 DVUM).

1764 In mehrseitigen Verfahren kann der Beschwerdegegner innerhalb zweier Monate nach dem Tag der Zustellung der Begründung des Beschwerdeführers eine *Stellungnahme* einreichen (Art. 24 DVUM). Bei außergewöhnlichen Umständen kann diese Frist auf begründeten Antrag des Beschwerdegegners verlängert werden. Die Stellungnahme muss den Namen und die Anschrift des Beschwerdegegners nach Art. 2 Abs. 1b der UMDV enthalten und entspr die Bedingungen von Art. 21 Abs. 1b, 1c und 1d, Art. 22 Abs. 1a und 1c sowie Art. 22 Abs. 2 DVUM erfüllen[1935]. So kann sich zB ein Widersprechender, auch wenn sein Widerspruch erfolgreich war, jedenfalls im Wege einer Anschlussbeschwerde dagegen wehren, dass die Widerspruchsabteilung nur einen Teil seiner Waren als ernsthaft benutzt angesehen hatte[1936]. Dieses Institut soll die Waffengleichheit unter den Beteiligten wahren bzw wiederherstellen. Anschlussbeschwerdeanträge werden aber gegenstandslos, wenn die Beschwerde zurückgenommen wird (Art. 68 Abs. 2 S. 2 UMV).

1765 Die Anschlussbeschwerde muss innerhalb der ggf verlängerten *Zweimonatsfrist* für die Einreichung einer Stellungnahme gemäß Art. 24 Abs. 1 DVUM eingereicht werden (Art. 25 Abs. 1 DVUM). Sie ist mit *gesondertem*, von der Stellungnahme getrenntem *Schriftstück*, also auf einem separaten Blatt mit eigenem Briefkopf und eigener Unterschrift) einzureichen und muss den Namen und die Anschrift des Beschwerdegegners nach Art. 2 Abs. 1b UMDV enthalten und die Bedingungen von Art. 21 Abs. 1b bis 1e und Art. 22 entspr erfüllen (Art. 25 Abs. 2 und 3 DVUM).

1766 Eine Anschlussbeschwerde wird wegen Art. 25 Abs. 4 DVUM in jedem der folgenden Fälle als *unzulässig* zurückgewiesen: (a) wenn sie nicht innerhalb der ggf verlängerten

---

1935 EuG, 4.2.2016, T-247/14 – STICK MiniMINI Beretta/MINI WINI; Rn 22–27; bestätigt durch EuGH, 26.7.2017, C-182/16 P (ohne über diese Frage zu entscheiden); EuG, 7.4.2011, T-84/08 – COMIT/Comet, Rn 22–25; siehe *Bender,* Ein neues Rechtsmittel: Die Anschlussbeschwerde im Gemeinschaftsmarkenverfahren, MarkenR 2006, 990. Zur Problematik des alten Art. 8 Abs. 3 VerfO-BK im Rahmen der Gesetzeshierarchie: s. Schlussanträge EuG, 1.3.2016, C-43/15 P – compressor technology/KOMPRESSOR, in denen der GA die Aufhebung des angefochtenen Urteils des EuG und der Entscheidung der BK beantragt. Der EuGH hat in seinem 8.11.2016 die entspr Verfahrensrüge jedoch ohne inhaltliche Stellungnahme als unzulässig verworfen, weil sie nicht bereits vor dem EuG geltend gemacht worden war, Rn 40–46. Mit EuG, 6.12.2018, T-817/16 – V/V II, Rn 144–158, wurde schließlich die Anwendbarkeit von Art. 8 Abs. 3 VerfO-BK bestätigt. Diese Problematik ist aber heute nicht mehr relevant, da die umstrittene Bestimmung in die UMV aufgenommen wurde.
1936 EuG, 24.9.2015, T-382/14 – PROTICURT/PROTI, Rn 30–34. A.A. EuG, 28.4.2021, T-31/20 – The King of SOHO/SOHO, Rn 21–27. Die Anschlussklage wurde als unzulässig angesehen.

Zweimonatsfrist für die Einreichung einer Stellungnahme gemäß Art. 24 Abs. 1 DVUM eingereicht wurde; (b) wenn sie nicht auf einem gesonderten Schriftsatz oder mit klarer und eindeutiger Angabe der angefochtenen Entscheidung gemäß Art. 21 Abs. 1d DVUM eingereicht wurde; (c) wenn sie Namen und Anschrift des Beschwerdegegners nicht enthält oder die Bedingungen von Art. 21 Abs. 1b bis 1e und Art. 22 DVUM entspr nicht erfüllt und der Beschwerdegegner diese Mängel trotz Hinweises durch die BK nicht innerhalb der von dieser hierfür gesetzten Frist behoben hat oder die Übersetzung der Anschlussbeschwerde und der entspr Begründung nicht innerhalb eines Monats nach der Einreichung des Originals vorgelegt hat.

Der Beschwerdeführer wird dazu aufgefordert, innerhalb von zwei Monaten nach   1767
Zustellung an ihn zur Anschlussbeschwerde *Stellung* zu nehmen. Bei außergewöhnlichen Umständen kann die BK diese Frist auf seinen begründeten Antrag verlängern. Art. 26 DVUM gilt entspr (Art. 25 Abs. 5 DVUM).

Ist die Beschwerde zulässig, so prüft die BK, ob sie *begründet* ist. Bei der dieser Prü-   1768
fung fordert die BK die Beteiligten so oft wie erforderlich auf, innerhalb einer von ihr zu bestimmenden Frist eine *Stellungnahme* zu ihren Bescheiden oder zu den Schriftsätzen der anderen Beteiligten einzureichen (Art. 70 UMV). Dies geschieht in einseitigen Verfahren kaum, in zweiseitigen haben die *Beteiligten* jedoch eine *Replik-* und *Duplikmöglichkeit.* Auf einen innerhalb zweier Wochen nach Zustellung der Beschwerdeerwiderung eingereichten, begründeten Antrag des Beschwerdeführers kann die BK nämlich diesem gemäß Art. 26 Abs. 1 DVUM gestatten, die Begründung innerhalb einer von der BK festgesetzten Frist um eine Erwiderung (Replik) zu ergänzen. In einem solchen Fall gestattet sie auch dem Beschwerdegegner eine Gegenerwiderung (Duplik) auf diese Erwiderung innerhalb einer von ihr festgesetzten Frist (Art. 26 Abs. 2 DVUM).

Die Geschäftsstelle der BK weist den Beschwerdeführer in einem *Standardschrei-*   1769
ben mit einer Kopie der Aufforderung des Beschwerdegegners zur Stellungnahme zur Beschwerdebegründung darauf hin, dass er nicht mehr informiert wird, wenn der Beschwerdegegner keine Beschwerdeerwiderung eingereicht hat[1937]. Die Beteiligten können das Beschwerdeverfahren beschleunigen, wenn sie auf ihr Replik- bzw Duplikrecht verzichten.

Die BK kann sich mit den Beteiligten gemäß Art. 28 DVUM im Verlauf der Prüfung   1770
oder zur Erleichterung einer gütlichen Einigung auch über *ihre vorläufige Ansicht* zu Tatsachen oder Rechtsfragen austauschen. Diese Mitteilung ist jedoch nicht bindend und begründet keinen Vertrauensschutz, was die BK klarzustellen hat[1938]. Um die gütliche Einigung zu fördern, bieten die BK nunmehr auch *Schiedsgutachtenverfahren* an (s. Rdn 1763).

Sie kann weiter, von Amts wegen oder auf schriftliches und begründetes Ersuchen   1771
des *Exekutivdirektors* des Amtes, diesen um *Stellungnahme* zu Fragen von allgemei-

---

1937 Siehe *Stürmann,* Verfahren vor dem EUIPO, GRUR-Prax 2016, 119.
1938 EuG, 27.6.2013, T-608/11 – Schreibinstrument-Design II, Rn 50.

nem Interesse bitten, die im Verlauf von vor ihr geführten Verfahren auftreten. Die Beteiligten haben das Recht, Bemerkungen zur Stellungnahme des Exekutivdirektors abzugeben (Art. 29 DVUM).

1772 Die Prüfung der Beschwerde erfolgt nach Art. 27 DVUM. In *einseitigen Verfahren* geht die BK in Bezug auf die angegriffenen Waren oder DL gemäß Art. 45 Abs. 3 UMV nach Art. 42 UMV vor, wenn sie Eintragshindernisse für die Anmeldung der Unionsmarke geltend macht, die in der Entscheidung, gegen die Beschwerde gemäß jener Bestimmung eingelegt wurde, noch nicht vorgebracht worden waren (Art. 27 Abs. 1 DVUM). Dabei ist natürlich wegen Art. 94 Abs. 1 S. 2 UMV das rechtliche Gehör zu wahren.

1773 In *mehrseitigen Verfahren* ist die Prüfung der Beschwerde bzw Anschlussbeschwerde auf die in der Begründung bzw in der Anschlussbeschwerde *erhobenen Gründe zu beschränken. Rechtsgründe*, die *nicht von den Beteiligten erhoben* wurden, prüft die BK lediglich, wenn sie grundlegende Verfahrenserfordernisse betreffen oder eine Klärung nötig ist, um eine fehlerfreie Anwendung der UMV im Hinblick auf von den Beteiligten vorgelegte Tatsachen, Beweismittel und Bemerkungen zu gewährleisten (Art. 27 Abs. 2 DVUM). So ist die BK verpflichtet, auf alle Fragen einzugehen, die im Hinblick auf das Vorbringen und die Anträge der Beteiligten erforderlich sind, um eine *fehlerfreie Anwendung der UMV* zu gewährleisten, und bei denen sie über alle entscheidungserheblichen Angaben verfügt, selbst wenn von den Beteiligten vor ihr kein sich auf diese Fragen beziehender rechtlicher Aspekt geltend gemacht wurde (s. Rdn 266 f)[1939].

1774 Die *Prüfung der Beschwerde* umfasst wegen Art. 27 Abs. 3 DVUM auch die folgenden Ansprüche oder Anträge, sofern sie in der *Beschwerdebegründung* bzw Anschlussbeschwerde sowie *fristgemäß in dem Verfahren vor der Instanz des Amtes*, welche die angefochtene Entscheidung getroffen hat, geltend gemacht oder gestellt wurden: (a) durch Benutzung erworbene Unterscheidungskraft (*Verkehrsdurchsetzung*) iSd Art. 7 Abs. 3 und Art. 59 Abs. 2 UMV; (b) *durch Benutzung erworbene Bekanntheit* der älteren Marke auf dem Markt für die Zwecke des Art. 8 Abs. 1b UMV; c) *Benutzungsnachweis* gemäß Art. 47 Abs. 2 und 3 oder Art. 64 Abs. 2 und 3 UMV. Diese Argumente und Tatsachen können also nur mehr im Rahmen der Beschwerdebegründung in das Beschwerdeverfahren eingeführt werden und auch nur dann, wenn sie bereits Gegenstand des Verfahrens vor der Ausgangsinstanz waren. So kann zB die Verkehrsdurchsetzung nicht mehr erstmals vor der BK geltend gemacht werden.

1775 Gemäß Art. 95 Abs. 2 UMV darf die BK *Tatsachen oder Beweismittel*, die ihr *zum ersten Mal vorgelegt* werden, nur dann berücksichtigen, wenn diese die folgenden Erfordernisse erfüllen: (a) sie erscheinen auf den *ersten Blick für den Ausgang des Falls von Relevanz* und (b) sie wurden aus *berechtigten Gründen nicht fristgemäß* vorgelegt, insb wenn sie bereits fristgemäß vorgelegte einschlägige Tatsachen und Beweismittel *lediglich ergänzen*, oder wenn sie der Anfechtung von Feststellungen dienen, die *von*

1939 EuGH, 18.6.2020, C-708/18 P – PRIMART Marek Lukasiewicz/PRIMA, Rn 41.

der ersten Instanz von Amts wegen in der angefochtenen Entscheidung ermittelt oder untersucht wurden (Art. 27 Abs. 4 DVUM) (s. Rdn 277 ff und 1141 ff). Nachdem keine ausdrückliche Einschränkung auf mehrseitige Verfahren enthalten ist, wird diese Vorschrift auch auf *einseitige Verfahren* anwendbar sein, allerdings erheblich eingeschränkt durch das nach wie vor dort geltende Amtsprüfungsprinzip des Art. 95 Abs. 1 S. 1 UMV, das auch erstmaligen und neuen Sachvortrag vor der BK bei der Beurteilung von absoluten Eintragungshindernissen – mit Ausnahme in Bezug auf die Verkehrsdurchsetzung wegen Art. 27 Abs. 3a DVUM – gestattet, es sei denn dieser erfolgt offensichtlich missbräuchlich, zB ausschließlich zur Verfahrensverschleppung.

Nach der Prüfung, ob die Beschwerde begründet ist, *entscheidet* die BK über die **1776** Beschwerde (Art. 71 Abs. 1 S. 1 UMV). Sie wird durch die Wirkung der bei ihr anhängig gemachten Beschwerde damit betraut, eine *vollständige neue Prüfung* der Begründetheit der Ausgangsentscheidung, also zB auch des Widerspruchs, sowohl in *rechtlicher* als auch in *tatsächlicher* Hinsicht vorzunehmen.

Gelangt die BK in *einseitigen Verfahren* zu der Auffassung, dass ein absolutes Eintra- **1777** gungshindernis für in der Anmeldung beanspruchte Waren oder DL besteht, die *nicht beschwerdegegenständlich* sind, unterrichtet sie den für die Prüfung dieser Anmeldung zuständigen Prüfer, der eine Wiedereröffnung der Prüfung gemäß Art. 45 Abs. 3 UMV in Bezug auf diese beschließen kann (Art. 30 Abs. 1 DVUM).

Wird gegen eine Entscheidung der *Widerspruchsabteilung* Beschwerde eingelegt, kann **1778** die BK das Beschwerdeverfahren mit einer begründeten Zwischenentscheidung und unbeschadet des Art. 66 Abs. 1 UMV aussetzen und die angefochtene Anmeldung mit der Empfehlung zur *Wiedereröffnung der Prüfung* gemäß Art. 45 Abs. 3 UMV wieder dem dafür zuständigen Prüfer zuweisen, sofern sie der Auffassung ist, dass ein absolutes Eintragungshindernis für einige oder alle in der Anmeldung aufgeführten Waren oder DL besteht (Art. 30 Abs. 2 DVUM).

Wurde die angefochtene Anmeldung gemäß Art. 30 Abs. 2 DVUM zurückverwiesen, **1779** unterrichtet der Prüfer die BK unverzüglich darüber, ob die Prüfung der angefochte- nen Anmeldung wiedereröffnet wurde. Wurde die *Prüfung wiedereröffnet*, bleibt das Beschwerdeverfahren ausgesetzt, bis die Entscheidung des Prüfers gefallen ist und, sofern die angefochtene Anmeldung vollständig oder in Teilen abgewiesen wird, bis diese Entscheidung des Prüfers bestandskräftig geworden ist (Art. 30 Abs. 3 DVUM).

Auf begründeten Antrag des Beschwerdeführers oder des Beschwerdegegners und nach **1780** Anhörung des anderen Beteiligten kann die BK angesichts der *besonderen Dringlichkeit* und der Umstände des Falls beschließen, die Beschwerde unbeschadet der Bestim- mungen von Art. 23 DVUM zur Zulässigkeit und Art. 26 DVUM zur Replik und Duplik einschl der Bestimmungen zu Fristen *vorrangig zu prüfen*. Dieser Antrag kann jederzeit während des Beschwerdeverfahrens auf einem *gesonderten Schriftstück*, also auf einem separaten Blatt mit eigenem Briefkopf und eigener Unterschrift, eingereicht werden, untermauert mit Beweismitteln sowohl in Bezug auf die Dringlichkeit als auch auf die besonderen Umstände des Falls (Art. 31 DVUM).

1781 Die BK verfügt bei ihrer Entscheidung über *dieselben Befugnisse wie die Dienststelle des EUIPO*, die die angefochtene Entscheidung erlassen hat. Ihre Prüfung erstreckt sich auf den gesamten Rechtsstreit, wie er sich am Tag ihrer Entscheidung darstellt. Aus der funktionalen Kontinuität zwischen den verschiedenen Stellen des EUIPO und der BK folgt, dass diese im Rahmen ihrer Überprüfung der von den zuvor befassten Stellen erlassenen Entscheidungen ihre eigene Entscheidung auf das *gesamte tatsächliche und rechtliche Vorbringen* zu stützen haben, das die Beteiligten entweder im Verfahren vor der Dienststelle des EUIPO oder im Beschwerdeverfahren geltend gemacht haben.

1782 Der *Umfang*, in dem die BK die mit der Beschwerde angefochtene Entscheidung zu prüfen hat, hängt nicht davon ab, ob der Beschwerdeführer einen bestimmten Beschwerdegrund gegenüber dieser Entscheidung geltend gemacht hat, mit dem er die Auslegung oder Anwendung einer Rechtsnorm durch die Stelle des EUIPO oder die von ihr vorgenommene Würdigung eines Beweismittels gerügt hat. Daher hat die BK, auch wenn der Beschwerdeführer einen bestimmten Beschwerdegrund nicht vorgetragen hat, gleichwohl *im Licht aller verfügbaren relevanten rechtlichen und tatsächlichen Gesichtspunkte zu prüfen*, ob in dem Zeitpunkt, in dem über die Beschwerde entschieden wird, eine neue Entscheidung mit demselben Tenor wie die mit der Beschwerde angefochtene Entscheidung rechtmäßig ergehen kann oder nicht.

1783 So gehört zB auch die Frage, ob ein Beteiligter eine *ernsthafte Benutzung* der älteren Marke nachgewiesen hat, zu der Prüfung, die die BK vornehmen muss[1940]. So darf sich die BK zB nicht darauf beschränken, nur die neu vor ihr vorgelegten Beweismittel zu würdigen, sondern sie muss diese in der *Gesamtschau* mit den bereits in der Vorinstanz vorgelegten bewerten, auch wenn dies der Beschwerdeführer nicht ausdrücklich verlangt[1941]. Eine Entscheidung, in der eine BK eine erhöhte Kennzeichnungskraft einer älteren Marke anerkannt hat, entfaltet keine Rechtskraftwirkung für spätere Verfahren zwischen anderen Beteiligten[1942].

1784 Dagegen ist die BK nicht verpflichtet, von Amts wegen die *Verlängerung der Widerspruchsmarke* zu prüfen, und auch der Widersprechende muss vor der BK den entspr Nachweis nicht von sich aus führen[1943].

1785 Die BK hat über *jeden Antrag in seiner Gesamtheit zu entscheiden*, indem sie ihm entweder stattgibt oder ihn als unzulässig oder als unbegründet zurückweist (Art. 71 Abs. 1 S. 1 UMV). Der Verstoß gegen diese wesentliche Formvorschrift kann vom EuG von Amts wegen geprüft werden[1944].

1940 EuG, 26.9.2014, T-445/12 – KW SURGICAL INSTRUMENTS/Ka We, Rn 28, 29 mwN.
1941 EuG, 30.9.2014, T-132/12 – LAMBRETTA II, Rn 15–28 mwN.
1942 EuG, 23.10.2015, T-597/13 – dadida/CALIDA, Rn 42–48.
1943 EuG, 13.12.2016, T-24/16 – FONTOLIVA/FUENOLIVA, Rn 21–35. Daher können diese vor der BK nicht vorgetragenen Tatsachen auch vom EuG nicht mehr berücksichtigt werden.
1944 EuG, 3.7.2013, T-236/12 – NEO, Rn 21–25.

Die BK ist für die Prüfung der Sache jedoch nur insoweit zuständig, als sie mit ihr **1786** befasst wird und kann daher einen *nicht mit der Beschwerde angefochtenen Teil der Entscheidung nicht überprüfen*[1945]. Ebenfalls überschreitet die BK ihre Befugnis, wenn sie in einem Verfahren über absolute Eintragungshindernisse auch Waren bzw DL prüft, die der Prüfer des EUIPO bereits *zur Eintragung zugelassen* hatte[1946]. Jedoch ist zB der Teil einer Entscheidung einer Vorinstanz des EUIPO, der sich auf die *Kosten des Verfahrens* vor dieser Instanz bezieht, genau umgrenzt und kann ggf Gegenstand einer eigenständigen Prüfung sein, unabhängig von der Prüfung der restlichen Entscheidung[1947].

Die BK wird gemäß Art. 71 Abs. 1 S. 2 UMV entweder *im Rahmen der Zuständigkeit* **1787** *der Dienststelle tätig*, die die angefochtene Entscheidung erlassen hat, kann also sowohl deren formale Fehler korrigieren[1948], als auch die Entscheidung der Widerspruchsabteilung auf der Grundlage von anderen Gründen als den von dieser angegebenen bestätigen, zB ihrer Entscheidung andere Widerspruchsrechte zugrunde legen als die Widerspruchsabteilung[1949], oder sie *verweist die Angelegenheit* zur weiteren Entscheidung an die Ausgangsinstanz *zurück*.

Macht sie von der zweiten Option Gebrauch, so ist diese Dienststelle, an die die Ange- **1788** legenheit zur weiteren Entscheidung zurückgewiesen wurde, wegen Art. 71 Abs. 2 UMV durch die *rechtliche Beurteilung der BK*, die der Entscheidung zugrunde gelegt ist, *gebunden*, soweit der Tatbestand ders ist.

Die BK kann aber auch die Beschwerde *teilweise zurückweisen* (zB im Hinblick auf **1789** Art. 7 Abs. 1b und 1c UMV) und die Angelegenheit im Übrigen an den Prüfer zur Fortsetzung des Verfahrens zurückverweisen (zB zur Prüfung der Verkehrsdurchsetzung nach Art. 7 Abs. 3 UMV). Gegen diese Entscheidung kann selbstverständlich Klage vor dem EuG erhoben werden[1950].

Die BK entscheidet wegen Art. 27 Abs. 5 DVUM spätestens in ihrer Entscheidung **1790** über die (Anschluss-)Beschwerde über Anträge auf *Einschränkung, Teilung oder teilweisen Verzicht* in Bezug auf die angefochtene Marke, die während des Beschwerdeverfahrens

---

1945 Siehe ua EuG, 14.12.2011, T-504/09 – VÖLKL/VÖLKL, Rn 54–56, 92; EuG, 16.12.2015, T-381/13 und T-382/13 – DAISY und MARGARITAS, Rn 29–38.
1946 EuG, 10.6.2008, T-85/07 – GABEL/GAREL, Rn 19–27. Weist die BK irrtümlich eine vom Prüfer akzeptierte Ware zurück, so kann dies das EuG im Urteil gnädig richtig stellen, ohne die Entscheidung insoweit aufzuheben, was formalrechtlich wohl korrekter wäre; s. EuG, 11.12.2013, T-123/12 – SMARTBOOK, Rn 28–30; EuG, 18.11.2014, T-484/13 – THE YOUTH EXPERTS, Rn 20–25 mwN.
1947 EuG, 15.1.2013, T-413/11 – EUROPEAN DRIVESHAFT SERVICES, Rn 76 mwN.
1948 EuG, 15.3.2011, T-50/09 – Dada & Co. kids/DADA, Rn 24–35; zB den fehlerhaften Namen eines Beteiligten, soweit die Zustellung der Entscheidung an den richtigen Beteiligten gelangte.
1949 EuG, 25.3.2009, T-191/07 – BUDWEISER/BUDWEISER I, Rn 42–49; bestätigt durch EuGH 29.7.2010, C-214/09 P; EuG, 13.4.2011, T-209/09 – ALDER CAPITAL/Halder, Rn 20–30.
1950 EuG, 6.2.2013, T-412/11 – TRANSCENDENTAL MEDITATION, Rn 19–31.

durch den Anmelder oder den Inhaber nach Artikel 49, 50 oder 57 UMV gestellt werden. Nimmt die BK die Einschränkung, Teilung oder den teilweisen Verzicht an, unterrichtet sie darüber unverzüglich die für das Register zuständige Abteilung des Amts sowie die mit Parallelverfahren in Bezug auf dieselbe Marke befassten Abteilungen.

1791 Die Entscheidungen der BK werden erst mit Ablauf der Klagefrist zum EuG (Art. 72 Abs. 5 UMV) oder, wenn innerhalb dieser Frist eine Klage beim Gericht eingelegt worden ist, mit deren Abweisung oder mit der Abweisung des beim EuGH eingelegten Rechtsmittels wirksam (sog. *Suspensiveffekt*, Art. 71 Abs. 3 UMV)[1951].

1792 Die *Entscheidung der BK muss* nach Art. 32 DVUM *enthalten*: (a) die Feststellung, dass sie von der BK erlassen ist; (b) das Datum ihres Erlasses; c) die Namen der Beteiligten und ihrer Vertreter; (d) das Az. der betr Beschwerde und eine klare und eindeutige Angabe der angefochtenen Entscheidung gemäß Art. 21 Abs. 1d DVUM; (e) eine Angabe zur Zusammensetzung der BK; (f) den Namen und, unbeschadet des Art. 39 Abs. 5 DVUM bei Nichtersetzung eines Mitglieds, die Unterschrift der Mitwirkenden, des Vorsitzenden und der Mitglieder, einschl der Angabe des Berichterstatters, oder, wenn die Entscheidung von einem einzelnen Mitglied getroffen wurde, dessen Namen und Unterschrift; (g) den Namen und die Unterschrift des Geschäftsstellenleiters bzw seines Stellvertreters; (h) eine Zusammenfassung der von den Beteiligten vorgebrachten Tatsachen und Bemerkungen; (i) eine Begründung; (j) den Tenor, einschl – soweit erforderlich – der Kostenentscheidung.

1793 Eine BK-Entscheidung ist *ausreichend begründet*, wenn sie ausdrücklich auf ein anderes Dokument verweist, das den anderen Beteiligten übermittelt worden ist, also zB die Entscheidung der Vorinstanz[1952].

1794 Eine *Erstattung der Beschwerdegebühr* erfolgt wegen Art. 33 DVUM (a) wenn die Beschwerde nach Art. 68 Abs. 1 S. 2 UMV als nicht eingelegt gilt; (b) wenn die die Entscheidung treffende Instanz des Amtes diese gemäß Art. 69 Abs. 1 UMV berichtigt oder sie nach Art. 103 UMV widerruft; (c) wenn die angefochtene Anmeldung nach der Wiedereröffnung des Prüfungsverfahrens iSd Art. 45 Abs. 3 UMV auf Empfehlung der BK gemäß Art. 30 Abs. 2 DVUM mit endgültiger Prüferentscheidung abgewiesen wurde und die Beschwerde dadurch gegenstandslos geworden ist; (d) wenn die BK die Erstattung wegen eines wesentlichen Verfahrensmangels für gerechtfertigt erachtet.

1795 Ansonsten bestimmt sich das *Beschwerdeverfahren* nach Art. 35 bis 48 DVUM.

1951 EuGH, 19.7.2012, C-587/11 P-R und C-588/11 P-R – OMNICARE CLINICAL RESEARCH/OMNICARE, Rn 25–31. Dies ist nunmehr durch die Neufassung von Art. 71 Abs. 3 UMV klargestellt.
1952 EuG, 9.7.2008, T-304/06 – Mozart, Rn 46–52; EuG, 12.11.2008, T-210/05 – Limoncello/LIMONCHELO II, Rn 79, 81.

II. Aufgabe und Stellung der BK

Die BK sind *gerichtliche Instanzen*[1953]. Sie erfüllen die vom EuGH für die Anerken-   **1796**
nung als Gericht erforderlichen Voraussetzungen, nämlich gesetzliche Grundlage der
Einrichtung, st. Charakter, obligatorische Gerichtsbarkeit, streitiges Verfahren, Anwendung von Rechtsnormen durch die Einrichtung sowie deren Unabhängigkeit[1954].

Auch wenn sie in das EUIPO eingegliedert sind, kommt ihnen vollständiger und   **1797**
uneingeschränkter *Gerichtscharakter* zu. Daran ändert die – vom EuG behauptete –
angebliche funktionale Kontinuität nichts, die jeder, auch jeder nachfolgenden Gerichtsinstanz zukommt, die über eine vorausgegangene Amtsentscheidung zu befinden hat.
Zudem verfügt die BK gerade – entgegen der fehlerhaften Ansicht des EuG – nicht
über die gleichen Befugnisse wie der Prüfer, da sie nur im Rahmen des Verfahrens-
gegenstands der Beschwerde tätig werden darf, also zB das Prüfungsverfahren nicht
insgesamt von sich aus wieder aufnehmen kann, und ihr zudem die administrativen
Vollzugskompetenzen der Ausgangsinstanz des EUIPO fehlen[1955].

Für die BK gilt daher selbstverständlich der *Grundsatz des fairen Verfahrens*, der im   **1798**
Übrigen nach dem Grundsatz der guten Verwaltung gemäß Art. 41 Abs. 1 GRC auch
für ein reines Verwaltungsverfahren gelten müsste[1956].

Die BK entscheiden *unabhängig* und *weisungsfrei*. Sie sind nur an die UMV, die   **1799**
DVUM und die UMDV gebunden[1957] und kontrollieren auf Beschwerde des Betroffenen hin die konkrete, im Verfahren angegriffene Praxis des EUIPO. An Beschlüsse
und Mitteilungen des Präsidenten wie auch an die UMRL[1958] sowie Erklärungen

---

1953 Der EuGH beanstandet ihre noch etwas unpräzise Einschätzung als »quasigerichtliches
Organ« durch das EuG jedenfalls nicht; EuGH, 21.5.2015, C-546/12 P – LEMON
SYMPHONY, Rn 73, 77, 88; *Bender,* Eine Zitronensinfonie des EuGH, FS Fezer 2016,
977. Zur Stellung und Arbeitsweise der BK s.a. 20 Years of the Boards of Appeal
at EUIPO, Liber amicorum, Alicante 2017.
1954 EuGH, 14.11.2013, C-49/13 – MF 7/MAFRA, Rn 15, 16 mwN. In der VO (EU,
Euratom) 2019/629. vom 17.4.2019 zur Änderung des Protokolls Nr 3 über die Satzung-EuGH; ABl. L 111/2; hat der EuGH in Erwägungsgrund 4 ausdrücklich die Prüfung durch eine unabhängige BK anerkannt, sie derjenigen durch das EuG gleichgestellt
und aus diesem Grund die Zulassung von Rechtsmitteln eingeschränkt.
1955 Siehe *von Kapff,* FS 50 Jahre BPatG 2011, 959 ff; *ders,* HK-MarkenR Art. 130/131
GMV, Rn 6 ff; *Bender,* Die BK des HABM, MarkenR 1999, 11; aA EuG, 11.7.2013,
T-197/12 – METRO/GRUPOMETROPOLIS, Rn 54 mwN, insb unter Bezugnahme
auf EuG, 12.12.2002, T-63/01 – Seifenform, Rn 20–23.
1956 AA EuG, 15.7.2014, T-404/13 – SUBSCRIBE, Rn 51 unter offensichtlicher Verken-
nung der – im System der Union zugegebenermaßen – eher untypischen Rolle der BK.
1957 Den Gemeinsamen Erklärungen des Rats und der Kommission vom 20.12.1993 (ABl.
HABM 1996, 606, 612) kommt keine rechtliche Bedeutung zu; EuGH, 6.5.2003,
C-104/01 – Libertel-Orange, Rn 24, 25.
1958 EuGH, 16.1.2019, C-162/17 P – LUBELSKA/Lubeca, Rn 59 mwN.

des Vertreters des EUIPO vor EuG und EuGH[1959] sind sie dabei nicht gebunden (Art. 165, 166 UMV)[1960].

1800   Die *Organisationseinheit der BK* umfasst nicht nur den Präsidenten, die Vorsitzenden und Mitglieder der BK, sondern auch die wissenschaftlichen und administrativen Mitarbeiter in den BK, die Geschäftsstelle (Art. 42 DVUM), den wissenschaftlichen Dienst (Dienststelle Fachwissen und unterstützende Informationen), den Alternativen Streitbeilegungsdienst[1961] sowie die Dienststelle Gerichtsverfahren[1962].

III. Arbeitsweise und Rechtsprechungspraxis

1801   Die *Rspr* wird auf der Internetseite des EUIPO veröffentlicht, seit Neuestem auch zusätzlich in englischer Übersetzung, falls die Verfahrenssprache eine andere ist. Außerdem wird für ausgewählte Entscheidungen ein Maschinenübersetzungsmodul (»Machine Translation«) angeboten, derzeit allerdings noch nicht ins Deutsche, sondern nur ins Spanische, Französische und Italienische. Kurze Zusammenfassungen aller Entscheidungen sind auf Deutsch verfügbar[1963].

1959 EuG, 25.3.2009, T-402/07 – ARCOL/CAPOL II, Rn 98–100, bestätigt durch EuGH, 4.3.2010, C-193/09 P, Rn 72.

1960 Etwas unglücklich ist die Formulierung in Art. 166 Abs. 3. und 5 UMV, wonach die Amtszeit der Vorsitzenden bzw Mitglieder der BK »nach einer positiven Bewertung ihrer Leistung durch den Verwaltungsrat und *nach Rücksprache mit dem Präsidenten der BK.«* erfolgen. Immerhin klingt dies besser als der ursprüngliche Vorschlag der Kommission, wonach noch eine *Befürwortung durch den Präsidenten der BK.* erforderlich war. Um die *Unabhängigkeit der BK.* zu wahren und jedem Anschein einer sachfremden Einflussnahme zu wehren, hätte man auf die Einmischung des Präsidenten der BK besser verzichten sollen.

1961 S. die spezielle Internetseite des EUIPO: Alternative Dispute Resolution (ADR) und die Informationsbroschüre.

1962 Beschlüsse Nr ADM-20–32 und ADM-21–18 des Exekutivdirektors vom 10.7.2020 und 31.3.2021. Mit diesen Beschlüssen wurde ua die Zuständigkeit für die Vertretung des EUIPO in Gerichtsverfahren vor dem EuG und dem EuGH gegen Entscheidungen der BK und in Vorabentscheidungsersuchen zu Angelegenheiten des geistigen Eigentums vom Exekutivdirektor des Amts auf den Präsidenten der BK übertragen. Das ist ein bedeutender qualitativer Schritt, um die angegriffenen BK-Entscheidungen angemessen vor dem EuG zu verteidigen. Damit wird vermieden, dass das Gericht durch unstimmige oder widersprüchliche Anträge verwirrt wird und zu fehlerhaften Ergebnissen gelangt, wie das gerade zu Beginn des Systems manchmal der Fall war (s. zB EuG, 25.10.2005, T-379/03 – Cloppenburg; u. EuGH, 21.10.2004, C-64/02 P – Das Prinzip der Bequemlichkeit; wo der Amtsvertreter vor dem EuGH nicht – wie die BK – auf den klar ersichtlichen beschreibenden Charakter dieses Zeichens ua für Polstermöbel abgestellt hatte, sondern nur auf dessen fehlende Unterscheidungskraft; s. Rdn 652, 691 u. 1797).

1963 Siehe PAVIS PROMA (www.pavis-proma.de.).

Die *Arbeitsweise* folgt der in Rechtsprechungsorganen üblichen. Die BK haben sich **1802**
eine eigene Verfahrensordnung gegeben[1964]. Sobald die Beschwerdeschrift eingereicht
ist, weist der Präsident der BK den Fall nach den gemäß Art. 166 Abs. 4c UMV durch
das Präsidium der BK festgelegten objektiven Kriterien einer BK zu. Jeder Fall wird
auf einen hierfür vom Vorsitzenden bestimmten BE übertragen, der – evt in Zusammenarbeit mit einem wissenschaftlichen Mitarbeiter – einen Entwurf fertigt, der in
der Kammer beraten und mit Mehrheit entschieden wird (Art. 35, 39, 41 DVUM).
Die aktuellen *Geschäftsverteilungspläne* werden auf der Internetseite des EUIPO und
im ABl.EUIPO veröffentlicht[1965].

Die *Verweisung* einer Sache gemäß Präsidiumsbeschluss *an dieselbe BK*, die bereits in **1803**
einem vorherigen Verfahren über eine Beschwerde in derselben Sache entschieden
und das Verfahren wieder an die Ausgangsinstanz zurückverwiesen hatte, ohne die
Verpflichtung, diese anders zu besetzen, stellt keine Verfälschung von Art. 35 Abs. 1
DVUM und Art. 166 Abs. 4c UMV dar und *verstößt* auch *nicht gegen die Verpflichtung zur Unparteilichkeit* der Verwaltung iSv Art. 41 Abs. 1 und Art. 47 GRC[1966].

Derzeit gibt es fünf BK, von denen eine ausschließlich für GGM-Verfahren zuständig **1804**
ist. Ihre Mitglieder sind *unabhängig* und bei ihren Entscheidungen an keinerlei Weisungen gebunden. Sie können während ihrer Amtszeit nicht ihres Amtes enthoben
werden, es sei denn, dass schwerwiegende Gründe vorliegen und der Gerichtshof auf
Antrag des Organs, das sie ernannt hat, einen entspr Beschluss fasst (Art. 166 Abs. 1,
6, 7 UMV). Sie entscheiden in einer Dreierbesetzung unter dem Vorsitz des Kam-
mervorsitzenden (Art. 165 Abs. 2 UMV). Neben den normalen BK gibt es die *Große
BK* mit neun Mitgliedern unter dem Vorsitz des Präsidenten der BK (Art. 165 Abs. 2
S. 2, Abs. 3 und 4 UMV iVm Art. 167 Abs. 2 UMV, Art. 37 DVUM). Daneben
gibt es auch die Möglichkeit, dass die zuständige BK Fälle mit rechtlich oder sachlich einfachen Verfahren oder von begrenzter Bedeutung einem einzelnen Mitglied
zur alleinigen Entscheidung überträgt (Art. 165 Abs. 5 UMV, Art. 36 DVUM)[1967].

Bei der Festlegung der Fälle, in denen die *Große Kammer* entscheidungsbefugt ist, sind **1805**
die rechtliche Schwierigkeit, die Bedeutung des Falles und das Vorliegen besonderer
Umstände zu berücksichtigen. Dies gilt insb für materielle Grundsatzprobleme oder

---

1964 Beschlüsse Nr 2020–1 des Präsidiums der BK vom 27.2.2020 idF Nr 2021–10 vom
     6.7.2021 (konsolidiert am 15.2.2022) über die Verfahrensordnung vor den BK; ABl.EUI-
     PO 6/2020; Nr 2020–7 vom 21.7.2020 über die Organisation der BK und Nr 2020–8
     vom 6.11.2020 über Marktstudien als Beweismittel; ABl.EUIPO 3/2021. S.a. *Stürmann/
     Guzdek*, Das Verfahren vor den BK des EUIPO nach der EU-Markenrechtsreform und
     die Große Kammer, GRUR 2019, 589.
1965 ZB Beschluss Nr 2021–17 vom 2.12.2021 zur Geschäftsverteilung für 2022; ABl.
     EUIPO 1/2022.
1966 EuG, 9.2.2022, T-589/20 – MAIMAI MADE IN ITALY/YAMAMAY. Hätte der Gesetz-
     geber eine Bedingung für die Neubesetzung der BK für Beschwerden gegen Entschei-
     dungen, die nach einer ersten Zurückverweisung an das Amt erlassen wurden, aufstellen
     wollen, hätte er dies ausdrücklich vorgesehen, was er aber nicht getan hat, Rn 43–54.
1967 ZB EuG, 9.11.2016, T-290/15 – SMARTER TRAVEL, Rn 89–96.

zentrale Verfahrensfragen und soll zu einer Harmonisierung der Entscheidungspraxis beitragen[1968]. An diese können nicht nur das Präsidium der BK sondern auch die mit der Sache befasste BK derartige Fälle verweisen (Art. 165 Abs. 3 UMV). So verweist wegen Art. 37 Abs. 1 DVUM eine BK einen Fall dann an die Große Kammer, wenn sie der Auffassung ist, dass sie von der Auslegung der einschlägigen Rechtsgrundlagen durch die Große Kammer in einer früheren Entscheidung abweichen muss, oder wenn sie feststellt, dass die BK unterschiedliche Entscheidungen zu einer Rechtsfrage getroffen haben, die den Ausgang des Falls beeinflussen könnte[1969].

1806   Die Große BK gibt darüber hinaus begründete *Stellungnahmen zu Rechtsfragen* ab, die der Exekutivdirektor gemäß Art. 157 Abs. 4l UMV im Interesse einer einheitlichen Anwendung der UMV, insb bei divergierenden Entscheidungen von BK, an sie verweist (Art. 165 Abs. 4 UMV). Entscheidungen der Großen BK zu Beschwerden oder Stellungnahmen zu Rechtsfragen sind für die Verwaltungsinstanzen des Amtes bindend (Art. 166 Abs. 8 UMV).

1807   Das *Präsidium* und die *Große BK* sind in Art. 167 UMV, Art. 45 und 46 DVUM geregelt. Die Amtszeit des Präsidenten der BK kann nur einmal um weitere fünf Jahre verlängert werden (Art. 166 Abs. 2 UMV).

1808   Das *Verfahren* vor der BK erfolgt ganz überwiegend *schriftlich*. Bislang haben nur sehr wenige mündliche Verhandlungen stattgefunden (Rdn 320). Jedoch bieten die BK nunmehr mündliche Verhandlungen per *Videokonferenz* an[1970].

1809   Nachdem sich die Amtspraxis inzwischen auf der Grundlage einer sehr dichten Rspr von EuGH, EuG und der BK konsolidiert hat, werden die Ausgangsentscheidungen des EUIPO *überwiegend* (zu etwa 75 % bis 80 %) von den BK *bestätigt*.

1968 Siehe *von Kapff,* Die Große Kammer der BK des HABM, GRUR Int 2011, 676.
1969 EuG, 15.10.2020, T-788/19 – Sakkattack/ATTACK, Rn 119–125. Dies gilt aber nicht, wenn sich die angebliche Divergenz, hier bei der Warenähnlichkeit, nicht auf eine Rechts-, sondern eine Tatsachenfrage bezieht, oder wenn geltend gemacht wird, dass die angefochtene Entscheidung von der bisherigen Amtspraxis, nicht aber derjenigen der BK abweiche.
1970 Beschluss Nr 2020–2 vom 22.4.2020 des Präsidiums der BK über mündliche Verhandlungen vor den BK per Videokonferenz; ABl.EUIPO 6/2020. Die erste hat am 14.6.2021 stattgefunden, R 1787/2020–5, MARBELLA.

J. Das Mediationszentrum

Das EUIPO hat gemäß Art. 151 Abs. 3 iVm Art. 170 Abs. 1 UMV ein *Mediati-* **1810** *onszentrum* in Form eines Alternativen Streitschlichtungsdienstes (*Alternative Dispute Resolution Service, ADR*) eingerichtet, um Streitigkeiten in Bezug auf vor den Widerspruchs-, Nichtigkeitsabteilungen oder BK anhängige Verfahren in kurzer Zeit und kostensparend durch Herbeiführung einer gütlichen Einigung beizulegen und damit Konsequenzen aus den bisherigen positiven Erfahrungen mit der Mediationspraxis vor den BK gezogen[1971]. Damit wird die Mediationsmöglichkeit auch auf die Ausgangsinstanz vor dem Amt erstreckt.

Antragstellung und *Verfahren* sind im Gesetz geregelt. So nehmen die Beteiligten die **1811** Mediation auf einen gemeinsamen Antrag hin gegen Entgelt in Anspruch (Art. 170 Abs. 3 UMV).

Bei Streitigkeiten in Bezug auf vor den Widerspruchs-, den Nichtigkeitsabteilungen **1812** oder den BK anhängige Verfahren kann jederzeit ein *gemeinsamer Antrag* auf Mediation gestellt werden, nachdem eine *Widerspruchsschrift*, ein *Antrag auf Erklärung des Verfalls oder der Nichtigkeit* oder eine *Beschwerdeschrift* gegen Entscheidungen der Widerspruchs- oder der Nichtigkeitsabteilung eingereicht worden ist (Art. 170 Abs. 4 UMV).

Das *betr Verfahren* wird *ausgesetzt*, und die Fristen, mit Ausnahme der Frist für die **1813** Zahlung der entspr Gebühr, werden ab dem Tag, an dem der gemeinsame Antrag auf Mediation eingereicht wurde, unterbrochen. Die Fristen laufen ab dem Tag weiter, an dem das Verfahren wieder aufgenommen wird (Art. 170 Abs. 5 UMV).

Somit kann also nunmehr auch nach Einlegung der Beschwerde und Zahlung der **1814** Beschwerdegebühr *vor der BK* von den Beteiligten ein *Mediationsverfahren beantragt* werden, soweit nicht absolute Eintragungshindernisse Verfahrensgegenstand sind. Bis zu dessen Beendigung wird das *Beschwerdeverfahren ausgesetzt*. Es bedarf also dann – wie in der Vergangenheit noch zwingend notwendig, um die Beschwerde nicht unzulässig werden zu lassen – keiner Beschwerdebegründung mehr, was in Zukunft den Übergang vom Beschwerde- zum Mediationsverfahren erleichtern wird. Dieser Weg lohnt sich – wie Mediationsverfahren vor der WIPO zeigen – trotz zusätzlicher Kosten bei komplizierten, uU mehrere Konflikte umfassenden Verfahren.

1971 Nach PräambelUMV 35 ist es wünschenswert, eine gütliche, zügige und effiziente Streitbeilegung zu erleichtern, indem das EUIPO mit der Einrichtung eines Mediationszentrums beauftragt wird, dessen Dienste jeder in Anspruch nehmen kann, um eine einvernehmliche Einigung bei Streitigkeiten im Zusammenhang mit Unionsmarken und GGM herbeizuführen. S. *Stürmann*, Mediation und Gemeinschaftsmarken, MarkenR 2012, 134 und 191; *Margellos/Bonne/Humphreys/Stürmann*, Mediation: Creating Value in International Intellectual Property Disputes, 2018. Seit 2011 haben über 60 Verfahren stattgefunden.

1815 Unabhängig davon ist das schon bisher erfolgreiche *Streitschlichtungsverfahren vor den BK* nunmehr durch Vorschriften über das *Schiedsgutachtenverfahren* vor den BK und das Verfahren über die gütliche Beilegung von Streitfällen durch die zuständige Kammer in Präsidiumsbeschlüssen neu geregelt[1972].

[1972] Beschluss Nr 2020–3 vom 9.6.2020 des Präsidiums der BK über Schiedsgutachtenverfahren; ABl.EUIPO 7/2020. S.a. weitere Beschlüsse Nr. 2020–4 vom 17.6.2020 über Verhandlungshilfe, Nr 2020–5 vom 1.7.2020 über Schiedsgutachter und Verhandlungshelfer, Nr 2014–2 vom 31.1.2014, geändert am 1.7.2020, über die gütliche Beilegung von Streitfällen durch die zuständige Kammer; ABl.EUIPO 8/2020, Nr 2021–18 vom 2.12.2021 über Mediatoren; ABl.EUIPO 1/2022.

K. Das Klageverfahren vor dem EuG

I. Klage zum EuG

Die Entscheidungen der BK, durch die über eine Beschwerde entschieden wird, sind **1816** mit der *Klage beim EuG* anfechtbar (Art. 72 Abs. 1 UMV). Dabei wird keine Unterscheidung danach vorgenommen, ob diese Entscheidungen die endgültige Position der Dienststellen des EUIPO darstellen oder nicht. Zudem hat der Unionsrichter die Zulässigkeit einer Klage gegen Handlungen bejaht, die *nicht die endgültige Position der Verwaltung* festlegen, deren Tragweite für ihren Adressaten es aber rechtfertigte, sie nicht als bloße Vorbereitungshandlungen anzusehen[1973]. Dagegen sind Klagen gegen *vorläufige Maßnahmen*, die nur den Weg für die endgültige Entscheidung ebnen sollen, wie zB eine Aussetzung des Verfahrens, offensichtlich unzulässig[1974].

Jährlich werden über 300 Klagen gegen Entscheidungen der BK beim EuG[1975] (also **1817** etwas über 1/3 vom Gesamteingang des Gerichts) und ca. 40 bis 50 Rechtsmittel gegen EuG-Urteile (mit einer Erfolgsquote von nur 6 %) sowie ca. 15 bis 20 Vorabentscheidungsersuchen zu Fragen des geistigen und gewerblichen Eigentums beim EuGH anhängig gemacht. Etwa 20 % der Verfahren vor dem EuG werden ohne Entscheidung durch Rücknahme erledigt, meist aufgrund eines außergerichtlichen Vergleichs zwischen den Parteien. Die durchschnittliche Verfahrensdauer beim EuG beträgt 15 Monate[1976].

Die Klage ist zulässig wegen Unzuständigkeit, Verletzung wesentlicher Formvorschrif- **1818** ten, Verletzung des EUV und AEUV (vormals: EGV), der UMV oder einer bei ihrer Durchführung anzuwendenden Rechtsnorm oder wegen Ermessensmissbrauchs (Art. 72 Abs. 2 UMV).

1973 EuG, 23.9.2020, T-421/18 – MUSIKISS/KISS, Rn 43, 44.
1974 EuGH, 5.9.2019, C-162/19 P – INSPIRED BY ICELAND/ICELAND, Rn 5/3 mwN; EuG, 15.7.2020, T-838/19 –Flüssigkeitsverteilungsanlagen (GGM).
1975 Etwa 11 % der BK-Entscheidungen werden angefochten, davon ca. 20 % vom EuG (teilweise) aufgehoben.
1976 Nähere Details sind jeweils den Jahresberichten des EuGH zu entnehmen. Die Verfahrensordnungen von EuG und EuGH (VerfO-EuG, VerfO-EuGH und PDVerfO-EuG) sowie die Satzung des Gerichtshofs (Satzung-EuGH) sind auf der Internetseite des Gerichtshofs www.curia.europa.eu. veröffentlicht, ebenso weitere nützliche Hinweise, wie ua Merklisten Klageschrift und Mündliche Verhandlung sowie Hinweise für den Vortrag in der mündlichen Verhandlung. S.a. die jährlich vom EUIPO erstellten Überblicke über die Rspr von EuGH und EuG (Overview of CJ/GC Case-Law), zB vom 1.1.2019 bis 31.12.2021; www.euipo.europa.eu (Rubrik BK).

1819   Die *Verfahrenssprache vor dem EuG* bestimmt sich bei Klagen gegen die Entscheidungen der BK des EUIPO nach Art. 45 Abs. 4 iVm Art. 44 VerfO-EuG. Dies gilt für ab dem 1.7.2015 eingereichte Klagen (Art. 227 Abs. 4 und 6 VerfO-EuG)[1977].

1820   Danach ist die Klageschrift *nach Wahl des Klägers* in einer der Amtssprachen der Union abzufassen. Diese Sprache wird Verfahrenssprache, wenn der Kläger die einzige Partei des Verfahrens vor der BK war oder wenn dem kein anderer im Verfahren vor der BK Beteiligter innerhalb der vom Kanzler der Geschäftsstelle nach Eingang der Klageschrift hierfür gesetzten Frist widerspricht. Im Falle eines solchen Widerspruchs wird *die Sprache der beim EuG angefochtenen Entscheidung* Verfahrenssprache und der Kanzler veranlasst die *Übersetzung* der Klageschrift in die Verfahrenssprache.

1821   Die *Verfahrenssprache* ist insb in den Schriftsätzen und bei den mündlichen Ausführungen der Parteien, einschl der beigefügten Unterlagen, sowie in den Protokollen und Entscheidungen des EuG zu verwenden (Art. 46 Abs. 1 VerfO-EuG)[1978].

1822   Soweit *Unterlagen in* einer *anderen Sprache* abgefasst sind, ist eine Übersetzung in der Verfahrenssprache beizufügen. Bei umfangreichen Unterlagen können jedoch auszugsweise Übersetzungen vorgelegt werden. Der Präsident kann jederzeit von Amts wegen oder auf Antrag einer Partei eine ausführlichere oder vollständige Übersetzung verlangen (Art. 46 Abs. 2 und 3 VerfO-EuG).

1823   Die ebenfalls vorzulegenden *Zulassungsbescheinigungen der Anwälte* zur Anwaltskammer brauchen jedoch nicht übersetzt zu werden (Art. 51 Abs. 2 iVm Art. 78 Abs. 1 VerfO-EuG)[1979].

1824   Die Klage steht den an dem Verfahren vor der BK *Beteiligten* zu, soweit sie durch die Entscheidung *beschwert* sind (Art. 72 Abs. 4 UMV), also ein Interesse an der Aufhebung der betr Handlung haben[1980], wenn über ihre Anträge – auch teilweise – in einem für sie nachteiligen Sinne entschieden worden ist. Dies umfasst auch den Fall, in dem die BK die angefochtene Entscheidung zwar aufhebt, aber die Sache zur erneuten Prüfung an die Vorinstanz zurückverweist, und damit einen Antrag zurückweist, dessen Erfolg das Verfahren vor dem EUIPO in einem für den Antragsteller vorteilhaften Sinne

---

1977 Zur alten Rechtslage s. 3. Aufl, Rn 1654, Fn 1602, und Rn 1658, Fn 1603.
1978 Auf Antrag einer Partei kann gemäß Art. 45 Abs. 1c VerfO-EuG nach Anhörung der anderen Parteien eine andere Sprache ganz oder teilweise als Verfahrenssprache zugelassen werden; S. zB EuG, 11.8.2020, T-883/19 – HELIX ELIXIR/HELIXOR.
1979 EuG, 7.10.2014, T-531/12 – T/T, Rn 19–23. Bei diesen Zulassungsurkunden handelt es sich nämlich um Dokumente, die zuerst und überwiegend für das EuG bestimmt sind, damit dieses eine ordnungsgemäße Vertretung feststellen kann.
1980 EuG, 19.9.2001, T-118/00 – Tabs, viereckig, Rn 12, 13. Dem Interesse des Klägers daran, dass die seinem Begehren nicht stattgebende Entscheidung der BK aufgehoben wird, steht nicht seine Auffassung darüber entgegen, ob für die Form, die für die angemeldete dreidimensionale Marke gewählt wurde, ein markenrechtlicher Schutz nicht wünschenswert sei.

beendet hätte, selbst wenn die Möglichkeit besteht, dass die erneute Prüfung durch das Amt zu einer für diesen Beteiligten günstigen Entscheidung führen könnte[1981].

Die Frage, ob eine Klage zulässig ist, ist anhand der Sachlage zu beurteilen, die **1825** zum *Zeitpunkt der Klageeinreichung* bestand[1982]. Daher muss das *Rechtsschutzinteresse* des Klägers im Hinblick auf den Klagegegenstand bei Klageerhebung gegeben sein, andernfalls ist die Klage unzulässig. Ebenso wie das Rechtsschutzinteresse muss auch der Streitgegenstand bis zum Erlass der gerichtlichen Entscheidung weiter vorliegen – andernfalls ist der Rechtsstreit in der Hauptsache erledigt –, was voraussetzt, dass die Klage der Partei, die sie erhoben hat, im Ergebnis einen Vorteil verschaffen kann. Wird zB der Nichtigkeitsantrag zurückgenommen, bevor die BK-Entscheidung, mit der über die Nichtigerklärung entschieden wird, unanfechtbar geworden ist, entfällt die Grundlage des Verfahrens, und es wird gegenstandslos. Die Aufhebung einer *hinfällig gewordenen Entscheidung* kann dem Kläger nämlich keinen Vorteil verschaffen[1983].

Durch eine Entscheidung *nicht beschwert* ist ein Beteiligter dann, wenn die BK seinem **1826** Antrag auf der Grundlage eines der Eintragungshindernisse oder der Gründe für die Nichtigkeit der Marke oder nur eines Teils der von ihm vorgebrachten Argumente stattgibt, selbst wenn sie es unterlässt, die anderen vorgebrachten Gründe oder Argumente zu prüfen, oder wenn sie diese zurückweist[1984].

Ist das von dem Rechtsstreit betroffene Recht des geistigen Eigentums von einem **1827** im Verfahren vor der BK Beteiligten auf einen Dritten *übertragen* worden, so kann der *Rechtsnachfolger* mit einem gesonderten Schriftsatz beantragen, an die Stelle der ursprünglichen Partei im Verfahren vor dem EuG zu treten (Art. 174 bis 176 VerfO-EuG)[1985]. Der *Ersetzungsantrag* gemäß Art. 175 Abs. 2 VerfO-EuG kann in jedem Verfahrensstadium gestellt werden. Die Entscheidung darüber ergeht durch mit Grün-

---

1981 EuG, 6.2.2013, T-412/11 – TRANSCENDENTAL MEDITATION, Rn 19–31. So zB wenn die BK zwar die originäre Unterscheidungskraft verneint, die angefochtene Entscheidung aber aufhebt und die Sache an den Prüfer zur Überprüfung einer evt Verkehrsdurchsetzung zurückverweist.

1982 EuG, 16.1.2020, T-128/19 – Sativa/K KATIVA, Rn 20 mwN.

1983 EuG, 23.5.2019, T-609/18 – d:ternity/iTernity, Rn 24–32. Im entschiedenen Fall hatte der Antragsteller seinen Nichtigkeitsantrag sowohl vor der Klageerhebung als auch vor dem Ablauf der Klagefrist zurückgenommen, so dass die vom Markeninhaber angefochtene Entscheidung, mit der die streitige Marke für nichtig erklärt wurde, nicht wirksam und nicht unanfechtbar geworden war.

1984 EuG, 14.12.2011, T-504/09 – VÖLKL/VÖLKL, Rn 26–28 mwN; EuG, 16.9.2004, T-342/02 – Moser Grupo Media, SL/MGM.

1985 EuG, 16.1.2020, T-128/19 – Sativa/K KATIVA, Rn 23–26. Dies entspricht der bisherigen Rspr, wonach, wenn eine streitgegenständliche Marke nach der Entscheidung der BK, aber vor der Klageerhebung vor dem EuG übertragen worden war, die neuen Inhaber einer älteren Marke vor dem EuG klagebefugt sind und als Verfahrensparteien zuzulassen waren, sobald sie nachgewiesen hatten, dass sie Inhaber des vom EUIPO geltend gemachten Rechts sind. EuG, 21.4.2010, T-361/08 – Thai Silk/Vogelbild, Rn 31–33; EuG, 28.5.2005, T-301/03 – CANAL JEAN Co./CANALI, Rn 19, 20; EuG, 24.3.2014, T-595/10 – RIPASSA/VINO DI RIPASSO.

den versehenen Beschluss des Präsidenten oder in der das Verfahren beendenden Entscheidung. Der Rechtsnachfolger tritt aber dem Verfahren in dem Stand bei, in dem es sich bei seinem Eintritt befindet. Er ist an die Verfahrensschriftstücke gebunden, die von der Partei eingereicht wurden, an deren Stelle er tritt (Art. 176 VerfO-EuG)[1986].

1828   Die Klage ist innerhalb von *zwei Monaten* (zuzüglich der pauschalen Entfernungsfrist von zehn Tagen nach Art. 60 VerfO-EuG[1987]) nach Zustellung der BK-Entscheidung beim EuG einzulegen (Art. 72 Abs. 5 UMV). Die Frist berechnet sich nach Art. 58 VerfO-EuG. Trotz der *Coronavirus-Pandemie* laufen die Klagefristen weiter und sind von den Parteien einzuhalten, unbeschadet der Möglichkeit, sich auf einen Fall *höherer Gewalt* gemäß Art. 45 Abs. 2 Satzung-EuGH zu berufen. Ein Kläger kann sich jedoch zur Geltendmachung von unvorhersehbaren Umständen oder höherer Gewalt nicht pauschal auf Gesundheitsmaßnahmen der Regierung wegen der Pandemie berufen, sondern muss konkret im Einzelfall nachweisen, warum er nicht in der Lage war, fristgerecht eine Klage beim EuG einzureichen[1988]. Können Fristen verlängert werden, obliegt es den Parteien, ihre Verlängerung rechtzeitig zu beantragen, um es dem EuG zu ermöglichen, darüber zu entscheiden[1989].

1829   Die Klage ist *offensichtlich unzulässig*, wenn sie verspätet bei Gericht eingegangen ist.

1830   Seit dem 1.12.2018 ist die Nutzung von *e-Curia* gemäß Art. 56a iVm Art. 72 VerfO-EuG für den Austausch gerichtlicher Dokumente zwischen den Vertretern der Parteien und dem EuG *zwingend*, soweit nicht die dort genannten Ausnahmefälle vorliegen[1990].

1986   EuG, 26.5.2011, T-527/10 – GMail/G-mail, mwN; EuG, 26.2.2014, T-331/12 – Gelber Bogen am unteren Anzeigenrand, mwN; EuG, 19.9.2019, T-176/17 – VeGa one/Vegas, Rn 18–21.
1987   EuG, 30.5.2018, T-664/16 – Erdmann & Rossi, Rn 40. Die pauschale Entfernungsfrist von 10 Tagen findet unabhängig davon, wie das Verfahrensschriftstück eingereicht wird (auf Papier oder im Wege von e-Curia), auf alle Verfahrensfristen Anwendung. Im Übrigen ist sie nicht als gesondert von der Klagefrist, sondern vielmehr als integraler Bestandteil und Verlängerung derselben anzusehen, so dass die Frist, innerhalb der die Klage einzulegen ist, zwei Monate und 10 Tage ab Zustellung der angefochtenen Entscheidung beträgt. Dies gilt in entspr Anwendung von EuGH, 3.9.2020, C-174/20 P – ViruProtect, Rn 22, 23.
1988   EuG, 24.3.2022, T-544/21 – Drei schwarze Balken/Drei schwarze Balken, Rn 25–43.
1989   S. Hinweise für die Parteien auf www.curia.europa.eu.
1990   S. Änderungen der VerfO-EuG und Beschluss des EuG vom 11.7.2018 über die Einreichung und die Zustellung von Verfahrensschriftstücken im Wege der Anwendung e-Curia; ABl. L 240/68 und 240/72.

Die *Klageschrift* ist also nurmehr mittels e-Curia einzureichen[1991]. Die bisherige Rspr   **1831**
zu den früheren Versandarten per Post oder Telefax ist daher idR nur noch für Alt-
fälle von Bedeutung[1992].

Für die *Berechnung der Verfahrensfristen* sind ausschließlich Tag und Uhrzeit des Ein-   **1832**
gangs bei der Kanzlei nach der in Luxemburg geltenden Zeit maßgebend (Art. 72
Abs. 2 VerfO-EuG). Der Kläger kann sich keinesfalls darauf berufen, dass er die Klage
entspr der Praxis seines nationalen Systems *rechtzeitig* dem EUIPO als Ausgangsinstanz *zugestellt* habe[1993].

Der Geschäftsstellenbeamte des EuG ist nicht verpflichtet, den *Formfehler* einer Klage   **1833**
unverzüglich zu rügen, um dem Kläger eine fristgerechte Fehlerbehebung zu ermöglichen[1994].

1991 Zu diesem System wird auf Nr 77–88 PDVerfO-EuG und den Beschluss des EuG vom
11.7.2018 über die Einreichung und die Zustellung von Verfahrensschriftstücken im
Wege der Anwendung e-Curia Bezug genommen; ABl. L 240/68 und 240/72. Zur alten
Rechtslage s. 3. Aufl, Rn 1665, Fn 1611.

1992 So war die Klageschrift verspätet, wenn sie zwar noch vor Ablauf der Klagefrist als Telefax beim EuG eingegangen war, jedoch das *Original.* nicht, wie es erforderlich wäre,
spätestens zehn Tage nach Eingang des *Telefaxes.* bei der Kanzlei eingereicht worden
war, sondern später und nach Ablauf der Klagefrist (Art. 73 Abs. 3 VerfO-EuG aF),
wobei nur die Feiertage am Gerichtsort in Luxemburg zu berücksichtigen waren, keinesfalls die am Absendeort; EuG, 28.4.2008, T-358/07 – Publicare, Rn 6, 11–13; EuG,
15.12.2008, T-253/08 – ADDIS, Rn 4–10; EuG, 12.7.2011, T-241/11 – CITITRAVEL
DMC/citibank, Rn 9–18. Dabei half es dem Kläger nicht, wenn versehentlich nur die
Klagekopie. oder eine Klageschrift mit gescannten oder gestempelten Unterschriften als
Urschrift eingereicht wurde, zB weil sie wegen kaum erkennbarer Farbabweichungen
mit dem Original verwechselt wurde, da wegen Art. 73 Abs. 1 VerfO-EuG aF eine vom
Anwalt nicht persönlich unterzeichnete Klageschrift mit einem Mangel behaftet war,
der nach Ablauf der Verfahrensfristen zur Unzulässigkeit der Klage führte und nicht
geheilt werden konnte; EuGH, 22.9.2011, C-426/10 P – Montres design (Bell & Ross),
Rn 39–43; EuG, 16.9.2013, T-486/12 – METABOL/METABOL-MG, Rn 10–23; EuG,
3.2.2015, T-708/14 – PSVITA/VIETA; bestätigt durch EuGH, 6.10.2015, C-181/16 P;
und EuG, 15.3.2016, T-774/15 – Médis/MEDIS; bestätigt durch EuGH, 19.10.2016,
C-313/16 P. Auch musste wegen Nr 80 PDVerfO-EuG aF die Unterschrift auf dem
Originalschriftsatz mit derjenigen im Fax identisch sein; EuG, 3.10.2012, T-360/10 –
ZAPPER-CLICK, Rn 13–17. Der Kläger konnte sich nicht darauf berufen, dass sein
Kopiergerät den Originalschriftsatz zerstört habe. Dies stellte kein unvorhersehbares
Ereignis oder höhere Gewalt dar, da er den Fehler noch hätte beheben können, wenn er
den Kopiervorgang – seiner Sorgfaltspflicht entspr – noch innerhalb der Frist und nicht
erst nach ihrem Ablauf durchgeführt hätte. S.a. EuG, 3.2.2015, T-708/14 – PSVITA/
VIETA, Rn 13, 19, 20; bestätigt durch EuGH, 6.10.2015, C-181/16 P.

1993 EuGH, 21.9.2012, C-69/12 P – ZENTYLOR/XENTRIOR; EuG, 10.5.2010, T-98/10 –
Chaff cutters design, Rn 7–11; bestätigt durch EuGH, 9.9.2010, C-290/10 P.

1994 EuGH, 21.9.2012, C-69/12 P – ZENTYLOR/XENTRIOR, Rn 13–17.

1834   *Dieselben Fristregeln* von zwei Monaten gelten über Art. 179 VerfO-EuG auch für das EUIPO als Beklagte und die *anderen Verfahrensbeteiligten*. Versäumen sie die Frist, können sie nicht zum Klageverfahren zugelassen werden[1995].

1835   Für *unzulässig* hält das EuG eine Klage gegen die Zurückweisung einer *Wiederholungsanmeldung* einer identischen Marke für identische Waren und DL, da es sich bei dieser zweiten um eine lediglich die erste bestätigende Entscheidung handelt, die nicht die Klagefrist gegen die bestandskräftig gewordene bestätigte Entscheidung wieder aufleben lassen kann. Dies gilt jedoch nur, wenn die zweite Entscheidung kein neues Element gegenüber der früheren enthält und ihr keine erneute Prüfung der Sachlage vorausgegangen ist[1996].

1836   Auch eine *Entscheidung der BK in einem Widerspruchsverfahren*, durch die lediglich eine frühere, nicht fristgerecht angefochtene Entscheidung bestätigt wird, stellt keine anfechtbare Handlung dar, so dass eine Klage dagegen unzulässig ist[1997]. Soweit die angefochtene Entscheidung aber Fragen im Zusammenhang mit dem Nachweis der *ernsthaften Benutzung* der älteren Marken und der *begrifflichen Markenähnlichkeit* betrifft, bestätigt sie jedoch keine von einer Widerspruchsabteilung im Rahmen eines anderen Widerspruchsverfahrens zwischen denselben Parteien und hinsichtlich derselben Marken erlassene Entscheidung[1998].

1837   Als *Vertreter* vor dem EuG und dem EuGH dürfen nur in den jeweiligen nationalen Rechtsanwaltskammern der Mitgliedstaaten oder eines anderen Vertragsstaats des EWR zugelassene *Rechtsanwälte* auftreten[1999], nicht jedoch Patentanwälte bzw diese (nach Gestattung durch das Gericht) nur unter Verantwortung und Mitwirkung eines Rechtsanwalts (Art. 51 Abs. 1 VerfO-EuG iVm Art. 19 Abs. 4 Satzung-EuGH)[2000].

1995 EuG, 26.9.2011, T-143/11 – F.F.R./CHIANTI CLASSICO.

1996 EuG, 8.2.2011, T-157/08 – INSULATE FOR LIFE, Rn 28–41. Diese Wertung erscheint mE aber nicht unproblematisch, da jedenfalls der Anmeldetag regelmäßig verschieden ist, was uU eine neue Beurteilung rechtfertigen kann. Zudem steht dann einer erneuten Prüfung wegen des veränderten Streitgegenstands auch keine Rechtskraft der Erstentscheidung entgegen.

1997 EuG, 13.7.2017, T-519/15 – myBaby/MAYBABY, Rn 38–56.

1998 EuG, 7.11.2019, T-380/18 – INTAS/indas, Rn 40–42. Insoweit ist eine Entscheidung einer BK, auch wenn sie Schlussfolgerungen enthält, die mit denen einer von einer Widerspruchsabteilung im Rahmen eines anderen Widerspruchsverfahrens angenommenen älteren Entscheidung identisch sind, das Ergebnis der Überprüfung der der BK vorgelegten rechtlichen und tatsächlichen Fragen, zumal sowohl der Nachweis der ernsthaften Benutzung der älteren Marken als auch der Zeichenvergleich je nach den maßgeblichen Verkehrskreisen sowie im Laufe der Zeit variieren können.

1999 Die Mitgliedstaaten sowie die Unionsorgane, wie das EUIPO, werden vor EuGH und EuG gemäß Art. 19 Abs. 1 Satzung-EuGH durch einen Bevollmächtigten vertreten. Wegen Art. 46 Abs. 4 VerfO-EuG können sie sich ihrer eigenen Amtssprache bedienen, wenn sie einem beim EuG anhängigen Rechtsstreit als Streithelfer beitreten; EuG, 26.6.2018, T-71/17 – FRANCE.com/France, Rn 23–26.

2000 EuG, 8.6.2005, T-315/03 – ROCKBASS, Rn 11; bestätigt durch EuGH, 11.10.2007, C-301/05. S.a. EuG, 12.10.2018, T-313/18 – SAGA/SAGA; bestätigt durch EuGH,

Seit dem Austritt Großbritanniens aus der Union sind die verschiedenen Fälle, in denen ein Anwalt, der berechtigt ist, vor den britischen Gerichten aufzutreten, vor den Unionsgerichten als Vertreter oder Beistand einer Partei auftreten kann, in Art. 91 Abs. 1 und 2 Austrittsabk aufgeführt[2001].

Der Rechtsanwalt muss von der von ihm vertretenen Partei *vollständig unabhängig*, **1838** also strukturell, hierarchisch und funktional ein Dritter im Verhältnis zu dieser sein, er darf keine persönliche Verbindung mit der fraglichen Rechtssache oder eine Abhängigkeit von seinem Mandanten oder eine vertragliche Beziehung zu ihm aufweisen. Insb darf er in der vertretenen Partei keinerlei, geschweige denn eine leitende Funktion bekleiden oder bei ihr oder einem Unternehmen ihrer Gruppe oder in einer zwar formell getrennten, durch gemeinsame Interessen aber verbundenen Organisationseinheit beschäftigt sein, zB als Syndikusanwalt, oder unter der Mandantenanschrift (samt Fax- und E-Mailadresse) auftreten[2002]. Das *Unabhängigkeitserfordernis* ist nicht nur *negativ*, dh durch das Fehlen eines Beschäftigungsverhältnisses, sondern auch *positiv*, dh unter Bezugnahme auf die berufsständischen Pflichten, zu definieren. Daher darf es auch *keine Verbindungen* geben, die offensichtlich die Fähigkeit des Anwalts beeinträchtigen, die Verteidigung seines Mandanten durch den bestmöglichen Schutz von dessen Interessen unter Beachtung der Berufs- und Standesregeln sicherzustellen. Ansonsten ist die *Klage unzulässig* (Art. 19 Abs. 3 bis 5, Art. 21 Abs. 1 Satzung-EuGH iVm Art. 51 Abs. 1 VerfO-EuG)[2003].

Der Anwalt hat bei der Kanzlei des EuG einen *Ausweis* zu hinterlegen, der beschei- **1839** nigt, dass er berechtigt ist, vor einem Gericht eines Mitgliedstaats oder eines anderen

---

12.6.2019, C-805/18 P; EuG, 14.11.2016, T-221/16 – neonart, Rn 3–10 mwN; bestätigt durch EuGH, 11.5.2017, C-22/17 P; EuG, 9.12.2013, T-389/13 – TRUST IN PARTNERSHIP, Rn 9–17 mwN, bestätigt durch EuGH, 17.7.2014, C-101/14 P; EuG, 26.6.2006, T-453/05 – REDEFINING COMMUNICATIONS. Anwälte, die eine juristische Person des Privatrechts vertreten, haben wegen Art. 51 Abs. 3 VerfO-EuG beim EuG eine Vollmacht dieser Partei zu hinterlegen. Geschieht dies trotz Aufforderung der Gerichtskanzlei nicht, so ist die Klage gemäß Art. 177 Abs. 7 VerfO-EuG unzulässig; EuG, 20.7.2016, T-19/16 – THE MOST ADVANCED NAME IN WATER MANAGEMENT SOLUTIONS.

2001 EuG, 7.12.2021, T-422/21 – IQ/EQ. S.a. Rdn 41.2.
2002 EuG, 12.11.2015, T-544/14 – ALETE/ALETA.
2003 EuGH, 24.3.2022, C-529/18 P und C-531/18 P – Erdmann & Rossi, Rn 58–82 mwN. Wenn der Mandant eine natürliche Person ist, die selbst einer der Partner und Gründungsmitglied der Anwaltskanzlei ist und deshalb eine tatsächliche Kontrolle über deren Mitarbeiter ausüben kann, sind die Verbindungen zwischen dem als Mitarbeiter tätigen Rechtsanwalt und dem Partner als Mandanten dergestalt, dass sie die Unabhängigkeit des Rechtsanwalts offenkundig beeinträchtigen. S.a. EuG, 5.10.2017, T-345/17 – We do IP; EuG, 26.1.2017, T-353/16 – EUROPEAN SOCIAL ENTERPRISE LAW ASSOCIATION; EuG, 9.11.2011, T-243/11 – ADVANCE/ADVANCIS mwN; EuG, 21.3.2011, T-175/10 – FERTILITYINVIVO; EuG, 21.3.2011, T-139/10 ua – REFLUXCONTROL mwN; EuG, 8.12.1999, T-79/99 – EU-LEX.

Vertragsstaats des EWR-Abkommens aufzutreten (Art. 51 Abs. 2 VerfO-EuG)[2004]. Anwälte, die eine juristische Person des Privatrechts als Partei vertreten, haben bei der Kanzlei eine *Vollmacht* dieser Partei zu hinterlegen (Art. 51 Abs. 3 VerfO-EuG)[2005]. Wird der Ausweis bzw die Vollmacht nicht hinterlegt, so setzt der Kanzler der betroffenen Partei eine angemessene *Frist zur Beibringung*. Bei Ausbleiben einer fristgemäßen Beibringung entscheidet das EuG, ob die Nichtbeachtung dieser Förmlichkeit die formale Unzulässigkeit der Klageschrift oder des Schriftsatzes zur Folge hat (Art. 51 Abs. 4 VerfO-EuG)[2006].

1840 *Legt* ein Rechtsanwalt das *Mandat nieder*, muss ein neuer Anwalt benannt werden, ansonsten wird die Klage gegenstandslos und die Hauptsache für erledigt erklärt (Art. 129, 131 VerfO-EuG)[2007].

1841 *Juristische Personen* des Privatrechts haben mit der Klageschrift einen *Nachweis jüngeren Datums für ihre Rechtspersönlichkeit* (Handelsregisterauszug, Vereinsregisterauszug oder eine andere amtliche Urkunde) vorzulegen (Art. 78 Abs. 4 VerfO-EuG)[2008].

II. Verfahren vor dem EuG

1842 Das Verfahren vor dem EuG folgt den Regeln der *VerfO-EuG*, insb Art. 45 Abs. 4, Art. 171 bis Art. 191 VerfO-EuG, die deutliche Abweichungen vom nationalen System aufweisen und den Ablauf des Verfahrens viel formaler gestalten[2009]. Die *strikte Anwendung* dieser Verfahrensvorschriften entspricht dem Erfordernis der Rechtssicherheit und der Notwendigkeit, jede Diskriminierung oder willkürliche Behandlung bei der Rechtspflege zu vermeiden[2010].

2004 EuG, 21.12.2021, T-6/20 – Alpenrausch Dr. Spiller/RAUSCH, Rn 20–29. Die Überprüfung durch das EuG erfolgt nach Maßgabe des anwendbaren nationalen Rechts und besteht in einer formalen Prüfung des vorgelegten Ausweises. Deutsche Rechtsanwälte haben als Berechtigungsnachweis die ihnen von der Rechtsanwaltskammer des zuständigen Oberlandesgerichtsbezirks ausgestellte Urkunde über die Zulassung zur Rechtsanwaltschaft vorzulegen. Wird bei der Kanzlei des EuG eine solche Zulassungsurkunde vorgelegt, besteht für diese kein Anlass, um eine Mängelbehebung zu ersuchen.
2005 Die Vollmachtsvorlage braucht nicht zusammen mit dem Schriftsatz zu geschehen, sondern kann ihm auch nachfolgen. Es ist nicht mehr erforderlich, dass der einem Anwalt erteilten Vollmacht ein Nachweis beigefügt wird, dass die bevollmächtigende Person hierzu befugt ist; EuG, 28.9.2016, T-476/15 – FITNESS, Rn 19.
2006 EuG, 4.2.2015, T-374/13 – Moon, Rn 10–13.
2007 EuG, 10.7.2017, T-649/14 – X-Windwerk/Wind Werk, Rn 7–14; EuG, 2.9.2010, T-123/08 – Magic Butler/MAGIC BUTLER, Rn 8; EuG, 16.5.2012, T-444/09 – citydogs/CITY, Rn 12; letztere beide jeweils noch nach Art. 113 VerfO-EuG aF.
2008 EuG, 28.2.2007, T-238/06 – SEKURA/PaXsecura, Rn 8; zu Art. 44 § 5 VerfO-EuG aF.
2009 Siehe insb PDVerfO-EuG. Weitere Informationen zu den Anwendungsvoraussetzungen von e-Curia sind auf der Internetseite www.curia.europa.eu. (Gericht/Verfahren) enthalten.
2010 EuGH, 22.9.2011, C-426/10 P – Montres design, Rn 43.

Formvorschriften für alle Verfahrensschriftstücke sind in Art. 72 und Art. 189 Ver- **1843** fO-EuG geregelt. Das EuG verfügt gemäß Art. 56a VerfO-EuG mit *e-Curia über einen kostenlosen* und (seit 1.12.2018) *zwingend* zu benutzenden[2011] *EDV-Dienst*, über den Bevollmächtigte und Rechtsanwälte nach der Eröffnung eines Zugangskontos Verfahrensschriftstücke auf elektronischem Weg einreichen, in Schriftstücke Einsicht nehmen sowie Verfahrensschriftstücke vom EuG auf elektronischem Weg zugestellt erhalten, wobei ein Verfahrensschriftstück mit Ablauf des *siebten Tages* nach dem Tag als zugestellt gilt, an dem dem Nutzer per E-Mail eine dementspr Benachrichtigung vom EuG übersandt wurde, greift er nicht *früher* auf das Schriftstück zu.

Die *Klageschrift* muss ua den *Streitgegenstand*, die geltend gemachten *Klagegründe* **1844** und *Argumente* sowie eine Zusammenfassung (kurze Darstellung) der Klagegründe und die Klageanträge enthalten (Art. 53 Satzung-EuGH iVm Art. 177 VerfO-EuG). Diese Angaben müssen hinreichend *klar, genau* und widerspruchsfrei sein, damit der Beklagte seine Verteidigung vorbereiten und das EuG, ggf auch ohne weitere Informationen, über die Klage entscheiden kann (s.a. Nr 131 bis 134, 113 bis 115, 117 und 120 bis 122 PDVerfO-EuG).

Um die Rechtssicherheit und eine ordnungsgemäße Rechtspflege zu gewährleisten, ist **1845** es für die Zulässigkeit erforderlich, dass sich die *wesentlichen tatsächlichen und rechtlichen Umstände* der Klage zumindest in gedrängter Form, aber zusammenhängend und verständlich unmittelbar aus der Klageschrift ergeben[2012]. Auch die *Rechtsvorschriften*, auf die der Kläger seine Rügen stützt, sollten angegeben werden, ihr Fehlen schadet aber nicht, wenn der Gegenstand des Antrags sowie die wesentlichen tatsächlichen und rechtlichen Umstände der Klage in der Klageschrift hinreichend klar und deutlich dargelegt werden[2013]. Dasselbe gilt bei der Berufung auf eine (irrtümlich) falsche Norm[2014]. Selbst das Fehlen einer kurzen Darstellung der geltend gemachten Klage-

---

2011 Änderungen der VerfO-EuG und Beschluss des EuG vom 11.7.2018 über die Einreichung und die Zustellung von Verfahrensschriftstücken im Wege der Anwendung e-Curia; ABl. L 240/68 und 240/72. S.a. Voraussetzungen für die Nutzung der Anwendung e-Curia vom 17.10.2018. Wird ein Verfahrensdokument über e-Curia eingereicht, bevor die für die Validierung des Zugangskontos erforderlichen Belege vorgelegt wurden, so müssen diese gemäß Art. 56a Abs. 4 VerfO-EuG innerhalb von zehn Tagen nach Einreichung des Verfahrensdokuments in Papierform bei der Kanzlei des EuG eingegangen sein. Diese Frist kann nicht verlängert werden, und Art. 60 VerfO-EuG findet keine Anwendung. Werden die Belege nicht vollständig ausgefüllt, datiert und handschriftlich unterzeichnet zusammen mit den erforderlichen Anlagen fristgerecht nachgereicht, so hat das EuG das über e-Curia eingereichte Verfahrensdokument für unzulässig zu erklären; EuG, 25.2.2019, T-759/18 – OPEN DATA SECURITY, Rn 4; und EuG, 16.7.2020, T-309/20 – TRAVELNETTO/Netto-Travel, Rn 3–10.
2012 EuG, 13.4.2011, T-262/09 – FIRST DEFENSE AEROSOL PEPPER PROJECTOR/ FIRST DEFENSE II, Rn 99; EuG, 16.11.2011, T-484/09 – Powerball/POWERBALL, Rn 18–26; EuG, 27.10.2011, T-391/11 – hawaiiana/havaianas, Rn 5, 6.
2013 EuG, 13.6.2012, T-542/10 – CIRCON/CIRCULON, Rn 21 mwN.
2014 EuG, 15.1.2013, T-451/11 – Gigabyte/GIGABITER, Rn 24–30; und EuG, 16.7.2020, T-309/20 – TRAVELNETTO/Netto-Travel, Rn 3–10.

gründe und deren ausdrücklicher Nennung kann dadurch geheilt werden, dass sie sich aus dem Inhalt der Klageschrift ableiten lassen[2015].

1846   Es steht dem Kläger frei, seine *Darlegung in der Klageschrift* auf die Anwendungsvoraussetzungen zu konzentrieren, die seiner Ansicht nach von der BK verkannt worden sind, und sich zu den übrigen nicht zu äußern, womit er die angefochtene Entscheidung insoweit stillschweigend billigt[2016].

1847   Jedoch ist eine *Klage* dann *unzulässig*, wenn der Kläger sich in ihr nicht mit der für die Entscheidung der BK allein maßgeblichen Frage der Zulässigkeit, sondern mit inhaltlichen Themen befasst[2017]. Weiter ist ein *Klagegrund* als *unzulässig* zurückzuweisen, wenn sich der Kläger darauf beschränkt, auf die im Rahmen des Verfahrens vor dem EUIPO vorgelegten *Beweismittel zu verweisen*, ohne darzulegen, aus welchen Gründen die BK seiner Ansicht nach zu einer unzutreffenden Feststellung gelangt war. Denn es ist weder Sache des Gerichts, in den Anlagen und Schriftsätzen oder gar in der Verwaltungsakte des Amts die Klagegründe zu suchen und zu ermitteln, auf die sich die Klage möglicherweise stützt, noch seine Aufgabe, die Rolle der Parteien zu übernehmen, indem es versucht, das relevante Material in den Dokumenten, auf die sich beziehen, zu ermitteln[2018]. Der Kläger kann mit der Klage gegen die Entscheidung der BK auch nicht die *Neuzuweisung der Sache an diese* rügen, denn dies betrifft nicht die angefochtene Entscheidung, sondern die Entscheidung des Präsidiums der BK, mit der die Neuzuweisung an diese BK angeordnet worden war, so dass dieser Klagegrund wegen Art. 72 Abs. 1 UMV *unzulässig* ist[2019].

1848   Beruht die Zurückweisung einer Anmeldung durch die BK auf zwei verschiedenen, voneinander unabhängigen Gründen (nämlich dem beschreibenden Charakter und der fehlenden Unterscheidungskraft), und richtet sich die *Klage* vor dem EuG *nur gegen einen dieser Zurückweisungsgründe* (zB nur gegen den beschreibenden Charakter), *läuft die Klage ins Leere*, da bereits ein Eintragungshindernis zur Zurückweisung ausreicht[2020].

2015 EuG, 8.11.2012, T-415/11 – Nutriskin Protection Complex, Rn 14.
2016 EuG, 18.11.2014, T-510/12 – EuroSky/SKY, Rn 15–22.
2017 EuG, 24.10.2014, T-398/14 – Spielzeugfigur IV, Rn 13–16.
2018 EuG, 10.2.2021, T-117/20 – PANTHÉ/PANTHER, Rn 67–70 mwN. Nach stRspr können zwar bestimmte Punkte des Textes der Klageschrift durch Bezugnahme auf bestimmte Stellen in den beigefügten Schriftstücken untermauert und vervollständigt werden, doch kann eine allgemeine Bezugnahme auf andere Schriftstücke nicht das Fehlen einer Darstellung der wesentlichen Bestandteile des Vorbringens ausgleichen, die nach Art. 21 Abs. 1 iVm Art. 53 Abs. 1 Satzung-EuGH und Art. 177 Abs. 1d VerfO-EuG in der Klageschrift selbst enthalten sein muss.
2019 EuG, 2.3.2022, T-333/20 – IALO TSP/HYALO, Rn 33–36.
2020 EuG, 15.12.2021, T-188/21 – MALLE. Insb sind mehrdeutige und unklare Formulierungen, wie »dass in der angefochtenen Entscheidung die Voraussetzung und Reichweite der geografischen Herkunftsbezeichnung falsch bewertet werde«, in der Klageschrift zu vermeiden, da sie dazu führen können, dass sie das EuG – wie im entschiedenen Fall – dahin versteht, dass nur einer der Zurückweisungsgründe angegriffen wurde.

Der Kanzler des EuG *benachrichtigt den Beklagten und alle im Verfahren vor der BK* **1849**
Beteiligten gemäß Art. 178 Abs. 1 VerfO-EuG von der Einreichung der Klageschrift.
Die Klageschrift wird dem Beklagten und dem Streithelfer vom EuG *mittels e-Cu-*
ria zugestellt, wenn dieser über ein Zugangskonto hierzu verfügt. Andernfalls wird
die Klageschrift durch Übersendung einer beglaubigten Kopie per Einschreiben mit
Rückschein oder durch Übergabe der Kopie gegen Empfangsbestätigung zugestellt
(Art. 178 Abs. 2 und 3 VerfO-EuG).

Das EUIPO und ggf der Streithelfer reichen innerhalb einer Frist von zwei Monaten **1850**
und zehn Tagen[2021] nach Klagezustellung gemäß Art. 179 iVm Art. 60 VerfO-EuG
die *Klagebeantwortung* mit dem notwendigen Inhalt nach Art. 180 VerfO-EuG ein,
nämlich insb mit den geltend gemachten Verteidigungsgründen und -argumenten
sowie den Anträgen (s.a. Nr 135 bis 138, 117, 125 und 126 PDVerfO-EuG), wobei
das Vorbringen neuer Verteidigungsmittel unzulässig ist, da die Vorgaben des Rechtsstreits vor dem EuG nicht abgeändert werden dürfen[2022].

Das *EUIPO als Beklagter* ist zwar nicht verpflichtet, systematisch jede angefochtene **1851**
Entscheidung einer BK zu verteidigen oder zwingend die Abweisung jeder gegen eine
solche Entscheidung gerichteten Klage zu beantragen, tut dies aber inzwischen regelmäßig. Darauf verlassen kann man sich aber als von der angefochtenen Entscheidung
Begünstigter nicht. Es spricht nämlich nach Ansicht des EuG nichts dagegen, dass
das EUIPO sich einem Antrag des Klägers anschließt oder damit begnügt, die Entscheidung in das Ermessen des Gerichts zu stellen, wobei es alles vorbringen kann,
was ihm zu dessen Information angebracht erscheint[2023].

EUIPO oder Streithelfer können auf einem gesonderten Schriftsatz gemäß Art. 130 **1852**
VerfO-EuG auch eine *Entscheidung* des EuG über *Unzulässigkeit* oder *Unzuständig-*
keit beantragen.

Besonders ist jedoch darauf zu achten, dass Klageanträge, Klagevortrag und Klageer- **1853**
widerung *vollständig* sind, da *Ergänzungen* nach Ablauf der Einlassungsfrist regelmäßig
unstatthaft sind, es sei denn, sie werden auf rechtliche oder tatsächliche Gründe gestützt,
die erst während des Verfahrens zutage getreten sind (Art. 84 Abs. 1 VerfO-EuG)[2024].

2021 EuG, 16.12.2015, T-381/13 und T-382/13 – DAISY und MARGARITAS, Rn 21–23.
2022 EuGH, 12.10.2004, C-106/03 P – HUBERT/SAINT HUBERT 41, Rn 27–43.
2023 EuG, 25.10.2005, C-379/03 – Cloppenburg, Rn 22–27. Diese Ansicht ist aber äußerst
   problematisch, da ein vor dem EUIPO Obsiegender idR nicht damit rechnet, dass das
   Amt vor dem EuG seine Position wechselt und ihm praktisch in den Rücken fällt.
2024 EuG, 14.3.2017, T-132/15 – popchrono, Rn 32–38. Neue Klage- und Verteidigungs-
   gründe sind nach Art. 84 Abs. 2 VerfO-EuG ggf im zweiten Schriftsatzwechsel vorzubringen und als solche kenntlich zu machen. Werden die rechtlichen oder tatsächlichen
   Gesichtspunkte, die ein Vorbringen neuer Gründe rechtfertigen, nach dem zweiten
   Schriftsatzwechsel oder nachdem entschieden wurde, dass in solcher Schriftsatzwechsel nicht zugelassen wird, bekannt, so hat die betr Hauptpartei die neuen Gründe vorzubringen, sobald sie von diesen Gesichtspunkten Kenntnis erlangt. Unbeschadet der
   späteren Entscheidung des EuG über die Zulässigkeit der neuen Gründe gibt der Prä-

1854 So kann zB eine Partei nicht *erstmals* zusammen mit dem Antrag auf mündliche Verhandlung eine *Verfahrensrüge* wegen eines Verstoßes der BK gegen Art. 94 UMV erheben[2025] oder ein Anmelder nicht erstmals in der mündlichen Verhandlung vor dem EuG die bildliche Darstellung seines Zeichens neu interpretieren[2026].

1855 Nach Art. 85 Abs. 1 und 3 VerfO-EuG sind *Beweise und Beweisangebote* im Rahmen des, wegen Art. 181 VerfO-EuG nurmehr statthaften, *ersten Schriftsatzwechsels* vorzulegen, wobei die Hauptparteien ausnahmsweise noch vor Abschluss des mündlichen Verfahrens Beweise oder Beweisangebote vorlegen können, sofern die Verspätung der Vorlage gerechtfertigt ist. Der Gegenbeweis und die Erweiterung der Beweisangebote im Anschluss an einen Gegenbeweis der Gegenpartei in der Klagebeantwortung werden von der Präklusionsvorschrift des Art. 85 Abs. 1 VerfO-EuG nicht erfasst. Diese Vorschrift betrifft nämlich neue Beweismittel und ist im Zusammenhang mit Art. 92 Abs. 7 VerfO-EuG zu sehen, der ausdrücklich vorsieht, dass Gegenbeweis und Erweiterung des Beweisantritts vorbehalten bleiben[2027].

1856 Ebenfalls wird eine *pauschale Bezugnahme* auf den Sachvortrag in den Vorinstanzen grds nicht akzeptiert[2028]. Dasselbe gilt, wenn der Kläger in der Klageschrift lediglich die angefochtene Entscheidung wiedergibt und um deren Überprüfung ersucht, ohne irgendeinen Fehler zu nennen, der zu ihrer Rechtswidrigkeit führen würde. Zudem kann eine pauschale Bezugnahme auf andere, auch der Klageschrift als Anlagen beigefügte Schriftstücke nicht das Fehlen der wesentlichen Bestandteile der Rechtsausführungen ausgleichen, die in der Klageschrift enthalten sein müssen[2029].

---

sident gemäß Art. 84 Abs. 3 VerfO-EuG den anderen Parteien Gelegenheit, zu diesen Stellung zu nehmen.
2025 EuGH, 7.4.2016, C-480/15 P – ALEX/ALEX, Rn 21–26.
2026 EuG, 22.1.2015, T-193/12 – H/H, Rn 27. Das erstmalige Vorbringen in der mündlichen Verhandlung, dass es sich bei der bildlichen Darstellung in der älteren Marke nicht um den Buchstaben »H« handle, sondern um ein grafisches Element, das diesem Buchstaben ähnele und von zwei Punkten umgeben sei, ist gemäß Art. 84 Abs. 1 VerfO-EuG unzulässig, da verspätet.
2027 EuG, 22.6.2017, T-236/16 – ZUM wohl, Rn 16, 17. S.a. EuG, 13.12.2018, T-830/16 – PLOMBIR, Rn 21, 22. Der EuGH lässt diese Frage im Rechtsmittelurteil ausdrücklich offen, da es sich um einen nicht tragenden Urteilsgrund handelt; EuGH, 18.6.2020, C-142/19 P – PLOMBIR, Rn 91–94.
2028 ZB EuG, 17.4.2008, T-389/03 – Pelikan/Pelikan, Rn 17–19; EuG, 9.12.2010, T-303/08 – Golden Elephant Brand/GOLDEN ELEPHANT II, Rn 37, 38, 41, 43; EuG, 8.7.2010, T-211/10 – ID SOLUTIONS.
2029 EuG, 13.1.2015, T-535/13 – VAKOMA/VACOM mwN. Zudem hat sich der Kläger auf unklare und unzusammenhängende Behauptungen beschränkt, die es nicht ermöglichen, die Gründe zu erkennen, aus denen er die Beurteilung der BK in Frage stellt. Er hat gerügt, dass die Beurteilung der BK seinem vor dem EUIPO geltend gemachten Vorbringen widerspreche, ohne dies näher auszuführen, und hat pauschal auf die bei der BK eingereichten Schriftsätze verwiesen. Es ist jedoch nicht Sache des EuG, die Klagegründe und Argumente, auf die sich die Klage möglicherweise stützen lässt,

Ausnahmsweise ist jedoch ein Angriffsmittel, das eine Erweiterung eines zuvor in der 1857 Klageschrift unmittelbar oder implizit vorgetragenen Angriffsmittels darstellt und in engem Zusammenhang mit diesem steht, zulässig[2030]. Selbst erstmals dem EuG vorgelegte Anlagen, mit denen die *Richtigkeit einer allgemein bekannten Tatsache* belegt werden soll, sind zulässig, da eine Partei dem EuG Unterlagen zum Beleg einer allgemein bekannte Tatsache präsentieren darf, die in der angefochtenen Entscheidung nicht bewiesen worden ist[2031]. Dasselbe gilt für Dokumente, um die Relevanz der *von der BK angeführten Beispiele zu widerlegen*, da sie sich auf Sachverhalte beziehen, auf die in der angefochtenen Entscheidung Bezug genommen wird und die daher in den sachlichen Rahmen des Verfahrens vor der BK fallen[2032]. Ebenfalls zulässig sind Anlagen, die sich auf die Entscheidungspraxis des EUIPO und der nationalen Ämter beziehen, auf die sich eine Partei auch zum ersten Mal vor dem EuG berufen kann[2033].

Die maximale, in Rechtssachen des geistigen Eigentums gemäß Art. 189 VerfO-EuG 1858 iVm Nr 107 bis 111 PDVerfO-EuG *beschränkte Länge der Schriftsätze* vor dem EuG (20 Seiten für Klageschrift und Klagebeantwortungen; 15 Seiten für Anschlussklage und deren Klagebeantwortungen; 10 Seiten für einen Schriftsatz, mit dem eine Einrede der Unzulässigkeit erhoben wird, und für die Stellungnahme hierzu; 10 Seiten für einen Streithilfeschriftsatz und 5 Seiten für die Stellungnahme hierzu) stellt *keine Verletzung* des Anspruchs auf *rechtliches Gehör* und des Rechts auf ein faires Verfahren dar, da bei rechtlicher und/oder tatsächlicher Komplexität der betr Rechtssache auf Antrag ein längerer Schriftsatz zugestanden werden kann[2034].

Das *schriftliche Verfahren* wird wegen Art. 181 VerfO-EuG nach der Einreichung der 1859 Klagebeantwortung des Beklagten (EUIPO) und ggf des Streithelfers iSd Art. 173 VerfO-EuG *abgeschlossen*[2035].

Keinesfalls darf vor dem EuG der *Verfahrensgegenstand verändert* werden, so dass 1860 neuer Vortrag, der nicht bereits vor dem EUIPO erfolgt ist, nicht mehr statthaft ist (Art. 188 VerfO-EuG). Aus Art. 72 Abs. 2 UMV ergibt sich insb, dass das EuG die mit der Klage angefochtene Entscheidung nur aufheben oder abändern kann, wenn zum Zeitpunkt ihres Erlasses einer dieser Gründe für ihre Aufhebung oder Abänderung

---

in den Anlagen zu suchen und zu bestimmen, denn die Anlagen haben eine bloße Beweis- und Hilfsfunktion.

2030 EuG, 30.5.2013, T-214/10 – DIVINUS/MOSELLAND Divinum, Rn 69–75 mwN. S.a. EuG, 13.12.2018, T-830/16 – PLOMBIR, Rn 18.

2031 EuG, 13.12.2018, T-830/16 – PLOMBIR, Rn 19.

2032 EuG, 5.2.2020, T-573/18 – Schuhschnürsenkel, Rn 18, 19.

2033 EuG, 5.2.2020, T-44/19 – TC Touring Club/TOURING CLUB ITALIANO, Rn 23.

2034 EuGH, 10.4.2014, C-412/13 P – MEDINET, Rn 63.

2035 Dies gilt für ab dem 1.7.2015 eingereichte Klagen (Art. 227 Abs. 4 und 6 VerfO-EuG). Die früher in Art. 135 § 2 VerfO-EuG aF ins Ermessen des EuG gestellte Möglichkeit von Duplik und Replik gibt es für nach dem 1.7.2015 eingereichte Klagen in Rechtsstreitigkeiten betr Rechte des Geistigen Eigentums nicht mehr. Zur alten Rechtslage s. 3. Aufl, Rn 1685 und Rn 1692, Fn 1645.

vorlag (Art. 72 Abs. 3 UMV). Dagegen kann es die Entscheidung nicht aus Gründen aufheben oder abändern, die erst nach ihrem Erlass eingetreten sind.

1861 Von den Beteiligten *vor den Instanzen des EUIPO nicht geltend gemachte rechtliche Gesichtspunkte, Tatsachen oder Beweismittel* können daher im Klagestadium vor dem EuG nicht mehr angeführt werden[2036], auch wenn sie von ihnen erst nach dem Erlass der angefochtenen Entscheidung Kenntnis erlangt haben[2037]. So kann sich zB ein Anmelder nicht erstmals vor dem EuG auf Verkehrsdurchsetzung berufen[2038] oder die NBE wieder aufgreifen, die er vor den BK nicht mehr geltend gemacht hatte[2039]. Auch kann ein wegen Nichtbenutzung angegriffener Markeninhaber sich nicht erstmals vor Gericht auf berechtigte Gründe für die Nichtbenutzung berufen und hierfür Beweise vorlegen[2040]. Daher werden *neue Dokumente und Beweismittel* vom Gericht grds *nicht* mehr *berücksichtigt*[2041].

1862 Die durch das EuG vorzunehmende Kontrolle der Rechtmäßigkeit von Entscheidungen der BK hat anhand des *tatsächlichen und rechtlichen Rahmens der Streitsache* zu erfolgen, mit der sie befasst war. Zu den rechtlichen Gesichtspunkten gehört aber auch eine Rechtsfrage, die zur Beurteilung des Parteivorbringens und für eine stattgebende oder abweisende Entscheidung notwendigerweise geprüft werden muss, selbst wenn sich die Beteiligten zu dieser Frage nicht geäußert haben oder es das Amt unterlassen hat, zu diesem Aspekt Stellung zu nehmen. Musste hingegen zwingend eine bestimmte *Rechtsvorschrift beachtet* oder eine *Rechtsfrage entschieden* werden, um eine fehlerfreie Anwendung der UMV im Hinblick auf das Vorbringen und die Anträge der Beteiligten zu gewährleisten, so kann ein mit dieser Frage zusammenhängender rechtlicher Gesichtspunkt auch noch erstmals vor dem EuG geltend gemacht werden[2042].

1863 Im Rahmen eines Widerspruchsverfahrens stellt die *Beurteilung der originären Kennzeichnungskraft* einer älteren Marke eine *Rechtsfrage* dar, die erforderlich ist, um eine fehlerfreie Anwendung von Art. 8 Abs. 1 UMV zu gewährleisten, so dass das EUIPO verpflichtet ist, diese Frage – ggf von Amts wegen – zu prüfen. Somit *gehört* diese Frage *zum* vor der BK *verhandelten Streitgegenstand* iSv Art 188 VerfO-EuGH, auch wenn sie dort von den Beteiligten nicht aufgeworfen wurde[2043].

2036 EuGH, 18.12.2008, C-16/06 P – MOBILIX/OBELIX, Rn 121–138; EuGH, 13.3.2007, C-29/05 P – ARCOL/CAPOL, Rn 43–69; EuGH, 18.7.2006, C-214/05 P – SISSI ROSSI/MISS ROSSI, Rn 40; EuGH, 30.6.2010, C-448/09 P – Centrixx/sensixx, Rn 44; s.a. Rdn 275 ff, 1141 ff.
2037 EuG, 18.11.2014, T-510/12 – EuroSky/SKY, Rn 25–27.
2038 EuG, 9.12.2010, T-253/09 – Facettiertes Gehäuse, Rn 49.
2039 EuG, 12.3.2014, T-592/10 – BTS/TBS, Rn 17–27.
2040 EuG, 14.3.2017, T-132/15 – popchrono, Rn 32–43.
2041 Siehe ua EuG, 27.9.2011, T-581/08 – PM PROTON MOTOR/PROTON, Rn 14, 15.
2042 EuG, 1.2.2005, T-57/03 – HOOLIGAN/OLLY GAN, Rn 21, 22.
2043 EuGH, 18.6.2020, C-708/18 P – PRIMART Marek Lukasiewicz/PRIMA, Rn 43.

Weiter kann sich der Kläger durch *Vorlage von neuen Beweisen* gegen erstmals in der 1864
angefochtenen Entscheidung der BK getroffene Tatsachenfeststellungen oder Prüfungen von Gesichtspunkten, wie zB der Zeichenähnlichkeit, wehren[2044].

Auch können erst in der mündlichen Verhandlung des EuG vorgetragene Argumente 1865
als *zulässige Erweiterung* angesehen werden, wenn sie sich logisch in ein in der Klageschrift vorgetragenes Angriffsmittel einfügen[2045].

Nationale Gerichtsentscheidungen und die *Entscheidungspraxis des EUIPO*, der BK, 1866
von EuG und EuGH können zur Auslegung des Unions- und des nationalen Rechts
im Hinblick auf eine Rechtsverletzung – und nur dazu, nicht zur Berücksichtigung
von in den Entscheidungen getroffenen tatsächlichen Feststellungen – immer in das
Verfahren *eingeführt* werden[2046].

Zudem hat das EuG den *Beschluss eines nationalen Gerichts* noch in Betracht gezogen, 1867
der zwar zeitlich vor der angefochtenen Entscheidung der BK, aber nach Einreichung
der letzten Klägerschriftsätze im Beschwerdeverfahren erlassen worden war[2047].

Das EuG kann aber auch ein *nationales Urteil berücksichtigen*, das *nach Erlass der* 1868
angefochtenen *Entscheidung der BK* ergangen ist, weil das Gericht zur Beurteilung
des Schutzes, der vom nationalen Recht nach Art. 8 Abs. 4 UMV gewährt wird, eine
nationale Rechtsvorschrift so anzuwenden hat, wie sie zum Zeitpunkt, zu dem es seine
Entscheidung erlässt, von den nationalen Gerichten ausgelegt wird[2048].

2044 EuG, 25.4.2013, T-284/11 – METROINVEST/METRO, Rn 14–17; bestätigt durch
EuGH, 10.4.2014, C-374/13 P; EuG, 11.7.2013, T-197/12 – METRO/GRUPOME-
TROPOLIS, Rn 16.
2045 EuGH, 26.4.2007, C-412/05 P – TRAVATAN/TRIVASTAN, Rn 38–40.
2046 EuG, 12.1.2022, T-366/20 – Kreis mit Pinselstrich/ORIGIUM 1944, Rn 15; EuG,
13.10.2013, T-566/11 und T-567/11 – Tassen-, Untertassen- und Suppen-Design,
Rn 36–43 mwN; EuG, 13.9.2016, T-390/15 – 3D/3D'S, Rn 22; EuG, 1.2.2012,
T-291/09 – Pollo Tropical CHICKEN ON THE GRILL, Rn 33–36; EuG, 26.10.2011,
T-426/09 – BAM/BAM, Rn 39, 40; EuG, 12.11.2008, T-270/06 – Lego-Stein, Rn 24;
EuG, 17.6.2008, T-420/03 – BoomerangTV/B BOOMERANG, Rn 37; EuG, 12.7.2006,
T-277/04 – VITACOAT/VITAKRAFT, Rn 69–71; EuG, 8.12.2005, T-29/04 – CRIS-
TAL CASTELLBLANCH/CRISTAL, Rn 16; EuG, 24.11.2005, T-346/04 – Arthur/
ARTHUR ET FÉLICIE, Rn 20.
2047 EuG, 29.6.2016, T-567/14 – GROUP Company TOURISM & TRAVEL/GROUP
Company TOURISM & TRAVEL, Rn 23; bestätigt durch EuGH, 19.4.2018, C-478/16
P. Angesichts der kurzen Zeitspanne zwischen dem Erlass des Gerichtsbeschlusses und
der BK-Entscheidung kann nämlich nicht ausgeschlossen werden, dass dem Kläger dieser Beschluss vor dem Erlass der BK-Entscheidung unbekannt war.
2048 EuGH, 5.4.2017, C-598/14 P – LAGUIOLE, Rn 38–46. Die Berücksichtigung einer
Entscheidung eines nationalen Gerichts, die nach der BK-Entscheidung ergangen ist,
kann zwar zur Folge haben, dass das EuG eine Beurteilung einer nationalen Rechtsvorschrift vornimmt, die sich von derjenigen der BK unterscheidet. Da es sich jedoch bei
der vom EuG ausgeübten Überprüfung der Beurteilung des nationalen Rechts durch die
BK um eine volle Rechtmäßigkeitsprüfung handelt, kann der nach der BK-Entscheidung

1869   Jedoch nützt einem Anmelder nichts, wenn die *Widerspruchsmarke* nach der BK-Entscheidung mit Wirkung für einen späteren Zeitpunkt für *verfallen* erklärt wurde, da sie jedenfalls im Zeitpunkt von deren Erlass noch wirksam war. Dagegen führt die *Nichtigerklärung einer Widerspruchsmarke* zur Erledigung des Verfahrens, weil die Nichtigkeit ab inicio gilt und deshalb zurückwirkt[2049].

1870   Eine *Einschränkung des VerzWDL* ist vor dem EuG nur noch bei Verzicht auf einzelne Waren und DL mit der Konsequenz möglich, dass dies nur als Teilanfechtung der Ausgangsentscheidung oder teilweise Klagerücknahme gewertet wird (s. Rdn 488 ff).

1871   In allen, auch den zweiseitigen Verfahren, wie dem Widerspruchsverfahren, ist *richtiger Beklagter* immer das EUIPO (Art. 172 VerfO-EuG) und nicht etwa der andere Beteiligte im Beschwerdeverfahren[2050].

1872   Ein anderer Beteiligter im Verfahren vor der BK mit Ausnahme des Klägers kann sich gemäß Art. 173 VerfO-EuG als *(qualifizierter) Streithelfer* am Verfahren vor dem EuG beteiligen, indem er form- und fristgerecht eine Klagebeantwortung einreicht[2051], und zwar selbst dann, wenn er in den Verfahren vor dem EUIPO keine Erklärungen abgegeben hat[2052]. Auf diese Weise kann zB der vor dem EUIPO (teilweise) erfolgreiche Anmelder bzw Widersprechende mit eigenen Argumenten zur Klageabweisung beitragen.

1873   Dieser Streithelfer verfügt über *dieselben prozessualen Rechte* wie die Hauptparteien. Er kann die Anträge einer Hauptpartei unterstützen sowie Anträge stellen und Gründe vorbringen, die gegenüber denen der Hauptparteien eigenständig sind (Art. 173 Abs. 3 VerfO-EuG). So kann er zB auch die Definition der maßgeblichen Verkehrskreise vor

---

zutage getretene Umstand, dass diese Entscheidung auf einer unzutreffenden Auslegung des nationalen Rechts beruht, kein Hindernis dafür sein, diesen Fehler zu korrigieren.

2049   EuG, 1.3.2016, T-40/09 – VOGUE CAFÉ/Vogue und VOGUE studio, Rn 17–32.

2050   EuG, 12.7.2005, T-163/04 – Mike's MEALS ON WHEELS/MIKE'S SANDWICH MARKET, Rn 27. Entgegen sonst eher rigiden Praxis hat das EuG in diesem Fall, in dem der Kläger versehentlich in einem Inter-partes-Verfahren nicht das EUIPO, sondern den anderen Beteiligten als Beklagten benannt hatte, noch die Korrektur der Beklagtenbezeichnung erlaubt. Dies dürfte nunmehr aufgrund der ausdrücklichen Regelung in der neuen VerfO-EuG nicht mehr möglich sein. Die falsche Bezeichnung des Streithelfers schadet jedenfalls trotz Art. 177 Abs. 2 VerfO-EuG nicht, wenn dieser sich aus der Klageschrift identifizieren lässt; EuG, 13.7.2018, T-825/16 – Pallas Halloumi/HALLOUMI, Rn 18, 19. Über das dagegen erhobene Rechtsmittel hat der EuGH nicht mehr entschieden, da die nationale Widerspruchsmarke zwischenzeitlich vom nationalen Gericht rechtskräftig für nichtig erklärt worden war; EuGH, Beschluss vom 30.4.2020, C-608/18 P.

2051   EuG, 8.3.2012, T-298/10 – BIODANZA/BIODANZA, Rn 33–42. Im Falle des Todes eines anderen Beteiligten vor Erlass der Entscheidung der BK ist ab dem Zeitpunkt des Todes sein Rechtsnachfolger, der sich nach dem jeweils anwendbaren nationalen Recht bestimmt, als anderer Beteiligter und damit später als Streithelfer vor Gericht anzusehen.

2052   EuG, 28.11.2013, T-374/09 – Ganeder/Ganter, Rn 19.

dem EuG von sich aus zur Diskussion stellen, wenn deren Beurteilung durch die BK zugunsten des Klägers ausgefallen war[2053].

Der *qualifizierte Streithelfer* kann in seiner Klagebeantwortung aber auch *zusätzlich* **1874** *Anträge* stellen, die auf Aufhebung oder Abänderung der Entscheidung der BK in einem in der Klageschrift nicht geltend gemachten Punkt gerichtet sind, wobei die geltend gemachten Gründe und Argumente die beanstandeten Punkte der Begründung der angefochtenen Entscheidung genau bezeichnen müssen (sog. *Anschlussklage*, Art. 182 bis Art. 184 VerfO-EuG; Nr 139 PDVerfO-EuG). So kann er in seiner Klagebeantwortung zB Anträge auf die Abänderung der BK-Entscheidung stellen, soweit sein Nichtigkeitsantrag teilweise zurückgewiesen bzw. als Markeninhaber, wenn der Markenschutz lediglich wegen nachgewiesener Verkehrsdurchsetzung, nicht aber schon wegen fehlender beschreibender Angabe bestätigt worden war[2054]. Er muss aber *eigenständige Anträge* stellen, eine bloße Rüge in der Klageerwiderung reicht nicht aus[2055]. Und er muss die Anschlussklage auf einem *eigenen*, von der Klageerwiderung *getrennten Schriftsatz* einreichen, ansonsten ist sie offensichtlich unzulässig (Art. 182 Abs. 2)[2056].

Die Anschlussklage muss sich aber auf einen *Fehler* in der angefochtenen Entscheidung beziehen, der einen *Einfluss auf deren Ergebnis* hat. Wirkt sich ein Fehler nicht **1875** auf das Entscheidungsergebnis aus, so ist er irrelevant[2057]. So kann zB der Streithelfer nicht die Feststellung der Bekanntheit seiner älteren Marke begehren, wenn seinem Widerspruch ohnedies bereits in vollem Umfang stattgegeben worden war[2058].

Wird eine Anschlussklage erhoben, so können die anderen Parteien innerhalb von **1876** zwei Monaten nach Zustellung der Anschlussklageschrift, eine Frist, die bei Vorliegen außergewöhnlicher Umstände auf begründeten Antrag verlängert werden kann, einen Schriftsatz einreichen, der auf die *Beantwortung* der mit der Anschlussklage geltend gemachten Anträge, Gründe und Argumente zu begrenzen ist (Art. 185 VerfO-EuG; Nr 140 PDVerfO-EuG). Wurde Anschlussklage erhoben, so wird das *schriftliche Verfahren* nach der Einreichung der letzten Klagebeantwortung zu dieser Anschlussklage abgeschlossen (Art. 186 VerfO-EuG).

Ist die angefochtene Entscheidung bereits aufgrund der *Anschlussklage aufzuheben*, **1877** braucht über die *Klage selbst nicht mehr entschieden* werden[2059].

Die Anschlussklage gilt wegen Art. 187 VerfO-EuG als *gegenstandslos*, (a) wenn der **1878** Kläger seine Klage zurücknimmt; oder (b) wenn die Klage für offensichtlich unzulässig erklärt wird.

2053 EuG, 14.9.2011, T-485/07 – O-live I/Olive line, Rn 64, 65; EuG, 30.4.2015, T-100/14 – TECALAN/TECADUR, Rn 21 mwN.

2054 EuG, 24.9.2008, T-116/06 – O STORE/THE O STORE, Rn 81; EuG, 15.10.2008, T-405/05 – MANPOWER, Rn 14–18, 23.

2055 EuGH, 26.9.2013, C-609/11 P – CENTROTHERM, Rn 41–50.

2056 EuG, 6.10.2017, T-184/16 – SKY ENERGY/NRJ, Rn 31, 32.

2057 EuG, 6.3.2014, T-71/13 – ANNAPURNA, Rn 22 mwN.

2058 EuG, 25.9.2015, T-684/12 – BLUECO/BLUECAR, Rn 24–32.

2059 EuG, 6.10.2021, T-124/20 – Sich wiederholende Kurven II, Rn 29, 77, 79–82.

1879 In allen Verfahren kann auch ein *sonstiger Streithelfer* gemäß Art. 142 ff VerfO-EuG seine Zulassung beantragen, um die Anträge einer Hauptpartei völlig oder teilweise zu unterstützen[2060], sofern er wegen Art. 40 Abs. 2 Satzung-EuGH ein *berechtigtes Interesse* am Ausgang eines beim EuG anhängigen Rechtsstreits glaubhaft machen kann. Er hat daher nach Art. 143 Abs. 2f VerfO-EuG die *Umstände darzustellen*, aus denen sich das Recht zum Streitbeitritt ergibt. So muss ein Verband insb nachweisen, dass es sich um einen repräsentativen Verein handelt, der eine bedeutende Zahl von Unternehmen vertritt, die in der betr Branche tätig sind, und die aufgeworfenen Grundsatzfragen darlegen, die seine Mitglieder betreffen[2061]. Diese Streithilfe verleiht aber nicht die gleichen Verfahrensrechte, wie sie den Hauptparteien zustehen, und ist akzessorisch zum Rechtsstreit zwischen den Hauptparteien.

1880 Die Klage ist auf die *Aufhebung* oder *Abänderung der angefochtenen Entscheidung* der BK zu richten (Art. 72 Abs. 3 UMV). Das EuG hat keine Kompetenz, die Eintragung der angemeldeten Marke zu verfügen. Im Verfahren über absolute Eintragungshindernisse ergibt sich dies bereits daraus, dass selbst bei einer positiven Entscheidung über die Anmeldung vor der Eintragung noch ein Widerspruchsverfahren erfolgen kann. Der Antrag an das EuG, die Eintragung der Unionsmarke anzuordnen, ist daher offensichtlich unzulässig, so dass auch die Klage offensichtlich unzulässig ist[2062].

1881 Auch kann keine Feststellung begehrt werden, dass *bestimmte Schutzversagungsgründe* einer Eintragung nicht entgegenstehen[2063], jedoch legt das EuG einen auf die Feststel-

---

2060 ZB EuG, 11.12.2013, T-123/12 – SMARTBOOK, Rn 13, 47. Hier war es ein anderes Unternehmen.

2061 S. zB EuG, 21.9.2021, T-486/20 – Swisse. Der Begriff des berechtigten Interesses ist unter Berücksichtigung des präzisen Gegenstands der Rechtssache zu definieren und so zu verstehen, dass es sich um ein unmittelbares und bestehendes Interesse an der Entscheidung über die Anträge und nicht um ein Interesse an den geltend gemachten Klagegründen handelt. Der Streithelfer muss von der angefochtenen Entscheidung unmittelbar betroffen sein. Einem Verband kann die Zulassung erteilt werden, wenn er eine erhebliche Zahl von Betroffenen oder von in dem betr Sektor tätigen Unternehmen vertritt, wenn zu seinen Zielen der Schutz der Interessen seiner Mitglieder gehört, wenn die Rechtssache grundsätzliche Fragen aufwerfen kann, die die Betroffenen oder das Funktionieren des betr Sektors betreffen, und wenn daher die Interessen seiner Mitglieder durch das bevorstehende Urteil in erheblichem Maße beeinträchtigt werden können.

2062 EuG, 30.6.2009, T-285/08 – Natur-Aktien-Index; EuG, 17.5.2017, T-164/16 – THE TRAVEL EPISODES mwN; EuG, 12.9.2018, T-205/18 – Сила злаков (Kraft des Getreides). Der Kläger kann im Laufe des Verfahrens seinen Klageantrag auch nicht mehr dahin abändern, die Prüferentscheidung aufzuheben, da dies über eine bloße Auslegung des ursprünglichen Antrags hinausgeht, sondern einen Antrag darstellt, der dem Wortlaut des alten nicht entspricht. Nach Art. 76d VerfO-EuG (Art. 177 Abs. 1d VerfO-EuG) muss nämlich der Klagegegenstand in der Klageschrift bestimmt werden, so dass ein erstmals im Rahmen der Stellungnahme zur Einrede der Unzulässigkeit formulierter Antrag den ursprünglichen Klagegegenstand ändert und als neuer Antrag anzusehen ist, der unzulässig ist; Rn 26–28.

2063 EuG, 15.12.2011, T-377/09 – PASSIONATELY SWISS, Rn 12.

lung der Rechtswidrigkeit der angegriffenen Entscheidung gerichteten Antrag dahin aus, dass damit deren Aufhebung begehrt wird[2064]. Schließlich kann der Kläger nicht begehren, das EuG möge im Wesentlichen anordnen, dass die BK die angefochtene Entscheidung aufhebt und durch eine Entscheidung ersetzt, mit der der Nichtigkeitsantrag zurückgewiesen wird, da es nicht Sache des EuG ist, Anweisungen an das EUIPO zu erteilen, sondern dieses die entspr Schlussfolgerungen aus dem Tenor und den Gründen der Urteile des EuG zu ziehen hat[2065].

Nach Art. 177 Abs. 1e VerfO-EuG muss die *Klageschrift* ua die *Anträge des Klägers*   **1882** enthalten. Die Änderung eines Antrags im Rahmen einer Antwort auf eine prozessleitende Maßnahme des EuG hin ist unzulässig[2066]. So kann auch der Kläger in der mündlichen Verhandlung keine neuen Anträge stellen[2067]. Hilfsanträge hält das EuG für unzulässig[2068].

Wenn der Kläger die Entscheidung der BK *nur teilweise angreift*, kann er nicht gleich-   **1883** zeitig rügen, dass die BK das Verfahren insgesamt hätte aussetzen müssen, weil diese zweite Rüge auch die Feststellungen der BK umfassen würden, die mit der Klage nicht angegriffen waren, und es damit gegen den *ultra-petita-Grundsatz* verstoßen würde, wenn das EuG auch darüber entschiede[2069].

Klagerügen vor dem EuG, die gegen *nicht tragende Gründe einer Entscheidung* der   **1884** BK gerichtet sind, können nicht zu deren Aufhebung führen und gehen daher ins

2064 EuG, 22.5.2012, T-273/10 – O-LIVE II/Olive line, Rn 18–22; EuG, 12.3.2014, T-381/12 – PALMA MULATA, Rn 16, 17.
2065 EuG, 25.6.2019, T-82/19 – EAGLESTONE, Rn 17–21. Die Klageanträge und damit die Klage sind daher offensichtlich unzulässig.
2066 EuG, 25.6.2010, T-407/08 – Metromeet/meeting metro, Rn 18, 19.
2067 EuG, 27.10.2005, T-336/03 – MOBILIX/OBELIX, Rn 28, 29.
2068 EuG, 27.11.2014, T-173/11 – Carrera/CARRERA, Rn 26, 27. Um die Rechtssicherheit und eine ordnungsgemäße Rechtspflege zu gewährleisten, ist es für die Zulässigkeit von Anträgen auf Aufhebung eines Rechtsakts erforderlich, dass dieser Rechtsakt eindeutig identifiziert wird und sich die wesentlichen tatsächlichen und rechtlichen Umstände, auf die die Anträge gestützt werden, zumindest in gedrängter Form, aber zusammenhängend und verständlich unmittelbar aus der Klageschrift ergeben. Daher muss jeder unter Art. 76 Nr 1e VerfO-EuG iVm Art. 21 Satzung-EuGH fallende Antrag in einer Weise begründet sein, die sowohl dem Beklagten wie dem Richter die Beurteilung seiner Begründetheit ermöglicht.
2069 EuG, 21.10.2015, T-664/13 – PETCO/PETCO, Rn 20–30 mwN. Nach Art. 21 iVm Art. 53 Satzung-EuGH und Art. 44 VerfO-EuG aF muss die Klageschrift ua eine Bezeichnung des Streitgegenstands und die Anträge des Klägers enthalten. Die Anträge müssen genau und eindeutig formuliert sein, da andernfalls die Gefahr bestünde, dass das Gericht *infra.* oder *ultra petita.* entscheidet und die Rechte der beklagten Partei beeinträchtigt werden. Die Aufhebung darf nicht über den Antrag des Klägers hinausgehen, da nur die in der Klageschrift gestellten Anträge berücksichtigt werden können.

Leere[2070]. Ebenso führen *offensichtliche Schreibfehler* in der angefochtenen Entscheidung der BK nicht zu deren Aufhebung[2071].

1885   Für das Verfahren vor dem EuG gilt auch der Grundsatz des *Verbots der reformatio in peius*. Dabei kommt es nicht auf die Entscheidungsgründe an, sondern darauf, dass sich der Rechtsmittelführer, soweit ihn das angefochtene Urteil des EuG beschwert, nach dessen Verkündung nicht in einer ungünstigeren rechtlichen Lage als vor Klageerhebung befindet.

1886   So ist zB das EuG wegen des Grundsatzes der *Wechselbeziehung* zwischen den in Betracht kommenden Faktoren, insb der Ähnlichkeit der Marken und der Waren und DL, dazu befugt, die von der BK vorgenommene Beurteilung der *Zeichenähnlichkeit*, die von den Beteiligten vor dem EuG nicht angegriffen wurde, *nachzuprüfen*, wenn der Rechtsmittelführer die Beurteilung der *Verwechslungsgefahr* durch die BK gerügt hat. Bei der ihm obliegenden Überprüfung der Rechtmäßigkeit einer Entscheidung einer BK kann das EuG nämlich nicht durch eine fehlerhafte Beurteilung des Sachverhalts seitens der BK gebunden sein, soweit diese Beurteilung Teil der Feststellungen ist, deren Rechtmäßigkeit vor dem EuG bestritten wird[2072]. Daher kann einer Partei, die die *Ähnlichkeit der konkurrierenden Marken* vor der BK nicht bestritten hat, dadurch nicht das Recht genommen werden, vor dem EuG in den Grenzen des rechtlichen und tatsächlichen Rahmens der Streitigkeit vor der BK die von dieser insoweit vorgenommenen Beurteilungen zur Markenähnlichkeit zu rügen[2073]. Dies gilt konsequenterweise auch für die Überprüfung der *Warenähnlichkeit*, selbst wenn diese nicht konkret mit der Klage angegriffen, sondern nur allgemein Art. 8 Abs. 1b UMV gerügt worden war[2074].

1887   Das Recht auf ein *faires Verfahren* ist ein fundamentaler Grundsatz des Unionsrechts, der in Art. 47 GRC verankert ist. Der *Grundsatz des kontradiktorischen Verfahrens* verleiht nicht nur jedem Verfahrensbeteiligten das Recht, die Schriftstücke und Erklärungen, die die Gegenpartei dem EuG vorgelegt hat, zur Kenntnis zu nehmen und zu erörtern. Er umfasst auch ihr Recht, die Gesichtspunkte, die das EuG von Amts wegen aufgeworfen hat und auf die es seine Entscheidung gründen möchte, zur Kenntnis zu nehmen und zu erörtern. Berücksichtigt das EuG ein nationales Urteil und legt es dieses seiner Entscheidung maßgeblich zugrunde, so hat es die Parteien darauf hin-

---

2070 EuG, 25.9.2008, T-294/07 – GOLF-FASHION MASTERS/The Masters GOLF COMPANY, Rn 17–20, 29–35.

2071 EuG, 13.12.2012, T-34/10 – MAGIC LIGHT/MAGIC LIFE, Rn 32–36. Die BK hatte irrtümlich beim begrifflichen Vergleich nicht die Widerspruchsmarke *MAGIC LIFE*. zitiert, sondern *MAGIC HAIR*. Dies hat sich jedoch nicht ausgewirkt, da in der Begründung tatsächlich die richtigen Zeichen miteinander verglichen wurden.

2072 EuGH, 18.12.2008, C-16/06 P – MOBILIX/OBELIX, Rn 33–38, 47–49 mwN. S.a. EuGH, 19.12.2012, C-534/10 P – Apfelsorte Gala Schnitzer, Rn 39. EuG, 2.12.2020, T-35/20 – Krallenförmige Kratzer, Rn 48–50 mwN.

2073 EuG, 24.5.2011, T-408/09 – ancotel./ACOTEL, Rn 22, 23.

2074 EuG, 7.10.2014, T-531/12 – T/T, Rn 27–29.

zuweisen und ihnen eine Möglichkeit zur Stellungnahme einzuräumen, ansonsten ist der Grundsatz des fairen Verfahrens verletzt, was zur Aufhebung des Urteils führt[2075].

Die Voraussetzungen für die *Wiedereinsetzung* gemäß Art. 45 Abs. 2 Satzung-EuGH **1888** in eine vor dem EuG versäumte Frist sind *äußerst streng*. Die Begriffe der *höheren Gewalt (force majeure)* und des *Zufalls* (unvorhersehbare Umstände) umfassen außer einem objektiven Element, das sich auf ungewöhnliche, außerhalb der Sphäre des Betroffenen liegende Umstände bezieht, ein subjektives, das mit der Verpflichtung des Betroffenen zusammenhängt, sich gegen die Folgen ungewöhnlicher Ereignisse zu wappnen, indem er, ohne übermäßige Opfer zu bringen, geeignete Maßnahmen trifft. Insb muss der Betroffene den Ablauf des eingeleiteten Verfahrens *sorgfältig überwachen* und für die Einhaltung der vorgesehenen Fristen Sorgfalt walten lassen.

Der Begriff des *entschuldbaren Irrtums* ist eng auszulegen und kann sich nur auf **1889** *Ausnahmefälle* beziehen, insb auf solche, in denen das betr Unionsorgan ein Verhalten an den Tag gelegt hat, das für sich allein oder aber in ausschlaggebendem Maß geeignet war, bei einem gutgläubigen Rechtsbürger, der alle Sorgfalt aufwendet, die von einer Person mit normalem Kenntnisstand zu verlangen ist, eine verständliche Verwirrung hervorzurufen[2076].

Ein Kläger kann sich weder auf das *mangelhafte Funktionieren* seiner *internen Organe* **1890** noch auf die Missachtung seiner internen Weisungen (also das mangelhafte Funktionieren der internen Organisation der ihn vertretenden Rechtsanwaltskanzlei) berufen.

Die *bisherige Rspr* zur postalischen oder Faxübermittlung ist zwar angesichts der zwin- **1891** genden Verwendung von e-Curia nicht mehr relevant, liefert aber gewisse Anhaltspunkte für die allgemein strengen Anforderungen des EuG[2077].

2075 EuGH, 27.3.2014, C-530/12 P – Hand/Hand (mano portafortuna), Rn 52–60.
2076 EuGH, 22.9.2011, C-426/10 P – Montres design, Rn 47, 48.
2077 So rechtfertigt zB das *nicht ausreichende Frankieren* der Klageschrift seitens eines Mit-
      arbeiters des Klägeranwalts, was zum verspäteten Eingang bei Gericht führte, keine
      Wiedereinsetzung. Der Kläger konnte sich auch nicht auf die mit *ungewöhnlich langer
      Verzögerung* erfolgte Rückleitung der unzureichend frankierten Sendung *durch die Post*
      berufen; EuG, 28.4.2008, T-358/07 – Publicare, Rn 15–19. Er handelte auch nicht mit
      der erforderlichen Sorgfalt, wenn er das Original der Klage *nicht sofort nach der elektro-
      nischen Übermittlung* an das EuG übersandt, sondern noch einige Tage zugewartet hat;
      EuGH, 12.7.2016, C-399/15 P – fuente estrella/ESTRELLA ZERO, Rn 29, 30. Ein
      Anwalt konnte sich nicht damit entschuldigen, dass ein *Drittunternehmen* versehent-
      lich statt der unterschriebenen Urschrift die nicht unterzeichneten Kopien bei Gericht
      eingereicht hatte, da für die Vorbereitung, die Überwachung und die Überprüfung der
      einzureichenden Verfahrensunterlagen der Anwalt der betr Partei verantwortlich ist;
      EuGH, 22.9.2011, C-426/10 P – Montres design, Rn 49, 50. Ist jedoch das Über-
      schreiten der Klagefrist ganz und ausschließlich einem *letztlich ungeklärt gebliebenen
      Problem* zB in Form einer Störung oder eines Versagens des Postdiensts zuzurechnen,
      mit dem normalerweise nicht gerechnet werden kann, da der Kläger die erforderliche
      Sorgfalt beachtet hatte, indem er die Urschrift der Klage zu einem Zeitpunkt (nämlich
      zeitgleich mit dem Fax und 14 Tage vor Fristablauf) abgeschickt hatte, der nach den

1892   So kann sich zB ein Anwalt nicht auf *Störungen* seiner *IT- und Fernkopiererausstattung*, unabhängig davon, ob er sie selbst betreibt oder durch eine Fremdfirma betreuen lässt, berufen, da deren Defekt nicht als ein Umstand angesehen werden kann, der außerhalb seiner Sphäre liegt[2078]. Das gilt selbst dann, wenn *Feuer* und *Flut* zu einem *Stromausfall* geführt haben, der Anwalt es aber nach Beseitigung der Störung unterlassen hat, durch Nachfrage beim EUIPO sicherzustellen, dass zwischenzeitlich keine Zustellungen an ihn erfolgt waren[2079].

1893   Eine *Aussetzung* des Verfahrens liegt nach Art. 69 VerfO-EuG im Ermessen des Gerichts. Der entspr Antrag muss jedenfalls zeitig vor einem Verkündungstermin gestellt werden, damit das EuG ihn den anderen Beteiligten zur Stellungnahme übermitteln und auch selbst sorgfältig inhaltlich prüfen kann[2080].

1894   Jedoch hat das EuG einen Antrag des Anmelders auf Aussetzung des Verfahrens nach der Entscheidung der Nichtigkeitsabteilung des EUIPO, die ältere Marke in Bezug auf einige der DL für nichtig zu erklären, *zurückgewiesen*, da gegen diese Entscheidung Beschwerde eingelegt war[2081].

1895   *Keine Verfahrensaussetzung* kann der Anmelder weiter erreichen, wenn er diese erstmals im *Klageverfahren vor dem EuG* begehrt, bis der bei nationalen, zB deutschen Gerichten zwischenzeitlich anhängig gemachte Rechtsstreit über seinen Antrag auf Löschung der Widerspruchsmarke entschieden sei, da die Rechtmäßigkeitskontrolle nur anhand des tatsächlichen und rechtlichen Rahmens des Rechtsstreits vorzunehmen ist, mit dem die BK befasst war, so dass das EuG die von den nationalen Gerichten zu treffende Entscheidung bei seiner Überprüfung der angefochtenen Entscheidung nicht berücksichtigen kann[2082]. Dasselbe gilt auch, wenn der Verfallsantrag gegen die

---

ihm zur Verfügung stehenden Informationen eine Zustellung weit vor dem Ablauf der Klagefrist garantierte, so konnte er einen Zufall gemäß Art. 45 Abs. 2 Satzung-EuGH dartun, so dass ihm kein Rechtsverfall aufgrund des Ablaufs der Klagefrist entgegengehalten werden kann; EuG, 21.6.2017, T-699/15 – CityTrain, Rn 11–16.

2078 EuG, 22.1.2015, T-488/13 – engineering for a better world, Rn 26–38. Die Anwaltskanzlei hätte im entschiedenen Fall nicht nur kontrollieren müssen, ob es nicht infolge der bei ihr durchgeführten Elektroarbeiten zu Störungen des Empfangssystems der Fernkopien kam, sondern wäre auch, ohne übermäßige Opfer zu bringen, in der Lage gewesen, solche Kontrollen ua hinsichtlich der Übereinstimmung zwischen den auf dem Server gespeicherten und den in die Empfangsbox übermittelten Fernkopien durchzuführen.

2079 EuG, 9.9.2015, T-666/14 – GREEN BEANS I, Rn 35–44.

2080 EuGH, 20.10.2011, C-67/11 P – Solaria/SOLARTIA, Rn 32–35.

2081 EuG, 26.6.2014, T-372/11 – basic/BASIC, Rn 16; bestätigt durch EuGH, 16.7.2015, C-400/14 P. Dies erscheint mE sehr problematisch. Ganz offensichtlich hat das EuG die Konsequenz der evt Nichtigerklärung der Widerspruchsmarke nicht verstanden. Dies resultiert auch aus seiner rechtlichen Grundeinstellung, wonach der Verfahrensgegenstand vor ihm nicht mehr verändert werden darf, also Ereignisse, die nach der Entscheidung der BK eintreten, nicht mehr berücksichtigt werden können.

2082 EuG, 3.12.2015, T-105/14 – iDrive/IDRIVE, Rn 14–17; EuG, 15.9.2009, T-446/07 – Centrixx/sensixx, Rn 15–19; bestätigt durch EuGH, 30.6.2010, C-448/09 P, Rn 44, 45, 49, 50, 52.

ältere Unionsmarke nach Erlass der angefochtenen Entscheidung der Widerspruchsabteilung gestellt wurde, da zudem selbst dann, wenn diesem Antrag stattgegeben würde, eine etwaige Verfallserklärung nicht auf den Zeitpunkt des Erlasses der angefochtenen Entscheidung zurückwirken würde[2083].

Bestand im Widerspruchsverfahren die *Widerspruchsmarke* zum Zeitpunkt der BK-Entscheidung noch, so kann ein *späterer Wegfall* (zB wegen nicht erfolgter Verlängerung oder wegen Verfallserklärung mit Wirkung erst nach Erlass der BK-Entscheidung[2084]) im Klageverfahren vor dem EuG nicht berücksichtigt werden. Der Streitgegenstand fällt dadurch nicht weg, so dass weiter in der Sache entschieden werden muss[2085]. Dagegen kann jedoch auf Antrag des Anmelders vom Gericht (zB nach rechtskräftiger Nichtigkeits- oder Verfallserklärung der Widerspruchsmarke) die *Erledigung der Hauptsache festgestellt* werden mit der Konsequenz, dass das EUIPO trotz der formal nicht aufgehobenen vorausgegangen Zurückweisungsentscheidung das Verfahren fortsetzt und die Anmeldung dennoch zur Eintragung gelangen kann[2086]. **1896**

Es ist allein Sache des EuG, den Wert der ihm vorgelegten *Beweise zu beurteilen*. Es ist nicht verpflichtet, die Würdigung der einzelnen gemäß Art. 91 VerfO-EuG zulässigen Beweismittel ausdrücklich zu begründen, insb wenn es der Auffassung ist, dass diese bedeutungslos oder für den Ausgang des Rechtsstreits unerheblich sind[2087]. **1897**

Eine *Zeugenvernehmung* nach Art. 91 VerfO-EuG ist vor dem EuG nur statthaft, wenn sie für erforderlich erachtet wird, es also auf den Nachweis der unter Beweis gestellten Tatsache für die Entscheidung des Rechtsstreits ankommt. Andererseits kann eine Partei weder vor dem EuG erstmals einen Zeugen anbieten, den sie im Verfahren vor dem EUIPO nicht benannt hatte[2088], noch während des Amtsverfahrens vorgelegte Beweise vervollständigen, da es nicht Aufgabe des Gerichts ist, im Licht erstmals vor ihm eingereichter Beweismittel den Sachverhalt zu überprüfen[2089]. **1898**

2083 EuG, 12.5.2016, T-643/14 – ABTRONIC/TRONIC, Rn 15–18.
2084 Ist jedoch die Widerspruchsmarke mit Wirkung für einen Zeitpunkt, der vor der angefochtenen BK-Entscheidung lag, für verfallen erklärt worden, ist dies zu berücksichtigen und führt zur Erledigterklärung; EuG, 20.6.2017, T-346/16 – Vivatrex/VIVARTEX.
2085 EuG, 15.3.2012, T-288/08 – ZYDUS/ZIMBUS, Rn 22; bestätigt durch EuGH, 8.5.2013, C-268/12 P, Rn 41–45; EuG, 8.10.2014, T-342/12 – Stern im Kreis/Stern im Kreis, Rn 19–29.
2086 EuGH, 8.5.2013, C-268/12 P – ZYDUS/ZIMBUS, Rn 45; EuG, 4.7.2013, T-589/10 – Jukebox/JUKEBOX, Rn 22–39 mwN; EuG, 26.11.2012, T-548/11 – real,- QUALITY/REAL, Rn 22–29; aA jedoch EuG, 8.10.2014, T-342/12 – Stern im Kreis/Stern im Kreis, Rn 19–29. Hier wurde der Erledigungsantrag zurückgewiesen und dem Anmelder von Amts wegen ein Interesse an einer Sachentscheidung auch nach rechtskräftiger Verfallserklärung einer Widerspruchsmarke – jedoch mit Wirkung ab einem Zeitpunkt nach Erlass der BK-Entscheidung – unterstellt. S.a. EuG, 14.2.2017, T-333/14 – SportEYES/EYE mwN.
2087 EuGH, 16.10.2013, C-410/12 P – medi, Rn 27.
2088 EuG, 28.1.2016, T-640/13 – CRETEO/StoCretec und STOCRETE, Rn 119, 120.
2089 EuG, 28.6.2012, T-133/09 – B. Antonio Basile 1952/BASILE, Rn 22–26.

1899 Dem Antrag auf Einholung eines *Sachverständigengutachtens* ist weiter nicht stattzugeben, wenn sich das EuG auf der Grundlage des Akteninhalts für ausreichend unterrichtet hält. Es verfügt insoweit über ein *weites Ermessen*. Unzulässig ist insb ein nur außerordentlich kurzer Antrag. Ansonsten bestimmt das EuG nach Art. 92 Abs. 1 VerfO-EuG die Beweismittel durch Beschluss, der die zu beweisenden Tatsachen bezeichnet[2090].

1900 Beschließt das EuG nach Art. 107 VerfO-EuG die Eröffnung des mündlichen Verfahrens, so bestimmt der Präsident den Termin für die *mündliche Verhandlung*, die wegen Art. 106 Abs. 1 und 2 VerfO-EuG entweder *von Amts wegen* oder auf *begründeten Antrag* einer Hauptpartei[2091] durchgeführt wird. Die Begründung – die nicht mit einer schriftlichen Stellungnahme zu verwechseln ist und drei Seiten nicht überschreiten sollte – muss sich aus einer konkreten Beurteilung der Zweckmäßigkeit einer mündlichen Verhandlung für die betr Partei ergeben, und es ist anzugeben, in Bezug auf welche Aktenbestandteile oder welche Ausführungen diese Partei eine eingehendere Darlegung oder Widerlegung in einer mündlichen Verhandlung für erforderlich hält. Der Antrag ist innerhalb von drei Wochen nach Bekanntgabe des Abschlusses des schriftlichen Verfahrens an die Parteien zu stellen (Nr 141 und 142 PDVerfO-EuG)[2092].

1901 Wegen der *Coronavirus-Pandemie* ist derzeit die *Zweckmäßigkeit* der Antragstellung besonders zu prüfen. Sollte es dem Vertreter einer Partei wegen der Gesundheitskrise und der von den nationalen Behörden getroffenen Maßnahmen nicht möglich sein, sich nach Luxemburg zu begeben, um an einer mündlichen Verhandlung teilzunehmen, kann er als spezielle Krisenmaßnahme einen begründeten Antrag auf Teilnahme

---

2090 EuG, 29.11.2016, T-545/15 – PRESSO/PRESSO, Rn 14, 15; EuG, 16.10.2013, T-388/12 – CORDIO/CORDIA, Rn 18, 19 mwN.

2091 Hierzu gehörte wegen Art. 173 Abs. 3 VerfO-EuG auch der qualifizierte Streithelfer, da er über dieselben prozessualen Rechte wie die Hauptparteien verfügt.

2092 Art. 106 VerfO-EuG findet nur auf Rechtssachen Anwendung, in denen das schriftliche Verfahren am 1.7.2015 noch nicht abgeschlossen war (Art. 227 Abs. 5 VerfO-EuG). Bislang hatte das EuG immer eine mündliche Verhandlung durchgeführt, auch wenn die Begründung ganz generell und ohne fallbezogene Einlassung nur auf dem Anspruch auf rechtliches Gehör beruhte. Jedoch stellte die Durchführung einer mündlichen Verhandlung nach Erkenntnis des EuGH keinesfalls ein Recht des Klägers dar, von dem es keine Ausnahmen geben konnte; EuGH, 24.5.2016, C-63/16 P – FoodSafe, Rn 5/3. So war das EuG trotz Antrags keineswegs zur Abhaltung einer mündlichen Verhandlung verpflichtet, wenn es der Auffassung war, dass eine Klage gemäß Art. 126 VerfO-EuG offensichtlich unzulässig war oder ihr offensichtlich jede rechtliche Grundlage fehlte. Es beurteilte im Licht der ihm vorgelegten Aktenstücke in nicht revisibler Weise, ob ohne Eröffnung des mündlichen Verfahrens durch Beschluss zu entscheiden war; EuGH, 6.6.2018, C-32/17 P – PARKWAY, Rn 22–24 mwN. Der Antrag war innerhalb von drei Wochen nach Bekanntgabe des Abschlusses des schriftlichen Verfahrens an die Parteien zu stellen. Eine (verfrühte) Antragstellung bereits in der Klage war unbeachtlich; EuG, 30.1.2015, T-593/13 – Winder Controls, Rn 13–17 mwN; EuG, 3.3.2015, T-492/13 und T-493/15 – Spielbretter von Gesellschaftsspielen, Rn 8–12.

an der Sitzung per *Videokonferenz* stellen. Das EuG weist in der *Terminsladung* auf diese Möglichkeit und die erforderlichen technischen Voraussetzungen hin[2093].

Wird kein Antrag von einer Hauptpartei gestellt, so kann das EuG, wenn es sich **1902** für durch die Akten hinreichend unterrichtet hält, über die Klage *ohne mündliches Verfahren* entscheiden. Es kann gleichwohl später das mündliche Verfahren wieder eröffnen (Art. 106 Abs. 3 VerfO-EuG).

Die *Details* über die mündliche Verhandlung sind in Art. 107 bis 115 VerfO-EuG **1903** geregelt (s.a. Nr 144 bis 172 PDVerfO-EuG).

Vor den Unionsgerichten ist es üblich, dass die *rechtserheblichen* Erklärungen der **1904** Verfahrensbeteiligten, dh diejenigen, die Auswirkungen auf den Ausgang des Rechtsstreits haben können (wie der Verzicht auf ein Rechtsbegehren, die Bezifferung eines Anspruchs, die Anerkennung einer einschlägigen Tatsache oder die Geltendmachung eines neuen Arguments oder einer neuen Tatsache), vom Kanzler von Amts wegen oder auf Antrag des Richters oder eines Beteiligten in das *Protokoll der mündlichen Verhandlung* gemäß Art. 114 VerfO-EuG aufgenommen werden[2094].

Das EuG entscheidet durch *Urteil* (Art. 117 VerfO-EuG) oder, wenn es für die **1905** Entscheidung über eine Klage offensichtlich unzuständig ist, eine Klage offensichtlich unzulässig ist oder ihr offensichtlich jede rechtliche Grundlage fehlt, durch mit Gründen versehenen *Beschluss* (Art. 119, 126 VerfO-EuG)[2095]. Auch bei offensichtlich begründeten Klagen kann das EuG durch *Beschluss* entscheiden, wenn der EuGH oder das EuG bereits über eine oder mehrere Rechtsfragen entschieden hat, die mit den durch die Klagegründe aufgeworfenen übereinstimmen (Art. 132 VerfO-EuG)[2096].

Im Regelfall entscheidet eine *Kammer* mit drei Richtern, nur in äußerst seltenen Fäl- **1906** len von herausragender Bedeutung mit fünf (Art. 14 VerfO-EuG). Die Kammer kann nach Anhörung der Hauptparteien Klagen gegen Entscheidungen der BK an den *Einzelrichter* übertragen, wenn sie sich wegen fehlender Schwierigkeit der aufgeworfenen Tatsachen- und Rechtsfragen, begrenzter Bedeutung der Rechtssache und des Fehlens anderer besonderer Umstände dazu eignen (Art. 29 Abs. 1a, Abs. 3 VerfO-EuG).

Nach Art. 72 Abs. 2 UMV obliegt es dem EuG, die *Rechtmäßigkeit* der Entscheidungen **1907** der BK dadurch zu überprüfen, dass sie die von ihnen vorgenommene Anwendung des Unionsrechts insb auf den ihnen vorliegenden Sachverhalt einer Kontrolle unterzieht. Daher darf das EuG in den Grenzen des Art. 72 UMV in seiner Auslegung durch den EuGH die Rechtmäßigkeit der Entscheidungen der BK dadurch einer *vollständigen*

2093 Nähere aktuelle Details s. Internetseite: www.curia.europa.eu.

2094 EuG, 18.9.2012, T-133/08, T-134/08, T-177/08 und T-242/09 – LEMON SYMPHONY, Rn 191.

2095 ZB EuG, 24.6.2015, T-626/14 – Blaue Kugel; EuG, 30.11.2015, T-845/14 – Hydro-Comfort; EuG, 23.11.2015, T-766/14 – FoodSafe; bestätigt durch EuGH, 24.5.2016, C-63/16 P.

2096 S. zB EuG, 22.5.2019, T-161/16 – CMS Italy/Springende Raubkatze; mit Verweis auf EuGH, 28.6.2018, C-564/16 P – Springende Raubkatze/Springende Raubkatze.

Kontrolle unterwerfen, dass es erforderlichenfalls der Frage nachgeht, ob die BK die in dem Rechtsstreit fraglichen Tatsachen rechtlich richtig eingeordnet haben oder ob die Beurteilung des den BK unterbreiteten Sachverhalts nicht Fehler aufweist.

1908   Die *Feststellung und die Auslegung der Vorschriften des nationalen Rechts* gehören für die Einrichtungen der Union, soweit sie für ihre Tätigkeit unerlässlich sind, wie diejenigen des Unionsrechts *zur Rechtsanwendung* und nicht lediglich zur Feststellung des *Sachverhalts*. Somit muss sich das EUIPO, wenn es veranlasst sein kann, insb das nationale Recht des Mitgliedstaats zu berücksichtigen, in dem ein älteres Recht geschützt ist, auf das zB der Antrag auf Nichtigerklärung gestützt wird, *von Amts wegen* mit den ihm hierzu zweckdienlich erscheinenden Mitteln über das nationale Recht des betr Mitgliedstaats informieren, soweit entspr Kenntnisse für die Beurteilung der Tatbestandsvoraussetzungen des fraglichen Nichtigkeitsgrundes und vor allem für die Würdigung der vorgetragenen Tatsachen oder der Beweiskraft der vorgelegten Unterlagen erforderlich sind.

1909   Die *Tragweite einer Entscheidung* über die Nichtigkeit einer Unionsmarke setzt nämlich zwangsläufig voraus, dass die entscheidende Stelle nicht auf die Rolle beschränkt ist, das nationale Recht, wie es vom Antragsteller des Nichtigkeitsverfahrens dargestellt wird, lediglich zu bestätigen. Daher darf auch dem EuG nicht wegen einer etwaigen Lückenhaftigkeit der zum Beweis des anwendbaren nationalen Rechts vorgelegten Dokumente die reale Möglichkeit genommen werden, eine effektive Kontrolle durchzuführen. Folglich muss es über die vorgelegten Dokumente hinaus den Inhalt, die Tatbestandsvoraussetzungen und die Tragweite der vom Antragsteller des Nichtigkeitsverfahrens geltend gemachten Rechtsvorschriften prüfen dürfen. Das EuG hat dementspr die Befugnis, die Beurteilung der BK einer *vollen Rechtmäßigkeitsprüfung* zu unterziehen[2097].

1910   Nach stRspr ist es Sache des EuG, zu beurteilen, ob es nach den Grundsätzen einer geordneten Rechtspflege unter den Umständen des konkreten Falles gerechtfertigt ist, die Klage in einer Rechtssache als *unbegründet* abzuweisen, ohne über die *Unzulässigkeitseinrede* des Beklagten zu entscheiden[2098].

2097 EuGH, 27.3.2014, C-530/12 P – Hand/Hand (mano portafortuna), Rn 34–46; aA noch EuG, 20.3.2013, T-571/11 – CLUB GOURMET/CLUB DEL GOURMET, EN.... El Corte Inglés, Rn 35, 38, 41 mwN. Nach diesem Urteil, das Art. 65 Abs. 2 GMV auf die Verletzung des Unionsrechts beschränken wollte, sollte das HABM nur dann verpflichtet sein, sich von Amts wegen über das nationale Recht zu informieren, wenn es bereits über Angaben darüber verfügt, sei es in Form eines Vorbringens zu dessen Inhalt oder in Form von Unterlagen, die in die Erörterung eingebracht worden sind und deren Beweiskraft geltend gemacht wurde.
2098 EuG, 7.7.2016, T-82/14 – LUCEO, Rn 19–22 mwN; EuG, 18.9.2012, T-133/08, T-134/08, T-177/08 und T-242/09 – LEMON SYMPHONY, Rn 103 mwN. Dies erscheint aber mE problematisch, weil die Rechtskraftwirkung unterschiedlich ist, je nachdem, ob eine Klage als unzulässig oder unbegründet abgewiesen worden ist.

Das EuG kann die mit der Klage angefochtene Entscheidung nur *aufheben* oder **1911** *abändern,* wenn zum Zeitpunkt ihres Erlasses einer der in Art. 72 Abs. 2 UMV aufgeführten Gründe vorlag.

Die ihm zustehende *Abänderungsbefugnis* bewirkt nicht, dass es dazu ermächtigt wäre, **1912** seine eigene Beurteilung an die Stelle der von der BK vorgenommenen zu setzen, oder dazu, eine Frage zu beurteilen, zu der die BK noch nicht Stellung genommen hat. Die Ausübung der Abänderungsbefugnis ist folglich grds auf Situationen beschränkt, in denen das EuG nach einer Überprüfung der von der BK vorgenommenen Beurteilung auf der Grundlage der erwiesenen tatsächlichen und rechtlichen Umstände die Entscheidung zu finden vermag, die die BK hätte erlassen müssen[2099]. So hält sich das EuG zB auch für befugt, neben der (Teil-)Aufhebung der angefochtenen Entscheidung der BK unter Aufhebung der Entscheidung der Widerspruchsabteilung den Widerspruch (teilweise) zurückzuweisen[2100].

Die dem EuG nach Art. 36 iVm Art. 53 Satzung-EuGH und Art. 117 Nr m Ver- **1913** fO-EuG obliegende *Begründungspflicht* verlangt nicht, dass das EuG bei seinen Ausführungen alle von den Parteien des Rechtsstreits vorgetragenen Argumente nacheinander erschöpfend behandelt. Daher kann die Begründung implizit erfolgen, sofern sie es den Betroffenen ermöglicht, die Gründe zu erkennen, aus denen das EuG ihrer Argumentation nicht gefolgt ist, und dem EuGH ausreichende Angaben liefert, damit er seine Kontrolle ausüben kann[2101].

Die Verpflichtung des EuG, seine Urteile zu begründen, kann grds *nicht* so weit gehen, **1914** dass es *die in einer Rechtssache gewählte Lösung gegenüber der in einer anderen,* mit der es befasst war, gewählten *rechtfertigt,* selbst wenn sie dieselbe Entscheidung betrifft. Dies gilt erst recht, wenn es sich um zwei Entscheidungen handelt, die unterschiedliche Zeichen und DL betreffen[2102].

Das *EUIPO hat die notwendigen Maßnahmen zu ergreifen,* die sich aus dem Urteil **1915** des EuG oder, im Falle eines Rechtsmittels dagegen, des EuGH ergeben, und zwar aus dem *Urteilstenor* und den ihn *tragenden Gründen* (Art. 72 Abs. 3 und 6 UMV).

Das Amt kommt zB einem Nichtigkeitsurteil nur dann nach und führt es nur dann **1916** voll durch, wenn es *nicht nur den Urteilstenor* beachtet, *sondern auch die Begründung,* die den Tenor in dem Sinne trägt, dass sie zur Bestimmung seiner genauen Bedeutung unerlässlich sind. Diese Urteilsbegründung benennt exakt die Bestimmung, die als

---

2099 EuGH, 5.7.2011, C-263/09 P – ELIO FIORUCCI, Rn 71, 72; EuG, 13.6.2012, T-542/10 – CIRCON/CIRCULON, Rn 98, 99. Eine vom EuG selbst vorgenommene neue Prüfung sämtlicher relevanter Beweise in der Sache würde eine Wahrnehmung von Verwaltungs- und Ermittlungsaufgaben bedeuten, die dem EUIPO obliegen, und damit dem institutionellen Gleichgewicht zuwiderlaufen, das dem Grundsatz der Zuständigkeitsverteilung zwischen dem EUIPO und dem EuG zugrunde liegt.

2100 Siehe EuG, 30.11.2015, T-718/14 – W E (Wetterfahne)/WE, Rn 65, 66 mwN; EuG, 6.9.2013, T-599/10 – EUROCOOL/EUROCOOL LOGISTICS, Rn 25, 26, 143–145.

2101 EuG, 5.7.2011, C-263/09 P – ELIO FIORUCCI, Rn 64.

2102 EuGH, 4.9.2014, C-509/13 P – METRO/GRUPOMETROPOLIS, Rn 51.

rechtswidrig angesehen wird, und lässt die spezifischen Gründe der im Tenor festgestellten Rechtswidrigkeit erkennen, die das EUIPO bei der Ersetzung des für nichtig erklärten Aktes zu beachten hat[2103].

1917   Wird die Entscheidung der BK durch ein rechtskräftiges Urteil des EuG oder ggf des EuGH aufgehoben oder abgeändert, so wird die *Beschwerde wieder bei der BK anhängig*[2104], soweit das Gericht die Sache nicht ausdrücklich an die Ausgangsinstanz des EUIPO zurückverweist, was im Regelfall jedoch nicht geschieht[2105]. Das EuG hat nämlich wegen Art. 71 Abs. 1 UMV iVm Art. 72 Abs. 1 und Abs. 3 UMV die Kompetenz, nicht nur die angefochtene Entscheidung der BK, sondern auch die dieser zugrundeliegende der Widerspruchsabteilung aufzuheben[2106].

1918   Nach Art. 35 Abs. 4 DVUM weist der *Präsident der BK*[2107] gemäß Art. 72 Abs. 6 UMV dann den Fall erneut einer BK zu, der jene Mitglieder, welche die aufgehobene Entscheidung getroffen haben, nicht angehören dürfen[2108], es sei denn, der Fall wird der Großen BK zugewiesen oder die aufgehobene Entscheidung wurde von der Großen BK getroffen[2109].

1919   Die erneut zuständige BK ist nicht daran gehindert, ein *neues Eintragungshindernis*, das bislang nicht Verfahrensgegenstand war, zum Gegenstand des neuerlichen Beschwerdeverfahrens zu machen, und sie ist auch bei ihrer Entscheidungsfindung

---

2103 EuG, 8.2.2018, T-879/16 – Vieta II, Rn 31; EuG, 13.4.2011, T-262/09 – FIRST DEFENSE AEROSOL PEPPER PROJECTOR/FIRST DEFENSE II, Rn 41. Es ist nicht Aufgabe des EuG, dem EUIPO verpflichtende Anweisungen zu erteilen, wie das Urteil im konkreten Fall umzusetzen ist; EuG, 8.7.2015, T-357/11 INTP – GRUPO BIMBO/BIMBO, Rn 14 mwN.

2104 EuG, 25.3.2009, T-402/07 – ARCOL/CAPOL II, Rn 21–23, bestätigt durch EuGH; EuG, 13.4.2011, T-262/09 – FIRST DEFENSE AEROSOL PEPPER PROJECTOR/ FIRST DEFENSE II, Rn 42. Vgl auch EuG, 27.6.2013, T-608/11 – Schreibinstrument-Design II, Rn 54, 55.

2105 EuG, 27.2.2002, T-106/00 – STREAMSERVE, Rn 18, 72; bestätigt durch EuGH, 5.2.2004, C-150/02; EuG, 12.5.2010, T-148/08 – Schreibinstrument-Design I, Rn 42, 43, 133 mwN.

2106 EuG, 9.9.2011, T-274/09 – IC4/ICE, Rn 20–24.

2107 Erfolgt aber in einem vor dem 1.10.2017 vor der BK anhängigen Verfahren die Zuweisung fehlerhafterweise schon durch den Präsidenten und nicht wegen Art. 80 iVm Art. 82 Abs. 2j DVUM gemäß Art. 1d VerfO-BK noch durch das Präsidium der BK, so ist die angefochtene Entscheidung rechtswidrig und aufzuheben; EuG, 9.12.2020, T-722/18 – BASIC II/basic.

2108 EuG, 3.7.2013, T-106/12 – ALPHAREN/ALPHA D3 II, Rn 21–32. Dies gilt aber nur, wenn das EuG in der Sache entschieden hat, und nicht, wenn ein BK-Mitglied an einer vor dem EuG angefochtenen Entscheidung mitgewirkt hat, die noch vor einer Sachentscheidung des EuG von der BK gemäß Art. 103 UMV widerrufen worden war; EuG, 26.1.2017, T-88/16 – ALPHAREN/ALPHA D3 IV, Rn 33–38.

2109 EuG, 16.2.2017, T-828/14 und T-829/14 – Heizkörper, Rn 34–41. Dann kann an der zweiten Entscheidung auch ein Mitglied der BK mitwirken, das an der ersten beteiligt war. S.a. EuG, 1.9.2021, T-96/20 – Limbic® Types II, Rn 27–32.

nicht an Erklärungen der Vertreter des EUIPO im vorausgegangenen Verfahren vor dem EuG gebunden[2110].

Es stellt *keine Verletzung von* Art. 95 Abs. 2 UMV dar, wenn die BK nach Aufhebung   **1920** ihrer Entscheidung durch das EuG die Beteiligten in dem an sie zurückverwiesenen Verfahren nochmals auffordert, insb unter Berücksichtigung der Begründung des Gerichts zur Sache Stellung zu nehmen, und sie den neuen Sachvortrag samt Beweismittel des Widersprechenden berücksichtigt[2111].

Urteile werden mit dem Tag ihrer Verkündung in öffentlicher Sitzung *wirksam* (Art. 118,   **1921** 121 Abs. 1 VerfO-EuG) und *Beschlüsse* zum Zeitpunkt ihrer Zustellung (Art. 120, 121 Abs. 2 VerfO-EuG).

Gemäß Strspr des EuGH kann ein *Antrag auf Auslegung eines Urteils* an das Gericht   **1922** gestellt werden. Dieser muss aber, um zulässig zu sein, den Tenor des betr Urteils iVm den wesentlichen Entscheidungsgründen zum Gegenstand haben und die Beseitigung einer Unklarheit oder Mehrdeutigkeit bezwecken, die möglicherweise Sinn und Tragweite des Urteils selbst insoweit berührt, als es den dem EuG vorgelegten Fall zu entscheiden hatte. Ein Antrag ist jedoch unzulässig, wenn er Fragen betrifft, die in diesem Urteil nicht entschieden worden sind, oder wenn durch ihn eine Stellungnahme des angerufenen Gerichts zur Anwendung und Durchführung oder zu den Folgen des von diesem Gericht erlassenen Urteils erlangt werden soll[2112].

Eine *Wiederaufnahme* des Verfahrens als außerordentlicher Rechtsbehelf kann beim   **1923** EuG gemäß Art. 169 Abs. 1 VerfO-EuG nach Art. 44 Satzung-EuGH nur beantragt werden, wenn eine *Tatsache von entscheidender Bedeutung bekannt wird*, die vor Verkündung des Urteils oder Zustellung des Beschlusses dem EuG und der die Wiederaufnahme beantragenden Partei unbekannt war, zB die Rücknahme des Widerspruchs. Die gesetzlichen Voraussetzungen sind streng zu prüfen, da die Wiederaufnahme es ermöglicht, die Wirksamkeit einer rechtskräftigen Entscheidung in Frage zu stellen. Die Gliederung des Verfahrens in zwei Stadien, von denen das erste die Zulässigkeit und das zweite die Sache betrifft, erklärt sich aus dieser Strenge der Voraussetzungen[2113].

2110   EuG, 6.10.2011, T-508/08 – Lautsprecher II (Bang & Olufsen), Rn 28–51; s.a. EuG, 25.3.2009, T-402/07 – ARCOL/CAPOL II, Rn 98–100, bestätigt durch EuGH, 4.3.2010, C-193/09 P Rn 72.
2111   EuG, 26.1.2017, T-88/16 – ALPHAREN/ALPHA D3 IV, Rn 42–52.
2112   EuG, 8.7.2015, T-357/11 INTP – GRUPO BIMBO/BIMBO, Rn 9 mwN.
2113   EuG, 22.4.2021, und EuG, 13.9.2021, T-616/19 REV – WONDERLAND/WONDERMIX II und III. Die Zurücknahme des Widerspruchs stellt eine Tatsache von entscheidender Bedeutung dar, da die Fortsetzung des Verfahrens als solche von ihr abhängt. Diese führt nämlich dazu, dass das relative Eintragungshindernis aus Art. 8 Abs. 1 UMV, auf das die BK ihre Entscheidung gestützt hat, rückwirkend entfällt. Da hier der Widersprechende seinen Widerspruch vor dem EUIPO vor Zustellung des EuG-Beschlusses über die Klage wirksam zurückgenommen hatte, war zum Zeitpunkt von dessen Zustellung die Grundlage des Widerspruchsverfahrens weggefallen, so dass die Entscheidung des EuG, die Gegenstand der Klage war, gegenstandslos geworden und damit erledigt ist.

1924 Anträge auf *Aussetzung der Vollziehung von Handlungen* eines Organs oder auf sonstige *einstweilige Anordnungen* gemäß Art. 156 bis Art. 161 VerfO-EuG müssen den Streit-gegenstand bezeichnen und die Umstände, aus denen sich die Dringlichkeit ergibt, sowie die den Erlass der beantragten einstweiligen Anordnung dem ersten Anschein nach rechtfertigenden Sach- und Rechtsgründe anführen und sämtliche verfügbaren Beweise und Beweisangebote enthalten. Sie müssen *dringlich* in dem Sinne sein, dass es zur Verhinderung eines schweren und nicht wiedergutzumachenden Schadens für die Interessen des Antragstellers erforderlich ist, sie vor der Entscheidung zur Haupt-sache zu erlassen und wirksam werden zu lassen. Diese Voraussetzungen sind kumu-lativ. Für die Dringlichkeit reichen *rein finanzielle Schäden* nicht aus, weil sie durch Entschädigungen wieder ausgeglichen werden können[2114].

1925 Urteile und Beschlüsse des EuG sind fast ausnahmslos taggenau auf der *Internetseite* des Gerichts in der Verfahrenssprache und zumindest in der Version der französi-schen Arbeitssprache des Gerichts im Curia-Suchformular (wo ua nicht nur nach Az., Gericht und Parteien, sondern auch nach anhängigen, erledigten Rechtssachen, nach Zeitraum und Verfahrensgegenstand, zB »Geistiges, gewerbliches und kommerzielles Eigentum«, »Marken«, recherchiert werden kann) abrufbar, ebenso wie die Termine der anstehenden Sitzungen im Curia-Kalender[2115].

1926 Um der wachsenden Arbeitslast Herr zu werden, ist das EuG *personell erweitert* wor-den. So besteht es seit dem 1.9.2019 aus je zwei Mitgliedern je Mitgliedstaat (Art. 48 Satzung-EuGH).

III. Kostenentscheidung

1927 Das Verfahren vor dem EuG ist gemäß Art. 139 VerfO-EuG grds *gerichtskostenfrei*, es sei denn die Klage wurde offensichtlich missbräuchlich erhoben[2116] oder zusätzliche Kosten wurden durch übergebührliche Schreib- und Übersetzungsarbeiten oder wie-derholte Verfahrensverstöße[2117] verursacht. *Erstattungsfähig* sind jedoch Leistungen an *Zeugen* und *Sachverständige* gemäß Art. 100 VerfO-EuG und Aufwendungen der *Par-*

2114 EuG, 20.10.2021, T-497/21 R – Giovanna Paola Girardi, Rn 13–16 mwN; bestätigt durch EuGH, 30.3.2022, C-703/21 P(R).

2115 www.curia.europa.eu. Kurze Entscheidungszusammenfassungen auf Deutsch sind in der laufend aktualisierten PAVIS PROMA (www.pavis-proma.de) verfügbar.

2116 EuG, 24.9.2019, T-746/17 – i.Beat jump, Rn 11–20. Sind dem EuG erhebliche Kosten für die Bearbeitung der vor ihm anhängigen Rechtssache – insb für die Vorbereitung der Urteilsverkündung – entstanden, die vermeidbar gewesen wären, weil der Antrag des Streithelfers auf Aufhebung des Verkündungstermins wegen gütlicher Einigung erst in der Nacht davor gestellt wurde, obwohl die Parteien sich schon einige Zeit in Vergleichsverhandlungen befanden, ohne das Gericht rechtzeitig zu informieren und um Verschiebung des Verkündungstermins zu ersuchen, was nach Art. 69 Nr c iVm Art. 173 Abs. 3 VerfO-EuG möglich gewesen wäre, sind diese Kosten, die auf 5.000 Euro festgesetzt wurden, wegen Art. 139 Nr a VerfO-EuG vom Kläger und Streithelfer jeweils zur Hälfte zu tragen.

2117 Letzteres gilt für ab dem 1.7.2015 eingereichte Klagen (Art. 227 Abs. 4 VerfO-EuG).

teien, die für das Verfahren notwendig waren, insb Reise- und Aufenthaltskosten sowie die Vergütung der Bevollmächtigten, Beistände oder Anwälte (Art. 140 VerfO-EuG). Ansonsten wird wegen Art. 133 VerfO-EuG in der *Endentscheidung über die Kosten* **1928** entschieden, wobei diese der unterliegenden Partei auf Antrag aufzuerlegen sind[2118]. Das EuG kann die Kosten teilen oder beschließen, dass jede Partei ihre eigenen Kosten trägt, wenn jede Partei teils obsiegt, teils unterliegt (Art. 134 VerfO-EuG). Aus Billigkeits- und anderen schwerwiegenden Gründen kann das EuG eine andere Verteilung vornehmen, zB bei mangelnder Verständlichkeit der angefochtenen Entscheidung (Art. 135 VerfO-EuG)[2119]. Nimmt eine Partei die Klage oder einen Antrag zurück, so trägt sie die Kosten, wenn die Gegenpartei dies beantragt. Einigen sich die Parteien über die Kosten, so wird gemäß der Vereinbarung entschieden. Werden keine Kostenanträge gestellt, so trägt jede Partei ihre eigenen Kosten (Art. 136 VerfO-EuG). Erklärt das EuG die Hauptsache für erledigt, so entscheidet es über die Kosten nach freiem Ermessen (Art. 137 VerfO-EuG). Nach Art. 190 Abs. 1 VerfO-EuG kann das EuG beschließen, dass der Beklagte nur seine eigenen Kosten trägt, wenn einer Klage gegen eine Entscheidung einer BK stattgegeben wird. Die Aufwendungen der Parteien, die für das Verfahren vor der BK notwendig waren, gelten als erstattungsfähige Kosten (Art. 190 Abs. 2 VerfO-EuG).

Streitigkeiten[2120] über die im Verfahren vor dem EuG[2121] *erstattungsfähigen Kosten* gemäß **1929** Art. 140 VerfO-EuG entscheidet das EuG wegen Art. 170 VerfO-EuG auf Antrag einer Partei und nach Anhörung der Gegenpartei durch unanfechtbaren Beschluss. Dabei muss das EuG weder das nationale Rechtsanwaltsgebührensystem noch eine evt Vereinbarung zwischen dem Anwalt und seiner Partei berücksichtigen, sondern es hat in Ermangelung einer unionsrechtlichen Gebührenordnung die *Gegebenheiten des Falles frei zu würdigen,* wobei es den Gegenstand und die Art des Rechtsstreits, seine Bedeutung aus unionsrechtlicher Sicht sowie die Schwierigkeiten des Falles, den Arbeitsaufwand der tätig gewordenen Bevollmächtigten oder Beistände im Zusammenhang mit dem Verfahren und das wirtschaftliche Interesse der Beteiligten am Ausgang des Rechtsstreits berücksichtigt.

2118 EuG, 16.1.2013, T-528/11 – FOREVER/4 EVER, Rn 89 mwN; EuG, 8.5.2014, T-575/12 – PYROX/PYROT, Rn 15, 16. Nur Kosten, die vor der BK angefallen sind, sind gemäß Art. 136 § 2 VerfO-EuG aF (jetzt: Art. 190 Abs. 2 VerfO-EuG) erstattungsfähig, nicht jedoch diejenigen vor der Widerspruchsabteilung.

2119 EuG, 28.5.2020, T-681/18 – STAYER, Rn 45, 46.

2120 Unzulässig ist jedoch ein Antrag, wenn keine Streitigkeit über die erstattungsfähigen Kosten bestand, weil der Antragsteller noch keine konkret bezifferte Forderung gegen die unterlegene Partei erhoben hatte, die diese abgelehnt hätte; EuG, 21.7.2020, T-334/18 DEP – ANA DE ALTUN/ANNA, Rn 13–23.

2121 Eine vom EuG ausgesprochene Verurteilung zur Kostentragung betrifft nicht die mit dem Verfahren vor dem EUIPO, sondern ausschließlich die mit dem Verfahren vor dem EuG verbundenen Kosten, soweit nicht im Einzelfall eine andere Regelung getroffen wurde. Ein Kostenfestsetzungsantrag ist daher unzulässig, soweit er sich auf die mit dem Verfahren vor dem EUIPO verbundenen Kosten bezieht; EuG, 19.9.2018, T-276/16 DEP – Boswelan, Rn 13–15.

1930   Dabei setzt das EuG nicht die Vergütungen fest, die die Parteien ihren eigenen Anwäl-
        ten schulden, sondern bestimmt den *Betrag, bis zu dem die Erstattung* dieser Vergü-
        tungen von der zur Tragung der Kosten verurteilten Partei *verlangt werden kann*[2122].
        Es überprüft insb den Zeit- und Kostenaufwand des jeweiligen Verfahrens, wobei das
        Fehlen genauer Angaben das EuG zu einer strengeren Beurteilung des erstattungsfä-
        higen Honorars von Anwälten zwingt[2123].

1931   Bei der Beurteilung des mit dem Verfahren verbunden Arbeitsaufwands ist es *Sache des
        Unionsrichters*, unabhängig von der Zahl der Anwälte, auf die sich diese DL verteilt
        haben mögen, in erster Linie die Gesamtzahl der Arbeitsstunden zu berücksichtigen,
        die für das Verfahren objektiv erforderlich waren. Ein hoher Stundensatz für die Ver-
        gütung der Dienste besonders erfahrener Berufsangehöriger, die zu effizienter und
        schneller Arbeit imstande sind, erscheint zwar angemessen, muss aber zwingend mit
        einer strikten Beurteilung der Gesamtzahl der notwendigen Arbeitsstunden einher-
        gehen. Bei Verfahren ohne besondere Komplexität reicht nach Ansicht des Gerichts
        ein Zeitaufwand von 15 bis 20 Stunden aus, wobei ein *Anwaltshonorar von 225 bis
        460 Euro pro Stunde* angemessen ist. Ohne detaillierte Abrechnung oder Belege sind
        die Reisekosten mit einem angemessenen Mindestbetrag festzusetzen[2124]. Im *Regelfall*

2122 EuG, 5.3.2012, T-446/07 DEP – Centrixx/sensixx, Rn 10–13 mwN.
2123 EuG, 25.1.2007, T-214/04 DEP – ROYAL COUNTY OF BERKSHIRE POLO CLUB/
      POLO, Rn 18 mwN.
2124 ZB EuG, 15.1.2015, T-535/08 DEP – Emidio Tucci/TUZZI, Rn 12–24; EuG, 9.6.2015,
      T-184/12 DEP – HEATSTRIP/HEATSTRIP, Rn 10–18; EuG, 15.6.2015, T-214/12
      DEP – quadrio/QUADRA, Rn 17–24; EuG, 13.2.2017, T-197/14 DEP – GREEN'S/
      AMBAR GREEN; EuG, 6.3.2017, T-566/13 DEP – HotelTouristWorld.com; EuG,
      15.6.2017, T-30/15 DEP – INFINITY/INFINI; EuG, 20.9.2018, T-212/15 DEP –
      Gourmet/GOURMET (Anwaltskosten von 25.000 auf 5.400 Euro herabgesetzt); EuG,
      26.1.2015, T-201/09 DEP – SCOMBER MIX, Rn 16–31 (Fachanwaltsstundensatz von
      275 Euro, aber keine Patentanwaltskosten); EuG, 17.9.2019, T-96/15 DEP und T-97/95
      DEP – Alfredo alla Scrofa und ALFREDO'S GALLERY alla Scrofa Roma/L'ORIGINALE
      ALFREDO, Rn 39, 40 (Anwaltsstundensatz von 350 Euro, aber nur 15 Stunden in zwei
      Parallelverfahren); EuG, 25.5.2020, T-695/15 DEP – Durchsichtiger Süßwarenbehälter,
      Rn 29 (Anwaltsstundensatz von 290 Euro und 40 Stunden in einem GGM-Verfahren);
      EuG, 15.7.2020, T-390/18 DEP – WKU WORLD KICKBOXING AND KARATE
      UNION, Rn 16, 17, 24–26 (Anwaltsstundensatz von 295 Euro und 7,75 Stunden. Für
      die Festsetzung der erstattungsfähigen Kosten ist kein Nachweis über deren Zahlung an
      den Anwalt erforderlich); EuG, 13.1.2021, T-807/16 DEP – N & NF TRADING/NF
      ENVIRONMENT, Rn 28, 35, 40 (Anwaltsstundensatz von 350 Euro und 20 Stunden,
      Reise- und Aufenthaltskosten 600 Euro, Kosten des Festsetzungsverfahrens 600 Euro);
      EuG, 21.1.2021, T-453/18 DEP u. T-454/18 DEP – OOF/OOFOS, Rn 33, 39, 40
      (Anwaltsstundensatz von 320 Euro und 18 Stunden, Reise-, Aufenthalts und Neben-
      kosten 449,90 Euro); EuG, 24.2.2021, T-601/17 DEP – Würfel mit Gitterstruktur,
      Rn 53, 60, 63, 68 (Anwaltsstundensatz von 460 Euro und 38 1/2 Stunden, Reise-,
      Aufenthaltskosten 491,28 Euro, Kosten des Festsetzungsverfahrens 900 Euro); EuG,
      15.3.2021, T-321/19 DEP – Jokers WILD Casino, Rn 42, 43, 50, 52 (Anwaltsstun-
      densatz von 225 Euro und 15 Stunden, Reise-, Aufenthaltskosten 641,56 Euro, Kos-

werden daher die erstattungsfähigen Auslagen einer Partei ca. *4.000* bis *19.000 Euro* betragen, in bedeutenden Fällen können sie aber auch 31.000 Euro erreichen[2125]. Das EuG prüft sehr gewissenhaft und wendet eher Grundsätze der Sparsamkeit an (Flug nur in Economy-Klasse!).

Nach Art. 146 ff VerfO-EuG haben Personen[2126], die aufgrund ihrer wirtschaftlichen **1932** Lage vollständig oder teilweise außerstande sind, die Kosten des Verfahrens zu tragen, Anspruch auf *Prozesskostenhilfe*. Die wirtschaftliche Lage wird dabei unter Berücksichtigung objektiver Faktoren wie des Einkommens, des Vermögens und der familiären Situation zu beurteilen sein. Nach Art. 147 Abs. 3 VerfO-EuG sind dem Antrag alle Belege beizufügen, die eine Beurteilung der wirtschaftlichen Lage des Antragstellers ermöglichen, wie etwa eine Bescheinigung einer zuständigen nationalen Stelle[2127].

Die Bewilligung von Prozesskostenhilfe wird jedoch *abgelehnt*, wenn das EuG für die **1933** begehrte Rechtsverfolgung offensichtlich unzuständig ist oder wenn diese Rechtsverfolgung *offensichtlich unzulässig* oder *offensichtlich jeder rechtlichen Grundlage entbehrend* erscheint (Art. 146 Abs. 2 VerfO-EuG).

---

ten des Festsetzungsverfahrens 2,85 Stunden a 225 Euro); EuG, 25.3.2021, T-800/19 DEP – AIR, Rn 23, 27 (Anwaltsstundensatz von 250 Euro und 9 1/2 Stunden); EuG, 2.9.2021, T-328/19 DEP – SCORIFY/SCOR, Rn 30 (Anwaltsstundensatz von 226 Euro und 10 Stunden).

2125 ZB EuG, 2.12.2010, T-270/06 DEP – Lego-Stein, Rn 25–62 mwN. S.a. EuG, 9.12.2014, T-394/10 DEP – SOLVO/VOLVO II (17.400 Euro).

2126 Juristischen Personen konnte nach Art. 94 § 2 VerfO-EuG aF keine Prozesskostenhilfe gewährt werden. Das galt auch für einen Rechtsanwalt als Insolvenzverwalter, da dieser nicht im eigenen Namen, sondern in demjenigen der in Insolvenz gefallenen juristischen Person tätig wurde, EuG, 22.1.2009, T-316/07 – easyHotel/EASYHOTEL, Rn 16–28.

2127 S. Prozesskostenhilfeformular; ABl. L 306/61 vom 30.11.2018; www.curia.europa.eu. EuG, 12.10.2009, T-206/09 AJ – DALLAS DHU/DALLAS DHU, Rn 4–13. Prozesskostenhilfe wurde zB bewilligt: EuG, 13.7.2009, T-255/08 AJ – JOSE PADILLA/ JOSE PADILLA.

L. Das Rechtsmittelverfahren vor dem EuGH

I. Verfahren

Gegen Urteile des EuG ist innerhalb von *zwei Monaten* (Art. 56 Satzung-EuGH) **1934**
zuzüglich der Entfernungsfrist von *zehn Tagen* (Art. 51 VerfO-EuGH)[2128] das *Rechtsmittel zum EuGH* statthaft. Trotz der *Coronavirus-Pandemie* laufen die *Rechtsmittelfristen weiter* und sind von den Parteien einzuhalten, unbeschadet der Möglichkeit,
sich auf einen Fall *höherer Gewalt* gemäß Art. 45 Abs. 2 Satzung-EuGH zu berufen.
Zur Erleichterung der Kommunikation empfiehlt der EuGH dringend den Vertretern der Parteien, die noch nicht über ein Konto für *e-Curia* verfügen, diese sichere
Anwendung zu nutzen[2129].

Dieses kann ein (auch nur teilweise) *unterlegener Verfahrensbeteiligter* vor dem EuG **1935**
einlegen, also der Kläger, der Streithelfer und – im Gegensatz zum Verfahren vor dem
EuG – auch das EUIPO. Eine Partei, die sich am Verfahren *vor dem EuG nicht beteiligt*
hat, insb weder eigene Anträge gestellt noch mitgeteilt hat, dass sie die Anträge einer
bestimmten Partei unterstütze, kann jedoch *kein Rechtsmittel* einlegen[2130].

Das Verfahren selbst folgt der *Verfahrensordnung des EuGH* (insb Art. 167 bis 190 **1936**
VerfO-EuGH). Besonders zu beachten sind weiter die PA-EuGH, die nicht nur Erläuterungen, sondern auch zusätzliche Vorschriften enthalten[2131].

2128 Diese pauschale Entfernungsfrist ist nicht als gesondert von der Rechtsmittelfrist, son-
      dern vielmehr als integraler Bestandteil und Verlängerung derselben anzusehen, so dass
      die Frist, innerhalb der das Rechtsmittel einzulegen ist, zwei Monate und 10 Tage ab
      Zustellung der angefochtenen Entscheidung beträgt; EuGH, 3.9.2020, C-174/20 P –
      ViruProtect, Rn 22, 23.
2129 Von März bis zum 31.8.2020 wurden die Fristen in den laufenden Verfahren – mit
      Ausnahme der besonders dringlichen Verfahren wie Eilverfahren, beschleunigte Ver-
      fahren und Verfahren des vorläufigen Rechtsschutzes – um einen Monat verlängert. Sie
      endeten mit Ablauf des Tages, der im folgenden Monat dieselbe Zahl wie der Tag trägt,
      an dem die Frist hätte ablaufen sollen, oder, falls dieser Tag im folgenden Monat fehlte,
      mit Ablauf des letzten Tages dieses Monats. Diese Verlängerung um einen Monat betraf
      auch die von der Kanzlei festgesetzten Fristen, sofern nichts anderes angegeben war. S.
      Hinweise für die Parteien auf www.curia.europa.eu.
2130 EuGH, 24.11.2015, C-206/15 P – BULLDOG/BULL, Rn 30–34; EuGH, 12.2.2015,
      C-35/14 P – Verschmelzende Grüntöne I, Rn 21–26.
2131 Die Satzung und die Verfahrensordnungen des EuGH (Satzung-EuGH, VerfO-EuGH,
      PA-EuGH ua) sind auf der Internetseite des Gerichtshofs www.curia.europa.eu. veröf-
      fentlicht, ebenso weitere nützliche Informationen, wie ua Hinweise für den Vortrag in
      der mündlichen Verhandlung.

1937 Vor dem EuGH besteht ein *Vertretungszwang* durch Bevollmächtigte oder Rechtsanwälte (Art. 119 VerfO-EuGH; Nr 2 PA-EuGH)[2132].

1938 *Verfahrenssprache* ist wegen Art. 37 Abs. 2a VerfO-EuGH diejenige Sprache, die für die angefochtene Entscheidung des EuG Verfahrenssprache war, außer es wird auf gemeinsamen Antrag der Parteien oder auf Antrag einer Partei nach Anhörung der Gegenpartei und des GA eine andere Sprache ganz oder teilweise zugelassen (Art. 37 Abs. 1b und 1c VerfO-EuGH). Ein in falscher Sprache eingelegtes Rechtsmittel ist unzulässig[2133]. Die Verfahrenssprache ist insb in den Schriftsätzen und bei den mündlichen Ausführungen der Parteien, einschl der vorgelegten oder beigefügten Belege und Unterlagen, sowie in den Protokollen und Entscheidungen des EuGH zu verwenden. Vorgelegten oder beigefügten Belegen und Unterlagen, die in einer anderen Sprache abgefasst sind, ist eine *Übersetzung* in der Verfahrenssprache beizugeben (Art. 38 Abs. 1 und 2 VerfO-EuGH).

1939 *Form und Struktur* aller *Verfahrensschriftstücke* vor dem EuGH richten sich nach Art. 57 und 58 VerfO-EuGH iVm Nr 39 bis 44 PA-EuGH. Weicht eines offensichtlich von diesen Vorgaben, insb denjenigen, die seine Länge betreffen, ab, kann der Kanzler den Verfasser auffordern, die Mängel innerhalb einer kurzen Frist zu beheben (Nr 45 PA-EuGH). Die *Zustellungsarten* sind in Art. 48 VerfO-EuGH geregelt sowie *Einreichung und Übermittlung* der Verfahrensschriftstücke in Nr 46 bis 50 PA-EuGH.

1940 Das Rechtsmittel wird gemäß Art. 167 Abs. 1 VerfO-EuGH durch Einreichung einer Rechtsmittelschrift bei der *Kanzlei des EuGH* oder des *EuG* eingelegt (Nr 46 bis 50 PA-EuGH). Dies kann auch über *e-Curia* erfolgen, was vor dem EuGH aber noch nicht zwingend ist, jedoch von ihm empfohlen wird (Nr 47 PA-EuGH)[2134].

1941 Der *Inhalt* der Rechtsmittelschrift ist in Art. 168 VerfO-EuGH geregelt (Nr 21 und 22 PA-EuGH). Nach Art. 169 Abs. 1 und Art. 170 VerfO-EuGH müssen die *Rechtsmittelanträge* die vollständige oder teilweise Aufhebung der Entscheidung des EuG in der Gestalt der Entscheidungsformel zum Gegenstand haben und darauf gerichtet sein,

---

2132 Art. 38 § 5b VerfO-EuGH aF, der vorsah, dass juristische Personen des Privatrechts mit ihrer Klageschrift den Nachweis vorzulegen haben, dass die Prozessvollmacht ihres Anwalts von einem hierzu Berechtigten ordnungsgemäß ausgestellt ist, war nach Art. 112 § 1 VerfO-EuGH aF, der nur auf die §§ 2 und 3 von Art. 38 VerfO-EuGH aF verweist, in Rechtsmittelverfahren nicht anwendbar; EuGH, 22.10.2010, C-84/10 P – Kids Vits/ VITS4KIDS, Rn 19; EuGH, 1.12.2011, C-222/11 P – 5 HTP, Rn 19.

2133 EuGH, 14.1.2016, C-500/15 P – TVR ITALIA/TVR. Art. 168 Abs. 4 VerfO-EuGH. ist nicht anwendbar, so dass keine Möglichkeit zur Mängelbehebung besteht. S.a. EuGH, 18.10.2018, C-602/18 P – STAR.

2134 S. Beschluss des EuGH vom 16.10.2018 über die Einreichung und die Zustellung von Verfahrensschriftstücken im Wege der Anwendung e-Curia; ABl. L 293/36; und Voraussetzungen für die Nutzung der Anwendung e-Curia vom 17.10.2018; www.curia. europa.eu. Das Verfahrensschriftstück ist zu dem Zeitpunkt zugestellt, zu dem der Empfänger auf dieses zugreift. Wird nicht auf das Schriftstück zugegriffen, gilt es mit Ablauf des *siebten*. Tages nach Übersendung der Benachrichtigungs-E-Mail als zugestellt.

den erstinstanzlichen Anträgen vollständig oder teilweise stattzugeben[2135]. Art. 169
Abs. 1 VerfO-EuGH betrifft den fundamentalen Grundsatz, wonach das *Rechtsmittel
gegen den Tenor* der Entscheidung des EuG gerichtet sein muss und nicht lediglich
auf die Änderung bestimmter Entscheidungsgründe. Ein Rechtsmittel, das nur auf
eine Änderung eines Teils seiner Begründung abzielt, ist unzulässig[2136].

Gemäß Art. 58a Satzung-EuGH steht die Prüfung von Rechtsmitteln gegen Entschei- **1942**
dungen des EuG, die eine Entscheidung einer BK des EUIPO betreffen, unter der
Bedingung ihrer *vorherigen Zulassung* durch den EuGH[2137]. In diesen Rechtssachen
ist nach Art. 170a, 170b VerfO-EuGH der Rechtsmittelschrift ein *Antrag auf Zulassung des Rechtsmittels* als Anlage beizufügen, in dem der Rechtsmittelführer die *für die
Einheit, die Kohärenz oder die Entwicklung des Unionsrechts bedeutsamen Fragen* klar
darlegt, die mit dem Rechtsmittel aufgeworfen werden, und der *sämtliche Angaben*
enthalten muss, die erforderlich sind, um dem EuGH eine Entscheidung darüber zu
ermöglichen. Der Zulassungsantrag darf *sieben Seiten nicht überschreiten*, die unter
Berücksichtigung sämtlicher formeller Vorschriften der PA-EuGH abzufassen sind
(Art. 170a Abs. 2 VerfO-EuGH).[2138]

Entspricht der Antrag nicht den formalen Anforderungen des Art. 170a Abs. 2 Ver- **1943**
fO-EuGH, setzt der Kanzler des EuGH dem Rechtsmittelführer eine kurze *Frist zur
Mängelbehebung*. Fehlt es an einem Zulassungsantrag oder behebt der Rechtsmittelführer die beanstandeten Mängel, zB die Anforderungen über *Form und Einreichung* der Verfahrensschriftstücke als auch ihre *Struktur und Länge*, nicht innerhalb
der gesetzten Frist, so wird das Rechtsmittel für unzulässig erklärt (Art. 170a Abs. 1
S. 2 bzw Abs. 3 VerfO-EuGH, Nr 23 bis 25 PA-EuGH)[2139]. Erfüllt der Antrag die

---

2135 EuGH, 17.7.2014, C-490/13 P – ALPHAREN/ALPHA D3, Rn 29–34. Der Rechts-
      mittelführer darf sich nicht darauf beschränken, nicht den Tenor, sondern lediglich
      einige Urteilsgründe anzugreifen.
2136 EuGH, 25.7.2018, C-84/17 P, C-85/17 P und C-95/17 P – Schokoladentafel, vierfach
      gerippt (Kit Kat), Rn 40–43, 46–54.
2137 Dieses Verfahren fand wegen Art. 3 VO (EU, Euratom) 2019/629 vom 17.4.2019 zur
      Änderung des Protokolls Nr 3 über die Satzung-EuGH keine Anwendung auf beim
      EuGH am 1.5.2019 bereits anhängige Rechtsmittel; ABl. L 111/1.
2138 In der Praxis handhabt der EuGH das Zulassungsverfahren außerordentlich streng.
      Bislang hat er über 100 Entscheidungen getroffen, jedoch nur in einem Verfahren
      (EuGH, 7.4.2022, C-801/21 P – Abresham Super Basmati Selaa Grade One World's
      Best Rice/BASMATI) das Rechtsmittel zugelassen. Dies entspricht auch dem Ziel des
      obigen Reformgesetzes (Erwägungsgründe 4 und 5), den EuGH in Anbetracht der stetig
      steigenden Zahl anhängig gemachter Rechtssachen zu entlasten, zumal die Rechtsmittel
      in Verfahren eingelegt wurden, die bereits zweifach geprüft worden waren, nämlich im
      ersten Schritt durch eine unabhängige BK und anschließend durch das EuG, und da
      viele von ihnen vom EuGH zurückgewiesen wurden, weil sie eindeutig unbegründet
      oder sogar offensichtlich unzulässig waren.
2139 EuGH, 9.7.2020, C-193/20 P – DECOPAC, Rn 4–11. Nr 39 und 40 PA-EuGH
      enthalten im Einzelnen bestimmte zusätzliche Anforderungen, die die beim EuGH
      eingereichten Schriftsätze und schriftlichen Erklärungen erfüllen müssen, um deren

vorgeschriebenen formalen Voraussetzungen, so entscheidet der EuGH so rasch wie möglich durch mit Gründen versehenen und auf der Internetseite veröffentlichten Beschluss über die Zulassung oder die Nichtzulassung des Rechtsmittels (Art. 170b VerfO-EuGH)[2140].

1944   Ein *Zulassungsantrag* muss klar und *genau* die *Gründe* angeben, auf die das Rechtsmittel gestützt wird, ebenso genau und klar die durch jeden Rechtsmittelgrund aufgeworfene Rechtsfrage benennen, erläutern, ob diese Frage für die Einheit, die Kohärenz oder die Entwicklung des Unionsrechts bedeutsam ist, und speziell darlegen, warum diese Frage angesichts des angeführten Kriteriums bedeutsam ist. Da der Mechanismus der vorherigen Zulassung von Rechtsmitteln die Kontrolle durch den EuGH auf die Fragen beschränken soll, die für die Einheit, die Kohärenz oder die Entwicklung des Unionsrechts bedeutsam sind, sind von ihm nämlich nur die Gründe im Rahmen des Rechtsmittels zu prüfen, die solche Fragen aufwerfen, was vom Rechtsmittelführer dargetan worden sein muss. Hinsichtlich der Rechtsmittelgründe muss der Zulassungsantrag nähere Angaben zu der Bestimmung des Unionsrechts oder der Rspr enthalten, gegen die das angefochtene Urteil oder der angefochtene Beschluss verstoßen haben soll, in gedrängter Form darlegen, worin der vom EuG angeblich begangene *Rechtsfehler* besteht, und Ausführungen dazu machen, inwieweit sich dieser Fehler auf das Ergebnis des angefochtenen Urteils oder Beschlusses ausgewirkt hat[2141].

1945   Ist der gerügte Rechtsfehler das Ergebnis einer *Verletzung der Rspr*, muss der Antrag auf Zulassung des Rechtsmittels in gedrängter Form, aber klar und genau darlegen,

---

Lektüre und Behandlung, insb auf elektronischem Wege, zu erleichtern. Nach Nr 40 zweiter Gedankenstrich ist eine gängige Schrifttype (zB Times New Roman, Courier oder Arial) mit einer Schriftgröße von mindestens 12 pt im Haupttext und 10 pt in den Fußnoten zu verwenden, bei einem Zeilenabstand von 1,5 sowie einem Abstand von mindestens 2,5 cm (zum linken und rechten sowie zum oberen und unteren Rand). Im entschiedenen Fall wies der Text des sechsseitigen Antrags einen Zeilenabstand von weniger als 1,5 auf, so dass die Gefahr bestand, dass er, wenn er im richtigen Format abgefasst wäre, die festgelegte Grenze von sieben Seiten überschreiten würde. S.a. EuGH, 12.7.2019, C-412/19 P – TOBBIA/Peppa Pig, Rn 2–8; und EuGH, 26.8.2020, C-322/20 P – KENWELL/KENWOOD, Rn 2–7; EuGH, 6.10.2021, C-468/21 P – AICOOK/My Cook, Rn 2–6.

2140   Diese Entscheidung wird gemäß Art. 170b VerfO-EuGH auf Vorschlag des BE nach Anhörung des GA von einer speziell zu diesem Zweck eingerichteten Kammer getroffen, deren Präsident der Vizepräsident des EuGH ist und der darüber hinaus der BE und der Präsident der Kammer mit drei Richtern angehören, der der BE zum Zeitpunkt der Antragstellung zugeteilt ist. Der Beschluss über die Zulassung des Rechtsmittels wird den Parteien der betr Rechtssache vor dem EuG mit der Rechtsmittelschrift zugestellt. Wird das Rechtsmittel teilweise zugelassen, so sind in diesem Beschluss dessen Gründe oder Teile anzuführen, auf die sich die Rechtsmittelbeantwortung beziehen muss. Der Kanzler des EuGH benachrichtigt außerdem das EuG und, sofern sie nicht Partei der betr Rechtssache vor dem EuG waren, die Mitgliedstaaten, das Parlament, den Rat und die Kommission von der Zulassung des Rechtsmittels.

2141   S. zB EuGH, 17.1.2022, C-599/21 P – RICH JOHN RICHMOND, Rn 14–17 mwN.

erstens, wo der *behauptete Widerspruch* zu finden ist, indem sowohl die Rn des mit dem Rechtsmittel angefochtenen Urteils oder Beschlusses, die der Rechtsmittelführer in Frage stellt, als auch die Rn der Entscheidung des EuGH oder des EuG angegeben werden, die missachtet worden sein sollen, und zweitens die *konkreten Gründe,* aus denen ein solcher Widerspruch eine für die Einheit, die Kohärenz oder die Entwicklung des Unionsrechts bedeutsame Frage aufwirft. Ein Antrag auf Zulassung des Rechtsmittels, der diese Angaben nicht enthält, ist nämlich von vornherein nicht geeignet, zu belegen, dass das Rechtsmittel eine für die Einheit, die Kohärenz oder die Entwicklung des Unionsrechts bedeutsame Frage aufwirft, die seine Zulassung rechtfertigt[2142].

Für die Zulassung eines Rechtsmittels reicht es daher keinesfalls aus, wenn im Zulassungsantrag lediglich die Argumente der Rechtsmittelbegründung wiederholt werden, ohne dezidiert darzulegen, wie die Rechtsfehler, unter denen das angefochtene Urteil angeblich leidet, für die Einheit, Kohärenz oder Entwicklung des Unionsrechts von Bedeutung sind[2143]. **1946**

Auch die *Verletzung von wesentlichen Verfahrensrechten* gemäß Art. 41 Abs. 1 GRC, wie des rechtlichen Gehörs, des Rechts auf ordnungsgemäße Verwaltung und auf unparteiische und faire Behandlung, stellt – selbst wenn sie vorläge – keine Frage dar, die für die Einheit, Kohärenz oder Entwicklung des Unionsrechts von Bedeutung ist, und kann daher keine Zulassung des Rechtsmittels zum EuGH rechtfertigen[2144]. Dasselbe gilt für die Rechtsmittelrüge der angeblichen *Verfälschung von Tatsachen und Beweismitteln* durch das EuG[2145]. **1947**

Weiter bedeutet allein die Tatsache, dass eine *Rechtsfrage neu* und *vom EuGH noch nicht geprüft* worden ist, nicht, dass sie notwendigerweise von Bedeutung für die Entwicklung des Unionsrechts ist[2146]. Schließlich genügt das bloße Vorbringen, dass eine Unionsrechtsvorschrift Gegenstand *mehrerer Urteile des EuG* gewesen sei, die zu *keiner einheitlichen Rspr* geführt hätten, nicht den gesetzlichen Anforderungen, wenn dieses Vorbringen allgemeiner Natur bleibt und nicht auch Ausführungen zu den konkreten Gründen gemacht werden, aus denen ein solcher Umstand, sein Vorliegen unterstellt, eine für die Einheit, die Kohärenz oder die Entwicklung des Unionsrechts bedeutsame Frage aufwirft[2147]. **1948**

Neue Anträge vor dem EuGH sind nicht zulässig. Das Rechtsmittel kann daher den vor dem EuG verhandelten Streitgegenstand *nicht verändern* (Art. 170 Abs. 1 VerfO-EuGH). Ein Rechtsmittelführer kann vor dem EuGH kein Angriffsmittel vorbringen, das nicht Teil der Klage vor dem EuG gegen die streitige Entscheidung der BK war. Ein *neues Angriffsmittel,* das den Streitgegenstand erweitert, darf nämlich **1949**

2142 S. zB EuGH, 17.1.2022, C-599/21 P – RICH JOHN RICHMOND, Rn 14–17 mwN.
2143 S. zB EuGH, 10.7.2019, C-359/19 P – MEBLO, Rn 2–8.
2144 EuGH, 16.9.2019, C-421/19 P – PRIMED/PRIM S.A., Rn 11–14.
2145 EuGH, 29.10.2020, C-307/20 P – Peek & Cloppenburg/Peek & Cloppenburg, Rn 21.
2146 EuGH, 30.9.2019, C-461/19 P – Schuhsohle, Rn 16.
2147 EuGH, 13.12.2021, C-589/21 P – NOVA/NOVA, Rn 22.

nicht erstmals im Stadium des Rechtsmittels geltend gemacht werden[2148]. Beantragt der Rechtsmittelführer für den Fall der Aufhebung der angefochtenen Entscheidung die *Zurückverweisung* der Rechtssache an das EuG, so hat er die Gründe darzulegen, warum der Rechtsstreit nicht zur Entscheidung durch den EuGH reif ist (Art. 170 Abs. 2 VerfO-EuGH).

1950   Ein Rechtsmittel muss wegen Art. 256 AEUV (vormals: Art. 225 EGV), Art. 58 Abs. 1 Satzung-EuGH und Art. 169 Abs. 2 VerfO-EuGH in seinen Rechtsgründen und -argumenten die *beanstandeten Punkte* der Begründung des angefochtenen Urteils sowie die den Antrag speziell stützenden *rechtlichen Argumente genau bezeichnen.*

1951   Diesem Erfordernis entspricht ein Rechtsmittel *nicht,* das sich darauf beschränkt, die bereits vor dem EuG dargelegten Klagegründe und Argumente zu wiederholen oder wörtlich wiederzugeben, aber überhaupt *keine Ausführungen zur Bezeichnung des Rechtsfehlers* enthält, mit dem das angefochtene Urteil behaftet sein soll[2149]. Ebenfalls ist ein Rechtsmittel offensichtlich unzulässig, das nur die Begründung des EuG kommentiert oder rügt, dass diese ihn nicht überzeuge, ohne stimmige rechtliche Ausführungen zu Rechtsfehlern zu machen[2150], oder das nur aus der Darlegung von Schlussfolgerungen besteht, ohne zu erklären, welche Verbindungen zwischen diesen und dem Rechtsmittelgrund bestehen[2151].

1952   Die *Rechtsmittelschrift* wird sodann gemäß Art. 171 VerfO-EuGH *den anderen Parteien* der Rechtssache *zugestellt.* Jede Partei der betr Rechtssache vor dem EuG, die ein Interesse an der Stattgabe oder der Zurückweisung des Rechtsmittels hat, kann wegen Art. 172 VerfO-EuGH innerhalb von zwei Monaten nach Zustellung eine *Rechtsmittelbeantwortung* einreichen. Eine Verlängerung der Beantwortungsfrist ist nicht möglich. Der *Inhalt* der Rechtsmittelbeantwortung ist in Art. 173 VerfO-EuGH geregelt. Nach Art. 174 VerfO-EuGH müssen die Beantwortungsanträge auf die vollständige oder teilweise Stattgabe oder Zurückweisung des Rechtsmittels gerichtet sein (Nr 26 PA-EuGH). Neue Anträge dürfen nicht gestellt werden[2152].

1953   Rechtsmittelschrift und -beantwortung können gemäß Art. 175 VerfO-EuGH nur dann durch *eine Erwiderung und eine Gegenerwiderung* ergänzt werden, wenn der Präsident dies auf einen entspr, innerhalb von sieben Tagen nach Zustellung der Rechtsmittelbeantwortung gestellten und gebührend *begründeten Antrag* des Rechtsmittelführers nach Anhörung des BE und des GA für erforderlich hält, insb damit der Rechtsmittelführer zu einer Unzulässigkeitseinrede oder zu in der Rechtsmittelbeantwortung geltend gemachten neuen Gesichtspunkten Stellung nehmen kann. Der Präsident bestimmt die Frist für die Einreichung der Erwiderung und anlässlich der Zustellung dieses Schriftsatzes die Frist für die Einreichung der Gegenerwide-

---

2148   EuG, 25.3.2009, T-191/07 – BUDWEISER/BUDWEISER I, Rn 98–108.

2149   EuGH, 18.12.2008, C-16/06 P – MOBILIX/OBELIX, Rn 111; und EuGH, 1.12.2011, C-222/11 P – 5 HTP, Rn 23, 24, 28, 29.

2150   EuGH, 21.3.2012, C-87/11 P – Hallux, Rn 47, 48, 62.

2151   EuGH, 8.5.2014, C-608/12 P – star foods/STAR SNACKS, Rn 30.

2152   EuGH, 5.7.2011, C-263/09 P – ELIO FIORUCCI, Rn 83–85.

rung. Er kann die *Seitenzahl und den Gegenstand der Schriftsätze begrenzen* (Nr 29 und 30 PA-EuGH). Satzung-EuGH und VerfO-EuGH sehen *keine* Möglichkeit für die Beteiligten vor, eine *Stellungnahme* zu den *Schlussanträgen des GA* einzureichen. Allerdings kann der EuGH nach Art. 83 VerfO-EuGH jederzeit nach Anhörung des GA die Wiedereröffnung des mündlichen Verfahrens beschließen, insb wenn er sich für unzureichend unterrichtet hält oder wenn ein zwischen den Parteien oder den in Art. 23 Satzung-EuGH bezeichneten Beteiligten nicht erörtertes Vorbringen entscheidungserheblich ist.[2153]

Ein *Anschlussrechtsmittel* muss innerhalb der Frist der Rechtsmittelbeantwortung nach **1954** Art. 176 VerfO-EuGH ausdrücklich, mit gesondertem (von der Rechtsmittelbeantwortung getrenntem) Schriftsatz[2154], mit auf die vollständige oder teilweise Aufhebung des angefochtenen Urteils gerichteten Anträgen und mit den geltend gemachten Rechtsgründen und -argumenten eingelegt werden, die die beanstandeten Punkte der Begründung der EuG-Entscheidung genau bezeichnen und sich von den in der Rechtsmittelbeantwortung geltend gemachten Gründen und Argumenten unterscheiden (Art. 178 VerfO-EuGH). Es reicht daher nicht aus, lediglich Ausführungen zu bestimmten vom EuG zurückgewiesenen Unzulässigkeitseinreden zu machen und den EuGH um eine Stellungnahme hierzu zu ersuchen[2155]. Der *Inhalt* der Anschlussrechtsmittelschrift ist in Art. 177 VerfO-EuGH geregelt (Nr 27 PA-EuGH). Auch das *EUIPO* kann Anschlussrechtsmittel einlegen[2156].

Wird Anschlussrechtsmittel eingelegt, so kann der Rechtsmittelführer oder jede andere **1955** Partei der betr Rechtssache vor dem EuG, die ein Interesse an der Stattgabe oder der Zurückweisung des Anschlussrechtsmittels hat, gemäß Art. 179 VerfO-EuGH innerhalb von zwei Monaten nach Zustellung eine *Beantwortung* einreichen, deren Gegenstand auf die mit dem Anschlussrechtsmittel geltend gemachten Gründe begrenzt ist (Nr 28 PA-EuGH). Eine Verlängerung der Frist ist nicht möglich. Für die *Erwiderung und Gegenerwiderung* nach dem Anschlussrechtsmittel gelten dieselben Grundsätze wie bei Rechtsmittelschrift und -beantwortung (Art. 180 VerfO-EuGH).

2153 EuGH, 28.2.2018, C-418/16 P – mobile.de/mobile, Rn 28–31. Der GA hat nach Art. 252 Abs. 2 AEUV die Aufgabe, öffentlich in völliger Unparteilichkeit und Unabhängigkeit begründete Schlussanträge zu den Rechtssachen zu stellen, in denen nach der Satzung-EuGH seine Mitwirkung erforderlich ist. Die Schlussanträge oder ihre Begründung binden den EuGH nicht. Dass eine Partei nicht mit ihnen einverstanden ist, kann folglich unabhängig von den darin untersuchten Fragen für sich genommen kein Grund sein, der die Wiedereröffnung des mündlichen Verfahrens rechtfertigt. S.a. EuGH, 25.7.2018, C-84/17 P, C-85/17 P und C-95/17 P – Schokoladentafel, vierfach gerippt (Kit Kat), Rn 31–36.

2154 EuGH, 30.1.2014, C-422/12 P – CLORALEX/CLOROX, Rn 55. Ein zusammen mit der Rechtsmittelbeantwortung im selben Schriftsatz eingelegtes Anschlussrechtsmittel ist unzulässig.

2155 EuGH, 3.9.2009, C-498/07 P – La Española/Carbonell, Rn 87–94.

2156 EuGH, 15.5.2014, C-97/12 P – Schließmechanismus, Rn 82.

1956   Das *Anschlussrechtsmittel* gilt wegen Art. 183 VerfO-EuGH als *gegenstandslos*, wenn der Rechtsmittelführer sein Rechtsmittel zurücknimmt, wenn das Rechtsmittel wegen Nichteinhaltung der Rechtsmittelfrist für offensichtlich unzulässig erklärt wird oder wenn das Rechtsmittel allein deshalb für offensichtlich unzulässig erklärt wird, weil es nicht gegen eine Endentscheidung des EuG gerichtet ist.

1957   Anträge auf *Zulassung der Streithilfe* müssen gemäß Art. 190 Abs. 2 iVm Art. 21 Abs. 4 VerfO-EuGH innerhalb eines Monats nach Veröffentlichung der Mitteilung im ABl., die den Eintragungstag des verfahrenseinleitenden Schriftsatzes, die Namen der Parteien, die Anträge und die Angabe der geltend gemachten Gründe und wesentlichen Argumente enthält, gestellt werden. Ansonsten ist die Streithilfe in Art. 129 bis 132 VerfO-EuGH geregelt (Nr 33 bis 37 PA-EuGH).

1958   Nach Art. 40 Abs. 2 Satzung-EuGH können natürliche und juristische Personen, die ein berechtigtes Interesse am Ausgang eines bei dem EuGH anhängigen Verfahrens geltend machen können (mit Ausnahme von Rechtssachen zwischen Mitgliedstaaten, zwischen Organen der Union oder zwischen Mitgliedstaaten und Organen der Union), einem dort anhängigen *Rechtsstreit beitreten*[2157]. Insb wird der Beitritt von *repräsentativen Verbänden* erlaubt, deren Ziel es ist, die Interessen ihrer Mitglieder bei Grundsatzfragen zu vertreten, die sich auf diese auswirken können[2158]. Gemäß Art. 42 Satzung-EuGH iVm Art. 157 VerfO-EuGH können natürliche und juristische Personen auch *Drittwiderspruch* gegen ein Urteil erheben, wenn dieses ihre Rechte beeinträchtigt und in einem Rechtsstreit erlassen worden ist, an dem sie nicht teilgenommen haben[2159].

1959   Bestehen *Zweifel über Sinn und Tragweite eines Urteils*, so ist der EuGH wegen Art. 43 Satzung-EuGH iVm Art. 158 VerfO-EuGH zuständig, dieses auf Antrag einer Partei oder eines Unionsorgans auszulegen, wenn diese ein berechtigtes Interesse hieran glaubhaft machen. Für die *Zulässigkeit* ist erforderlich, dass der *Auslegungsantrag* den Tenor des betr Urteils in Verbindung mit dessen wesentlichen Entscheidungsgründen zum Gegenstand hat und die Beseitigung einer Unklarheit oder Mehrdeutigkeit bezweckt, die möglicherweise Sinn und Tragweite des Urteils selbst insoweit berührt,

---

2157   EuGH, 29.7.2019, C-783/18 P – Gefäß mit Wulst (Amphore). Allein der Umstand, dass ein Unternehmen ein Nichtigkeitsverfahren wegen absoluter Schutzhindernisse gegen eine nationale Marke führt (hier vor dem BPafG), begründet für dieses jedoch kein unmittelbares und gegenwärtiges Interesse am Ausgang des Rechtsmittelverfahren, welches die Eintragungsfähigkeit einer parallelen Unionsmarkenanmeldung desselben Inhabers betrifft.

2158   EuGH, 25.3.2014, C-445/13 P – Zylindrische Flaschenform (Voss of Norway), hier zB die INTA.

2159   EuGH, 11.10.18, C-118/18 P-TO – bittorrent. Jedoch kann eine nachteilige, wenn auch erhebliche Auswirkung auf die wirtschaftlichen und finanziellen Interessen eines Anteilseigners einer Gesellschaft, die die erfolglose Rechtsmittelführerin in einem Verfahren vor dem EuGH war, nicht als direkte, nachteilige Auswirkung auf die Interessen dieses Anteilseigners angesehen werden.

als darin über den dem EuGH unterbreiteten konkreten Fall zu entscheiden war[2160]. Ein Antrag auf Auslegung ist jedoch unzulässig, wenn er Fragen aufwirft, die in dem betr Urteil oder Beschluss nicht entschieden wurden[2161].

Nach Art. 154 Abs. 1 VerfO-EuGH können *Schreib- und Rechenfehler* sowie *offen-* **1960** *sichtliche Unrichtigkeiten* vom EuGH von Amts wegen oder auf Antrag einer Partei, der innerhalb von zwei Wochen nach Verkündung des Urteils oder Zustellung des Beschlusses gestellt wird, berichtigt werden. Damit kann aber keinesfalls eine Überprüfung der Begründung des angefochtenen Beschlusses und der darin enthaltenen rechtlichen Erwägungen beantragt werden, ein entspr Antrag ist offensichtlich unzulässig[2162].

Wegen Art. 155 Abs. 1 VerfO-EuGH kann jede Partei, die sich darauf berufen will, **1961** innerhalb eines Monats nach Zustellung der Entscheidung einen *Antrag auf* deren *Ergänzung* stellen, wenn der EuGH es unterlassen hat, über einen bestimmten Antrag oder über die Kosten zu entscheiden. Die Unterlassung besteht darin, dass der EuGH gegen seine Verpflichtung verstößt, über alle von den Parteien gestellten Anträge, einschl des Kostenantrags, zu entscheiden[2163].

Eine Wiederaufnahme des Verfahrens als außerordentlicher Rechtsbehelf kann beim **1962** EuGH gemäß Art. 44 Satzung-EuGH iVm Art. 159 Abs. 1 VerfO-EuGH beantragt werden, wenn eine Tatsache von entscheidender Bedeutung bekannt wird, die vor Verkündung des Urteils oder Zustellung des Beschlusses dem EuGH und der die Wiederaufnahme beantragenden Partei unbekannt war. Die gesetzlichen Voraussetzungen sind streng zu prüfen, da die Wiederaufnahme es ermöglicht, die Wirksamkeit einer rechtskräftigen Entscheidung in Frage zu stellen[2164].

2160 EuGH, 13.12.18, C-118/18 P-INT – bittorrent, mwN. Hier war der Antrag aber offensichtlich unzulässig, da sich aus dem kritisierten Beschluss keine Unklarheit ergibt, die die Schlussfolgerung beeinträchtigt. Die Folgen einer streng am Wortlaut orientierten Lesart des Tenors des Beschlusses, dessen Auslegung beantragt wird, können nämlich nicht in Frage gestellt werden.

2161 EuGH, 11.2.2021, C-763/18 P-INT – wallapop/wala w, mwN. Der Antragsteller möchte nämlich vom EuGH wissen, welche Konsequenzen das EUIPO aus der Verfahrenseinstellung durch den EuGH im Hinblick auf die Umsetzung dieses Beschlusses zu ziehen hat.

2162 EuGH, 25.11.2021, C-201/21 P-OST – BBQLOUMI/HALLOUMI IV, Rn 7–9.

2163 EuGH, 25.11.2021, C-201/21 P-OST – BBQLOUMI/HALLOUMI IV, Rn 11–17. Jedoch kann der Rechtsmittelführer nicht verlangen, dass der EuGH über einen Antrag auf Zulassung des Rechtsmittels entscheidet, der den gesetzlichen Anforderungen offensichtlich nicht genügt. In diesem Fall ist der Antrag gemäß Art. 159a VerfO-EuGH offensichtlich unbegründet.

2164 EuGH, 8.5.2019, C-118/18 P-REV – bittorrent. Nationale und europäische Rspr stellt ebenso wenig einen neuen unbekannten Sachverhalt dar, wie angebliche Verfahrensverstöße, selbst wenn sie entscheidenden Einfluss auf das Ergebnis haben könnten. S.a. EuGH, 16.1.2020, C-118/18 P-REV II – bittorrent, und EuGH, 4.6.2020, C-118/18 P-REV III.

1963 Eine *einstweilige Anordnung* gemäß Art. 160 Abs. 2 bis 7 und Art. 161 bis 164 iVm 190 Abs. 1 VerfO-EuGH ist nur bei hinreichender Erfolgsaussicht und Dringlichkeit statthaft. Dringlichkeit liegt vor, wenn ein schwerer und *nicht wiedergutzumachender Schaden* droht, wobei finanzielle Schäden nicht ausreichen, weil sie durch Entschädigungen wieder ausgeglichen werden können[2165].

1964 Ein Antrag auf *Aussetzung der Vollziehung* von Handlungen eines Organs iSd Art. 278 AEUV im Rahmen eines vor dem EuGH anhängigen Verfahrens muss wegen Art. 160 Abs. 4 VerfO-EuGH, der auf ein Rechtsmittel nach Art. 190 Abs. 1 anwendbar ist, in einem *gesonderten Schriftsatz* und nach Maßgabe der Art. 120 bis 122 VerfO-EuGH gestellt werden. Sonst ist der Aussetzungsantrag unzulässig[2166].

1965 Das Rechtsmittel ist nach Art. 256 AEUV und 58 Abs. 1 Satzung-EuGH auf *Rechtsfragen beschränkt*. Es kann nur auf die Unzuständigkeit des EuG, auf einen Verfahrensfehler, durch den die Interessen des Rechtsmittelführers beeinträchtigt werden, sowie auf eine Verletzung des Unionsrechts durch das EuG gestützt werden. Allein das EuG ist nämlich für die Feststellung und Beurteilung der relevanten Tatsachen sowie für die Beweiswürdigung zuständig. Somit ist dies *keine Rechtsfrage*, die als solche der Kontrolle des EuGH im Rahmen eines Rechtsmittels unterläge.

1966 Als Rechtsmittelgrund kommt daher nur (1) eine *Verletzung des Unionsrechts* in Betracht, zB ein die Interessen des Rechtsmittelführers beeinträchtigender *Verfahrensfehler*, (2) eine *Entstellung oder Verfälschung des tatsächlichen Sachverhalts*[2167], die sich bereits offensichtlich aus den Akten ergeben muss, ohne dass es einer neuen Tatsachen- und Beweiswürdigung bedarf[2168], wobei eine Verfälschung von Beweisen außerdem voraussetzt, dass das EuG die Grenzen einer vernünftigen Beweiswürdigung offensichtlich überschritten hat[2169], oder (3) eine *rechtsfehlerhafte Beurteilung einer materiellen*

2165 EuGH, 12.5.2010, C-5/10 P-R – CANNABIS, Rn 13–25.

2166 EuGH, 29.11.2018, C-340/17 P – ALCOLOCK/ALCOLOCK, Rn 27, 28.

2167 Eine Verfälschung des Inhalts der Entscheidung der BK durch das EuG hat der EuGH zB festgestellt im Urteil vom 16.6.2011, C-317/10 P – UNIWEB/UNIFONDS, Rn 48–52. Außerdem hat das EuG eine Verwechslungsgefahr verneint, ohne alle Umstände zu berücksichtigen, die für die konkrete Beurteilung relevant sind, ob die Gefahr besteht, dass die maßgeblichen Verkehrskreise glauben könnten, dass die Anmeldung zu der vom Widersprechenden angeführten Markenserie gehört, Rn 56–62.

2168 EuGH, 20.10.2011, C-281/10 P – Werbeträgergeschmacksmuster (PepsiCo/Promer), Rn 79.

2169 EuGH, 25.7.2018, C-139/17 P – medialbo/MediaLB, Rn 34, 35 mwN. Angesichts des Ausnahmecharakters einer Rüge der Verfälschung von Tatsachen und Beweismitteln muss ein Rechtsmittelführer insb genau angeben, welche Gesichtspunkte das EuG verfälscht haben soll, und die Beurteilungsfehler darlegen, die es seines Erachtens zu dieser Verfälschung veranlasst haben. Für den Nachweis einer Verfälschung von Beweisen genügt es jedoch nicht, eine andere als die vom EuG gewählte Auslegung der betr Beweise vorzuschlagen.

Rechtsfrage. Auch die Frage, ob die *Begründung eines Urteils des EuG ausreicht* oder unzulänglich, gar widersprüchlich ist, stellt eine Rechtsfrage dar[2170].

Zwar ist die *Würdigung von Beweismitteln* eine Frage tatsächlicher Art, die sich der **1967** Kontrolle durch den EuGH entzieht, jedoch stellt das Versäumnis, alle Beweismittel zu berücksichtigen, einen Rechtsfehler dar und kann als ein solcher im Rahmen eines Rechtsmittels geltend gemacht werden[2171].

Argumente eines Rechtsmittels dagegen, mit denen nicht das EuG-Urteil beanstandet **1968** wird, sondern die *Entscheidung der BK*, deren Aufhebung vor dem EuG beantragt wurde, sind *nicht zulässig*[2172].

Im Einzelfall kann der EuGH selbst die korrekte Anwendung *nationaler Rechtsvor-* **1969** *schriften* durch das EuG überprüfen, wenn diese infolge des in einer unionsrechtlichen Norm enthaltenen Verweises in dem zugrunde liegenden Rechtsstreit anwendbar sind, zB bei Art. 8 Abs. 4 oder Art. 60 Abs. 2 UMV.

Denn im Hinblick auf die Überprüfung der vom EuG zu nationalen Rechtsvorschrif- **1970** ten getroffenen Feststellungen ist der EuGH dafür zuständig, zunächst zu prüfen, ob das EuG auf der Grundlage der ihm vorgelegten Schriftstücke und anderen Beweismittel nicht den Wortlaut der fraglichen *nationalen Vorschriften* oder der sich auf sie beziehenden nationalen Rspr oder auch der sie betr juristischen Literatur verfälscht hat, des Weiteren, ob das EuG in Anbetracht dieser Angaben nicht Feststellungen getroffen hat, die ihrem Inhalt offensichtlich zuwiderlaufen, und schließlich, ob das EuG bei seiner Prüfung der Gesamtheit dieser Angaben zur Ermittlung des Inhalts der fraglichen nationalen Rechtsvorschriften nicht einer dieser Angaben eine Tragweite beigemessen hat, die ihr im Verhältnis zu den anderen nicht zukommt, soweit sich dies offensichtlich aus den zu den Akten genommenen Unterlagen ergibt[2173].

Neue Tatsachen dürfen auch vor dem EuGH *keinesfalls mehr vorgebracht werden.* Eine **1971** Aufhebung des angefochtenen Urteils erfolgt nur, wenn die Rechtsverletzung für die Entscheidung auch *kausal* geworden ist, also geeignet ist, als Rechtsirrtum angesehen zu werden, der das angefochtene Urteil infrage stellen kann[2174].

Im klaren Unterschied zum deutschen System beurteilt der EuGH die Voraussetzun- **1972** gen der *Verwechslungsgefahr*, nämlich die *Ähnlichkeit* von *Marken* im Bild, Klang und dem Sinngehalt nach, die Feststellung ihres *dominierenden* Elements, das Vorliegen

---

2170 EuGH, 5.7.2011, C-263/09 P – ELIO FIORUCCI, Rn 63–68; EuGH, 1.12.2016, C-642/15 P – Ofenform (Bullerjan), Rn 24–30.
2171 EuGH, 20.5.2014, C-414/13 P – Wolfgang Amadeus Mozart PREMIUM/W. Amadeus Mozart, Rn 33 mwN.
2172 EuGH, 17.1.2013, C-21/12 P – RESTORE, Rn 86 mwN.
2173 EuGH, 5.7.2011, C-263/09 P – ELIO FIORUCCI, Rn 46–57; EuGH, 29.11.2011, C-76/11 P – Golden Elephant Brand/GOLDEN ELEPHANT, Rn 66; EuGH, 27.3.2014, C-530/12 P – Hand/Hand (mano portafortuna), Rn 36–38, 46.
2174 EuGH, 15.1.2010, C-579/08 P – Ferromix/FERROMAXX ua, Rn 54; EuGH, 25.2.2010, C-408/08 P – COLOR EDITION, Rn 53.

einer *Neutralisierungswirkung* bei begrifflicher Verschiedenheit sowie die *Ähnlichkeit* der *Waren* und *DL* und die Frage der *Kennzeichnungskraft* des älteren Rechts sowie die *Wechselwirkung* der einzelnen Faktoren nicht als Rechts-, sondern als *Tatsachen-frage*[2175]. Insoweit sind die Feststellungen des EuG einer rechtlichen Überprüfung nicht zugänglich, da das Rechtsmittel auf Rechtsfragen beschränkt ist und daher der EuGH nicht seine eigene Beurteilung an die Stelle derjenigen durch das EuG setzen kann. Dies führte in der Konsequenz dazu, dass die meisten Rechtsmittel, die die Verwechslungsgefahr und deren Voraussetzungen nochmals zur Überprüfung durch den EuGH stellen wollten, vor Einführung des Zulassungsantrags (Rdn 1886 f) als *offensichtlich unzulässig* oder *offensichtlich unbegründet* scheiterten[2176].

1973   Der EuGH kann im Rahmen eines Rechtsmittels, so es denn noch zugelassen wird, was aber derzeit nicht mehr geschieht (s. Rdn 1889.1), nachprüfen, ob das EuG *Ver-fahrensfehler* begangen hat, durch die die *Interessen des Rechtsmittelführers beeinträchtigt* werden. Eine solche Beeinträchtigung liegt vor, wenn das Verfahren ohne den geltend gemachten Verfahrensfehler zu einem anderen Ergebnis hätte führen können. Ist dies nicht der Fall, so hat der Rechtsmittelführer den Nachweis zu erbringen, dass er sich ohne den Verfahrensfehler besser hätte verteidigen können[2177].

1974   Anträge, die die angebliche *Rechtswidrigkeit der Kostenentscheidung* des EuG betreffen, sind gemäß Art. 58 Abs. 2 Satzung-EuGH unzulässig[2178].

1975   Das *mündliche Verfahren* und die mündliche Verhandlung sind in Art. 76 bis 85 Ver-fO-EuGH iVm Nr 51 bis 69 PA-EuGH geregelt und das Verfahren hinsichtlich des *Erlasses von Urteilen und Beschlüssen* in Art. 86 bis 92 VerfO-EuGH.

1976   Der EuGH kann gemäß Art. 83 VerfO-EuGH die *Wiedereröffnung der mündlichen Verhandlung* anordnen, insb wenn er sich für unzureichend unterrichtet hält, wenn eine Partei nach Abschluss des mündlichen Verfahrens eine neue Tatsache unterbrei-tet hat, die von entscheidender Bedeutung für die Entscheidung des EuGH ist, oder

---

2175 Jedoch stellt das Versäumnis, alle diese Umstände zu berücksichtigen, einen Rechtsfehler dar und kann als ein solcher vor dem EuGH im Rahmen eines Rechtsmittels geltend gemacht werden; EuGH, 16.1.2014, C-193/13 P – nfon/fon, Rn 52 mwN.

2176 Siehe ua EuGH, 18.7.2006, C-214/05 – SISSI ROSSI/MISS ROSSI, Rn 23–54; EuGH, 23.3.2006, C-206/04 P – ZIRH/SIR, Rn 28, 41; EuGH, 18.12.2008, C-16/06 P – MOBILIX/OBELIX, Rn 68–80, 91–102; EuGH, 1.6.2006, C-324/05 P – Turkish Power/POWER, Rn 16–48; EuGH, 1.6.2006, C-324/05 P – Emilio Pucci/Emidio Tucci, Rn 40–57; EuGH, 1.6.2006, C-324/05 P – VITAKRAFT/Krafft, Rn 20–28; EuGH, 5.1.2010, C-579/08 P – Ferromix/FERROMAXX ua, Rn 57.

2177 EuGH, 4.9.2014, C-509/13 P – METRO/GRUPOMETROPOLIS, Rn 56–59. Im entschiedenen Fall hatte der Rechtsmittelführer keinen Grund angegeben, aus dem sich die abgelehnte Verschiebung der Verhandlung auf den Ausgang des Verfahrens vor dem EuG hätte auswirken können. Weder legte er dar, an der Geltendmachung von Klagegründen oder Argumenten gehindert gewesen zu sein, noch führte er aus, dass das angefochtene Urteil auf Umständen beruhte, zu denen er sich aufgrund der Abwesenheit seines Beistands während der Verhandlung nicht habe äußern können.

2178 EuGH, 5.7.2011, C-263/09 P – ELIO FIORUCCI, Rn 78.

wenn ein zwischen den Parteien oder den weiteren Beteiligten nicht erörtertes Vorbringen entscheidungserheblich ist[2179].

Einigen sich die Parteien über die streitigen Fragen, bevor der EuGH entschieden hat, **1977** und erklären sie, dass sie auf die Geltendmachung ihrer Ansprüche verzichten, oder nimmt der Rechtsmittelführer durch schriftliche Erklärung das Rechtsmittel zurück, so ordnet der Präsident nach Art. 147 iVm Art. 190 Abs. 1 VerfO-EuGH die *Streichung der Rechtssache* im Register an.

Der EuGH kann gemäß Art. 149 iVm Art. 190 Abs. 1 VerfO-EuGH auch durch **1978** mit Gründen versehenen Beschluss feststellen, dass das Rechtsmittel gegenstandslos geworden und die *Hauptsache erledigt* ist, zB wenn die Rücknahme der angegriffenen Unionsmarke oder des Widerspruchs bzw des Nichtigkeits- oder Verfallsantrags zur Beendigung des Rechtsstreits führt[2180]. Im Fall der Klagerücknahme beschließt der Präsident die Streichung der Rechtssache im Register und entscheidet über die Kosten (Art. 148 iVm Art. 190 Abs. 1 VerfO-EuGH).

Ist das Rechtsmittel oder Anschlussrechtsmittel ganz oder teilweise *offensichtlich unzulässig oder offensichtlich unbegründet*, so kann der EuGH es wegen Art. 181 Ver- **1979** fO-EuGH jederzeit auf Vorschlag des BE und nach Anhörung des GA ganz oder teilweise durch mit Gründen versehenen *Beschluss zurückweisen*. Diese Vorschrift ist in der Praxis aber kaum mehr relevant, weil in diesen Fällen das Rechtsmittel idR nicht zugelassen wird (Rdn 1886).

Hat der EuGH bereits *über eine oder mehrere Rechtsfragen entschieden*, die mit den **1980** durch die Rechtsmittel- oder Anschlussrechtsmittelgründe aufgeworfenen übereinstimmen, und hält er das Rechtsmittel oder Anschlussrechtsmittel für offensichtlich begründet, so kann er es auf Vorschlag des BE und nach Anhörung der Parteien und des GA durch mit Gründen versehenen Beschluss, der einen Verweis auf die einschlägige Rspr enthält, nach Art. 182 VerfO-EuGH für *offensichtlich begründet* erklären.

Ansonsten weist der EuGH das *Rechtsmittel* durch Urteil *zurück*, wenn es unzulässig **1981** oder unbegründet ist. Ist es jedoch begründet, so *hebt* der EuGH nach Art. 61 Satzung-EuGH die *Entscheidung des EuG auf*. Er kann sodann den Rechtsstreit selbst endgültig entscheiden, wenn dieser zur Entscheidung reif ist[2181], oder die Sache zur Entscheidung an das EuG zurückverweisen, das in diesem Falle an die rechtliche Beurteilung des EuGH gebunden ist.

Urteile und Beschlüsse des EuGH, die zumeist taggenau auf der Internetseite des **1982** Gerichtshofs eingestellt werden[2182], sind die letztinstanzlichen und daher allseits *maß-*

2179 EuGH, 22.9.2011, C-323/09 – INTERFLORA, Rn 22–26.

2180 ZB EuGH, 19.5.2009, C-565/07 P – AMS Advanced Medical Services/AMS, Rn 13–16 mwN.

2181 S. zB EuGH, 27.2.2020, C-240/18 P – Fack Ju Göhte, Rn 59, 60; EuGH, 4.3.2020, C-328/18 P – BLACK LABEL BY EQUIVALENZA/LABELL, Rn 80–103.

2182 http://curia.europa.eu in der Rubrik »Gerichtskalender«. Kurze Entscheidungszusammenfassungen auf Deutsch sind in der laufend aktualisierten PAVIS PROMA (www.pavis-proma.de) verfügbar.

geblichen Entscheidungen im europäischen Rechtssystem, auch wenn sie lediglich im *Instanzenzug* über Entscheidungen des EUIPO ergehen. Dabei ist allerdings zu beachten, dass *obiter dicta,* die gelegentlich in Entscheidungen aufscheinen, nicht bindend sind. Da sie nicht zu den eine Entscheidung tragenden Gründen gehören, erwachsen sie nämlich *nicht in Rechtskraft*[2183].

1983 Da das materielle Markenrecht durch die MarkenRL harmonisiert ist, sind materiellrechtliche Aussagen des EuGH weit über den entschiedenen Fall hinaus nämlich auch für die *Auslegung harmonisierter nationaler Rechtsvorschriften* von ausschlaggebender Bedeutung.

1984 *Rechtlich bindend* sind insb Rechtserkenntnisse des EuGH, die im Rahmen von *Vorabentscheidungsersuchen* nationaler Gerichte der Mitgliedstaaten gemäß Art. 267 AEUV, Art. 93 bis 118 VerfO-EuGH ergehen (Nr 11 und 12 PA-EuGH)[2184].

1985 Bei der Beurteilung der rein unionsrechtlichen Frage, ob es sich bei der vorlegenden Einrichtung um ein *Gericht* handelt, ist auf eine Reihe von Merkmalen abzustellen, wie zB gesetzliche Grundlage der Einrichtung, st. Charakter, obligatorische Gerichtsbarkeit, streitiges Verfahren, Anwendung von Rechtsnormen durch die Einrichtung sowie deren Unabhängigkeit. Insb kann eine nationale Einrichtung nicht als *Gericht* qualifiziert werden, wenn sie außergerichtliche Funktionen wie zB solche administrativer Art ausübt[2185]. Auch das EuG kann mangels gesetzlicher Grundlage (zumal es schon kein *nationales* Gericht ist) kein Vorabentscheidungsersuchen an den EuGH richten[2186].

1986 Im Rahmen der *Vorabentscheidungsersuchen* ist der EuGH grds gehalten, über ihm vorgelegte Fragen zu befinden, wenn diese die *Auslegung des Unionsrechts* betreffen, da allein das nationale Gericht für die Feststellung und Beurteilung des Sachverhalts des Ausgangsrechtsstreits sowie die Auslegung und Anwendung des nationalen Rechts zuständig ist. Ebenso hat nur das mit dem Rechtsstreit befasste nationale Gericht, in dessen Verantwortungsbereich die zu erlassende Entscheidung fällt, im Hinblick auf die Besonderheiten der Rechtssache sowohl die Erforderlichkeit als auch die Erheblichkeit der dem EuGH vorzulegenden Fragen zu beurteilen.

1987 Ein Vorabentscheidungsersuchen eines nationalen Gerichts kann demnach nur dann zurückgewiesen werden, wenn die erbetene Auslegung des Unionsrechts *offensichtlich* in keinem Zusammenhang mit der Realität oder dem Gegenstand des Ausgangsrechts-

---

2183 *Bender,* Obiter Dicta – Wie »nebenbei Gesagtes« zur Verwirrung in der europäischen Rspr führt: Von Bainbridge zum Schokoladenhasen; FS Ströbele, Köln 2019, 21.

2184 S. hierzu insb die Empfehlungen des EuGH an die nationalen Gerichte bzgl der Vorlage von Vorabentscheidungsersuchen; ABl. 2019/C 380/01 vom 8.11.2019.

2185 EuGH, 14.11.2013, C-49/13 – MF 7/MAFRA, Rn 15, 16 mwN. Es ist jedoch nicht Sache des EuGH, zu überprüfen, ob die Vorlageentscheidung den nationalen Vorschriften über die Gerichtsorganisation und das Gerichtsverfahren entspricht; EuGH, 23.11.2017, C-381/16 – SHOWER Green/SHOWER Green, Rn 24–30.

2186 EuG, 15.1.2015, T-197/13 – MONACO, Rn 34–40; und EuG, 26.6.2018, T-71/17 – FRANCE.com/France, Rn 19–22.

streits steht, wenn das *Problem hypothetischer Natur* ist oder wenn der EuGH nicht über die tatsächlichen und rechtlichen Angaben verfügt, die für eine zweckdienliche Beantwortung der ihm vorgelegten Fragen erforderlich sind[2187].

Dass die *Parteien des Ausgangsverfahrens* vor dem vorlegenden Gericht keine unions- **1988** rechtlichen Probleme aufgeworfen haben, steht der Anrufung des EuGH durch das nationale Gericht nicht entgegen. Wenn Art. 267 Abs. 2 und 3 AEUV die Anrufung des EuGH für den Fall vorsieht, dass eine solche Frage einem nationalen Gericht gestellt wird, soll dies damit nicht allein auf die Fälle beschränkt werden, in denen auf Initiative der einen oder der anderen Partei eine Frage nach der Auslegung oder Gültigkeit des Unionsrechts gestellt wird, sondern es sollen vielmehr auch Fälle erfasst werden, in denen das nationale Gericht selbst eine solche Frage aufwirft und eine Entscheidung darüber zum Erlass seines Urteils für erforderlich hält[2188].

Die Rspr des EuGH ist daher *für alle markenrechtlichen Instanzen* zugrunde zu legen. **1989** Da sich ihr Inhalt, bedingt durch die juristische Sprache und die vielfältigen *Übersetzungen*, oft nicht auf den ersten Blick erschließt, empfiehlt es sich, bei Zweifelsfragen auch die anderen Sprachversionen, insb die französische (als Arbeitssprache des Gerichtshofs), in das Studium ihres Verständnisses mit einzubeziehen.

II. Kostenentscheidung

Auch das Rechtsmittelverfahren ist wegen Art. 143 iVm Art. 184 Abs. 1 VerfO-EuGH **1990** *gerichtskostenfrei.* Jedoch kann der EuGH nach Anhörung des GA Kosten, die vermeidbar gewesen wären, der Partei auferlegen, die sie veranlasst hat. Kosten für Schreib- und Übersetzungsarbeiten, die nach Ansicht des Kanzlers das gewöhnliche Maß überschreiten, hat die Partei, die diese Arbeiten beantragt hat, nach Maßgabe der in Art. 22 VerfO-EuGH bezeichneten Gebührenordnung der Kanzlei zu erstatten (Nr 4 bis 6 PA-EuGH).

Hat eine erstinstanzliche *Streithilfepartei das Rechtsmittel nicht selbst eingelegt,* so kön- **1991** nen ihr im Rechtsmittelverfahren Kosten nur dann auferlegt werden, wenn sie am schriftlichen oder mündlichen Verfahren vor dem EuGH teilgenommen hat. Nimmt eine solche Partei am Verfahren teil, so kann der EuGH ihr ihre eigenen Kosten auferlegen (Art. 184 Abs. 4 VerfO-EuGH).

Über die *sonstigen Kosten* wird gemäß Art. 137 iVm Art. 184 Abs. 1 VerfO-EuGH in **1992** der Endentscheidung entschieden. Der EuGH entscheidet nach Art. 184 Abs. 2 VerfO-EuGH über die Kosten, wenn das Rechtsmittel zurückgewiesen wird oder wenn es begründet ist und er selbst den Rechtsstreit endgültig entscheidet. Die unterliegende Partei ist auf Antrag zur Tragung der Kosten zu verurteilen. Unterliegen mehrere Par-

---

2187 EuGH, 25.10.2012, C-553/11 – Protifit/PROTI, Rn 15, 16 mwN; EuGH, 21.2.2013, C-561/11 – FCI Fédération Cynologique Internationale/F.C.I. Federación Canina Internacional de Perros de Pura Raza, Rn 26–29.
2188 EuGH, 21.2.2013, C-561/11 – FCI Fédération Cynologique Internationale/F.C.I. Federación Canina Internacional de Perros de Pura Raza, Rn 30.

teien, so entscheidet der EuGH über die Kostenverteilung (Art. 138 Abs. 1 und 2 iVm Art. 184 Abs. 1 VerfO-EuGH). Wenn jede Partei teils obsiegt, teils unterliegt, trägt jede ihre eigenen Kosten. Eine Partei trägt außer ihren eigenen Kosten einen Teil der Kosten des Gegners, wenn dies in Anbetracht der Umstände des Einzelfalls gerechtfertigt erscheint (Art. 138 Abs. 3 iVm Art. 184 Abs. 1 VerfO-EuGH). Der EuGH kann auch der obsiegenden Partei die Kosten auferlegen, die sie der Gegenpartei ohne angemessenen Grund oder böswillig verursacht hat (Art. 139 iVm Art. 184 Abs. 1 VerfO-EuGH). Der EuGH kann schließlich entscheiden, dass ein *Streithelfer* seine eigenen Kosten trägt (Art. 140 Abs. 3 iVm Art. 184 Abs. 1 VerfO-EuGH).

1993   *Nimmt* eine Partei *das Rechtsmittel zurück*, so trägt sie die Kosten, wenn die Gegenpartei dies beantragt. Die Kosten werden jedoch auf Antrag der Partei, die die Rücknahme erklärt, dem Gegner auferlegt, wenn dies wegen des Verhaltens dieser Partei gerechtfertigt erscheint. Einigen sich die Parteien über die Kosten, so wird gemäß der Vereinbarung entschieden. Werden keine Kostenanträge gestellt, so trägt jede Partei ihre eigenen Kosten (Art. 141 iVm Art. 184 Abs. 1 VerfO-EuGH). Erklärt der EuGH die Hauptsache für erledigt, so entscheidet er über die Kosten nach freiem Ermessen (Art. 142 iVm Art. 184 Abs. 1 VerfO-EuGH).

1994   Auf Antrag setzt der EuGH bei Streitigkeiten nach Art. 145 iVm Art. 184 Abs. 1 VerfO-EuGH die *Kosten in einem Beschluss fest*. Erstattungsfähige Kosten sind wegen Art. 144 iVm Art. 184 Abs. 1 VerfO-EuGH die Leistungen an Zeugen und Sachverständige gemäß Art. 73 VerfO-EuGH und die Aufwendungen der Parteien, die für das Verfahren notwendig waren, insb Reise- und Aufenthaltskosten sowie die Vergütung der Bevollmächtigten, Beistände oder Anwälte.

1995   Der EuGH setzt hierbei nicht die von den Parteien ihren eigenen Anwälten geschuldeten Vergütungen fest, sondern bestimmt den *Betrag, bis zu dem die Erstattung* dieser Vergütungen von der zur Tragung der Kosten verurteilten Partei *verlangt werden kann*. Dabei braucht er eine nationale Gebührenordnung für Anwälte nicht zu berücksichtigen.

1996   Da das Unionsrecht keine Gebührenordnung und keine Bestimmungen über den erforderlichen Arbeitsaufwand enthält, hat der EuGH die Umstände des Einzelfalls *frei zu würdigen* und dabei den Gegenstand und die Art des Rechtsstreits, seine Bedeutung aus unionsrechtlicher Sicht sowie seinen Schwierigkeitsgrad (auch dass das Verfahren auf Rechtsfragen beschränkt ist), den Arbeitsaufwand der tätig gewordenen Bevollmächtigten oder Beistände im Zusammenhang mit dem Verfahren (der je nach Parteistellung, zB Kläger oder Streithelfer variieren kann, da idR die Aufgabe eines Streithelfers im Verfahren durch die Arbeit der Partei, zu deren Unterstützung er dem Rechtsstreit beigetreten ist, spürbar erleichtert wird) und die wirtschaftlichen Interessen der Parteien am Ausgang des Rechtsstreits zu berücksichtigen. Dazu gehören auch die notwendigen Aufwendungen für das Kostenfestsetzungsverfahren.

So können in komplizierten Verfahren ein Zeitaufwand bis zu 80 Stunden und ein *Anwaltshonorar bis zu 450 Euro pro Stunde* angemessen sein[2189].

Prozesskostenhilfe kann nach Art. 185 bis Art. 189 VerfO-EuGH auch im Rechtsmittel- **1997** verfahren gewährt werden[2190]. Der Antrag *hemmt* nach Art. 186 Abs. 3 VerfO-EuGH den *Lauf der Rechtsmittelfrist* bis zum Zeitpunkt der Zustellung des Beschlusses, mit dem über diesen Antrag entschieden wird. Dies führt aber nicht dazu, dass die Rechtsmittelfrist nach Bewilligung wieder vollständig neu zu laufen beginnt, sondern dass nur noch die restliche Laufzeit für die Einreichung eines Rechtsmittels läuft[2191].

2189 ZB EuGH, 4.3.2021, C-514/18 P-DEP – Steirisches Kürbiskernöl, Rn 42, 47, 49 (5.760 Euro bei 24 Anwaltsarbeitsstunden zu je 240 Euro in einem Urteilsverfahren und 15 Euro Nebenkosten); EuGH, 17.12.2020, C-71/16 P-DEP – ZUMEX/ JUMEX, Rn 37, 47, 48 (4.250 Euro bei 17 Anwaltsarbeitsstunden zu je 250 Euro in einem Urteilsverfahren und 212,50 Euro [= 5 %] für das Kostenfestsetzungsverfahren); EuGH, 30.5.2018, C-30/15 P-DEP und C-30/15 P-DEP2 – Würfel mit Gitterstruktur (Rubik's Cube), Rn 34, 35 bzw 36 (Anwaltsarbeitsstunden zu je 450 Euro, Gesamtkosten von 35.000 bzw 34.000 Euro); EuGH, 13.7.2017, C-325/13 P-DEP und C-326/13 P-DEP – Peek & Cloppenburg/Peek & Cloppenburg, Rn 21–35 mwN (16.000 Euro bei 50 Anwaltsarbeitsstunden zu je 250 Euro in einem Urteilsverfahren und 3.500 Euro für das Kostenfestsetzungsverfahren); EuGH, 12.11.2015, C-699/13 P-DEP – Maxigesic/OXIGESIC, Rn 8–22 mwN (3.380 Euro in einem Beschlussverfahren); EuGH, 5.12.2013, C-406/11 P-DEP – ATLAS/atlasair, Rn 9–18 mwN (3.700 Euro in einem Beschlussverfahren); EuGH, 16.5.2013, C-498/07 P-DEP – La Espanola/Carbonell, Rn 19–35 mwN (21.588,51 Euro); EuGH, 12.6.2008, C-206/04 P-DEP – ZIRH/SIR, Rn 11–25 (5.126,95 Euro jeweils in einem Urteilsverfahren mit mündlicher Verhandlung).
2190 Zur Beiordnung eines Anwalts, s. Art. 4 und 5 Zusätzliche Verfahrensordnung des EuGH vom 14.1.2014, L 32/37 vom 1.2.2014.
2191 EuGH, 14.6.2016, C-43/16 P – LUCEA LED/LUCEO mwN.

M. Die Rechte aus der Unionsmarke

I. Rechte aus der Unionsmarke

Die Rechte der Unionsmarke ergeben sich aus Art. 9 bis 11 UMV sowie Art. 12 und **1998** 13 UMV. Mit der Eintragung einer Unionsmarke erwirbt ihr Inhaber nämlich ein *ausschließliches Recht* an ihr (Art. 9 Abs. 1 UMV).

So hat er gemäß Art. 9 Abs. 2 UMV (der weitgehend Art. 10 MarkenRL und den **1999** relativen Eintragungshindernissen entspricht, s. Rdn 1300 ff) unbeschadet der von Markeninhabern[2192] vor dem Zeitpunkt der Anmeldung oder dem Prioritätstag der Unionsmarke erworbenen Rechte das Recht, *Dritten* zu verbieten, ohne seine Zustimmung[2193] im *geschäftlichen Verkehr* ein Zeichen für Waren oder DL zu benutzen, wenn
(a) das Zeichen mit der Unionsmarke identisch ist und für Waren oder DL benutzt **2000** wird, die mit denjenigen identisch sind, für die die Unionsmarke eingetragen ist[2194] (*Doppelidentität*);
(b) das Zeichen mit der Unionsmarke identisch oder ihr ähnlich ist und für Waren **2001** oder DL benutzt wird, die mit denjenigen identisch oder ihnen ähnlich sind, für die die Unionsmarke eingetragen ist, und für das Publikum die Gefahr einer Verwechslung besteht, die die Gefahr einschließt, dass das Zeichen mit der Marke gedanklich in Verbindung gebracht wird (*Verwechslungsgefahr*);
(c) das Zeichen mit der Unionsmarke identisch oder ihr ähnlich ist, unabhängig davon, **2002** ob es für Waren oder DL benutzt wird, die mit denjenigen identisch sind oder denjenigen ähnlich oder nicht ähnlich sind, für die die Unionsmarke eingetragen ist, wenn diese in der Union bekannt ist und die Benutzung des Zeichens die Unterscheidungskraft oder die Wertschätzung der Unionsmarke ohne rechtfertigenden Grund in unlauterer Weise ausnutzt oder beeinträchtigt (*bekannte Marke*).

Art. 9 Abs. 1a und Abs. 1b UMV (und Art. 10 Abs. 2a und Abs. 2b MarkenRL) *gestat-* **2003** *ten* dem Inhaber einer *aus einem Testsiegel bestehenden Individualmarke nicht*, sich der Anbringung eines mit dieser Marke identischen oder ihr ähnlichen Zeichens durch einen Dritten auf Waren zu *widersetzen*, die mit den Waren oder den DL, für die diese Marke eingetragen ist, *weder identisch noch* ihnen *ähnlich* sind. Jedoch gestatten Art. 9

2192 Statt »Markeninhabern« muss es richtigerweise »Rechtsinhabern« heißen, was sich aus den anderen Sprachfassungen der UMV ergibt.
2193 Für die Zustimmung des Markeninhabers trägt der Dritte die Beweislast.
2194 EuGH, 11.9.2007, C-17/06 – Céline, Rn 16, 26, 27.

Abs. 1c UMV (und Art. 10 Abs. 2c MarkenRL) dem Inhaber einer aus einem Test-siegel bestehenden *bekannten* Individualmarke, sich der Anbringung eines mit dieser Marke identischen oder ihr ähnlichen Zeichens durch einen Dritten auf Waren, die mit denen, für die diese Marke eingetragen ist, weder identisch noch ihnen ähnlich sind, zu *widersetzen*, vorausgesetzt, dieser Dritte nutzt aufgrund dieser Anbringung die Unterscheidungskraft oder die Wertschätzung dieser Marke in unlauterer Weise aus oder beeinträchtigt sie und hat keinen rechtfertigenden Grund dargetan[2195].

2004   Art. 9 Abs. 1 und 2 UMV sowie Art. 10 Abs. 1 und 2 MarkenRL unterscheiden nicht danach, ob die *Dritten Inhaber einer Marke* sind *oder nicht*. Daher muss die angegriffene jüngere Marke nicht zuvor für ungültig erklärt werden[2196]. Das *verlet-zende Zeichen* muss nicht unbedingt eine Marke sein, es kann sich zB auch um ein (Gemeinschafts-)*Geschmacksmuster* handeln[2197].

2005   Der Markeninhaber kann gemäß Art. 9 Abs. 2b UMV iVm Art. 18 Abs. 1 UMV und Art. 58 Abs. 1a UMV während des Zeitraums von fünf Jahren nach der Ein-tragung einer Unionsmarke Dritten im Fall einer *Verwechslungsgefahr* verbieten, im geschäftlichen Verkehr ein mit seiner Marke identisches oder ihr ähnliches Zeichen für alle Waren und DL zu benutzen, die mit denen, für die diese Marke eingetragen ist, identisch oder ihnen ähnlich sind, *ohne eine ernsthafte Benutzung* der Marke für diese Waren oder DL belegen zu müssen. Für die Feststellung, ob die Waren oder DL des mutmaßlichen Rechtsverletzers mit den durch die fragliche Unionsmarke erfassten Waren oder DL identisch oder ihnen ähnlich sind, ist daher der Umfang des durch diese Bestimmung verliehenen ausschließlichen Rechts innerhalb des Zeitraums von fünf Jahren ab der Eintragung der Unionsmarke in Bezug auf die Waren und DL zu beurteilen, für *die die Marke eingetragen* ist, und nicht in Bezug auf die Benutzung der Marke, die der Inhaber während dieses Zeitraums vornehmen konnte[2198].

2006   Einem Werbenden können jedoch *Handlungen oder Unterlassungen eines (Internet-) Werbedienstleisters* nicht zugerechnet werden, wenn dieser sich über die ausdrücklich vom Werbenden erteilten Anweisungen, die Benutzung der Marke eines Dritten (*Mercedes-Benz*) zu verhindern, hinwegsetzt[2199]. Weiter *benutzt* eine im geschäftlichen

---

2195 EuGH, 11.4.2019, C-690/17 – ÖKO-TEST-Siegel, Rn 34–43, 48–53; zu Art. 5 Abs. 1a und Abs. 1b und Abs. 2 MarkenRL aF.

2196 EuGH, 10.3.2015, C-491/14 – uh (Rosa dels Vents/U Hostels), Rn 23, 29, 31 mwN; zu Art. 5 Abs. 1 MarkenRL aF. Die Bestimmungen der MarkenRL sind nämlich im Licht des Prioritätsprinzips auszulegen, das besagt, dass die ältere Marke Vorrang vor der jüngeren hat, denn wie insb aus Art. 4 Abs. 1 MarkenRL aF (jetzt Art. 5 Abs. 1 MarkenRL) hervorgeht, wird bei einer Kollision von Marken vermutet, dass die zuerst eingetragene die Voraussetzungen für den Schutz vor der als zweite eingetragenen erfüllt.

2197 Art. 25 Abs. 1e GGV; s.a. EuG, 12.5.2010, T-148/08 – Schreibinstrument-Design I, Rn 50–59. ZB EuG, 9.9.2015, T-278/14 – DIESEL/DIESEL, das ein erfolgreiches Nichtigkeitsverfahren gegen ein GGM aus einer Internationalen Registrierung betrifft.

2198 EuGH, 21.12.2016, C-654/15 – Matek/Länsförsäkringar, Rn 26, 27, 29.

2199 EuGH, 3.3.2016, C-179/15 – Autorisierte Mercedes-Benz-Werkstatt (Együd)/Merce-des-Benz (Daimler), Rn 32–44. Nach Art. 5 Abs. 1a und 1b MarkenRL aF (jetzt Art. 10

Verkehr auftretende Person, die auf einer Internetseite eine Anzeige hat platzieren lassen, durch die eine Marke eines Dritten verletzt wird, das mit dieser Marke identische Zeichen *nicht*, wenn *Betreiber anderer Internetseiten* diese Anzeige übernehmen, indem sie sie *auf eigene Initiative* und *im eigenen Namen* auf diesen anderen Internetseiten veröffentlichen[2200].

Bekannt iSd Art. 9 Abs. 2c UMV ist eine Unionsmarke dann, wenn sie bei einem wesentlichen Teil des von den durch sie erfassten Waren oder DL betroffenen Publikums in einem wesentlichen Teil des Unionsgebiets bekannt ist, wobei das Gebiet eines Mitgliedstaats (zB Österreich) im Einzelfall als wesentlicher Teil des Unionsgebiets ausreichen kann[2201].　　　**2007**

Sofern die Bekanntheit einer älteren Unionsmarke *in einem wesentlichen Teil des Unionsgebiets* erwiesen ist, das ggf mit dem Gebiet eines einzigen Mitgliedstaats zusammenfallen kann, der nicht notwendigerweise der sein muss, in dem eine Anmeldung der jüngeren nationalen Marke erfolgt ist, ist diese Unionsmarke *in der Union bekannt*. Dabei sind die von der Rspr aufgestellten Kriterien betr die ernsthafte Benutzung der Unionsmarke als solche für den Nachweis des Vorliegens einer *Bekanntheit* nicht maßgebend[2202].　　　**2008**

Abs. 2a und 2b MarkenRL) nimmt ein Dritter, der in einer auf einer Internetseite veröffentlichten Anzeige genannt ist, die ein Zeichen enthält, das mit einer Marke identisch oder ihr ähnlich ist, so dass der Eindruck einer Geschäftsbeziehung zwischen ihm und dem Markeninhaber besteht, keine Benutzung dieses Zeichens vor, die vom Inhaber nach dieser Bestimmung verboten werden kann, wenn die Anzeige weder von diesem Dritten noch in seinem Namen platziert worden ist oder, falls die Anzeige von diesem Dritten oder in seinem Namen mit Zustimmung des Inhabers platziert worden ist, wenn dieser Dritte den Betreiber der Internetseite, bei dem er die Anzeige in Auftrag gegeben hatte, ausdrücklich aufgefordert hat, die Anzeige oder die in ihr enthaltene Nennung der Marke zu löschen.

2200　EuGH, 2.7.2020, C-684/19 – mbk (mk advokaten)/MBK Rechtsanwälte, Rn 27–31. In diesem Fall kann nämlich nicht davon ausgegangen werden, dass der Wirtschaftsteilnehmer, dessen Waren oder DL auf diese Weise beworben werden, Kunde dieser Betreiber ist. Vielmehr benutzen diese Betreiber von Internetseiten mit Marken Dritter identische oder ihnen ähnliche Zeichen, die in Verkaufsangeboten oder Anzeigen, die diese Betreiber veröffentlichen, enthalten sind oder die das Erscheinen dieser Anzeigen auslösen. Die Inhaber dieser Marken können somit gegen diese Betreiber aufgrund des ausschließlichen Rechts nach Art. 10 Abs. 1 und 2 MarkenRL vorgehen, wenn mit diesen Angeboten oder Anzeigen Waren oder DL beworben werden, die mit denjenigen, für die diese Marken eingetragen sind, identisch oder ihnen ähnlich sind.

2201　EuGH, 6.10.2009, C-301/07 – Pago/Lattella, Rn 29, 30.

2202　EuGH, 3.9.2015, C-125/14 – be impulsive/Impulse (Iron & Smith Kft./Unilever NV), Rn 16, 20–34, zur Bekanntheit iSd Art. 4 Abs. 3 MarkenRL aF (jetzt Art. 5 Abs. 3 MarkenRL), der Art. 3 Abs. 2c UMV entspricht. Selbst wenn die ältere Unionsmarke einem erheblichen Teil der maßgeblichen Verkehrskreise des Mitgliedstaats, in dem die Anmeldung der jüngeren nationalen Marke erfolgt ist, unbekannt ist, ist nach Ansicht des EuGH nicht ausgeschlossen, dass ein wirtschaftlich nicht unerheblicher Teil dieser

2009   Das Erfordernis der Bekanntheit bei einem *Testsiegel verlangt nicht*, dass dem Publikum der Umstand bekannt sein muss, dass dieses *als Marke eingetragen* wurde. Es reicht aus, dass ein bedeutender Teil des maßgeblichen Verkehrs dieses Zeichen kennt[2203].

2010   Für die umfassende Beurteilung der Verwechslungsgefahr oder für die umfassende Beurteilung der unlauteren Ausnutzung sind auch die Farbe oder die *Farben*, die ein Dritter für die Darstellung seines möglicherweise rechtsverletzenden Zeichens verwendet, *von Bedeutung*, selbst dann, wenn eine Unionsmarke nicht in Farbe eingetragen ist, ihr Inhaber sie jedoch vielfach in einer bestimmten Farbe oder Farbkombination benutzt hat, so dass sie von einem erheblichen Teil des Publikums gedanklich mit dieser Farbe oder Farbkombination in Verbindung gebracht wird. Zumindest bei einer Marke, die nicht in einer bestimmten oder charakteristischen Farbe, sondern in schwarz-weiß eingetragen ist, beeinflusst die Farbe, in der sie tatsächlich benutzt wird, ihre Wirkung auf den Durchschnittsverbraucher[2204].

2011   Jedoch stellt es einen relevanten Faktor bei der umfassenden Beurteilung der Verwechslungsgefahr und der unlauteren Ausnutzung dar, dass der Dritte, der ein die eingetragene Marke verletzendes Zeichen benutzen soll, *von einem erheblichen Teil des Publikums selbst gedanklich mit der Farbe* oder Farbkombination, die er zur Darstellung seines Zeichens verwendet, *in Verbindung gebracht* wird, da einerseits ein solcher Umstand die Wahrnehmung der konkurrierenden Zeichen durch das Publikum beeinflussen und damit die Verwechslungsgefahr verringern und andererseits für die Benutzung dieses Zeichens einen rechtfertigenden Grund iSd Art. 9 Abs. 2c UMV darstellen kann[2205].

2012   Nach Art. 9 Abs. 2 UMV[2206] erstreckt sich das ausschließliche Recht des Inhabers einer Unionsmarke, Dritten zu verbieten, im geschäftlichen Verkehr Zeichen zu benutzen, die mit seiner Marke identisch oder ihr ähnlich sind, auf einen *Dritten*, der Inhaber einer jüngeren Unionsmarke ist, ohne dass diese letztere Marke zuvor für nichtig erklärt werden müsste. Denn Art. 9 Abs. 2 UMV unterscheidet nicht danach, ob der Dritte Inhaber einer Unionsmarke ist oder nicht[2207].

2013   Art. 9 Abs. 2b UMV ist dahin auszulegen, dass aus der Tatsache, dass in einem *Teil der Union* eine Unionsmarke und eine nationale Marke *friedlich nebeneinander existieren*, nicht die Schlussfolgerung gezogen werden kann, dass in einem *anderen Teil* der Union, in dem die Unionsmarke und das als nationale Marke eingetragene Zei-

---

Verkehrskreise diese Marke kennt und sie mit der jüngeren nationalen Marke gedanklich verbindet.

2203 EuGH, 11.4.2019, C-690/17 – ÖKO-TEST-Siegel, Rn 49.
2204 EuGH, 18.7.2013, C-252/12 – Specsavers/Asda, Rn 37–41.
2205 EuGH, 18.7.2013, C-252/12 – Specsavers/Asda, Rn 46–50.
2206 Dieser entspricht Art. 10 Abs. 2 MarkenRL.
2207 EuGH, 21.2.2013, C-561/11 – FCI Fédération Cynologique Internationale/F.C.I. Federación Canina Internacional de Perros de Pura Raza, Rn 52, 33–51.

chen nicht friedlich nebeneinander existieren, zwischen der Unionsmarke und diesem Zeichen keine Verwechslungsgefahr besteht[2208].

Das mit einer Verletzungsklage befasste Unionsmarkengericht darf die *Umstände*, die **2014** seiner Auffassung nach für die Beurteilung der Frage relevant sind, ob der Inhaber einer Unionsmarke die Benutzung eines Zeichens in einem von der Klage nicht erfassten Teil der Union untersagen kann, für die Beurteilung der Frage *berücksichtigen*, ob dieser Inhaber die Benutzung des Zeichens in dem Teil der Union untersagen kann, der von der Klage erfasst ist, sofern die Marktbedingungen und die soziokulturellen Umstände in den beiden Teilen der Union nicht deutlich voneinander abweichen[2209].

Art. 9 Abs. 2c UMV ist schließlich dahin auszulegen, dass aus der Tatsache, dass in **2015** einem Teil der Union eine bekannte Unionsmarke und ein Zeichen *friedlich nebeneinander existieren*, nicht die Schlussfolgerung gezogen werden kann, dass in einem anderen Teil der Union, in dem es diese friedliche Koexistenz nicht gibt, ein *rechtfertigender Grund* für die Benutzung dieses Zeichens besteht[2210].

2208 EuGH, 20.7.2017, C-93/16 – KERRYGOLD/KERRYMAID (Ornua/Tindale & Stanton), Rn 37, 38. In einer Situation, in dem eine friedliche Koexistenz zwischen Unionsmarken und einem Zeichen in Irland und Großbritannien festgestellt wurde, darf sich das Unionsmarkengericht, das mit einer Verletzungsklage befasst ist, die sich gegen die Benutzung dieses Zeichens in einem anderen Mitgliedstaat, nämlich Spanien, richtet, nicht damit begnügen, seine Beurteilung auf die friedliche Koexistenz in Irland und Großbritannien zu stützen. Vielmehr muss es eine umfassende Beurteilung aller relevanten Umstände vornehmen.

2209 EuGH, 20.7.2017, C-93/16 – KERRYGOLD/KERRYMAID (Ornua/Tindale & Stanton), Rn 46, 47. Sollte es das vorlegende Gericht in Betracht ziehen, für die Beurteilung der Frage, ob der Inhaber der Unionsmarke *KERRYGOLD* die Benutzung des Zeichens *KERRYMAID* in Spanien untersagen kann, Aspekte zu berücksichtigen, die in Irland und Großbritannien gegeben sind, müsste es sich zunächst vergewissern, dass es hinsichtlich der zu beachtenden Marktbedingungen oder soziokulturellen Umstände keine deutliche Abweichung zwischen dem von der Verletzungsklage erfassten Teil der Union und jenem Teil gibt, in dem das geografische Gebiet liegt, das dem im fraglichen Zeichen enthaltenen geografischen Begriff entspricht. Es kann nämlich nicht ausgeschlossen werden, dass das Verhalten, das von dem Dritten erwartet werden kann, damit seine Benutzung des Zeichens den anständigen Gepflogenheiten in Gewerbe oder Handel entspricht, in einem Teil der Union, in dem die Verbraucher zu dem in der Marke und im fraglichen Zeichen enthaltenen geografischen Begriff eine besondere Nähe empfinden, anders geprüft werden muss als in einem Teil, in dem eine Nähe weniger stark empfunden wird.

2210 EuGH, 20.7.2017, C-93/16 – KERRYGOLD/KERRYMAID (Ornua/Tindale & Stanton), Rn 59, 60. In einem Fall, in dem es mit der friedlichen Koexistenz der Unionsmarke *KERRYGOLD* und der nationalen Marke *KERRYMAID* in Irland und Großbritannien einen rechtfertigenden Grund für deren Benutzung in diesen beiden Mitgliedstaaten gibt, darf sich das mit einer gegen die Benutzung dieses Zeichens in einem anderen Mitgliedstaat gerichteten Verletzungsklage befasste Unionsmarkengericht nicht damit begnügen, seine Beurteilung auf die erwähnte friedliche Koexistenz in Irland und Groß-

2016 Sind diese Voraussetzungen des Abs. 2 erfüllt, so kann wegen Art. 9 Abs. 3 UMV[2211] insb *verboten* werden:

2017 (a) das Zeichen auf *Waren* oder deren *Verpackung anzubringen*;

2018 (b) unter dem Zeichen Waren *anzubieten, in Verkehr zu bringen* oder zu den genannten Zwecken zu *besitzen* oder unter dem Zeichen DL anzubieten oder zu erbringen[2212];

2019 (c) Waren unter dem Zeichen *ein-* oder *auszuführen*;

2020 (d) das Zeichen als *Handelsnamen* oder *Unternehmensbezeichnung* oder als Teil davon zu *benutzen*[2213];

2021 (e) das Zeichen in den *Geschäftspapieren* und in der *Werbung* zu benutzen. Dazu gehört auch der Fall, in dem ein geschäftlicher Vermittler (*Kommissionär*), der im eigenen Namen, aber für die Rechnung des Verkäufers handelt und der keine interessierte Partei beim Verkauf von Handelswaren, sondern nur daran beteiligt ist, in seinen Geschäftsunterlagen ein, mit einer Unionsmarke identisches Zeichen für Waren und DL benutzt, die jenen der eingetragenen Marke identisch sind[2214]. Die *Beweislast* für die Voraussetzungen des Unterlassungsanspruchs obliegt dem Markeninhaber, während der Dritte das Vorliegen einer von ihm behaupteten Zustimmung des Markeninhabers zu beweisen hat[2215].

2022 (f) das Zeichen in der *vergleichenden Werbung* in einer der WerbungRL[2216] zuwiderlaufenden Weise zu benutzen[2217].

---

britannien zu stützen, sondern muss vielmehr eine umfassende Beurteilung aller relevanten Umstände vornehmen.

2211 Dieser entspricht Art. 10 Abs. 3 MarkenRL.

2212 Die Begriffe *Anbieten.* und *Inverkehrbringen.* von Waren können sich auf das Angebot bzw den Verkauf von Originalmarkenwaren, die den zollrechtlichen Status von Nichtunionswaren haben, erstrecken, wenn das Angebot abgegeben wird und/oder der Verkauf erfolgt, während für die Waren das externe Versand- oder das Zolllagerverfahren gilt. Der Inhaber der Marke kann dem Anbieten oder dem Verkauf dieser Waren widersprechen, wenn diese Handlungen das Inverkehrbringen der Waren in der Union notwendig implizieren; EuGH, 18.10.2005, C-405/03 – Aquafresh (Class International/Colgate), Rn 61.

2213 Mit dieser Neuregelung wird die nach dem Céline-Urteil des EuGH eingetretene Unsicherheit beseitigt. Benutzt ein Unternehmen nämlich dasselbe oder ein ähnliches Zeichen als Handelsnamen, so dass eine Verbindung zwischen dem Unternehmen mit dieser Firmenbezeichnung und den Waren oder DL dieses Unternehmens hergestellt wird, so kann es hinsichtlich der kommerziellen Herkunft der Waren oder DL zu Verwechslungen kommen. Die Verletzung einer Unionsmarke soll demnach auch die Benutzung des Zeichens als Handelsnamen oder als ähnliche Benennung umfassen, solange die Benutzung der Unterscheidung von Waren oder DL dient; PräambelUMV 13.

2214 EuGH, 19.2.2009, C-62/08 – Smirnoff Ice (UDV North America/Brandtraders), Rn 54.

2215 EuGH, 18.10.2005, C-405/03 – Aquafresh, Rn 74, 75.

2216 Richtlinie 2006/114/EG vom 12.12.2006 über irreführende und vergleichende Werbung; ABl. L 376/21.

2217 Diese Neuregelung wurde eingeführt, um Rechtssicherheit und volle Übereinstimmung mit den spezifischen Unionsvorschriften zu gewährleisten; PräambelUMV 14.

Eine Person, die für einen Dritten markenrechtsverletzende Waren *lagert*, ohne Kennt- 2023
nis von der Markenrechtsverletzung zu haben, ist so anzusehen, dass sie diese Waren
nicht zum Zweck des Anbietens oder Inverkehrbringens isv Art. 9 Abs. 3b UMV besitzt,
wenn sie selbst nicht diese Zwecke verfolgt. Eine *Benutzung* setzt nämlich ein aktives
Verhalten und eine unmittelbare oder mittelbare Herrschaft über die Benutzungs-
handlung voraus[2218].

Somit kann sich ein Händler beim Vertrieb identischer Waren, die mit dem identi- 2024
schen Zeichen des Markeninhabers versehen sind, nicht darauf berufen, dass er *keine*
offiziellen Waren des Markeninhabers anbiete, sondern diese *nur aus Unterstützung,*
Treue oder Sympathie zum Markeninhaber vertreibe. Der Markeninhaber kann in
dieser nicht unter Art. 14 Abs. 1 und 2 MarkenRL (Art. 6 Abs. 1 MarkenRL aF)
fallenden Situation nach Art. 10 Abs. 1a MarkenRL (Art. 5 Abs. 1a MarkenRL aF)
gegen den Händler vorgehen[2219].

Auch darf der Inhaber eines sowohl für *Kraftfahrzeuge* (für die sie bekannt ist) wie 2025
für *Spielzeug* geschützten Marke (das *Opel-Blitz*-Symbol) die Anbringung eines mit
dieser Marke identischen Zeichens auf verkleinerten originalgetreuen Fahrzeugmodellen dieser Marke durch einen Dritten ohne seine Erlaubnis und die Vermarktung
dieser Modelle als Benutzung eines mit der Marke identischen Zeichens für identische Waren wegen Art. 10 Abs. 1a MarkenRL (Art. 5 Abs. 1a MarkenRL aF) verbieten, wenn diese Benutzung die Funktionen der Marke als für Spielzeug eingetragene
Marke beeinträchtigt oder beeinträchtigen könnte.

Auch die Benutzung eines mit der Marke für Kraftfahrzeuge identischen Zeichens 2026
für *unähnliche Waren* (Spielwaren) darf der Markeninhaber isv Art. 10 Abs. 2c MarkenRL (Art. 5 Abs. 2 MarkenRL aF) verbieten (sofern der in dieser Bestimmung
beschriebene Schutz nach der MarkenRL aF im nationalen Recht vorgesehen war),
wenn diese Benutzung die *Kennzeichnungskraft* oder die *Wertschätzung* der Marke
als für Kraftfahrzeuge eingetragene Marke *ohne rechtfertigenden Grund in unlauterer*
Weise ausnutzt oder beeinträchtigt.

Ist eine derartige Marke ua für Kraftfahrzeuge eingetragen, stellt die ohne die Erlaub- 2027
nis des Markeninhabers erfolgte Anbringung eines mit dieser Marke identischen
Zeichens auf *verkleinerten Fahrzeugmodellen* dieser Marke durch einen Dritten, um
diese Fahrzeuge originalgetreu nachzubilden, und die Vermarktung dieser Modelle
keine wegen Art. 14 Abs. 1b und 2 MarkenRL (Art. 6 Abs. 1b MarkenRL aF) *gestat-*
tete Benutzung einer Angabe über ein Merkmal dieser Modelle dar, da sie nicht dazu
dient, eine Angabe über eines ihrer Merkmale zu machen, sondern nur ein Teil der
originalgetreuen Nachbildung der Originalfahrzeuge ist[2220].

2218 EuGH, 2.4.2020, C-567/18 – Davidoff Hot Water EdT 60 ml (Amazon)/DAVIDOFF
      (Coty Germany), Rn 37, 45–49, 53.
2219 EuGH, 12.11.2002, C-206/01 – ARSENAL, Rn 51, 54–61; EuGH, 23.2.1999, C-63/97 –
      BMW, Rn 25, 42, 48–50, 63, 64.
2220 EuGH, 25.1.2007, C-48/05 – Opel-Blitz, Rn 37, 44, 45; s.a. EuGH, 11.9.2007,
      C-17/06 – Céline, Rn 22, 23. Der BGH, 14.1.2010, I ZR 88/08 – Opel Blitz II, hat

2028 Art. 14 GeschmacksmusterRL[2221] und Art. 110 GGV berechtigen nicht in Abweichung von MarkenRL und UMV einen Hersteller von Kraftfahrzeugersatzteilen und -zubehör wie *Radkappen*, auf seinen Waren ein Zeichen, das mit einer von einem Kraftfahrzeughersteller ua für solche Waren eingetragenen Marke identisch ist (hier: *Ford*), ohne dessen Zustimmung mit der Begründung anzubringen, dass die damit vorgenommene Benutzung dieser Marke die einzige Möglichkeit darstelle, das betr Fahrzeug zu reparieren und ihm als komplexes Erzeugnis wieder sein ursprüngliches Erscheinungsbild zu verleihen[2222].

2029 Einem Markeninhaber, der im Rahmen einer *geteilten Verwertung* mit einem Dritten der Benutzung von mit seinen Marken identischen Zeichen durch diesen Dritten für bestimmte Waren der Kl., für die diese Marken eingetragen sind, *zugestimmt hatte und nun nicht mehr zustimmt*, kann wegen Art. 10 MarkenRL (Art. 5 MarkenRL aF) nicht jegliche Möglichkeit genommen werden, diesem Dritten *sein ausschließliches Recht aus diesen Marken entgegenzuhalten* und es für Waren, die mit denen des Dritten identisch sind, selbst auszuüben[2223].

2030 Dagegen kann sich der Inhaber einer Marke *nicht* auf sein *Ausschließlichkeitsrecht* berufen, wenn ein Dritter im Rahmen eines Verkaufsgesprächs die Herkunft der Ware aus seiner eigenen Produktion offenbart und er das betr Zeichen ausschließlich zur *Kennzeichnung der besonderen Eigenschaften* der von ihm angebotenen Ware verwendet, so dass ausgeschlossen ist, dass die benutzte Marke im Verkehr als betriebliches Herkunftszeichen aufgefasst wird[2224].

---

aber letztlich im konkreten Fall die Voraussetzungen für ein Verbietungsrecht mangels Markenverletzung verneint, da von den Ausgangsinstanzen zutreffend festgestellt wurde, dass die angesprochenen Verbraucher das auf den Modellautos des Dritten angebrachte Opel-Blitz-Zeichen nur als Abbildungsdetail der Wirklichkeit, nämlich eines detailgetreu nachgebildeten Autos, verstehen und nicht als Herkunftshinweis des mit dem Zeichen versehenen Modellautos.

2221 Richtlinie (EG) 98/71 vom 13.10.1998 über den rechtlichen Schutz von Mustern und Modellen; ABl. L 289/98.

2222 EuGH, 6.10.2015, C-500/14 – Ford-Radkappen (Wheeltrims/Ford), Rn 39–45. Durch die Beschränkung der Rechtswirkungen, die dem Inhaber einer Marke nach Art. 5 MarkenRL aF (jetzt Art. 10 MarkenRL) oder in Bezug auf eine Unionsmarke nach Art. 9 UMV zustehen, zielen Art. 6 MarkenRL aF (jetzt Art. 14 MarkenRL) und Art. 14 UMV nämlich darauf ab, die grds Interessen des Markenschutzes einerseits und des freien Warenverkehrs sowie der DL-Freiheit im Binnenmarkt andererseits in der Weise in Einklang zu bringen, dass das Markenrecht seine Rolle als wesentlicher Teil eines Systems unverfälschten Wettbewerbs spielen kann, das der Vertrag errichten und aufrechterhalten will. Darüber hinaus ergibt sich aus der stRspr des EuGH, dass Art. 5 bis 7 MarkenRL aF (jetzt Art. 10 bis 15 MarkenRL) eine umfassende Harmonisierung der Vorschriften über die Rechte aus der Marke vornehmen und damit die Rechte von Inhabern von Marken in der Union festlegen.

2223 EuGH, 19.9.2013, C-661/11 – NATHAN BAUME/Nathan (Martin y Paz/Gauquie), Rn 54–62.

2224 EuGH, 14.5.2002, C-2/00 – Spirit Sun (Hölterhoff/Freiesleben), Rn 16, 17.

Auch kann im Falle des Bestehens einer *klanglichen Verwechslungsgefahr* zwischen einer **2031** in einem Mitgliedstaat eingetragenen Wortmarke einerseits und der Angabe der geografischen Herkunft eines aus einem anderen Mitgliedstaat stammenden Erzeugnisses im geschäftlichen Verkehr andererseits der Markeninhaber die *Benutzung* dieser *geografischen Herkunftsangabe* wegen Art. 10 und Art. 14 Abs. 1b und 2 MarkenRL (Art. 5 und 6 Abs. 1b MarkenRL aF) nur *verbieten*, wenn diese Benutzung nicht den anständigen Gepflogenheiten in Gewerbe oder Handel entspricht[2225].

Der Inhaber einer eingetragenen Marke ist aus Art. 10 Abs. 2b MarkenRL (Art. 5 **2032** Abs. 1b MarkenRL aF) nicht dazu berechtigt, einem Dritten die Benutzung eines dieser Marke ähnlichen Zeichens für Waren oder DL, die mit denen, für die die Marke eingetragen wurde, identisch oder ihnen ähnlich sind, in einer *vergleichenden Werbung* zu verbieten, wenn diese Benutzung beim Publikum keine Verwechslungsgefahr hervorruft, und zwar unabhängig davon, ob diese vergleichende Werbung alle in Art. 3a WerbungRL[2226] genannten Zulässigkeitsbedingungen erfüllt oder nicht[2227]. Der Unionsgesetzgeber bezweckte nämlich, wie aus den Erwägungsgründen in der Präambel der WerbungRL hervorgeht, eine *Förderung der vergleichenden Werbung*, was es gebietet, das *Recht aus der Marke* in einem gewissen Maß zu *beschränken*, was sowohl im Falle der Benutzung der identischen Marke eines Mitbewerbers, als auch eines dieser Marke ähnlichen Zeichens gilt.

Andererseits kann der Inhaber einer eingetragenen Marke die Benutzung eines mit **2033** seiner Marke identischen Zeichens für Waren oder DL, die mit denjenigen identisch sind, für die seine Marke eingetragen wurde, durch einen Dritten in einer *vergleichenden Werbung* (im streitigen Fall: auf *Parfümvergleichslisten*), die nicht alle in Art. 3a Abs. 1 WerbungRL genannten Zulässigkeitsvoraussetzungen erfüllt, untersagen, auch wenn diese Benutzung die Hauptfunktion der Marke, nämlich die Herkunftsfunktion, nicht beeinträchtigen kann, vorausgesetzt, diese Benutzung beeinträchtigt eine der anderen Markenfunktionen, wie ua die *Kommunikations-, Investitions- oder Werbefunktion*, oder könnte sie beeinträchtigen.

2225 EuGH, 7.1.2004, C-100/02 – KERRY Spring/Gerri, Rn 25–27. Denn der bloße Umstand einer klanglichen Verwechslungsgefahr genügt nicht für die Annahme, dass die Benutzung dieser Angabe im geschäftlichen Verkehr nicht den anständigen Gepflogenheiten entspricht. In einer Union von zahlreichen Mitgliedstaaten mit einer großen Sprachenvielfalt ist die Wahrscheinlichkeit, dass eine gewisse klangliche Ähnlichkeit zwischen einer in einem Mitgliedstaat eingetragenen Wortmarke und einer geografischen Herkunftsangabe eines anderen Mitgliedstaats besteht, sehr groß. Das nationale Gericht hat daher eine globale Beurteilung aller relevanten Umstände vorzunehmen und insb Form und Etikettierung der Getränkeflaschen zu berücksichtigen.

2226 Richtlinie 84/450/EWG vom 10.9.1984 zur Angleichung der Rechts- und Verwaltungsvorschriften der Mitgliedstaaten über irreführende Werbung idF der Richtlinie 97/55/EG vom 6.10.1997; ABl. L 250/17 und ABl. L 290/18; in der für die Entscheidung geltenden Fassung; jetzt ersetzt durch Richtlinie 2006/114/EG vom 12.12.2006 über irreführende und vergleichende Werbung; ABl. L 376/21.

2227 EuGH, 12.6.2008, C-533/06 – Bubbles/O2, Rn 39, 40, 69.

2034   Ein Werbender, der in einer vergleichenden Werbung ausdrücklich oder implizit erwähnt, dass die Ware, die er vertreibt, eine *Imitation* einer Ware mit notorisch bekannter Marke ist, handelt Art. 3a Abs. 1h WerbungRL zuwider. Der aufgrund einer solchen unerlaubten vergleichenden Werbung durch den Werbenden erzielte Vorteil stellt eine »unlautere Ausnutzung« des Rufs dieser Marke iSv Art. 3a Abs. 1g WerbungRL dar[2228].

2035   Der Inhaber einer Marke darf einem werbenden Konkurrenten aufgrund Art. 10 Abs. 2a MarkenRL (Art. 5 Abs. 1a MarkenRL aF) und Art. 9 Abs. 2a UMV verbieten, auf ein mit dieser Marke identisches *Schlüsselwort*, das von diesem Werbenden ohne seine Zustimmung im Rahmen eines Internetreferenzierungsdienstes (zB *AdWords* von Google) ausgewählt wurde, für Waren oder DL, die mit den von der Marke geschützten identisch sind, zu werben, wenn diese Benutzung eine der Funktionen der Marke beeinträchtigen kann.

2036   Eine solche Benutzung beeinträchtigt die *herkunftshinweisende Funktion* der Marke, wenn aus der anhand des genannten *Schlüsselworts* gezeigten Werbung für einen normal informierten und angemessen aufmerksamen Internetnutzer nicht oder nur schwer zu erkennen ist, ob die beworbenen Waren oder DL von dem Inhaber der Marke bzw einem mit ihm wirtschaftlich verbundenen Unternehmen oder vielmehr von einem Dritten stammen, zB bei Hervorrufen einer Irrtumsgefahr oder Suggerieren bzw vagem (Nicht-)Erkennenlassen einer wirtschaftlichen Verbindung, und beeinträchtigt weiter die *Investitionsfunktion* der Marke, wenn sie es dem Markeninhaber wesentlich erschwert, seine Marke zum Erwerb oder zur Wahrung eines Rufs einzusetzen, der geeignet ist, Verbraucher anzuziehen und zu binden.

2037   Die Benutzung des mit der Marke identischen Zeichens durch den Werbenden als Schlüsselwort im Rahmen eines solchen *Internetreferenzierungsdienstes* fällt nämlich unter den Begriff der Benutzung *für Waren oder DL* im geschäftlichen Verkehr. Eine solche Benutzung beeinträchtigt jedoch im Rahmen eines Referenzierungsdienstes, bei dem, wenn Internetnutzer die geschützte Marke des Markeninhabers als Suchbegriff in die Suchmaschine Google eingeben, eine Anzeige des Konkurrenten in der Rubrik *Anzeigen* erschien, *nicht die Werbefunktion* der Marke[2229].

2038   Nach Art. 10 Abs. 2c MarkenRL (Art. 5 Abs. 2 MarkenRL aF) und Art. 9 Abs. 2c UMV kann der *Inhaber einer bekannten Marke* es einem Mitbewerber verbieten, anhand eines dieser Marke entspr *Schlüsselworts*, das dieser Mitbewerber ohne Zustimmung des Markeninhabers im Rahmen eines Internetreferenzierungsdienstes ausgewählt hat, zu werben, wenn dieser Mitbewerber damit die Unterscheidungskraft oder die Wertschätzung der Marke ohne rechtfertigenden Grund in unlauterer Weise ausnutzt

---

2228 EuGH, 18.6.2009, C-487/07 – L'Oréal, Rn 65, 80; s. *Hacker*, MarkenR 2009, 333.

2229 EuGH, 23.3.2010, C-236/08 bis C-238/08 – Google France, Rn 50–58, 73, 85, 89, 90, 99, 105; EuGH, 25.3.2010, C-278/08 – BergSpechte, Rn 35, 36, 41; EuGH, 26.3.2010, C-91/09 – Bananabay, Rn 28; EuGH, 8.7.2010, C-558/08 – PORTAKABIN, Rn 54; EuGH, 22.9.2011, C-323/09 – INTERFLORA, Rn 66.

(*Trittbrettfahren*) oder wenn in der genannten Werbung eine Beeinträchtigung dieser Unterscheidungskraft (*Verwässerung*) oder Wertschätzung (*Verunglimpfung*) liegt.

In einer Werbung anhand eines solchen *Schlüsselworts* liegt zB dann eine Beeinträchtigung der Unterscheidungskraft der bekannten Marke (Verwässerung), wenn sie zu einer *Abschwächung dieser Marke zu einem Gattungsbegriff* beiträgt. Dagegen darf der Inhaber einer bekannten Marke es ua nicht verbieten, dass Mitbewerber anhand von dieser Marke entspr Schlüsselwörtern eine Werbung erscheinen lassen, mit der, ohne eine bloße Nachahmung von Waren oder DL des Inhabers dieser Marke anzubieten, ohne eine Verwässerung oder Verunglimpfung herbeizuführen und ohne im Übrigen die Funktionen der bekannten Marke zu beeinträchtigen, eine Alternative zu den Waren oder DL ihres Inhabers vorgeschlagen wird[2230]. **2039**

Der Anbieter eines *Referenzierungsdienstes* (zB *Google*), der ein mit einer Marke identisches Zeichen als Schlüsselwort speichert und dafür sorgt, dass auf dieses Schlüsselwort Anzeigen gezeigt werden, benutzt dagegen dieses Zeichen *nicht selbst* iSv Art. 10 Abs. 1 und 2 MarkenRL (Art. 5 Abs. 1 und 2 MarkenRL aF) bzw Art. 9 Abs. 2 UMV, auch wenn er die Werbenden mit Marken identische Zeichen als Schlüsselwörter aussuchen lässt, diese Zeichen speichert und anhand dieser Zeichen die Werbeanzeigen seiner Kunden einblendet[2231]. **2040**

Dagegen gestatten es Art. 10 Abs. 2a MarkenRL (Art. 5 Abs. 1a MarkenRL aF) und Art. 9 Abs. 2a UMV dem Markeninhaber, dem Betreiber eines Online-Marktplatzes zu verbieten, anhand eines mit dieser Marke identischen *Schlüsselworts*, das im Rahmen eines *Internetreferenzierungsdienstes* von diesem Betreiber ausgewählt wurde, für auf diesem Marktplatz zum Verkauf angebotene Waren dieser Marke zu werben, sofern aus dieser Werbung für einen normal informierten und angemessen aufmerksamen Internetnutzer nicht oder nur schwer zu erkennen ist, ob diese Waren von dem Inhaber der Marke oder einem mit ihm wirtschaftlich verbundenen Unternehmen oder vielmehr von einem Dritten stammen. Jedoch benutzt der Betreiber eines *Online-Marktplatzes* mit Marken identische oder ihnen ähnliche Zeichen, die in auf seiner Internetseite angezeigten Verkaufsangeboten erscheinen, nicht iSv Art. 10 MarkenRL (Art. 5 MarkenRL aF) und Art. 9 UMV[2232]. **2041**

Der Inhaber einer *älteren Unionsmarke* oder in einem Mitgliedstaat eingetragenen Marke ist berechtigt, die Benutzung eines jüngeren *GGM* sowohl dann zu untersagen, wenn in diesem GGM ein mit der älteren Marke *identisches* Zeichen verwendet wird und die von dem betr GGM und der älteren Marke erfassten Waren oder DL identisch sind, als auch in Fällen, in denen in dem betr GGM ein Zeichen verwendet wird, das der älteren Marke so *ähnlich* ist, dass unter Berücksichtigung auch der Identität oder der Ähnlichkeit der von der Marke und dem GGM erfassten Waren oder DL eine Verwechslungsgefahr für das Publikum besteht (vgl Art. 10 Abs. 2a **2042**

2230 EuGH, 22.9.2011, C-323/09 – INTERFLORA, Rn 93–95.
2231 EuGH, 23.3.2010, C-236/08 bis C-238/08 – Google France, Rn 99.
2232 EuGH, 12.7.2011, C-324/09 – Parfümtester (L'Oréal/eBay), Rn 97, 105.

und 2b MarkenRL = Art. 5 Abs. 1a und 1b MarkenRL aF, § 14 Abs. 2 Nr 1 und 2 MarkenG und Art. 9 Abs. 2a und 2b UMV)[2233].

2043   Der Inhaber eines *Rechts des geistigen Eigentums* an einer Ware, die über die Internetseite eines Online-Shops in einem Drittstaat an eine Person, die im Hoheitsgebiet eines Mitgliedstaats wohnt, verkauft wurde (nachgeahmte *Rolex-Uhr*), kann den ihm durch die ZollVO[2234] gewährten Schutz zu dem *Zeitpunkt*, zu dem die *Ware in das Hoheitsgebiet des Mitgliedstaats* gelangt, allein aufgrund des Erwerbs der Ware beanspruchen. Es ist hierzu nicht noch erforderlich, dass die Ware vor dem Verkauf Gegenstand einer an die Verbraucher in diesem Mitgliedstaat gerichteten Verkaufsofferte oder Werbung war. Eine Verletzung von Marken- und Urheberrechten[2235] kann nämlich gegeben sein, wenn aus Drittstaaten stammende Waren schon vor ihrer Ankunft in dem von diesem Schutz erfassten Gebiet Gegenstand einer an die Verbraucher in diesem Gebiet gerichteten geschäftlichen Handlung wie eines *Verkaufs*, eines *Verkaufsangebots* oder einer *Werbung* sind[2236].

2044   Nach Art. 10 MarkenRL (Art. 5 MarkenRL aF) kann der Inhaber einer in einem oder mehreren Mitgliedstaaten eingetragenen Marke dem widersprechen, dass ein Dritter mit dieser Marke versehene, von außerhalb des EWR stammende Waren dem *Verfahren der Steueraussetzung* unterstellen lässt, nachdem er sie ohne die Zustimmung des Markeninhabers *in den EWR* hat *verbringen* und in den zollrechtlich freien Verkehr hat überführen lassen.

2045   Der Markeninhaber ist nämlich *keineswegs verpflichtet*, die Überführung der mit seiner Marke versehenen Waren in den steuerrechtlich freien Verkehr *abzuwarten*, um sein ausschließliches Recht auszuüben. Er kann auch bestimmten Handlungen widersprechen, die vor dieser Überführung in den steuerrechtlich freien Verkehr ohne

---

2233   EuG, 12.5.2010, T-148/08 – Schreibinstrument-Design I, Rn 54.

2234   VO (EG) 1383/2003 vom 22.7.2003 über das Vorgehen der Zollbehörden gegen Waren, die im Verdacht stehen, bestimmte Rechte geistigen Eigentums zu verletzen, und die Maßnahmen gegenüber Waren, die erkanntermaßen derartige Rechte verletzen; ABl. L 196/7 (nicht mehr in Kraft: s. VO (EU) 608/2013 vom 12.6.2013 zur Durchsetzung der Rechte geistigen Eigentums durch die Zollbehörden und zur Aufhebung der VO (EG) 1383/2003; ABl. L 181/15).

2235   Siehe Art. 4 Abs. 1 Richtlinie 2001/29/EG vom 22.5.2001 zur Harmonisierung bestimmter Aspekte des Urheberrechts und der verwandten Schutzrechte in der Informationsgesellschaft; ABl. L 167/10.

2236   EuGH, 6.2.2014, C-98/13 – Nachgeahmte Rolex-Uhr (Blomqvist/Rolex), Rn 32–35. Mithin können Waren, die aus einem Drittstaat stammen und eine Nachahmung einer in der Union durch ein Markenrecht geschützten Ware oder eine Nachbildung einer in der Union durch ein Urheberrecht, ein verwandtes Schutzrecht oder ein Geschmacksmuster geschützten Ware darstellen, diese Rechte verletzen und somit als *nachgeahmte Waren.* oder als *unerlaubt hergestellte Waren.* eingestuft werden, wenn nachgewiesen wird, dass sie dazu bestimmt sind, in der Union in den Verkehr gebracht zu werden, wobei ein solcher Nachweis insb dann erbracht ist, wenn die Waren Gegenstand eines Verkaufs an einen Kunden in der Union oder einer an Verbraucher in der Union gerichteten Verkaufsofferte oder Werbung waren.

seine Zustimmung vorgenommen werden. Zu diesen Handlungen zählen insb die Einfuhr der betr Waren und ihre Lagerung zum Zweck ihres Inverkehrbringens oder ihre *Aushändigung an einen Lagerinhaber.* Die Erbringung der *DL der Lagerung* von mit der Marke eines anderen versehenen Waren stellt hingegen *keine Benutzung* des mit dieser Marke identischen Zeichens für Waren oder DL dar, die mit denjenigen identisch oder ihnen ähnlich sind, für die diese Marke eingetragen ist[2237].

Selbst eine Person, die *nicht beruflich eine gewerbliche Tätigkeit* ausübt und *Waren in   2046 Empfang nimmt,* in einem Mitgliedstaat in den zollrechtlich freien Verkehr überführt und verwahrt, die offensichtlich nicht zur privaten Benutzung bestimmt sind, aus einem Drittstaat an ihre Anschrift versandt wurden und auf denen ohne die Zustimmung des entspr Rechtsinhabers eine Marke angebracht ist, *benutzt diese Marke* im geschäftlichen Verkehr gemäß Art. 10 Abs. 1 iVm Art. 10 Abs. 3b und Abs. 3c MarkenRL[2238].

Unbeschadet der von Markeninhabern vor dem Zeitpunkt der Anmeldung oder dem   2047 Prioritätstag der Unionsmarke erworbenen Rechte ist der Inhaber dieser Unionsmarke nach Art. 9 Abs. 4 Unterabs. 1 UMV[2239] auch berechtigt, *Dritten zu untersagen,* im geschäftlichen Verkehr *Waren in die Union zu verbringen ohne diese in den zollrechtlich freien Verkehr* zu überführen, wenn die Waren, einschl ihrer Verpackung, aus Drittstaaten stammen und ohne Zustimmung eine Marke aufweisen, die mit der für derartige Waren eingetragenen Unionsmarke identisch ist oder in ihren wesentlichen Aspekten nicht von dieser Marke zu unterscheiden ist.

Damit wird, um wirksamer gegen *Produktpiraterie* vorzugehen, die Möglichkeit eröff-   2048 net, Waren wegen einer möglichen Verletzung einer Unionsmarke bereits während des Transits durch die Union in *allen zollrechtlichen Situationen,* einschl Durchfuhr, Umladung, Lagerung, Freizonen, vorübergehender Verwahrung, aktiver Veredelung oder vorübergehender Verwendung, zurückhalten zu können und zwar auch dann, wenn diese Waren nicht dazu bestimmt sind, in der Union in Verkehr gebracht zu werden (PräambelUMV 15 und 16)[2240].

2237 EuGH, 16.7.2015, C-379/14 – TOP-Logistics, Van Caem International/Bacardi, Rn 38–50. Diese Einschätzung wird nicht durch den Umstand entkräftet, dass diese Waren in der Folge in einen Drittstaat ausgeführt werden können und somit niemals in einem Mitgliedstaat in den steuerrechtlich freien Verkehr überführt werden, zumal auch die Ausfuhr selbst eine in Art. 10 Abs. 3 MarkenRL (Art. 5 Abs. 3 MarkenRL aF) genannte Handlung ist. Diese Urteilserkenntnis ist durch Art. 9 Abs. 4 UMV nunmehr gesetzlich abgesichert.

2238 EuGH, 30.4.2020, C-772/18 – INA (Yhtiö A)/B, Rn 24–30.

2239 Eine entspr Bestimmung enthält auch Art. 10 Abs. 4 MarkenRL (s.a. PräambelRL 21–25). Mit diesen Neuregelungen wird die Rspr des EuGH im *Bacardi.*-Urteil zu Art. 5 Abs. 1 und Abs. 3 MarkenRL aF umgesetzt und verbreitet.

2240 Hierzu dient die EDB, die auf den Daten von TMview und DesignView fußt und von EUROPOOL sowie der Europäischen Kommission unterstützt wird. Sie wird von der Beobachtungsstelle des EUIPO verwaltet und ermöglicht ein schnelles und effizientes Eingreifen der nationalen Vollzugsbehörden (Zoll und Polizei). Die Rechteinhaber können

2049 Der Anspruch des Unionsmarkeninhabers *erlischt* jedoch wegen Art. 9 Abs. 4 Unterabs. 2 UMV, wenn während eines Verfahrens, das der Feststellung dient, ob eine Unionsmarke verletzt wurde, und das gemäß der Durchsetzungs-VO[2241] eingeleitet wurde, der zollrechtliche Anmelder oder der Besitzer der Waren *nachweist*, dass der *Unionsmarkeninhaber nicht berechtigt* ist, das *Inverkehrbringen* der Waren *im* endgültigen *Bestimmungsland* zu untersagen (PräambelUMV 17). Dann kann ein Rechteinhaber für *Schäden* gegenüber dem Besitzer der Waren *haftbar* gemacht werden, wenn ua festgestellt wird, dass die betr Waren kein Recht des geistigen Eigentums verletzen (PräambelUMV 18).

2050 Schließlich ist der Unionsmarkeninhaber nicht berechtigt, einem Dritten aufgrund von Ähnlichkeiten zwischen einem *Internationalen Freinamen* (INN) des in dem Arzneimittel enthaltenen Wirkstoffs und der Marke zu untersagen, Waren in die Union zu verbringen, ohne die Waren dort in den zollrechtlich freien Verkehr zu überführen (PräambelUMV 19).

2051 Dieses neue Verbotsrecht, das zu einer *Beweislastumkehr* zugunsten des Unionsmarkeninhabers führt, war in der Reformdiskussion der UMV heiß umstritten.

2052 Der Inhaber einer Marke kann sich wegen Art. 5 MarkenRL aF und Art. 9 UMV *widersetzen*, dass ein Dritter ohne seine Zustimmung auf in das *Zolllagerverfahren* überführten Waren im Hinblick auf ihre Einfuhr in den oder ihr Inverkehrbringen im EWR, wo sie noch nie vertrieben wurden, *alle mit dieser Marke identischen Zeichen entfernt und andere Zeichen anbringt*. Erstens verhindert die Entfernung von mit der Marke identischen Zeichen, dass die Waren, für die diese Marke eingetragen ist, dann, wenn sie erstmals im EWR in den Verkehr gebracht werden, mit dieser Marke versehen sind, und nimmt damit dem Markeninhaber das Recht, das erstmalige Inverkehrbringen der mit der Marke versehenen Waren im EWR zu kontrollieren. Zweitens beeinträchtigen die Entfernung der mit der Marke identischen Zeichen und die Anbringung neuer Zeichen auf den Waren die Funktionen der Marke, insb ihre *Hauptfunktion*, und nehmen dem Markeninhaber die Möglichkeit, die Kunden durch die Qualität seiner Waren zu binden, beeinträchtigen also die *Investitions- und Werbefunktion*. Drittens verstößt es gegen das Ziel der Gewährleistung eines unverfälschten Wettbewerbs, wenn Dritte ohne Zustimmung des Markeninhabers die mit der Marke identischen Zeichen entfernen und neue auf den Waren anbringen, um diese unter Umgehung des Rechts des Inhabers, die Einfuhr der mit seiner Marke versehenen Waren zu verbieten, in den EWR einzuführen bzw. dort in den Verkehr zu bringen, und dadurch das Recht des Markeninhabers, das erste Inverkehrbringen

---

über diese Datenbank kostenlos und einfach ihre Produkte schützen. Ein Nutzerkonto kann über oberservatory.edb@euipo.europa.eu. beantragt werden.

2241 VO (EU) 608/2013 vom 12.6.2013 zur Durchsetzung der Rechte geistigen Eigentums durch die Zollbehörden und zur Aufhebung der VO (EG) 1383/2003; ABl. L 181/15.

der mit der Marke versehenen Waren in den EWR zu kontrollieren, und die Funktionen der Marke beeinträchtigt werden[2242].

Schließlich bringt Art. 10 UMV[2243] ein *Recht auf Untersagung von Vorbereitungshandlungen* im Zusammenhang mit der *Benutzung der Verpackung oder anderer Kennzeichnungsmittel.* **2053**

Besteht die Gefahr, dass *Verpackungen, Etiketten, Anhänger, Sicherheits- oder Echtheitshinweise oder -nachweise* oder *andere Kennzeichnungsmittel,* auf denen die Marke angebracht wird, für Waren und DL benutzt wird und dass diese Benutzung eine Verletzung der Rechte des Markeninhabers nach Art. 9 Abs. 2 und 3 UMV darstellt, so hat der Markeninhaber das Recht, jeweils im geschäftlichen Verkehr zu verbieten: **2054**

(a) das *Anbringen* eines mit der Unionsmarke identischen oder ihr ähnlichen Zeichens auf den Verpackungen, auf Etiketten, Anhängern, Sicherheits- oder Echtheitshinweisen oder -nachweisen oder anderen Kennzeichnungsmitteln, auf denen die Marke angebracht werden kann; **2055**

(b) das *Anbieten, Inverkehrbringen* oder *Besitzen* für diese Zwecke oder die Einfuhr oder Ausfuhr von Verpackungen, Etiketten, Anhängern, Sicherheits- oder Echtheitshinweisen oder -nachweisen oder anderen Kennzeichnungsmitteln, auf denen die Marke angebracht wird. Damit wird ein effektives *Verbot von Vorbereitungshandlungen* für Produktpiraterie in der gesamten Union geschaffen, damit Markeninhaber wirksamer gegen Nachahmungen vorgehen können (PräambelUMV 20). **2056**

Das Recht aus der Unionsmarke kann Dritten erst *nach der Veröffentlichung* der Markeneintragung (s. Rdn 1524 ff) entgegengehalten werden (Art. 11 Abs. 1 UMV). Jedoch kann eine angemessene *Entschädigung* für Handlungen verlangt werden, die nach Veröffentlichung der Unionsmarkenanmeldung (s. Rdn 1031 ff) vorgenommen werden und die nach Veröffentlichung der Eintragung aufgrund der Unionsmarke verboten wären (Art. 11 Abs. 2 UMV). Das angerufene Gericht darf bis zur Veröffentlichung der Eintragung keine Entscheidung in der Hauptsache treffen (Art. 11 Abs. 3 UMV). **2057**

Art. 11 Abs. 2 UMV verwehrt dem Unionsmarkeninhaber, für *Handlungen,* die *vor der Veröffentlichung der Markenanmeldung* vorgenommen wurden, eine Entschädigung zu verlangen. Hinsichtlich der von Dritten in dem Zeitraum nach deren Veröffentlichung, aber vor Veröffentlichung ihrer Eintragung vorgenommenen Handlungen erfasst der Begriff *angemessene Entschädigung* die Herausgabe der von Dritten durch die Nutzung dieser Marke in diesem Zeitraum tatsächlich erzielten Gewinne, *schließt* jedoch den *Ersatz des* von dem Inhaber der betr Marke möglicherweise erlittenen *weiter gehenden* **2058**

2242 EuGH, 25.07.2018, C-129/17 – Mitsubishimarken, Rn 42–52. Schließlich stellt das Entfernen des mit der Marke identischen Zeichens durch einen Dritten, um seine eigenen anzubringen, eine aktive Handlung von ihm dar, die – da sie im Hinblick auf die Einfuhr und das Inverkehrbringen der Waren in den bzw im EWR und somit im Zusammenhang mit einer geschäftlichen Tätigkeit erfolgt, die auf einen wirtschaftlichen Vorteil gerichtet ist – als Benutzung der Marke im geschäftlichen Verkehr angesehen werden kann.

2243 Eine entspr Bestimmung enthält ebenfalls Art. 11 MarkenRL (s.a. PräambelRL 26).

(immateriellen) Schadens aus. Da Art. 11 Abs. 2 UMV als *eng begrenzte Ausnahmeregelung* darauf abzielt, an eine Marke ab dem Zeitpunkt der Veröffentlichung ihrer Anmeldung und noch vor der Veröffentlichung ihrer Eintragung, bedingte Rechte zu knüpfen, muss die *angemessene Entschädigung* in ihrem Umfang *geringer* sein als der Schadensersatz, den der Inhaber einer Unionsmarke für nach der Veröffentlichung von deren Eintragung vorgenommene Verletzungshandlungen verlangen kann und der grds auf einen vollständigen Ausgleich des tatsächlich erlittenen Schadens gerichtet ist, der ggf den immateriellen Schaden einschließen kann[2244].

2059   Gemäß Art. 25 Abs. 1e GGV kann eine *dreidimensionale Marke* auch einen *Nichtigkeitsgrund für ein GGM* darstellen. Dem steht Art. 9 Abs. 2b UMV nicht entgegen[2245].

2060   Erweckt die *Wiedergabe* einer Unionsmarke in einem *Wörterbuch*, Lexikon oder ähnlichen Nachschlagewerk den Eindruck, als sei sie eine Gattungsbezeichnung der Waren oder DL, für sie eingetragen ist, so stellt der Verleger des Werkes auf Antrag des Inhabers der Unionsmarke sicher, dass der Markenwiedergabe spätestens bei einer Neuauflage des Werkes der Hinweis beigefügt wird, dass es sich um eine eingetragene Marke handelt (Art. 12 UMV).

2061   Ist eine Unionsmarke für einen *Agenten* oder *Vertreter* des Markeninhabers ohne dessen Zustimmung eingetragen worden, so ist der Markeninhaber berechtigt, sich dem Gebrauch seiner Marke durch seinen Agenten oder Vertreter zu widersetzen, wenn er diesen Gebrauch nicht gestattet hat, es sei denn, dass der Agent oder Vertreter seine Handlungsweise rechtfertigt (Art. 13 UMV).

II. Beschränkung der Wirkungen der Marke

2062   Die ausschließlichen Rechte aus einer Unionsmarke sollen deren Inhaber nicht zum Verbot der Benutzung von Zeichen oder Angaben durch Dritte berechtigen, die rechtmäßig und damit im Einklang mit den anständigen Gepflogenheiten in Gewerbe und Handel benutzt werden (PräambelUMV 21). Die Unionsmarke gewährt daher ihrem Inhaber wegen Art. 14 Abs. 1 UMV[2246] *nicht das Recht*, einem Dritten zu verbieten, Folgendes *im geschäftlichen Verkehr zu benutzen*:

2244   EuGH, 22.6.2016, C-280/15 – HolzProf (Nikolajeva/Multi Protect), Rn 32–59, insb 44, 56. Die Entscheidung, die noch zu Art. 9 Abs. 3 S. 2 GMV, der Art. 9b Abs. 2 UMV entspricht, erging, vermag jedoch nicht zu überzeugen. Die Begründung, warum die Entschädigung bei der Verletzung einer veröffentlichten Anmeldung, deren Schutz sich nach der Eintragung ja auf den Anmeldezeitpunkt zurückbezieht, geringer sein soll als bei der Verletzung einer eingetragenen Marke, erscheint an den Haaren herbeigezogen und ohne sachliche Rechtfertigung. Das Ergebnis widerspricht vielmehr eklatant dem vom EuGH selbst zitierten Urteil des EGMR, Anheuser-Busch v. Portugal, der bereits eine Anmeldung vollständig und ohne Abstriche unter den Schutz der Eigentumsgarantie gestellt hat.

2245   EuG, 25.4.2013, T-55/12 – Reinigungsvorrichtung/Sprüheinrichtung, Rn 34–65.

2246   Diese Vorschrift folgt Art. 14 Abs. 1. und 2 MarkenRL.

(a) den *Namen* oder die *Adresse* des Dritten, wenn es sich bei dem Dritten um eine **2063** *natürliche Person* handelt. Es ist also nur noch der Schutz von Personennamen vorgesehen, nicht mehr derjenige von Firmennamen, den Art. 12 Abs. a GMV noch umfasste. Um für Handelsnamen und Unionsmarken bei Konflikten gleiche Bedingungen zu schaffen, schließt die Benutzung von Handelsnamen vor dem Hintergrund, dass diesen regelmäßig unbeschränkter Schutz vor jüngeren Marken eingeräumt wird, nur die Verwendung des Personennamens des Dritten ein (PräambelUMV 21).

(b) Zeichen oder Angaben *ohne Unterscheidungskraft* oder über die Art, die Beschaf- **2064** fenheit, die Menge, die Bestimmung, den Wert, die geografische Herkunft oder die Zeit der Herstellung der Ware oder der Erbringung der DL oder über andere Merkmale der Ware oder DL (*beschreibende Angaben*). Aus Gründen der Kohärenz ist die Beschränkung der Wirkungen der Marke nunmehr auch auf die *Benutzung von Zeichen oder Angaben ohne Unterscheidungskraft ausgedehnt* worden. Denn die Verwendung von beschreibenden oder nicht unterscheidungskräftigen Zeichen oder Angaben muss allgemein gestattet sein (PräambelUMV 21). Damit soll zB Fehlregistrierungen oder dem nachträglichen Verlust der Unterscheidungskraft Rechnung getragen oder der Schutz einer Kombinationsmarke auf den kennzeichnungskräftigen Bestandteil beschränkt werden.

(c) die Unionsmarke zu Zwecken der *Identifizierung* oder zum *Verweis auf Waren oder* **2065** *DL* als die des Inhabers dieser Marke, insb wenn die Benutzung der Marke als Hinweis auf die *Bestimmung* einer Ware, insb als *Zubehör* oder *Ersatzteil*, oder einer DL erforderlich ist. Damit wird die Anwendung dieser Vorschrift nunmehr *ausgedehnt* auf die *Benutzung als Referenz*[2247]. Deshalb ist der Inhaber nicht berechtigt, die rechtmäßige und redliche Benutzung der Unionsmarke zum Zwecke der Identifizierung der Waren oder DL als die des Markeninhabers oder des Verweises darauf zu untersagen. Eine Benutzung einer Marke durch Dritte mit dem Ziel, die Verbraucher auf den Wiederverkauf von Originalwaren aufmerksam zu machen, die ursprünglich vom Inhaber der Unionsmarke selbst oder mit dessen Einverständnis in der Union verkauft wurden, ist als rechtmäßig anzusehen, solange die Benutzung gleichzeitig den anständigen Gepflogenheiten in Gewerbe oder Handel entspricht (PräambelUMV 21).

Deshalb findet diese Vorschrift gemäß Art. 14 Abs. 2 UMV nur dann Anwendung, **2066** wenn die Benutzung durch den Dritten den *anständigen Gepflogenheiten in Gewerbe oder Handel entspricht*[2248], also den berechtigten Interessen des Markeninhabers nicht in unlauterer Weise zuwider gehandelt wird. Art. 14 UMV darf jedoch keinesfalls in die Richtung missverstanden werden, dass sie das EUIPO zu einer flüchtigeren Prüfung der Eintragungshindernisse verleiten dürfte[2249].

2247 EuGH, 23.2.1999, C-63/97 – BMW; EuGH, 17.3.2005, C-228/03 – Gillette.
2248 Auf die ursprünglich im Kommissionsentwurf vorgesehene gesetzliche Definition dieses Begriffs hat man im Blick auf die klare Rspr hierzu verzichtet; EuGH, 23.2.1999, C-63/97 – BMW; EuGH 17.3.2005, C-228/03 – Gillette.
2249 EuGH, 6.5.2003, C-104/01 – Libertel-Orange, Rn 57–59; EuGH, 16.9.2004, C-404/02 – Nichols, Rn 32, 33; EuGH, 11.9.2007, C-17/06 – Céline, Rn 30–35.

2067   Nach PräambelUMV 21 ist auch die Benutzung einer Marke zu *künstlerischen Zwecken*, zB auf Gemälden oder im Rahmen von *Satire* und *Parodie*, rechtmäßig, sofern sie gleichzeitig den anständigen Gepflogenheiten in Gewerbe oder Handel entspricht. Außerdem ist diese Norm so anzuwenden, dass den Grundrechten und Grundfreiheiten, insb dem *Recht auf freie Meinungsäußerung*, in vollem Umfang Rechnung getragen wird.

2068   Wenn die Benutzung von mit Marken identischen oder ihnen ähnlichen Zeichen durch Werbende als Schlüsselwörter (zB *Adwords* bei *Google*) im Rahmen eines *Internetreferenzierungsdienstes* nach Art. 10 MarkenRL (Art. 5 MarkenRL aF) verboten werden kann, können sich diese Werbenden idR nicht auf die in Art. 14 Abs. 1 und 2 MarkenRL (Art. 6 Abs. 1 MarkenRL aF) vorgesehene Ausnahme berufen, um dem Verbot zu entgehen, wobei jedoch anhand der *Umstände des Einzelfalls* zu ermitteln ist, ob tatsächlich keine Benutzung vorliegt, die den anständigen Gepflogenheiten in Gewerbe oder Handel entspricht[2250].

2069   Andererseits ist die VO[2251] über die Eintragung der Bezeichnung *Bayerisches Bier* als g.g.A dahin auszulegen, dass sie die Gültigkeit von vorher bestehenden Marken Dritter, die das Wort *Bavaria* enthalten und die vor dem Zeitpunkt des Antrags auf Eintragung der g.g.A. *Bayerisches Bier* in gutem Glauben eingetragen worden sind, sowie die Möglichkeit einer Benutzung dieser Marken, die einen der Tatbestände des Art. 13 der VO zum Schutz von geografischen Angaben[2252] erfüllt, nicht beeinträchtigt, sofern diese Marken nicht einem der in Art. 4 Abs. 1c und 1g MarkenRL (beschreibende bzw täuschende Angabe; Art. 3 Abs. 1c und 1g MarkenRL aF) und Art. 20 Nr b MarkenRL (Geeignetheit zur Irreführung infolge ihrer Benutzung; Art. 12 Abs. 2b MarkenRL aF) genannten Gründe für die Ungültigkeit oder den Verfall unterliegen[2253].

2070   Art. 14 MarkenRL (Art. 6 MarkenRL aF) zielt speziell darauf ab, allen Wirtschaftsteilnehmern die Möglichkeit zu erhalten, beschreibende Angaben zu benutzen. Diese Vorschrift ist eine *Ausprägung des Freihaltebedürfnisses*. Das Freihaltebedürfnis kann jedoch *in keinem Fall eine selbständige Beschränkung* der Wirkungen der Marke sein, die zu den in Art. 14 Abs. 1b und 2 MarkenRL (Art. 6 Abs. 1b MarkenRL aF) aus-

---

2250 EuGH, 8.7.2010, C-558/08 – PORTAKABIN, Rn 72.

2251 VO (EG) 1347/2001 vom 28.6.2001; ABl. L 182/3.

2252 VO (EG) 2081/92 vom 14.7.1992 zum Schutz von geografischen Angaben und Ursprungsbezeichnungen für Agrarerzeugnisse und Lebensmittel; ABl. L 208/1; jetzt VO (EU) 1151/2012 vom 21.11.2012 über Qualitätsregelungen für Agrarerzeugnisse und Lebensmittel; ABl. L 343/1. Diese VO hat die VO (EG) 510/2006 vom 20.3.2006 zum Schutz von geografischen Angaben und Ursprungsbezeichnungen für Agrarerzeugnisse und Lebensmittel; ABl. L 93/12; ersetzt, die ihrerseits die VO (EG) 2081/92 vom 14.7.1992 ersetzt hatte.

2253 EuGH, 2.7.2009, C-343/07 – Bavaria, Rn 125. S.a. EuGH, 22.12.2010, C-120/08 – Bavaria II; nach dem der Zeitpunkt des Wirksamwerdens der im vereinfachten Verfahren erfolgten Eintragung der g.g.A. den Bezugszeitpunkt für den Schutzbeginn bei einer Kollision mit konkurrierenden Marken(-anmeldungen) darstellt, Rn 58–68.

drücklich vorgesehenen Beschränkungen hinzutritt. Es ist bei der Beurteilung des Umfangs des ausschließlichen Rechts des Inhabers einer Marke nur zu berücksichtigen, soweit die in Art. 14 Abs. 1b und 2 MarkenRL (Art. 6 Abs. 1b MarkenRL aF) festgelegte Beschränkung der Wirkungen der Marke anwendbar ist[2254].

Jedoch kann der Markeninhaber nicht verbieten, dass sein Markenzeichen dafür benutzt wird, um auf den *Verkauf* von oder die *Reparatur-* und *Wartungsdienste* für Fahrzeuge eines bestimmten Herstellers (*BMW*) hinzuweisen, soweit dadurch nicht der Eindruck erweckt wird, diese Dienste kämen direkt vom Markeninhaber oder würden unter seiner speziellen Aufsicht (mit Qualitätsgarantie), innerhalb seines Vertriebsnetzes erbracht oder hergestellt[2255]. **2071**

Dasselbe gilt für den Vertrieb von *Ersatzteilen* für fremde Markenwaren (*Gillette-Rasierklingen für Rasierer*), wenn eine solche Benutzung praktisch das einzige Mittel dafür darstellt, der Öffentlichkeit eine verständliche und vollständige Information über diese Bestimmung zu liefern, und wenn diese Benutzung den anständigen Gepflogenheiten in Gewerbe oder Handel entspricht, also den berechtigten Interessen des Markeninhabers nicht in unlauterer Weise zuwiderhandelt. Die Benutzung darf also insb nicht in einer Weise erfolgen, die glauben machen kann, dass eine Handelsbeziehung zwischen dem Dritten und dem Markeninhaber besteht, darf den Wert der Marke nicht dadurch beeinträchtigen, dass sie deren Unterscheidungskraft oder Wertschätzung in unlauterer Weise ausnutzt, darf diese Marke nicht herabsetzen oder schlecht machen, oder der Dritte darf seine Ware nicht als Imitation oder Nachahmung der Markenware darstellen[2256]. **2072**

Verbessert wurde durch die UMV das *Zwischenrecht des Inhabers einer später eingetragenen Marke* als Einrede *in Verletzungsverfahren*. Nach dem neuen Art. 16 Abs. 1 UMV ist der Inhaber einer Unionsmarke in Verletzungsverfahren nicht berechtigt, die Benutzung einer später eingetragenen Unionsmarke zu untersagen, wenn diese jüngere Marke nach Maßgabe von Art. 60 Abs. 1, 3 oder 4 UMV (Zustimmung zur Eintragung, verfahrensrechtliche Verwirkung des Nichtigerklärungsanspruchs), Art. 61 Abs. 1 oder 2 UMV (Verwirkung durch Duldung) oder Art. 64 Abs. 2 UMV (Nichtbenutzung) nicht für nichtig erklärt werden könnte. **2073**

Weiter ist gemäß Art. 16 Abs. 2 UMV in *Verletzungsverfahren* der Unionsmarkeninhaber nicht berechtigt, die Benutzung einer später eingetragenen nationalen Marke zu untersagen, wenn diese später eingetragene nationale Marke nach Maßgabe von Art. 8 MarkenRL (fehlende Unterscheidungskraft oder Bekanntheit einer älteren Marke als Grund für die Bestandskraft einer eingetragenen Marke) oder Art. 9 Abs. 1 oder 2 MarkenRL (Ausschluss der Nichtigerklärung aufgrund von Duldung) oder Art. 46 Abs. 3 MarkenRL (nicht erbrachter Benutzungsnachweis für die ältere Marke) nicht für nichtig erklärt werden könnte. **2074**

2254 EuGH, 10.4.2008, C-102/07 – ADIDAS II, Rn 45–47, 49.
2255 EuGH, 23.2.1999, C-63/97 – BMW, Rn 25, 42, 48–50, 63, 64.
2256 EuGH, 17.3.2005, C-228/03 – Gillette, Rn 39, 49, 53.

2075 Ist der Unionsmarkeninhaber nicht berechtigt, die Benutzung einer später eingetragenen Marke nach Art. 16 Abs. 1 oder 2 UMV zu untersagen, so kann sich der Inhaber der später eingetragenen Marke im Verletzungsverfahren wegen Art. 16 Abs. 3 UMV der *Benutzung der älteren Unionsmarke nicht widersetzen*.

III. Erschöpfung des Rechts aus der Marke

2076 Die Unionsmarke gewährt wegen Art. 15 Abs. 1 UMV ihrem Inhaber *nicht das Recht*, einem Dritten zu verbieten, die Marke für Waren zu benutzen, die unter dieser Marke von ihm oder mit seiner Zustimmung, die auch konkludent erfolgt sein kann[2257], sich aber auf jedes Exemplar der Ware erstrecken muss[2258], im *EWR*[2259] in den Verkehr gebracht worden sind, wobei das Inverkehrbringen auch einen verbotswidrigen Wiederverkauf durch den Kunden des Markeninhabers einschließt[2260] (*Erschöpfung des Rechts aus der Marke*).

2077 Diese Bestimmung findet aber keine Anwendung, wenn *berechtigte Gründe* es rechtfertigen, dass der Markeninhaber sich dem weiteren Vertrieb der Waren widersetzt, insb wenn deren Zustand nach ihrem In-Verkehr-Bringen verändert oder verschlechtert ist (Art. 15 Abs. 2 UMV, Art. 15 Abs. 2 MarkenRL).

2078 Werden *Parfümtester* ohne Übertragung des Eigentums und mit dem Verbot des Verkaufs an vertraglich an den Markeninhaber gebundene Zwischenhändler überlassen, damit deren Kunden den Inhalt der Ware zu Testzwecken verbrauchen können, und jederzeit ein Rückruf der Ware durch den Markeninhaber möglich ist und sich die Aufmachung der Ware von der Aufmachung der den genannten Zwischenhändlern üblicherweise vom Markeninhaber zur Verfügung gestellten *Parfümflakons* unterscheidet, steht die Tatsache, dass es sich bei diesen Testern um Parfümflakons mit der Aufschrift »Demonstration« und »unverkäuflich« handelt, der Annahme einer konkludenten Zustimmung des Markeninhabers zum Inverkehrbringen dieser Flakons entgegen[2261].

2079 Nach Art. 10 MarkenRL (Art. 5 MarkenRL aF) und Art. 9 UMV kann sich der Inhaber einer Marke kraft des durch diese verliehenen ausschließlichen Rechts dem *Weiterverkauf* von Waren (zB *Kosmetika*) mit der Begründung widersetzen, dass der Weiterverkäufer deren *äußere Verpackung entfernt* habe, sofern dies zur Folge hat, dass wesentliche Angaben wie die zur Identifizierung des Herstellers oder der Person, die für deren Inverkehrbringen verantwortlich ist, fehlen. Auch wenn das Entfernen der äußeren Verpackung nicht zu einem solchen Fehlen geführt hat, kann sich der

---

2257 EuGH, 20.11.2001, C-414/99. bis C-416/99 – Zino Davidoff/Levi Strauss; EuGH, 15.10.2009, C-324/08 – Makro/Diesel.
2258 EuGH, 1.7.1999, C-173/98 – Sebago.
2259 Art. 15 Abs. 1 MarkenRL beschränkt die Erschöpfung jedoch weiter auf die Union.
2260 EuGH, 30.11.2004, C-16/03 – Peak Holding.
2261 EuGH, 3.6.2010, C-127/09 – Parfümtestflaschen (Coty Prestige/Simex), Rn 48; EuGH, 12.7.2011, C-324/09 – Parfümtester (L'Oréal/eBay), Rn 73.

Markeninhaber gleichwohl dem Verkauf von mit seiner Marke versehenen Waren in unverpacktem Zustand widersetzen, wenn er nachweist, dass das Entfernen der Verpackung das *Image dieser Ware* und somit den *Ruf der Marke* geschädigt hat[2262].

Ein *Lizenzvertrag* kommt zB keiner absoluten und unbedingten Zustimmung des Markeninhabers zum Inverkehrbringen von mit dieser Marke versehenen Waren durch den Lizenznehmer gleich. Ein Lizenznehmer nämlich, der mit der Marke versehene Waren unter Missachtung einer Bestimmung des Lizenzvertrags (*selektives Vertriebssystem*) in den Verkehr bringt, handelt dann ohne Zustimmung des Markeninhabers, wenn nachgewiesen ist, dass diese Vertragsbestimmung den gesetzlichen Regeln über Lizenzen in Art. 25 Abs. 2 MarkenRL (Art. 8 Abs. 2 MarkenRL aF; Art. 25 Abs. 2 UMV) entspricht.   2080

Muss das Inverkehrbringen von *Prestigewaren* durch den Lizenznehmer als mit der Zustimmung des Markeninhabers erfolgt angesehen werden, obwohl der Lizenznehmer dabei gegen eine Bestimmung des Lizenzvertrags verstoßen hat, kann der Markeninhaber eine solche Bestimmung nur geltend machen, um sich unter Berufung auf Art. 15 Abs. 2 MarkenRL (Art. 7 Abs. 2 MarkenRL aF) dem Weiterverkauf der Waren zu widersetzen, wenn unter Berücksichtigung der Umstände des Einzelfalls nachgewiesen ist, dass ein solcher *Weiterverkauf* dem *Ansehen der Marke (Christian Dior) schadet*. Hierbei sind insb der Adressatenkreis, an den die Waren weiterverkauft werden sollen, und die spezifischen Umstände des Verkaufs von Prestigewaren zu berücksichtigen[2263]. Ein *selektives Vertriebssystem für Luxuswaren*, das primär der Sicherstellung von deren Luxusimage dient, ist mit Art. 101 Abs. 1 AEUV vereinbar, sofern die Auswahl der Wiederverkäufer anhand objektiver Gesichtspunkte qualitativer Art erfolgt, die einheitlich für alle in Betracht kommenden Wiederverkäufer festgelegt und ohne Diskriminierung angewendet werden, und die festgelegten Kriterien nicht über das erforderliche Maß hinausgehen[2264].   2081

Jedoch erlauben es Art. 10 und 15 MarkenRL (Art. 5 und 7 MarkenRL aF) dem Inhaber einer ausschließlichen Lizenz zur Verwendung von für die Wiederverwendung   2082

2262 EuGH, 12.7.2011, C-324/09 – Parfümtester (L'Oréal/eBay), Rn 83.
2263 EuGH, 23.4.2009, C-59/08 – Christian Dior (Copard), Rn 47, 51, 58, 59.
2264 EuGH, 6.12.2017, C-230/16 – Luxuskosmetika (CotyGermany/Parfümerie Akzente), Rn 36, 58, 69. Art. 101 Abs. 1 AEUV steht einer Vertragsklausel nicht entgegen, die autorisierten Händlern eines selektiven Vertriebssystems für Luxuswaren, das im Wesentlichen darauf gerichtet ist, das Luxusimage dieser Waren sicherzustellen, verbietet, beim Verkauf der Vertragswaren im Internet nach außen erkennbar Drittplattformen einzuschalten, wenn diese Klausel das Luxusimage dieser Waren sicherstellen soll, einheitlich festgelegt und ohne Diskriminierung angewandt wird sowie in angemessenem Verhältnis zum angestrebten Ziel steht. Ein den auf der Einzelhandelsstufe tätigen Mitgliedern eines selektiven Vertriebssystems für Luxuswaren auferlegtes Verbot, bei Internetverkäufen nach außen erkennbar Drittunternehmen einzuschalten, stellt weder eine Beschränkung der Kundengruppe iSv Art. 4b VO (EU) 330/2010 der Kommission vom 20.4.2010 über die Anwendung von Art. 101 Abs. 3 AEUV noch eine Beschränkung des passiven Verkaufs an Endverbraucher iSv Art. 4c VO (EU) 330/2010. dar.

bestimmten *Kompositgasflaschen*, deren Form als dreidimensionale Marke geschützt ist und auf denen er seinen Namen und sein Logo, die als Wort- und Bildmarken eingetragen sind, angebracht hat (*Viking Gas*), sofern er keinen berechtigten Grund iSd Art. 15 Abs. 2 MarkenRL (Art. 7 Abs. 2 MarkenRL aF) geltend machen kann, nicht, dagegen vorzugehen, dass diese Flaschen, nachdem sie von Verbrauchern gekauft wurden, die in der Folge das darin ursprünglich enthaltene Gas verbraucht haben, von einem Dritten gegen Bezahlung gegen Kompositflaschen *ausgetauscht* werden, die mit nicht von diesem Lizenzinhaber stammendem Gas gefüllt sind[2265].

2083 Ebenfalls nimmt nach Art. 10 Abs. 2b MarkenRL (Art. 5 Abs. 1b MarkenRL aF) ein *Dienstleister*, der im Auftrag und nach den Anweisungen eines Dritten *Aufmachungen abfüllt*, die der Dritte ihm zur Verfügung gestellt hat, der darauf zuvor ein Zeichen hat anbringen lassen, das mit einem als Marke geschützten Zeichen (*RED BULL*) identisch oder ihm ähnlich ist, nicht selbst eine Benutzung dieses Zeichens vor, die nach dieser Bestimmung vom Markeninhaber verboten werden kann[2266].

2084 Der Markeninhaber kann es einem *Werbenden* nicht verbieten, anhand eines mit der Marke identischen oder ihr ähnlichen Zeichens, das der Werbende ohne Zustimmung des Markeninhabers als *Schlüsselwort* im Rahmen eines *Internetreferenzierungsdienstes* (zB *Adwords* bei *Google*) ausgewählt hat, für den Wiederverkauf von Waren zu werben, die von dem Markeninhaber hergestellt und von ihm oder mit seiner Zustimmung im EWR in den Verkehr gebracht wurden, sofern nicht ein berechtigter Grund iSv Art. 15 Abs. 2 MarkenRL (Art. 7 Abs. 2 MarkenRL aF), der es rechtfertigt, dass sich der Markeninhaber dem widersetzt, gegeben ist, wie eine Benutzung des Zeichens, die die Vorstellung hervorruft, es bestehe eine *wirtschaftliche Verbindung* zwischen dem Wiederverkäufer und dem Markeninhaber, oder eine Benutzung, die den *Ruf der Marke erheblich schädigt*.

2085 Allein die Tatsache, dass ein Werbender eine *fremde Marke* unter Hinzufügung von Wörtern benutzt, die, wie »*Gebraucht-*« oder »*aus zweiter Hand*«, darauf hinweisen, dass es sich um einen Wiederverkauf der Ware handelt, kann nicht die Feststellung begründen, dass die Anzeige die Vorstellung hervorruft, es bestehe eine wirtschaftliche Verbindung zwischen dem Wiederverkäufer und dem Markeninhaber, oder den Ruf der Marke erheblich schädigt.

2086 Ein *berechtigter Grund* iSv Art. 15 Abs. 2 MarkenRL (Art. 7 Abs. 2 MarkenRL) ist zu bejahen, wenn der Wiederverkäufer ohne Zustimmung des Inhabers der Marke, die er in der Werbung für seine Wiederverkaufstätigkeit benutzt, diese *Marke* von den Waren, die der Markeninhaber hergestellt und in den Verkehr gebracht hat, *entfernt und durch ein Etikett mit dem Namen des Wiederverkäufers ersetzt* hat und damit die Marke unkenntlich gemacht hat. Jedoch kann einem Wiederverkäufer, der auf den Verkauf von Gebrauchtwaren einer fremden Marke spezialisiert ist, nicht verboten

---

2265 EuGH, 14.7.2011, C-46/10 – Kompositflasche (Viking Gas/BP Kosan Gas), Rn 30–35, 37–42.
2266 EuGH, 15.12.2011, C-119/10 – RED BULL (Frisdanken Winters), Rn 37.

werden, diese Marke zu benutzen, um seine Wiederverkaufstätigkeit beim Publikum bekannt zu machen, zu der außer dem Verkauf von Gebrauchtwaren dieser Marke auch der Verkauf anderer Gebrauchtwaren gehört, sofern nicht der Wiederverkauf dieser anderen Waren angesichts seines Umfangs, seiner Präsentationsweise oder seiner schlechten Qualität erheblich das Image herabzusetzen droht, das der Markeninhaber rund um seine Marke aufzubauen vermocht hat[2267].

Art. 16 UMV regelt nunmehr eindeutig das *Zwischenrecht* des Inhabers einer später eingetragenen Marke als *Einrede in Verletzungsverfahren*. **2087**

In Verletzungsverfahren ist nach Art. 16 Abs. 1 UMV der Unionsmarkeninhaber nicht berechtigt, die *Benutzung einer später eingetragenen Unionsmarke zu untersagen*, wenn diese jüngere Marke nach Maßgabe von Art. 60 Abs. 1, 3 oder 4 UMV (relative Nichtigkeitsgründe), Art. 61 Abs. 1 oder 2 UMV (Verwirkung durch Duldung) oder Art. 64 Abs. 2 UMV (Benutzungsnachweis) nicht für nichtig erklärt werden könnte. Dasselbe gilt wegen Art. 16 Abs. 2 UMV in Bezug die *Benutzung einer späer eingetragenen nationalen Marke*, wenn diese nach Maßgabe von Art. 8 MarkenRL (fehlende Unterscheidungskraft oder Bekanntheit einer älteren Marke als Grund für die Bestandskraft einer eingetragenen Marke) oder Art. 9 Abs. 1 oder 2 MarkenRL (Ausschluss der Nichtigerklärung aufgrund von Duldung) oder Art. 46 Abs. 3 MarkenRL (NBE in Verfahren zur Erklärung der Nichtigkeit einer Marke) nicht für nichtig erklärt werden könnte. **2088**

Ist der Unionsmarkeninhaber nicht berechtigt, die Benutzung einer später eingetragenen Marke nach Abs. 1 oder 2 zu untersagen, so kann sich der *Inhaber der später eingetragenen Marke im Verletzungsverfahren* wegen Art. 16 Abs. 3 UMV der *Benutzung der älteren Unionsmarke nicht widersetzen*. **2089**

IV. Verletzung der Unionsmarke

Zwar bestimmt sich die *Wirkung der Unionsmarke* ausschließlich nach der UMV. **2090**

Im Übrigen unterliegt die Verletzung einer Unionsmarke dem für die *Verletzung nationaler Marken geltenden Recht* gemäß Art. 122 ff UMV. **2091**

Die UMV lässt das Recht unberührt, eine Unionsmarke betr Klagen auf *innerstaatliche Rechtsvorschriften*, insb über die zivilrechtliche Haftung und den unlauteren Wettbewerb zu stützen, wobei sich das anzuwendende Verfahrensrecht sich nach Art. 122 ff UMV bestimmt. **2092**

2267 EuGH, 8.7.2010, C-558/08 – PORTAKABIN, Rn 92, 93.

V. Unionsmarkengerichte

2093   Die Mitgliedstaaten benennen *Unionsmarkengerichte* erster und zweiter Instanz (Art. 123 UMV; aktuelle Liste und Entscheidungen s. Internetseite des EUIPO).

2094   Diese sind gemäß Art. 124 UMV *ausschließlich zuständig:*

2095   (a) für alle Klagen wegen *Verletzung* und (falls das nationale Recht dies zulässt) wegen drohender Verletzung einer Unionsmarke,

2096   (b) für Klagen auf *Feststellung der Nichtverletzung,* falls das nationale Recht diese zulässt,

2097   (c) für Klagen wegen (zur Entschädigung verpflichtender) *Handlungen* iSv Art. 11 Abs. 2 UMV und

2098   (d) für die in Art. 128 UMV genannten *Widerklagen* auf Erklärung des Verfalls oder der Nichtigkeit der Unionsmarke.

2099   Vorbehaltlich der Vorschriften der UMV sowie der nach Art. 122 UMV anzuwendenden EuGVVO sind wegen Art. 125 Abs. 1 bis 3 UMV für die Verfahren, welche durch eine in Art. 124 UMV genannte Klage oder Widerklage anhängig gemacht werden, die *Gerichte des Mitgliedstaats* zuständig, in dem der Beklagte seinen Wohnsitz oder (in Ermangelung dessen) eine Niederlassung hat. Hat der Beklagte weder einen Wohnsitz noch eine Niederlassung in einem der Mitgliedstaaten, so sind für diese Verfahren die Gerichte des Mitgliedstaats zuständig, in dem der Kläger seinen Wohnsitz oder (in Ermangelung dessen) eine Niederlassung hat. Hat weder der Beklagte noch der Kläger einen Wohnsitz oder eine Niederlassung in einem der Mitgliedstaaten, so sind für diese Verfahren die Gerichte des Mitgliedstaats zuständig, in dem das EUIPO seinen Sitz hat, also das spanische Unionsmarkengericht in Alicante.

2100   Eine in einem Mitgliedstaat ansässige rechtlich selbständige Gesellschaft, die eine *Enkelgesellschaft eines Stammhauses* ist, das seinen Sitz nicht in der Union hat, stellt eine »Niederlassung« dieses Stammhauses iSv Art. 125 Abs. 1 UMV dar, wenn diese Enkelgesellschaft einen Mittelpunkt geschäftlicher Tätigkeit bildet und in dem Mitgliedstaat, in dem sie sich befindet, über eine *bestimmte reale und konstante Präsenz* verfügt, von der aus eine geschäftliche Tätigkeit ausgeübt wird, und sie auf Dauer als Außenstelle des Stammhauses hervortritt[2268].

2101   Ungeachtet dessen ist gemäß wegen Art. 125 Abs. 4 UMV anzuwenden:

2102   (a) Art. 23 EuGVVO, wenn die Parteien vereinbaren, dass ein anderes Unionsmarkengericht zuständig sein soll,

2103   (b) Art. 24 EuGVVO, wenn der Beklagte sich auf das Verfahren vor einem anderen Unionsmarkengericht einlässt *(forum shopping)*.

2104   Die Verfahren, welche durch die in Art. 124 UMV genannten Klagen und Widerklagen anhängig gemacht werden (ausgenommen Klagen auf Feststellung der Nichtverletzung einer Unionsmarke), können auch bei den Gerichten des Mitgliedstaats anhängig gemacht werden, *in dem eine Verletzungshandlung begangen worden ist oder*

2268   EuGH, 18.5.2017, C-617/15 – Hummel Holding/Nike, Rn 41.

droht oder in dem eine Handlung iSv Art. 9 Abs. 3 S. 2 UMV begangen worden ist (Art. 125 Abs. 5 UMV).

Ein Unionsmarkengericht, dessen Zuständigkeit auf Art. 125 Abs. 1 bis 4 UMV **2105** beruht, ist wegen Art. 126 UMV *zuständig* für

(1) die in einem jeden Mitgliedstaat begangenen oder drohenden Verletzungshand- **2106** lungen,

(2) die in einem jeden Mitgliedstaat *begangenen Handlungen* iSv Art. 9 Abs. 3 UMV. **2107**

Der Umstand allein, dass keine offensichtliche oder nur eine wie auch immer begrenzte **2108** *Gefahr der Fortsetzung* der Handlungen, die eine Unionsmarke verletzen oder zu verletzen drohen, besteht, stellt nach der Rspr des EuGH[2269] (*Nokia*) keinen besonderen Grund für ein Unionsmarkengericht dar, dem Beklagten die Fortsetzung dieser Handlungen nicht zu verbieten. Es muss nach Maßgabe seines innerstaatlichen Rechts die Maßnahmen zu treffen, die erforderlich sind, um die Befolgung dieses Verbots sicherzustellen.

Ein nach Art. 125 Abs. 5 UMV zuständiges Unionsmarkengericht ist dagegen *nur* **2109** für die Handlungen zuständig, die in dem *Mitgliedstaat* begangen worden sind oder drohen, in dem das Gericht seinen Sitz hat (Art. 126 Abs. 2 UMV).

Im Fall eines Verkaufs und einer Lieferung einer nachgeahmten Ware in einem Mit- **2110** gliedstaat, die anschließend durch den Erwerber in einem anderen Mitgliedstaat weiterverkauft wird, lässt sich aus dieser Bestimmung für die Entscheidung über eine Verletzungsklage gegen den ursprünglichen Verkäufer, der in dem Mitgliedstaat, dem das angerufene Gericht angehört, selbst keine Handlung vorgenommen hat, eine *gerichtliche Zuständigkeit nicht herleiten*[2270].

Jedoch kann der Unionsmarkeninhaber, der glaubt, durch die ohne seine Zustimmung **2111** erfolgte Benutzung eines mit dieser Marke identischen Zeichens durch einen Dritten in der Werbung und in Verkaufsangeboten, die *elektronisch für Waren* angezeigt werden, die mit denen, für die diese Marke eingetragen ist, identisch oder ihnen ähnlich sind,

---

2269 EuGH, 14.12.2006, C-316/05 – Nokia/Wärdell, Rn 36, 45, 53, 62.

2270 EuGH, 5.6.2014, C-320/12 – Coty Germany/First Note Perfumes, Rn 38, 59. Art. 5 Nr 3 EuGVVO ist dahin auszulegen, dass sich im Fall der Behauptung einer unzulässigen vergleichenden Werbung oder einer unlauteren Nachahmung eines durch eine Unionsmarke geschützten Zeichens – beides Verbotstatbestände nach dem deutschen Gesetz gegen den unlauteren Wettbewerb – aus dieser Bestimmung die Zuständigkeit eines deutschen Gerichts nicht kraft des Ortes des Geschehens herleiten lässt, das für einen Schaden, der sich aus der Verletzung des genannten Gesetzes ergibt, ursächlich ist, wenn derjenige der mutmaßlichen Täter, der in Deutschland verklagt wird, dort selbst keine Handlung vorgenommen hat. Dagegen lässt sich in einem solchen Fall aus dieser Bestimmung die gerichtliche Zuständigkeit für die Entscheidung über eine auf das besagte nationale Recht gestützte Haftungsklage gegen eine Person, die in einem anderen Mitgliedstaat ansässig ist und dort eine Handlung vorgenommen haben soll, die im Zuständigkeitsbereich des deutschen Gerichts einen Schaden verursacht hat oder zu verursachen droht, kraft des Ortes der Verwirklichung des Schadenserfolgs herleiten.

geschädigt worden zu sein, gemäß Art. 125 Abs. 5 UMV gegen diesen Dritten eine Verletzungsklage vor einem Unionsmarkengericht des *Mitgliedstaats* erheben, *in dem sich die Verbraucher oder Händler befinden, an die sich diese Werbung oder Verkaufsangebote richten,* obwohl der Dritte die Entscheidungen und Maßnahmen im Hinblick auf diese elektronische Anzeige in einem anderen Mitgliedstaat getroffen hat[2271].

2112 Die Unionsmarkengerichte haben von der *Rechtsgültigkeit der Unionsmarke* auszugehen, sofern diese nicht durch den Beklagten mit einer Widerklage auf Erklärung des Verfalls oder der Nichtigkeit angefochten wird (Art. 127 Abs. 1 UMV).

2113 Nach Erkenntnis des EuGH[2272] darf eine bei einem Unionsmarkengericht nach Art. 124 Buchst. a UMV erhobene *Verletzungsklage* wegen eines absoluten Nichtigkeitsgrundes (wie der Bösgläubigkeit in Art. 59 Abs. 1b UMV) *nicht abgewiesen werden,* ohne dass dieses Gericht der vom Beklagten des Verletzungsverfahrens gemäß Art. 128 Abs. 1

2271 EuGH, 5.9.2019, C-172/18 – 1073 (Heritage Audio/AMS Neve), Rn 54, 64. Der Ausdruck »Verletzungshandlung« ist so zu verstehen, dass er sich auf die in Art. 9 UMV genannten Handlungen bezieht, die der Kläger dem Beklagten vorwirft, wie zB die in Art. 9 Abs. 2b und 2d UMV genannten, die in der Werbung und in Verkaufsangeboten unter einem mit der fraglichen Marke identischen Zeichen bestehen, und diese Handlungen sind als in dem Hoheitsgebiet »begangen« anzusehen, in dem sie zu einer Werbung und zu einem Verkaufsangebot geworden sind, nämlich dem Gebiet, in dem der geschäftliche Inhalt den Verbrauchern und Händlern, an die er gerichtet war, tatsächlich zugänglich gemacht worden ist. Ob diese Werbung und diese Angebote anschließend zum Kauf der Waren des Beklagten geführt haben, ist dagegen unerheblich. Noch aA BGH, 9.11.2017, I ZR 164/16 – Parfummarken, Rn 31; wonach der Ort des für die internationale Zuständigkeit maßgeblichen schadensbegründenden Ereignisses iSv Art. 125 Abs. 5 UMV der Ort sein sollte, an dem der Prozess der Veröffentlichung des Angebots durch den Wirtschaftsteilnehmer auf seiner Internetseite in Gang gesetzt worden ist, und nicht derjenige, an dem die Internetseite abgerufen werden kann.

2272 EuGH, 19.10.2017, C-425/16 – Baucherlwärmer (Aigner/Raimund), Rn 34, 45, 46, 48. Die UMV verbietet nicht, dass das Unionsmarkengericht die Verletzungsklage nach Art. 124 Buchst. a UMV wegen eines absoluten Nichtigkeitsgrundes abweisen darf, obwohl die Entscheidung über die gemäß Art. 128 Abs. 1 UMV erhobene und auf denselben Nichtigkeitsgrund gestützte Widerklage auf Nichtigerklärung nicht rechtskräftig ist. Das Unionsmarkengericht ist zwar verpflichtet, den Ausgang des Verfahrens über die Widerklage auf Nichtigerklärung abzuwarten, um über die Verletzungsklage zu entscheiden. Jedoch würde die Verknüpfung des Ausgangs des Verletzungsverfahrens mit dem Verhalten der Parteien hinsichtlich Rechtsmittel gegen die Entscheidung, mit der der Widerklage auf Nichtigerklärung stattgegeben wurde, dieses Verfahren aller Wahrscheinlichkeit nach erheblich verzögern. In beiden Verfahren stehen sich dieselben Parteien gegenüber, sie verfügen über dieselben Verteidigungsmittel und müssen die Konsequenzen ihrer Handlungen tragen. Der mögliche Fall, dass eine der Parteien versucht, mit anschließenden Rechtsmitteln den Eintritt der Rechtskraft der erstinstanzlichen Entscheidungen zu verzögern, kann somit nicht mehr Gewicht haben als die Verpflichtung des Gerichts, den bei ihm anhängigen Rechtsstreit zu entscheiden. Somit gewährleistet die gemeinsame Behandlung von Widerklage auf Nichtigerklärung und Verletzungsklage die Wahrung des Grundsatzes der Effektivität.

UMV erhobenen und *auf denselben Nichtigkeitsgrund gestützten Widerklage* auf Nichtigerklärung *stattgegeben* hat. Das Unionsmarkengericht muss somit der Widerklage auf Nichtigerklärung einer Unionsmarke stattgeben, bevor es die Verletzungsklage wegen desselben Nichtigkeitsgrundes abweisen kann.

Die Rechtsgültigkeit der Unionsmarke kann nicht durch eine Klage auf Feststellung **2114** der Nichtverletzung angefochten werden (Art. 127 Abs. 2 UMV)[2273].

Gegen Klagen gemäß Art. 124 Abs. a und c UMV ist der *Einwand des Verfalls der* **2115** *Unionsmarke*, der nicht im Wege der Widerklage erhoben wird, insoweit zulässig, als sich der Beklagte darauf beruft, dass die Unionsmarke wegen mangelnder ernsthafter Benutzung *zum Zeitpunkt der Verletzungsklage* für verfallen erklärt werden könnte (Art. 127 Abs. 3 UMV).

Die *Widerklage* auf Erklärung des Verfalls oder der Nichtigkeit kann nur auf die in **2116** der UMV geregelten Verfalls- oder Nichtigkeitsgründe gestützt werden (Art. 128 Abs. 1 UMV). Nach Art. 58 Abs. 1a UMV ist im Fall einer *Widerklage auf Erklärung des Verfalls* einer Unionsmarke der Zeitpunkt, auf den für die Feststellung, ob der in dieser Bestimmung genannte ununterbrochene *Zeitraum von fünf Jahren abgelaufen* ist, abzustellen ist, der *Zeitpunkt der Erhebung dieser Klage* (und nicht der Zeitpunkt der letzten mündlichen Verhandlung)[2274].

Ein Unionsmarkengericht *weist eine Widerklage* auf Erklärung des Verfalls oder der **2117** Nichtigkeit *ab*, wenn das EUIPO über einen Antrag wegen desselben Anspruchs zwischen denselben Parteien bereits eine unanfechtbar gewordene Entscheidung erlassen hat (Art. 128 Abs. 2 UMV)[2275].

Wird die *Widerklage* in einem Rechtsstreit erhoben, in dem der Markeninhaber noch **2118** nicht Partei ist, so ist er hiervon zu unterrichten und kann dem Rechtsstreit nach Maßgabe des nationalen Rechts beitreten (Art. 128 Abs. 3 UMV).

Das Unionsmarkengericht, bei dem Widerklage auf Erklärung des Verfalls oder der **2119** Nichtigkeit einer Unionsmarke erhoben worden ist, nimmt die *Prüfung der Widerklage erst dann* vor, wenn entweder die betroffene Partei oder das Gericht *dem EUIPO den Tag der Erhebung der Widerklage mitgeteilt hat*. Das Amt vermerkt diese Information im Register. War beim EUIPO ein Antrag auf Erklärung des Verfalls oder der Nichtigkeit der Unionsmarke bereits eingereicht worden, bevor die Widerklage erhoben wurde, wird das Gericht vom Amt hiervon unterrichtet. Es setzt in diesem Fall das Verfahren gemäß Art. 132 Abs. 1 UMV so lange aus, bis abschließend über den Antrag entschieden wurde oder der Antrag zurückgezogen wird. (Art. 128 Abs. 4 UMV).

2273 So auch OGH, 17.1.2012, 17 Ob 30/11 b – Goldhase VI; ÖBl 2012, 167.

2274 EuGH, 17.12.2020, C-607/19 – Spiralschlauch-Set (Lidl)/Bewässerungsspritze (Husqvarna), Rn 36, 37, 39, 50. Das noch zu Art. 51 Abs. 1a GMV ergangene Urteil ist auch für den identischen Art. 58 Abs. 1a UMV anzuwenden, obwohl sich der EuGH hierzu nicht ausdrücklich geäußert hat; Rn 49.

2275 Dasselbe gilt auch, wenn ein Unionsmarkengericht darüber abschließend entschieden hat; OGH, 28.2.2012, 4 Ob 14/12 f – Goldhase VII; ÖBl 2012, 169.

2120 Das mit einer Widerklage auf Erklärung des Verfalls oder der Nichtigkeit befasste Unionsmarkengericht kann auf Antrag des Inhabers der Unionsmarke nach Anhörung der anderen Parteien das Verfahren *aussetzen* und den Beklagten auffordern, innerhalb einer zu bestimmenden Frist beim EUIPO die Erklärung des Verfalls oder der Nichtigkeit zu beantragen[2276]. Wird der Antrag nicht innerhalb der Frist gestellt, wird das Verfahren fortgesetzt, die Widerklage gilt als zurückgenommen. Die Vorschriften von Art. 104 Abs. 3 UMV sind anzuwenden (Art. 128 Abs. 7 UMV).

2121 Ist die Entscheidung eines Unionsmarkengerichts über eine Widerklage auf Erklärung des Verfalls oder der Nichtigkeit einer Unionsmarke *rechtskräftig* geworden, so wird eine Ausfertigung dieser Entscheidung dem EUIPO entweder durch das Gericht oder eine der Parteien des nationalen Verfahrens unverzüglich zugestellt. Das Amt oder jede andere betroffene Partei kann dazu nähere Auskünfte anfordern. Das EUIPO trägt einen Hinweis auf die Entscheidung im Register ein und trifft die erforderlichen Maßnahmen zur Umsetzung des Tenors der Entscheidung (Art. 128 Abs. 6 UMV).

2122 Die Unionsmarkengerichte wenden die *Vorschriften der UMV* an (Art. 129 Abs. 1 UMV). In allen, nicht durch die UMV erfassten Markenfragen wenden die Unionsmarkengerichte ihr *nationales Recht* an (Art. 129 Abs. 2 UMV). Soweit in der UMV nichts anderes bestimmt ist, wendet das Unionsmarkengericht die *Verfahrensvorschriften* an, die in dem Mitgliedstaat, in dem es seinen Sitz hat, auf gleichartige Verfahren für nationale Marken anwendbar sind (Art. 129 UMV Abs. 3).

2123 Stellt ein Unionsmarkengericht fest, dass der Beklagte eine Unionsmarke verletzt hat oder zu verletzen droht, so *verbietet* es dem Beklagten, die Handlungen, die die Unionsmarke verletzen oder zu verletzen drohen, fortzusetzen, sofern dem nicht besondere Gründe entgegenstehen (Art. 130 Abs. 1 S. 1 UMV). Dies verwehrt einem Unionsmarkengericht nicht, im Einklang mit bestimmten verfahrensrechtlichen Grundsätzen des innerstaatlichen Rechts mit der Begründung davon abzusehen, eine Anordnung zu treffen, mit der einem Dritten die Fortsetzung von Verletzungshandlungen verboten wird, dass der Inhaber der betr Marke bei diesem Gericht keinen entspr Antrag gestellt habe[2277].

2276 S.a. OGH, 28.2.2012, 4 Ob 14/12 f – Goldhase VII; ÖBl 2012, 169. Eine Aussetzung kommt auch in Betracht, wenn der angebliche Markenrechtsverletzer nach Anhängigkeit des Verletzungsprozesses Nichtigkeitsantrag beim EUIPO gestellt hat; OLG Düsseldorf, 8.5.2017, I-20 W 31/17 – evolution/Evolution.

2277 EuGH, 22.6.2016, C-280/15 – HolzProf (Nikolajeva/Multi Protect), Rn 32–34. Denn der Umstand, dass sich der Unionsmarkeninhaber in seiner Klage beim Unionsmarkengericht darauf beschränkt hat, die Feststellung einer Verletzungshandlung zu beantragen, nicht aber beantragt hat, deren Beendigung anzuordnen, kann nicht als *besonderer Grund*. iSv Art. 130 Abs. 1 UMV qualifiziert werden. Dieser Begriff bezieht sich nämlich nur auf außergewöhnliche Umstände, in denen ein solches Gericht im Hinblick auf die spezifischen Besonderheiten des dem Dritten vorgeworfenen Verhaltens, insb auf den Umstand, dass diesem die Fortsetzung der ihm zur Last gelegten Handlungen, die eine Unionsmarke verletzen oder zu verletzen drohen, nicht möglich ist, nicht verpflichtet

Die *Reichweite* des von einem Unionsmarkengericht, dessen Zuständigkeit auf Art. 125 **2124**
Abs. 1 bis 4 und 126 Abs. 1 UMV beruht, ausgesprochenen Verbots, Handlungen,
die eine Unionsmarke verletzen oder zu verletzen drohen, fortzusetzen, erstreckt sich
grds auf *das gesamte Gebiet der Union*[2278].

Nach Art. 1 Abs. 2 UMV, Art. 9 Abs. 2b UMV und Art. 130 Abs. 1 UMV muss **2125**
ein Unionsmarkengericht, wenn es feststellt, dass die Benutzung eines Zeichens in
einem Teil des Gebiets der Europäischen Union zur Gefahr von Verwechslungen mit
einer Unionsmarke führt, während in einem anderen Teil dieses Gebiets keine solche
Gefahr besteht, zu dem Schluss kommen, dass eine Verletzung des durch die Marke
verliehenen ausschließlichen Rechts vorliegt, und muss die Benutzung des Zeichens
für das *gesamte Gebiet der Europäischen Union* mit *Ausnahme* des Teils, für den eine
Verwechslungsgefahr verneint wurde, untersagen[2279].

Das Unionsmarkengericht trifft ferner nach Maßgabe seines innerstaatlichen Rechts die **2126**
erforderlichen Maßnahmen, um die Befolgung dieses Verbots sicherzustellen (Art. 130
Abs. 1 S. 2 UMV). Das Unionsmarkengericht kann zudem ihm im jeweiligen Einzelfall zweckmäßig erscheinende Maßnahmen ergreifen oder Anordnungen treffen,
die das anwendbare Recht vorsieht (Art. 130 Abs. 2 UMV).

Eine *Zwangsmaßnahme* (wie ein Zwangsgeld), die es nach Maßgabe seines innerstaat- **2127**
lichen Rechts anordnet, um sicherzustellen, dass ein von ihm ausgesprochenes Verbot
der Fortsetzung von Handlungen, die eine Unionsmarke verletzen oder zu verletzen
drohen, befolgt wird, entfaltet unter den in Kapitel III der EuGVVO vorgesehenen
Bedingungen Wirkungen über den Staat hinaus, dem das Gericht angehört, in anderen Mitgliedstaaten, auf die sich die territoriale Reichweite eines solchen Verbots
erstreckt. Sieht das innerstaatliche Recht eines dieser anderen Mitgliedstaaten keine
Zwangsmaßnahme vor, die der von dem Unionsmarkengericht angeordneten ähnlich
ist, ist das mit dieser Maßnahme verfolgte Ziel vom zuständigen Gericht dieses Mitgliedstaats zu erreichen, indem es die einschlägigen Bestimmungen des innerstaatlichen Rechts dieses Staates, die die Befolgung dieses Verbots in gleichwertiger Weise
zu gewährleisten vermögen, heranzieht[2280].

Vernichtungs-, Auskunfts- und Schadensersatzansprüche sowie Verjährung und Verwir- **2128**
kung von Sanktionsansprüchen aus Verletzungen richten sich nach dem jeweiligen
nationalen Recht des betr Mitgliedstaats, einschl dessen internationalen Privatrechts[2281].

---

ist, eine Anordnung zu treffen, mit der einem Dritten die Fortsetzung derartiger Handlungen verboten wird, auch wenn der Markeninhaber einen entspr Antrag gestellt hat.
2278 EuGH, 12.4.2011, C-235/09 – WEBSHIPPING (DHL/Chronopost), Rn 50; in diese
Richtung auch bereits BGH, 13.9.2007, I ZR 33/05 – THE HOME STORE, Rn 40–43.
s.a. OLG Frankfurt/M, 7.4.2016, 6 U 4/15 – BEAUTY-TOX/BEAUTÉTOX; MarkenR 2016, 325.
2279 EuGH, 22.9.2016, C-223/15 – Commit (Business Solutions)/Combit (Software), Rn 36.
2280 EuGH, 12.4.2011, C-235/09 – WEBSHIPPING (DHL/Chronopost), Rn 59.
2281 EuGH, 13.2.2014, C-479/12 – Gartenpavillion (Gautzsch/Münchener Boulevard),
Rn 49, 50, 52–55. Diese zu Art. 88 Abs. 2, Art. 89 Abs. 1a und Art. 89 Abs. 1d GGV

2129   *Einstweilige Maßnahmen* einschl Sicherungsmaßnahmen in Bezug auf eine Unionsmarke oder deren Anmeldung können bei den Gerichten eines Mitgliedstaats (einschl Unionsmarkengerichte) beantragt werden, die in dem Recht des betr Staates für eine nationale Marke vorgesehen sind, auch wenn für die Entscheidung in der Hauptsache aufgrund der UMV ein Unionsmarkengericht eines anderen Mitgliedstaats zuständig ist (Art. 131 Abs. 1 UMV). Die Gerichte der Mitgliedstaaten, die für die Anordnung einstweiliger Maßnahmen einschl Sicherungsmaßnahmen in Bezug auf ein nationales Markenrecht zuständig sind, sind nämlich auch für die Anordnung solcher Maßnahmen in Bezug auf eine Unionsmarke zuständig[2282].

2130   Ist vor einem Unionsmarkengericht eine Klage iSd Art. 124 UMV (mit Ausnahme einer Klage auf Feststellung der Nichtverletzung) erhoben worden, so setzt es zur *Vermeidung von Parallelverfahren* das Verfahren, soweit keine besonderen Gründe für dessen Fortsetzung bestehen, von Amts wegen nach Anhörung der Parteien aus, wenn die Rechtsgültigkeit der Unionsmarke bereits vor einem anderen Unionsmarkengericht im Wege der Widerklage angefochten worden ist oder wenn beim EUIPO bereits ein Antrag auf Erklärung des Verfalls oder der Nichtigkeit gestellt worden ist (Art. 131 Abs. 1 UMV).

2131   Ist beim *EUIPO ein Antrag auf Erklärung des Verfalls oder der Nichtigkeit* gestellt worden, so setzt es das Verfahren, soweit keine besonderen Gründe für dessen Fortsetzung bestehen, von Amts wegen nach Anhörung der Parteien aus, wenn die Rechtsgültigkeit der Unionsmarke im Wege der Widerklage bereits vor einem Unionsmarkengericht angefochten worden ist. Das Unionsmarkengericht kann jedoch auf Antrag einer Partei des bei ihm anhängigen Verfahrens nach Anhörung der anderen das Verfah-

---

ergangene Rspr ist auch auf die entspr Art. 129 Abs. 2, Art. 130 Abs. 1 und Abs. 2 UMV anzuwenden. Zum Schadensersatzanspruch gemäß Art. 94 GSortenschutzV hat der EuGH, 9.6.2016, C-481/14 – Summerdaisy's Alexander/Lemon Symphony (Jungpflanzen/Hansson), Rn 43, 54, 64; entschieden, dass der Schadensersatzanspruch, der dem Inhaber einer geschützten Pflanzensorte aus deren Verletzung zusteht, den gesamten ihm entstandenen Schaden umfasst, ohne dass ein pauschaler Verletzerzuschlag angesetzt oder speziell die Herausgabe der Gewinne und Vorteile angeordnet werden kann, in deren Genuss der Verletzer gelangt ist. Der in Art. 94 Abs. 1 SortenschutzV enthaltene Begriff *angemessene Vergütung.* erfasst außer der üblichen Gebühr, die für die Erzeugung in Lizenz zu zahlen wäre, alle Schäden, die eng damit zusammenhängen, dass diese Gebühr nicht gezahlt wurde, wozu insb die Zahlung von Verzugszinsen gehören kann. Nach Art. 94 Abs. 2 SortenschutzV ist die Schadenshöhe anhand konkreter Gesichtspunkte, die der geschädigte Inhaber vorträgt, festzulegen, nötigenfalls pauschaliert, wenn die Gesichtspunkte nicht quantifizierbar sind. Diese Gedanken, die für das Markenverfahren nicht zwingend sind, könnten jedoch ein gewisses Indiz für die nationale Rspr darstellen, ebenso wie die in EuGH, 22.6.2016, C-280/15 – HolzProf (Nikolajeva/Multi Protect), Fn zu Rdn 1997, ausgesprochenen Grundsätze.

2282 EuGH, 21.11.2019, C-678/18 – Linkeez/Bunchems (Procureur-Generaal bij de Hoge Raad der Nederlanden), Rn 31–44. Dieses Urteil betrifft zwar das GGM-Recht. Da aber Art. 90 Abs. 1 GGV inhaltlich identisch mit Art. 131 Abs. 1 UMV ist, sind die Grundprinzipien dieses Urteils auch auf Unionsmarkenverfahren anzuwenden.

ren aussetzen. In diesem Fall setzt das EUIPO das bei ihm anhängige Verfahren fort (Art. 132 Abs. 2 UMV)[2283].

Setzt das Unionsmarkengericht das Verfahren aus, kann es für die Dauer der Ausset- **2132** zung *einstweilige Maßnahmen* einschl *Sicherungsmaßnahmen* treffen (Art. 132 Abs. 3 UMV)[2284]. Ein vorläufiges Verbot der beanstandeten Verletzungshandlung kommt aber dann nicht in Betracht, wenn der Markeninhaber zuvor in Kenntnis der Verletzungshandlung keinen Antrag auf Erlass einer Unterlassungsverfügung gestellt hat und im Klageverfahren auch durch nachträglich eingetretene Umstände keine Situation entstanden ist, die ein sofortiges Verbot unabweisbar erscheinen lässt[2285].

Gegen Entscheidungen der Unionsmarkengerichte erster Instanz über Klagen und **2133** Widerklagen nach Art. 124 UMV findet die *Berufung* bei den Unionsmarkengerichten zweiter Instanz statt. Die Bedingungen für die Berufungseinlegung richten sich nach dem nationalen Recht des Mitgliedstaats, in dem dieses Gericht seinen Sitz hat. Die nationalen Vorschriften über weitere Rechtsmittel sind ebenfalls auf Entscheidungen der Unionsmarkengerichte zweiter Instanz anwendbar (Art. 133 UMV).

Ergänzende Vorschriften über die Zuständigkeit nationaler Gerichte, die keine Uni- **2134** onsmarkengerichte sind, enthält Art. 134 UMV.

Art. 136 UMV schließlich enthält *Verfahrenregelungen* bzgl gleichzeitiger oder aufein- **2135** ander folgender zivilrechtlicher Klagen aus Unionsmarken und aus nationalen Marken.

Werden *Verletzungsklagen* zwischen denselben Parteien wegen ders Handlungen *bei* **2136** *Gerichten verschiedener Mitgliedstaaten* anhängig gemacht, von denen das eine Gericht wegen Verletzung einer Unionsmarke und das andere wegen Verletzung einer nationalen Marke angerufen wird, so hat sich wegen Art. 136 Abs. 1a UMV das *später angerufene Gericht* von Amts wegen zugunsten des zuerst angerufenen *für unzuständig zu erklären*, wenn die betr Marken identisch sind und für identische Waren oder DL gelten. Das Gericht, das sich für unzuständig zu erklären hätte, kann das Verfahren *aussetzen*, wenn die Unzuständigkeit des anderen Gerichts geltend gemacht wird.

Die in Art. 136 Abs. 1a UMV genannte Voraussetzung des Vorliegens *ders Handlungen*, **2137** wenn Verletzungsklagen, von denen eine auf eine nationale Marke und die andere auf eine Unionsmarke gestützt ist, zwischen denselben Parteien bei Gerichten verschiedener Mitgliedstaaten anhängig gemacht werden, ist nach Erkenntnis des EuGH[2286] nur insoweit erfüllt, als diese Klagen den Vorwurf der Verletzung einer nationalen Marke und einer damit identischen Unionsmarke *im Gebiet ders Mitgliedstaaten* betreffen.

2283 S.a. zur entspr Bestimmung des Art. 91 Abs. 2 GGV: EuG, 25.4.2013, T-80/10 – Gehäuse einer Armbanduhr (Bell & Ross/KIN), Rn 31–64.

2284 Nach Ansicht des Gerichtshof Den Haag soll im Einstweiligen-Rechtsschutz-Verfahren eine Aussetzung des Verfahrens nach Art. 104 UMV nicht möglich sein; Beschluss vom 19.7.2011; GRUR-Prax 2011, 450 LS.

2285 OLG Frankfurt/M, 3.7.2017, 6 W 54/17; MarkenR 2017, 438.

2286 EuGH, 19.10.2017, C-231/16 – Merck, Rn 42, 44, 51–53.

2138 Wenn Verletzungsklagen, von denen die erste auf die Verletzung einer nationalen Marke im Gebiet eines Mitgliedstaats und die zweite auf die Verletzung einer Unionsmarke im gesamten Gebiet der Union gestützt ist, zwischen denselben Parteien bei Gerichten verschiedener Mitgliedstaaten anhängig gemacht werden, hat sich das *später angerufene Gericht* für den *Teil des Rechtsstreits für unzuständig* zu erklären, der sich auf das *Gebiet eines Mitgliedstaats* bezieht, um das es in der beim zuerst angerufenen Gericht erhobenen Verletzungsklage geht[2287].

2139 Das später angerufene Gericht kann nach Art. 136 Abs. 1b UMV das Verfahren *aussetzen*, wenn die betr Marken identisch sind und für ähnliche Waren oder DL gelten oder wenn sie ähnlich sind und für identische oder ähnliche Waren oder DL gelten.

2140 Schließlich weist wegen Art. 136 Abs. 2 bzw Abs. 3 UMV das wegen Verletzung einer Unionsmarke bzw einer nationalen Marke angerufene Gericht die *Klage ab*, falls wegen ders Handlungen zwischen denselben Parteien ein *unanfechtbares Urteil* in der Sache aufgrund einer identischen nationalen Marke bzw Unionsmarke für identische Waren oder DL ergangen ist.

2287 EuGH, 19.10.2017, C-231/16 – Merck, Rn 57, 58, 62. Die in Art. 109 Abs. 1a UMV genannte Voraussetzung des Vorliegens *ders Handlungen.* ist nicht mehr erfüllt, wenn die betr Klagen nicht mehr den Vorwurf der Verletzung einer nationalen Marke und einer damit identischen Unionsmarke im Gebiet ders Mitgliedstaaten betreffen, weil ein Kläger eine auf eine Unionsmarke gestützte Verletzungsklage, die zunächst auf die Untersagung der Benutzung dieser Marke im Gebiet der Union gerichtet war, – wirksam – *teilweise zurückgenommen.* hat, und zwar für das Gebiet des Mitgliedstaats, um das es in der auf eine nationale Marke gestützten Klage geht, die beim zuerst angerufenen Gericht erhoben wurde und auf die Untersagung der Benutzung dieser Marke in diesem Mitgliedstaat gerichtet ist. Das später angerufene Gericht hat sich im Fall der Identität der Marken zugunsten des zuerst angerufenen Gerichts nur insoweit für unzuständig zu erklären, als die Marken für identische Waren oder DL gelten.

N. Die Zukunft der Unionsmarke

Im *positiven Sinne* wird die zukünftige Entwicklung der Unionsmarke durch die **2141** *vertiefte Zusammenarbeit* gemäß Art. 152 UMV zwischen den nationalen Ämtern und dem EUIPO geprägt, um die Harmonisierung und Vorausberechenbarkeit der Amtspraktiken zu verbessern.

Zudem wurde im Jahr 2017 die *europäische Markenrechtsreform vollendet*. Dem EUIPO **2142** wird darin aus Gründen der Flexibilität ein größerer Gestaltungsspielraum eingeräumt, so dass es seine dynamische Entwicklung fortsetzen kann.

Zwar wurde das Unionsmarkensystem im *negativen Sinne* durch das *Ausscheiden eines* **2143** *Mitgliedstaats* betroffen, nämlich von Großbritannien zum Ende des Jahres 2020, jedoch hat sich dies in keiner Weise auf die zunehmende Attraktivität der Unionsmarke ausgewirkt, die 2021 sogar eine weit überdurchschnittliche Zahl von Neuanmeldungen verzeichnen kann. Zudem hat das EUIPO am 18.3.2022 mit 2 Mio. Eintragungen von Unionsmarken einen weiteren wichtigen Meilenstein erreicht, wobei Deutschland mit 396.358 Eintragungen den Spitzenplatz einnimmt[2288].

Aber auch insgesamt ist ein *deutlicher Anstieg der Markenanmeldungen in der Europä-* **2144** *ischen Union* zu beobachten. So sind im vergangenen Jahrzehnt von 2010 bis 2020 die Anmeldungen in den Mitgliedstaaten und beim EUIPO um 38 % gewachsen[2289]. Nach dem schönen alten Spruch *Konkurrenz belebt das Geschäft* hat also die Einführung der Unionsmarke den nationalen Systemen nicht nur nicht geschadet, sondern deren Entwicklung ersichtlich gefördert.

2288 S. Alicante News 10/2021, S. 8.
2289 S. Alicante News 10/2021, S. 1.

Entscheidungsregister

Entscheidungsname	Gericht	Datum	Aktenzeichen	Rdn
2good	EuG	25.09.2015	T-366/14	714, 726
3D	EuG	17.12.2015	T-79/15	673
3D/3D'S	EuG	13.09.2016	T-390/15	1866
5 HTP	EuG	09.03.2011	T-190/09	835
5 HTP	EuGH	01.12.2011	C-222/11 P	1937, 1951
6-Korn-Eier (Gut Springenheide)	EuGH	16.07.1998	C-210/96	527, 1431
7Seven	EuG	23.09.2020	T-557/19	1591
7 verschiedenfarbige Quadrate	EuG	14.06.2012	T-293/10	554, 1065
16PF	EuG	07.06.2011	T-507/08	1677
100 % Capri/CAPRI	EuG	12.07.2012	T-279/09	181
100 % Pfalz	EuG	26.04.2018	T-220/17	672
101/501	EuG	03.06.2015	T-604/13	1390
360° SONIC ENERGY/ SONIC POWER	EuG	10.12.2013	T-467/13	505
42 BELOW/VODKA 42	EuG	24.10.2018	T-435/12	1556
520Barcode Hellas/520	EuG	03.10.2017	T-453/16	1423, 1522
1073 (Heritage Audio/ AMS Neve)	EuGH	05.09.2019	C-172/18	2111
A auf Schuh/A	EuG	13.09.2011	T-397/10	157
A mit 2 Hörnern/A	EuG	22.09.2011	T-174/10	1409
Ab in den Urlaub	EuG	24.06.2014	T-273/12	538, 715, 860
Ableiter-Gesamtgerät	BK	02.07.2010	R 1065/09–1	145
Abresham Super Basmati Selaa Grade One World's Best Rice/BASMATI	EuG	06.10.2021	T-342/20	37, 38, 1557
Abresham Super Basmati Selaa Grade One World's Best Rice/BASMATI	EuGH	07.04.2022	C-801/21 P	37, 1942
ABTRONIC/TRONIC	EuG	12.05.2016	T-643/14	1895

Entscheidungsname	Gericht	Datum	Aktenzeichen	Rdn
ACETAT Silicon 101E/ 101	BK	29.03.2012	R 2499/10–1	512
Achteckiger blauer Rahmen	EuG	21.11.2018	T-460/17	91, 749
Achteckiger grüner Rahmen	EuG	25.09.2015	T-209/14	749
ACM 1899 AC MILAN/ Milan	EuG	10.11.2021	T-353/20	1240
ACNO FOCUS/FOCUS	EuG	14.04.2011	T-466/08	1290
ACTIVY Media Gateway/ GATEWAY	EuG	27.11.2007	T-434/05	1405
ad pepper	EuG	03.10.2019	T-666/18	1239
ADDIS	EuG	15.12.2008	T-253/08	1831
adegaborba.pt	EuGH	06.12.2018	C-629/17	658
Adelholzener Flasche	EuG	10.04.2013	T-347/10	788
ADIDAS II	EuGH	10.04.2008	C-102/07	595, 1397, 1480, 2070
ADLON/ADLON	EuG	09.09.2020	T-144/19	1507
ADVANCE/ADVANCIS	EuG	09.11.2011	T-243/11	1838
AFRICAN SIMBA/Simba	EuG	22.01.2015	T-172/13	1319
AGATE	EuG	29.09.2021	T-592/20	1669
AGATHA RUIZ DE LA PRADA/Blumenbild	EuG	13.09.2011	T-522/08	1409
AGRI.CAPITAL/ AgriCapital	EuG	10.06.2015	T-514/13	1446
Ahornblatt RW	EuGH	16.07.2009	C-202/08 P und C-208/08 P	979, 983, 993
AICOOK/My Cook	EuGH	06.10.2021	C-468/21 P	1943
AINHOA	EuG	23.09.2015	T-426/13	1239
AINHOA/NOA	EuG	23.09.2015	T-400/13	1443
AIR	EuG	08.07.2020	T-800/19	1251
AIR	EuG	25.03.2021	T-800/19 DEP	1931
AIR HOLE FACE MASKS YOU IDIOT	EuG	16.05.2017	T-107/16	1662

Entscheidungsname	Gericht	Datum	Aktenzeichen	Rdn
AIRSCREEN	EuG	22.09.2021	T-250/20	679
AIRSHOWER	EuG	21.01.2009	T-307/07	636
AK 47	EuG	24.03.2011	T-419/09	249, 1657
Al bustan/ALBUSTAN	EuG	19.04.2013	T-454/11	1237
ALADIN/ALADDIN	EuG	14.07.2005	T-126/03	1225
ALARIS	EuG	16.05.2013	T-353/12	1224
ALCOLOCK/ ALCOLOCK	EuG	29.03.2017	T-638/15	1269, 1271
ALCOLOCK/ ALCOLOCK	EuGH	29.11.2018	C-340/17 P	37, 1269, 1964
ALDER CAPITAL/Halder	EuG	13.04.2011	T-209/09	1787
ALDI/ALDO	EuG	25.10.2018	T-359/17	1161
ALDI/ALDO	EuGH	04.06.2019	C-822/18 P	1161
ALETE/ALETA	EuG	12.11.2015	T-544/14	301, 1838
ALEX/ALEX	EuG	02.07.2015	T-657/13	115
ALEX/ALEX	EuGH	07.04.2016	C-480/15 P	1854
Alfredo alla Scrofa// L'ORIGINALE ALFREDO	EuG	17.09.2019	T-96/15 DEP	1931
Alifoods/ALDI	EuG	26.11.2014	T-240/13	1161, 1416
Alles wird gut	EuG	07.12.2017	T-622/16	718
ALLSAFE	EuG	25.03.2009	T-343/07	207, 636
ALLTREK/TREK	EuG	16.05.2007	T-158/05	1400
Almdudler Limonadenflasche	EuG	30.11.2005	T-12/04	790
Alpenrausch Dr. Spiller/ RAUSCH	EuG	21.12.2021	T-6/20	1839
ALPHAREN/ALPHA D3	EuG	09.02.2011	T-222/09	1170
ALPHAREN/ALPHA D3	EuGH	17.07.2014	C-490/13 P	1941
ALPHAREN/ALPHA D3 II	EuG	03.07.2013	T-106/12	1918
ALPHAREN/ALPHA D3 IV	EuG	26.01.2017	T-88/16	1918, 1920

Entscheidungsname	Gericht	Datum	Aktenzeichen	Rdn
ALPINE PRO SPORTS-WEAR & EQUIPMENT/ alpine	EuGH	29.11.2012	C-42/12 P	1452
ALTUS/ALTOS	EuG	14.02.2019	T-162/18	299
Ameise	EuG	14.06.2017	T-657/16	1581
AMPHIBIAN	EuG	04.04.2017	T-215/16	678
ampliteq/AMPLIDECT	BGH	23.09.2015	I ZR 15/14	1725
AMS Advanced Medical Services/AMS	EuG	18.10.2007	T-425/03	1284
AMS Advanced Medical Services/AMS	EuGH	19.05.2009	C-565/07 P	1932
AN IDEAL WIFE	EuG	29.06.2017	T-427/16	1281
ANA DE ALTUN/ANNA	EuG	21.07.2020	T-334/18 DEP	1929
ancotel./ACOTEL	EuG	24.05.2011	T-408/09	1456, 1886
ancotel./ACOTEL II	EuG	21.11.2013	T-443/12	1454
Andorra	EuG	23.02.2022	T-806/19	661
ANDROID	EuG	25.02.2010	T-316/09	506
ANEW ALTERNATIVE	EuG	26.11.2008	T-184/07	695
Anheuser-Busch v. Portugal	EGMR	11.01.2007	No. 73049/01	39, 1067, 2058
animal/ANIMAL	EuG	29.06.2016	T-727/14 und T-728/14	1525, 1624
ANN TAYLOR	EuG	23.05.2019	T-3/18	1318, 1659
ANN TAYLOR LOFT/ LOFT	EuG	17.02.2011	T-385/09	1404
ANNAPURNA	EuG	06.03.2014	T-71/13	1309, 1875
ANTICO CASALE	EuG	27.06.2017	T-327/16	647
APAX/APAX	EuG	13.12.2016	T-58/16	1344
APE TEES/ Affendarstellung	EuG	16.03.2022	T-281/21	38
Apfelsorte Gala Schnitzer	EuGH	19.12.2012	C-534/10 P	1886
APIRETAL	EuG	12.01.2022	T-160/21	1280
AΠΛA!	EuG	25.11.2020	T-882/19	535
APlan	EuG	14.12.2016	T-744/15	639

Entscheidungsname	Gericht	Datum	Aktenzeichen	Rdn
apo-discounter.de	EuG	03.02.2022	T-140/21	1216
Apple Flagship Stores	EuGH	10.07.2014	C-421/13	563
APUS/ABUS	EuG	16.03.2017	T-473/15	507
AQUA CARPATICA/ VODAVODA	EuG	12.05.2021	T-637/19	1411
AQUA CARPATICA/ VODAVODA	EuGH	11.11.2021	C-425/21 P	1411
AQUA FLOW/VAQUA FLOW	EuG	23.10.2013	T-417/13	1187
Aquafresh (Class International/Colgate)	EuGH	18.10.2005	C-405/03	2018, 2021
ARCOL/CAPOL	EuGH	13.03.2007	C-29/05 P	291, 1176, 1861
ARCOL/CAPOL I	EuG	10.11.2004	T-164/02	291
ARCOL/CAPOL II	EuG	25.03.2009	T-402/07	49, 213, 1799, 1917, 1919
ARIS/ARISA ASSURAN-CES	EuG	20.05.2014	T-247/12	1454
ARKTIS	EuG	16.04.2015	T-258/13	1239, 1255
ARKTIS 90/ARKTIS (Hassan/Breiding)	EuGH	04.02.2016	C-163/15	1733
ARMAFOAM/ NOMAFOAM	EuG	10.10.2006	T-172/05	282
ARMAFOAM/ NOMAFOAM	EuGH	18.09.2008	C-514/06 P	1432
aroa/Aro	EuG	11.09.2014	T-536/12	1437
AROMA	EuG	12.05.2016	T-749/14	626
Aromata/Aromax II	BK	22.02.2010	R 1026/09–4	154
ARSENAL	EuGH	12.11.2002	C-206/01	2024
Art's Cafè	EuG	20.07.2017	T-309/16	1250
ARTHUR & ASTON/ Arthur	EuG	15.12.2015	T-83/14	1251
Arthur/ARTHUR ET FÉLICIE	EuG	24.11.2005	T-346/04	1344, 1866

Entscheidungsname	Gericht	Datum	Aktenzeichen	Rdn
Arthur/ARTHUR ET FÉLICIE	EuGH	20.03.2003	C-291/00	1343
ASETRA/CAVIAR AST-ARA	EuG	11.07.2006	T-252/04	291
ASTALOY/HASTELLOY	EuG	10.04.2013	T-505/10	1208
astex TECHNOLOGY/ ASTEX	EuG	10.09.2008	T-48/06	505, 508
ATLAS TRANSPORT	EuG	10.06.2010	T-482/08	1240
ATLAS/atlasair	EuG	16.05.2011	T-145/08	130, 300, 303, 1756, 1761
ATLAS/atlasair	EuGH	05.12.2013	C-406/11 P-DEP	1996
ATOMIC BLITZ/ ATOMIC	EuG	20.04.2005	T-318/03	1552
ATOZ/ARTOZ	EuG	26.11.2008	T-100/06	1292
Atrium	EuG	17.01.2012	T-513/10	619
AUREA BIOLABS/ AUREA	EuG	28.05.2020	T-724/18, T-184/19	1574, 1576, 1577, 1583
AURELIA	EuG	13.05.2009	T-136/08	154, 156
Aus Akten werden Fakten	BGH	18.04.2013	I ZB 71/12	545
Auto in einer Sprechblase	EuG	07.05.2019	T-629/18	498
Autoform (Jaguar Land Rover)	EuG	25.11.2015	T-629/14	772
Autorisierte Merce-des-Benz-Werkstatt (Együd)/Mercedes-Benz (Daimler)	EuGH	03.03.2016	C-179/15	2006
AVE	EuG	24.11.2014	T-616/14	1751
AVERY DENNISON/ DENNISON	EuG	16.09.2013	T-200/10	1255, 1314
AXICORP ALLIANCE/ ALLIANCE	EuG	17.10.2019	T-279/18	1422
AYUURI NATURAL/ AYUR	EuG	10.11.2011	T-313/10	1452
AZIENDA OLEARIA DEL CHIANTI	BK	16.01.2012	R 1474/11–2	1015

Entscheidungsname	Gericht	Datum	Aktenzeichen	Rdn
B. Antonio Basile 1952/BASILE	EuG	28.06.2012	T-133/09	1358, 1402, 1608, 1898
B/Geflügelte Sanduhr	EuG	12.02.2015	T-505/12	1436, 1509
babilu/BABIDU	EuG	31.01.2013	T-66/11	400, 474
Baby Bambolina/ Bambolina	EuG	23.10.2011	T-581/11	1550
Baby-dry	EuGH	20.09.2001	C-383/99 P	519
BABY-DRY/BABYDRY	BK	11.01.2021	R 473/15	1557
Bad Reichenhaller Alpensaline	EuG	19.12.2019	T-69/19	667
Bahman und TIR 20 FILTER CIGARETTES	EuG	03.12.2009	T-223/08 und T-245/08	1622
BAINBRIDGE/Bridge	EuGH	13.09.2007	C-234/06 P	1244, 1352, 1413, 1414
BAM/BAM	EuG	26.10.2011	T-426/09	497, 1866
Bananabay	EuGH	26.03.2010	C-91/09	2037
Bankia/BANKY	EuG	17.09.2015	T-323/14	1446
медведь (Bär)	EuG	19.07.2017	T-432/16	540, 971
Barbara Becker/BECKER	EuGH	24.06.2010	C-51/09 P	1402
basic/BASIC	EuG	26.06.2014	T-372/11	1442, 1894
BASIC/basic	EuG	21.09.2017	T-609/15	1317, 1550
BASIC II/basic	EuG	09.12.2020	T-722/18	1918
BASICS	EuG	12.09.2007	T-164/06	623
BASKAYA/Passaia	EuG	12.07.2012	T-170/11	1303
BASKAYA/Passaia	EuGH	12.12.2013	C-445/12 P	1213
BASmALI/BASMATI	EuG	18.01.2012	T-304/09	1527
BASmALI/BASMATI II	EuG	30.09.2015	T-136/14	1527
BASS/PASH	EuG	14.10.2003	T-292/01	1390
BATEAUX MOUCHES	EuGH	24.09.2009	C-78/09 P	855, 1653
Battistino/BATTISTA	EuG	06.06.2019	T-220/18	1633
BAU HOW/BAUHAUS	EuG	23.01.2008	T-106/06	1394, 1416
Baucherlwärmer (Aigner/ Raimund)	EuGH	19.10.20	C-425/16	2113

Entscheidungsregister

Entscheidungsname	Gericht	Datum	Aktenzeichen	Rdn
Baumwollblüte	EuGH	08.06.2017	C-689/13	1040, 1232
Bavaria	EuGH	02.07.2009	C-343/07	2069
Bavaria II	EuGH	22.12.2010	C-120/08	2069
BavariaWeed.	EuG	12.05.2021	T-178/20	949, 963
BBQLOUMI/ HALLOUMI I	EuG	25.09.2018	T-328/17	1026
BBQLOUMI/ HALLOUMI I	EuGH	05.03.2020	C-766/18 P	1026, 1035, 1273
BBQLOUMI/ HALLOUMI II	EuG	25.09.2018	T-384/17	1049
BBQLOUMI/ HALLOUMI II	EuGH	30.04.2020	C-767/18 P	1049
BBQLOUMI/ HALLOUMI IV	EuGH	25.11.2021	C-201/21 P-OST	1960, 1961
BE HAPPY	EuG	30.04.2015	T-707/13 und T-709/13	719
be impulsive/Impulse (Iron & Smith Kft./Unilever NV)	EuGH	03.09.2015	C-125/14	1653, 1469, 1471, 2008
BEATLE/BEATLES	EuG	29.03.2012	T-369/10	1503
BEAUTY-TOX/ BEAUTÉTOX	OLG Frankfurt/ Main	07.04.2016	6 U 4/15	2124
BECKETT EXPRESSION/Expression	EuG	17.09.2003	T-71/02	151, 1756
BEHAVIOURAL INDEXING	BK	28.04.2009	R 323/08-G	1582
BELEBT GEIST UND KÖRPER	BK	01.02.2004	R 348/04–2	246
BELLRAM/RAM	EuG	15.01.2013	T-237/11	230
BENETTON	EuGH	20.09.2007	C-371/06	906
BEPOST/POST und ePOST	EuG	20.02.2018	T-118/16	1366
BERG/Christian Berg	EuG	20.02.2013	T-224/11, T-225/11 und T-631/11	1403

Entscheidungsname	Gericht	Datum	Aktenzeichen	Rdn
BergSpechte	EuGH	25.03.2010	C-278/08	2037
berlinGas	EuG	20.09.2017	T-402/16	668
berlinGas	EuGH	31.05.2018	C-656/17 P	668
berlinWärme	EuG	20.09.2017	T-719/16	668
berlinWärme	EuGH	31.05.2018	C-655/17 P	668
BEST BUY	EuG	03.07.2003	T-122/01	732
BEST BUY II	EuG	15.12.2009	T-476/08	732
BEST BUY	EuGH	13.01.2011	C-92/10 P	710
BEST MEDICAL	BK	04.11.2010	R 778/10–1	972
Bestpartner	EuG	08.07.2004	T-270/02	719
BET 365	EuG	14.12.2017	T-304/16	896
BETTER HOMES AND GARDENS	EuG	07.09.2011	T-524/09	714
BETWIN	EuG	06.07.2011	T-258/09	635
Bewegung eines fließenden kreisförmigen blauen Rings	BK	28.04.2020	R 1636/19	831
BeyBeni/Ray Ban	EuG	08.05.2018	T-721/18	1504
BEYOND VINTAGE/ BEYOND RETRO	EuG	30.04.2014	T-170/12	1436
BGW Bundesverband der deutschen Gesundheitswirtschaft/ BGW	EuGH	22.10.2015	C-20/14	1375, 1406, 1407
BIC-Stabfeuerzeug	EuG	15.12.2005	T-262/04	772
Bierflasche	EuG	12.07.2012	T-323/11	788
BIESUL/MANASUL	EuG	09.09.2011	T-597/10	1576
BIG PAD	EuG	07.05.2014	T-567/13	673
BIGAB	EuG	14.02.2012	T-33/11	1668, 1669
BigXtra	EuG	21.03.2014	T-81/13	695
BigXtra	EuGH	11.12.2014	C-253/14 P	222, 695
BIKOR EGYPTIAN EARTH	EuG	16.12.2020	T-438/18	1677
Bildmarke α	EuGH	09.09.2010	C-265/09 P	515, 550, 614, 681, 693, 704

Entscheidungsname	Gericht	Datum	Aktenzeichen	Rdn
Bildmarke 100	EuG	19.11.2009	T-425/07	512, 732
Bildmarke I	EuG	13.06.2007	T-441/05	550, 693
Bildmarken 300	EuG	19.11.2009	T-426/07	732
billiger-mietwagen.de.	EuG	25.01.2018	T-866/16	652
BIMBO	EuG	18.03.2016	T-33/15	1065
BIMBO DOUGHNUTS/ DOGHNUTS	EuGH	08.05.2014	C-591/12 P	1065, 1382
BIO-INSECT Shocker	EuG	13.05.2020	T-86/19	970, 971
BIO organic	EuG	10.09.2015	T-610/14, T-571/14 und T-570/14	674
BIODANZA/ BIODANZA	EuG	08.03.2012	T-298/10	293, 1202, 1294, 1323, 1326, 1719, 1720, 1872
BIODERMA	EuG	21.02.2013	T-427/11	535
BioGeneriX	EuG	16.09.2008	T- 48/07	634
BioID	EuGH	15.09.2005	C-37/03 P	732
BIOMILD	EuGH	12.02.2004	C-265/00	724
BIOTON	EuG	12.12.2019	T-255/19	636
bittorrent	EuGH	11.10.2018	C-118/18 P-TO	1958
bittorrent	EuGH	13.12.2018	C-118/18 P-INT	1959
bittorrent	EuGH	08.05.2019	C-118/18 P-REV	1962
bittorrent	EuGH	16.01.2020	C-118/18 P-REV II	1962
bittorrent	EuGH	04.06.2020	C-118/18 P-REV III	1962
BLACK LABEL BY EQUIVALENZA/LABELL	EuGH	04.03.2020	C-328/18 P	1451, 1981
Blau und Silber	EuG	30.11.2017	T-102/15	568
Blau und Silber	EuGH	29.07.2019	C-124/18 P	568
Blau-weiße quaderförmige Verpackung	EuG	10.05.2016	T-806/14	754
Blaue Kugel	EuG	24.06.2015	T-626/14	1905

Entscheidungsname	Gericht	Datum	Aktenzeichen	Rdn
BLUE SOFT	EuG	10.06.2008	T-330/06	636
BLUE/BILBAO BLUE	EuGH	18.01.2005	C-325/03 P	159
BLUECO/BLUECAR	EuG	25.09.2015	T-684/12	1875
Blume	EuG	12.12.2019	T-747/18	680
Blume	EuGH	04.06.2020	C-72/20 P	680
BMW	EuGH	23.02.1999	C-63/97	2024, 2065, 2066, 2071
Bocksbeutelflasche	EuG	24.09.2019	T-68/18	790
Bodybuilder	EuG	29.09.2016	T-335/15	676
BODYSECRETS	EuG	14.07.2021	T-810/19	678
BOOMERANG/ BoomerangTV	EuG	02.10.2013	T-285/12	1208
BoomerangTV/B BOO-MERANG	EuG	17.06.2008	T-420/03	280, 1191, 1458, 1472, 1474, 1866
Bostongurka (Björnekulla/ Procordia)	EuGH	29.04.2004	C-371/02	533, 833
Boswelan	EuG	16.09.2017	T-276/16	1275, 1278
Boswelan	EuG	19.09.2018	T-276/16 DEP	1929
Boswelan	EuGH	03.07.2019	C-668/17 P	1275, 1278
BOTOLIST und BOTOCYL/BOTOX	EuG	16.12.2010	T-345/08 und T-357/08	1502
BOTOLIST und BOTOCYL/BOTOX	EuGH	10.05.2012	C-100/11 P	253, 314, 1469, 1493
BOY LONDON	BK	23.04.2021	R 459/20–5	964
BrainLAB	EuG	25.04.2012	T-326/11	153, 180
Brauner Farbton	EuG	09.12.2010	T-329/09	386, 800
BRAUWELT	EuG	18.10.2016	T-56/15	505
BRAVIA/BRAVIA	BK	15.03.2010	R 55/09–2	1182
BRAVO	EuGH	04.10.2001	C-517/99	832
Breeze/Breeze	EuG	21.05.2021	T-158/20	1344
BRIGHTON/ BRIGHTON	EuG	27.09.2011	T-403/10	1540
BROWNIE/BROWNIES	EuG	30.01.2020	T-598/18	12, 38

Entscheidungsregister

Entscheidungsname	Gericht	Datum	Aktenzeichen	Rdn
BSS	EuG	05.03.2003	T-237/01	834, 1643
BSS	EuGH	05.10.2004	C-192/03 P	1653
BTS/TBS	EuG	12.03.2014	T-592/10	1401, 1861
Bubbles/O2	EuGH	12.06.2008	C-533/06	2032
Buchstabe E (1)	EuG	21.05.2008	T-329/06	616
Buchstabe E (2)	EuG	09.07.2008	T-302/06	550, 614
Buchstabe e auf einer Hosentasche/Buchstabe e	EuG	10.11.2011	T-22/10	1426
BUD II/Bud	EuG	22.01.2013	T-225/06 RENV	1560, 1568
BUD/Bit	EuG	19.10.2006	T-350/04	1392
BUD/BUD	EuG	12.06.2007	T-53/04	1559, 1568
BUD/Bud	EuG	16.12.2008	T-225/06	1567
BUD/Bud	EuGH	29.03.2011	C-96/09 P	1203, 1541, 1547, 1549
BUDMEN/BUD	EuG	03.07.2003	T-129/01	1405
Budweiser	EuG	16.11.2004	C-245/02	55
BUDWEISER/ BUDWEISER I	EuG	25.03.2009	T-191/07	230, 1188, 1787, 1949
Budweiser/Budweiser II	EuGH	22.09.2011	C-482/09	64, 1608, 1609, 1611, 1615
BUFFALO MILKE/ BÚFALO	EuG	16.11.2011	T-308/06	1193, 1316
Bugui va/BUGUI	EuG	24.10.2014	T-543/12	1182, 1240
Bugui va/BUGUI	EuGH	21.07.2016	C-597/14 P	263, 1192, 1193, 1194
BUILT TO RESIST	EuG	16.09.2009	T-80/07	652
BULLDOG/BULL	EuGH	24.11.2015	C-206/15	1935
Burlington/ BURLINGTON ARCADE	EuGH	04.03.2020	C-155/18 P	416, 419
BYRON/BYRON	EuG	18.07.2017	T-45/16	1557
C=commodore	EuG	13.12.2018	T-672/16	1276
Cachet	EuG	14.07.2021	T-622/20	624

Entscheidungsname	Gericht	Datum	Aktenzeichen	Rdn
CACTUS OF PEACE CACTUS DE LA PAZ/ CACTUS	EuG	15.07.2015	T-24/13	400, 1187, 1240
CACTUS OF PEACE CACTUS DE LA PAZ/ CACTUS	EuGH	11.10.2017	C-501/15 P	400, 416
Café del Mar	EuG	12.07.2019	T-772/17	1663
Café del Mar	EuGH	12.12.2019	C-713/19 P	1663
Caffè KIMBO/BIMBO	EuG	20.03.2013	T-277/12	280, 282
CAFFÈ NERO	EuG	27.10.2016	T-37/16	970, 971
Caipi	EuG	23.10.2007	T-405/04	619
CALPICO/CALYPSO	EuG	20.04.2005	T-273/02	224
Calvo/CALAVO	EuG	16.01.2007	T-53/05	1074, 1199
CAMEA/BALEA	EuG	14.01.2015	T-195/13	1416
CAMELO/CAMEL	EuG	30.01.2008	T-128/06	1509
Camomilla/CAMOMILLA	EuG	09.07.2015	T-98/13 und T-99/13	1436
CANAL JEAN Co./ CANALI	EuG	28.05.2005	T-301/03	1827
CANNABIS	EuG	19.11.2009	T-234/06	619
CANNABIS	EuGH	12.05.2010	C-5/10 P-R	1635, 1963
CANNABIS STORE AMSTERDAM	EuG	12.12.2019	T-683/18	963
Canoleum/ MARMOLEUM	EuG	16.12.2020	T-3/20	162, 889
Canon	EuGH	29.09.1998	C-39/97	261, 1348, 1356, 1357, 1419, 1420, 1430, 1450
CARACTÈRE	EuG	12.12.2018	T-743/17	626
CARDIOMANAGER/ CardioMessenger	EuG	25.10.2013	T-416/11	1308
cardiva/CARDIMA	BK	15.07.2008	R 1313/06-G	1200, 1726
CARE TO CARE	EuG	23.01.2013	T-600/11	715

Entscheidungsname	Gericht	Datum	Aktenzeichen	Rdn
CARLO RONCATO/ RONCATO	EuG	07.07.2010	T-124/09	1500
CARRERA	EuG	16.11.2017	T-419/16	1622
CARRERA	EuGH	14.06.2018	C-35/18 P	1622
Carrera/CARRERA	EuG	27.11.2014	T-173/11	1504, 1882
Casale Fresco/FREZCO	EuG	26.05.2016	T-254/15	1389
CASTEL	EuG	13.09.2013	T-320/10	662, 1618
Castello/Castelló	EuG	05.05.2015	T-715/13	1144
cat & clean/CLEAN CAT	EuG	21.01.2015	T-587/13	1452
CAVE DE TAIN	EuG	12.07.2018	T-774/16	1011
CCB/CB	EuGH	11.06.2020	C-115/16 P	1359, 1408
CELEBREX/CEREBRESP	EuG	18.11.2003	T-383/02	1636
Céline	EuGH	11.09.2007	C-17/06	1309, 2000, 2027, 2066
CELLTECH	EuG	14.04.2005	T-260/03	220
Centrixx/sensixx	EuG	15.09.2009	T-446/07	1895
Centrixx/sensixx	EuG	05.03.2012	T-446/07 DEP	1930
Centrixx/sensixx	EuGH	30.06.2010	C-448/09 P	1457, 1861
CENTROTHERM I	EuGH	26.09.2013	C-609/11 P	1874
CENTROTHERM II	EuGH	26.09.2013	C-610/11 P	271, 1184, 1619, 1641
CERATIX/CERATOFIX	EuG	13.06.2012	T-312/11	1228, 1319
Chaff cutters design	EuG	10.05.2010	T-98/10	1832
Champagner Sorbet/ champagne	EuGH	20.12.2017	C-393/16	1018
charantea/CHARITÉ	EuG	11.02.2020	T-732/18	537
CHATKA/CHATKA	EuG	25.04.2018	T-312/16	1213
Chevy	EuGH	14.09.1999	C-375/97	1470
chic ÁGUA ALCALINA 9,5 PH/CHIC BARCE-LONA	EuG	22.09.202	T-195/20	1437
Chiemsee	EuGH	04.05.1999	C-108/97 und C-109/97	593, 656, 665, 841, 844, 845

Entscheidungsname	Gericht	Datum	Aktenzeichen	Rdn
CHOICE	EuG	22.10.2015	T-431/14	625
Choice chocolate & ice cream	EuG	12.04.2016	T-361/15	672
Choumicha Saveurs	EuG	28.04.2021	T-311/20	1670
Christian Dior (Copard)	EuGH	23.04.2009	C-59/08	1731, 2081
CHROMA	EuG	16.12.2010	T-281/09	535
CHUFAFIT/CHUFI	EuG	06.07.2004	T-117/02	1400
Cíclic/CYCLIC	EuG	15.09.2021	T-673/20	1437
CINKCIARZ	EuG	19.12.2019	T-501/18	630
CINKCIARZ	EuGH	28.05.2020	C-101/20 P	630
CIPRIANI	EuG	29.06.2017	T-343/14	1677
CIPRIANI/HOTEL CIP-RIANI	EuG	01.03.2018	T-438/16	1441
CIRCON/CIRCULON	EuG	13.06.2012	T-542/10	228, 1168, 1845, 1912
CITI/CITIBANK	EuG	16.04.2008	T-181/05	1501
CITIGATE/citi	EuG	26.09.2012	T-301/09	1231
CITITRAVEL DMC/ citibank	EuG	12.07.2011	T-241/11	1831
citydogs/CITY	EuG	16.05.2012	T-444/09	1840
CityTrain	EuG	21.06.2017	T-699/15	1891
CK CREACIONES KEN-NYA/CK Calvin Klein	EuGH	02.09.2010	C-254/09 P	1383, 1386
Clampflex	EuG	29.11.2012	T-171/11	640
CLEOPATRA QUEEN/ CLEOPATRA MEL-FINCO	EuG	21.12.2021	T-870/19	1213
CLIMA COMFORT	EuG	16.10.2012	T-371/11	716
climaVera/CLIMAVER DECO	EuG	15.06.2017	T-457/15	403, 1428
Cloppenburg	EuG	25.10.2005	T-379/03	1852, 665
CLORALEX/CLOROX	EuGH	30.01.2014	C-422/12 P	1382, 1954

Entscheidungsname	Gericht	Datum	Aktenzeichen	Rdn
CLUB GOURMET/ CLUB DEL GOURMET, EN....El Corte Inglés	EuG	20.03.2013	T-571/11	1423, 1554, 1909
CMS Italy/Springende Raubkatze	EuG	22.05.2019	T-161/16	1905
CODE-X/Cody's	EuG	23.02.2022	T-198/21	1394
coffee in/coffee in	EuG	24.10.2017	T-202/16	1376
COGNAC	EuGH	14.07.2011	C-4/10 und C-27/10	1013
COLLEGE	EuG	12.06.2012	T-165/11	628
COLOMBIANA COFFEE HOUSE	EuG	18.09.2015	T-359/14	1014, 1567
COLOR EDITION	EuGHGA	15.10.2009	C-408/08 P	519
COLOR EDITION	EuGH	25.02.2010	C-408/08 P	1622, 1971
COLOR FOCUS/FOCUS	EuG	05.10.2012	T-204/10	251
COLORIS/COLORIS	EuG	30.11.2009	T-353/07	1239, 1244
COLOURBLIND/ COLOURBLIND	EuG	26.02.2015	T-257/11	1557
COMIT/Comet	EuG	07.04.2011	T-84/08	1764
Commit (Business Solutions)/Combit (Software)	EuGH	22.09.2016	C-223/15	2125
COMP USA/COMP USA	EuG	07.02.2006	T-202/03	1443
Companyline	EuGH	19.09.2002	C-104/00 P	541
COMPETITION	EuG	17.09.2015	T-550/14	719
Complete	EuG	30.11.2011	T-123/10	631
compressor technology/ KOMPRESSOR	EuGH	08.11.2016	C-43/15 P	1361, 1764
COMSA/Comsa	EuG	09.04.2014	T-144/12	1542
Condomi	BK	21.11.2001	R 532/01–3	859
CONTINENTAL	EuG	17.04.2013	T-383/10	516
COOK'S	EuG	28.06.2012	T-314/10	154, 156
CoolTUBE	EuG	16.06.2021	T-481/20	730
COPALLI/COMPAL	EuG	30.03.2022	T-445/21	1479

Entscheidungsname	Gericht	Datum	Aktenzeichen	Rdn
Copertura ombreggiante	EuG	17.12.2008	T-351/07	774
CORDIO/CORDIA	EuG	16.10.2013	T-388/12	1899
CORONA/KARUNA	EuG	20.06.2012	T-357/10	233
CORPO Livre/LIVRE	EuG	12.12.2007	T-86/05	139, 1192, 1295
CORPO Livre/LIVRE	EuGH	05.03.2009	C-90/08 P	81, 1192
COTO DE GOMARIZ/ COTO DE IMAZ	EuG	15.11.2011	T-276/10	1409
Cottonfeel	EuG	23.10.2015	T-822/14	640
Coty Germany/First Note Perfumes	EuGH	05.06.2014	C-320/12	2110
COYOTE UGLY/ COYOTE UGLY	EuG	04.11.2008	T-161/07	1441, 1648
CPI COPISA INDUSTRIAL/Cpi construcción promociones e instalaciones	EuG	04.07.2014	T-345/13	1230
CRAIC	EuG	09.09.2011	T-83/09	1720
Crédit Mutuel	EuG	24.09.2019	T-13/18	875, 1234
Crédit Mutuel	EuGH	13.02.2020	C-867/19 P	875, 1233
CREMERIA TOSCANA/La Cremeria	EuG	29.10.2015	T-256/14	1441
CRETEO/StoCretec und STOCRETE	EuG	28.01.2016	T-640/13	1898
CRISTAL CASTELLBLANCH/ CRISTAL	EuG	08.12.2005	T-29/04	1866
CRYSTAL	EuG	13.10.2021	T-732/20	155
CRONE/CRANE	EuG	27.06.2019	T-385/18	1436
CROSS	EuG	29.01.2020	T-42/19	619
CRUZADE/SANTA CRUZ	EuG	19.09.2019	T-378/18	1317
CRUZADE/SANTA CRUZ	EuGH	06.02.2020	C-858/19 P	1317
Crystal/CRISTAL	EuG	12.12.2019	T-648/18	1437

Entscheidungsregister

Entscheidungsname	Gericht	Datum	Aktenzeichen	Rdn
Curve	EuG	26.09.2014	T-266/13	958
cushe/SHE	EuG	15.10.2015	T-642/13	1320
CUVÉE PALOMAR	EuG	11.05.2010	T-237/08	1009
CVTC	EuGH	20.06.2016	C-207/15 P	262, 1597
CYBERCREDIT, CYBER-GESTION, CYBER-HOME	EuG	19.05.2009	T-211/06	635
Cystus	EuGH	31.01.2019	C-194/17 P	1235, 1250
Cystus	EuG	14.02.2017	T-15/16	1235, 1250
D-TACK/TACK	EuG	10.10.2018	T-24/17	1250
d:ternity/iTernity	EuG	23.5.2019	T-609/18	1825
Dada & Co. kids/DADA	EuG	15.03.2011	T-50/09	97, 1192, 1295, 1787
dadida/CALIDA	EuG	23.10.2015	T-597/13	1783
Daiichi Sankyo und Sanofi-Aventis/DEMO Anonymos	EuGH	18.07.2013	C-414/11	55
DAISY und MARGARI-TAS	EuG	16.12.2015	T-381/13 und T-382/13	627, 1786, 1851
DAKOTA	EuG	20.06.2001	T-146/00	151
DALLAS DHU/DALLAS DHU	EuG	12.10.2009	T-206/09 AJ	1932
DANELECTRO und QWIK TUNE	EuG	23.09.2009	T-20/08 und T-21/08	148
darferdas	BGH	21.06.2018	I ZB 61/17	690
Darjeeling/DARJEELING	EuG	02.10.2015	T-624/13	1445
Darjeeling/DARJEELING	EuGH	20.09.2017	C-673/15 P	1027
Darstellung von drei Kreisen (Strahlregler)	BK	18.03.2019	R 925/17–5	584
Das Prinzip der Bequem-lichkeit	EuGH	21.10.2004	C-64/02 P	515, 706
Davidoff Hot Water EdT 60 ml (Amazon)/DAVIDOFF (Coty Germany)	EuGH	02.04.2020	C-567/18	2023

Entscheidungsname	Gericht	Datum	Aktenzeichen	Rdn
Dayaday/DAYADAY	EuG	09.09.2020,	T-50/19	1437
Daylong	EuG	19.04.2016	T-261/15	636
déclic	BK	07.10.1998	R 1/98–2	554
DECOPAC	EuGH	09.07.2020	C-193/20 P	1943
DEITECH/DEI-tex	EuG	16.12.2008	T-86/07	1322
Delivering the essentials of life	EuG	12.03.2008	T-128/07	715
DEEP PURPLE/DEEP PURPLE	EuG	04.10.2018	T-328/16	1557
DEEP PURPLE/DEEP PURPLE	EuG	04.10.2018	T-344/16	1557
DELTATIC/DELTA	EuG	23.03.2022	T-146/21	1240
deluxe	EuGH	17.05.2017	C-437/15 P	218, 219
deluxe II	EuG	04.07.2018	T-222/14 RENV	219
DERMÆPIL sugar epil system/dermépil Perron Rigot	EuG	13.06.2019	T-398/18	1239
Deutsche BKK	EuG	11.02.2010	T-289/08	845, 847, 851, 877, 890
deutschemedi.de/medi.eu	EuG	06.10.2011	T-247/10	417
Deutscher Ring Sachversicherungs-AG	EuG	05.07.2012	T-209/10	650
Develey-Kunststoffflasche	EuG	15.03.2006	T-129/04	206, 691
Develey-Kunststoffflasche	EuGH	25.10.2007	C-238/06 P	52, 54, 55, 541, 786
Di DIAMONDS INTERNATIONAL/DI DIAMONDS INTERNATIONAL	BK	04.11.2009	R 1716/08–4	417
Diacor/Diacol PORTUGAL	EuG	24.01.2017	T-258/08	1330
diegesellschafter.de	EuG	07.10.2010	T-47/09	725
DIESEL/DIESEL	EuG	09.09.2015	T-278/14	2004
DIESELIT/DIESEL	EuG	30.06.2004	T-186/02	1107, 1206

Entscheidungsname	Gericht	Datum	Aktenzeichen	Rdn
DigiFilm/DigiFilmMaker	EuG	08.09.2005	T-178/03 und T-179/03	635
DINKOOL/DIN	EuG	10.02.2015	T-85/14	1507, 1532
DISCO DESIGNER/ DISCO	EuG	24.01.2013	T-189/11	1425
DIVINUS/MOSELLAND Divinum	EuG	30.05.2013	T-214/10	96, 279, 885, 1857
dm/dm	EuG	09.09.2011	T-36/09	243, 1576, 1582, 1585
DoggiS/DoggiS	EuG	28.01.2016	T-335/14	1659
DOLFINA	EuG	07.06.2018	T-882/16	1267
DOMINIO DE LA VEGA/PALACIO DE LA VEGA	EuG	16.09.2009	T-458/07	1404
DOMINIO DE LA VEGA/PALACIO DE LA VEGA	EuGH	16.09.2010	C-459/09 P	1432
DONAS DULCESOL/ DONAS	EuG	01.09.2021	T-697/20	1216
doorsa FABRICA DE PUERTAS AUTOMÁTICAS/ DORMA	EuG	16.11.2011	T-500/10	1191
DORATO/ Flaschenhalsetikett	EuG	09.04.2014	T-249/13	1187
DORIT/DORIT Fleische- reimaschinen GmbH	EuG	06.04.2022	T-208/21	1544
DOUBLEMINT	EuGH	23.10.2003	C-191/01 P	593, 599, 602, 603, 724
DOWNMARK	BK	12.12.2014	R 1360/14–5	1024
Dr. No/Dr. No	EuG	30.06.2009	T-435/05	1463, 1537
Dracula Bite/Dracula	EuG	05.06.2014	T-495/12	1260
DREAM IT, DO IT!	EuG	02.07.2008	T-186/07	715
Drei parallele Streifen	EuG	19.06.2019	T-307/17	871
Drei schwarze Balken/Drei schwarze Balken	EuG	24.03.2022	T-544/21	1828

Entscheidungsname	Gericht	Datum	Aktenzeichen	Rdn
Drei Streifen/Adidas	EuGH	23.10.2003	C-408/01	564, 1476
Drei vertikale Streifen	EuG	20.07.2017	T-612/15	747
Drei vertikale Streifen	EuGH	06.09.2018	C-547/17 P	747
Dreieck	EuG	28.06.2017	T-470/16	747
Dreizacksterne auf schwarzem Hintergrund I – IV	EuG	30.03.2022	T-277/21 bis T-280/21	827, 828
Du bist, was du erlebst	EuG	31.05.2016	T-301/15	717
Duft einer reifen Erdbeere	EuG	27.10.2005	T-305/04	586
Dunkle Flasche mit V-förmigen Etikett	EuG	25.11.2020	T-862/19	790
Durchsichtiger Süßwarenbehälter	EuG	25.05.2020	T-695/15 DEP	1931
Durfee/Davidoff	EuGH	09.01.2003	C-292/00	1476
DYNAMIC PRECIOUS METALS FUND	BK	30.06.2011	R 272/11–2	518, 1746
Dynasol	BK	17.01.2013	R 1133/12–1	387
Dyson Bin	EuGH	25.01.2007	C-321/03	555
e*message	EuG	01.09.2021	T-834/19	266
E-Ship	EuG	29.04.2009	T-81/08	635
e/e	EuG	11.07.2014	T-425/12	1409
e/e II	EuG	14.03.2017	T-276/15	1397
EAGLESTONE	EuG	25.06.2019	T-82/19	1881
easyHotel/EASYHOTEL	EuG	22.01.2009	T-316/07	1932
ECA	EuG	21.04.2004	T-127/02	989
Echte Kroatzbeere Flasche	EuG	16.07.2014	T-66/13	330, 388, 790
Ecoblue/BLUE	EuGH	22.01.2010	C-23/09 P	1400
ecoDoor	EuG	15.01.2013	T-625/11	637
ecoDoor	EuGH	10.07.2014	C-126/13 P	600
EcoPerfect	EuG	24.04.2012	T-328/11	637
ECOPY	EuG	12.12.2002	T-247/01	851
EDISON	EuG	07.12.2018	T-471/17	400
EDISON	EuGH	16.09.2020	C-121/19 P	400

Entscheidungsname	Gericht	Datum	Aktenzeichen	Rdn
EFEKT PERLENIA	EuG	12.05.2016	T-298/15	673
EL BAINA/EL BENNA (Loutfi/Meatproducts)	EuGH	25.06.2015	C-147/14	1389
El Corte Inglés/OHMI – Chez Gerard	EuG	20.03.2013	T-571/11	394
EL TOFIO El sabor de CANARIAS	EuG	25.01.2018	T-765/16	505, 647
electronica	EuG	05.12.2000	T-32/00	692
Elefanten in einem Rechteck/Elefant	EuG	07.02.2012	T-424/10	1412
Elektrowerkzeuge, gelb und schwarz, Black & Decker/Elektrowerkzeuge	EuG	15.05.2007	T-239/05	1182
ELGO/ERGO	EuG	12.05.2016	T-750/14	510
ELIO FIORUCCI	EuG	14.05.2009	T-165/06	974
ELIO FIORUCCI	EuGH	05.07.2011	C-263/09 P	1691, 1912, 1913, 1952, 1966, 1970, 1974
ELISABETH EMANUEL	EuGH	30.03.2006	C-259/04	973
elite BY MONDARIZ/ elite	EuG	09.04.2014	T-386/12	1751
eliza/ELISE	EuG	24.03.2010	T-130/09	505
Ellipse (unterbrochen)/ Ellipse II	EuG	10.09.2019	T-744/18	255, 1410
EM	EuG	25.09.2018	T-180/17	616
EM	EuGH	25.09.2019	C-728/18 P	616
Emidio Tucci/Emilio Pucci	EuG	27.09.2012	T-373/09	1358, 1402
Emidio Tucci/TUZZI	EuG	27.09.2012	T-535/08	1402
Emidio Tucci/TUZZI	EuG	15.01.2015	T-535/08 DEP	1931
Emilio Pucci/Emidio Tucci	EuG	13.12.2004	T-8/03	1373
Emilio Pucci/Emidio Tucci	EuGH	01.06.2006	C-324/05 P	1972
engineering for a better world	EuG	22.01.2015	T-488/13	106, 1892

Entscheidungsname	Gericht	Datum	Aktenzeichen	Rdn
engineering for a better world II	EuG	06.10.2015	T- 545/14	518
English pink/PINK LADY	EuG	25.03.2015	T-378/13	51, 212
English pink/PINK LADY	EuGH	21.07.2016	C-226/15 P	257, 31
ENZO FUSCO/ ANTONIO FUSCO	EuG	01.03.2005	T-185/03	1206, 1402
EQUIPMENT	EuG	16.05.2013	T-356/11	719
Erdmann & Rossi	EuG	30.05.2018	T-664/16	1828
Erdmann & Rossi	EuGH	24.03.2022	C-529/18 P u. C-531/18 P	1838
Earnest Sewn	EuG	17.03.2021	T-853/19	1671
Es Valentía/VALENCIA DENOMINACIÓN DE ORIGEN	BK	06.04.2021	R 885/20–1	1565
esf école du ski français	EuG	05.05.2011	T-41/10	975, 995
ESIM Chemicals/ESKIM	EuG	09.10.2019	T-713/18	201
ESPETEC	EuG	13.09.2012	T-72/11	540
essence	EuG	03.06.2015	T-448/13	619
eStant	BK	22.02.2008	R 1622/06–1	115
ETRAX/ETRA I+D	EuG	09.09.2010	T-70/08	1748
EU-LEX	EuG	08.12.1999	T-79/99	1838
EURO AUTOMATIC PAIEMENT	EuG	05.09.2012	T-497/11	638
EURO-Symbol	EuG	10.04.2003	T-195/00	1588
EuroBasket/Basket	EuG	02.02.2012	T-596/10	249
EUROBIC/BANCO BiG	EuG	02.03.2022	T-125/21	1372
EUROCOOL/ EUROCOOL LOGI-STICS	EuG	06.09.2013	T-599/10	226, 1420, 1912
EUROHYPO	EuGH	08.05.2008	C-304/06 P	522, 681
EUROPEAN DIA-MONDS	BK	06.03.2013	R 1296/11–4	1000
EUROPEAN DRIVES-HAFT SERVICES	EuG	15.01.2013	T-413/11	285, 978, 983, 988, 990, 1786

Entscheidungsname	Gericht	Datum	Aktenzeichen	Rdn
European Network Rapid Manufacturing	EuG	13.03.2014	T-430/12	991
EUROPEAN SOCIAL ENTERPRISE LAW ASSOCIATION	EuG	26.01.2017	T-353/16	1838
EUROPIG	EuG	14.06.2007	T-207/06	637
EUROPOLIS	EuGH	07.09.2006	C-108/05	858
EuroSky/SKY	EuG	18.11.2014	T-510/12	1373, 1846, 1861
eventer EVENT MANAGEMENT SYSTEMS/EVENT	EuG	21.03.2013	T-353/11	323, 1105
evolution/Evolution	OLG Düsseldorf	08.05.2017	I-20 W 31/17	2120
EW/WE	EuG	04.05.2018	T-0241/16	1401
EXACT	EuG	22.05.2014	T-228/13	622
executive edition	EuG	21.01.2011	T-310/08	713
EXTRA	EuG	28.04.2015	T-216/14	719
EZMIX	EuG	22.11.2017	T-771/16	639
EZMIX	EuGH	13.11.2018	C-48/18 P	639
f@ir Credit/FERCREDIT	EuG	19.09.2012	T-220/11	1452
f@ir Credit/FERCREDIT	EuGH	14.11.2013	C-524/12 P	1390
F.F.R./CHIANTI CLASSICO	EuG	05.12.2012	T-143/11	1026
F.F.R/CHIANTI CLASSICO	EuG	26.09.2011	T-143/11	1834
F1-LIVE/F1	EuGH	24.05.2012	C-196/11 P	1201, 1361
F1-LIVE/F1	EuG	11.12.2014	T-10/09 RENV	1361
Facettiertes Gehäuse	EuG	09.12.2010	T-253/09	774, 1861
Fack Ju Göhte	EuG	24.01.2017	T-69/17	960
Fack Ju Göhte	EuGH	27.02.2020	C-240/18 P	952, 953, 961, 1981
FAGUMIT/FAGUMIT	EuG	29.11.2012	T-537/10 und T-538/10	1518, 1697

Entscheidungsname	Gericht	Datum	Aktenzeichen	Rdn
Fähnchen im Knopf im Ohr (Steiff)	EuG	16.01.2014	T-434/12	565, 815
Fair & Lovely/NEW YORK FAIR & LOVELY	EuG	17.02.2017	T-811/14	230, 299
FAIRGLOBE/GLOBO	EuG	08.10.2014	T-300/12	1320
FAMOXIN/LANOXIN	EuG	23.09.2009	T-493/07, T-26/08, T-27/08	1434
Farbe Gelb	BK	11.02.2010	R 371/09–2	800
Farbe Lila	EuG	09.09.2020	T-187/19	800
Farben Blau und Grau (Oy Hartwall Ab)	EuGH	27.03.2019	C-578/17	556
Farben Ginstergelb bzw Ockergelb und Silbergrau	EuG	03.02.2011	T-299/09 und T-300/09	568, 803
Farben Grau und Rot in waagerechter bzw senkrechter Kombination	EuG	12.11.2010	T-404/09 und T-405/09	797–802
Farben Grau und Rot in waagerechter Kombination	EuGH	07.12.2011	C-45/11 P	379, 797
Farben Rot, Schwarz und Grau auf Traktor	EuG	29.09.2010	T-378/07	864, 867
Farbkästchen	EuG	12.11.2008	T-400/07	802
Farbkombination Blau-Gelb/Heidelberger Bauchemie	EuGH	24.06.2004	C-49/02	568
Farbkombinationsmarke Grün-Gelb (John Deere)	EuG	28.10.2009	T-137/08	805, 870
Farbliche Fahrzeuggestaltung (AB Östgötatrafiken)	EuGH	08.10.2020,	C-456/19	820
Farbton Orange	EuG	13.09.2010	T-97/08	800
FARMA MUNDI FARMACEUTICOS MUNDI/mundipharma	EuG	22.06.2011	T-76/09	1443
FARMASUL/MANASUL	EuG	13.03.2013	T-553/10	1372
Favorit	EuG	08.07.2020	T-729/19	719

Entscheidungsname	Gericht	Datum	Aktenzeichen	Rdn
FCI Fédération Cynologique Internationale/F.C.I. Federación Canina Internacional de Perros de Pura Raza	EuGH	21.02.2013	C-561/11	1987, 1988, 2012
FERLI	EuG	01.12.2016	T-775/15	415
FERRO/FERRERO	EuGH	17.04.2008	C-108/07 P	1450
Ferromix/FERROMAXX	EuGH	15.01.2010	C-579/08 P	1971, 1972
FERTILITYINVIVO	EuG	21.03.2011	T-175/10	1838
Feuerzeug CLIPPER	EuG	27.06.2017	T-580/15	923, 927
FICKEN	EuG	14.11.2013	T-52/13	951, 954, 959
FICKEN LIQUORS	EuG	14.11.2013	T-54/13	959
FIGHT LIFE/FIGHT FOR LIFE	EuG	24.01.2019	T-800/17	1442
Fifties/miss fifties	EuG	23.10.2002	T-104/01	1344
FILTER CIGARETTES Raquel/Marlboro	EuG	01.02.2018	T-105/16	1190
FINQUES TARRAGONA	EuGH	22.11.2007	C-328/06	1461
FIRST CHOICE	BK	17.05.2010	R 303/10–2	144
FIRST DEFENSE AEROSOL PEPPER PROJECTOR/FIRST DEFENSE II	EuG	13.04.2011	T-262/09	224, 231, 1512, 1516, 1519, 1845, 1916, 1917
FIRST DEFENSE AEROSOL PEPPER PROJECTOR/FRIST DEFENSE I	EuG	06.09.2006	T-6/05	283, 1511
FISHBONE/FISHBONE BEACHWEAR	EuG	29.09.2011	T-415/09	135, 1316
FISHBONE/FISHBONE BEACHWEAR	EuGH	18.07.2013	C-621/11 P	1193, 1194
fit + fun	EuG	13.12.2018	T-94/18	697
FITNESS	EuG	28.09.2016	T-476/15	1617, 1839
FITNESS	EuGH	24.01.2018	C-634/16 P	1617
FITNESS II	EuG	10.10.2019	T-536/18	1617
FITNESS II	EuGH	18.03.2020	C-908/19 P	1617

Entscheidungsname	Gericht	Datum	Aktenzeichen	Rdn
Five Four	OLG Hamburg	05.01.2009	5 U 194/07	480
five four/five four	BK	15.03.2010	R 589/09–1	480
FLACO/FLACO	EuG	11.05.2011	T-74/10	1284, 1344
FLAMINAIRE/ FLAMINAIRE	EuG	08.12.2015	T-583/14	1239
Flasche mit Grashalm/ Flasche mit Grashalm	EuG	11.12.2014	T-235/12	210, 1181, 1182
Flasche mit Grashalm/ Flasche mit Grashalm II	EuG	23.09.2020	T-796/16	551, 1248
Flasche mit Grashalm/ Flasche mit Grashalm II	EuGH	23.03.2021	C-639/20 P	551, 1248
Flasche mit Pfeil/Dose und Flasche mit Pfeil	EuG	11.04.2019	T-477/18	1410
Flasche mit Strohhalm	BK	27.06.2000	R 452/99–3	386
Flaschenformen	EuG	04.03.2010	T-24/08	1412
Flaschenverschluss	EuG	16.01.2019	T-489/17	817, 818
FLEX	EuG	07.10.2015	T-187/14	619
FLEXI AIR/FLEX	EuG	16.03.2005	T-112/03	1284, 1400
FLEXPS/FlexES	EuG	17.02.2017	T-726/14	240, 339
Fliesenschneider	EuG	29.01.2013	T-25/11	774, 864, 867
FLORVERDE SUSTAINABLE FLOWERS	BK	07.09.2020	R 1504/20–5	1045
fluege.de	EuG	14.05.2013	T-244/12	637
FLUGBÖRSE	EuG	03.06.2009	T-189/07	1653
FLUGBÖRSE	EuGH	23.04.2010	C-332/09 P	546, 854, 544
FLUGBÖRSE II	BK	21.09.2011	R 1105/10–5	887
FLÜGEL/... VERLEIHT FLÜGEL	EuG	04.10.2018	T-150/17	1614
FLÜGEL/... VERLEIHT FLÜGEL II	EuG	28.04.2021	T-509/19	1479
FLÜGEL/... VERLEIHT FLÜGEL	EuGH	13.12.2021	C-387/21 P	1479
fluo.	EuG	11.10.2018	T-120/17	678

Entscheidungsname	Gericht	Datum	Aktenzeichen	Rdn
Flüssigkeitsverteilungsanlagen	EuG	15.07.2020	T-838/19	1816
FOCUS/MICRO FOCUS	EuG	16.05.2007	T-491/04	1405
FONTOLIVA/ FUENOLIVA	EuG	13.12.2016	T-24/16	1784
FoodSafe	EuG	23.11.2015	T-766/14	636, 1169, 1905
FoodSafe	EuGH	24.05.2016	C-63/16 P	1169, 1900, 1905
Ford-Radkappen (Wheeltrims/Ford)	EuGH	06.10.2015	C-500/14	2028
FOREVER/4 EVER	EuG	16.01.2013	T-528/11	1240, 1255, 1928
Form einer Anordnung von miteinander verbundenen Würsten	EuG	05.05.2009	T-449/07	764
FORTIFY	EuG	03.12.2015	T-628/14	623
Foto des Gesichts einer Frau	BK	16.11.2017	R 2063/16–4	736
Foto Paradies	EuG	28.02.2018	T-843/17	718
FRANCE.com/France	EuG	26.06.2018	T-71/17	1837, 1985
FREE	EuG	12.07.2019	T-113/18	697
FREE	EuG	12.07.2019	T-114/18	697
fRee YOUR STILe./FREE STYLE	EuG	16.10.2013	T-282/12	1440
Freixenet-Flaschen I	EuG	04.10.2006	T-190/04	235
Freixenet-Flaschen II	EuG	27.04.2010	T-109/08 und T-110/08	819
FRESHHH	EuG	28.11.2008	T-147/06	623
Friboi/FRIBO	EuG	17.02.2011	T-324/09	1240, 1271
FRIGIDAIRE	EuG	28.10.2020	T-583/19	1264
FRUIT I	EuG	21.06.2012	T-514/10	1230, 1250
	EuG			
FRUIT II	EuG	07.07.2016	T-431/15	1228, 1236, 1258

Entscheidungsname	Gericht	Datum	Aktenzeichen	Rdn
Frutaria	EuG	13.10.2021	T-12/20	1240, 1270
FS	EuG	21.03.2012	T-227/09	1661, 1677
fucking freezing	BK	01.09.2011	R 168/2011–1	960
fucking hell	BK	21.01.2010	R 385/08–4	961
fuente estrella/ESTRELLA ZERO	EuGH	12.07.2016	C-399/15 P	1891
FUN	BK	30.07.2009	R 1135/06	628
FUN	EuG	02.12.2008	T-67/07	628
Fünf parallele Streifen auf Schuh I	EuG	13.06.2014	T-85/13	743
Fünf Streifen auf Schuh	EuG	14.12.2006	T-14/06	111
FUNNY BANDS/ FUNNY BANDS	EuG	19.11.2014	T-344/13	1534
fvp franca v.paoloni MILANO ITALY	BK	18.10.2012	R 533/12–2	1281
FY RD/FJORD	BK	26.09.2014	R 492/14–2	96
G/G	EuG	10.05.2011	T-187/10	1401
GABEL/GAREL	EuG	10.06.2008	T-85/07	1786
Gabel auf grünem Hintergrund/gastivo	EuG	12.12.2019	T-266/19	532, 1454
Gabelstapler/Rado-Uhren/ Stabtaschenlampen	EuGH	08.04.2003	C-53–55/01	519, 558, 671, 760, 906
Galileo	EuG	10.05.2006	T-279/03	1589
GALILEO/GALILEO	EuG	11.09.2014	T-450/11	207
GALZIN/CALSYN	EuG	17.10.2006	T-483/04	1221
Ganeder/Ganter	EuG	28.11.2013	T-374/09	1872
GAPPOL/GAP	EuG	04.10.2017	T-411/15	1472
Gartenpavillion (Gautzsch/ Münchener Boulevard)	EuGH	13.02.2014	C-479/12	2128
GARUM	EuG	12.03.2008	T-341/06	627
GAS STATION/BLUE JEANS GAS	EuG	13.07.2004	T-113/03	1167
GASOLINE/GAS	EuG	15.12.2010	T-380/09	539

Entscheidungsname	Gericht	Datum	Aktenzeichen	Rdn
Gauff JBG Ingenieure/ GAUFF	EuG	16.06.2015	T-585/13	165
Gefäß mit Wulst	EuG	03.10.2018	T-313/17	791
Gefäß mit Wulst	EuGH	12.12.2019	C-783/18 P	791
Gefäß mit Wulst	EuGH	29.7.2019	C-783/18 P	1958
Geflecht auf einer Flasche	EuG	13.05.2020	T-172/19	790
Geflochtener Käse	EuG	26.03.2020	T-570/19 bis T-572/19T-151/17	768, 769
Geflügelter Stier/Greif	EuG	15.03.2018		1410
Gehäuse einer Armband-uhr (Bell & Ross/KIN)	EuG	25.04.2013	T-80/10	2131
Geisha	BK	15.10.2015	R 528/14–1	329
Gelb und Grau	EuG	27.09.2018	T-595/17	803
Gelbe Wörterbücher	BGH	18.09.2014	I ZR 228/12	1654
Gelber Bogen am unteren Anzeigeeinheitsrand	EuG	26.02.2014	T-331/12	565, 809, 1827
GELENKGOLD II/ Tigerbild	EuG	04.05.2017	T-25/16	231, 255
GELENKGOLD/Tigerbild	EuG	07.05.2015	T-599/13	1410
GENERAL OPTICA/ Generalóptica	EuG	24.03.2009	T-318/06	50, 1545, 1548, 1551
Genius	EuG	22.03.2017	T-424/16	719
GEO	EuG	14.12.2017	T-280/16	625
GEOTEK	EuG	04.05.2017	T-97/16	106, 888
GERONIMO STILTON/ stilton	EuG	01.02.2006	T-466/04 und T-467/04	508
Gesäßtasche links und rechts	EuG	28.04.2009	T-282/07 und T-283/07	754
Geschmack eines Lebens-mittels (Levola Hengelo/ Smilde Foods)	EuGH	13.11.2018	C-310/17	587
Gesichtsformen mit Hör-nern	EuG	07.10.2015	T-242/14 bis T-244/14	777
GG	EuG	15.11.2012	T-278/09	545, 616

Entscheidungsname	Gericht	Datum	Aktenzeichen	Rdn
Gigabyte/GIGABITER	EuG	15.01.2013	T-451/11	1845
GIGI	BK	31.03.2015	R 1726/14–2	1727
Gillette	EuGH	17.03.2005	C-228/03	2065, 2066, 2072
GIORDANO/ GIORDANO	EuG	16.12.2009	T-483/08	1199
GIORGIO BEVERLY HILLS/GIORGIO	EuG	10.12.2008	T-228/06	1404
Giovanna Paola Girardi	EuG	20.10.2021	T-497/21 R	1924
Giovanna Paola Girardi	EuGH	30.03.2022	C-703/21 P(R)	1924
GIOVANNI GALLI/ GIOVANNI	EuG	03.06.2015	T-559/13	1402
Gitarrenform	EuG	07.02.2007	T-317/05	224, 235
Gitarrenform (Flying-V)	EuG	28.06.2019	T-340/18	772, 773
Gitarrenkopf	EuG	08.09.2010	T-458/08	756
Gitarrenkopf	EuGH	13.09.2011	C-546/10 P	756, 763
Glass Pattern I	EuG	09.10.2002	T-36/01	807
Glass Pattern I (Streifen auf Glasscheibe)	EuGH	28.06.2004	C-445/02 P	564
Glass Pattern II	EuG	12.09.2007	T-141/06	845, 864, 867
Glass Pattern II	EuGH	17.10.2008	C-513/07 P	845, 864, 867
GLISTEN	EuG	10.02.2015	T-648/13	623
Glöckchenform mit rotem Band	EuG	17.12.2010	T-346/08	782
Glocke	EuG	07.11.2019	T-240/19	749
GMail/G-mail	EuG	26.05.2011	T-527/10	1827
GNC LIVE WELL	EuG	08.07.2020	T-686/19	1231
GOLD MOUNT	EuG	08.06.2017	T-294/16	1230, 1279
Goldbarrenform/ Zigarrenform	EuG	30.04.2003	T-110/02 und T-324/01	766
GOLDEN BALLS/ BALLON D'OR	EuG	16.09.2013	T-437/11	1395
GOLDEN BALLS/ BALLON D'OR	EuGH	20.11.2014	C-581/13 P	1478

Entscheidungsname	Gericht	Datum	Aktenzeichen	Rdn
Golden Eagle/Kaffeebecher	EuG	25.03.2010	T-5/08 bis T-7/08	1412
Golden Elephant Brand/ GOLDEN ELEPHANT	EuGH	29.11.2011	C-76/11 P	1970
Golden Elephant Brand/ GOLDEN ELEPHANT I	EuG	14.07.2009	T-300/08	1755
Golden Elephant Brand/ GOLDEN ELEPHANT II	EuG	09.12.2010	T-303/08	1527, 1557, 1634, 1856
Golden Toast	EuG	19.05.2010	T-163/08	637
Goldene Flasche (B)	EuG	08.05.2019	T-324/18	791
Goldene Schale mit Welle	EuG	02.04.2020	T-546/19	782
Goldfarbene Bonbonverpackung (Werther's Wicklerform)	EuG	10.11.2004	T-402/02	754, 878
Goldfarbene Bonbonverpackung (Werther's Wicklerform)	EuGH	22.06.2006	C-25/05 P	681, 753, 754, 878
Goldfarbene Fische auf blauem Grund	EuG	28.02.2017	T-766/15	1250
GOLDHASE Lindt	EuGH	11.06.2009	C-529/07	1658, 1659, 1661, 1664, 1668
Goldhase VI	OGH	17.01.2012	17 Ob 30/11b	2114
Goldhase VII	OGH	28.02.2012	4 Ob 14/12f	2117, 2120
Goldrush	BK	15.10.2015	R 280/14–1	329
GOLF USA	EuG	06.03.2007	T-230/05	659
GOLF-FASHION MASTERS/The Masters GOLF COMPANY	EuG	25.09.2008	T-294/07	345, 1884
Gondelverkleidung	EuG	15.11.2007	T-71/06	774, 864, 867
Gondelverkleidung	EuGH	09.12.2008	C-20/08 P	774, 864, 867
GOOD LIFE/GOOD LIFE	EuG	15.07.2011	T-108/08	51
Google France	EuGH	23.03.2010	C-236/08 bis C-238/08	2037, 2040
Gourmet/GOURMET	EuG	20.09.2018	T-212/15 DEP	1931

Entscheidungsname	Gericht	Datum	Aktenzeichen	Rdn
GOURMET/ORIGINE GOURMET	EuG	08.09.2017	T-572/15	301
GPTech/GP JOULE	EuG	21.06.2017	T-235/16	1148, 1187
GRANA BIRAGHI	EuG	12.09.2007	T-291/03	1014
Grau und Orange	EuG	24.03.2021	T-193/18	569
Grau und Orange	EuGH	26.11.2021	C-327/21 P	569
Grauer und Grüner Halbmond	EuG	15.12.2016	T-678/15 und T-679/15	734
GRAZIA/GRAZIA	EuG	26.09.2014	T-490/12	878, 1472
GREEN BEANS I	EuG	09.09.2015	T-666/14	1892
GREEN BEANS I	EuGH	04.05.2016	C-603/15 P	1892
GREEN BEANS II	EuG	08.06.2016	T-585/15	147
GREEN by missako/MISA KO	EuG	11.11.2009	T-162/08	417
GREEN'S/AMBAR GREEN	EuG	13.02.2017	T-197/14	1931
Greenworld	EuG	27.02.2015	T-106/14	636
Griff	EuG	16.09.2009	T-391/07	774
GRILLOUMI/ HALLOUMI	EuG	21.04.2021	T-555/19	1441
GRILLOUMI BURGER/ ΧΑΛΛΟΥΜΙ HALLOUMI	EuG	8.12.2021	T-593/19	1053, 1439
GROUP Company TOURISM & TRAVEL/ GROUP Company TOURISM & TRAVEL	EuG	29.06.2016	T-567/14	1173, 1528, 1867
GROUP Company TOURISM & TRAVEL/ GROUP Company TOURISM & TRAVEL	EuGH	19.04.2018	C-478/16 P	1173, 1528, 1867
Grün in fünf Farbtönen	EuG	28.01.2015	T-655/13	386, 804
Grüne Facetten eines Gehäuses	EuG	09.12.2010	T-254/09	756
GRUPO BIMBO/BIMBO	EuG	08.07.2015	T-357/11 INTP	1916, 1922
GRUPO SADA/Sadia	EuG	11.05.2005	T-31/03	1206, 1405

Entscheidungsregister

Entscheidungsname	Gericht	Datum	Aktenzeichen	Rdn
GRUPPO SALINI	EuG	11.07.2013	T-321/10	1660, 1661, 1662
GT RACING/GT	EuG	01.09.2021	T-463/20	37
GT RACING/GT	EuGH	24.02.2022	C-678/21 P	37
GT8/GT	EuG	16.06.2021	T-420/20	1453
GUGLER/Gugler France	EuGH	23.04.2020	C-736/18 P	1449
gullón TWINS COOKIE SANDWICH/OREO	EuG	28.05.2020	T-677/18	1508
H.EICH/H SILVIAN HEACH	EuGH	16.05.2013	C-379/12 P	1402
H/H	EuG	22.01.2015	T-193/12	1854
HAI/SHARK	EuG	09.03.2005	T-33/03	1395
HAIRTRANSFER	EuG	15.02.2007	T-204/04	636
HALAL MALAYSIA/ HALAL MALAYSIA	EuG	18.11.2015	T-508/13	1557
HALIX RECORDS/ HALIX RECORDS	EuG	06.04.2022	T-118/21	1338, 1525
HALLOWIENER	EuG	10.11.2021	T-500/20	1261
Hallux	EuG	16.12.2010	T-286/08	621
Hallux	EuGH	21.03.2012	C-87/11 P	1951
Hand, eine Karte haltend	EuG	02.07.2009	T-414/07	749
Hand/Hand (mano porta-fortuna)	EuG	13.09.2012	T-404/10	1692, 1693
Hand/Hand (mano porta-fortuna)	EuGH	27.03.2014	C-530/12 P	1554, 1692, 1693, 1887, 1909, 1970
Hand/Hand (mano porta-fortuna)	EuG	30.06.2015	T-404/10 RENV	1692, 1693
Handgriff mit Borsten	EuG	30.06.2021	T-624/19	770
HAPPY TIME/HAPPY HOUR	EuG	15.07.2015	T-352/14	1440
Hasenform aus Schokolade	EuG	17.12.2010	T-395/08	782, 864, 867
HAVE A BREAK (Nestlé/ Mars)	EuGH	07.07.2005	C-353/03	842, 844, 845, 848
hawaiiana/havaianas	EuG	27.10.2011	T-391/11	1845

Entscheidungsname	Gericht	Datum	Aktenzeichen	Rdn
HB Harley Benton/HB	EuG	28.04.2021	T-284/20	1525
HEAR THE WORLD	EuG	13.12.2018	T-70/18	652
HEATSTRIP/ HEATSTRIP	EuG	09.07.2014	T-184/12	1511, 1515, 1931
HEITEC	EuG	09.02.2022	T-520/19	1186
heitech/HEITEC	EuGH	19.05.2022	C-466/20	1614.1
Heizkörper	EuG	16.02.2017	T-828/14 und T-829/14	1918
HELIX ELIXIR/ HELIXOR	EuG	11.08.2020	T-883/19	1821
HELL	EuG	21.04.2021	T-323/20	625
HELL/Hella	EuG	17.12.2012	T-522/10	503
Hellbrauner Bonbon (Werther's)	EuG	10.11.2004	T-396/02	878
Hellbrauner Bonbon (Werther's)	EuGH	22.06.2006	C-24/05 P	558, 764, 843, 878
Helle Fische auf dunklem Hintergrund	EuG	28.02.2017	T-767/15	1250
HELLIM/HALLOUMI	EuG	13.06.2012	T-534/10	1391
hello digitalmente diferentes/HELLO!	EuG	26.10.2017	T-330/16	1714
Henkelflasche	EuGH	12.02.2004	C-218/01	762, 779
HENSOTHERM/ HENSOTH	EuG	06.09.2006	T-366/04	1756
HERBA SHINE/Herbacin	EuG	28.11.2013	T-34/12	1285, 1305
Herz	EuG	14.02.2019	T-123/18	751
Hi-FOCuS/FOCUS	EuG	09.11.2005	T-275/03	291
HIPERDRIVE	EuG	22.05.2014	T-95/13	600, 636
HIPOVITON/HIPPOVIT	BK	05.07.2007	R 578/00–1	247
HIPOVITON/HIPPOVIT	EuG	08.07.2004	T-334/01	1193
HOLLYWOOD/ HOLLYWOOD	BK	25.04.2001	R 283/99–3	329
HolzProf (Nikolajeva/ Multi Protect)	EuGH	22.06.2016	C-280/15	2058, 2123

Entscheidungsregister

Entscheidungsname	Gericht	Datum	Aktenzeichen	Rdn
Homezone	EuG	10.02.2010	T-344/07	221, 522
Homogener Körper (Gömböc Kutató)	EuGH	23.04.2020	C-237/19	559, 921, 932, 942, 943
HOOLIGAN/OLLY GAN	EuG	01.02.2005	T-57/03	274, 1371, 1862
Horizontale Linie	EuG	05.04.2006	T-388/04	747
Hörmarke	EuGH	27.11.2003	C-283/01	380, 550, 571
HOT SOX	EuG	26.02.2016	T-543/14	729
HotelTouristWorld.com	EuG	06.03.2017	T-566/13	1931
HOUSE OF CARS	EuG	17.04.2018	T-364/17	727
HP	EuG	24.04.2018	T-208/17	615
HUBERT/SAINT HUBERT 41	EuGH	12.10.2004	C-106/03 P	1413, 1851
Huhn/Huhn	EuG	14.05.2013	T-249/11	1440, 1443
Huhn/Huhn	EuGH	08.05.2014	C-411/13 P	1440, 1443
Hummel Holding/Nike	EuGH	18.05.2017	C-617/15	2100
Hummer	EuG	06.10.2021	T-254/20	736
Hundebild II	EuG	20.04.2010	T-187/08	154
Hundebild	EuG	08.07.2010	T-385/08	676
Hunter	EuG	09.09.2010	T-505/08	503, 505, 619
HUSKY	EuG	13.02.2015	T-287/13	140, 1327, 1330, 1619, 1627
HYALSTYLE	EuG	18.01.2018	T-178/17	330
HydroComfort	EuG	30.11.2015	T-845/14	1905
I love	EuG	12.02.2021	T-19/20	1630
I love	EuGH	01.09.2021	C-236/21 P	1630
i.Beat jump	EuG	24.09.2019	T-746/17	1927
I.T.@MANPOWER	EuG	24.09.2008	T-248/05	648
IALO TSP/HYALO	EuG	02.03.2022	T-333/20	1847
IC4/ICE	EuG	09.09.2011	T-274/09	1107, 1917
Ice Tea	BK	15.10.2015	R 895/14–1	329
ICE WATCH/ICE STAR	BK	17.09.2012	R 993/12–2	1756

Entscheidungsname	Gericht	Datum	Aktenzeichen	Rdn
ID SOLUTIONS	EuG	08.07.2010	T-211/10	1856
IDIRECT24	EuG	03.09.2015	T-225/14	728
iDrive/IDRIVE	EuG	03.12.2015	T-105/14	1284, 1895
Igama/GAMMA	EuG	12.04.2013	T-474/11	1648
ilink	EuG	16.12.2010	T-161/09	635
ILLUMINA/ILLINA	EuG	22.01.2018	T-157/17	1580
INA (Yhtiö A)/B	EuGH	30.04.2020	C-772/18	2046
inderdit de me gronder IDMG/DMG	EuG	11.01.2013	T-568/11	1284
INFINITY/INFINI	EuG	15.06.2017	T-30/15	1931
INFOSECURITY	EuG	23.09.2015	T-633/13	871, 874
Innocenti/i INNOCENTI	EuG	13.06.2019	T-392/18	300
INNOVATION FOR THE REAL WORLD	EuG	06.06.2013	T-515/11	714
InPost/INFOPOST	EuG	26.06.2018	T-537/15	1366
Inspired by efficiency	EuG	06.06.2013	T-126/12	714
INSPIRED BY ICELAND/ICELAND	EuGH	05.09.2019	C-162/19 P	1816
INSTASITE	EuG	18.05.2017	T-375/16	639
INSULATE FOR LIFE	EuG	08.02.2011	T-157/08	518, 1746, 1835
INTAS/indas	EuG	07.11.2019	T-380/18	258, 259, 1836
INTEL	EuGH	27.11.2008	C-252/07	1477, 1479, 1483, 1484, 1485, 1490, 1491, 1492, 1493, 1494
INTERFLORA	EuGH	22.09.2011	C-323/09	1341, 1976, 2037, 2039
INTERNATIONAL STAR REGISTRY	BK	04.04.2001	R 468/99–1	972
INTERTOPS	EuG	13.09.2005	T-140/02	966
INVESTING FOR A NEW WORLD	EuG	29.01.2015	T-609/13 – T-59/14	714
IOPSYS/OPSIS	BK	09.10.2015	R 938/15–4	1756

Entscheidungsname	Gericht	Datum	Aktenzeichen	Rdn
IP TRANSLATOR	EuGH	19.06.2012	C-307/10	396, 400, 402, 416
IPANEMA/Ipanema	EuG	13.05.2020	T-288/19	1500, 1504
IPSUM/IPSOS	BPatG	05.03.2013	27 W (pat) 43/12	489, 1200
IQ/EQ	EuG	07.12.2021	T-422/21	45, 1837
IQNet	BK	16.12.2009	R 178/08–4	992
Ism ATEX INERIS EX Installation Service Maintenance	BK	11.03.2020	R 1364/19–2	1045, 1046
IT'S LIKE MILK BUT MADE FOR HUMANS	EuG	20.01.2021	T-253/20	721
IX	BK	11.03.1998	R 4/98–2	614
JACKSON SHOES/ JACSON OF SCANDINAVIA AB	EuG	24.01.2013	T-474/09	1531
Jambo Afrika/JUMBO	EuG	18.11.2013	T-377/10	1456
James Jones/JACK & JONES	EuG	23.02.2010	T-11/09	1402
JAUME CODORNÍU/ JAUME SERRA	EuG	08.05.2019	T-358/18	1402
JC JEAN CALL Champagne ROSÉ/Flaschenformen	EuG	09.12.2020	T-620/19	1411
JCE HOTTINGUER/ HOTTINGER	EuG	16.12.2020	T-535/19	897, 1557
JCE HOTTINGUER/ HOTTINGER	EuGH	02.06.2021	C-109/21 P	897, 1557
Jeep-Kühlergrill	EuG	06.03.2003	T-128/01	545, 734
JELLO SCHUHPARK/ Schuhpark	EuG	08.03.2005	T-32/03	1404
jello SCHUHPARK/ Schuhpark	EuG	13.05.2009	T-183/08	1325, 1404
JIMI HENDRIX	BK	12.01.2012	R 1087/11	1604
Jokers WILD Casino	EuG	15.03.2021	T-321/19 DEP	1931
JOSE PADILLA/JOSE PADILLA	EuG	13.07.2009	T-255/08 AJ	1932

Entscheidungsname	Gericht	Datum	Aktenzeichen	Rdn
JOSE PADILLA/JOSE PADILLA	EuG	22.06.2010	T-255/08	1108, 1464, 1466, 1538
Jukebox/JUKEBOX	EuG	04.07.2013	T-589/10	1896
Julián Murúa Entrena/ MURÚA	EuG	13.07.2005	T-40/03	1402
JUMBO	EuG	26.06.2018	T-78/17	622
JURADO	EuG	12.05.2009	T-410/07	150, 1591
JUST/just	BPatG	20.09.2005	27 W (pat) 106/ 04	489, 1200
justing	EuG	19.01.2012	T-103/11	485, 491, 1342
JUVEDERM	EuG	06.10.2021	T-372/20	391, 1638
JUVÉDERM	EuG	25.06.2020	T-104/19	389, 1271
JUVÉDERM	EuGH	03.12.2020	C-400/20 P	389, 1271
JUVEDERM ULTRA	EuG	18.11.2020	T-664/19	391
JUVEDERM ULTRA	EuGH	29.04.2021	C-41/21 P	391
JUVÉDERM VYB- RANCE	EuG	06.10.2021	T-635/20	137
K-7	EuG	17.03.2021	T-878/19	837
K9 PRODUCTS/K9	EuG	18.06.2013	T-338/12	221
KABELPLUS/CANAL PLUS	BK	13.02.2014	R 1260/13–2	1288
KAISERHOFF/ KAISERHOFF	EuG	25.11.2014	T-556/12	299
KARELIA	EuG	06.10.2017	T-878/16	663
Karomuster	EuG	19.09.2012	T-326/10	754
Karomuster (graublau, weiß)	EuG	03.12.2019	T-658/18	754
Karomuster (graublau, weiß)	EuGH	28.05.2020	C-74/20 P	754
Kartenspiel	EuG	11.05.2005	T-160/02 bis T-162/02	756
Käseschachtel	EuG	23.11.2004	T-360/03	782
KASTEEL/CASTEL BEER	EuG	25.11.2014	T-374/12	1318

Entscheidungsname	Gericht	Datum	Aktenzeichen	Rdn
keep it easy	EuG	20.07.2016	T-308/15	715
Keksverpackung	EuG	23.10.2017	T-404/16 und T-418/16	1240
KENWELL/KENWOOD	EuGH	26.08.2020	C-322/20 P	1943
KENZO ESTATE/ KENZO	EuG	02.12.2015	T-414/12, T-522/13 und T-528/13	1503
KENZO/KENZO	EuG	22.01.2015	T-322/13	1181, 1181, 1503
KERRY Spring/Gerri	EuGH	07.01.2004	C-100/02	2031
KERRYGOLD/ KERRYMAID (Ornua/ Tindale & Stanton)	EuGH	20.07.2017	C-93/16	1207, 2013, 2014, 2015
Khadi	EuG	29.11.2018	T-681/17	977
kicktipp/KICKERS	EuG	05.02.2016	T-135/14	75, 81, 1133
Kids Vits/VITS4KIDS	EuGH	22.10.2010	C-84/10 P	1937
Kik	EuGH	09.09.2003	C-361/01 P	309, 472
Kindertraum/Kinder	EuG	16.05.2012	T-580/10	1287, 1432
KINNJI/KINNIE	EuG	24.11.2005	T-3/04	1409
KIT, EL SABOR DE NAVARRA/Sabores de Navarra La Sabiduría del Sabor	EuG	21.01.2015	T-46/13	1251
KJ Kangoo Jumps XR (Sprungfederform)	EuG	26.11.2015	T-390/14	810
Klang	BK	21.05.2020	R 2721/19–4	825
Klang von Bass	BK	23.07.2020	R 2821/19–1	825
Klang von elektronischer Sequenz	BK	12.12.2017	R 2059/16–4	825
Klänge beim Öffnen einer Dose	EuG	7.7.2021	T-668/19	823
Klassiklotterie/NKL-Klassiklotterie	EuG	23.10.2013	T-155/12	1408
KLEENCARE/CARCLIN	EuG	23.09.2003	T-308/01	291
Klingelton	EuG	13.09.2016	T-408/15	380, 550, 571, 824

Entscheidungsname	Gericht	Datum	Aktenzeichen	Rdn
Klosterstoff	EuG	26.10.2017	T-844/16	540
Knopf im Ohr (Steiff)	EuG	16.01.2014	T-433/12	565, 815
Koch, der einem Stück Fleisch Salz hinzufügt	BK	08.06.2018	R 2661/17–5	577, 578
Kompositflasche (Viking Gas/BP Kosan Gas)	EuGH	14.07.2011	C-46/10	2082
KOMPRESSOR PLUS	EuG	16.12.2010	T-497/09	636
Konturflasche ohne Riffelung (Coca-Cola)	EuG	24.02.2016	T-411/14	790, 864, 867
Kordes‹ Rose Monique	EuG	18.06.2019	T-569/18	1019, 1020
KORNSPITZ (Backaldrin/ Pfahnl Backmittel)	EuGH	06.03.2014	C-409/12	833, 1643
KOSMO/COSMONE	BK	18.04.2008	R 1341/07-G	130, 303, 1761
kradle care planning assistant/Gradle	BK	23.11.2020	R 634/20–5	405
Сила злаков (Kraft des Getreides)	EuG	12.09.2018	T-205/18	1880
Kraftfahrzeugteil	BK	30.10.2007	R 1174/06–1	584
Krallenförmige Kratzer	EuG	02.12.2020	T-35/20	1886
Kreis mit Halbkreis	EuG	23.10.2015	T-137/14	1261
Kreis mit Pinselstrich/ ORIGIUM 1944	EuG	12.01.2022	T-366/20	1866
Kreis mit zwei Linien/Zwei unterbrochene Kreise	EuG	21.04.2021	T-44/20	1410
Kreis mit zwei Pfeilen (Der Grüne Punkt)	EuG	12.12.2018	T-253/17	1310
Kreis mit zwei Pfeilen (Der Grüne Punkt)	EuGH	12.12.2019	C-143/19 P	1028, 1310
KREMEZIN/KRENOSIN	EuG	16.06.2010	T-487/08	1150, 1224
Kreuz auf der Seite von Sportschuhen	EuGH	06.06.2019	C-223/18 P	566
Kreuzende Wellenlinien auf Schuhsohle (Birkenstock)	EuG	02.06.2021	T-365/20	810

Entscheidungsname	Gericht	Datum	Aktenzeichen	Rdn
Kreuzende Wellenlinien auf Schuhsohle (Birkenstock)	EuGH	22.11.2021	C-498/21 P	810
KRISTAL/MODAS CRISTAL	EuG	14.07.2016	T-345/15	1231
Kugelförmiger Behälter	EuG	08.09.2021	T-489/20	505, 782
Kugelförmiger Behälter	EuGH	04.02.2022	C-672/20 P	505, 782
KW SURGICAL INSTRUMENTS/Ka We	EuG	26.09.2014	T-445/12	1783
L-förmige Rille (Pirelli)	EuG	24.10.2018	T-447/16	15, 932, 933
L-förmige Rille (Pirelli)	EuGH	03.06.2021	C-818/18 P u. C-6/19 P	15, 932
LA BARONNIE/BARONIA	EuG	10.07.2006	T-323/03	291
»la Caixa«/CAIXA	EuG	13.07.2012	T-391/06	1360
La Española/Carbonell	EuGH	16.05.2013	C-498/07 P-DEP	1996
La Española/Carbonell ACEITE DE OLIVA	EuG	12.09.2007	T-363/04	1409
La Española/Carbonell ACEITE DE OLIVA	EuGH	03.09.2009	C-498/07 P	1206, 1211, 1358, 1383, 1954
La Mafia SE SIENTA A LA MESA	EuG	15.03.2018	T-1/17	962
La Mer	EuGH	27.01.2004	C-259/02	1228, 1253, 1639
La Milla de Oro	EuGH	06.07.2017	C-139/16	1016
la nana/NANA	EuG	16.07.2014	T-196/13	1317
La qualité est la meilleure des recettes	EuG	12.02.2014	T-570/11	529
LAGUIOLE	EuGH	05.04.2017	C-598/14 P	1868
LAGUIOLE/Forge de Laguiole	EuG	21.10.2014	T-453/11	1558
λ (Lambda)	EuG	15.07.2015	T-215/13	1193, 1241, 1319
LAMBRETTA	EuGH	16.02.2017	C-577/14 P	400, 408
LAMBRETTA I	EuG	30.09.2014	T-51/12	400

Entscheidungsname	Gericht	Datum	Aktenzeichen	Rdn
LAMBRETTA II	EuG	30.09.2014	T-132/12	1783
lambretta/LAMBRETTA	BK	22.03.2016	R 2005/15–1	178
L'Oréal	EuGH	18.06.2009	C-487/07	1349, 1481, 1484, 1486, 1488, 2034
LAST MINUTE TOUR/ LASTMINUTE.COM	EuG	11.06.2009	T-114/07	1527, 1557
LATINA	BK	28.02.2011	R 1568/10–2	1746
Lautsprecher (Bang & Olufsen)	EuG	10.10.2007	T-460/05	778
Lautsprecher II (Bang & Olufsen)	EuG	06.10.2011	T-508/08	778, 944, 1919
L'Wren Scott/LOREN SCOTT	EuG	27.02.2015	T-41/12	1256
Le Chef DE CUISINE (Armin Häupl/Lidl Stiftung)	EuGH	14.06.2007	C-246/05	1274
Le-Vel/LEVEL	EuG	15.09.2021	T-331/20	1438
Lego-Stein	EuG	12.11.2008	T-270/06	925, 1866
Lego-Stein	EuG	02.12.2010	T-270/06 DEP	1931
Lego-Stein	EuGH	14.09.2010	C-48/09 P	4, 906, 910, 922–924
Leistung aus Leidenschaft	EuG	25.03.2014	T-539/11	714
Lembergerland	EuG	14.07.2015	T-55/14	55, 1011
LEMON SYMPHONY	EuG	18.09.2012	T-133/08	333, 301, 1904, 1910
LEMON SYMPHONY	EuGH	21.05.2015	C-546/12 P	1796
LIBERTADOR	EuG	28.05.2020	T-564/19	1640
Libertel-Orange	EuGH	06.05.2003	C-104/01	6, 515, 550, 566, 794–799, 1799, 2066
LiBRO/LIBERO	EuG	18.06.2009	T-418/07	1750
LIDL express/LÍDL MUSIC	EuG	27.02.2014	T-225/12	1239
LIKE IT	EuG	14.03.2017	T-21/16	718

Entscheidungsname	Gericht	Datum	Aktenzeichen	Rdn
Limbic® Types II	EuG	01.09.2021	T-96/20	255, 1918
Limoncello/ LIMONCHELO I	EuG	15.06.2005	T-7/04	1412
Limoncello/ LIMONCHELO II	EuG	12.11.2008	T-210/05	1412, 1793
Limoncello/ LIMONCHELO	EuGH	12.06.2007	C-334/05 P	1412
LINDENHOF/ LINDERHOF TRO-CKEN	EuG	15.02.2005	T-296/02	272, 1437
Linea Natura/natura selection	EuGH	28.06.2012	C-306/11 P	1201
LÍNEAS AÉREAS DEL MEDITERRÁNEO LAM/ LAN	EuG	08.02.2011	T-194/09	1383
LINEASUL/MANASUL	EuG	09.09.2011	T-598/10	1576
LINEX/LINES PERLA	EuG	16.10.2014	T-444/12	221
Linien auf einem Schuh/ Zwei Balken an der Seite eines Schuhs	EuG	06.12.2018	T-638/16	1161
Linkeez/Bunchems (Procureur-Generaal bij de Hoge Raad der Nederlanden)	EuGH	21.11.2019	C-678/18	2129
Lippenstift (länglich, kegelförmig, zylindrisch)	EuG	14.07.2021	T-488/20	792
LITHOFIX/LITHOFIN	EuG	03.06.2015	T-273/14	1168
LIVE RICHLY	EuG	15.09.2005	T-320/03	714
Lloyd Schuhfabrik	EuGH	28.01.1999	C-342/97	1356, 1357, 1369, 1385, 1387, 1388, 1393, 1450
Lottoland/LOTTO	EuG	11.11.2020	T-820/19	1439, 1510
LOVE TO LOUNGE	EuG	15.09.2017	T-305/16	721
Löwenkopf in einer Panzerkette	EuG	05.02.2020	T-331/19	754

Entscheidungsname	Gericht	Datum	Aktenzeichen	Rdn
Löwenkopf in einer Panzerkette	EuG	05.02.2020	T-332/19	754
LUBELSKA/Lubeca	EuGH	16.01.2019	C-162/17 P	6, 1799
LUCEA LED/LUCEO	EuG	25.06.2015	T-186/12	280, 402, 480, 1202, 1338, 1596
LUCEA LED/LUCEO	EuGH	14.06.2016	C-43/16 P	1997
LUCEO	EuG	07.07.2016	T-82/14	1675, 1910
Luciano Sandrone/DON LUCIANO	EuG	27.06.2019	T-0268/18	1402
Lufterfrischer	EuG	20.01.2021	T-276/20	159
Luftreifen für Fahrzeugräder	EuG	23.02.2016	T-279/15 bis T-282/15	154
LURA FLEX/FLEX	EuG	11.07.2007	T-192/04	1186
Luxuskosmetika	EuGH	06.12.2017	C-230/16	2081
Lyco-A/LYCO PROTECT	EuG	16.11.2006	T-32/04	342
M PAY/MPAY24	EuG	07.07.2010	T-557/08	1361
MACCOFFEE/ McDONALD'S	EuG	05.07.2016	T-518/13	1505
MAD	EuG	24.05.2012	T-152/11	1638, 1640
MADRIDEXPORTA	EuG	16.09.2009	T-180/07	731
Maestro de Oliva/ MAESTRO	EuG	05.12.2013	T-4/12	1238, 1240
Magic Butler/MAGIC BUTLER	EuG	02.09.2010	T-123/08	1840
MAGIC LIGHT/MAGIC LIFE	EuG	13.12.2012	T-34/10	1884
MAGNEXT/MAGNET 4	EuGH	19.03.2015	C-182/14 P	1376
MAIMAI MADE IN ITALY/YAMAMAY	EuG	09.02.2022	T-589/20	1803
Makro/Diesel	EuGH	15.10.2009	C-324/08	2076
makro/macros consult GmbH	EuG	07.05.2013	T-579/10	1522, 1525, 1533, 1542, 1549, 1551, 1554

Entscheidungsname	Gericht	Datum	Aktenzeichen	Rdn
MALLE	EuG	15.12.2021	T-188/21	1848
Mangiami/MANGINI	EuG	22.09.2011	T-250/09	1192
MANGO	EuG	23.02.2016	T-761/14	873
MANHATTAN (Svenskt Tenn/Textilis)	EuGH	14.03.2019	C-21/18	13, 936, 946
Mann in historischer Tracht	EuG	24.04.2018	T-183/17	1690
MÄNNERSPIELPLATZ	EuG	11.05.2017	T-372/16	640
MANPOWER	EuG	15.10.2008	T-405/05	861, 1654, 1874
MANSO DE VELASCO/ VELASCO	EuG	16.12.2008	T-259/06	1402, 1404
manufacturing score card	EuGH	06.02.2009	C-17/08 P	610
MANUKA HONEY	BK	27.10.2021	R 1410/19–5	1049
map&guide	EuG	10.10.2006	T-302/03	635
MARCOROSSI/MISS ROSSI und MARCOROSSI/SERGIO ROSSI	EuG	12.07.2006	T-97/05	1402
Marién/MARIN	EuG	23.02.2021	T-587/19	1648
MARINA YACHTING	EuG	22.09.2021	T-169/20	1576
MARINA YACHTING	EuGH	31.03.2022	C-743/21 P	1576
Лидер (Marktführer)	EuG	12.04.2018	T-386/17	535
Marlene-Dietrich-Bildnis II	BGH	31.03.2010	I ZB 62/09	690
Маска/Маска (Maske)	EuG	28.10.2015	T-96/13	1525, 1528, 1529, 1552
MASSI/MASI	EuG	03.05.2018	T-2/17	1628
Master/Coca-Cola	EuG	11.12.2014	T-480/12	1212, 1409, 1477, 1506
Master/Coca-Cola II	EuG	07.12.2017	T-61/16	1506
Matek/Länsförsäkringar	EuGH	21.12.2016	C-654/15	2005
MATRATZEN CONCORD/ MATRATZEN	EuG	30.06.2010	T-351/08	207

584

Entscheidungsname	Gericht	Datum	Aktenzeichen	Rdn
Matratzen Concord/ MATRATZEN	EuG	19.11.2015	T-526/14	1440
MATRATZEN markt CONCORD/Matratzen	EuGH	28.04.2004	C-3/03 P	1377, 1399
MATRATZEN markt CONCORD/Matratzen	EuGH	09.03.2006	C-421/04	1399
Matrix-Energertics	EuG	21.11.2013	T-313/11	545, 1071
MATRIXYL/MATRIX	BK	13.01.2010	R 1171/08–4	77
Mattierte weiße und matt-schwarze Flaschen (Freixe-net)	EuGH	20.10.2011	C-344/10 P und C-345/10 P	819, 806
MaxCom/MASCOM	EuG	08.05.2012	T-675/11	160
Maxigesic/OXIGESIC	EuGH	12.11.2015	C-699/13 P-DEP	1996
MAXUS (Maxxus/Globus)	EuGH	10.03.2022	C-183/21	1620
MB/MB&P	EuG	06.11.2014	T-463/12	1317, 1401
mbk (mk advokaten)/MBK Rechtsanwälte	EuGH	02.07.2020	C-684/19	2006
MBP/ip_law@mbp	EuG	19.09.2013	T-338/09	1401
Mc. Baby/Mc Kids. always quality	EuG	05.07.2012	T-466/09	1403, 1440
mc dreams hotels Träumen zum kleinen Preis!/ McDONALD'S	EuG	10.10.2019	T-428/18	1353
McKENZIE/McKINLEY	EuG	18.05.2011	T-502/07	1403
me & lou MUNICH/ME	BK	30.05.2018	R 1935/17–4	170
MEBLO	EuGH	10.07.2019	C-359/19 P	1946
medi	EuG	12.07.2012	T-470/09	698
medi	EuGH	16.10.2013	C-410/12 P	1897
mediaexpert/mediaexpert	EuG	20.07.2017	T-780/16	77, 1103, 1143
mediaexpert/mediaexpert	EuGH	13.03.2018	C-560/17 P	77, 1103, 1143
medialbo/MediaLB	EuG	17.01.2017	T-255/15	1078, 1722
medialbo/MediaLB	EuGH	25.07.2018	C-139/17 P	1078, 1722, 1966
mediFLEX easystep/ Stepeasy	EuG	08.07.2020	T-20/19	532, 1454

Entscheidungsname	Gericht	Datum	Aktenzeichen	Rdn
MEDINET	EuG	20.02.2013	T-378/11	330, 481, 491, 1342
MEDINET	EuGH	10.04.2014	C-412/13 P	330, 481, 491, 1342, 1858
Médis/MEDIS	EuG	15.03.2016	T-774/15	1831
Médis/MEDIS	EuGH	19.10.2016	C-313/16 P	1831
MEGO/TEGO	EuG	23.09.2014	T-11/13	1699
MEHR FÜR IHR GELD	EuG	30.06.2004	T-281/02	714
MEISSEN KERAMIK	EuG	18.10.2016	T-776/15	663
MELT WATER Original	EuG	14.01.2015	T-69/14	674
MEMBER OF €e euro experts	EuG	10.07.2013	T-3/12	997, 999, 1000
MEMORY	EuG	19.05.2010	T-108/09	619
MEN'Z/WENZ	EuG	14.09.2011	T-279/10	1317, 1531, 1547
Menschliche Figuren	EuG	14.11.2019	T-149/19	1410
Menstruationstampon	EuG	12.09.2013	T-492/11	757
Merck	EuGH	19.10.2017	C-231/16	2137, 2138
Messergriff	EuG	19.09.2012	T-164/11	927
MESSI/MASSI	EuG	26.04.2018	T-554/14	1394
MESSI/MASSI	EuGH	17.09.2020	C-449/18 P und C-478/18 P	1394
METABALANCE 44/BALANCE	EuG	28.04.2004	T-156/02	1396
METABOL/ METABOL-MG	EuG	16.09.2013	T-486/12	1831
METRO KIDS COMPANY/METRO	EuGH	07.02.2013	T-50/12	1208
METRO/ GRUPOMETROPOLIS	EuG	11.07.2013	T-197/12	1446, 1797, 1864
METRO/ GRUPOMETROPOLIS	EuGH	04.09.2014	C-509/13 P	208, 1914, 1973
METRO/METRO	EuG	13.09.2006	T-191/04	38, 278, 1111
METROINVEST/ METRO	EuG	25.04.2013	T-284/11	1863

Entscheidungsname	Gericht	Datum	Aktenzeichen	Rdn
Metromeet/meeting metro	EuG	25.06.2010	T-407/08	1882
Mexikanische Corona-Bier-flasche	EuG	29.04.2004	T-399/02	864, 867, 871
Mexikanische Corona-Bier-flasche	EuGH	30.06.2005	C-286/04 P	691, 785, 864, 867, 871
MEZZOPANE/ MEZZOMIX bzw MEZZO	EuG	18.06.2008	T-175/06	1437
MF 7/MAFRA	EuGH	14.11.2013	C-49/13	1796, 1985
MI PAD/IPAD	EuG	05.12.2017	T-893/16	1362
MicroGarden	EuG	23.05.2019	T-364/18	636
MIGHTY BRIGHT	EuG	08.09.2015	T-714/13	726
Mike's MEALS ON WHEELS/MIKE'S SANDWICH MARKET	EuG	12.07.2005	T-163/04	101, 158, 1361, 1871
Mikrofonkorb	EuG	12.09.2007	T-358/04	505, 774
MILEY CYRUS/CYRUS	EuG	16.06.2021	T-368/20	1394
MINERAL MAGIC/ MAGIC MINERALS BY JEROME ALEXANDER	EuG	15.10.2018	T-7/17	1513
MINERAL MAGIC/ MAGIC MINERALS BY JEROME ALEXANDER	EuGH	11.11.2020	C-809/18 P	55, 260, 1513, 1514
MINERAL SPA/SPA	EuG	19.06.2008	T-93/06	1502
Minimax/Ansul/Ajax	EuGH	11.03.2003	C-40/01	1228, 1252, 1253
MISS B/miss H.	EuG	17.10.2012	T-485/10	1405
MISS INTERCONTI-NENTAL	BK	11.12.2007	R 77/06–1	1281
Mitsubishimarken	EuGH	25.07.2018	C-129/17	2052
Miura/MIURA	EuG	25.10.2012	T-191/11	122, 244
mobile.de proMotor/ mobile	EuG	22.04.2015	T-337/14	35, 1684, 1697
mobile.de/mobile	EuG	12.05.2016	T-322/14 und T-325/14	1182, 1239, 887
mobile.de/mobile	EuGH	28.02.2018	C-418/16 P	887, 1182

Entscheidungsname	Gericht	Datum	Aktenzeichen	Rdn
mobile.ro/mobile	EuG	12.07.2019	T-412/18	1239
MOBILIX/OBELIX	EuG	27.10.2005	T-336/03	1882
MOBILIX/OBELIX	EuGH	18.12.2008	C-16/06 P	1430, 1861, 1886, 1951, 1972
MobiPACS	EuG	05.06.2019	T-072/18	701
MODULA/MODULLER	BK	29.05.2013	R 1480/12	278
MoMo Monsters/ MONSTER	EuG	28.10.2015	T-736/14	1437
MONACO	EuG	15.01.2015	T-197/13	364, 521, 661, 1985
monBeBé/bebe	EuG	21.04.2005	T-164/03	1372
MONOPOLY	BK	22.07.2019	R 1849/17–2	329
MONOPOLY	EuG	21.04.2021	T-663/19	1681
MONOPOLY	EuGH	01.12.2021	C-373/21 P	1681
MONSTER	EuG	10.11.2021	T-758/20	1216
MONTANA	EuG	02.06.2021	T-854/19 bis T-856/19	678
MONTANA	EuGH	08.12.2021	C-473/21 P bis C-475 P	678
MONTEBELLO RHUM AGRICOLE/ MONTEBELLO	EuG	29.04.2009	T-430/07	1437
MONTORSI F. & F./Casa Montorsi	EuG	13.07.2017	T-389/16	1695
Montres design	EuGH	22.09.2011	C-426/10 P	1831, 1842, 1889, 1891
MOOD MEDIA	EuG	02.03.2022	T-615/20	1240
Moon	EuG	04.02.2015	T-374/13	1839
MORTON'S/ MORTON'S	EuG	15.05.2017	T-223/15	1557
Moser Grupo Media	EuG	16.09.2004	T-342/02	1826
MOTO B/MOTOBI	EuG	02.02.2016	T-169/13	205, 1459
Motorbetriebene Seilwinde	EuG	05.04.2017	T-621/15	927

Entscheidungsname	Gericht	Datum	Aktenzeichen	Rdn
MOTORTOWN/M MOTOR	EuG	18.03.2016	T-785/14	407, 1168, 1428
MOULDPRO/ MOULDPRO	EuG	14.02.2019	T-796/17	1517, 1519
Mozart	EuG	09.07.2008	T-304/06	505, 619, 1793
MPAY24	EuG	22.11.2011	T-275/10	1576, 1584, 1699
Multi Markets Fund MMF	EuGH	15.03.2012	C-90/11	643
MUNDICOR/ MUNDICOLOR	EuG	17.03.2004	T-183/02 und T-184/02	1400
MunichFinancialServices	EuG	07.06.2005	T-316/03	659
Muresko	EuG	06.10.2021	T-32/21	485
Muresko	EuGH	28.03.2022	C-781/21 P	485
Muschelform	EuG	10.03.2009	T-8/08	766
MUSIKISS/KISS	EuG	23.09.2020	T-421/18	37, 38, 1816
Mustang/MUSTANG	EuG	18.11.2015	T-606/13	1486
my baby/MYBABY	EuG	27.06.2012	T-523/10	75, 76, 77, 243, 244
myBaby/MAYBABY	EuG	13.07.2017	T-519/15	1836
MyBeauty TV/BEAUTY TV	EuG	17.07.2012	T-240/11	346
myphotobook/ MYPHOTOBOOK	BK	22.07.2010	R 1205/09–1	1200, 1726
N & NF TRADING/NF ENVIRONMENT	EuG	13.01.2021	T-807/16 DEP	1931
Nachgeahmte Rolex-Uhr (Blomqvist/Rolex)	EuGH	06.02.2014	C-98/13	2043
Nähte auf einer Tasche	EuG	28.09.2010	T-388/09	812
NAI – Der Natur-Akti-en-Index	EuGH	15.03.2012	C-91/11	643
NANA FINK/NANA	EuG	06.04.2017	T-39/16	322
NANU/NAMMU	EuG	09.07.2015	T-89/11	1442
nasdaq/NASDAQ	EuG	10.05.2007	T-47/06	1501

Entscheidungsname	Gericht	Datum	Aktenzeichen	Rdn
NATHAN BAUME/ Nathan (Martin y Paz/ Gauquie)	EuGH	19.09.2013	C-661/11	2029
NATIONAL GEOGRAPHIC/ geographic	EuG	10.11.2021	T-517/20	1523
Natur-Aktien-Index	EuG	30.06.2009	T-285/08	1880
natur/natura	EuG	13.11.2014	T-549/10	1440
natural beauty	EuG	11.07.2012	T-559/10	673
Natural Instinct Dog and Cat food as nature intended/INSTINCT	EuG	15.02.2017	T-30/16	1318
NATURALLY ACTIVE	EuG	09.12.2010	T-307/09	861
NC NICKOL/NIKE	EuG	27.09.2011	T-207/09	1478
NECTARVITAE/VITAE	BK	30.06.2021	R 54/21–5	1443
NEGRA MODELO/ Modelo: dominierend MODELO für Bier	EuG	15.02.2005	T-169/02	1405
NEO	EuG	03.07.2013	T-236/12	536, 1785
Neofon/FON	EuG	28.04.2016	T-777/14	1201, 1362
neonart	EuG	14.11.2016	T-221/16	1837
Netto Marken-Discount	EuGH	10.07.2014	C-420/13	54, 418
Neurim/EURIM-PHARM	EuG	17.09.2008	T-218/06	148, 168
Neuschwanstein	BGH	08.03.2012	I ZB 13/11	690
NEUSCHWANSTEIN	EuG	05.07.2016	T-167/15	666
NEUSCHWANSTEIN	EuGH	06.09.2018	C-488/16	666
NEW LOOK	EuG	26.11.2008	T-435/07	861
NEW MAX/MAX	EuG	03.09.2015	T-254/14	1442
NEYMAR	EuG	14.05.2019	T-795/17	1672
nfon/fon	EuGH	16.01.2014	C-193/13 P	1972
NIAGARA	EuG	27.04.2016	T-89/15	663
Nichols	EuGH	16.09.2004	C-404/02	550, 694, 2066
NICKY/noky	EuG	23.11.2005	T-396/04	1417

Entscheidungsname	Gericht	Datum	Aktenzeichen	Rdn
NLSPORT, NLJEANS, NLACTIVE und NLCollection	EuG	06.10.2004	T-117/03 bis T-119/03 und T-171/03	1405
NN/NN	EuG	28.06.2017	T-333/15	1250
NO LIMITS	EuG	10.07.2017	T-43/17	1581
Nobel/NOBEL	EuG	19.06.2014	T-382/12	490
Nokia/Wärdell	EuGH	14.12.2006	C-316/05	2108
NOMAD	EuG	30.06.2021	T-285/20	647
NORWEGIAN BREAKAWAY	EuG	23.01.2014	T-514/12	637
NORWEGIAN GETAWAY	EuG	23.01.2014	T-513/12	637
NOTFALL	EuG	12.11.2014	T-188/13	619
NOVA/NOVA	EuGH	13.12.2021	C-589/21 P	1948
now	EuG	30.01.2015	T-278/13	1263
NOxtreme/X-TREME	EuG	07.10.2015	T-186/14	1271
NSU/NSU	EuG	20.06.2017	T-541/15	1312
NU-TRIDE/TUFFTRIDE	EuG	09.04.2003	T-224/01	1072, 1206
NUEVA	EuG	21.05.2014	T-61/13	63, 262, 263, 264
Nutriskin Protection Complex	EuG	08.11.2012	T-415/11	637, 1845
O STORE/THE O STORE	EuG	24.09.2008	T-116/06	1440, 1874
O-live I/Olive line	EuG	14.09.2011	T-485/07	1441, 1555, 1873
O-LIVE II/Olive line	EuG	22.05.2012	T-273/10	1881
OASE LIVING WATER	BK	29.04.2010	R 437/09–4/	554
Oberfläche mit schwarzen Punkten	EuG	08.05.2012	T-331/10 und T-416/10	1653
Oberfläche mit schwarzen Punkten	EuGH	06.03.2014	C-337/12 P bis C-340/12 P	905, 1653
Oberfläche mit schwarzen Punkten II	EuG	21.05.2015	T-331/10 RENV und T-416/10 RENV	927, 936, 946

Entscheidungsname	Gericht	Datum	Aktenzeichen	Rdn
Oberfläche mit schwarzen Punkten II	EuGH	11.05.2017	C-421/15 P	927, 936, 946
ocean beach club ibiza/ OCEAN THE GROUP	EuG	25.05.2016	T-753/14	299
OCTASA/PENTASA	EuG	09.04.2014	T-501/12	221
Ofenform (Bullerjan)	EuGH	01.12.2016	C-642/15 P	1243, 1966
Ofenform II (Bullerjan)	EuGH	23.01.2019	C-698/17 P	1243
Ofenform (Bullerjan) und Herdform	EuG	24.09.2015	T-211/14 und T-317/14	1621
OFF-WHITE	EuG	25.06.2020	T-133/19	648
OFFSHORE LEGENDS/ OFFSHORE 1	EuG	16.09.2009	T-305/07 und T-306/07	1283
OFTAL CUSI/Ophtal	BK	03.02.2009	R-1471/07–1	1576
OKATECH	EuG	01.07.2009	T-419/07	1579, 1748
Oldenburger	EuG	15.10.2003	T-295/01	659
OLIVE LINE	EuG	11.04.2014	T-209/13	756
OMEL/ONEL (Leno Merken/Hagelkruis Beheer)	EuGH	19.12.2012	C-149/11	1215, 1254, 1263, 1304
OMNICARE CLINICAL RESEARCH/ OMNICARE	EuG	09.09.2011	T-289/09	1266
OMNICARE CLINICAL RESEARCH/ OMNICARE	EuGH	19.07.2012	C-587/11 P-R und C-588/11 P-R	1791
OMNICARE/ OMNICARE	EuG	07.05.2009	T-277/06	164
ONE-OFF	EuG	10.06.2020	T-707/19	537
OOF/OOFOS	EuG	21.01.2021	T-453/18 DEP und T-454/18 DEP	1931
Opel Blitz II	BGH	14.01.2010	I ZR 88/08	2027
Opel-Blitz	EuGH	25.01.2007	C-48/05	2027
OPEN DATA SECURITY	EuG	25.02.2019	T-759/18	1843
Optima	BK	27.09.2006	R 331/06-G	497

Entscheidungsname	Gericht	Datum	Aktenzeichen	Rdn
OPTIMUM	EuG	20.01.2009	T-424/07	719
OPTIONS	EuG	30.03.2000	T-91/99	857
Orange	EuG	09.10.2002	T-173/00	800
Orange	EuGH	21.10.2004	C-447/02 P	207, 235, 800
Orange (Veuve Cliquot)	EuG	15.09.2021	T-274/20	1617
Orange Einfärbung des Zehenbereichs einer Socke	EuG	15.06.2010	T-547/08	811
ORIBAY ORIginal Buttons for Automotive Yndustry	EuG	09.12.2014	T-307/13	1638
Original Eau de Cologne	EuG	25.11.2014	T-556/13	836, 1025
Original Eau de Cologne	EuGH	03.12.2015	C-29/15 P	1025
Ornamentales Muster	EuG	12.01.2022	T-259/21	829, 830
OSHO	EuG	11.10.2017	T-670/15	968
OUTBURST/ OUTBURST	EuG	28.03.2012	T-214/08	1193, 1322, 1323
Outsource 2 India	EuG	31.05.2018	T-340/16	1663
Outsource 2 India	EuGH	13.11.2019	C-528/18 P	1663
Ovale Form (Sweet Tec)	EuG	12.12.2013	T-156/12	766
Özlenen Gazete Vatan	EGMR	16.04.2019	No. 19965/06	39
p/p POLYPIPE	EuG	20.10.2011	T-189/09	1405
>packaging	EuG	08.09.2010	T-64/09	233, 673
Padrón AUTÉNTICO/ Pemento de Herbón	BK	16.07.2021	R 879/20–5	1565
PAGESJAUNES.COM/ LES PAGES JAUNES	EuG	13.12.2007	T-134/06	1452
Pagine Gialle	EuG	20.11.2012	T-589/11	859
Pago/Lattella	EuGH	06.10.2009	C-301/07	1470, 2007
Paint filter	EuG	10.09.2008	T-201/06	774
PAKI	EuG	05.10.2011	T-526/09	951, 956
PAL	EuG	14.12.2016	T-397/15	1240
PALLADIUM HOTELS & RESORTS	EuG	15.09.2021	T-207/20	1628, 1696

Entscheidungsname	Gericht	Datum	Aktenzeichen	Rdn
PALLADIUM HOTEL GARDEN BEACH/ GRAND HOTEL PALLADIUM	EuG	01.09.2021	T-566/20	1550
PALLADIUM HOTEL GARDEN BEACH/ GRAND HOTEL PALLADIUM	EuGH	22.02.2022	C-674/21 P	1550
PALLADIUM PALACE IBIZA RESORT & SPA/ GRAND HOTEL PALLADIUM	EuG	30.11.2016	T-217/15	1555
PALLADIUM PALACE IBIZA RESORT & SPA/ GRAND HOTEL PALLADIUM	EuGH	19.04.2018	C-75/17 P	1555
Pallas Halloumi/ HALLOUMI	EuG	13.07.2018	T-825/16	1049, 1366, 1871
Pallas Halloumi/ HALLOUMI	EuGH	30.04.2020	C-608/18 P	1049, 1366, 1871
PALMA MULATA	EuG	12.03.2014	T-381/12	1240, 1880
PAN & CO/PAN SPEZIALITÄTEN	EuG	19.04.2005	T-380/02	151
PAN AM	BK	14.05.2008	R 855/07–4	1281
Panorama	EuG	28.10.2009	T-339/07	619
PANTA RHEI/PANTA RHEI	EuG	30.06.2021	T-501/20	1438
PANTHÉ/PANTHER	EuG	10.02.2021	T-117/20	1847
pantys	EuG	13.05.2020	T-532/19	621
PAPAGAYO ORGANIC/ PAPAGAYO: schwache Ähnlichkeit	BK	18.07.2013	R 233/12-G	1437
Parallelogramm	EuG	13.04.2011	T-159/10	749
PARAMETRICA/ parameta	EuG	30.01.2014	T-495/11	75, 77
Parfummarken	BGH	09.11.2017	I ZR 164/16	2111
Parfümtestflaschen (Coty Prestige/Simex)	EuGH	03.06.2010	C-127/09	2078

Entscheidungsname	Gericht	Datum	Aktenzeichen	Rdn
Pentagon (für Wein)	EuG	12.09.2007	T-304/05	749
PEPEQUILLO/PEPE	EuG	19.05.2011	T-580/08	161
PEPERO original/Keks, stabförmig (MIKADO)	EuG	28.02.2019	T-459/18	1243, 1494
PERFECT BAR	EuG	11.06.2020	T-553/19	255
PerfectRoast	EuG	25.09.2015	T-591/14	646
PERLE'	EuG	01.02.2013	T-104/11	672
Perrier-Vittel-Mineralwasserflasche	EuG	03.12.2003	T-305/02	793
PETCO/PETCO	EuG	21.10.2015	T-664/13	299, 1883
Pfeil mit Flügel (Skoda)/ Pfeil mit Flügel	EuG	13.10.2021	T-712/20	1749
Pferdebild	EuG	08.07.2010	T-386/08	503
Pferdekopfsilhouette	EuG	26.09.2017	T-717/16	676
PharmaCheck	EuG	21.01.2009	T-296/07	505, 635
PharmaResearch	EuG	17.06.2009	T-464/07	635
PHILIBON/PHILICON	EuG	10.06.2020	T-717/18	1459, 1462
PHOTOS.COM	EuG	21.11.2012	T-338/11	725
Pi/Pi supply	BK	30.06.2021	R 461/19–5	38
Pianissimo	EuG	21.01.2015	T-11/14	696
PICARO/PICASSO	EuG	22.06.2004	T-185/02	1169
PICARO/PICASSO	EuGH	12.01.2006	C-361/04 P	1359, 1376, 1394, 1457
Pickwick COLOUR GROUP/PicK OuiC	EuG	12.06.2009	T-450/07	1282
PINE TREE	EuG	13.01.2011	T-28/09	111, 1229, 1271, 1317, 1328, 1627
Pinzette	EuG	11.06.2009	T-78/08	770
Pioneering for You	EuG	12.12.2014	T-601/13	715
PIPELINE	EuG	11.10.2011	T-87/10	619
PiraÑAM/PIRANHA	EuG	11.07.2007	T-443/05	1435
Plastikflaschenform (Malaysia Dairy Industries)	EuGH	27.06.2013	C-320/12	1658, 1661

Entscheidungsname	Gericht	Datum	Aktenzeichen	Rdn
PLOMBIR	EuG	13.12.2018	T-830/16	540, 1855, 1857
PLOMBIR	EuGH	18.06.2020	C-142/19 P	540, 1855
PM PROTON MOTOR/ PROTON	EuG	27.09.2011	T-581/08	1861
Pollo Tropical CHICKEN ON THE GRILL	EuG	01.02.2012	T-291/09	1659, 1662, 1664, 1668, 1866
POLO SANTA MARIA/ Polospielersilhouette	EuGH	18.05.2011	T-376/09	1208
Polospieler/Polospieler	EuG	02.06.2021	T-169/19	1689, 1690
POLYTETRAFLON/ TEFLON	EuG	16.06.2015	T-660/11	1311
Pom‹ Alliance/ALLIANCE	BK	28.02.2011	R 275/10–2	1182
POMODORO	EuG	19.01.2022	T-76/21	125, 1181, 1255
popchrono	EuG	14.03.2017	T-132/15	179, 1230, 1861
PORT CHARLOTTE	EuG	18.11.2015	T-659/14	664, 976
PORT CHARLOTTE	EuGH	14.09.2017	C-56/16 P	664, 976, 1017, 1563, 1567
PORT LOUIS	EuG	15.10.2008	T-230/06	665
PORTAKABIN	EuGH	08.07.2010	C-558/08	2037, 2068, 2086
PORTWO GIN/Porto	EuG	06.10.2021	T-417/20	1017, 1563
Posthorn/Posthorn auf gelbem Grund	EuG	11.11.2020	T-25/20	1366
Posthorn/Posthorn auf gelbem Grund	EuGH	05.05.2021	C-5/21 P	1366
Postkantoor	EuGH	12.02.2004	C 363/99	525, 500, 603, 607, 613, 651, 687, 724
PostModern/POST	EuG	27.06.2017	T-13/15	1353, 1366
Powerball/POWERBALL	EuG	16.11.2011	T-484/09	1845

Entscheidungsname	Gericht	Datum	Aktenzeichen	Rdn
Praktiker	EuGH	07.07.2005	C-418/02	415, 416, 417, 665
PRANAHAUS	EuG	17.09.2008	T-226/07	527, 644
PRANAYUR/AYUR	EuG	04.03.2015	T-543/13	1416
PREKUNIL/PROKINYL L.P.	BK	23.11.2010	R 1736/08	1576
Premeno/Pramino	EuG	08.11.2013	T-536/10	1224
Premeno/Pramino	EuGH	11.12.2014	C-31/14 P	1434
Premeno/Pramino II	EuG	03.02.2017	T-509/15	231
Premiere	EuG	19.06.2019	T-479/18	696
Premium XL und Premium L	EuG	17.01.2013	T-582/11 und T-583/11	725
PRESSO/PRESSO	EuG	29.11.2016	T-545/15	1899
PRIMA KLIMA/ PRIMAGAZ	EuG	24.09.2015	T-195/14	1444
PRIMART Marek Lukasiewicz/PRIMA	EuGH	18.06.2020	C-702/18 P	275, 276, 1370, 1773, 1862
PRIMED/PRIM S.A.	EuG	20.03.2019	T-138/17	1182
PRIMED/PRIM S.A.	EuGH	16.09.2019	C-421/19 P	1182, 1947
PRIMUS/PRIMUS	EuG	09.09.2020	T-669/19	1505
PROCAPS/PROCAPTAN	EuG	02.06.2010	T-35/09	1441
PROFLEX/PROFEX	BK	14.06.2010	R 996/09–2	1182
PROFLEX/PROFEX	EuG	09.12.2014	T-278/12	1321, 1323
Promed	EuG	09.12.2020	T-30/20	1627
PROSEPT/Pursept	EuG	16.09.2013	T-284/12	281
PROTI SNACK/ PROTIPLUS	EuG	16.12.2011	T-62/09, T-109/09 und T-152/09	1185
PROTI SNACK/ PROTIPLUS	EuGH	03.10.2013	C-120/11 P, C-121/11 P und C-122/11 P	1175, 1185
PROTICURT/PROTI	EuG	24.09.2015	T-382/14	1764

Entscheidungsname	Gericht	Datum	Aktenzeichen	Rdn
Protifit/PROTI	EuGH	25.10.2012	C-553/11	1239, 1244, 1249, 1353, 1682, 1987
PSVITA/VIETA	EuG	03.02.2015	T-708/14	1831
Publicare	EuG	28.04.2008	T-358/07	154, 1831, 1891
PUC (Peek & Cloppenburg)	EuGH	19.04.2018	C-148/17 P	494
PUCCI/Emidio Tucci	EuG	27.09.2012	T-39/10	1402
PUKKA/pukas	EuG	23.11.2011	T-483/10	1427
PUMA-System/PUMA	EuG	10.03.2021	T-71/20	1510
PURE DIGITAL	EuG	20.09.2007	T-461/04	635
PURE DIGITAL	EuGH	11.06.2009	C-542/07 P	854
PYROX/PYROT	EuG	08.05.2014	T-575/12	505, 1928
Q/Q quadrata	EuG	17.03.2011	T-455/09	133
Q10	EuG	07.09.2016	T-4/15	512
Quadrat, konvex und grün	EuG	09.12.2010	T-282/09	749
Quadratischer schwarzer Hintergrund mit sieben konzentrischen blauen Kreisen	EuG	24.09.2019	T-261/18	927
Quadratischer schwarzer Hintergrund mit sieben konzentrischen blauen Kreisen	EuGH	12.03.2020	C-893/19 P	927
quadrio/QUADRA	EuG	15.06.2015	T-214/12 DEP	1931
Qualität hat Zukunft	EuG	11.12.2012	T-22/12	714
QUANTUM/Quantième	EuG	12.01.2006	T-147/03	1390
QUANTUM/Quantieme	EuGH	15.07.2007	C-171/06 P	1452
¡QUE BUENU YE! HIJO-PUTA	EuG	09.03.2012	T-417/10	957
QUICK	EuG	27.11.2003	T-348/02	623
QUICKY/QUICKIES	EuG	22.02.2006	T-74/04	1409, 1412
QUILAPAYÚN	EuG	11.12.2017	T-249/15	1460

Entscheidungsname	Gericht	Datum	Aktenzeichen	Rdn
REDEFINING COMMUNICATIONS	EuG	26.06.2006	T-453/05	1837
REDTUBE/Redtube	EuG	12.05.2011	T-488/09	201, 1077
REDTUBE/Redtube	EuGH	18.10.2012	C-402/11 P	201, 1113, 1121, 1123, 1746
REFLUXCONTROL	EuG	21.03.2011	T-139/10	1838
REHABILITATE	EuG	11.12.2014	T-712/13	637
Reinigungsvorrichtung/ Sprüheinrichtung	EuG	25.04.2013	T-55/12	2059
RELY-ABLE	EuG	30.04.2013	T-640/11	696
Rentierform aus Schokolade mit rotem Band	EuG	17.12.2010	T-337/08	782
REPOWER	EuG	21.02.2018	T-727/16	1584
REPOWER	EuGH	31.10.2019	C-281/18 P	1584
REPOWER II	EuG	28.04.2021	T-842/16	624
REPOWER III	EuG	28.04.2021	T-872/16	624
REPOWER III	EuGH	08.09.2021	C-417/21 P	624
RESPICUR/RESPICORT	EuG	13.02.2007	T-256/04	1224
RESTORE	EuG	15.11.2011	T-363/10	220, 619
RESTORE	EuGH	17.01.2013	C-21/12 P	1968
RESVEROL/LESTEROL	EuGH	08.03.2012	C-81/11 P	1284
ReValue	EuG	28.06.2011	T-487/09	673
REVIAN's/Evian	EuG	06.11.2007	T-407/05	1186
REVOLUTION	EuG	02.06.2016	T-654/14	719
revolutionary air pulse technology	EuG	17.09.2019	T-634/18	652
RICH JOHN RICHMOND	EuG	14.07.2021	T-297/20	1251
RICH JOHN RICHMOND	EuGH	17.01.2022	C-599/21 P	1251, 1944, 1945
Riechmarke/Sieckmann	EuGH	12.12.2002	C-273/00	570, 585
Riegel mit vier Kreisen (Bimbo)	EuG	01.06.2016	T-240/15	766

Entscheidungsname	Gericht	Datum	Aktenzeichen	Rdn
ring	EuG	19.12.2019	T-270/19	675
RIOJAVINA/RIOJA	EuG	09.06.2010	T-138/09	1441
RIPASSA/VINO DI RIPASSO	EuG	24.03.2014	T-595/10	1827
RIVIERA AIRPORTS	EuG	09.06.2021	T-396/20	1678
Rizo's/Rizo (Génesis)	EuGH	22.03.2012	C-190/10	3, 4, 5, 261, 263, 265, 434, 1338
ROCHER-Kugel	BGH	09.07.2009	I ZB 88/07	517
Rock & Rock/ MASTERROCK, FIXROCK, FLEXIROCK, COVERROCK, CEIL-ROCK	EuG	08.07.2015	T-436/12	1353
Rockbass	EuG	08.06.2005	T-315/03	1837
ROMANTIK	EuG	25.04.2018	T-213/17	697
ROMANTIK	EuGH	03.10.2018	C-411/18 P	697
Romuald Prinz Sobieski zu Schwarzenberg/JAN III SOBIESKI	EuG	15.09.2011	T-271/09	157, 197
Rosa Flasche (B)	EuG	08.05.2019	T-325/18	791
ROSALIA DE CASTRO/ ROSALIA	EuG	05.10.2011	T-421/10	1402, 1437
ROSLAGSÖL (Hansson)/ ROSLAGS PUNSCH	EuGH	12.06.2019	C-705/17	512, 1384
Rot-Ton auf Schuhsohle/my SHOES	EuG	16.07.2015	T-631/14	1416
Rot-weiß kariertes Muster	EuG	03.12.2015	T-327/14	742
Rote Flüssigkeit	BK	23.09.2010	R 443/10–2	575, 576, 831
Rote Schnürsenkelenden	EuG	11.07.2013	T-208/12	528, 812
ROYAL COUNTY OF BERKSHIRE POLO CLUB/POLO	EuG	25.01.2007	T-214/04 DEP	1930
ROYAL COUNTY OF BERKSHIRE POLO CLUB/Polospieler	EuG	21.02.2006	T-214/04	1409

Entscheidungsname	Gericht	Datum	Aktenzeichen	Rdn
ROYAL SHAKESPEARE/ RSC-ROYAL SHAKESPE- ARE COMPANY	EuG	06.07.2012	T-60/10	1441, 1494, 1503
RSTUDIO/ER/STUDIO	EuG	07.03.2018	T-230/17	1221
RT/RTH	EuG	22.05.2012	T-371/09	505
RUFFLES/RIFFELS	EuG	21.04.2005	T-269/02	1206
RUGGED	Eug	09.03.2022	T-204/21	839
S-HE/SHE	EuG	23.09.2009	T-391/06	1360
Sabèl/Springende Raub- katze	EuGH	11.11.1997	C-251/95	1350, 1356, 1357, 1359, 1369, 1376, 1388, 1450
Sac (Handtasche)	EuG	21.10.2008	T-73/06	754
Sac (Cabat-Tasche)	EuG	22.03.2013	T-410/10	774
Sac à main	EuG	22.03.2013	T-409/10	774
SAFELOAD	EuG	09.06.2010	T-315/09	673
SAFETY 1ST	EuG	24.01.2008	T-88/06	714
SAGA/SAGA	EuG	12.10.2018	T-313/18	1837
SAGA/SAGA	EuGH	12.06.2019	C-805/18 P	1837
Sakkattack/ATTACK	EuG	15.10.2020	T-788/19	1437, 1805
Salvita/SOLEVITA	EuG	07.06.2005	T-303/03	224, 1298, 1319
SALOSPIR/Aspirin	EuG	24.10.2018	T-261/17	1529
SAMSARA/SAMSARA	EuG	26.02.2015	T-388/13	1442
Sandra Pabst	BK	11.02.2020	R 2445/17-G	251
SAT.2	EuGH	16.09.2004	C-329/02 P	527, 610, 633, 685, 1453
Sativa/K KATIVA	EuG	16.01.2020	T-128/19	1825, 1827
SAVANT	EuG	18.07.2017	T-110/16	1239
Schachbrettmuster	EuG	10.06.2020	T-105/19	1617
Schachbrettmuster in Braun/Beige und in Grau	EuG	21.04.2015	T-359/12 und T-360/12	754, 866
Schalungsschloss	EuG	28.06.2016	T-656/14	923, 927

Entscheidungsname	Gericht	Datum	Aktenzeichen	Rdn
Schleswig-Holstein Der echte Norden	BK	08.09.2021	R 777/21–4	1022
Schließmechanismus	EuG	14.12.2011	T-237/10	758, 865, 1654
Schließmechanismus	EuGH	15.05.2014	C-97/12 P	1954
Schokoladenhase mit rotem Band	EuG	17.12.2010	T-336/08	782, 864, 867
Schokoladenhase mit rotem Band	EuGH	24.05.2012	C-98/11 P	782, 864, 866, 867
Schokoladenmaus	EuG	17.12.2010	T-13/09	766
Schokoladenmaus	EuGH	06.09.2012	C-96/11 P	206, 225, 766
Schokoladenstücke (Millano)	EuG	11.12.2014	T-440/13	766
Schokoladentafel, vierfach gerippt (Kit Kat)	EuG	15.12.2016	T-112/13	866, 868, 869
Schokoladentafel, vierfach gerippt (Kit Kat)	EuGH	25.07.2018	C-84/17 P, C-85/17 P und C/95/17 P	864, 866, 868, 1941, 1953
Schokoriegel Bounty	EuG	08.07.2009	T-28/08	766, 864, 867
Schreibinstrument-Design I	EuG	12.05.2010	T-148/08	1632, 1917, 2004, 2042
Schreibinstrument-Design II	EuG	27.06.2013	T-608/11	230, 1770, 1917
Schuh mit 2 Streifen/ Schuh mit 3 Streifen	EuG	29.09.2011	T-479/08	77
Schuhschnürsenkel	EuG	05.02.2020	T-573/18	771, 1857
Schuhsohle	EuG	29.03.2019	T-611/17	770
Schuhsohle	EuGH	30.09.2019	C-461/19 P	770, 1948
SCHUTZ	EuG	30.01.2019	T-256/18	622
Schwabenpost II	BPatG	19.12.2007	29 W (pat) 13/06	53
Schwarz-weiße Kuhhaut/ inex HALFVOLLE MELK	EuG	13.06.2006	T-153/03	1406
Schwarze Linie mit Steinen	EuG	24.11.2016	T-614/15	754
Schwarze Schleife	EuG	09.09.2015	T-530/14	751

Entscheidungsname	Gericht	Datum	Aktenzeichen	Rdn
Schwarzes Quadrat mit vier weißen Linien/Drei senkrechte Klauen	EuG	14.07.2016	T-567/15	1359, 1468
Schwarzes Rechteck mit weißem Kreis	EuG	03.12.2015	T-695/14	747
SCOMBER MIX	EuG	21.09.2011	T-201/09	645
SCOMBER MIX	EuG	26.01.2015	T-201/09 DEP	1931
SCOPE	EuG	16.03.2016	T-90/15	625
SCORIFY/SCOR	EuG	02.09.2021	T-328/19 DEP	1931
SCORPIONEXO/ESCORPION	EuG	08.09.2010	T-152/08	1284
SCREW YOU	BK	06.07.2006	R 495/05-G	960
SCRUFFS	EuG	30.03.2022	T-720/20	629
SDC-554S/SDC-554S	EuG	12.10.2017	T-316/16	1194
Sebago	EuGH	01.07.1999	C-173/98	2076
SEDONIUM/PREDONIUM	EuG	03.07.2003	T-10/01	1158
see more/CMORE	EuG	23.09.2011	T-501/08	1391
See More. Reach More. Treat More.	EuG	03.04.2019	T-555/18	718
Seifenform	EuG	12.12.2002	T-63/01	1797
Seifenstück	EuGH	23.09.2004	C-107/03 P	558, 770
SEKURA/PaXsecura	EuG	28.02.2007	T-238/06	1841
Serviceplan	EuG	25.06.2020	T-379/19	727
SERVICEPOINT/ServicePoint	EuG	02.10.2014	T-91/14	1452
SEVEN FOR ALL MANKIND/SEVEN	EuGH	21.02.2013	C-655/11 P	1362
SHOWER Green/SHOWER Green	EuGH	23.11.2017	C-381/16	1520, 1985
SHOWROOM/SHOWROOM86	EuG	19.09.2019	T-679/18	1363
Sich kreuzende Wellenlinien	EuG	09.11.2016	T-579/14	745

Entscheidungsname	Gericht	Datum	Aktenzeichen	Rdn
Sich kreuzende Wellenlinien (Birkenstock)	EuGH	13.09.2018	C-26/17	745, 689
Sich wiederholende Kurven II	EuG	06.10.2021	T-124/20	560, 1877
SIENNA SELECTION	EuG	09.06.2021	T-130/20	649
Silhouette eines Wappens	EuG	10.12.2015	T-615/14	739, 740
SILKA/sikla	BK	20.10.2006	R 961/06–1	1158
Silverado	BK	15.10.2015	R 279/14–1	329
SIMCA	EuG	08.05.2014	T-327/12	1673
SISSI ROSSI/MISS ROSSI	EuG	01.03.2005	T-169/03	272, 1402
SISSI ROSSI/MISS ROSSI	EuGH	18.07.2006	C-214/05 P	1861, 1972
Sky BONUS/SKY	EuG	11.03.2016	T-840/14	505
SKY ENERGY/NRJ	EuG	06.10.2017	T-184/16	1393, 1874
Skyfire	BK	15.10.2015	R 894/14–1	1857
Skykick/Sky	EuGH	29.01.2020	C-371/18	965, 1650, 1667, 1683
SKYLEADER	EuG	04.05.2018	T-34/17	1182
skylife/SKY	EuG	27.01.2021	T-382/19	1610
skylife/SKY	EuGH	29.06.2021	C-185/21 P	1610
SKYLINERS/SKY	EuG	30.06.2021	T-15/20	1102
skylite/SKY	EuG	19.10.2017	T-736/16	1288
SkyTec/SKY	EuG	20.04.2016	T-77/15	1614
SMART WATER	EuG	18.03.2015	T-250/13	207, 1261, 1281
SMARTBOOK	EuG	11.12.2013	T-123/12	1786, 1879
SMARTER SCHEDULING	EuG	05.02.2015	T-499/13	714
SMARTER TRAVEL	EuG	09.11.2016	T-290/15	1804
SMILECARD	EuG	25.09.2014	T-484/12	635
Smiley mit herzförmigen Augen	EuG	07.10.2015	T-656/13	774
Smiley-Halbmund	EuG	29.09.2009	T-139/08	742

Entscheidungsname	Gericht	Datum	Aktenzeichen	Rdn
Smirnoff Ice (UDV North America/Brandtraders)	EuGH	19.02.2009	C-62/08	2021
SO WHAT DO I DO WITH MY MONEY	EuG	29.01.2015	T-609/13	714
SO'BiO ētic/SO...?	EuG	23.09.2014	T-341/13	248, 1297
SOCIAL.COM	EuG	28.06.2016	T-134/15	635
Sockel für Globus oder Lampe	EuG	26.03.2020	T-752/18	927
Solaria/SOLARTIA	EuGH	20.10.2011	C-67/11 P	1893
SOLVO/VOLVO II	EuG	05.12.2013	T-394/10	1390
SOLVO/VOLVO II	EuG	09.12.2014	T-394/10 DEP	1931
Sowjetisches Staatswappen	EuG	20.09.2011	T-232/10	949, 964
SÔ:UNIC/SO...?	EuG	03.04.2014	T-356/12	1104, 1352
SÔ:UNIC/SO...?	EuGH	15.10.2015	C-270/14 P	1104, 1352
SPA THERAPY/SPA	EuG	25.03.2009	T-109/07	1502
SPA VILLAGE/SPA	EuG	27.10.2016	T-625/15	1502
SPA WISDOM/SPA	EuG	16.03.2016	T-201/14	1470
SPA-FINDERS/SPA	EuG	25.05.2005	T-67/04	1477
SPALINE/SPA	EuG	25.03.2009	T-21/07	1502
Spanien und Italien/Rat	EuGH	16.04.2013	C-274/11 und C-295/11	4
Spannfutterteil mit 3 Rillen	EuG	21.04.2010	T-7/09	808, 864, 867
Spannschloss	EuG	25.09.2014	T-171/12	505, 763, 774
Sparkassen-Rot	EuGH	19.06.2014	C-217/13 und C-218/13	847, 852, 879, 1654
Specsavers/Asda	EuGH	18.07.2013	C-252/12	1247, 2010, 2011
SPEZOOMIX/Spezi	EuG	01.03.2016	T-557/14	1365
Spielbretter von Gesellschaftsspielen	EuG	03.03.2015	T-492/13 und T-493/15	756, 1900
Spielschachtel mit Holzblöcken	EuG	16.03.2016	T-363/15	772

Entscheidungsname	Gericht	Datum	Aktenzeichen	Rdn
Spielzeugfigur	EuG	16.06.2015	T-395/14 und T-396/14	934
Spielzeugfigur IV	EuG	24.10.2014	T-398/14	1756, 1847
SPINNING	EuG	08.11.2018	T-718/16	1638, 1643
Spiralförmiger Haargummi	EuG	20.10.2021	T-823/19	253
Spiralschlauch-Set (Lidl)/ Bewässerungsspritze (Husqvarna)	EuGH	17.12.2020	C-607/19	2116
Spirit Sun (Hölterhoff/ Freiesleben)	EuGH	14.05.2002	C-2/00	2116 2030
SPORT TV INTERNACIONAL/ SPORTV	EuG	12.03.2014	T-348/12	1308
SportEYES/EYE	EuG	14.02.2017	T-333/14	1896
Springende Raubkatze/ Springende Raubkatze	EuG	09.09.2016	T-159/15	1473
Springende Raubkatze/ Springende Raubkatze	EuGH	28.06.2018	C-564/16 P	1473
Springschuh Aerower Jumper1 M	EuG	30.03.2022	T-264/21	929
SPÜRBAR ANDERS.	EuG	04.10.2017	T-126/16	718
SQUEEZE LIFE/ZUMIT SQUEEZE LIFE	EuG	27.08.2015	T-523/14	1576
ST ANDREWS	EuG	20.11.2018	T-790/17	667
St-Germain (Cooper International Spirits)/SAINT GERMAIN (AR)	EuGH	26.03.2020	C-622/18	1647
Stabtaschenlampen	EuGH	07.10.2004	C-136/02 P	558, 762, 772
Standardkessel	EuG	20.10.2021	T-617/20	624
Standbeutel	EuGH	12.01.2006	C-173/04 P	50, 779, 784
STAR	EuGH	18.10.2018	C-602/18 P	1938
star foods/STAR SNACKS	EuGH	08.05.2014	C-608/12 P	1951
STAYER	EuG	28.05.2020	T-681/18	1928

Entscheidungsname	Gericht	Datum	Aktenzeichen	Rdn
STAYER/STAYER	EuG	04.06.2015	T-254/13	1182, 1237, 1238, 1271, 1305
STEAM GLIDE	EuG	16.01.2013	T-544/11	636
Stehkragen	EuG	23.03.2022	T-252/21	770
Steirisches Kürbiskernöl	EuG	07.06.2018	T-17/17	1234
Steirisches Kürbiskernöl	EuGH	17.10.2019	C-514/18 P	1234
Steirisches Kürbiskernöl	EuGH	04.03.2021	C-514/18 P-DEP	1996
Steirisches Kürbiskernöl g. g. A GESCHÜTZTE GEOGRAFISCHE ANGABE	EuG	01.12.2021	T-700/20	996, 997, 1000
Stella	EuG	10.12.2009	T-27/09	1623
Stern im Kreis/Stern im Kreis	EuG	08.10.2014	T-342/12	1896
STICK MiniMINI Beretta/MINI WINI	EuG	04.02.2016	T-247/14	1764
Stiefelform	EuG	19.01.2022	T-483/20	770
Stöckelschuhe mit roter Sohle	EuGH	12.06.2018	C-163/16	946, 947
Stoffblume im Kragenknopfloch	EuG	14.03.2014	T-131/13	565, 814
Stofffähnchen (Colloseum/ Levi Strauss)	EuGH	18.04.2013	C-12/12	1246
Stofffähnchen II	BGH	24.11.2011	I ZR 206/10	1246
STONE	EuG	31.05.2016	T-454/14	672
STONES	EuG	09.03.2022	T-766/20	1638
STRATEGI/Stratégies	EuG	05.10.2010	T-92/09	1324
STREAMSERVE	EuG	27.02.2002	T-106/00	1917
STREET	EuG	10.09.2015	T-321/14	619
STROMBERG/ STORMBERG II	EuG	24.10.2013	T-457/12	1727, 1747
STYLO & KOTON	EuGH	12.09.2019	C-104/18 P	1670
Styriagra/VIAGRA	EuG	03.05.2018	T-662/16	1502
SUBSCRIBE	EuG	15.07.2014	T-404/13	699, 1798

Entscheidungsname	Gericht	Datum	Aktenzeichen	Rdn
Substance for Success	EuG	09.07.2008	T-58/07	715
suchen.de	EuG	12.12.2007	T-117/06	635
SUEDTIROL	EuG	20.07.2016	T-11/15	660, 1626
SUIMOX/ZYMOX	EuG	13.06.2019	T-366/18	107
Summerdaisy's Alexander/ Lemon Symphony (Jungpflanzen/Hansson)	EuGH	09.06.2016	C-481/14	2128
SUN CALI/CaLi co	EuG	22.09.2016	T-512/15	178
SUN FRESH/SUNNY FRESH	EuG	23.01.2014	T-221/12	391
Supeco/SUPER COR	EuG	24.05.2016	T-126/15	407, 1098, 1428
SUPER GLUE/ SUPERGLUE	EuG	11.12.2013	T-591/11	517, 1363, 1364, 1452
SUPERgirl	BGH	17.08.2010	I ZB 59/09	53
Sustainablel	EuG	16.10.2018	T-644/17	621
SWATCHBALL/ SWATCH	EuG	19.05.2015	T-71/14	1478
SWEMAC/SWEMAC Medical Appliances AB	EuG	07.02.2019		1669, 1700
SWIFT GTi/GTI	EuG	21.03.2012	T-63/09	1339
SWISS ARMY	BGH	21.09.2000	I ZB 35/98	690
Swisse	EuG	21.09.2021	T-486/20	1879
SYRENA	EuG	23.09.2020,	T-677/19	1223, 1228
SYRENA	EuGH	28.01.2021	C-626/20 P	1223, 1228
T.G.R. ENERGY DRINK	EuG	05.10.2016	T-456/15	1662
T/T	EuG	07.10.2014	T-531/12	1823, 1886
TABS	EuG	17.01.2006	T-398/04	754
Tabs I, II und III	EuGH	29.04.2004	C-456, 457, 468–474/01 P	681, 762, 770, 558
Tabs mit Blütenmuster	EuG	23.05.2007	T-241/05	770
Tabs, viereckig	EuG	19.09.2001	T-118/00	252, 1824
Tafel	EuG	18.09.2015	T-710/13	631
Tafel II	EuG	08.06.2017	T-326/16	255, 631

Entscheidungsname	Gericht	Datum	Aktenzeichen	Rdn
TAME IT	EuG	15.09.2009	T-471/07	725
Tannenbaum Aire Limpio/ Tannenbaum	EuGH	17.07.2008	C-488/06 P	1369, 1374, 1406, 1409
TARGET VENTURES	EuG	28.10.2020	T-273/19	1670, 1682
TASER/TASER	EuG	28.05.2020	T-341/19 und T-342/19	1503
Tassen-, Untertassen- und Suppen-Design	EuG	13.10.2013	T-566/11 und T-567/11	1866
Tassenform II	EuG	17.11.2021	T-658/20	774
TasteSense/MultiSense	EuG	29.04.2020	T-109/19	539
Tastmarke	BK	27.05.2015	R 2588/14–2	584
TAXI MOTO/MOTO	BPatG	09.11.2004	27 W (pat) 172/ 02	1726
TAXMARC/TAXMAN	EuG	04.05.2022	T-619/21	299
TC Touring Club/ TOURING CLUB ITALI-ANO	EuG	05.02.2020	T-44/19	1857
TDI	EuG	03.12.2003	T-16/02	616
TDI II	EuG	28.01.2009	T-174/07	616
TDI III	EuG	06.07.2011	T-318/09	616, 863
TDK/TDK	EuG	06.02.2007	T-477/04	1501
Team Beverage/TEAM	EuG	01.12.2021	T-359/20	505, 1284
TECALAN/TECADUR	EuG	30.04.2015	T-100/14	505, 1456, 1873
TecDocPower/TECDOC	EuG	07.02.2019	T-789/17	1226
tec.nicum/TECNIUM	EuG	21.11.2019	T-527/18	1239
tec.nicum/TECNIUM	EuGH	28.05.2020	C-52/20 P	1239
TEEN VOGUE/VOGUE	EuG	27.02.2014	T-37/12	1271
TEK	EuG	20.11.2007	T-458/05	505
Telemarkfest	EuG	07.06.2019	T-719/18	653
TELETECH GLOBAL VENTURES/TELETECH INTERNATIONAL	EuG	25.05.2005	T 288/03	271, 1206, 1624, 1625

Entscheidungsname	Gericht	Datum	Aktenzeichen	Rdn
TELETECH INTERNATIONAL/ TELETECH	EuG	11.05.2006	T-194/05	1211
TELEYE	EuG	15.11.2001	T-128/99	369
TEMPOS VEGA SICILIA	EuG	09.02.2017	T-696/15	1008
TENNIS WAREHOUSE	EuG	22.11.2011	T-290/10	53
TEQUILA MATADOR HECHO EN MEXICO/ MATADOR	EuG	03.10.2012	T-584/10	1437
TERRAEFFEKT matt & gloss	EuG	15.06.2010	T-118/08	505
testarossa (Ferrari)	EuGH	22.10.2020	C-720/18 und C-721/18	1218, 1252, 1303, 1620
Thai Silk/Vogelbild	EuG	21.04.2010	T-361/08	1416, 1827
The Bulldog/Red Bull Krating-Daeng (de Vries/ Leidseplein)	EuGH	06.02.2014	C-65/12	1465, 1495, 1499
THE CANNABIS CLUB SUD/CANNABIS	BPatG	11.10.2007	26 W (pat) 78/04	1726
THE COFFEE STORE	EuG	09.07.2008	T-323/05	637
The English Cut/El Corte Inglés	EuG	15.10.2014	T-515/12	1395
The English Cut/El Corte Inglés	EuGH	10.12.2015	C-603/14 P	1477
THE FUTURE HAS ZERO EMISSIONS	EuG	20.02.2013	T-422/12	160
THE HOME STORE	BGH	13.09.2007	I ZR 33/05	2124
THE HUT/LA HUTTE	EuG	24.06.2014	T-330/12	1442
THE JOHN RITTER FOUNDATION FOR AORTIC HEALTH	BK	26.03.2007	R 130/07–2	115
The King of SOHO/ SOHO	EuG	28.04.2021	T-31/20	1240, 1764
The Kitchen Company	EuGH	15.02.2007	C-239/05	947
THE LEADERSHIP COMPANY	EuG	12.12.2014	T-43/13	652

Entscheidungsname	Gericht	Datum	Aktenzeichen	Rdn
THE MOST ADVANCED NAME IN WATER MANAGEMENT SOLUTIONS	EuG	20.07.2016	T-19/16	1837
The Specials	EuG	22.03.2017	T-336/15	1271, 1272
The Specials	EuGH	26.06.2018	C-325/17 P	1271, 1272
THE SPIRIT OF CUBA	EuG	24.06.2014	T-207/13	637
THE TRAVEL EPISODES	EuG	17.05.2017	T-164/16	1880
THE YOUTH EXPERTS	EuG	18.11.2014	T-484/13	1786
THINKING AHEAD	EuG	17.11.2009	T-473/08	715
THOMSON LIFE/LIFE	EuGH	06.10.2005	C-120/04	1381
Tila March/CARMEN MARCH	EuG	14.04.2011	T-433/09	1402
tigha/TAIGA	EuGH	16.08.2020	C-714/18 P	1219, 1220
TiMi KINDERJOGHURT/ KINDER	EuG	14.10.2009	T-140/08	1414, 1415, 1699
TiMi KINDERJOGHURT/ KINDER	EuGH	24.03.2011	C-552/09 P	1354, 1414, 1415, 1478, 1491, 1701
Tischmesser, Gabeln, Löffel	EuG	21.04.2021	T-382/20	152
TITAN	BK	13.09.2000	R 422/99–1	972
TOBBIA/Peppa Pig	EuGH	12.07.2019	C-412/19 P	1943
TOCQUEVILLE 13	EuG	09.07.2010	T-510/08	182
TOFUKING/Curry King	EuGH	28.06.2012	C-599/11 P	1400
TOLPOSAN/TONOPAN	EuG	15.12.2010	T-331/09	1434
TOLTEC/TOMTEC	BPatG	14.04.2011	30 W (pat) 1/10	1263
TON JONES/Jones	EuG	17.09.2019	T-633/18	1317
TONY MONTANA	BK	31.10.2012	R 1163/11–1	1676
TOOR!	BGH	24.06.2010	I ZB 115/08	690
TOP	EuG	13.07.2005	T-242/02	235, 236, 719, 883
TOP CRAFT/Krafft	EuG	12.07.2011	T-374/08	1317

Entscheidungsname	Gericht	Datum	Aktenzeichen	Rdn
TOP-Logistics, Van Caem International/Bacardi	EuGH	16.07.2015	C-379/14	2045
Torre Albéníz/TORRES	EuG	18.12.2008	T-287/06	1352
TOSCA BLUE/TOSCA	EuG	11.07.2007	T-150/04	1436
tosca de FEDEOLIVA/ TOSCA	EuG	17.03.2010	T-63/07	1173
TOSCORO	EuG	02.02.2017	T-510/15	1015
TPG POST/POST	EuG	13.05.2015	T-102/14	1353, 1366
TRAMOSA/TRAMO,SA TRANSPORTE MAQUI-NARIA Y OBRAS,S.A.	EuG	06.04.2022	T-219/21	1240
TRANSCENDENTAL MEDITATION	EuG	06.02.2013	T-412/11	861, 862, 1789, 1824
Transdermales Pflaster	EuG	31.01.2018	T-44/15	927
TRAVATAN/TRIVASTAN	EuGH	26.04.2007	C-412/05 P	508, 534, 1285, 1433, 1457, 1865
TRAVELNETTO/Netto-Travel	EuG	16.07.2020	T-309/20	1843
TRENTON/LENTON	EuG	17.03.2009	T-171/06	509
TRES TOROS 3	EuG	28.09.2017	T-206/16	250, 1010
Triggerball	EuG	17.05.2018	T-760/16	772
Trigon/TRIGION	BPatG	02.08.2012	30 W (pat) 41/11	1293
TrinkFix/Drinkfit	EuG	12.12.2014	T-105/13	1240, 1309
TRIPLE BONUS	EuG	14.01.2016	T-318/15	673
TRIPLE TURBO/ZITRO TURBO 2	EuG	22.02.2018	T-210/17	1366
Tripp-Trapp-Kinderstuhl (Hauck/Stokke)	EuGH	18.09.2014	C-205/13	912, 915, 918, 937, 939, 941
Tropical/TROPICAL II	EuG	12.07.2019	T-276/17	1209
TRUBION/TriBion Har-monis	EuG	15.12.2009	T-412/08	505
TRUEWHITE	EuG	07.07.2011	T-208/10	505
TRUST IN PARTNERS-HIP	EuG	09.12.2013	T-389/13	1837

Entscheidungsname	Gericht	Datum	Aktenzeichen	Rdn
TURBO DRILL	EuG	26.11.2015	T-50/14	601
TurboPerformance	EuG	11.07.2019	T-349/18	673
TurboPerformance	EuGH	19.12.2019	C-696/19 P	673
Turkish Power/POWER	EuGH	01.06.2006	C-324/05 P	1972
TVR ITALIA/TVR	EuG	15.07.2015	T-398/13	1257, 1263, 1699
TVR ITALIA/TVR	EuGH	14.01.2016	C-500/15 P	1938
TXAKOLI	EuG	17.05.2011	T-341/09	1025
υγεία	EuG	17.05.2011	T-7/10	535, 859
uh (Rosa dels Vents/U Hostels)	EuGH	10.03.2015	C-491/14	2004
Uhr mit gezahntem Rand	EuG	06.07.2011	T-235/10	772
Uhrenziffernblatt	EuG	14.09.2009	T-152/07	756, 864, 867
ULTIMATE	EuG	30.09.2015	T-385/14	719
ULTIMATE FIGTHING CHAMPIONSHIP	EuG	02.04.2009	T-118/06	217
ULTIMATE GREENS/ ULTIMATE NUTRA-TION	BK	18.09.2013	R 1462/12-G	1366
ultrafilter international	EuGH	19.06.2014	C-450/13 P	1622
ultrafilter international II	EuG	04.02.2022	T-67/21	1701
ULTRARANGE	EuG	15.10.2019	T-434/18	697
Umschreibungsgebühr	BK	22.07.2005	R 650/05–4	247
unibanco/UniFLEXIO	EuG	27.04.2010	T-392/06	1191
UNIQUE	EuG	23.09.2009	T-396/07	719
UNITED STATES SEA-FOODS	EuG	17.10.2019	T-10/19	667
Universaltelefonbuch/Universaltelekommunikationsverzeichnis	EuG	14.06.2001	T-357/99	635
UNIWEB/UNIFONDS	EuG	25.11.2014	T-303/06 RENV und T-337/06 RENV	1446
UNIWEB/UNIFONDS	EuGH	16.06.2011	C-317/10 P	1966

Entscheidungsname	Gericht	Datum	Aktenzeichen	Rdn
UNSTOPPABLE	EuG	06.10.2021	T-3/21	650
URB/URB	EuG	07.11.2014	T-506/13	1079, 1624
UUP'S/UP	EuG	28.06.2005	T-158/04	151
V (mit Polospielerbild)/ Polospieler	EuG	18.09.2014	T-90/13	1373, 1475
V/V	EuG	06.12.2018	T-848/16	1161
V/V II	EuG	06.12.2018	T-817/16	1764
VAKOMA/VACOM	EuG	13.01.2015	T-535/13	1856
Vakuumverpackung	BK	21.01.1998	R 4/97–2	554
VALORES DE FUTURO	EuG	06.12.2013	T-428/12	714
VDL E-POWER/e-POWER	EuG	10.11.2021	T-755/20	1366
VECCHIA FATTORIA VF/LA VIEJA FABRICA	BK	01.03.2011	R 1042/10–2	1182
VeGa one/Vegas	EuG	19.09.2019	T-176/17	1828
Vektor-Lycopin	EuG	09.07.2010	T-85/08	637
VENT ROLL	EuG	25.11.2015	T-223/14	1618
Vermögensmanufaktur	EuG	07.09.2017	T-374/15	641
Vermögensmanufaktur	EuGH	15.05.2019	C-653/17 P	408, 641, 1649
VERONESE/VERONESE	EuG	23.09.2020	T-608/19	1366
VERSACE 19.69 ABBIG-LIAMENTO SPORTIVO/ VERSACE	EuG	05.10.2017	T-336/16	1223
Verschmelzende Grüntöne I	EuG	12.11.2013	T-245/12	388
Verschmelzende Grüntöne I	EuGH	12.02.2015	C-35/14 P	1935
Verschmelzende Grüntöne II	EuG	03.05.2017	T-36/16	804
Verschmelzende Grüntöne II	EuGH	25.10.2018	C-433/17 P	804
VertiLight/VERTI	EuG	28.04.2021	T-644/19	1510
VIAGUARA/VIAGRA	EuG	25.01.2012	T-332/10	1502
VIAVITA/VILA VITA	EuG	14.07.2014	T-204/12	1250

Entscheidungsname	Gericht	Datum	Aktenzeichen	Rdn
Vibrator	EuG	18.01.2013	T-137/12	209, 232, 235, 776
VICTOR/victoria	EuG	07.09.2016	T-204/14	1227, 1240
VIDA/VIDA	BK	29.05.2015	R 3158/14–2	1756
Vieleck	EuG	13.09.2016	T-146/15	1240
Vier ausgefüllte Löcher in einem Lochbild	EuG	14.11.2019	T-669/18	808
Vier ausgefüllte Löcher in einem Lochbild	EuGH	23.04.2020	C-14/20 P	808
Vier gekreuzte gerade Linien/Vier gekreuzte gebogene Linien	EuG	16.10.2018	T-581/17	1410
Vier grüne Quadrate auf der Waagenunterseite	EuG	13.09.2018	T-184/17	814
Vierfach gerippter Schokoladenwaffelriegel Kit Kat (Nestlé/Cadbury)	EuGH	16.09.2015	C-215/14	849, 913, 920
Vieta	EuG	10.12.2015	T-690/14	412, 1239
Vieta II	EuG	08.02.2018	T-879/16	255, 256, 1916
Vigeland	EFTA	07.04.2017	E-5/16	967
VIGOR/VIGAR	EuG	18.11.2015	T-361/13	1193, 1239, 1314
VIMEO/meo	EuG	23.10.2015	T-96/14	1208
VIÑA ALBERDI/VILLA ALBERTI	EuG	30.06.2015	T-489/13	1208, 1222
VINATEX	BK	22.03.2011	R 1629/10–1	178
VIPS/VIPS	EuG	22.03.2007	T-215/03	1481, 1485, 1486, 1488
ViruProtect	EuG	11.02.2020	T-487/18	637
ViruProtect	EuGH	03.09.2020	C-174/20 P	637, 1828, 1934
viscover	EuG	05.10.2020	T-264/19	1692
VISTA/vistar	BK	14.10.2009	R 172/08-G	81, 169
vita	EuG	07.05.2019	T-423/18	600
Vita II	EuG	19.12.2019	T-690/18	255

Entscheidungsname	Gericht	Datum	Aktenzeichen	Rdn
VITACHRON MALE/ VITATHION	EuG	15.04.2011	T-95/11	1748
VITACOAT/VITAKRAFT	EuG	12.07.2006	T-277/04	1372, 1866
VITAFRUIT/VITAFRUT	EuG	08.07.2004	T-203/02	1172, 1255, 1271
VITAFRUIT/VITAFRUT	EuGH	11.05.2006	C-416/04 P	1172, 1255, 1271
VITAKRAFT/Krafft	EuG	06.10.2004	T-356/02	1298, 1319
VITAKRAFT/Krafft	EuGH	01.06.2006	C-324/05 P	1972
VITAL&FIT/VITALFIT	EuG	25.10.2012	T-552/10	1421
Vitality	EuG	17.04.2008	T-294/06	623
vitaminaqua/ VITAMINWATER	EuG	28.11.2013	T-410/12	1396
VITATASTE/ VITAKRAFT	EuG	28.04.2004	T-124/02	340
Vivatrex/VIVARTEX	EuG	20.06.2017	T-346/16	1896
VOGUE	EuG	15.09.2016	T-453/15	626
VOGUE/VOGA	EuG	12.06.2019	T-346/18	300
VOGUE CAFÉ/Vogue und VOGUE studio	EuG	01.03.2016	T-40/09	299, 1158, 1869
VOGUE/VOGUE	EuG	27.02.2014	T-229/12	1423
VOGUE/VOGUE Portugal	EuG	04.10.2007	T-481/04	1186
VOGUE/VOGUE PORTUGAL II	EuG	18.01.2011	T-382/08	1298
VÖLKL/VÖLKL	EuG	14.12.2011	T-504/09	1268, 1299, 1786, 1826
Volks-Handy, Volks-Camcorder, Volks-Kredit	BPatG	19.12.2007	29 W (pat) 128/ 05	53
VOM URSPRUNG HER VOLLKOMMEN	EuG	06.11.2007	T-28/06	652
VOODOO	EuG	18.11.2014	T-50/13	629, 1679
Vorsprung durch Technik	EuG	09.07.2008	T-70/06	707
Vorsprung durch Technik	EuGH	21.01.2010	C-398/08 P	684, 707, 709

Entscheidungsname	Gericht	Datum	Aktenzeichen	Rdn
VORTEX/VORTEX	EuG	16.05.2013	T-104/12	402, 480, 1202, 1596, 1604
VSL#3	EuG	18.05.2018		1643, 1644
VR	EuG	19.09.2012	T-267/11	154
VROOM/POP & VROOM	EuG	24.02.2021	T-56/20	1423
W E (Wetterfahne)/WE	EuG	30.11.2015	T-718/14	1409, 1912
wallapop/wala w	EuGH	11.02.2021	C-763/18 P-INT	1959
Wallentin-Hermann	EuGH	22.12.2008	C-549/07	64
Walzer Traum/Walzertraum	EuG	17.01.2013	T-355/09	1259
Walzer Traum/Walzertraum	EuGH	17.07.2014	C-141/13 P	1222
Wappen (Ernst August Prinz von Hannover)	EuG	25.05.2011	T-397/09	994
Wasabi	BK	15.10.2015	R 691/14–1	329
Waschball (Thomas Philipps/Grüne Welle)	EuGH	22.06.2016	C-419/15	1732, 1733
Wash & Coffee	EuG	14.07.2014	T-5/12	716
Wasserhahn	EuG	19.06.2019	T-213/18	772
WATERFORD STELLENBOSCH/ WATERFORD	EuG	12.06.2007	T-105/05	1437
WATERFORD STELLENBOSCH/ WATERFORD	EuGH	07.05.2009	C 398/07 P	1424
WATT	EuG	04.12.2014	T-494/13 und T-495/13	620
Wave	EuG	23.09.2020	T-869/19	701
wax by Yuli's/wax	EuG	01.02.2017	T-19/15	230, 345
We do IP.	EuG	05.10.2017	T-345/17	1838
We IntelliGence the World/Zwei sich über-schneidende Kreise	EuG	28.05.2020	T-84/19	299
we're on it	EuG	13.05.2020	T-156/19	718

Entscheidungsname	Gericht	Datum	Aktenzeichen	Rdn
WEB VIP/VIP	BPatG	08.08.2007	32 W (pat) 272/03	1726
WEBSHIPPING (DHL/Chronopost)	EuGH	12.04.2011	C-235/09	2124, 2127
WEISSE SEITEN	EuG	16.03.2006	T-322/03	635, 834
Weiße durchsichtige Henkel-Waschmittelflasche (Kopfflasche)	EuG	24.11.2004	T-393/02	793
Weiße Linie mit Steinen vor schwarzem Hintergrund	EuG	24.11.2016	T-578/15	754
Weiße Punkte	EuG	10.09.2015	T-77/14, T-94/14, T-143/14 und T-144/14	754
Wellenlinie	EuG	06.11.2014	T-53/13	211, 743, 889
Wellenlinie, schwarz/Wellenlinie	EuG	15.03.2012	T-379/08	1410
welmax/valmex	EuG	08.07.2020	T-305/19	111, 120
welmax/valmex	EuGH	30.10.2020	C-425/20 P	111
WELLNESS (Silberquelle/Maselli-Strickmode)	EuGH	15.01.2009	C-495/07	1267
Weniger Migräne. Mehr vom Leben.	EuG	08.07.2020	T-697/19	718
Werbeträgergeschmacksmuster (PepsiCo/Promer)	EuGH	20.10.2011	C-281/10 P	1966
WESTERN GOLD/WeserGold	EuG	24.11.2015	T-278/10 RENV	230, 1416
WESTERN GOLD/Wesergold	EuGH	23.01.2014	C-558/12 P	1413
WET DUST CAN'T FLY	EuG	22.01.2015	T-133/13	721
WIENER WERKSTÄTTE	EuG	12.10.2010	T-230/08 und T-231/08	636
Wi-Fi Powered by The Cloud	EuG	23.09.2020	T-738/19	679
Winder Controls	EuG	30.01.2015	T-593/13	1900
WINDSOR-CASTLE	EuG	24.03.2021	T-93/20	669

Entscheidungsname	Gericht	Datum	Aktenzeichen	Rdn
Winkel (Deichmann)	EuG	13.04.2011	T-202/09	58, 743
Winkel (Deichmann)	EuGH	26.04.2012	C-307/11 P	745, 739
WINNETOU	EuG	18.03.2016	T-501/13	51
WIR MACHEN DAS BESONDERE EINFACH	EuGH	12.07.2012	C-311/11 P	531, 712
Wischtuch	EuG	17.01.2007	T-283/04	770
WISENT/ŻUBRÓWKA	EuG	12.11.2015	T-449/13	1409
WKU WORLD KICKBO-XING AND KARATE UNION	EuG	15.07.2020	T-390/18 DEP	1931
Wolfgang Amadeus Mozart PREMIUM/W. Amadeus Mozart	EuG	16.05.2013	T-530/10	1317
Wolfgang Amadeus Mozart PREMIUM/W. Amadeus Mozart	EuGH	20.05.2014	C-414/13 P	1967
Wolfskopf/WOLF Jardin	EuG	22.05.2012	T-570/10	1221
Wolfskopf/WOLF Jardin	EuGH	14.11.2013	C-383/12 P	1485
WONDERLAND/ WONDERMIX II	EuG	22.04.2021	T-616/19 REV	1923
WONDERLAND/ WONDERMIX III	EuG	13.09.2021	T-616/19 REV	1923
WORLD CUP 2006, GERMANY 2006, WM 2006, WORLD CUP GERMANY, WORLD CUP 2006 GERMANY	BK	30.06.2008	R 1466 1470/ 05–1	654
WORLD OF BINGO	EuG	20.11.2015	T-203/15 und T-202/15	673
WORLDLINK/LINK	EuG	27.02.2008	T-325/04	505
Würfel mit Gitterstruktur (Rubik's Cube)	EuG	25.11.2014	T-450/09	930
Würfel mit Gitterstruktur (Rubik's Cube)	EuGH	10.11.2016	C-30/15 P	930
Würfel mit Gitterstruktur (Rubik's Cube)	EuGH	30.05.2018	C-30/15 P DEP und DEP2	1996

Entscheidungsname	Gericht	Datum	Aktenzeichen	Rdn
Würfel mit Gitterstruktur (Rubik's Cube)	EuG	24.02.2021	T-601/17 DEP	1931
Würfel mit Gitterstruktur (Rubik's Cube) II	EuG	25.10.2019	T-610/17	930
Würfel mit Gitterstruktur (Rubik's Cube) II	EuGH	23.04.2020	C-936/19	931
Wurstdarm	EuG	31.05.2006	T-15/05	527, 782
www.reifen.eu (Internetportal/Schlicht)	EuGH	03.06.2010	C-569/08	1674
X-Windwerk/Wind Werk	EuG	10.07.2017	T-649/14	1840
XBOXER BARCELO-NA/X	EuG	15.10.2019	T-582/18	1239
Xocolat/LUXOCOLAT	EuG	24.10.2019	T-58/18	1074, 1128
Хозяйка/хозяюшка	EuG	23.02.2022	T-185/21	1632
XOXO	EuG	13.05.2020	T-503/19	700
Yogurt-Gums	EuG	15.05.2014	T-366/12	672
YOO/YO	EuG	04.06.2015	T-562/14	1441
Yorma Eberl/NORMA	EuG	16.06.2015	T-229/14	221, 1373, 1402, 1535
YORMA'S/NORMA	EuG	15.02.2011	T-213/09	1441
Yosaja/YOSOI	BPatG	15.01.2015	25 W (pat) 76, 11	400
Zahl 1000	EuG	19.11.2009	T-298/06	550, 617
Zahl 1000	EuGH	10.03.2011	C-51/10 P	49, 598, 608
Zahlen 350, 250, 150, 222, 333 und 555	EuG	19.11.2009	T-64/07 bis T-66/07 und T-200/07 bis T-202/07	617
Zahl 6000	EuG	29.05.2018	T-302/17	617
Zahnbürste	EuG	14.06.2016	T-385/15	770
ZAPPER-CLICK	EuG	03.10.2012	T-360/10	1831
ZARA	EuG	09.09.2015	T-584/14	1230
ZARA/LE DELIZIE ZARA	EuG	01.12.2021	T-467/20	38
ZARA/LE DELIZIE ZARA	EuGH	06.05.2022	C-65/22 P	38

Entscheidungsname	Gericht	Datum	Aktenzeichen	Rdn
ZEBEXIR/ZEBINIX	EuGH	17.10.2013	C-597/12 P	217
ZENSATIONS/ZEN	BK	01.06.2011	R 2212/10–1	118
ZENSATIONS/ZEN	EuG	05.03.2014	T-416/12	1442
ZENTYLOR/XENTRIOR	EuGH	21.09.2012	C-69/12 P	1832, 1833
Zerstäuberform	EuG	05.05.2009	T-104/08	782
Zigarettenschachtel	EuG	12.09.2007	T-140/06	782
Zino Davidoff/Levi Strauss	EuGH	20.11.2001	C-414/99 bis C-416/99	2076
ZIRH/SIR	EuGH	23.03.2006	C-206/04 P	1394, 1972
ZIRH/SIR	EuGH	12.06.2008	C-206/04 P-DEP	1996
ZUFAL/ZURCAL	EuG	14.07.2011	T-222/10	501
ZUM wohl	EuG	22.06.2017	T-236/16	639, 1855
ZUMEX/JUMEX	EuG	09.12.2015	T-354/14	1264
ZUMEX/JUMEX	EuGH	17.12.2020	C-71/16 P-DEP	1996
Zwei gebogene Streifen auf Reifenseitenwand	EuG	04.07.2017	T-81/16	812
Zwei gespiegelte schräge rote Linien	EuG	28.03.2019	T-829/17	739, 741
Zwei ineinander geflochtene Sicheln/Zwei ineinander verflochtene Bänder	EuG	17.05.2013	T-502/11	273, 1410
Zwei parallele Streifen auf einem Schuh/Drei parallele Streifen auf Schuhen	EuGH	17.02.2016	C-396/15 P	1369
Zwei parallele Streifen auf einem Schuh/Drei parallele Streifen auf Schuhen	EuG	21.05.2015	T-145/14	1365, 1410
Zwei parallele Streifen auf einem Schuh/Drei parallele Streifen auf Schuhen II	EuG	01.03.2018	T-629/16	1508
Zwei parallele Streifen auf langen Hemdsärmeln	EuG	15.12.2015	T-63/15	812
Zwei parallele schräge Streifen auf Hosenbeinen	EuG	15.12.2015	T-64/15	812
Zwei sich gegenüberliegende Bögen	EuG	04.04.2019	T-804/17	739, 741

Entscheidungsname	Gericht	Datum	Aktenzeichen	Rdn
Zwei sich gegenüberliegende Bögen	EuGH	01.10.2019	C-460/19 P	739, 741
Zwei verpackte Kelchgläser	EuG	25.09.2014	T-474/12	782
Zwei vertikale Wellenlinien/Eine vertikale Wellenlinie	EuG	25.11.2015	T-320/14	1410
ZYDUS/ZIMBUS	EuG	15.03.2012	T-288/08	1896
ZYDUS/ZIMBUS	EuGH	08.05.2013	C-268/12 P	1896
Zylindrische Flaschenform (Voss of Norway)	BK	16.11.2015	R 1649/11	1746, 518
Zylindrische Flaschenform (Voss of Norway)	EuG	28.05.2013	T-178/11	790
Zylindrische Flaschenform (Voss of Norway)	EuGH	25.03.2014	C-445/13 P	1958
Zylindrische Flaschenform mit sechseckiger Spitze	EuG	14.01.2015	T-70/14	790
Zylindrisches, weiß-rotes Gefäß	EuG	16.06.2015	T-654/23	782
ZYTeL/ZYTEL	EuG	09.04.2014	T-288/12	1437

Stichwortverzeichnis

Stichwortverzeichnis